폴 존슨
근대의 탄생 II

폴 존슨
근대의 탄생 II

폴 존슨 지음 | 명병훈 옮김

살림

일러두기

1. 이 책은 『The Birth of The Modern』을 우리말로 옮겨 총 2권으로 분권한 것입니다.
2. 인명과 지명 표기는 기본적으로 국립국어원의 한국어·외래어 표기법을 준수했습니다.
3. 역자가 추가한 괄호 안의 설명은 원문과 구분하기 위해 '—옮긴이'로 표기했습니다.
4. 단행본은 『 』, 잡지·신문·논문·예술작품의 이름은 「 」로 표기했습니다.

이 책을
사랑하는 아내 메리골드에게 바칩니다.
내가 지나치지 않도록 살펴주고,
잘못된 것을 바로잡아주며,
늘 용기와 영감을 불어넣어주어 고맙습니다.

제7장 힘과 기계와 시각표현

제8장 무질서의 가면극

제9장 상쾌한 공기와 나른한 시럽

제10장 거대한 그림자

제11장 대폭락!

제12장 민중의 등장

제7장

힘과 기계와
시각표현

안전등의 개발 경쟁

나폴레옹이 자신이 대패하게 될 러시아 원정을 구상하고 있을 때인 1812년 5월 25일, 영국의 선더랜드 인근 펠링 탄광에서는 거대한 가스 폭발이 일어났다. 이 사고로 영국 전체가 충격의 도가니에 빠졌다. 광부가 사용하는 석유등의 불빛이 지하의 인화성 가스에 옮겨 붙은 후 폭발이 일어나 사상자가 발생하는 사고는 흔히 있었다. 하지만 이번 참사는 성인 남자와 소년들을 포함한 총 92명의 목숨을 앗아가는 인명피해를 낳았고, 대부분 불에 타 죽거나 질식하여, 아니면 낙석에 깔려 사망했다. 그 당시, 영국 석탄 생산은 이미 세계 광산업계에서 최대 규모를 자랑했다. 캐낸 석탄은 초기 단계에 있던 산업혁명의 에너지 수요를 만족시키는 동시에 수출에도 한몫을 했다. 영국의 석탄 수출은 급격히 증가하여 증기기관의 세계적 보급에 박차를 가했다. 거의 매주 더 많은 탄광들이 우후죽순으로 생겨났고, 그럴수록 더 지하 깊숙이 주요 갱도(坑道)들을 파 내려갔다. 지하 깊숙한 곳에서 작업할수록 폭발 위험은 더 높아지고, 사고가 날 경우에 생존자가 나올 가능성은 그만큼 희박해졌다. 이 사실 하나 때문에 산업 혁명 시대 전체에 급브레이크를 걸어야 하는 것일까? 애처로운 인명 참사도 잇따랐다. 사망한 남성과 소년의 관을 앞에 놓고 목사가 듣는 이의 가슴을 때리는 설교를 시작하면 수많은 신자들 사이에서 흐느끼는 울음소리가 흘러나오고, 이 설교는 활자화되어 영국 전역에 퍼졌다.[1] 탄갱(炭坑)의 소유자는 마침내 안전등을 개발하는 자에게 사례금을 지급하겠다는 조건을 내걸었다. 1813년 10월 1일, 훗날 바이런의 장인이 되는 랠프 밀뱅크 경은 공명심에 찬 남자들을 불러 모아 안전등의 발명을 장려하는 협회를 세웠다. 그리고 그해 말, 클라니 박사라는 선더랜드의 내과 의사가 최초로 안전등을 발명했다. 이 안전등은 안전성에는 문제가 없었지만, 갱부들이 휴대하기에는 너무 무겁고 부피가 컸다. 따라서 탄광주들은 다시금 도움을 요청하게 되었고, 이번에는 런던 알버말 스트리트의 왕립과학연구소의 소장이자 영국 유수의 과학자로 이미 두각을 드러낸 험프리 데이비에게 특별히 의뢰를 했다. 데이비는 북쪽으로 가서 월 엔드 탄광의 수석 기술자인 존 버들의 집에 머물렀고, 버들의 안내로 1815년 8월 24일에 두 남자는 갱내로 들어갔다. 데이비는 과거 제자였던 잭 램튼—램튼은 훗날 더럼 백작이 되고, '급진파 잭'으로 알려지며, 근대 캐나다 건축의 초석을 쌓았다—소유의 모덴 웨스트 사의 탄광에도 들어갔다. 그리고는 버들에게 "너무 걱정하지 말게. 머잖아 곧 우리가 자네를 위해 무언가 할 수 있을 거라고 생각하네."라는 작별 인사를 남긴 채, 자신의 실험실을 향해 서둘러 남쪽으로 발길을 돌려, 연구에 매달렸다.[2]

그랜드 얼라이즈 탄갱의 수석 기술자로서 당시 최고의 증기기관차 설계자이자 제조인인 스티븐슨—그는 거의 까막눈이었다—은 6주 뒤, 클라니 박사가 개발한 것보다 더 작고 가벼워서 보다 실용적인 안전등을 내놓았다. 스티븐슨은 한동안 갱내 가스 폭발 문제 해결에 부심했다. 탄광에서 펌프로 물을 퍼 올리기 위해 기관을 더 크고 더 효율적으로 제작할수록 화재 위험이 높아졌기 때문이었다. 10월 21일, 스티븐슨은 홀로 자신이 발명한 안전등을 시험하겠다며 킬링워스 탄광 속 가장 위험한 곳까지 내려갔다. 감독관 조수 존 무디는 훗날 이 광경을 이렇게 증언했다.

"가스가 분출하는 곳까지 가자, 평소보다도 지나치게 많은 가스가 배출되고 있었습니다. 그래서 스티븐슨 씨와 우드 씨(수석감독관)에게 만약 안전등에 결함이 있을 경우, 모두가 심한 화상을 입을 수 있다고 알렸습니다. 하지만 스티븐슨 씨는 내 염려와는 정반대로 오히려 계속 실험할 것을 주장했습니다. 결국, 우드 씨와 나는 멀찌감치 떨어져서 스티븐슨 씨를 홀로 내버려두고 지켜보았습니다. 그러자 곧 스티븐슨 씨가 말했던 것처럼, 안전등 실험 결과가 성공적이라는 목소리가 들려왔습니다. 그때부터 나는 스티븐슨 씨, 우드 씨와 함께 다른 온갖 종류의 안전등 실험에 자주 동참하게 됐습니다."[3]

스티븐슨은 탄갱 지하 속이든 자신의 작은 집이든, 장소 불문하고 안전등을 더 가볍게 만드는데 전념했다. 그리고 난관에 봉착하면, 뉴캐슬에서 가장 솜씨 좋다는 주석 세공인과 맥주를 마시면서 의논하곤 했다. 이때 스티븐슨이 그린 스케치를 스티븐슨의 아들 조지가 보관해왔는데 훗날 스티븐슨의 전기를 쓸 때 맥주의 얼룩자국이 있는 이 스케치를 보여주었다고 전한다. 스티븐슨은 가장 위험한 상황에서 본인이 직접 안전등을 실험해 증명해 보이지 않으면, 갱부들이 사용하지 않을 것이라는 사실을 알고 있었다. 마침내 1816년 11월 30일, 스티븐슨은 최종 모델의 실험에 착수했다.

그러는 사이, 데이비도 안전등 개발에 바쁜 시간을 보내고 있었다. 첫 시작품(試作品)은 1816년 1월에 완성되어 버들은 "우리들의 어려운 문제를 극복했다."고 선언했다. 데이비 역시 자신의 발명품을 지하 갱내에 들고 가 실험했다. 그러나 데이비의 접근방법은 본질적으로 공학적이라기보다는 과학적이었다. 데이비의 젊은 실험 조교인 마이클 패러데이는 훗날 이렇게 말했다. "저는 안전등 발명 과정에서 나타나던 꼬리에 꼬리를 무는 굉장한 생각들과 실험들을 직접 실험실에서 목격했습니다."[4] 데이비는 특허 취득을 거부했다. 인간의 생명을 담보로 돈을 받고 싶지 않았기 때문이었다. 그러나 선전을 최대한 많이 할 것을 요구했다. 어떤 아이디어가 일단 실용화되면 그것을 신속하게 보급하는 것이 사회에 훨씬 도움이 된다고 믿었기 때문이었다. 스티븐슨의 최종모델이 실험을 3주 앞두고 있을 때인 11월 9일, 데이비는 왕립협회에서 '탄광의 갱내 폭발가스와 광산의 조명법'에 대한 강연회를 개최하고, 이 문제를 해결했다고 발표하여 센세이션을 불러일으켰다.[5]

안전등 발명 경쟁을 둘러싸고 양 파 사이에 눈살 찌푸릴 만한 다툼도 일어났다. 데이비가 스티븐슨을 지지하는 사람들에게 스티븐슨의 발명 우선권 주장을 반박하는 편지를 쓸데없이 보낸 것이다. 이에 대해 지지자들은 스티븐슨의 아이디어가 탄광 전속 의사(醫師)인 버넷 박사를 통해 버들에게 전해지고, 그것을 버들이 결국 데이비에게 가르쳐 준 것이라고 반박했다. 여하튼 이 두 사람 모두 실제로는 독자적으로 원리를 발견했을 가능성이 높다. 차이점이라고는 스티븐슨의 안전등이 구멍을 뚫은 철판을 사용한 반면, 데이비의 안전등은 촘촘한 철망을 사용했다는 것뿐이고 나머지는 거의 유사했다. 스티븐슨은 데이비의 철망이 더 뛰어나다고 판단해 이를 재빨리 받아들이면서도 자신의 유리 등피는 그대로 유지했다. 한편 데이비는 이 유리 등피를 채택하지 않았다. 그 결과 스티븐슨의 발명품, 혹은 일명 '조디 안전등'이 더 안전했다. 고장 기록이 단 한 건도 없었다. 한편 1825년 1월 18일, 데이비의 안전등이 폭발해 성인 남성과 소년을 포함해 25명이 사망하는 사건이 벌어졌다. 하지만 이 때 데이비는 난제를 해결한 사람으로 이미 전 세계에 명성이 자자한 상태였다. 영국 정부에서도 2,000파운드의 상금을 수여했으며, 1817년 9월 13일에는 뉴캐슬 퀸즈헤드에서 '잭' 램튼이 회장직으로 있던 타인앤웨어(Tyne & Wear) 탄광주들로부터 상을 받기도 했다. 또한, 영국왕립협회는 그에게 럼포드 메달을 수여하고, 섭정왕세자는 준남작 작위를 내렸다. '진보적'인 것이라면 어디라도 끼고 싶어 안달이던 알렉산드르 1세는 불의 신(the god of fire)이 꺼진 횃불을 보며 서글피 우는 모습이 그려진 거대한 꽃병을 선사했다. 그런 반면, 스티븐슨이 받은 것이라고는 상금 100기니가 전부였다. 이것은 신분이나 계급 문제가 아니었다. 스티븐슨을 후원하던 대동맹(Grand Alliance)은 많은 귀족들이 운영하고 있었다. 그리고 그들은 데이비에게만 포상이 내려지는 것에 불복하여 퀸즈헤드의 만찬이 있은 지

2주가 지난 뒤, 뉴캐슬 어셈블 룸에서 스티븐슨을 위한 성대한 만찬회를 개최하고 손잡이가 달린 큰 은잔과 공모로 모은 상금 1,000파운드를 증정했다. 스티븐슨은 사양하며 최초의 발명자 권리를 클라니에게 양보했다. 하지만 이마저도 아무 소용없었다. 여전히 사람들의 머릿속에 안전등의 발명가는 데이비로 기억되고 있었다. 대중 홍보전에서 승리한 자는 결국 데이비였다. 결국 홍보의 힘이 점점 세상을 움직이게 된 것이다.[6]

데이비의 화학 강좌

워털루전투 이후, 과학 발명은 급성장하는 영국 사회와 국제 사회에 열렬한 관심사로 떠올랐다. 이것이야말로 새로운 시대를 특징짓는 매우 중요한 변화일 것이다. 그 무렵은 또한 어느 정도 교양을 갖춘 남성이나 심지어 여성까지도 최신 과학의 발전을 가늠할 수 있었다. 화학 분야에 대한 설명서는 특별히 여성독자의 흥미를 끌도록 작성된 것도 있었다. 실제로 스티븐슨처럼 경험에 바탕을 둔 과학자도 아무런 정규 교육을 받지 않았지만 과학기술의 최첨단에서 데이비와 어깨를 겨루며 실력을 발휘할 수 있었다. 물리학과 화학, 과학과 공학, 문학과 철학, 예술과 산업 디자인, 이론과 실제 등 이 모두가 지식과 기술의 연속체를 구성했고, 인간은 그 안에서 자유롭게 탐구했다. 훗날 대학들에 의해 독립되어 구분하는 '학문'의 개념은 아직 나타나지 않았다. 현대식 대학이 갓 도입된 독일과 스코틀랜드를 제외하고 실제로 어느 대학교도 새로운 발견을 장려하지 않았다. 옥스퍼드 대학과 케임브리지 대학도 실질적으로는 산업혁명에서 아무런 역할도 하지 않았다고 할 수 있다. 학계의 직업별 조합주의의 특징인 대학 학위, 증명서, 자격증 등은 아직 그다지 중요하지 않았다. 유일한 예외는 의학인데, 이 분야는 이러한 자격이나 서류가 진보적 움직임에 방해가 되었다. 이 밖의 분야에서는 유능한 인물이 무명에서 몸을 일으켜 지도적 역할을 맡았다. 웨스트민스터(영국의회—옮긴이)는 특권 계층의 엘리트가 장악했어도 고도의 지식은 누구에게나 열려 있는 민주주의였다. 영국의 영리한 젊은이 앞에는 엄청난 기회가 주어졌다. 바로 이것이 다이나믹한 변화의 물결이 왜 영국에서 그토록 강하게 일었는지를 뒷받침해주는 한 가지 이유였다.

험프리 데이비는 1778년 12월에 태어났다. 윌리엄 워즈워스보다 4년 뒤, 새뮤얼 테일러 콜리지보다는 6년 뒤에 세상에 첫 울음을 터트린 것이다. 이 세 사람은 서로 비슷한 시대와 세상을 보았다. 영국 콘월 출신의 장인이던 데이비의 아버지는 목각공이자 도금공(鍍金工)으로 액자와 난로를 전문적으로 만들었다. 오늘날에도 빅토리아앤앨버트(Victoria and Albert) 박물관에는 그의 작품 하나가 소장되어 있다. 데이비는 한동안 트루로 그래머 스쿨(Truro Grammar School)을 다녔지만, 남아 있는 그의 노트들을 살펴보면 대부분 독학을 했다는 걸 알 수 있다. 열여섯 살이 되던 해에 부친과 사별한 뒤, 데이비는 펜잰스 외과의의 조수가 되기 위해 집을 떠났다. 데이비가 자라난 '콘월 사회'는 시정(詩情)이 넘치는 세계였다. 데이비는 마라지온 습지와 마운츠 만(灣)의 기이한 아름다움에 반해서 수많은 서경시를 남겼다. 그리고 이 중 네 편이 훗날 1799년 로버트 사우디의 명시 선집에 발표되기도 했다. 콘월은 광업이 번창했기에 최신 엔진 기관들이 등장하는 무대이기도 했다. 데이비가 태어나던 해에는 와트의 증기 기관이 다섯 대나 설치되었고, 그 뒤 와트 본인도 감독이 되어 콘월로 왔다. 결핵으로 고생하던 와트의 아들 그레고리는 데이비의 집에서 투숙했다. 이전에 에든버러에서 화학과 지질학을 공부한 그레고리는 종종 어린 데이비를 데리고 암석을 수집하러 먼 곳까지 여행했다. 훗날 찰스 디킨스가 이를 놀림감으로 삼았지만, 암석 채집은 당시 영리한 젊은이들이 과학에 접근할 수 있는 가장 일반적인 방법이었다. 그레고리는 요절하기 전에 자신이 알고 있던 모든 지식을 데이비에게 가르쳤다.[7] 데이비는 박학다식하다고 소문난 지방 하원 의원인 데이비스 기디 길버트와도 친분을 쌓았다. 길버트는 스티븐슨과 어깨를 겨루던 콘월의 저명한 경험주의 과학자 리차드 트레베틱을 위해서 모든 이론상의 수학적 계산과 사무 처리를 도맡아 했던 사람이다. 의학 관련 일을 하는 과정에서 데이비는 화학에 빠져들었다. 길버트는 데이비에게 자신의 서재를 자유롭게 사용할 수 있도록 허락했고 실험실도 이용할 수 있게 했다. 또한 지질 탐험 여행 차, 콘월을 방문한 토머스 베도스 박사에게 데이비를 소개하기도 했다. 베도스 박사는 클리프턴에 의료 관련 기체 연구소를 막 신설한 때여서 데이비에게 조수직을 권했다.

제인 오스틴의 소설 『엠마(Emma)』에서 엘든 부인이 결혼한 언니와 메이플 그로브에서 살면서 바루시-랜도 마차(4인승 4륜 랜도 마차—옮긴이)를 타고 돌아다니는 장면의 배경이 된 곳이 바로 이곳 클리프턴이다. 베도스 박사는 클리프턴을 브라이튼처럼 유명한 고급 휴양지로 만들고 싶어 했다. 그리고 의학 치료를 위한 기체 연구소를 만들어 '인공 공기' 등 기체를 이용하는 실험을 시작했다. 아편이나 '웃음 가스' 이외에 개발 단계에 있는 마취제를 사용해 여러 실험을 진행했다. 실제로 베도스는 약물 중독분야에서는 주요 인물이었다. 이에 관한 세부적인 내용은 뒤에서 다시 다루기로 한다. 기체 연구소에서의 일은 데이비에게 최고의 기회였다. 이는 당시 뛰어난 젊은이가 기회를 잡는 전형적인 경우에 해당했다. 베도스는 데이비를 위해 화학 관련 공개강연을 마련해줬을 뿐만 아니라 새로운 치료 센터의 기획이나 운영까지도 모두 그에게 맡겼다. 데이비는 그의 어머니에게 편지를 보냈다. "베도스 박사님께서 기체 연구소 전권을 제게 맡겼습니다."[8] 데이비가 이 편지를 보내고 2년 후에, 마리아 에지워스의 책 『래크렌트 성(Castle Rackrent)』이 베스트셀러가 됐는데, 저자 마리아 에지워스의 여동생이 바로 베도스의 부인이었다. 베도스 가문은 학문, 문학과 예술의 중심에 있었다. 이 가문에서 데이비는 찰스 다윈의 조부로서 '진보'라는 새로운 개념을 누구보다도 앞장서 보급한 에라스무스 다윈 등의 여러 과학자와 사우디, 워즈워스, 콜리지를 비롯한 여러 시인들을 만날 수 있었다.

뛰어난 천재들의 만남은 중요한 의미를 띠었다. 1790년대 초, 이 세 시인들은 정치가 진보의 원동력이 된다고 기대하고, 프랑스에서 인간사회를 근본적으로 변혁시킬 중대한 실험이 행해지고 있다고 생각했다. 그러나 워즈워스가 프랑스에서 돌아왔을 때쯤, 이 환상은 깨져 있었고 사우디도 곧 워즈워스의 뒤를 따랐다. 두 사람 모두 1800년대 초에는 유토피아적 이상주의에서 등을 돌렸고, 사회의 질서 회복과 개선에 대해 품었던 낙관론도 함께 버렸다. 그럼에도 여전히 교육, 특히 빈곤층의 대중교육이 뭔가를 이룰 수 있을 것이라는 믿음만큼은 조금도 흔들림이 없었다. 하지만 콜리지가 인지했듯이 유토피아에는 정치적 유토피아와 과학적 유토피아, 두 종류가 있었다. 18세기가 끝났을 때 콜리지는—실제로 공포만 야기했던—정치적 유토피아는 성공할 수 없다는 걸 알았지만 과학의 진보로 인류 사회의 물질적 측면이 근본적으로 변화할 것이라는 생각은 변함없이 유지했다. 데이비도 이 사실에 동조하여 과학만이 인류를 구할 위대한 힘이 된다고 굳게 믿었다. 과학이 엄청난 위력을 발휘할 참이었던 것이다! 게다가 과학 중에서도 화학은 인간의 고통을 줄여주고 경이로운 일들을 창조하는 주요한 수단이었다. 데이비는 클리프턴에서 화학의 힘을 증명하는 인상적인 예를 들었다. 클리프턴에서 새로 사귄 친구 토머스 웨지우드는 도예의 거장인 조시아 웨지우드의 아들로, 질산은을 이용해 시각적 이미지를 재현하는 실험을 했고 창설한지 얼마 안된 왕립연구소의 「저널(Journal)」지에 사진술에 관한 첫 논문을 발표했다. 더 획기적인 실험은 데이비가 관여한 웃음 가스에 의한 마취 실험이었다. 당시 쿠퍼와 같은 외과의들은 쏜살같이 빠른 시간 안에 수술을 마칠 수 있었고, 이로 인해 조지 윈덤 하원 의원처럼 환자들은 통증의 후유증으로 사망하지 않을 수 있었다. 데이비는 별도로 다음과 같이 기록했다. "외래 환자 수술 시에 아산화질소가 육체적 고통을 제거하는 작용을 하기 때문에 과다 출혈이 없는 외과 수술에 유용하게 쓰이게 될 것이다."[9]

데이비의 목표는 이러한 다양한 실험을 뉴턴의 운동법칙과도 비슷한 통일적 화학반응이론으로 정리하여, 화학을 이용해 의학을 경험과학이 아닌 정밀과학으로 정립하는 것이었다. 데이비는 첫 주요 논문에서 "이리하여 화학은 생명 법칙과 관련해서 모든 과학 분야 가운데 가장 탁월하고 중요한 학문이 된다."라고 썼다.[10] 데이비의 목표가 마침내 달성된 것은 알렉산더 플레밍이 페니실린을 발견한 1945년 이후이다. 화학이 세인의 주목을 받을 수 있었던 것은 데이비의 공적이다. 1801년, 세 명의 왕립연구소 중진―왕립협회 회장 조셉 뱅크스 경, 현대식 벽난로 등을 처음으로 개발한 세계적 발명가 럼포드 백작, 지구 밀도를 재는데 이제 막 성공한 헨리 캐번디시―은 데이비에게 런던으로 와서 왕립연구소 실험실을 맡아줄 것을 부탁했다.[11]

데이비의 취임은 영국 근대 과학 시대의 개막을 의미했다. 데이비는 왕립연구소의 실험실을 영국 최초의 과학적 연구기관으로 바꿨을 뿐 아니라 연구 성과를 발표하는 뛰어난 능력을 발휘해 유럽 최고의 강연자가 되었다. 데이비는 화학자라는 직책을 더 선호하기는 했지만 과학과 기술 전체 분야를 망라해 종횡무진으로 활약했다. 그는 기술자의 기술에 깊은 존경심을 갖고 기회가 닿을 때마다 그 기법을 배우려고 애썼다. 1797년, 서머싯 주의 니더 스토이(Nether Stowey) 마을에서 워즈워스와 콜리지가 영국 낭만주의 시를 발표했다. 이곳은 지역 제혁업자이자 문학 애호가인 톰 풀의 후원 하에 콜리지가 머무르던 지역이었다. 콜리지는 데이비를 여기로 데려왔다. 데이비는 풀의 가죽 가공 공장을 방문하여 풀이 선조 대대로 이어받은 기술로 이뤄지는 작업을 순식간에 추론한 뒤 과학적으로 설명할 수 있었다. 풀은 데이비의 빠른 두뇌 회전과 뛰어난 직관에 혀를 내둘렀다고 감상을 술회했지만 물론 이것은 직관이 아닌 이론적 추론의 결과였다. 마침내 데이비는 런던으로 돌아가 1801년 초겨울에 제혁법을 둘러싼 화학에 대해 최초로 강연했다. 1802년 1월에는 '화학 입문'

강좌도 열었다. 이 강좌의 성공은 굉장히 놀라운 일이었다. 강좌를 듣기 위해 300명 이상의 사람들이 몰려 인산인해를 이뤘고, 그 사람들 중에는 데이비에게 소네트나 사랑을 표시한 기념품을 보낸 사교계 여성들도 많았다. 또한 공작들은 1인당 50기니를 내고 강연회에 정기적으로 참석했다. 데이비는 몸집이 작았지만 사람들을 매혹시키는 빛나는 눈매를 갖고 있어, 전기 작가 J. G. 록하트는 '내가 본 가장 예쁜 눈'이라고 말했을 정도였다. 데이비의 나긋나긋한 서부지방 목소리는 사람들을 더욱 매료시켰다. 그 당시에, 강연은 굉장히 '진지한' 도시적인 오락거리로 유행의 열풍이 막 불기 시작하던 때였다. 톰 페인은 언제나 신을 '최고의 강연자'라고 불렀다. 데이비는 분명히 새롭게 떠오른 스타 1호였다. 데이비는 풍부한 테마로 강연을 계속해가며 일인자로서의 지위를 유지했다. 그가 다룬 주제는 다양해서 광물학, 지질학, 농업에 화학을 응용한 분야까지 두루 강연했다. 특히 마지막으로 강연한 주제가 호평을 받아 시골의 유력 대지주들로부터 초청을 받았다. 그 계기로 인해 안티구아(Antigua)의 상속녀인 켈소의 제인 커 양을 소개받아 결혼했다. 그는 알레산드로 볼타(1745~1827)가 1800년에 발명한 새로운 전지의 사용법을 토대로 1806년 왕립협회의 베이커 강연에서 '전기의 화학 작용'을 소개해 과학계에서는 국제적으로도 명성을 얻게 되었다. 그 이듬해에는 자신의 새로운 기술을 이용해 두 종류의 원소를 분리하는 데 성공해 각각 칼륨과 나트륨이라고 명명했다.

　데이비는 자신의 강연내용을 시각적으로 설명하기 위해 거의 불놀이에 가까울 정도로 눈부시고 화려한 실험을 선보였다. 이것은 데이비에게 다분히 시인적 기질이 있다는 것을 의미했다. 가장 많은 호평을 받은 실험은 '소다 실험'이었다. "작은 물방울이 선명하게 타오르면서 공기 속을 고속으로 통과하는데, 불꽃이 끊임없이 일어나서 매우 아름다웠다."고 데이비는 묘사했다.[12] 과학의 발전을 시각적으로 특히 자극으로 가득 찬 형태로 보여주는 것이 데이비의 능력이자 매력 중 하나였고, 특히 예술가들의 눈길을 끌었다. 콜리지는 데이비에게 자신도 화학을 공부하고 싶다고 "상어처럼 화학에 도전해보겠다."고 맹세했다. 그리고 데이비가 『화학의 원리(Elements of Chemical Philosophy)』를 출판했을 때, 가장 먼저 열심히 읽은 사람 중 한 명이 젊은 퍼시 비시 셸리였다.

전기에 매료된 셸리

과학의 거대한 잠재력을 냉정하면서도 능란하게 소개한 데이비의 입문서를 접하기도 전에, 셸리는 이미 과학이 인간을 위해 해줄 수 있는 모든 것들에 매료되어 있었다. 그러나 셸리의 관념은 그노시스주의(gnosticism)와 고딕 풍의 공포소설이 뒤섞인 상태였다. 셸리가 비행기에 관심을 가진 것은 앞서 설명했지만, 실은 전기에도 매료되어 있었다. 1808년 아직 이튼의 베델 박사의 집에서 학생 신분으로 숙박하고 있을 때 박사를 감전시켜버린 일이 벌어졌다. 셸리가 볼타 전지에 연결해 놓은 문의 손잡이를 박사가 무심코 잡아버린 것이다. 손수 제조한 화약으로 나무 밑동을 폭파시키는 일도 있었다. 또 한 번은 영(靈)의 불꽃에서 나오는 무서운 푸른 원 안에 앉아, 악마를 불러내는 모습을 봤다고 박사가 주장하기도 했다. 여하튼 간에, 박사는 데이비가 화학에 관한 장서를 읽지 못하도록 금지했다. 옥스퍼드에서도 상황은 다를 바 없었다. 셸리는 핸들을 급속 회전시켜 충전한 전기 전지를 자신의 몸과 연결시켜 머리끝이 쭈뼛 곤두서게 만들기도 했다. 셸리는 친구 호그에게 말했다.

"내가 지금 하늘에서 엄청난 전력을 끌어당기는 '대단한' 전기 장치, 아니 더 정확히 말하자면 전기 장치조합을 만들고 있다니까. 이것을 한데 모으면 진짜 엄청난 결과를 가져오게 될 거야."[13]

셸리가 유니버시티 칼리지에서 퇴학당한 이유도 공개적인 무신론 옹호 때문이기는 했지만, 자신의 방에서 만들어내는 시끄럽고 악취 풍기는 위험한 실험들 때문이기도 했다. 사우디의 보호 아래 지내던 호수 지방에서는 사태가 더욱 심각했다. 셸리의 경우, 자신을 따라다니는 여성들이 이미 많았기 때문에 윌리엄 해즐릿처럼 굳이 지역 소녀들에게 추파를 던지지는 않았지만, 이웃들은 그의 수소 실험들 때문에 깜짝깜짝 놀랐다. 한 이웃은 참다못해 불만을 터트렸다.

"요즘 이 지역에서는 자네의 행동들에 무척 의심쩍어하고 있네. 밤만 되면 자네 집 근처에서 굉장히 이상한 장면이 목격된다고 하더군."[14]

셸리는 여전히 정치적 이상주의를 믿었지만, 데이비의 과학적 다양성이 거기에 더해져 이 생각은 한층 강화되었다. 시인으로는 처음으로 천문학의 중요성을 느낀 셸리는 윌리엄 허셜 경의 천문학 관련 연구서와 데이비의 화학책을 공부했다. 그리고 화학책을 산 지 얼마 지나지 않아 『매브 여왕(Queen Mab)』을 썼다. 이 비범하고도 어떤 면에서는 거칠기까지 한 셸리의 초기 명작은 그 과격한 정치적 견해 때문에 급진주의자들 사이에서는 반드시 읽어야 하는 필독서가 되었다. 그러나 이 작품은 천체와 태양의 진화론 등 과학에 대한 부분도 인상적이었다. 책 속에는 작열하는 하늘을 나는 2륜 전차의 이미지로 전기의 힘을 형상화했다. 셸리는 과학이 종교를 대체할 것이라고 생각했다. 뉴턴과 데이비의 불변의 법칙들이 전제군주마냥 변덕스럽기 짝이 없는 신적 존재를 대신하게 될 거라는 주장이었다. 콜리지처럼 셸리도 과학적 원리들에 강한 믿음을 갖고 있었고 이를 시로 교묘하게 풀어내었다. 고대 프로메테우스의 불을 현대의 전기로 풀어낸 『해방된 프로메테우스(Prometheus Unbound)』의 제3부와 제4부에서 셸리는 물질을 이루는 원자의 구조 속 전자를 이렇게 설명했다.

하나의 구(球), 그것은 몇 천 몇 만의 구와 같이
수정처럼 단단하다, 아직 그 속을 흐르고 있는데

흡사 허공을 흐르듯 음악과 빛이 흐르고 있다.

자줏빛이나 하늘빛, 희거나 초록빛, 또는 금빛을 한

1만 개의 원형체가 서로 집어삼키면서

1천 개의 눈에 보이지 않는 축 위에서 회전하고 있다.

셸리는 임마누엘 칸트와 비슷한 노선을 추구했던 것으로 보인다. 즉 물질은 본질적으로는 실체가 없고 전기와 자기, 빛의 힘이 인간의 사고와 유사한 동적 시스템을 구성하는 것이며, 현재 힘이 정지해 있는 상태에 지나지 않는 것이다.[15] 그리고 만약 인간이 에너지 시스템을 좌우하게 되는 순간이 온다면 인간은 이를 통해 더 나은 미래를 만들어갈 수 있을 거라는 주장이었다. 백 년 뒤 등장하는 레닌처럼 셸리도 전기의 힘을 믿었고, 인간이 자연을 정복할 가능성을 생각했다. 이쯤에서 『해방된 프로메테우스』 끝 부분에 있는 지상의 백성이 부르는 노래구절을 들어보자.

번개는 인간의 노예, 하늘의 가장 깊숙한 곳에서 별들이 풀려나,

양 떼처럼 인간의 눈앞을 지나,

무리를 이루며, 날아간다.

태풍은 인간이 타는 말. 인간은 태풍을 탄다.

그리고 심연은 드러난 깊은 곳에서 외친다.

하늘이여, 당신에게는 비밀이 없습니까?

인간에게 정체가 폭로되어 나는 무엇 하나 숨길 게 없다.

셸리는 자신을 따르는 소규모 모임의 여성들에게 때때로 실크 조각들을 꿰매 붙여 기구를 만들게 하고는 더운 공기를 주입해 하늘을 날아 다녔다. 기구에는 사람들을 계몽하기 위해 정치적 권리나 과학의 진보에 경탄하는 메시지를 매달았다. 이리하여 셸리는 1812년에 기구 몇 개를 브리스틀 해협을 가로질러 웨일스 북부로 보냈다. 1816년 8월에는 열기

구 하나를 제네바 호(湖) 너머로 날려 보내 캘빈의 마을 주민을 깜짝 놀라게 해서 그들을 교화하려는 시도도 했다.[16] 그 해 여름, 셸리는 호수 근처에서 열여덟 살이던 메리 울스턴크래프트에게 비극적 공상소설 『프랑켄슈타인(Frankenstein)』을 집필하도록 영감을 불어넣었다. 전기에 의해 부활하는 괴물에 관한 이야기인 이 소설에는 고딕풍의 공포, 공상적인 이상주의, 공상 과학 소설의 요소가 한데 합쳐져 있다.

패러데이와 전기역학

당시 재능이 넘치던 젊은이들 가운데 전기의 장래성을 예견한 사람은 셸리뿐만이 아니었다. 셸리보다 한 살 위인 마이클 패러데이(1791~1867)는 셸리보다 전기에 훨씬 더 가까이 접근했다. 요크셔 대장장이와 서식스 주 농민의 딸 사이에서 태어난 패러데이의 집은 가난했다. 패러데이의 부모는 신의 이름을 입에 올리는 것을 비롯해 많은 것을 금하고 자기 수양을 주장하는 샌더먼파의 일원이었다. 패러데이는 빈민학교에서 공부한 몇 년을 제외하고는 교육을 거의 받지 못했지만 제본공 실습생으로 일하면서 자신이 제본하는 서적들을 차례로 읽어 나갔다. 이 중에는 재닛 머서 부인의 『여성을 위한 보다 특별한 화학 속의 대화(Conversations in Chemistry More Especially for the Female Sex)』도 있었다. 여기에 눈이 뜨인 패러데이는 책에 실린 실험을 할 수 있는 기회가 찾아올 날만을 고대하며 친구에게 다음과 같은 편지를 보냈다.

"시간, 그래, 내가 필요한 건 시간이야. 시간을 위해서라면 나는 최선을 다해 노력할거야. 오! 이 시대의 신사들에게 남는 시간을 값싸게 조금이라도 살 수만 있다면."

패러데이는 조셉 뱅크스 경에게도 편지를 써서 과학 공부를 하기 위한 원조를 청했지만, 아무런 답변도 듣지 못했다. 그러나 부친의 뒤를 이어 대장간에 일하던 패러데이의 형은 매주 일당에서 1실링씩을 모아 패러데이가 플리트 스트리트에서 열리는 자연 철학 강좌를 들을 수 있도록 등록해주었다. 그리고 결국 1812년에 패러데이는 왕립연구소에서 열리는 데이비의 마지막 강연회 방청권을 손에 쥐었다. 패러데이는 프랑스 망명자에게서 그림을 배웠는데, 당시 그가 그린 뛰어난 삽화가 들어있는 노트는 왕립연구소 도서관에 현재도 보관되어 있다. 알렉산더 나이스미스와 같이 패러데이도 이 시대 많은 과학자들과 마찬가지로 전문 화가가 될 수 있는 사람이었다. 자신의 생각을 시각화해 도식으로 표현할 수 있는 재능은 패러데이의 천부적 재능 중에서도 중요한 부분이었다. 패러데이는 강의 노트를 제본하여 데이비에게 보내고는 한 번만 기회를 달라고 부탁했다. 그 당시 정부를 위해 성루 공격용의 고성능 화약 연구를 하고 있던 데이비는 실험 도중 각막에 손상을 입었다. 상처가 아물 동안 조수가 필요했던 데이비는 패러데이를 불러들였다. 이리하여 당시 '마이크'로 불리던 패러데이는 스물두 살에 영국 최고 과학자의 조수가 되었다. 이는 유능하고 패기 넘치는 젊은이가 혼자 힘으로는 당치도 않을 기회를 잡은 좋은 사례일 것이다.

패러데이를 고용한 직후, 데이비는 전쟁 중임에도 불구하고 과학 연구의 목적으로 유럽을 여행할 수 있는 허가를 나폴레옹에게 받아냈다. 데이비는 아내와 아내의 하녀인 제인, 그리고 조수로 패러데이를 데리고 여정을 시작했다. 마이클 패러데이의 통행증에는 '둥근 턱, 갈색 턱수염, 커다란 입과 코'라는 인상착의가 묘사되어 있었다. 패러데이는 2년간의 여정을 정성 어린 일지에 모두 상세히 담아냈다.[17] 파리에서는, 데이비가 '프랑스에 생존하는 화학자 중 으뜸'이라고 손꼽은 동년배 조셉 루이 게이뤼삭(1778~1850)이 이들 일행을 일류 과학자들에게 소개했다. 프랑스의 전기 관련 권위자인 앙드레 마리 앙페르(1775~1836)를 만났을 때, 패러데이는 그를 만난다는 사실에 감동했다. 앙페르는 초석(硝石) 제조업자인 쿠르투아가 발견한 보라색 물질의 조각을 분석해달라고 데이비에게 부탁했다. 데이비는 리슐리외 거리의 프린스 호텔에 세운 임시 연구실에서 이를 분석한 뒤, 그것을 요오드라고 명명했다. 이 요오드는 아편 다음으로 유용한 의료용 약품이 된다.[18] 데이비는 제국 협회의 통신 회원으로 선출되었고, 그 뒤 일행은 알프스 산맥을 넘기 위해 출발했다. 데이비는 티롤의 애국자인 스펙배커의 류머티즘을 치료해주었고, 감사의 표시로 바이에른 사람들 30명을 하루 만에 살해할 때 썼다는 총을 받았다. 데이비는 이 총을 월터 스콧 경에게 양도했고, 스콧은 크게 기뻐하며 아보츠포드 성에 매달아 놓았다고 한다. 평화는 여정 중에 찾아왔다. 로마에 들어온 일행은 교황 피오 7세가 안토니오 카노바를 선두로 로마의 예술가가 총출동해 어깨에 메는 의례용 가마를 타고 개선하는 모습을 구경했다. 그 뒤 이들은 베수비오 화산에 올라 측정과 실험을 계속했고, 파비아에서는 패러데이가 '현존하는 최고의 과학자'라고 높이 칭송한 볼타를 만났다.

런던으로 돌아온 패러데이는 1815년부터 1816년에 걸친 겨울에 데이비를 도와 안전등 제작에 들어갔다. 패러데이는 그 이듬해 봄에 런던 철학협회에서 첫 강연을 가졌고, 생석회(生石灰) 분석 결과를 정리한 첫 논문을 출판했다. 패러데이에게는 데이비가 갖고 있던 탁월한 순발력이 없었고, 수학 지식도 부족해 다른 과학자들이 내놓는 수식을 제시하지는 못했다. 하지만 어떤 면에서 패러데이는 데이비보다 더 월등한 과학자였다. 게다가 그는 노력파였다. 1820년 뱅크스를 이어 왕립협회 회장직을 맡은 데이비는 고된 작업은 다른 사람에게 맡기고 과학 분야를 짊어진 외교관과 비슷한 역할을 수행하며 정부와 과학을 더 밀접히 관련시키려고 교섭했다. 그는 왕립뉴턴과학원을 설립하자고 조지 4세를 설득하기도 했다. 영국왕립천문대, 대영자연사박물관과 왕립협회를 모두 하나로 모아 ─ 베이컨의 『뉴 아틀란티스(New Atlantis)』에 예견된 것처럼 ─ 정부 자금으로 운영되는 기관으로 통합하자는 것이 그의 생각이었다. 데이비는 과학 연구원(研究院)이 과학자들을 수용하도록 설득했다. 그리고 스탬퍼드 래플스가 동물원을 조성하는 데에도 힘을 실어주었다. 데이비는 부유한 아내를 따라다니며 거의 모든 시간을 여행에 뿌리면서도 18세기의 과학을 좋아하는 신사처럼 여러 가지 문제에 관여했다. 헤르쿨라네움에서 발견된 파피루스를 펼쳐내려고 노력했으며 루카에서는 목욕탕 물을 분석하기도 했다. 라벤나에서는 바이런 경과 정부(情婦)인 귀치올리 백작 부인을 만났다. 바이런 경은 데이비를 세상에서 가장 유명한 과학자이고 못해내는 것이 없는 사람이라고 소개했다. 그러자 귀치올리 부인은 말했다. "오 내 사랑, 그렇다면 이 눈썹을 검게 염색해줄 수 있는 것을 좀 만들어달라고 하세요."[19] 데이비 부인은 남편의 명성에 아무런 도움이 되지 않았다. 마티노 양은 데이비를 '결혼의 희생자'라고 불렀다. 패러데이는 데이비 부인이 한시도 멈추지 않고 계속 수다스럽게 자꾸 떠들어댔다며 그간의 여정에 대해 불평했다. 제노바 만에 폭풍이 하도 심해 잠시나마 "데이비 부인이 너무 겁을 먹어 입도 뻥끗 못하자" 한시름 놓았었다고 패러데이는 말했다. 헨리 에드워드 폭스는 다음과 같이 기록했다. '데이비 부인은 너무 불안해하고 조바심을 낸 나머지 잠시도 가만히 앉아 있지 못해, 험프리 경에게 잔소리를 할 틈도 없었다.'[20]

이것과는 대조적으로 패러데이는 사교생활에는 무관심했고, 과학계의 권력 싸움에 얼굴을 내미는 일도 없었으며 강연자로서는 데이비에 지지 않는 명성을 쌓았다. 패러데이의 연구가 미치는 영향력은 엄청났다. 1815년과 1820년 사이, 패러데이는 사실상 그 시절 과학의 전 분야를 체계적으로 통달했다. 일례로 『웰컴 의학사 총서(Wellcome Medical Historical Library)』에 수록되어 있는 W. T. 브란드의 『화학입문(Manual of Chemistry)』 세 권은 패러데이의 손에 들어가자마자 해어져버렸고 그 책에는 다른 도서 목록의 참조사항 및 해제(解題)를 적어 놓은 4절지가 틈틈이 끼워져 있었다. 패러데이는 화학과 관련된 모든 서적을 프랑스어와 영어로 탐독했다고 추측된다. 다른 이들의 실험은 반드시 직접 시도해서 눈으로 확인해야 한다고 주장하며, 말년에는 이렇게 적었다. '내가 직접 두 눈으로 확인해보지 않는 이상, 사실이라고 단정지을 수 없다. …… 만약 그로브나 휘트스톤, 가시오 등 다른 누군가가 내게 새로운 사실을 알려주며 그 가치나 원인에 대해 내 의견을 묻거나 그 증거를 아무리 보여준다고 해도, 직접 자신의 눈으로 그 사실을 확인하지 않았다면 아무런 답도 해줄 수 없다.'[21]

급부상하는 전기 물리학이라는 과학 분야에서 패러데이를 최고 선구자로 이끈 것은 그의 치밀한 성격이었다. 전기 물리학이 발전한 배경은 검토할 만큼의 가치가 있다고 생각된다. 근대가 태동하는 시점에서 철학, 문학, 과학이 서로 어떤 연관성을 가지고 있는지를 보여주기 때문이다. 18세기에는 아이작 뉴턴의 『프린키피아(Principia)』에서 제시한 운동과 인력의 법칙에 열, 빛, 자기, 전기의 힘이 적용되는 과정을 증명하는데 실패했다. 그러나 임마누엘 칸트가 『순수이성비판(Critique of Pure Reason)』과 『자연과학의 형이상학적 원리(Metaphysical Foundations of Natural Science)』를 통해서 영감을 느끼게 하는 통찰력을 선보이긴 했다. 칸트는 과학에 크게 관심을 기울이지는 않았다. 그는 정신과 물질에 이원성이 존재하는가 하는 신에 관한 질문에 더 신경을 쏟았다. 이에 반해 뉴턴은 오로지 물질에만 관심을 기울였다. 그 결과 과학의 발전과 함께 유물론적 세계관과 무신론이 발전했다. 칸트는 정신과 물질을 연결해 물리와 윤리의 법칙을 조화시키려했다. 또한 공간과 시간은 순전히 외부 현실세계를 이해할 수 있게 하는 순수한 직관의 지적인 산물이라고 생각했다. 물자체(Ding an sich)의 실체는 인간의 이성(理性)에 가려져 있는 데 지나지 않으며, 실재라는 것은 독립적 존재라기보다는 인식되는 대상이었다. 인간은 우주 공간 속에서 작용하는 인력(引力)과 척력(斥力)을 통해서만 현실을 직시한다. 이때부터 칸트는 정신과 물질의 이원성을 버리고 에너지를 택하게 된다. 그러자 우주는 물질이 아닌 에너지로 이루어진 곳이 되었다. 전기, 자기, 그밖에 눈으로 볼 수 있는 작용은 모두 전환 가능한 통일된 에너지 이론 속에서 인력의 법칙에 의해 결정되는 것이었다.

이러한 본질적이고 철학적인 직관도 없이 19세기 초 물리학자들이 그토록 빠른 과학의 발전을 이룰 수 있었는지는 미지수이다. 요한 빌헬름 리터는 일찍이 1798년부터 이제나 저제나 쉬운 문제가 아니었던 칸트의 이론을 이해하여 전기화학의 통일이론을 개발했다. 그해 독일을 방문한 콜리지는 칸트의 선험적 관념론을 영국에 가져와 그것을 데이비 등의 친구들에게 소개하고 그 해석을 부탁했다. 콜리지는 물질과 신을 모두 설명할 수 있는 보편적 과학을 창조할 수 있다고 주장하고 이렇게 썼다.

"불가입성(不可入性)은 저항의 형태를 통해서만 접근할 수 있으므로, 그것을 인정하는 것은 물질의 본질을 행위나 힘에 둔다는 것이다. 그리고 영혼의 본질에도 그것이 있다. 따라서 정신과 육체는 더 이상 절대적으로 이질적인 것이 아니다. 같은 토대에서 서로 다른 상태에 있고, 그 완성 정도가 다를 뿐이다."[22]

저술이나 방청객을 모두 사로잡은 훌륭한 좌담식 독백을 통해 콜리지는 칸트의 통찰을 설명했다. 콜리지는 말했다.

"이 우주는 하나의 광대하고 무한한 거미집과 같다. 신이 짠 거미집은 인력(引力)과 척력(斥力)의 가닥들로 교차되어 한데 뭉쳐져 있다."

따라서 모든 형태의 에너지는 변환될 수 있는 동시에 불멸한다는 말이었다. 콜리지는 톰 풀에게 이렇게 편지를 썼다. "만약 내가 돌을 던져 공중으로 날려 보내어 수면을 스치게 했을 때, 그 에너지가 소멸되지 않는다면 어떨까요?" 이렇게 콜리지는 마침내 에너지 보존의 법칙으로 귀착되는 진리에 다다랐던 것이다.[23]

데이비와 패러데이, 이 둘이 공통적으로 갖춘 훌륭한 장점들 중 하나는 바로 시인의 작품을 읽고 그 말에 귀를 기울일 줄 알았다는 점이었다. 실제로 젊은 과학자들 가운데 한 명인 찰스 배비지는 데이비가 노력만 했다면 분명 탁월한 시인이 됐을 거라고 생각했다. 데이비와 패러데이는 사고하는 방식에 있어서도 융통성이 있었다. 데이비는 자신의 학설과 결론에 항상 회의적이었다. 그는 '일관된 생각이란 알지 못하는 사이에 지적인 생활의 독이 된다. 지성의 약동과 활력을 빼앗아간다'고 썼다.[24] 패러데이도 역시 결론을 내리는 데 있어서 완벽히 증명할 수 있기 전까지는 뭉그적거리며 뜸을 들였다. 그리고 언제나 가설에 반대되는 현상들을 유심히 살펴보았고, 잘못된 부분이 밝혀지면 언제라도 군말 없이 자신의 주장을 버릴 의향이 있었다. 그러나 실수의 유용성도 인정하면서 "진리는 혼동보다는 실수에서 비롯되는 경우가 더 많다."며 베이컨의 말을 때때로 인용했다. 1819년 패러데이는 철학협회의 한 강연에서 다음과 같이 경고했다. "자신이 옳다고 확신하는 자는 잘못을 저지를 확률이 다분히 많습니다. 그리고 불행하게도 이런 태도를 바꾸지 않는 경우가 여전히 태반입니다. 모든 이론은 불확실한 사실을 바탕으로 하고 있으며 모두 개선과 입증을 필요로 합니다." 패러데이가 이런 발언을 할 때쯤 그는 이미 원숙한 과학자였으며, 지성의 면에서 보면 완성의 영역에 도달해 있었다. 아마 그때까지 없었던 최고의 과학자 자리에 올랐는지도 모른다. 그러나 그러한 패러데이가 전기를 인간의 뜻대로 사용할 수 있는 실용적인 에너지로 전환하기 위해서는 국제적 노력이 뒷받침되어야했다.

볼타는 전기가 용액 속 두 금속의 접촉으로 발생한다는 사실을 발견하고, 그것을 이용해 1800년에 이른바 볼타전기를 만들었다. 같은 해, 영국왕립협회도 볼타 전지 하나를 입수해 커다란 전지를 몇 개나 만들었다. 이런 전지들은 데이비와 같은 과학자들이 실험을 진행할 수 있도록 만들었기 때문에 매우 중요한 것이었다. 예를 들면, 데이비는 왕립연구소의 전지를 이용해 스트론튬, 마그네슘, 바륨과 칼륨의 분리에 성공하고, 일찍이 1802년 초에는 아크등의 원리를 발견했다. 그러나 아크등은 전기료가 저렴해질 때까지 거의 사용되지 않았다. 그 다음 단계는 칸트와 콜리지의 준(準) 형이상학적인 개념을 실제로 시도해보는 것이었다. 그들은 인력과 척력의 원칙에 기초하여 근본적으로 분할될 수도 파괴될 수도 없는 힘에 의해 세계가 지배돼, 전기나 자기로 나타난다고 생각했다. 덴마크인 과학자 한스 크리스티안 외르스테드는 칸트의 개념을 20년 동안 연구했는데, 1819년에서 1820년에 걸친 겨울에 전자기의 작용, 즉 자장(磁場)을 설명하는 데 성공했다. 그리고 런던이 캐롤라인 사건으로 대소동이 났던 1820년 7월, 외르스테드는 유럽 유수의 과학자들 앞으로 라틴어로 된 네 장짜리 논문을 발송하여 센세이션을 일으켰다. 외르스테드의 발견을 활용해, 앙페르는 「실험으로 나타난 전기역학적 현상들의 이론에 대한 논고 ― 전기 작용법칙의 해설」(1820~1821)을 집필할 수 있었다. 그리하여 이 논문으로 앙페르는 '전기의 뉴턴'이라는 칭호를 얻었다. 데이비는 1820년 10월 1일부터 패러데이와 윌리엄 하이드 울러스턴의 도움을 받으며 외르스테드의 연구가 가진 의미를 검토하기 시작했다. 그로부터 몇 달 뒤, 패러데이는 전자기학이라는 새로운 과학 분야에 대해 논문을 쓰는 작업에 들어갔다. 이때도 패러데이는 자신이 고집하던 방식으로 종전의 모든 실험을 다시 실시했고, 여기서 외르스테드의 발견에 대한 앙페르의 해석에 모순점이 있다는 사실을 알아냈다. 패러데이는 수학자가 아니었기에 앙페르의 수식을 따라 할 수는 없었지만 그것이 틀렸다는 것만은 확신했다. 왜냐하면 앙페르가 주장하는 바와 자신의 실험 결과와 상충됐기 때문이었다. 앙페르는 수학은 거짓말을 하지 않으며, 만일 실험결과와 본인의 수식이 일치하지 않는다면 그것은 전적으로 실험이 잘못됐기 때문이라고 주장했다. 그러자 패러데이는 실험을 통한 검증의 위대함 ― 알베르트 아인슈타인이 1915년에서 1918년에 걸쳐 자신의 상대성 이론에 대해 용기 있게 주장한 원칙 ― 을 주장했다. 자신의 실험은 정확하고 완벽했다고 굳게 믿었기 때문이다. 그렇다면 패러데이가 발견한 모순점은 어떻게 설명할 수 있단 말인가? 이것을 설명하기 위해 패러데이는 수은을 가득 채운 용기에 넣은 자석, 전선, 그리고 갈바니 회로를 사용한 실험을 고안했다. 패러데이는 전류가 흐르는 전선으로 자기력을 만들어 전자기 회전력을 탄생시켰다. 사실상 최초로 전기모터를 만든 셈이었다. 결론을 도출하는 데는 시간이 걸렸지만, 일단 결과에 확신이 서게 되면 '일하자. 끝내자. 공표하자'는 게 패러데이의 방식이자 좌우명이었다. 울러스턴이 휴가 중이라서 자문을 구할 수 없었던 패러데이는 자신의 발견을 계간지 「저널 오브 사이언스(Journal of Science)」의 1821년 10월호에 발표했다. 패러데이는 2년 뒤에 이 결정을 후회하며 이렇게 썼다. '그 이후로 나는 그 발표를 미루지 않은 사실과 먼저 울러스턴 박사에게 보여주지 않았다는 사실이 늘 마음에 걸렸다.'[25] 울러스턴은 노발대발하며 패러데이가 본인의 생각을 훔쳤다고 비난했다. 패러데이를 시샘하기 시작한 데이비도 이런 울러스턴의 편을 들었고 패러데이가 영국왕립협회 회원으로 선출되는 길을 막으려고 애썼다. 그러나 헛수고였다. 패러데이는 1824년 정정당당하게 회원으로 뽑혔다.

이 소동으로 패러데이의 입지가 잠시 흔들리기는 했지만, 그는 성실한 자세로 꿋꿋이 앞으로 밀고 나갔다. 그러나 왕립연구소는 패러데이가 전자기학 연구에만 전념하도록 내버려두지 않았다. 연구소로부터 계속 지지를 받기 위해서는 대중을 즐겁게 해주어야 했기 때문이다. 이를 위해서 패러데이가 택한 방법은 소리와 빛, 전기 사이에서 유사점을 찾아내는 것이었다. 1828년 공명(共鳴)에 대해 강의하면서 패러데이는 '연구소가 래플스 부인의 협조를 얻은 후에 빌린 자바 섬의 희한한 악기 여러 개를 사용해 놀라운 실험을 많이 시도'했으며 '율슈타인 씨가 선보인 매우 특이하고 묘한 유대인 하프 연주'를 들려주었다.[26] 그 이듬해에는 동시에 두 가지 음색의 휘파람을 불 수 있는 마틴 씨를 등장시켜 청중을 기쁘게 했다. 그러나 패러데이는 전자기학의 모든 문제들을 해결하고 말겠다는 일념으로 늘 도전했다. 언제나 새로운 실험과 기구들을 고안했고 ―대장간에서 일했던 경험이 이 과정에서 일조했다― 다양한 분야의 외국 출판물을 통해 다른 사람들의 연구도 따라 해보았다. 패러데이는 미국 뉴욕 주의 알바니에서 조셉 헨리가 새로운 종류의 강력한 전자석을 만들었다거나, 네덜란드 위트레흐트의 몰(Moll)이 전자석의 도선을 고속으로 교체하면 극성 반전이 일어난다는 발견을 했다는 것도 알았다. 그리고 1831년 8월 패러데이는 마침내 구리선이 감긴 코일을 발명해 전자기 유도의 원리를 알아냈다. 이로써 패러데이는 첫 전기모터뿐만 아니라 실질적으로는 최초의 발전기를 발명한 셈이다. 즉 전기를 생산할 수 있게 된 것이다.

그러나 이것은 시작에 불과했다. 패러데이는 그 뒤 30년에 걸친 일련의 극적인 전기실험을 계속하게 된 것이다. 그가 1820년에서 1831년 사이에 이룬 성과 중에서 괄목할만한 점은 역학적 에너지가 어떻게 전기 에너지로 전환될 수 있는 지를 보여줌으로써 이론과 실제 사이의 격차를 비교적 좁게 만들었다는 사실이다. 전기산업은 패러데이 연구의 직접적인 결과였고, 그 최초의 성과라고 부를 만한 전신이 곧 세상에 나오게 되었다. 그 인과관계는 매우 중요한 의미를 가진다. 이를 계기로 산업계와 정부가 모두 기초 연구의 가치를 평가하고 경제적 원조를 시작했기 때문이다. 그러나 그 자체는 본질적으로 모호했다. 인간은 하잘것없는 근육을 대체할만한 힘을 찾으면서 서서히 발전해 왔다. 중세 후기와 근대 초기에는 풍차와 수차를 이용한 제분기가 급속하게 보급되어 인류의 삶이 풍족해졌다. 1750년부터는 풍력과 수력이 증기기관에 자리를 내주었다. 그리고 이제 1820년대에 증기기관은 더 엄청난 위력과 훨씬 더 큰 가능성을 보여주게 되지만, 그 한편에서는 패러데이의 연구가 이미 전력의 시대와 20세기의 도래를 예고하고 있었다. 바로 여기에서 우리들은 근대화의 초석 중 하나를 발견하게 된다. 이 초석은 체계적인 과학 연구의 성과로 자리 잡게 되며, 과학 연구가 물질적 진보에서 차지한 중심적 역할을 처음으로 명쾌하게 보여줬다. 이 에피소드는 또한 아이디어를 빠르게 교환하고 그로 인해 다수의 사람들이 시행하는 연구와 노력을 가능케 하는 국제적인 과학 공동체가 출현할 것을 보여주었다. 패러데이 연구의 경우는 이탈리아, 덴마크, 프랑스, 미국, 네덜란드, 그리고 영국 등 6개국에 걸친 사람들이 참여하고 있었다. 그러나 달갑지 않은 일들도 동시에 일어났다. 발견에 따르는 명성을 쫓게 되면서 나타난 경쟁심과 질투심이다. 이러한 경쟁심도 여태까지는 없었던 새로운 현상이었다.

칸트와 콜리지의 직관에 의한 물리학은 전자 이론의 선구자 격이었는데, 두 사람은 힘이 작용하는 물체의 본질을 설명하진 못했다. 그 뿐만 아니라, 칸트는 관념론을 표방하여 실제로는 잘못된 방향을 가리키기도 했다. 한편, 콜리지는 데이비와 같은 입장을 취해 적어도 올바른 길로는 가고 있었다. 콜리지는 당시 폭넓게 지지를 받던 계량 불능의 유체—때때로 연소(phlogiston)라고 불렸다—의 존재를 부정하고, "유체만으로 모든 게 해결된다는 건 농민이나 떠올릴 법한 안이한 생각"이라 주장했다. 콜리지에 따르면 "모든 힘과 주요 특성은 배열방식에 달려 있다."고 생각하는 편이 이치에 맞았다. 이러한 생각에 자극받은 데이비는 더 '과학적인' 표현을 사용해 "물체의 형태는 동일 물질의 배열 방식에 따라 변한다."고 썼다.[27] 원자론을 암시한 이 주장은 과학적 가설을 세우는데 상상력이 얼마나 중요한가를 확실하게 보여준다. 콜리지와 셸리는 시인의 직관을 통해 자연계의 가능성을 미리 예측할 수 있었고 경험주의 과학자들의 눈을 뜨게 해주었다. 19세기 초기가 과학의 황금시대가 되었다는 것은 그것이 바로 시(詩)의 시대였기 때문이라 말할 수 있을 것이다.

실제로 콜리지는 자기 자신을 시인일 뿐 아니라 자연철학자로 생각했다. 즉, 콜리지는 눈에 보이는 세계를 상상력의 눈을 통해 관찰하면서 보편적 원리를 이끌어낸다는 것이다. 콜리지는 워즈워스가 젊은 시절의 수련과 습관적인 야외 연구 덕분에 본인보다 더 뛰어나며, 워즈워스의 여동생인 도로시는 그보다 더 훌륭하다고 생각했다. 도로시를 처음 만난 뒤, 콜리지는 도로시에 대해 이렇게 썼다. "그녀의 눈은 자연현상을 조금이라도 놓칠 세라 예리하고 부지런히 움직였다." 또한, 만일 도로시가 남자였다면 오빠보다 더 탁월한 시인이 되었거나, 모르긴 몰라도 위대한 과학자가 되었을 것이라고 생각했다.[28] 산악지방에서 태어나 자란 사람들은 자연, 그 중에서도 시시각각으로 변하면서 일상생활을 비롯한 모든 것들에 영향을 미치는 날씨를 유심히 살피게 된다. 이렇게 몸 속 깊이 뿌리박힌 습관은 타고난 지성(知性)과 결합하여 사람을 과학이나 시로 인도한다.

야외 과학자 돌턴

그 좋은 예가 워즈워스와 거의 동년배이자 이웃인 존 돌턴(1766~1844)이었다. 존 돌턴은 워즈워스와 연고가 있는 코커머스 근처의 이글스필드 마을에서 태어나 그 지역의 작은 학교에서 교육을 받았다. 그의 부친은 지역 소지주이자 목양업자였다. 양치기와 그 자식들보다 날씨를 더 면밀하게 관찰하는 사람은 없는데, 특히 시력이 좋았던 돌턴은 어릴 적부터 구름의 움직임을 주의 깊게 지켜보았다. 돌턴은 열두 살부터는 스스로 학교 운영을 맡았다. 거의 독학으로 학업을 마쳤는데, 야간에 공부를 하기 위해서 양초내기를 하기도 했다. 돌턴은 수학, 물리와 화학을 익혔으며 자신의 학생들에게도 "너희도 똑같이 할 수 있다!"고 역설했다. 그가 받은 수업이라고는 켄델에 사는 맹인에게 배운 것이 전부였다.[29] 그후 1793년부터 30년간 돌턴은 맨체스터의 뉴칼리지에서 수학을 가르치는 개별 지도교수가 되었다. 거실과 침실 겸용의 방을 빌려 지내면서 한 시간에 학생 1인당 1실링 6펜스, 학생 2인당 각각 1실링 6펜스씩을 받고 지도했다. 퀘이커교도가 흔히 사용하는 'thee'나 'thou'라는 단어는 사용하지 않았지만 돌턴은 퀘이커교도였으며 퀘이커교도 복장을 하고 다녔다. 일요일에는 교회에 두 번 갔으며 그날은 외식하지 않았다. 그러던 중 이미 약혼자가 있던 낸시라는 또 다른 퀘이커교도와 사랑에 빠졌다. 그러나 낸시는 요절했고 돌턴은 미혼으로 여생을 보냈다. 돌턴의 일과는 실험실에 불을 밝히는 것으로 시작했다. 1796년부터 화학 연구를 시작했지만, 다방면으로 모든 분야에서 관심의 끈을 놓지 않았다. 1801년에는 『영어문법의 기초(Elements of English)』를 출간했다. 이 책에는 독학자다운 실수가 제법 발견된다. 예를 들면, 돌턴은 '현상적(phenomenal)'이라는 말을 현상(phenomena, phenomenon의 복수형)이라는 단어의 여성형이라고 생각하기도 했다. 그리고 1803년이 되자 돌턴의 화학 논문은 유럽에서 유명해졌고 데이비는 그에게 왕립연구소에서 강의해달라고 부탁하기도 했다. 그러나 이 둘은 그다지 원만하게 지내지 못했다. 돌턴은 신사 계급의 사람들이 좋지 않게 생각하던 대형 파이프 담배를 피워댔는데, 그는 데이비에 대해 '철학자로서 그의 결함은 담배를 피우지 않는 것'이라고 말하기도 했다. 한편, 데이비는 돌턴의 이상한 목소리, 거친 매너, 강한 억양, 금주(禁酒), 서툰 강의 스타일과 종종 실패하는 실험 결과 때문에 그가 점차 마음에 들지 않았다. 데이비의 아들도 돌턴이 '쌀쌀맞고 목소리가 귀에 거슬리며 시끄럽다'면서 그의 태도는 '무미건조해 거의 심술궂을 정도'라고 평가했다.

돌턴은 사실 야외에서 활동하는 과학자였다. 책을 무척 싫어했고 오히려 멀리하는 편이었다. 돌턴은 책에 그릇된 내용이 너무 많다고 지적했다. 책보다는 직접 관찰한 내용과 자신이 직접 고안해낸 실험을 신뢰했다. 돌턴은 키가 크고 마른 체형에 전형적인 지주의 걸음걸이를 가지고 있었다. 매일 아무렇지 않게 산을 가뿐히 올랐다. 어릴 때부터 돌턴은 기상일기를 썼는데, 대부분을 매우 높은 고도에서 작성했다. 돌턴은 오랜 세월 동안 몇 시간이고 구름의 형성과정을 관찰하고, 만년에는 이렇게 말했다. "천재란 없습니다. 만일 세계가 가치 있다고 주목하는 어떤 결과물을 누군가가 만들어냈다면, 그것은 순전히 실용적인 목표 하나만을 끈질기게 추구한 노력에 의한 것입니다." 돌턴은 그의 인생에 있어서 가장 대단한 발견은 '아직 젊었을 무렵, 화학을 특별히 연구하기 전'에 일어났다고 말했다. [30]

호수 지방을 유심히 관찰하던 도중, 돌턴은 변화하는 현상에서 일관된 점을 찾아냈다. 구름, 안개, 비, 시내와 급류, 그리고 호수와 바다, 그리고 강이 모두 하나이며 끊임없이 미세하게 변하는 기압에 의해 형태와 위치를 바꾼다는 사실이었다. 이에 따라, 즉 골고루 섞여있는 변화무쌍한 유체의 본질에 대해 숙고한 돌턴은 서로 반발하는 입자의 명확한 모습을 머릿속에서 착실하게 만들어 물질이 원자로 구성되어 있다는 개념에 도달했다. 그 다음 단계는 원자량(原子量)과 배수비례 법칙에 대한 것이었다. 돌턴은 정확히 숫자로 표기하는 것을 좋아해 자신의 이론을 발전시키는 과정에서 화학을 정밀과학의 범주로까지 끌어올렸다. 돌턴의 이론은 1808년 5월『화학의 새로운 체계(New System of Chemical Philosophy)』를 발간할 즈음에는 거의 완성되어 있었다. 물론 자세히 들여다보면 빈틈은 있었지만 무엇보다 중요한 것은 산악지대의 기후를 직접 관찰하면서 갖게 된 직관적 통찰이었다. 이는 상상력으로 가득 찬 가설에서 과학의 기초적 발견이 탄생한 전형적인 일례이다. 돌턴의 원자론이 지닌 정확함은 그 후 약 30년 동안 전 유럽에 걸쳐 실험과 관찰을 통해 입증되었다.

돌턴은 영국에서는 그다지 인정을 받지 못했지만, 그대로 과소평가되지는 않았다. 1832년 마침내 과학의 중요성을 희미하게나마 눈치채기 시작한 옥스퍼드 대학교는 돌턴에게 명예학위를 수여했다. 2년 후에는 배비지와 헨리 브로엄의 추천으로 궁전에 초대받았다. 돌턴이 퀘이커 교도라 검을 착용할 수 없다는 이유로 대례복을 입지 않겠다고 하자, 대신 옥스퍼드 가운을 입게 했다. 이 가운은 퀘이커교에게 금지된 진홍색이었으나 진흙색이라는 말에 속아 입은 것이다. 사실 돌턴은 아주 심각한 색맹이었다. 돌턴을 본 윌리엄 4세는 그를 기사작위를 받으러 온 지방시장 정도로 생각했다. 그리고 알현 장소에 있던 주교들은 충격을 받았다. 돌턴이 과학자여서가 아니라 퀘이커교도라는 사실 때문이었다.[31]

야외 과학자인 돌턴은 이론에만 만족하지 않았다. 1820년 10월에 맨체스터 칼리지에서 발표한 논문「석유, 그리고 원유에 열을 가해 얻어지는 기체에 대한 보고(Memoir on Oil, and the Gases obtained from it by Heat)」

는 근대의 석유산업과 석유화학 산업의 기초가 되었다. 돌턴은 죽는 날까지 쉬지 않고 자신이 해결할 문젯거리를 찾아다니며 산꼭대기를 어슬렁거렸다. 언제나 온도계와 경위의(經緯儀)를 몸에 지니고 다녔으며 때로는 더 많은 장비를 나귀 등에 싣고 다니기도 했다. 오래된 광산이나 채석장을 조사했고, 때때로 지도(地圖)를 정정했다. 1812년 7월에는 스키도산 정상에서 관찰 작업을 하던 중에 독학으로 과학자가 된 윌슨 서턴과 조나단 오틀리를 만났다. 이 때 오틀리도 기압계를 들고 다녔다. 이 두 사람은 돌턴과 함께 와스트데일 헤드 능선을 넘어 도보로 여행을 했다. 정상에 늘 가장 빨리 오르던 돌턴은 장비를 짊어지고도 성큼성큼 올라갔는데, 그러면 서턴은 뒤에서 툴툴댔다.

"존, 자네의 다리는 도대체 무엇으로 만들어진 건지 정말 궁금하군."

지질학의 발전

랭데일 출신인 오틀리는 어떤 면에서는 돌턴에 지지 않을 정도로 비범한 인간이었지만 태생은 그보다도 훨씬 더 비천했다. 심지어 교육이라고는 마을 학교를 제외하고는 받은 적이 없었고, 광주리 만드는 기술자로 몸을 일으켰다. 마침내 세밀하고 기계적인 작동을 직관적으로 알게 되었고, 55년에 걸쳐 케스윅에 있는 온갖 시계와 손목시계들을 수선했고 여가시간에는 구릉지대를 관찰하며 시간을 보냈다. 오틀리는 본래 지질학자였지만, 모든 자연현상에 흥미를 가졌으며 훌륭한 데생 솜씨를 자랑했다. 1818년에는 호수지방의 근대적이고 정확한 지도를 최초로 펴냈고, 그로부터 5년 후에는 사반세기 동안의 면밀한 관찰과 메모를 바탕으로 모든 구릉지대의 윤곽을 멋지게 그린 『영국 호수들과 인접 산들에 대한 간명한 설명서(A Concise Description of the English Lakes and Adjacent

Mountains)』를 발간했다. 이는 오틀리가 레이크 디스트릭트의 복잡한 지질을 상세하게 파악했을 뿐만 아니라 갈라진 틈, 단층과 암석의 구성에 대해 일반론을 도출했다는 점에서 획기적인 책이었다. 게다가 1852년에도 여든여섯 살이던 그는 보로우데일의 높은 산에 있는 프라이어즈 크래그 근처에서 배의 노를 저어가며 반세기 전에 시작한 수위 측정을 계속했다고 한다.[32]

오틀리의 지질학적인 지도 제작에서 비롯된 정밀한 연구와 발견이 계속된 덕택에 지질학은 화학과 쌍벽을 이루며 과학의 꽃이 되어갔다. 지질학 분야에서의 중점은 암석의 광물 구성에서 점차 화석으로 옮겨갔다. 1815년에는 또 다른 독학자인 토지 측량사 윌리엄 스미스가 자신이 제작한 암석 구성과 벤저민 리처드슨 목사가 바스 지방에서 발굴한 거대한 화석 수집품을 연대순으로 연결시켜 영국 최초의 종합적인 지질 지도를 만들었다. 그의 제자 중에는 옥스퍼드 대학에서 최초로 광물학 강의를 하게 되는 윌리엄 버클런드도 있었다. 그의 강의가 자극으로 넘쳐 청중들의 손에 땀을 쥐게 한 것은 버클런드가 "동굴 곰(구석기 시대의 동물)의 턱이나 하이에나의 대퇴골을 힘이 센 삼손처럼 휘두르면서 난해한 문제를 열심히 설명하기를 좋아했기" 때문이었다. 그의 강의에 매료된 청중들 중에는 그 당시 엑서터 칼리지 학생이던 찰스 라이엘(1797~1875)이 있었다. 라이엘은 독학한 사람은 아니었다. 제인 오스틴의 소설 『엠마』에 나오는 구절을 인용하자면, 그는 두 세대에 걸쳐 '상류계급에 올라선' 스코틀랜드 가문 출신이었다. 하지만 데이비와 패러데이와 마찬가지로, 라이엘의 경우도 근대사회가 태동하는 시점에서 영리한 젊은이에게는 기회의 문이 활짝 열려 있었다는 사실을 보여준다. 라이엘은 학위를 따자마자 신설된 지질학회의 특별회원으로 선출되며 20대에 이미 세계적으로 이름을 얻었다. 돌턴과 오틀리처럼 그도 본인의 눈을 통해 생각하며 한번에 여러 시간을 집중해서 열심히 관찰했고 많은 메모를 남겼다. 라이엘은 어디든 걸어 다녔다. 야머스 강 어귀를 직접 가보았고, 일꾼들

이 땅을 파는 장소로 서둘러 발길을 옮겨 지층의 단면도를 스케치했으며
바다 절벽을 오르고 채석장에 내려가기도 했다. 철도 시대가 도래해 굴
삭공사를 많이 하게 되자 라이엘은 크게 기뻐했다. 돌턴이 관찰한 날씨
의 변화에 기초하여 사물을 깨우쳤던 것처럼 라이엘도 역시 관찰에 의해
지세의 다양성에 기초하여 사물을 깨우쳤다. 라이엘은 위대한 풍경화가
들처럼 풍경이 전하는 의미를 상상하면서 마치 그를 꿰뚫어보듯 과거에
어떤 일이 일어났는지, 지금은 무엇이 일어나고 있는지를 알았다.

라이엘은 아리스토텔레스 철학의 카테고리에서 여전히 벗어나지 못
하고 있던 옥스퍼드의 과학을 보잘것없는 것이라고 일축하고 이렇게 썼
다. '빈약하고 추상적인 내용의 과학 논문, 그저 무의미한 용어들뿐이
며 마음속에나 있을 비물질적 존재를 터무니없을 정도로 공상적으로 애
써 분석하거나 분류하고 있다.'[33] 라이엘은 책이나 읽을 뿐 어디에도 가
보지 않으며 관찰이나 경험적인 조사도 하지 않는 대학의 학문을 경멸했
다. 대학의 연구원들 대부분은 유명한 프라이베르크 광산학교의 아브라
함 고들리프 베르너의 견해를 지지했다. 베르너가 설명한 것은 카타스트
로피 이론으로서 고대 괴물의 화석이나 뼈를 통해 밝혀낸 이 이론의 핵
심은 세계가 오래전 거대한 대양에 의해 흔적도 없이 사라졌다는 사실이
다. 성직자들은 이 세계를 '전(前)세계'라고 부르고, 이에 대조해 '현재의
세계'는 창세기에 묘사된 대로 신에 의해 6천 년 전에 창조되었다고 주장
했다. 한편 급진주의자들은 성경의 기술과는 다르게 지구를 매우 오래된
곳으로 설명한 제임스 허튼의『지구의 이론(Theory of the Earth)』을 지지했
다. 허튼은 "세계의 질서 속 어디에서도 시작을 알리는 흔적이나 끝을 암
시하는 조짐도 발견할 수 없다."고 썼다.[34]

회원의 대다수가 성직자들이던 지질학회는 이들의 심기를 건드리지
않고자 베르너 학파와 허튼 학파 사이 싸움에 끼어들지 않으려고 애썼
다. 이 두 학파 모두 자신들의 주장을 뒷받침할 수 있을만한 확고한 경험
적 증거를 충분히 제시하지는 못 했다는 사실 또한 확실하다. 그 대신 지

질학회는 보다 철저한 현지조사와 탐험에 전념했다. 그 결과 1819년에는 보다 정확하고 상세한 영국 지질지도를, 그리고 1822년에는 W. D. 코니베어와 윌리엄 필립스의 방대한 『잉글랜드와 웨일스의 지질 개요 (Outlines of the Geology of England and Wales)』를 완성했다. 라이엘도 이 노선을 택했지만, 스무 살 때부터는 연구대상을 유럽대륙으로까지 넓혀갔다. 1818년에 프랑스와 스위스를 조사할 때는 메모를 기록하면서 거의 매일 60킬로미터에서 65킬로미터를 걸었다. 이때 가이드는 "예, 이것으로 충분합니다. 각하."라고 말했다고 한다. 그 이듬해에는 잉글랜드 북부 전역을 돌아다녔다. 피털루 학살 전날에는 맨체스터까지 헌트에게 따라붙은 군중 3천 명에게 타고 있던 마차가 제지당하는 일까지 겪었다. 기록한 암석 형성의 일부 사항을 조사하러 가기 전 오틀리는 자신이 묵었던 보로우데일 여관 휴게실에 있던 셰익스피어 책 한 권을 뽑아 들었는데, "책 첫 페이지에는 지난해 워즈워스를 방문한 윌버포스가 이곳에 머물렀을 때, 여주인에게 '이처럼 매우 불경건한 책을 이 집에 놔두는 것은 좋지 않다'고 나무라는 내용을 자필로 쓴 것을 발견했다."[35]

라이엘은 1820년과 1823년에 다시 프랑스로 건너갔다. 두 번째 여정에서는 80마력의 엔진이 장착된 240톤 정기운항 신형 증기선인 '리버풀 백작 호'를 타고 단 11시간 만에 해협을 건너 프랑스에 도착했다. 라이엘은 여전히 파리가 세계의 과학 수도라고 느꼈다. 프랑스 과학아카데미 회원들은 모두 전문 과학 연구원들로 이들의 출판물은 높은 수준을 자랑했다. 라이엘은 특히 자연사 박물관에서 깊은 감명을 받았다. 정식 탐험대와 개인 여행자는 자신의 수집품과 작성한 메모를 박물관에 맡겼고, 이를 토대로 박물관에서는 전문 직원이 체계적으로 목록을 작성해 보관하고 있었다. 이곳에서 라이엘은 무척추동물에 대해 연구하고 있던 장바티스트 라마르크와 고생물학자인 조르주 퀴비에 남작을 만났다. 그리고 남작의 살롱에서 저명한 독일 철학자인 알렉산더 폰 훔볼트를 만나게 되는데, 그는 라이엘에게 최고의 파리 천문대를 구경시켜주었다. 하지만 라이엘은 놀라지 않았다. 그로부터 3년 뒤에 출간한 지질과학의 현상에 관한 조사에서 10년 사이에 영국에 수많은 과학학회들이 창립되었으며, 파리에만 집중적으로 몰린 프랑스와는 대조적으로 영국에서는 천문학회가 나타난 런던뿐만 아니라 브리스틀, 요크, 그 외의 많은 소도시에 협회들이 자리 잡았다고 라이엘은 기록했다.[36] 이를 발표하기 한 해 전, 라이엘은 처음으로 종(種)의 변이에 의한 진화를 언급한 라마르크의 『동물 철학(Philosophie zoologique)』을 읽었다. 마침내 라이엘은 1826년 논문을 통해서 서로 다른 종의 동식물이 서서히 나타나 지구를 계승했다고 쓰고, 이들 종은 모두 '하나의 연속된 체계의 부분'이며, 이 체계는 '고정되지 않고 점차 변해가는 것'이라고 주장했다. 그리고 그 이듬해에 만약 라마르크의 주장이 사실이라면 "오랑우탄이 인간의 조상일 가능성도 있다는 것을 증명할 수 있다."는 의견을 내비쳤다. 이러한 발상이 터무니없게 들렸을지도 모르지만, 사실 그 당시 지질학적인 발견들은 그 때까지는 상상조차 할 수 없던 가능성을 보여주고 있었다.

"여러 가지 종은 실제로 무언가 큰 변화를 겪고 있는 것이다! 이른바 '절멸종'이 뛰어넘을 수 없는 어떤 선, 뛰어넘어 현존하는 종으로 바뀔 수 없는 어떤 선을 식별하여 보여준다는 것은 불가능하다. 지구가 [라마르크가] 생각한 것처럼 아주 오래 되었다는 것이 오랜 기간 동안의 내 신조였다."

돌턴처럼 라이엘은 자연을 역동적으로 보았다.

"자연은 정지상태가 아니라 전쟁 상태다. 그것은 쉬고 있는 것이 아니라 변화하며, 현상유지가 아니라 탄생과 절멸의 연속이다."[37]

라이엘은 본래 보수적이었고 독서와 조사를 통해 비로소 눈에 보이게 된 전망에 동요를 느꼈다. 성경과 양립할 수 있는 이론도 포함하여 지구와 지구상의 동식물의 기원에 관한 현존하는 모든 이론들은 옹호될 수 없지 않을까. 그러나 타고난 과학자이기도 한 라이엘은 잦은 여행으로 수집한 방대한 자료를 가능한 많이 축적하여 지질학적인 변화의 원리를 밝힐 수 있는 원대한 연구에 착수했다. 1828년에서 1829년에 걸쳐 그는 다시 대륙으로 건너가 베수비오 산뿐만 아니라 시칠리아에 있는 에트나 산도 방문했다. 이 여행이 결정적인 전기가 되었다. 라이엘은 에트나 산이 지중해에 여전히 살고 있는 조개류와 식충류 종만 포함된 지층위에 있다는 사실을 발견했다. 시칠리아의 대부분은 지중해에 동물이 처음으로 모습을 나타냈던 때 이래 형성되었고, 시칠리아의 동식물이 섬보다도 오래되었고, 아프리카와 유럽에서 건너왔다는 것이 거의 확실했다. 지질학적 변화는 종의 변화가 나타나기보다도 훨씬 이전에 빠른 속도로 오래된 육지대를 파괴하고 새로운 육지대를 형성했다. 여러 종들은 멸종을 피하기 위하여 이주해 새 환경에 적응할 준비를 하고 있어야만 했다. 그 결과, 멸종을 면하고 생존하기 위한 투쟁 의지를 강화했다. 라이엘은 시칠리아에서 행한 조사 이후 지구의 역사에 관한 그의 견해를 완전히 바꾸었다. 마침내 지질학적 시간의 방대한 규모를 자각하고, 지질학적 변화가 얼마나 서서히 진행되는지를 인식하며 성서의 기록을 뒷받침하는 지각 변동설을 배제하게 되었다.

1829년 11월부터 1830년 초여름 사이에 라이엘은 자신의 논문 「지질학 원리(Principles of Geology)」를 다시 쓰는 데 몰두했다. 이 논문이 존 머리에 의해 1830년 7월 출간될 때 파리에서는 폭도들이 부르봉 왕조를 전복시키려 하고 있었다. 이 책의 충격은 파리의 7월 혁명 이상으로 혁명적이었다. 실제로 그 책은 그때까지 쓰인 책 가운데서도 가장 영향력 있는 책이라고 해도 좋을 것이다. 라이엘의 목적은 '과거의 지표면의 변화를 지금도 활동 중에 있는 원인을 참고하여 설명하는 것'이었다. 그는 현재 관찰할 수 있는 변화의 속도는 과거의 그것과 동일하다는 것, 즉 극적인 대변동이라는 것은 지금과 달리 일어난 적이 없고, 지표를 평평하게 하려고 노력하는 물의 힘(강, 바다)과 지각의 불균형을 회복하려고 노력하는 불의 힘(화산, 지진)이라는 '쌍둥이 힘' 아래, 지속적으로 서서히 변화하는 것에 지나지 않는다는 것을 보여주었다. 라이엘은 이 책의 4장에서 지질조사의 역사를 추적하고, 이어서 이 책의 핵심인 5장에서 무엇이 발생했고 원인이 무엇이었는지에 대한 그의 이론을 다루었다. 그리고 17장에서 그 이론을 물과 불의 진행을 묘사하는 삽화를 넣어 구체적으로 설명했다. 두 번째 책에서는 동물과 식물 세계를 다루었고, 세 번째 책에서는 지질이 형성되기 전 역사의 개략적인 사항을 정리했다. 그러나 '지적 다이너마이트'를 포함하고 있는 것은 뭐니 뭐니 해도 '아이디어'를 모아 놓은 첫 권의 제 5장이었다.[38]

라이엘은 교묘한 책략가였다. 그는 버틀러 주교의 『종교의 유추(The Analogy of Religion)』 같은 정평 있는 신학서를 가능한 교묘하게 이용하여 자기 학설을 보강하고, 자기의 이론이 순수한 기독교인이 생각할 만큼 충격적이지 않다는 것을 시사했다. 과학과 계시종교가 본질적으로 대립한다는 생각은 물론 현상 면에서까지 대립한다는 생각 역시 적극 억제해 ─훗날 찰스 다윈이 기꺼이 답습한 방식이다─ 신자들을 안심시키는 것이 라이엘의 수법이었다. 게다가 그의 개인적인 기록을 보면, 그가 성직자들의 저항을 최소화하기 위해 자기 이론 속의 주요한 구절들을 삭제하거나 다듬었다는 것을 알 수 있다. 그는 친구 과학자인 G. P. J. 스크로프에게 이렇게 썼다. "일부 사람들이 좋아할 그 이상의 말을 썼는지도 모르겠지만 그래도 이것만은 맹세코 말해둬야겠네. 나는 논평과 의견을 절반 이상이나 삭제했네. 많은 사실조차도. 왜냐하면…… 그런 것을 공공연히 발표하고 싶은 정직한 기분을 따르려 한다면 앞으로 2, 30년을 기다리지 않으면 안 되기 때문일세."[39] 「쿼터리(Quaterly)」지의 편집장 록하트와 교열을 담당한 스크로프에게 라이엘 자신도 가세하여 보수적 색채가 강한 영국의 출판 상황에서 어떻게 하면 그 책이 영국에서 가장 주목받게 될지에 대해 철저하게 의견을 교환했다.

이것이 얼마나 윤리적이었던 간에 라이엘이 살금살금 접근한 것은 성공을 거두었다. 『지질학 원리』는 널리 인정을 받아 과학적 정설로 받아들여졌다. 그리하여 근본주의자가 이 책이 성서에 기초한 연대학을 분쇄해버린다는 사실을 깨달았을 때는 이미 늦었다. 화학의 데이비와 돌턴 그리고 전자기의 패러데이처럼 라이엘은 근대 지질학의 기초를 놓았다. 따라서 『지질학 원리』는 이 분야의 첫 번째 교과서가 되었다. 그러나 라이엘의 경우에는 뚫고 나가야 할 종교적인 측면이 있었다. 그의 업적은 자신의 책에 대해 일반인의 인정을 받아낸 점에 있었다. 이 책은 지구의 모든 현상은 자연현상으로서 설명될 수 있고 과학적으로 토의될 수 있다는 가정 하에 지구의 기원과 역사를 처음으로 다룬 책이었다.

라이엘이 두 번째 책에서 다루지 않은 것은 각각 종들이 어떻게 생겨났느냐는 질문에 대한 답을 내놓는 것이었다. 그는 답을 몰랐거나 아마 답을 아주 열심히 찾는 것을 두려워 한 것 같다. 이 의문은 찰스 다윈의 몫으로 남겨졌다. 그러나 첫 번째 책은 과학적인 면에서나 그의 진화론에 대한 사회의 인정을 얻어낸 점에서 보면 다윈의 과업을 훨씬 쉽게 해주었다. 『지질학 원리』가 처음 출간되었을 때 다윈은 스물한 살이었는데 남아메리카 지질을 연구하러 비글호를 타고 항해하는 동안 그는 이 책을 잠시도 손에서 놓지 않았다. 다윈은 라이엘의 가장 가까운 친구가 되었다. 그러나 이 위대한 지질학자는 다윈에게 있어서 사교 면에서까지 반드시 보탬이 된 것은 아니었다. 다윈의 약혼녀 엠마는 라이엘을 '무거운 짐'이라며 피했고, "라이엘 씨는 결코 소리 내어 말하지 않아 모든 사람들이 그에게 맞추어 음성을 낮추어야 했기 때문에 파티를 단조롭게 만들기에 충분했다."고 불평했다.[40] 그러나 라이엘과 다윈은 과학계 동료로서 잘 맞았고 두 사람은 생산적인 파트너십을 형성했다. 지구와 지구상에 존재하는 모든 것들이 어떻게 진화하는지를 처음으로 밝혀냈다는 업적을 살펴본다면, 두 사람의 연구 성과를 한데 모아 보는 것이 타당할 일일 것이다.

배비지의 자동계산기

만찬회에서 라이엘만이 유일하게 까다로운 손님은 아니었다. 라이엘 자신이 기록으로 남긴 것이지만, 수학자 찰스 배비지는 "어떤 사람의 이야기가 진실한지는 그 사람 인격의 대수방정식에 의존한다."고 주장했다. 라이엘이 그 집의 페인트 상태를 비판했을 때 배비지가 불쑥 끼어들었다. "아니오. 집 외부를 페인트칠 하는 것은 지수 마이너스 1로 계산될 수 있소. 즉, 나는 수입이 함수가 될 수 있다고 생각합니다." 듣기 어려운 목소리로 말하는 라이엘과 마찬가지로 방정식을 가지고 사물을 이야기 하는 배비지가 찰스 다윈의 동생이 베푼 만찬회에 동석했을 때의 흥미로운 에피소드가 남아 있다. 토머스 칼라일은 만찬회 동안 인류가 말없이 지내는 것이 얼마나 더 좋은지에 관해 강연을 함으로써 두 사람이 말할 틈도 주지 않았다. "저녁 식사 후 배비지가 아주 정색을 하고 칼라일에게 침묵의 이점에 대한 매우 흥미로운 강의를 해 준 것에 감사를 표했다."고 다윈은 썼다.[41]

찰스 배비지(1792~1871)는 정말 냉혹한 사람이었다. 그는 엄해 보였고 목소리마저 엄하게 느껴졌다. 그리고 나이가 들어 갈수록 그의 생각은 더 엄해졌다. 그가 엄한 데는 나름의 이유가 있었다. 그는 전 인류의 이익을 위하여 미래를 현재로 가져오는 법을 알았고 인간과 물질의 실패에 의해 그 단계마다 좌절감을 느끼는 자신을 발견했다. 그는 플릿 스트리트에 있는 은행의 성공한 파트너의 아들로 데번 주의 토트네스 출신이었다. 젊었을 때 이미 연 수입이 300파운드였고, 마침내 1827년에는 유산으로 10만 파운드를 받았다. 그는 자신의 과학 연구에 적어도 2만 파운드를 사용했다. 그가 평생 동안 기계에 매혹 당하게 된 것은 소년 시절 콕스퍼 스트리트에서 열린 위키(weeke)의 기계 전시회에서 여자 은조각상을 본 후부터였다. 이 여자 조각상은 춤을 추는 모양이었고 그녀의 손에 들려있는 새는 부리를 벌리고 꼬리를 흔들며 날개 짓을 하고 있었다. 아주 운 좋게도 배비지는 40년 뒤 경매에서 이 조각상을 입수하여 자신의 거실에서 가장 눈에 띄는 자리에 놓아 장식했다.[42] 기계가 저 정도만 해낼 수 있다면 사실 할 수 없는 일 따위 없을 것이라고 어린 배비지는 생각했다. 그리하여 배비지는 어릴 때부터 더 진보된 기계를 만드는 열쇠는 긴 안목으로 보면 숙련된 장인의 기능보다는 계산에 달려 있다는 결론을 어린 나이에 내렸던 것 같다. 그는 우선 토트네스의 그래머 스쿨을 거쳐 엔필드에 있는 사립학교에 입학했다. 거기서 그는 새벽 세 시에 기상해 오후 다섯 시 반까지 대수를 포함하여 수학 공부를 했다. 공부를 시작할 무렵의 애독서가 마리아 아녜시의 『해석 원론(Analytical Institutions)』이었는데 다른 조건이 동일하다면 남성보다 여성 쪽이 우수한 수학자가 될 수 있다는 것이 배비지의 지론이었다. 19세에 캠브리지 대학에 입학하러 갔을 때에는 이미 미적분에 관한 라크루아의 위대한 책을 읽었다. 그러나 케임브리지에서는 학문이라고 해봐야 뉴턴에 관한 것뿐이고, 개별 지도교수도 자신의 질문에 대답할 실력이 없다는 사실을 알고 배비지는 격노했다. 그는 존 허셜의 도움을 받아 스스로 해석학회를 창설하고 기관지 「기요(Transaction)」를 발간해야 했다. 그 두 사람은 협력하여 라크루아의 저서를 번역하고, 교과서와 논문을 썼으며 수표(數表)를 갱신했다. 1813년부터 1814년에 걸친 겨울, 나폴레옹 제국이 마침내 붕괴되고 있을 때 허셜은 배비지가 대수표를 베끼는 것을 보면서 "그래, 배비지, 무슨 꿈을 가지고 있는가?"라고 물었다. 그러자 배비지는 "나는 이 모든 표들을 기계가 계산해 낼 수 있다고 생각해."라고 대답했다.[43]

산업화에 의해 세상은 복잡한 계산이 점점 필요해지지만, 그런 계산은 손과 머리를 써서 해야만 했기 때문에 그 후 배비지는 정교한 계산을 대신 처리해 줄 기계를 만들고자하는 욕망에 사로잡혔다. 원시적인 계산기는 17세기 중엽 블레즈 파스칼에 의해 고안되었다. 고트프리트 라이프니츠도 자신의 수표를 위한 계산기를 만들었고, 네이피어 계산봉(棒)

으로 알려진 기구도 사용했다. 그러나 배비지는 계산봉을 사실상 무용지
물로 여겼다. 그는 계산뿐만 아니라 프로그램화 된 법칙에 따라 산출된
일련의 숫자들을 정확히 찍어 내는 기계를 원했다. 그는 20대 초반에 그
가 명칭을 붙인 두 종류의 '엔진'에 주의를 집중한 것 같다. 첫 번째는 수
표를 계산하고 프린트하는 '차분기관(Difference Engine)'이다. 그것은 조류,
경도 등의 해사 수표를 만들어 냈기 때문에 즉시 유용했지만 비교적 단
순한 원리를 응용한 것이었다. 두 번째는 한없이 다양한 과업을 수행하
도록 프로그램을 짤 수 있는 다목적 계산기인 '해석기관(Analytical Engine)'
이다. 배비지는 40년 이상 계속해서 이 기계의 원리들에 대해 연구했다.
배비지의 계산기와 1930년대부터 1940년대에 걸쳐 개발된 대형 컴퓨터
사이에 본질적인 차이는 없었다.[44] 배비지는 단독으로 컴퓨터 과학을 창
조했는데 이는 시대를 백여 년 앞선 것이었다. 이 점에서 그는 그 시대를
대표하는 단연 가장 독창적인 과학자였다. 그러나 어떤 면에서 그것은
배비지의 비운이기도 했다. 그는 시대를 너무 앞서 있었던 것이다.

　배비지의 엔진이 필요하다는 것에 대해서는 의심의 여지가 없었다.
경리사무원이 계산을 틀리게 하기 일쑤였고 그에 더해 그들이 손으로 작
성한 표가 만들어졌을 때 인쇄되는 단계에서 식자공의 실수까지 더해졌
다. 배비지는 1822년 영국학술원 의장이었던 데이비에게 편지를 보내
"인간의 지성을 이용하는 직업 중 가장 천한 것 중의 하나"인 계산하는
일의 "견디기 힘든 노고와 피로를 부르는 단조로움"을 제거할 필요성을
주장했을 뿐 아니라 프랑스 경도 위원회가 발행한 해와 달에 관한 시리
즈에는 적어도 500군데 이상 잘못된 부분이 있다고 지적했다. 대조적으
로 그가 설계한 기계는 한 번의 조작으로 계산과 인쇄를 끝낼 수 있을 뿐
만 아니라 자동 수정 기능도 내장되어 있었다. 계산의 수고를 없애는 것
뿐만 아니라 오류가 없는 것 그리고 특히, 속도를 높이는 것이 그의 목표
였다. 배비지에 따르면, 대규모의 방대한 계산을 하고 작성된 것이 사인,
탄젠트와 로그를 정리한 프랑스 시리즈였다. 이 시리즈는 거대한 2절판

책 17권으로 구성되어 있었는데, 수표 한 장에 800만 개 이상의 숫자가 사용되었다. 이 시리즈를 만드는데 학술원 교수 두 명의 지도하에 일하는 14명의 아주 숙련된 수학 전문가까지 포함해 총 916명이 필요했다. 계산기를 사용하면 12명이나 그 이하로 필요 인원이 줄어들 수 있었고 실수도 없앨 수 있었다. [45]

배비지는 오래 걸려야 3년 안에 '차분기관'을 만들 수 있다고 생각하고 자기 돈 3,000 내지 5,000파운드를 지출할 준비를 했다. 그러나 그 금액으로는 충분하지 않아 1823년 초에 재무부에 재정 보조를 요청했다. 프랑스와 달리 영국정부는 과학 사업을 보조하는데 익숙하지 않았다. 정부는 그 요청을 데이비, 허셜과 아버지 브루넬이 회원으로 있는 왕립협회위원회에 회부했다. 한 명을 제외하고 모두 정부의 자금이 제공되어야만 한다는데 동의해 그 취지를 의회에 보고했다. 배비지는 1824년 재무장관 프레드 로빈슨을 만났다. 회견이 끝날 무렵에 배비지는 충분한 자금을 이용할 수 있으며 기계가 완성되면 정부가 그것을 살 것이라는 것을 예상했다. 그러나 전형적으로 무능력했던 로빈슨은 이때도 회견 내용을 남기지 않았고, 훗날 어떤 합의가 있었는가를 둘러싸고 분쟁이 발생했다. 마침내 배비지는 당시로서는 엄청난 금액이자, 그동안 영국정부가 발명을 지원하는데 지출한 것보다 훨씬 더 많은 7,500파운드를 재무부로부터 받아냈다. 그러나 어떤 점에서 그는 당시의 시대정신에 대항해 싸우고 있는 중이었다. 많은 '진보주의' 정부 인사들은 국가는 가능한 한 활동하지 않아야만 한다고 생각했다. 그들은 정부가 할 일은 단순히 중상주의의 유물을 소멸시키고 자유무역을 도입함으로써 사기업에 대한 규제를 철폐하는 것이고 나머지 일들은 기업들이 하는 것이라고 생각했다. 만약 배비지의 아이디어가 실행 가능하다면 왜 그가 회사를 설립하고 시장을 통한 자금조달을 대중들에게 호소하지 않았을까?

여기서 특기할 만한 사실은 정부 내에서 배비지를 강하게 지원한 사람은 반동주의자라고 생각되었던 웰링턴 공작이었다. 공작은 계산기의 군사적 유용성, 특히 육상·해상에서의 포격이나 함선의 항해에 이용할 경우의 유용성을 이해할 수 있었다. 따라서 공작의 입장에서 본다면 배비지에게 보조금을 지급하는 것은 국가 방위 사업의 일부였다. 게다가 그는 원래부터 기계에 관심이 많았고 배비지의 엔진들은 특별히 그의 주의를 끌었다. 각각 다른 기능들을 가진 무수한 부품을 제어하는 것이 주어진 명제에 맞게 여러 가지로 설정된 단일 명령 계통이라는 설정은 사령관이 대군을 지휘하는 것과 흡사했다. 이것과 대조적으로 '근대적인' 개화한 정치가 로버트 필 경은 원조에 그다지 열광적이지 않았다. "좀 더 진지하게 생각해야만 하겠소. '월급조차 없이 경직된 남자'(계산기를 말함─옮긴이)가 수표(數表)를 계산하는 것을 도와주는 문제에 시골 신사 투성이인 경박한 하원에서 대규모 투표를 제안하는 것은 그 다음 일이오."라는 냉담한 편지를 크로커에게 보냈다.[46]

배비지는 삼중고(三重苦)에 봉착했다. 그것이 그가 처음 생각한 것보다 기계들 제작에 훨씬 오랜 시간이 걸린 것과, 더 많은 돈이 들어간 이유를 설명해준다. 그가 과학의 미개척 분야를 어느 한 시점이 아니라 여러 번에 걸쳐─이론상의 기계들을 상상하며─확장하려 노력하고 있었다는 것을 이해하는 데는 상당한 시간이 걸렸다. 첫째로, 그는 새로운 언어를 창안해야만 했다. 엔진의 프로그램과 작동은 어떻게 묘사할 수 있을까? "나는 곧 일상적인 언어 형태는 너무 산만해서 어려움을 제거할 것이라는 기대를 할 수 없다는 걸 느꼈고 오래 걸리지 않아 나는 가장 바람직한 길은 기호라는 언어에 의지하는 것이라는 결론에 도달했다." 그러므로 그는 엔진의 복잡한 절차를 묘사하기 위해 아라비아와 로마 문자, 대문자와 소문자, 이탤릭체, 화살표와 다른 인쇄 장치에 의존했다. 그러나 이 정도로는 일반인에게 받아들여지지가 않았다. 계산의 답이 나와도 뭐가 뭔지를 몰랐기 때문이다. 또한 엔진의 움직임을 전달하기 위해 그는 엔진을 인간 뇌의 형식과 비슷한 것을 사용해야만 했다. 이것은 분명 오해를 불러일으키기 쉽고 어떤 사람들로 하여금 엔진의 움직임을 과대평가하게 했다. 한편으로는 엔진을 두려워하는 사람도 생겼다. 기계가 '세팅'─요즘이라면 '프로그램'이라는 용어를 썼을 것이다─되었을 때 배비지는 "이제 이 기계는 이해하고 있소!"라고 말했다. 이러한 단어의 사용을 배비지는 이렇게 옹호했다. "'엔진이 이해하고 있다'라는 표현은 계산에 의해 산출된 많은 답 가운데 하나가 정해지고, 엔진의 내부 배열에 특정 변화가 일어나 그 변화에 의해 지정된 방법으로 다음의 연산 실행을 수행하는 과정을 의미한다."[47] 이런 종류의 '설명'은 실제로 대중을 더 혼란스럽게 했다. 배비지는 생각은 명확했지만─더 명료하게 생각한 사람이 없었다─글이나 말로는 그 생각을 명확하게 표현할 수 없었다. 그리고 그는 언어적 상상력이 부족했다. 실로 흥미로운 일이지만, 콜리지와 셸리 같은 시인들이 직관으로 원자론을 이해할 수 있었던 것과 같이 차분기관을 대중에게 이해시킬 수 있는 문장으로 설명한 사람은 젊은 미국 시인 에드거 앨런 포(1809~1849)이다. 포는 『매젤의 체스 플레이어(The Chess Player of Maelzel)』에서 그 원리를 설명했다. 이와 관련해 이 소설은 19세기의 최후 10년 간에 H. G. 웰스가 과학을 보급하기 위해 사용한 SF(과학소설)의 선구가 되었다.

배비지는 동료 과학자와 의사소통하는 것조차 자주 실패했다. 바로 그것이 바이런의 아름다운 딸이 보내준 원조와 이해에 깊은 감사의 마음을 담았던 이유일 것이다. 배비지가 '에이다여! 나의 집과 내 마음의 유일한 딸이여!'[48]라고 부른 이 여성은 '평행사변형의 공주'인 어머니로부터 수학적 천재성을 물려받았고, 배비지는 에이다가 아직 어린이였을 무렵 그 재능을 닦도록 격려했다. 에이다는 예쁘고, 작고, 호리호리했으며 검은 피부에 아버지로부터 물려받은 감미로운 목소리를 갖고 있었다. 그녀는 배비지의 조수 역할을 했을 뿐 아니라 배비지에게 놀랄만한 편지를 많이 써 보냈다. 수학자 어거스트 드 모건의 아내는 배비지가 그의 집에 그의 '차분기관'을 공개했을 때의 광경을 이렇게 묘사했다. "일행 중 미스 바이런을 제외한 모든 사람들이, 마치 야만인들이 처음 거울을 보거나 총소리를 들었을 때 보일만한 표현과 느낌으로 각자 이 아름다운 기계를 응시하고 있는 동안 미스 바이런은 그 기계의 작동법을 이해했고 이 발명의 커다란 장점을 알아보았다."[49] 이것은 배비지에게 얼마만큼 위안이 되었다. 그는 어디에서도 이해받지 못했고 대중들의 몰이해는 그의 고립감과 비통함을 한층 증대시켰던 것이다.

배비지가 직면한 두 번째 어려움은 아마도 극복하기 쉽지 않을 성격의 문제였다. 그는 주철, 황동, 마호가니의 시대에 컴퓨터를 만들려고 노력하고 있었다. 당시 가벼운 소재는 전혀 없었다. 게다가 그는 아주 정밀한 설계도를 제시해 직공들로 하여금 당시 최고의 기술을 활용하거나 그 이상으로 일할 것을 강요했다. 모든 개별 부품은 손으로 만들어져야만 했다. 현재 켄싱턴 과학박물관에 소장되어 있는 그의 위대한 미완성 엔진은 당당하면서도 경외감을 불러일으키는 물건이지만 또한 아주 비싸게 보인다. 실제로 이것은 매우 비싼 기계였다. 수학을 제외하면 모든 면에서 배비지는 보수 아마추어 신사였다. 그는 어떤 자물쇠도 열 수 있었지만 선반을 작동하거나 자신에게 필요한 부품을 만들 수는 없었다. 그는 자신의 회사를 설립하고 관리 책임자를 고용하여 경기를 맡겼으면 했다. 그는 자신의 목적을 대중에게 설명할 홍보 전문가를 고용해야 했다. 그리고 그에게는 무엇보다도 그 모험적 사업의 성공을 위해 그와 밀접하게 행동을 같이 할 책임 기술자가 필요했다. 대신에 그는 조셉 클레멘트를 그 엔진에 지분을 갖는 동업자가 아니라 원가가산 계약에 근거해 고용된 피고용인으로 활용했다. 클레멘트는 뛰어난 장인이었지만 완벽주의자여서 일의 속도가 아주 느렸다. 그는 또한 탐욕스러웠고 비용을 통제하는 능력이 없었다. 배비지는 모험적 사업의 이런 측면을 이해하지 못했다. 그는 사업 감각이 결여되어 있었지만 너무나 긍지를 갖고 있어서 누군가에 도움을 청할 생각도 없었던 것 같다. 1829년 말, 자신의 재산은 다 써버리고 정부 자금 5,000파운드가 남아 있는 상황이었는데도 그는 여전히 도구, 모형과 도면을 누가 갖고 있는지 그리고 누가 보험료를 지불하느지와 같은 아주 초보적인 질문만 해댔다. 결과적으로 자금 부족 때문에 전체 프로젝트가 미루어졌다. 사실 그 차분기관은 약간의 일을 수행했지만 그것은 결코 완성되지 못했고 생산단계에 들어가지도 못했다. 한편 '해석기관'은 배비지가 디자인하고 부품을 만들었지만 아예 시작품조차 제작하지 못했다. 결과적으로 다음 정부는 배비지에 대한 신뢰를 완전히 잃었으며 그 사건은 장기적으로 해로운 영향을 끼쳤다. 헛수고가 된 터무니없는 계획에 그렇게 많은 납세자들의 돈을 낭비한 것은 그 후 모든 과학 연구 사업에 공적 자금을 투입하는 걸 막을 만한 이유로 자주 인용되었다. 배비지의 계산기 제작에 필요한 도구 대부분이 특별히 창작되었다는 것―클레멘트는 이들 도구 제작으로 유럽 제일의 일류 기계공구 제작자가 되었다―과 배비지의 사업 덕택에 도구 제작 기술이 크게 진보했다는 사실은 모두 무시되었다.[50]

배비지와 정부의 불화는 그가 아마도 처음으로 산업사회의 본질적 특징을 파악하고 사회가 인류에게 제공하는 무한한 기회를 예측한 사람이었기 때문에 특별히 비극적이었다. 그보다 연하로 같은 시대 사람인 카를 마르크스는 산업 자본주의의 나쁜 면만 보았고, 부친과 조부가 당대에 가장 성공한 기업가였던 필 같은 사람조차 산업화는 참고 견뎌야만 하고 몸에 익혀야만 하는 개탄할 사태라고 느꼈다. 이에 대해 배비지는 산업화야말로 인류가 경험한 것 가운데 최고라고 생각했다. 무수한 점원들의 수고를 없앨 수 있었던 그의 '생각하는 엔진'은 그 수량과 종류도 풍부한 기계들이 가혹한 육체적·정신적 노동을 종식하고, 번영과 함께 날로 여가시간이 늘어나는 미래를 차츰차츰 앞당기는 방법의 패러다임이었다. 배비지는 숙련된 노동자 중 한 명인 리처드 라이트를 데리고 영국 전역을 여행했다. 밤에는 순회 외판원―그는 종종 순회외판원으로 여겨졌다―을 위한 여관에 묵고 낮에는 두 사람이 많은 양의 메모를 하면서 제조공장 기계들을 보러 다녔다. 그는 프랑스, 오스트리아, 독일과 이탈리아에 있는 공장들을 방문했다. 1829년에 간행된 백과사전에 배비지가 실은 주요 기사인 '기계의 사용을 지배하는 일반 원리'는 공장에 기반을 둔 제조업을 경제적 토론의 중심에 있게 만든 첫 번째 시도였다.[51] 기계와 공정을 비교 연구해 그는 과학적 연구에 의한 경영분석이라는 새로운 연구방법을 창안했다. 그는 핀 제조업과 인쇄업도 분석했다. 그는 우체국의 경제성 연구를 통해 롤런드 힐에게 1페니 우편제의 도입을 권하기도 했다. 신뢰할 수 있는 생명보험 일람표를 최초로 출판한 것이나 종합적인 보험통계 이론의 논문을 최초로 발표한 것도 배비지였다. 타이머가 부착된 기계, 수도계량기, 수상비행기 등 배비지가 착안한 다수의 상상력 풍부한 고안품들은 급속히 발전하는 기술이 그것들을 가능하게 할 것이라는 확신에 근거를 두고 있었다. 예를 들면 수상비행기는 작고 가벼우며 콤팩트한 추진 장치가 필요하지만, 이 문제는 훗날 내연기관이 개발되면서 해소되었다. 다양한 산업에 대한 폭넓은 지식을 갖고 있는 배비지는 한 분야의 기술 진보가 다른 분야의 발전을 자극한다는 것을 알았다. 그리고 그는 종종 중앙 통제되는, 생산성을 경이적으로 높이고 육체노동을 없게 만들 아주 정교한 기계들이 등장하는 2차 산업혁명이 다가오고 있다고 믿었다. 그는 20세기 후반의 산업 진전 중 많은 것들을 명확히 예상했지만 그것이 금방 이루어질 거라고 믿은 것은 착오였다.

배비지의 판단이 틀린 이유 중 하나는 산업화에 뒤따르는 계급투쟁이 일어나지 않고 끝나버린다고 믿은 때문이었다. 배비지의 눈으로 보면 이런 투쟁은 난센스나 다름없었다. 배비지는 백과사전에 실린 그의 기사를 보완하며 『기계와 대량생산의 경제학(The Economy of Machinery and Manufactures)』이라는 책을 썼다. 그리고 우선적으로 노동자가 읽어주기를 희망했다. 왜냐하면 '많은 공업 국가의 노동자들 사이에, 노동자의 이익과 고용의 이익이 모순된다는 가장 잘못되고 불행한 견해가 만연하고 있기' 때문이었다. 이 잘못된 인식의 결과, 한편으로는 러다이트 운동과 직종별 노동조합을 제한하는 풍습이 생겼고, 다른 한편으로는 고용주가 노동자의 재능과 통찰력을 살리지 않는 상황을 초래하고 말았다. 기계 파괴는 물론이고 노동조합 역시 산업이 한 지방에서 다른 지방으로 옮겨 가게 만들었을 뿐이었다. 대신에 노동조합이 전국적으로 조직되었더라도 외국의 경쟁자만을 이롭게 할 뿐이라는 사실은 같았다. 그러나 그는 노동조합에 반대한 것처럼 사용자의 동업자 단체에도 강하게 반대했다. 따라서 런던 출판판매업조합에서의 판매자 측의 단결(소매가격 담합의 초기 형태)에 대한 그의 증오가 그로 하여금 자신의 책을 직접 발간하도록 했다. 그런데 이 자비 출판된 책이 매우 잘 팔려 배비지는 훗날 상업적으로 상당한 성공을 거두었다. 그는 이 책에서 노동자는 최신 기계를 설치해 생산성을 높임으로써 노동자도 자본가와 마찬가지의 이익을 얻을 수 있지만, 그러나 그것을 실현시키기 위해서는 결과에 대한 보수, 노동자가 제안한 운영상의 개선사항에 대해 이익을 나누고 보너스를 받는 것 이외에는 없다고 역설했다.[52] 그는 고용주와 노동자, 과학자와 기술자 모두가 부적절한 교육으로 고통 받고 있다고 생각했다. 영국의 공업사회가 공업 생산으로 세계를 계속 선도하기 위해서는 꾸준히 진전하는 기술에 의존할 수밖에 없으므로 그런 사회의 필요성에 호응해 교육제도 전체를 개편해야 한다는 게 배비지의 생각이었다.

배비지가 말했던 거의 모든 점이 세부적인 부분까지 옳았다는 사실은 그 후 역사가 입증했다. 만약 그가 만든 엔진이 작동하는 게 보였더라면 그의 존재가 더 많이 인정받았을지도 모른다. 그러나 그의 '차분기관'은 전시용 정도였고 '해석기관'은 문서상으로만 존재했다. 1820년대 중반부터 그는 사기꾼으로 공격을 받았고 그의 프로젝트는 공적자금을 낭비했다고 평가받았다. 이 중 가장 심한 비난은 케임브리지 대학의 '과학' 교수와 강사들이 쏟아냈다. 한층 완강해지고 적의를 가득 품은 배비지는 그들과 학회를 적으로 돌려 뿌리 깊은 피의 복수를 감행하는 비상한 능력을 발휘했다. 데이비가 죽었을 때 배비지는 허셜을 왕립협회 회장이 되게 하는 데 실패했다. 그 대신 왕족인 서식스 공작이 회장 후임으로 선출되었다. 이 실패로 인해 배비지의 과학개혁 운동은 타격을 입었다.

실의에 빠진 배비지는 『영국에서의 과학의 쇠퇴와 그 원인에 대한 고찰 (Reflections on the Decline of Science in England and on Some of Its Causes)』이라는 논문을 발표했다. 이 논문은 배비지의 의도대로 영국 내 과학 교육 부족에 대해 주의를 기울이게 했지만 논제와 관련이 없는 그 자신의 개인적인 불만이 삽입되어 있어 그 영향을 무디게 만들었다.[53]

웰링턴의 흥미를 불러일으킨 것을 제외하고, 배비지는 정치인들의 관심을 거의 얻지 못 했다. 브로엄은 그가 친하게 지내지 못한 많은 사람들 중 한 명이었다. 여하튼 브로엄은 이상한 과학적 견해를 갖고 있었으며 좋은 일보다 나쁜 일을 더 많이 했다. 예를 들면 브로엄은 「에든버러 리뷰(Edinburgh Review)」지에 발표한 비평을 통해 우수한 박식가 토머스 영 (1773~1829)이 제창한 근거가 매우 확실한 빛의 파동설을 잘못된 이론이라고 낙인 찍어버렸다. 또한 휘그당원은 과학에 관심이 없었지만, 여기에 흥미가 있던 휘그당원 필은 대학 시설을 지원해야 한다고 주장했다. 그는 배비지의 기계나, 힘없는 천문대장 조지 비덜 에어리를 바보로 만들고 자신의 친구 윌리엄 휴얼 목사를 트리니티칼리지 학장으로 임명했다. 휴얼은 학생들에게 과학을 공부하기 전에 일반 교양과목을 이수할 것을 주장했지만, 케임브리지의 과학 과정에 새로운 발견을 포함시키는 것은 그 발견이 있고서 백년이 흐른 후에나 가능할 거라고 말했을 때는 필도 이의를 제기했다.[54]

산업화와 과학 기술 진흥

배비지와 허셜 같은 과학 개혁론자는 관청과 옥스퍼드와 케임브리지 대학에 절망하여 지방으로 눈을 돌려 1831년에 영국과학진흥협회를 설립해 정부와 대학을 제쳐놓고 대중에게 직접 호소했다. 이 협회는 전통

뿐만 아니라 계급차별도 없었다. 이 사실은 매우 중요한 의미를 지닌다. 대부분의 과학 또는 '철학' 협회—그 조직에 소속된 사람들은 스스로의 조직을 그렇게 불렀다—는 그때까지 신사처럼 보이지 않는 사람들을 배제했다. 1815년에 런던의 독학자 티모시 클랙스턴은 철학 모임의 회원이 되길 바랐지만 거절당했다. 그는 "나는 기계공이었다. 그게 내가 회원이 되기 원하는 이유였는데…… 또한 기계공이라는 이유 때문에 나는 회원이 되지 못 했다."라고 말했다. 2년 후 그는 최초의 기계공 학교(Mechanics Institute)를 창설했다.[55] 런던에서 개업 중이었던 에든버러 의사 조지 버크벡은 클랙스턴이 벌이는 운동의 구심점이 되어 글라스고와 런던에 지부를 설립했다. 1825년에는 이미 이런 학교가 열네 개나 되었으며, 브로엄도 이 운동에 참가해 「인민의 교육에 관한 실천적 의견서」라는 제목의 팸플릿을 발간했다. 브로엄은 과학 연구로부터 멀리 떨어져 있었지만 현명한 사람이었기에 1820년대에는 인민주의자로서 그에 필적할 만한 사람은 없었다. 브로엄의 팸플릿이 직접적 계기가 되어 학교가 새로이 30개나 탄생했고 그해 말까지 요크셔의 20개 학교를 포함해 대략 100여개의 학교가 세워졌다. 이들 학교는 운영위원회의 2/3가 손수 생계를 꾸려가는 노동자로 구성되어야만 한다는 규칙을 채택했다. 그리고 그들은 독립재산제를 채택했으며, 자신들이 스스로 참고서를 발간하고 순회도서관을 운영했다. 1863년에는 학교 수가 700개를 넘어섰다.[56]

이 운동은 산업국인 영국을 실질적으로 떠받치고 있던 사람들, 즉 대부분이 독학한 숙련 노동자들에게 세상의 이목이 쏠리게 만들었다. 이 운동의 약점은 교육제도 전반의 약점과 마찬가지로 기술이나 과학에 집중하지 않고 부지중에 문학과 예술 쪽으로 흐르는 경향이 있다는 거였다. 영국 대학의 실태, 그리고 교육 개혁에 대한 정부 당국과 의회의 무관심을 감안한다고 하더라도 어떻게 산업혁명이 영국에서 제일 먼저 발생했는가 하는 의문이 발생한다. 산업혁명은 주로 1770년대에 태동해

1780년대에 본격적으로 발전했다.[57] 그래머 스쿨과 영국 국교회에 반대하는 교육기관과 달리 대학은 산업혁명에 거의 관여하지 않았고 정부도 전혀 관계가 없었다. 노스 경은 자신이 산업혁명 기간 동안 총리를 맡았다는 사실을 알지 못한 채 죽었다. 최초의 과학 기술사가인 새뮤얼 스마일스는 "지난 세기의 교양 계급의 사람들은 기계공이나 기계에 관한 주제들을 경멸했다."고 썼다. 그리하여 그 한 예로서 그는 조나단 스위프트의 '저곳에 있는 뉴턴이라는 사람—안경 유리를 갈고 제작하는 사람'이라는 말을 인용했고, 또한 조지 스미턴(옛 로마인이 발명한 방수 시멘트를 재발견하여 에디스톤 등대를 건설한 위대한 인물)이 왕립협회 동료로부터 트렌트 협곡 횡단도로를 건설했다고 문책당한 후 그 도로공사를 '노동인부들의 일'이라 비난받았던 사실을 지적했다. 스마일스는 "영국 공학 기술사에서 가장 현저한 특징 중 하나는 주요한 업적이 자연철학자나 수학자가 아닌 대개 독학을 한 비천한 신분의 사람들에 의해 이루어졌다는 것이다."[58]라고 덧붙였다. 실제로 이런 패턴은 18세기뿐만 아니라 19세기까지도 계속되었다.

대영제국을 만든 기술자들

돌턴, 데이비와 패러데이 같은 과학자에 비해서 기술자들의 출신 배경은 비천했고, 스스로의 힘으로 얻은 것 외에는 아무 것도 갖지 못했다. 조지 스티븐슨은 소 목동에서, 양치기 아들이었던 텔포드는 석공에서 출발하여 각각 이름을 알렸다. 알렉산더 나이스미스는 마차 도장공 수습생에서 출발했다. 증기 해머 발명가인 나이스미스의 아들 제임스는 아홉 살 때 황동 대포를 만들었다. 열두 살 때 이미 그는 자신의 공구는 반드시 자신이 직접 만들고, 자신의 실험에 사용할 약품은 가게에서 결코 사지 않았다. 그와 그의 아버지는 기성 제품을 사는 것을 비판했다. 제임스는 "진실은 눈과 손가락 ― 그것도 맨 손가락들 ― 만이 신뢰할 만한 실용적 교육에 다다르는 두 가지 주요한 입구다."라고 썼다. 그것이 제임스가 캐런 철공소에서 도제생활을 하러 가기 위해 기쁜 마음으로 학교를 떠난 이유이다. "나는 항상 장갑을 끼는 젊은 기사들을 신뢰하지 않는다. 장갑 특히, 어린 염소 가죽 장갑은 기술적 지식의 완전 절연체로서는 최적이었다."[59] 공작 기계 발명가이자 특허를 받은 자물쇠, 수압 프레스, 맥주 펌프, 근대식 소방차, 만년필과 최초의 근대식 화장실을 만든 조셉 브라마는 목수의 도제로 출발했으며 기본 지식과 경험을 지방 대장간에서 체득했다. 포츠머스에 있던 브루넬의 벽돌공장을 위해 최초의 산업 조립라인을 창안해 냈던 헨리 모즐리는 아마도 매우 유능한 공작기계 발명가라고 할 수 있을 텐데, 그는 열두 살 때 탄약 공장에서 화약운반수로 출발했고, 그 후 대장간을 거쳐 기술을 익혔다. 조셉 클레멘트는 학교에서 읽고 쓰는 것을 제외하고는 아무 것도 배우지 못하고 천한 베틀 직공이었던 아버지를 돕는 일부터 시작했다. 클레멘트도 역시 대장간에서 기술을 익혔다. 더비의 제임스 폭스와 함께 최초의 기계식 평삭 선반을 발명한 영광을 공유한 위대한 엔진 디자이너이자 제작자인 리즈의 매튜 머리(Matthew Murray) 역시 마찬가지였다. 폭스는 처음엔 주방의 보이나 매니저 일을 했다. 뛰어난 공작기계와 자동 뮬 방적기 ― 스마일스가 "현재까지 고안된 기계들 중 가장 정교하고 아름다운 것"이라고 자평했다 ― 등을 발명한 웨일스 출신의 리처드 로버츠는 제화공의 아들로 전혀 교육을 받지 못 한 채 부두 노동자로 출발했다.[60] 1820년대에 방적 산업의 2세대 기계를 설계하고 제작했던 윌리엄 페어베언은 켈소 정원사의 아들로 열 살 때 학교를 그만두고 농장 노동자가 되었다. 이 제2차 산업혁명 때 페어베언의 파트너였고 철제 선박을 최초로 만들었던 존 케네디 역시 가난한 스코틀랜드 사람으로 여름을 제외하고는 학교 교육을 받지 못했고 브라마처럼 목수의 도제로 출발했다. 영리한 이민자들도 모두 비슷한 경력을 갖고 있었다. 런던에서 최초로 스팀 인쇄기를 만들었던 프레데릭 쾨니히는 색슨 농민의 아들로 인쇄소 견습공으로 출발했다. 아일랜드의 인가로부터 멀리 떨어진 서부라는 오지에서 여객운송 시스템을 성공적으로 창안해낸 찰스 비안코니는 이탈리아 북부에 있는 코모 호 출신의 행상인이었다. [61]

이들처럼 영리하고 진취적인 사람들이 엄청난 부와 특히, 자유로운 경제 환경이 제공하는 기회 때문에 모두 영국으로 몰려들었다. 영국의 대학은 혼수상태에 빠져 있었고 정부는 산업에 무관심했지만, 기업가와 스스로 발전해가는 숙련공은 법에 구속받을 필요도 없이 자유롭게 재능을 발휘했다. 게다가 영국은 특허제도가 잘 확립된 유일한 국가였다. 쾨니히는 다음과 같이 말했다.

"법에 정해진 것 이외에 정부가 발명가들을 달리 보호할 수 없었지만 거의 모든 발명이 말하자면 피난처를 찾아 영국으로 와서 완전해졌다. 이 모든 것이, 유럽대륙은 앞으로 영국으로부터 기계를 다루는 직업을 장려하는 좋은 매너를 배워야 한다는 걸 의미하는 것 같았다…… 나는 독일과 러시아에 신청을 했지만 거의 2년이 경과한 후에도 결실을 맺지 못해 결국 영국에 호소하게 되었다." [62]

자유로운 환경의 장점은 그것만이 아니었다. 산업화 초기의 영국에서는 자격증, 학위, 증명서, 전문가에 의한 규제, 직업적 관행은 모든 정열을 실천을 위해 불태우는 고용주나 노동자에 의해 옆으로 밀려나 있었다. 모즐리는 영리한 소년을 만나면 도제 제도의 관습에 신경도 쓰지 않았다. 그는 임금을 다 주는 조건으로 즉석에서 제임스 나이스미스에게 일자리를 주었다. 중요한 것은 정교한 아이디어와 기능의 질이었다. 이 것이 능력 있는 젊은이들이 그렇게 빨리―오늘날보다 훨씬 더 빨리 그리고 확실하게―기회를 잡은 이유였다. 나이스미스 또한 맨체스터의 패트리크로프트에 자신의 공장을 차렸을 때 공적과 생산성에 따라 상당한 임금 격차를 두고, 능숙한 사람들을 빨리 승진시켰다. 가장 뛰어난 사람들은 미숙련 노동자에서 기능공으로, 다시 팀장으로, 다시 감독으로 승진하고, 최종적으로는 공동경영자 자리까지 올라갔다. 다만 마지막 단계에서는 실제적으로 다른 회사의 경영을 맡는 게 통례였다. 나이스미스는 "나는 '인재의 자유 무역'이 재화의 자유 무역보다도 국가의 번영과 더 밀접한 관계가 있다고 믿는다."고 단언했다. 배비지처럼 그는 산업계의 계급투쟁은 특히 그것이 능력 있는 젊은이들이 권한 있는 지위까지 올라가는 것을 막기 때문에 모두에게 재앙이 된다고 반대했다. "잘 운영되는 조직이라면 이르건 늦건 간에 '적자생존의 법칙'이 잘 작동하며, 충실하게 결속력이 강한 사람들이 고용주의 이익뿐만 아니라 본인 스스로의 이익을 위해서도 함께 협력하며 일하게 된다."고 나이스미스는 주장했다.[63]

관행만 고집하는 노동조합

산업혁명의 산물인 이 '인재의 자유 무역'이 가능했던 이유 중 하나는 부분적으로는 대규모 산업이 옛 중세시대 길드 형태의 구속성을 지닌 습관이 영향을 미치지 못하는 지역에서 처음으로 태동했기 때문에 가능했다. 계급 차별이 아주 심했던 영국에서조차 그때까지는 산업계의 어떤 분야든 거의 누구도 건드리지 않았다. 마찬가지로 전문직의 장벽도 피할 수 있었다. 리버풀과 맨체스터를 연결하는 철도가 1820년대 중반 처음으로 계획되었을 때 조지 스티븐슨이 책임 기술자로 임명되었고, 그의 조수로는 경험을 밑천으로 지위를 쌓아 올린 J. U. 라스트릭이 채용되었다. 이 사업에는 습지대, 육교, 깊이 깎아낸 길을 통과해 노선을 까는 것이었기 때문에 최고 면허를 갖고 있는 조지 레니가 자문기사로 고용되었다. 레니는 철도회사 임원들에게 "제솝 씨이건 텔포드 씨이건 간에 기사협회 회원이라면 누구에게든 자문 받아도 관계없지만, 라스트릭이나 스티븐슨과는 결코 협업하지 않을 것이다."라고 말했다고 한다.

이런 전문가들의 뻔뻔스러운 직능별 조합주의는 대수롭지 않게 넘어갔다.[64] 그러나 세월이 지날수록 약리학, 의학, 공학, 광산업, 건축과 인쇄업에서 전문 자격증과 도제 제도가 횡포를 부리기 시작했다. 특히 법조 분야에서는 이미 절대적 권위를 행사하고 있었다. 나이스미스는 도제 제도를 매우 싫어했다. "우리가 아주 선호하는 것은 지적이고 예의바른 젊은이들, 노동자나 기술자의 아들들을 고용해서 그들의 실적에 따라 점차로 승진시키는 것이다. 그것이 매우 바람직하다는 게 내 생각이다."라고 술회했다. 능력에 따라 승진시키고자 하는 그의 욕망은 이미 공격적인 '기사·기계공 노동조합'과의 주된 투쟁 원인이었다. 노조 간부는 나이스미스를 반대하며 그가 경영하는 패트리크로프트 주물공장의 노동자는 "이 직업에 나설 자격이 없다."라고 말하며 비난했다. 즉, 7년간의 도제 생활을 하지 않았다는 것을 이유로 내세웠던 것이다. 나이스미스는 노조가 '집착하는 목표'는 '게으른 평등'이라고 불평을 호소하고, 이것만이 '산업 발전의' ― 그리고 고임금 달성의 ― '최대 장애 가운데 하나'라고 단언했다. 노조는 워슬리 출신의 단순 노동자가 기계공의 반열까지 승진하고 있다고 항의하며 조합원들에게 파업 지시를 내렸다. 과반수의 노동자들이 참여했다. 그러나 나이스미스는 64명의 스코틀랜드인과 그들의 가족을 글래스고로부터 리버풀까지는 배로, 그 후에는 특별기차를 이용해 새로 놓은 철길로 맨체스터까지 데려와 파업을 무력화시켰다.[65]

그러나 때때로 파업이 성공하기도 했다. 능력 있는 가난한 사람들의 독력에 의한 출세를 노동조합이 가로막는 사태가 이미 일어나고 있었다는 사실을 보여주는 증거가 있다. 페어베언은 다음과 같이 썼다. "내가 처음 영국에 갔을 때 시골 출신 젊은이는 동업자 조합과 노동조합 때문에 여하한 성공의 기회도 갖지 못했다. 나는 일자리를 얻는데 어려움이 없었지만 일을 시작하기 전에 나는 그 동업자 모임으로부터 심한 비판을 받아야만 했다. 호주머니에 잔돈 몇 푼만 있는 상태로 6주 동안 비위를 맞추고 끼니를 거르며 기다린 끝에 너는 자격이 없다, 다른 곳에서 일자리를 찾아보라며 나를 내쫓았다." 페어베언에 따르면, '그 당시 런던과 다른 자치 도시들에서 일할 권리를 주장할 수 없는 모든 사람들을 배제하기 위해' 구성된 기계공 조합 세 군데가 경쟁하고 있었으며, '가장 자의적인 성격의 법이 시행되었고, 그 법들은 자신의 이익을 결코 등한시하지 않고 스스로 임명이 가능한 관리 도당에 의해 관리 받고 있었다'고 한다. [66] 페어베언은 그가 처음 일하던 시절에 자신이 제한적인 노동조합의 관습에 계속 맞서고 있다는 것을 알았다. 더블린에서 그는 로빈슨의 피닉스 주물공장에 일자리를 얻었다. 이 공장의 소유주는 수입을 하지 못하게 하려고 못 만드는 기계를 만들었으나, 더블린의 노동조합이 로빈슨 공장의 이 기계를 어떻게 해서든 사용하지 못하게 하는 바람에, 이 기계는 사용도 해보지 못한 채 폐기되었다. 마침내 못 만드는 기업은 점차로 아일랜드를 떠나가 두 번 다시는 돌아오지 않았다. 페어베언은 다음과 같이 덧붙였다. "더블린의 제철업은 같은 방식으로 황폐화되었다. 지역적인 불이익 때문이 아니라 순전히 노동조합의 기술자들이 강요한 금지 법규들 때문이었다." 1820년대에는 아일랜드의 직능별 노동조합이 영국 특히, 글래스고와 리버풀로 이민을 가기 시작했다. 그리고 막 일어난 영국의 노동조합 운동을 강력한 정치적 급진주의 요소로 인해 경직되게끔 만들었다.

그러나 크고 작은 여러 가지 기계의 약진을 그 어느 것도 저지할 수 없었다. 기계 제작은 영국이 독점하는 게 아니었다. 현실은 그것과는 거리가 멀었다. 프랑스는 1796년 초 특별히 기계만을 다루는 전시회를 프랑스 공예학교에서 개최했고, 2년 뒤 이 전시회는 정부가 후원하는 정기 행사가 되었다. 영국에서는 1824년에 더블린에서 최초의 기계 전시회가 열렸다. 런던은 1828년에야 그 뒤를 따랐다. [68] 1815년 무렵까지는 프랑스가 터널을 뚫고 다리를 건설하는 기계 분야에서 세계 첨단을 달리고 있었다. 음식 보관을 위해 살균 및 용접 밀폐하는 방법을 최초로 발견한 것도 프랑스였다. 이것은 식량을 나폴레옹 군대에 납품했던 파리의 과자 제조업자인 프랑스와 아페르의 업적이다. 그러나 그는 유리를 사용했다. 식품 보존용의 생철 캔을 발명한 사람은 영국인인 피터 듀란드인데, 그는 1810년 특허권을 획득했다. 그리고 1812년에는 역시 영국인인 브라이언 던킨이 미국과 전쟁 중인 영국 해군에 수프와 보존용 고기를 공급하기 위하여 버몬지에 최초의 통조림 공장을 세웠다. 오늘날 사용되는 옆면과 뚜껑과 바닥 등 상하가 밀봉된 생철 캔의 형태는 이미 1824년에 웨이크필드에서 만들어졌다.

미국인 또한 수없이 많은 발명을 했다. 필라델피아의 제이콥 퍼킨스는 최초의 못 만드는 기계, 소방기기, 지폐 인쇄기, 화폐 위조를 방지한다고 알려진 조판법을 발명했다. 인건비가 올랐기 때문에 미국인은 농기구의 개발과 제작에 열심이었다. 1829년에 하버드 의과대학의 제이콥 비글로는 육체노동을 대체할 기계의 사용이 미국의 빠른 발전에 아주 중요하고, 특히 '미국의 발명 천재'에게 적합하다고 주장하며 새로운 과학 기술에 관한 507쪽짜리 개설서를 발간했다. 그는 증기의 힘은 말하자면 왕의 권능과 같으며, 미국은 기술발전에 전력을 기울여야 한다고 주장했다.[69] 그러나 영국은 워털루전투 후 그때까지 여전히 가장 큰 기계 시장이었다. 퍼킨스가 1815년에 공장을 만든 곳도 런던이었다. 10년 후 그는 자신의 공장에서 만든, 1분에 100발을 발사하는 강철 기관총을 웰링턴 공작에게 팔려고 노력했다. 서식스 공작은 그것이 '정말 훌륭하다'고 생각했지만 육군은 사지 않았다. 어떤 기술은 단순히 옛날 기술을 거대하게 확장한 것도 있었다. 예를 들면, 1817년에는 오르간 제작사인 플라이트앤롭슨은 런던에서 제작하는데 5년이 걸렸고 총 1만 파운드가 들어간 거대한 기계식 오르간을 전시했다. 그 오르간은 45개의 음전과 가장 큰 것은 높이가 24피트 — 그래서 종전에 제일 컸던 16피트 높이의 하를렘의 세인트 브라보에 있는 오르간보다 더 높았다 — 에 달하는 파이프 1,900개로 구성되어 있었고, 모차르트, 베토벤과 웨버의 서곡을 연주하도록 프로그램이 짜여 있었다. 클레어 클레어몬트는 그 오르간을 세 번이나 보러 갔는데 세 번째는 토머스 러브 피콕도 함께 갔다. [70]

새로운 과학기술의 경이로움을 실감케 하는 기계도 있었다. 토머스 호너가 발명한 최초의 승객용 엘리베이터는 1826년 리젠트 파크에서 일반에서 공개되었다. 2년 후에는 비염색성 변이의 문제를 해결한 최초의 실용적 현미경이 리젠트스트리트의 마이크로코즘에서 공개되었다. [71] 대부분의 사람들에게 더 많은 관심사가 된 것은 고무 산업의 발달이었다. 프랑스인은 18세기 중엽 남아메리카로부터 고무를 들여왔고 그것을 '카우치크(caoutchouc, 천연고무―옮긴이)'라고 불렀다. 연필 자국을 지우는 데 편리하다며, '러버(rubber, 고무지우개―옮긴이)'라는 영어 이름을 붙인 사람은 화학자 조셉 프리스틀리였다. 그러나 이것은 토머스 핸콕이 고무의 처리법을 발견하고, 결합 가능한 가늘고 긴 조각으로 자르는 기계를 개발했던 1820년이 되어서야 대량으로 사용되었다. 찰스 매킨토시는 이 방법을 응용하여 고무를 섬유 천에 붓으로 칠하고 물이 침투하지 못하는 층을 만들었다. 핸콕은 매킨토시와 손잡고 긴 천을 빠른 속도로 처리했다. 대량 생산을 위한 공장이 1824년 맨체스터에 문을 열었고, 1년 만에 도시 생활에 익숙한 나들이 신사들은 모두 런던의 빗속을 매킨토시(방수외투―옮긴이)를 입고 외출하기 시작했다.

경이로운 생산 설비

그러나 기계 시대의 도래를 확실하게 알려준 두 개의 현저한 움직임이 있었다. 첫째는 포츠머스의 존장(尊長) 브루넬에 의해 세계 최초로 조립된 실험적인 생산 라인이었다. 브루넬의 경험은 다양한 국가 제도의 강점과 약점을 단적으로 보여주고 있다. 마크 이점바드 브루넬은 1769년 노르망디에서 태어났고 루앙에 있는 로열칼리지에서 수로학 교수인 뱅상 듀라규와 기계 제도의 발명자인 가스파르 몽주 아래에서 당시로서는 세계 최고의 과학기술교육을 받았다. 그는 프랑스의 정치적 불안정 때문에 미국으로 이민을 가서 뉴욕의 주임 기사가 된 후 대포용 주물공장을 세웠다. 그러나 미국은 그때까지도, 그의 천재성을 발휘할 충분한 여지를 제공할 수 없었다. 1798년 전직 미 재무장관 알렉산더 해밀턴과 식사하던 중 브루넬은 영국 해군 확장 계획이 더디게 진행되고 있다는 말을 들었다. 그는 영국해군이 1년에 적어도 10만 개의 삭구(rigging) 블록이 필요하다는 것을 알았다. 대포 74문이 있는 전함 한 척당 여분은 고려하지 않더라도 삭구를 위한 블록이 922개나 필요했다. 그러나 블록은 사우샘프턴에 있는 폭스앤테일러 사의 오래된 공장에서 수작업으로 만들어졌고 공급이 수요를 충족하지 못하고 있었다. 이때 브루넬은 "블록 만드는 기계에 대한 생각이 떠올랐다."고 썼다.

브루넬은 서둘러 영국으로 건너가 자신의 계획을 정부에 제출했다. 브루넬에 의한 블록 제조기의 최초 설계도는 1801년 3월 10일에 정식으로 제출되었다. 빠짐없이 갖추어진 일련의 대량생산기계라는 개념이 정부 최고 고문인 새뮤얼 벤담(제러미 벤담의 동생)에게 강하게 어필해, 브루넬과 계약하도록 정부에 권유했다. 모즐리를 여행 도중에 우연히 만난 것도 브루넬에게는 행운이었다. 모즐리는 1798년 브로엄으로부터 막 독립한 도구 설계자였는데, 브루넬의 목적에 딱 들어맞는 기계 기사였다. 브루넬이 45종의 생산라인용 기계를 설계했는데, 그건 모두 다 모즐리가 만들었다. 1803년 첫 번째 블록이 모습을 드러냈고 벤담이 승인서를 보낸 지 3년 만에 모든 기계가 가동되었다. 포츠머스의 공장 생산 사이클을 상세히 조사해보면 기계 조작에 능숙한 브루넬의 놀라운 독창성과 교묘함을 알 수 있다.[72] 그는 이 일련의 기계들에 대한 아이디어 중 하나를 레오나르도 다 빈치에게서 얻었다. 19세기 마지막 25년 동안에야 마침내 실현될 장치를 떠올리게 하는 아이디어도 있었다. 브루넬은 실로 아이디어가 풍부하여 자료나 도면의 양이 많아져 작업 진행이 어려워지자 복사기인 폴리그래프(polygraph)를 발명하여 문제를 한 번에 해결해버릴 정도였다. 또한, 나이든 부인이 관절염으로 손가락이 뻣뻣해졌다고 호소하자 그는 즉시 책상에 앉아 그녀에게 카드 패를 섞는 기계와 털실을 감는 기계를 설계해 주었다. [73]

그러나 포츠머스에 있는 브루넬의 생산라인이 특별했던 것은 각각의 기계가 독창성이 풍부했기 때문만은 아니었다. 물론 브루넬이 고안한 장붓구멍 파는 기계, 구멍 뚫는 기계의 윈뿔 클러치 집게, 핀 연마기의 스플릿 너트 같은 것은 전에 결코 볼 수 없던 새로운 것이었다. 그러나 브루넬의 아이디어가 획기적이었던 것은 호환 가능한 부품들을 사용한 이 기계들을 교묘하게 조합해 단일 생산라인에 적용시킨 점이었다. 옛날부터 블록 제조법을 고수하며 일해 온 사람들은 자신들의 눈을 믿을 수 없었다. 선행 계약기업인 폭스앤테일러 사의 새뮤얼 테일러는 기계가 숙련된 수공업 기술자를 대체할 수 있다고 믿기를 단호히 거절했다. 1801년 3월 25일과 26일에 브루넬로부터 제휴 제의를 받았을 때, 테일러는 "지금보다 더 나은 것이 발견되리라고는 전혀 기대하지 않는다. 그리고 그런 것은 절대 발견되지 않을 거라고 확신한다."며 기존의 제조 방법이 완전하다고 주장했다. 그로부터 정확히 4년 뒤 테일러의 회사는 계약을 지속할 수 없었다. 포츠머스 공장의 생산 라인은 숙련된 기술도 없고 읽거나 쓰기조차 못하는 열 명의 근로자들의 조작만으로, 사우샘프턴 공장에서 110명의 숙련공들이 생산하는 블록의 수만큼을 생산할 수 있었다.

모즐리를 고용하여 공작 기계를 만들게 한 덕택에 최소한 손으로 만든 블록과 같은 품질이 보증되었으며, 고장을 걱정할 필요도 없었다. 새 공장들은 3년 만에 자본금을 벌충했다. 이 브루넬-모즐리 라인은 그 후도 생산을 계속하여 1944년의 디데이에 노르망디 상륙 작전에 참가한 공격용 상륙 함정에 사용된 블록도 생산했다. 생산 라인 1개는 1967년에도 여전히 가동되고 있었다. 공장을 보러온 방문객들은 모두 압도당했다.

마리아 에지워스는 "흡사 본능을 지닌 듯한 멋진 확신성과, 이성을 지닌 듯한 통찰력이 결합되어 그렇게 완전한 기계가 작동한 것으로 보인다."라고 기록했다. 월터 스콧 경은 1816년에 공장견학을 한 후 '이렇게 아름다운 광경'을 결코 본 적이 없다고 말했다. 다른 제조업자들도 일종의 신도들처럼 감명을 받았다. 그리고 모즐리의 기계 공구 회사는 새로운 과학기술의 보고가 되었으며, 산업계 중에서도 새로운 사물에 편견을 갖지 않은 사람들 사이에 급속하게 신기술을 보급했다.[74]

브루넬은 배비지와 달리 보기에 따라서는 실용적인 사람이었다. 그는 자신의 고안을 제도판에 놓아두지 않고 놀라운 속도로 행동으로 옮겼다. 포츠머스 공장의 성공에 고무되어 브루넬은 목재를 다루는 용도의 둥근 톱을 개발했는데 그는 그 아이디어를 미국에서 본 대리석 절단기에서 얻었다. 그는 자신이 배터시에 세운 공장에 10피트짜리 톱들을 설치했다. 더욱이 채텀의 해군 작업장 옆에 있는 더 큰 톱 제조 공장에서 대규모의 틀톱과 기계로 하는 제재가 처음으로 이루어졌다. 100피트가 넘는 러시아 참나무를 엄청나게 넓은 제재장으로 운반하기 위해 브루넬은 길이가 860피트나 되는 철길을 깔고, 400피트나 되는 터널을 파고 수력으로 작동되는 크레인을 만들었다. 중앙의 동력 공급원으로부터 펌프로 보낸 물의 힘은 브루넬이 말한 대로 "시도해보지 않았던 결합 작업이 하나로 조화를 이루어 결국 작동하게" 되었다. 그의 자랑스러운 말처럼 물의 힘은 이동식 크레인을 움직이게 했고, 광차를 윈치로 감아 끌고 철도를 작동하게 했다. 브루넬은 제재비를 100피트 당 3실링에서 6페니로 내렸다. 그가 만든 둥근 톱은 영국 전역에서 급속도로 보급되었다. 더 인상적인 것은 그가 배터시 제재 공장 근처에 세운 장화 공장이었다. 24명의 상이 군인들이 기계를 조작했는데 고품질의 값 싼 제품을 생산했다. '일반 신발'은 한 켤레에 9실링 6펜스, 방수 장화는 10실링 6펜스, 반장화는 12실링, '고급 장화'는 16실링, 그리고 웰링턴 부츠는 1파운드였다. 이 가격은 수제품의 3분의 1 또는 그 이하였다. '브루넬 부츠'를 신은 캐슬레이는 그 품질이 뛰어나다고 평가하며 영국군이 사용할 것을 권고했다. 기계로 바닥을 박음질한 장화를 이베리아 반도 전쟁 때는 웰링턴 휘하의 고참병이, 워털루전투 때는 웰링턴이 지휘하는 영국군 부대가 신었다. 이 장화의 우수성이 증명된 것도 웰링턴이 기계를 좋아하게 된 이유 중 하나였다. 나폴레옹 병사들도 역시 입수할 수 있을 때에는 브루넬 장화를 신었다.[75] 확실히 브루넬은 거의 직관적인 운동 기능 — 브루넬은 승선하고 있던 배의 선장이 패닉 상태에 빠져 승객과 선원의 신뢰를 잃었을 때, 능숙하게 배를 조종해 딜 항구로 입항시킨 적도 있었다 — 과 탁월한 이론적 발명의 재능을 동시에 갖춘 인물이었다. 그는 몽상가였을 뿐 아니라 철저한 실험가였다. 그리고 그와 그의 아들 이점바드 킹덤 브루넬은 스티븐슨가의 조지와 그의 아들 로버트처럼 실천가였다.[76]

그러나 배비지처럼 브루넬에게는 치명적인 약점이 있었다. 사업의 재무적인 면에 대한 파악이 철저하지 못했던 것이다. 배비지처럼 그도 경리 책임자를 고용하여 회사의 경영을 적절하게 운영할 필요가 있었다. 브루넬은 재무관리를 그렇게 하지 않고 스스로 챙겼다. 재무 관리를 정리하기 위해 요청 받은 은행가 친구 제임스 샌슨은 회사의 재무상태가 "아주 놀랄 정도로 뒤범벅"이며, "흡사 너의 톱 하나가 마을로 걸어 들어간 것 같다."고 브루넬에게 썼다. 많은 다른 회사와 마찬가지로 브루넬의 장화 공장은 평화가 찾아오자 수요가 줄어 타격을 입었고 정신을 차렸을 때는 브루넬의 수중에 5,000파운드 상당의 팔리지 않은 장화 재고만 남아 있었다. 그의 배터시의 제재 공장이 불에 타 무너졌을 때 처음으로 보험을 잘못 들었던 사실이 발견되었다. 제재 공장은 재건되고, 편물기, 알루미늄 박, 최초의 정교한 인쇄용 제판, 그라비어 인쇄를 가능하게 하는 조판 실린더 등 새로운 발명품들이 탄생했으나, 자금 부족 때문에 어느 것도 완전히 개발되지 못했고 빚만 쌓여 갔다. 1821년 5월에 브루넬의 채무를 안고 있던 은행이 파산하고, 그는 빚 때문에 체포되어 영국 고등법원의 왕좌부 재판소(King's Bench, 형사사건이나 불법 행위 사건을 취급한 관습법 재판소 — 옮긴이)에서 재판을 받았다. 부츠를 기억했던 웰링턴은 "정부가 브루넬 씨의 비범한 재능을 이용할 충분히 공적인 근거가 있다."고 말하며, 재무장관을 설득해 5,000파운드를 지원하여 브루넬을 곤경으로부터 구해내어 영국에 계속 머물 수 있게 했다. [77]

템스 터널 계획

바로 3년 전 브루넬은 길이 9인치, 몸통 지름 0.5인치인 좀조개(Teredo Navalis)의 습관을 파악하는데 마음을 빼앗겼다. 이 좀조개는 유사 이래 대포가 침몰시킨 것을 모두 합친 것보다 더 많은 단단한 선박을 해저 밑으로 가라앉게 했다. 좀조개가 붙은 목재 조각을 조사하면서 그는 이 벌레의 머리가 방패처럼 강한 구멍을 뚫는 껍질에 의해, 몸통은 자신의 분비물로 만들어진 터널 벽에 의해 각각 보호되고 있는 것을 알아냈다. 여기서 그는 좀조개의 원리를 땅속 깊이 터널을 뚫는 기계를 개발하는데 이용하기로 하고, 1818년 1월 20일에 '지하 갱도와 터널 건설을 위한 특허'를 신청했다. 옛날부터 사람들은 단단한 암반을 뚫고 터널을 구축해 왔지만 브루넬의 이 기계는 지금까지 한 번도 진지하게 시도한 적이 없는 작업, 즉 물밑에 터널을 파는 작업을 하도록 설계되었다. 목표는 급격하게 팽창하고 있는 런던에 우스꽝스럽게 부적합한 다리들이 놓여 있는 템스 강이었다. 워털루 인도교조차 통행료로 1년에 1만 2,000파운드에 달했다. 와핑에는 350명의 나룻배 사공들이 불법 요금을 거두고 있었다. 1820년대 초기에는 매일 4,000대 이상의 사륜마차들이 런던 브리지를 건너며 짜증날 정도의 교통 체증을 야기했다. 그게 사실이었던지 와핑으로부터 템스 강을 건너 가죽들을 운반하는 것이 허드슨 만으로부터 대서양을 건너 운반하는 것보다 더 비싸게 먹힌다는 말도 있었다. 템스 강 밑으로 터널을 뚫는 최초의 계획이 1798년에 제출되어 강 밑의 부드러운 암반을 굴착하려는 시도가 있었지만 모두 실패로 끝났다.

채무자 형무소로부터 석방된 아버지 브루넬은 적절한 수학 교육을 받도록 캉 소재의 앙리 4세 학교에 보내졌던 그의 아들 이점바드 킹덤 브루넬도 학업을 마치고 돌아와 합류해서 자신의 계획을 제출했다. 하원의원으로서 앞으로 더 있을 개혁을 내다보고 다양화를 모색 중이었으며 노예 무역을 찬성하는 쪽의 대변인이었던 기업가 윌리엄 스미스와 협력했다. 브루넬 부자는 1824년 6월 24일 그들에게 블랙월에서 템스 강 밑으로 터널공사를 하는 권한을 부여하는 법안이 의회를 통과하도록 했다. 이 터널은 사륜마차나 왜건 두 대가 지나갈 수 있도록 설계되었다. 브루넬이 '그레이트 실드(Great Shield)'라고 부른 좀조개 방식의 굴삭기는 앞쪽 끝이 빙빙 돌아가는 원형으로 되어 있었는데, 그 지름이 거의 38피트에 달했고, 이것이 열두 개의 프레임으로 나누어져 있어 그 안에 각각 한 명씩 숙련된 광부가 들어가 있었다. 굴삭기의 외벽은 공사 진척에 따라 설치된 터널의 석조 내벽과 꼭 맞게 겹쳐졌다. 프레임 안에 있는 광부들이 앞쪽의 지반을 미리 결정된 양만큼 파내면 굴삭기 전체가 거대한 수압 피스톤에 의해 앞으로 밀려 나갔다. 파낼 때 나온 흙은 브루넬이 설계한 역 V자형 엔진이 통제하는, 버킷이 부착된 체인 엘리베이터(bucket-chain elevator)에 의해 옮겨졌다. 사실 브루넬은 자신이 발명한 내연기관의 선구인 신형 가스 엔진을 사용하려 했으나 수포로 돌아갔다. [78]

이 공법은 전혀 새로운 것이어서 엄청난 관심을 불러 일으켰다. 실제로 브루넬 부자는 스미스가 저명한 방문객들을 끊임없이 데려옴에 따라 작업이 자주 중단되는 것을 신랄하게 불평했다. 누가 뭐라고 해도 최초로 시도되는 것이어서 굴삭기는 주철로 된 부품들이 견딜 수 있을 때까지 쉬지 않고 돌아갔다. 마찬가지로 중요한 것은 이 사업이 광산지질학의 최첨단 영역에서 진행되었다는 사실을 잊어서는 안 된다는 것이다. 만약 브루넬이 땅속을 '들여다보는' 초자연적인 능력을 가진 라이엘에게 자문을 구했더라면 더 깊게 터널을 팠을 것이다. 그런데 실제로는 자신의 전문적인 조사와 보링 작업에 의존했기 때문에 작업의 어려움을 과소평가했다. 특히 템스강의 준설업자에 의한 오랜 기간 동안의 자갈 채취가 원인이 되어 예정된 터널 굴착 부분 상부의 강도가 훼손된 사실을 경시했다. 오늘날까지도 대형 터널공사는 위험하고 예측할 수 없을 정도로 돈이 많이 든다. 브루넬의 사업은 언제나 그랬지만, 이때도 자금 조달이 충분하지 못했다. 아들 브루넬이 1825년에 보낸 편지를 보면 자금의 여유가 거의 없었다는 것을 알 수 있다. "나는 지금 수중에 돈이 한 푼도 없다. 우리는 마차나 말이나 남자 하인 없이 여자 하인 단 두 명만을 데리고 있다. 나는 이 가스 엔진에 큰 기대를 걸고 있다…… 하물며 이 모든 노력이 허사가 될 것 같으니!…… 터널이 실패할 수도 있다. 그러면 나는 아마 스스로 내 목을 베거나, 목을 맬 것이다."[79] 브루넬 부자는 굉장한 부담을 가졌다. 아버지는 어떤 때는 하루에 20시간씩 9일간 터널 안에 있었다. 아들은 아버지보다 더 열심히 일했다. 그러나 그들 역시 안전의 한계에 직면하고 있었고 이 안전 문제 역시 여유가 전혀 없었다. 이점바드는 1827년 5월 13일자 일기에 "우리 쪽에서 모든 주의를 기울였음에도 불구하고 언제나 재앙이 닥칠 수 있다. 터널 안에 방문객들로 꽉 차 있을 때가 아니기를!"이라고 적었다. 그로부터 나흘 뒤 큰 재앙이 될 수도 있었던 천장 붕괴가 발생했고 공사는 중단되었다. 이것은 이미 1825년과 1826년에 걸쳐 일어난 경제 공황과 이어진 경기 후퇴로 손해를 입은 투자자들의 확신을 흔들었다. 공사가 1827년 9월 30일 재개되었지만 3개월 후 다시 두 번째 붕괴가 일어나 물이 쏟아져 들어왔다. 1828년 8월 8일에 공사는 중지되고 터널은 밀봉되었다. 이 터널은 1843년까지 완공되지 못했다.[80]

초창기의 철도

여하튼 이 무렵에는 대중의 열정이 기계의 힘을 훨씬 더 극적으로 보여 주는 철도로 옮겨갔다. 누가 철도 수송을 창안했는지에 대한 논쟁은 아마도 끝까지 해결되지 않을 것이다. 이 모두가 천한 신분이자 대부분 노동자였던 창의력이 풍부한 수십 명의 공동 산물인지도 모른다. 이들 대다수는 북동부 탄전지대 출신의 탄광 갱부였다. 그러나 그 속에는 고압 증기기관의 개발에 커다란 공헌을 한 리처드 트레비식처럼 콘월지방의 주석 광산 출신자도 섞여있었다. 고압 증기기관의 개발이라는 창조적인 작업은 더 값싸고 더 효율적으로 일하는 방식을 찾고 있던 현실적인 사람들에 의해 이뤄졌다. 그것은 철두철미하게 실제적이었으며 과학이론은 물론, 계획도 거의 없었다. 유일한 동기는 대개 갱구로부터 항구까지 연탄을 운반하는 일을 더 적은 비용으로 수행하려는 목적이었다. 기본적으로는 철길 위를 달리는 증기 추진 엔진이 말이나 운하보다 더 경제적이었던 것이다. 나폴레옹 전쟁의 종반에 말 건초의 가격이 너무 비싸서 두 명의 리즈 출신 발명가인 톱니레일을 만든 존 블렌킨솝과 엔진을 만든 매튜 머리는 자본을 댄 찰스 브랜들링의 사유지 안에 있는 탄광으로부터 리즈까지 석탄을 운반하기 위한 톱니 궤도를 부설했다. 톱니 궤도용의 두 대의 기관차는 프린스 리젠트(Prince Regent)와 살라망카(Salamanca)—이름으로 대개 시기를 알 수 있다—로 각각 말 16마리가 평지에서 시간당 3.5마일의 속력으로 94톤을 끄는 것과 같은 작업을 할 수 있었다. 그리고 이 기관차는 말보다 더 믿을 수 있었고, 24시간 동안 쉬지 않고 일했으며 수명이 훨씬 길었다. 이 두 엔진은 반세기 동안 활약했다. 전쟁이 끝나자 말의 사료 가격이 떨어졌고 말이 끄는 철도마차는 영리 면에서 운하와 경쟁했다. 철도마차 궤도 부설을 주도하고 있던 조지 오버튼은 브레콘앤애버게이브니(Brecon & Abergavenny) 운하까지 말이

끄는 궤도를 놓는데 1년의 건설 기간이 소요되며 수익률은 7퍼센트가 된다고 계산했다. 이 궤도와 비슷한 규모의 운하는 10년이라는 시간이 걸리고 수익률은 1퍼센트밖에 안 되었다. 오버튼은 "이제 철길이 일반적으로 채택되고 운하를 건설하기 위해 땅을 깎는 일은 거의 중단되었다"고 주장했다. 그 말은 사실이었지만 오버튼이 파악하지 못한 사실이 있었다. 오버튼의 철도마차를 끄는 크고 힘센 샤이어 종은 말하자면 진화 선상의 끝에 있었으나 증기 기관차는 바로 그 시작점에 있었다는 점이다. 조지 스티븐슨은 그 사실을 알았다.

초기 기관차의 문제점 — 고압 보일러를 썼을 때조차 갖고 있던 문제점 — 은 엔진이 너무 약하다는 것이었다. 1814년 7월 25일 즉, 프로이센의 장군 브뤼허 원수가 런던에서 건배 시에 제창될 무렵, 스티븐슨의 형 제임스가 운전한 스티븐슨의 기관차 '브뤼허(Blücher)' 호는 앞으로 움직이기 위해서 때때로 사람이 밀어야 할 필요가 있었다. 제임스의 집 근처 경사진 길 위쪽에 무게가 36톤인 화차 열두 대가 다다르자 거의 정지해 버렸다. 그는 아내에게 "지니, 빨리 와서 좀 밀어!"라고 외쳤다. 그녀는 그대로 했고 차는 움직였다. 지니는 또한 새벽 네 시에 일어나 브뤼허 호의 보일러에 불을 붙여야만 했다.[81] 그러나 조지 스티븐슨의 위대함은 예를 들면 얼마나 약한 기관차라도 엔진의 유형이 보일러, 밸브, 견인 장치, 바퀴와 레일의 실용적인 개선에 따라 점진적으로 마력을 증대시킬 수 있다는 것을 굳게 믿었다는 데 있다. 그와 그의 아들 로버트가 만든 20개 엔진 중에서는 어느 하나 같은 게 없었다. 그 모든 엔진의 동력이 그 직전에 만들어진 것보다 훨씬 더 강력했다. 1818년 오클랜드·달링턴 지역의 탄전 사업가들이 모여 그곳의 석탄을 티스 강변의 스톡턴에 있는 바닷가 부두까지 싸게 운반하는 철도 건설을 계획했을 때, 그들의 처음 생각은 말이 끄는 궤도를 부설하기 위해 오버튼을 고용하는 것이었다. 그러나 이들 경영자들의 법안이 의회를 통과한 때인 1821년 4월, 증기 기관차 전용의 복선을 건설하고 석탄뿐만이 아니라 여객 수송도 하지 않는 것은 바른 생각이 아니라고 말한 스티븐슨의 말에 모두가 완전히 설득 당했다. 경영자위원회 위원장이었던 에드워드 피스는 이 생각에 완전히 흥분하여 "철도가 성공적으로 놓아져 물건뿐 아니라 여객까지 운송한다면 요크셔 전체, 그 다음으로는 영국 전체에 철도를 도입할 수 있게 될 것이다."라고 예언했다. [82]

세계 최초로 스톡턴에서 달링턴까지의 철로를 건설하기 위해 스티븐슨은 자신의 기관차 제작 회사— 이 회사가 뒤에 로버트스티븐슨앤컴퍼니(Robert Stephenson & Company)가 되었고 오랫동안 영업을 계속했다 —를 뉴캐슬에 설립했고 타인 탄전 전역에서 선로를 까는 인부, 발파공, 터널 파는 인부를 채용했다. 재주가 있고 곧 현장에 투입된 이들 노동자들은 거의 모두가 몇 년 밖에 학교 교육을 받지 못했지만 그 대부분이 마침내 처음에는 영국에서, 그 후에는 전 세계적으로 유명한 사업가가 되었다. 스톡턴·달링턴 노선의 공사는 1825년 9월 초에 끝났다. 그동안 스티븐슨은 로코모션(Locomotion) 호와 호프(Hope) 호라고 명명된 두 대의 기관차를 각각 550파운드를 들여 완성했다. 그리고는 최초의 객차인 엑스페리먼트(Experiment)까지 제작했다. 철로가 개통될 예정이었던 9월 27일까지 북동부 지역은 흥분의 도가니였다. 스톡턴에는 4만 명이 넘는 사람들이 모여 '엑스페리먼트'와 스물한 량의 석탄화차 등 모두 90톤을 끄는 로커모션 호가 평균 시속 8마일에서 약 8.5마일 이상으로 선로를 달려 도착하는 모습을 두 눈으로 보기 위해 기다리고 있었다. 그 엄청난 군중 가운데 어느 한 사람도 철도가 미래의 운송수단이라는 것을 의심하지 않았다. 그리고 이날의 철도 개통은 1820년대 중반의 호경기가 절정에 달했던 시기와 겹쳤기 때문에 승객과 화물을 실어 나를 철도를 전 영국에 건설하고자 하는 야심찬 계획에 박차를 가했다.

이런 계획의 대부분은 1825년부터 1826년 사이의 경제 붕괴로 실천되지 못했지만, 실행에 옮겨진 극소수의 사례 가운데 하나가 영국에서 가장 빨리 팽창하고 있던 항구인 리버풀과 섬유업 신흥도시인 맨체스터를 연결하려는 웅장한 계획이었다. 스티븐슨이 수립한 계획에는 거대한 고가교, 땅을 깊이 파헤치는 것과 몇몇 엔지니어들이 불가능하다고 생각한 습지가 많은 채트 모스 위로 선로를 놓는 것이 포함되어 있었다. 경제가 붕괴되고 있는 상황에서 필요한 자금을 모으는 것이 어려워 철도회사는 재무부 보증 증권을 이용하여 정부로부터 10만 파운드를 빌려야만 했다. 융자를 받기 위해서는 융자위원회 소속의 기사인 텔포드에게 승인을 받아야 했다. 텔포드는 스티븐슨에게 계획의 주요 부분을 몇 군데 수정하도록 강요했다. 스티븐슨이 불평했지만 텔포드가 옳았던 것은 의심할 나위가 없었다.

그 사업에는 전에 한 번도 시도한 적 없는 대규모 토사 운반 작업이 포함되어 있었다.

이 사업과 유일하게 비교할 만한 것은 1827년 1월에 텔포드가 계획하고 시작한 전체 길이 38마일의 버밍엄앤리버풀(Birmingham & Liverpool) 연결 운하 건설 공사였다. 선로의 경사를 극복하기 위해서는 기관차의 흡인력을 늘려 해결해야만 했는데, 다행히 기관차의 성능은 개발 경쟁 덕택에 급속히 향상했다. 아버지 스티븐슨의 제자 중 한 명인 티모시 해크워스는 1827년 말에 로열조지(Royal George) 호라는 멋진 기관차를 만들었다. 이것은 개량된 바퀴와 견인장치, 그리고 최초의 스프링 안전밸브 — 로커모션 호가 폭발하여 기관사가 죽는 사고가 일어났었다 — 로 보호되는 거대한 보일러가 갖추어져 있었다. 이것은 그야말로 세계 최초의 강력한 기관차였다. 스티븐슨의 아들 로버트는 이듬해 롤튼앤리(Rolton & Leigh) 철도를 위해 로열조지 호를 능가하는 랭커셔위치(Lancashire Witch) 호를 제작했다. 그리고 1829년에는 가장 유명한 로켓(Rocket) 호를 완성했다.

리버풀-맨체스터 철도 회사는 1829년 10월 6일 1만 명의 관객이 보고 있는 레인힐에서 경쟁에 참여한 다섯 대의 기관차를 시험해 보았다. 로켓 호는 평균 시속 14마일로 60마일 이상을 달려 최고 경쟁상대인 해크워스의 무적(Sans Pareil) 호를 물리쳤다. 그리고 그것은 무게도 덜 나갔고 다른 네 대의 기관차보다 석탄 역시 덜 소비했다. 1830년 봄까지 로버트는 로켓형의 증기기관차를 여섯 대 만들었다. 한 대마다 개량을 거듭해 여섯 번째에 마침내 결정판이라고 부를 만한 노섬브리언(Northumbrian) 호를 완성했다. 그것도 잠시, 로버트는 더욱 근본적인 개량 작업에 들어가 새로운 형태의 플래닛(Planet) 호를 완성하고 회사에 납품했다. 리버풀-맨체스터 철도가 1930년 9월 정식으로 개통된 후 3주일만의 일이었다. 뒤에서 설명하겠지만 이 철도 개통식은 의미심장한 정치적 참사 때문에 완전히 망치고 말았다. 그러나 세계에서 가장 **빠른** 속도로 발전하고 있는 이 두 도시 사이에 시속 20마일이 넘는 속도로 여객을 수송하는 플래닛 호가 있었기 때문에 철도의 시대가 시작되었다는 것은 의심할 여지가 없었다. [83]

과학과 미의식

도시로부터 멀리 떨어진 곳에 있는 가장 사랑하는 호수지방에 철도가 침입해오는 것을 본 워즈워스 같은 시인은 마침내 기계를 예술에 대한 위협으로 여겼다. 그리고 그런 견지에서 미학과 산업을 '미녀'와 '야수' 같이 서로를 받아들일 수 없다고 여기는 마니교적인 이원론이 생겨났다. 사회복지와 자본주의의 이윤 동기라는 모순되는 이해관계에 의해 논쟁은 점점 더 적의를 품게 되었다. 그러나 근대가 태동하는 시점에서 사람들은 이런 견지에서 생각하지 않았다. 그들은 예술과 과학, 산업과 자연을 창조와 지식탐구라는 공동성을 지닌 활동, 화학자와 시인, 화가와 기술자, 발명가와 철학자가 함께 공유하는 공동 활동의 의미로 동일선상에 놓고 보았다. 데이비와 콜리지는 원리를 이해하기 위한 공동 투쟁의 맹우였다. 바이런, 셸리와 그의 아내가 제네바 호숫가에 앉아 있을 때면 전기의 아름다움과 전기를 주제로 한 시가 그들의 테마였다. 사람들은 '기계 제작의 예술'에 대해 얘기했고, 거대한 신형 기관차와 건조물을 건설하는 사람들은 종종 우리가 오늘날 이해하는 의미에서 예술가이기도 했다.

최상급의 엔지니어 발명가 제임스 나이스미스도 위대한 예술가의 아들이었다. 그의 아버지는 유년 시절부터 그에게 제도 기술을 가르쳤고 그의 형제 패트릭과 누이 둘 다 전문 화가가 되었다. 나이스미스는 항상 자신의 그림 그리는 기술을 필수적인 것으로 여겼다. 그는 "기계제도의 기술은 엔지니어가 가져야 할 기본 중의 기본이다. 이 기술이 없는 장인은 단순히 '손'만 갖고 있을 뿐이고 기술이 있다는 것은 '머리'가 있다는 것이다." "데생은 눈의 교사이다. 그것은 말보다 더 흥미롭다. 그것은 시각 언어이다."라고 썼다. 그가 젊은 엔지니어들을 위해 정리한 '원리들 (principles)'—'부품의 수는 최소한으로', '더 전통적인 제도의 방해에 대비해 주의하라', '움직임은 단순하고 직접적으로', '설계는 평이한 것을 상식적으로', '철저한 효율 추구', '자연의 섭리와 목적에 부합하는 우아함과 형태'[84] —은 예술을 배우는 자에게도 똑같이 통용될 수 있었다. 엔지니어와 기계 공구 제작자들 사이에서 데생은 필수적인 기술로 여겨졌다. 웨스트모얼랜드 출신의 젊은 조셉 클레먼츠는 글래스고에 출세를 위해 수행하러 갔을 때 그는 기민하게 역직기를 고안했고 공예 예술에 관해 글을 썼던 피터 니콜슨에게서 데생 레슨을 받았다. 나이스미스가 니콜슨에게 자신의 직기 그림을 보여 주자 "젊은이, 자네는 잘할 걸세!"라는 말을 들었다. 런던에서 100파운드를 저축한 나이스미스는 1813년 말에 홀번에 있는 알렉산더 갤러웨이의 공작 기계 전시장을 방문하여 자신을 소개했다. "무엇을 할 수 있습니까?" "대장일을 할 수 있습니다." "다른 것은?" "선반을 다룰 수 있습니다." "다른 것은?" "데생을 할 수 있습니다." "뭐라고, 데생을 할 수 있어요? 그렇다면 나는 당신을 고용하겠소."[85] 공업화 초기의 발명가들은 거의 모두가 최상급의 데생 솜씨를 가지고 있었다. 그중에서 어떤 사람은 그 이상이었다. 아버지로부터 항상 "데생은 엔지니어에 있어서 기본 중의 기본이다."라는 말을 듣고 자란 이점바드 킹덤 브루넬은 다방면에 걸친 많은 사업에 손을 댔지만, 그 모든 것을 수성도료를 써서 아름다운 그림으로 정리해 놓았다. 하지만, 아쉽게도 이제는 단 몇 작품만 남아 있다.[86]

미적 감각의 기초인 선명한 시각은 이런 그림이나 데생 이외에도 발명품이나 제품의 형태로도 표현되었다. 1815년부터 1830년에 걸친 기간에 만들어진 우수한 기관차 가운데 현재까지 남아 있는 것을 보면 그 대부분이 사람의 이목을 끄는 웅장함을 갖추고 있다. 페어베언과 케네디가 1826년에서 1827년 사이에 에어셔에 있는 킹맨, 핀레이앤컴퍼니(Kingman, Pinlay & Co.)의 방적공장을 위해 만든 거대한 수차는 오늘날에도 유럽에 있는 가장 완성도가 높은 수압기계 중 하나다. 그것은 또한 굉장히 아름답다. 로버트 스티븐슨이 자신이 디자인하고 만든 창작물을 사랑했다는 것과 그것이 그의 마음속에 살아 있었다는 것을 알기 위해서는 사우스켄싱턴 과학박물관에 있는 로켓 호를 보아야만 한다. 위층에는 '차분기관'이 독특한 미적 매력을 뿜내고 있다. 발명가와 엔지니어들은 다함께, 자신들의 창작물을 상황이 허락하는 한 아름답게 꾸몄다. 인간의 재능이 활짝 개화한 이 시대는 예술적 취향의 표현 형식이 가득한 시대였다. 브루넬이 채텀에 세운 참신한 제재 공장에는 섭정 시대 스타일의 부속건물 몇 개가 있는데, 무어 양식의 대 제재홀(Great Sawing Hall)도 그 중 하나다. 브루넬의 터널과 고가교(高架橋)의 모티브는 토스카나 양식의 기둥머리와 권대(astragals)였다. 스티븐슨이 스톡턴-달링턴 노선을 건설했을 때 철도 회사는 위대한 조셉 보노미의 아들 이그네이셔스 보노미를 건축 담당자로 고용하여 화려한 스컨 교를 비롯해 석조 건축물 모두를 설계하도록 했다. 텔포드의 작품으로 지금까지 남아 있는 것을 보면, 다소 이상하리만큼 놀랄 정도로 철저하게 아름다움을 사랑했다는 것을 느낄 수 있지만, 이것은 텔포드에게만 국한된 특징은 아니었다. 레오나르도 다 빈치의 정신이 대부분은 때때로 단순해 보이지만 결코 그렇지만은 않은 이 실제적인 사람들의 머리 위를 맴돌고 있었다. 존 레니가 1817년에 그의 새로운 워털루 다리—존 컨스터블이 자신의 가장 인상적인 캔버스를 그릴 기회로 이때를 선택했다—를 완성했을 때, 안토니오 카노바는 "이 작품을 보기 위해 로마에서 올만한 가치가 충분한 여행이었다."라고 말했다. 브루넬이 좀조개로부터 힌트를 얻었듯이, 세밀화 화가로 출발한 위대한 미국의 발명가 로버트 풀턴은 다빈치를 따라 자연, 그것도 특히 물고기의 움직임을 본 따 엔진을 설계했다.[87]

신경계통의 연구

예술과 발명은 밀접하게 연결되어 있고, 개별 가정 가운데 그 양쪽의 재능이 발견되는 경우도 종종 있다. 나이스미스 일가 등은 그 좋은 예이지만, 이외의 예도 수없이 많다. 마틴 형제는 스티븐슨 부자가 태어난 와일럼 옆 마을인 오빙햄 출신이다. 존은 위대한 묵시록적인 풍경 화가였고 그의 동생 조나단은 영구운동 문제를 연구하며 일생을 보냈다. 리처드 파크스 보닝턴은 아버지가 방적기계용의 영국제 부품 수출을 불법적으로 몰래 하기 위해 프랑스로 갔기 때문에 그곳 프랑스 화실에서 그림을 배웠다.

에든버러의 찰스 벨, 존 벨 형제는 화가와 의사를 배출한 가문에서 태어나 브로엄과 제프리, 프란시스 호너, 스콧과 콕번 등과 사귀면서 컸다. 찰스와 그의 동생 존은 우수한 데생 실력을 자랑했다. 찰스는 데이비드 앨런으로부터 가르침을 받았다. 존은 당시 손꼽히는 외과 의사가 되었고, 찰스는 탁월한 관찰과 그림 실력을 사용해 해부학을 근대과학의 한 분야로 확립했다. 찰스는 과연 과학자인가 예술가인가? 사실 그는 둘 다였다. 1806년에 처음 발간되어 그 후의 판을 거듭함에 따라 가필과 개정이 있는 두꺼운 그의 4절판 책『회화에 있는 표현의 해부학(Essays on the Anatomy of Expression in Painting)』에는 그가 그린 그림들이 삽화로 들어가 있다. 영국 왕립미술원 회원인 데이비드 윌키도 도판을 몇 장인가 그려 주었고, 시드니 스미스는 책에서 스코틀랜드 사투리 교정을 도왔다. 그 책은 사람의 신경계통 연구에 있어서 획기적인 것이었고, 1844년에 나온 이 책의 제3판을 읽은 찰스 다윈은 그 책이 자신의『종의 기원』을 집필하는데 무한한 가치를 갖고 있다는 것을 발견했다. 그러나 그림을 그리는 사람들은 아마추어건 프로건 모두 벨의 작품을 하늘이 내린 선물이라고 생각했다. 수채화를 잘 그린 샬럿 왕비가 크게 기뻐한다는 소식이 알려지자, 벨은 불손하게도 "아! 여왕이 코담배에 절은 손가락으로 책장을 넘겨야 될 글을 내가 썼다니!" 하며 탄성을 내질렀다. 왕립미술원 회원으로 조소과의 교수인 존 플랙스먼은 "그 책이 당시 어느 책보다 예술에 더 기여했다."고 말했다.[88]

벨은 정신과 육체라는 문제에 몰두하고 있었다. 그는 신경계가 그 열쇠라고 보았다. 또한 벨의 입장에서 보면, 예술과 과학의 목적은 모두 똑같이 '마음이 육체에 미치는 영향을 연구하기 위한 기초를 공고히 하는 것'이었다. 벨은 화가들에게 해부학에 관한 특별강의를 했을 뿐 아니라 ─ 그것이 그가 처음 런던에 왔을 때 생계를 꾸려간 방법이었다 ─ 화가가 사람의 얼굴을 그릴 때 마음에 일어나는 작용을 표현하는 방법에 매혹되었다. 벨은 윌키에게 이 문제 ─ 예를 들어 홍조를 띠고 있는 남자나 여자를 그리는 방법과 이유 ─ 를 극복하도록 강하게 권유했다. 윌키는 훌륭하게 이 기대에 부응하여 당대를 대표하는 유명한 풍속화가가 되었다.[89]

벨의 대단한 장점은 넓은 안목으로 과학을 보았다는 것이다.

"해부학에 관해 말하자면…… 단순히 사람과 얼굴, 몸과 사지의 절개된 근육에 대한 연구를 뜻하는 것이 아니다. 나는 그것을 모든 특색들…… 얼굴 표정과 전반적인 풍채를 나타내는, 다른 사람과 구별하게 하는 것 모두를 포함하는 거라고 생각한다. ……이 포괄적인 기술에 따라 행해진 그림의 분석은 아주 흥미로운 과학일 뿐만 아니라 화가의 관찰정신을 추론해 볼 수 있는 것이다.”

그는 화가들에게 고풍스러운 석고상을 비롯해 옛날의 생명력 없는 형상 등을 공부하는 것을 줄이고, 바깥 세계로 달려가 관찰에 바탕을 두고 실물을 그려 진실의 순간을 포착하길 원했다. 윌키는 훗날 남긴 수백 장의 스케치가 보여주듯이, 그의 충고를 충실히 따랐다. 이렇게 벨의 가르침은 19세기 내내 화가들로 하여금 자연을 생생히 그리기 위해 화랑에서 나와 도시와 시골로 가게 한 중요한 발걸음이었다.[90]

이 자극에 가득 찬 실험의 시대에는 예술과 과학 기술이 언제나 겹쳤다. 그림을 묘사하는 기술의 중요성을 이해한 사람들은 클레멘트와 브루넬 부자 같은 엔지니어, 패러데이와 오틀리 같은 과학자들만이 아니었다. 또한 물리학과 화학을 직관적으로 이해한 사람들도 시인과 철학자만이 아니었다. 1820년대 후반 음악계에서 뛰어난 창조성을 발휘한 위대한 천재 작곡가 헥토르 베를리오즈는 파리에서 의학을 공부하던 도중에 게이뤼삭의 전기 강의에 참석했을 때 갖게 된 과학에 대한 흥미를 평생 이어갔다. 베를리오즈는 악기의 기술과 음성 이론만을 생각했는데 ― 언제나 염두에 둔 것은 대형 오케스트라의 총주가 감정에 어떤 충격을 주는가였다 ― 이것은 그의 창조성의 중요한 부분이었다. 그와 펠릭스 멘델스존은 모두 훌륭한 그림 실력을 갖고 있었다. 멘델스존이 여행 중 그린 수채화는 아직 그 일부가 남아있는데, 그의 초기 작품을 이해하는 중요한 열쇠가 된다. 베를리오즈가 베토벤에 관한 책을 쓰기 위해 넣은 그림이나 음표는 ‘법률 문서처럼’ 깨끗하고 명료하게 쓰여 있었다. 베를리오즈의 책상위에 있던 교향곡 「로미오와 줄리엣」의 오리지널 악보를 본 유명한 피아니스트 모셸레스는 이것을 ‘훌륭한 필적’이라고 평가했다.[91]

삽화책과 인쇄기술

과학은 많은 점에서 예술가에게 영향을 끼쳤다. 19세기 초기의 30년 동안에 일어난 극적인 변화 가운데 하나는 모든 종류의 삽화가 들어간 서적 그리고 판화의 발행이 급속하게 성장했다는 점이다. 이주해온 색슨족 출신의 기업가 루돌프 아커만(1764~1834)이 런던에서 펴낸 고급스러운 책도 있고, 새로운 양판본도 있고, 내용도 교과서 및 동화에서부터 삽화가 들어간 신문과 잡지에 이르기까지 여러 종류가 있었다. 이제는 직업적인 조판공 외에 많은 예술가들의 수입이 주로 그런 일에서 생겼으며 윌키 같은 인기 화가들조차 1820년대에 복제를 통해 소득을 배로 늘릴 수 있었다. 사진이 출현하기 이전 마지막 시대의 화가들은 최신의 과학기술에 뒤쳐져서는 안 되었다. 물론 복제기법 가운데는 중세 후반에 시작된 것도 있었다. 예를 들면, 오목판 인쇄법―주로 동판의 표면을 파내고 잉크를 채운 후 고압으로 인쇄하는 기법―에 의한 선조판술(線彫版術)은 15세기 중엽에 발명된 것이다. 산에 강한 물질로 덧입힌 동판 표면에 그림을 그리고 여러 번 질산염 액 속에 담가 만드는 에칭과, 동판 표면에 직접 매끈한 선을 그리기 위하여 끝에 다이아몬드가 박혀 있는 강철제의 바늘을 사용하는 드라이포인트 동판화는 1500년대 이후 독일, 네덜란드와 이탈리아 화가들에 의해 개발되었다. 그러나 초기에 이 방법을 사용한 작품 중 뛰어난 것은 극소수였다. 1642년 위트레흐트의 루드비히 폰 지겐이 이 기법을 개량하여 커다란 기본적 진보를 이루었다. 지겐은 톱니가 부착된 로커(serrated-edge rocker, 메조틴트 제작용의 철강제 도구―옮긴이)로 동판 위를 거칠거칠하게 하고난 후 그것을 문질러 밝은 톤을 만들거나, 매끈하게 광을 내어 백색 부분을 만들어 그림을 완성했다. 이 기법을 사용하면 다양한 톤과 미묘한 색조를 표현할 수 있다. 이것이 메조틴트 기법이다. 19세기 초 이 기법이 크게 발전한 결과, 조지프 말

러드 윌리엄 터너의 풍경화 연작 「리베르 스투디오룸(Liber Studiorum)」 (1807~1819)이 화가 본인의 직접 감독 하에 에칭과 혼합된 메조틴트 기법으로 만들어졌다. 컨스터블의 주요한 작품은 모두 유명한 조판공 데이비드 루카스(1802~1881)에 의해 메조틴트 판화로 만들어졌다. 이 기법은 저명인의 초상화를 일반용으로 인쇄하는 데도 사용되었다. [92]

그러나 실질적인 기술의 대약진은 1768년에 이뤄졌다. 바로 이 해에 장 밥티스트 르 프랭스가 열을 가해 금속판에 부착시킨 분말 수지의 표면에 있는 작은 구멍을 통해 산을 부어 금속판을 부식시켰다. 이 기법에 의해 단색 수채화의 투명한 색조 효과를 냈다. 애쿼틴트(aquatint)라고 불린 이 동판부식 기법은 점차 서부와 중부 유럽으로 특히, 화가들이 이것과 에칭을 혼합하자 더욱 급격히 퍼져 나갔다. 고야는 1795년부터 1825년까지 이 동판부식 기법에 몰두해 에칭과 섞어 사용했다. 그림들은 동판부식 방식을 이용하되 각각 다른 색상을 위해 별개의 플레이트를 사용함으로써 컬러 판화를 만들 수 있었고, 흑백의 단색으로 인쇄한 후 손으로 채색할 수도 있었다. 이렇게 인쇄된 그림이 약 1800년부터 런던과 파리에서 엄청나게 팔렸다. [93]

그렇지만 1798년 리허설을 위해 자신의 희곡 대본을 복사할 방법을 찾고 있던 바이에른 극작가 알로이스 제네펠더는 자신의 말을 빌리면 '화학인쇄(Chemical Painting)'라는 인쇄 기법을 우연히 개발했다. 이것은 화학에 점점 더 매료되어 가던 시대의 전형적인 발명으로, 기름과 물이 서로 반발하는 성질을 이용한 것이었다. 우선 화가가 유성 잉크나 크레용으로 그림을 그리면 인쇄업자가 그 표면을 화학 처리하여 기름을 고착시킨다. 그리고 물을 첨가하면 기름 부분은 반발하지만 나머지 부분의 다공성 표면은 흡수된다. 여기에 유성 잉크를 바른 롤러를 대면 그림 부분에는 잉크가 묻고 나머지 부분엔 잉크가 흡수되지 않는다. 마지막에 종이 한 장을 그 위에 놓고 전체를 압착기 속으로 통과시키면 원래 그림의 완전한 복제가 종이 위에 그대로 옮겨지는 구조였다. 지금은 금속이나 플라스틱 등 모든 소재가 복제 재료로 사용될 수 있지만, 1800년대에는 실제로 입수 가능한 소재는 다공질의 돌 밖에 없었으므로 이 기법은 석판인쇄라고 알려졌다. 이 기법의 최대 특징은 이것이 소재를 목판화처럼 부조할 필요도 없었고, 선조화나 에칭, 틴트처럼 음각파기에 의한 오목판 인쇄기법도 아닌 평판인쇄 방식이라는 것이었다. 화가는 돌을 종이처럼 취급했다. 연필이나 크레용으로도 그림을 그렸고, 물감을 붓으로 칠해도 괜찮았다.

석판화는 정말 놀라운 발명이었다. 석판화에서 생겨난 오프셋 인쇄법과 사진석판술과 같은 기법은 무수히 많고, 아직도 새로운 기법이 연구되고 있다. 그러나 1810년에서 1830년에 걸쳐 석판화가 처음 보급되었을 무렵에는 화가들의 눈에 기적처럼 보였다. 미묘한 표현을 희생하지 않고 대량생산할 수 있는 길이 열렸기 때문이었다. 데오도르 제리코는 사람과 말이 일하고 있는 모습을 그린 많은 수채화 걸작을 석판화를 이용해 인쇄했다. 외젠 들라크루아는 1828년에 괴테가 쓴 낭만주의의 걸작 『파우스트』의 삽화에 석판술을 사용했다. 같은 해 젊은 만화가 오노레 도미에도 정계나 법조계의 해악을 통렬하게 공격하는 완전한 매체로 석판화를 흔히 이용했다.[94] 영국의 도시 풍경을 그리는 화가나 일반 풍경화가들도 이에 지지 않고 매우 성공적으로 석판화를 이용했다. 그 전형적인 예가 토머스 쇼터 보이즈(1803~1874)였다. 보이즈는 소년 시절 터너의 「영국 남부 해안의 아름다운 경치(Picturesque Views on the Southern Coast of England)」의 판화 작업(1814~1826)을 한 훌륭한 조판공 조지 쿡으로부터 석판화를 배웠다. 보이즈는 이 대작과 그리고 교외풍 별장의 창시자인 존 클라우디우스 라우든의 『식물백과(Cyclopaedia of Plants)』의 판화 작업에 참여했다.[95] 그는 20세 때인 1822년에 이미 전문 석판화가가 되었다. 그리하여 유능한 조판공이 명백히 부족했던 파리로 갔다. 그는 순식간에 보닝턴, 와일드, 그를 가르쳤던 루이 프란시아 등과 더불어 마침내 뛰어난 도시 풍경수채화가가 되었다. 보이즈가 개발한 수채 석판화의 실로 미묘한 터치를 능가하는 작품을 그린 화가는 지금까지도 나타나지 않고 있다.

풍경화 제작의 새로운 기법

젊고 아주 낭만적인 화가들은 모두 중세 이후 무시되었던 프랑스 중세 도시들의 놀랄만한 웅장함에 민감한 반응을 보였다. 그들은 모두 야외로 나가서 실물을 모델로 직접 데생을 하고 그림을 그렸다. 하지만 보이즈는 정확하고 상세한 그림을 그릴 수 있도록, 그리고 명도나 분위기도 충실히 표현할 수 있도록 석판화 도구를 포켓에 넣어 운반할 정도였다. 보이즈는 자신이 발견한 야외의 오브제가 가진 미묘한 아름다움을 대량복제를 통해 세상에 알리고 싶어 했기 때문에 최고 품질의 판화를 만들었다.[96] 보이즈는 스스로 배운 것을 거의 그대로 후배인 윌리엄 칼로우(1812~1903)에게 전수했다. 캐롤은 1823년 11세 때, 많은 화가가 살던 매럴레번에서 조판공으로 일하며 아침 8시부터 저녁 6시까지 판화 작업으로 하루를 보냈다. 마침내 10대 중반에 파리로 온 캐롤은 보이즈와 함께 도시 전역을 돌며 수채화를 그리고 석판화를 만들었다. 이 근면하고 수명이 길었던 두 화가는 대중을 위하여 놀랄 정도로 선명하고 정확하게 서유럽의 수많은 풍경을 기록으로 남겼다.[97] 이 두 사람은 새로운 기술을 사용하여 세상을 시각적으로 교육한다는 화가들의 대규모적인 움직임 가운데 일부를 담당했다고 말할 수 있다.

보이즈는 정밀도를 높이는 도구라면 어떤 것에나 몰두했다. 지형을 정밀하고 상세하게 기록하기 위해서 그래픽 망원경을 사용하기도 했다. 호주머니에 쏙 들어가는 이 망원경은 풍경을 평평한 표면 위에 2차원으로 축소시키는 편리한 도구였는데, 이는 발리(Varley) 형제 중 한 명인 코르넬리우스가 발명한 것이었다.[98] 대부분의 화가들은 이런 기구의 도움을 경멸하지 않았고, 종종 자신들의 일에 적합한 도구를 스스로 만들었다. 화가들은 또한 색깔의 범위를 넓히고 초록색과 같이 부적절한 기존의 색깔을 개선하기 위해 화학에 강한 관심을 보였다. 터너는 당시 손에 넣은 초록색에 깊은 혐오감을 가지고 있었다. 그뿐만이 아니라 더 나은 색깔을 만들 수 없는 자신의 무능력이 너무 싫어서 초록색을 사용하지 않으려고 부단히 애썼다. 많은 화가들은 손수 색을 조합해 쓰는 경우가 많았다. 어떤 화가는 그렇게 하는 것이 좋은 색을 얻는 유일한 길이라고 여기기도 했다. 토머스 거틴의 첫 번째 선생이었던 에드워드 데이즈는 19세기 초반에 대량 생산으로 시판되고 있는 색의 수에 대해 이렇게 불평했다. "그림 선생이나 그림도구 상인이 권장해 한 박스에 두세 다스의 색깔을 넣어 주는 것이 보기 드문 현상은 아니었다. 아주 불필요한 악폐였다." 그러나 조슈아 레이놀즈 경의 비극적인 사례가 보여 주듯이 화가가 색을 조합하는 것은 비참한 재앙을 가져올 수도 있었다. 1820년대에 거의 전적으로 야외에서 작업하기를 원했던 젊은 예술가들은 편리한 화구박스를 좋아했다. 1827년에 아커만의 가게에서는 45가지 그림물감에 연필, 붓, 팔레트, 분필과 그림용 종이가 들어 있는 세트를 3파운드 13실링 6펜스에 팔았다.[99]

장인 의식이 강한 화가들

이런 화가들은 자신들을 돌턴과 패러데이 같은 과학자나 클레멘트와 로버트 스티븐슨 같은 기술자들과 다른 존재로 여기지 않았고 오히려 동료 기술자로 여겼다. 화가의 대다수도 과학자와 기술자와 똑같은 계층 — 진취성이 풍부한 노동자 계급 — 출신으로 세상에 진출해 가능하다면 예술의 세계에서 혁명적 변혁을 일으키길 갈망했다. 그러한 대표적인 예인 터너―그는 자신의 직업 이외에는 흥미를 갖고 있지 않은 것 같았다―는 코벤트가든 상인 집안 출신으로 아버지는 마구판매인의 아들로 이발사 겸 가발 제조업자였으며, 외조부는 푸주한이었다. 데이비드 로버츠는 구두 고치는 사람의 아들이었고 윌리엄 멀레디는 승마용 가죽바지를 만드는 사람의 아들이었다. 터너의 제자인 어거스터스 월 칼콧은 건축가 헨리 홀란드와 마찬가지로 벽돌 직공 집안 출신이었다. 안토니오 카노바의 가족은 전부 석공이었고 그는 베니스 축제를 위해 버터로 조각한 최상급 장식물을 만들어 이름을 알렸다. 베르텔 토르발센의 아버지는 뱃머리의 조각상의 조각가였고, 프란시스 챈트리 경의 아버지는 가구를 만드는 기술자였다. 존 싱글턴 코플리의 어머니는 담배 가게를 운영했고, 길버트 스튜어트의 아버지는 코담배 공장을, 새뮤얼 파머의 아버지는 석탄과 책을 팔았다. 윌리엄 칼로우의 가족은 목수와 건축업자였고, 헨리 레이번 경의 가족은 금 세공인, 프란시스코 고야의 가족은 도금사, 존 발리의 가족은 도구제작 기술자, 조지 리치몬드의 가족은 여관 주인과 말 장수였다. 장 오귀스트 도미니크 앵그르 같이 몇 사람은 화가를 부친―하지만 그의 할아버지는 재봉사였고 그 자신도 양재사와 결혼했다―으로 두었거나 중산층 출신이었다. 토머스 콜의 아버지는 벽지 사업을 했고, 존 컨스터블의 아버지는 꽤 부유한 제분업자였다. 그러나 대다수의 화가들은 비천한 환경에서 출세했다. 발리의 아버지는 "그림을 그리는 것은 별 볼일 없는 직업이다."라고 말하며 자기 자녀들이 그 직업에 종사하는 것을 금했다. 그러나 그의 딸 엘리자베스를 포함하여 자식 모두가 그 직업을 택했다. 지형도 제작자인 존 프레스톤 닐은 말했다.

"불쌍한 발리는 누더기 옷을 입고 벗어지지 않도록 줄로 신발을 묶은 채로 세상살이를 시작했다. 그러나 어느 것도 이 결심이 굳은, 위대한 사람의 열정을 식게 할 수 없었다…… 그는 일찍 일어나 일터―그는 은세공 조수였다―에 가야 할 시간까지 제도를 하다가 가방끈을 어깨에 걸친 상태로 해어진 큰 손가방을 둘러맨 채 주인의 집에 도착할 때까지 전력으로 뛰어 갔다."[100]

많은 화가들처럼 데이비드 로버츠는 주택 도장공의 견습공으로 출발했다. 동료 견습공이었던 데이비드 램지 헤이는 마침내 가옥 도장의 개량을 거듭하면서 제단 뒤쪽의 장식이나 폼페이 복제품 등을 그려 의뢰인들을 기쁘게 했다. 월터 스콧 경은 헤이에게 아보츠포드에 새로 건축한 저택의 개량을 맡겼다. 이 주문을 통해 D. R. 헤이앤컴퍼니(Hay & Co.)는 영국에서 손꼽히는 내부 장식 회사가 되었다.[101] 로버트 스머크와 윌리엄 비치 경과 같이 마차 칠장이에서 시작한 화가나 건축가도 있었다. 존 손 경은 급사로 출세했다. 해양 화가였던 로버트 클리블리는 처음엔 선체의 틈에 뱃밥을 채우는 단순한 일부터 시작했는데 장갑을 끼고 그 일을 해 비웃음을 샀다.[102]

화가들은 자신들을 점점 심해지는 경쟁 속에서 일에 정력을 쏟지 않으면 안 되는 장인으로 생각했다. 그러나 주관적이고 개인적인 견해를 시사하는 낭만적 요소는 증가하고 있었다. 윌리엄 블레이크(1757∼1827)는 화가와 시적 공상가로서의 역할—장인으로서의 역할과 시적인 것—사이에서 불안하게 배회하고 있었다. 그는 견습 조판공으로서 훌륭한 훈련을 받았고, 그가 하는 모든 것—수채화, 삽화, 채색화, 템페라화, 산문과 시—이 특별히 독창적이었다. 그의 그림에서 알 수 있듯이 그는 학술원 학교에서 헨리 푸젤리의 지도하에 공부했다. 문예계의 모든 사람들은 푸젤리를 알고 있었다. 콜리지는 퍼즐이라든가 퍼즐리 등으로 불렀고, 학생들도 그대로 따라 그렇게 불렀다. 학생들은 푸젤리의 가르침을 존경했지만 싫어하기도 했다. 푸젤리는 학생들이 불경한 말을 하는 것을 금했지만 자신은 욕을 했는데 다음이 그의 유명한 반박 내용이다. "선생님, 선생님께서는 지독한 바보이십니다!" "너희들은 야생동물의 한 무리이고 나는 너희들의 저주를 받은 사육자다!"라고 그는 크게 외쳤다. 조지 리치몬드는 후에 대화 일부를 기록했다. 왕립미술원 회원이었던 존 플랙스맨이 블레이크에게 "당신은 푸젤리와 잘 지내시지요? 나는 그가 더러운 입으로 욕하는 것을 참을 수 없어요. 그가 당신에게도 욕을 하나요?"라고 물었다. 블레이크가 대답했다. "욕합니다." 플랙스맨이 물었다. "그러면, 당신은 무엇을 하나요?" 블레이크가 다시 대답했다. "내가 무엇을 하냐고요? 왜요? 나도 욕하지요. 그러면 그가 놀라서 '나 갈게, 블레이크, 자네는 욕을 하고 있어!'라고 말하지요. 하지만 그는 스스로 그만 두죠." 블레이크에게 예술이 고도로 감정적이고 아주 개인적인 일이라는 것을 가르쳐준 사람이 푸젤리였다. 그는 그림을 그릴 때 "처음에 나 자신을 차분히 가라앉힌다. 그 다음에 나 자신을 흥분하게 한다. 그리고 내 무지를 던져버린다. 그 다음 내 재능을 끄집어낸다."고 말했다.[103]

환영을 말하는 블레이크

블레이크는 현실의 자연세계—블레이크는 이 세계를 도로시 워즈워스처럼 세심한 부분까지 집중적으로 연구했다—와 상상의 세계—이 세계는 문학적인 동시에 종교적이기도 하다—사이에 절대적인 경계선을 설정하지 않고 성숙해졌다는 점에서는 화가인 고야 이상일 것이다. 또한 블레이크는 과거와 현재, 이승과 저승의 구별도 전혀 하지 않았다. 리치몬드에 따르면 "블레이크는 그림을 그리기 전에 무릎을 꿇고 자신의 작업이 성공리에 끝날 수 있기를 기도했다."고 한다. 리치몬드가 블레이크와 그의 아내에게 영감의 결핍에 대해 불평했을 때 블레이크는 대답했다. "수주일 동안 영감이 떠오르지 않을 때의 우리 문제와도 같아요. 케이트, 그때 우리는 무엇을 하지?" "여보, 우리는 무릎을 꿇고 기도하잖아요."[104] 집요한 노력에도 불구하고 블레이크는 직업 화가로서는 큰 성공을 거두지 못했다. 그러나 1815년부터 1820년 사이 그는 화가 중의 화가로 존경을 받고 나아가 숭배되기까지 했다. 로렌스는 블레이크의 작품들을 수집하기 시작했다. 동료 화가 존 린넬의 추천으로 1826년에 완성된 블레이크의 가장 위대한 작품인, 욥기에 들어가는 수채화 삽화를 1821년에 의뢰했다. 블레이크는 판권과 22장의 삽화 제작비로 150파운드를 받았다. 이는 그가 벌어들인 가장 큰 금액이었다.[105]

1820년대 초반 블레이크는 때때로 상류사회 모임에 모습을 나타내기도 했다. 그는 레이디 캐롤라인 램이 주최한 파티에서 레이디 샬럿 베리를 소개받았다. 1820년 1월 20일자 그녀의 일기에는 "낯선 예술가와 문학자 일부와 나머지 일행과 전혀 어울리지 않는 한두 명의 참한 서민들." "블레이크라는 이름의 키가 작고 기이한 예술가를 만났다. 일반적인 직업화가가 아니라 아름다운 상상으로 가득 찬…… 그리고 천재. 그는 고생에 찌들고 차분한 듯 보이지만 자신이 좋아하는 일에 대해 말할 때는 얼굴에 빛이 났으며 그의 느낌을 이해하는 사람에게 말을 함으로써 스스로 만족하는 것 같았다."고 적혀 있다.[106] 리치몬드가 세인트 존스 우드에서 건축가 타담(Tatham)이 주최한 파티에서 블레이크를 처음 만났을 때 그의 나이는 겨우 16세였다. 리치몬드가 스트랜드 가 옆 스리 파운틴 코트에 있는 그의 집까지 블레이크를 에스코트하겠다고 제안했다. 블레이크가 이야기하는 동안 리치몬드는 "마치 허공을 걸으며 예언자 이사야와 이야기하고 있는 것처럼 느꼈다."고 말했다. 블레이크의 이 말 한 마디에 그는 엄청난 충격을 받았다. "나는 나무토막의 마디가 나를 두렵게 할 때까지 그걸 볼 수 있다." 리치몬드, 린넬과 그들의 서클 멤버들은 블레이크의 집을 '해석자의 집'이라고 부르곤 했다. 그들 중 한 명인 존 자일스는 블레이크를 '하나님을 만나고 천사와 이야기한 사람'으로 묘사했다.[107] 실제로 블레이크 자신도 자신을 그렇게 믿었다. 그는 크랩 로빈슨에게 "언젠가 그가 상류사회 부인을 위해 만든 그림을 집으로 가져오다가 여관에서 쉬고 싶었을 때 천사 가브리엘이 그의 어깨를 만지면서 '블레이크, 왜 여기 있지? 가렴, 피곤하지 않을 거야'라고 말했다. 그는 일어나 지친 기색 없이 계속하여 길을 갔다."고 말했다.[108] 리치몬드는 그가 파운틴 코트에 들어갈 때 종 손잡이에 경건하게 키스를 하곤 했다고 말했다. 그러나 그는 블레이크의 방이 누추하고 깨끗하지 않았다는 것을 인정했다. "한번은 블레이크 부인이 늘 비누와 물이 없다는 핑계로 내게 '남편의 피부가 더럽지 않다는 것은 아시지요?'라고 말했다."[109] 베토벤의 경우와 마찬가지로 방문객들은 블레이크의 집이 난잡하게 어질러진 것을 참았다. 어떤 때에 헨리 크랩 로빈슨은 "블레이크는 작업실 겸 침실인 것 같은 작은 방에 있었다. 어느 것도 그의 아파트와 옷에서 풍기는 지저분함을 따라갈 수 없었다. 그러나 오물이라고 말할 수 있을 정도의 더러움에도 불구하고 상류계급 출신인 체하는 타고난 그 무엇인가가 그에게서 풍겨 나오고 있었다."[110]

이 방에서 블레이크는 자신의 환상(vision)을 말했다. 그 환상이 점점 그의 작품에 영감을 불어넣었다. 로빈슨에 따르면, "그는 우리가 하찮은 문제를 이야기할 때처럼 보통 목소리로 설명했다…… 그는 '영이 내게 말했다'라는 구절을 반복해 말했다. 나는 기회를 보아 '선생님은 소크라테스가 사용한 것과 똑같은 말을 하시네요. 선생님의 영과 소크라테스의 영 사이에 닮은 것이 무엇이라고 생각하세요?'라고 물었다. '우리 용모가 닮은 것과 마찬가지네.' 그는 잠시 생각한 후 '내가 소크라테스였네'라고 덧붙여 말했다. 그리고는 자신의 잘못을 바로잡듯이 '일종의 형제지. 나는 내가 예수 그리스도와 대화한 것처럼 그와 대화를 나누었음이 틀림없네. 나는 그 두 분과 함께 있었던 것을 희미하게 회상할 수 있네……' 그는 만족한 듯한 표정으로 자신은 지시에 따라 행동하고 있으며, 영이 그에게 이런 말을 했다고 한다. '블레이크, 다른 것은 말고 예술가가 돼라……' 블레이크는 계속해서 말했다. '나는 이익을 위해서 무언가를 하고 싶지는 않네. 나는 그림을 위해 살고 싶네. 나는 다른 어느 것도 원하지 않네. 나는 아주 행복하네.'"[111] 블레이크는 볼테르의 환영과 이야기하자 볼테르가 신을 모독한 것을 인정하더라고 로빈슨에게 말했다. 로빈슨

II 근대의 탄생 II

은 다음과 같이 썼다. "나는 볼테르가 무슨 언어로 말했는지 물었다. 그는 재치 있게 대답했다. '내 느낌으로는 영어였네. 그것은 음악 건반을 두드리는 것 같았지. 그는 아마도 불어로 그것을 두드렸지만 내 귀에는 영어로 들렸던 걸 거야.'" 때때로 블레이크는 방문객들이 있는 앞에서 자신의 눈에 보이는 환영의 초상화를 그렸다. 예를 들면 이런 것이다. "'윌리엄 월리스, 내 눈에 그가 나와 내 물건에 다가오는 것이 보여. 거기, 거기에, 얼마나 당당해 보이는지!'하고 고함을 친다던가 하는 행위이다. 블레이크는 실제 살아있는 모델이 자신의 앞에 있는 것처럼 눈을 고정시킨 채 손을 조심스럽게 놀려 얼마동안 그림을 그리다가 갑자기 멈추고는 '나는 그의 초상을 끝낼 수 없어. 에드워드 1세 국왕이 월리스와 나 사이로 들어왔어'라고 말했다. '운이 좋은 거야. 왜냐하면 내가 에드워드 1세의 초상화도 원했거든.' 블레이크는 다른 종이 한 장을 꺼내어 플랜태저넷 가(家)의 군주의 모습을 스케치했다. 그러자 왕은 공손하게 자취를 감추었고 블레이크는 월러스의 초상을 완성할 수 있었다." 환영의 초상화 대부분이 지금까지도 남아 있다. 의외의 것도 많다. 고귀하고 전형적인 영국인의 모습인 모하메드 초상은 현재 산타 바르바라 박물관에 소장되어 있다. 카누트 왕(11세기 초반의 잉글랜드 왕-옮긴이)은 성인처럼 보인다. 와트 타일러(14세기 농민반란 지도자-옮긴이)는 젊고 잘 생겼으며, 극악무도했다는 존 왕과 에드워드 1세는 예의바른 사람처럼 묘사되어 있다. 가장 악의가 있어 보이는 것은 오언 글렌다워이다. [112] 사람들은 블레이크를 방문하는 환상의 모델을 상대로 그가 그림을 그리고 있는 모습을 종종 목격했다. 누군가는 이렇게 기록했다. "'나를 괴롭히지 마시오' '내 옆에 한 사람이 앉아 있소'라고 블레이크는 속삭이듯이 말했다. '어디에 있어요? 누구 말이에요? 나는 아무도 보이지 않는데.' 블레이크가 말했다. '하지만, 나는 그를 보고 있는 걸' '저기 있잖아, 이름이 롯이라고. 당신도 성경에서 그에 대해 읽었을 걸. 그가 초상화를 위해 앉아 있어.'" [113]

블레이크의 환영을 완전히 믿은 사람들 가운데 존 발리가 있었다. 이것은 발리가 비현실적인 환시자(幻視者)였다는 것은 아니다. 오히려 여러 면에서 그는 가장 '과학적인' 화가였고 수채화를 중요하고 인기 있는 예술 형태로 확립한 영국의 새로운 학파의 중심인물이었다. 이 새로운 회화 형식은 영국의 전원 풍경에 대한 새로운 동경 — 이것을 누구보다 확실하게 상징하고 있는 인물이 워즈워스일 것이다 — 과 기술상의 중대한 진보를 조합한 것이었다. 발리의 친구인 W. H. 파인은 1812년에 "우리나라의 아름다운 경치를 탐색하고자 하는 애정이 풍경화에 가장 큰 격려가 되었고" 새로운 학교가 하고 있는 것은 "새로운 예술로 여겨도 좋을 정도이다."라고 지적했다. 나아가 파인은 펜으로 그린 외곽선에 엷은 색을 칠하는 '수채 스케치'를 애용하던 거장의 스타일은, 고무로 조합한 안료를 사용해 톤의 농담을 살리고 그 위에 색칠을 하여 완성하는 영국의 새로운 기법과는 전혀 별개라고 썼다.[114] 윌리엄 리브스에 의해 만들어진 고체 안료는 놀라운 광택을 가능하게 했고, 켄트의 제작자인 제임스 와트맨이 발명한 새로운 방식의 '벨럼 페이퍼(Vellum paper, 모조지)' 덕분에 화가는 종이의 와이어 무늬에 의해 손상을 입지 않고도 표면에 여러 번 엷은 물감(왓슈)을 칠하는 것이 가능해졌다. 이 새로운 종이는 곧 다른 모든 종이를 대신하게 됐다. 1780년대에 프란시스 타운과 존 로버트 커즌스는 처음으로 순수한 물감(왓슈)을 사용해 같은 색상의 어두운 색조의 색깔로 — 즉 선이 아닌 색조로 — 입체감을 내기 시작했다.

커즌스는 정신이 이상해진 후 베들레헴 병원의 주임 내과 의사 토머스 먼로 박사(1759~1833)의 극진한 보살핌을 받았다. 이 커즌스 기법의 비밀이 그의 두 젊은 제자들인 토마스 거틴과 터너에게 전해진 것은 총명하고 관대한 예술품 수집가였던 먼로를 통해서였다. 거틴과 터너가 그린 서명 없는 초기의 작품들은 너무나 똑같아 거의 구별할 수 없기 때문에 종종 '먼로의 그림들'로 불린다. 이 두 사람은 그때까지의 수채화 기법에 대폭적인 개량을 시도해 19세기 초반에 먼로 그룹에 들어온 발리도 발전에 기여했다. 발리는 빛깔의 농도와 변화를 위하여 종이 문지르기, 빵 부스러기로 종이 문지르기, 스펀지로 닦고 자르기 등 새로운 수법을 사용했다. 파인에 따르면 발리는 "가장 밝은 부분을 빛나게 하기 위해 종이에 습기를 더해 깨끗이 문질렀다."고 말했다. 더욱이 파인은 "어느 예술가도 발리보다 자신의 분야를 원인과 결과에 입각해 더 이론적으로 연구한 사람은 없었다."고 덧붙였다. 파인과 발리, 존 글로버는 수채화협회를 창설했다. 이 협회는 5년 뒤, 연례 전시회에 2만 3,000명의 관객을 끌어 모았다. [115]

이들 수채화가들은 영웅처럼 헌신적으로 작업했다. 존 글로버는 정확히 5시간 만에 대형 수채화 한 점을 완성했고 얼마 지나지 않아 시드니와 태즈메이니아에 자신의 직인으로서의 기법들을 전수하고 현지에서 풍경화의 호주파를 창설했다. 글로버에 지지 않고 눈부신 활동을 보인 화가가 앤서니 반 다이크 코플리 필딩이었다. 필딩과 발리는 자매 사이인 여자들을 아내로 맞았다. 발리는 일단 완성된 수채화를 밤을 새워 손질했다. 이렇게 아침 식사 무렵에 작업이 끝났기 때문에 그 작품은 「발리가 갓 구워낸 빵」이라고 불렀다. 그는 일 년에 평균 44점의 대형 수채화를 그려냈다. 그리고 수채화를 가르치는 방법 역시 아마 그 누구보다도 뛰어났다고 말할 수 있을 것이다. 실제로 그는 실물을 모델로 야외에서 작업하는 것을 고집했고, 특히 재능 있는 학생들이 발리 자신의 방식을 따르지 않고 그들 자신의 방식을 개발하도록 장려해 성공을 거두었다. 그의 제자들로는 파인과 필딩 이외에 멀레디(발리의 누이 엘리자베스와 결혼), 데이비드 콕스, 피터 드 윈트, 존 린넬, 윌리엄 홀먼 헌트와 옥스포드의 윌리엄 터너 등이 있다. 그들 중 많은 사람이 1년에 100파운드(후에 200파운드)를 내고 발리의 집에 살았다. 그들의 나이는 13세에서 18세였고 열렬한 복싱 팬이었던 발리는 제자들 간에 그림 경쟁뿐 아니라 권투 시합도 자주 열었다. 그는 아마추어들─탱커빌 백작이나 그의 누이 레이디 메리 몽크, 에식스 백작(미래의 해어우드 백작)─에게도 시간당 1기니를 받고 레슨을 했다. 마침내 미래의 건축가 존 돕슨으로부터 숱한 부탁을 받고 "낮에는 시간이 꽉 차있어서 아침 5시에" 레슨을 했다. 야머스의 부유한 은행가의 딸이었던 엘리자베스 터너에 따르면, 그는 수채화에 너무 열정적이어서 "모든 사람을 예술가로, 그것도 자신과 같은 훌륭한 예술가로 만들 수 있었다…… 우리 모두가 미켈란젤로가 될 수는 없더라도 그것은 발리 씨의 잘못이 아니었다."[116]

발리는 린넬의 소개로 1818년에 블레이크를 만났는데 둘은 곧 친해졌다. 두 사람 모두가 상대방의 작품을 존경했을 뿐 아니라 기존의 과학 지식으로는 설명할 수 없는 현상에 흥미를 갖고 있었다. 푸젤리처럼 발리는 예수의 재림이 임박했다고 믿었다. 2만 명이 넘는 추종자들에게 자신은 64세에 구세주를 낳을 것이라고─그 대신 64세에 죽었다─주장한 조안나 사우스코트(1750~1814)의 말을 그는 믿었다.[117] 발리는 점성술에도 빠졌다. 한 친구가 얘기한 것처럼 "그의 주머니는 책력으로 채워져 있었다." 엘리자베스 터너는 "발리는 점성술, 수상술, 유령을 불러내는 행위, 환상을 그대로 믿었다. ……그는 자신이 우리의 운수를 점쳐 볼 때까지 행복해 하지 않았다."고 말했다. 그는 사건들을 예견했고 자신의 집이 불타 없어질 것이라고─세 번이나 그런 일이 있었기 때문에 놀라운 일은 아니었다─예언했다. 현재 국립초상화박물관에 소장되어 있는 블레이크가 그린 발리의 초상화 뒷면에는 발리의 출생에 관해 '1778년 8월 17일 18도 57분에 궁수자리가 상승 중'이라고 자세히 쓰여 있다.

찰스 벨처럼 발리도 사람의 신체적 표정들이 내적인 감정과 밀접하게 연결되어 있다는 것을 받아 들였지만, 그는 더 나아가 용모는 내면의 도덕적이고 지적인 특질에 의해 결정된다고 믿었던 푸젤리의 동료 스위스와 친구 라바터의 (의사)과학 이론도 받아 들였다. 푸젤리의 협력으로 골상학에 관한 라바터의 방대한 저작은 영어로 번역되었다. 도판의 수는 800매에 달했고, 그 가운데 4매는 블레이크의 작품이었다. 이렇게 해서 완성된 다섯 권의 대작은 프란츠-요제프 갈과 요한 가스파르 슈푸르츠하임의 골상학의 기초가 되고, 이 두 사람의 저작은 워털루전투가 있던 해에 런던에서 간행되었다. [118] 발리 자신의 이론은, 용모는 확실히 덕성이나 지성을 반영하지만, 이런 자질들은 출생 때 별자리에 의해 결정된다는 것이었다. 그래서 블레이크가 환영을 바탕으로 그린 초상화를 보고 발리가 기뻐한 것도 무리는 아니다. 초상화의 일부는 동생이 발명한 그래픽 망원경의 도움을 받아 모사하여, 자신의 골상학 논문에 사용했다. 이 논문에는 린넬이 삽화를 넣었다. [119] 린넬에 따르면, "발리는 블레이크가 본 환영의 진실성을 블레이크 자신보다도 더 믿었다."고 한다. 사실 블레이크의 초상화 대부분이 1820년대 초 그들이 저녁 모임을 가졌던 그레이트 티치필드 스트리트에 있는 발리의 집에서 그려졌다. 블레이크가 자신의 「벼룩 유령의 머리」등 다른 기이한 작품들을 그린 곳도 바로 이 발리의 집이었다. [120]

파머와 고대인

발리와 블레이크 같은 사람들은 대개 비국교도로 강한 종교적 열망이 없이 급속하게 대두해온 새로운 과학과 옛날부터 있어온 새로운 플라톤주의, 강신술, 미신을 구분 짓는 경계선 위를 걸었다. 그들은 모두 정기적으로 성경을 읽었지만 그들은 데이비의 강의에도 마찬가지로 참석했다. 많은 면에서 그들은 라파엘 전파(19세기 중반 영국에서 일어난 미술운동 ─옮긴이) 윌리엄 모리스와 그 추종자들의 사고방식을 따랐다. 그 중에서도 린넬과 리치먼드 같은 젊은 사람들은 블레이크의 추종자 새뮤얼 파머(1805~1881)의 주위로 몰려들었다. 파머는 쇼어햄에 살고 있었지만, 이 지역에서는 일찍이 그의 침례교도인 아버지가 '하늘의 목소리'를 받아 정력적으로 전도를 행하여 마을 사람들로부터 '하느님의 사람'으로 불리고 있었다. 파머 자신도 평생 동안 종교적 광신자였고 자신의 견해를 엄청나게 긴 편지에 써서 친구들에게 보내기도 했다. 리치먼드에게 보낸 편지는 5,460단어로 되어 있었다. 그는 자신이 '과학적'이라고 생각했으며 식물학과 지질학을 공부했고 자연 속 사물을 정교하게 스케치하며, "우리는 해부학 없이는 한 발자국도 앞으로 나아갈 수 없다. 풍경화의 경우도 그것과 똑같다."라는 멀레디의 말을 찬성하는 데 빈번하게 인용했다.[121] 파머는 '지하의 것' 즉, 땅의 '근육'과 '뼈'를 시적으로 이해한 라이엘의 작품에 매료되었다. 그러나 파머 자신의 풍경화는 날로 낭만주의풍의 공상적인 것으로 변질되어 갔다. 린넬, 리치먼드, 에드워드 캘버트와 존 자일스 등의 좀 더 젊은 화가들은 파머를 만나기 위해 런던에서 쇼어햄까지 갔다. 그들은 캔터베리까지는 마차를 얻어 타고 가고, 남은 20마일은 도보로 터벅터벅 걸어서 가곤 했다. 그들은 스스로를 '고대인들'이라고 불렀다. 한번은 블레이크가 그들과 함께 가서 투시 능력을 시범 보인 적이 있었다. 찻물을 계속 끓이고 있던 파머는 그들에게 사과와 녹차를 대접하며 반겼다. 그는 검소하게 지내며 "서사시인으로 살아가는 사람은 일주일에 5실링 2펜스로 살 수 있어야만 한다."라고 말하곤 했다. 그는 이십 대에 이미 대머리가 되었고 당시로는 아주 드물게 멋지게 늘어진 긴 턱수염을 기르고 실내에서도 망토를 입고 있었다. 그는 '고대인들'을 지휘하여 즉석에서 합창을 하거나, 래드클리프 부인과 셰익스피어의 작품을 읽기도 했다.[122] 이런 그룹은 때때로 끼리끼리 결혼을 했다. 이것은 19세기 예술가들 사이에서 점차 강화되어 온 경향의 하나였다. 예를 들어, 린넬은 파머의 누이와 결혼했다. '고대인들'은 극단적인 이상주의자들이었다. 리치먼드는 18세 생일 직후인 1827년 4월 7일자 일기에 '자신의 다락방에서'—그는 당시 화가들이 몰려 살던 하프문스트리트에 살았다—파머를 비롯한 초상화 스케치를 하고 있는 자신에 대해 기록하고, 이어 "전능하신 하나님, 전력을 다해 가까운 시일 내에 사람에게 유익하고 예술가로서 더 완전하며 무엇보다도 기독교인으로더 잘 받아들여질 수 있도록 허락하소서, 성령께서 가르치고 도와주소서."[123]라고 적었다.

　그들의 생활은 불안정했다. 리처드 윌슨, 조지 모얼랜드와 제임스 배리 같은 한때 유명했던 예술가들조차 빈곤한 상태로 죽었다. 그림으로 살아가려는 사람의 수는 빠르게 증가했다. 1800년과 1824년 사이에 파리 살롱에서 전시회를 개최한 예술가는 282명에서 786명으로 거의 세배가 되었다. 7년 후에는 그 수가 1,212명이나 되었다. 런던에서도 사정은 마찬가지였다. 오랜 나폴레옹 전쟁 사이에 영국의 독자적인 예술이 꽃을 피웠지만, 그것은 백년전쟁 사이에 고유의 영국풍 수직식 건축양식이 출현한 것과 궤를 같이한다. 그러나 평화의 도래로 그림을 구매하는 계층은 외국으로 휴가를 가는 경향이 생겼고, 종종 프랑스와 이탈리아 화가들을 후원했다. 그리고 가격이 런던에서는 그림 값이 하락했다. 발리에게는 자녀 여덟 명과 낭비가 심한 처가 있었다. 초인간적으로 일을 했음에도 불구하고 그는 1820년 4월에 4,140파운드 2실링 4펜스의 빚을 지고 파산을 선언해 감옥에 수감되었다. 그는 1830년에 빚 때문에 압수 처분을 받았다. 자신을 영국왕립미술원의 비공인 복지 담당이라고 여겨 가난한 화가나 화가 남편이 종종 한 푼도 남긴 것이 없이 죽은 미망인들에게 돈을 마련해 주기 위한 노력을 활발히 했던 패링턴의 일기에는 이것과 비슷한 이야기들이 많이 실려 있다. 또 다른 파산자였던 왕립미술원 회원 리처드 웨스탈은 강제로 전 재산을 팔아야 했다. 역사화가 토머스 레인은 모델들에게 지불하기 위한 고기를 더 이상 살 수 없으며 "친구의 집에 초대되지 않으면 그저 빵과 버터로만 산다."고 패링턴에게 말했다.[124] 또 다른 역사화가 헤이든은 1826년 새해 전날의 일기에 이렇게 적었다. "출판계의 공격 때문에 내 생계를 잃었지만 역사화 주문이 빠르게 늘어 다시 활짝 필 수 있는 기회가 주어졌고 나를 파멸로부터 구했다! 내 미래의 생계와 내 아들들을 신사처럼 양육할 힘은 거기에 의존한다." 그리고 그는 현재 살기에 충분한 돈이 있다는 것을 하나님께 감사하면서 "매혹적인 그림을 추구하고 당신이 주신 은혜에 영광을 돌리며 내 고용주들의 만족을 위하여 내가 해야만 하는 것을 결심할 수 있도록 건강을 허락하소서."[125]라고 덧붙였다. 가엾게도 헤이든도 파산 후 자살로 그 생을 마감했다.

후원자 시대의 종언

1815년 이후 화가의 '고용주'는 누구였을까? 예술의 모든 경제적인 기반 전체가 바뀌고 있었다. 음악과 마찬가지로 왕후 귀족의 후원은 상업시장에 자리를 물려주고 있었다. 유럽의 왕후 귀족을 위해 일했던 토머스 로렌스 경과 카노바―그리고 눈 밖에 나기 전의 데이비드―는 2세기 전 루벤스 시대 이후 본질적으로 변하지 않았던 궁정에 의한 주문이라는 관습의 혜택을 보았다. 그러나 로렌스와 카노바는 급속히 감소하는 일군의 화가 가운데 살아남은 화가에 불과했다. 영국에서는 국부가 엄청나게 증가했음에도 불구하고 1820년에는 옛 스타일의 후원자는 불과 여섯명도 되지 않았다. 그들 중 세 명은 화가들을 친구와 손님으로 삼고 자신들의 그림 진열실을 이용하도록 권장하는 등 예외적으로 도량이 컸던 것이 사실이다. 후에 테블리 경이 된 존 레스터 경은 특히 체셔 주 테블리에 있는 유명한 탑과 호수를 기록으로 남기기 위해 풍경 화가들에게 후한 보수를 주었고, 또한 그곳에 묵게 했다.[126] 윌리엄 뷰익은 랜드시어 부자(조판공과 신동이라 불린 그의 아들), 리 헌트, 키츠, 헤이든과 함께 런던의 레스터에 있는 그림 진열실을 보러 갔을 때의 정경을 이렇게 썼다. "레스터 경과 그의 부인 친구들이 나와 동행했던 그 유명한 사람들을 보러 방에 들어왔고 우리 모두가―이런 경우에는 아주 드문 일이다―소개를 받았다."[127] 레스터보다 화가들에게 더 친절한 사람은 에그리먼트 백작이었다. 여름이 되자, 페트워스에 있는 그의 서식스 관은 많은 화가들이 머물렀다. 그곳의 우두머리라고 할 사람은 터너였는데, 터너가 페트워스에 그린 유화와 채색 스케치는 이 위대한 후원자에 대한 영원한 증거였다. 터너는 자신만의 특별한 용도를 위해 채플 뒤쪽에 있는 오래된 도서관을 화실로 바꾸고 그 안에 틀어 박혔다. 백작조차 특별한 노크를 두 번 하고서야 들어갈 수 있었다. 챈트리 역시 그 노크를 흉내내 한 번 들어간 적이 있다.[128] 에그리먼트 백작은 '화려하게' 살았으며, 대부분이 화가들인 열 명이나 스무 명, 때로는 서른 명이나 되는 손님들과 매일 페트워스에서 저녁 식사를 같이했다. 그는 화가들을 후대하고 그들의 작품을 사 주었을 뿐만 아니라 운이 나빴던 사람들이 있으면 그 원조의 손길을 내밀었다. 예를 들어 세밀화가인 오자이어스 험프리가 실명하자 그에게 연금을 주었고,[129] 파산 위기에 처했던 헤이든에게는 200파운드를 보냈다. 헤이든은 1826년 11월 15일자의 일기에 페트워스에 있는 은인의 초상화를 감사의 마음을 담아 그리고 다음과 같이 썼다. "에그리먼트 경은 정말 태양 같은 사람이었다. 페트워스의 파리들도 그곳에 그들이 존재할 곳이 있다는 것과 창문이 그들의 장소라는 것을 아는 것 같았다. 개, 말, 소, 사슴과 돼지, 소작인과 하인, 손님과 가족, 아이와 부모, 모두가 그의 관대함과 부유함 그리고 유쾌함을 같이 나누었다. 아침 식사 때 모든 손님이 식사를 마친 후 백작이 들어왔다. 그가 기쁘게 멀리서 데려온 손자가 처음 왔다. 창밖에서는 한 다스의 검은 스패니얼들이 끙끙대고 있었는데 그는 그 개들을 안으로 들어오게 한 후 케이크와 과자를 똑같이 나누어 주었다. 한 손님과 담소하고 다른 손님들에게 즐길만한 몇 가지 오락에 대해 설명한 후 가죽 각반의 단추를 채우고 모든 사람에게 잘 있으라는 인사말을 남기고 떠났다. 손님들은 임의대로 그의 풍요로움과 관대함을 손쉽게 누릴 수 있었다. 저녁 식사 때 그는 모두를 만났고 그날 있었던 공적을 자세히 이야기했다. 그는 고기를 자르는 어려움을 개의치 않고 모든 사람에게 주 메뉴를 나누어 주었다. 그는 마음껏 먹고 후하게 나누어 주었다. 풍부했지만 터무니없이 낭비하는 것은 없었다. 좋지만 지나치게 비싸지 않은 포도주. 모든 것이 실속 있고, 풍부하며, 감칠맛 났고 영국적이었다…… 페트워스의 가장 천한 벌레도 공평하게 주인의 따뜻한 불빛을 느낀다."[130]

에그리먼트 백작의 관대함이 십분 발휘된 것은 백작이 자신의 미술 수집품을 화가들에게 공개하고 배우게 했던 점이다. 이것은 일반 대중용 미술관이 없었던 당시에 후원자가 베푼 중요한 역할 가운데 하나였다. 상대적으로 별로 많지 않은 재산—그의 일 년 수입은 8,000파운드였다—으로 거장들의 작품을 상당히 수집한 조지 보몬트 경(1753~1827)도 마찬가지였는데, 그는 화가들이 그로브너 광장에 있는 집과 조지 댄스가 고딕 건축 양식으로 재건축한 레스터셔 주의 콜레오르톤에 있는 집에서 그림을 공부할 수 있도록 했다. 자녀가 없던 보몬트 부부는 둘 다 많은 약을 복용하는 우울증 환자였다. 그들은 화가뿐만 아니라 콜리지와 워즈워스를 후원했다. 실제로 레이디 보몬트는 아주 적극적으로 워즈워스의 명성을 더 높아지게 하려고 노력했기 때문에 남편인 보몬트 경은 "선전을 하기 위해 고용된 것 같다."고 말했다. 그는 콜레오르톤의 저택에 있는 정원의 가로수 길 끝에 밀턴과 레이놀즈를 기리는 사당을 세웠다. 보몬트 경은 열정적인 아마추어 화가였고 직업 화가들을 장려하고 돕는 것을 아주 좋아했다. 그는 커즌스의 정신에 이상이 왔을 때 그를 지원했고 부모를 잃은 줄리어스 케사르 이보트슨의 아이들을 교육시켰다. 그는 데이비드 윌키가 기를 쓰며 일한다는 것을 알게 되었고 그가 아팠을 때 100파운드를 보내겠다는 자신의 제의를 거절하자 그에게 유명한 포트와인 세 다스를 보냈다. 거기에는 "색깔이 잘 나오는 것은 사람의 힘으로 되는 것이 아니오. 만약 포트와인이 좋지 않으면 색칠을 하는 데 쓰십시오. 그래서 귀하가 소매상에서 구입할 수 없는 와인 몇 병을 실례를 무릅쓰고 보냅니다."라는 메시지가 동봉되어 있었다. 윌키는 그를 위해 유명한 「눈 먼 바이올린 연주자」를 그렸다. 그리고 윌키의 「시골의 정치가들」을 보았을 때 보몬트는 기쁨에 압도되어 그가 가장 소중하게 여기는

호가스의 팔 받침을 아낌없이 윌키에게 선사했다.[131]

보몬트가 오랜 세월에 걸쳐 손에 넣은 그림은 윌슨과 레이놀즈의 다양한 그림들, 렘브란트 그림 두 점, 푸생 그림 한 점, 클로드 그림 세 점, 카날레토의 「석공의 작업장」, 그리고 그가 특히 좋아하는 그림인 루벤스가 자신의 시골집을 그린 풍경화 명작 「스틴의 성」 — 이 그림은 레이디 보몬트가 유산으로 받은 1,500파운드를 주고 구입했다 — 등이 있다. 화가들이 와서 머물렀을 때 그들은 일요일을 제외하고는 하루 종일 스케치를 하고 공부했으며 저녁 식사 후에는 셰익스피어와 워즈워스를 읽었고 거장들의 그림을 촛불로 비추며 바라보았다. 이것은 보몬트가 케인즈로부터 배운 감상법이었다. 헤이든은 "우리는 앞에 있는 클로드와 렘브란트의 그림을 보며 저녁 식사를 했고 루벤스의 풍경화를 보며 아침 식사를 했다. 그리고 오전, 정오나 밤에 그림 그리는 것만을 생각하고, 얘기하며, 그림의 꿈을 꾸고, 눈을 뜨면 그림을 그렸다." 컨스터블이 1823년에 와서 머물렀을 때 그는 전에 한 번도 본 적이 없는 거틴의 수작(秀作) 서른 점이 있는 것을 보고 몹시 놀랐으며 이 대형 유화 풍경화들에 매혹되었다. 그리고 그는 자신의 아내에게 "나는 지금 클로드, 윌슨과 푸생 그림으로 가득찬 방에서 글을 쓰고 있소……. 클로드, 클로드가 내가 여기서 생각할 수 있는 전부요."라고 전했다. 그 당시 그림의 소유주는 보물과 같은 작품이라도 아무렇지 않게 다루곤 했다. 컨스터블은 여러 종류의 그림들을 자신의 침실로 끌고 와 "매일 밤 클로드 그림 중 하나를 보며 잠들었다. 그 그림들은 대개 아침 식사를 하는 방에 있었다."고 말했다. 실제로 보몬트는 컨스터블에게 자신이 소장하고 있던 클로드의 작은 그림 「하가와 천사」를 복제하도록 빌려 주었다. 보몬트의 관대함은 그가 실제로는 컨스터블의 그림을 존경하지 않았다는 점에서 더 기록할 만하다. 더 나이 많은 세대의 대부분이 그랬던 것처럼 보몬트는 컨스터블의 작품이 아직 '미완성'이라고 생각했다. 반대로 컨스터블은 보몬트가 18세기에 선호된 어둠침침한 색깔 특히, 갈색을 좋아하는 것을 이상하게 생

각했다. 컨스터블이 레이놀즈 사당에 대한 인상을 「죽은 자를 위한 기념
비」라는 작품에 담고 있을 때 보몬트가 "갈색 나무를 어느 위치에 그릴
지 결정하는 것은 어렵지 않을까?"라고 물었다. "괜찮아요. 왜냐하면 나
는 결코 그런 것을 그림에 넣지 않으니까요."[132]

그러나 이런 후원자의 존재도 이 시대가 마지막이었다. 보몬트는
1827년에 죽었고, 에그리먼트 백작은 10년 뒤 86세의 나이로 죽었다.
에그리먼트의 영구차는 '터너를 선두로 한 무리의 화가들이' 선도했다.
아무도 그들의 뒤를 계승할 수가 없었다. 화가들은 더 이상 보몬트 같은
후원자들이 발휘할 것으로 기대했던 신사답지만 강한 권위를 받아들일
준비가 되어 있지 않았다. 문제는 1815년에 브리티시 인스티튜션(British
Institution)에서 터졌다. 브리티시 인스티튜션은 영국 예술을 장려하기 위
하여 1804년에 설립했으며 협회가 주관하는 전시회는 영국왕립미술원
다음으로 활동 중인 예술가들이 자신들의 작품을 전시할 수 있는 주요한
진열장이었다. 패링턴이 일기에 적어 놓은 리스트를 보면 이 전람회가
얼마만큼 귀족 계급의 비호를 받았는지를 잘 알 수 있다. 그러나 이들 가
문이 좋은 전문가들은 거장들의 작품을 임대 전시하는 것도 원했다. 그
리고 그런 전시가 워털루전투가 있던 해에 개최되었을 때 직업 화가들의
분노는 폭발했다. 화가들을 대표하여 로버트 스머크가 보몬트와 다른 후
원자들이 무례한 인신공격이라고 분개한 익명의 팸플릿 『도리에 기반을
둔 작품 목록(Catalogue Raisonne)』을 발행했다. 영국왕립미술원 소속의 화
가들을 싫어한 것은 물론, 그 팸플릿을 무자비하게 비난한 해즐릿이 쓴
몇몇 격렬한 글 때문에 논쟁은 가열되었다.[133]

자신이 중요한 영국 최초의 미술평론가라고 강하게 주장했던 해즐릿
은 영국 미술을 경시했고, 그 수준을 높일 수 있는 최선의 방법은 거장들
특히, 이탈리아 거장들의 그림을 전시해 대중의 심미안을 올려놓는 일이
라고 생각했다. 후원자에 의한 예술가 보호는 시대에 뒤처진 것이며, 화
가들은 그들이 본 것을 본대로 그려야만 하고 식별력이 있는 개인 수집

가들―단적으로 말해 상업 시장―은 좋은 작품을 나쁜 작품과 구별해 낼 것이라는 게 해즐릿의 지론이었다.[134] 이것이 미래의 패턴이라는 것은 틀림없었고, 1815년부터 1825년에 걸친 10년 동안 상황은 이미 그렇게 되어가고 있었다. 대 귀족 대신에 요크셔에 거주하는 터너의 후원자인 먼로 박사, 월터 포크스, 컨스터블의 후원자인 피셔 부주교 같은 수집가들이 등장하고 있었다. 화가들이 더 많아지고 있었을 뿐만 아니라 예술을 감상하는 사람들의 범주도 거대한 중산층까지 확대되고 있었다. 그런 시대 풍조를 상징한 것이 1830년 1월에 거행된 로렌스의 장례식이었다. 눈보라가 치는 한편 눈이 녹는 날씨에도 불구하고 수천 명이 서머싯 하우스에 있는 영국왕립미술원에 모셔져 있던 관을 매장하기 위해 그곳을 떠났다. 그들은 레이놀즈 가를 따라서 세인트폴 성당으로 관이 운구되는 것을 보러 나온 것이다. 플리트 스트리트에서 루드게이트 힐까지 늘어서 있는 맨머리의 군중들 앞을 멋진 42대의 관용 마차와 80대의 개인 마차들이 지나갔다. 모든 상점들은 문을 닫았고, 조기가 게양되었다. 터너는 "천부적인 재능은 어제 장례식의 화려한 행렬을 보기 위해서 눈과 진창 속을 정신없이 헤치고 나아갔던 많은 사람들에 의해 이제는 인정받을 수 있다는 느낌을 받았다."고 썼다.[135]

대중 미술관의 등장

세상이 바뀌고 있다는 또 다른 신호는 1824년 5월에 런던국립미술관을 대중에게 공개했다는 사실이었다. 공공 미술관에 대한 개념은 결코 새로운 것이 아니었다. 옥스퍼드의 애슈몰린미술관은 그 기원이 1683년으로 거슬러 올라간다. 바티칸은 1773년에 수집품을 전시하고 대중을 입장시켰으며 그 후 얼마 지나지 않아 찰스턴이 서반구에서는 최초로 일반 미술관을 세웠다. 그러나 예술의 민주화가 본격적으로 시작된 것은 1793년 프랑스 혁명 정부가 루브르 왕실의 컬렉션을 일반에게 공개하고 나서였다. 그 후 프랑스는 국가 방침으로서 전 유럽의 교회나 수도원, 궁전에서 공화정 군대가 약탈해 온 그림과 조각 등 폭넓은 수집품들을 이 루브르박물관에 모아 수장하게 되었다. 이 덕분에 예술가와 감식가들은 거장들의 작품을 본격적으로 공부하는 것이 수월해졌다. 1802년 아미앵 평화조약에 의한 휴전 기간 동안 루브르를 처음 방문했던 해즐릿은 이 방식을 강력하게 지지했다. 이 점이 해즐릿이 나폴레옹을 존경한 이유 중 하나이다. 공공 미술관들은 프랑스의 점령 지역에서도 개설되었다. 1807년 나폴레옹은 베니스에 아카데미아(Academia)를 창설했다. 1808년 에는 네덜란드의 꼭두각시 왕이었던 나폴레옹의 동생 루이는 암스테르담에 국립박물관을 열었고, 1809년 프랑스군은 북부 이탈리아에서 약탈한 엄청난 수집품을 밀라노의 브레라미술관으로 옮겨 왔다. 메디치 가(家)의 수집품들이 마찬가지로 피렌체의 우피치미술관에 전시되었다. 1814년부터 1815년에 걸쳐 평화조약이 체결되자 캐슬레이와 카노바 덕분에 루브르에 있던 약탈 소장품 상당수 ─ 보르게제 궁의 2대 보물 「날개를 단 사모트라케의 승리의 여신상(the Winged Victory)」과 「밀로의 비너스(Vinus de Milo)」는 그대로 남겨졌다 ─ 가 원래의 소유주들에게 반환되었다. 그러나 예술작품을 공개하는 관습은 남았다. 1817년에 교황 피우스 7세는 바티칸미술관을 확장하려는 거대한 계획을 시작했다. 1818년 부터 1819년에 걸쳐 스페인의 페르디난드 7세가 마드리드에 프라도미술관을 세워 공개했다. 1823년에는 프로이센의 프레데릭 윌리엄 3세는 베를린미술관을 세웠다. 그러나 대중들의 입장은 1830년까지 허가되지 않았다.

1823년 1월 로이드 협회의 출자자자인 존 줄리어스 앵거스타인이 죽어 유럽에서도 손꼽히는 그의 수집품들 ─ 라파엘의 「교황 줄리어스 2세 (Pope Julius II)」와 렘브란트의 「간통하는 여자(Woman Taken in Adultery)」가 포함되어 있었다―이 시장에 나왔다. 오래 전부터 국립 미술관의 창설을 열망했던 보몬트는 워즈워스에게 다음과 같은 편지를 보냈다. 로마에서는 '제일 고귀한 신분에서 가장 하찮은 계급의 사람까지 누구나' 바티칸에 있는 위대한 예술품을 '감상하는 모습을 보는 것은 기쁜 일입니다.' 이에 반해 런던에서 '우리 국민들'은 '파노라마나 셀먼 부인의 밀랍인형을 뚫어지게 보도록' 강요받고 있다. 보몬트는 정부에 "앵거스타인의 수집품을 산다면 나도 정부에 내 수집품을 기증하겠다."고 말했다.[136] 당시 '번영(Prosperity)' 로빈슨으로 알려진 재무장관이 5만 7,000파운드를 지불해 앵거스타인의 소장품 가운데 최고 작품인 38점의 그림을 구입했다. 폴 몰 100번지의 금융업자 앵거스타인의 집에 임시로 세워진 새로운 국립미술관에 개관 6개월 만에 2만 4,000명의 관람객이 방문했다.[137] 필은 일찍이 재산 관리인의 한 사람이 되었고, 마침내 루벤스의 「볏짚모자(Chapeau de Paille)」―필은 이 작품을 템스강이 내려다보이는 화이트 몰에 세운, 길이 20미터인 갤러리에 소장하고 있었다―를 포함해 자신의 훌륭한 소장품 가운데 수많은 그림을 국립미술관에 기증했다.[138]

화가들은 명작 컬렉션이 공개된 것을 환영했다. 그것에 의해 대중의 심미안이 단련되고 자신들의 작품 시장을 넓혀준다고 생각했기 때문이었다. 피아노라는 악기와 베토벤 같은 '음악 천재'의 탄생에 의해 콘서트나 음악 출판을 구하는 중산계층이 생겨났고, 그것과 마찬가지로 미술관이나 판화, 수채화는 중산계층의 미술품 구매 욕구를 부추겼다. 이리하여 19세기는 직업 화가들의 황금기였다. 서방 국가에서 그렇게 많은 사람들이 동시대 화가의 오리지널 작품을 산 경우는 전무후무하다.

레이튼 경이 켄싱턴에 무어 양식의 호화 주택을 만들고, 프란츠 폰 렌바흐가 뮌헨에 화려한 렌바흐 하우스를 세우고, 프레데릭 에드윈 처치가 허드슨 강 상류의 오라나에서 군림하던 빅토리아 시대의 학문적 절정기는 그때까지 도래하지 않고 있었다.[139] 그러나 상재(商材)에 밝았던 예술가들은 이미 확대되고 있는 시장에서 성공을 하고 있었다. 동시에 예술가 동료로부터 질투 섞인 비판도 받지 않았다. 1만 2,000파운드의 유산을 남긴 존 오피는 자신의 옷에 기니 금화를 꿰매 몰래 숨긴 '수전노'―그 중에는 198개나 꿰맨 옷도 있었다―라는 말을 들었다. 오피보다도 더 많은 재산을 남긴 알랭 램지는 '돈을 받지 않고는 딱 두 번밖에 그리지 않았고' '냉정하고 속이 좁다'는 비난을 받았다. 조지 롬니는 '탐욕의 쇠사슬에 묶여' 있어서 5만 파운드를 남기고 죽었어도 아무도 놀라지 않았다. 특별하게 돈벌이에 능했던 조각가 프란시스 챈트리 경은 15만 파운드를 저축해 유산을 기부하여 이름을 드높일 수 있었다. 그의 아내도 남편의 사업가 정신을 이어 받은 것 같았다. 남편이 죽었을 때 그녀는 그의 작업실에 "그의 조각 작품들이 너무 흔해지지 않도록 망치를 갖고 가 완성된 많은 흉상들의 코를 깨뜨려" 버렸다.[140] 챈트리는 나귀를 끌고 우유 배달하는 일로 시작해 마지막에는 홀컴에 있는 레스터 백작의 영지에서 멧도요 사냥을 하다가 생을 마쳤다. 그는 한 방으로 한 쌍을 죽인 것이 너무 자랑스러워 그 모습을 대리석으로 조각했다. 수채화가들조차 빈틈이 없기만 하면 성공했다. 피터 드 윈트의 아내 해리엇은 남편이 몇몇 그림의 가격을 기니로 정하는 방법을 신사가 말했다.

"윈트 씨, 지금 기니가 없으니 파운드로 합시다."

"아니, 그렇게는 안돼요! 내 그림 값은 기니요."

"정말로, 실링 가지고 싸우자는 건 아니지요?"

"싸우지 않는다고요? 실링은 내 아내 몫이라 나는 두 가지 다를 위해 싸울 것이오. 그러니 사던지 아니면 마시오."[141]

당시는 엄격한 시대였지만 동시에 관대한 시대이기도 했다. 1821년에 드 윈트는 생명을 주는 태양을 찾아 이탈리아로 키츠를 보내는 비용의 일부로 10파운드를 주었다.

런던의 전람회 시즌이 시작되는 매년 5월에 열린 영국왕립미술원의 전시회는 단연 최고의 전시장이었다. 당시 왕립미술원 회원은 작품을 전시할 권리가 있었기 때문에 화가들은 회원으로 선출되려고 필사적이었다. 그러나 이 전람회에는 결점도 많았다. 서머싯 하우스는—유명한 롤런드슨의 그림에 멋있게 그려진—원형으로 굽은 계단이 너무 좁아, 밧줄로 당겨 올려야만 했던 대형 작품의 전시에는 부적합했다. 벽면은 볼품없을 정도로 뒤섞여 있어서 작품이 어디에 걸려있는지, 그 옆에 무엇이 있는지 등 모든 것이 뒤죽박죽이었다. 그 결과 굉장한 싸움으로 이어진 경우도 있었다. 그 싸움 일부가 패링턴의 일기에 적혀 있다. 컨스터블이 1817년에 그린 「워털루 다리의 개통(Opening of Water100 Bridge)」을 마침내 전시하게 되었을 때 전시회 전날 출품작에 손질이 허용되자, 주홍색과 진홍색을 칠해 그림을 밝게 했다. 이 그림은 C. R. 레슬리가 "아름답지만 색이 어둡다."고 묘사한 터너의 「헬봇츠루이스(helvoetsluys)」 옆에 걸렸다. 터너가 방에 여러 차례 들러 컨스터블의 그림 쪽에서 자신의 그림을 비교해 보았다. "그리고 마침내 자신의 팔레트를 가져와…… 회색빛 바다위에 동전보다 조금 더 큰 동그라미를 빨강색 연필로 마구 칠하고는 아무 말도 없이 가버렸다. 그 그림의 차가운 분위기에 의해 더 생생해진 빨강색 연필심의 강렬함은 컨스터블의 주홍과 진홍빛조차 약하게 보이도록 만들었다." 여기에서 컨스터블은 통렬한 코멘트를 던졌다. "[터너가] 여기 와서 대포를 쏘았다."[142]

컨스터블의 전시회 전날은 언제나 불운했다. 1826년 그가 「옥수수 밭(The Cornfield)」을 전시할 때 자신이 '아직 다듬어지지 않은 다이아몬드'라는 긍지를 갖고 있던 챈트리가 "컨스터블, 왜 당신 그림에 있는 양들은 약하지? 팔레트를 내게 줘, 내가 틀림없이 고쳐 놓을게."라고 말했다. 그는 캔버스에 장난삼아 그림을 그리고는 팔레트를 컨스터블에게 던지고 달아났다. 1829년 챈트리는 다시 한 번 컨스터블의 전시작 「하드리의 성(Hadleigh Castle)」을 훼방 놓으며 전경(前景)위에 아스팔트로 덧칠을 해 놓았다. 컨스터블은 "저기 내 눈물이 흐르네!"하고 소리치고는 그림을 떼어버렸다.[143] 존 마틴도 희생자였다. 1814년에 그의 선풍적인 작품 「클뤼티에(Clytie)」는 다른 화가가 그림 한 가운데에 니스를 엎질러 전시하기도 전에 못쓰게 되었다. 그 후로 마틴은 왕립미술원을 미워했고, 반대로 미술원은 그를 회원으로 선출하지 않았다. [144]

돈벌이가 되는 개인 전시회

왕립미술원의 제약을 피하기 위해 화가들은 존 싱글턴 코플리와 토머스 게인즈버러의 예를 따라 스스로 전시회를 열었다. 블레이크조차 1809년에 개인 전시회를 열었다. 터너는 1804년부터 자신의 작품들을 전시하기 위해 할리 스트리트에 있는 자신의 집을 이용했고 1822년부터는 붉은 천을 배경으로 내건 자신의 상설 전시장을 설계해 사용했다. 붉은 배경은 필도 자신의 전시장에 채용했다. 1812년에 처음으로 성공한 윌키는 폴 몰 87번지에서 전시회를 열었지만 왕립미술원 회원에게 공통으로 해당하는 '과대선전' 기피행위에 경의를 표하고 그다지 선전을 하지 않았기 때문에 실패로 끝나고 말았다. 나폴레옹전쟁이 끝난 1815년 이후에는 대중이 미술 전시회에 가도록 하는데 신문보도와 평론이 결정적으로 중요한 역할을 했다. 신문의 힘이 증대되고 있다는 또 다른 징후였다. 윌키가 웰링턴을 위해 그린 「워털루전투의 소식을 듣는 첼시의 연금 수급자(Chelsea Pensioners Hearing the News of Waterloo)」가 1822년의 영국왕립미술원 전시회에 출품되자, 많은 주목을 받으며 관람객이 몰려들었다. 전시회에 처음으로 가로장이 설치된 것도 신문의 홍보 때문이었다. [145]

한 사람만의 개인 전시회, 그것도 대작의 전시회는 신문을 유혹했는데, 예술과 쇼맨십을 구분하는 것은 무척 어려웠다. 그림이 피커딜리의 이집트 홀(Egyptian Hall)같은 상업용 건물에서 전시되는 경우에는 특히 그러했다. 헤이든이 해즐릿, 램과 다른 친구들을 모델로 써서 대작 「그리스도의 예루살렘 입성(Christ's Entry into Jerusalem)」을 마침내 완성했을 때 보몬트는 친절하게 자신의 그로브너 스퀘어에 있는 집에서 일반 공개를 할 수 있도록 초대 전시회를 열고, 많은 상류 계층 사람들을 초대했다. 그 행사는 단조로움을 멋지게 과장해서 축하한 시던즈 부인이 주도했다. 헤이든은 이렇게 말했다. "당당한 위엄을 갖추고 시던즈 부인이 로마 신화의 케레스나 주노처럼 걸어 들어올 때까지 아무도 감히 그림에 관해 입도 뻥끗하지 못했다. 방에는 정적이 흘렀고 몇 분 후 극도로 불안했던 조지 보몬트 경이 아주 우아한 태도로 "어떻습니까, 이 그리스도는?"하고 물었다. 모두 그녀의 대답에 귀를 기울였다. 잠시 후 그녀가 굵고, 우렁차고, 애처로운 목소리로 대답했다. "이것은…… 이것은…… 정말로…… 걸작이에요." 이 그림은 그로브너 스퀘어에서 이집트 홀로 옮겨져 유료로 일반인에게 공개되었다. 이 기획은 실패로 끝나버렸다. 헤이든은 이후에 "일류 역사화가가 자신의 작품을 야생동물처럼 전시하고 돌팔이 의사처럼 선전해야만 한다는 것은 이 나라의 불명예 아닌가?"라고 불평했다.[146]

헤이든의 전시가 실패한 이유는 당시 가장 소름끼치는 사건과 겹쳤기 때문이었다. 1816년 7월 2일, 새로운 식민지 세네갈로 군인과 정착민들을 태우고 가던 프랑스 호송대의 기함인 프리깃함 메두사 호가 400명을 태운 채 모리타니 해안 밖에 좌초했다. 배에 있던 구명보트 여섯 척에는 250명만 탈 수 있었다. 나머지 사람들을 위해 가로, 세로가 각각 65피트, 28피트인 뗏목이 만들어졌다. 뗏목에는 하급 선원들을 타게 하고, 선장은 나머지 선원을 인솔해 구명보트에 탔다. 뗏목은 보트가 해안가까지 예인했지만, 로프가 풀어져 고립되고 말았다. 마침내 뗏목 위에는 악몽 같은 일이 벌어졌다. 나흘째부터 뗏목 위에 있던 사람들은 사람고기 ─당시 사람 고기를 먹는 풍습은 근친상간처럼 무시무시한 호기심을 준 것 같다─를 먹기 시작했고 바닷물과 오줌까지 먹었다. 정신착란과 살인이 이어졌다. 구조선이 뗏목을 발견했을 때 열다섯 명만이 살아 있었고 그중 다섯 명은 곧 죽었다. 이렇게 140명이 공포 속에서 죽었다. 정부가 은폐하려고 했던 상세한 전말이 언론에 새어 나갔다. 비난의 주 대상이었던 선장이 정실에 의해 임명되었다는 것이 밝혀져 이 사건은 정치사건으로 비화되었다. 여러 면에서 이 사건은 1890년대 드레퓌스 사건의 리허설 같았다. 뗏목에서 살아남았고 진실을 말하고 싶어 했던 프리깃함의 의사는 해직되었다. 그는 제대한 다른 생존자의 도움을 받아 이 사건의 전말을 책으로 썼다. 이 협력자는 팔레 로열에 '메두사 호의 표류자'라는 간판을 내걸고, 정치 팸플릿 상점을 냈다. 이 스캔들은 계속 퍼졌고 이 주제는 화가들은 물론 많은 시인들의 관심사가 되었다.[147]

1819년부터 1820년 무렵에는 영국 대중들도 프랑스인에 지지 않을 만큼 이 사건에 관심을 보였다. 「메두사 호의 난파(The Shipwreck of the Medusa)」라는 멜로드라마가 코버그 극장에서 히트를 쳤다. 이 드라마가 개봉된 지 1주일 후인 1820년 6월 중순 이집트 홀에서는 헤이든의 「그리스도의 예루살렘 입성」이 전시되고 있는 방 옆에 제리코의 명작 「메두사 호의 뗏목(Le Radeau de la Méduse)」이 전시되었다. 이 그림은 1819년에 파리의 살롱에서 센세이션을 불러일으킨 작품으로, 여러 면에서 지금까지도 당대 최고의 걸작으로 손꼽히고 있다. 이 그림을 보러 5만 명이 몰렸고 헤이든의 전시에 대한 흥미는 완전히 사라져 버렸다.[148] 이 이상으로 사람들의 인기를 모은 것이 「마셜에 의한, 프랑스 프리깃함 메두사 호의 난파와 비극의 해양 파노라마(Marshall's Marine Peristrephic Panorama of the Wreck of the Medusa French Frigate ahd the Fatal Raft)」였는데, 이것은 사건을 한 장의 캔버스에 정리하는 대신에 사건의 순서에 따라 그린 기록화였다. 제리코의 그림이 432평방 피트였는데 비해 이 대작은 1만 평방 피트였다. 순회 전시에서 몇 십만 명에 달하는 사람들이 이 그림을 봤다. 순회전시는 이제 중요해졌다. 벤저민 웨스트가 죽자 그의 아들들이 1821년 뉴먼 스트리트에 있는 그의 집 정원에 전시장을 세우고 그의 작품 94점을 전시했다. 9만 5,000명이 넘는 사람들이 첫해에 그것을 보기 위해 돈을 지불했지만, 그 후는 관객 수가 줄어들었고 전시회는 절차가 너무 부담스러워 지방을 순회하며 공개할 수조차 없었다.[149] 이와는 대조적으로 당시에는 무명화가였던 찰스 이스트레이크가 1815년 플리머스 항구에서 스케치한 것을 바탕으로 그린「벨레로폰 호에 탄 나폴레옹(Napoleon on Board the Bellerophon)」은 플리머스의 사업가 다섯 명이 공동으로 사서 영국 전역에 공개하여 큰돈을 벌어들였다. 그 거래를 통해 이스트레이크가 얻은 이익은 1,000파운드나 되었으며 그는 그 돈을 갖고 이탈리아로 갔다. 그리고 마침내는 영국왕립미술원 원장과 국립미술관장이 되었다.[150]

예술적 쇼맨십의 손꼽히는 대표적 인물인 불쌍한 존 마틴에 대해 이미 앞에서 소개했다. 그러나 이 당시 예술과 기술이 중첩된 것을 그보다 더 잘 보여준 사람은 없다는 것은 지적할 만한 가치가 있다. 마틴의 회상에 따르면, 그가 처음 런던에 왔을 때 샬럿 왕녀의 미술교사였던 경험을 살려 그림을 가르치거나, 자그마한 유화를 그리거나, 유리에 에나멜로 그림을 그리거나, 수채화를 그리거나 화가가 할 수 있는 일은 죄다 해서 가족을 부양했다. 마침내 마틴은 메조틴트, 에칭, 드라이포인트, 애쿼틴트 판화, 석판화의 대가가 되었다. 동시에 그는 쇠로 만든 선박의 건조, 선박 추진기, 연안용 경계등의 제작, 새로운 건축 자재의 개발, 탄갱의 안전 시스템, 도시 운송 시스템 개발 등 상상력으로 가득 찬 계획을 갖고 있었다.

악취가 나는 세계에 일하는 많은 사람들처럼 마틴도 특히 근대식 하수처리 시스템에 큰 관심을 보였다. 실제로 마틴이 수많은 일에 강한 관심을 가졌다는 사실이 마틴의 인기를 이해하는 열쇠가 될 것이다. 왜냐하면 마틴의 관심은 일반 대다수의 관심이기도 했기 때문이다. 독일 화가 G. F. 바간이 말한 것처럼 마틴의 그림들이 그렇게 유명했던 이유는 "영국 사람들이 예술에서 필요로 하는 것 가운데 가장 중요한 세 가지 요소─효과, 깊은 생각에 빠지게 하는 상상력, 지형과 역사에 대한 충실함─을 결합시켰기 때문이었다.[151] 1820년대에 나온 마틴의 대작은 모두 런던에서, 그 후에는 영국의 주요 도시의 홀에서 전시되어 다른 어느 그림보다도 더 많은 관중을 끌어 들였다. [152] 그의 메조틴트 판화는 수천 점이 팔렸고 값이 더 싼 그의 뛰어난 선조 판화는 수십만 점이 팔렸다. 그는 「더 젬(The Gem)」, 「킵세이크(the Keepsake)」, 「아뮬렛(Amulet)」, 「포겟 미낫(Forget-Me-Not)」, 「프렌드십스 오퍼링(Friendship's Offering)」, 「리터러리 수버니어(the Literary Souvenir)」 같은 잡지와 연감에 자기 작품의 복제 인쇄를 허락함으로써 인기를 더 늘려갔다. 화가 동료들로부터 비난도 받았지만 대부분은 허위였다. 왜냐하면 1815년부터 1830년 동안 성공한 화가들은 판화 인쇄의 대량판매 시장을 이용했던 것이다. 터너는 지형을 정밀하고 상세하게 묘사한 선조 판화나 「리베르 스투디오룸」의 메조틴트 판화를 대량으로 팔았다. 1820년대에는 윌키와 같은 풍속화가나 동물화의 명수였던 신인 화가인 에드윈 랜드시어는 그림보다도 판화 수입쪽이 훨씬 많았다. 프랑스의 들라크루아와 앵그르도 마찬가지였다.

사진의 발명

화가들은 누구보다도 기계에 의한 복제에 관심이 많았다. 왜냐하면 그 기술적 진보가 경제적 이익과 밀접하게 연결되었기 때문이었다. 그들은 그들의 작품이 제공하는 상상의 토대가 기계에 의해 제거되는 경우 야기될 수도 있는 생계에 대한 위험을 아직 느끼지 못했다. 게인즈버러 이후 화가들은 빛의 효과를 다루는 기술에 흥미를 느끼게 되었고 정교한 카메라 오스쿠라(Camera Oscura)와 그 변종들을 점점 더 사용하기 시작했다. 화가만이 카메라 오스쿠라를 사용한 것은 아니었다. 1820년대에는 카메라 오스쿠라의 변종을 경마장에서 소매치기를 잡는데 이용했다. 예를 들어 브로엄은 만년에 자기가 16세 때 광학에 대해 쓴 논문—그 일부는 1796년 왕립협회에서 발표되었다─이 사진술의 발명을 예견했다고 자랑했다. 그리하여 이 중대한 논문을 왕립협회가 고의로 무시하여 이 발명이 "인류의 손에 들어가는 것을 방해했다."고 주장했다.[153] 그러나 사진의 이론적인 근거가 1800년경에는 이미 널리 이해되고 있었다. 시각적 화상을 만들어 정착시키려는 실험은 클리프턴의 과학자 겸 시인의 서클에 소속된 웨지우드, 데이비, 콜리지 등에 의해 이루어졌다. 계산기의 발전이, 기계를 만들 가벼운 소재가 없어서 정체되어 있던 것처럼 사진술의 개발은 적절한 종이와 정착액이 없어 난항을 겪고 있었다. 웁살라의 새뮤얼 클링겐 스티에르나의 이론적 연구와 허셜─그는 최초의 천문대용 망원경뿐만 아니라 수많은 카메라용 렌즈를 제작했다─의 실제적인 실험 덕분에 광학상의 문제는 1815년에는 해결되었다. 실용적인 셔터는 1820년대에 개발되었다.

가장 끈덕지게 연구한 사람은 다양한 선진 기술을 사용한 시각전시물을 갖고 런던과 파리를 왕래했던 흥행사로 극장 디자이너이자 파노라마 화가인 루이 자크 다게르였다. 컨스터블은 1823년 다게르의 새로운 영화 스타일의 투시 그림이 일반에게 공개되기 전에 초대를 받았다. 그는 그것이 '아주 유쾌하고' '대단한 환상'을 불러일으킨다는 것을 인정했지만, "사람을 속이는 것이 목적이기 때문에 예술의 범주 밖에 있다."고 단언했다. 그는 이어서 "그림의 스타일은 프랑스풍인데 그것은 그들과 명백하게 반대되는 것이다. 그곳에는 외국인들이 꽉 차 있었는데 나는 까치 우리에 들어 있는 것 같았다"고 말했다.[154] 이 무렵 다게르의 동료 중 한명인 물리학자 조셉 니세포르 니에프스는 그동안 빛에 민감한 매체로서 웨지우드가 질산은을 사용한 것과는 반대로 염화은을 사용했다. 1826년에 그는 종종 최초의 본격적인 사진으로 여겨지는 「유리 창문에서의 조망(View through a Window at Grasse)」을 찍어 정착시키는 데 성공했다. 그러나 세상을 2차원으로 표현하는 획기적인 새로운 수법으로 외경심과 두려움을 불러일으킨 것은 1830년대에 다게르가 개발한 감광판이었다. 초기 사진작가 중 한명인 칼 다우텐다이는 그것을 "처음에 우리는 다게르가 찍은 사진을 감히 오랫동안 보지 못했다. 우리는 감광판에 정착시킨 이 작은, 정말로 자그마한 얼굴들이 반대로 우리를 보고 있다는 것을 상상하자 그 사람들의 명료한 모습에 겁이 났다!"고 표현했다.[155]

다게르가 영국 해협을 왕래하며 사업을 하고, 제리코의 「메두사 호의 뗏목」이 런던 사람들에게 공개되었다. 「메두사 호의 뗏목」에 국한된 것이 아니다. 1816년에는 르 티에르의 「브루투스(Brutus)」, 1828년에는 르쥬느의 나폴레옹전쟁 장면 가운데 18점 등이 이집트 홀에서 공개되었다. 미술 중개상들이 런던과 파리 양쪽을 거점으로 사업을 벌이는 것 모두가 예술계의 국제화라는 새로운 현상을 반영하고 있었다. 물론, 한스 홀바인 이래 위대한 화가들은 궁정을 전전하는 경우가 많았다. 그러나 당시 과학자들의 아이디어만큼이나 예술가들의 아이디어도 자동적으로 재빠르게 국경을 넘나들고 있었다. 화가들은 후원자가 아니라 새로운 비전과 기술을 찾아 끊임없이 옮겨 다녔다. 음악과 마찬가지로 판화와, 더 나아가 원작을 샀던 대규모 중산층 시장의 부상(浮上)은 지역 특성을 와해시키고 수집범위를 미국, 캐나다, 호주, 부에노스아이레스, 리우데자네이루와 멕시코시티로 넓혔다. 이제 세계적인 것이 된 유럽인들의 기호를 발전시키기 시작한 것이다. 영국과 프랑스 사이의 예술적 교류는 더 중요해졌다. 실제로 1815년부터 1830년에 걸쳐 영불(앵글로프렌치)파가 존재했다고 해도 과언은 아니었다. 이 영불파는 근대적 회화의 선구적 역할을 한다. 더 주목할 만한 사실은 이것이, 프랑스 화가들이 영국 예술에 영향을 미친 것보다 영국 화가들이 프랑스 예술에 더 강력한 영향력을 행사한 처음이자 유일한 시기였다는 것이다.

이것은 영국의 위신이라는 폭넓은 현상의 일부였다. 그 배경으로는 영국이 오랜 시간 이어진 전쟁에서 승리했다는 점, 더 커지고 있는 제국의 거대함, 도전 받지 않는 해상지배권, 공업과 상업의 탁월함, 세계에서 가장 강력한 화폐의 힘, 특히 중요한 부수 현상으로는 영국 여행자들이 어느 곳에나 갖고 다닌 부(富)와 우월감의 분위기 등을 들 수 있다. 미국인들은 1945년 이후에 이와 같은 유명세를 누렸다. 영국이 최상의 헌법에 근거를 둔, 성공한 나라의 전형이라는 생각은 특히 왕정복고시대의 프랑스에서 강했다. 헌법에 기초하여 군주의 권한을 제한하고, 제한된 범위의 유권자가 의원을 선출하는 이 시기 프랑스의 국가 체제는 거의 영국의 창작물이라고 해도 좋다. 파리가 유럽의 문학과 예술 수도로서의 지위를 회복한 것은 1830년대 이후였다. 그때까지 스콧과 바이런은 영국보다 프랑스에 더 많은 독자를 갖고 있었다. 영국 여성과 결혼하는 것이 유행이기까지 했고, 라마르틴, 드 비니, 베를리오즈 등 많은 사람들이 이 유행을 따랐다. 1829년에 프랑스로 돌아 간 아일랜드 출신의 레이디 모건은 이 영국 숭배에 화가 나 "모래투성이 마루도 변색된 쪽모이 세공 마루도 이제는 보이지 않는다. 영국 카펫과 영국인의 청결함뿐이다. 급사는 '자, 나왔습니다(Coming up)'라고 영어로 말하고 차와 머핀은 슈루즈베리의 '탤벗' 것을 최고로 친다."고 말했다. 레이디 모건에 따르면, 파리에서는 프랑스 과자류를 사기가 어렵고, 대신에 '크래커(de crecker)', '둥근 빵(de bun)', '프럼케익(de plomcake)', '스파이스 설탕 빵(de spice gingerbread)', '양고기 파이(de mutton and mince-pie)'과 '납작한 빵(de crompet)'과 '애플 덤프린(de apple-domplin)'을 권유받았다고 한다. 프랑스 비누도 없고 어떤 때는 '라벤더 워터(de lavender-vatre)'나 '윈저 비누(de Vinsor sopa)'뿐이라고 주장했다. 그녀는 '진짜 양조 위스키' 한 병을 권유받았다고 자랑했다. '월터 스콧(Valtre-Scott)'의 책에 등장하는 여성의 '격자무늬 숄'을 걸친 파리 여인들, 영국 스타일 신사복을 입은 페미니스트들과 '올이 성긴 짧은 칼라 옷을 입고서 거칠고 음울한 표정을 짓고 있는 바이런 추종자들'을 보는 것을 그녀는 역겨워 했다.[156]

천재 보닝턴

    그러나 영국화가들이 당시 프랑스 예술에 영향을 끼친 데는 일반적인 이유 외에 본질적인 이유가 있었다. 그것은 주로 리처드 파크스 보닝턴과 존 컨스터블 두 사람 때문이었다. 키츠와 웨버처럼 보닝턴은 젊어서 결핵 때문에 죽은 천재였다. 1828년에 26세의 나이로 죽었다. 만약 그가 살았더라면 특출한 독창성, 최고의 기술적인 재간과 극도의 근면 때문에 유럽 미술계를 지배했을 것이다. 사람을 끄는 성격의 소유자, 낭만적인 영웅으로 사람들로 하여금 리더십을 기대하게 만든 인물이었다. 이 특질은 그의 프랑스인 추종자 알렉산더 콜린의 매력적인 묘사에 잘 나타나 있다.[157] 그가 프랑스 화가냐 영국 화가냐 하는 것은 견해차가 있다. 그는 1802년 노팅엄 근교에서 태어나 전직 교도소장이었던, 그 당시에는 가난한 상태였던 아버지가 밀수한 기계로 레이스 짜는 사업을 하려고 했던 칼레로 1817년에 왔다. 칼레에서 그는 그 지방의 화가인 프랑스와 루이 토머스 프란시아를 만났다. 왕당파였던 프란시아는 1790년대에 런던으로 망명 와서 그레이트 퀸 스트리트와 링컨 인 필즈에 있는 배로(Barrow) 회화학교에서 조수로 일했다. 그리고 아델피에 있는 먼로의 집에서 만난 거틴과 터너가 소속된 수채화가 서클에 합류했다. 그는 과감하게 물감을 표면에 칠하는 거틴의 방법을 터너조차 시기할 정도로 전부 습득해 1817년부터 보닝턴에게 그 방법을 전수했다.[158]

    프란시아의 영향이 보닝턴을 예술가로 만든 가장 중요한 요소였지만, 그는 또한 프랑스 미술학교에서 프랑스 예술의 엄격한 훈련을 받는 혜택을 누렸다. 이 학교는 다비드에게 사사한 프랑스 최고의 선생인 앙트완느 장 그로 남작의 화실에서의 수업도 커리큘럼에 포함되어 있었다. 보닝턴은 유화와 수채화 양쪽에 똑같이 비범한 재능을 보였는데, 이런 화가는 그 당시에나 그 이후에나 매우 희귀한 경우였다. 보닝턴이 가진 재능의 특징은 밝은 색깔을 새로운 방식으로 과감하게 사용하는 것이었다. 이것이 그로에게 큰 감명을 주어 자신의 학생들에게 "제군들, 제군들은 색상에 충분한 주의를 기울이지 않아. 색깔은…… 시이고, 매력이며 생기야. 그리고 어느 것도 생기가 없이는 예술작품이 될 수 없어."라고 말했다. 그는 보닝턴에게 "자네는 자네의 길을 찾았네. 그 길로 쭉 걸어가게나."라고 격려했다.[159]

학생들 중에는 들라크루아가 있었는데 그는 더 감명을 받았다. 그 두 젊은이는 루브르에서 모사를 하던 중 만나 좋은 친구가 되었고 한동안 화실을 같이 썼으며 함께 영국과 프랑스로 그림 여행을 떠났다. 들라크루아는 보닝턴이 빛과 색깔을 이용해 만들어 내는 효과 특히, 본래 도화지의 흰색을 이용하여 효과를 냈던 수채화의 가장 밝은 부분─들라크루아는 보닝턴이 "보석처럼 반짝거리게" 만들었다고 말했다─을 보고 놀랐다.

보닝턴은 1820년대 초기에는 감히 일어날 수 없었던 일을 저질러 클로드와 푸생에게 등을 돌렸으며, 자신의 팔레트를 밝은 색으로 가득 채우고 수채화, 나아가 유화조차도 전부 야외에서 그리는 새로운 현실주의 화가가 되었다. 그는 결정을 했을 때는 '브로큰 워시(broken wash)'처럼 새로운 기법을 사용해 수채화는 물론 유화도 아주 빠른 속도로 그렸다. 그럴 때는 대부분 밑그림 선조차 그리지 않고 아주 가는 붓을 연필처럼 사용해 그렸다. 그 결과 그가 수채화와 유화로 그린 도시 풍경과 전원 풍경에는 신선함과 대담함이 그대로 표현되었다. 사실 보닝턴은 아주 지적이고 생각이 깊어서 자신이 그림 그릴 장소─파리에서, 노르망디 해안에서, 베니스에서 그리고 이탈리아 다른 지역들에서─를 아주 신경 써서 선택했기 때문에 그의 그림들은 본 것을 그대로 그렸을지라도 멋지게 디자인되어 있었다. 시선의 각도, 시점의 높이, 얼마나 적게 또는 많게 보여줄 것인지─이런 것들이 조심스럽게 계산되어 있었다. 그 때문에 보닝턴이 그린 것은 "그 후 그림엽서에 담기는 표준적인 풍경이 되는 일이

자주 있었다."고 했다. [160]

　보닝턴은 또한 놀랄 정도로 여행을 다니고 그림을 그렸다. 화가로서 짧은 활동이었음에도 불구하고 남아있는 그의 작품은 방대하다. 그리고 자신의 작품을 판매할 화상을 선택하는데 있어서도 능률적이고 아주 민첩했기 때문에 그는 상당히 많은 작품을 매각했다. 이런 모든 자질들이 그가 파리 미술계에서 중요한 지위를 차지한 이유를 설명하는데 도움을 준다. 파리 미술계는 영국-프랑스의 색채가 강했다. 이 세계를 지배하는 여성의 선두주자는 왕립미술원 회원인 토머스 뱅크스의 딸로, 영국 대사관 소속의 목사 에드워드 포스터의 부인 — 이후에 과부가 되었다 — 이다. 포스터 부부의 딸은 유명한 프랑스 조각가 앙리 드 트리케티와 결혼했다. 포스터 부인이 매주 개최하는 파티에는 들라크루아, 앵그르, 쇼팽과 베를리오즈 그리고 수십 명의 영국과 프랑스의 화가들이 참석했다. 영국 화가로는 보이스, 칼로우, 그밖에 저명한 판화가 및 화가들인 필딩 일파의 멤버들 — 코플리, 테오, 탈레스와 뉴턴이 있었다. [161]

　보이스와 보닝턴은 파리 여자들을 좋아했다. 두 사람이 나누었던 반은 불어, 반은 영어로 적은 편지의 일부분이 남아 있다. 예를 들면 1826년 5월에 쓰여진 편지에는 "사랑하는 보이스, 오늘 저녁에 오면 안 될까? 리베와 친구 몇 명이 여기 '마르티르 거리에 있는 보닝턴의 아틀리에'에 올 거야. 프랑스 모델 등등도 오고 꽤 재미있을 거야…… 그대의 친구 보닝턴."이라는 표현이 보인다. [162] 한편 들라크루아는 파리 지식인들의 유행을 따라 영국 소녀 엘리자베스 솔터와 사랑에 빠졌다. 그리하여 본인의 말에 따르면 '그 저주받을 영국어'로 그는 솔터에게 편지를 썼다. "나는 당신이 집 정면으로 연결된 계단에서 나를 보려고 기다리다 지쳐 있는 상태라고 생각하오……. 아, 내 입술은 그렇게 진정된 후에 감미롭게 말라 있소……. 당신은 다른 사람들을 괴롭게 하는 잔혹한 사람이오. 그럼에도 불구하고 나는 그것에 대해 화내지 않을 것이오. 나는 불쌍한 프랑스인이고 나는 이 편지에 무례한 말을 많이 했소……. 왜 구레나

롯은 더 이상 따끔거리지 않을까요?"[163]

젊은 카미유 코로―보닝턴보다 여섯 살 위였다―가 파리와 노르망디 해안의 조망을 그린 스케치북이 몇 권 남아있는데, 이것을 보면 보닝턴이 제창하고 아주 훌륭하게 모범으로 보여준 야외 작업이 얼마나 유행했던가를 잘 알 수 있다. 들라크루아와 제리코도 이 당시 수채화와 석판화에 대한 보닝턴의 열정에 공감을 표시했다. 자신의 제자 보이스처럼 보닝턴은 석판화를 사랑했다. 그리하여 보닝턴은 1820년대에 출판업자 오스테르발이 간행을 개시한 자신의 대작 「고대 프랑스의 아름답고 로맨틱한 여행」의 제작에 깊이 관여했다.[164] 보닝턴이 1826년 베니스를 방문했다. 거기서 갖고 돌아와 1827년 파리의 전시회(살롱)에서 발표한 작품은 너무 훌륭해서 활기 없는 도시라고 생각되던 베니스에 대한 화가들의 관심을 소생시켰다. 당시 보닝턴을 자신들의 리더로 여긴 직업화가들이 파리에 20여 명 이상 있었음이 틀림없다. 영국인 화가들 중에는 보이스와 칼로우, 필딩 일파 및 존 스칼릿 데이비스, E. W. 쿡과 제임스 홀란드가 있었고, 프랑스인 화가들 중에는 콜랑을 비롯해 폴 유에, 줄 콜리뇽 등이 있었다.

비평가들은 보닝턴주의라는 용어를 만들어냈다. 이것은 선명한 색깔, 정교하고도 아주 자유롭게 물감을 다루는 솜씨, 낮은 지평선과 넓은 하늘 그리고 이슬 같은 신선함을 의미한다고 말했다. 그러나 보닝턴은 그때 죽어가고 있었다. 그는 죽는 순간까지 작품 활동을 계속하고자 하는 영웅적인 노력을 했다. 실제로 그는 갈색 잉크 위에 색을 덧칠할 수 있도록 화가 W. J. 쿡이 발명한, 호두나무 액을 사용한 새로운 착색제를 시험적으로 써보며 여전히 실험을 하고 있었다. 쿡의 도제 중 한명인 존 새들러는 "식사 후 보닝턴은 의자 두세 개 위에 기대어 펜과 붓, 그리고 이 새로운 착색제를 써서 여러 가지 스케치를 했다. 그리고 상태가 좋아지면 이 물질을 더 시도해 볼 것이라는 의지를 밝혔다. 스케치들은 서재로 보내져 쓰레기통으로 갈 뻔 했지만 나는 그것들을 잘 수습했다. 보닝턴의 마지막 작품들이었으니까. 그런데 보닝턴은 이 방문을 끝으로 죽음을 맞이했다."고 기록했다. 수채화로서는 최후의 작품이 된 「부애(副崖)」는 노르망디에서 스케치한 것을 바탕으로 완성된 작품으로 보닝턴의 작품 가운데서도 가장 인상 깊고, 독특한 색채 구성을 보이고 있다. 그림 뒷면에 그의 모친이 쓴 "1828년 8월 6일과 7일. 운명적인 죽음 직전에 내 사랑하는 아들이 그린 마지막 그림. 절대 버려지지 않기를."이라는 글이 있다. [165]

평가받지 못한 컨스터블

긴 안목으로 보면 ─ 영국 해협 양쪽에서 ─ 이 보닝턴의 활동을 능가할 만큼 중요한 것이 컨스터블의 활동이었다. 컨스터블은 워즈워스보다 2년 늦은 1776년에 태어났다. 그 두 사람 사이에는 뜻 깊은 유대관계가 있었다. 모든 위대한 낭만주의자들처럼 두 사람 모두 자의식이 놀랄 만큼 강했다. 참으로 이상하게도 보몬트 가문의 사람들을 통해 잘 알고 있던 워즈워스에 대해 컨스터블이 가장 싫어한 것은 ─ 본인의 말에 따르면 ─ 워즈워스의 '이기주의'였다. 대부분의 사람들이 컨스터블하면 떠올리는 것도 바로 이 단어일 것이다. 두 사람은 사실상 유년기와 그 시절의 주변 자연환경에 둘러싸여 있었다. 1829년 컨스터블은 워즈워스의 유명한 시 구절을 뽑아 썼다.

"하늘의 무지개를 보면/ 내 가슴은 뛰노라/ 내 인생이 시작되었을 때 그랬고/ 지금 어른이 되어서도 그러하며/ 늙어서도 그러하기를/ 그렇지 않으면 차라리 죽는 게 나을 것 같다!/ 아이는 어른의 아버지."

두 사람이 공유한 것은 거의 예술 이론이라 불러도 좋을 것이다. 샤토브리앙 ─ 그리고 후에 마르셀 프루스트 ─ 은 이것을 잘 이해했을 것이다. 어린아이들은 직관적인 지각을 갖고 있다는 것, 사람이 성인이 되면 자신의 기억 속에서 그것들을 끌어 내 합리적으로 해석하게 된다는 것, 그들이 주로 관심을 기울이는 것은 자연과 사람(그 자신)의 조화라는 것이다. 어떤 의미에서 워즈워스의 모든 작품은 자신의 어린 시절의 인식을 성인이 되어 재검증한 것이기도 했다. 컨스터블의 이기주의도 이것과 흡사했다. 컨스터블이 '어느 특정인'을 위한 그림을 그렸는지에 대해 누군가에게 질문을 받았을 때 "그렇소, 나는 평생 동안 그를 위해, 아주 특별한 한 사람을 위해 그림을 그렸소."라고 대답했다고 그의 전기 작가 레슬리는 썼다.[166]

컨스터블이 비교적 늦게 직업화가가 되었다는 것을 확실하게 알아둘 필요가 있다. 가정 사정 때문에 그의 아버지는 그가 제분업을 계승하기를 간절히 바랐으며, 컨스터블이 그림 공부를 위해 시간을 내는 것을 싫어했다. 그는 마침내 '고대인' 존 토머스 스미스(그리고 영국왕립미술원)로부터 상당히 좋은 교육을 받을 수 있었다. 그러나 그의 화가로서의 눈은 교육을 받기도 전에 형성되어 있었으며 그래서 학구적인 전통으로부터 벗어나 있었다. 갈색과 노란색, 그리고 클로드와 푸생이 꺼려한 남색 등은 그에게 아무런 의미도 없었다. 그가 평생 동안 그린 것은 본질적으로 어릴 적 스투어 강과 그 둑에서 자신의 눈으로 보았던 것이었다. 그는 "나는 내 고향을 가장 잘 그린다. 그림을 그리는 것은 느낌을 달리 표현하는 것일 뿐이다. '자유로웠던 어린 시절'을 생각하면 스투어 강둑 위에 있던 모든 것들이 머리에 떠오른다. 나는 강둑에서 본 것 덕분에 화가가 될 수 있었다. 그것에 감사한다. 즉, 나는 내가 연필을 들기 전부터 이미 강둑에서 본 것들을 종종 생각하며 그리곤 했다."고 썼다.[167]매우 세심하게 주의를 기울여 모든 것을 바라보며 형태뿐만 아니라 색깔, 특히 녹색 계통의 색깔—자연계에 속한 이 색깔의 농도나 종류는 수없이 많다—에 조심한다는 컨스터블의 경향은 회화의 거장인 스미스에 의해 더욱 강화되었다.[168]

어떤 간단한 스케치라 하더라도 컨스터블의 그림들은 정확성이라는 현저한 특성을 갖고 있다. 그는 꼼꼼하게 농사 일과 농기구의 묘사에 세심한 주의를 기울였다. 그의 동생 아브라함은 "존이 그린 제분기를 보면 나는 그것이 회전할 것이라는 기분이 든다."고 말했다.[169] 컨스터블이 진실성을 얻으려고 가장 진지하게 애쓴 부분은 자연 자체를 표현하는 것에 있었다. 워즈워스(와 터너)와 달리 컨스터블은 장엄함에 마음을 빼앗기지 않았다. 그는 다른 모든 영국 풍경화가들과 마찬가지로 호수지방에 가 그림을 그렸고 후원자인 피셔를 기쁘게 하기 위해 종종 솔즈베리 대성당을 그렸지만 컨스터블이 가장 감동을 느낀 곳은 스투어 강 안의 서퍽이었다. 그는 피셔에게 보낸 편지에 "제분소 둑 등에서 떨어지는 물소리, 버드나무, 오래된 썩은 널빤지, 진흙투성이 말뚝과 쌓아올린 벽돌, 나는 그런 것들을 사랑했네……. 내가 그림을 그리는 한 나는 그런 것들을 끊임없이 그릴 것이네."라고 썼다.[170] 컨스터블은 강, 사초, 갈대와 둑에 자라난 꽃 그리고 작은 운하, 그곳에 있는 바지선과 말, 농사일을 하는 작은 사람들의 그림자, 물 위쪽으로 구부러진 나무들, 그리고 비가 더 내릴 것 같은 머리 위의 하늘 등을 좋아했다. 이 이미지들을 진실하게 표현하는 것은 컨스터블에게 ― 워즈워스에게처럼 ― 도덕적인 행동이었다. "모든 나무가 몇몇 종류의 꽃으로 만발하고 땅 위는 아주 살아 움직이는 것 같았다. 내딛는 발걸음마다, 그리고 내 눈이 머무는 물체들과 성서에 나오는 '나는 부활이요 생명이다'라는 멋진 표현이 나를 위해 실증하는 것 같았다."라고 컨스터블은 썼다.[171]

컨스터블은 자연을 전혀 새로운 방법으로 그리는 방식을 독학했기 때문에 발전 속도가 느렸다. 1802년의 데덤 계곡 그림과 1828년 같은 장소에서 그린 그림을 비교해 보면 자연을 있는 그대로 그릴 뿐 아니라 마치 살아 있는 것처럼 만들었다. 빛과 습기를 그의 캔버스에 옮겨 놓은 것만 보아도 그가 그 25년 동안 얼마나 많은 것을 배웠는지 알 수 있다.[172] 그의 작품의 거의 대부분은 반경 3마일 이내에서 그려졌으며 본인도 "나의 예술은 범위가 한정되어 있어서 어느 생물 하나에서도 발견될 수 있다."고 썼다. 그는 스케치를 수천 장 그렸지만 그것들을 걸작으로 생각한 것이 아니라 그저 작업도구로 보았다. 존 린넬이 그를 블레이크에게 소개하고 블레이크가 그의 스케치북을 넘겨가며 "이런! 이건 그림이 아니라 영감일 뿐이잖아."라고 큰소리로 말했을 때 다른 예술가들을 실제로 좋아하지 않았던 컨스터블은 "나는 미처 몰랐네요. 나는 그림이라고 그렸는데."라고 말해 그의 기를 꺾었다. 컨스터블에게 스케치들은 단순한 소재에 불과했다. 단지 그것을 조합해 하나의 그림을 완성하는 거였다. 그러면 그 그림은 주제를 넘어 주제를 둘러싼 모든 것을 말해주었다. "그림의 밑바탕이 되는 스케치는 한 시야로 뭔가를 보는 것일 뿐이다. 어떤 그림의 스케치는 당시에 당신이 갖고 있었던 마음 상태 이상으로 도움이 되지는 않는다."고 컨스터블은 썼다.[173] 그는 보닝턴에 지지 않을 만큼 근면했지만 전문가의 기교가 부족했기 때문에 보닝턴보다 훨씬 더 고심을 했다. 그의 작품에 급격한 변화는 없었으나 느리지만 점진적이고 축적된 움직임이 있어 자신의 원숙한 스타일을 만들고 넓은 지역을 그리는 방법을 마스터할 수 있었다.

1819년 초 컨스터블은 대형 캔버스에 그릴 준비를 하여 이른바 '6피트 그림들' 중 첫 번째 작품인 「백마(The White Horse)」를 그리기 시작했다. 그는 존 피셔에게 이 그림은 그가 어린 시절 생각했던 '그림'을 실제로 그려보는 시도 가운데 '가장 힘을 들인 작품'이라고 말했다. 동시에 컨스터블은 햄스테드에 있는 알비온 오두막으로 옮겨 가 하늘에 더 많은 관심을 갖기 시작했다. 그리고 종종 보닝턴처럼 하늘을 그림의 주역으로 만들었다. 그러나 이렇게 하늘에 집중하는 것이 하나의 문제를 일으켰다. "하늘의 조합 방법과 묘사 방법은 양쪽 모두가 무척 어렵다. 그런데 하늘은 빛나고 중요한 존재이면서 넉살 좋게 앞에 나서는 것도 곤란하고, 극단적으로 떨어질 정도로 너무 주의를 끌지 않아도 곤란하기 때문이다. 그러나 자신의 그림 조합에서 하늘을 중요한 부분으로 그릴 수 없는 풍경화가는 자기에게 주어진 도움 가운데 가장 중요한 걸 이용하지 않는 방식을 선택한 것과 같다……. 하늘은 내게 있어 구도의 실제적인 부분이 되어야만 하고 항상 그럴 것이다. 하늘이 '주음(主音)', '척도의 기준' 그리고 주요한 '감정의 기관'이 아닌 풍경화는 없다……. 하늘은 자연에서 '빛의 근원'이며 모든 것을 다스리는 존재다."[174]

컨스터블은 호수 지방을 여행한 후 구름 형성에 대한 관심을 더 갖게 되었다. 따라서 그가 돌턴과 오틀리의 과학서를 공부했다는 사실은 의심의 여지가 없다. 1815년 이후 날씨에 대한 과학적 관심은 급속도로 높아졌다. 1818년부터 1819년 사이에 걸쳐 룩 하워드가 명저『런던의 기후(The Climate of London)』를 출간했다. 이 책을 읽은 컨스터블은 구름을 체계적으로 스케치하기 시작했다. 컨스터블은 파노라마나 기타 요술사 같은 그림의 기교들을 참된 예술로는 인정하지 않았지만 화가들이 과학과 기술 발전에 뒤처져서는 안 된다고 생각했다. 그는 코르넬리우스 발리의 광학과 물리학에 관심을 보였다. 그는 시대가 '과학적'이고 '이런 시대에 그림이 맹목적인 경이로움으로 보이거나 단순히 시적인 영감으로 여겨지는 게 아니라 합법적이고 과학적이며 기술적인 추구'로 이해되어야만 한다고 생각했다.[175]

1820년대 초에 컨스터블은 아주 멋진 그림을 큰 스케일로 그리게 되었다. 만약 그렇게 하려했다면 더욱 멀리 그리고 더 빨리 자신의 작품과 초기 인상파를 가로지르는 사반세기 상당의 시간을 단축시킬 수 있었을지도 모른다. 그러나 컨스터블로서는 당시 주류를 차지하고 있던 사고 방식에도 어느 정도 경의를 표하고, 지금 보면 지나치게 공들여 꾸민 것으로 보일 정도로 아주 많은 세세한 것들을 표현하면서 겉치장을 했다. 그렇게 하고서도 그는 엄청난 비난을 받았다. 피셔는 그의 첫 번째 걸작「백마」를 100기니를 주고 샀는데 그것은 "컨스터블이 결코 잊을 수 없는 관대한 후원 행위"였다. 피셔는 「스트라트포드 제분소(Startford Mill)」도 샀다. 다른 누구도 그 둘 중 어느 작품도 원하지 않았던 것 같다. 피셔가 없었더라면 컨스터블이 직업으로써 그림을 그리는 걸 포기할 수도 있었다는 것은 논쟁의 여지가 있다. 그는 이 부주교에게 "당신의 우정과 칭찬으로 용기가 솟아났고, 그 격려를 받지 않았더라면 나는 대형 캔버스 앞에 서 있을 때 압도되어 거의 기절했을 것이다." "자신은 결코 인기 있는 화가―신사이자 레이디들의 마음에 드는 화가―가 될 수 없었겠지만…… 당신이 뻗은 손길이 나로 하여금 내 마음의 타고난 존엄성을 높이 평가하도록 가르쳤다."고 말했다.[176] 그 당시 영국 미술계는 컨스터블을 결코 높이 평가하지 않았다. 버몬트와 패링턴은 그를 격려했지만 사실은 둘 다 컨스터블의 작품을 좋아하지 않았다. 그는 영국왕립미술원 회원으로 선출되는 데 어려움을 겪었고, 뽑힌 후에도 그의 작품은 동료들에게 주목받지 못했다. 언제나 '미완성'과 같은 단 한 마디 말로 취급되었다. W. P. 프리스는 컨스터블의 「시냇가의 버드나무(Willow by a stream)」가 착오로 왕립미술원 비회원들의 그림들과 뒤섞여 심사받게 되었을 때 심사위원회 사이에 있었던 거북한 장면을 묘사했다. "심사위원 한 사람이 '저 그림은 형편없는데'라고 말했다. 다른 심사위원은 '너무 녹색 톤인데'라고 중얼거렸다. 컨스터블이 일어나 앞으로 몇 걸음을 걸어 나와 몸을 돌려 위원들을 마주 보았다. 그는 '저 그림은 내 그림이오. 나는 여러분 중 몇 사람이 내 작품을 좋아하지 않는다는 생각을 갖고 있었소. 그리고 이것이 아주 명백한 증거군요.'"[177]

프랑스가 좋아한 영국 그림들

프랑스에서는 달랐다. 「건초 수레(The Haywain)」가 1821년의 영국왕립미술원 전시회에 나오자 영국에 있던 제리코는 그것을 보고 놀라 파리로 돌아와 그 소식을 전했다. 브리티시 인스티튜트에 다시 전시되었던 그 그림은 가격이 150기니로 책정되어 있었다. 파리의 화상 존 애로스미스는 70파운드를 제시했지만 거절당했다. 그러나 1824년 초에 그는 그 그림에 「스투어 강가의 풍경(A View on the Stour)」과 야머스의 소형 유화 한 점을 더해 모두 250파운드를 주고 구입했다. 그는 5월에 앤트워프 미술원장 밴 브리와 파리의 클로드 슈로스와 함께 다시 영국에 왔는데 그 두 사람은 각각 그림 한 점씩을 샀다. 컨스터블에 따르면, 세 번째 그림이 "내가 파리의 거물이다."라고 말하는 튈뤼송 자작에게 팔렸다. 애로스미스는 밴 브리와 클로드 슈로스가 구입한 두 점의 대형 그림을 파리 미술관에 전시하며 "이 이상 칭찬받을 만한 미술 작품이 없다는 것을 이제는 확신할 수 있다."고 컨스터블에게 편지를 썼다. 「건초 수레」와 「스투어 강」 그리고 햄스테드 히스의 풍경을 그린 작품은 모두 1824년의 파리 현대 미술전에 출품되었다. 몇 주 후 요청에 따라 이들 세 작품은 프랑스 기념물 보관소로 옮겨졌다. 화가 윌리엄 브로켄든은 어떤 프랑스인이 "영국인이 그린 이 그림들을 봐. 지면의 이슬이 마치 그림 위에 있는 것 같아."라고 말하는 것을 듣고 컨스터블에게 보고했다.[178] 애로스미스는 컨스터블 작품을 도합 20점을 사서 프랑스로 가져갔다. 이들 그림은 곧 프랑스 화단에 충격을 던졌고 그 후에도 오랫동안 영향을 끼쳤다. 컨스터블의 색채를 공부하자마자 들라크루아는 자신의 화실로 가 자신의 걸작 「키오스 섬의 대학살(The Massacre at Chios)」의 배경을 다시 그렸다. 바르비종파와 테오드르 루소의 작품도 '컨스터블 효과'의 결과였다.[179] 1824년 파리 현대미술전에는 보닝턴과 필딩 형제 가운데 두 명도 출품했다. 1827년이 되자 영국인의 참여는 더욱 커져서, 보닝턴과 뉴턴 필딩 이외에 인도의 사물을 기록하는 데 있어서 일류 화가였던 윌리엄 다니엘의 작품, 윌키의 메조틴트화 「집세 내는 날(The Rent Day)」, 유명한 「마스터 램턴(Master Lambton)」을 포함해 로렌스의 초상화 두 점, 그리고 최대의 주목작인 컨스터블의 「옥수수 밭(The Cornfield)」이 출품되었다. 심사위원들이 그렇게 많은 영국 작품을 뽑은 것은 지나쳤다고 말하는 비평가도 있었다. 그러나 영국왕립미술원 회원들의 섬나라 근성과 대조적으로 프랑스인들의 관대함은 빈틈이 없었다. 그것은 프랑스 예술계가 해외의 영향을 받아들여 더욱 풍요로워지는 과정의 일부였고, 더 중요한 것은 그 과정을 통해 파리가 세계 예술의 중심지―무엇보다도 세계 선구자들의 중심지, 예술가들이 와서 배우고 능력을 발휘하여 작품을 전시하는 장소―가 되었다는 것이었다. 컨스터블은 만약 그가 그곳에서 보닝턴과 합류했더라면 생전에 더 많은 성공을 누렸을 수도 있다. 그러나 컨스터블은 프랑스인들을 싫어했고 프랑스 땅에 발을 들여 놓고 싶어 하지 않았다. 여하튼간에 컨스터블은 조국의 주제에 묶여 있었다. 만약 그가 한 세대 후에 태어났더라면 그는 프랑스로 갔었을 수도 있다. 사실 컨스터블의 작품은 영국 예술사의 한 에피소드였던 것 못지않게 근대적인 국제파 탄생의 한 이정표였다.

영불(앵글로프렌치)학파라는 개념은 더욱 확고해졌다. 1815년 이후 평화에 의한 안도감이 확산되자 여행경비가 저렴해진 탓에 많은 프랑스 화가들이 영국을 찾게 되었다. 『미술 연대기』는 "프랑스의 유명한 동물화가의 아들인 오라스 베르네와 프랑스 화가 그룹이 노르망디에서 사냥을 하다가 충동적으로 영국으로 출발해 여러 영국 예술가들을 만났다."고 기록했다. [180] 제리코와 들라크루아는 영국에서의 경험 덕분에 여러 면에서 엄청난 이익을 보았다. 들라크루아는 조악한 산적, 제리코는 비극적 수난자 등 각각 낭만주의적 원형을 지니고 있었다. 탈레랑의 사생아였던 들라크루아는 낭만적인 출생의 비밀을 갖고 있었고 그는 검은 머리칼과 숯검댕이 같은 눈썹, 검은 눈과 창백한 안색을 갖고 있어서 억눌린 분노의 인상을 풍겼다. 보들레르는 후에 그를 "꽃다발 밑에 예술적으로 감추어 놓은 화산"으로 묘사하고, "사람을 죽이는데 능숙한 손으로 태양신의 피라미드 제단에 3,000명을 제물로 바칠 수 있었던 고대 멕시코 왕들"을 연상시킨다고 평했다. [181] 들라크루아 본인은 자신을 바이런풍의 영웅으로 자부하는 것 같았으며, 그에 지지 않을 정도로 철저한 플레이보이였다.

한편, 제리코는 동성애자가 거의 확실했다. 그는 1791년에 루앙의 자산가이자 법률가였던 부유한 중류계급 가정에서 태어났다. 플로베르와 같은 가정 배경이었다. 그는 담배 회사를 경영하기 위해 파리로 왔지만, 때맞춰 나온 어머니의 연금이 있어서 곧 독립하였다. 그는 아주 일찍부터 말(馬)에 대한 애착이 있었고 말들을 많이 사서 소유했으며 말을 자주 그린 화가 카를 베르네 밑에서 공부했다. 그는 스터브스와 마셜과 같은 영국풍의 기법—이것은 베르네로부터 간접적으로 배웠다—으로 살아 있는 말을 그대로 스케치하거나 유화로 그렸다. 그러나 말을 묘사할 때의 정열에는 제리코만의 특징이 있었다. 앵그르는 알몸의 여인을 보면 그림을 그리고 싶어 했지만, 제리코의 경우는 말에 의해 상상력에 불이 붙었던 것이다. 그가 영국을 좋아한 한 가지 이유는 영국의 남자들이 여자보다 말에 더 관심을 쏟는다고 생각했기 때문인지도 모른다. 제리코는 컨스터블이 구름에 관심을 쏟았던 것과 같이 말 연구에 전념했다. 그의 데생과 유화를 그리기 위한 스케치를 보면, 빠른 속도로 달리는 말의 다리가 어떻게 움직이는지를 정확하게 알고 있었다는 사실을 알 수 있다. 이 정확함은 50년 뒤 비로소 카메라에 의해 증명된다. 그러나 자신의 대작에는 대중의 기호에 맞추기 위해 전통의 '나는 듯이 빠른 전속력의 질주(flying gallop)' 묘사법을 따르고 있다.[182] 젊어서 그는 이모와 관계를 맺어 임신을 시켰는데 이는 범죄행위였다. 태어난 아이는 그의 부모가 거두어 키웠다. 그 후 제리코는 두 번 다시 여자를 건드리지 않았다. 그는 우울증환자였고 신경과민이었으며 우울하고 자살하기 쉬운 성향을 갖고 있었고 죽음, 사형집행과 광기에 관심이 많았다. 취미로 그는 파리의 살페트리에르(Salpetriere) 여성 양로원 겸 정신병원 원장인 에티엔느 장 조르제 박사의 협조를 받아 미친 사람, 특히 편집광들의 초상화를 그렸다. 남아 있는 초상화는 다섯 점으로 위대한 전공을 자랑하는 상상에 사로잡힌 남자, 질투의 강박관념에 시달리는 여자, 도박중독에 걸린 여자, 병적인 도벽을 가진 남자, 그리고 상습 유괴범 등을 그린 것이었다. 이 스케치들은 20년 전에 그려진 고야의 미친 사람보다 훨씬 더 '과학적'이었다. 고야의 작품은 일반적으로 믿고 있는 미친 사람의 행동을 반영하고 있을 뿐이지만, 제리코는 정신병에 대해 풍부한 지식을 가지고 있었음에 틀림이 없다. 가까운 친척 두 명이 미쳐서 죽었고, 자신 같은 예술가 그리고 시인은 특히 정신병에 민감하다고 그는 믿었다. 그는 과소비, 도박과 무모하게 말을 타는 일을 일삼는 등 자기 파괴적인 사람이었던 것 같다. 그는 자신의 우울증이, 그의 사망원인이기도 했던 척추결핵 때문에 발병한 격렬한 등과 가슴의 통증과 이어져 있었기 때문에, 자신의 수명이 짧을 거라는 사실을 알았다.

제리코는 말을 철저하게 연구했는데, 그것에는 페니스가 발기한 종마와 말의 성교에 대한 관심도 포함되어 있었다. 그의 유명한 수채화 두 점은 이것을 주제로 삼고 있다.[183] 그는 흑인 남성을 종마로 연상한 것 같다. 1818년부터 그는 아이티 분쟁에 참가한 흑인 사병 루이 브로와 깊은 친교를 맺었고, 이것이 「메두사 호의 뗏목」의 테마를 다루는데 영향을 끼쳤다. 메두사 호 뗏목 위에 흑인은 단 한 명뿐이지만 제리코는 세 명을 묘사하고 있으며, 그 중 브로를 모델로 삼은 병사가 가장 두드러진 위치에 서 있다. 제리코는 들라크루아에게도 피라미드 구조의 정점에 있는 백인 선원을 묘사하기 위해 포즈를 취해 달라고 했다.[184] 이 그림은 급진적 현실주의의 시도였다. 제리코는 생존자와 인터뷰를 하고, 그 가운데 몇 사람은 실제로 모델로 사용할 정도였다. 흑인 역할을 과장한 부분은 사회에서 흑인이 짊어지고 있던 패배자 역할에 대한 걱정과 노예무역에 대한 증오에서 싹텄다고 볼 수 있다. 흑인 노예문제는 늘 그의 머리를 떠나지 않았다. 제리코는 자신의 이 대작에 비판적이어서 '이젤에나 알맞은 단순한 그림'이라고 평가 절하했다. 실제로 이 그림은 가로, 세로가 24피트, 18피트였다. 그러나 이 그림을 런던에 전시하도록 초청받았을 때 그는 전시 준비를 하기 위해 1820년 겨울에 런던으로 갔다.

제리코는 영국에 18개월 동안 머물렀다. 이때의 경험은 여러 면에서 그에게 결정적인 영향을 끼쳤다. 런던에 머무는 동안 야외에 나다니며 스케치하는 습관을 익히면서 세계에서 제일 큰 도시의 가난, 불결, 고된 일과 풍부한 부의 창조를 새로운 형태의 숭고함으로 변형시켰다. 그는 애스컷 경마장의 경마에서부터 부두의 하역작업, 교수형에 처해지기 직전에 세 명의 중죄인(시슬우드, 티드와 잉스)의 머리에 '두건을 씌우는 일'에 이르기까지 일상생활에서 일어나는 광경들을 멋지게 묘사했다. 이런 장면의 주인공은 대개 말이었다. 군마, 사냥 말, 경주마, 그리고 화물마차 전용의 대형 샤이어(shire horse, 영국 중부의 힘센 화물마차를 끄는 말—옮긴이)의 당당한 아름다움에 제리코는 마치 눈이 트였다고 생각했다. 교묘하게 수채화 그림물감을 사용하는 법과 데생으로 뛰어난 석판화를 만드는 법도 배웠다. 즉 영국의 예술을 발견했다고 해도 좋을 것이다. 윌키의 화실에서 그가 작업하는 것을 관찰하고, 1821년의 왕립미술원 전시회(여기에서 컨스터블의 작품을 접하는 등 많은 발견을 했다)에 몇 번이나 찾아간 뒤 베르네에게 다음과 같은 편지를 보냈다. 편지에는 "지금은 영국파의 작품에 열중하는 게 필요합니다. 방금 시작된 전시회는 내게 색과 색채 배합이 여기에서만 이해되고 느낄 수 있다는 믿음을 확인시켜 주었습니다. 스승님은 금년 전시회에 출품된 초상화, 많은 풍경화와 판화 그리고 워드와 방년 18세의 랜드시어가 그린 동물화의 아름다움을 상상하실 수 없으실 겁니다. 이 분야에서는 거장들조차도 이 이상의 작품을 남길 수 없습니다.…… 전시회에서 그때 내 앞에 전시된 많은 그림들이 우리나라의 미술관에 전시되면 어떨까 하는 희망을 품었습니다. 실물을 보여줄 수만 있다면 긴 설명보다 훨씬 효과적일 겁니다."라고 적혀 있었다.[185]

1822년 초 프랑스로 돌아온 제리코는 그가 영국에서 거둔 수확과 함께 자신의 「메두사 호의 뗏목」을 능가할 대작을 그리기 시작했다. 영국에서 그는 많은 노예 반대론자들을 만났고 그때까지 인쇄물로만 접했던 조지 모얼랜드의 「노예 무역(The Slave Trade)」을 자신의 눈으로 확인했다. 프랑스에서도 노예제에 반대하는 기운이 고조되어 제리코는 거대한 선전용 그림을 그려 그 감정을 자극하려고 마음먹었다. 지금 남아 있는 스케치가 제리코가 그리려했던 그림의 위력을 이야기해주고 있다.[186] 그러나 병이 닥쳐오고 있었고, 그가 사랑한 서러브레드(순종) 말들이 놀라 질주하는 바람에 일어난 승마 사고로 병은 더 악화되었다. 1823년 2월, 그는 몸져누웠고 11개월 후 죽을 때까지 자신의 방을 거의 떠나지 못했다. 이것은 1820년대에 결핵에 의해 또 다시 발생한 슬픈 예술적 손실이었다.

제리코의 「메두사 호의 뗏목」은 유럽 예술의 흐름 가운데 획기적인 이정표였다. 프랑스 회화계의 영구적인 힘을 보증하는 두 가지를 보여 주었다. 당대의 국가적 테마를 다루려는 프랑스 예술가들의 의지와 그와 같은 노력을 지원한 프랑스 정부의 관대한 도량이 바로 그것이었다. 그림의 테마로 그의 명성을 높일 수도 있고 떨어뜨릴 수도 있는 메두사 호 사건을 선택함으로써 제리코는 20년 동안 대부분의 프랑스 예술가들이 몰두한 국가의 군사적 영광을 축하하는 테마에서 등을 돌렸고 암암리에 정권을 공격하는 테마를 선택했다. 이것은 화가들이 기존의 고분고분함을 버리고 통렬한 사회비평 쪽으로 눈을 돌린 최초의 예이며, 고대 국가나 전체주의 국가와는 별개로 국가의 통일적 공공문화라는 개념을 깨뜨린 최초의 변화 조짐이었다. 그럼에도 불구하고 부르봉 왕조는 이 그림을 관대하게 받아들였다. 이 그림이 1819년에 처음으로 전시되었을 때 파리 현대미술전의 금메달이 수여되었고, 1824년에는 루브르 미술관이 구입했다. 1820년대 말에 이 작품은 이미 고전적 명작 취급을 받았다. 제리코가 개척한 길을 들라크루아가 뒤따랐다. 들라크루아가 색채를 영국으로부터 받아 들였다면 제리코로부터는 활력, 이국풍 그리고 널리 알려진 이슈들에 대한 그의 정치적 열정을 받아 들였다. 제리코가 흑인을 그린 반면 들라크루아는 레반트인(훗날의 아랍인)들을 그렸다. 말 대신에 그는 호랑이, 사자와 표범을 그렸다. 1815년부터 1830년에 걸친 이 시기의 가장 큰 특징 가운데 하나로 공공 동물원의 설립과 확충을 들 수 있는데, 이런 그림들이 그려진 것은 그 덕분이다. 들라크루아는 파리식물원에서 고양이와 맹수에게 먹이를 주는 모습을 바라보길 좋아했다. 이때 들라크루아는 본인의 말을 빌리면 '행복에 겨운(pénétré de bonheur)' 기분이었다. 무엇보다도 그는 논쟁의 싹을 알아채는 예리한 후각이 발달한 사람이었다.

들라크루아의 활약

1822년 들라크루아는 최초의 대작 「지옥의 단테와 베르기우스(Dante and Virgil in Hell)」를 현대미술전에 출품했다. 소재는 온건했지만, 이 작품이 저널리스트인 아돌프 티에르의 눈에 띄었다. 티에르는 훗날 정권 전복에 중대한 역할을 담당한 주요한 인물이다. 낭만주의 작가들은 그때 벨기에서 만들어진 '낭만주의는 문학의 해방이다(Le romantisme est le libéralisme en literature)'라는 슬로건 아래 왕정복고에 반대하기 시작했고, 제리코의 활동은 젊은 화가들도 이 운동에 가담할 수 있다는 사실을 보여주었다. 티에르는 들라크루아의 작품을 "위대한 화가의 미래를 이처럼 명백히 보여주는 작품은 없다."고 극찬했다.[187] 고무된 들라크루아는 1820년대 초에 유럽 지식인들의 관심을 강하게 끈 문제인 그리스 독립 쪽으로 자신의 관심을 돌렸다. 한두 명을 제외하고 시인들과 달리 영국 화가들은 그리스 전쟁을 회피했다. 영국 화가들이 대영박물관에 있는 엘긴의 대리석 조각에 그토록 열광한 것을 생각할 때 이것은 매우 불가사의한 느낌이 든다. 프랑스 화가들은 그리스 전쟁을 다루기 아주 좋은 테마라고 바르게 판단했다. 들라크루아는 유럽에 특별한 증오심을 불러일으킨 터키의 잔악한 행위를 「키오스 섬의 대학살」을 그려서 1824년의 현대미술전에 발표했다. 이 작품은 「메두사 호의 뗏목」처럼 호기심을 불러일으키는, 아주 현대적인 대형 그림이었으며 들라크루아가 영국 그림에서 배웠던 새로운 색감을 구체화했다. 이 작품으로 들라크루아는 큰 명성을 얻었다. 이를테면 하룻밤 사이에 그는 위험하기는 하지만 일약 국민화가, 국가적 재산이 된 것이다. 이 때문에 그리스와 터키 간의 분쟁에 개입하는 것은 신성동맹의 정책에 반하는 것이었지만 부르봉 정부는 이 그림을 사들였다. 그 결과 들라크루아는 1825년 5월부터 8월에 걸쳐 영국을 방문할 수 있었다. 보닝턴과 필딩 형제는 들라크루아를 많은 미술관으로 안내하고, 윌키와 로렌스 같은 화가들을 소개했다. 들라크루아는 셰익스피어 연극도 여러 편 봤다. 1820년대 말까지 스콧, 셰익스피어와 바이런은 그의 문학적 멘토가 되었다.

'영국적 요소'가 여러 면에서 들라크루아의 작품의 지표가 되었다. 「슈비터 남작의 초상화(Portrait of Baron Schwiter)」는 로렌스 풍으로 그려졌다. 「총독 마리노 파리에로의 처형(Execution of the Doge Marino Faliero)」은 소재는 바이런 풍이었지만 화풍은 보닝턴의 영향을 받았다. 또한 「사르다나팔루스의 죽음(The Death of Sardanapalus)」을 그렸을 때도 역시 바이런의 영향을 받았다. 이 감동적인, 그러면서도 섬뜩한 느낌의 이 작품은 숭고함과 우매함 사이를 불안 속에 배회하는 느낌이 든다. 죽어가고 있는 아시리아 왕이 자신의 죽음 후 다른 사람이 하렘을 즐길 수 없도록 하기 위해 자신의 처첩들을 죽이는 장면을 묘사한 이 테마 자체가 소름이 끼칠 정도이고, 큰 스케일과 루벤스 풍의 화려한 묘사들은 더욱더 무서운 느낌을 자아냈다. 그 때나 지금이나 들라크루아 숭배자들이 그를 변호하기 아주 어렵게 만드는 것은 사르다나팔루스(자화상)가 죽어가는 인간이라는 생각이 전혀 들지 않고 오히려 살육을 즐기고 있는 인간처럼 보인다는 점이다. 그 때문에 섹스·공포 영화와 비교되기도 한다.[188] 당시 이 작품은 보는 이로 하여금 쇼크와 분노를 불러 일으켰고 들라크루아를 권력자뿐만 아니라 감수성이 예민한 사람들에게도 좋지 못한 평가를 듣도록 만들었다.

그러나 들라크루아는 근면한 사람으로, 판단 실수를 해도 곧 뭔가 새롭고 놀라운 것을 던져 언제나 실패를 만회했다. 들라크루아는 실은 다작의 화가로서 죽기 전 해에는 200점에 가까운 유화 전시회를 개최했다. 그 대부분이 대작이다. 제작이 이루어진 스케치나 판화는 6,000점이 넘는다. 1826년에는 이미 「미솔롱기의 폐허 위에 선 그리스(Greece on the Ruins of Missolonghi)」에서 독립을 테마로 삼은 작품으로 돌아가, 이번에는 급진주의자로부터 공감을 얻어 1820년대 말까지 이 테마에 몰두했다. 「미솔롱기의 폐허 위에 선 그리스」에서 중심에 자리 잡은 여성은 팔을 벌려 도움을 호소하고 있다. 이것은 1830년의 혁명을 환영하고 들라크루아가 그린 인민주의적 걸작 「민중을 이끄는 자유의 여신(Liberty on the Barricades)」의 리허설이라고 말할 수 있다. 저속하긴 하지만 사람의 마음에 호소하는 이 작품이 계기가 되어 들라크루아는 말하자면 7월 왕정의 공인 예술가가 되었다. 이 작품을 구입한 새 정부는 내용이 너무 선동적이어서 자주 공개할 수 없다고 생각했지만, 정부의 감독 격이었던 티에리는 들라크루아에게 공공의 일을 산더미처럼 주문했다. 이것은 그림에 있어서 영불(앵글로프렌치) 시대의 종말을 상징했고 영국, 프랑스 두 나라가 다른 길로 나가기 시작했다는 것을 확인시켜주었다. 그 이후 프랑스는 예술적 급진주의의 길로 들어서고 영국은 개와 말, 호수와 산, 전설, 기사, 하녀와 애수에 행복하게 몰두한 채 뒤에 홀로 남게 되었다.

터너가 준 충격

그러나 그 가운데서도 예외인 한 사람이 있었다. 가장 중요한 인물이었던 그의 이름은 바로 터너였다. 화가가 세상을 어떻게 그리는가, 그리고 그림을 사랑하는 사람이 어떻게 세상을 보는지에 대한 생각은 터너로 인해 뿌리째 바뀌었다. 그 충격은 베토벤이 음악에 끼친 영향에 필적하지만 터너의 쪽이 훨씬 오랜 기간에 걸쳐 영향을 끼쳤다. 터너는 샤르

댕이 여전히 프랑스 학사원의 출납계원이었을 때인 1775년에 태어났다. 그는 겨우 열 살 때 첫 그림을 팔았고 장 오노레 프라고나르가 여전히 루이 14세의 궁전에서 비호를 받고 있는 동안 십대 화가로서 생계를 꾸렸다. 1797년 콜리지와 워즈워스가 영국 낭만주의 시를 창조할 때 그는 이미 대가로서 영국 회화의 변혁에 현저한 기여를 하고 있었다. 그러나 그는 카미유 피사로와 에두아르 마네가 마침내 본격적으로 그림을 그리기 시작할 때인 1840년대 후반에도 여전히 스케치를 하고 — 힘이 떨어지고 있었음에도 불구하고 — 그림을 그리고 있었다. 터너가 특히 행운이었던 것은 좋은 아버지를 두었다는 점이다. 아버지는 거의 교육을 받지 못한 소매상인이었지만, 아들이 불과 7, 8세 때에 그의 재능을 알아보고 가능한 한 빠른 시기에 건축제도와 지형제도를 전문가에 맡겨 배우게 했고, 아들이 청년이 되었을 때에는 그 재능을 '천재'라 부르면서 보호했으며 — "뭐라고! 반 크라운을 받고 내 아이가 먼로 박사를 그리게 만들어!" 라고 분개해 고함을 지른 일도 있었다 — 아들의 최초 판매대리인이 되어 죽을 때까지 — 1829년 84세의 나이로 죽었다 — 터너의 가정과 하인과 금전을 관리했다. 그리고 아들의 캔버스를 펼쳐 준비하고, 완성된 작품에 니스를 칠하는 일까지 맡았다.[189]

터너는 아버지의 예리한 사업수완과 능률적인 습관을 물려받았다. 항상 동이 트기 전에 일찍 일어났고, 평생 동안 열심히 일했고 — 그때까지 터너만큼 많은 작품들, 유화나 수채화의 완성품, 판화류, 스케치와 노트 등을 남긴 화가는 없다 — 소박하게 살고 절약하고 예금하고 투자했다. 그의 돈은 모두 그림을 위해 쓰였다. 그 덕분에 십대에 자비로 영국 내 스케치 여행을 할 수 있었고, 1802년부터 1845년까지 모두 19차례에 걸쳐 대륙을 폭넓게 여행할 수 있었다. 스물한 살이 되기 오래 전부터 그는 '공채에 얼마간의 재산을 남겨두기' 시작했다. 그리하여 그의 직업화가로서의 삶은 성공의 연속이었다. 자신의 첫 번째 대형 유화를 스물한 살이었던 1796년에 전시했다. 터너는 이때 이미 자신이 해낼 수 있는 것보다 많은 주문을 받았다고 패닝턴에게 말했다. 회원이 될 수 있는 가장 어린 나이인 24세에 그는 왕립미술원 준회원으로 선출되고 3년 뒤 정회원이 되었다. 1803년에는 이미 젊은 화가들이 널리 모방하는 화가였고, 다음 해 그는 할리 스트리트에 있는 집에 자신의 작품만을 전시하는 첫 전용 미술관을 열었다. 이 미술관은 아마도 손꼽히는 미술관 설계가인 존 손 경의 자문을 받아 순수하게 작품 전시만을 목적으로 세워졌는데 당시로서는 새로웠던 자연채광을 미술관 구석구석까지 설치했다. 1819년에 건설이 시작된 두 번째 미술관은 훨씬 더 공들여 만들었다. 터너는 왕립미술원과 브리티시 인스티튜트의 조명 개량에도 공헌했다.[190] 자신의 미술관, 왕립미술원, 브리티시 인스티튜트에서의 매출이나 출판업자들이 올린 매출은 그에게 꽤 많은 수입을 가져다주었다.

나폴레옹전쟁이 끝날 즈음에 터너 수중의 자산은 9,000파운드를 넘었고 이 밖의 재산으로는 넓은 땅과 집 두 채도 있었다. 그는 약 15만 파운드를 남기고 죽었다.[191] 그는 살면서 대중의 기호에 맞게 자신을 양보할 만큼의 재정적인 압박은 전혀 받지 않았다. 확실히 그는 뛰어난 상업적 감각을 갖고 있었다. 그가 자신의 작품을 몹시 열망하는 고객들에게 할부로 돈을 갚는 것은 기꺼이 허락했지만 어느 경우에도 값을 깎아 주지는 않았다. 터너는 베토벤만큼 돈에 대해 엄격했지만 돈을 다루는데 있어서는 훨씬 더 사리에 맞고 정직했다. 자신의 작품 판매에 정성을 쏟았는데, 자신의 예술적 판단을 따른다는 그의 결심은 적어도 베토벤의 결심만큼 확고했으며 항상 효과를 나타냈다. 그는 평생 결혼을 하지 않았고 알려진 자식도 없었으며, 복잡한 성 관계로 어려움을 자초한 적이 없었고, 베토벤과 달리 가정불화로 감정적인 에너지를 소모하지도 않았다.

당시 일생동안 자신의 예술을 자신의 방식으로 발전시킬 수 있는 자유를 이만큼 완전하게 누린 위대한 예술가는 떠올리기 힘들었다. 다행히도 이 자유는 그림에 대한 냉정하고 실제적인 접근에 의해 균형이 이루어졌다. 터너는 한 번도 베토벤, 바이런, 셸리, 샤토브리앙과 베를리오즈가 한 것과 같은 방식으로 스스로를 극적으로 표현하지는 않았다. 고뇌에 찬 천재 예술가로서의 영웅이라는 새로운 낭만주의적 이미지로부터 터너만큼 멀어진 인간은 없었다. 더러는—1805년부터 1815년 사이에 걸쳐서 특히 심했지만—보몬트 등의 공격으로 평판에 금이 가기도 했지만, 터너는 한 번도 비난에 대해 불평하지 않았다.[192] 터너는 금욕적인 인간으로서 보통 때는 입을 열지 않고 침묵했고 자신의 작품이 모든 것을 말해줄 것이라고 믿었다. 젊은 풍경 화가들 중 가장 뛰어났던 데이비드 로버츠는 터너의 겸손함을 "항상 자신과 자신의 작품에 대해 이야기하며 다른 사람 비난하기를 그치지 않는" 컨스터블의 이기주의와 비교했다.[193] 터너는 일생동안 진지하게 노력을 계속하면서 그림의 모든 면에서 완전히 숙달하는 데 자신의 인생을 바쳤다. 터너의 일하는 모습을 기록한 자료를 읽으면, 도구들을 사용해 일하고 있던 헨리 모즐리나 엔진과 씨름하고 있던 조지 스티븐슨이 떠오른다. 터너는 시대의 흐름을 강하게 반영하여 과학 발전의 가능한 모든 이점을 이용하고자 했다. 그러므로 그는 광학이나 화실 조명에 깊은 관심을 보였다. 그리하여 그림물감 제작 기술의 발달에 주목하여 새로 개발된 세 가지 색상—크롬옐로, 코발트블루와 에메랄드그린—을 손에 넣자마자 바로 이용했다. 테이트 미술관에 보관되어 있는 그의 그림물감 상자에는 노란색 물감이 열 개 들어 있는데 그중 네 가지 색은 그가 살아 있을 때 개발된 것이었다. 왕립미술원에 소장되어 있는 터너의 수채화 그림물감 상자에는 빨강색 넷, 갈색 넷, 남색 둘, 녹색 둘, 노란색 여섯이 각각 들어 있다. 근대의 화학 발전에 따라 가장 큰 영향을 받았던 색인 노란색은 그의 채색의 기본이었다. 이제 나저제나 이용 가능한 녹색을 불만족스럽게 여긴 화가는 많다. 터너도 그중 한 사람으로 녹색의 묘사는 회화가 풀 수 없는 문제 중 하나로 여겼다. 실제로 그는 녹색을 싫어했다. 그는 J. B. 파인에게 "나무를 그리지 않고" 지낼 수 있다면 좋은 장소라고 말했다. 터너는 야자나무를 노랗게 그리는 그의 습관 때문에 윌리엄 웨스탈로부터 비난을 받았다. "터너 씨,

나는 동양을 아주 많이 여행했소. ……나는 야자나무가 결코 그 색깔이 아니라고 당신에게 보증할 수 있소. 야자나무는 언제나 푸른 녹색이오.” 그러면 터너는 “흠! 그럼 곤란하오. 결단코 곤란하오!”라고 대답했다.[194]

터너의 엄격한 실용주의는 그의 스케치하는 태도에서도 나타났다. 그는 항상 옥외에서 데생했다. 상상 속의 데생은 쓸모가 없다는 것이었다. 67세 때 「눈 폭풍 — 항구 입구 밖의 증기선(Snow Storm : Steam Boat off a Harbour's Mouth)」을 위한 스케치의 사전준비를 하기 위해 그는 강풍 속에 아리엘 호의 돛대에 자신을 밧줄로 동여맸다. 채색도 가능한 야외에서 했다. 그 좋은 예가 1790년대 후반에 웨일스와 호수지방의 구릉지대를 묘사한 일련의 최상급 대형 수채화를 그렸을 때인데 그때도 그는 옥외에서 작업을 했다. 그러나 옥외에서 그림을 그리는 많은 화가들처럼 터너도 채색을 하기 위해 시간이 많이 소모하는 데에 분개했다. 빗속에서도 스케치는 할 수 있지만 수채화의 경우 물감 칠을 할 수가 없었다. 1819년 처음으로 베니스를 방문했을 때는 체류기간이 불과 닷새 밖에 되지 않았다. 5일 중 첫 날은 카나레죠 운하 입구에서 곤돌라를 타고 현재 산타루치아 역이 있는 근처까지 거슬러 올라갔고, 다시 대운하로 사루데교회 너머까지 내려가 곳곳에서 잠시 머물며 스케치를 했다. 이렇게 해서 하루에 — 아마도 이틀 정도에 — 연필 스케치를 80점이나 했다. 컬러 스케치는 이보다 훨씬 적었고, 그저 산발적으로 그리는 데 지나지 않았다.[195] 같은 해 손의 아들은 터너가 “야외에서 색칠하는 것은 시간이 너무 많이 걸렸다. 한 점을 색칠하는 동안 연필 스케치라면 15~16점 이상 그릴 수 있다.”라고 말한 것을 기록했다. 그러나 터너가 나폴리에 도착했을 때 그를 본 R. J. 그레이브스는 다음과 같이 증언했다. “터너는 풍경의 외곽선을 꼼꼼하게 한 번 그리는 것에 만족하는 듯 했다. 그리고…… 그 뒤로는 아무것도 하지 않은 듯 보였다. 그런데 마침내 셋째 날인가 '바로 이거야!'라고 외치고 그림물감을 들더니 매우 빠른 기세로 붓을 움직여 기억에 담아두기 위한 특별한 효과를 그려냈다.”[196]

1813년에 서부지방으로 그림을 그리러 갔던 터너를 본 목격자들의 말에 따르면, 터너의 작업 모습은 최고 장인다운 풍모를 보여주며, 빠르고 절약할 줄 알며 근면하고, 모든 것에 주의를 기울이는 것처럼 보였다고 한다. 어느 날 레임 헤드에서는 나쁜 날씨 속에 작은 보트를 타고 나갔다. 동승자 모두가 배 멀미를 했지만 터너는 "세차게 내리는 빗속에 보트 끝 좌석에 앉아 골똘하게 바다를 바라보았다. 배 멀미도 하지 않고 마치 그리스 신화의 아틀라스처럼 미동도 하지 않았다." 스케치할 때 그는 "데생하는 것보다 글자를 쓰는 것" 같았다. 그 다음에 그는 "상황에 맞추어 원시적인 생활을 하는 능숙한 도보 여행자처럼" 20마일을 걸었다. 어느 날 저녁 코벤트가든의 배경화가인 드 마리아와 같이 타마르 호수에 있는 배들을 보면서 두 사람은 석양이 지는 것을 그리는 동안 기술상의 문제를 해결했다.

"터너 씨, 선생이 맞았군요. 항구를 볼 수 없군요. 배는 그저 하나의 검은 덩어리군요."

"내가 그렇게 말했었죠. 이제 보실 수 있죠. 모든 것이 하나의 그림자 덩어리라는 것을."

"네, 알겠습니다. 그래도 항구는 저곳에 있습니다."

"저곳에 있는 것이 무엇이건 간에 우리는 우리가 본 것만을 그릴 수 있지요. 배 안에 사람들이 있어도 배의 두꺼운 널빤지 때문에 그들을 볼 수가 없잖아요."

"맞습니다."

이 여행에서 터너를 유심히 본 젊은 이스트레이크는 그가 자주 '남 몰래' 스케치했다고 말했다. 터너는 장인과 발명가를 닮아 때때로 자신의 직업상의 비밀을 보호하려고 한 것 같았다. 그는 자신의 전시장을 들여다보는 구멍을 뚫어 놓고 전시된 작품들을 스케치하는 화가가 있으면 곧바로 주의를 주었다. 자신의 스케치는 남의 눈에 띄게 하지 않았다. 1813년의 여행 때 터너의 조수로 일했던 데번의 풍경화가 앰브로스 존스는 상으로 스케치 한 점을 줄 것을 바랐는데 그 기대는 여지없이 깨졌다. 그 후에 스케치 대신에 작은 유화 한 점을 받았다. 스케치는 터너의 사업상 도구였다. 그래서 그는 스케치들을 참조하거나 그림 그릴 때 사용했다. 때로는 25년 전의 스케치를 보관하기도 했다.[197] 그리하여 오랜 세월동안 영국과 대부분의 지역을 망라하는 스케치 자료를 구축했다.

그럼에도 불구하고 터너는—아마도 다른 장소와 다른 경우에—머리에 떠오른 상상 속의 색채나 형태를 표현하기 위해 자신의 기록을 무시했다. 1828년 로마에서 그린 「레굴루스(Regulus)」의 명암 상태를 완전히 바꿔 런던의 브리티시 인스티튜트의 벽에 걸었다. 그 모양을 보고 놀란 존 길버트 경은 다음과 같이 말했다. "터너는 자신의 일에 몰두해 주위를 돌아보지 않고 그의 그림에—거의 그림 전체에—흰색을 계속 칠해 색조를 부드럽게 했다. 그 그림은 여러 가지 빨강과 노랑의 덩어리였다. 묘사된 그림은 마치 모두 불이 붙은 것 같았다. 터너는 대형 팔레트를 들고 있었는데 거기에는 커다란 연백색 안료 덩어리만 있었고, 커다란 돼지털 붓 두세 개를 사용해 흰색을 모든 틈과 그림 전체에 칠하고 있었다. …… 그림은 모든 것을 흡수하고 모든 물체위로 안개를 머금은 아지랑이를 던지는 찬란한 태양빛의 효과처럼 점차로 멋지고 인상적으로 변했다. 캔버스 옆쪽에 서 있는 내게는 태양이 방패의 양각처럼 튀어나온 흰색 덩어리처럼 보였다."[198]

지금까지 터너의 그림에 대한 기술적 접근 방법을 상세하게 살펴본 것은 긴 안목으로 볼 때 터너가 렘브란트 이래 어떤 대가보다 다른 화가들에게 많은 영향을 끼쳤고, 미술의 근대화 운동의 선구자로 보아야만 하기 때문이다. 물론 터너의 장인정신은 강조되어야 하지만 그의 예술적 동력이 아주 지적이고 정서적이었다는 것 또한 알아 둘 필요가 있다. 베토벤처럼 터너도 자신의 전문분야 이외의 교육을 거의 받지 못했지만 평생 동안 폭넓게 책을 읽고 여러 가지 아이디어를 내어, 그것들을 생각하고 변형해 자신의 예술에 응용했다. 최근의 연구 결과 터너의 작품은 이

전에 생각한 것보다 훨씬 문학적으로나 지적으로나 내용이 충실하다는 사실이 밝혀졌다.[199]

그리스의 독립, 노예무역, 공업화라는 공공성이 강한 테마에 완전히 관심을 돌린 것이 터너의 특징이지만—이 점에서 들라크루아와 비슷했지만, 영국 화가라는 점에서는 더 훌륭했다—작품이 예술적으로 뛰어났기 때문에 그가 취급한 테마 자체가 퇴색한 경우가 때때로 있었다. 터너는 그림이 언어의 한 형태이고 본질적으로 서술하는 것이며 그 목적은 객관적으로 보이는 자연에 대해 진실을 말하는 것이라는 신념에 항상 충실했다. 또한 그림은 그것을 보는 사람을 교육하고 개선시키는 도덕적인 목적도 갖고 있지만—그래서 그림은 문학적 내용을 지니고 있다—그것은 그림의 소재에 부여되는 빛의 효과를 보여줌으로써 가능하다고 믿었다. 터너는 어느 면에서 보더라도 결코 추상적이거나 '중립적인' 화가가 아니었다. 빛을 연구하기 위해 그는 광학과 최신 색채론을 공부했다. 그는 아리스토텔레스와 플리니우스가 제창한 고전적인 이론도 알고 있었으며, 뉴턴의 일곱 색깔 학설도 알고 있었다. 칸트나 괴테가 색에 대해 말한 것도 이해했다. 그리고 브로엄이 믿지 않으려고 대단히 노력했던 토머스 영의 작품에 주목했다. 그는 화가들이 사용하는 안료의 개량에 일생의 대부분을 보낸 조지 필드가 1817년에 발간한 『색채론(Chromatics)』을 읽었음이 틀림없다. 터너는 소레이 길핀의 친필 원고인 『풍경화의 색채에 대해서(Letter on Landscape Colouring)』도 읽었다. 길핀은 터너의 친구로서 터너의 초기 풍경화 몇 점에 동물을 그렸다.[200] 그러나 결국 터너는 다른 것과 구별되는 색뿐만 아니라 실제 시시각각으로 변하는 빛으로 가득 차 있을 때 그 색채대로 캔버스에 나타나게 하는 자기만의 방식을 찾아내야 했다. 여기에서 터너의 타고난 천재성이 그 모습을 드러냈다.

빛과 색의 마술사

거의 처음부터 터너는 색채 사용과 빛을 그리는데 있어서 모험적이었다. 1810년에는 '화이트파(white school)'의 창설자로 인정받았다. 이 파는 고전파의 갈색이나 세피아 색에 도전하며 밝은 색의 영역에 단호하게 진입했다. 클로나나 푸생, 그리고 그들을 따르는 수많은 화가들의 어두운 색에 마음을 뺏긴 동시대 대부분의 사람들은 자연계의 색을 직접 보는 능력을 잃어버리고 참으로 기묘하게도 터너의 밝은 색을 사용한 풍경화 묘사법을 '발명'이라고 생각했다. 급진적 잡지로 추측되는 「이그재미너(Examiner)」는 터너의 '밝은 색의 무절제한 사용법'에 주목했다. 「리터러리 가제트(Literary Gazette)」지도 터너는 '기술의 마법'으로 '자연의 마법'을 대체했다고 비난했다. 그러나 실제로 터너가 한 것은 그 정반대였는데, 진실을 사용해 인공적인 습관을 파괴했던 것이다.[201]

'흰색 화가(white painters)'라는 용어는 적대적인 표현으로 터너의 신봉자들을 겁먹게 했다. 그리하여 터너 정도의 인물이 아니라면 방향전환을 했을지도 모른다. 터너의 그림이 더 크고 더 밝아지자 대중은 잠시 터너에게 등을 돌렸다. 훗날 잘못 손질해 지금은 손상된 그의 대작 중 「서리가 내린 아침(Frosty Morning)」은 터너가 브리티시 인스티튜트에서 수상하기를 바랐던 「아폴리아(Apulia)」처럼 팔리지 않은 채 남아 있었다. 그 해 자신의 첫 번째 미술관을 폐쇄하려고 결정했던 것은 이런 불운 때문인지도 모른다.[202] 그러나 워털루전투가 있던 해에 발표한 「카르타고를 건설한 디도(Dido Building Carthage)」와 「시냇물을 건너다(Crossing the Brook)」 등 두 점의 작품은 즉각적으로 보몬트와 모든 사람의 극찬을 받았다. 유일한 예외는 보몬트 일파였지만, 그것도 그해 여름의 「도리에 기초한 작품목록(Catalogue Raisonné)」을 둘러싼 소동으로 사라져 버렸다. 터너는 이 성공에 뒤이어 석양의 섬광으로 유명한 「카르타고 제국의 멸망(Decline of the Carthaginian Empire)」 — 이 그림도 보수작업을 잘못하여 색이 어둡게 변했다 — 을 그렸고 곧이어 새로운 미술관 건설에 나섰다. 다음 해의 「도트의 풍경(View of Dort)」에서는 색채 일부가 더 밝게 그려졌다. 다른 사람보다 먼저 이 작품을 볼 기회가 있었던 왕립미술원 회원 헨리 톰슨은 패링턴에게 "대단히 화려한 색채의 아주 멋진 그림"으로 색채는 실제로 밝으며, "거의 눈을 부시게 만든다."고 말했다. 월터 포크스가 구입해 그의 가문이 보관중인 이 웅장한 캔버스는 운 좋게도 아직도 완전한 상태에 있다. 이런 색깔의 눈부심은 전례가 없는 것이었다. 동시대의 화가를 칭찬하지 않는 사람인 컨스터블조차 자신이 본 것 중에서도 "완성도가 가장 높은 천재적인 작품"이라고 평가했다.[203]

그러나 터너가 오래된 세계를 그리던 제약에서 마침내 자유롭게 된 것은 1819년 9월 베니스를 처음 방문했을 때였다. 그 당시 그것을 눈치 챈 사람은 아무도 없었다. 이탈리아에 4개월 있는 동안 터너는 수백 장의 작은 데생과 메모들 — 베니스에서만 100장이었다 — 을 스케치북으로 열아홉 권이나 담았고, 로마와 나폴리에서는 엷은 회색 와슈로 대지를 처리한 수많은 수채 스케치를 그렸다. 코모 호수에 두 번, 베니스에 네 번 가서 그가 전에 결코 경험하지 못했던 북부 이탈리아의 빛으로부터 받은 충격이 신선하게 남아 있을 동안 그 자리에서 즉석으로 수채화 스케치를 했다. 안개 낀 새벽에, 햇빛이 작렬하는 대낮에 때로는 석양이 질 때 하늘과 잔잔한 물과 건물이 쏟아놓은 광경에 현혹된 터너는 그것을 있는 그대로 그리기 위해 투명하고 순수한 색을 사용했다. 이것은 그때까지 그 누구도 — 터너 본인조차도 — 시도해보지 않은 것이었다.[204] 이 스케치는 오랫동안 타인의 눈에 띄지 않았다. 터너 역시 유화의 완성품조차 만들지 않았다. 그러나 인간이 눈에 보이는 세계를 사물의 형태에 대해 실제로 아는 것이 아니라 오히려 빛, 그늘과 색을 통해 느낀다는 괴테의 관찰이 진실이라는 것을 이 스케치는 보여주고 있다.[205] 이후 터너는 사물을 그리고 색칠하는 것보다는 빛 자체의 효과, 즉 빛의 반투명성과 불투명성, 구름, 물, 안개, 눈과 수증기에 나타난 빛, 그것을 변형하고, 눈부시게 하고, 고상하게 하고, 겁나게 하고, 설명해서 놀라움을 고취시키는 능력을 표현하는데 관심을 기울였다. 이제 터너는 불완전한 화학적 색소를 사용해 빛을 2차원의 평면에 표현하는 과제에 몰두하기 시작했다. 이것은 터너에게는 해결할 수 없는 문제였고, 더욱 본질적으로 해결이 불가능한 문제이기도 했다. 나이를 먹어 가면서 터너는 점점 더 사진에 흥미를 느껴 몇 시간씩이나 미국 사진작가 J. J. E. 메이올에게 사진의 물리적인 원리에 대해 질문했다. "터너는 항상 빛에 대한 새로운 생각을 갖고 몇 번이나 반복해서 찾아왔다."고 전한다.[206] 그는 예술이 대응할 수 없는 분야에서 과학이 할 수 있는 것이 무엇인지 알고 싶어 했던 것 같았다. 이런 문제를 어떤 화가도 극복할 수 없었지만 1820년대 이후, 터너는 이 문제를 붙들고 싸워, 놀라운 성과를 올렸다. 그 업적은 당시 거의 반만 이해되었지만, 그 당시 젊었던 존 러스킨은 생애의 절반을 터너의 위업을 설명하는데 바쳤다. 그리고 마침내 그 후 태어난 대다수의 화가들은 터너의 작품에서 커다란 자극을 받았다.[207]

터너가 근대의 문턱에 서 있었다는 것은 다른 의미를 갖고 있다. 터너는 아마도 한편으로는 법칙과 등식과 실험을 통해, 다른 한편으로는 시각적인 표시를 통해, 지구상에 살고 있는 사람들에게 이 지구를 설명한다는 과제에 동시대를 사는 과학자들과 함께 자신도 참여하고 있다고 믿었던 최후의 위대한 화가였다. 터너도, 과학자도, 기술자도, 대개 같은 언어로 말하고 명백히 같은 문화에 속해 있었다. 1820년대 말에 터너는 셸리를 좋아하게 된 것을 알았다. 그때 셸리는 이미 죽었지만 터너는 자신이 그림에서 찾으려고 했던 것처럼 셸리가 공기와 대기 그리고 무한한 우주를 언어로 표현하려고 노력했다는 사실을 발견했다. 마찬가지로 그는 패러데이에게도 친근감을 느꼈다. 이들 두 사람 모두 지구의 물리적인 비밀을 탐구하기 위하여 그들의 눈과 머리뿐만 아니라 손을 써서 능숙하게 일하는 실험주의자들이었다.

그러나 1820년대가 끝나갈 무렵 천부적 재능을 지닌 사람 간에 소통을 유지하는 것이 더 어려워졌다. 험프리 데이비 경과 윌리엄 워즈워스가 마지막으로 만난 것은 1827년 로우더 성에서였는데 그것은 슬픈 만남이었다. 워즈워스는 후에 어떤 사람에게 부친 편지에서 그것은 더 이상 유사한 마음을 가진 사람의 만남은 아니었다고 한탄했다. "데이비의 과학적 추구는 그의 마음을 내가 따라갈 수 없는 곳으로 달려가게끔 했고 거기에 비례하여 그의 마음을 내가 가장 친근하게 느끼는 사물들로부터 다른 곳으로 돌리게 했다."[208] 예술과 과학 사이의 괴리, 두 개의 ― 실제로는 더 많은 ― 정신문화에의 갈림길은 근대성의 한 단면일 뿐이었다. 1820년대에 터너가 자신의 그림에서 빛을 추구한 것은 자연의 명료함뿐만 아니라 혼동, 나아가 혼돈을 의미했다. 다가오고 있었던 새로운 세계는 감탄뿐만 아니라 서서히 공포와 두려움을 불러 일으켰다. 이제는 자유롭게 된 큰 힘들, 발전해 가고 있는 기계들, 아직 그 모습을 드러내지 않은 광경은, 진보와 함께 파괴를 불러와 모든 것이 주마등같이 변하는 모습을 보여주고 있었다. 다음 장에서는 이러한 측면에 눈을 돌려보기로 하자.

제8장

무질서의 가면극

안데스 산맥을 넘은 볼리바르

1819년 6월, 영국 급진주의자들이 대규모의 여름 대행진을 조직하고 있을 동안 매우 놀라운 대모험을 감행한 사나이가 있었다. 터너라면 이 소재를 멋진 그림으로 그렸음 직하다. 새로 선포된 베네수엘라 공화국의 총사령관 사이먼 볼리바르가 해방군을 이끌고 안데스 산맥을 넘었던 것이다. 이것은 실제로 터너의 창작의욕을 지핀 두 가지 사건인 나폴레옹이나 한니발의 알프스 횡단에 필적할 만한 위업이었다. 알프스의 높은 봉우리들은 1819년에 이르러서는 차례로 정복당하고 있는 중이었다. 몽블랑 정상은 오래전인 1786년에 정복되었고 마이어 형제는 1811년에 융프라우를, 메이너드는 브라이트호른을 1813년에 올랐다. 볼리바르가 중부 안데스의 안티플라노 산에서 악전고투하고 있는 동안 J. N. 뱅상은 몬테로사 산 정상중 하나를 등정하고 있는 중이었다. 이와는 대조적으로 안데스 고지대는 거의 사람의 손길이 닿지 않았다. 그 고봉 가운데 하나인 코토팍시산(1만 9,350피트)은 1872년까지 아무도 오르지 않았다.[1] 볼리바르에게는 제대로 된 지도도 없이 인디오 안내인들만 있었을 뿐이었다. 군대는 잡동사니였고, 가장 믿을 수 있는 부대는 반도전쟁(스페인과 포르투갈이 나폴레옹의 지배에 대항해 일으킨 전쟁 — 옮긴이)의 퇴역군인들로 구성된 영국군단이라고 불린 용병부대였지만, 모두가 가벼운 옷만 걸치고 있었다. 부대에는 아내와 애인과 어린이까지 동행하고 있었다. 산으로 들어가는 근접행군이 우기철이어서 어려웠고, 게다가 고원의 길 없는 늪과 고원이 계속 이어졌기 때문에 산을 오르는 일은 그만큼 놀라운 일이었다. 거의 매일 다리가 없는 협곡과 산속 급류를 건넜는데 말안장을 포함한 많은 장비들이 버려지거나 계곡 밑으로 떨어졌다. 설선(雪線)보다 높은 야영지에서 홑몸의 여자가 출산을 하기도 했다.[2]

알티플라노 산을 넘자 볼리바르는 곧 스페인이 지배하고 있던 콜롬비아의 심장부를 공격했다. 피털루 학살 사건이 일어나기 바로 일주일 전에 수도인 보고타에 입성해 수비대의 잔류병을 포로로 잡은 뒤 그곳을 차지했다. 그는 부통령인 프란시스코 산탄데르가 이끄는 베네수엘라 시민 정부에 보고타를 맡기고 진군을 계속했다. 10월 10일 산탄데르는 포로가 된 왕당파 수비대 장교 38명을 처형하기로 결정하고, 그들을 감방에서 끌어내 성당 광장에 정렬시켰다. 이런 행위가 라틴 아메리카의 처형 전통의 패턴으로 급속하게 자리를 잡았지만, 산탄데르가 그들을 왜 죽이려고 했는지는 지금까지도 확실하지 않다. 지나가던 행인이 볼리바르가 죄수들의 형 집행을 유예하라고 했다며 그 처형에 반대했다가 즉각 사살되었다. 총살형 집행대가 사격을 끝냈을 때 산탄데르는 침묵한 군중을 향해 일장연설을 하고 이 총살을 기념하기 위해 특별히 작곡한 노래를 부르며 악사들을 앞세우고는 말을 타고 광장을 떠났다. 후에 그는 "나는 고트[스페인]놈들을 모두 죽였다는 것에 특별한 기쁨을 느꼈다."고 말했다.[3]

이런 영웅적 행동과 야만적 행위가 혼재된 것을 무엇이라고 설명할까? 볼리바르는 누구이며 그는 무엇을 하려고 했나? 쿠바를 제외한 스페인계 아메리카의 '독립'은 19세기 초의 중심적인 사건들 중 하나다. 대륙 전체에 독립국가가 속속 탄생한 이 시기는 사상 최대의 건국기로, 대규모적인 1960년의 식민지 해방시기까지 그 기록은 깨지지 않았다. 이것은 나폴레옹이 옛 유럽의 질서를 공격하고, 특히 1808년에 스페인 군주제를 붕괴시킨 역사적 사실이 낳은 직접적인 결과였다. 그 이래 라틴 아메리카에서 일어난 수많은 사건들은 오늘날까지 영향을 남기고 있지만,

2부 라틴 아메리카

실은 나폴레옹의 군대가 가는 곳마다 뿌려 놓은 불안정과 도덕적 타락을 반영하고 있다. 근대 유럽의 최초의 독재자는 대서양 건너편 대륙에 무수한 모방자를 만들었다. 혁명기의 프랑스에서는 자유론자의 수사적 기교와 민주적인 제도가 대량학살을 서슴지 않는 폭정과 동시에 진행되었지만, 이런 특징이 라틴 아메리카에 급속히 이식되었다. 1815년부터 1830년 사이에 리오그란데 이남에서 발생한 사건은 도래하고 있는 근대 사회의 희망과 불안, 그리고 무엇보다도 그 다양성을 구현하고 있다.

스페인 제국의 문화유산

붕괴되기 직전의 스페인 제국은 패기와 모험심이 결여되어 있었지만 웅장한 바로크 양식의 도시에서 알 수 있듯이 많은 면에서 개화되었으며 부유하고 품위가 있었다. 20만 명 이상이 거주했던 마드리드는 마차 열 대가 나란히 갈 수 있는 유럽에서 제일 넓은 도로인 알칼라 거리와 프라도 왕궁 근처에 있던 장엄한 식물원 때문에 유명했다. 그곳은 지구상에서 가장 깨끗한 도시 가운데 하나였고 치안이 잘 되어 있었다. 칠레의 산티아고와 페루의 리마 같은 신세계의 몇몇 도시들은 더 부유하기조차 했다. 프러시아의 생물학자이자 여행가였던 알렉산더 폰 훔볼트(1769~1859)는 스페인 제국이 나폴레옹전쟁에 휩싸이기 직전인 1804년에 멕시코시티에 있었는데, "이 도시는 베를린을 연상시키지만 베를린보다 더 아름답다."라고 썼다. 그는 이 도시의 화학 연구소, 식물원, 유명한 광산학교, 좋은 작품이 많이 소장되어 있는 회화 조각 아카데미 등을 칭찬했다.[4] 영국과 스페인 간의 전쟁이 발발하기 바로 전 달에 「모닝 포스트(Morning post)」지는 멕시코시티를 "세계에서 가장 부유하고 화려한 도시이자 한편으로는 미국과 유럽 사이에, 다른 한편으로는 미국과

동인도 사이에 진행되는 모든 일의 중심지"라고 평했다.[5] 거대하고 조명
이 잘 되어 있는 광장들은 스페인의 르네상스식 양식과 바로크 양식에서
부터 후기 팔라디오풍까지 다양했다. 웅장한 바로크 양식의 대성당은 대
리석을 이용해 신고전주의 양식으로 외부를 방금 개장했고, 재기가 뛰
어난 명장 마누엘 톨사가 여전히 돔과 랜턴(lantern, 돔 꼭대기의 탑―옮긴이)
의 공사를 하고 있었다. 아스텍족의 특성과 스페인 정복자의 신도시 계
획을 융합시킨 시가지 조성은 16세기 후반 이래 방문객들의 찬탄을 받았
고, 17세기부터 18세기 동안에 검정과 붉은 색을 띤 화산암으로 지은 공
공건물도 고색의 기품 있는 분위기를 풍기고 있었다. 앨러미다 공원처럼
멋있는 공원들은 조각과 분수로 장식되었다.[6] 훔볼트는 그곳에 무수한
공·사립 도서관들이 있었다고 말했다. 마찬가지로 놀라웠던 것은 금화
와 은화의 아름다움과 순도였다. 1840년대에 많은 사람들은 지난 10년
을 황금시대라고 회고했다.[7]

처음에는 미국 독립전쟁, 그 후에는 프랑스 혁명에 의해 촉발된 일련
의 사건들은 300년 동안 대규모의 폭력사태를 겪지 않은, 이 화려하지만
연약한 식민지 체제에 재앙을 가져왔다. 식민지의 '애국자들'은 미국 헌
법을 연구하고 프랑스의 '권리장전'을 읽었다. 1794년에는 최초의 '해방
의회'가 모습을 드러냈다. 1797년에 반란군이 트리니다드를 탈취한 후
영국은 스페인 본국에 반대하는 반란세력에 경제적 지원을 시작했다. 프
란시스코 미란다 같은 초기 '해방자들'은 윌리엄 피트로부터 자금을 받았
다. 아론 버 같은 몇몇 미국 정치가들은 잭슨 장군이 실제로 실행에 옮기
기 훨씬 오래전에 스페인으로부터 식민지 일부를 분리할 것을 계획했다.
그리고 1800년 무렵부터 미국인은 용병으로도 일하게 되었다.

그러나 시류에 역행하는 움직임도 많았다. 부유한 크리올, 즉 '스페니
어드'로 알려진 순수 백인 혈통의 라틴 아메리카인들 중 일부는 스페인
에서 직접 파견된 관리를 유럽인(European)이라 부르고 그들이 휘두르는
권위에 반발했다. 독립이 가져올 수 있는 격변을 두려워하는 사람도 있

II 해방과 독립

었다. 훔볼트는 다음과 같이 썼다. "부자들은 혁명이 단지 노예의 감소, 성직자의 타락, 현재의 순수한 신앙과 양립할 수 없는 종교적 관용에 불과하다고 생각했다. ……그들은 자신들이 가진 권리를 모든 인간과 공유하기보다는 그 권리를 행사하지 않는 편을 선호했다." 그들이 특히 자신들의 지위와 훈장을 잃을 것을 두려워했다고 훔볼트는 덧붙였다. 성직자도 크리올에 지지 않을 만큼 분열했다. 주교는 스페인 정부를 지지하는 경향이 있었지만, 낮은 계급의 성직자와 수도회는 — 퀘벡의 가톨릭 성직자들처럼 — 라틴 아메리카가 유럽의 세속주의로부터 완전히 단절되길 원했다. 그들은 예수회를 탄압한 것 때문에 결코 스페인 왕가를 용서하지 않았으며 그들의 막대한 재산이 몰수될 것을 두려워했다.[8] 스페인이 나폴레옹의 세력 밑으로 들어오자 이런 두려움은 한층 고조되었다. 크리올과 성직자 대부분은 나폴레옹을 반(反) 그리스도로 보고 있었다. 노예들은 독립을 찬성했다. 미국에서는 아직 노예들이 해방되지 않았지만 아이티처럼 독립을 통해 자신들도 자유를 가질 수 있을 거라고 생각했기 때문이었다. 반면에 가난한 사람, 자유로운 흑인, 인디오, 그 밖의 많은 하층 혼혈 그룹은 현재보다 더 불공평한 대접을 받을까봐 두려워해 스페인 왕실에 의한 보호를 기대했다. 또한 국가 체제를 둘러싼 특수한 점도 있었다. 스페인은 레옹, 카스티야, 카탈로니아, 나바르 등으로 구성된 연합 왕국이었고, 제국은 식민지라기보다는 총독 지배지역이었다. 왕국 또는 총독 지배지역은 분리될 수도 있었지만 어떤 의미에서는 스페인으로 남아 있었다. 마드리드의 권위를 최초로 부인한 것이 크리올이 아니라 '유럽인'이었다는 것은 주목할 만하다. 여기서 일어난 것은 독립전쟁이라기보다는 오히려 내란에 가까웠다. 바로 그러한 이유 때문에 전쟁은 그토록 오랜 시간이 걸렸고 또 잔인했던 것이다.

초기의 반란과 군벌의 출현

첫 번째 뇌관은 1804년 12월 12일에 영국과 나폴레옹이 점령한 스페인 사이에서 발생한 전쟁이었다. 마드리드 정부는 전쟁 비용을 조달하기 위한 계획을 수립했는데 그건 아주 어리석은 일이었다. 크건 작건 간에 사실상 모든 라틴 아메리카 지주들은 모두 미국 남부와 마찬가지로 빚을 지고 있었다. 멕시코에서도 다른 지역에서도 지주들은 일반적으로 연 5퍼센트의 종신 지불을 하는 대신에 토지를 저당 잡혀 예배당에 기부하는 것이 보통이었다. 마드리드는 이 대출금을 의무적으로 상환하도록 함으로써 강제적으로 돈을 모으는 대책을 냈다. 필요한 금액은 4,000만 페소였다. 많은 사람이 갚을 자금을 조달할 수 없었기 때문에 분개하면서도 어쩔 수 없이 토지를 강제로 매각해야 했다. 부자나 권력자는 연줄이나 뇌물로 면제를 받을 수 있었으나, 그렇지 않은 나머지 사람들은 파산을 하거나 적어도 파산 직전 상태에 몰렸다. 이 계획으로 실제로 걷힌 돈은 불과 1,200만 페소뿐이었다. 멕시코인들은 그 돈 전부가 신을 믿지 않는 프랑스로 갔다고 믿었기 때문에 경제적인 분노와 함께 종교적인 분노까지 느꼈다. 이 자금 계획은 라틴 아메리카의 토착 지배계급 전부를 적으로 만들기 위해 고안된 것인지도 몰랐다.[9]

계속해서 1808년에 나폴레옹 지배에 반대하는 스페인의 반란이 일어났다. 이것이 두 번째 뇌관이었다. 제국 내 질서의 붕괴는 사실 스페인 본국에서 시작되었다. 어떤 시기에는 네 개의 서로 다른 임시정부(juntas), 즉 조제프 보나파르트, 페르디난도 7세가 세비야, 아스투리아스의 임시정부에, 훗날의 중앙 임시정부가 각각 서인도제도에 강제명령을 내리고 있었다. 서인도제도에서도 고위관료, 대주교, 그 밖의 고위 관료로 구성된 독자적인 임시정부를 설립하여 대항했다. 그러나 스페인의 임시정부는 해외의 임시정부들을 인정하지 않았다. 대신에 중앙 임시정부에 대표를 보낼 것을 요구하고, 1811년부터는 스페인 제헌 국회(cortes)의 의원으로 대표를 선출할 것을 주장했다. 이 결정에 따라 곧 비례대표 문제가 일어났다. 서인도제도의 인구는 1,700만 명으로 백인 300만 명, 흑인 400만 명, 인디오 1,000만 명으로 구성되어 있었다. 서인도제도에 24명의 대표를 할당한 것은 백인만을 계산한다면 정당한 것이었다. 하지만 1787년의 미국 제헌회의 때의 남부 주(州)들처럼 크리올들은 내심으로 권리를 행사하는 데는 백인인 자신들만 하길 원하면서도 대표 할당 수는 다른 인종도 계산에 넣어 그에 따라 의석수를 늘리기를 요구했다. 암튼 노예 한 명을 백인 한 명의 오분의 삼으로 계산하는, 미국이 성립한 타협안은 사실상 불가능했다. 즉 싸움의 원인은 경제적인 것뿐만 아니라 제도적인 문제도 있었다. 만약 프랑스에 대한 저항운동을 조직하는 데 있어 스페인 중앙 임시정부에게 조금만 더 힘이 있었더라면 서인도제도 역시 따랐을 수도 있었다. 그러나 스페인 본국은 의지가 약하고 한심스러웠다. 스페인의 절망적인 상황을 알리는 뉴스가 1810년 봄 가라카스에 알려졌다. 4월 19일에는 혼란스러운 쿠데타가 일어나 명목상의 총독은 쫓겨났다. 정부청사 밖에 모인 군중은 "프랑스인들에게 죽음을! 조국 만세, 종교 만세, 페르디난도 7세여 영원하라!"고 외쳤지만, 쿠데타 정부는 즉시 독립정부처럼 행동하기 시작했다. 다른 도시들도 비슷한 행동을 했다. 멕시코에서는 부유한 가문 출신 신부 미구엘 이달고 코스티야가 9월 10일 쿠데타를 일으키고, 뉴스페인의 수호자인, 과달페의 검은 성모(Black Virgin of Guadalupe)의 보호 아래 독립성전을 선포했다.

이런 점을 봐도, 라틴 아메리카 혁명은 원래 내란 중에 생겨난 보수적인 움직임이었다. 그러나 그것은 곧 두 가지 요인에 의해 적의를 띠게 되었다. 즉 프랑스 혁명에 의해 퍼진 루소의 정치이론과 군벌의 횡행이었다. 이 둘은 보기에 따라서는 같은 것이었다. 왜냐하면 '일반의지'라는 전체주의적 개념이 군벌을 정당화하는 수단으로 이용되었기 때문이다. 거의 처음부터 계급, 부, 인종과 충성 의무에 의해 나뉜 공동체의 합의를 이루려는 시도는 없었다. 무대에 오른 주역들은 모두 '민중'의 이름으로 힘을 행사해 자신들의 개인적인 권위를 세우려고만 했다. 일련의 폭동이 처음으로 멕시코에서 시작되었다. 1810년에 이미 57세가 된 이달고 신부는 검은 성모를 방패로 삼아 2만 5,000명의 무법자들을 모아 과나후아토를 습격해 수비대를 몰살하고 300만 페소에 상당하는 은괴와 은화를 훔쳤다. 이렇게 자금을 확보한 그는 8만 명을 모았지만 멕시코시티 공격에선 발을 뺐다. 그 대신에 이달고는 멕시코에 단 네 개뿐인 신문사 중 하나인 과달라하라의 신문사를 점거해 「엘 데스페르타도르 아메리카노(El Despertador Americano)」라는 신문을 발행했다. 이 신문은 급진적인 정책들을 공표하고, 인디오에게는 인두세의 폐지와 토지개혁의 도입을, 흑인에게는 노예제도의 폐지를, 가난한 크리올에게는 주류세와 담배 전매의 철폐를 내걸었다. 겉으로는 왕당파인 군대가 반란군이 점거한 도시를 되찾고, 대학살에 대한 보복으로 이달고 추종자들을 체포하는 즉시 차례로 죽였다. 1811년 7월에는 이달고와 그의 동생, 그리고 부관 세 명이 미국으로 몰래 들어가려다 체포되어 형식상의 재판을 통해 교수형에 처해졌다. 그들의 머리는 과나후아토의 곡물창고에 있던 쇠 우리에 넣어져 부패된 채 방치되었다.[10]

베네수엘라에서는 프랑스혁명의 미사여구와 미국의 입헌주의에 가려져있던 권력투쟁이 더욱 격화되었다. 1811년 7월 1일에 구성된 의회는 "인민의 권리선언을 채택했다. 인민의 주권은 '절대적이며 양도하거나 분할할 수 없고', 사회의 목적은 '자유, 안전, 소유권, 법 앞에서의 평등, 공직의 일시성 그리고 영속적인 최소한의 행복'임을 열거했다. 나흘 후 프란시스코 드 미란다가 이끄는 공화제 지지파가 미국식의 독립선언을 강행했다. 미란다는 절반은 직업적인 혁명가 출신으로서 영국 정부로부터 해마다 1,000파운드의 자금을 받는 대가로 소요를 일으켰다. 그는 1795년 무렵의 프랑스군 장군의 복장을 했다. 이 선언으로 베네수엘라는 "이 지역에서 유일하게 순수하고 본래 그대로의 상태로 거룩하며, 국교를 가톨릭으로 하고 로마교황청을 지지하는 종교를 유지할 것과 성모 마리아의 원죄없는 잉태를 지지할 것"을 약속하는 독립국가가 되었다.[11]

멕시코에서처럼 잔학행위는 일찍부터 발생하기 시작했다. 전체적으로 평온했음에도 불구하고 중남미 제국에는 일찍부터 법을 지키지 않는 그 어떤 정신, 규칙 따위를 항상 준수할 필요는 없다는 유럽인의 정서가 있었다. '그 선 너머—즉 대서양의 중앙을 넘어—에 평화는 없다'라는 16세기의 표현이 특히, 카리브 해 지역에서는 여전히 유효했다. 스페인 본국에서 건너온 관리는 종종 월권행위를 저질렀다. 만약 성공하면 그들은 명예와 보상을 받았지만, 실패하면 지위를 빼앗기거나 처형되었다. 18세기부터는 법의 존중과 폭력의 억제라는 측면만큼은 크게 개선되었다. 그런데 이 모든 진보가 이때부터 아주 급속히 역행하기 시작했다. 독립이 선포되고 자유가 보장되자마자 미란다는 페르디난도 왕의 지지자 약 12명을 참수해 그들의 머리를 광주리에 넣어 카라카스 성문에 매달아 놓았다. 그 후부터 전쟁에서 양측 모두가 더욱 잔혹하게 되었다.

── 볼리바르의 출신 배경과 성격

이 폭력의 무대에 그것을 잘 이용할 수 있는 한 남자가 등장했다. 시몬 볼리바르는 군대를 이끌고 안데스 산맥을 넘을 만한 용기와 모험심이 있었다. 그뿐만이 아니라 볼리바르는 인간다운 사고를 전혀 하지 않았다. 나폴레옹, 웰링턴과 잭슨보다 한 세대 뒤인 1783년에 태어난 볼리바르는 필, 반 뷰런, 슈베르트, 바이런, 패러데이, 셸리, 제리코, 람네 등과 같은 세대였다. 그의 어머니는 노예를 이용하는 농장을 엄격하게 경영했고, 아버지는 상대를 가리지 않고 여자 꽁무니를 쫓아다니는 상습 강간범이었다. 어린 시절에 부모를 잃은 볼리바르에게 실질적인 의미에서의 부모라고는 노예인 이폴리타 뿐이었다. 1799년 그는 가정교사 시몬 카레노와 함께 유럽으로 건너갔다. 카레노는 볼테르, 루소와 올바크 뿐만 아니라 엘베시우스, 흄, 스피노자와 홉스를 읽도록 장려했다. 볼리바르가 특히 감명을 받은 것은 인간은 끊임없이 변화를 추구해야 한다고 주장한 홉스의 주장이었다. 이것은 휴식을 모르는 그 자신의 성격과 일치했다. 18세 때 그는 연상의 여성과 결혼했지만 그녀가 2년도 채 안되어 사망해 홀아비가 되었다. 그 후부터 그는 자신의 아버지처럼 무차별적으로 여자 꽁무니를 따라 다니는 사람으로 변해버렸다. 그의 초기 전기작가 중 한 명인 페레 드 라크루아는 런던 매음굴에서 화난 여자들에 의해 쫓겨난 불미스러운 이야기를 볼리바르 본인으로부터 직접 들었다. 술 취했을 때 그는 외설적인 이야기를 하는 경향이 있었다. 그는 여자 뒤 꽁무니를 따라다녀도 여자를 인간으로서는 보지 않았다. 결코 재혼하려고 하지 않았고, 친구들에게도 독신으로 지내라고 조언했다. 그는 워즈워스처럼 프랑스에 사생아 아들을 남기긴 했지만 후사를 얻으려는 욕망을 갖고 있지는 않았던 것 같다. 그의 평생 동안 외로움과 애수가 따라다녔다. 그는 되다 만 로맨틱한 영웅이었다. 1816년부터 1819년까지 라틴 아메리카로 가 독립운동을 돕고자 하는 바람을 반복해서 표현했던 바이런이 볼리바르를 어떻게 생각했는지를 살펴보는 것은 아주 재미있는 일일 것이다.[12]

독립전쟁에서 볼리바르의 초기 활동은 혼란스러웠고 모순투성이였다. 볼리바르에게는 흑인과 인디오의 피가 조금씩 흘렀지만, 실제적인 문제에 관해서는 지주 쪽에 속했다. 그는 볼테르를 인용하며 ― 그것은 당시의 유행이었다 ― 정치적 이상주의를 표방했다. 런던에 있을 때는 윌리엄 윌버포스와 교육학자 토머스 랭커스터 같은 개혁가들을 만났다. 그는 특히 런던과 워싱턴에서 어떻게 신문을 이용하고 여론을 조작할지를 배웠다. 진보론을 외치는 방법은 언제나 잘 알았지만, 그 이상론은 말 뿐이었다. 그는 권력 자체를 추구했거나 자신이 바라는 조건으로만 책임지기를 원했던 권위주의자였고 그것이 충족되지 않을 때는 코리올라누스(고대 로마의 전설적인 귀족─옮긴이)처럼 물러났다. 그는 거짓말을 편하게 했다. 그는 법을 존중할 마음을 터럭만큼도 갖고 있지 않았다. 그의 동생이 항해 중 죽었을 때는 동생의 재산을 완전히 불법적으로 차지하여 재산을 갑절로 늘렸다. 그는 부 자체를 얻고자 한 것이 아니라 권력을 얻는 수단으로 부를 추구하며 할 수만 있으면 법정을 핍박해서라도 자신의 재정적인 이익을 얻으려 했다. 무기와 병사 이외에도 항구에서 정박해 기다리는 프리깃함 한 척을 원했는데, 이것은 형세가 불리해지면 급히 도망가야 할 때를 대비한 것이었다. 볼리바르는 라틴 아메리카 독재자들의 흥망성쇠에 연극조의 상투적 문구를 많이 창안해냈지만, 그 가운데는 후에 '선구자'로 알려진 미란다로부터 배운 것도 있었다. 미란다는 반란과 망명을 여러 번 반복했다. 볼리바르를 그의 군사적 보좌역으로 해서 1811년에 독립을 선언한 베네수엘라 공화국도 역시 실패로 끝났다. 진실을 말하면, 공화국은 민중의 참된 지지를 얻지 못했기 때문이었다. 정부청사 앞에서 군중을 모아놓고 "혁명 만세!"라고 외치는 것은 항상 가능했지만 군중들은 적이 포도탄(葡萄彈) 한 발을 발사하면 몸을 피하기에 급급했다. 1812년 3월 26일 대지진이 일어나 1만 명의 사망자를 내며 카라카스 거리는 많은 곳이 파괴되었다. 사람들은 이것을 신성한 사람 페르디난도에 반역을 일으킨 죄에 대한 신의 복수라고 생각했다. 볼리바르를 묘사한 초상화가 남아 있는데, 그것을 보면 그는 연기가 피어오르는 지진의 잔해 위를 와이셔츠 차림으로 기어오르면서 군중들을 향해 절규하며 "자연이 우리를 반대한다면 자연과 싸워 복종시킬 것이다!"라고 큰 목소리로 외치고 있다. 볼리바르가 정말 이렇게 프로메테우스 같은 태도를 취했을까? 만약 그랬다면 바이런은 그에게 코웃음 쳤을 것이다. 이건 바이런보다는 셸리의 방식이다.

여하튼 볼리바르의 다음 행보는 결코 영웅적이지 않았다. 왕당파 사령관 몬테베르데 제독은 미란다가 기대한 것보다 더 단호한 사람이었다.

반란군이 잔혹행위를 시작하면 왕당파는 그것을 갑절로 되갚았다. 도시를 약탈했다. 처형대들이 활동하기 시작했다. 약탈과 노략질에 볼리바르도 열심히 참여했다. 노예는 해방되었고 반란을 일으키는 사람도 있었다. 미란다에게는 투쟁을 계속하는 데 필요한 수의 지원병을 모을 힘이 없었고, 억지로 끌려온 신병들이 도망가지 못하도록 손에 수갑을 채워야만 했다. 다른 한편으로 군벌의 지휘를 받는 사설 군대가 각지에 나타나기 시작했다. 무장한 흑인 무리와 물라토(백인과 흑인의 혼혈 — 옮긴이) 무리도 출현했다. 카나리아 제도 출신의 몬테베르데는 잘 훈련된 '섬사람들(Islanders)'과 해병을 이끌었으며, 그중에서도 최대의 실질적인 병력을 갖고 있었다. 1812년 7월 미란다는 몬테베르데에게 항복하고는 도망쳤다. 아마도 몇 번째인가의 임시적 망명을 하기로 작정했을 것이다. 그러나 볼리바르는 입장을 바꾸어 미란다를 붙잡아 왕당파에 넘겼다. 그 대신 여권을 받아 웰링턴 휘하에서 싸우러 스페인으로 갈 계획을 세웠다. 그런데 몬테베르데가 자신의 재산을 몰수한 것을 알고는 다시 입장을 바꿨다. 그러나 그때는 이미 늦어 옛 사령관을 구해낼 수 없었다. 미란다는 스페인으로 이송되어 4년 후 카디스 감옥에서 죽었다. 두 개의 기둥에 자신을 고정시킨 무거운 쇠사슬을 들어 올리며 "이 사슬의 첫 번째 고리를 내 동포가 만들었다는 걸 생각하면……"하고 미란다는 씁쓸하게 말하곤 했다.[13]

그 후 수년간 군벌시대가 이어졌고 볼리바르는 냉철한 두뇌파로서 점차 두각을 나타내기 시작했다. 자서전 작가 살바도르 드 마다리아가는 뛰어난 볼리바르 자서전에서 그가 "정복자와 피정복자가 동거하는 메스티조(인디오와의 혼혈 스페인인 — 옮긴이)의 정신을 갖고 있다."고 썼다. 그러나 볼리바르의 이상주의가 얼마나 문제가 되었건 간에 그는 특히 스페인 지배에 대해 증오를 갖고 있었음은 틀림없다. 볼리바르가 쓴 글 가운데에는 "거대한 바다에 의해 스페인과 떨어져 있고, 스페인보다도 인구가 더 많고 부유하면서 유감스럽게도 3세기에 걸쳐 압제에 굴복해온 대륙",

그것도 "인류에게 가해진 가장 잔인한 학정"이었다는 말이 나온다. 때때로 흡사 자신이 토착 인디오인 것처럼 말하기도 했다.

"잔인한 스페인인이 콜롬비아 해안으로 토하듯이 쏟아져 나와 세계에서 가장 아름다운 지역을 증오스러운 잔혹함과 약탈의 거대한 식민지로 바꾸었다."

"스페인인은 주검과 황폐함을 신세계 상륙의 신조로 삼고 그 땅의 말살할 상대가 모두 죽자 이번에는 원주민을 말살했다. 강탈한 땅에 정착한 자신의 자손들에게 폭력의 창끝을 돌렸다."[14]

여기에 새롭게 반 유럽의 나팔소리가 울려퍼졌다. 이것은 20세기에 두드러지게 나타나는 반식민주의의 논리를 대변하는 신조였다.

1812년 11월부터 볼리바르는 스스로를 해방자라고 공언했다. 처음에는 500명의 부하와 무장한 소형 선박 열다섯 척을 가졌을 뿐인 작은 집단이었고 사실상 게릴라들의 지도자에 지나지 않았다. 그러나 이것 역시 놀라운 일이었다. 볼리바르는 최초의 성명에서 "'생각'보다 '실질적인 수단'을 강조하고, 여기에 있는 것은 지도자 대신 철학자, 법 대신에 박애, 전술 대신에 토론, 군인 대신에 이론가 뿐"이라고 불평을 털어놓았다. 또한 '보통 선거'와 '반대론의 허용'을 '한심스러운 관용'이라고 비난했다. 이것은 잔인한 방법으로 자신의 독재를 달성한 것에 지나지 않았다. 근대 혁명의 결정적인 패턴이라고 할 수 있을 것이다. 이것이야말로 1812년부터 1820년대 초반에 걸쳐 파상적으로 나라를 휩쓸어버린 내란에 의해 스페인계 신세계의 시민 도덕은 황폐해져 완전히 회복될 수 없게 되었다. 반란군의 지휘자는 몇 십 명이나 있었고, 이들은 각각 다른 인종—백인, 메스티조, 흑인, 그 밖의 다양한 혼혈인종 등—의 이해를 대표하는 일이 많았지만, 언제나 다른 부대에서 병사를 훔치는데 혈안이 되어 있었다. 탈영하는 병사가 끊이질 않았기 때문이다. 그런데 각 부대의 사령관은 병사들의 약탈에는 눈을 감고 그런 사실이 없다고 부정했다. 인종 외에 지역적인 연대도 있었다. 양측은 모두 어떤 지역에 강력한 발판을 만들고 다른 지역으로 침입하여 약탈을 감행했다. 왕당파에도 지역적인 결속이 있었다. 카스티야인, 카탈로니아인, 바스크인, 칼리시아인, 카나리아 제도 출신들은 각각 함께 뭉쳐 다른 지역 사람들을 박해했다. 그러는 동안에 왕당파의 잔혹함과 무분별은 독립이라는 필연의 결과를 낳았지만, 잔학행위는 어느 쪽에나 있었다. 몬테베르데의 지휘관 중 한명이자 전에 죄수 유형지 간수였던 세르베리즈는 반란군의 귀 하나를 가져오면 은화 한 닢을 지급했다. 목격자의 말에 따르면, 그의 부하들은 "농장에 숨어 있던 많은 사람들을 끌어내어 귀를 자르고는 죽였다."고 한다. 세르베리즈가 지휘하는 카탈로니아인 부대는 자신의 모자에 잘라낸 귀를 꽂기까지 했다고 전해진다.

반란군도 또한 대량학살로 응수했다. 1814년부터 1815년까지 계속해서 반란군의 그 많은 장교들은 진압 전투 경험이 있는 나폴레옹전쟁 당시의 참전군인 출신이었다. 반란군의 '용서 없는 전쟁' 계획은 15개 조항으로 되어 있었는데, 여섯 조항이 돈을 강제로 탈취하는 방법에 관한 것이었다. 제2조에는 이렇게 서술되어 있었다.

"매우 주요한 목표는 베네수엘라에서 카나리아 섬사람들(Islanders)을 포함해 저주받을 유럽계 스페인인들을 말살하는 것이다…… 한 명도 살려 둬서는 안 된다."

제9조에는 "카나리아 섬사람들을 포함해 유럽계 스페인인의 머리를 가져오는 자에게 보상을 주고 장교로 임관한다. 20명의 머리를 가져온 사병은 소위로, 30명이라면 중위로, 50명이라면 대위로 승진시킨다."라고 규정되어 있었다. 양쪽은 '몰살'이라는 단어를 끊임없이 사용했다. 몰살시킬 대상은 바스크인, 크리올, 백인, 흑인, 또는 프랑스인이었다. 마지막의 프랑스인이라는 것은 스페인 해방 전쟁의 추억이었지만, 라틴 아메리카에서 '프랑스인'이라고 하면 프랑스어를 하는 아이티 출신 흑인들을 의미하는 게 일반적이었으며, 그들은 양진에 속해 싸웠다.[15]

볼리바르는 이 조항들을 부분적으로 채택했다. 그는 역효과를 가져온다는 생각이 들면 폭력을 회피했지만, 자신의 목적과 부합될 때는 폭력을 사용하는 데 양심의 가책을 느끼지 않았다. 자신의 부하 사령관인 안토니오 브리세뇨가 유럽계 스페인인 주인을 살해한 노예에게 자유를 주었을 때는 벌하지 않았다. 브리세뇨가 나이가 80이 넘은 스페인 사람 두 명의 목을 잘라 그들의 피로 쓴 편지와 함께 목을 볼리바르에게 보냈을 때도 '해방자' 볼리바르는 그런 일 처리를 하기 전에 우선 승인을 받아야만 한다고 경고했을 뿐이었다. 볼리바르 자신은 1813년 6월에 다음과 같은 포고령을 내렸다. '능동적으로 실제적인 행동으로' '애국자'를 돕지 않은 모든 유럽인은 전원 사형시킨다. '미국인'이라면 잔학행위를 하더라도 특별사면을 받도록 했고, 전향해온 유럽인은 '미국인'으로 간주된다. "스페인인들과 카나리아 제도 사람들이여, 당신이 아메리칸 독립을 위해 효과적으로 행동하지 않으면 중립일지라도 죽을 줄 알라! 미국인들이여, 죄가 있을지라도 너희를 살려 줄 것이다!"

볼리바르는 유럽인들을 테러로 겁주고 강제로 크리올의 지지를 얻어 냄으로써 1813년 8월 불과 1,700명의 병력으로 카라카스를 '해방'시켰다. 그리고 그는 전투에서 죽인 만큼이나 많은 사람을 처형했다. 그는 뉴 그레나다 의회에 '유럽인과 카나리아인은 거의 예외 없이 사살하면서' 9개 도시와 마을들을 전진했다는 편지를 보냈다. 볼리바르의 사령관 중 한 명인 리바스가 개최한 연회에 관한 목격자의 기록이 있다. 그곳에서 어떤 장교 한 명이 '참석자 전원이 포로를 자유로이 지명하고, 한 명씩 처형할 때마다 건배하자'고 제안했다. '이 제안은 갈채를 받았다. 곧 처형자 명단이 작성되었고 30분 안에 36명이 카테드랄 광장에서 형장의 이슬로 사라졌다.'[16] 군대의 규모가 커지자 학살도 늘어났다. 볼리바르가 1814년 2월 24일에 발표한 '용서 없는 전투에 관한 세계 제국에 대한 성명'에서는 1,000명의 포로 처형을 정당화했다. 볼리바르에 의해 법무장관으로 임명된 라파엘 디에고 메리다와 카라카스 총독으로 임명된 후앙 바우티스타 아리스멘디는 죽음의 상인이었다. 후앙 비센테 곤잘레스는 다음과 같이 기록을 남겼다. "오전과 오후, 카라카스 중앙 광장과 도살장에서 총살이 계속되었다…… 총알을 아끼기 위해서 때때로 희생자들은 손도끼와 칼로 살해당하기도 했다." 라 구아이라에서는 "희생자들은 각자 자신이 화형당할 때 쓰일 나무를 들고 두 명씩 족쇄로 묶여 끌려나왔다." 종종 커다란 돌로 머리를 짓치는 경우도 있었다. "바로 그때 피로 얼룩진 시체 위를 팔리토라고 알려진 외설적인 춤을 추던 죽음의 요정들이 흰 옷을 입고 노랑과 파랑색 리본을 장식한 채 기뻐 뛰어 다니는 소름끼치는 광경을 볼 수 있었다."

유럽에서 전쟁이 끝났는데도 라틴 아메리카의 많은 지역에서는 여전히 격렬한 전투가 벌어지고 있었다. 그 무렵 볼리바르는 절망의 목소리를 냈다. 그는 방금 자신의 사유지중 하나의 피해상황 조사를 끝낸 참이었다. "전투는 더 잔혹해지고 있고, 전에 약속했던 승리의 희망은 사라졌다……. 소름끼치는 나날이 계속되고 있다. 피는 강을 이뤄 흐르고 있다. 3세기에 걸친 문화, 계몽과 근면의 산물들이 거품처럼 사라지고 있다." 이 말은 그가 일찍이 스페인 식민정책을 분석한 내용과 모순되지만, 볼리바르에게서는 그런 일은 아무 것도 아니었다. 볼리바르는 자신의 말이 옳은지 그른지 따위엔 전혀 신경을 쓰지 않고 그 효과에만 관심을 가졌다. 성명이나 선언 따위는 탄환처럼 권력의 도구에 불과했다. 성명 속의 민주적인 내용에 놀란 친구 프란시스코 이투르베에게 볼리바르는 이렇게 대답했다. "유색인종에 대한 걱정은 하지 않아도 좋아. 지금은 그들이 여기에 필요하기 때문에 추켜세우고 있는 거야. 나는 입으로는 민주주의를 외쳐도," 볼리바르는 가슴에 손을 얹고 말했다. "여기에는 귀족정치가 있다네."[17]

볼리바르는 워싱턴과 달리 일반시민인 지원병들로 구성된 군대를 조직할 수가 없었다. 하상 용병이나 전리품 때문에 참여하는 이른바 '애국자'에게 의존해야만 했다. 스페인에서 나폴레옹 지지자들을 몰아낸 마드리드 정부가 신세계에 집중할 수 있게 되자, 볼리바르의 형세는 불리하게 되었다. 1814년 6월, 그는 카라카스를 포기하고 장래의 군자금 용으로 교회에서 약탈한 보석류와 2만 7,912온스를 갖고 떠났다. 그러나 왕당파 사령관 호세 토머스 보베스는 민중, 특히 여론 주도층에게 그들이 누리길 희망한 평화를 가져다주지 않았다. 보베스 자신은 백인이었지만 백인 배척주의자였다. 그의 군대는 메스티조, 흑인, 야네로(llaneros), 평원의 말 사육사, 산보(Zambos, 흑인 인디오 혼혈)로 구성되어 있었다. 베네수엘라 평원의 중심부에서 백인을 몰아내고 메스티조로 채우려는 목적으로 보베스는 차례로 백인을 색출해 모두 죽여 버렸다. 그는 백인 남성들을 '투우장에 있는 황소들처럼' 창으로 찔러 죽였고 그들의 아내들은 채찍으로 때려 피르퀴리코(pirquirico) 등 야비한 춤을 강제로 추게 했다.

보베스는 마치 야만인처럼 처신했고, 반란군 지도자 몇 명도 야만적이었다. 무식한 농민 안토니오 파에스는 17세 때 살인을 저지르고는 처벌을 피해 도망쳐 황야에서 살았다. 그는 말 두개골과 악어 머리로 만든 오두막에서 살며 야생 소를 올가미 밧줄로 잡았고, 몸에는 가죽 옷을 걸쳤다. 유일한 음식은 소금기가 없는 고기였으며 무기는 스스로 만든 창이었다. 전쟁이 발발했을 때 파에스는 기병대를 편성했다. 자신의 무용을 자랑하며 자신의 창을 이빨로 물고 말을 몰아 홍수가 난 강을 건널 수 있었다. 약탈과 강간을 거리낌 없이 해대는 파에스에 이끌려 많은 부하들이 몰려들었다. 그는 사실 강도였고 그들 중 많은 사람들 역시 마찬가지였다. 보베스와 파에스 같은 패거리에게 휩쓸리면 그 부대에 소속된 소수의 예의바른 사람들조차 마치 늪에 빠진 것처럼 가차 없이 빨려 들어갔다. 특히 파블로 모리요 장군의 경우는 비극적이었다. 1815년에 국왕이 임명한 사령관이 된 모리요는 비천한 계급의 출신이었으나 웰링턴 밑에서 출세해 군대는 규율 있는 행동을 해야 한다는 생각을 실천했다. 그가 도착했을 때 우연하게도 짧은 휴전과 특사가 겹친 시기였고, 마침 아리스멘디 같은 사람이 풀려났다는 점에서 더욱 불행했다. 크리올과 인디언의 피가 섞인 이 괴물에 대해 어떤 영국 선원은 이렇게 말했다. "아리스멘디가 독특한 사나운 표정을 짓고 웃으면 그것이 한층 무서웠다. 그의 웃음소리를 들으면 누구나 순간적으로 전율을 느꼈다. 안면근육이 무시무시하게 일그러지는 것은 비슷한 흥분상태에 있을 때의 하이에나의 얼굴과 흡사했다."[18] 아리스멘디와 그 무리가 자유의 몸이 되자 더욱 잔혹해졌다. 이 흉폭한 싸움에서 모리요도 점차 인간성을 잃어갔다. 1816년 후반의 6개월 동안에 102명이나 처형되었다.

스페인 본국으로 보낸 공문서에 보면, 모리요는 성직자 특히, 수도사 —카푸친회 수도사들은 그렇지 않았지만 아우구스티노 회 소속 수도사 —가 반란군의 편을 들고 그들의 무법행위에 대해 도덕적 정당성을 부여하고 있다고 지적했다. 일찍이 16세기 초반에 프란체스코 회가 뉴스페인에서 인디오에 대한 잔혹 행위를 근절하려고 노력했고, 예수회는 파라과이에서 인디오를 보호한 예가 있다. 그러나 1812년부터 1822년 사이에는 억눌린 사람들 특히, 인디오와 흑인의 권리를 지지해 준 사람들은 왕당파였고, 활동적인 성직자는 동정심이 아니라 이데올로기 쪽에 섰다. 모리요는 이렇게 썼다. "성직자가 바른 길을 택했다면 민중은 그를 모방했을 것이다. 그러나 대부분의 많은 성직자들은 새로운 사상의 선동가였다." 정치에 관심이 많은 성직자들이 추상적인 '정의'나 혁명에 의한 변화를 설교하는 현상도 또한 새로운 조짐이었다.[19]

스페인 재통치의 실패

뉴스페인에서는 여론이 나뉘고 독립을 열망하는 사람, 그 때문에 기꺼이 독립 투쟁을 하려는 사람이 — 권력과 약탈을 목적으로 하는 경우를 빼고 — 거의 없었다. 그런데 복권된 스페인 정부가 왜 스스로의 의지를 강제할 수 없었을까 하는 의문이 생긴다. 어쨌든 1814년부터 1815년에 걸쳐 전 유럽에서 정통정부가 신성동맹도 필요할 경우 무력을 행사해서라도 권위를 지탱할 수 있었다. 스페인 본국에서는 절대왕정 지지자로부터 급진적 자유주의자에 이르는 모든 정파의 사람들이 식민지의 독립을 반대했다. 1770년대 미국 식민지 이주자들의 편을 든 영국의 휘그당 같은 것이 스페인에는 없었다. 독립파에게는 그들의 실정을 마드리드에 알릴 버크 같은 인물이 없었다. 보수주의자건 자유주의자건 스페인 사람들은 아메리카노들이 신세계에 유럽 문명의 모든 이점을 가져다 준 인적·재정적 자원의 공급처인 모국과 관계를 단절할 만큼 부끄러울 정도로 부조리하고 은혜를 모르는 사람들이 아닐 것이라고 믿었다. 물론 스페인의 정당들이 많은 점에서 의견이 달랐던 것은 사실이다. 자유주의자들은 일단 입헌 통치가 적절하게 이루어지면 식민지 이주자들이 자신들의 처신이 잘못됐다는 것을 알게 될 거라고 믿었다. 왕정지지자들은, 반란은 전적으로 고국에서 자유주의자가 성장한데 기인했으며 자유주의가 효과적으로 탄압되면 독립운동도 점차적으로 소멸될 것이라고 생각했다. 이리하여 1810~1814년과 1820~1823년 등 두 번의 입헌정치 시대, 1814~1820년, 1823년 이후의 페르디난도 7세의 전제군주 시대를 통해 마드리드 정부는 독립 요구를 전면 거절했다. 어느 정권이든 독립운동을 무력으로 탄압하려고 했다.

그런 군사적인 노력은 결코 적지 않았다. 1811년부터 1820년 사이에 걸쳐 원정군의 파견은 30회에 이르렀다. 하바나 3회, 베라크루스 7회, 리마 5회, 라 과이라 1회, 코스타 필메 2회, 몬테비데오 5회, 마라카이보 1회, 포르토벨로 3회, 산타 마르타 2회, 푸에르토리코 1회 등이었고, 그 범위는 라틴 아메리카 대륙 전역에 걸쳐졌다. 나아가 군함 47척, 대포 1,004문, 총 선복량이 4만 7,086톤에 달하는 수송선 177척이 장교 2,390명과 사병 4만 4,689명을 수송했다. 동원 병력은 1820년대 초 전체 스페인 정규군 수준에 거의 육박했다.[20] 스페인의 여론은 거국적으로 군사 활동을 지지했고, 신세계를 완전히 잃은 뒤에도 그 지지는 오랫동안 계속되었다. 1814년에 자유주의가 발표한 성명이 그 대표 격이다. 그 요지는 "부모의 은혜를 잊지 마라. 그건 배은망덕하고 극악무도한 행위다."였다. 미란다는 항상 '반역자'로 언급되었고 미구엘 이달고는 '아메리카 역사상 가장 피에 굶주린 사람'이었다. 또 다른 멕시코 성직자로서 반란에 참여한 호세 마리아 모렐로스 신부는 "나팔총 두 자루와 검을 자신의 제복 벨트에 차고 장군 모자를 쓴 채 자신의 병사들에게 미사를 베풀었다."고 전해진다.[21] 1820년대 말 경에 스페인 역사가인 마리아노 토렌테는 여러 권으로 된 반란 관련 책을 발간했는데, 반란자들을 "부패하고 피에 굶주린 테러리스트, 야만적인 괴물"이라고 비난했고 잔혹하고 무시무시한 대학살에 관한 수많은 에피소드들을 기술했다. 이 책의 테마는 악한 소수가 테러를 통해 다수의 충성스러운 신민들에게 자신의 뜻을 강요한다는 것이었다.[22] 자유주의자들은 항상 스페인 식민지 지배를 옹호했다. 1822년에 자유주의자로서 총리를 지낸 프란시스코 마르티네스 델 라 로사는 바로 뒤인 1843년에 개최된 역사학자 대회에서 이렇게 말했다. "식민지 주민에게 이렇게 지혜롭고 친절하게 대하는 나라는 없다. 원주민에게 이렇게 호의적인 법률로 식민지를 통치하는 나라는 거의 없다."[23] 그러나 스페인의 모든 사람들이 식민지 독립에 반대했다고는 하나, 그 범위는 식민지의 유지를 실제적으로 주장한 이익단체에 한정되었을 뿐이다. 실제적인 문제로는 시장을 독점하고 있던 카디스 거리뿐이었다고 해도 좋을 것이다. 독립전쟁으로 인해 카디스는 큰 타격을 입었지만 독자적인 힘으로 국력을 동원할 수 없는 이상 독립전쟁이 계속되는 것을 도리 없이 지켜볼 수밖에 없었다.[24] 모두가 입바른 정치적인 목소리로 떠들어 댔지만 어느 누구도 자신의 손을 더럽히려고 하지는 않았다. 이런 대중의 무관심은 훗날 1950년대와 1960년대에 자발적이건 강제적이건 간에 식민지 해방의 물결을 맞이할 때 대부분의 영국인, 프랑스인, 벨기에인과 포르투갈인이 보여준 무기력한 태도의 전조였다. 스페인 사람들은 특히 자금을 댈 준비도 싸울 준비도 되어 있지 않았다. 함대 파견의 비용을 조달하기 위해서 중세 이후의 모든 수단에 더해 구리와 수은의 판매와 같은 몇 가지 근대적인 대책도 강구되었다. 그러나 대중에게 비용을 분담시키려는 시도는 모두 거절당하거나 회피되었다. 투우장 입장료에 대한 과세도 실패했다. 극장주도 마찬가지로 입장권의 추가요금 부과를 거절했다. 페르디난도는 자신의 연로한 양친을 부양하기 위해 비축해 둔 돈을 포함해 자신의 개인적인 돈으로 총 1천 5백 48만 3,980페소를 기부했다. 그러나 아무도 그를 따라 기부하지 않았다. 옛 스페인 격언 '낮에는 넘쳐나지만, 저녁엔 쥐뿔도 없다'처럼 번드르한 말들은 많았지만 행동은 없었다. 미국으로 가서 이름을 떨치려는 장교도 없지는 않았지만 대부분의 장교와 모든 일반 사병은 전혀 가기를 원하지 않았다. 정부는 해외에서 싸우고 있는 사람에게 보수와 승진 또는 복무경력을 몇 년간 가산해 인정해 주겠다고 약속했지만, 결국 이마저 지키지 못했다. 계약대금은 지불되지도 않았고 증원 인력 보충도 점점 더 어렵게 되었다. 일부 부대는 비무장으로 승선할 수밖에 없었다. 1818년과 1819년의 라플라타 원정 직전에 미국의 스파이와 프리메이슨―비록 소문이긴 하지만―이 부두지구에서 활동하며 불만의 씨를 뿌리고 있었다. 결국 원정은 그만 둬야만 했다. [25]

전쟁에 기울인 노력은 스페인의 정치 상황 특히 페르디난도 치하의 특별한 통치방식 때문에 1808년에서 1826년 사이에 전쟁장관 51명, 총리 46명, 재무장관 49명 등이 각각 바뀌었다. 총리의 평균 재임 기간은 4.6개월이었고 전쟁장관은 4.2개월이었다. 서인도제도 담당부서는 폐지와 부활을 반복했다. [26] 어떤 체제에서도 전쟁을 수행하는데 있어서는 우스꽝스러울 정도로 비효율적이었다. 자유주의 정권에서는 의사결정권이 의회에 양도되어, "모든 제안은 빠짐없이 때로는 중첩되는 많은 위원회에서 심의하고, 또 보고하지 않으면 안 되었다."고 한다. 위원회에는 긴박감이 전혀 없었고, 보고서가 나올 무렵에는 상황이 이미 변해 더욱 악화되는 일이 빈번했다. [27] 한편 페르디난도는 일련의 자문단을 통하여 나라를 통치했고 새로운 자문단을 계속 만들어내었다. 이들 자문단이 만든 것은 전부 해군장관 호세 바스케스 피게로아가 "서로 모순되는 서류들의 수렁"이라고 불렀던 것뿐이었다. 모든 행정 조직은 이중 삼중으로 겹쳐 있었고 각 단계에도 또한 겹치는 부분이 많았다. 인도제도 위원회, 국무 위원회, 전쟁 위원회, 재무 위원회, 해군 위원회 등 모두에게 결정권이 있었다. 반란이 확산되자 사령관평의회(Junta de Generales)와 분쟁해결평의회(Junta de Pacification)같은 특별위원회들이 여기에 합류했다. 이런 조직에 속한 사람들 모두 반란의 원인에 관해 방대한 자료를 만들어내야만 한다고 생각했던 것 같다. 1816년부터 1817년 사이에 걸쳐 통제권을 한 사람의 개인에 집중하자는 시도가 있었으나, 나머지 사람들이 이에 집단적으로 반대했다. 내각 제도는 존재하지 않았고, 이론상 페르디난도가 전제군주였지만 실은 잡종 인간들의 술친구들을 비밀고문단으로 갖고 있는 데 불과했다. 그중 페르디난도의 경호원 출신이었던 남자를 아라공 공으로 임명하여 잭슨이 뺏기 직전의 광활한 플로리다 땅을 사유지로 주었다. 또한 페르디난도의 댄스교사 출신인 안토니오 데 우르가르테는 라플라타 원정의 책임을 맡았다. 이 원정은 부정과 병사의 반란과 방해공작의 타격 속에 좌절되고 말았다.[28]

페르디난도는 자신의 실정으로 인해 두 장의 강력한 카드를 버릴 수밖에 없었다. 즉 제해권과 다른 전제군주들로부터의 지원을 상실한 것이다. 1817년에 페르디난도는 러시아로부터 군함들을 구입하기로 알렉산드르 1세와 비밀약정을 맺었다. 대포 74문을 장착한 전함 5척과 44문을 장착한 프리깃함 3척 등 이 군함들의 가격으로 러시아 황제는 1,360만 루블 또는 스페인 돈으로는 1,800만 레알을 청구했다. 구입 자금을 만들기 위해서 페르디난도는 노예무역을 하지 않는 대가로 영국으로부터 받은 40만 파운드를 사용했다. 이 거래는 그의 비밀고문단이 담당했다. 그러나 해군장관 바스케스 피게로아는 함대가 카디스 항구에 들어 올 때까지 그 사실을 까맣게 몰랐다. 궁정 소식통에 따르면 그 배들은 "완전 무장되어 있고 즉각 장거리 취역을 할 수 있도록 준비가 되어 있었다."고 한다. 그러나 카디스 총사령관이 조사한 결과, 전함 한 척과 프리깃함 한 척을 제외하고는 모든 배가 "전혀 쓸모없었다."는 것이다. 실제로 이 함대는 전혀 쓸모가 없었다. 오히려 러시아인 선원들을 본국으로 송환시키는 비용이 거의 구입 가격만큼이나 들었다.[29]

그러는 동안에 영국, 아일랜드, 미국의 용병은 군사행동에 돌입했고, 스페인 국왕의 군대는 그때까지 리마의 외항 카야오를 기반으로 유지해온 태평양의 제해권을 잃어갔다. 1817년에 아일랜드 군대사령관은 ― 엘리자베스 여왕 때 에식스 백작이었던 인물의 후손이라고 주장하는 데브뢰라는 인물 ― 의 아일랜드인 레이먼드 모리스가 22톤짜리 쌍돛대 범선 아길라(Aguila) 호를 나포했다. 이 아길라 호에 동인도 함대의 윈덤 호 ― 구입 후 프리메이슨의 집회소 이름을 따 라우타로(Lautaro)로 개명했다 ― 가 합류해 조지 오브라이언과 J. A. 터너의 지휘 아래에 들어가고, 윌리엄 밀러 대위가 이끄는 해병대와 합동작전을 펼쳤다. 그리고 1818년 4월 27일 발파라이소를 봉쇄하고 있던 스페인 군함 두 척과 싸워 승리를 거두었다. 보통 때처럼 적함에 근접할 때까지는 영국기를 게양하는 작전을 취했다. 마침내 아라우카나 호로 새로 명명된 미국 쌍돛대 범선 콜럼버스 호가 미국인 선장 C. W. 우스터의 지휘 하에 그리고 전에 영국 해군의 전함이었던 산 마틴 호가 윌리엄 윌킨슨의 지휘 하에 그들 전함과 합류했다. 1818년 11월에는 코코런 경이 칠레 해군제독 기가 펄럭이는 전함 오이긴스(O'Higgins) 호의 총사령관 지위에 올랐다. 1819년부터 1820년 사이에 걸쳐 코코런 경은 눈부신 활약으로 동태평양에서 스페인 해군력을 완전히 궤멸시켰다.[30]

영국과 미국의 간섭

앵글로색슨 측은 실질적인 면에서도 많은 군사원조를 했다. 공식적으로 캐슬레이는 중립을 선언했다. 1817년 11월 27일 섭정왕세자가 영국 신민의 전쟁 참가를 금지하는 포고령을 내렸다. 그러나 용병으로 전쟁에 참가한 조지 히퍼스리가 남긴 기록에 따르면, 그 포고가 내려진 11월에 히퍼스리가 제1차 영국 원정대 병사를 모집해 출발했음에도 불구하고 "영국 정부로부터는 어떠한 참견도 없었다. 관계 당사자 모두는 우리가 스페인령 남아메리카의 독립을 위하여 전력을 기울인다는 사실을 내각이 묵인하고 있다고 확신했다."[31]고 한다. 다섯 척의 배에 나뉘어 탄 5개 연대로 구성된 첫 원정대는 인원이 겨우 800명에 불과했으나 장비는 잘 갖추고 있었다. 배 한 척을 폭풍우 속에서 잃었지만 1818년 초 여름에 약 150명이 전투지역에 도착했다. 이들 대부분은 술을 먹기 위해 입대해 술을 잘 마셔댔지만 싸움도 잘했다. 히퍼스리가 1818년 6월에 처음으로 설명을 하자 볼리바르는 많은 질문을 해댔다.

"자신의 콧수염을 말아 올리며 무서운 얼굴을 하고 질문을 반복했다. 나는 ― 길이는 그의 것만큼 되나 그렇게 검지는 않은 ― 내 콧수염을 위쪽으로 꼬아 올리며…… 나의 제안 내용을 못마땅해 하는 그에게 놀라움을 표현했다."

그러나 결국 일은 원만하게 풀려 볼리바르는 히퍼스리의 아름다운 깃털 장식이 있는 해군장교의 삼각모를 마음에 들어 하여 그것을 구입했다. 1819년 봄에는 이베리아 반도 전쟁의 퇴역 군인 2,000명으로 구성된 훨씬 대규모인 제2차 영국 파견대가 도착했는데 그들 중 많은 사람들이 안데스 산맥을 넘는데 참여할 예정이었다.[32] 이 용병부대의 무기는 런던의 상인들이 만든 위원회가 장래를 내다보고 공급한 것으로 스페인 세력의 후퇴에 따른 독점적 교역을 차지할 속셈이었다. 실제로 1815년부터 1830년의 기간 중에는 '독립'의 기치를 내걸면 대개의 경우 어쨌든 런던에서는 모금을 하는데 성공할 수 있었다. 반면에 독재 정부에 기꺼이 거액의 자금을 잘 융통해 주었던 로스차일드가나 베어링가 같은 대형 은행가들은 너무 위험스럽다고 여긴 페르디난도에게는 돈을 빌려주지 않았다.

이때에는 이미 스페인 국왕 쪽은 사실상 패배한 것이나 다름없었다. 남쪽 지방에서는 스페인군의 전직 장교 출신인 호세 산 마르틴 (1778~1850)이 아르헨티나 멘도사에 기반을 두고 강대한 군대를 조직했다. 산 마르틴은 대포 등의 무기를 독자적으로 만들고, 군인들에게 의복을 입히기 위해 직물공장까지 운영했다. 1816년 7월 9일, 라플라타 연방 ―아르헨티나의 최초 호칭― 의 독립을 선언한 산 마르틴은 다음해 1월 칠레 국경을 넘어가 2월 14일 산티아고를 점령했다. 칠레인 베르나르도 오이긴스를 최고 지도자로 임명하고 새 국가를 맡긴 뒤, 산 마르틴은 진군을 계속하여 1818년 4월 2일에 마이푸에서 결전을 벌이고 승리했다. 볼리바르도 또한 안데스 산맥을 넘는 위대한 행군을 통해 태평양 연안에 다다랐고, 남아메리카 대륙의 서쪽 해안에 남아 있던 당시 스페인의 최후 거점에 접근했다.

그러나 독립운동이 어떤 국면에서도 일반 대중의 지지를 얻지 못했기 때문에 싸움은 아직 끝나지 않았다. 볼리바르의 군대가 진심에서 우러난 열광적인 환영을 받은 곳은 아무데도 없었다. 독립투쟁의 막바지에 처음으로 현지에 들어갔던 영국 사절단의 한 명인 해밀턴 대령은 보고타 최대의 감옥 앞을 지날 때 그곳이 젊은 남자들로 가득한 모습을 보게 되었다. 강도들이 많다고 생각했으나 그렇지가 않았다. "여기에 들어와 있는 사람들은 젊은 지원병이었다. 보고타의 신설 연대에 입대하기 위해 네이바 주에서 오는데, 밤에는 탈주를 못하도록 갇혀 있었다." 그뿐만이 아니었다. "조금 더 가자, 양손이 묶여 있는 지원병들도 만나게 되었다."[33] 싸움의 승패를 결정하는 가장 중요한 요소는 탈주, 상급 지휘관의 투항, 뇌물과 테러였다. 볼리바르는 산탄데르에게 보낸 편지에서 승리를 쟁취하기 위해서 계엄령, 노예 해방, 도적질 등 난폭한 수단을 동원하지 않으면 안 된다는 사실을 인정했다. "우리는 가능한 한 공사를 불문하고 자금을 요구하여 받아냈다."

그러나 볼리바르는 국왕군의 사령관과 마드리드 정부 사이에 오간 많은 편지들을 위조한 사실은 인정하지 않았다. 이 위조의 목적은 국제 여론 특히, 영국과 미국의 여론을 스페인을 반대하는 것으로 바꾸는 것이었다. 예를 들면, 모리요는 산타페 데 보고타에 들어올 때 페르디난도에게 이렇게 편지를 쓰게 했다. "읽고 쓸 줄 아는 사람은 남녀를 불문하고 모두 사형에 처해졌다. 어떻게 교육을 받았건 관계없이 교양이 있는 사람을 모두 이렇게 죽여 혁명의 기운을 효과적으로 저지할 수 있다고 생각했다."[34] 국내를 대상으로 볼리바르는 또한 '비밀 협정문'을 위조하거나, 스페인에서의 질서 붕괴를 경계하는 왕당파 신문들의 기사들을 위조하기도 했다. 이런 신문 기사의 날조는 결국에는 쓸모가 없었다. 스페인에서는 1820년 1월 1일에 육군의 중견장교들이 상관을 체포해 반란을 일으킨 것이 발단이 되어 자유주의파에 의한 쿠데타가 일어났고, 3월에는 국왕이 1812년의 헌법을 부활시켜 의회를 소집하는 사태로 내몰렸기 때문이었다. 모리요는 즉각 휴전 협상을 맺으라는 명령을 받고 실행에 옮겼다. 그는 중상을 입어 기력을 잃고 귀국하기를 원했다. 모리요와 볼리바르는 1820년 11월 27일 회담장에서 마주앉았다. 정의, 명예, 자유와 이상주의 등에 대해 이야기를 나누는 중 고성이 오갔다. 두 사람은 술에 취해 침대로 옮겨져 같은 방에서 잤다.[35] 그 후 모리요는 스페인으로 돌아갔으나, 머지않아 자유주의 정부는 전쟁을 재개했다.

그러나 이때쯤 여론은 독립을 쟁취한 라틴 아메리카가 지향할 미래의 모습과 영미 열강의 승인 가능성에 초점이 맞추어져 있었다. 볼리바르도 산 마르틴도 국내와 해외에서 여론의 지지를 받기 위해서는 입헌주의, 나아가 민주주의를 수단으로 사용할 필요가 있다는 사실을 잘 알고 있었다. 산 마르틴은 볼리바르보다 야망이 덜한 남자였고 1822년에는 리마를 볼리바르에게 넘겨줌으로써 대륙의 광대한 영토를 통치하고자 하는 마음을 접었다. 볼리바르도 코리올라누스(Coriolanus, 기원전 5세기경의 고대 로마의 전설상의 장군 — 옮긴이)적인 경향이 남아 있어 주기적으로 극적인 권력 포기를 연출하곤 했다. 볼리바르는 또한 미국과 영국의 헌법에 대해 비굴한 태도를 취하여 자신이 입안한 여러 계획 속에서 그것을 단편적으로 받아들였으나 정권을 손에 쥐자 군대를 등에 업고 독재적 본능을 드러내기 시작했다. 키가 168센티미터 남짓으로 그리 크지 않고 군복을 좋아한 볼리바르는 민중들로부터 자신이 나폴레옹 흉내 내기로 보이지 않을까 걱정했는데, 사실 민중들의 입장에서 보면 그렇게 보이지 않을 이유는 없었다. 보나파르트는 무엇보다도 라틴 아메리카 국가들에 백 년 동안 독재의 패턴을 정착시켰다. 나폴레옹이 스페인 왕실을 매수한 후 전복시키지 않았더라면 뉴스페인에서의 반란은 실제처럼 일어날 수 없었을 것이다. 어떤 점에서는 라틴 아메리카의 독립과, 독립 때의 폭력적이며 불안정한 형태는 나폴레옹이 남긴 부정적 유산 가운데서도 가장 오랫동안 남은 유산인지도 모른다.

더욱이 볼리바르가 종종 나폴레옹주의의 사고방식을 따른 것이 명백하다. 즉 스페인 통일제국을 재편성하여 사실상의 국왕이 되는 것이 자신의 의무라고 생각했던 것이다. 그는 스페인계 미국인을 단일 인종으로 보고 1819년 2월 18일에 앙고스투라 의회에서 이렇게 연설했다.

"우리는 유럽인도 아니고 인디오도 아니다. 우리는 원주민과 스페인인의 중간 인종이다. 태어난 곳은 아메리카지만, 유럽인으로서의 권리역시 가지고 있다."

그러나 그의 마음 밑바닥에는 이 말이 사실이 아니라는 것을 알고 있었다. 1821년 4월 21일에 부통령 안토니오 나리뇨에게 보낸 편지에서 볼리바르는 이 나라가 "애국자, 고트인, 이기주의자, 백인, 유색인, 베네수엘라인, 쿤딘아메리칸(백인을 나타내는 인디오 속어), 공화주의자, 귀족주의자, 선인, 악인, 그리고 현존하는 모든 종류의 인간들의 아연실색할 혼란"이라고 말했다. 그와 같이 많은 이해집단이 심하게 상충하는데 어떻게 의회와 국회라는 문민 제도를 통하여 스스로를 통치할 수 있는가? 군사 정권만이 인민의 일반의지를 움직일 수 있는 규율적인 시스템을 정착시킬 수 있다고 볼리바르는 말했다.

그러나 볼리바르의 경우, 문제는 인민의 의지가 건전하다는 것을 전혀 믿지 않았다는 점이었다. 1820년대 초까지 볼리바르는 그중 상당수는 자신이 만든, 너무나 많은 전율할 행위를 자신의 눈으로 보았다. 권력을 향한 그 자신의 의지 너머에 나폴레옹이 결코 알지 못했던 의기소침, 자기회의와 타고난 염세주의가 도사리고 있었다. "나는 내 동포들의 도덕관념을 결코 신뢰하지 않는다. 그리고 공화주의적인 윤리의식 없이는 자유로운 정부는 있을 수 없다."고 볼리바르는 썼다. 또한 산탄데르에게는 이렇게 썼다. "자유나 법 또는 가장 완전한 교육 그 어느 것도 우리를 결코 도덕적인 사람으로 만들지 못할 것이다. 공화주의자나 진정한 애국자로 만들지 못한다는 건 말할 것도 없다. 친구여, 우리의 혈관 속에 흐르는 것은 피가 아니라 공포와 오류로 범벅이 된 죄악이다."[36] 볼리바르는 콜롬비아나 그의 이름을 딴 신생국 볼리비아도 질서가 잡힌 문민통치 국가로 통치할 수가 없었다. 베네수엘라도 이미 반(半) 야만인인 호세 안토니오 파에스의 수중에 있었다. 진실을 말해준 볼리바르는 남아메리카의 동포에 대해 호의도 존경도 신의도 갖지 않았다. 때때로 그들이 지배할만한 가치가 없다고 느끼기조차 했다. 헨더슨 대령은 이렇게 기록했다. "볼리바르는 나에게 지난 18년 동안의 모든 수고는 거의 보답 받지 못했고, 성과라고 해봤자 유일하게 콜롬비아가 유럽 국가들의 무역 상대로 문호를 개방한 정도라고 말했다."[37]

무역이 하나의 성과였던 것은 확실했지만 '개방'이라는 말은 알맞지 않았다. 나폴레옹전쟁기인 1790년대 후반 이래 영국 해군이 대서양과 태평양의 양쪽을 지배하는 가운데 영국 상품은 스페인령 아메리카 항구

II 볼리바르의 길

각각의 위치에 들어왔기 때문이다. 근본적인 문제는 미국, 영국, 거기에 더해 프랑스까지 진출하여, 붕괴되고 있는 스페인 식민지를 크게 착취했느냐의 여부였다. 잭슨이 플로리다에서 한 것은 바로 이것이었다. 또한 일찍이 아론 버는 멕시코 전체를 스페인으로부터 떼어내는 계획을 세웠다. 영국은 부에노스아이레스 지역에 식민지를 세우려고 두 차례나 시도했다. 1820년에 트리니다드의 영국 총독 랠프 우드포드 경은 미국 정부가 베네수엘라 연안 지역의 일부를 차지하기 위하여 볼리바르와 협상 중에 있다고 보고하고, 영국도 안보적인 이유 때문에 트리니다드 근처의 본토를 차지할 것을 주장했다. 우드포드에 따르면, 그 지역은 반군과 왕당파 양측에 의해 "거의 버려져 있었고 이 탐나는 곳을 획득하기 위해 필요한 군 병력은 주둔군에서 2개 중대만 차출하면 충분하다."고 했다. 그러나 식민성 장관 배서스트는 그 요청을 국왕이 "일관되게 유지해 온 엄정한 중립 원칙과 완전히 모순된다."고 각하했다.[38] 지금까지 보아 온 것처럼 영국은 실제로는 완전히 중립적이지 않았다. 1821년부터 1822년 사이에 스페인의 자유주의 정권이 어려움에 봉착하고, 프랑스 부르봉 왕가가 간섭할 위험이 커진 후 중립 상태는 점점 더 나빠졌다. 프랑스는 이미 서인도제도에 어느 정도 그 위치를 회복했고 마드리드에 다시 프랑스 괴뢰 정부가 생겨나면 스페인 식민지의 상당한 부분을 프랑스가 다시 차지하는 것도 충분히 예상할 수 있는 일이었다. 그와 같은 결과를 예방하는 데 영국과 미국은 이해를 같이했다.

먼로 선언과 캐닝

예전 식민지의 독립을 기정사실로 받아들이는 최초의 공식적인 움직임은 1822년 3월 8일에 시작되었다. 이날 제임스 먼로 대통령은 미국 의회에 새로운 공화국의 승인을 제안하는 교서를 보냈다. 3개월 후 영국의 캐슬레이는 그렇게까지 하고 싶지는 않았지만 해상 무역을 위하여 새로운 국가의 국기가 유효하다는 점을 인정했다. 베로나 회의에서 신성동맹국들이 스페인 내정에 간섭하는 것을 승인하고 그 권한을 위임받은 프랑스에서 준비가 진행되자, 사태의 심각성은 한층 첨예해졌다. 영국에 취임한 캐닝은 1823년 2월 11일에 하위치에서 연설하며, 프랑스가 포르투갈을 침공하거나 라틴 아메리카에서 육군이나 해군력을 행사하면 전쟁이 일어날 것임을 강력히 암시했다. 프랑스군은 예정대로 4월 6일 스페인에 들어가 5월 24일에 마드리드를, 9월 30일에 카디스를 접수했다. 프랑스군이 신세계로 향하는 출발점인 카디스에 도달하기도 전인 1823년 8월 20일, 캐닝은 런던 주재 미국 공사 리처드 러시에게 친서를 보내고 공동선언의 발표를 제안했다. 영국과 미국 두 나라는 붕괴하고 있는 스페인 제국의 어느 지역도 합병하지 않을 것이며 여하한 다른 나라―프랑스를 말한다―에 의한 합병 행위에 반대한다는 내용이었다. 먼로 대통령은 두 명의 전임 대통령 토머스 제퍼슨과 제임스 매디슨에게 대응책의 자문을 구했다. 제퍼슨은 조건을 내걸며 쿠바의 획득을 주장했다. 세명 모두 캐닝의 제안을 받아들이기 원했지만, 제퍼슨은 이 위기를 "미합중국 건국 이래 발생한 가장 중요한 사건"이라고 생각했다.

11월 7일과 26일에 열린 대통령고문위원회에서 국무장관 존 퀸시 애덤스는 미국은 "독자적으로 행동하는 편이 국가로서의 품격을 더 세우는 일일 거라고 주장하여 동의를 얻었다. 미국은 군함에 딸린 작은 배처럼 영국의 뒤를 따르기보다는 러시아와 프랑스에 우리의 원칙을 확실하게 주장해야만 한다."고 말했다. 애덤스는 새롭게 탄생한 공화국들을 경멸했고 그들의 입헌국가로서의 주장들을 가치가 없다고 보았다. "아메리카의 체제를 말한다면 우리나라에 있다. 우리나라에 그 전부가 있다. 북아메리카와 남아메리카 사이에는 이해와 주의의 공통점이 전혀 없다."[39] 정통성을 내건 유럽이 다시 서반구로 돌아오면 새로운 신생국들은 단지 그들의 먹잇감이 될 뿐이라고 애덤스는 생각했다. 신성동맹의 간섭이 승인되자 애덤스는 각의에서 이렇게 답했다. "최종적으로 이 지역은 동맹국들 사이에서 분할되어 다시 식민지가 될 것이다. 러시아가 캘리포니아, 페루와 칠레, 프랑스, 부에노스아이레스와 멕시코 등을 차지할 것이다." 프랑스는 부르봉 왕가의 왕자를 멕시코 왕으로 책봉하고 루이지애나 구입 문제를 재시도할 움직임을 취했다. "그러므로 위험은 우리 문 앞에 와 있다. 이것을 격퇴하는 데 당장 조속하고 단호한 태도를 취하더라도 결코 빠른 대처가 아닐 수도 있다."[40]

5일 뒤인 1823년 12월 2일에 먼로 독트린이 발표되었다. "남·북아메리카대륙은 지금까지 취해온 자유와 독립이라는 입장에 근거하여 앞으로 장래에 어떤 유럽 열강에 의해서도 식민지화 대상으로 간주될 수 없다." 미국은 유럽에도, 유럽에서 일어난 전쟁에도 간섭한 적이 없었다. "우리는 어느 한 편에 관여하지 않을 것이며, 그런 관여는 우리의 정책과 어울리지 않는다. 그러나 이 반구에서의 움직임과 관련하여 우리는 당연히 보다 즉각적인 관심을 가질 수밖에 없다……. 그런 이상 만약 이들 열강 제국이 자국의 정치체제를 이 서반구의 특정 지역에 확대하려고 시도할 경우에 우리는 이것을 우리나라의 평화와 안전을 위협한다고 판단하여, 합중국과 이들 제국 사이에 존재하는 성의와 우호관계를 고려하여 그 취지를 선언하는 바이다." 기존의 식민지에 대해서는 "우리는 지금까지와 마찬가지로 앞으로도 간섭하지 않을 것이다."라고 했다. 그러나 지금부터 "독립국들[새로운 공화국들]의 문제"에 유럽 국가들이 끼어드는 것은 "합중국에 대한 적의의 표명"으로 간주할 것이라고 강조했다.[41]

먼로 독트린에 따라 미국은 지정학적인 무대에 처음으로 중요하게 등장했다. 그러나 이것도 새로운 '특별한 관계'의 틀 속에서 발생한 일이었다. 먼로 선언은 워싱턴이 영국의 제안을 채택한 결과였으며, 애덤스가 무어라 말했던 간에 그 말에 힘이 실릴 수 있었던 것은 오로지 영국 해군력을 배경으로 했기 때문이었다. 사실상 신성동맹의 유럽이 결속하여 스페인 왕실 편을 들었는데 반해 앵글로색슨 쪽은 반란군 편을 지지했다. 영국 육해군의 지원병에 더하여 그때까지 망설이고 있던 런던 은행들도 이미 공화국 지원을 결정했다. 1822년에는 볼리바르의 주요한 기반인 그란 콜롬비아(콜롬비아 공화국)는 마침내 정부로서 차관협상에 성공했고 이것이 계기가 되어 곧 아르헨티나, 칠레, 멕시코, 페루, 브라질과 마찬가지로 최근 생겨난 중앙아메리카 연합 등 신 정부 발행의 공채가 런던에서 속속 팔려나갔다.[42] 영국 용병의 수는 급속히 증가해, 홀란드 경은 이것을 법적으로 보증하는 개인 법안을 의회에 상정, 통과시켰다.[43] 대통령고문위원회에서 먼로 독트린이 처음으로 공론화한 같은 주에 영국에서는 몬테비데오, 부에노스아이레스, 칠레, 페루 등의 주재 영국 영사를 임명하고, 통상조약 협상 지침을 주었다. 외상으로 사들인 엄청난 양의 무기들이 리버풀, 브리스틀, 런던 등의 항구에서 선적되어 반란군에게 보내졌다. 프랑스의 무력에 의해 페르디난도는 왕자에 다시 올랐지만, 신성동맹의 유럽은 먼로 독트린, 그리고 오히려 뒤에서 방패노릇을 하고 있는 영국 해군의 제지를 받아들일 수밖에 없었다.

　남아메리카의 무대에서의 그랜드 오페라는 1824년에 클라이맥스에 도달하고, 1824년 12월에 대단원의 막을 내렸다. 볼리바르의 뛰어난 장군 안토니오 수크레가 페루 고원에 있는 아야쿠초 전투에서 '결정적' 승리를 거두었다. 이 전투는 시작도 하기 전에 대부분의 왕당파 장군들이 항복하기로 동의했기 때문에 극적효과를 내도록 연출되었다. 그 전투 후에 총독, 장군 15명, 대령 16명, 기타 장교 552명, 사병 2,000명이 관대한 조건에 따라 항복했다. 대부분은 공화국 군대로 바로 편입되었다. 그 달 말에 캐닝은 콜롬비아를 승인해서 철회할 수 없는 독립 승인의 과정을 시작했다. 2년 후인 1826년 12월 12일에 런던시 장로회에서 연설한 캐닝은 모든 것이 자신의 공적이라는 투로 이렇게 말했다. "구세계의 불안정을 시정하기 위해 나는 신세계를 성립했다."

볼리바르의 실패

이 신세계는 어떻게 통치되었을까? 멕시코의 경우는 조짐이 좋지 않았다. 1821년 2월 24일에 총독군의 어구스틴 데 이투르비데 대령은 왕당파에서 전향하고 "용감한 독립군의 통솔자로서 나는 북아메리카 — 흥미 깊은 용어이다 — 의 독립을 선언한다."는 성명을 발표했다. 9월에 멕시코시티에 '해방자'로 입성한 이투르비데는 8개월 후에 라틴 아메리카 독립 역사상 최초의 군사 쿠데타를 일으키고 스스로 황제라 불렀다. 그러나 이를 위해서는 라이벌인 게릴라 지도자 빈센트 게레로를 '남부 멕시코의 원수'로 승인하고 사실상의 공동 통치자로 하지 않으면 안 되었다. 먼로 대통령의 특사 조엘 R. 포인셋은 요크 의식 메이슨(York Rite Masons)이라는 이름으로 알려진 프리메이슨 지부 조직을 결성하고, 이것을 기반으로 워싱턴의 영향력을 확대하려고 동분서주하면서 — 의회에서 보수파의 반정부 그룹은 스콧 의식 메이슨(Scottish Rite Masons)이었다 — 멕시코 국고의 자산 내용을 조사했지만 아무것도 없었고, 이투르비데 정권은 사적 군자금이 바닥나면 끝장이라고 예언했다. 이 예측은 적중하여 1822년 9월에 게레로와 베라크루스의 지휘관 안토니오 로페스 데 산타아나가 다시 쿠데타를 일으켰다. 이투르비데는 폐위되었지만, 1824년에 복위를 기도하다가 총살형에 처해졌다.[44] 이리하여 독립 후 18개월 사이에 멕시코의 합법정권은 군사 쿠데타에 의해 두 번이나 전복되었다. 그리고 쿠데타가 두 차례 더 일어났는데 하나는 1828년의 민간 쿠데타이고 하나는 다음 해에 일어난 군사 쿠데타였다. 멕시코의 독립 10주년은 1831년 1월 게레로의 처형으로 막을 내렸다.[45] 정치적 불안정과 함께 통화가치의 하락, 교회 재산의 몰수, 채무 불이행도 일어났다.

더 남쪽으로 내려가면, 볼리바르와 수크레가 스페인 제국에서 떼어낸 거대한 영토도 불안정했고 그 국경과 통치 방식도 정해진 것이 없었다.

거의 모든 곳에서 실권을 쥔 자는 백인 토지 소유자였으며, 그들은 도시에 살면서 부상하는 소수의 재벌들과 세력을 양분했다. 다른 인종이나 계급 사람들은 안중에도 없었다. 군복은 화려했고 장엄한 의식을 중시했다. 볼리바르가 말을 타고 각지의 수도에 입성하면, 흰색 옷을 입은 "요정들"—그들은 항상 이렇게 불렸다—이 환영하며 화관을 바쳤다. 요정들은 보통 그 지방 매음굴에서 선발되었다. 1822년 6월에 키토에서 볼리바르를 맞이한 요정 중 한 명인 마누엘라 사엔스는 25세로 섹스에 도통한 탓에 곧바로 그의 최후의, 그리고 매우 영향력이 강한 애인이 되었다. 볼리바르의 다음 행보는 의회나 국회가 소집된 곳에 가서 1823년 9월 리마에서 그가 행한 것처럼 "국가의 주권을 승인하고 그것에 내가 굴복한다는 것을 표명하기 위해서 시민들의 발 앞에 무릎을" 꿇는 일이었다. 볼리바르가 자신의 검을 넘겨주었다가, 의원이 그 칼을 그에게 돌려주면 전처럼 허리에 찼다. 다른 장군들도 이 같은 무언극을 되풀이했다. 볼리비아의 오래된 대학 도시 추키사카에서 안토니오 호세 데 수크레는 젊은이 12명이 끄는 붉은 색과 흰 색의 로마 전차에 태워져 두꺼운 종이로 만들어진 거대한 피라미드와 오벨리스크의 그림자로 가려진 길을 통과해 흰옷 입은 여섯 요정들이 시를 낭송하고 있는 '이오니아식 사원'까지 가야만 했다.[46] 그러나 수크레는 이런 아부에는 전혀 관심을 두지 않았고 볼리바르에 충성을 다했다. 실제로 수크레가 살아 있는 한 볼리바르는 안전했다.

볼리바르의 위험은 오히려 그 자신의 내부에 있었다. 성공을 거둔 뒤에도 볼리바르는 결코 살찌는 법이 없었다. 키는 훨씬 더 작았지만 앤드류 잭슨처럼 마르고 야위었다. 45세의 볼리바르는 회색 곱슬머리, 커다란 수염, 넓은 눈썹, 세모난 얼굴과 긴 턱을 갖고 있었다. 많은 목격자들은 그가 뚱하고 근심에 차있으며 때때로 의기소침해 보였다고 기록했다. 그는 목에는 검정색 손수건을 두르고 푸른색 외투, 푸른색 바지를 입고 있었으며 박차가 달린 긴 부츠를 신고 있었다. 그는 색다른 슬픈 분위기를 풍겼는데 그것은 주기적인 조증(躁症)이 뚜렷한 행동으로 한층 두드러졌다. 볼리바르는 가장 부단히 활동하는 사람 중 한 명이었음에 틀림없다. 정글과 늪지를 통과하고 산울타리들과 메마른 고지를 가로질러 대도시 사이의 먼 거리를 계속 여행했고, 목적지에 도착해서도 계속 움직였다. 그는 빨리 걸었고 빨리 말을 달렸다. 폭우 때문에 움직일 수 없을 때는 해먹에 몸을 싣고 격렬하게 몸을 흔들어 댔다. 말하고 있는 동안 몸을 꿈틀거렸고 식사할 때도 안절부절못했다. 그는 춤추는 것을 몹시 좋아했다. 왈츠는 아주 빠르고 정력적이었기 때문에 그에게는 왈츠가 하나님이 주신 선물이었다. 종군 중 저녁마다 서둘러 식사를 마치고는 여인들―그의 여러 정부들은 항상 그와 함께 여행을 했다―을 소집해 춤을 추었고, 중간에 명령을 받아쓰게 하기 위해 사라졌다가 돌아와 다시 춤을 추었다. 과야킬에서 산 마르틴과 만난 유명한 회담 때에는 저녁 내내 성대한 댄스파티가 벌어졌다. 산 마르틴이 못마땅해 화가 많이 난 얼굴을 한 채 조각상처럼 꼿꼿이 앉아있는 동안 볼리바르는 열심히 댄스에 참가했다. 1827년 초반에도 볼리바르와 베네수엘라의 사실상 독재자 파에스 사이에 주목할 만한 회담이 열렸다. 서로가 내심으로는 상대를 교수형에 처할 사이였지만 포옹하고 등을 톡톡 두드리며 사랑과 영원한 존경심을 교환했다. 거짓말, 허풍, 대향연, 흰옷 입은 요정들이 있었으며, 나중에는 밤을 새운 댄스파티에 두 사람 모두 참가했다.

또 하나, 볼리바르의 성격을 잘 나타낸 목격담이 남아 있다. 이 댄스의 무대가 된 곳은 보고타에 있는 그의 별장이었다. 연회에서 볼리바르가 테이블 상좌에 홀로 앉아 있고 고관 30명이 양쪽에 도열해 앉아 있었다. 그의 뒤편에는 '볼리바르는 콜롬비아의 신이다'라고 쓴 그의 초상화가 있었다. 건배가 여러 번 있은 후 볼리바르는 의자 위로 올라가 연설하고 그리고는 테이블 위로 올라갔다. 그는 "접시와 잔을 깨뜨리고 병을 쓰러뜨리며 테이블 한쪽 끝에서 다른 쪽 끝까지 큰 보폭으로 걸었다. 흥분한 열석자들은 반대편 끝에서 기다렸다가 그를 붙들어 그대로 의기양양하게 리셉션 홀까지 모셔갔다."[47]고 한다.

볼리바르는 때때로 절대적인 권력을 휘둘렀다. 용병의 한 사람이었던 오리어리는 볼리바르가 "남아메리카의 꽤 넓은 지역에서 유럽의 가장 강력한 군주가 자신의 영토에 대해서 구사한 것 이상의 절대적인 권력을 행사했다"고 썼다.[48] 볼리바르는 자신을 나폴레옹과 같은 황제 또는 다시 일으킨 잉카 제국의 황제가 되려고 생각했음이 틀림없다. 그러나 산 마르틴의 몰락과 망명, 멕시코 군부와 민간인 사이의 정권 투쟁, 최초의 암살 — 1825년에 암살된 몬테아구도 장군 — 은 권위의 덧없음을 느끼게 했다. 1825년에 볼리바르는 영국과의 공동 통치를 심각하게 고려했다. 그는 부관 중 한 명에게 보낸 편지에 "영국의 보호 하에 있지 않으면 우리 아메리카 연합은 영속할 수 없다. 만약 우리가 영국과 연합한다면 우리는 존재할 수 있고, 그렇지 못한다면 우리는 틀림없이 멸망할 것이다."라고 썼다. 나중에 미국인들은 '영국의 우위'를 후회했지만 그 문제는 그때가 가서야 알 수 있었다. 그렇게 생각한 볼리바르는 외교 채널을 통해 캐닝에게 전달했다. 그러나 캐닝의 대답은 냉담했다. 영국이 원하는 것은 해상법에 대한 존중, 미국의 부당한 압력 배제, 스페인과의 평화조약 조인, 스페인 식민지 가운데 마지막으로 남은 쿠바와 푸에르토리코의 독립 유보 등이 전부였다. 볼리바르의 국제 외교는 성공하지 못했다. 그는 스페인어를 사용하는 국가 연합과 같은 것을 꿈꾸었다. 이 때문에 그는 리마에서 최초의 범 아메리카 의회를 소집했고, 제1차 회의를 1826년 6월 22일 파나마에서 가졌다. 미국, 아이티와 브라질을 초청하는 것은 그의 본의가 아니었다. 여하튼 미국 대표단은 제때에 도착하지 못했다. 그러나 칠레는 당시 무정부 상태여서 대표를 보낼 수가 없었다. 대통령 베르나디노 리바다비아 — 그는 다음 해에 추방되었다 — 가 가까스로 직을 유지하고 있던 부에노스아이레스는 소집요구에 거절했다. 회의는 성과도 거의 없이 7월 15일 해산되었다.

볼리바르는 영국과 손잡는 것에 대해 골똘히 생각했다. 결점이 많았으나 볼리바르는 상상력이 풍부하고 야심만만하고, 어떤 면에서는 진정한 근대의 자식이었다. 회의 장소로 중앙아메리카를 포괄하는 과테말라 공화국의 조그만 도시에 불과했던 파나마를 선택했던 것은 그곳에 운하를 건설하고자 생각했기 때문이었다. 영국 사절인 헨더슨은 1827년 7월 14일 고국에 이렇게 보고했다. "회의에 참석한 볼리바르 장군은 두 대양을 연결하는 최대 규모의 교통시설을 이 지역에 설치하고 싶다는 희망을 가지고 …… 나아가 그곳을 중립지대로 만들고 싶다는 뜻을 영국 자본가에게 전달해 줄 것을 나에게 요청했다."[49] 그러나 다음해 신생 독립국들인 콜롬비아와 페루 사이에 첫 번째 전쟁이 발발했다. 음모와 군사 쿠데타와 전투가 간헐적으로 되풀이되는 가운데 수크레가 칠레군을 무지른 타르키 전투에서는 적어도 1,500명 이상을 죽였다. 이 사상자 수는 긴 독립전쟁 기간 동안의 어떤 싸움에서보다 훨씬 많았다.

볼리바르는 입헌주의를 선전하는 한편, 가능한 한 절대적인 권력을 계속 고집했다. 그러나 우울과 절망감이 늘어만 갈 뿐이었고 앞에 보이는 것은 암흑시대였다. 그는 수크레에게 "나의 무덤 위에 많은 독재자가 나올 것이며, 술라나 마리우스처럼 피로 물든 내전이 전개될 것이다."라고 편지를 보냈다.[50] 마지막 일격은 1830년 6월에 발생한 수크레의 암살이었다. 1825년대에서 1826년에 걸친 경기 하락과 불황의 영향이 널리 퍼져서 1820년대 후반에는 거의 모든 정부가 국민들로부터 인기가 없었다. 라틴 아메리카 국가들은 유럽에서 돈을 마련하는 것이 더 이상 쉽지 않다는 것을 알게 되었다. 전쟁 때문에 콜롬비아는 파산했고, 볼리바르는 그 책임을 져야 했으며 또한 마누엘라 사엔스의 탐욕과 낭비 때문에 비난을 받아야 했다. 해방자라고 불렸던 볼리바르도 아마 말라리아로 생각하는 병에 걸려 고통을 받게 되어, 마침내는 통치할 의지마저 잃어갔다. 권력을 잃기 직전인 1830년 8월 27일에는 "아메리카는 통치 불능 상태이다. 혁명의 씨를 뿌린 이는 바다를 개척한다."고 선언했다. 볼리바르가 왕궁을 떠날 때 군중들은 꽃불을 올리고 볼리바르와 마누엘라의 인형을 불태웠다. 그 후 4개월 뒤인 1830년 12월 17일 볼리바르가 죽었는데, 최후의 말은 휴식을 몰랐던 그의 일생을 기묘하게 연상시키는 것이었다.

"가자, 민중은 이 땅에서 우리를 원하지 않는다…… 내 짐, 그것을 군함에 실어라."[51]

파라과이의 고집

라틴 아메리카가 1820년대에 얻은 독립은 이렇게 해서 환멸과 쓰라림으로 변했고, 독립을 얻기 위해 저지른 만행은 라틴 아메리카 각국의 역사에 지우기 어려운 상처를 남겼다. 식민지 제국을 해체하면 입헌주의적인 유토피아의 온상이 될 수 있다는 생각은 여지없이 깨졌다. 그럼에도 불구하고 그로부터 140년 후인 20세기는 더욱 대규모로 이런 비극적인 실험을 재현하게 되었다. 볼리바르는 유일한 답이 단 한 명의 인간─그 자신의─독재 밖에 없다 생각했지만, 그 대가는 너무나 컸다. 그러나 규모가 작고 자연으로부터 잘 보호된 견고한 무대라면 불완전하기는 하나 그것이 가능하다는 것을 증명한 또 다른 독재의 사례가 있었다. 파라과이는 천혜의 자연이 국경을 이루는 나라로서 라플라타 강 입구에서 접근하는 루트 밖에 없었다. 일찍이 예수회는 이 땅에 기독교 이상향을 건설하여 인디오를 유럽인의 착취로부터 보호하려고 시도했지만 실패했다. 예수교는 크리올을 완전히 내쫓을 수는 없었다. 그러나 그 시도는 사려 깊은 사람들의 뇌리에 여러 가지 생각을 심어 놓았다. 그런 사려 깊은 사람 중 한 명이 1811년에 파라과이 지방의 독립을 선언한 혁명 임시정부의 일원인 호세 가스파 로드리게스 프란시아였다. 2년 후 프란시아는 새 국가를 통치할 책임을 부여받은 두 명의 집정관 중 한 명으로 임명되었다. 1814년에 파라과이의 강을 낀 작은 수도 아순시온에 있는 의회의 선거에서 3년 동안 그에게 절대 권력을 주는데 찬성했으며, 1816년에는 '최고 권위자(El Supremo)'라는 칭호를 갖는 종신 독재자로 임명되어 1840년 사망할 때까지 이 지위를 유지했다. 훗날 토머스 칼라일은 독특한 편견으로 가득 찼지만 통찰력이 넘치는 평론에서 프란시아를 영웅으로 만들었는데, 이것은 존 스튜어트 밀 같은 자유주의자들을 극도로 화나게 만들었다. [52] 그러나 위대한 아르헨티나 법학자 후안 알베르디 같은 소수의 라틴 아메리카 학자들은 칼라일의 견해에 동의했다.

"아메리카는 라이벌에 의해 기술된 것을 제외하고는―파라과이의 역사에 대해―아는 것이 없다. 고립에 의한 침묵에 대해 비방이 난무하고 있다……. 프란시아 박사는 스페인으로부터 파라과이의 독립을 선언하여 고립화와 독재를 통해 이웃 국가로부터 독립을 지켜냈다. 이 두 가지 끔찍한 수단은 좋은 성과를 얻기 위해서는 필수불가결했다."[53]

오늘날까지도 프란시아와 그의 정치에 대해서는 알려진 것이 별로 없다. 그는 1757년과 1766년 사이에 태어난 것 같다. 여기저기서 그가 스스로 말한 것을 종합하면, 상파울루 출신 프랑스인 또는 포르투갈인 가계의 후손으로 부친은 담배 농장을 경영했다. 프란시아는 신학 박사학위를 갖고 있었다. 모든 사람이 그를 항상 '프란시아 박사'라고 불렀다. 그리고 코르도바 대학에서 철학과 법학 석사학위를 취득했다.

사실 정권을 거머쥐기 전까지는 변호사로 개업해 지역사회에 대한 봉사, 청렴결백, 검소함과―인디오들 사이에서는―마술로 높은 명성을 쌓았다. [54] 그의 통치 전략은 소극책을 근거로 하고 있었다. 즉 유럽인, 브라질인, 아르헨티나인을 쫓아내는 것, 예의상의 필요 이외에는 일체 외국과의 접촉을 제한하는 것, 교회의 비적의식을 행하고, 자선을 베풀며, 엄격한 감독 하에 학교를 운영하는 것을 제외하고는 교회 활동을 일체 인정하지 않는 것, 모든 크리올들을 권력에서 배제하는 것 등등이었다. 이 고립주의는 처음에는 아르헨티나가 자국의 허락이 없이는 교역하지 않겠다고 했기 때문에 시작되었다. 이것에 대해 프란시아는 일체의 교역을 하지 않기로 결정하고 아르헨티나 공사를 받아들이는 것을 거절했다. 브라질 공사는 받아 들였지만 1827년 브라질이 아르헨티나와 전쟁을 할 때 브라질이 패배할 것을 정확히 예측하고 브라질과의 제휴를 거절했다. 아르헨티나의 여러 대통령과 독재자는 프란시아를 혐오스럽게 여겼다. 아르헨티나 쪽이 강을 따라 내려가는 교역의 길을 폐쇄한 것처럼 파라과이 쪽도 아르헨티나 쪽이 강을 거슬러 올라오는 것을 막을수 있었다. 힘껏 강을 거슬러 올라갈 것을 생각했지만 그것은 어렵고 거의 불가능하며 여하간 그럴만한 가치가 없는 것으로 단념했다. '스페니어드(옛 스페인 사람들)'와 상류층 크리올들에 대한 프란시아의 박해는 독립 초창기부터 이루어졌으며 서서히 강화되어 갔다. 라틴 아메리카 내다른 곳에서 일어난 사건에서 관찰한 것과, 1820년에서 1821년에 걸쳐비록 불발로 끝났지만 그를 타도하려 한 음모의 발각 등이 그 배경이었다. 프란시아는 음모 가담자 전원을 체포하여 하루에 여덟 명씩 공개처형하여 시민들 특히 과라니족 인디오들을 즐겁게 했다. 이 때문에 다른신생 공화국처럼 크리올과 페닌슐라(Peninsulares, 스페인 태생의 스페인인 — 옮긴이)가 권력을 독점하여 가난한 사람이나, 메스티조, 인디오를 대포의먹잇감으로 취급한 것과 달리 파라과이의 독립혁명은 원주민들이 경제의 중심이 되는 큰 폭의 사회개혁을 이룰 수가 있었다.[55]

프란시아는 담배와 그 고장 특유의 음료인 마테차를 정부가 독점하는방식으로 국가를 경영했다. 토지 소유 귀족과 마찬가지로 무역이나 사업을 영위하는 중산층의 성장도 금했다. 브라질인들을 비롯해 다른 모든 외국 상인들은 하푸아로 추방되었는데, 이 정책은 뒤에 언급하겠지만중국 정부가 대외무역을 광동으로 집중시킨 것과 동일했다. 어떤 역사가는 이런 파라과이의 제도를 종전의 '예수회에 의한 공산주의 식민지'에서 '종교적 색채를 뺀 형태'인 것으로 평가했다.[56] 그러나 재산은 공동 소유가 아니었다. 정부는 대체로 온정주의적이었지만, 이보다 훨씬 큰 나라라면 불가능했을 정도로 사소한 점까지 세심하게 주의를 기울였다. 프란시아는 재배할 작물 종류를 혼자 결정했고 중요한 상거래를 감독했다. "그는 괭이와 도끼 가격을 정확하게 알았고 제복에 필요한 바늘의 수를 계산하고 실의 길이를 측정했다."고 어느 방문객은 말했다.[57] 프란시아는 높은 수준의 예의범절을 고집했다. 인사할 때 남자는 모자를 쓰고, 여자는 무릎을 굽혀 몸을 숙여야만 했다. 거리의 분위기는 바스티유 감옥이 무너지기 직전의 18세기 때와 같았다. 의원은 18세기의 삼각모를 쓰고 붉은색 또는 갈색 가발을 썼다.

한동안 아순시온에 체류했던 스코틀랜드 상인 존 패리쉬 로버트슨은 프란시아 통치하에 있는 파라과이의 이상하리만치 목가적인 모습을 다음과 같이 묘사했다. 무릎까지 오는 반바지(knee breech)를 입고 무거운 기병도를 찬 의원들이 삼각모를 들어 공손히 인사하며 화려한 옷을 입었지만 맨발인 하인들을 데리고 말을 타고 오갔다. 이 잘 훈련된 말들은 프란시아 박사 앞에서 세심한 춤 동작을 보이고는 뒤로 물러났다. 많은 국가 의식은 호수 옆의 공지에서 치러졌다. 연회는 흡사 피크닉과 같았다. 로버트슨은 우산을 든 채 말을 탄 탁발 수도사들이 말을 춤추게 하는 모습을 바라보았다. 그 뒤 수도사들이 말에서 내려 그들도 장엄한 사라반드 춤을 추었다. 실제로 상냥하지만 주의 깊은 박사 곁에서 여기저기 춤추는 사람들이 많아졌다. 볼리바르가 있었다면 틀림없이 이 광경을 보고 즐거워했을 것이다. 로버트슨은 프란시아의 서재에 천구의와 경위의가 놓여 있고, 바깥 베란다에는 대형 망원경이 있었다고 기록했다.

그의 책장에는 법률과 과학 관련 책을 중심으로 스페인어 이외에 프랑스어나 라틴어 책 300권이 꽂혀 있었다. 프란시아는 볼테르, 콘스탕틴 드 볼네와 루소의 글을 읽고, 자신에 의해서 발휘된다는 '일반의지'를 열렬히 신봉했다. "그의 얼굴은 검었고 검은 눈은 아주 날카로웠다. 칠흑 같은 머리칼은 두드러진 앞이마로부터 뒤로 넘겨 빗었고 어깨를 덮고 늘어져 있는 타고난 고수머리는 그에게서 기품 있고 인상적인 분위기를 느끼게 해주었다. 구두와 반바지의 무릎 부분에는 대형 금 버클이 장식되어 있었다."고 로버트슨은 기록했다. 그는 전부 검정색인 옷 위에 '커다란 후드가 달린 진홍색 긴 외투'를 함께 입었고, 옆에 작은 흑인 소년의 시중을 받으며 한 손에는 마테차 찻잔을, 다른 한 손에는 여송연을 들고 있었다. [58]

　군 병력은 수가 작았지만 프란시아는 정보 제공자들을 많이 거느리고 있어서 덕택에 그가 알지 못하는 것은 없다는 평판을 들었다. 그의 통치는 외경심, 공포심과 존경심에 바탕을 두고 있었다. 그가 검소하게 살았고 정해진 봉급의 삼분의 일만 받았다는 사실은 약탈을 일삼는 다른 나라의 독재자들과 확연히 대조가 되었다. 여행가 리처드 버튼이 표현한 대로 프란시아는 "예수회의 적막한 왕국에서 무질서한 공화제의 유일한 예외를 세계에 보여줄 수가" 있었다. [59] 그러나 그의 체제의 취약점은 후계자 준비가 없었다는 데 있었다. 프란시아의 사후에 후계자들은 파라과이의 고립을 종식하고 전쟁을 벌여 에덴동산을 파괴해버렸다. 프란시아의 필생의 사업이 보여준 것은 적당한 지리적 환경하에서는 새로운 근대사회가 잠시 동안만 저지될 수 있다는 것이었다.

최초의 다민족 국가 브라질

　로버트슨의 관찰에 따르면, 아순시온에서 인기 있던 춤은 멋지게 발뒤꿈치를 두드려 소리를 내는 사란디그(Sarandigs)라는 춤이었다. 수도사들이 이 춤을 춘 것은 당시의 라틴 아메리카에서는 결코 특별한 것이 아니었다. 이웃나라 브라질의 바이아에서는 일정한 축제일에 수도원은 물론 일반교회에서도 수녀들이 열광적으로 춤을 추었다. 리우데자네이루나 다른 곳에서도 엄격한 예절을 강요할 프란시아 박사는 없었다. 페르남부쿠를 찾은 여행자들은 사람들이 미친 듯이 춤을 추며 심지어 교회에서 성행위까지 하는 모습을 보았다. 특히 임페리얼 성당에서는 그곳에 모인 군중들이 요란하게 삼바나 콩가다(congada)와 레지아도(resiado)를 추는 틈틈이 아이스크림과 얼음 셔벗을 먹었다. 교회 입구에서 상인들은 밀가루 반죽으로 만든 남근 모양의 로사리오를 팔았고, 교회 안에서는 불임 여성들이 임신을 바라는 마음에서 반나체로 예수상의 다리에 자신들을 비벼댔다. 1817년에 올린다의 상곤살루 교회 수사신부들은 일련의 행위들이 유럽 방문자들을 분개시킨다고 생각하여 그런 습관들을 금하려고 노력했다.[60] 브라질은 2세기 이상 유럽보다 아프리카와 더 접촉이 많았던 노예 국가였으며 스페인령 아메리카와 달리 다른 인종 간의 결혼에 대한 사회적 장벽이 거의 없었다. 노예 제도 대부분은 고통스럽지 않았고, 자유민과 노예가 만나 사랑을 나누고 자식들을 낳았다. 이곳에서는 유럽, 아프리카, 인디오의 문화가 서로 섞여 있었다. 브라질은 세계에서 다인종 공존사회에 가장 근접한 나라였고, 어떤 면에서는 가장 자유스럽거나 달리 말하면 무질서했다. 다만 대부분의 이웃 스페인령 아메리카 국가들과 달리 일반적으로 폭력과는 거리가 멀었다. 미국보다 훨씬 오래전에 브라질은 세계 최초의 인종의 용광로 같은 융화 사회였다. 파라과이와 달리 가장 개방적인 나라였다.

이곳에서도 나폴레옹이 역사의 흐름을 바꿔 놓았다. 나폴레옹의 포르투갈 침공 때 영국해군의 도움으로 리우데자네이루로 이주한 이래 브라질 항구들이 국제 교역을 위해 문을 열었기 때문이다. 1808년에는 외국 배 90척이 리우데자네이루에 기항했다. 2년 후 그 수는 122척으로 1815년에는 217척으로 늘어났다. 1820년에는 354척이 되었고 그 대부분이 영국 선박이었다. 1808년에는 이미 100명이 넘는 영국 상인들이 리우데자네이루를 거점으로 활동하고 있었다. 그 대부분이 무역에 종사했고, 1810년에 맺은 조약에 따라 영국은 최혜국 지위와 치외법권을 얻었다. 실질적으로는 나폴레옹전쟁 동안 브라질은 영국의 경제적 식민지가 된 셈이지만, 그 상황이 오래 가지는 않았다. 이주민들이 서부 및 남부 유럽 전역에서 밀려 들어왔으며, 영국의 사실상의 세계 교역 독점은 자연스럽게 종말을 맞이하고 증기시대가 도래했다. 1815년에 바이아에서 최초의 증기식 설탕 압착기가 스코틀랜드와 랭커셔의 기술자에 의해 설치되었다. 1834년까지 그 수는 64대로 증가했다. 최초의 증기선이 1819년에 도착했고 10년 후 수십 척의 증기선들이 브라질의 넓은 강을 오르내리고 있었다.[61]

운 좋게 독립전쟁을 피한 브라질은 실제로는 근대 세계에서도 최초의 부류에 드는, 경제와 인구의 폭발을 경험했다. 정치 세계는 그러한 배경에서 즐거운 혼돈 상태를 계속하고 있었다. 1808년부터 1815년까지 브라질은 공식적으로는 총독 지배 지역이었다. 1815년에 그것은 포르투갈, 브라질과 알가르베의 연합 왕국이라고 불린 군주국의 일부로 승격했다. 스페인의 자유주의 혁명이 있은 후 주앙 국왕은 페드로 왕자를 섭정으로 뒤에 남겨 놓고 1821년에 리스본으로 돌아갔다. 1822년 9월 7일, 자유주의파가 지배하는 리스본의 제헌의회로부터 귀국을 재촉하는 최후 통첩을 받은 페드로 왕자는 칼을 빼어들고 "독립이 아니면 죽음을!"이라고 외쳤다. 그것이 유일한 의식이었고 그는 3개월 후 스스로 '입헌군주로서의 황제' 자리에 올랐다. 아무도 피를 흘릴 필요가 없었다.[62]

애팔래치아 산맥 너머 미국에서처럼 브라질에는 일하고자 하는 사람을 위한 토지와 기회가 있었다. 1808년 이미 빠른 속도로 커지고 있던 리우데자네이루는 인구가 6만 명에 달했다. 1820년까지 인구는 두 배로 늘어 12만 명이 되었다. 어떤 영국인 관찰자가 추정치이긴 하지만, 리우데자네이루의 인구 분포를 내놓았다. 그것에 따르면 궁정인 1,000명, 관리 1,000명, 자본가 및 불로소득 생활자 1,000명, 군인 1,000명, 선원 1,000명, 법률가 500명, 의사 200명, 상인 2,040명, 사무원과 점원 4,000명, 기술자 1,250명, 가두행상 100명, 어부 200명, 흑인 자유민 1,000명, 노예 1만 2,000명과 주부 4,000명 등이었다.[63] 브라질에는 이미 6만 권의 장서를 소장한 웅장한 국립 도서관과 의과대학 이외에 위용을 자랑하는 프랑스 문화회관도 이미 개설되어 있었다. 실제로 경제를 움직인 것이 영국인이었다면, 프랑스인은 특히 건축을 중심으로 문화를 침투시키는 데 바빴다. 새롭게 신축한 리우데자네이루의 웅장한 세관을 설계한 사람은 그랑 장 드 몽티니였다. 브라질 최초의 건축학교도 파리 미술학교를 본 따 지어졌다.

웅장한 공공시설을 갖춘 도시가 차례로 거의 하룻밤 사이에 생겨나고 내륙이 개척되자 브라질이 발전하는 속도는 세계를 놀라게 했다. 모든 사람이 그것을 좋아한 것은 아니었다. 페드로 황제의 모친 도나 카를로타 조아키나는 브라질을 싫어해서 "Nao e terra de gente(신분이 높은 인간이 살 나라는 아니다)"라고 말하곤 했다.[64] 그러나 라틴 민족 뿐만 아니라 독일인, 웨일스인, 스코틀랜드인 등 가난한 유럽인들에게 브라질은 1815년에서 1830년에 걸친 기간만큼은 미국을 제외한 다른 어떤 곳보다도 매력적이었다. 이 무렵에 이미 브라질은 '미래의 나라'라고 불리고 있었다. 브라질의 비극적인 현재도 아직 그 이름으로 버티고 있다.

리우데자네이루와 다른 몇몇 큰 도시 밖으로 나오게 되었을 때 정부의 권위가 항상 통하지는 않았다. 내륙에 있는 사람들은 자기들끼리 분쟁을 해결하고 영토를 분할해 작은 나라의 주인이 되어 인디오들을 죽이고, 산적을 잡을 수 있으면 교수형에 처했다. 주기적으로 노예들의 반란이 발생했다. 대부분이 소규모였지만, 1821년 미나스제라이스 다이아몬드 광산에서 발생한 반란은 대규모여서 주도(主都)인 빌라 리카를 점거했다. 광산 우두머리가 고용한 용병은 마리아나 주교와 무장한 탁발 수도사들의 도움을 받아 반란을 진압하고, 흑인 1,000명을 학살했다.[65] 그러나 영국이 노예 무역의 폐지와 노예 해방의 추진을 주요한 정책 목표로 삼았기 때문에 노예의 대우는 급속히 개선되어 갔다. 노예 무역 업계는 맹렬히 반대했지만 1815년 이후 대부분의 브라질인들은 미국 남부와 같이 엄격하게 분리된 체제를 지지하지 않았다.[66] 1818년에는 아직 193만 명의 노예가 있었고 거의 흑인이었지만, 해방된 흑인의 수도 58만 5,000명까지 늘어났고, 그 후 십여 년 사이 그 수는 두 배로 늘었다. 다른 종족 간의 통혼도 곧 일반화되었다. 처음에는 백인 주인이 많은 흑인 노예를 할렘의 여자로 소유하기 시작했으나 점차 통혼에 의한 다인종의 자유세계로 연결되었다. 미나스제라이스 반란 당시 그 지방에는 흑백 혼혈인 물라토(17만 1,572명)가 백인(13만 1,047명)보다 많고 흑인(21만 1,1559명)도 거의 그 수만큼 있었다. 바이아를 찾은 방문객은 순수 유럽인의 얼굴 생김새를 갖고 있는 사람을 거의 발견하지 못했다.[67] 완고한 도덕주의자들은 자유민 흑인과 혼혈 소녀들이 브라질의 성 도덕을 이완시켜 끝없는 춤과 축제 속에서, 종교를 가볍게 육체나 탐닉하는 축전으로 바꿔버리는 경향이 있다고 한탄했다. 1820년 무렵에 두 명의 유럽 여행자가 바이아에서 들은 시 한편을 기록으로 남겼다.

예쁜 물라토 소녀는 기도를 할 필요도 없다.
그녀는 자신의 가냘픈 육체를 바친다.
그녀 영혼의 구원을 위해.

그리고 마토 그로소에서 그들은 이렇게 기록했다.

흑인 소녀는 톡 쏘는 향신료.
백인 소녀는 찬 수프.
흑인 소녀는 영원하고,
백인 소녀는 결코 아니다.[68]

페드로 황제는 포르투갈 출신의 신하들의 압력에 굴복하여 '흑인'에 대한 공식적인 정의를 내리고, 민병대와 정규군에 안전조치로써 증조부모가 흑인이었던 사람을 쫓아내도록 명령을 하달했다. 이에 따라 엘리트 계급 사이에서 아프리카 스타일의 요리가 확산되는 것을 막기 위해 프랑스로부터 요리사 17명과 제빵 및 제과 기술자 10명을 데려왔다. 그러나 페드로 자신은 이민자 대부분이 그러하듯이 브라질의 이완된 분위기가 마음에 들었다. 정부인 도미틸라 데 가스트로와 공개적으로 동거하여 자녀를 다섯 명이나 낳고, 그 밖에도 물라토 여자들에게서도 자식을 낳았다. 오스트리아 황녀로 미모가 뛰어나지 않았던 아내 도나 레오폴디나는 식물학과 지질학의 연구에 몰두해 종종 오지까지 장기간의 표본 채집 여행에 나섰다.[69] 페드로 자신은 피부색에 의한 떠들썩한 인종 차별에 구애받지 않고 모든 인종의 남녀를 궁정에서 맞았고, 아프리카 군주가 보낸 외교사절을 정식 대사로 처우했다. 베닌 국왕도 1824년 7월에 리우데자네이루에 사절을 보냈다. 물라토뿐만 아니라 흑인조차도 정부의 고위직을 맡았다. 1834년 프랑스 대사의 보고에 있듯이 "오늘날 브라질에서…… 유색인들이 접근할 수 없는 지위는 하나도 없는" 상황이 되었다.[70] 페드로는 아주 예의바르고 머리가 좋기까지 했다. 음악을 작곡하기도 했고 그가 작곡한 교향곡 한 곡이 파리에서 연주된 적도 있었다. 그는 조아키노 로시니와 친교를 맺었다. 브라질 도시에 거대한 오페라하우스가 호기롭게 건축된 것은 페드로 시대부터이다. 그의 넓은 도량 탓에 그의 치세는 오랫동안 계속되었다. 1831년에 그는 평온하게 제위를 아들에게 물려주었고, 1824년에 제정된 헌법은 65년간 지속되었는데 이것은 라틴 아메리카에서 가장 긴 기록이었다. 그의 통치는 1820년대가 진행됨에 따라 더 명백하게 밝혀진 의심할 나위없는 한 가지의 사실을 입증한다. 즉 어떤 사회가 파라과이 식 고립을 거부하고 세계무역, 증기의 힘과 산업화로부터 혜택을 받으려고 한다면 실제 정치적으로 자유주의를 받아들이지 않으면 안 된다는 사실이다.

스페인의 자유주의와 프랑스의 간섭

이 원리는 미국 대륙뿐만 아니라 유럽에서도 그 모습을 드러내기 시작했다. 1814~1815년의 빈 회의 의정서에 의해 유럽 전역에서는 정통 왕가가 권력의 권좌에 복귀하고 그것을 유지하기 위하여 신성동맹이 결성되었다. 그러나 캐슬레이와 웰링턴이 예견한대로 그 체제는 작동하지 않았다. 재력을 더 이상 무의미한 전쟁에 낭비할 필요가 없게 된 지금, 세계는 그 어느 때보다 훨씬 빠르게 전진하고 있었다. 여행 속도가 10년 만에 두세 배 빨라지고 사상의 전파나 사람의 이동 속도도 더 빨라졌다. 대형 다리들이 건설되고, 도로는 곧게 뻗어나갔으며, 항구는 모습이 바뀌었다. 기계들이 작업장에 들어오고, 증기는 프레스기를 움직이기 시작했다. 그리고 대학이 확장되었다. 의사, 과학자, 기술자, 상인, 제조업자, 교사, 작가의 수가 날마다 늘어났으며, 사회에서 자신의 위치를 강화하면서 나아갔다. 아메리카에서 스페인의 역할이 점차 붕괴됨에 따라 빈 회의에서 부여된 안정은 회의가 소집되기도 전에 이미 손상되었다. 유럽의 황제들이 진정으로 체제기 썩어가는 것을 멈추고자 했다면 스페인의 해외 무적함대의 비용을 부담하거나, 아니면 적어도 일부를 부담하는 방식으로 미국 대륙에 힘을 쏟아야 했다. 그러나 그들은 그 영향이 마드리드에서 나타날 때까지 아무것도 하지 않았다.

페르디난도 7세의 만성적인 자금 부족과 갈피를 못 잡는 정치 운영방식—외무장관 페드로 세바료스는 스페인이 신성동맹에 합류한 사실을 국왕이 밀약을 맺은 지 4개월이 지나고서야 처음으로 알았다—을 고려할 때 국왕의 정권이 1820년까지 지속되었다는 것은 놀랄 만한 것이었다. 대부분이 불만이 있는 육군 장교들이 지휘하는 지역 단위 규모의 것이긴 했지만, 실은 반란은 셀 수 없을 정도로 빈번하게 일어났다. 팜플로나에서의 미나(1814), 라코루냐와 산티아고에서의 포르리에르(1815),

트리앙구로의 페르디난도 암살 계획(1816), 카탈루냐에서의 라시와 발렌시아에서의 비달(1817) 등등의 반란이 대표적이다. 페르디난도를 몰락시킨 반란은 여러 면에서 가장 약한 것이었다. 그것은 1819년 카디스에서 시작되어 점차 세력을 키워갔다. 부에노스아이레스로 파견될 목적으로 남부의 군대가 카디스에 집결해 있었기 때문이었다. 병영에서 대기 중인 병사를 선동하는 것은 간단했다. 반란은 중견 장교들이 이끌었지만, 하사관과 사병들이 아메리카에 가기를 원하지 않았기 때문에 할 수가 없었다.[71]

이 결과 자유주의파가 정권을 손에 넣었지만, 그 멤버 대부분은 망명자나 페르디난도가 '죄인(Jailbird)'이라고 부른 무리들—1814년에 페르디난도가 복위했을 때 감금했다—이었다. 혁명이 손쉽게 성공했기 때문에 그들은 자신들의 힘을 스스로 과신했던 것이다. 자유주의파가 권좌에 앉게 된 것은 그 정책과는 전혀 관계가 없었기 때문이었다. 사실상 그들의 주된 지지자는 교육받은 중산층과 일부의 '개화된' 귀족에 지나지 않았다. 하층계급의 사정을 전혀 몰랐기에 민중에 호소할 힘도 없었다. 비밀경찰을 주로 술집과 농민의 여론을 수집하는데 이용한 페르디난도가 마드리드에 있는 어떤 신문 편집인보다도 민중의 희망에 대해 더 잘 알고 있었을 것이다.

자유주의파는 골 지방과 마찬가지로 세 부류로 나뉘어 있었다. 정부를 구성한 것은 독실한 가톨릭 신자가 대부분인 온건파였다. 그 이전의 나폴레옹 지지자들은 1804년부터 1814년 사이에 프랑스를 지지했던 반역자라는 이유로 정부로부터 배제되었다. 쫓겨난 이 일파는 새로운 체제의 가장 맹렬한 적으로 바뀌어 왕당파와 공동전선을 폈고, 1823년에 프랑스 군이 개입했을 때는 실제로 프랑스 군의 편을 들었다. 다음으로는 극단적인 자유주의자가 있었다. 그들은 그룹 안의 과격파로, 맹렬한 교권반대주의자와 평등주의자로 나뉘어 "가난한 사람들은 세금을 낼 수가 없다. 그러므로 부자들이 내야만 한다."는 슬로건을 걸었다. 급진파는 필요하다면 마드리드의 군중 — 왕당파에게는 왕당파의 군중이 있었는데 정확하게 말하면 자신들을 지지하는 군중이다 — 을 동원해 자유주의 정권을 공격하는 한편 남부의 군대와도 연계를 맺고 있었다. 정부가 라틴 아메리카 진압을 재개하면서 남부의 군대는 예전처럼 불온한 존재가 되었다.

이론상으로 보면 자유주의자 정권은 잘 운영되고 있었다. 국제 경제는 최고의 호황을 구가하고 있었다. 영국과 프랑스뿐만 아니라 홀란드(네덜란드), 스칸디나비아, 독일 일부와 롬바르디에서조차 생활수준이 급격히 향상되고 있었다. 중산층을 기반으로 하는 자유주의파는 무역과 신용의 확장을 최대한 이용했다. 그러나 정부는 수많은 위원회와 서류의 늪에 빠진 국회를 설득하여 명확한 법령을 내릴 수 없었고, 마침내 공포를 하더라도 누구 하나 따르려 하지 않았다. 가난한 사람은 물론 부자들도 세금을 내지 않아 결국엔 아무도 세금을 내지 않았다. 이처럼 유럽 최초로 자기 힘으로 태어난 — 즉 외부에서 강제되거나 외국의 무력에 의해 지원받지 않는 — 자유주의 정권은 무정부라는 가면을 쓴 채 춤을 추었고 1822년 말에 이르러 붕괴하기 시작했다.

이 시점에 전형적인 낭만주의자 프랑수아 르네 샤토브리앙이 등장한다. 빅토르 위고 같은 차세대 낭만주의자와는 달리 샤토브리앙은 가톨릭 신앙, 중세의 기사도 정신, 명예심, 정통성에 대한 열정을 아직 잃지 않았다. 이와는 반대로, 스페인에서 일어난 사건에서 이제는 프랑스가 서반구에서의 세력을 회복할 기회가 찾아왔다는 신념에 가득 차 그 정열이 점점 가슴 속에서 불타올랐다. 집필 중인 프랑스 문학의 걸작 『죽음 저편의 회상(Mémoires d'Outre-tombe)』에 잘 나타나 있듯이 젊은 시절에 방문했던 미국은 그를 사로잡고 있었다. 애덤스와 캐닝이 두려워했던 것을 샤토브리앙은 역으로 촉진시키길 원했다. 프랑스 대표로 베로나 의회에 참석한 샤토브리앙은 빌렐 총리에게 다소 과장된 문서를 보내, 실각한 페르디난도를 복위시키기 위해 프랑스가 스페인에 원정군을 파견하는 것을 다른 나라들이 열심히 지지하고 있다고 썼다.[72] 그 해가 끝나기 전에 내정 간섭 정책의 수행을 위임받아 외무장관이 된 샤토브리앙은 봄에는 앙굴렘 공작에게 9만 명의 병사들을 딸려 피레네 산맥 쪽으로 파견했다. 1823년 2월 8일에 열린 하원 비밀회의에서는 열변을 쏟아내, 프랑스만이 신이 정한 스페인의 보호자이며 쿠바는 프랑스령 자메이카이며, 남아메리카는 스페인의 정통성에 복귀함과 동시에 공권을 부여받고, 그 국민들은 프랑스에 감사의 손을 내밀고 있다고 말하며 찬란한 그림을 그렸다. 영국이 공개적으로 아메리카 대륙에서 반란군을 지원한다면 러시아, 프러시아, 오스트리아는 프랑스를 도울 것이라는 약속을 각국으로부터 이미 받아냈다고 샤토브리앙은 주장했다.

프랑스군은 이 주장에 근거하여 1823년 7월에 카디스로 포격을 퍼부으며 쳐들어갔다. 그러나 이미 앞에서 보았듯이, 이 행동은 영국과 미국의 '특별한 관계'를 새롭게 표면에 등장시키는 결과만 낳았고, 마침내 미국은 먼로 독트린을 발표했으며, 캐닝으로부터는 프랑스에 대한 공개 경고를 받았다.[73] 프랑스 선박을 이용해 스페인 군대를 하바나에 수송하는 것은 허락되어도 대서양을 건너 프랑스 군대를 수송하는 것은 영국 해군이 허락할 수 없는 것이었다. 연말에 프랑스 정부는 서둘러 단념하고, 생각보다 비싼 대가를 치러야 하는 스페인 원정 비용의 손실을 계산하기 시작했다. 나폴레옹의 군대는 항상 점령국에게 비용을 부담시켰지만, 이번 부르봉 왕가의 원정은 스페인 여론을 적으로 돌리지 않기 위해서 비용을 자체적으로 부담했다. 1824년 봄에는 프랑스가 코너에 몰리게 되었고 7월에는 샤토브리앙이 해고되었다.

이때보다 훨씬 전에 신성동맹이 대규모로 단 한 번 시행한 이 대외 간섭을 통해 스페인 정치의 복잡성이 드러났다. 만약에 자유주의파를 세 부류로 나눈다면 스페인에는 정통왕조파 부류는 하나도 없고 두 부류만 있는 셈이었다. 페르디난도 7세는 카를로 레 브룬 같은 자유주의가 선전하는 '왕관을 쓴 호랑이'이기는커녕 오히려 사촌인 루이 18세처럼 그저 꽤나 온건한 사람일 뿐이었다. 그러나 역시 루이 18세처럼 그에게도 완고한 동생 돈 카를로스가 있었다. 1822년 7월 페르디난도는 근위병을 마드리드로 진군시켜 자유주의 정부를 타도하는 계획의 승인을 거절했다. 자신들이 진정한 정통왕조파라고 생각한 사람들은 이때 돈 카를로스를 지도자로 추대했고, 그해 말이 되기 전에 내란이 일어났다.

내란은 곧 삼파전이 되었다. 농촌의 군대와 민병대는 기회만 닿으면 왕당파 또는 카를로스파의 군대를 뒤쫓아갔다. 왕당파는 임시정부를 만들고 갈리시아, 나바르, 아라곤에서 저항했다. 많은 마을이 절반씩 나뉘어, 그 지방의 호전적인 무신론자와 참여를 강요하는 호전적인 교구 성직자가 각각의 무리를 선동했다. 이리하여 당파와 자유주의파들은 모두가 지역마다 강력한 지지자를 모으게 되었다. 그리고 그들은 표면적으로는 소요와 휴전을 되풀이하며 공존하면서 마침내는 1936년에서 1939년에 걸친 잔혹한 스페인 내전을 폭발시켰다. 1822년부터 1823년 사이 왕당파에게는 고위 장교가 대부분 자유주의자들인 정규군을 이길 힘이 없었다. 따라서 프랑스군이 개입하게 되었다. 그러나 프랑스가 곧 알게 되듯이 이 개입은 아무것도 해결하지 못했다. 카를로스파의 반동주의자들은 이제 막 왕위에 복귀한 페르디난도를 비밀 자유주의자로 간주하여, 왕을 보호하는 프랑스인을 무신론자의 호위대라고 생각했다. 1823년부터 1830년까지 음모와 봉기를 일으킨 주범은 모두 군주제주의자들의 산물이었다.

그러나 만약 페르디난도가 동생을 왕위계승권에서 타격을 주려고 노력했을 때 카를로스당의 전쟁이 발생할 것이라는 것을 예상하고 나뉘었더라면, 이미 가톨릭 신자들이 반교권주의자들로부터 분리시켰던 심연 역시 넓어졌을 것이다. 수도원과 수녀원이 왕당파의 음모자들을 숨겨준 것이 계기가 되어 1822년부터 수도회의 숙정 작업이 시작되었다. 1823년에 자유주의자들은 새로 만들어진 용어인 '반혁명 활동'을 이유로 모라 델 에브로의 수도사들을 학살했다. 국왕이 복위되자 그들의 묘를 파내었고 시체에서는 "부패되지 않은 좋은 향기가 난다."고 발표했으며, 수도사들은 순교자로서 성인의 대열에 올려졌다.[74] 국왕의 복위와 함께 육군의 자유주의파 장교들에게도 숙정이 진행되었는데 장교 일부는 굶어 죽기도 했다는 소문이 돌았다. 자유주의파 클럽과 프리메이슨 지부에서는 성직자, 수도사와 수녀에 대한 증오가 터져 나왔다. 호전적인 성직자들은 신앙심이 깊은 자본가 계급과 귀족들을 선동했고, 또한 그에 동조한 군중이 모여들자 더욱 호전적으로 변했다. 처벌을 받지 않은 살인 사건도 꼬리를 물었다. 양쪽 편에서 사실상의 사설 군대가 생겨나기 시작했다. 대충 10만 명이 넘는 당파 파르티잔은 자체 감찰관을 두었는데, 이들은 정규군의 거만함을 인정하지 않았다.[75] 전직 장교들을 많이 포함한 프리메이슨 지부는 보다 비밀스럽게 조직되었다. 근대 세계로 진입한 스페인의 근본적인 문제는 경쟁하는 세력이 너무 균형을 이루고 있어서 어느 한쪽도 쉽게 이길 수 없었다는 데 있었다. 이 때문에 내분은 격렬해지고 장기화되었다. 라틴 아메리카의 두려움도 충분히 피드백이 되었다. 양측 모두 대서양 너머에서 싸우는 사람들이 많았고, 그곳에서의 잔학행위에 물들어 갔기 때문이었다.

나라가 무너져 서로 싸우는 파벌 집단으로 전락해갈 때 복위한 페르디난도 정권이 택한 전략은 근대화를 가속화시켜 스스로를 근대적으로 보이게 하는 것이었다. 새 프라도 박물관이 일반에게 공개되었다. 도로가 건설되었고 증권 거래소가 문을 열었다. 국왕이 극장에서 레안드로 모라틴 같은 극작가들과 악수하는 광경이 목격되었다. 시인과 예술가를 왕실이 포용했다. 저널리스트도 왕실에 고용되었다. 다른 문명국처럼 스페인에서도 실제로 저널리즘이 힘을 갖게 된 것은 1820년대가 되고서부터였다. 산업을 유치하고 무역을 장려하기 위해 모든 노력이 경주되었는데, 1828년에는 당시로서는 보기 드문 산업박람회가 열렸다. 그러나 페르디난도를 개화되어 부활한 군주로 부각시키려는 시도는 실패했다. 그것이 어떻게 성공할 수 있었겠는가? 페르디난도가 계몽군주이기는커녕 생존에 급급한 기회주의자라는 것을 누구나 알게 되었는데 말이다. 그에게는 전제를 휘두를 만큼의 힘도 없었다. 1820년의 사건들로 인해 정통파 유럽의 명예에 최초로 금이 가자, 시간이 흐를수록 그것이 치유될 수 없다는 사실이 그 후 10년 사이에 점차 명백해졌다.

빈 체제의 배후인물이었던 프리드리히 폰 겐츠는 '공공질서'를 주창했지만, 멋진 이데올로기로 포장된 모든 종류의 도덕 폐기론자들은 점차 이 '공공질서'를 위협하게 되었다. 프랑스 혁명이 강렬한 정치 시대를 열었다. 아마도 동 터오는 근대 세계의 가장 중요한 특징―이것은 루소의 소산이었다―은 모든 것을 정치에 연결시키는 경향이었다. 라틴 아메리카에서는 약탈자를 자칭하는 자나 야심 있는 도적들이 이제는 모두 자신을 '해방자'라고 불렀다. 살인자들은 자유를 위해 죽었고 도둑들은 민중을 위해 훔쳤다. 1820년대의 스페인에서는 신자와 불신자, 왕을 좋아하는 사람과 싫어하는 사람은 그들의 신앙과 신앙 결핍을 법적인 권위를 무시한 사설군대 조직을 정당화하는 변명으로 삼기 시작했다. 바야흐로 갱단은 정당의 이름을 빌어 강령을 내걸었고, 그에 의해 더욱 조직을 튼튼히 하자 점점 사회에 가공할 만한 위협이 되어 갔다.

이리하여 폭력이 도덕적인 지위를 획득하고 대중은 스스로의 이익을 위해 공포의 도가니로 몰아넣어졌다. 이보다 몇 십 년 전에 새뮤얼 존슨이 지배자의 권리를 지지하면서 변호했지만 그 변호론은 한정적이며, 인간에게는 지배자의 권리에 대응하여 억압에 대항할 생존권이 있다고 언급했다.

"왜 모두가 왕권을 이렇게 어린아이처럼 질투하는가? ……어느 정부에서도 힘은 오래 남용될 수 없다. 사람들이 그것을 감내하지 않을 것이다. 만약 군주가 백성을 상당히 억압한다면 그들은 일어나 그의 머리를 베어 버릴 것이다."[76]

프랑스 혁명은 사람들이 봉기해야 할 인내력의 문턱을 낮추었다. 왕의 머리를 베는 것은 전에 생각했던 것만큼 어렵지 않고 또한 그로 인해 재앙도 없다는 것을 알았다. 이 의심할 여지없는 사실은 이제는 자신의 범죄에 대해 도덕적으로 남에게 부끄럽게 되지 않기를 바라는 모든 사회의 적들에게 영원한 유혹이 되었다. 그 유혹이 특히 두드러졌던 곳이 지중해 지방이었다. 이곳에서는 정도의 차이는 있으나, 어느 나라에서나 백성이 압제로 인해 신음했으며 대부분 그것을 구제할 법적 수단조차도 없었다. 과거에 불만거리가 있던 사람들은 침묵하며 고통을 겪거나 도주하여 숨어 강도짓을 했다. 이제는 그동안 체념했던 사람들이 비밀 단체에 합류하고, 도적은 자신들을 자칭 정치가라고 불렀다.

이탈리아의 비밀 결사

이런 변화가 어느 곳보다도 두드러졌던 곳은 군사적으로도 이념적으로도 나폴레옹전쟁의 주요한 무대였던 나라, 즉 이탈리아였다. 나폴레옹은 이탈리아를 정치화했다. 국민들이 봉기해 옛 지배자를 타도하도록 가르쳤고, 과도한 야망과 욕구를 가진 사람들은 자유를 표방할 수 있게 되었다. 바다를 지배하고 있던 영국은 나폴레옹의 신체제를 향한 저항 운동을 조직하고, 거기에 자금을 지원하려고 노력했다. 이것은 150년 뒤 나치가 점령한 유럽에 저항 운동을 지원한 것과 같은 방법이었다. 나폴레옹은 자신의 이데올로기와 꼭두각시 정권에 유용하다면 인간의 품성을 문제 삼지 않았다. 영국도 친불(親佛) 정부를 타도하기 위해 돈과 무기를 제공하는 상대에 대해 그 진정성을 그다지 따지지 않았다. 라틴 아메리카에서처럼 그들은 법과 정의보다는 승리를 앞세웠다. 이처럼 적대시하는 양측은 오래전부터 부패에 이끌리기 쉬운 나라에서 더욱 부패의 확대를 조장하게 되었다.

이탈리아의 중부와 남부(시칠리아 포함)는 악정(惡政)의 주요한 무대였는데, 이곳은 고대 로마의 노예 반란 때부터 끊이지 않고 무법자와 잔인한 범죄자 사냥꾼을 양성해왔다. 그 악인들의 머리를 잘라 마을 성벽을 장식하는 것이 관습이었다. 교황령과 나폴리 왕국은 산적들이 많은 것으로 악명이 높았다. 식스투스 5세가 1815년에 교황이 되었을 때, 관리에게 산적의 머리를 요구했는데 머리가 너무 많이 바쳐져 머리들이 로마 성벽 아래 '시장의 멜론처럼 아주 많이' 돌아다녔고, 산 안젤로 성은 사지가 찢긴 시체들로 가득했다. 시체 썩는 지독한 냄새 때문에 불만이 생기자 식스투스는 "살아 있는 불법 행위의 냄새가 더 지독하다."고 대답했다고 한다. 이 지방 특유의 저주와 그에 대한 정부의 반응은 프랑스의 이탈리아 침입과 '애국적인' 저항에 의해 독기를 품고 더욱 악화되었으며 정치 문제로 비화되었다. 교황령의 살인은 1790년대 말에 이미 엄청난 숫자를 기록했다. 고대 조각을 공부하러 로마에 왔던 존 플랙스맨은 살인 사건이 일 년에 1,500건에 달했고, "현 교황 치세 중에 그 수가 총 3만이나 되었다."고 기록했다.[77] 직업적인 살인자에게도 프랑스인 무신론자나 협력자를 습격할 때는 '신의 전사'라는 이름이 붙었다. 나폴리에서는 프랑스 군대에 대항해 추기경 장군인 파브리치오 루포가 개시한 '성권'에 의해 그리스도교 군수국을 위한다는 대의의 기치 아래 수천 명의 도적들이 공민권을 획득했고, 이에 자극을 받아 또 다른 수천 명의 사람들이 돈이 생기고 명예를 얻는 일에 참여했다.

1808년에 나폴레옹이 매제인 조아생 뮈라 원수를 나폴리 국왕으로 세웠을 때, 뮈라가 직면한 문제가 바로 이 문제였다. 뮈라는 아주 뛰어난 기병대장이었지만 산적 게릴라들에 대한 치안 활동에 대해서는 아무것도 몰랐다. 그는 아브루치에서 교황을 지지하는 폭도들을 제압하여 유명해진 젊은 장군 만헤스의 도움을 청했다. 그는 당시 겨우 32세였고 놀라운 미모를 갖추고 있었다. 만헤스가 칼라브리아에서 가공할 선언을 했을 때 처음에는 누구나 익살로 여겼다. 그는 지방의 관리들에게 그들의 지역에서 벌어진 범죄에 대한 책임을 물었고 그들은 가차 없이 교수형에 처해졌다. 시장부터 농민까지 지방민들은 목숨을 건지고 고문을 피하기 위해 종종 자신의 가족이었던 범법자들을 밀고할 수밖에 없었다. 이렇게 체포된 유명한 두목 베닝카사는 코센차로 끌려왔다. 만헤스는 그의 양 손 결박을 풀고 목에 굴레를 씌운 다음 피오레의 산 지오반니에 있는 그의 집으로 끌고 가 집 앞에서 교수형에 처하도록 명령했다. 그는 마지막 의식을 거절하고 입 안에 넣어진 것은 무엇이든 '정말 기쁘게' 먹고 처형되기 전날 밤을 아주 잘 잤으며 "자신의 무지막지한 용맹 때문에 존경을 받으며 죽었다."고 한다. 이 목격 진술은 지방 감독관인 피에트라 콜레타에 의해 이루어졌는데, 그는 만헤스가 '도저히 설명할 용기'가 없을 정도로 가공할 행위까지 저질렀다고 했다. 머지않아 모든 주요 도로는 머리가 잘린 산적들로 가득 채워졌고 그 지방 모든 마을 성벽에는 그들의 머리가 내걸렸다.[78]

뮈라가 만헤스 장군에게 이 잔혹 행위를 할 수 있도록 백지위임한 것이 결국 뮈라 자신의 목숨까지 앗아갔다. 뮈라는 나폴레옹의 마지막 군사작전이 이루어진 1815년 3월 20일부터 6월 28일까지의 기간인 백일천하 동안 나폴레옹 편을 들었고, 워털루전투 발발 5주 전에 일어난 톨레티나 전투에서 자신의 왕국을 잃고 코르시카로 도망쳤다. 메테르니히는 그에게 망명을 권했고 영국 군함 한 척이 그를 트리에스테로 태워 가기 위해 기다리고 있었다. 하지만 뮈라는 망명하는 대신, 추종자 250명과 펠러커 배 7척을 소집해 1815년 10월 7일 피쪼에 상륙했다. 그가 지배자로 있었을 때 억압했던 방식처럼 거기서도 게릴라 전술을 구사해 왕위를 되찾으려 했다. 그러나 그는 게릴라가 입어야 하는 복장 차림이 아니었다. 항상 멋쟁이 왕으로 알려졌던 뮈라는 화려한 제복을 입고 왕관처럼 다이아몬드로 장식된 깃털 달린 모자를 쓴 채 의기양양하게 활보했다. 이에 따라 그가 뮈라라는 사실이 금세 알려졌다. 처음 군중의 반응은 냉담했지만 그들은 빠르게 적의를 품었다. 만헤스에 의해 희생된 사람들의 친척들이 지금이 복수할 마지막 기회라고 생각하고 무수히 합류하기 시작했다. 뮈라는 갈가리 찢기는 것을 겨우 면하고—자신의 아들 네 명이 만헤스에 의해 처형된 한 여자는 그의 턱수염을 잡아 뜯었다—부르봉 왕가 관헌들 앞에 양팔을 뒤로 묶인 채 끌려가 군법회의에 회부돼 사살되었다. 그가 마지막으로 한 말은 "내 얼굴이 상하지 않게 심장을 조준하라."였다. 나폴리의 페르디난도 왕이 뮈라의 두개골을 기념품으로 간직하고 있다고 전해졌는데 아마도 잘못 알려진 것 같다.[79]

나폴레옹전쟁이 끝나도 이탈리아 지방에서의 폭력을 끝나게 하거나 마을과 도시에서 살인 사건을 줄어들게 하지는 못했다. 그러나 정통 왕가가 부활함에 따라 정치적 범죄의 명목이 바뀌었다. 오스트리아 지배 지역에서는 도덕 폐기론자들이 여전히 애국적인 발언을 할 수 있었다. 문제는 그 카드가 이탈리아의 일반 사람들 눈에 어떤 가치를 지니느냐였다. 앞에서 살펴본 것처럼 빈 회의의 결과, 오스트리아는 이탈리아에서 최고의 권위를 획득하였다. 메테르니히는 독일에서 성공한 대로 의장을 오스트리아인이 맡는 이탈리아 연합을 추구했지만 범 이탈리아 건설의 야심을 갖고 있던 사보이 사르데냐와 교황령의 독립을 중시하는 교황은 이에 동의하지 않았다. 그래도 메테르니히는 대단한 성과를 거두었다. 롬바르디아, 베니스, 트렌티노, 발텔리나가 롬바르디아 즉 베네치아 왕국에 강제 편입되었고 곧 오스트리아에 귀속되었다. 프란시스 황제의 동생이 토스카나, 여동생이 파르마, 사촌이 모데나를 취했고 오스트리아군에게 교황령 내의 세 개 성을 수비하는 권한이 주어졌다. 나폴리의 페르디난도는 오스트리아와의 사이에 영구적인 방위동맹에 서명할 것을 요구받는데, 이는 사실상 합스부르크 왕가의 군사 개입 권한을 인정하는 것이었다.

이런 결정이 이탈리아인에게 호평을 받았다고 주장하는 것은 불합리할 것이다. 이탈리아인은 그들이 프랑스인을 혐오하는 것만큼 오스트리아인을 싫어했다. 근대 롬바르디아 총독 베르가르디는 1816년에 메테르니히에게 이렇게 경고했다. "몇 번이고 되풀이하지만, 완전 통합은 말할 것도 없고 느리더라도 미래에 이 지방을 제국 내 독일로 융합시키려는 생각을 버리는 것이 절대적으로 필요하다." 4년 후 그의 후임자 스트라쏠도도 마찬가지로 메테르니히에게 이런 편지를 보냈다. "롬바르디아인은 자국 정부에 영향을 끼친 게르만적인 방식에 익숙해질 수 없었고 앞으로도 익숙하지 않을 것이다. 그들은 이것을 몹시 싫어했고, 자신들이 게르만인, 보헤미안과 갈리시아인과 동등하게 취급되는 획일적인 체계를 혐오했다."[80] 이 표현은 의심할 바 없이 진실이었고 롬바르디아인은 오스트리아군에 징발되는 것 또한 몹시 싫어했다. 돈을 써 면제받을 수 없으면 이탈리아 바깥 지역에서 8년간 복무해야 했다. 그들은 또한 영국과 프랑스 제품은 비싸고 오스트리아 제품은 싸게 만든 새로운 관세 장벽에 분개했다.

반면에 오스트리아 정부는 나폴레옹 시대에 많이 도입된 좋은 제도와 그 집행을 담당한 대부분의 관료들을 바꾸지 않았다. 법은 공정하게 집행되었다. 그것은 모든 이탈리아 정부에 있어서 가장 효율적이고 덜 부패한 것이었다. 토스카나와 파르마 또한 비교적 잘 통치되었고 교역이 훨씬 자유로웠다. 교황령은 세금이 높고 부패했으며, 법률을 지키지 않고 성직자 지배하에 있는 전형적인 이탈리아였다. 나폴리 또한 부패하고 무법이 횡행했으며 성직자의 지배를 받는 전형적 이탈리아였지만 세금은 낮았고, 특히 가난한 사람들을 우대했다. 사르디니아는 가장 권위주의적이고 사실상 반동적이었지만—그 지방은 극단적인 정통주의 신봉자인 제프 드 메스테르의 영향을 많이 받았다—이탈리아인의 민족주의를 요란스럽게 선전하는 데 가장 목소리가 크고 열심이었다.

당시 빈 체제를 전복시키려고 하던 이탈리아인들의 딜레마는 불만이 가장 많은 지역과 외국의 점령 아래에 있는 지역이 반드시 일치하지 않는다는 것이었다. 오히려 아주 반대였다. 그리고 '해방'의 이름 아래 이용된 정치적 범죄가 횡행한 것도 이론의 여지없이 이탈리아인들 자신에 의한 학정이 저질러진 지역이었다. 유일하게 조직화된 저항 세력을 구성하는 비밀결사가 정치적 교육을 할 능력이 있었다면 이런 딜레마도 해결될 수 있었을 것이다. 그러나 자유주의적이고 교권 개입에 반대하는 진보적인 북부 지방의 비밀결사는 교육받은 중산층과 '개화된' 귀족들에게만 호소했다. 남부 지방에서는 시골의 무법자와 도시의 지하조직이 서로 연계한 탓에 지지 기반은 일반적으로 넓었지만, 결국에는 범죄로 치닫는 경향이 있었다. 여하튼 결사나 파벌의 위협은 정부의 치안 당국이 주장하는 것보다도 훨씬 약했다. 1930년대 코민테른처럼 비밀결사는 유럽 특유의 현상이었고 어느 정도까지는 제한적으로 움직였으며 중앙의 지령에 따랐다. 다만 코민테른과 달리 그들은 훈련받을 수 있고 자금과 무기가 공급될 수 있는 국가적인 기반을 갖고 있지 못했다.

매우 주목을 받은 중요한 인물로는 피사 출생으로 미켈란젤로의 후손임을 자랑스러워 한 필리포 미케레 부오나로티(1761~1837)였다. 귀화한 프랑스 시민으로 프랑스 대혁명에 참가한 부오나로티는 공산주의의 선구이기도 한 프랑수아 에밀 바뵈프가 조직한 총재정부 전복의 음모에 참여한 죄목으로 투옥, 추방되었다. 부오나로티는 1809년 출감한 후 즉시 북부 이탈리아에서 지하활동을 재개했다. 프랑스 점령지에 있는 공화주의자, 그 지방의 불평분자, '애국자'를 규합했다. 오스트리아가 롬바르디아를 지배하자 그가 결성한 아델피형제라고 불린 비밀조직은 제네바로 옮겨갔고, 그 명칭도 스브림 마에스토리 페르페티(최고로 완전한 장인들—옮긴이)로 바꾸었다.

스브림 마에스토리 페르페티는 계몽주의와 프리메이슨주의, 급진적인 정책 등을 그럴듯하고 그 수가 꽤 많은 상징적 표현과 결합했다. 이 조직은 계층을 없애고, 내부 기밀은 상층부만 알았다. 부오나로티는 현대 테러리스트 그룹에서 보이는 세포 조직에 가까운 형태를 채택했다. 예를 들어 외부로부터 잠입해오더라도 조직을 파괴하는 것은 매우 어려웠다. 그 활동 실태에 대해서는 치안 당국도 그다지 많은 것을 알아낼 수 없었으며, 그 때문에 오늘날도 거의 알지 못하고 있다. 그들은 파리의 지도위원회와 연결되어 있어서 이론상으로는 놀라운 힘을 지니고 있었다. 이 지도위원회는 오를레앙파, 자코뱅파, 나폴레옹주의자, 그리고 정부 전복음모를 가진 공화파와의 조정을 담당했다. '도덕회'나 '절대회' 등이 독일 비밀 결사, 스페인의 프리메이슨이나 코무네로스, 그리고 '해방 동 맹'이라고 불린 러시아 그룹과도 연계되어 있었다. 이 전체 조직들을 통 합하는 조직으로서 '큰 하늘(Grand Firmament)'이라고 불린 수수께끼의 단 체가 마침내 제네바에 있다고 생각되었다. 이탈리아에서는 스브림 마에 스토리 페르페티가 중부와 남부에서 활동하는 카르보나리당과 연계되어 있었다. 접선 수단은 특별한 악수법, 비밀 코드, 눈에 안 보이는 특수 잉 크, 그 밖에 건강한 학생이 좋아할 여러 가지 장치 등이 있었다. 그러나 특히 부오나로티건 조직 전체이건 간에 음모를 기도해 성공한 적이 한 번도 없었고, 점점 더 미미한 세력으로 전락했다는 것은 주목할 만한 사 실이다. 게다가 1820년의 스페인처럼 봉기가 일어나고 정부가 전복되었 을 때 마르크스와 그 후의 레닌처럼 부오나로티는 정말로 놀랐다.

북부 이탈리아에서의 전복은 표면상으로는 존경할 만했다. 실제로 한 동안은 「일 콘치리아토레(Il Conciliatore)」라는 신문을 발행하여 '진보적' 이라고 간주된 낭만주의 문학, 벨이나 랭커스터의 교육법, 제러미 벤담 의 이론, 수력학, 증기 엔진 등을 보급했다. 롬바르드의 중산층 지식인 이 논의하던 것은 오스트리아인을 살해하는 것이 아니라 이런 주제들이 었다. 한편 과학에 무관심한 카르보나리 당원들은 더 피에 굶주리고 더 무시무시했다. 카르보나리의 기원은 프랑슈콩테 지방의 숯 굽던 사람 (charbonniers)이었다고 생각된다. 비밀주의를 지키며 무법자 직업인 숯 굽 는 사람들의 결사를 프리메이슨이 '근대화'하여 그것을 자코뱅 당원 출신 인 브리오가 이탈리아에 가져온 것이었다. 브리오는 프랑스 점령시 키에 타와 코센차의 행정관으로 근무했다. 카르보나리를 지원한 것은 영국으 로, 1812년의 러시아 원정의 대실패로 프랑스의 위신이 치명적으로 손 상을 입자 조직은 급속히 퍼져나갔다. 나폴레옹전쟁 후 카르보나리는 크고 작은 여러 도시에서 정부 내부에조차 동조자를 얻는 한편, 모든 유력한 도적단과 연계되어 있었다. 그러나 이런 연계는 시칠리아 섬 초기 마피아와 각지의 프리메이슨처럼 매우 부패했고, 정치에 정력을 쏟는 것 못지 않게 지위를 이용한 '거래'나 정치 부패, 상납금 갈취, 밀수, 살인 청부 암살 등에도 열중했다. 돈벌이에 관한 한 카르보나리 당원들은 꽤 실적을 올렸다. 그러나 정치라는 문제에 부닥치면, 북부 지방의 분리파교회 신도들처럼 그 지부들은 불확실하고 우유부단하며 의견이 나뉘었고 무력했다. 메테르니히가 1817년에 사적으로 지적했듯이 대체로 정치적 지하활동은 조금씩 계속 침투하는 상태에 있었다. "목적도 주장도 분열한 이들 모든 파벌들은 매일 바뀌었고, 내일이 되면 서로 싸울 수도 있었다."[81] 때로는 상류 인사도 포함된 소수의 교양 있는 이탈리아인들이 지하활동에서 구한 것은 독재정치가 가져다 준 권태로부터 도피하는 것에 지나지 않았다.

바이런의 이탈리아 생활

바이런이 아내인 아나벨라 밀뱅크로부터 도망쳐 1816년에 도착한 것은 이런 세계였다. 자신이 자진해서 택한 방랑생활의 일상이 그의 편지에 나타나 있다. "아무리 생각해도, 미스 밀뱅크는 모든 면에서 내 파멸을 위해 만들어진 것 같다. 그녀 덕분에 — 아니 그녀와의 별거 덕분에 — 나는 비탄에 잠겼다. 코끼리가 내 가슴을 밟고 지나가는 것처럼 느껴진다."[82] 그러나 곧 이탈리아는 다양한 매력을 발휘하기 시작했다. 그는 밀라노의 암브로시오 도서관에서 루크레티아 보르자의 — "가장 아름답고 근사하게 상상할 수 있는" — 머리털 타래를 관찰했고, 롬바르디아 평원에서는 산적을 만났으며("그들이 30명 정도 떼로 나타났다."), 베로나에서 캐풀릿의 무덤을 면밀히 살펴보고, 11월에―그가 "내 상상 속의 가장 푸른 섬"이라고 묘사한―베니스에 도착했다. 이 베니스에서 바이런은 완전한 향락주의 생활을 시작했다. '베니스의 상인'의 집에 방을 빌린 그는 곧 상인의 '영양 같은' 아내 마리안나와 사랑에 빠져 '억제할 수 없는 대륙적 스타일에 따라' 그녀를 유혹했다. 곧이어 "우리는 알프스 산맥 이쪽 편에 있는 가장 행복한 비합법 커플 중 하나다."라고 선언했다. 새해가 오기 전에 그는 또 다른 정부들을 두었다. "세 명―때때로 한두 명 더―중 한 사람으로부터 서로 만족한다는 솔직한 증거를 주고받지 않으며 24시간을 보낸 적은 결코 없었다."[83] 바이런은 오후 9시가 되어서야 문을 여는 극장들을 좋아했는데("이 모든 것이 내 취향이다"), 영국의 코벤트가든이나 드루어리 레인에서는 400파운드가 드는 데 비해 단 14파운드에 페니체 극장―"이 극장은 아름다움과 무대장치에서부터 우리 영국의 극장을 완전히 압도한다"―의 특등석을 한 시즌동안 이용할 수 있다는 것을 알았다. 또한 대운하 연변에 있는 몬체니고 궁전을 1년에 200파운드라는 싼값에 빌렸다. 그는 곤돌라를 소유했고 13명의 하인과 클레어 클레어몬트 사이에 낳은 딸 알레그라를 위한 유모를 두었다. 그는 거의 전부가 남자뿐인 집안에서 "내 부랑아들, 이런 저주받을 나쁜 무리와 여행하는 것은 처음이다."라고 말했다.

런던에서 빚 독촉에 몹시 시달렸던 바이런은 그가 이탈리아에서는 왕후 귀족처럼 살 수 있다는 것을 알았다. 2년 반 동안에 그는 5,000파운드를 썼다. "반 이상이 여자에 쓰였다. ……물론 나는 그 돈으로 상당히 많은 섹스를 했다. ……그것은 확실하다. ……나는 여자 한 명 당 적어도 200번은 섹스를 했다고 생각한다. 아마도 더."[84] 그는 지역 수도원에서 아르메니아 어를 공부해 플로렌스, 로마와 다른 마을에 갔고, 산적들이 단두대의 이슬로 사라지는 것을 보았으며, '젖먹이 유대인 할례식'을 참관했으며("나는 이탈리아에서 어른 세 명의 머리와 한 어린아이의 음경 포피가 잘려 나가는 것을 보았다."), 서로 경쟁하는 두 명의 정부가 주먹다툼을 하도록 자극했고, 영국인 관광객들—"입을 크게 벌리고 돌아다니는 한 무리의 눈에 띄는 얼간이들"—에게 욕지거리를 했으며, 한 부인에 의해 임질에 걸렸고 ("확실히 그 성관계는 돈 내지 않고 가진 것이었다. 돈을 내지 않고 관계를 갖고 난 후에 걸린 최초의 임질."), 포화 속에 다뉴브 강과 베레지나 강을 헤엄쳤던 슈발리에 안젤로 멘갈다를 리도에서 그의 왕궁까지 왕복하는 수영 시합에서 이겼다.[85] 당시 만드리니 왕궁에 있던 조르조네의 「템페스타(Tempesta)」가 마음에 들어 몇 번이나 보러가고, 또 다른 미녀 마르가리타—"주노의 형상—빛나는 눈과 달빛 아래에서 물결치는 아폴로 신전의 무녀처럼 키가 크고 원기 왕성한"—를 손에 넣었으며, 셸리와 함께 아무도 없고 황량한 리도 모래톱을 말을 타고 달리고 또 걸었으며, 셸리에게 「줄리앙과 마달로(Julian and Maddalo)」의 영감을 주고 대운하에 뛰어 들었다. 또 소화되지 않는 '스캄피라고 불린 아드리아 해의 어종'을 발견했고, 이탈리아에서는 전부 구할 수 없는 것들인 '칫솔, 가루 치약, 산화마그네슘(위장약), 마카사르 기름(머릿기름), 티눈 제거기'를 보내 달라고 고향에 편지를 보냈다.[86]

이 기간 동안 바이런이 놀면서 지내지는 않았다. 「차일드 해럴드의 여행(Childe Harold)」을 계속 쓰며 「돈 주앙(Don Juan)」의 대부분을 포함하여 상당히 많은 시, 희곡, 서정시를 썼다. 자신의 재정적인 문제들을 해결한 그는 뭔가 원대한, 가급적이면 전쟁과 관계가 있는 어떤 모험을 하기 위해 돈을 저축하기 시작했다. 상원에서 행한 몇몇 연설에 나타났듯이 어머니로부터 과격한 교육을 받았고 그의 정치활동은 결코 민주적이지 않았지만 항상 대중에 영합했다. 셸리의 사상에 대해서는 극단적이고 실행할 수 없으며 거의 터무니없다고 생각했다. 잉글랜드 내란이 시작될 때 의회의 고위직에 있는 자신을 상상해, 1819년 영국에서 민중이 봉기했다는 소문을 들었을 때는 귀국하여 "봉기에 이은 투쟁 속에서 '기마대'—를 지휘하여 캐슬레이를 쏠 것", "아무도 하지 않으면.... 나 자신이 그 일을 맡을 것이다."라고 말했다.[87] 그러나, 베니스에서 부친 어떤 편지에도 베니스의 정치에 대한 언급은 없었다. 이 점은 간과할 수가 없다. 오스트리아는 트리에스의 강화에 힘을 쏟아, 베니스와의 무역을 억제했기에 베니스인들이 불만으로 끓어오르는 것은 당연했다. 실제로 베니스는 대부분의 이탈리아 지역처럼 무기력했다.

그 후 1819년 4월 6일에 바이런은 자신이 "라벤나에서 온 로마냐 백작 부인과 사랑에 빠졌다."고 선언했다. 테레사 구이치올리는 "동틀 무렵처럼 매력적이고 한낮처럼 따뜻했다. 이를테면 이탈리아의 캐롤라인 램과 유사하지만, 그녀보다 훨씬 미인이고, 그녀만큼 거칠지 않았다. 다만 타오르는 듯한 빨간 머리는 똑같았다."고 말했다. 부유하지만 나이가 많고 인색한 백작은 라벤나에 시골 저택을 가지고 있었는데, 바이런은 테레사를 쫓아 베니스에서 라벤나로 가서 신부, 하녀, 패니라 불린 여자 친구, 흑인 사환을 포함하여 그들과 밀통(密通)을 가졌다.[88] 그들은 사랑하는 사이가 되었고, 바이런은 다른 여인들과 관계를 끊고 — "나는 매우 엄밀한 의미에서 불의의 생활을 하고 있다" — 구이치올리 저택의 2층으로 거처를 옮겼는데, '이른바 현장(quasi in the fact)'이 발각되어 백작의 분노를 샀다. 이전부터 딸의 남편을 못마땅해 했던 테레사의 아버지 감바 백작은 딸을 위하여 '재판상의 별거'를 교황에게 탄원하여 승인을 받았다. 테레사와 바이런, 감바 백작, 그리고 백작의 아들 피에트로 사이에 견고한 결속이 생겼다. 바이런의 친구들은 그녀와의 관계가 오래 계속되리라고는 처음엔 믿지 않았다. 실제로 토머스 무어에 따르면, 바이런은 1819년 10월에 이렇게 말했다고 한다. "톰, 자네가 이탈리아에 좀 더 일찍 왔다면 내가 빨강 머리의 상류층 여인과 도망을 가지 않았을 테니 내 구세주가 되었을지도 모를 일이네."[89] 셸리는 테레사를 다음과 같이 평가했다. "진실로 아름답고, 정이 많고, 티 없이 맑은 이탈리아 여인으로서 바이런 경을 위해 거액의 재산을 썼다. 내 친구의 성미를 생각하고, 그녀와 인간의 본성을 생각하면, 그녀는 장래 자신의 경솔함을 매우 후회할 것이다."[90] 그러나 실제로는 테레사는 바이런의 마지막이자 가장 오래 지속된 여인이었음이 밝혀졌다. 수 년 후 프랑스인이었던 그녀의 두 번째 남편은 파리의 사교 모임에서 아내를 소개할 때 작은 목소리로 "바이런 경의 마지막 연인이었다고 합니다(la dernière maîtresse de milord Byron)."라는 말을 덧붙이곤 했다. 테레사가 바이런에게 끼친 영향은 모두 이로운 것 뿐이었다. 그녀와 하나가 된 바이런은 다른 여자에게 마음을 빼앗기지 않았을 뿐만 아니라 분별 있고 이전보다 덜 이기적인 삶을 살도록 노력했다. 라벤나로 바이런을 방문했던 셸리는 그가 "건강을 완전히 회복하고 베니스 시절과는 정반대의 삶을 살고 있는 것을" 발견했다.

물론 바이런의 성벽이 모두 사라진 것은 아니었다. 이상한 동물을 주변에 기르는 성벽은 여전히 남아 있었다. 셸리에 따르면 바이런이 사는 주위에는 "하인들 외에 말 열 마리, 커다란 개 여덟 마리, 원숭이 세 마리, 고양이 다섯 마리, 독수리, 까마귀와 매가 각각 한 마리씩 있었고, 말을 뺀 나머지 동물들은 모두 집 주위를 돌아다녔다. 말릴 수도 없는 싸움을 해 종종 집안까지 그 소리가 울려 퍼졌다."고 한다. 여기엔 보충설명이 붙어 있다. "방금 현관의 큰 계단에서 공작 다섯 마리, 암탉 두 마리그리고 이집트 두루미 한 마리와 마주쳤다."[91] 그러나, 젠틀맨으로서 시창작만으로는 불충분하다고 여긴 바이런은 테레사를 통해 마침내 인생에 중요한 목적 하나를 발견했다. 감바 가문은 정치적인 가문이었다. 백작과 그의 아들은 카르보나리 지부의 멤버였기에 바이런도 그들에게 끌려 1820년 8월에 입당했다. 곧 이탈리아 민족의 통일에 사명감을 느낀바이런은 이탈리아 독립에 대한 열정이 온몸에 가득 차있음을 느꼈다.테레사를 통해 그는 직접 투쟁에 가담하게 되었다. 8월 말에 바이런은무어에게 다음과 같은 편지를 써 보냈다.

"영국인들이 박물관과 술집 이외에 이탈리아인에 대해 무엇을 알고있나? 나는 지금 이탈리아인의 집에, 외국인들의 영향을 가장 적게 받고가장 생기 넘치는 이탈리아 지방에 살고 있다네. 그들의 희망과 두려움그리고 열정을 보고 그 일부분이 되었으며, 거의 가족의 일원이 되었지.

이것이 있는 그대로 사람과 사물을 보는 것이라네."[92]

바이런이 말하고자 한 것은 여태껏 자신은 인습과 기존의 도덕에 대한 반역자에 불과했다는 것이었다. 그런 그가 이제는 확실한 목적을 갖게 되었다. 이탈리아 민족주의자들 사이에는, 그 내용은 분명치 않지만 뭔가 타격을 주고자 하는 바람이 1819년 내내 커져가고 있었다. 그러나 이런저런 계획만 넘칠 뿐이고 지휘하는 자가 없었다. 카르보나리의 지도자도 스브림 마에스토리 페르페티 회원도 모두 신호를, 외국으로부터의 신호를 기다리고 있는 중인 것으로 보였다. 1819년 가을에 피털루 학살에 대한 소문이 과장된 형태로 이탈리아에 전해졌다. 영국 맨체스터의 의용 농기병부대의 '도발'은 이탈리아인에게는 뜻하지 않은 행운으로 여겨졌다. 피렌체에 있던 무어가 들은 이야기에 따르면, 토스카나의 손꼽히는 민족주의 작가이자 '극단적인 반정부 인사'인 노콜리니가 "맨체스터의 학살은 영국의 자유를 위한 행운의 사건이다."라고 말하며 "대공이 오늘 밤에도 400명의 토스카나인들을 베어 죽일 명령을 내린다면 좋을텐데!"라고 외쳤다고 한다.[93] 그러나 그런 일은 일어나지 않았다. 오스트리아인은 냉정하고 정직하며, 어디까지나 관료적인 자세로 계속 묵묵히 일하며 공격을 받지 않으면 절대로 폭력을 쓰지 않았다. 그런 가운데 1820년 1월 1일에 스페인에서 자유주의의 쿠데타가 일어났다. 그 소식이 이탈리아에 전해지자 민족주의자들은 부끄러움을 느꼈다. 반비밀 신문인 「로마냐 콜렉터(Romagna Collector)」는 1820년 3월 30일자 지면에 "이탈리아가 유럽 최후의 국가가 될 것인가?"라고 물었지만, 거기에 반응한 것은 나폴리뿐이었다. 나폴리의 카르보나리는 불만을 가진 농민들이나 도적들과 연계되어있을 뿐만 아니라 군대의 하급 장교, 무역상인, 가게 주인, 그리고 몇몇 성직자를 포함해 중산층 사이에서 폭넓은 지지를 받고 있었다. 7월 1일 밤 군 장교와 카르보나리의 반란이 일어났다. 지휘자는 루이지 미니킨이라는 사제였다. 육군의 일부도 굴리에모 페페 장군의 인솔 아래 반란에 가담했다. 페르디난도 국왕은 항복하고 자신의 아들 프란시스코를 섭정으로 하는 스페인식 헌법을 채택했다. 카르보나리의 압력에 의해 소금세는 반으로 줄었고 일부 권력은 지방의 정치력 즉, 정치집단과 그들과 동맹을 맺은 무법자들에게 이양되었다. 오스트리아군은 트로파우 회의에서 맺은 열강의 결정에 따라 '치안' 회복을 목적으로 남하했지만, 섭정 정부는 극단적인 온건주의를 일관하며 그것에 어떤 대책을 내놓을 것인가에 대한 태도를 결정하지 못했다. 사태를 더 악화시킨 것은 2주일 후에 팔레르모에서 나폴리를 모방하여 일어난 반란이었는데, 그들은 나폴리로부터 시칠리아의 독립을 선언했다. 나폴리의 카르보나리들은 시칠리아 마피아를 통제하지 못했다. 자유주의 정부는 너무 격노하여 폭동을 진압하기 위한 군대를 보냈다. 이탈리아 전역에서 그 지역의 공모자들은 다음에 누가 봉기할 것인지를 기다리고 있었다. 롬바르디아에서는 아무런 행동도 취하지 않았다. 프랑스나 음모의 진앙지로 추정되는 제네바로부터도 아무런 지령이 없었다.

라벤나로부터 온 바이런의 편지에는 그의 초조하게 기다리고 있는 모습이 묘사되어있다. 바이런은 자신이 외국인이기 때문에 선두에 나설 수가 없었다. 그가 할 수 있는 일이라고는 고작해야 무기를 사서 집안의 동물들이 있는 방에 몰래 보관하는 것이었다. 소문이 엄청나게 떠돌았고 실제로 작은 충돌도 한두 번 일어났다. 1820년 12월 9일, 한 지휘관(소령)이 자신의 집 근처에서 저격을 받고 구조를 받기 위해 아파트까지 끌려왔다는 소식을 바이런은 들었다. 그러나 폭동과의 관련사항은 그것으로 끝이었다. 3개월 후 카르보나리 당원들의 봉기 계획은 밀고당하여 수포로 돌아갔고, 지도자 몇 명은 체포되었다. 1821년 2월 24일이었다. 바이런이 그 사실을 처음으로 알았던 것은 겁먹은 이탈리아 친구가 무기를 바이런의 집에 감춰놓을 수 있는지 물었을 때였다. 그는 별다른 생각 없이 이 요청에 응했다. 만약 그의 집을 수색했더라면 그는 추방되거나 그보다 더한 일을 당할 수도 있었다. 그로부터 10일이 채 안되어 오스트리아군이 페페 장군이 이끄는 나폴리 군을 리에티에서 격파했고, 일단 성공했던 남부 지방의 반란은 와해되었다. 그보다 이틀 뒤인 1821년 3월 9일에 북부 지방의 피에몬테 지역에서 마침내 반란이 일어났지만, 그 발발 시기는 반년이나 늦었다. 소규모 충돌이 일어나 열 명이 죽었다. 그 후 봉기가 일어난 도시들은 오스트리아와 사보이 군에 의해 곧 진압되었다. 4월이 되자 모든 상황이 종료되어 경찰들은 느긋하게 용의자들을 검거할 수 있었다. 6월 22일에 수염이 무서웠지만 마음이 착한 바이런의 베니스 출신 하인 티타가 체포되었다. 7월 10일에는 피에트로 감바가 수감된 후 추방되었다. 부유한 영국 귀족으로 유럽에 명성이 자자했던 바이런은 체포를 면했지만 큰 충격을 받고, 가을에는 당시 이탈리아에서 가장 지배가 느슨한 토스카나 지방으로 이주하는 것이 더 안전하다고 생각해 이주하여 피사의 방을 빌렸다. 이탈리아의 봉기는 그야말로 총체적인 대실패였다. 계획도 변변찮고, 지휘도 서툴렀으며 무엇보다도 지지자가 없었다. 이유가 어땠건—용기 부족과 심각한 불만거리의 부재 등—이탈리아에는 싸워서라도 독립을 쟁취하겠다는 의욕이 없었다. 비엔나 회의에서 정해진 국경은 1859년까지 유지되었고 그때에야 프랑스 군의 중재를 통해 겨우 바뀌었다. 그것을 역겨워하고 환멸을 느낀 바이런은 더 넓은 행동 영역을 생각하기 시작했다.

피사로 옮겨온 바이런은 셸리와 교분을 새롭게 맺고, 그 둘은 새로운 관심사인 바다를 발견했다. 일이 잘 되어 '군자금'을 손에 넣은 바이런은 제노아 조선소에 스쿠너 선을 만들었다. 볼리바르 호라고 명명한 것은 의미심장했는데, 그것은 또한 볼리바르의 독립운동에 참가한다는 대의명분을 갖기도 했다. 그보다 재산이 훨씬 적었던 셸리가 주문한 돈 주앙 호는 길이가 24피트밖에 안 되는 작은 배였으나 큰 쌍둥이 돛대와 스쿠너 장비를 갖춰 빠른 스피드를 낼 수 있도록 건조되었다. 셸리는 새로 사귄 친구인 동인도 회사의 에드워드 윌리엄스 중위와 함께 이 배를 더 빠르고 아주 가공할만하게 만드는 장비를 고안했다. 셸리의 사생활은 또 다른 위기에 봉착해 있었다. 두 번째 부인 메어리에게 싫증을 느끼고 아름답고 기타를 칠 줄 아는 윌리엄스의 아내 제인과 사랑에 빠져 있었기 때문이다. 1822년 7월 8일 셸리와 윌리엄스는 장비를 장착한 리보르노에서 셸리 부부와 윌리엄스 부부가 공동으로 빌린 여름 별장이 있는 레리치로 돈 주앙 호를 몰고왔다. 폭풍우가 일어나고 있어 배를 띄우지 말라는 경고를 받았지만, 돛을 올리고 항해에 나섰다. 폭풍우가 쳤을 때 그들을 마지막으로 본 사람의 증언에 따르면, 한 사람—아마도 스피드광이었던 셸리—이 돛을 내리려 하는 다른 사람의 팔을 '화가 난 것처럼' 붙들고 있었다고 했다. 그 배는 해안으로부터 10마일 떨어진 곳에서 돛을 모두 올린 채 침몰해 두 사람 모두 익사했다.[94] 이렇게 해서 또 한 사람, 강렬하게 불꽃을 피우던 시인이 사라졌다. 그 전 해에는 키츠가 로마에서 폐결핵으로 죽었다. 바이런은 셸리가 원했던 대로 장례식을 해안가에서 바이킹 식으로 치렀다.

이 비참한 사건을 통해 바이런은 에드워드 제임스 트릴로니라는 탐험가와 밀접한 관계를 맺었다. 트릴로니는 1821년에 터키의 지배에 항거하여 봉기한 그리스 민족주의자와 관계를 맺고 있어서 그 영향으로 바이런은 젊은 날에 가슴을 설레며 여행했던 그리스 땅에 이번에는 해방자로서 돌아간다는 생각에 사로잡혔다. 시기 또한 무르익어서 바야흐로 유럽의 자유주의 지식인 사이에서는 라틴 아메리카 대신에 그리스가 시대의 주요 현안으로 떠오르고 있었다. 독립운동은 초기에는 약간의 성공을 거두기도 했지만, 셸리가 익사하기 3개월 전인 1822년 4월 터키는 무서운 잔혹행위를 저질렀다. 키오스 섬에서 반란을 일으키려고 한 그리스 선박이 먼 바다 쪽에서 모습을 드러내자, 그 섬의 터키 총독은 그것을 미연에 방지하려고 대학살을 감행했다. 여태껏 양쪽에서 잔혹한 대규모 살육을 되풀이했지만 이번 학살은 특히나 유럽인의 관심을 모았다. 앞에서 살펴본 대로 들라크루아는 이것을 소재로 삼아 최고의 걸작을 완성했다. 로시니는 오페라를 구상해 마침내 「코린트의 포위(The Siege of Corinth)」를 창작했다. 유럽 급진주의자에게는 그리스가 마치 1930년대의 스페인이나 1960년대의 베트남처럼 비쳐져서 키오스 문제는 그들에게 게르니카나 밀라이(My Lai, 1968년 베트남 전쟁 당시 미군에 의한 학살 사건이 일어난 곳─옮긴이)가 되어버렸다. 1823년 3월 3일 존 캠 홉하우스, 존 보링 경, 토머스 고든, 그 밖의 22명의 '그리스의 친구'가 런던 그리스위원회를 설립하고 그리스를 돕기 위한 모금 활동이나 무기 구입, 의용군 파견에 동분서주했다. 위원회는 또한 파리, 뮌헨, 슈투트가르트, 베른, 마드리드, 마르세유, 취리히 등지에도 손을 뻗쳐 마침내 8개의 의용부대가 만들어졌다. 런던 그리스위원회가 구성되고 한 달이 지났을 때 그 지지자의 한 명이자 아일랜드에서 선장을 지낸 에드워드 브라키어라는 남자가 제노아에 살고 있던 바이런을 방문해, 그가 그리스에서 지휘를 맡고 싶다고 간청했다. 6월 초에 드디어 결정이 내려졌다. 바이런은 볼리바르 호를 팔고 돛이 세 개 있는 쾌속선 '헤라클레스' 호를 빌렸다. 그리고 트릴로니에게 편지를 쓰고는 그리스에 함께 갈 것을 요청했다. "나는 마침내 그리스에 가기로 결정했다. 그곳은 내가 일찍이 만족을 느꼈던 유일한 곳이다."[95]

터키가 지배하는 방식

바이런은 그리스 사회의 구조와 터키가 그리스를 통치하는 방식에 대해 이미 어느 정도 알고 있었다. 그리스 독립을 주장하는 대의가 아직은 생각만큼 그리 크지 않다는 사실도 깨달았다. 그러나 바이런이 가진 지식은 다소 시대에 뒤떨어져 있었고, 상황은 1811년 이래 훨씬 더 복잡하고 악화되고 있었다. 오스만 터키 제국은 16세기에 최고로 강했고 17세기에도 여전히 가공할 만한 힘을 가졌으나 18세기가 되어서 쇠퇴의 조짐이 명백해져 공중 분해되는 과정에 있었는데, 그리스의 반란은 그 과정의 일부에 지나지 않았다. 강대국 두 나라가 그 전리품을 얻으려고 경쟁하고 있었다. 러시아는 북에서 남하하여 1768년에서 1774년, 1787년에서 1792년 등 두 번에 걸친 탐욕스런 전쟁으로 터키를 쳐부쉈다. 목적은 흑해를 장악하여, 콘스탄티노플을 기독교 신세계로 되돌려주고 동시에 발칸 반도의 기독교 민족들에 대한 러시아의 지배권을 확립하여 지중해 진출로를 확보하고, 서아시아에서 발판을 강화하는 것이었다. 프랑스는 프랑스혁명이 일어나기 훨씬 오래 전부터 터키 몰락 후의 동 지중해에 프랑스 식민지를 창설하여 인도와 캐나다에서 영국에게 뺏긴 손실을 보상하려고 노력했다.[96] 프랑스는 키프로스, 크레타 섬과 이집트를 차지하려는 야심을 갖고 있어서 근대화와 군사원조를 미끼로 오스만 터키의 궁정에서 매우 높은 지위를 차지하고 있었다.

터키 내에서는 근대화 추진파와 이슬람 원리주의자 사이에서 종종 피를 부르는 격렬한 논쟁이 되풀이되었다. 서구 지향의 터키인은 터키가 군사 기술에서 러시아와 프랑스 같은 나라들에 뒤떨어져 있으며 영토 분할을 피하기 위해서는 전쟁을 하는 방법에 대해 근대적 사고방식을 도입하는 것 외에는 달리 대안이 없다는 점을 지적했다. 원리주의자들의 견해는 역사 편찬가인 바시프가 1800년경에 쓴 이 글에 나타나 있다.

"제국은 체면을 버리고 적[러시아]과 같은 종류[기독교도]에 속한 사람들[프랑스인들]로부터 익숙하지 않은 군사학의 가르침을 받는 수치스러운 짓을 해서는 안 된다. 성공과 실패의 여부는 전능한 신에 달려 있다. 기독교 국가의 생각은 이와는 정반대로 창조주가 개개의 특정한 문제들에 대해서는 아무런 역할도 하지 않는다 ─ 이건 당치도 않다! ─ 는 철학자들의 교의를 따르고 있다. 전쟁은 그와 같은 특정한 문제의 하나이기 때문에 그들은 물질적인 전력이 우세한 쪽이 승리한다고 믿는다. 그러나 승리가 단순히 탁월한 전쟁 무기에 달려 있고 그런 무기가 없으면 패배한다는 것이 어떻게 가능할 수 있나? 그러므로 프랑스로부터 도움을 받는 것…… 직접적이고 결정적인 재앙과 치명적인 결과를 초래할 것이다. 그들의 목적은 반드시 우호적인 것이 아니며, 기독교도들을 믿는 것이 허용되어서는 안 된다."[97]

이런 왜곡된 견해를 길게 인용한 것은 성직자뿐만 아니라 군인 계급까지 포함해 1820년대 말까지의 터키 내 다수파의 의견을 대변하고 있기 때문이다. 프랑스 군사 고문을 받아들인 개혁주의자 사드라잠(총리) 할릴 하미드는 1785년에 해임되어, 다른 서양 지지자와 함께 암살되었다. 보스포루스 해협에 버려진 그의 시신에는 '이슬람 법과 국가의 적'이라는 구호가 붙어 있었다. 1789년에 권좌에 오른 셀림 3세는 파리에 파견된 터키 고문단이 근대 국가의 특징이라고 생각했던, 다음에 열거하는 사항을 근거로 더 신중한 개혁을 시작했다. 즉 (1)규율 있는 군대, (2)건전한 재정, (3)교육과 애국심이 있는 공정한 관리, (4)법과 질서의 체계로 확고하게 유지되는 경제적인 번영 등이었다. 셀림은 젊은이들을 서구에서 교육받도록 보냈으며, 종교적 색채가 옅은 젊은 세대들로만 구성된 10인 위원회를 자문기관으로 임명했다. 그들은 파리, 런던, 빈, 베를린, 마드리드에 대사관을 두고, 프랑스 군사 전문가를 채용하여 사관학교를 세웠다. 1807년 5월에 울라마(성직자), 예니체리(왕궁 수비대), 데레베이(봉건 영주와 지방 귀족), 아인(기타 저명인사)이 연합하여 권력을 잡고 모든 젊은 서양의 지지자들 ─ 모든 터키인들을 프랑스 사람처럼 옷 입히려는 음모를 꾸몄다는 죄목으로 고발되었다 ─ 을 살해하고 예니체리 독재정권을 세웠다. 여기서 원리주의자와 살아남은 개혁주의자 사이에 타협이 이루어져서 새로운 술탄으로 마흐무드 2세(1803~1839)가 즉위하는 동시에 잇티파크(Ittifak, 맹약)라고 불리는 일종의 헌법이 만들어졌다. 이것은 다양한 터키 통치 기구의 기능을 하나하나 명문화하고 통치자와 피통치자를 확실하게 구분하려는 최초의 시도였다.[98] 그러나, 실제로는 전통적인 방식들이 그대로 남아 있었고 뒤에 살펴보듯이 원리주의자들이 처음으로 패배를 맛본 것은 마침내 1826년이 되면서부터였다. 1800년경부터 등장한 새로운 요인으로는, 영국이 동 지중해에서 영향력을 증대하기 시작했다는 사실이다. 영국은 러시아와 프랑스의 의도를 좌절시킬 목적에서 이를 위한 최선의 방법으로 오스만 제국을 유지하려는 입장을 취했다.[99]

그동안 콘스탄티노플 정부는 구태의연한 방식으로 제국을 계속 통치했다. 서양 세계는 이 방식을 이해할 수가 없었다. 서양인은 정통주의자였건 입헌주의자였건 간에 권력을 정확히 보여주는 일련의 규칙이 있고, 법률을 통해 모든 것을 통제하는 방식이 당연한 것이었다. 터키에서는 중국과 일본을 포함한 대부분의 동양 독립 국가들에서처럼 통치자는 이론적으로는 절대적인 권력을 가졌지만 실제로는 그 권력이 일련의 사적 거래에 의해 하위 인사들에게 이양되어 있다. 이 거래가 어떻게 이루어지고 어떻게 이루어지지 않는지에 대한 법칙이 전혀 없었고 결국은 모든 것이 황제와 지방 통치자의 개선 능력과 무력에 달려 있었다. 앞에서 살펴본 것처럼 북아프리카에서는 전부 그런 것은 아니지만 대부분의 힘은 알제, 튀니지와 트리폴리의 지방장관들에게 이양되어 있었다. 이집트에서는 뒤에 상세히 다루겠지만, 1805년부터 쭉 무하마드 알리(1769~1848)가 지배권을 쥐고 있었다. 그리스에서는 '야니나의 라이온'으로 알려진 알바니아인 회교도 알리 파샤(1741~1822)가 점차로 세력을 넓혀갔다. 바이런은 그 야만적인 궁정 문화를 1809년부터 1810년에 걸쳐 관찰한 후 『차일드 해럴드의 여행』에서 훌륭하게 묘사해 놓았다. 이 오스만 제국의 붕괴는 스페인의 세력이 아메리카에서 붕괴된 것과 동시에 진행되었는데 이 두 가지 경우 모두가 진보적인 유럽의 여론이 반란을 일으킨 자들의 편을 들었다. 하지만 터키와 스페인에는 중요한 차이가 있었다. 스페인과 그 식민지는 같은 언어, 문화와 종교를 갖고 있었다. 그에 비해서 발칸 제국에서 터키의 지배는 군사적 점령으로, 그 지배자는 오히려 이질적이고 혐오스러운 문화를 갖고 있었고 인종도 종교도 달랐다. 그리스는 페르시아 제국 시절 이래 아시아 유목민 무리들의 침입으로부터 유럽을 지켜냈다. 1820년대에 그리스와 터키는 오늘날까지 계속되고 있는 대륙 간 충돌의 최선봉에 서 있었다. 적어도 그리스 지도층은 특히 프랑스나 영국, 독일을 향해 독립을 주장할 때 그렇게 주장했다. 그러나 현실은 사뭇 달랐다. 터키와 그리스는 수 세기동안 점령자와 피점령자의 입장에서 발칸 반도에 함께 살았고, 많은 점에서 타협하며 살았다. 알리 파샤의 오랜 통치기간은 이 타협 정신이 활짝 꽃피운 시대였다. 알리 파샤는 살인과 약탈을 통해 권력을 잡고 오랜 나폴레옹전쟁으로 촉발된 폭력과 불안을 최대한 이용했다. 라틴 아메리카에서처럼 나폴레옹전쟁은 기존의 권위에 도전하는 반란자에게 우호적인 태도를 취하여, 어떤 때는 프랑스, 어떤 때는 영국, 또는 두 나라로부터 서서히 원조의 손이 뻗쳐왔다. 알리 파샤는 번번이 이편 저편 옮겨 다니며 성공을 거두었다. 또한 그는 대량으로 생산되어 팔리고 약탈당하고 보급되는 등 근대 무기의 입수가 가능해지자 거칠고 재빠른 방법을 이용했다. 영국과 프랑스 양쪽으로부터 무기를 입수해 자신의 병력을 현대적인 머스킷 총과 라이플 총뿐만 아니라 대포까지 무장시켰다.

이리하여 그리스의 이슬람교도 가운데 최고 권력자의 지위를 확립한 '야니나의 라이온'은 옛날부터 있어온 오스만 방식을 이용해 자신의 뜻대로 움직일 수 있는 특정 엘리트들을 키워나갔다. 우선 이 엘리트들은 첫째로 교회 지도자층과 제국의 통치에 참여하는 고위 공직자들인 파나리오테―이 단어의 어원은 등대(파나루)인데, 콘스탄티노플 등대가 있는 지역의 관청이 있었던 데서 유래한다―들이었다. 알리 파샤는 이 엘리트에 세 종류의 지방 집단을 추가했다. 펠로폰네소스 반도에서는 대지주와 세금 징수 청부인, 모든 섬 지역에서는 선주와 무역상인, 그리고 매우 중요한 것이 특히 루멜리아 지방에서는 아르마톨로스로 알려져 있는, 인가 받은 준 군사 집단의 우두머리들 등이 있다.[100] 왜 아르마톨로스가 그렇게 중요했을까? 여기서 다시 서양은 사고방식을 근본적으로 바꿀 필요가 있다. 서양인은 사회를 바라볼 때 법을 준수하는 부류와 죄를 짓는 부류를 확실하게 구분했다. 그러나 앞에서 이미 살펴본 것처럼 라틴 아메리카에서는 그 구분이 애매하다. 독립전쟁 속에서 해방자는 도적으로, 도적은 해방자로 바뀌어버렸다. 사병이 번창한 스페인에서도, 그리고 남부를 중심으로 자유주의파 비밀결사가 어느 사이엔가 폭력단과 강도단이 되어버린 이탈리아에서도 그 구별은 애매하게 되었다. 그러나 이탈리아에서 도적은 역시 명백하게 도적이어서, '악마 형제(Brother Devil)', '대흑마단(Big Saber)'과 '흑의단(Black Belly)' 등과 같이 그에 걸맞은 별명으로 불린 데 반해 그리스의 도적들은 '아가멤논', '소크라테스', '아킬레스', '네스토르' 등으로 불리며 사회적으로 크게 존경 받는 지위에 오를 수 있었다. [101]

그리스의 산적들

오스만 터키의 세력이 쇠퇴함에 따라 그리스의 무정부 상태가 확대되었다. 특히 해안 지방에서는 나폴레옹전쟁으로 인해 해적 행위를 비롯한 불법 행위가 한층 심해졌다. 농민들은 내륙으로 도망가거나 저지대를 버리고 산으로 들어갔다. 버려진 경작지는 목초지로 변했고, 지역의 부의 기반은 고기, 우유와 양털, 또한 경제적·정치적 권력을 생산하는 양과 염소로 점차 옮겨갔다. 종종 1만 마리를 넘는 엄청난 양떼는 우두머리의 명령에 따라 움직이는 말을 타고 양을 모는 목동 2,000명에 이끌려 계절에 따라 겨울 초지와 여름 초지를 오갔다. 그리고 목초지 소유주와 양떼 소유주간에 제휴가 이루어졌다. 유럽 북서부 고원지대—스코틀랜드가 아주 적절한 예였다—에서 예부터 있어온 목축사회가 붕괴하고 있었던 데 반해 그리스에서는 점점 더 강해지고 있었다. 알리 파샤는 이 기라성 같은 족장 사회의 지배자 무리 가운데서도 걸출한 인물이었다. 그는 농민으로부터 뺏을 땅을 치프리크(chiflik)라고 불린 광대한 사유지로 통합해 겨울의 목초지로 삼고, 엄청난 수의 양을 소유해 말을 탄 남자들은 양

몰이 겸 전사로 활용함으로써 자신의 정치적인 힘을 늘려나갔다.[102]

이 불안정한 사회에서는 파샤 후대의 그 누구도 위협에서 자유롭지 못했고, 법이 아니라 오로지 힘만이 자신의 재산을 지켜줄 수 있었다. 어느 누구도 스스로를 보호받기 위해 이름뿐인 중앙 정부에 의존하지 않았다. 충성의 대상은 각 지방에 있었다. 족장을 중심으로 가족, 의형제, 종교부모(godparentage) 등으로 결합된 광범위한 일족이 정치조직을 만든다고 할 수 있다. 족장은 일족을 보호해주는 대신 다툼을 중재하고 범죄 행위에 대해 벌을 주며 행동 규범을 세우며 통치했다. 외부로부터의 위협은 사방에서 올 수 있었지만, 지역 내에서는 크레프트(klepht)라고 불린 산적이 위협적이었다. 그들은 사회에서 성공할 수 없어 산으로 들어가 폭력에 의존해 살 수 밖에 없던 채무자, 죄수, 도망자, 사회에 적응하지 못한 사람, 범죄 희생자, 모험가 등의 무리였다. 크레프트는 무방비한 여행자들을 강탈하거나 때때로 단체로 마을을 공격하고, 양이나 대상(大商)과 관리가 통과해야만 하는 길목에서 기회를 엿보았다. 19세기 지식인들이 시, 오페라, 소설에서 그들의 행위를 낭만적인 영웅으로 묘사하거나 20세기의 학자들이 선구적인 사회 혁명가로 분류하는 경향이 있으나 이것은 당시의 믿을만한 증거들과는 정면으로 배치된다. 남아 있는 진술 기록에 따르면, 크레프트의 구성원은 원래는 양치기였다던 젊은이가 불법으로 체포되었다거나, 상속 유산을 사기 당했다거나, 그 밖의 비슷한 불만이 원인으로 작용해 16, 17살 때 산으로 들어간 경우가 많다. 거의 모든 산적이 법률적인 후원자를 두었다. 그런데 세상을 깜짝 놀라게 하는 강도질을 하거나 몸값을 요구하거나 군인을 죽이거나 해서 후원자를 곤란에 빠뜨리는 짓은 하지 않았다. 자신들에 대한 추적이 집요했기 때문이었다. 군대를 만나면 대개는 도망을 쳤다. 주요 수입원은 강도짓이 아니라 농민들로부터 받은 기부금과 지주로부터 받은 보호료였다. 양을 이동시키는 주인들과도 거래를 했다. 3,000~4,000마리 단위의 떼로 움직이는 양들은 산에서 겨울철 목초지로 내려올 때 종종 농작물을 손상시키기 때문에 막을 필요가 있었기 때문이다. 산적들이 그 양떼를 막는 역할을 했다.

양치기 출신이 많은 크레프트는 양치기들을 존경했지만 농민들은 착취되어야할 대상으로 여겨 경멸했다. 어느 서양인의 관찰에 따르면, "크레프트는 습관적으로 기독교인을 약탈하고, 드물게 회교도를 살해했다……. 그들은 폭학의 산물이지만, 자기 자신도 그 폭학을 영속시키는 큰 원인이 되고 있으며, 그렇지 않다고 생각하는 건 엄청난 잘못"인 것이었다. 크레프트들은 가장 두려워하지 않는 사람들인 가난한 사람들을 주로 공격했다.[103] 그러나 그들 자신도 대부분 가난한 집안의 출신으로, 세상이 가혹하므로 가진 게 없는 사람들인 자신들의 범죄는 정당하다고 생각했다. 체포된 산적들의 소지품에는 비싼 무기들—은으로 상감된 총을 갖는 게 그들의 꿈이었다—과, 무거운 은 쇠사슬, 망원경, 비싼 바지, 시계, 영국, 프랑스, 네덜란드, 오스트리아, 러시아 주화 등이 포함되어 있었다.[104] 그들의 옷은 남루했고 더러웠다. 식기는 농민의 집에서 훔친 주석을 입힌 구리 접시였다. 각자가 토바(tova)라 불리는 큰 자루를 갖고 있으며, 그 안에는 빵을 만들 밀가루와 소금 그리고 치즈가 들어 있었다. 여자를 동료로 받아들이지 않는 엄격한 '법'이 있었기에 노석만은 완전한 남성사회로서 대부분이 미혼이었다. 유력한 그리스 지도자들이 크레프트에 어린 소년들이 합류하는 것을 좌절시키려 한 것을 보면 동성애가 성행했었을 지도 모른다.

여자들이 없었기 때문에 산적들은 스스로 피타(Pita)라는 빵을 만들고, 언제나 휴대하고 다니는 튼튼한 창가죽으로 구두를 수선했으며 실과 바늘로 의복을 꿰맸다. 걸치는 옷은 몸에 꼭 끼는 바지, 무릎까지 오는 면이나 모로 된 킬트, 면 셔츠, 모로 된 조끼, 혁대처럼 허리를 감는 천, 가죽 벨트, 테두리 없는 모자, 침낭 역할을 하는 모로 된 외투 등이었다. 주식은 피타 빵과 치즈였지만, 산양이나 양의 고기가 손에 들어올 때는—금욕기간은 제외하고— 꼬챙이에 꿰서 구운 고기를 더 좋아했다. 닭고기는 도회지 사람들의 먹을거리라고 하여 경멸했다. 쇠고기를 먹는 습관은 없었다. 구운 고기는 여러 부분으로 잘려 제비를 뽑아 분배했다. 그 후에 우두머리가 어깨뼈를 '읽고' 길흉을 점쳤다. 때때로 수도원에서 가져온 포도주와 라키 술을 마시기도 했다. 대개의 경우 포도주가 없었고, 마실 것이라곤 물이나 자체적으로 만든 조악한 술뿐이었다. 그들 패거리는 혈연이나 양육관계로 맺어진 10~20명으로 구성되어 있었다. 그보다 더 규모가 크면 의식 해결이 어려워 그 지역 농민들과 마찰을 빚었다. 결과적으로 그들은 가능한 한 항상 관리와의 싸움을 피했고 화기는 지녀도 사용하지 않았다. 그들의 주된 무기는 기아타간(giatagan)이라고 불린 긴 단검이었다. 그들은 항상 무거운 짐을 지고 끊임없이 이동했으며, 민첩하게 양에 투자하지 않으면 부자가 되기가 극히 어려웠다. 단적으로 말해 그들의 삶은 검소하며, 엄격하고 잔인했다. 체포되면 그들은 자백할 때까지 고문을 당했다. 반대로 그들이 고문을 할 때는 가슴에 끓는 기름이나 버터를 붓고 코나 귀 한쪽 또는 양쪽 모두를 베어 버리거나 도끼와 돌로 무릎을 부수었다.[105] 농민들은 적어도 다른 권력자만큼 그들을 두려워했다.

알리 파샤가 폭넓게 사용한 수단은 그런 크레프트 무리의 지도자를 사면하고 산적 행위의 감소에 협력시키는 것이었다. 아르마톨로스라는 것은 무기 소지가 정식으로 허용된 준군사조직으로, 그 우두머리는 카피타노스(kapitanos)라고 불리고, 각각 아르마톨릭이라고 불리는 산적들의 활동 지역을 위임받았다. 크레프트의 우두머리가 카피타노스가 된다는 것은 그가 도적으로서 성공하여 평판이 높고 강력한 부하와 많은 양을 소유한 집단을 구축한 것이기 때문에 이 점을 확실하게 이해할 필요가 있다. 도적 집단 리더들의 야망은 무용에 의해 정부 당국에게 알려져, 그 결과로 비합법적 신분에서 합법적인 신분으로 바뀌는 것이 허용되는 것이었다. 카피타노스에 뽑힌 크레프트의 우두머리는 기독교 유명인사들 앞에서 터키 정부로부터 정식으로 허가를 받고, 보안을 제공하는 대신에 세금을 징수할 권리가 주어졌다. 실제로 그것은 폭력단의 합법적인 보호료 갈취 행위였다. 알리 파샤의 시대에서 아르마톨로스의 증가는 1820년대까지 루멜리아, 테살리아, 에피루스와 마케도니아 남부에서 그들이 파워 엘리트가 되었다는 것을 의미했다. 그 지역 민요 가운데 어떤 산적이 유명하고 부유한 카피타노스가 되었다는 이야기가 흔히 불려진다. 가장 널리 칭찬을 받은 카피타노스는 게오르기오스 카라이스카키스였다. 그는 15세에 산적이 되어 카피타노스까지 올라갔다. 자신이 사생아라는 것을 자랑하며 입버릇이 상스럽고 성질이 급했지만 용감성을 보여준 부하에게는 관대하고, 전리품인 값 비싼 보석으로 장식된 번쩍거리는 옷을 입고 사람들 앞에 나섰다.[106] 평가가 엇갈리는 또 한 사람이 있다. 자신의 열세 살 된 딸을 트릴로니와 결혼시킨 오디세우스 안드로우트소스라는 남자였다. 그는 알리 파샤와 내기를 해서 이긴 것으로 유명했다. 알리 파샤는 자신이 보유한 말 가운데 가장 빠른 말과 경주하여 만약 오디세우스가 이긴다면 하렘에서 가장 아름다운 여자를 취하고, 진다면 대신 목을 받겠다는 내기를 했다. 오디세우스는 용감하고, 규율이 엄하며, 부하들을 잘 알고, 부하들로부터 존경을 받지만 동시에 두려움의 대상이었으며, 보수를 후하게 주고, 폭 넓은 연고 관계를 갖고 있고, 맹렬하지만 경솔하지 않으며, 뚜렷한 목적이 있는 경우에만 난폭하고, 필요할 때만 잔혹하며, 고결함과 관대함을 함께 갖고 있다고 알려져 있었다. 어떤 사람들은 그가 기만적이고, 피에 굶주렸으며, 탐욕스럽고 거리낌이 없고, 독립된 지방의 지배자가 되는 것 말고는 어느 것에도 관심이 없다고도 말했다.[107]

그리스 독립운동이 기반이 된 것은 이렇게 그리스인 자신들이 통제하는 수많은 준군사조직의 존재였다. 1820년에 알리 파샤는 술탄에 대항해 반란을 일으키고 독립을 향해 한 발짝 더 앞으로 나아갔다. 터키 정부가 1822년에 알리를 암살했지만 그 일이 있기 전에 대립하는 이슬람 세력 사이에서 격렬한 싸움이 벌어지고 그리스의 카피타노스들은 그것을 방관하면서 확실하게 힘을 쌓아 갔다. 그 사이에 스페인과 나폴리에서 일어난 자유주의파의 봉기가 주변에 영향을 끼친 결과, 1821년 봄에는 피리키 에타이리아(Philiki Etairia)라는 우애단(Society of Friends)이 그리스의 독립을 선언했다. 이 운동의 중심 지도자는 본래 알렉산드로스 마브로코르다토스(1791~1865)나 존 카포디스트리아(1776~1831)같이 외국에 거주하면서 교양도 있는 서구화된 그리스인으로서 의회정치나 법치 체제, 근대 교육 등의 수용 계획을 갖고 있었다. 실제로 카포디스트리아는 알렉산드르 1세의 주요 각료 중 한 명이자 빈 회의 결정의 기초자였다. 그러나 그들에게는 군대가 없었고, 그리스 본국에 추종자도 거의 없었다.

초기에 혁명이 성공을 거둔 것은 주로 카피타노스들이었지만, 그 의도는 필리키 에타이리아와는 아주 달랐다. 대부분의 카피타노스들은 오로지 뺏을 수 있는 마을만을 점유해 자신들의 봉지를 세웠다. 오디세우스는 아테네의 지배자가 되었다. 디미트리오스 마크리스는 아이토리아에서 절대적인 권력을 쥐고 그곳을 가족 사유지처럼 지배했다. 아드리트소스 시아파카스는 크라바리의 지배자가 되었다. 그들을 비롯한 다른 카피타노스들은 새로운 그리스 의회의 초대 대통령으로 독립전쟁을 책임진 마브로코르다토스에 거의 귀를 기울이지 않았다. 이슬람교도가 제해권을 갖게 되면 그리스 재정복의 발판이 되는 주요한 요새들이 아직 터키인 수중에 남아있기 때문에 그 탈환 작전에 협력하려고 하지 않았다. 대신에 카피타노스들은 종종 ― 라틴 아메리카와 마찬가지로 ― 독립적인 군벌처럼 처신했고 자기들끼리 영토분쟁을 계속했다. 그들은 자신들의 이익에 부합되는 경우에는 터키인들과도 거래했다. 임시 정권의 의원으로 근무한 각지의 주교들은 종종 알리 파샤나 술탄 때보다 카피타노스 때가 더 잔혹하게 농민들을 다뤘다고 한탄했다.[108]

바이런의 죽음

　바이런은 국제적인 명성과 함께 낭만주의와 시니시즘(cynicism)이 기묘하게 혼합된 성격을 지녔기에 도적들의 심리를 아주 명확하게 이해할 수 있었다. 바이런이야말로 그리스인들을 통합하고 마침내 통일국가의 초대 지도자가 되기에 적합한 사람이었을 수 있다. 그러나 그의 행동은 느렸다. 헤라클레스 호는 1823년 7월 16일 이탈리아를 떠났다. 트릴로니, 피에트로 감바, 바이런의 믿음직한 시종 플레처와 수염을 기른 티타도 동료로 같은 배를 탔다. 첫 번째 기항지는 당시 영국의 보호령이었던 이오니아 제도지만, 당국은 바이런의 상륙을 저지했다. 코르푸 섬이 유럽 지원병들의 중계지가 되어 영국의 중립주의를 손상시킬까봐 두려워했기 때문이었다. 9월 초 제도 중 한 섬에 상륙하며 그리스 땅을 밟은 바이런은 그곳 메타사타라는 마을에서 앞으로 무엇을 해야 하는지에 대해 심사숙고했다. 군자금은 많았지만 그것은 '영향력을 살 수 있는' 정도에 불과해 군대에 지불하기에는 모자랐다. 그리스 정부의 총 세입은 겨우 연 8만 파운드였고 모든 희망은 런던에서 돈을 빌리는 데 달려 있었다. 그리스 내의 모든 사람들은 바이런이 전쟁을 이길만한 재산을 갖고 있는 억만장자라고 생각했다. 그리스 전역의 군사령관이나 총독들은 자신들이 전개하고 있는 것이야말로 독립운동의 핵심 주체라고 바이런에게 협조를 요청했다. 솔리옷(Souliotes)이라고 불리는 알바니아 기독교도도 바이런이 자신들을 고용해주기를 바랐다. 바이런이 이 상충되는 탄원들을 분류하고 무엇을 할지 결정하는 데는 다소 시간이 걸렸다.

　1823년 11월 22일 해링턴 백작의 상속인으로 런던위원회에 바이런의 보좌관 역할을 자청했던 레스터 스태너프 대령(1784~1862)이 메타사타에서 바이런과 합류했다. 스태너프는 부에노스아이레스 원정과 인도의 마라타 전쟁을 통해 전투 경험이 풍부했지만, 독립운동 추진을 위해 저널리즘을 어떻게 사용하면 좋을까 하는 문제에 주요 관심을 모으고 있었다. [109] 그리스에 도착한 스태너프가 재빠르게 한 일은 병기고의 건설과 군수품 조달, 그리고 병원, 과학 연구소, 학교, 영국과 왕래하는 우편 서비스를 위한 계획 등이었다. 그는 레판토, 파트라이, 리오 그리고 안티로의 요새를 점령하는 것이 얼마나 중요한지를 강조하며 그리스인들에게 전략에 대해 강의했다. 스태너프의 계획으로는 비정규군 1,600명, 12~18파운드의 포 6문, 독일 포수 50명, 포선 2척과 그리고 런던위원회가 사들여서 울리치 병기공장의 전문가 윌리엄 패리의 감독 하에 이송 중인 배 한 척분의 콩그리브 로케트 등이 있으며, 이것으로 이들 요새들을 빼앗을 수 있었다. 바이런의 스태너프에 대한 평가는 높지 않아, "해로우라든지 이튼의 고학년 학생들이나 할 만한 지나치게 거창한 공상"이라고 하며 그를 바보 취급했다. 그는 행동을 보고 싶어 했고 스태너프가 너무 말이 많다고 비난했다. 스태너프가 인쇄기를 사용해 여러 나라 말로 만들어 배포한 선전지 「그리스 속보(Telegrafo Greco)」는 바이런의 경멸의 대상이었다. "군인인 스태너프가 글로 터키 사람들을 이기려고 전력을 다하며, 작가인 내가 싸움을 해 이기려고 전력을 다하는 것이 묘하다."고 바이런은 불평했다. [110]

1824년 1월 6일 바이런은 마침내 본토에 있는 미솔롱기로 건너갔다. 그는 런던에서 모금을 하고 있는 그리스인의 노력이 결실을 맺을 것이라고 믿었다. 대출이 미래의 국가를 담보로 하여 그리스 정부 앞으로 실행될 것이기 때문에 현금이 그 나라의 수반인 마브로코르다토스의 수중에 들어와야만 하고, 돈이 들어오기만 하면 여러 파벌들이 그 앞에 무릎을 꿇게 될 것이라고 믿었다. 바이런이 미솔롱기에 간 것은 자신이 이 계획을 지원하고 있다는 것을 알리는 데 있었다. 그러나 대출을 받는 데는 시간이 걸렸다. 협상의 전권을 위임받은 두 명의 대표가 1월 말에야 런던에 도착했다. 런던 위원회는 그들을 위한 연회를 길드홀에서 열었는데 중요한 사실은 외상 캐닝이 참석했다는 점이었다. 이리하여 런던 은행들과의 계약서 조인이 2월 27일에 이루어졌고 이틀 뒤 공채가 발행되었다. 대출은 액면 가격으로는 80만 파운드였지만 발행가격은 액면의 59퍼센트였기에 47만 2,000파운드의 돈이 모였다. 그 가운데 실제로 31만 파운드가 그리스로 송금되었다. 이자율이 5.5퍼센트여서 그리스 정부는 매년 4만 파운드를 갚아야만 했다. 반면에 투자자들이 이자나 원금을 한 푼도 빠짐없이 되돌려 받는다는 보증은 전혀 없었다. 런던위원회는 바이런이 그 돈이 틀림없이 신중하게 쓰여지도록 할 이상적인 사람이라고 생각했다.

그동안 바이런은 쉬지 못했다. 그는 자신이 봉급을 주는 솔리옷 500명을 포함하여 독립군 2,000명을 모집했다. 그리하여 레판토 요새를 점령했지만, 그의 계획은 터키 해군 전대의 도착으로 지연되었다. 패리와 로켓 부대가 2월 7일 항구에 도착했지만 싸움터에 도착한 이 웨일스 사람이 제일 먼저 벌린 일은 술자리를 마련하는 것이었다. 민간인 기능공들인 그의 부하들은 폭발물을 훔치려고 저장창고를 습격하려 했던 솔리옷 병사 때문에 겁에 질려 영국으로 돌려보내 줄 것을 요청했다. 헛되게 시간이 흘러가는 데 짜증이 난 스태너프는 아주 심한 열병에 휩싸였던 미솔롱기에서 벗어나 아테네를 항해 출발했다. 서로 싸우는 파벌들을 화해시켜 연합 전선을 구축하여 공세에 나서려고 결심했던 것이다. 4월 마지막 주 살로나에서 여러 파벌들이 모이기로 회합을 주선한 스태너프는 바이런에게 초청의 편지를 써 보냈다. "미솔롱기의 습지에서 건강을 해치거나 악화가 되면 목숨을 잃지 않도록 조속히 떠나시기를 간청 드립니다." 편지를 전달해 달라는 요청을 받고 미솔롱기로 가는 도중에 트릴로니는 병사들을 만나 바이런이 사망했다는 소식을 들었다. 바이런은 열병에 걸렸었다. 초기에 의식이 있었을 때 그의 반응은 진영에 있던 의사들을 자신의 주위에 근접하지 못하도록 한 것이었다. 의사들의 특효 처방은 사혈(瀉血)이었는데, 바이런은 항상 그것을 두려워했다. 그러나 열병이 창궐하자 바이런을 세상의 무엇보다도 소중히 했던 그의 친구와 추종자들이 그를 걱정하며 의사의 권유에 따르라고 간청했다. 병약해진 그는 마침내 그 간청을 받아들였고, 의사들은 경쟁적으로 열심히 치료에 매달렸다. 바이런이 4월 19일에 죽은 것은 실제로 지나치게 피를 많이 흘렸기 때문일 것이다. 이렇게 해서 유럽의 시대정신의 기수가 역사의 무대에서 사라졌다. 영국에 있는 원래의 소속부대로 복귀하라는 강제명령을 받은 스태너프는 바이런의 시신과 함께 영국에 돌아갔고, 영국 파견부대의 지휘권은 다른 사람의 손으로 넘어갔다.

바이런의 마지막 무렵에 쓰인 편지들은 그리 낙관적이지는 않았지만, 그래도 바이런이라면 통일의 상징이 될 가능성이 있었다. 바이런이 없자 모든 것은 마브로코르다토스의 어깨에 달린 형편이었다. 마브로코르다토스는 교양 있는 지식인이었다. 7개 국어에 능통했고, 1819년에는 피사에서 메어리 셸리에게 그리스어를 가르쳤다. 그러나 전쟁지도자로서는 결코 적합하지 않았다. 나우프리온으로 수도를 옮긴 그리스 정부는 '영국의 돈'이 도착하기를 초조하게 기다렸다. 독립 투쟁의 과정에서 그리스의 모든 악당들이 나타났다. 보스티사의 대주교였던 안드레아스 론도스는 1809년에 바이런과 같이 술을 마셨다고 주장하고 그 후 거의 술취하지 않은 날이 없었다. 스태너프에게 "터키인처럼 생활한다."고 말한 가스토니의 대주교 시시니스는 매춘부, 군인, 쓰레기와 빈곤함에 둘러싸여 자기 고장의 고급 포도주 글라렌사를 마셨고 그 때문에 스스로를 '클래런스 공작'이라고 불렀다. 1824년 가을 대출금의 1차 분인 8만 파운드가 마침내 도착하고 뒤이어 5만 파운드가 왔다. 그 많은 돈을 향해 "영국 만세(Zito I Anglia)!"라는 함성이 울려 퍼졌다. 영국인 목격자 가운데 가장 신뢰할 수 있는 조지 핀레이는 이렇게 기록했다. "루메리옷의 카피타노스와 군인들은 많은 뇌물을 받고 자신들의 동포를 공격했다. 적지 않은 금액이 입법회의의 의원들과 공무원이라고 불린 쓸모없는 많은 이들에게 분배되었다. 속으로 자신이 중요한 사람이라고 생각한 사람은 모두 무장한 사람들의 선두에 서기를 원했고 수백 명의 민간인들이 스코틀랜드 지도자처럼 킬트 복장을 한 일련의 추종자들과 함께 나우플리온 거리를 행진했다. 돈이 오기 전에는 누더기 옷을 입고 빈약한 보급품에 연명해 살았던 파나리옷과 의사들······. 화려하고 값비싼 알바니아 의복을 입고 번쩍거리는 새 무기를 들며 그 뒤를 키가 작은 피리 연주자들과 키가 큰 하인들이 따르며 사치스러운 생활을 뽐내는 산적 모습으로 나타났다······. 나우플리온의 광경을 보면, 여기가 굶주림과 싸우면서 자유를 얻으려고 한 가난한 나라의 수도라는 사실을 잊어버리게 만들었다."[111]

무하마드 알리와 이집트

그런 가운데 독립운동은 생각하지도 않은 곳으로부터 타격을 입었다. 터키 본국에서는 원리주의의 세력이 약화되기는 했으나 아직 건재했던 반면에, 이집트에서는 상황이 전혀 달랐다. 무하마드 알리라는 한 사람의 모험심, 탐욕과 불굴의 정신 덕분이었다. 알리는 나폴레옹, 웰링턴 및 잭슨과 동시대 사람으로 그들과 마찬가지로 정치가이자 군인이었는데, 여러 면에서 그들 모두보다 가장 확고한 성공을 거두었다. 알리 역시 경이적인 존재였다. 우리가 지금 제3세계라고 부르는 곳에서 나타난 최초의 개혁가이자 폭군이었다. 일찍이 루이 16세의 정부가 기도했던 중동 확보 계획이 처음 실행에 옮겨진 것은 1978년 여름의 일이었다. 나폴레옹 군이 7월 1일 이집트에 상륙하여 처절한 전투를 치르고 3주 후에 카이로에 입성했다. 그러나 8월 1일에 넬슨이 나폴레옹 함대를 격파해 식민지를 획득하려는 프랑스의 야망은 실패로 끝났다. 1년 뒤 나폴레옹은 프랑스로 돌아갔고, 남았던 프랑스군은 1801년 8월에 영국 지상부대에게 항복했다. 영국군은 아미앵 조약에 따라 1803년 3월에 철수했지만, 터키와 달리 이집트는 한 번이 아니라 두 번이나 서양 열강의 점령을 경험한 결과 일반 민중들이 각성하기 시작했다.

나폴레옹은 카이로에서 '디완(Divans)'이라고 불리는 준대의제(準代議制)의 국정회의를 새롭게 두도록 했을 뿐만 아니라 민중 봉기를 선동했다. 이것은 이슬람 세계의 정치에서 지금껏 없었던 새로운 무기였다. 이것은 영국군이 철수한 뒤 오스만 터키 군대의 부사령관으로 부임한 무하마드 알리의 마음을 사로잡았다. 알리 파샤처럼 무하마드 알리와 그의 부하들은 알바니아 출신이었고 마찬가지로 야망에 불타올랐다. 부임한 지 2년이 채 안되어 알리는 우마르 마크람이라는 선동정치가를 이용해 시장의 기술자나 카이로의 빈민, 그리고 알 아자르 대학의 학장을 이용해 학생을 결속시켰다. 1805년 알리의 말 한마디에 모든 상점이 문을 닫았다. 카이로 빈민들이 들고 일어나, 채소가게 주인을 우두머리로 삼아 시민군을 조직했다. 알 아자르 대학의 울라마(ulemas, 이슬람 학자·종교 지도자 — 옮긴이)는 성권을 외쳤다. 이리하여 오스만 터키의 지배는 불명예스럽게 붕괴했다. 일단의 젊은 장교들이 권력을 잡는 이런 중동 형의 반란은 20세기에는 일반적인 것이 되었지만, 1805년의 시점에서는 충격적이고 새로운 사건이었다.[112] 터키 정부는 알리를 총독으로 임명하는 것 외에는 달리 대안이 없다는 사실을 알았다. 총독에서 물러나게 된 쿠르시드 파샤는 "나는 펠라힌(fellahin, 평민)에 의해 추방된다."는 불평어린 말을 남기고 떠나갔다.

실제로 이 반란에서 승리를 얻은 인간은 알리 한 사람을 빼고 아무도 없었다. 특히 카이로의 빈민은 말할 것도 없었다. 우마르 마크람은 곧 망명하고, 결집한 민중은 지배자가 누구인지에 대해 혹독한 가르침을 받았다. 대학의 울라마들은 겁먹은 꼭두각시로 바뀌었다. 수 세기동안 그럭저럭 이집트를 통치했던 오래된 맘루크 군벌들은 1811년 3월 축하행사 때 카이로 성으로 유인되어 학살당했다. 이렇게 피를 흘린 후 알리는 세금 징수의 원천인 토지를 비롯해 맘루크의 재산 모두를 자신의 개인 경제권에 흡수 합병하는 일에 착수했다. 1815년에 알리는 이집트의 절대적인 독재권을 확립하고 토지와 재산의 대부분을 자기 소유로 만들어 버렸다. 서양의 외교사절이나 중동 전문가—나폴레옹의 나일 강 원정 이후 새로 생긴 전문직종—는 맘루크 지배가 끝난 과정에 교묘하게 눈을 돌리면서도 결과적으로는 박수를 보냈다. 그러나 그 생각은 보기 좋게 빗나갔다. 그들은 알리가 서양화의 길을 걸으며, 헌정 개혁, 언론 자유, 대중 교육, 우편 서비스 등 스태너프 대령이 그리스에서 추진한 벤담 식 공리주의의 묘약을 채택할 것이라고 생각했다. 실제로 알리는 군대를 근대화하고 함대를 창설하며 자체적으로 무기를 제조하는 일에 서방의 도움을 기꺼이 받았다. 하지만 자신의 수입을 늘리고, 국내에서의 지배력을 공고히 하며, 무엇보다도—자신의 제국을 건설하는 준비과정으로써—군사력을 확대하는 것과 관계가 없는 개혁은 마음에 들어 하지 않았다. 1815년 이후 몇 년 동안 알리는 나폴레옹 휘하의 육·해군 출신 장교를 대거 고용해 자신의 군대를 훈련시키고 기병, 포병, 군인병원, 공병학교나 해군학교의 창설에 매달렸다. 그리고 특별히 노예 가운데 특히 우수한 인재를 뽑아, 정규 정예부대를 만든 것도 프랑스 출신 장교들로부터 도움을 받았다. 1820년부터 1830년 사이에 걸쳐 알리는 아마도 세계 최대의 노예 거래를 행하여 농아프리카는 물론 수단과 나일 강 전 지역에서 노예를 끌어 모았다. 또한 프랑스 총영사의 도움으로 징병 제도를 도입하여 엄청난 수의 농민을 강제로 군대에 편입시켰다. 이것이 '펠라힌 승리'의 실상이었다.[113]

입헌주의와는 거리가 멀었던 알리의 국내 통치는 오스만 터키에 의한 학정의 연속이었는데, 알리 자신이 국정 감독의 눈을 부라리며 확실히 효율적으로 통치했기에 정치 체제는 여러 면에서 더욱 강압적으로 변했다. 오리엔트의 전제군주제의 실태에 대해 역사상 처음이라 해도 좋은 정확하고 상세한 기록이 남은 것은 에드워드 윌리엄 레인의 노력과 예리한 관찰 덕분이다. 뛰어난 수학자이자 판화조각가이기도 한 레인은 건강 때문에 1820년대의 거의 대부분 기간을 이집트에서 보낸 뒤 방대한 기록물과 그림을 갖고 귀국했다. 그것을 바탕으로 그가 저술한 책을 통해 동양에 대한 새로운 창이 열렸다.[114] 레인에 따르면 알리의 최대 피해자는 주로 농민들이었는데, 다른 기준보다는 그들의 지불 능력에 따라 제멋대로 세금이 부과되었다는 게 문제였다. 이것은 본질적으로는 파라오 시대의 과세 제도와 같았다고 한다. 알리는 전에 개인이 소유한 토지를 사실상 모두 몰수하고, 토지의 원래 주인에게는 토지의 넓이에 상당하는 연금을 명목상으로는 평생 지급하는 것으로 만들었다. "그러므로 농민은 살고 있는 오두막과 경우에 따라서는 약간의 가축 및 저축한 돈 일부를 제외하고는 자녀에게 남겨줄 것이 없었다." 알리는 종교단체와 자선단체의 토지도 강탈했다. 유일한 토지 소유자였던 알리는 지방과 지역의 지사를 통해 모든 마을의 족장에게 위에서 아래로 차례로 압력을 가해 세금 수입을 늘려나갔다. 징수 수단은 태형(bastinado)이었다. "마을 사람들이 책정된 세금을 내지 못했을 때는 형벌로써 종종 족장이 매질을 당했다……. 펠라힌은 세금을 내지 못해 매 맞은 채찍자국을 자랑했고 종종 그들에게 가해진 매의 숫자를 자랑하는 소리가 들렸다." 레인은 이렇게 덧붙였다. "암미아누스 마르켈리누스(로마 제정 말기의 역사가—옮긴이)는 4세기에 묘사한 이집트인과 똑같았다." 암미아누스가 묘사한 말 그대로 펠라힌은 말했다. "간단하게 납부를 하게 되면, 농민은 점점 더 많이 지불하게 된다."[115]

레인의 기록에 따르면 카이로는 비밀경찰이 지배하고, 그 비밀경찰은 알리가 장악한 알바니아 군대의 관리 아래에 있었다. 비밀경찰은 신분을 나타내는 제복을 입지 않았다. 그들의 첫 번째 임무는 커피숍에 가서 귀를 쫑긋 세워 듣는 일이었다. 두 번째 임무는 세금 납부를 강제하는 것이었다. 우두머리에 해당하는 왈리(Wali)는 '공창(public woman)'을 관리했다. 공창도 모두가 알리에게 세금을 바쳤다. 그러나 이 세금은 때때로 청부로 맡겨졌다. 민간 세금 징수인에게 임대한 것이다. 어디선가 어느 여자가 간통했다는 소리가 왈리의 귀에 들어가면 그 여자는 즉각 매춘부로 분류되어 세금이 물려졌다. 경찰은 군인들과 함께 야경(夜警)을 돌았다. 일몰 한 시간 반 후부터 통행금지였는데 그 시간 이후에 집밖에 있는 사람은 장님을 제외하고는 손전등을 갖고 다녀야만 했다. 그렇지 않은 사람은 이렇게 검문을 받았다.

"누구냐?"

"시민이다."

"하나님이 유일신임을 증명하라."

"하나님 외에는 신이 없다."

야간 순찰 때 왈리는 격렬하게 흔들면 불꽃이 타오르는, 서양의 각등과 같은 시아레(shealeh)를 든 사람과 형 집행인을 항상 동반하고 다녔다. 통금을 위반하면 즉석에서 매질을 당했다. "경찰 우두머리에게는 기소 없이 자유 재량으로 범죄자나 위반자를 죽일 수 있는 권리가 있었다." 하위 경찰에게도 이 권리가 있었지만 실제로는 거의 사용하지 않았다. 낮에는 모테십(Mohtesib)이라고 불린 관리가 저울을 든 남자를 앞세우고 형 집행인과 호위병을 뒤따르게 한 채 말을 타고 시장을 돌아다녔다. 상법 위반이나 탈세를 즉석에서 조사하고 매질이 즉석에서 행해졌다. 레인은 이렇게 기록했다. "언젠가 나는 한 남자가 빵의 무게를 속여 팔았기 때문에 전혀 다른 방법으로 벌을 받는 모습을 보았다. 그 남자의 코는 구멍이 뚫렸고 거기에 너비가 약 한 뼘, 두께가 손가락 굵기의 빵 한 조각이 실에 묶여 늘어져 있었다. 그는 음부를 가린 천 조각 하나를 제외하고는 발가벗겨져, 채찍질을 당했고 팔은 뒤로 결박되어 발은 중심가에 있는 아슈라피예 회교 사원의 창살에 묶여 있었다. 발은 문턱에 닿은 채 거기에 약 세 시간 동안 여러 사람 앞에서 벌을 받았다." 레인은 1825년에 모테십이 자주 범죄자의 귀를 잘랐으며, "적정 무게보다 2온스가 부족한 고기를 판 푸주한은 그 벌로 그의 등 부위의 살 2온스를 잘라내는 벌을 받았다."고 말했다. 어느 버미첼리(vermiccelli, 아주 가느다란 이탈리아식 국수—옮긴이) 파스타 판매인은 자신의 구리 난로 위에 강제로 앉혀져 "지독한 화상을 입을 때까지 그대로 있어야 했다!"고 전한다. 푸주한들은 대개 "코에 갈고리를 끼워놓고 그 갈고리에 고기 덩이를 걸어 놓는" 벌에 처해졌다. 레인은 한번은 시장 감시인들이 명백한 이유도 없이 벌로 토기 물동이 장수의 항아리 전부를 그의 머리에 대고 때려 박살내는 것을 보았다.[116]

이런 처벌은 법정에 회부되지 않고 집행되었는데, 레인의 이야기에 따르면 재판 쪽이 어떤 의미에서는 오히려 더 제멋대로였다고 한다. 재판에는 육체 고문뿐만 아니라 뇌물이라는 요소도 개입했기 때문이었다. "어떤 죄로 고발된 사람이 그 혐의를 부인하고 유죄가 될 충분한 증거가 없을 경우, 대개는 자백을 유도하기 위하여 일반적으로 발바닥 때리는 벌에 처해졌다……. 이 벌을 받고 나면 대부분의 도둑은 '악마가 유혹해 내가 훔쳤다.'고 자백했다." 경범죄에 대한 처벌은 강제노동이나 군 복무였다. 정부에 돈을 내고 자리를 산 카디(Kadi)라고 불리는 주임 재판관이 있었지만, 판사석에 앉은 사람은 나이브(naib)라고 불리는 대리관이었다. 실제로 재판의 진행은 말을 이해하는 바히 트르그만(Bahi Truguman)이라고 불리는 통역사 우두머리들이 담당했다. 체포 순간부터 재판에 이르기까지의 모든 단계에서 1피아스터(2페니) 내지 2피아스터의 적은 금액이었지만 뇌물이 오갔다. 토지 재산이 걸린 사건의 경우, 카디는 자산 가치의 2퍼센트를 받았고 유산 분쟁의 경우에는 4퍼센트를 받았다. 재산과 관련이 없는 경우에는 나이브가 수수료를 책정해 극히 작은 금액을 받는 서기까지 재판소의 모든 관리들이 그 몫을 받았다. 레인은 다음과 같이 썼다. "원고와 피고의 계급, 또는 그들이 낸 뇌물이 종종 재판 결과에 영향을 미치는 경우가 많다. 오래 걸리는 소송의 경우 등 특히 양측 모두 뇌물을 바치는데 재판 결과는 더 많은 뇌물을 준 쪽에 유리하다." 독자가 이 이야기를 믿지 않을 것이라고 생각한 레인은 당시 카이로의 최고 무프티(Mufti, 종교재판관)였던 엘 마흐디의 비서관을 지냈던 이만으로부터 들은 깜짝 놀랄 재판의 실례를 상세히 기술했다.[117]

법무관의 지위는 죄다 돈으로 샀다. 특히 고위직의 지위는 알리로부터 직접 샀으므로, 알리는 재판에서 나오는 수입의 일부를 자기 몫으로 챙겼다. 그러나 주가 자산의 대부분을 차지하는 자신의 재산과 관련된 소송에 대해서는 알리나 알리 가족이 직접 판결을 내리고, 재산을 훔친 것으로 드러난 사람은 반드시 처형되었다. 이집트의 정치는 기본적으로는 알리 자신이 임명한 일련의 자문기관에 의해 집행되었기 때문에 권한의 양도란 없었고, 모든 것을 중앙 정부에서 처리했다. 또한 알리는 술탄에게 공물을 보내는 일을 게을리 하지 않았고, 코란의 기본법을 그 나름대로 존중했지만 어디에도 법의 지배란 없었다. 그의 통치권엔 제한이 없었다. "알리는 재판의 형식에 구애받지 않고, 어떤 이유도 대지 않았으며 부하 누구라도 사형에 처할 수 있었다. 단순히 손을 수평으로 움직이는 것만으로도 충분히 의미가 통했다."[118] 하지만 레인은 알리가 아주 잔혹한 사람이라기보다는 엄격한 사람이었다고 강조하며, 그의 장점 가운데 하나로 이집트인이 외국인과 이교도를 모욕하지 못하도록 한 사실을 들고 있다.

이 마지막 부분은 서양의 모든 국가 정부에게 중요했다. 수에즈 지협을 통해 동양으로 가는 육상로를 이용하는 사람의 수가 급속히 늘어나고 있었기 때문이었다. 군대를 증강하여 지배권을 확대한 알리는 성지를 방문하는 서양 기독교인들의 안전과 예절바른 대우를 보증했다. 영국이나 프랑스, 독일 정부로서는 움직임을 예측할 수 있으며, 그때까지 서양의 이익을 존중해 주는 강렬한 인물이 카이로에서 권력을 장악하는 것이 편리했다. 1813년부터 1814년 사이에 알리는 토지를 조사했다. 그 목적은 토지 수입을 증대하는 것이었지만, 그 조사는 '진보'로 비쳐졌다. 봉급을 받는 공무원 제도가 도입되었다. 봉급이 지불되는지에 대해서 서양인들은 묻지 않았다. 인쇄소가 세워지고 관보가 발행되었다. 이것도 진보의 명백한 신호였다. 그러나 주로 인쇄된 것은 정부가 퍼지기를 원했던 뉴스뿐이었다. 200명의 유학생을 외국으로 보내 행정과 그 밖의 제국에 걸맞은 기술을 배우게 했다. 이것도 또한 의심할 나위 없이 진보였지만 그 목적은 지배력을 아라비아와 나일 강 상류까지 확장하려는 것이었다. 그러나 영국에 있어 알리의 탐욕은 좋은 것이었다. 앞에서 살펴보았듯이 1814년과 1818년에 알리가 사우디아라비아의 와하비파를 패배하게 만든 것이 영국의 페르시아 만 정책에도 잘 부합하고 해적 행위를 진압하는 데도 유용했기 때문이다.[119] 나일 강 상류까지 진출하려는 알리는 폭포 너머 그리고 청 나일 강과 백 나일 강이 만나는 곳까지 진출했다. 동기가 정말로 금과 노예를 얻기 위한 것이었다면 그것은 앞으로 아프리카의 주요 하천에 증기선을 보낸다는 영국의 정책과 맞아 떨어졌던 것이다.

알리의 내륙 진출은 세속적 의미를 갖고 있기도 해서 내륙 지방의 원리주의자들을 자극해 재림 구세주인 마흐디(Mahdis)라고 불리는 사람들이 선동하여 반란을 종종 일으켰다. 이 반란은 1899년의 옴두르만 전투를 정점으로 1880년대 이후에 영국과 이집트가 함께 직면하는 원리주의의 강력한 반발을 예견한 것이었다. 한마디로 말해 무하마드 알리는 어떤 면에서 잔인무도했지만 강대국들에게는 서로의 이익을 위해 거래를 할 수 있는 인물이었던 것 같다. 자신의 백성을 대한 방식은 지나친 면이 있을지도 모르지만, 그것은 어디까지나 알리 자신의 개인적인 문제에 불과했다.

터키의 서구화

더욱이 세금과 군사력을 증대하는 데는 제한적이었지만, 알리의 개혁이 성공했다는 것은 그의 권위가 나일 강 계곡 상류에서 아라비아, 팔레스타인, 시리아의 대부분에 미쳤다는 사실만 봐도 명백하다. 콘스탄티노플이 이 같은 현상을 주목하지 않을 수 없었다.[120] 마두드 2세는 신중하게 알리와 같은 노선을 취했다. 그런데 1820년에 어떤 면에서는 알리보다도 마무드의 근대화 쪽이 훨씬 앞섰다. 알리가 벨라 랭커스터의 조교법(학생들끼리 서로 가르치는 집단교육법 – 옮긴이)을 도입했을 때도 그것은 육군 사관학교에만 국한시켰는데 반해 마무드는 1824년에 터키의 모든 국민을 대상으로 초등교육의 의무제도를 실시했다. 그때의 포고령은 다음과 같았다. "우리 회교 신앙에 따르면 종교 원리를 아는 것이 무엇보다 중요하고 모든 세상적인 고려 사항보다 우선하는 데 반해, 대부분의 사람들은 요즈음 자녀들을 학교에 보내는 것을 피하고 돈을 더 빨리 벌기를 원하며 자녀가 5, 6세 때 장인이나 도제로서 장사를 가르치는 것을 선호한다. 이것은 문맹 그리고 종교에 대한 무지로 연결되며 결국 우리 불행의 원인이 되어왔다. 이런 이유들 때문에 어느 누구도 앞으로는 자녀가 성인이 될 때까지 학교에 가는 것을 금해선 안 된다."[121] 비인격법이라는 생각을 터키에 도입한 것도 마무드의 중요한 업적 가운데 하나이다. 특히 아달렛(adalet)이라는 용어는 19세기의 터키에서 모든 인간을 신조나 사회적 지위와는 관계없이, 제정된 법에 따라 모든 사람에게 평등하게 공정한 대우를 하는 것을 의미하게 되었다. 샤리아(seriat)라고 불리는 이슬람법이나 카눈(Kanus)이라고 불리는 개개의 통치자의 고유의 법령과는 달리 아달렛은 정의 바로 그 자체였다. 신(코란)과 신에 의해 지명된 통치자, 달리 표현하면 신의 대리자 이외에 정의의 근거가 있다는 것을 나타냈기 때문에 이것은 세속주의적인 개념이었다. 이 개념을 널리 퍼뜨리기 위하여 마무드는 소수 민족 공동체 특히 그리스인, 아르메니아인과 유대인을 이용했다. 그 목표는 밀레트(millets) 체계를 폐지하는 것 즉, 인종과 종교를 — 똑같이는 아니지만 — 완전히 분리한 주민 단위를 폐지하는 것이었다. 아이러니하게 이 정책은 서양 공사들의 강한 반발을 일으켰다. 그 대표격이 점차 영향력을 더해가던 영국 외교관 스트래트포트 캐닝(1786~1880)이었다. 캐닝은 가톨릭교도, 그리스 정교도, 프로테스탄트 밀레트 — 사실상 오스만 영토에서 사업을 하는 모든 유럽인들 — 에 대해 치외법권의 인정을 요구했다. 서양으로부터의 이 반대가 세속주의에 걸림돌로 작용했다. 터키 국내에도 장애가 있었다. 예니체리(yenicheri, 터키의 친위보병—옮긴이)가 그들을 화나게 한 개혁파를 살해하였는데, 1826년 마무드가 용단을 내려 예니체리 여단을 전면 폐지할 때까지 계속되었다.[122] 그 후에 마무드는 부서별 우두머리를 임명하고, 권한을 명확하게 규정한 행정부서를 설치했다. 그 중에는 교육, 무역, 농업, 산업 등 유용한 업무를 담당할 특별부서(Board of Useful Affairs)도 있었다.

그때까지는 복장의 개혁과 사치의 규제 정도로 만족해야만 했다. 마무드는 턱수염 특히 긴 수염—턱수염은 1820년대까지 유럽에 거의 없었다—을 싫어해, 가위를 갖고 다니며 턱수염을 잘랐다. 불필요하다고 여겨지는 리본도 발견 즉시 잘랐다. 물론 남성의 경우였다. 여성의 복장에 손을 댈 만큼 대담하지는 않았다. 그리고 터키식 안장과 동양의 말 타는 방식을 싫어했으며 전국을 즐겨 찾아다니며 이런 주제를 놓고 설교를 했다. 각료들을 만날 때는 상대에게도 앉으라고 권했다. 증기선을 타고 프랑스어를 배우려고 노력했다. 예부터 있어 온 터키식 악단을 해산하고 독일식 악단을 새로 만들었다. 반바지(breech), 스타킹, 서양식 코트, 긴 바지를 입고 신하들에게도 그대로 따르도록 명령을 내렸다. 그는 특히 대부분의 터키 남성들이 착용하는 오그라진 코가 있는 큰 신발과 자루 모양으로 헐렁헐렁한 바지 그리고 전통적으로 재봉사가 등급을 매긴 장식용 소지품을 크게 싫어했다.

1820년대까지 터키인은 누구나 특징이 되는 훈장, 보석, 색깔, 모양과 크기에 따라 출신, 사회적 또는 종교적 지위, 직업과 경력이 자세히 구별되는 자신의 이력을 옷에 달고 다녔다. 마무드는 그때 이것을 통일하려고 하고 있었다. 터키의 종교계 전체는 물론 많은 서구인들이 이에 반대했다. 이 무렵 전국을 시찰하며 논평을 했던 마르몽 장군도 '신분의 구별을 폐지하는' 이 시도에 대해 아주 비판적이었다. 그러나, 『터키 스케치(Sketches of Turkey)』를 통해 1820년대 터키에 대해 가장 균형감 있는 기록을 남긴 미국인 제임스. E. 드케이는 마무드가 이미 벌여 놓은 변화를 합법화했을 뿐이라고 지적했다. 터키군이 '가죽 끈으로 단단히 묶은 질기고 실용적인 구두'를 좋아해 그들의 '헐겁고 뒷굽이 닳는 슬리퍼'를 버렸고, 병사의 모든 행동에 방해가 되었던 그들의 '풍선처럼 부푼 거대한 풍선 바지(chaksheers)'를 '모직으로 만든 서양 바지'로 대체했으며, '몸에 맞는 짧은 청색의 상의가 좋아, 번쩍거리고 길게 늘어지는 가운(jubbee)과 겉옷(bayneesh)'을 포기했다는 것을 드케이는 발견했다. "걸어 다니는 독버섯을 연상시키는, 종종 해어져 있고 흔히 더러웠던, 모양과 색깔이 몹시 다양한 터번이 이제 '정수리로부터 우아하게 늘어진 푸른 술이 있는 깔끔한 빨강 모자'에게 자리를 내주고 있는 모습"을 보고 드케이는 특히 기뻐했다. 단적으로 말해서 터키 군인들은 이제 "어느 유럽국가의 정규군과 거의 구분할 수 없었다."고 드케이는 말한다. 터키인들 특히, 종교인들 가운데 계급을 나타내는 터번은 특히 민감한 의상의 중요한 품목이었다. 마무드는 군대의 터번을 당시 유럽군 사령부가 채용했던 차양이 장착된 높은 모자로 대체하는 데는 실패했다. 이슬람법에 모든 신도들이 기도하는 동안 앞이마를 땅에 반드시 대도록 되어 있다고 울라마들이 고집하는 바람에 차양은 안 된다고 하여 결국 터키군의 모자는 이집트 군인처럼 평범한 형태의 '페즈(fez, 터키모자)'로 결정되었다.[123]

1821년에 일어난 그리스의 폭동은 특히, 군사적인 면에서 터키가 서구식 모델을 따라가는 데 박차를 가하게 되는 계기였다. 사실상 그 영향은 기대 이상이었다. 알리는 지배력을 공고히 하고 확장하는 한편, 언제나 술탄을 자신의 주인으로 인정하고 술탄의 소원을 들어줄 준비가 되어 있다고 언명했다. 그러나 그것은 무리하지 않는 범위 내에서 그리고 비교적 싼값으로 보답하겠다는 뜻이었다. 1822년에 마무드는 그리스 진압에 이집트의 도움을 요청했다. 이집트에는 강력한 해군이 있어서 프랑스인으로부터 훈련을 받았고 장교 가운데에는 일부 프랑스인도 포함되어 있었다. 알리는 원정군과 함께 이 해군을 크레타 섬으로 보내어 2년 후에 이 섬을 점령했다. 원정군의 사령관은 알리의 아들인 이브라임 파샤로 무서운 장군이자 아주 극악무도한 사람이었다. 그는 그리스 본토 상륙 계획으로 신임을 얻었다. 그리고 모레아(펠레폰네소스)를 점령, 모레아 사람들을 학살하거나 쫓아내고 그때나 지금이나 인구가 넘쳐났던 이집트 펠라힌들이 그곳에 다시 살도록 했다고 한다. 바이런이 죽고 스태너프는 가 버렸으며 런던위원회도 유명무실하게 된 ― 위원회의 위탁으로 보내온 최근 화물은 90개의 수채화 물감으로, 그리스인을 서구 문화의 본류와 합류하도록 장려하는 게 목적이었다 ― 상황 속에서 옥신각신 말다툼을 하고 있던 그리스인들은 이집트인들이 바다를 지배하고 있기 때문에 이 절박한 사태를 어떻게 풀어 나가야할지 몰랐다. 아테네에서는 영국으로부터 돈을 한 푼도 받지 못했기 때문에 오디세우스는 심하게 불만에 차 있었다. 1824년 늦가을에 그의 사위 트릴로니가 오디세우스에게 파르나소스 산 동굴에 있는 본거지로 돌아가서 조용히 있으라고 충고했다. 이집트인들이 상륙해 많은 피해를 입혀서 다른 그리스 인들도 그에게 도움을 구하러 올 것이므로 그때까지 기다리라는 것이었다. 그러나 교활한 오디세우스가 이때만큼은 도가 지나쳐 자멸했다. 오디세우스는 충고를 무시하고 대신에 터키인들과 휴전을 협상한 결과, 아테네에서 타니스 구라스라는 또 다른 카피타노스에게 포위되어 1825년 3월에 마침내 항복하지 않을 수 없었다. 아크로폴리스에 있는 '프랑크 족의 탑'에 갇힌 오디세우스는 6월 17일 탑 밑에서 죽은 시체로 발견되었다. 구라스는 오디세우스가 탈출을 시도하던 중 로프가 끊어졌다고 변명했지만, 아마도 탑 아래로 내던져진 것이 진상일 것이다. 트릴로니는 장인에게 권유했던 대로 동굴에 숨어 있다가 '지도자'라는 별명의 H. G. 위트콤이라는 스파이에게 등과 머리에 총탄 두 발을 맞았지만 목숨을 건져 그 후 영국으로 아내를 동반하지 않고 돌아갔다. 그리스인 편에서 벌어진 많은 내부 싸움 중 하나인 이 한심한 사건으로, 그리스의 운명이 악화일로를 걷고 있었다는 사실을 알 수 있다. 이브라임 파샤는 1825년 2월 24일 예정대로 그리스 본토인 메토니에 4,500명의 병력을 상륙시키고 계속해서 두 번째 부대와 포병대도 상륙시켰다. 이 작전에서는 나폴레옹군 출신의 장교들이 두드러진 활약을 했다. 미솔롱기가 1826년 4월에, 아테네가 8월에, 그리고 아크로폴리스가 이듬해 6월에 그의 수중에 떨어졌다. 이 불행과 함께 그리스는 더욱 더 내란에 빠져 들었다.

런던에서 온 돈은 이제 바닥이 났지만 아무것도 이룬 것이 없었다. 서양 세계가 할 일은 무엇이었을까? 러시아는 정교회의 연대라는 명목으로 보스포루스까지 영토를 확장할 기회를 엿보고 있었다. 양 진영에 군사 고문을 파견한 프랑스는 무슨 일이 벌어지던 간에 지중해 동부에서 세력을 강화하는 입장을 취하고 있었다. 런던의 캐닝은 그리스 자유주의자들이 생각한 것처럼 철저한 그리스 독립 지지자는 아니었다. 캐닝의 주된 관심사는 러시아가 그리스에 들어오지 못하도록 하는 것이었다. 그는 또한 파머스턴처럼 프랑스인들을 심히 두려워했다. 기회주의자이자 임기응변에 능한 캐닝은 라틴 아메리카에서 한 것처럼 그리스에 대해서도 상황을 보아가며 대처했다. 낭만적이고 모험심이 많은 샤토브리앙이 프랑스 외교정책을 맡고 있는 동안 캐닝은 극단적으로 의심을 많이 했다. 그리스 문제를 프랑스와 의논하는 것을 거부하고, 그리스로부터 오는 프랑스의 편지는 전부 영국의 관할 하에 있는 이오니아 제도를 거치는 동안 몰래 모두 개봉해 읽어 보았기 때문에 어쨌든 프랑스가 그리스에서 무엇을 꾸미고 있는지 알고 있다고 내각에 보고했다. 그는 1824년 11월 15일에 그랑빌 경에게 이런 편지를 보냈다. "그리스에서, 역시 샤토브리앙의 앞잡이들을 추적해 어리석은 환상에 젖어 있는 그리스인들을 당혹하게 할 증거를 확보했다. 그리스인들은 선거에 의한 군주제를 도입하든가, 한 사람당 3실링 6펜스를 새로운 말타 기사단을 조직해 이교도를 박멸할 성전을 일으키든지 할 것이었다."[124] 샤토브리앙이 직위에서 내쫓긴 후 지중해 해군력에서 영국 쪽이 월등히 앞서 있었기 때문에 프랑스의 움직임만큼은 걱정할 필요가 없었지만, 그동안 이집트 군대의 목적 달성에 따라 이번에는 러시아가 군사 개입을 할 가능성이 커졌다. 캐닝의 생각은 '문명국가들'에 의한 공동개입을 통해 해결하든가 아니면 적어도 전쟁 확대를 피한다는 방향으로 움직이기 시작했다.

강대국에 의한 평화 유지

강대국인 세 나라가 공동으로 평화 유지를 맡는다는 이 계획의 개념은 근대를 향한 하나의 커다란 지표로, 역사적 진전이라고 말할 수 있을 것이다. 캐닝과 전임자 캐슬레이도 신성동맹과 같은 이데올로기에 바탕을 둔 간섭 정책에는 강하게 반대했다. 신성동맹은 특정한 정부를 강요하거나 유지하는 것을 목적으로 했기 때문에 시대정신과는 정반대로 역행했다. 동기가 불순하다는 것은 별문제로 하더라도 신성동맹이 잘 될 것 같지가 않았다. 그것보다도 문제를 좁혀 본다면 강대국인 세 나라가 협력하는 편이 더 낫지 않을까? 순수하게 경험적으로 생각하면, 적대행위를 그만두고 그 확대를 막는 게 최선의 방법일 것이다. 이 방식은 영국인들의 마음에 들고, 나아가 실행 가능한 안이라고 캐닝은 생각했다. 그리고 이 방식은 캐닝의 구상과는 다소 다른 방식으로 진행되었지만 결국 사실로 입증되었다.

1825년 늦가을, 알렉산드르 1세가 서거하고 기회를 맞은 캐닝은 우선 러시아와 교섭을 시작했다. 장례식에 참석할 영국 대표로 웰링턴을 상트페테르부르크로 보내 새 황제 니콜라이 1세를 움직이게 했다. 이 계획은 성공을 거두어 1826년 4월 4일 영국과 러시아 사이에 의정서가 조인되었다. 그 내용은 다음과 같았다. 그리스는 자치권이 있지만 오스만 터키의 속주로 남는다. 모든 터키인은 그리스 영토로부터 떠난다. 술탄은 영국과 러시아, 그리고 그리스와 협의하여 통치자를 선임한다. 영국 왕실가운데 한 사람을 임명하는 게 캐닝의 계획이었다. 이 일이 마무리되자 캐닝은 프랑스로 눈을 돌렸다. 부르봉 정부는 어느 편이 승리하건 손해를 보지 않는 입장을 취하고 있었고, 갓 즉위한 샤를 10세는 상대가 이슬람 지배자라도 반역 자체에는 반대 입장을 취했다. 그러나 한편으로 프랑스 여론은 압도적으로 그리스 독립을 지지했다. 캐닝은 이 협정에 프랑스를 끌어 들이기 위해 1826년 9월에서 10월에 걸쳐 파리를 방문했다. 이듬해 4월, 총리가 된 캐닝은 리버풀이 뇌졸중으로 쓰러진 뒤 자신의 그리스 정책을 새 정부에서 최우선으로 추진했다. 그 결과 1827년 7월 6일에 런던 협약이 체결되었다. 현존 전력을 배경으로 하는 강력한 평화유지 체제를 역사상 처음으로 이끌어낸 획기적인 협정이었다. 그 내용은 지난해 체결된 의정서를 따랐지만, 그 전문에는 세 강대국이 해적 행위를 근절하고 통상 활동을 보호하기 위하여 해군력을 동원해 개입한다고 명시되었다. 이것은 전부 다는 아니었지만 진실이었다. 그리스 독립전쟁의 영향으로 그리스 근해에서는 해적 행위가 대폭 증가하고 양측이 민간 선박들을 약탈하거나 침몰시켰기 때문이었다. 협약이 조인된 지 1주일 후 근해에 있던 영국, 러시아, 프랑스 등의 연합에 명령이 하달되었다. 만약 양측이 조건을 받아들이면 그것으로 충분하나, 만약에 그리스측이 동의하고 터키측이 거부하면 연합 함대는 터키와 이집트로부터 육군이나 해군의 증원부대가 그리스 영해에 진입하는 것을 막도록 되어 있었다. 단적으로 말해서 연합 평화유지군이 그 지역 일대를 격리시키는 것이었다. 그 이후 특히 20세기의 많은 경험들을 보면, 국제사회를 위한다는 명분으로 내려진 그와 같은 애매한 명령들은 발령자가 만족할만한 형태로 실행될 가능성이 현실적으로는 매우 낮다.

서양에서는 그리스 문제에 대해 기술적인 해법이라고 불릴 방향으로 움직인 그룹도 있었다는 사실을 추가할 필요가 있다. 이슬람 세력은 우위에 있는 해군력을 잘 배치하여 성공을 거두고 있었지만 그 해군은 아직 증기력을 충분히 채용하지 않았다. 코크런 제독은 남미에서 자신의 임무가 끝난 뒤 해군 복무에 싫증을 느껴 급진적인 모험을 찾고 있었다.

1825년에 런던에서 새로운 자금을 약 15만 5,000파운드나 조달할 수가 있었다. 여기서 이 자금을 사용해 특별 편성된 여섯 척의 증기함을 코크런을 위해 제공하자는 아이디어가 나왔다. 그리스 독립을 지지하는 에드워드 엘리스는 그리스 대리인에게 만약 이 제안이 채택된다면 "수 주일 내에 코크런 경은 콘스탄티노플에 도착해 항구에 있는 터키 선박들을 불사를 것이다."라고 말했다. 코크런에게는 계약 대금으로 3만 7,000파운드를 주고, 그리스가 해방되었을 때 2만 파운드를 더 받도록 되었다.

그러나 이 계획은 급속히 발전해나가는 국제적인 군수산업의 역류에 부딪혔다. 엘리스는 코르벳함 퍼시비어런스 호의 건조 계약을 브렌트 사와 맺고, 그리고 엔진설비에 관한 계약을 스미스필드의 엑산더 갤러웨이와 체결했다. 그러나 갤러웨이는 이미 이집트의 무하마드 알리와 거래 중이었기 때문에, 엔진 제조의 일을 우물쭈물 지연시켰다. 심지어 갤러웨이의 아들은 이집트에 머물며, 알렉산드리아에서 상주 엔지니어 직업을 갖기를 희망하고 있었다. 런던위원회는 또한 비용이 한 척 당 24만 7,000달러가 드는 1,500톤짜리 '대형' 범선 프리깃함 두 척 건조 계약을 미국의 조선소와 맺었다. 그러나 미국의 조선소는 미국 정부는 물론 콜롬비아, 페루, 멕시코 등의 해군에서 들어온 주문에 응하느라 바빠서, 가격이 급속히 상승했다. 결국 마지막에 그리스는 프리깃함 한 척의 비용을 지불하기 위해 다른 프리깃함 한 척을 팔아야만 했다. 여섯 척의 증기 군함 가운데 실제로 네 척만 건조되었고 그 가운데 실권에 참가할 수 있는 군함은 1826년 9월 14일에 나우플리온에 도착한 퍼시비어런스 호뿐이었는데, 이 배는 카르테리아 호로 이름이 바뀌었다. 카르테리아 호의 42마력짜리 엔진 두 개는 400톤의 재화 중량 톤수를 감당하지 못해 결정적인 순간에 제 속도를 내지 못했다. 외륜은 너무 무겁고 높아 증기의 힘으로 가야할 때 배의 속력은 겨우 7노트였다. 증기를 충분히 만들기 위해 보일러가 거의 폭발할 지경에 이를 때까지 화로에서 연료를 가득 지펴야만 했다. 영국인 함장 해스팅스 대령은 카르테리아 호가 기동력이 풍부하다는 사실을 발견했다. 외륜을 이용해서 앞뒤로 마음대로 움직이고 빨리 방향을 전환할 수 있었기 때문에 64파운드짜리 거대한 포를 어느 방향에서건 모두 목표물에 조준할 수 있었다. 포술 전문가였던 헤스팅스는 포탄을 화로에서 뜨겁게 하여 포미까지 달아 올리는 방법을 고안했다. 카르테리아 호는 적의 범선 함대와 공해 상에서 대결하거나, 하물며 조용한 바다에서 조우하는 행운이 한 번도 없었다. 카르테리아 호는 취역하던 첫 해에 1만 8,000발의 열포탄을 발사해 육지에 있는 터키 해안 포대를 엄청나게 파괴했고 그 해역의 전설이 되었다. 그러나 기술적인 대결권은 일어나지 않았다.[125]

대신에 그리스는 국제적인 혼란 상태를 통해 마침내 자유를 획득했다. 그 중심에 있던 인물이 제독 에드워드 코드링턴 제독이었다. 앞에서 등장했을 때 코드링턴은 불쌍한 '네드' 패켄험에 의한 뉴올리언스 공격의 참상을 슬프게 응시하고 있었다. 1827년 2월에 해군의 거물이 된 코드링턴은 지중해 함대 사령관으로 임명되어 대포 84문을 장착한 전함 아시아 호를 기함으로 삼고 가족과 함께 임지로 항해했다. 아내를 리보르노 ― 영국인은 레그혼이라고 불렀다 ― 에 상륙시키고 그는 그리스 해역에 성박했다. 아내(와 다른 사람들)에게 보낸 편지는 그의 눈으로 바라본 역사 최초의 국제 평화유지군의 임무에 대한 상세한 기록으로 남았다. 또한 1828년에 자비출판으로 친지에게 나누어준 『지중해 모험 이야기(Narrative of His Proceedings in the Mediterranean)』도 매우 유용한 보조자료이다.[126]

코드링턴의 임무는 원래 어려웠을 뿐만 아니라 영국의 정치적 불안정 때문에 혼란을 가중시켰다. 코드링턴이 지중해를 향해 항해하던 그 달에 리버풀이 뇌졸중으로 쓰러져 오랜 기간에 걸친 리버풀의 통치는 막을 내렸다. 4월이 되어 마침내 새 정권을 발족시킨 캐닝은 짧은 집권 기간 중 수많은 정치 문제뿐만 아니라 건강상의 이유로 투병생활을 해야 했다. 그러던 캐닝은 8월에 죽었다. 그러나 적어도 캐닝은 어렵게 조약 비준을 하기에 이르렀고, 조약에 따라 코드링턴에게 명령을 내렸다. 그리

II 용감한 근대사

고 캐닝의 정책은 적어도 자신에게 있어서는 그의 마음이야 어쨌든 명료했다. 즉 그리스는 말 그대로 완전히 자치주가 되어야 하지만 오스만 제국도 유지되어야 한다는 것이었다. 그러나 캐닝의 죽음에 따라 총리 자리에 오른 프레드 로빈슨—이제는 고드리치 자작이 되었다—의 정권은 영국 역사상 가장 허약했다. 1828년 초에는 결국 불명예스럽게 무너지고 말았다. 이 실각으로 인해 다시 정권을 손에 쥔 웰링턴은 영국 정책의 주요한 목적은 러시아와 프랑스의 영토 확장을 막는 방패로써 터키를 존속시키는 것이라고 생각했다. 그래서 코드링턴은 캐닝으로부터 출동 명령을 받고, 성가신 아내 때문에 괴롭힘을 당하고 있어 그리스 문제에 대해서는 확고한 견해를 갖고 있지 않았던 고드리치에 의해 전투에 참가하게 됐고, 터키를 지지한 웰링턴으로부터 평가를 받았다.

이것은 명령의 내용은 물론 코드링턴이 취한 행동을 정당화한 것이지만, 해석 방법에 따라서는 다른 행동도 취할 수가 있었다.[127] 캐닝이 죽자 코드링턴 앞으로 정부 수뇌로부터 이렇다 할 중요한 지시가 내려오진 않았다. 해군 사령장관의 직책을 맡고 있던 클래런스 공작(후에 윌리엄 4세)으로부터 온 몇 통의 편지가 있을 뿐이다. 그 편지 중 한 통에 "친애하는 네드! 쳐들어가 그 터키 놈들을 박살내시오!"라는 구절이 있었지만, 지금 남아 있는 편지들은 전부 딱딱하게 '친애하는 각하'로 시작하고 있으며, 신중한 행동을 당부하고 있다. 코드링턴의 불만은 런던으로부터 거의 아무것도 듣지 못했다는 것이었다. 런던 조약의 전문을 「타임스(The Times)」에서 읽었을 때는 충격을 받았다. 그로부터 2주가 지나서야 정부로부터 급송되어온 문서가 코드링턴 앞으로 전해졌다. 스트래트포드 캐닝이 받은 것은 그보다 훨씬 뒤의 일이었다. "좀 생각해 봐! 중대한 최고 비밀이야!"라고 코드링턴은 이 비밀 누설에 대해 편지를 썼다.[128] 무엇이 일어나고 있는지를 알기 위한 정보 획득 수단으로써 신문—이 경우는 「타임스」와 파리에서 발행된 「가리냐니즈 메신저(Galignani's Messenger)」—에 의존할 수밖에 없었던 최고사령관은 코드링턴이 역사상 최초였다.

나바리노 해전

아마도 대부분의 많은 해군 장교들처럼 코드링턴은 온건파 휘그당원이었다. 또한 제인 오스틴처럼 바꿔 말하면 '독서인(reading man)'으로서 고전에 능통하고 크세노폰의 『아나바시스(Anabasis)』와 미트포드의 『그리스(Greece)』를 주둔지로 가져가 읽었다. 그러나 코드링턴이 그리스 독립을 지지했다거나 동정적인 그리스 지지자들로부터 영향을 받았다는 증거는 그에게 그것 말고도 걱정해야 할 일이 너무 많았다는 점이다. 그는 평화유지군의 초치고 사령관으로서 6개국을 상대해야만 했다. 전쟁 상태에 있는 그리스, 이집트, 터키, 그리고 표면적으로는 중립이지만 군함이 오스만 함대와 비밀리에 내통하다 발각된 오스트리아, 연합국이지만 1812년에 있었던 전쟁의 공포와 적대감이 양쪽에 여전히 사무쳐 서로를 심하게 의심하고 있는 프랑스와 러시아가 있었다. 코드링턴의 첫째 임무인 해적 행위의 진압은 고대법에 의해 활동 제한을 받아, 그리스 정부에 의해 좌절을 맛보았다. 해적 행위의 증가에 대한 책임이 그리스 정부에 있다는 그의 생각은 정확했다. 정부 관계지에게 보낸 많은 편지에서 코드링턴은 영국과 이오니아의 상선이 그리스 해군 깃발을 단 배나, 틀림없이 그리스 정부의 보호를 받고 있는 해적의 공격에 대해 불만을 토로했다. 덧붙여 '습격과 오해' 일람표와 보상청구서를 동봉하고 특히 그리스 해군 선박이 영국군이 운항하는 이오니아 해 연안 경비대에 가한 적대 행위에 대해 강한 보상을 요구했다.[129]

그리스 정부가 있던 나우플리온에 도착한 코드링턴은 그리스 각 파벌의 반목과 그곳 거리의 더러움에 역겨움을 느껴 이렇게 썼다. "내가 지금까지 본 중에서 최악의 거리와 가장 초라한 집들이 있는 가장 더러운 도시." 정부의 본부도 좋은 인상을 주지 않았다. "우리가 걸어 올라간 나무 계단은 우리 무게를 거의 지탱할 수 없을 것 같았으나 방바닥은 그보다 조금 나았다. 방에는 천장이 없었고 제비들이 서까래 사이를 날아다니고 있었다." 거기서 떠들썩하게 외치는 대표들을 만났다. "나는 현직에 있는 동안 여러 번 이상한 상황에 놓인 적이 있지만 그리스 시민들에게 '열변'을 토하리라고는 기대하지도 않았다." 그 중에는 훌륭한 그리스인도 섞여 있었지만 대부분 '거짓말을 하며 탐욕스럽고 비열한' 인간이었다. "모든 종류의 해적 행위가 날마다 증가하고 있다."고 자신의 아들에게 불만을 토로하며 그는 이렇게 말했다. "그리스 정부 당국은 정부 주요 인사 대부분이 해적선 주인이라는 사실을 알고 있으므로 두렵고 부끄러워 진압에 필요한 조치를 하지 않는다. ……그리스인도 터키인도 국가보다 악행에 더 애착을 느낀다. 그래서 나는 그 어느 쪽에도 애착을 느끼지 못한다." 그리스인은 미트포드가 묘사한 대로 '잔혹하고 배반을 잘 하는 사람들'이었다. 아내에게 보낸 편지에는 끝없는 토론에 대한 이야기와 밤늦도록 자신이 거짓말쟁이라고 알고 있는 사람들과 언쟁을 벌였다는 이야기가 등장한다. "비열한 부정행위나 처형의 잔혹함에 관한 세세한 내용을 들으며 섭씨 33도의 높은 기온과, 공기를 탁하게 하고 눈꺼풀을 가렵게 하는 모래 먼지로 인해 비참한 상황이 되었다." 함장실의 온도는 35도였는데, "프랑스 제독 드 리니의 함장실 온도는 더 높았다."고 한다. 러시아 제독 헤이든 백작은 '평범 함장'으로 누가 뭐래도 코드링턴의 요구대로 행동했으나, 드 리니는 친(親)이집트 주의자로 그리스를 싫어했으며 많은 프랑스 해군 장교들이 이집트 함대에서 용병으로 근무하고 있었기 때문에 행동에 큰 제약을 받았다. 코드링턴은 아내에게 이렇게 편지를 써서 보냈다. "나는 주어진 중책에 용감하게 대처할 건강과 정신력을 갖고 있다고 믿고 있소……. 하지만 사실은 당신이 내 옆에 있어서, 해군의 군율에 대해 말해준다면 좀 더 좋은 사령관이 될 수 있을텐데 말이오!"[130]

그러나 그리스인을 싫어했다는 코드링턴도 터키인의 잔학행위에는 전율했다. 키오스 섬 외항에 정박해 있을 때 그는 이렇게 기록했다. "12만 명 가운데 3만 명이 무참하게 도륙되었고 집은 폐허로 변했다······. 나는 이런 키오스 섬의 광경보다 내 마음을 더 아프게 하는 장면은 전혀 떠오르지 않는다." '머리가 잘린 술탄에 대해 복수하고자 하는 분노'에 대해서도 언급했다. 계속되는 살육에 대한 혐오감이, 어디에도 출구가 보이지 않는 귀찮은 문제를 무력으로 해결하는 방향으로 코드링턴을 몰아넣은 게 틀림없다. 방 문제를 처리하고자 할 때는 언제나 서양 문명국이 기술적 우위를 이용해 질서를 확립한다는 생각으로 기울어졌다. "한 번의 강압적인 행동은 터키 정부가 순순히 우리의 처분에 따르도록 할 것이며 우리는 그 후 모든 문제를 우리가 선택하는 바에 따라 해결할 수 있을 것이다."[131]

그러나 결국 이 문제는 이슬람교도의 비타협적 태도로 인해 코드링턴의 뜻대로 해결되지 않았다. 런던 조약을 알게 된 이브라임 파샤는 세 강대국이 허세를 부리고 있는 것은 아니라는 결정을 내렸다. 하지만 몇 번인가 설득을 했으나 술탄은 주장을 버리지 않았다. 미국에 대한 조지 3세, 스페인령 아메리카에 대해 스페인과 마찬가지로 마무드는, 민족주의가 미래의 물결─정말로 그러한지는 별개로 하고 말이다─이라는 것을 흔쾌히 인정하지 않았다. 이집트·터키 연합 함대는 알렉산드리아를 떠났다. 알렉산드리아를 봉쇄했더라면 충돌은 피할 수 있었을 것이다. 그러나 코드링턴은 아직 어떤 지령도 받지 못했기 때문에 그곳을 봉쇄할 수가 없었다.

9월 7일, 명령을 받고 난 즉시 코드링턴은 이슬람 함대를 그리스 해안과 단절시키는 작전에 돌입했다. 이슬람 함대는 대신에 나바리노에 닻을 내렸다. 코드링턴은 해상에 위치를 고정하고 드 리니도 이에 합세했다. 이브라임 파샤는 술탄으로부터 추가 지시가 오기를 기다리기 위해 9월 25일 휴전 협정에 서명했지만 10월 2일부터 4일에 걸쳐 협정을 깨고 파트라스의 그리스 선박들을 공격하려 했다. 아시아 호에 승선해 있던 코드링턴은 프리깃함 두 척과 쌍돛대 범선 한 척과 함께 그를 물리쳤다. 그후 하이덴이 지휘하는 러시아 함대도 이 해상봉쇄작전에 참가했다. 이

브라임은 휴전 협정을 무시하고 육지에서 살인과 방화를 계속했다. 격노한 코드링턴의 항의도 터키 관리의 묵살로 인해 무용지물이었다. 그러는 도중에 계절은 겨울로 접어들었고 날씨는 더 나빠졌다. 연합 함대가 폭풍에 흩어질 위험성도 높았다. 그렇게 되면 이브라임의 함대는 포위망을 빠져 나가 본토 연안을 습격할 것이다. 이때 코드링턴은 프랑스와 러시아의 제독과 협의해 나바리노 만으로 진입하는 데 의견의 일치를 보았다. 자신들의 배를 보호하는 동시에 이브라임의 배를 봉쇄하는 진형으로 정박하는 것이었다. 드 리니는 르텔리에, 봄파드, 그밖에 용병의 신분으로 이슬람 선박에 타고 있던 프랑스 해군 장교들에게 단호한 통고를 발령하고, '프랑스인이라면(si vous restes français)' 즉각 배를 떠나라고 통고했다. 그러나 그들은 이 명령에 응하지 않았다. 그러나 이슬람군 선박을 말굽형으로 배치한 사람은 르텔리에였다. 만약 연합함대가 만에 들어오면 해안 포대로부터 최대한 지원을 얻을 수 있는 형태로, 늘어선 이슬람 선박의 한 가운데로 날아드는 형태가 된다.

　수많은 위험을 알면서도 코드링턴은 항구 돌진을 단행했다. 수적인 조건은 크게 유리하지 않았다. 영국군은 전함 세 척, 프리깃함 네 척, 쌍돛대 범선 네 척과 커터 한 척이 있었다. 프랑스 군은 전함 세 척, 프리깃함 두 척, 커터 두 척이 있었다. 러시아 군은 전함 네 척, 프리깃함 네 척이 있었다. 이에 대해 이슬람 함대 쪽은 전함은 겨우 세 척만 갖고 있었지만, 프리깃함은 '대형' 네 척을 포함하여 17척, 코르벳함 30척, 쌍돛대 범선 28척과 스쿠너선 5척에 수송선 수십 척을 거느리고 있었다. 거기에 더해 해안 포대뿐 아니라 화공선 다섯 척도 있었다. 대포의 수는 이슬람군이 2,240문인 데 비해 연합군은 1,324문이었다. 그러나 연합군측의 대포는 구경이 큰 대포가 많았다. 10월 20일 오후 2시에 진입을 개시한 코드링턴의 함대 배치를 보면, 군사적인 면뿐만 아니라 정치적인 면에서도 많은 걱정을 하고 있었음을 알 수 있다. 프랑스 함대를 오른쪽에 배치한 것은 이슬람 군대의 프랑스 용병이 오른쪽에 있다는 것을 알고, 프랑스인에게 발포하는 것은 프랑스인만이 하도록 했기 때문이다. 러시아군과 프랑스군이 서로 발포를 시작하는 것은 좋지 않으므로 코드링턴은 자신의 함대가 한 가운데로 들어가 러시아와 프랑스의 선박이 접촉하지 않도록 배치했다. 코드링턴의 명령에는 "정해진 발포 신호 없이 연합함대 소속의 어떠한 포도 발포해서는 안 된다. 그러나 터키 선박이 한 발이라도 포격하면 그 배를 즉각 파괴할 것이다."라는 것도 있었다.[132] 코드링턴은 펠로우스 대령이 탄 다트머스 호를 항구 입구 근처에 배치하고, 이슬람측 화공선의 움직임을 감시하게 했다. 이슬람측은 진짜 싸우려 한다면 어두울 때까지 기다려 화공선을 사용하는 게 좋았을 것이다. 실제로는 펠로우스가 화공선들이 전투 준비를 하는 것을 발견하고 우선 처음에는 모선에 부속된 쌍돛대의 작은 배 한 척을, 그 다음에는 커터선 한 척을 내보내 공격을 중지하도록 명령했다. 이슬람측은 커터선을 향해 발포했다. 이렇게 해서 전투가 시작되어 마침내 전면전으로 확대되었다.

나바리노 전투는 네 시간 동안 계속되었고 화력이 우세한 연합군의 승리로 끝났다. 이슬람측은 아시아 호에 화력을 집중했다. 해군 견습장교로 아시아 호에 승선했던 코드링턴의 아들 헨리는 해상 접근전의 전율을 묘사한 그 선례 없이 뛰어난 편지를 동생 윌리엄에게 보냈다.[133] 전투 내내 짙은 연기와 흑암이 깔려 있었다. 포탄이 상갑판 방파벽에 명중해 수많은 파편들이 엄청나게 날아다니고 공기가 탁했다. 지름이 1인치 정도 되는 탄환이 헨리의 종아리를 관통했고 다른 탄환은 허벅지에 박혔으며 또 다른 탄환이 쇄골을 부숴버렸다. 코드링턴 제독은 처음부터 끝까지 노출된 채 갑판에 서 있었다. 후에 이슬람 측은 그 한 사람만을 노린 저격병 1개 분대가 있었음을 인정했다. 그의 모자는 탄환에 뚫렸다. 다른 탄환은 외투 소매를 뚫었고 또 다른 탄환은 양복바지의 작은 주머니에 있는 시계를 박살냈다. 그의 옆에 서 있던 타수와 해군 대위는 둘 다 죽었다. 코드링턴도 위험하게 떨어져 내리는 뒷 돛대에 눌려 몸이 부서지는 것을 겨우 면했다. 아시아 호는 갑판이 심하게 부서졌지만 현이 두꺼운 오크나무로 만들어진 탓에 선체에는 치명적인 피해를 입지 않았다. 그러나 이슬람 선박에는 현측 대포의 일제 가격으로 엄청난 피해를 안겨 주었다. 코드링턴은 그렇게 훌륭한 포격을 본 적이 없다고 말했다. 연합군측은 178명이 사망했지만 배는 모두 무사했다. 한편 이슬람 측의 선박은 모두 전투력을 상실하고, 전투가 끝난 아침에는 89척 중 29척만이 가라앉지 않고 떠 있었다. 사망자는 전율할 정도로 많았다. 터키와 이집트인 8,000명 이상이 죽었다고 알려졌다. 그 다음날에는 그 수가 더 늘었다. 좌초한 배나 크게 파손된 배를 이슬람군이 자체적으로 폭파했기 때문이었는데, 그 대부분은 노 젓는 그리스 노예가 쇠사슬에 묶인 채 타고 있었다.[134]

이렇게 해서 역사상 최초의 군사적인 평화 유지 임무는 유례가 없이 피로 얼룩진 교전으로 끝이 났는데 당사국들의 반응은 다양했다. 이슬람 측의 입장에서 보면, 불과 10년 남짓한 기간에 두 번째로 서양이 지중해에서 자신들의 의지를 관철하기 위해서 월등한 군사기술을 사용한 것이었다. 그 후 이것은 이후에도 계속되는 패턴의 일부로 보였다. 그리스인의 입장에서 보면 이 해전으로 독립은 확실해진 거였다. 모두는 승리의 소식에 들떠 기뻐했다. 러시아도 프랑스와 마찬가지로 승리를 기뻐했지만, 속으로는 그렇지가 않았다. 조건부로 연합군에 참전한 까닭에 이집트에서 자신들의 입지가 위험해졌기 때문이다. 영국 국민들은 이 해전을 잔혹한 적을 상대로 거둔 영웅적인 승리라고 여겨 황홀감에 빠져 환영했다. 클래런스 공작은 "이것으로 터키인도 영국 대포의 위력을 알게 되었을 것이다."라며 크게 기뻐하며, 즉시 자신의 형 조지 4세를 설득하여 코드링턴에게 최고 훈장인 바스 대십자 훈장을 수여하도록 했다. 실제 메달이 홍수처럼 주어졌다. "나바리노 해전 승리에 주어진 훈장은 기록에 남아있는 그 어떤 승리에 주어진 것보다 많았다."고 전해진다.[135] 코드링턴 제독은 이 밖에 샤를 10세로부터 생 루이 훈장을, 니콜라이 1세로부터 생트 게오르기 훈장(2 등급)을 그리고 마브로코르다토스로부터 구세주

금십자 훈장을 받았다.

그러나 그것이 코드링턴이 받은 보상의 끝이었다. 고드리치 내각은 허스키슨 때문에 오랫동안 혼란을 겪은 후, 10월에 코드링턴에게 다음과 같은 추가 명령을 내렸다. "우리가 전쟁을 하고 있는 것은 아니다. 우리는 전쟁을 원하지 않는다. 하지만 우리의 목표는 교전국을 중재하는 것이다." 이 명령은 전투 시작 나흘 전에 발송되었으나 전투 몇 주 후에 코드링턴에게 전해졌다.[136] 그러므로 정부는 승전보를 받고 깜짝 놀랐고 의회 소집에 반대하는 결정만 내렸다. 육군장관 파머스턴은 이렇게 심술궂은 논평을 했다.

"우리 군이 나바리노에서 우리의 좋은 동맹국의 함대를 불태워버렸다고 해서 그런 하찮은 일로 의회를 소집할 이유는 없다. 이것은 선전 포고가 아니라 끊을 수 없는 우정의 역사에 끼워 넣은 아주 작은 충고의 행동에 지나지 않기 때문이다."[137]

조지 4세는 성급하게 행동을 했다고 설득 당하고는 곧 후회했지만, 한번 수여한 훈장을 거둬들일 수는 없었다. "그에게 목에 거는 리본을 보냈지만 그것은 목에 거는 밧줄이다."라는 조크도 던졌다. 1828년 1월 29일 의회 개회식에서 정부의 의향을 묻는 질문을 받는 조지 4세는 나바리노 해전에 대해서 "적절치 못한 사건"이라고 말했다. 그러나 이 말은 너무 지나쳤다. 비난이 빗발쳤기 때문에 내각은 방침을 다시 바꿔 "우리들은 나바리노 해전을 지휘한 용감한 장군을 조금이라도 비난하거나 오명을 씌우려는 것이 아니었다."라고 공식적으로 발표했다. 그러나 코드링턴은 웰링턴에 의해 사령관 직에서 해임되었다. 성급한 행동 때문이 아니라 처음에 이슬람 군을 나바리노에 들어가게 했다는 것이 해임 이유였지만, 그것은 어리석은 처사였다. 코드링턴 본인에게는 아무런 이유도 설명되지 않았다. 그뿐 아니라 내각은 여러 가지 비열한 공작을 벌였다. 허스키슨이 웰링턴에게 보낸 편지가 남아 있는데 그 편지에 따르면, 의회에서 정부의 입장을 잘 보이게 하기 위해 내각이 알렉산드리아 영사에게

보낸 공문서의 발송 날짜가 조작되었을 가능성도 있다.[138]

이것은 웰링턴에게 드문 실태 가운데 하나였다. 런던으로 돌아온 코드링턴은 1829년 1월 28일 웰링턴과의 싸늘했던 회합 분위기를 곧 이렇게 썼다. "총리의 대기실에서 오래 기다린 후" 코드링턴이 마침내 불려들어가자 웰링턴은 곧 코드링턴에게 나쁜 감정을 가진 각료는 한 사람도 없다고 확신시켰다. 코드링턴은 "각하 그러면 제가 왜 교체되었습니까?"라고 물었고 공작은 "장군이 내린 명령의 해석이 나와 각료들의 뜻과 달라서 그대로 버려둬서는 안 되겠다고 느꼈기 때문이네."라고 대답했다. 코드링턴은 "각하, 우리가 달리 이해한 부분이 무엇입니까?"라고 말하며 즉석에서 그가 자문을 구할 수 있던 모든 사람들―동료, 스트래트포드 캐닝과 다른 외교관들―이 그가 수행한 그대로의 의미로 자신의 명령을 이해했었다는 것을 지적했다. 잠시 침묵이 흐른 후 공작은 "이만 실례하겠네."라고 말했다. 코드링턴은 그때 경례를 하고 떠날 준비를 했다. 공작은 "런던에 있는 동안 언제라도 더 할 말이 있으면 기꺼이 자네를 만날 걸세."라고 했고 코드링턴은 "각하, 용서하십시오. 하지만 각하께서 그렇게 쉬운 질문에도 답을 하시지 못하면 저는 더 이상 드릴 말씀이 없습니다. 그리고 제가 더 이상 각하를 괴롭혀 드리는 것은 아주 불필요한 일일 것입니다."[139]라고 말하며 퇴장했다.

각료들은 제독이 공개적으로 불평할 지도 모른다고 두려워했고 1년에 800파운드씩 연금을 주는 것으로 그를 매수하려고 했다. 그러나 코드링턴은 그전에 우선 전쟁 승리의 포상금을 부하 장병에서 주고 싶어 했다. 왜냐하면 영국이 공식적으로는 전쟁을 한 것이 아니었기 때문에 포상금이 지급되지 않았기 때문이다. 그렇지 않으면 적어도 장병이 잃어버린 의복과 침구―모두 잃은 자가 많았다―를 월급에서 공제하지 말고 무료로 보충해주어야 한다고 대답했다. 코드링턴은 아시아 호의 최고 신호수 중 한 명이었던 조지 카를로의 경우를 보고 특히 격분했다. 훌륭하게 맡은 일을 했던 카를로는 그 임무의 성격상 다른 장병보다도 적의 포화에 특히 많이 노출되어 있었다. 그는 우측 허벅지 여섯 곳에 상처를 입었는데 하나는 심하고 나머지 다섯은 경미했다. 머스킷 탄환 하나가 그의 사타구니에 박혔고 또 하나는 앞이마에, 다른 하나는 아랫입술에 상처를 남겼으며 하나는 머리에는 물론 한쪽 눈을 잃게 하고 다른 쪽 눈의 시신경을 손상시켰다. 게다가 의복과 침구를 전부 잃었고 이제는 현역 복무도 못하게 되었다. 그러나 '완전한 불구'가 아니라는 이유로 정부는 그에게 단 한 푼도 지급하지 않았다. 코드링턴은 마침내 그가 하루에 6펜스씩 연금을 받도록 해 주었지만 그것도 휘그당이 정권을 잡을 때까지 기다려야만 했다. 코드링턴 자신은 개혁 후 첫 의회에 데번포트의 의원으로 선출되어 이 문제를 몇 번이고 반복해서 하원에서 제기한 끝에 마침내 나머지 부하들에게 경제적인 보상을 받게 할 수 있었다. 이것은 전투가 있은 지 7년이 지난 1834년의 일이었다. 그날 밤 코드링턴은 가족들에게 이렇게 말했다. "이제 지금까지 내 마음을 짓누르고 있던 문제를 생각하지 않고 잠자리에 들 수 있게 되었다. 지난 수 년 동안 밤에 잠자리에 들기 전에 마지막으로 생각한 것도, 아침에 일어나자마자 처음으로 생각한 것도 항상 이것이었다."[140]

근대화의 발목을 잡은 민족의식

이리하여 문명국가들에 의한 국제 지배의 시도는 일찍이 없었던 형태를 띠며 혼란과 오해, 고통 속에서 끝났다. 긴 안목에서 보면 그리스인 자신들도 나바리노 해전으로부터는 기대했던 만큼의 혜택을 거두지 못했다. 이 해전의 결과, 독립전쟁은 급속하게 막을 내리고, 무리의 우두머리들과 그 밖의 다른 게릴라 지도자들은 전쟁에 이겼다는 사실로 과도한 명성을 그리스 일반시민 사이에서 얻게 되었다. 실제로 그리스인의 게릴라 집단만으로는 터키군을 결코 물리칠 수 없었다. 그리스 민족주의 지도자들 가운데서도 통찰력이 있는 자는 이 사실을 깨달았다. 1825년부터 그들은 제대로 훈련받은 흔적의 군대를 만들려고 노력했다. 나바리노에 의해 그 필요가 없어졌고, 1828년부터 1830년 사이에 그리스 육군이 창설되었을 때 거기에 합류할 게릴라는 거의 없었다. 게릴라는 터키인들을 약탈하는데 익숙해서 가축 무리와 재산을 손에 넣어 자신들의 생활방식을 버릴 마음이 없었다. 게다가 그리스가 독립한 지금, 남성다움, 용기와 인내를 뜻하며 의적 신화와 독특하게 연결된 용어인 팔리카리아(pallikaria)를 가졌다는 이유로 애국적인 지지를 받고 있었다. 터키를 물리치고 그리스인들을 해방시킨 것은 팔리카리아가 아니었나? 실질적인 의회 제도와 법에 의한 통치를 확립한다는 산문적인 일보다도 도적단의 윤리 쪽을 중요시하는 이런 잘못된 생각이 그리스인의 정치의식 밑바닥에 깊게 자리 잡고 있어 오늘날까지도 그리스 근대화와 민주화를 지연시키고 있다. 팔리카리아 숭배는 또한 그것에 대응하는 자기기만을 온 국민이 갖도록 했다. 즉 그리스의 실패를 모두 조국(헬라스)과 국민에 대한 외국 세력의 공동 음모 탓으로 돌리는 경향의 근원이 되었고, 이 경향은 또한 오늘날까지 계속되고 있다.[141]

그러므로 대서양을 사이에 둔 스페인어권 국가들과 마찬가지로 그리스도 독립을 쟁취하기까지 사용한 무법적이고 잔인하며 종종 무자비한 방식이 각 나라들의 장래에 오랫동안 화근으로 남게 되었다. 근대의 모체는 부패하고 흠이 있었다. 영국, 프랑스, 미국 등과 같은 선진국의 개입도—종종 선의로 행해졌지만 진보의 모든 힘이—유감스럽게 이 무질서하고 파괴적인 경향을 억제할 수가 없었다. 따라서 어떤 때는 노예해방, 어떤 때는 전염병처럼 이 시기에 급속하게 퍼지고 있었다.

제9장

상쾌한 공기와
나른한 시럽

즐겁게 걷는 사람들

브리지워터에서 새뮤얼 테일러 콜리지와 유쾌한 첫 만남을 가진 토머스 드 퀸시는 이렇게 썼다. "밤 열 시 경에 우리는 헤어졌다. 그 날의 흥분으로 쉽사리 잠들 수도 없었다. 일찍이 뛰어난 재능의 소유자에게서 이미 짙은 퇴폐의 그림자를 보았다는 안타까운 생각도 들었다. 차가운 밤바람 속에 브리스틀로 돌아가기로 마음먹었다. 길은 원래 브리스틀과 플리머스처럼 굉장히 시끄러운 항구도시 사이에 있는 매우 넓은 간선도로였지만 공원 산책길처럼 조용했다. 마을 축제나 철야제(徹夜祭)에서 쓴 듯한 다 꺼져가는 모닥불만 딱 한 번 지나친 것을 제외하고는 브리지워터로부터 핫 웰스에 이르는 40마일 내내 살아 있는 생물체를 본 것이라고는 공원 담벼락을 따라 1마일을 쫓아온 흥분한 개 한 마리와 크로스거리를 걷던 남자 한 사람 뿐이었다. 유료 도로 통행료 징수소는 침실 창에서 조작하는 기계장치로 열렸다. 마치 잠자는 전원 지대를 모두 홀로 소유하고 있는 것만 같았다. 여름밤은 굉장히 고요했다. 오두막의 창가를 지나면서 한두 번 들리던 어린아이의 울음소리를 빼고는 아무것도 이 적막함을 깨지는 않았다."[1]

보름달이 뜨는 날을 제외하고 해가 저문 길을 걷는 사람은 거의 없었다. 따라서 드 퀸시가 말했듯이, 19세기 초―기록시기는 1807년이었다―큰 간선도로들에서도 밤에는 인적이 드물었다. 여기서 더 놀라운 사실은 드 퀸시가 40마일이 넘는 거리를 걷는 일을 당연하게 받아들였다는 점이다. 이는 그 당시를 상징적으로 보여준다. 가난한 사람들은—마차를 미처 얻어 타지 못한다면—어디든 걸어가야 하는 것을 당연하다고 여겼다. 그러나 읽고 쓰는 데 조예가 깊은 중산층들이 장거리를 걷고, 그것을 기록으로 남겼다는 사실은 감동할 만하다. 19세기 초 처음 30년 동안, 그 중에서도 특히 1815년 이후부터 여행 비용이 저렴해지고는 있었지만 그래도 아직 부담스러웠던 게 사실이다. 값싸게 철도여행을 하게 된 것은 1830년 정도부터였다.

콜리지와 사우디도 드 퀸시가 갔던 기로와 거의 비슷한 노정을 걸었다. 방향만 바스에서 브리지워터 근처를 지나 네더 스토위까지 정반대였다. 경비라고는 둘이 체더에서 함께 하룻밤 사용한 싱글 침대 하나를 빌린 게 전부였다. 콜리지가 자면서 하도 몸을 많이 뒤척거리는 바람에 사우디는 그를 '최악의 잠자리 친구'라고 불렀다. 콜리지는 이 길을 4륜 역마차를 타고 되돌아오면서 그 요금을 기록했다. 스토위에서 브리지워터까지가 11실링 3펜스, 거기서 폴덴 힐스에 있는 파이퍼즈 인까지 13실링 1펜스 반, 그로부터 올드 다운까지 8실링 9펜스, 마지막으로 바스까지 16실링 6펜스가 나왔다. 게다가 구간마다 마부에게 2실링 6펜스를 지불해야 했고, 유료 도로 요금은 각각 6펜스였다.

그래서 사람들은 남녀를 가리지 않고 모두 걸어 다녔다. 1818년 스코틀랜드 여행길에 오르던 키츠도 랭커스터까지 대중 마차를 타고 간 뒤에는 도보를 택했다. 워즈워스와 그의 여동생 도로시, 그리고 콜리지는 모두 비슷하게 스코틀랜드 도보여행을 시작했는데, 콜리지는 스털링에서 일행에서 홀로 떨어져 나와 신발이 닳아 떨어질 때까지 거의 300마일을 걸었다. 도로시 워즈워스는 핼리팩스 근처에 사는 허친슨 일가를 방문하려고 친구나 친척과 함께 정기적으로 펜리스에서부터 페나인 산맥과 황무지를 가로질러 걸어갔다. 해즐릿은 런던에서부터 윌트셔 주 윈터슬로에 있는 그의 집필실까지 걸어 다녔다. 해즐릿의 첫 번째 부인이던 사라는 에든버러에서 스코틀랜드 법에 따른 이혼재판을 기다리면서 주변에 마음에 드는 곳들을 보러 다니는데 총 200마일을 넘게 걸었다고 한다. 화가들도 역시 대단히 잘 걷는 사람들이었다. '고대인(the Ancients)' 그룹은 쇼럼의 켄티쉬 해안에 있던 새뮤얼 팔머를 만나러 런던에서부터 걸어갔다. 미켈란젤로라는 별명으로 불리운 루커도 여름철마다 '매일 18마일씩 도보여행'을 즐겼다.[2] 음악가들도 마찬가지였다. 젊은 날의 리처드 와그너는 다리가 짧았음에도 불구하고 드레스덴에서 라이프치히까지 걸어서 오고 갔다. 우선 돈을 절약하는 것이 첫 번째 목적이었고 자연을 감상하는 것이 두 번째, 운동이 세 번째 이유였다. 화가 존 호프너가 피터샴에서 클래런스 공작과 머물렀을 때, 매일같이 저녁 식사를 마치면 '10마일이나 12마일씩 산보'에 나섰다고 한다.[3]

이런 모습은 시골에서만 볼 수 있는 장면이 아니었다. 램의 편지들을 보면, 그는 런던 일대를 5, 10 또는 15마일씩 자주 걸어 다녔고 때로는 런던 북쪽 교외에서 30마일이나 그 이상을 걸었던 사실이 적혀 있다. 젊은 날의 매콜리는 런던 중심에서 클래펌이나 그리니치까지 정기적으로 걷기에 나섰다. 그때까지만 해도 런던은 고층 건물의 도시가 아니라 1층이나 2층 집 수만 채가 넓게 펼쳐져 있는 도시였다. 큰 정원으로 둘러싸인 저택도 종종 있었다. 수없이 많은 사람들이 4내지 5마일을 걸어 일터로 출퇴근했다. 매일 아침 7시와 8시 사이에는 9만 명을 웃도는 사람들이 시티로 가려고 런던 브리지를 건너는 장면이 연출되었다. 한편 20마일 정도는 아무렇지도 않은 사람들도 있었다. 스코틀랜드 농업 전문가인 캡틴 버클리 앨러디스(1779~1854)는 '걷기 기록의 달인'으로 유명했다. 앨러디스는 1807년 언덕이 많은 길 87마일을 단 열네 시간 만에 걷기도 했다. 그 이듬해에는 새벽 5시에 출발해 뇌조 사냥을 하면서 30마일을 걸은 다음, 오후 5시에 저녁을 먹고 유리에 있는 그의 집까지 60마일을 열한 시간 만에 돌아왔다. 일을 끝마친 후에는 로렌스 커크까지 16마일을 걸어가 무도회에서 춤을 춘 뒤, 오전 7시까지 유리로 돌아가서는 그 다음 날에 사냥을 하며 130마일을 걷는 등 이틀 밤 사흘 낮을 눈을 붙이지 않았다고 한다.[4] 그 이듬해에는 2,000기니 내기를 이기려고 뉴마켓에서 정해진 시간 안에 1,000마일을 걸었다. 그 과정에서 몸무게가 13스톤 41파운드(100킬로그램)에서 11스톤(70킬로그램)으로 줄어들었다고 한다. "그가 걷는 모습은 흡사 휴게실을 어슬렁거리는 것 같았으며, ……땅에서 2인치 이상 발을 떼지 않았다."고 쓰여 있었다.[5] 여기에, 잘 걷는다고 알려진 또 다른 사람 한 명은 소년일 적에 버고인 장군의 군대에서 싸우며 뉴욕에서 뉴올리언스까지, 그리고 리치먼드에서 보스턴까지 미국 전역을 걸었던 잭 스필러였다. 그가 어느 정도 기록을 세우고 이빨이 하나도 남아 있지 않게 되었을 때, 그의 나이는 쉰이었다.[6]

최초의 축구 경기

소위 '캡틴 버클리'와 잭 스필러는 19세기 초에 출현한 새로운 유형의 유명인사인 스포츠영웅을 보여주는 실례(實例)였다. 근대에서 스포츠의 출현보다 더 경쟁적이고 조직적이며, 규칙이 잘 서있고 대규모인 것은 없었다. 과거 스포츠는 대체로 나태하고 천박하며 방탕한 사람들, 더 나아가 불평분자들이 하는 것으로 여겨져 왔다. '스포츠 회합'은 종종 불만을 가진 일부 젠트리와 그 추종자들의 반역 모임을 위장한 것이었다. 그런데 19세기에 들어서면서 스포츠를 갑자기 건강에 좋은 야외 운동으로, 정신적인 정화에도 중요한 효과가 있는 것으로 보았다. '건전한 신체에 건전한 정신'이라는 말처럼 말이다. 1815년 12월 5일, 최초의 근대식 축구 경기로 평가될 만한 겨루기가 에트릭 숲의 카터로에서 열렸다. 지금 보면 그 당시에는 아직 엄격한 규칙을 따르지는 않았지만, 당국이 당당히 주최한 경기였다. 2,000명의 관중 앞에서 셀커크와 얘로가 경기를 펼쳤다. 에트릭 숲의 소유주인 월터 스콧 경이 셀커크를 후원했고 흄 백작이 얘로를 지지했다. 셀커크는 선수의 표식은 '전나무 가지'를, 애로측은 '히스 잔가지'를 몸에 붙이고, 각 팀의 응원단이 기(旗)를 흔들어댔다. 버클루 공작이 시축을 했다. 90분간 계속된 첫 번째 게임은 셀커크의 승리로 끝났다. 두 번째 게임이 무려 3시간에 걸쳐 열렸으나 무승부로 끝났는데, 오히려 '결판을 내지 못했다'고 하는 편이 적합했다. 제임스 호그는 애로팀을 위해 발라드를 썼고 스콧도 셀커크 팀원을 위해 발라드를 지었다. 스콧의 아름다운 발라드 가운데 네 줄을 인용해보자. 19세기와 20세기 초 사이에 전 세계로 퍼져나간 영국 스포츠 정신의 진수가 거기에 있다.

젊은이여, 옷을 벗고, 준비하여라.
살을 에는 추위가 있고 넘어지는 불운이 있어도
히스에 몸을 던지는 고통은 인생의 고난에는 미치지 못하리니
그리고 인생 또한 그러하리니, 축구시합처럼.[7]

1800년 이전의 대다수 사람들은 축구와 비슷한 단체 스포츠가 교육의 한 형태, 그 중에서도 특히 건전한 기독교 신사를 배출하는 방법이 될 수 있다는 생각을 얼토당토않다고 여겼다. 축구는 고대 오락의 하나이기도 했지만, 하층계급에서 일어나는 무질서한 폭력행위(훌리거니즘)와 늘 연상시켰다. 유럽 각국의 정부들은 축구가 폭력과 부상으로 이어질 뿐 아니라 때로는 죽음까지도 초래한다고 판단해 포고문과 법령으로 거듭 금지시키기도 했다. 그러나 축구 경기는 프로테스탄트인 영국에서 인기가 있었다. 특히, 카톨릭 계의 대륙이 사육제를 축하하는 데 대항하여 슈로우(Shrovetide, 재의 수요일 전 3일간) 사이에 특히 성대한 시합을 열었다. 그 방식도 지역마다 달라서 셀 수 없을 만큼 다양했다.[8] 어떤 지역에서는 공을 들고 달렸고, 다른 지역에서는 발로 찼으며 또 다른 지역에서는 이 두 방식이 모두 허용되었다. 선수가 한 팀당 열 명 또는 열다섯 명인 경우도 있었고 아예 선수 수에 제한이 없는 팀들도 있었다. 1810년부터 1820년

사이에 더비에서는 한 팀에 각각 400명에서 1,000명의 한 팀을 이루는 게 일반적이었는데, 재의 수요일 전 3일간에 행해지는 축구 경기는 가장 유명하다는 평판을 얻었다. 많은 지역에서는 이른바 '건전한 경기(civil play)'와 폭력 사태를 낳는 '난폭한 경기(rough play)'를 구별했는데, 후자의 경우 폭력 사태로 얼룩지곤 했다. 축구에 대해 최초로 해설한 사람 가운데 한 사람인 조셉 스트럿은 1801년에 어느 지역에서건 "열기가 한껏 달아오르면, 선수들은 최소한의 예의도 없이 다른 선수의 정강이를 찬다."고 썼다.[9] 작은 공을 들고 달리거나 던지는 방식으로 경기를 진행하던 노포크에서는 축구를 '캠핑(camping)'이라고 불렀고, 스포츠적인 방식인 '키킹 캠프(kicking camp)', 그리고 누구나 참가하는 난투인 '새비지 캠프(savage camp)'가 있었다.

해마다 마을 대항 또는 도시 대항 경기가 하루 종일 열렸는데, 특히 더비에서는 꽤 늦은 밤까지 계속되어 그때쯤이면 모두가 술에 절어 있었다. 상인들은 가게 셔터를 내리고 바리케이드를 쳤으며 치안판사들은 소요 단속령을 읽을 만반의 준비를 갖춘 채 서 있었고, 교회는 그런 경기를 금지하려고 시도했다. 복음주의자들과 감리교도들이 유독 축구에 제동을 걸려고 애썼다. 초기 감리교도들은 축구 경기를 믹기 위해서 '야외 전도 집회' 일정을 매년 축구 경기가 열리는 '철야제(徹夜祭) 주간'에 맞추었다. 1823년에는 피로 얼룩지기로 악명 높은 프레스턴 대 히덴의 연례 축구 경기가 예정된 일요일에 대규모 전도 집회를 계획했다. 하지만 사람들은 지역의 영웅들이 탄생하는 이 경기를 놓칠 수 없었기에 오히려 축구시합을 택했다. 더비 경기를 본 한 사람은 '거친 스포츠'였지만 한편으로는 마치 선거를 보는 것 같았다고 말했다. 그는 "신분이 최고로 상승해봐야 푸주한의 도제밖에 안 될 사람이 마치 성공한 의원처럼 의자에 앉은 채 축구영웅으로 시가행진을 하는 모습을 목격했다."고 덧붙였다.[10]

근대 축구의 탄생을 재촉한 것은 인클로저 운동(Enclosure Movement)이었다. 이 운동으로 다른 전통적인 경기를 하던 공유지가 사라졌기 때문이

II부 스포츠의 확산

다. 경기장이라고는 없었다. 사람들은 이 '경기'를 열기 위해서 시골 공지를 찾아 헤매었다. 사람들은 이렇게 고향 마을로 축구경기를 가져와 존속시키고자 했다. 인클로저 법으로 공유지가 줄어들게 되자, 마을 사람들은 지역 젠트리에게 경기용 땅을 기증할 것을 간청했다. 이리하여 경기장이 생기게 되었다. 그리고 그 땅은 대개 기증자의 자유 소유 부동산으로 존속해 있었기 때문에 기증자가 바람직한 경기규칙이 준수되도록 감시할 수도 있었다. 스콧이 카터호의 경기를 주최한 것도 정확히 말하자면 '야만적인 경기'를 종식시키기 위한 시도였다. 스콧은 "과거의 부족 정신이 갑자기 튀어 나오기 쉽다."고 인정했다.[11] 이런 젠트리의 움직임을 지지한 것은 1815년 이후부터 본격적으로 스포츠를 체계화하기 시작한 학교와 대학의 증가하는 영향력이었다. 윈체스터, 웨스트민스터, 그리스도 병원, 차터하우스 등 오래된 준(準)교회 교육기관들도 처음으로 축구시합을 회랑으로 둘러싸인 네모난 풀밭 위에서 가렸다. 1810년, 웨스트민스터교 토트힐 필즈에서 10에이커 규모의 토지를 구입해 구획했는데, 이것은 아마도 최초의 규격화된 경기장일 것이다. 그때의 청구서가 지금껏 남아있다. 1820년이 되면 주요 유명 사립학교들 다수는 간혹 특이한 규칙을 따르기도 했지만, 정기적으로 경기를 열었다. 1590년대로 거슬러 올라가는 스토니허스트 학교 방식의 경기에서는 거대한 돌담에 대고 경기를 했다. 이튼교에서도 이런 '담벼락 경기' 방식이 있었는데, 1827년에 축구 경기가 목숨을 건 싸움으로 이어진 후 회초리 때리기로 유명했던 교장 존 키트가 경기를 중지시켰다. 그리고 이튼에서는 다른 학교보다 선구적으로 한 팀당 선수 인원을 11명으로 정하고, 또한 새로운 중요 인물인 심판을 도입했다.[12] 그로부터 4년 전, 럭비 교에서 윌리엄 웹 엘리스라는 한 소년이 공을 손으로 집어 들고 달렸다. 그때까지는 발로 차는 경기였는데도 말이다. 이 게임의 규칙은 1846년이 될 때까지 정식으로 승인되지는 않았지만, 이 해프닝이 계기가 되어 '럭비'라는 이름의 게임이 전 세계에 퍼졌다.

미식축구도 1820년대 미국에 등장했다. 프린스턴 대학생들이 1820년 '발로운(ballown)'이라는 단체시합을 하기 시작했다. 7년 뒤 하버드 대학의 1학년과 2학년생들이 미식 축구대회를 정식으로 발족시켰다. 시합은 매년 신학기의 첫 번째 월요일에 열렸다. 그러나 게임 규칙에는 여전히 논란이 일었고, 이 경기는 '피의 월요일(Bloody Monday)'로 알려졌다. 이와 유사한 연례 경기를 예일 대학에서는 '러시'라고 불렀다.[13] 19세기 후반에 들어서면서 정식 '축구'로 알려지게 되는 표준적인 영국축구는 1820년대에만 해도 여전히 규정이 자리 잡지 못한 상태였다. 그럼에도 이미 영국축구는 다른 나라에도 수출되었다. 처음에는 덴마크, 그리고 브라질이 받아들였다. 축구의 역사가 고대에까지 거슬러 올라가는 이탈리아에서는 여전히 경기방식이 초기의 중세방식에 얽매여 있었다.[14]

크리켓 경기

크리켓의 발생은 축구보다 훨씬 늦지만, 처음에는 지방의 젠트리 사이에서 즐겼기 때문에 하기가 쉬웠다. 최초의 영웅은 젠트리에서 탄생했으며, 마침내 영지에서 일하는 일꾼들이 팀에 들어와 거기서 특히 재능을 보인 자가 나중에 최초의 프로선수가 되었다. 시골의 명사들은 '신사적인' 행동과 '페어플레이'라는 생각을 게임에 가미시켰다. 사실 이런 관념들은 결투에서 유래한 것들이었다. 1787년 찰스 레녹스는 화이트 컨듀잇 클럽의 프로 투수인 토머스 로드에게 사유 경기장을 세우라고 설득했다. 이 장소는 매릴번 크리켓 클럽(MCC)으로 탄생했다. 훗날 아내가 워털루전투 전야에 무도연회를 개최했던 것으로 유명한 리치몬드 공작이 되는 레녹스는 최고의 만능선수였다. 윔블던 공원에서 요크 공작과 결투한 지 2년 뒤, 호적수인 이 둘은 로드 크리켓 경기장에서 열린 '잉글랜드 대 햄블던 클럽' 경기에서 재회했다. 크리켓 게임은 투수와 타자 간 결투였기 때문에 명예가 저변에 깔려 있는 엄격한 규칙이 있어야만 했다. 실제로, 약 1830년까지 몇몇 크리켓 게임은 일대일로 승부를 가렸다. 로드는 세인트존스 우드로 옮겨 그곳에 드디어 근거지를 마련했지만, 크리켓이 완전한 권위를 확립하기까지는 몇 년이 걸렸다. 예를 들어 1817년 6월에는 저명한 성직자였던 프레데릭 보클레어 경이 11명으로 구성된 잉글랜드 팀을 내세워 로드 크리켓 클럽에서 노팅엄 팀의 선수 22명과 겨루게 했다. 치안당국은 러다이트 폭도가 활동 중이라는 이유로 크리켓 게임이 저녁 7시 이전에는 끝나야만 한다고 주장했다. 그러나 게임이 끝나자, 성난 군중들은 경기장으로 뛰어 내려갔다.[15] 그 이듬해 로드 크리켓 클럽에서는 브라이튼에서 초청한 최고의 아마추어 선수인 조지, 오즈볼드스톤과 프로 투수인 조지 브라운이 일대일 승부를 벌였다. 브라운이 던진 공은 너무 빠른 나머지 외야수가 들고 있던 코트를 통과해 경기장 건너편에 있던 개에게 부상을 입히기도 했다. 늘 '시골 신사'로 통하던 오즈볼드스톤은 크리켓이 발달하던 시절에 리치몬드와 함께 크리켓의 세 영웅으로 손꼽혔다. 그는 이튼교와 옥스퍼드대학에서도 새롭게 편성된 11명중에서도 스타였다. 1816년에는 로드 크리켓 클럽에서 벌어진 매릴번 크리켓 클럽과 미들섹스간 경기에서 112 대 68의 성적을 거두며 승리했다. 캡틴 버클리처럼 오즈볼드스톤은 만능의 스포츠 영웅으로 여우 잡이 개인 폭스하운드에 대해서는 35년간의 경험을 자랑했으며, 98마리의 자고새를 쏘아 떨어뜨린 적도 있는 최고의 사수였다.[16]

세 영웅 가운데 한 사람으로 가장 뛰어난 사람은 영국중앙은행의 중역이자 1826년부터 런던 시티의 하원 의원이었던 윌리엄 워드(1787~1849)였다. 그는 1810년부터 1825년까지 영국 최고의 아마추어 선수였다. 1820년 7월 24일에 로드 크리켓 클럽에서 278점을 기록했는데, 이 점수는 1925년에 잭 홉스가 기록을 경신할 때까지 최고 기록 자리를 한 세기가 지나도록 굳건히 지켰다. 워드는 크리켓계의 지도적 인물이기도 했다. 로드 크리켓 경기장이 1825년 도시개발용으로 팔렸을 때, 워드는 자신의 수표를 갖고 나가서는 5,000파운드를 주고 영원히 MCC 소유로 만들어놓았다. 게다가 1822년에는 어깨 너머로 던지는 투구를 인정하는 주요한 결정을 내리는 등 게임 규칙을 확립하는 데도 주도적인 역할을 했다.[17] 그런데 크리켓의 가장 큰 문제점은 도박이었다. 성직자인 프레데릭 경조차도 크리켓 게임 도박으로 600파운드를 벌었다고 털어놓기도 했다. 유명한 도박사 거물인 크록포드는 물론 런던의 내로라하는 도박사들은 로드 경기장 천막에 자리 잡고 앉아 돈을 걸고는 했다. 일류 프로선수들이라면 여지없이 묵었던 옥스퍼드 스트리트의 여관인 그린맨 앤 스틸(Green Man and Still)은 그야말로 '장외' 내기의 온상이었다. 선수들은 당연히 타락하게 되었고, 로드 크리켓 클럽에서 출장 정지 처분을 당하게 되었다. 그런 탓에 교장과 학감은 내기가 완전히 근절되지 않는 한 학교에서 정기적으로 경기를 열지 못하도록 했다. 이리하여 1820년대부터 시작된 옥스퍼드 대 케임브리지, 이튼 대 해로우 경기, 그보다 이른 1819년에 시작된 젠틀맨 대 플레이어스 경기는 도박을 추방한 최초의 본격적인 경기가 되었다.[18]

권투와 도박

베팅은 권투와 경마라는 두 거친 스포츠를 타락시켰다. 여기에서는 젠틀맨십을 통해 그 문화를 개혁하려고 했지만, 이마저도 당시에는 신사 계급과 귀족들의 도박 본능이라는 어려운 문제가 있었다. 프로권투는 그 자체가 비합법적이었다. 때때로, 열정적인 치안판사들은 경기가 열리는 것을 막고 주최자를 체포하려고 상당히 애를 썼다. 중요한 프로권투 경기는 널리 홍보되었지만, 개최 장소는 마지막 순간이 되어서야 발표되었기 때문에 관중들은 전국을 누비며 달려가야 했다. 흡사 1990년 대의 애시드 하우스 파티(Acid house parties, 환각제를 사용해 즐기는 파티 — 옮긴이)와 같았다.[19] 선수들은 맨주먹으로 싸웠고 라운드 수도 무제한이었기 때문에 링 위에서 사망하는 일도 다반사였으며, 그럴 경우에는 치안 판사들이 일을 처리해야 했다. 1816년 10월 22일에 웨일스 챔피언 네드 터너(1805년~1820년에 활약)는 모슬리 허스트에서 커티스라고 불린 권투 선수와 68라운드 — 실제 싸운 시간은 약 85분 — 가 될 때까지 계속 싸웠다. 68라운드가 끝나자, 커티스는 의식을 잃었고 그로부터 몇 시간 후 사망했다. 검시관 심리로 터너에게 과실치사에 해당된다는 답신을 했고 터너는 고의 살인에 의한 죄로 기소되었다. 배심원들도 이에 과실치사 평결로 답신해 터너는 두 달을 복역했고 감옥에서 나온 뒤인 1817년 3월 26일 헤이스에서 잭 스크로긴스와 숙명의 대결을 펼쳤다. 이 대결은 전례 없는 관심을 불러 일으켰고 엄청난 금액이 베팅에 몰렸다. 일단(一團)의 프로권투 선수들이 채찍을 들고 링에 사람들이 접근하는 것을 막았지만, 밀려드는 군중들을 막기에는 역부족이었다. 당국의 단속을 피하기 위해 장소를 여러 차례 변경한 끝에, 6월 10일 에식스 주 소브리지워스에서 경기가 재개되었고, 72분간의 사투를 벌인 끝에 스크로긴스는 링에서 들려나가면서 터너가 승리를 거머쥐었다. 관객 가운데는 상하 양원 의원도 있었다. 신사들 대부분은 안전한 마차 안에서 옥외 경기를 주로 관람했다.

권투가 주로 퍼블릭 스쿨에서 인기를 끌었다는 이유로 현상금 내기를 하는 프로권투 경기는 1790년대부터 귀족의 오락거리였다. 그리고 1815년에서 1825년까지 10년 동안 절정기였지만, 불법이라는 사실과 많은 시합이 '부정한' 싸움으로 낮은 신분의 런던 불량배들을 끌어 들였기 때문에 평판이 좋지 않았다. 해즐릿이 유독 자주 드나들던 웨스트민스터 파이브즈 코트는 악명 높은 실내체육관이었다. 한창때 이름을 날리던 권투 영웅들은 대개 술에 절어 사망했다. 해즐릿의 유명한 에세이인

『권투(The Fight)』에 등장하는 영웅 중 하나인 틴맨은 사실 토트넘 코트 로드에서 스튜 냄비를 만들던 브리스틀 사람인 빌 후퍼였다. 그는 프로권투를 하게 되면서 귀족의 후원을 받게 되었고, 일 때문에 몸을 망치게 되었으며 결국 지독한 가난 속에서 술과 성병으로 사망했다. 서른세 살에 사망한 헨리 피어스도 공식 사인은 폐결핵이었지만 누구 못지않은 술꾼이었다. 지금처럼 그 당시에도 권투 챔피언들은 상금을 타서 선술집을 사들였고, 대부분 경영에 실패했다. 가장 유명한 챔피언 중 하나인 톰 크립도 마찬가지였다. 1805년부터 1820년까지 굉장히 오랜 기간 챔피언 자리를 유지했던 크립이었기 때문에 투지 넘치는 싸움꾼들은 이름을 알리려고 걸핏하면 그의 술집에서 시비를 걸었다. 크립은 폭력행위를 이유로 치안판사에게 이들을 넘기면서 말했다. "이렇게라도 하지 않으면 이 불량배들 때문에 사업을 도무지 지탱할 수 없습니다." 그럼에도 불구하고, 사업은 실패했고, 크립 역시 1848년 궁핍 속에 숨을 거두었다. 권투 선수들은 유대인 출신이 많았다. 1817년부터 1824년 사이에 이름을 날렸던 애비 베라스코, 다니엘 멘도사, 그리고 '더치 샘'으로 불린 페티코트 레인 출신의 새뮤얼 일라이어스도 그랬다. 작은 체구에 몸무게는 57킬로그램 밖에 안 나갔는데도 무시무시한 핀치를 날린 이 시나이는 음주가 원인이 되어 1816년에 세상을 등졌다.

한편 프로권투의 세계에는 흑인도 많았다. '마사' 켄드릭과 잭 서턴도 챔피언 자리까지 올랐다. 그리고 뉴욕의 스테이트 섬 출신 빌 리치먼드도 흑인이었다. 리치먼드의 후원자는 제멋대로 행동하는 피트 가문의 한 사람이었던 카멜포드 경이었다. 그는 올드 새럼의 제한 선거구에 의석 둘의 권리를 가지고 있었으며 정부가 경기에 간섭하면 리치먼드를 의석 하나에 앉히겠다고 으름장을 놓기도 했다. 리치먼드의 지적인 이미지나 사람들의 존경을 받았다는 점에서 봤을 때 그는 어쩌면 훌륭한 하원 의원이 되었을지도 모른다. 그러나 대부분 흑인 권투 선수들도 백인 선수들과 마찬가지로 허송세월을 보냈다. 그 중 가장 대표적인 사람은 권투

선수로는 용기가 뛰어났지만 무식하고 너무 손이 컸던 토머스 몰리니였다. 버지니아 출신인 토머스는 화려한 의상과 여자를 너무 좋아한 나머지 1818년 술과 성병으로 사망했다.

아일랜드 선수들도 비슷한 모습을 보였다. 아일랜드 선수 중에서 최고로 꼽히던 잭 랜달은 1824년 34세의 나이에 술 때문에 숨졌고, 톰 셸튼도 알코올 중독자가 되어 강한 자살충동을 내비치기도 했다. "누구나 목매어 죽을 권리가 있다."라고 외치던 그는 1830년 청산가리를 입안에 털어 넣고 죽었다.[20]

그나마 권투 수준 향상에 도움을 준 인물이 두 사람 있었다. 올드본드 스트리트에 체육관을 소유하며 한때 바이런에게 권투를 가르치기도 했던 존 잭슨은 섭정 시대에 가장 잘 알려진 인물 중 한 명이었다. 그의 부친은 블랙프라이어스에 대규모 하수도를 건설한 진취적인 건축업자였다. '신사 존(Gentleman John)'은 만능 스포츠선수로 단거리 달리기와 높이 뛰기 챔피언이었으며 뛰어난 역도선수이며 권투선수였다. 그는 새끼손가락에 84파운드 무게의 물체를 걸고 자신의 이름을 쓸 수 있었다. 예술가들은 그를 '유럽에서 가장 완벽한 몸매의 사나이'라고 불렀다. 키는 180센티미터가 조금 안되었고 몸무게는 88킬로그램이었으며 '당당한 어깨'를 갖고 있었다. 거기에 잘록한 허리, 매끈한 종아리, 가는 발목과 작고 예쁜 손을 갖고 있었다. 그는 소맷부리에는 고운 레이스가 달려 있고 금으로 장식된 진홍색 코트에 면 목도리를 두르고 굵은 검정색 밴드가 쳐진 둥근 모자를 쓴 채 담황색 반바지와 줄무늬 흰색 실크 스타킹, 그리고 흰색 실로 잔가지 모양이 그려져 있는 담청색 공단 조끼를 입고 인조 보석의 버클이 부착된 까만 에나멜 구두를 신고 있었다. 그의 모습을 본 사람들의 말에 따르면, 그는 "모든 남성들의 시기와 모든 여성들의 선망 속에서"[21] 시간당 5.5마일의 속도로 걸어 다녔다고 한다. 잭슨은 사업에서도 성공을 거두었으며 관대하기까지 했다. 1811년에는 포르투갈 전쟁 피해자들, 1812년에는 프랑스에 억류되어 있는 영국 전쟁 포로들, 그리고 1826년에는 랭커셔 직조공들을 위해 자선 공연을 펼치기도 했다. 그리고 1814년 6월 15일에는 워즈워스의 친구인 하원 의원 라우더 경의 팰맬가 집에서 알렉산더 1세와 블뤼처 제독을 모시고 출장하는 영광을 얻기도 했다. 또한 1821년 조지 4세의 대관식에서는 수많은 프로권투 선수들을 직접 뽑아서 왕실 사환 복장을 입힌 다음 '경비대' 역할을 담당하도록 했다. 잭슨은 부와 명예를 누리다가 1825년 숨을 거두었다.

이보다 더 놀라운 것은 글로스터셔 푸주한의 아들이던 존 걸리의 성공 스토리였다. 부친의 장사에 뛰어들었다가 스물한 살에 파산한 걸리는 그 후 권투계에 입문하여 1805년에서 1808년에 걸쳐 챔피언이 되기 위해 죽기로 싸웠다. 여느 프로권투 선수들처럼 그도 케리가에 있는 선술집 '플라우'에 상금을 쏟아 부어 성공했고, 경마장의 순종 말에 투자했으며 하트퍼드셔 주의 웨어 파크에서 승리한 말을 여러 마리 길렀다. 또한 선더랜드 근처의 헤튼 탄갱을 사들였고 요크셔 주 액워스 파크에 있는 훌륭한 농장도 매입했다. 걸리의 생애는 19세기 초 역사를 연구하는 사람들을 놀라게 만들었다. 미국에서뿐만 아니라 계급제도에 얽매여 있었을 영국에서조차, 능력 있고 의지가 굳은 사람은 비교적 쉽게 부와 권력을 빨리 누릴 수 있다는 사실을 보여주었다. 오늘날에도 프로 권투선수가 하원 의원이 된다면 놀라움의 대상이 될 것이다. 그런데 걸리는 1832년 최초의 개혁 의회에서 폰테프랙트에서 의원으로 선출되었다.[22]

그러나 걸리와 잭슨의 노력에도 불구하고, 권투가 고급스포츠로 자리 매김하고 합법적이고 정직하며, 존중받는 굴레 안으로 들어가기란 결코 쉽지 않았다. 19세기 후반으로 접어들었을 때에도 권투는 대중적이기는 했지만 여전히 범죄의 경계선상에 서 있는 거친 스포츠였다. 학교나 대학에서도 아직은 '인정받는 스포츠'로 여겨지지는 않았다. 이와는 대조적으로 조정은 1827년에 공인을 받고 옥스퍼드와 케임브리지 대항 경기가 열렸다.

경마의 발전

프로권투와 마찬가지로, 경마도 부패하고 거친 스포츠였고 역시나 비슷한 대중을 상대로 했지만, 젠트리 계층이 말과 경마장을 대부분 소유하고 있었기 때문에 많은 부분을 통제하고 있었다. 경주가 저급화되는 것을 막기 위해서 합법적인 경주는 우승자에게 상금으로 50파운드 이상을 지급해서는 안 된다는 법이 하원에서 1740년에 통과되었다. 이 돈의 출처는 출전 등록료와 사유지에 천막 맥주 가게를 낸 선술집 주인들의 장소임대료였다.[23] 관람석이 마련되기 전까지 입장료는 모두 무료였다. 경주마들은 경마장까지 직접 걸어와야 했기 때문에 1815년부터 1830년 당시에 경마 규모는 사실상 지역경기에 불과했다. 예를 들어 1820년 굿우드에서 엡섬이나 애스컷까지 말이 걸어오는 데는 나흘, 뉴마켓까지는 일주일, 돈캐스터까지는 2주일이 걸렸다.[24] 따라서 가장 중요한 시합을 제외하고, 경주에는 잡종 말이나 사냥 말, 때로는 조랑말도 섞여 있었다. 게임은 회별로 진행되었고, 2회를 연승한 말이 이기는 방식이었다. 예외인 곳이 있었는데 그곳은 뉴마켓이었다. 이곳은 찰스 2세 무렵부터 유명해졌는데, 일반인은 들어올 수가 없었다. 관객은 500명 정도의 상류 엘리트뿐이었다. 신사는 말에 타고, '노약자나 숙녀'는 마차에 탄 채 관람했다. 뉴마켓에서 경마는 도박과 순종 경주마 매매가 목적이었다. 그 때문에 한 해 동안 몇 번이고 정기적으로 개최되었다. 한편 대부분의 다른 경기들은 매년 지역 축제와 함께 열렸고 무도회와 만찬이 이어졌다.

1823년이 되면, 잉글랜드에 있는 95개 경마장 중 87곳은 1년에 한번만 경기를 갖는 움직임은 이미 나타나고 있었다. 게다가 이 움직임은 다섯 살이 안 된 어린 말들의 경기가 더 흥미진진하다는 사실이 알려지면서 더욱 가속화되었다. 1820년대부터 두세 살짜리 말들이 달리는 경주가 눈에 띄게 증가했고, 이에 따라 보다 과학적인 말 사육과 더불어 경주

거리도 짧아졌고 몸무게가 가벼운 기수가 등장하기 시작했다.[25] 결국 말의 주인들이 타던 기존 방식은 사라졌고 가벼운 프로 기수가 새로이 출현했다. 1830년 한 전문가는 "잉글랜드의 유명한 기수 셋이 버는 금액, 적어도 그들이 받는 금액은 그 무렵 대학의 모든 직원들의 수입 금액을 모두 합친 것보다 더 높다."는 가능성을 제기했다.[26]

한편 더 많은 돈이 필요하게 된 소유주들은 입장료를 부과할 수 있는 관람석을 설치해야 했다. 리치먼드 공작—크리켓 경기의 명포수로 이름을 떨친 공작의 아들—은 1828년에 자신이 소유한 굿우드 경마장의 일반 관람석에 정기 예약제를 도입했다. 그 이듬해는 요크셔 사업가 찰스 블록이 엡섬에 관람석 협회를 구성해, 오두막으로 인해 뒤죽박죽 난잡한 관람석을 정리하고 근대식 관람석으로 바꾸었다. 그 관람석을 사들인 신디케이트가 더욱 개축하여 그 당시 세계에서 가장 큰 관람석을 세웠다. 이 관람석은 5,000명을 수용할 수 있는 크기에 좌석은 2,500석이 있었으며, 건설비용에만 1만 4,000파운드가 투입되었다.[27]

1820년대에는 세계 최초로 전국적인 경마조직이 등장했다. 일 년에 일곱 차례 시합을 열던 뉴마켓은 국가적인 경마장이 되었고, 이곳에서 1,200마리의 순종 경주마 중 400마리가 훈련을 받았다. 애스컷에서는 왕실이 주최하는 귀족적인 시합이 열렸고, 엡섬의 더비 경마는 최대 규모의 공개 시합으로 입장객이 10만 명이나 되었다. 동커스터가 잉글랜드 북부를 대표하는 지역 경마장이라면 남부에서는 굿우드가 제일의 지역 경마장이었다.

이 모든 것들을 총괄하는 것이 조키 클럽인데, 이 조키 클럽이라는 호칭은 말 소유주 또는 소유주의 아들들이 직접 말을 몰고 경기하던 때부터 유래한다. 하원이 경마에 관한 법을 제정하기 시작하고 기수들의 체중 등 뉴마켓에 간섭하는 문제가 많아진 이후인 18세기 중반, 경마 클럽이 생겼다. 클럽은 비밀 조직 형태를 띠었고, 대체로 모습을 드러내려 하지 않았다. 심지어 1835년까지 회원 명부도 공식적으로 발표하지 않았다. 그러나 1807년부터는 「레이싱 캘린더(Racing Calendar)」라는 신문을 발간하기 시작했다.

일대 전기가 된 사건이 1816년에 일어났다. 이 경마신문이 경마 클럽의 규칙을 게재하고, 이견이 있는 자가 클럽의 최고 임원에게 제소하게 하여 모든 잉글랜드 팬의 관심을 불러일으킨 것이다.[28] 나아가 조키 클럽은 뉴마켓 히스를 매입하고 새롭게 투 사우전드 기니즈와 사우전드 기니즈 등 새로운 경기를 도입해 명성을 드높였다. 그러나 권한을 주장하는 힘이야말로 권위를 쟁취하는 길이었다. 경마장 가운데 하나인 동커스터는 1819년 최초로 클럽의 결정을 수용했다. 그리고 2년 후, 법원은 조키 클럽이 규칙을 따르지 않는 자에게 '출장정지를 처분하는'―그동안 쌓아놓은 경력을 물거품으로 만들어버리거나 경마에서 사실상의 추방을 의미하는― 권한을 주었다.[29]

조키 클럽은 새로운 형태의 사회적 통제를 구축했다는데 큰 의의가 있다. 이 스포츠에서 인정받는 통제 기관이 된 조키 클럽은 엄청난 수의 지지자를 확보하고 있었을 뿐만 아니라 어마어마한 돈을 굴리는 곳이었다. 오늘날의 국제 축구, 테니스나 골프보다도 더 많은 돈이 흘러 들어가고 나왔다. 건전한 옥외 레크리에이션으로 자리 잡은 대중 스포츠의 확산은 영국에서 나타나 점차 다른 선진국들로 퍼져나가며 19세기 손꼽히는 발전 중 하나로 전 세계를 휩쓸게 될 20세기를 알리는 서곡과 같았다. 근대 사회에서 스포츠는 대다수 사람들의 삶에서 가정, 가족, 직업, 평화와 전쟁 다음으로 그 어떤 것보다―종교보다도―더한 의미를 갖게 되었다. 이로 인해 스포츠가 공명정대하고 규칙을 준수해야 한다는 부분이 굉장히 중요해졌다. 따라서 조키 클럽은 심지어 부패하기 쉬운 경마와 같은 스포츠에서조차도 가장 효율적인 통제 수단은 법령이나 경찰이 아니고, 비선출의 단체가 내리는 자유 재량에 의한 결정이라고 주장했다. 이들 단체 내 사람들의 사회적 위치와 자산에 있어서 서로 이해관계가 없었기 때문에 판정을 놓고 이의가 제기되지 않았기 때문이다. 경마는 최초로 전문화되고 수많은 팬들을 끌어 모은 스포츠였다. 다른 저명한 아마추어 집단들이 현역에서 활약하는 선수들을 예의주시하고 통제한다는 개념은 모든 스포츠의 밑바탕이 되어, 처음에는 국내적으로, 그리고 이후에는 국제적으로 받아들여졌다. 게다가 1820년대에 권위 있는 경마 클럽의 출현은 알맞은 시기에 나타난 셈이었다. 때마침 1830년대가 들어서면서 철도 시대가 열리자 그 어떤 오락보다도 경마가 가장 큰 영향을 받았다. 철로는 경마장에 가고자 하는 사람들뿐만 아니라 경마장에서 빠질 수 없는 경주마들을 신속하게 전국 방방곡곡으로 운반해주었고, 이로 인해 경마계는 크게 발전했다.

무어크로프트의 중앙아시아 탐험

철로가 경마의 발전을 촉진시켰다는 것은 아이러니한 이야기였다. 왜냐하면 철도 수송은 말의 가장 중요한 기능을 빼앗았기 때문이었다. 그래도 1815년에서 1830년에 걸쳐 말에 대한 전 세계적인 수요는 양적으로 급증했다. 특히 품종이 좋은 말은 여전히 수요가 달렸다. 바로 이런 시대에 걸맞은 용감한 탐험가 윌리엄 무어크로프트(1765~1825)와 같은 인물이 출현했다. 랭커셔 출신의 무어크로프트가 유명한 리버풀의 외과 의사 존 라이언의 밑에서 의학을 공부하던 1783년 바로 그때, 더비셔의 농장에 치명적인 가축 전염병이 발생하자 의학의 힘에 한 가닥의 희망을 건 당국으로부터 리버풀의 병원에 연구생을 보내달라는 의뢰가 들어왔다. 그 당시는 수의학이 없던 거나 마찬가지여서 고작해야 프랑스 육군이 말의 질병에 관해 현장 경험을 가진 몇 명의 동물의사를 거느린 상태에 지나지 않았다. 파견을 나간 무어크로프트는 거의 미지의 수의학 분야에 관심을 갖게 되고, 돌아와서는 라이언에게 보고했다. "이 분야는 농업 발전에 떼려야 뗄 수 없는 중요한 관계에 있으면서도 전혀 관심조차 기울이지 않고 있습니다. 내가 이 일에 헌신함으로써 우수한 인재에 의해 발전된 분야에서 일하는 것보다 더 국가를 위해 공헌할 수 있다고 생각합니다."[30] 무어크로프트를 마음에 점찍었던 라이언의 낙심은 컸다. 그는 젊은 제자의 마음을 돌려놓기 위해 레스터스퀘어의 외과 의사인 장군 존 헌터에게 부탁했다. 그러나 헌터의 반응은 냉정하여 "나이만 먹지 않았다면 내가 그 분야의 연구를 시작할 것이다."라는 말만 돌아왔다. 무어크로프트는 프랑스로 건너가 약간의 현장 실습을 받은 뒤, 1792년에 옥스퍼드 스트리트 224번지에서 최초의 근대적인 가축병원을 열었다. 그 당시는 런던에서만도 말의 수가 15만 마리(1820년에는 25만 마리 이상)였다. 무어크로프트는 크게 돈을 벌었지만, 기계로 만든 말발굽을 파는 길로 빠지는 바람에 빈털터리가 되고 말았다. 1888년에 벵골에 있는 동인도회사의 종마 사육장에 초빙을 받고 그 책임자로서 얻게 된 고액 연봉의 일자리는 그에게 구세주나 다름없었다.

인도에서 무어크로프트는 곧 커다란 문제에 직면했다. 동인도회사의 군대에 공급하기 위한 품종이 좋은 말을 충분히 조달할 수가 없다는 거였다. 영국의 사육장에서는—데오도르 제리코가 그 후에 칭찬하듯이— 순수혈종마나 마차를 끄는 최우량 말을 키우고 있었다. 그와 같은 말은 값이 비싸서 구입하기 힘들었기 때문에 무어크로프트로서는 품종개량용으로 몇 마리만 수입하자고 제안할 수밖에 없었다. 그런데 지구의 다른 끝에서 품종이 떨어지는 반 야생의 무스탕 종이나 아메리카 대륙의 초원에서 몇 백 마리 씩 증식했고, 오스트레일리아에서도 똑같은 일이 시작되고 있었다. 동인도회사는 인도를 장악하기위해 114킬로그램의 증기병을 태우고 황야를 장거리 질주할 수 있는 힘을 가진 값싼 말이 반드시 필요했다. 모로코에서 중국에 걸친 동양의 여러 나라에서는 각각 자국의 군대를 유럽식으로 개혁하기 위해 유럽인 장교를 고용하는 경우가 많았다. 영국령 인도의 국경지대에도 같은 사태가 발생하여 이전부터 숫자상으로는 도저히 대적이 될 수 없을 정도로 열세였던 동인도회사는 점차적으로 군사력 균형이 깨질까봐 염려했다. 필요한 것은 제일급의 기병대와 기마포병대였다. 그것만 있다면 압도적인 기동력으로 적지 깊숙이 쳐들어가 타격을 주고, 단 한 번의 교전으로 적에게 요구를 할 수가 있었다. 힘세고 지구력이 있는 말만이 서양 군사기술의 결정타였다.[31]

무어크로프트는 문제해결을 위해 인도의 현관에 있는 자원을 활용하고자 생각했다. 중앙아시아의 말 시장이나 거래 시장을 통해 양질의 사육종을 값싸게 입수하자는 복안이었다. 그러나 여태껏 유럽인, 특히 영국인이 이 공급원을 자세하게 조사한 예가 없었다. 따라서 무어크로프트 자신이 아시아인으로 변장하여 세계 최대의 장벽인 히말라야의 미개척지로 가게 되었다. 말을 구하기 위한 무어크로프트의 여행은 뜻밖에도 두 가지의 중요한 근대화 과정을 도입했다. 첫째로 고지 탐험, 둘째로 이른바 중앙아시아의 '대전략(Great Game)'이다. 그의 최초의 여행은 1811년의 중앙 히말라야였다. 1812년 5월부터 8월까지 무어크로프트는 영국과 인도의 혼혈인 하이더 허시와 함께 히말라야를 횡단하여 다우디 강과 대협곡을 거슬러 올라가 티베트 고원의 가르토크와 마나사로와르 호수까지 도달했다. 1819년부터 1825년 사이에는 카슈미르, 라다크, 와지리스탄, 아프가니스탄을 거쳐 힌두쿠시 산맥을 넘어 옥수스 강을 건너 보카라에 도착했다. 무어크로프트는 여기서 죽었다. 병사인지 중독사인지는 확실하지 않다.[32] 이 위험으로 가득한 선구자의 여행에 필적할 여행은 아직도 나타나지 않고 있다. 이 여행의 견문을 바탕으로 인도적 내지는 전략적 관점에서 무어크로프트는 히말라야 전진 정책을 주장하고, 영국령 인도정부를 설득했다. 각지의 현지주민과도 친분을 쌓았다. 여행 가는 곳마다 병자들을 치료했기 때문인데, 어떤 때는 그 수가 하루에 300명을 헤아리기도 했다고 한다. 동양 여러 나라의 풍토병인 트라코마 치료에는 특히 성과가 있었다. "말을 수술했기 때문에 인간의 경우에도 대담하게 된다. 의심할 나위 없이 거의 무모한 수술이기에 본래의 외과 의사를 놀라게 할 것이다. ……내가 거둔 결과는 보기 좋게 성공하여 최근 12년 간 신중한 의사라면 놓치고 말 증상이라도 수술을 할 수 있다는, 적지 않은 경험을 해온 나조차도 기쁘다." 그는 유럽에는 생각할 수조차 없는 거친 치료로 거대한 종양을 잘라낸 적도 있었다. 한 남자 환자의 암 덩어리는 그 무게만도 4킬로그램이나 되는 경우도 있었다.[33] 무어크로프트는 매우 다정하여, 부패한 구르카 제국의 비참한 상황을 방관할 수가 없었다. 1814년 여름에는 신임 총독 헤이링스 경을 설득하여 구르카 문제에 개입했다. 마침 그때 구르카족이 끊임없이 평원지대를 습격해 좋은 구실이 생겼다. 같은 해 가을, 오크터로니 장군이 산악지대를 공격하고, 다음 해에는 카트만두를 점령했다. 사가울리(sagauli) 조약의 체결에 따라 구르카족은 저지대 포기, 시킴(sikkim) 포기, 그리고 영국인 주재원의 수용을 승인했다. 이에 따라 영국은 심라와 그 밖의 고원 피서지를 획득했다. 이 고원 피서지에 전개된 세계는 2세대 후의 작가 키플링의 책에 의해 영원한 땅으로 묘사되었다. 영국 측은 구르카족으로부터 군인을 모집하기 시작했다. 즉, 쇠퇴하고 구태의연한 제국의 군대를 새롭게 권력을 잡은 진보적 제국의 빛나는 수비대로 변신시켰던 것이다.[34]

무어크로프트의 '대전략'

무어크로프트의 '대전략(Great Game)' 구상은 인도주의적 견지에서 비롯되었다. 무어크로프트는 러시아 제국주의가 노리는 것은 탐욕스럽게 확장을 계속하는 거대한 사회적 내지 도덕적 악덕이라고 생각했다. 그가 처음으로 히말라야 산 속으로 들어갔을 때는 아직 알렉산더 1세가 나폴레옹과 손잡고 영국의 세계적 권익을 약화시키려던 시기여서 1808년 이후 캘커타의 동인도회사는 이 문제로 적지 않게 고민하고 있었다.[35] 무어크로프트는 그 탐험 여행 기간 동안 러시아의 교역품—프랑스에서 만든 물건도 포함—을 발견하고 러시아의 중앙아시아 진출이 예상 밖으로 빠르게 진행되고 있음을 알았다. 나폴레옹의 위협이 사라진 뒤에도 무어크로프트는 1819년부터 더욱 오지로 들어가 인도에서 러시아의 위협이 더욱 커지고 있다는 사실을 확신했다. '무서운 확장'이 계획·실행되어 러시아 제품의 화물을 운반하는 대상이 강력한 육군부대의 선봉이 되고 있었다. 특히 러시아 측 대표인 아가 메디—러시아 역사가에게는 메크티 타파이로프라는 이름으로 알려졌다—가 상트페테르부르크의 외무부로부터 파견되어 1808년 이후 산악지대 전역을 답사한 사실은, 실은 히말라야 너머의 군사용 루트를 탐색하려는 게 확실하다고 무어크로프트는 믿었다.

러시아의 인도 급습을 가능하게 하는 전략상 요충지가 명목상 중국에 있다는 것, 바로 이 점이 우려되는 문제였다. 북경의 지배력은 약했다. 고지대의 이슬람교도는 북경의 지배를 싫어했으므로 그것을 끊어주기만 하면 러시아로서는 무엇보다 기쁘게 환영할 기세였다. 투르키스탄에서 중국 세력을 물리치기 위해서는 러시아군이 6만 명만 있으면 충분했다. 무어크로프트는 러시아가 중국 전역을 재빠르게 정복하는 모습을 상상하기도 했다. 이 장의 후반에서 서술하겠지만, 영국의 대중국정책은 오로지 홍차 수입 문제에만 국한되어 있었다. 무어크로프트가 위기감을 느낀 것은 러시아가 현재의 홍차 무역을 방해하여 거래 루트를 변형시키고 마침내는 영국을 대신하려는 게 아닌가 하는 두려움 때문이었다. 그렇게 된다면 영국의 손실은 컸다. '세입 200만 파운드와 영국의 모든 국민에게 지금 필수품이 되고 있는 홍차의 즐거움, 게다가 거액의 자본 투자처와 수많은 인간의 생계 터전'을 잃었다.[36]

이런 위협에 대해 영국이 취할 방책은 아프가니스탄과 라다크에 관한 보호권을 확립하고, 거기에 대해 카슈미르를 병합하는 것이라고 무어크로프트는 주장했다. 카슈미르는 주위가 온통 산으로 둘러싸인 천혜의 요새일 뿐만 아니라 50만 명의 군대를 먹여 살릴 수 있는 비옥한 기지이기도 했다. 카슈미르를 손에 넣으면 "영국의 인도 점령을 위협할 어떤 움직임도 걱정할 필요가 없다. ……그러나 카슈미르가 유럽의 다른 강대국 손에 떨어진다면…… 영국령 인도의 안전은 곧바로 위협해진다."라고 무어크로프트는 캘커타에 보고했다.[37] 영국에 의한 지배는 환영을 받고, 카슈미르는 자연이 의도한 것을 살려 '고지대 아시아의 베니치아 또는 팔미라'로 변모할 것이라고 무어크로프트는 굳게 믿었다. 이런 충고는 진지하게 수용되었고, 그의 갑작스러운 죽음에 의해 더욱 그 무게가 실렸다. 결과적으로 그의 제안 대부분이 실행되었거나, 적어도 지침으로서 존중되었다. 더욱 중요한 점은 '대전략'의 심리라고 생각된 미묘한 편집증이 생겼다는 사실이다. 이 편집증은 영국의 인도 지배라는 밑바탕을 형성하여 1947년 인도 철수 때까지 지속되었다. 그리하여 이와 똑같은 증상은 산 너머로 향해서도 그 형태를 달리하여 나타나 1979년이 되어서도 러시아 정부 지도자의 심리를 좌우해 아프가니스탄 침공으로 이어졌다. 바로 그 끝이 10년 후의 강대한 소비에트 제국의 붕괴이다. 원래 말을 사러 떠났던 수의사의 유업치고는 의미심장한 위업이 아닐까?[38]

말 거래가 점차 전문화된다는 것은 무어크로프트의 생애가 말해주지만, 과학적인 번식은 말뿐만 아니라 동물계 전반에도 그 영향을 미쳤다. 무어크로프트와 허시가 처음으로 티베트 정부의 관리를 만나 의례적으로 선물을 건넬 때 주목할 만한 사건이 일어났다. 틀림없는 유럽종의 개 두 마리—무어크로프트에 따르면 퍼그와 테리어—가 군중 사이에서 나타나, "갑자기 나에게 달려와 비비고, 뛰놀며, 점프하며 짖었다. 나를 만나서 크게 기뻐하는 모습이 마치 오래된 친한 친구를 만난 것처럼 보였다."는 것이다. 그 개는 유럽의 냄새를 맡은 게 틀림없었다. "앉거나 앞발을 내밀거나 하면서 재주를 보여주려는 것처럼 보였다. ……마치 예포를 흉내 낸 몸짓을 내가 그 개들에게 가르친 것 같았다." 누가 그 개를 데려왔느냐고 물으니 '우루스(Oroos, 러시아인)'라는 대답이 돌아왔다. 상트

페테르부르크의 손은 티베트까지 뻗쳐있었다. 무어크로프트에게 불만을 안겨준 최초의 사건이었다.[39]

애견가와 동물 보호 운동

그 무렵 선진국에서는 남성, 그리고 더군다나 여성 사이에서도 혈통이 뛰어난 개, 특히 특정 혈통의 개를 애완용으로 키우는 게 점차로 유행처럼 번졌다. 이 같은 사실은 19세기 초반부터 현대에 전해진 개의 이름에 많이 반영되어 있다. 개에 붙여진 이름에서 그 개의 원산지를 대부분 알 수 있다. 예를 들면, 프랑스 사회주의의 시조인 앙리 드 생시몽의 개는 아마도 세터 종인데, 영국에서는 흔한 프레스토라는 이름을 갖고 있었다. 찰스 램의 친구로서 티베트를 탐사한 최초의 영국인 중국학자 토머스 매닝의 개가 프레스토였다. 조르주 상드의 스패니얼도 영국 개였다고 생각된다. 이 개는 '대쉬'라고 불렸는데, 이 이름은 당시 영국 개에게 제일 흔한 이름이었다. 시인 토머스 후드가 키우던 '봄집이 큰' 개도 역시 대쉬였다. 이 대쉬를 맡아 키우는 바람에 램은 크게 고생을 했다. 그 때문에 이 개는 램의 편지에 빈번히 등장했다. 램이 한때 살았던 집의 주인 오언이 키운 개는 폼페이라고 불렸는데, 이 이름 역시 흔하디 흔했다. 바이런이 키운 많은 개 가운데도 폼페이가 있었다.

바이런은 또한 보슨이라는 뉴펀드랜드 개도 키웠는데, 이 이름도 당시 인기가 있었다. 이런 품종의 수입견은 사냥개로도 사용되어, 19세기 초반에는 높은 평가를 받았다. 사격의 명수 피터 호커 대령은 『젊은 스포츠맨에게 주는 지침서(Instructions to Young Sportsmen)』의 저자인데 '애견 뉴펀드랜드'를 자랑하면서, "순종의 세인트 존 종으로서 털은 짙은 검은색, 목이 길고, 몸짓이 멋지다. 털은 수달처럼 보인다. 뉴펀드랜드 개의 이름을 먹칠할 곱슬머리의 개와는 다르다.”고 썼다. 크리켓 명수 리치먼드 공작은 블뤼허라고 이름 붙인 뉴펀드랜드 견을 길렀다. 이름으로 미뤄 볼 때 아마도 1814년에 태어난 것이 틀림없지만, 이 개는 광견병에 걸린 애완용 여우와 친해져서 공작이 광견병으로 죽는 원인이 되었다. 바이런이 기른 무츠라는 몸집이 큰 개는 세인트버나드 종으로 추측된다. “명령만 내리면 문도 닫았다.”고 개 주인인 시인은 자랑했지만 양의 다리 고기를 훔친 전과가 있었고, 야생 돼지에게 완패한 전력도 있었다. 근대 방식의 수렵은 1820년대 중반에야 처음으로 등장하여 몰이꾼이 모는 꿩을 쏘아 떨어뜨리는 솜씨를 칭찬했지만, 그 이전에는 개 ― 대개는 포인터 종 ― 에게 사냥감을 찾게 해서 사격하는 방식이었다. 일생 동안 개를 사랑했던 사우디는 로버, 댑퍼 드의 이름을 붙인 포인터 종을 차례로 길렀다. 또한 사우디의 친구인 ‘농민’ 잭슨이 키운 개의 이름은 큐피드였다.

고전적인 이름이 큰 인기를 끌었다. 젊을 적의 에드윈 랜드시어는 초기의 회화 작품에 사육견 브루투스를 묘사했다. 에이잭스, 주노, 수많은 시저, 네로, 툴리 등의 이름도 보인다. 「모닝 크로니클(Mornig Cronicle)」지의 주간이자 결혼 운이 도통 없었던 존 블랙은 카토와 플루토라고 이름 붙인 거대한 뉴펀드랜드 견을 두 마리나 길러 “개 주인과 같이 유명했다.” 이름난 스포츠맨인 손튼 대령의 포인트 견도 역시 플루토와 주노로 불렸는데, 대령은 이 두 마리 개를 스위스인으로 영국에 살며 말과 개의 그림을 전문으로 그렸던 화가 J. C. 아가스에게 그려달라고 부탁했다. 아가스는 존 셀리 경의 포인트 견 산초도 그렸지만, 진심으로 즐겨 그린 개는 그레이하운드 견이었다. 코에 하얀 점이 많아 그레이하운드에게는 스노볼이라는 이름이 많았다. 에드워드 포팸의 개도 스노볼로 불렸다. 아가스의 가장 큰 후원자였던 조지 피트, 즉 훗날의 제2대 리버스 경은 웰링턴 공작의 관저가 되기 전의 스트랫필드 세이에 살았지만, 개에게 같은 이름을 선택했다. 피트라는 성의 시대에는, 예를 들면 포셔처럼 수많은 사육견에게 ‘p’로 시작하는 이름을 붙였다. 리버스 가문을 계승하고부터는 롤라나 라스칼 등 'R'이 붙는 경우가 많았다. 그러나 제일 좋아한 이름은 스노볼이었다. 피트가 기른 개 가운데 한 마리인 어릴 적의 스노볼은 빅토리아 여왕의 남편인 앨버트 경의 애견 그레이하운드인 이오스의 조상이었다. 이름을 붙인 개를 그린 그림의 수는 같은 시대의 어느 화가보다 많다고 생각할 수 있는 아가스이지만, 유감스럽게도 패니 켈리가 보물 취급을 했던 블루프는 그리지 않았다. 따라서 램의 구혼을 뿌리쳤던 이 아름다운 여배우의 애견이 어떤 종이었는지는 알 수 없게 되어 버렸다.[40]

워털루전투 시대에 동물 애호 운동이 높아졌던 밑바탕에는 영국인이면 일반적으로 가졌던 개와 말에 대한 애호심이 있었다. 그 점은 의심할 나위가 없지만, 앞에서 썼듯이 이 전투에서 전장의 동물이 받았던 고통에 세상은 처음으로 눈을 돌리게 되었던 것이다. 이것은 외과 의사 애슐리 쿠퍼와 의학자 찰스 빌의 공적이다. 또 하나 세상의 격분을 산 것은 통행세를 회피할 방법으로 노새나 말―통행료를 부과했다―을 사용하지 않고 개에게 마차를 끌게 한 것이었다. 동물 혹사에 반대한 것은 잉글랜드인과 스코틀랜드인 뿐만이 아니었다. 이탈리아의 코모 호수 지방 출신인 찰스 비암코니는 아일랜드 서부에 공영 교통 기관을 도입한 인물이지만, 말을 극한 상태까지 부리는 방법이 영국 승합 마차업자 사이에서 당연하게 여긴 시대에 일찍부터 수송 산업용 말을 중요하게 취급했다. 비암코니는 1,300마리 되는 말의 이름을 하나하나 기억했다. 어떤 말에게도 충분한 영양을 취하게 하고, 털을 솔로 손질했으며, 적어도 일주일에 하루는 쉬게 하는 게 어떤지―이것은 매우 중요한 점이다―늘 신경을 썼다.[41]

어쩌면 영국인은 모두 동물에 대해 감상적인 기분을 갖게 된 최초의 국민일 것이다. 1810년 이후 공개된 엑스터체인지 동물원의 인기가 큰 공헌을 했다. 오늘날 동물 애호가는 동물원을 학대와 결부시키지만, 19세기 초반에 동물원이 조성됨에 따라 일반 대중은 처음으로 안심하며 야수를 직접 보게 되어, 마음껏 의인화를 할 수 있었다. 공공교육으로는 중요한 첫걸음이었다.

1809년에 건너온 인도코끼리 츄니의 인기는 대단해서 아마도 오늘날까지 그것을 능가할 것은 없을 것이다. 바이런은 이렇게 썼다. "돈을 건네주면 [츄니는] 일단 받았다가 그것을 되돌려 주었다. 나의 모자를 벗기고, 문을 열고, 코로 채찍을 다루는 행동이 너무나 훌륭해 집사로 고용하고 싶을 정도였다."[42] 그러나 1820년대가 되면 츄니는 발정이 더 심해져 난폭해졌다. 1826년 초 발정을 누르기 위해 설사제(칼로멘 6온스, 엡섬염 55파운드)를 투여했지만 역효과를 일으켜 2월 26일에는 키 3.6미터의 동물이 우리를 부수고 난폭해지기 시작했기에 결국 츄니를 죽이기로 결정이 났다. 죽이는 방법이 문제였다. 그 당시 코끼리 사격용 총은 아직 나오지 않았다. 바로 6년 전 베니치아에서 발정한 코끼리가 쇠 우리를 끊고 도망친 사건에 대해서 바이런이 선명하게 기록으로 남겼지만, 이 코끼리는 과일가게 한 집의 상품을 먹어치우고, 교회로 도망쳐 들어가 크게 난폭해져서 출동한 군대의 야전포를 넘어뜨렸다.[43] 츄니의 경우는 사태 수습에 시간이 걸렸고 아주 무섭게 사살되었기에 온 나라가 비난의 화살을 퍼부었다. 「타임스」지에는 수준 높은 긴 투서가 연재되고 그 뒤에도 책이나 팸플릿, 새들러즈 웰스 극장의 연극, 골격 전시로 이어졌다. 츄니 사건을 디킨즈가 「모닝 크로니클」 지상에 투고한 것은 1830년대였으나, 그 무렵까지도 코끼리의 죽음에 대한 고통의 기억은 여전했다.[44]

츄니의 수난으로 1820년 중반 무렵부터 이미 강화된 동물 학대 금지 운동이 한층 박차를 가했다. 1800년부터 1830년 사이에 의회에 제출된, 고의에 의한 동물 학대 금지를 위한 법안은 11건이나 되었다. 모두 부결 처리가 되었지만 대부분의 경우 표차가 극히 적었다. 로비 단체의 첫째 표적이 된 것은 곰 괴롭히기와 소 달리기였다. 이것은 지방이나 교회의 축제 때 마을 단위로 일반 대중이 즐긴 시골 스포츠나 다름없었다. 가장 악명이 높았던 것은 스탠포드에서 해마다 열린 소 경주였다.

개혁운동의 중심은 교회였는데, 그 중에서도 비(非)국교도와 복음주의자가 압도적으로 많았고, 특히 악덕퇴치협회와도 손을 잡았다. 이 협회는 저속한 문학 작품의 저자를 밀고한 자에게 장려금을 지급했기 때문에 지식인들이 싫어했다. 개혁운동가 대부분이 동물 학대와 성적인 비행을 동일시했다. 스탠포드의 소 경주를 비판한 사람은 그것이 저속하다는 점에 대해서 화살의 끝을 돌렸다. "겸손을 모르는 관중 가운데는 젊은 여자도 많이 섞여 있다. 마치 그 날은 모든 계층의 사람이 예의도 규율도 잊고 광란에 빠진다. 수치도 절제도 없다."[45]

하원에서의 '피의 스포츠' 로비 단체를 대변하는 의원이 동물 학대 금지 법안은 가난한 대중의 오락을 빼앗는 계급적 입법이라고 반박했다. 1800년에는 첫 법안에 반대하며, 윌리엄 윈덤 의원이 "소를 갖고 즐기는 것을 금지하면서 사냥질을 허락하는 행위는 도대체 무엇인가? 일반 대중의 문제 제기는 정당하다."고 논박했다. 시드니 스미스는 "연 소득 1만 파운드의 인간은 그가 즐기는 여우를 걱정하고…… 가난한 노동자는 개와 곰 가운데 어느 게 더 용기가 있는지를 보려고 6펜스를 지불한 죄로 재판관 앞으로 끌려나온다. 부자의 위장을 채우기 위해서는 어떤 잔혹한 행위도 용납된다. 그러나 가난한 이의 휴일을 즐겁게 하는 것은 모든 것이 금지된다."며 논평했다.[46] 그러나 1815년 이후에는 대중적인 스포츠가 급속하게 쇠퇴했다. 1816년에는 웨스트민스터의 왕립 투기장이 파괴되었다.[47] 1822년에는 인도적인 도살을 의무화시킨 '가축학대방지법'이 법령집에 추가되고, 그 2년 후에 설립된 동물학대방지협회(SPCA)는 마침내 이 법령을 적용하여 소 경주 주최자를 고소했다.

1820년대 초반에 여론은 곰 등의 대형 야생동물을 학대하는 모든 스포츠에 반대하는 방향으로 크게 발전했다. 예전에는 대중적인 피의 스포츠로 악명을 떨친 스탠포드셔에서는 피지 주 윌리엄 다이오트 장군(1761~1847)이 1824년에 "위아래 따질 것 없이 모든 계층의 사람들 품행이 매우 좋아졌다."고 쓰고, 그의 이웃에서 벌이는 소 경주를 없애는 길이 사회 품격을 높이는 커다란 운동의 하나라고 그는 생각했다.[48] SPCA의 압력을 받아 행정당국은 스탠퍼드의 소 경주를 근절하기 위해 향토군이나 정규군의 기병대까지 동원했다.[49] '동물 학대'의 모든 오락은 마침내 1830년에야 불법화되었지만, 바로 일 년 전에 소나 곰을 갖고 노는 행위는 자취를 감추었다. 매우 잔인한 닭싸움인 닭 던지기도 이미 보이지 않게 되었다. 닭싸움조차도 미들랜드와 북부의 오지에 겨우 남아 있을 정도였다.[50] 그리고 1820년대 말에는 일찍이 영국인 여행객이 자기네 나라에서는 금지된 동물 학대가 아직 유럽 대륙에는 엄연히 남아 있다고 참견하기 시작했다.

어린 노동자

영국인이 아서 휴 클라프(1819~1816)가 말한 '본능적이라고 말할 정도로 민감한 양심'에 눈뜬 것은 1820년대였다. 이런 민감한 양심은 거의 모든 삶의 영역에 영향을 미쳤고, 사회 개혁을 목표로 하는 수많은 활동을 추진하는 원동력이 되었다. 그리고 그 활동은 국내에서 시작해 국외까지 뻗어나갔다. 아동보호의 입법화를 겨냥한 운동은 동물 보호와 함께 1800년대부터 존재했다. 처음에 '도제의 건강과 도덕유지에 관한 법률'은 공장주들이 고용한 가난한 아이들(구빈구救貧區 견습공으로 불림)의 노동시간을 제한하고 교육 기회 제공을 규정했다. 그러나 정작 큰 변화는 나폴레옹전쟁 후에 찾아왔다. '1819년 공장법'이 성립되어 부모가 9세 미만의 아이를 일하지 못하게 금지하고, 아홉 살 아이가 제면공장에서 일할 경우 노동시간을 하루 16시간에서 12시간으로 단축하도록 제한했다. 그러나 개혁 운동은 어려운 문제에 직면했다. 아동의 노동은 실제로는 그 아동이 살아가기 위한 유일한 수단이었다. 유명한 토목기사였던 브루넬의 부친은 어린이를 매우 좋아해 "아이들을 굶게 할 수 없다."고 말하고 자신의 작업장에서 아이들에게 일거리를 주려고 온갖 노력을 기울였다.[51]

당시는 인구의 절반이 15세였다. 1820년대에는 이미 유아사망률이 과거에는 보지 못했던 엄청난 변화를 보였다. 1730년에만 해도 런던에서 태어난 아이 네 명 중 세 명은 다섯 살이 되기 전에 죽었다. 그런데 1830년대에는 이 비율이 반대로 뒤집어지게 된다. 기혼 부부는 예전과 같이 여전히 아이를 많이 낳았다. 여기에, 출산 중에 사망하는 여성도 더 적어졌기 때문에 실제로 출산율은 더 높아졌다. 화가 윌리엄 대니얼의 친구 윌킨스 주니어의 경우는 서른 명의 아이를 낳아 모두가 살아남았다. 유명한 금융가인 로버트 위그램 경도 슬하에 아들 열다섯과 딸 다섯을 두었다. 노리치의 주교 헨리 배서스트는 부친과 여러 부인들 사이에 태어난 서른여섯 명의 아이들 중 한 사람이었다.[52] 마리아 에지워스의 아버지는 네 명의 부인에게서 스물 두 명의 아이를 얻었다. 부인과 사별한 후 다음 결혼까지 각각 불과 4개월, 9개월과 7개월이 걸렸다고 한다.[53] 프로권투 선수인 존 갈리는 두 명의 아내에게서 각 열두 명씩, 모두 스물 네 명의 자녀를 두었는데[54], 이런 예들은 수없이 많았다. 1760년에서 1850년에 걸친 90년간은 오랜 영국 귀부인의 역사에서도 매우 높은 다산률을 기록한 시기였다. 부인 50명을 대상으로 한 조사에 따르면, 대다수 부인들이 스물한 살에 결혼했고 평균 여덟 명의 아이를 두었으며 그중 막내는 39세에 낳았다.[55] 한편, 노동자 계급의 여성은 임신 조절에 덜 적극적이었고 남편의 잠자리 요구를 쉽게 거절하지 못해 결과적으로 더 많은 아이를 낳았던 걸로 보인다.

실제로 하층계급일수록 유아 사망은 많았다. 리버풀에서는 '상류계급'의 평균 수명이 35세인 반면, 노동자의 평균 수명은 고작 15세였다. 그러나 지역에 따라서도 큰 편차를 보였다. 바스의 경우, 상류계급이 평균 55세까지 살았고 노동자조차 25세까지 살았다. 그러나 시골인 러틀랜드에서는 노동자의 평균 수명이 38세로 맨체스터나 리버풀의 상류계급의 평균 수명보다 길었다.[56] 런던의 슬럼가—이 단어는 1820년대에 처음으로 사용되었다—에서는 특히 유아사망률이 높았다. 1812년에 태어난 디킨스는 간호사였던 유모 메어리 웰러의 손에 이끌려 출산하는 자리에 자주 갔었기 때문에, 어릴 적부터 갓난아이에 대해 많이 알았다. 또한 죽은 아이도 보았다. '네댓 명의 갓난아기'가 '서랍장 속에서 청결한 이불에 감싸여 누워' 있는 모습을 본 디킨스는 그 광경에서 깨끗한 '식료품 가게'에 늘 진열되어 있는 돼지 다리를 연상했다고 한다.[57]

인구의 절반이 16세 이하였던 미국도 유아사망률은 1820년대에 급속히 개선되고 있었지만 여전히 백인 아이들 예닐곱 명 중 한 명은 첫돌을 넘길 수가 없었다. 미국 동부에서는 가족 수가 줄어들고 있었다. 예를 들어 미국 서부의 가족 당 평균 어린아이의 수는 일고여덟 또는 아홉 명이 보통인데 반해 매사추세츠와 코네티컷에서는 겨우 다섯 명이었다.[58]

이 시대에는 부유한 가정에서조차 아이들이 언제 죽을지 모르는 게 일반적이었다. 18세기에는 아이의 죽음을 바라보던 금욕, 무관심의 시선이 점차 더 강한 인간적 감정으로 바뀌고 있었다. 워즈워스는 자녀 두 명을 잃고 충격을 받고는, 어떤 면에서는 결국 시름에서 벗어나지 못했다고 할 수 있다. 어린아이, 비극과 고통은 워즈워스의 시에 반복해서 나타난다. 1815년 이후, 콜리지, 사우디와 워즈워스가 많은 정치적인 개혁에 강력히 반대했고 이들 셋은 콜리지가 말한 "동정심 따위는 없는 잔혹한 장사꾼 정신과 천박한 정치·경제학자들의 자만심에 대항하는 안타까운 어린 백인 노예들과 면사 공장 어린아이들의 절망적인 외침"에 동조했다.[59] 사우디가 산업화를 그토록 혐오하게 된 것도 어린 핏덩어리들의 노동력에 대한 착취 때문이었다. 버데트와 화이트브레드 등 가장 과격한 몇몇 급진주의자들은 백만장자 자본가들이 쌓아올린 재산은 실제로 어린이들의 땀과 고통으로 이뤄진 것이라고 사우디는 썼다. 사우디가 죽었을 때 누구보다도 진심어린 조의를 표한 사람은 샤프츠베리 백작이었다. 소년 굴뚝 청소부들과 공장에서 일하는 아이들의 친구였던 위대한 샤프

츠베리 백작은 사우디에 대해 "그는 가난한 자, 어린이, 그리고 스스로를 변호할 수 없는 사람들의 친구였다. 어느 누구도 그만큼 진실하고, 감동을 주는 동시에 강인하지는 못했다."라고 일기에 썼다.[60]

바이런의 육아법

더웬트 호수와 고원을 내려다보는 케스윅 인근의 그레타 홀에서 사우디와 아내, 그리고 여동생인 콜리지 부인은 앞서 살펴본 것처럼 아이들을 사랑스럽고 훌륭하게 키워냈다. 아홉 살이던 신동 사라는 워즈워스 일가가 도브 커티지에 있을 무렵에도, 그리고 앨런 뱅크로 이사간 후에도 자주 워즈워스 집에 자러 갔는데, 그때마다 큰 충격을 받았다. 워즈워스도 아내 메리와 여동생 도로시도 아이들에게 헌신적이기는 했지만, 사라가 보기엔 "어린아이들을 다루는 방식은 좀 거칠고 시골뜨기 같았다."고 한다. "우리는 새벽 네 시에 침대에서 일어나, 맨발로 주방을 어슬렁거렸다." 또한, 주방 물통에서 목욕을 했던 때를 사라는 기억했다. 앨런 뱅크의 집주인인 크럼프 양은 이 '변덕스러운 스코틀랜드 방식'을 경멸하며 아이들에게 벽에 낙서를 했다고 눈총을 주기도 했다. "마음대로 때리고 혼냈지만, 그렇다고 아이들을 제대로 계도하지도 못했다."고 사라는 말했다.[61]

당시의 지식인이나 작가는 양극단으로 나뉘어 자녀에게 무관심하거나 아니면 지나치게 편애해 자녀를 망치는 경향이 있었다. 셸리는 첫 번째 부인인 해리엇이 낳은 두 딸을 법원의 판결로 인해 빼앗기자 아이들에게 편지를 쓰지도, 아예 아이들을 생각하지도 않았다. 이와는 대조적으로 해즐릿이 아들인 윌리엄을 편애한 것은 유명한 사실이었다.

이 당시에 가장 잘못 훈육된 경우는 아마도 레이 헌트의 아이들이었을 것이다. 바이런은 헌트를 이탈리아로 불러들여 창간 예정인 정기간행 잡지 「리버럴(Liberal)」의 편집을 맡길 심산이었는데, 그가 온 가족을 모두 데려오는 바람에 깜짝 놀랐다. '5등급 익살극의 유들유들한 아비게일'이라고 블랙우즈가 훗날 묘사한 단정치 못한 아내 마리안느와 여섯 아이들은 모두 바이런의 집에서 지내게 될 것을 당연하게 여겼다. 바이런이 피사에서 제노바로 거처를 옮기자 이들도 그를 졸졸 따라갔다. 아이들의 응석은 과하다 싶을 정도로 받아주었고, 만일 바이런이 꾸짖기라도 하면 아이들은 말대답을 하기 일쑤였다. 게다가 아이들은 굉장히 폭력적이었다. 바이런은 "아이들이 음흉한 마음으로 파괴하지 못하는 것들은 직접 손으로 파괴했다."고 치를 떨며 말했다. 그는 아이들을 "야후", "불량배" "호텐토트(미개인)"라고 부르며 자신의 처소로 오지 못하게끔 계단 맞은편에 불독을 매어놓았다. 그러나 불행하게도 이 개는 이 '야후'들에게 신선한 우유를 먹이기 위해 기르던 암염소에게 쫓겨가버렸다. 마리안느는 일기에 다음과 같이 기록했다.

"남편은 아이들이 집을 조금 손상시킨 것 가지고 까다롭게 굴면서 모질게 구는 바이런 경의 태도에 대해 굉장히 언짢아하고 있다. ……겨우 서너 명의 아이들이 두세 개 방 벽을 조금 손상시킨 것으로 난리 법석을 피운다는 게 이 나라의 귀족이자 시인에게 가당키나 한 모습이란 말인가. 그 때문에 아이들이 얼마나 창피하겠냔 말이다. 참 내, Lord B, 싫다 정말!"[62]

그러나 정작 헌트 본인은 첼시에 집을 마련했을 때 자신의 방에 아이들이 들어가지 못하도록 주의를 기울였다. 토머스 칼라일이 헌트를 방문했을 때, 칼라일은 헌트의 방만이 유일하게 깨끗하고 가구가 잘 비치되어 있었다고 전하며 나머지 방들은 '시적 부랑자의 성(城)'이라고 불렀다. 헌트 부인은 "얼굴 표정이 험악했고 술에 취해 있었다."면서 아이들은 "햇볕에 그을린 집시 얼굴의 젊은 패거리 같았다."고 했다. "헌트 부인은 몸이 불편할 때마다 수없이 '아프다, 아프다'를 연신 내뱉으며 쿠션에 기대어 꾸벅꾸벅 졸았다. 나를 보려고 하던 어린 장난꾸러기들은 기를 쓰고 여기저기 뛰어다녔다. 도깨비처럼 이상하게 생긴 열여섯 살 남짓한 아이가 차를 내왔다. 마치 격리병원과 부랑자 수용소 같았지만, 그래도 뭔가 즐겁고 기품이 넘쳐흘렀다.”고 그는 기억했다. 이웃이던 제인 칼라일은 말썽부리는 아이들뿐만 아니라 방탕한 마리안느의 생활에 힘들어했다. “마리안느는 이틀에 한 번씩 내게서 큰 컵, 찻잔, 그리고 심지어 죽이 가득 들어가 있는 컵마저 빌리러 왔어요.” 하인은 늘 곁에 대동하고 있었다. 제인은 다음과 같이 말했다.

“주인 아주머니는 가장 한심한 지배인일거예요. 실제로 며칠 전에 마리안느가 청동 펜더를 빌려간 적이 있었는데, 되찾아오기 정말 너무 어려웠어요. 다리미, 유리잔, 찻잔, 은수저는 끊임없이 빌려갔지만, 되돌아왔을 때 온전하게 돌아오는 경우는 한 번도 없었어요.”[63]

그런 상황이었으니까 훗날 헌트의 아이들이 힘든 삶을 영위했다고 해도 별로 놀라운 사실은 아니었다. 고드윈의 아이들은 반대로 엄격하게 키웠다. 열심히 일했고, 어린 나이에 책을 썼으며, 누가 말을 걸어올 때만 대답을 했다. 험프리 데이비와 콜리지가 윌리엄 고드윈과 식사를 하고 있을 때였다. 어린 하틀리 콜리지가 휘두른 볼링 핀이 강하게 고드윈의 정강이를 쳤다. 그러자 이 철학자는 격노했고, 하틀리의 누이인 사라에게도 잔소리가 쏟아졌다. 아이들을 사랑하던 데이비는 고드윈 아이들의 ‘침묵’은 ‘굉장히 억압’되어 있는 거라고 생각했다.[64] 이 아이들도 마찬가지로 후에 비극적인 삶을 살았다.

공작 집의 아이들

1815년에서 1830년에 걸쳐 어린이가 어떻게 양육되었는가를 조사해

봐도 일정한 패턴을 찾기는 어려웠다. 부모들이 택한 훈육법은 오늘날의 부모들만큼이나 다양했던 듯싶다. 엄격한 것만이 올바르다는 생각은 분명히 잘못된 것이었다. 1814년 9월에 스펜서 마단이 리치먼드 공작의 사내아이들 셋 — 이들은 이미 웰링턴과 함께 복무하고 있었다 — 의 가정교사로 부임했을 때는 공작 측으로부터 상충된 지시를 받았다고 자신의 일기에 썼다. 웨스트민스터에서 템스 강을 내려다보던 화려한 리치먼드 공작의 집 — 지금은 사라졌지만, 거대한 석재 테라스는 카나레토의 손꼽히는 유화 두 점에 영원히 남겨졌다[65] — 에 도착했을 때, 그는 남자 아이들뿐만 아니라 공작부인, 여섯 딸들과 이들의 고약한 스위스인 여자 가정교사를 만났다. "부인은 별도로 시간을 내어, 내게 아이들이 그녀가 아는 한 가장 제멋대로 구는 버릇없는 장난꾸러기들이며, 특별히 엄격하고 혹독하게 대하는 것만이 유일한 방법이라고 말해주었다."

그런데 그 다음날 이 소년들의 삼촌인 배서스트 백작이 마단을 다우닝가로 호출했다. "나를 부른 이유는 평소 공작부인의 성격과 아이들에 대해 부인이 언급했을 법한 것들에 대해서 말하기 위해서였다. ……백작은 아이들이 원기왕성하기는 하지만, 본성이 착하기에…… 엄격한 교육은 최후까지 피해야 한다는 것이었다."[66]

둘째 날 밤에는 "하인이 찾아와서는 젊은 도련님들이 부엌에서 손에 잡히는 것은 죄다 집어 던지며 난동을 부리고 있으며 어떤 하인도 이 집에서 함께 살려고 하지 않는다고 말했다."고 했다. 사내아이들은 여자 가정교사에게 버터를 던지는 등 무례하게 굴었고, 첫째 아이는 둘째 아이에게 "네가 여자애들을 잡고 있으면, 내가 여자 가정교사를 핥을게."라고 말할 정도였다. 아이들은 테라스 난간 위로 기어 올라간 뒤, "짐배(船)가 묶여 있는 기둥들을 타고 미끄러져 밑에 있던 석탄 짐배로" 내려왔다. "막내 아서가 형들을 따라서 기둥을 타고 내려오다가 발이 미끄러지면서 두 짐배 사이에 있던 진흙과 물속으로 떨어져 턱까지 진흙을 묻혀버렸다. 만일 그 때 짐배 선원 둘이 그를 알아채지 못했더라면, 분명 익사했을 것이다." 마단은 "배서스트 부인이 그들에게 1파운드를 주었다. 그러자 그들은 그 돈으로 권총 두 정과 화약 조금을 구입하려고 했다."고 했다. 그리고 마단이 본 대로 사내아이들이 만족할 책도 거의 없었고, 장난감도 전혀 없었다. 따라서 아이들에게는 테라스에서 노는 것을 제외하고는 할 일이 아무것도 없었다.[67]

또 다른 사람이 관찰한 바에 따르면, "여자 아이들은 스위스인 가정교사가 화를 냈다고 생각하면 강가로 뛰어 내려갔다. 선원에게 6페니를 주고 템스 강의 물고기를 잡게 하고는 그것을 가지고 돌아와 여자 가정교사의 비위를 맞추기도 했다."[68] 이 가족이 유럽 대륙으로 건너와서도 사내아이들은 계속 말썽을 일으켰다. 마단에 따르면, 서식스 경은 착하지만 어리석었고 프레데릭 경은 영리하지만 악랄해서 둘 사이에는 자주 마찰이 일어났다고 한다. 한번은 "형을 말로 설득하는데 포기한 프레데릭 경이 물건을 비추기 위해 들고 왔던 무거운 청동 촛대를 치켜들어 형에게 죽을 때까지 지워지지 않을 흉터를 남겼다."고 한다. 이 일로 서식스 경은 코가 부러졌고, "머리를 심하게 다쳐 수차례 거머리로 피를 뽑아냈고 3주가 넘도록 집안에서 쉬어야 했다." 사내아이들은 마단 이외의 어느 누구에게도 말을 하지 않았고 누구의 말도 듣지 않았다. "내가 자리를 비우면 매일 저녁 대소동이 벌어졌다. 아이들은 창고 물건을 도둑질하는 것은 물론 하녀들을 마구 때리고 훈제 청어와 진을 가져오게 했다."[69]

자녀의 교육을 위해서라면 어떤 일이든 마다하지 않던 부모들도 있었다. 조지프 패링턴이 헤이스팅스로 가는 승합마차에서 일행이 된 카스메이저 씨는 "자녀 열다섯을 낳아 어느 누구의 힘도 빌리지 않고 아내가 키워냈다. 딸 아이 열 명 모두에게 언어, 역사, 지리, 데생과 유화 등을 아내가 혼자 가르쳤다."고 말했다. 옥스퍼드 부인도 마찬가지였다. "매일 열시부터 한 시까지 일했고", 그리고 "자녀들이 본 책은 일일이 전부 검사했으며 소설책은 일절 보여주지 않았다."[70] 이처럼 때로는 잔인하다 싶을 정도의 엄격한 가정교육도 굉장한 차이를 보였다. 조르주 상드가 글쓰기를 배울 때, 선생님은 조르주에게 자신이 고안해낸 기계인 머리에서 허리까지 내려오는 고래뼈 코르셋을 착용하게 했다. 코르셋에는 팔꿈치 높이를 유지하기 위해 나무 막대에 펜과 집게손가락을 고정시키는 청동 고리가 연결되어 있었다.[71] 1819년에 태어난 존 러스킨에게도 그를 위해 전적으로 헌신하던 부모가 있었다. 러스킨의 부모는 거주지를 옮기는 등 아이에게 이롭도록 생활을 꾸렸다. 그렇지만 아이들에게 준 장난감이라고는 쌓기 놀이에 쓰이는 나무토막 한 상자와 열쇠 한 뭉치가 전부였다. 러스킨의 이모가 사다준 주황색과 금색으로 꾸민 '펀치와 쥬디' 세트(전통 인형극 놀이 —옮긴이)는 이내 치워버렸다. 다른 아이들과 어울려 노는 것도 허락하지 않았다. 일요일에는 모든 책을 치워야 했고, 찬 음식만 먹을 수 있었다. 열 살이 될 때까지 그에게는 그의 어머니만이 유일한 선생님이었다. 러스킨의 어머니는 그가 아주 어릴 적부터 큰소리로 성경을 읽어주었다. 처음부터 끝까지 전부 읽었으며, 다음날 또한 처음부터 다시 읽었다. 러스킨은 세 번째 생일을 하루 남겨놓은 날 저녁에 시편 199편을 죄다 암송할 수 있었다.[72] 한편, 여섯 살이 되던 때부터는 부모님을 따라 영국 전역을 여행했고, 나아가 파리, 브뤼셀, 브뤼허, 겐트 등 대륙의 주요 도시들도 자가용 마차를 타고 방문했다. 러스킨의 부모는 성당, 성과 교회를 보여주고는 건축물을 데생하고 색칠하는 법과 세세한 부분까지 기록해가며 건축양식을 공부하는 법을 가르쳤다. 1826년 일곱 살이던 러스킨이 아무런 도움도 받지 않고 최초로 혼자 작성한 노트는 '뇌 분자의 초기 작용'이었다. 호수를 여행하며 보낸 1830년 여름, 그는 여행 내용을 담은 2,000줄 분량의 시를 썼다. 그때 나이는 열한 살이었다. 시를 완성한 일요일에 러스킨은 라이던 마을의 교회에서 워즈워스를 보고는 일기에 이렇게 썼다.

"이 신사 분의 용모를 보고 조금 실망했다. 교회에서 오랫동안 잠에 취한 것처럼 보인다. 이 신사분은 얼굴이 길쭉했고 코가 컸다."[73]

밀과 브라우닝의 어린 시절

존 스튜어트 밀은 1806년에 태어나 역시 부친에게서 철저한 집중교육을 받았다. 아버지 밀은 인도 관할 관청에서 일하는 한편 『인도사(History of India)』의 저술에 매달렸다. 그럼에도 불구하고 '하루의 적지 않은 시간'을 '자기 자식의 교육'에 할애했다고 그 아들은 썼다. "그 때문에 쏟은 노력과 정성과 인내는 고금을 통틀어 매우 드문 예에 속할 것이다." 그리스어를 몇 살부터 시작했는지 밀 자신이 기억하지는 못했으나, "세 살 무렵이라고 들었다."고 했다. 라틴어는 여덟 살에 시작하여 이번에는 그것을 여동생에게, 나중에는 더 어린 동생들에게 가르쳤다. 이 무렵에 이미 헤로도토스, 크세노폰의 역사책 모두와 『소크라테스의 추억(Memorials of Socrates)』을 읽어치웠다. 철학자 열전을 쓴 디노게네스 라에르티우스의 저술도 읽었고, 루키아노스의 책 일부와 플라톤의 대화편 가운데 최초 6편─이것은 일곱 살 때─도 읽었다. 여덟 살이 되자 그리스어 운문과 포프가 번역한 호메로스를 읽었다. 20~30회에 걸쳐 통독했다고 생각된다. "아버지는 나를 교육시킬 때 단순히 나에게 최선의 노력을 기울이는 데 그치지 않고 매우 세심한 부분까지 요구했다"고 밀은 썼다. 그는 『인도사』를 집필한 아버지와 같은 책상에서 그리스어를 공부했다. 그리스어 사전은 없었기에 모르는 단어는 그때마다 아버지에게 물었으나, 아버지는 작업을 중단하고 답변해주었다. 역사책도 많이 읽었다. 로버트슨, 흄, 기번, 버넷, 그리고 왓슨의 『필립 2세(Philip Ⅱ)』, 혹의 『로마사(History of Rome)』는 즐겨 읽는 책이었다. 그 뒤 『애뉴얼 레지스터(Annual Registers)』를 모두 읽었다.

밀 일가는 뉴잉턴 그린에 살았다. 밀은 매일 아버지와 오랜 산책을 하면서 하루 전에 있었던 독서에 관해 질문을 받았다. 책을 읽을 때는 반드시 메모를 하고, 그 '메모'를 가지고 아버지의 질문에 대답했다. 열 살부터 과학 공부를 시작했지만, "조이스의 『과학의 대화(Scientific Dialogues)』를 읽을 때만큼 책에 마음을 빼앗기지는" 않았다. 그리고 "화학 논문을 탐독했다."고 한다. 열두 살이 되자 이젠 논리학에 입문했다. 그것은 "아버지가 실제로 끈질기게 계속해온 지능 훈련"이었다. 아버지 밀은 "열세 살의 나에게 정치경제학의 모든 것을 설명해" 주었다. 열네 살까지는 오늘날의 명문 대학교 졸업생 이상으로 전문화된 고등교육을 몸에 익혔다. "생각을 하여 알 수 있는 것은 나 자신이 열심히 노력했으며, 녹초가 될 때까지 가르침을 받지는 않았다. 그리고 아버지가 즐겨 나에게 읽힌 책은 기력과 자질을 발휘하여 역경을 헤쳐 나가고 어려움에 맞서 그것을 극복한 인물의 전기들이었다."[74] 소년 시절 밀의 생활에 휴일은 없었다. 어린이용 책이나 완구를 접할 기회가 거의 없었고, 놀이는 꿈도 꿀 수가 없었다. 오로지 아버지와 함께 산책이나 할 뿐 또래 친구조차 없었다.

밀도 러스킨도 위대한 인물이 되어 놀랄 만큼 많은 뛰어난 업적을 남겼으며, 그 시대의 지적 활동에 영향을 크게 끼쳤다고는 하지만, 헌신적이며 기대가 큰 부모에게 양육된 천재 어린이의 유년 시대는 암울한 생각마저 든다. 또한 이런 부류의 부모에게서 흔히 발견되는 주입식 교육은 그 당시의 전형적인 예이지만 반드시 엄격주의만을 고집하지 않았다. 밀보다 4년 늦게 1812년에 태어난 로버트 브라우닝은 유년 시절 부모로부터 매우 자애로운 교육을 받았다. 아버지는 잉글랜드 은행에서 일하며 높은 급료를 받은 탓에 자택에는 커다란 서재를 설치할 수가 있었다. 집은 조지 왕조 시절의 파라다이스라고 할 수 있는 런던 남부의 헌 힐(Herne Hill)에 있었다.[75]

어머니는 독일인 선주의 딸로 피아노 연주에 뛰어났고, 나비나 동물을 불러들이는 독특한 능력을 지녔다. 브라우닝의 말에 따르면, 아버지도 어머니도 "어린이다운 성선설을 굳게 믿었다."고 한다. 아버지는 다섯 살 된 자식에게 호메로스를 손에 쥐어주었고, 넌 헤드 힐을 두 사람이 함께 걸을 때 존 드라이든의 『풍자론(Essay On Satire)』을 모두 읽어주었다.[76] 이 무렵 브라우닝은 이미 시를 쓰기 시작했다. "저녁 식탁 주위를 몇 번이나 돌면서, 매끄러운 마호가니 판을 손으로 두드리며 자신이 쓴 시의 운율을 분석하는 작은 사내아이였다."고 누이인 사리아나는 말했다.[77]

밀이나 러스킨과 마찬가지로 브라우닝도 부모에게서 사물에 대해 스스로 생각하도록 가르침을 받았고, 나아가 아버지 서재에서 좋아하는 책을 아무 거나 읽도록 권장 받았다. 셸리의 작품집 ─ 당시는 비난을 받아 서점에서 자취를 감추었다 ─ 을 원했을 때도 어머니는 구입해 주었다. 이 부모의 생각은 브라우닝 자신의 시 ─ 시집 『파라셀서스(Paracelsus)』 ─에 쓰여 있듯이 "사람의 마음을 움직이게 하는 것을 남김없이 알게 하소서."였다. 아버지의 장서를 섭렵하면서 열두 살 되던 해에 그는 울프의 『호메로스 서설(Prolegomena in Homerum)』을 발견하고 트로이가 실제로 존재하지 않았다는 사실을 "뒤집었다." 공포스러운 이야기도 좋아해서 괴물, 낙태, 성전환, 고문, 처형 등을 묘사한 너새니얼 원리의 『작은 세계의 불가사의 ─ 인류사(Wonders of the Little World or a General History of Man)』 전 6권도 다 읽었다. 마침내 브라우닝은 당시 별로 평가를 받지 모하던 철학파 시인의 작품들을 차례로 읽기 시작했다. 그것은 바사리의 『화가의 생애(Lives of the Painters)』, 제라르 드 래레스의 『회화 기법 개관(Art of Painting in All Its Branches)』 등이었다. 가장 아낀 애독서는 『세계의 전기(Biographie Universelle)』 50권으로, 이것은 1822년 초판이 나왔을 때 구입한 것이었다. 그리고 칸트 철학, 의학, 동물학, 음악론 등이었다. 성서도 열심히 공부했다. 체스터턴이 기술했듯이 "소년이 걷기나 크리켓을 배우는 것과 마찬가지로 자연스럽게" 브라우닝은 학문을 몸에 익혔다.[78] 열여섯 살이 되자 그는 근대어를 배우러 새로 생긴 런던대학에 입학했다. 집에서는 늘 음악을 듣고, 애완동물을 키웠다. 개가 두 마리, 고양이, 조랑말, 원숭이 네 마리, 부엉이, 고슴도치, 뱀, 까치 한 마리, 한때는 매를 길렀던 적도 있었다. 바이런 일가에는 못 미쳐도 엇비슷했다. 칼라일은 말을 타고, 체이니 로우에서 배터시 다리를 건너 윔블던 코먼에서 아직 열여덟 살인 브라우닝을 만났다. '아름다운 젊은이'는 검고 긴 머리를 바람에 날리며 녹색의 멋진 승마복 차림이었고 "영락없는 경마 팬 같았다."고 그는 썼다.[79]

19세기 초반에는 거의 모든 가정에서 또래 아이들과 어울리지 않고 교육을 받은 소년, 소녀가 놀랄 만큼 많았다. 빅토르 위고는 소년시대의 교육을 전적으로 어머니에게서 받았다. 이집트학의 대가인 에드워드 윌리엄 레인은 유년 시절에 화가 게인즈버러의 조카인 어머니 소피아 가디너로부터 고전과 수학의 훌륭한 교육을 받았다. 케임브리지 대학에 입학했을 때는 이미 수학 졸업 시험 문제를 모두 풀 수 있는 학력을 갖췄기에 대학은 중퇴해버렸다. 이와는 대조적으로 푸시킨은 어머니에게서 '괴물'로 불리며 미움을 받고 무시당했기 때문에 그의 개인적인 하인 니키타 코즈로프로부터 러시아어 쓰는 법과 문학작품 읽는 법을 배웠다. 코즈로프는 일생 동안 푸시킨의 하인으로 지냈으며, 마지막에는 주인을 무덤에 묻기까지 했다.[80] W. E. 포스터는 1818년에 퀘이커교 선교사의 아들로 태어나 "같은 나이 또래의 어린이들과 놀이를 배우기도 전에 부모를 상대로 중요한 사회 문제나 정치문제를 토론하는 것을 배웠다."고 한다.[81] 포스터가 훗날 즐겨 말한 이야기가 있었다. 보모와 함께 마차에 탄 세 살배기 유아에게 점잖은 늙은 신사가 말을 걸었다.

"아가야, 아빠는 어디에 계시니?"

"아빠는 미국에서 설교하고 계셔요."

"흐흠. 그러면 엄마는 어디에?"

"엄마는 아일랜드에서 설교하고 계셔요."

"!!!!!"

포스터는 1870년에 유명한 '교육법'을 통과시켜 잉글랜드에 무상 의무교육 제도를 도입한 인물이다. 외동아들이었던 그는 어머니와 지역 목사에게서 교육을 받았다. 열두 살 때부터 「에든버러 리뷰(Edinburgh Review)」지를 강독하고, 일기에 정치문제를 다룬 논평을 썼다. 1836년에 웰링턴 내각이 무너지자 "예상한 대로 정권을 잡은 휘그당은 그 삼대 공약인 노예제 폐지, 예산 축소, 그리고 온건한 개혁을 실시하게 될 것이다."라고 썼다.[82] 그는 일반정규학교에는 열네 살이 될 때까지 가지 않았다. 그 무렵 포스터의 공부시간은 아침 여섯 시 반에서 저녁 여섯 시까지였다.

허버트 스펜서는 1820년에 태어나 가족은 교사 가문이었음에도 불구하고 2년 일찍 태어난 포스터와 마찬가지로 다른 아이들과 접촉하지 않고 키워졌다. 가정교육에서 습득한 지식의 양은 놀라웠다. 불과 열한 살의 나이로 슈푸르츠하임 박사의 골상학 강의에 출석했으며, 물리와 화학 실험에도 참가했다. 이 장래의 철학자이자 사회학의 창시자는 열두 살 때 큰아버지가 경영하는 학교에 들어갔다. 그러나 유클리드 기하학 공부는 매우 싫어해서 도망을 쳤다. 집으로 돌아올 때 첫날은 77킬로미터, 둘째 날은 76킬로미터를 걸었고, 셋째 날에 마침내 도착했다. 이 고집 센 소년은 "권위에 주눅 들지 않고 상대의 말에 꼬치꼬치 캐묻는 경향이 있었다."고 한다.[83] 당시의 소년들 대부분은 선택을 하라면 집에서 교육받기를 원했다. 에드워드 불워 리튼은 존경하는 어머니에게서 국어, 수학, 그리고 라틴어를 배웠다. 학교는 두 차례의 짧은 기간을 경험했으나 아무래도 적응할 수가 없었다. 마침내 탄원이 받아들여져 케임브리지 대학 입학 때까지는 개인교수와 함께 집에서 공부할 수 있었다.

리튼이 학교를 싫어한 또 다른 이유는 허버트 스펜서와 마찬가지로 애완동물을 학교에서 기를 수 없기 때문이었다. 1820년대에 어린이들이 기른 애완동물의 수와 종류는 놀라울 정도였다. 알프레드 테니슨의 집에는 몸집이 큰 뉴펀들랜드 개가 있었는데 어머니가 사용하는 마차를 당나귀 대신 끌었다. 테니슨 자신은 어머니 머리에 앉도록 훈련시킨 애완용 부엉이를 키웠는데 때때로 날아 내려와 가족이 귀여워하는 원숭이를 공격했다.[84] 학생이 애완동물을 가져오는 것을 허락하는 학교도 있었다. 웰링턴 하우스 아카데미는 찰스 디킨스가 다닌 학교였는데, 각종 설치류와 새가 있었다. "하얀 쥐 한 마리가 라틴어 사전 케이스에 보금자리를 마련하고 여러 가지 재주를 익혔다. 사다리를 오르거나 로마 시대의 모형 전차를 몰거나 머스킷 총을 매거나 바퀴를 돌렸다. 심지어는 몽타르지(Montargis) 개의 역할을 무대에서 멋지게 해내기도 했다." 그러나 결국 마지막에는 "깊은 잉크 병에 빠져 먹물을 뒤집어쓴 채 빠져 죽고 말았다."[85]고 했다.

고전과 수학 교육에 대해서는 대부분 학교를 신뢰했다. 그러나 학교 환경은 열악한 경우가 많았고, 규율은 엄격했다. 윌리엄 메이크피스 새커리는 1811년에 태어났는데, 어린 시절에는 흑인 하인 로렌스 바로가 전적으로 맡아 키웠다. 새커리는 처음 다닌 학교인 사우샘프턴의 아서즈를 매우 싫어했다. '감기, 동상, 형편없는 식사, 배고픔 그리고 무서운 회초리 구타' 때문이었다. 차터하우스(공립학교―옮긴이)는 더욱 나빴다. 새커리가 학교에 도착하자 교장 존 러셀이 면접을 보고는 짐꾼에게 말했다. "그 애의 짐을 들고 스마일러 선생에게 데려가 잘 말해주게. 아무것도 모르는 아이니까 제일 아래 클래스가 적당할 거라고."[86] 훗날 새커리는 이 학교의 잔인한 교사들에 대해 아래와 같이 묘사했다. "그리스어나 문법을 가르칠 때를 빼고는 불쌍하고 작은 신사들을 앞에 세워놓고 짐승처럼 가장 심한 모욕을 퍼부어댔다. ……그리스어 문법을 동사 tupto(나는 매로 때리다)의 활용에서 시작한 인간의 잔인성을 상상해보라." 매질의 벌은 무서웠다. 그리고 학생들은 "몸을 씻기 위해서는 커다란 물통 아래에 있는 납으로 만든 욕조에서 얼음이 섞인 물에 둥둥 떠 있는 누런 기름 비누 덩어리를 사용했다."고 한다. 상급생을 위한 당번은 감독교사가 없었기에 일종의 '노예'였다. "퍼블릭 스쿨의 고문은 러시아의 가죽 채찍형을 본떴다." 선생은 학생의 도덕적 행복에 어떤 책임도 지려고 하지 않았다. "차터하우스의 도덕률―그것은 외설적인 노래를 의미도 모른 채 소리 높여 순진하게 부르는 것과 마찬가지였다." 새커리는 "차터하우스에 들어가 처음 받은 명령 중 하나가, '얘, 나와 한번 놀자'였다."고 말했다.[87] 테니슨은 본인이 지원해서 라우스 그래머 스쿨에 들어간 것 같지만 아마도 가정의 어두운 분위기에서 벗어나고픈 생각 때문이었을 것이다. 성직자인 부친의 우울증, 알코올 중독, 간질 등의 증상이 심해지고 있었다. 아버지는 테니슨의 희망을 좀처럼 허락하지 않았다. 호레이스의 시를 모두 나흘에 걸쳐 아침마다 암송해보이고 나서야 결국 소원을 이루었다. 그런데 입학해보자 교장인 J. 웨이트 목사는 사디스트였다. "모음 간격을 틀리게 발음한 어린이를 가차 없이 때렸다. 오늘날 1870년의 근대적인 교장이라면 학생 신분으로서 최악의 범죄를 저지를 어린이라도 그만큼은 때리지 않았을 것이다." 매를 맞은 뒤 육 개월 동안이나 일어나지 못하는 학생까지 있었다. 1820년대에 매질로 유명했던 또 다른 학교는 이튼교였다. W. E. 글래드스턴은 노년에 훗날 교장 겸 교무처장이 된 E. C. 호트리의 무서운 추억담을 몇 개 정도 들려주었다. 하급생 세 명을 매질에서 보호하기 위해 리스트에 이름을 쓰지 않았다는 죄목으로 감독 상급생인 글래드스턴 자신도 매질을 당했다. 따져 묻는 호트리를 목격한 기록이 남아 있다. 호트리가 감독 상급생을 향해 말했다.

"해밀턴의 이름을 리스트에 써넣어라. 교무실 창문 유리를 깬 벌로 매질을 당해야 해."

해밀턴은 대답했다.

"저는 창문 유리를 깬 적이 없습니다, 선생님."

호트리는 "해밀턴은 창문 유리를 깨고 거짓말을 했다고 써넣어라."고 말했고 해밀턴은 "절대로 그런 일을 한 적이 없습니다. 선생님."이라고 대답했다. 호트리는 최종적으로 말했다.

"해밀턴은 창문 유리를 깨고, 거짓말을 하고, 말대답을 했다고 써넣어라."

그 다음날, 해밀턴에게 매질이 가해졌다.[88] 그러나 한편으로는 교사의 가르침 덕택인지 아니면 자신의 노력 탓인지 글래드스턴은 그 후 3년간 전통적인 과목뿐만이 아니라 정치 토론법에서도 실로 놀라운 성적을 거두었다. 1826년에 총리에 막 취임한 캐닝은 윈저 성으로 가는 도중 이튼교 쪽을 지날 때 이 우수한 학생을 만나보길 희망했다. 일찍이 이 학생의 능력을 소문으로 들어 알고 있었다.[89]

에이브러햄 링컨은 글래드스턴처럼 1809년에 태어나 켄터키 주 노브 크릭까지 매일 4마일을 걸어 당시의 이른바 '블랩 스쿨(blab school, 19세기 미국에서 변변한 교재도 없이 교사가 불러주는 과목 내용을 학생이 암송했던 교육 방식─옮긴이)'에 다녔다. 그 당시의 어린이들은 그곳에서 모든 것을 큰 소리로 노래 불렀다. 아버지는 자신의 이름을 쓰고 서명할 수 있었으나, 어머니는 '자신의 도장'으로 끝냈다. 링컨의 부모나 이웃들은 '자신의 소유지 증명서가 위조는 아닐까' 걱정했다. 그래서 링컨 일가는 인디애나로 옮겨가 거기서 '틀림없는 증명서'를 손에 넣었다. 에이브와 여동생 샐리는 하루 왕복 18마일이나 되는 길을 걸어 근처 학교에 다녔다. '우유병'으로 어머니가 죽자, 링컨은 곧바로 근처에 사는 과부에게 단도직입적으로 청혼했다. 비록 그녀가 "빚은 있지만요."라고 했지만 빚을 갚고 허가를 받은 후 그들은 결혼했다. 이 아내도 글을 읽거나 쓸 줄 몰랐다. "술 마실 줄 모르고, 욕도 안하는 남자여서 마음에 쏙 들었다니까." 이게 그녀가 결혼한 이유였다. 사슴고기 햄, 베이컨 덩어리, 집에서 통 속에다 만든 위스키 등 생활은 물물교환에 의존했다. "오늘의 돈은 뭡니까?"라고 가게 주인은 묻곤 했다. 링컨은 나무꾼 일에 뛰어나서 덫이나 도끼, 칼을 다루고 동물의 도살까지 맡았다. 극한기 이외에는 남자나 여자모두 맨발로 지냈다. 링컨의 큰 아버지는 "우리들은 인디언처럼 살았다. 그렇지만 우리에게는 정치와 종교가 있었다."고 말했다. 링컨은 "변호사가 연설하는 것을 듣는 기쁨에 겨워 34마일이나 되는 길을 걸어간 적도 있었다."[90]고 한다.

의지력, 근면성, 특정 목표에 대한 행동력. 이런 것들에 따라 19세기의 위인은 어려운 환경을 극복했다. 구스타브 플로베르는 1821년에 노르망디에서 병상이 60개나 되는 대형 병원의 외과 의사 아들로 태어나─아버지가 환자 다리를 자르는 모습을 여동생과 같이 몰래 훔쳐보았다―교육은 대부분 집에서 어머니에게 받았다. 희곡 창작은 글자를 배우기 시작할 때부터 시작했다. 스토리텔링 기법은 책읽기를 좋아하던 줄리라는 하녀 덕택에 배운 듯하다. 줄리는 다리를 다쳐 1년 동안 병상에서 지내는 동안 많은 책을 읽었다. 플로베르가 교양을 쌓은 것은 10대 친구를 통해서였다. 플로베르 집안 이상으로 지식이 풍부한 가정에서 자란 친구로부터 괴테나 스피노자, 시 등을 배웠다. 열다섯 살 무렵에는 상당한 글을 쓰는 작가 수준이 되었다. 여기엔 정규 교육의 어떠한 영향도 개입하지 않았다.[91] 그러나 같은 해 태어난 샤를 보들레르의 경우는 유럽 최고의 학교를 두 군데나 다녔다. 리옹왕립기숙학교와 파리의 생 루이르 그랑 고등학교였다. 그러나 그는 최고의 성적을 올렸음에도 퇴학을 당할 처지에 놓였다. 급우에게서 건네받은 비밀 쪽지를 제출하라는 명령을 거절하고 찢어 삼켜버렸기 때문이었다.[92]

19세기 중반의 위대한 두 작곡가로서, 1813년에 태어난 리하르트 바그너와 주세페 베르디는 모두 교육이라곤 전혀 받지 않았다. 바그너는 체구가 작았지만 열정적인 감성을 지닌 어머니를 닮았다. 어머니는 양녀를 만나러 드레스덴에 갔을 때 "하녀가 갓난아기처럼 그녀를 안아 이층으로 올라갔다."고 할 정도로 키가 작았다. 추위에도 극도로 민감해서 '춥지 않도록 캡을 아홉 겹이나 겹쳐'썼다. 바그너 자신도 키가 작았지만, 큰 머리에 '루체른 호수와 같은 눈'을 가졌다. 그도 역시 겨울 추위를 몹시 타서 실크 내의를 몇 겹이나 걸치고 면을 댄 실내복을 입었다. 자신의 어머니에 대해서는 "교양이 매우 부족했다."고 말했다. 예를 들면, 란트 슈타트의 프롬나드에서 저기에 있는 사람을 가리키며 괴테와 실러라고 말하자 그들이 누구냐고 되물었을 정도이다. 바그너의 친아버지가 배우인 루트비히 가이어라는 소문은 거의 틀림이 없다. 아버지에게서 받은 교육이라고 해봤자 연기수업뿐이었다.[93] 가이어는 처음엔 아들에게 그림을 가르쳐야겠다고 마음먹었다가 그 다음엔 배우의 재능을 시험해보고는 드레스덴 크로이츠 슐레에 입학시켰다. 거기서 바그너는 라틴어와 그리스어를 조금 익히고 신화에 대해 많이 배웠다. 베버의 「마탄의 사수 (Freischutz)」를 듣고 감동하여 음악을 늦게 시작했다. 1842년에는 "태어나서 피아노를 배워본 적이 전혀 없다."고 공언했다.[94]

베르디는 부모가 모두 파르마 근처에서 여인숙을 경영하는 집안 출신이어서 글을 읽고 쓸 줄을 몰랐다. 마을 학교에 3년 동안 다니며 고향의 성가대 지휘자에게서 오르간을 배웠다. 부친의 여인숙에 술을 공급하던 도매상인의 권유로 가까운 진네시오(ginnesio, 공립고등학교)에 들어갔다. 거기서 고전과 수사학을 조금 배웠다. 이미 그는 열 살 무렵부터 오르간을 연주해서 생활비를 벌었던 것 같다. "열세 살에서 열여덟 살까지 여러 곡을 작곡했다. 브라스 밴드를 위한 행진곡을 몇 백 곡이나 작곡했고, 그 숫자만큼 교회용 교향곡도 작곡했다. 대여섯 곡의 협주곡이나 피아노를 위한 변주곡도 몇 곡 작곡했다. 이것들을 내가 음악회에서 직접 연주했다. 이밖에도 세레나데, 칸타타를 다수 작곡했다. 짧은 교회 음악도 여럿 작곡했는데, 그 가운데서 「스타바트 마테르(Stabat Mater)」밖에 기억나지 않는다."[95]

죄책감에 시달린 키르케고르

덴마크의 철학자 쇠렌 오뷔에 키르케고르도 1813년에 태어났지만, 자신에게는 어린 시절이 없었다고 되풀이하며 『일기(Journals)』에서 한탄했다. 아버지의 첫 아내는 아이를 낳지 않고 죽었다. 아버지는 그 후 아내의 하녀를 건드려서 내키지 않게 재혼할 처지에 놓였다. 그의 가족은 이 여성을 보잘 것 없는 인간으로 취급했다. 실제로 이 새 아내는 하녀 신분을 유지했다. 아버지는 만성 우울증을 앓았다. 키르케고르가 태어날 때는 이미 쉰일곱 살이었다. "그 자신이 지독하게 멜랑콜리했던 노인이…… 노년에 이르러 아들을 얻었다. 아들에게는 멜랑콜리가 그대로 유전되었다."고 키르케고르는 썼다.[96] "어렸을 적에 기뻤던 추억은 없었다. 아버지에 대해서는 "공포심 밖에는 들지 않았다."고 했다. 아버지는 양말류를 취급하는 상인으로, 성공했어도 자신의 죄로 인해 신의 분노를 샀다고 느꼈다. "나는 쓸모가 없는 인간이다. 아무것도 할 수가 없다. 나의 유일한 희망은 요양원에 들어가는 것이다."라고 때때로 친구에게 흘리는 말을 키르케고르는 들었다. 이 죄악감, 즉 텅그진트(tingzind, 양심의 무게)의 모든 것을 키르케고르—그리고 형들도 얼마간—는 물려받았다. 형 페테르는 알보르크에서 주교가 되었지만 죄악감으로 점철된 『일기』의 내용을 접하고는 "흡사 아버지의 모습 그대로이다. 그리고 역시 우리 형제들의 모습이다."라고 외쳤다. 키르케고르가 아브라함과 이삭의 이야기에 끌린 것은 놀랄 일이 아니다. 아버지와의 관계는 한시도 평안한 적이 없었으며, 존재감 없는 어머니에게서 중재자 역할을 기대하지도 않았다. 키르케고르의 『전집』 20권 어디에도 어머니에 관한 언급은 찾을 수 없다. 주교인 형의 편지에 딱 두 번 언급되어 있을 뿐이다.[97]

키르케고르는 아홉 살에 코펜하겐 보르게르 뒤드 스콜레(상인 자제를 위한 시민 윤리학교)에 입학할 때까지 다른 또래 소년과 놀아본 적이 없었다. 학교에서는 '이상한 놈', '별난 놈' 취급을 받았다. 이상하고 기묘한 이 아이를 동급생인 프랑크 웰딩은 "낯선 자이며 애처로운 대상", "바보 쇠렌", "성가대 소년"이라고 불렀다. 아버지가 용돈을 주지 않았기 때문에 그는 돈을 남에게 빌리던지 거짓말을 하는 수밖에 없었다. 몸에 걸친 옷은 검은색의 올이 성긴 트위드 재질의 상의와 반바지, 그리고 부츠 대신에 무릎까지 올라오는 양말과 단화였다. 이런 옷차림을 그는 매우 싫어했다. 그 이유는 "어린이임에도 불구하고 노인으로 착각 받았기" 때문이었다. 자신은 "거의 모든 분야에서 허약하고 민감하며 상처받기 쉬워서 세상의 남들처럼 온전한 인간이 되기에는 결점투성이였다. 우울감에 시달리고 영혼은 병들었으며 내면 깊숙이 불행의 짐을 이고 있었다. 나에게 남은 유일한 축복은 뛰어난 지성이었다."고 키르케고르는 썼다. 키르케고르는 화술에 뛰어나 훌륭한 덴마크어를 쓰는 법을 배웠으며, 신랄한 말주변은 무서운 능력을 발휘했기에 다른 소년들로부터 매를 맞기도 했고 때로는 학급 전체로부터 뭇매를 맞기도 했다. "병자가 붕대 풀기를 열망하듯이…… 나의 건전한 정신은 땀에 절어 불어난 습포제 같은 자신의 육체와 그 나약함을 내던지기를 갈망한다."[98]

키르케고르의 어린 시절과 관련해 또 한 가지 놀라운 점은 가정의 엄격한 남존주의였다. 누나 니콜리네와 페트레아는 어머니와 마찬가지로 하인 취급을 받아, 형제들의 시중을 들게 했을 뿐 거의 교육을 받지 못했다. 적어도 유럽 북서부에서 1820년대가 되고부터 이런 대접은 비정상적이었다. 여자 어린이가 반드시 남자 어린이와 동등한 수준의 교육을 받지는 않더라도 정기적으로 가정교사에게 배우든지 혹은 학교에 가는 일이 많았다. 이 점을 제인 오스틴은 몇 번이나―예를 들면 『설득(Persuation)』의 머스그로브 가의 소녀들에 대해―젊은 세대, 특히 여자들은 부모 세대보다 훨씬 좋은 교육을 받고 있다고 지적했다. 여학교의 수는 급속히 증가했다. 대부분이 『엠마』에 나오는 고더드 부인이 경영하는 조촐한 실용 위주의 학교였다. "이전의 여자전문학교(seminary)라든가 교육시설(establishment) 같은 종류, 미사여구를 늘어놓으며 새로운 시대의 원칙과 제도에 따라 풍부한 교양과 우아한 품성을 동시에 육성한다고 주장하는 것―막대한 수업료를 지불하고 귀한 딸들이 건강을 해치며 허영심만 키우는 곳―과는 달리 참되고 정직하고 고풍스러운 기숙사형 학교였다. 이곳은 합리적인 대가를 받고 합리적인 교육을 실시했다. 기숙사형 학교는 딸이 부모의 간섭을 받지 않고 스스로가 최소한의 교육을 받을 수 있는 안전지대라고 할 수 있었다. 그리고 천재로 변모할 위험도 없었다."[99]

엘리자베스 가스켈도 그런 학교에 다녔다. 프레데리크 쇼팽, 로베르트 슈만, 알프레드 드 뮈세 등과 같은 해인 1810년에 태어났다. 학교는 너츠포드에 있었고 유니테리언 파(삼위일체론을 부정하고 신격의 단일성을 주장하는 기독교의 한 파―옮긴이)의 바이얼리 가의 여섯 자매가 경영했다. 이 미혼의 자매는 기숙생 16명과 통학생에게 영어 읽기 쓰기, 문법, 작문, 지리, 지구의 사용법, 고금의 역사를 가르쳤다. 학비는 연 30기니(세탁비는 포함하지 않음)였다. 따로 수업료를 받아 프랑스어, 음악, 그림, 춤, 그리고 수학도 가르쳤다. 바이얼리 자매는 일찍이 각지를 여행하고, 프랑스어와 이탈리아어를 유창하게 말하며, 브로드우드 제(製)의 피아노를 잘 연주했다. 하프와 기타도 가르쳤다. 가스켈 부인은 같은 나이 또래의 사촌들과 함께 대가족을 이루고 있었으나 실제로는 고아였다. 그녀는 학교 생활이 무척 재미있었다고 말했다. "그때는 정말 행복한 나날을 보냈어요."[100]

그런 학교라면 수업료를 낼 가치가 있었다. 일반적으로 13세 이상의 소녀를 받아들여 '갈고 닦는' 기숙사형 학교는 적어도 100파운드가 들었다. 브리스틀에서 '여섯 명의 영 레이디'를 맡은 '존 카 경의 조카인 호지 자매'의 수업료가 바로 그 금액이었다. 바스에서는 브로드허스트 자매가 최고 열 명까지의 소녀를 받아들여 한 사람 당 120파운드를 청구했다. 두 학교 모두 '여자전문학교'였다. 런던에서는 수업료가 껑충 뛰었다. 그레이트 컴버랜드 스트리트에서는 리치 부인과 카든 부인이 10대 소녀를 스무 명까지 받아들였고 수업료는 연간 140파운드였다. 패링턴의 친구인 배터즈비는 런던에서 딸을 "갈고 닦는" 비용으로 400파운드를 지불할 수밖에 없었다고 말했다. 바로 그해는 특별히 그 딸을 극장이나 무도회에 데려가 사교계에 소개하고 왕족에게도 '눈도장'을 시켰던 것이다. 모두가 여학교를 지지한 것은 아니었다. 패링턴의 친구인 오프리 부인과 그로버 양은 기숙사형 학교를 경험했지만 자신의 딸에게는 같은 걸 시키지 않겠노라고 말했다. "거기서 무언가 몸에 익히게 하면 다른 걸 망치게 되기" 때문이라는 게 이유였다. 그러나 학교 소유자가 현명하고 신중하게 잘 경영한다면 큰 재산을 모을 수도 있었다. 스티븐스 부인은 퀸즈 스퀘어에 학교를 여는 동안 6만 파운드를 저축했다는 소문이 있었다. 그리고 그녀가 은퇴할 무렵에는 선물만도 5,000파운드나 되었다고 한다.[101]

어떤 교육방식이 좋은가

1820년대의 여학교에 나쁜 평가를 내린 것은 샬럿 브론테의 『제인 에어(Jane Eyre)』였다. 문학사 상 매우 강렬한 소설 중 하나인 이 작품은 실제 체험을 바탕으로 쓰였다. 랭커셔의 코완 브리지에 성직자 딸들을 대상으로 한 여학교가 있어서 샬럿은 1824년 여덟 살의 나이로 입학했다. 두 명의 언니, 마리아와 엘리자베스가 이미 재학 중이어서 그 뒤를 따라 에밀리가 들어갔던 것이다. 수업료는 싸서 성직자는 딸 한 명에 연 14 파운드―추가부담금도 있었음―만 내면 되었다. 그러나 학교는 개조한 오두막에 불과했고, 그것도 막 개교한 상태였다. 건물 안은 무척 추웠다. 일요일에는 교회까지 2마일이나 되는 거리를 걸어갔다. 그 당시는 일요일에 두 차례씩 예배하러 나가는 게 보통이었기에 아침부터 그대로 교회에 남아 가져온 찬 고기와 빵을 점심으로 먹었다. 어린이들은 "추운데도 출발했다. ……더 차가운 몸으로 그들은 교회에 도착했다. 아침 예배 시간에 온몸이 마비되어버렸다."고 샬럿 브론테는 썼다. 샬럿이 재학 중일 때 여섯 명의 소녀가 폐결핵으로 죽고, 나머지도 1825년의 티푸스 유행으로 죽었다. 언니 두 명도 희생되었다. 결핵에 걸려 일어날 기력이 없었던 마리아―폐 치료를 위해 옆구리에 발포제를 붙였다―를 교사 가운데 한 사람인 앤드류 양이 거칠게 침대에서 끌어내어 기숙사 마루에 던져 "더럽게 어질러 놓다니."하며 욕을 해대었다. 그 모습을 어린 샬럿이 목격했다. 학교를 향해 분노심을 불태운 것은 그 때문이었다. 샬럿의 남편도 마리아의 죽음은 두 차례의 예배 사이에 흠뻑 젖은 신발을 신은 채

교회에서 지낸 것이 원인이라고 주장했다. 샬럿이 학교에 다닌 것은 불과 10개월이었는데, 이 기간은 학교로서는 최악의 시기에 해당했다. 좀더 환경이 나은 근처의 캐스터튼으로 학교가 이전하고부터는 사정이 나아졌다. 샬럿의 소설이 나오자 졸업생 대부분은 학교측을 옹호했다. 그리고 샬럿이 죽었을 때도 이 학교의 장점에 대해 신문에서 오랜 논쟁을 벌였다.[102] 코완 브리지의 여학교는 여러 가지 결함을 안고 있었으나, 1815년에서 1830년에 걸쳐 개설된 수많은 교육시설 가운데 하나였다. 이 시기는 영국이건 프랑스이건 국민 대중의 문맹률을 낮추기 위해 전례 없이 철저하게 노력했다. 그 선구자 가운데 한 사람이 퀘이커교도인 조지프 랭커스터였다. 그는 열여덟 살에 런던의 바로 로드에 가난한 사람들을 위한 주민학교를 열었다. 랭커스터는 학생을 가르쳐서 지도원(모니터)으로 삼고 그 직제자에게 같은 방법으로 다른 학생을 가르치게 했다. 엄청난 수요에 대처하기 위해 고안된 편법이었다. 지도원, 즉 학생 겸 조교가 엄격한 규율에 따라 모든 학교 기능을 수행했다.[103] 1804년까지 랭커스터에게는 500명의 학생이 모였고 그 후 3년 뒤에는 이 특이한 방법으로 운영되는 학교가 45개소나 이르렀다. 그러나 랭커스터는 재정 관리에 매우 서툴러서 1807년 빚으로 감옥에 갔다. 그러나 집단교육법인 이 근교법에 관심을 집중해 어느 정도 성공도 거두었다. 1815년 이후 세계 각지에서 이 방식을 도입, 실시했는데 특히 스페인어권, 중동 여러 나라, 인도 등지에 활발했다. 브로엄도 한 역할을 맡아 랭커스터 방식을 추진하는 '영국 국내외 학교 협회'가 1814년에 결성되었을 때 이에 참여했다. 1816년 5월에 브로엄은 "런던에서 하층계급의 교육에 대해 조사하기 위한" 위원회를 하원에 설치하는 법안을 제출해 통과시켰다. 위원에는 윌버포스, 매킨토시, J. G. 램턴, 로밀리, 랜스턴, 호너, 제임스 밀 등이 뽑혔다. 급진주의자, 휘그당, 토리당을 망라한 현명한 인선이었다. 한달 뒤에 제출된 제1차 보고서에서 브로엄은 잉글랜드의 어린이 절반이 교육을 전혀 받고 있지 않다고 지적했다. 런던에는 "교육을 받을 수 없는 어린이가 12만 명이나 있고, 그 가운데는 부모에 의해 직업적으로 구걸 동냥에 나선 어린이가 4,000명이나 된다."고 했다.[104]

랭커스터 방식의 학교를 제도화하기 위해 국고 보조를 얻는 것은 어려 웠다. 그것은 19세기 교육의 보급 활동에는 거의 예외 없이 종교 논쟁이 개입되어 있는 것과 관계가 있었다. 랭커스터는 거의 일반적인 용어를 제외하고는 종교 교의를 가르치지 않았다. 한편, 라이벌 개혁파인 앤드 류 벨 박사는 인도의 마드라스에서 랭커스터 방식과 유사한 시스템을 고 안하여 영국에 돌아와서는 그것을 보급하려고 했다. 두 사람은 서로 상 대방의 것을 훔쳤다고 비난했다. 영국국교도인 벨은 그 조교법을 전통적 인 국교회의 교의에 따라 실시했다. 따라서 토리당원 대부분, 즉 보수주 의자 문인인 사우디나 워즈워스, 드 퀸시 등에게 뜨거운 지지를 받았다. 이 그룹은 한 사람도 빠짐없이 모두가 대중교육의 열렬한 신봉자였지만, 어디까지나 정통 신앙에 바탕을 둔 교육을 고집했다. 급진주의자나 시드 니 스미스와 같은 자유주의적 국교도 성직자는 랭커스터를 지원했다.[105] 벨은 자신이 진행하는 교육 방식에 엄격한 잣대를 들이대 점점 라이벌의 반감을 샀다. "가난한 집의 아이들을 사치스러운 환경, ……유토피아적 인 계획…… 등의 방법으로 교육해서는 안 된다. 그런 일을 하려면 일반 지식의 보급에 의하여 머지않아 사회질서나 계급의 혼란을 야기하고, 일 반적인 복지의 가장 중요한 점을 어지럽히게 될 것이다. ……비차별 교 육에 의해 매일 매일의 노동을 운명처럼 받아들이고 있는 자들이 신분 상승에 눈을 뜨고, 현실에 불만을 느끼거나 자신의 운명이 불행하다고 느낄 우려가 있다." 이에 대해 브로엄은 화를 내며 반론했다. "일정한 수 입을 가진 자만이 자기끼리 인류 본연의 지혜를 독점하려는 것인가?"[106] 이 논쟁은 실제로는 그다지 의미가 없었다. 벨–랭커스터 방식은 양적인 면에서는 성공했으나— 1805년부터 1825년 사이에 약 25만 명의 어린 이가 혜택을 받았다 —제도적으로 가르칠 수 있는 내용은 빈약했다. 교 사를 고용하는 자금이 더 풍부해짐에 따라 다른 방법이 도입된 한 원인이 거기에 있다. 벨 방식의 시설이 랭커스터 방식에 비해 의도적으로 교육 내용을 떨어뜨린다는 증거는 없었다. 마침내 두 사람 모두 그 지지자들에게 골칫거리로 변해갔다. 랭커스터는 복종하지 않는 학생을 대상으로 정교한 처벌 제도를 고안했다. 퀘이커교도이기에 매는 사용하지 않았다. 그 대신에 행실이 나쁜 학생에게 손이나 발에 수갑 등을 채우거나 우리에 넣어 지붕 밑에 두었다. 성 세바스티아누스처럼 기둥에 묶이는 경우도 있었다. 그리고 적지 않은 원조를 받았음에도 불구하고 재정상으로는 끝없이 곤란을 겪었다.[107] 벨은 이와는 정반대로 셔번 병원 원장 등 요직을 거쳤기 때문에 부유했다. 드 퀸시에 따르면, 12만 5,000파운드의 재산이 있었지만 벨은 욕심이 많았고, 구두쇠라는 등 평판이 나빴다. 스코틀랜드 의사의 딸인 아내 아그네스와는 공개적으로 별거했다. 아그네스는 남편에게 편지를 많이 썼으나, 편지 겉장에는 이렇게 썼다. "최고의 사기꾼, 본성이 비열한 벨 박사―그래도 박사!―에게." 어떤 때는 "원숭이 중의 원숭이, 악당 중의 악당에게. 전에 빚을 갚았다고 했지만 당신도 알다시피 그건 소액―깜짝 놀랄 실험을 했다는 사실―이고, 지출한 것은 실제로 4펜스 딱 한 번뿐이에요. 만일 6펜스 이상이었다면 그런 무서운 고문을 견디지 못하고 그전에 죽어버려야만 할 거예요."라고도 썼다. 벨이 호수 지방의 글래스미어에서 제대군인인 로버트 뉴턴의 오두막집에 머물렀을 때는 벨 부인이 집주인에게 집세를 "아무쪼록 꼭꼭 챙기세요."라는 메시지를 보냈다. "자신의 가족을 생각한다면 벨이라는 사람은 말하자면 단 한 시간이라도 신용해서는 안 된다."고도 썼다. 그리고 두 번씩이나 "현금으로 받으세요!"라고 말했다.[108] 그러나 벨이 1832년에 죽자 영국에서만도 이미 1만 2,000개 이상의 학교에서 벨의 방식이 실시되었다는 사실을 덧붙여야만 할 것이다.

논쟁적인 증거들이 적지 않았음에도 불구하고 19세기 초반에 총체적으로 볼 때 어린이의 지위는 확실히 개선되었다고 할 수 있었다. 그때까지 일반적으로 묵인된 부당한 대우나 학대에 대해 비판의 목소리가 높아지고, 때로는 개선 조치가 내려졌다. 어른은 점차로 어린이를 욕구와 권리를 가진 한 인간으로 인정하여, 관심을 기울이고, 아울러 지원의 손길을 내밀었다. 어린이는 모습을 보일 수는 있어도 목소리를 내서는 안 된다는 고정관념이 깨지고, 여러 대회에도 어린이들이 참가할 수 있게 되었다. 패링턴은 친구인 레이넬 대령의 일을 호의적으로 썼다. "레이넬 대령이 자신의 자녀를 어떻게 교육시키는지를 말해주었다. 자식을 친구로 삼고 아버지에게 순종하면 나머지는 자유라고 했다." 정도가 지나치다고 생각되는 사람도 있었다. 에라스무스 다인은 "자녀의 생각에는 결코 반대하지 않고 생각하는 대로 내버려두었다."고 한다. 더비 출신의 화가인 조지프 라이트도 같은 방침을 취했다고 했다. 에드먼드 버크는 아들을 "매우 귀여워해서", 아들이 "무엇을 말해도 전혀 꾸짖지 않았지만" 세상 사람들은 버크의 처사가 지나쳤다고 생각했다. 아들은 남들에게서 따돌림을 받았다.[109] 많은 부모가 자기 자신에게서 '천재의 자질'을 발견했다고 기뻐하며, 우리들이 보기엔 어리석다고 생각되는 방식으로 자녀를 키웠다. 쉘리나 엘리자베스 배럿 브라우닝, 리 헌트, 불워리튼은 모두가 부모 덕에 아직 10대가 안되었는데도 자작시나 소설을 출간했다. 엘리자베스 배럴 브라우닝이 『마라톤(Marathon)』을 발표한 것은 불과 열네 살 때였다. 쉘리가 옥스퍼드에 입학하자 이미 아들에게 소설과 시집을 출판하게 한 부친은 그곳의 대표적인 서점 겸 출판사에 편지를 썼다. "제 아들에게는 문학적 재능이 있습니다. 이미 어엿한 한 작가이므로 본인의 희망대로 책을 출판해주시길 아무쪼록 부탁드립니다."[110]

리스트와 멘델스존

19세기는 천재 어린이에게 혜택이 내려진 시대였다. 아마도 그 이전이나 이후를 불문하고 다른 어떤 시대보다도 천재 어린이의 숫자가 많았을 것이다. 어린 쪽으로는 '유명한 음악 소녀인 랜들 양'이 세 살 반의 나이였다. 장님인 하프 연주자 웰쉬의 딸은 런던의 연주에서 400파운드를 벌었다. 나이가 좀 더 든 쪽으로는 윌리엄 헨리 웨스트 베리(1791~1814)가 로마 시대의 로스키우스(로마의 희극배우, 성공한 배우의 별칭―옮긴이)의 재림이라는 칭송을 받았다. 열네 살인가 열다섯 살 때 셰익스피어 극을 연기하여 1810년대의 관중을 놀라게 했다. 피트가 하원 의원도 베티의 햄릿을 관람하도록 의회의 개회시간을 조정할 정도였다. 부친이 수입 가운데서 미들랜드에 4만 파운드의 토지를 사고, 3만 4,000파운드를 저축한 덕택에 베티는 스무 살 때 은퇴하여 그 후 60년간을 컨트리 젠틀맨으로서 지낼 수 있었다.[11] 그러나 피아노의 대량 생산과 중산층 음악팬의 증가가 천재아 숭배를 촉진시킨 면은 부정할 수가 없다. 1820년대 초반에 파리에서만도 레옹 틴느 페이, 안느 드 벨벨, 라르 소네르, 조지 아스팔(란체스터 출신) 등의 어린 피아니스트, 우페미보이 등의 열세 살짜리 가수가 있었다. 클라라 슈만은 아홉 살 때부터 연주회를 열어 절찬을 받았다. 그러나 정말로 탁월한 신동은 헝가리 소년 프란츠 리스트(1811~1886)였다.

리스트는 매우 가난한 가정에서 태어났다. 할아버지는 자식만도 25명이었으나 돈 한 푼 남기지 않고 죽었다. 아버지인 아담 리스트는 에스테리하치 가문의 양치기 농장에서 일하며 그곳에서 경리 일을 배웠다. 천부적으로 타고난 아들의 재능을 활용하는 데 뛰어난 수완을 발휘한 것은 그 때문이었다. 아담은 피아노를 연주했다. 하루는 리스의 협주곡 C단조를 연주하자 가만히 듣고 있던 다섯 살의 프란츠가 정확하게 곡을 따라 불렀기에 아버지는 아들의 천재성을 알아보았다. 그리고는 아들에게 바하, 모차르트, 훔멜, 베토벤의 곡들을 외워서 연주하거나, 악보를 보고 연습 없이 연주하거나 즉흥연주를 하도록 가르쳤다. 일곱 살 때 인근의 상인이 피아노를 선물했다. 학교 교육은 세로 6미터, 가로 4.2미터 정도의 마을 교실에서 67명이 친구들과 함께 수업을 받은 게 고작이었다. 역사, 지리, 그리고 과학의 부족은 어찌 보충할 길이 없었노라고 훗날 그는 개탄했다.[112] 그러나 하나의 결정적 행운이 찾아왔다. 아버지의 경제 사정으로는 한번 레슨을 받는 데 금화 한 닢을 요구한 훔멜에게 아들을 보내는 것은 불가능했지만, 뛰어난 오스트리아의 피아니스트로 일찍이 베토벤에게서 직접 가르침을 받은 칼 체르니(1791~1857)가 열 살 된 리스트를 무료로 받아들였던 것이다. 체르니는 역사상 가장 위대한 피아노 선생일 것이다. 14개월 동안 리스트를 집중적으로 훈련시켰다. 언제 끝날지도 모르는 힘든 연습곡, 모든 장·단조의 음계, 정확한 손놀림, 리듬, 톤 등. 또한 매우 빠른 속도로 악보를 읽는 훈련을 실시하고, 악보를 한 번만 보고 그대로 연주하는 능력을 완성시켰다. 그동안 갈고 닦은 실력을 테스트할 기회가 열두 살 때 찾아왔다. 빈의 악보 출판업자가 리스트를 시험할 요량으로 훔멜의 신곡, 협주곡 B단조를 연주하도록 했더니 그 자리에서 멋지게 연주했던 것이다. 체르니는 프란츠를 푸치라고 불렀다. "창백하고 병든 모습의 어린이였다. 피아노를 칠 때는 흡사 술에 취한 듯이 의자 위에서 몸을 흔들었다."고 그는 묘사했다. 프란츠는 체질이 약해서 일생동안 고열과 신경쇠약에 시달렸다. 1822년에 악보 출판에 손을 댄 안톤 디아벨리가 자기가 만든 왈츠 변주곡을 작곡시키기 위해 독일어권의 유명한 음악가 51명을 지명했다. 그중 가장 나이 어린 사람이 열한 살의 리스트였다. 베토벤을 제외한 전원이 참가했다. 거의 모든 작품이 수준 이하였으나 리스트의 곡은 체르니 스타일로 훌륭하게 정리되었고, 슈베르트의 곡은 아름다웠다. 그러나 그 뒤 베토벤이 33개의 「디아벨리 변주곡(Diabelli Variations)」이라는 걸작을 작곡해 인기를 독점해버렸다. 이 에피소드를 보면 소년 프란츠가 독일 음악계에서 이미 인정받는 존재임을 알 수 있다. 이 시점에서 음악 수업은 끝났다. 아버지의 간절한 소망은 아들이 순회공연에 나서서 돈을 버는 것이었다. 본격적인 첫 연주회는 1822년 12월에 빈에서 열려 「알게마이네 차이퉁(Allgemeine Zeitung)」지는

"천재 소년이 하늘에서 내려왔다."고 보도했다.[113]

　그 이후 차례로 유럽 전역에서 연주회가 열렸다. 아버지 아담은 흥행주로서 역량을 발휘했다. 60년 전에 모차르트가 연주 여행을 할 때와 같은 여정을 밟아 교묘하게 신동의 재탄생을 연상시켰다. 또한 파리의 유명한 피아노 제작자인 세바스티앙 에라르와 참신한 계약을 맺었다. 에라르가 막 제작한 획기적인 7옥타브의 피아노는 '더블 에스케이프먼트' 작동에 의해 같은 음조를 빠르게 연타할 수가 있었다. 리스트의 천재성에 꼭 맞았다. 그리고 이 새로운 피아노의 네 번째 기증을 받는 대신 연주회장에 먼저 운반되어 리스트가 에라르 피아노로 연주하기로 결정했다. 이렇게 해서 리스트는 '에라르 아티스트'가 되었다. 세상 사람들은 새로운 피아노와 천재소년의 마술을 함께 묶어 연상하는 바람에 예술과 상업성은 하나가 되었다. 1824년 3월 파리 데뷔에서는 당시 유럽 최고라고 불리던 이탈리아 오페라 오케스트라 멤버들이 뜻밖에 모두 일어서서 리스트에게 박수갈채를 보냈다. 리스트는 일약 유럽의 유명인사가 되었다. 아직 열두 살밖에 안 된 소년 피아니스트의 초상 판화가 모든 판화상점에 걸렸다. 골상학의 창시자인 프란츠 골은 리스트의 머리 본을 떴다. 런던 방문 연주회에서는 음악계를 망라한 유명인들이 모였다. 피아니스트인 리스, 칼크브렌너, 클레멘티, 치프리아니, 포터, 카머도 있었다. 윈저성에서는 조지 4세의 희망에 따라 「돈 조반니(Don Giovanni)」를 왈츠로 즉흥 연주를 했다. 이 런던 방문 때 어떤 악보 출판자 앞으로 보낸 편지가 대영도서관에 남아 있다. "안녕하십니까! 오늘 3시 15분에 저를 만나러 오셔서 대단히 감사합니다. 번거롭게 하고 싶지 않으므로 아무쪼록 사전에 들어주시면 고맙겠습니다. 프란츠 리스트."[114] 그러나 맨체스터에서는 한 차례 좌절을 맛보았다. 또 한 사람의 출연자가 "아직 네 살도 안 된" 꼬마 어린이 하프 연주자인 라라였다. 정말로 키가 작아 간신히 의자 위에 올라갈 정도여서 악기인 소형 하프는 현을 뜯는 사람보다도 크기가 두 배나 컸다. 리스트는 이 꼬마 어린이에 인기를 빼앗겨버렸다. 열여섯 살이 되던 1827년에는 이미 영국에서 공연을 세 차례나 했지만, 이 해에 아버지가 죽어 리스트는 진절머리 나는 연주 여행에 마침표를 찍었다. 사람들이 재주 부리는 개 무니토와 자신을 비교하자, 신동이 되는 게 싫어져서 리스트는 파리의 몽마르트르로 거처를 옮겼다. 거기서 술, 담배, 여자에 빠져서 흡사 전형적인 낭만파 영웅 기질을 발휘했다. 신경쇠약에 걸리고, 종교에 정신이 팔려 당시 유행하던 염세주의와 절망에 빠졌다. 리스트의 표정은 "창백하고 수척했으나 뭐라 말할 수 없이 매력적인 모습으로" 소파에 기대어 긴 터키 파이프를 피우면서 명상에 잠겼다. 그의 미소는 "태양에 단검이 반짝이는" 것처럼 보였다고 한다.[115]

리스트는 2년 전에 또 한 사람의 천재소년인 펠릭스 멘델스존 (1809~1847)을 파리에서 만났다. 멘델스존은 유복한 환경에서 자랐다. 은행가 가문 출신으로 바로 그해 1825년에 사업 성공으로 부유해진 아버지가 베를린의 라이프 치거 거리에 있는 넓은 저택으로 이사를 갔다. 그러나 반유대주의의 풍조는 평생 멘델스존을 괴롭혔다. 멘델스존 가문은 그리스도교로 개종하여 지금의 이름으로 바꾸었다.[116] 그러나 금전적으로는 자유로웠다. 어렸을 적부터 최고의 교사가 붙었고, 클레멘티의 제자인 루트비히 베르거에게 피아노를 배웠다. 첼로와 바이올린도 혼자 연주할 정도로 기량을 쌓았다. 성악 아카데미에서 발성 훈련을 받고 아카데미의 원장인 칼 프리드리히 첼터에게 작곡도 배웠다. 그리스어, 라틴어, 근대 각국어는 개인 교습으로 익히고, 그때까지 어떤 작곡가보다도 더 훌륭한 일반교양을 쌓았다. 우아하게 말하는 천재소년으로서 슈포르, 스폰티니, 파가니니, 베버, 케루비니 등 모든 사람을 소개받았다. 거친 프로이센 사람인 첼터는 열두 살인 멘델스존을 천재소년으로 괴테에게 소개했는데, 뭔가 의기가 투합하여 일부러 유대인 억양을 흉내 내며 "유대인 어린이가 예술가가 되다니 굉장한 일이야!"라고 덧붙였다. 괴테의 위대성은 젊은이와 만나는 것을 언제나 소중하게 여긴다는 것인데, 이때도 곧 전혀 알지 못하는 바흐의 푸가를 보여주고 연주해보라고 말했다. 그리고는 처음 듣는 주제를 그 자리에서 연주하게 한 뒤 자신이 수집한 곡을 주고 즉흥연주를 시켰다. 괴테는 마침내 인정했다. 멘델스존 자신도 감명을 받고 "괴테의 목소리는 멋지게 울렸다. 1만 명의 전사가 부르짖는 것과 같았다."고 말했다.[117]

멘델스존은 두 살 아래인 리스트를 파리에서 만났을 때 이미 모든 면에서 많은 경험을 쌓은 상태였다. 멘델스존은 어디든 갔고, 많은 사람을 만났으며 모든 것을 성취했다. 세련미의 극치라 할 정도로 교양을 쌓은 청년으로서 일찍이 섬세하고도 우아한 음악을 작곡했고, 대화는 학식과 위트로 넘쳤으며 취향은 세심했다. 그의 아버지는 이 아들이 파리에서 즐겁게 지내며 문화 혜택을 충분히 받을 수 있도록 노력을 아끼지 않았다. 그는 아들을 로시니, 오베르, 마이어비어 그리고 훔멜에게 소개했다. 그 무렵 같은 해에 태어난 열여섯 살의 테니슨과 글래드스턴은 학교에서 회초리를 맞았다. 링컨은 거의 읽거나 쓸 수 없었다. 찰스 다윈은 에든버러에서 진절머리가 나는 기초해부학을 공부하고 있었다. 에드거 앨런 포는 빈털터리로 배고픔과 싸우고 있었다. 피에르 조제프 프루동은 아직 인쇄소 견습공이었다. 청년 멘델스존의 말에 따르면, 파리는 독일에 비해 경박하고 무지한 도시였다. 케루비니는 "타버린 화산", 로시니의 얼굴은 "사기, 권태, 혐오의 집합체", 작은 리스트는 "표정은 재미있으나 머리는 텅 비어" 있었다. 오베르의 음악은 우스꽝스러웠다. "자기 마음대로 플루트 2개와 비파적(입에 물고 손가락으로 튕기는 구금—옮긴이) 용으로 멋지게 편곡한 것이 틀림없을 것이다." 마이어비어의 호른 소나타에 대해서는 "너무 웃어서 의자에서 넘어질 뻔 했다."[118]고 했다. 그러나 이 훌륭한 십대도 성장해가면서 예외적으로 관대하고 공평한 음악의 하인이 되어갔다. 이것은 멘델스존의 내면의 선량함을 잘 말해준다.

비운의 베버

　매우 예민한 부모들은 경제적으로 여유가 있는 한 자녀들을 하고 싶은 대로 놔두고 양육에 돈을 쓰며 뒷바라지했는데, 그 이유는 자녀들을 잃을 위험성을 강하게 의식했기 때문이라고 생각한다. 유아 사망률은 낮아졌지만, 한 살에서 세 살까지 매우 위험한 나이를 무사히 넘겼다 하더라도 꼭 어른이 된다는 보장은 없었다. 19세기 초반에는 어떤 질병보다도 결핵으로 죽는 사람이 많았다. 특히 이 질병의 창궐로 희생되는 연령층은 주로 열다섯 살에서 스물다섯 살이었다. 미국에서는 남북전쟁 시대까지 결핵이 청장년의 최대 사인이었다. 특히 도시에 사는 가난한 젊은 여성이 희생되었으나, 어떤 계층의 젊은이에게도 그 마수는 손을 뻗쳤다. 나폴레옹의 아들인 로마 왕도 스물한 살에 죽었다. 조지 3세의 딸들의 사인도 결핵이었다. 부르봉, 호엔촐레른, 합스부르크, 그리그 로마노프 등의 왕가에서도 희생자가 나왔다. 잭슨이 사랑한 양자 린코야도 열여섯 살에 죽었다. 매우 갑작스럽게 죽어서 그의 아내도 충격을 받고 일찍 세상을 떴다.[119] 확실히 결핵은 갑작스러운 죽음을 때때로 불러왔다. 애버딘 부인은 아직 스무 살 나이에 갑작스럽게 네 명의 어린 자식과 남편을 남긴 채 죽었다. 병세가 서서히 진행되는 경우도 있었다. 애버콘 백작의 계승자인 해밀턴 경의 경우는 몇 년에 걸쳐 아일랜드의 병상에 런던의 의사가 교대로 파견되어 "튜브를 통해 공기를 들이마시는 치료를 받았으나" 결국엔 사망했다.[120] 브론테 일가처럼 전멸하는 예도 있었다. '하얀 페스트'라 불렸던 이 질병은 랠프 월도 에머슨의 첫 아내인 엘렌 터키의 가족을 모두 앗아갔다. 아버지, 오빠, 엘렌 자신, 다음에는 어머니와 여동생마저 죽었다.[121] 수많은 어린이들이 결핵에 희생되었다. 그중 한 사람이 앵그르가 그린 초상화 걸작 「리비에르 부인(Madame Rivière)」에 묘사된 매력적이며 사랑스러운 마드모아젤 리비에르다. 대부분 여성인 젊고 가난한 가정교사가 병에 걸릴 확률이 높았다. 그러나 가정교사가 유난히 학대받는 계급으로 묘사되는 통념은 빅토리아 시대 때의 소설에서 유래한 것으로 매우 과장된 면이 있다. 예를 들어 시드니 오너슨은 가정교사 시절을 즐겼다고 하며, 그 밖에도 가정교사가 행복하고 자신감에 넘치며 임금과 대우도 좋았고, 사랑을 듬뿍 받았다는 이야기들도 있었다.[122]

결핵은 예술계에서 특히 맹위를 떨쳤다. 결핵으로 생을 마감한 사람 가운데 특히 젊은 세 사람의 천재인 키츠, 제리코, 보닝턴 등의 이름이 거론된다. 그들은 이미 뛰어난 업적을 올렸지만 예술적 원숙기를 맞이하기 전에 세상을 떠났다. 카를 마리아 폰 베버(1786~1826)의 죽음도 똑같이 가슴이 아프다. 숱한 불행과 싸운 끝에 마침내 유럽 제일의 작곡가가 되기 직전이었다. 순회공연을 작은 극단의 흥행주로서 작곡도 어느 정도 가능했던 부친은 방탕하고 성실하지 못해 언제나 빚에 쪼들렸다. 아버지가 일으킨 문제에 때때로 아들도 얽혔다. 1820년 베를린 오페라가 베버의 「마탄의 사수」를 상연해 압도적인 성공을 거두고, 그 뒤 유럽 각지에서 인기를 얻었다. 특히 1823년 7월 2일에 영국오페라하우스(스트랜드 문화회관)에서 이 오페라가 초연되자 영국 청중은 크게 열광했다. '마탄의 사수 붐'이 일어나 노래, 시, 판화는 말할 것도 없고 손풍금으로 날마다 같은 곡을 연주하고, 조지 크룩섕크의 삽화가 있는 시집판도 출판되었다. 극장용 모방극도 나오고, 마법사의 조크가 차례로 생겨날 정도였다. 1822년에 빈에서 상연된 「오이리안테(Euryanthe)」가 실패하자 베버는 심한 우울증에 걸렸고, 거기에 결핵이 겹쳐 건강을 해쳤다. 그러나 코벤트 가든의 찰스 켐블이 새로운 작품(가곡 「오베론(Oberon)」)을 500파운드에 의뢰하고, 연주 지휘 12회와 오라토리오의 콘서트 4회에 대해 거액 사례금을 지불하자 베버는 기력을 되찾았다.

1826년 2월에 영국으로 건너간 베버는 생애 최대의 영광을 맛보았다. 그때의 모습이 편지에 생생하게 쓰여 있다. 도버 세관 사무소에서는 왕족과 같은 예우를 받고, 멋진 마차를 탔다. 마차는 "필설로는 도저히 묘사할 수 없는 아름다운 전원"을 "번개처럼 질주했다."고 했다. 채플 로열 교회의 오르간 주자인 조지 스마트 경이 훌륭한 저택에 도착하여 뜨거운 환대를 받았다. 베버는 영국인의 윤택한 생활에 감탄했다. "모든 것이 갖춰져 있어 쾌적했다. 집에는 욕실까지 있었다." 가는 곳마다 브로드우드가 무료로 피아노를 제공했다. "영국의 생활과 예절은 나를 매우 놀라게 했다."고 그는 편지에 썼다. 그러나 그가 건강을 해친 사실은 이미 겉으로도 명백하여 그를 초빙한 사람은 염려했다. "걱정스럽게 돌봐주고 모두가 매우 친절했다. 모든 면에서 애정과 배려가 넘쳐서 왕이라도 이 정도 이상의 대접을 받기는 불가능할 것이다. 팔에 안긴 갓난아기처럼 부드럽고 따뜻했다. ……나에게 베푼 축복을 도저히 표현할 수가 없다."[123]

베버는 코가 크고 이등변삼각형의 특징이 있는 얼굴을 한 '창백하고 키가 작은 남자'로 묘사되었다. 첫 오라토리오 지휘를 위해 코벤트가든에 도착하자 청중은 자리에서 일어나 15분 동안이나 계속해서 박수를 쳤다. 오케스트라는 「마탄의 사수」 서곡을 연주했다. 베버의 눈에 눈물이 가득했다. 기침으로 고생을 한다는 사실은 누구나 알아챘다. 약으로 만든 캔디나 젤리가 쉴 새 없이 스마트의 저택에 배달되었다. 아내에게 보낸 편지에는 이런 구절이 있었다. "쇠고기나 새고기의 뛰어난 맛을 어떻게 설명할 수가 있을까? 테이블에 놓인 닭고기는 정말로 독일에 본 중간 크기의 집오리만큼 큽니다. 그러나 고기 질은 연하고 즙이 가득합니다. 아! 그리고 굴도 있습니다!"[124]

「오베른」 상연을 위해 열두 차례나 리허설을 하여 육체적으로 부담이 따랐다. 베버는 평소처럼 대단한 노력을 기울였다. 그가 좋아하는 「오이리안테」가 웬일인지 청중에게 받아들여지지 않았기 때문에 이번의 새 작품도 똑같이 거부 반응을 보이지 않을까 두려워했던 것이다. 영국 테너 가수 가운데 제일인자인 존 브래햄(1774~1856)의 목소리에 맞추기 위해 악보 전체를 수정했다. 베버는 피를 토했고 얼굴은 회색빛으로 변했으며, 손은 떨리고 다리는 부어올랐다. 허트포드 백작 저택에서 열린 연주회에서는 음악계의 중진 인사가 모두 참석하고, 상류 사교계 인사 600명이 모이는 바람에 큰 소동이 일어났다. "듣는 이는 한 사람도 없다. ……나 자신도 연주하는 곡을 거의 들을 수가 없었다." 4월 12일의 「오베른」 초연은 유례를 찾아 볼 수 없는 대성공을 거두었다. 막이 내리자 작곡자의 무대 등장을 요구하며 박수가 끊이지 않았다. 영국에서는 처음 있는 일이었다. 이것을 두고 "바람직스럽지 않은 대륙의 습관"이라고 어떤 신문은 논평했다. 12회 공연의 모든 입장권이 팔려나갔다. 그러나 엿새 후 봄철이 되어 예기치도 않았던 무서운 '런던의 명물'이 거리를 뒤덮었다. "두껍고, 어둡고 또 어두운 황색의 안개. 촛불을 켜지 않고서는 거의 아무것도 볼 수 없다. 오늘 죽을 것만 같다."[125]고 절망에 찬 편지를 쓰고 베버는 6주일 후에 죽었다.

의학의 진보와 한계

19세기 초반의 의학은 결핵을 치료할 힘이 없었다. 치료할 수 있다고 큰소리치는 돌팔이 의사도 있기는 했다. 그런 의사 가운데 한 사람인 세인트 존 롱에게 진찰받기 위해 보닝턴은 1828년에 급히 귀국했다. 물론 효과는 없었다. 닥터 토머스 베도스가 클리프턴에 '기체 연구소'를 설립하고 부속 병원에서 젊은 험프리 데이비에게 마취 가스나 마약 실험을 하게한 것은 주로 결핵 치료법을 연구하기 위해서였지만, 데이비의 천재적인 직관력도 전혀 쓸모가 없었다. 19세기 초반에는 따뜻한 기후가 좋다고 생각되어 키츠는 로마로 갔다. 19세기 후반이 되면 고원이나 스위스의 요양소가 추천 대상이었다. 이 시대의 놀라운 혜택이라고 할 수 있는 것은 글로스터셔의 시골의사인 에드워드 제너(1747~1822)가 천연두 백신을 발견했다는 사실이다. 특히 제너는 보기 드문 선량한 사람으로, 그 덕택에 백신은 급속하게 보급되고 적어도 선진국에서는 1825년까지 모두 보급되기에 이르렀다.[126] 그 결과 서유럽, 북아메리카, 오스트레일리아에서 천연두로 사망하는 자가 감소했다. 1820년 프랑스 화학자 조제프 카방통과 피에르 조제프 펠레티에르가 키나의 껍질에서 키니네 알카로이드의 추출에 성공한 것도 역시 중요한 사실이다. 키니네는 영국 해군의 군의관들에 의해 퍼지고, 서아프리카 주둔지에서 실험된 뒤 1830년 무렵에는 열대지방에서 생활하는 백인은 누구라도 입수할 수 있는 가격이 되었다. 말라리아와 모기와의 관계는 1898년까지 확인되지 않았으나, 이 약은 말라리아 대책에 확실한 효과를 발휘했다.[127]

다른 면에서 의사에게 유효한 수단은 별로 없었지만, 외과 분야에서는 약간의 진보가 있었다. 오래 계속된 나폴레옹전쟁은 일반적으로는 인류 진보에 방해가 되었으나 외과 의학 분야에서만큼은 수술 기술 향상에 커다란 개량을 가져왔다. 큰 수술에서도 빠르고 정교하게 대처하고 대담한 자신감을 갖고 수술에 임하게 된 것이다. 이런 사실은 나폴레옹의 의무대장인 도미니크 라레가 쓴 글에서 잘 알 수 있다.[128] 1842년에 조지아 주 제퍼슨의 C. W. 롱이 웃음가스(아산화질소)를 사용하기까지 효과적인 마취법은 존재하지 않았다. 따라서 19세기 초기의 외과 의사는 수술을 빨리 마치려고 사체를 사용해 연습을 해야만 했다. 영국에서는 두 개의 법률에 따라 그때까지 쇠사슬에 묶여 매달린 채 방치된 중죄인의 처형 사체를 의학 해부용으로 사용하는 행위가 허용되었다. 그러나 배심원이나 판사가 점차로 사형을 피하는 방향으로 기울고, 게다가 사면 제도도 있고 해서 입수할 수 있는 사체의 수는 줄어들었다. 1805년부터 1820년까지의 15년 동안에 연평균 고작 77구 밖에 없었다. 여기서 빈번하게 일어난 것이 '사체 도굴' 행위이다.[129] 애스틀리 쿠퍼 경처럼 유명한 외과 의사가 되면 자기의 연구를 위해 죽은 지 얼마 안 되는 인체가 필요했으며, 그 밖에도 학생 실습용으로도 많은 인체를 확보해야 했기에 그 수요를 채울 범죄조직과 결탁했다.[130] 브랜스비 쿠퍼가 쓴 부친의 전기에 이들

'사체 도굴꾼'이 소개되어 있다. 벤 크라우치, 빌 하트넷과 잭 하트넷 형제, 톰 라이트, 홀리스, 다니엘 그리고 버틀러 등이다. 이들 갱들은 쥐꼬리만큼의 수당으로 일하는 매장지 관리인을 동료로 끌어들여 무덤을 파헤쳤다.

사체 도굴꾼의 일기

런던왕립외과학교 도서실에는 조지프 네이플스라는 사체 도굴꾼이 1811년 11월 28일부터 1812년 12월 5일까지 기록한 16쪽짜리 일기가 보관되어 있다. 이 일기는 놀랄 만큼 사실적이다.

"1811년 11월 29일 금요일. 밤에 나가서 3구. 베스날 그린에서 잭, 벤과 내가 2구― 빌과 다니엘이 배소로[병원]에서 1구. 저장고를 열었음(검사)····· 1811년 12월 10일 화요일. 하루 종일 술을 마심. 밤에 나가서 5구. 번힐 로에서. 잭 위험하게 생매장····· 1812년 1월 8일 수요일. 오전 2시 일어남. 함께 하프스로. 어른 4구, 어린이 1구. 세인트 토머스에게 4구 넘김. 귀가. 월슨 브룩스 회사에. 다니엘, 월슨에게서 8파운드 받음. 나는 브룩스 씨에게 9 파운드 9. 보로 병원에서 어린이에 대해 1파운드, 어른에 대해서는 4파운드 4를 받음. 밤새도록 집에 있음."[131]

사체가 매우 '지독할' 때, 즉 부패상태일 때는 송곳니를 뽑아 팔았다. 다른 곳은 역시 세인트 토머스 병원 등이었다. 이 일기에는 쿠퍼, 찰스 벨 경, 그 밖의 유명한 외과 의사의 이름이 등장한다. 사체 대부분은 사립 해부학교에 팔렸다. 그 단골 거래처 학교가 소호 지구, 특히 소호 스퀘어에 몰려 있었다. 1811년 벨도 여기에 거처를 정하고 근처의 그레이트 윈드밀 스트리트 해부학교에서 가르쳤다. 1814년부터는 더 유명한 미들섹스 병원에도 나갔다.[132] 내과 의사나 외과 의사를 싸고 빠르게 걸러내는 이러한 사적인 교육시설이 늘어난 것은 단순히 도시 인구의 증가를 반영한 것만은 아니었다. 솜씨 좋은 의사에 대한 수요가 기존의 의사 숫자로는 대처할 수 없을 정도로 높아졌기 때문이었다. 생활이 풍족하면, 예를 들면 담석의 고통 등을 참으려 하지 않았다. 왜냐하면 목숨을 담보하지 않고 안전하게 제거할 수 있기 때문이었다. 수술 건수의 증가와 사체 발굴은 직접적인 관련이 있었다.

당시 영국 의사의 연수가 제일 많았던 에든버러는 또한 사체 발굴의 중심이기도 했다. 여기서도 1820년에는 사체 공급을 앞지르는 수요가 있었다고 생각된다. 1827년에 아일랜드인 운하공사 인부인 윌리엄 버크(1792~1829)란 사람이 에든버러의 태너즈 클로즈에 있는 하숙집 로그에 방을 빌렸다. 이 하숙집 관리인이 북아일랜드 출신인 윌리엄 헤어였다. 11월에 연고자도 없이 연금으로 연명하는 노인 도널드가 죽었다. 버크와 헤어는 둘이 짜고 시체를 묻지 않고 시내에서 해부학교를 운영하는 유명한 외과 의사인 로버트 녹스에게 팔아넘겼다. 대가는 7파운드 10실링이었다. 여기서 욕심이 생긴 두 사람은 아내의 도움을 받아 10개월 동안 계속해서 적어도 15명을 살해했다. 하숙집으로 꾀어 술에 잔뜩 취하게 한 뒤 목 졸라 사람을 죽였다. 그렇게 하면 몸에 상처가 생기지 않았다. 사체는 녹스에게 팔았다. 1828년 11월에 낌새를 알아차린 경찰이 나서서 녹스의 지하실에서 사체를 발견했다. 헤어는 감형을 조건으로 공법 사실을 털어놓아 버크만도 재판을 받고 교수형에 처해졌다.[133] 사체 도굴을 둘러싼 여러 형태의 범죄 전모가 밝혀진 적은 없었다. 하원 위원회의 보고에 따르면, 6인조 갱단이 한 해 겨울에 312구의 사체를 평균 1구당 4기니의 값을 받아 팔았다고 한다. 그러나 사체 가격은 점점 올라 한때는 40파운드까지 치솟았다. 사체 도굴의 공포가 커져서 1820년대에는 다양한 안전장치가 고안될 정도였다. 브릿지맨의 특허 철제관은 '최고로 안전한 관'이라는 이름으로 선전되었다.[134]

이런 사체 도굴이라는 음침한 사업행위의 이면에는 초창기 의학계의 내분이 도사리고 있었다. 1825년에 왕립내과학교는 로버트 스머크에 의해 폴 말 이스트에 세워진 장대한 고전 스타일의 새 건물로 이전했지만, 내과 의사는 외과 의사에 대해 학문적으로나 사회적으로 우월감을 가지고 있었다.[135] 이미 내과 의사를 젠틀맨으로 대우한 곳은 유럽에서는 영국 밖에 없었다. 내과 의사는 유럽대륙을 여행할 때는 자신을 직업을 숨겼는데 그렇게 하지 않으면 각국 궁전에서 '출입'을 허락받을 수 없는 위험이 있었기 때문이다.[136] 그러나 외과 의사의 사회적 지위는 높아만 갔다. 1823년에는 외과 의사 가운데 한 사람으로 코베트의 친구 겸 제자이기도 한 토머스 워크리가 「란세트(Lancet)」지를 발행하여 외과 의사들을 크게 대변하고, 기존의 의료기관을 격렬하게 비판하며 런던의 주요한 병원과 거기서 일하는 스태프들을 "인간도살장과 살인 전문가"라고 비난했다. 이 잡지는 매우 잘 팔려서 워크리는 큰돈을 벌고 나라의 실력자가 되었다.[137]

1815년부터 1830년 사이에 외과학이 발달한 것은 찰스 벨의 과학적 해부학에 크게 힘입었기 때문이었다. 그리고 애스틀리 쿠퍼(1768~1841)가 외과 의사로서 거둔 성과도 컸다. 1827년에 왕립외과학교 교장이 된 쿠퍼는 외과 의사는 "독수리의 눈과 숙녀의 손과 그리고 사자의 마음"을 가져야 한다―그레이하운드의 스피드를 덧붙이기도 했다―고 말했다. 쿠퍼의 가장 큰 장점은 자기가 무엇을 구하고 있는가, 또는 그것을 발견한다면 어떻게 할까를 확실하게 인식했다는 점이었다. 제자 가운데 한 사람은 "빠르고 절묘하게 수술하는 것에 관해서 쿠퍼를 따를 자가 없었다."고 말했다.[138] 마취 없이 환자가 수술을 참을 수 있는 '안전' 시간은 최대 15분이라고 생각되었다. 1810년에 정치가인 윌리엄 윈덤이 죽었을 때 안소니 칼라일(1768~1840)은 패링턴에게 이렇게 말했다. 담당 의사인 린드는 '자르는 것은 잘하지만' 낙마가 원인인 종양을 제거하는 데 20분이나 걸렸다면 고통의 쇼크로 죽었을 것이라고 말이다. 아마 수술 같은 것을 하지 않아도 좋았을 것이다. 포틀랜드 공작이 담석 제거 수술을 받앉을 때도 거의 똑같은 일이 발생했다. 수술 도중에 돌을 잘게 부수기 위해 덩어리를 적출하는 데만도 78분이나 걸렸다.[139] 매우 어려운 담석 수술에 15분밖에 안 걸렸다고 알려진 클라인 같은 외과 의사는 사회의 은인으로 추앙받았다. 손이 빠르기로는 뭐라 해도 쿠퍼였다. '쉴 틈 없이' 일을 해도 의뢰가 쇄도하여 그걸 처리하기에도 벅찼다. 명성을 얻은 뒤 해마다 벌어들인 돈은 1만 파운드를 밑도는 경우가 없었다. 2년 동안 각각 2만 1,000파운드와 2만 2,000파운드를 벌어들인 적도 있었다. 환자의 한 사람으로 하이엇이라는 늙은 자메이카 농장주는 쿠퍼가 신속하게 담석을 제거해준 데 감사하여 자기 집에 초대해서 — 본인은 아직 회복 중이어서 나이트가운을 걸치고 있었다 — 1,000파운드짜리 수표를 건넸다. 이것은 그때까지 기록에 없던 가장 값비싼 치료비였다.[140]

돌팔이 의사와 특효약

외과 의사의 실력은 수술 결과에 의해서 어느 정도 판단할 수가 있었다. 하지만 내과 의사는 그렇지가 않았다. 의학을 보는 관점에 따라 평가가 달랐기 때문이었다. 의사들조차 비판적인 의견을 보였다. 해부학자인 니콜라스 교수에 따르면, 젊은 의사와 나이든 의사의 차이는 오직 하나, "젊은 의사는 환자를 죽일 것이지만, 늙은 의사는 환자를 죽게 놔둔다."는 차이였다. 바이런도 그 무렵 의사를 피하고 대신에 『토머스의 가정약(Thomas's Domestic Medicine)』을 애독하고 그것에 매달렸다. 그러나 미솔롱기에서는 병세가 악화돼서 쇠약해진 탓에 의사가 사혈하는 것을 용인했다.[141] 사혈로 죽은 유명인은 바이런뿐만이 아니었다. 러시아 황제 알렉산더 1세도 그렇게 죽었을 가능성이 있다. 1825년 11월 마흔일곱 살의 황제는 이상고열에 시달렸다. 아마도 말라리아의 일종이었을 것이다. 몇 번이나 사혈 치료를 받고, 귀 뒤와 목덜미에 35마리의 거머리를 놓아 피를 뽑게 한 결과 숨을 거두었다.[142] 사혈법은 '강하법(lowering)'으로 불렸다. 어리석은 이야기이지만, 환자에게 강하법을 쓸 것인지 상승법(활력 보충을 위해 음식물을 주는 것 — 옮긴이)을 쓸 것인가는 의사들 사이에서 끊임없는 논쟁거리였다. 소몬드 후작 — 후작 부인은 조슈아 레이놀드의 조카로서 상속인이었다 — 의 치료에도 이 중요한 문제점에 대해 두 사람의 의사가 싸웠다고 패링턴은 기록했다. 조지 베이커 경은 피를 빼는 강하법을 주장하고, 프란시스 밀맨은 매일 큰 컵 세 잔씩의 마데이라주를 마시게 하는 상승법을 고집했다. "한번 '강하'시키면 '상승'시킬 방법이 없다. 그대로 쇠약해져 죽을 것이다. 반대로 '강하'는 필요하다면 언제라도 가능하다."는 게 그 이유였다.[143] 이 정도의 치료 논쟁을 하는 데 의사를 신용했다는 것은 놀라운 사실이다. 피를 뽑든가, 아니면 영양소가 있는 음식물과 쉐리주 등의 강화 와인을 먹이는 방법 이외에 내과 의사는 별다른 치료법을 거의 갖고 있지 않았다. 뭔가 강력한 화학 물질을 사용할 단계가 되면 끔찍한 잘못을 저질렀다. 웰링턴이 새로 개발한 대포의 시험발사를 참가한 이후 한 쪽 귀가 귀울림 병에 걸렸다고 불평했기에 영국의 유명한 귀 병 전문의인 존 스티븐슨(1778~1846)을 찾아가 '은부식제'로 알려진 초산은 용액을 주입받았다. 후작의 한쪽 귀는 완전히 들리지 않게 되었고 통증이 심해졌으며, 그로부터 자주 두통에 시달렸다.[144]

그런 상황에서 돌팔이 의사나 특효약 행상꾼은 제 세상을 만난듯 번창했다. 가드볼드라는 사람은 전에는 생강빵을 만들어 팔았으나 장사를 바꿔 가짜 화합물을 만들기 시작해 해마다 3,000파운드를 벌어들였고 고달밍에 3만 파운드 상당의 정원이 딸린 저택을 샀다. 괴혈병 치료제인 '벨노 야채 시럽'을 만든 소원슨도 또한 트윅커넘에 식물원이 딸린 장원의 주인이 되었다. 그래도 이 남자는 적어도 라틴어와 그리스어를 알았지만 가드볼드는 문맹으로 "대화가 저속했다."고 패링턴은 썼다.[145] 대부분의 사람들은 약을 먹는 데 그쳤지만, 여유가 있을 때는 의사를 찾아가 진찰도 받았다. 명성이 자자한 런던 의사에게 왕진을 청하면 1회에 1기니를 요구했다. 칼라일은 수술을 받기 위해 '교외'로 나갈 경우 교통비로 1마일에 11기니, 하루 요금 10파운드, 즉 일주일에 70파운드를 청구했다. 사적인 진료는 19세기 초반에도 현대와 마찬가지로 치료비가 비싸서, 운이 나쁘면 파산하기에 딱 알맞았다. 초먼들리 후작은 16개월에서 18개월에 걸쳐 병마와 싸우는 동안 2,700파운드의 치료비를 지불했다. 은행가인 쿠츠는 나이가 들고 자주 아팠기에 브라이턴의 개업의 후퍼에게 해마다 2,000파운드를 사례하는 조건으로 자기가 죽을 때까지 '전담 치료'를 맡아달라고 의뢰했으나 후퍼는 응하지 않았다. 한편 의사가 청구한 금액을 반드시 지불받은 것은 아니었다. 의사 펨버튼이 해밀턴 경의 결핵을 치료하기 위해 몇 개월이나 북아일랜드에 머물렀을 때, 그는 연금으로 200파운드씩 받는다는 조건을 제시받았지만 그것을 거부했다. 자신이 "내일 죽을 지도 모르고," 또 "런던에서 진료를 중단하는 사이에 다방면에 걸친 관계를 잃어버려 원상회복을 할 수 없을지도 모른다."는 게 이유였다. 그러나 결국은 2,000파운드의 선불 수표로 타협을 보았다.[146] 지불 전적이 가장 나쁜 쪽은 조지 3세와 그 일가였다. 이론적으로 하루 수당은 20파운드였다. 그러나 런던의 진료를 방치하고 일주일에 나흘을 윈저성에서 대기해도 전혀 아무런 대가를 받지 못하고 몇 년을 기다렸는데, 한 사람도 빠짐없이 불만을 터뜨렸다. 때로는 일방적으로 책정한 금액을 지불받는 경우도 있었다. 런던의 일류 치과의사 듀메르크가 18개월 동안 왕실 일가를 치료하고 3,000파운드의 청구서를 제출했을 때 싫으면 받지 말라는 식으로 1,500파운드를 지급받았다.[147]

그러나 1820년대에는 의심할 나위 없이 성공한 의사가 이미 사회의 부유층으로 이름을 날리는 경우가 많았다. 헐의 개업의인 올더슨의 연간 수입은 3,000파운드였다. 노리치의 의사인 러벅은 38세로 빵집 아들이었으나, 해마다 4,000파운드를 벌어들였다. 의사인 매튜 베일리의 연간 수입은 1만 파운드 이상으로, 때로는 쿠퍼의 수입과 엇비슷했고, 1823년에 죽을 때까지 런던에서 아마도 가장 유능한 내과 의사 축에 들었다. 이런 의사는 일의 노예이기도 했다. 올더슨은 식사다운 식사를 할 겨를도 없이 "우롱차와 빵과 버터만으로 끼니를 때웠다."고 했다. 베일리는 하루에 15~16시간씩 일해야 하고 피곤하다며 패링턴에게 여러 차례 불평을 털어놓았다. "여름마다 2개월씩 글로스터의 자택에서 지내지 않으면 자기는 곧 죽을 것이다." "6시 반부터 밤 11시까지 일하고, 아침과 저녁에 왕진을 끝내고" 집에 돌아가면 "산더미 같은 편지를 읽고 답장을 쓴다."고 그는 말했다.[148]

베일리는 매우 양심적이어서 환자가 돈이 없으면 무료로 치료를 해주었다. 부와 권위를 얻을 수 있고, 빠르게 늘어난 이 직업에 베일리와 같은 인물이 새로운 행동 규범을 정립했다. 에든버러에서 개업한 의사의 수는 19세기 초반의 수십 년 사이에 네 배로 증가했다. 1770년대에는 연평균 213명이었으나 1820년에는 1,139명으로 늘어났다. 미국에서도 1790년에서 1840년 사이에 그 수가 네 배나 늘었지만 최고치를 기록한 것은 1820년대였다.[149] 어찌되었건 의학지식에 한계가 있고 수련이 부족하다 해도 의사는 의사임에 틀림없어서, 그들의 조언은 나름대로 쓸모가 있었다. 천연두는 선진국에서는 통제할 수 있었으나 그 밖의 심각한 전염병은 의학적으로 힘을 쓸 수가 없었다. 뉴욕, 볼티모어, 심지어 뉴올리언스에서 크게 유행한 황달에 대해 1820년대에는 거의 손을 쓸 수가 없었다. 동양에서 건너온 콜레라는 1829년에서 1831년까지 유럽을, 1832년에는 미국을 강타했으나 우레처럼 모든 곳을 충격과 절망에 빠뜨렸다.

정신병 치료

정신장애에서도 전염병과 마찬가지로 당시의 의사는 무력했다. 여러 가지 과감한 치료 방법으로 대응하려는 의사도 있었다. 이 시대는 고야와 제리코가 남긴 멋진 스케치가 보여주듯이, 광기에 흥미를 보이는 동시에 공포감을 느꼈던 것 같다. 의사인 존슨은 자물쇠와 체인을 가까이 비치했다. 정신착란의 징후를 보이면 곧 하나뿐인 친구인 스레일 부인에게 그것으로 묶어달라고 하기 위해서였다. 이런 비밀스런 방법은 결코 특이한 것이 아니었다. 미친 것은 죄가 깊기 때문이라고 믿고 있었다. 키르케고르와 그의 아버지가 좋은 예인데, 심각한 우울증은 전혀 이해되지가 않았다. 특히, 우울증으로 고통 받는 본인들이 가장 이해를 하지 못했다. 정신질환이란 사실은 환자 본인과 가족들에 의해 숨겨졌다. 학술원 회원 제임스 워드의 딸 중 하나와 결혼한 화가 존 잭슨은 결혼식 당일에도 신부가 '미쳤다'는 사실을 알아채지 못했다.[150] 간질로 고통 받던 사람들, 그 중에서도 남성들의 경우, 필사적으로 그 사실을 숨기려고 했다. 많은 의사가 간질을 자위행위나 과도한 성적 자극이 원인이라고 진단했기 때문이었다. 성직자이던 테니슨의 부친은 간질로 더욱 고통스러운 시간을 보내야 했다. 링컨셔 주의 섬머비 교구목사이던 그는 일주일에 한 번 꼴로 발작을 일으켰다. 그런 그를 보면, 아이들은 질겁하며 달아났고 아내와는 자주 별거 생활을 해야 했다. 결국 그는 처음에는 술, 그 다음에는 아편을 피난처로 삼으며 살았다.[151]

그 당시 사회는 정신질환에 대해서는 매우 무지한 수준이었지만, 오늘날의 우리가 이상하다 싶을 만큼 정신이 이상한 사람들에게 동정적이었다. 가족 구성원이 정신병에 걸릴 경우, 가족 전체가 그 책임을 떠안는 식이었다. 희망이 없어 보이더라도, 정신병원에 넣고 잊어버리기보다는 집에서 직접 환자 돌보기를 택했다. 정신병원에 입원한 사람들이라도 자주 면회를 가서 같이 외출도 하며, 집으로 데려와 오랜 시간을 같이 보내기도 했다. 찰스 램의 누이 메리는 정신착란과 발작으로 고통스러워했다. 1796년에 메리는 어머니를 칼로 찔렀는데, 어머니는 그 상처 때문에 목숨을 잃었다. 결국 메리가 정신착란 상태를 보였다는 탄원이 받아들여져 사건이 일어난 지 6개월이 지난 1797년 봄까지 정신병원에 수용되었다. 그리고 회복되는 모습을 보이자, 램은 다시 누이를 집으로 데려올 수 있었다. 램은 나머지 일생을 누이를 돌보면서 살았다. 메리는 가끔씩 그리고 길게는 수개월 동안 다시 정신착란을 보이기도 해 개인 정신병원에 들어가야 할 때도 있었지만, 그래도 거의 정상에 가까운 생활을 보낼 수가 있었다. 그러나 문학에 공헌도 했다. 『셰익스피어 이야기(Tales from Shakespeare)』는 19세기에 매우 인기 있는 어린이 대상의 동화책이었는데, 이는 램 남매가 함께 집필한 것이다.[152]

램의 우애에는 영웅적 행위에 가까운 희생이 수반되었다. 램은 여배우 패니 켈리(1790~1882)와 사랑에 빠졌다. 켈리는 무대에서 때때로 킨의 햄릿을 상대로 오필리아 역을 맡았다. 1826년 2월 드루어리 레인에서 공연하던 패니를 향해 그녀를 연모하던 정신착란자 조지 바넷이 총을 쏜 사건이 일어났다. 바로 그때 공교롭게도 탄환 파편이 그 극장의 관람석에 앉아있던 메리 램의 무릎에 떨어졌다. 그로부터 3년 뒤, 램은 용기를 내어 패니에게 청혼하지만, 패니는 상냥하지만 단호한 어투의 편지로 청혼을 거절했다. 패니는 자매인 리디아에게 "[램의] 가정을 둘러싸고 있는 정신적으로 불안정한 우울한 분위기에 빠질 수 없다."고 고백했다.[153] 램도 패니도 모두 결혼하지 않은 채 평생 홀로 지냈다.

집에 정신이상자가 있는 일은 흔한 일이었다. 교육자이던 조셉 랭커스터도 아내를 정신병원 등에 입원시키지 않겠다고 말하고, 발작으로 난폭해지면 "냉온탕 치료법을 받게 했다."고 한다.[154] 가족 구성원 중 정신장애가 있는 사람을 잠시 수용하는 사설 정신병원들이 많기는 했지만, 안전하지는 않았다. 1818년에 파머스턴을 쏴 총상을 입혔던 장교 데이비드 데이비스도 정신병원에 수용되었지만 탈출을 감행해 런던으로 도망쳤다. 그러나 아무도 그를 잡으려 하지 않았다. 그의 암살 시도 후, 유죄로 판명 났지만 정신이 이상하다는 이유로 자신의 의사에 따라 입원을 택했다. 그러나 얼마 지나지 않아 병원에서 나온 듯싶었다. 그로부터 3년 후에는, 자신이 죽이려 했던 파머스턴에게 이전의 봉급을 다 받는 조건으로 군대에 복귀하기를 희망한다는 편지를 보냈기 때문이다. 그의 편지를 읽은 파머스턴은 여백에 '!!!!!.'라고 적어 넣었다.[155] 그런 가운데 정신이상에 대한 취급방식도 변했다. 1800년에 제정된 「범죄우려가 있는 정신이상자에 관한 법률」은 정신이상자가 살인, 반역과 중죄 등 죄를 범했을 경우에 강제로 감금할 수 있다는 근대적인 형법적 접근이 나타났다. 만일 이 법이 제정된 후에 메리 램이 어머니를 살해했더라면, 동생이 집에서 그녀를 보호하는 일은 절대로 허용되지 않았을 것이다. 법 제도가 변한 것만이 아니었다. 정신적 내면의 깊은 부분과 장애에 대해서 보다 치밀하게 탐색하려는 움직임이 생겨났다. 1827년에 장 파울 프리드리히 리히터는 소설 『셀리나(Selina)』에서 '무의식이라는 기괴한 왕국, 실제 [영혼의] 아프리카'에 대해서 다루었다.[156]

정신착란을 대한 태도는 나라마다 달랐다. 영국, 미국, 프랑스 등 대부분 선진국들에서는 국립정신병원의 시설이 잘 갖춰져 있어서 여행자가 자주 찾는 명소였다. 정신장애를 감추려는 경향도 훨씬 현대보다 적었다. 하원이 좋은 예가 될지도 모른다. 지금이라면 당연히 정신장애가 있다고 여겨질 그런 사람들이 많아서 단순히 유별나다는 정도로 여겨질 뿐이었다. 그들이 보이는 기행·기별의 행동도 묵인되었다. 1790년부터 1829년까지 하원에는 몇 사람의 그런 예를 들 수 있다. 우선 글러로디 경은 '한때 윌리스가 치료했던' 경력이 있었다. 의사인 프란시스 윌리스(1717~1807)는 정신장애 전문의사로서 조지 3세를 한동안 치료하고 사설 정신병원을 두 곳 운영했다. 아일랜드 출신의 기골이 장대한 몬터규 매튜는 의회에서 다른 발언자에게 고함을 질러대는 버릇이 있었다. 찰스

트렐로니는 "병적일 정도로 고약하다."고 소문이 났다. 내서니얼 할헤드와 헨리 드럼몬 등 두 사람은 광적인 '예언자' 파에 속했다. 벡티브 백작은 '잡담을 좋아하는 다리 긴 얼간이'로 불렸다. 패트릭 뒤지넌은 백작, 교황 절대주의자를 증오했다. 로버트 디버렐은 괴짜 작가였다. 존 맥퍼슨 경은 왕족들에게 장황한 편지를 써 보냈다. 존 피츠스는 거대 사전의 편찬을 계획하여 거의 미칠 지경이 되었다. 또한 윌리엄 매너스 경, 리처드 윌슨, 윌리엄 콘월리스와 윌리엄 벡포드는 편집증 또는 피해망상증으로 고통을 받았다. 이들 모두 의원 직무를 수행할 수 있었지만, 이 중 약 스무 명은 강제로 정신병원에 수용되기도 했다.[157]

게다가 의원 일곱 명은 정신적으로 불안하게 되자 자살을 시도했던 것으로 드러났다. 19세기 초반에는 수십 년 동안 나타난 빠른 발전, 공업화, 압박과 복잡한 생활이 증가했다. 그것이 원인이 되어 정신장애가 생기고 자살이 끊이질 않는다고 생각하는 일이 많았다. 프랑스에서는 앙리 생시몽의 자살 미수 사건에 따라 이 설이 확인되었다고 생각되었다. 생시몽은 다른 누구보다도 근대, 특히 산업화와 가장 밀접하게 연관되어 있는 철학자였기 때문이다. 1820년대 초반에 생시몽은 자신의 새로운 철학체계를 위해 돈을 마련하기 위해 프랑스 시골을 놀아다니며 사업 자본가들에게 결코 적은 돈이 아닌 1,000프랑씩을 요구했다. 대부분 문전박대를 당하기 일쑤였지만, 몇몇은 생시몽의 가방에 가득한 팸플릿을 받기도 했고, 어떤 이들은 돈을 건네기도 했다. 생시몽은 자신에게 기부를 약속한 사람들을 형이상학적인 엘리트라고 생각했다. 그리고 파리 리슬리외가 34번지, '파사쥬 유로' 위층의 본부에는 유사하게 괴벽스러운 사람들이 많이 모였다. 부유 수뢰와 잠수함을 설계한 몽티 대위, 골상학자들인 골과 의사인 브루쎄, 골상학자이자 천문학자인 에틴드 마랭 바일리, 그 밖에도 다수의 과학과 문학계 저명인사들이 모였다. 이들 중 한 사람은 이 본부의 모습을 이렇게 묘사했다. "아파트는 가장 완벽한 무질서의 이상적인 모델이었다. 그냥 비어 있는 걸상이나 의자가 없었다.

······책상 위에는 책, 종이, 빵 부스러기, 더러운 냅킨, 각종 술병이 넘쳐
났다."[158] 그러나 1823년 3월, 자금은 이미 바닥을 드러냈다. 결국 생시
몽은 섬유 제조업자 테르노와 다른 기부자들에게 절망적인 편지를 써 놓
고 권총에 탄환 일곱 발을 장전하고 머리를 겨누었다. 그리고 회중시계
를 꺼내놓고 방아쇠를 당기기 전, 이 세상을 하직하기까지 남은 마지막
7분을 사회 조직에 대해 생각하며 보냈다는 사실은 동료 사이에 전설이
되었다. 그는 총알 일곱 발을 전부 쏘았지만, 한 발만 눈을 관통해 실명
시켰을 뿐 나머지 탄환들은 두개골을 스치고 지나가버렸다.[159] 여하튼 이
자살 미수 사건을 계기로 생시몽은 많은 이의 입에 오르내리면서 그 덕
에 상당한 자금을 구할 수 있었다.

늘어나는 자살 사건

영국에서는 저명한 국회의원의 자살이 잇따르고, 자살률의 증가는 '근
대의 복잡성'의 소산이라는 설이 신빙성을 얻었다. 1815년 유명한 자유
주의 백만장자 새뮤얼 위트브레드의 자살을 시작으로 1818년에는 저
명한 변호사이자 휘그당 지도자의 한 사람인 새뮤얼 로밀리 경, 그리고
1822년에 다름 아닌 캐슬리까지 자살했다. 1790년부터 1820년 사이에
는 이 밖에도 열여섯 명의 의원이 목숨을 끊는 등 자살이 속출했다.[160] 그
러나 개개인의 상황을 들여다보면, '근대의 복잡성' 이론을 수긍할 명확
한 논거는 보이지 않는다. 위트브레드는, 담당 의사인 헨리 할포드 경
의 말에 따르면, 건강 문제로 고민했다고 한다. 그리고 자신의 권유로 드
루어리 레인 극장의 재건 사업에 투자한 사람들에게 손해를 입힌 사실
에 괴로워했다. 극장 측은 전혀 배당을 할 수 없었기 때문이었다.[161] 로밀
리 경의 경우에 자살 이유는 분명했다. 몸도 편치 않던 상황에 지극히 사

랑하던 아내가 무척 힘들게 투병생활을 하다가 세상을 떠났기 때문이다. 아내가 숨지고 나흘 뒤 로밀리 경은 면도칼로 목을 베어 스스로 목숨을 끊었다.[162]

캐슬레이의 자살은 언제나 행복하고 침착하며 온전한 정신 상태를 보였던 그였기 때문에 더욱 궁금증을 증폭시켰다. 게다가 익사할 뻔 했다가 구사일생으로 살아난 적도 두 차례나 있어서 그는 삶에 대한 더욱 강한 애착을 가지고 있었다.[163] 캐슬레이와 절친했던 아버스넛 부인은 거의 이틀에 한 번 꼴로 그와 만나 담소를 나누곤 했다. 그랬던 그녀의 1822년 8월 29일자 일기에 보면, 캐슬레이가 로밀리 경처럼 목숨을 끊자 그가 자살하게 된 동기를 되짚어 길게 써놓았다. 우선, 하원을 이끌어야 한다는 부담감은 분명한 이유였다. 그 시절 의회의 시간은 오늘날보다 짧았지만 그 사이 주요 장관들이 받던 압력은 훨씬 컸다. 외부장관과 의회의 리더를 겸직하는 등 오늘날에는 거의 생각조차 할 수 없지만 캐슬레이는 그 양쪽을 모두 사랑하여 겸직을 기꺼이 맡았다. 캐슬레이가 목숨을 끊기 전, 그는 아버스넛 부인에게 "이번의 의회는 몹시 피곤했습니다. 완전히 녹초가 되어 두세 시가 되도록 침대에서 일어나기가 힘들 적이 여러 번 있었습니다."라고 말했다. 의회에 가야 할 시간에 겨우 일어나곤 했기에 종종 그녀를 찾지 못하는 일도 있었다. 캐슬레이는 지방의 대지주인 의원들이 자신을 대하는 태도에 '심히 분개했으며', '늘 나른하고 지쳐서 힘없는 모습'이었다.

19세기 초 서구 사회에 나타나던 추잡한 양상 중 하나는 익명의 편지를 신문 사이에 끼워 넣어 뿌리는 것이었다. 자살하기 일주일 전이던 8월 5일, 캐슬레이는 아버스넛 부인을 찾아 혹시 근래에 자신과 관련된 좋지 않은 이야기를 들은 것이 있는지 솔직하게 말해달라고 '매우 진지하게' 부탁했다. 부인은 "간혹 굉장한 바람둥이에다가 부인들을 매우 좋아한다."는 소문을 들었다고 대답했다. 그러자 캐슬레이는 "3년 전쯤에 자신이 불륜을 저지르기 위해 어떤 집에 들어가는 모습을 보았다며 그걸 폭로하겠다고 협박하는 내용의 편지 한 통이 자신의 앞으로 배달된 적이 있다."고 말했다. 이 때 어떤 사람이 와서 둘의 대화는 끊겼지만 그 이튿날 캐슬레이는 부인을 다시 찾아가 "실제로 3년 전에 한 여성과 부적절한 관계를 맺으러 한 집에 들어갔는데, 그 모습을 본 한 남자가 그 다음날 아침에 찾아와 관직을 주지 않으면 이 사실을 폭로하겠다."고 협박했단 사실을 털어놓았다. 그는 그 당시에는 편지를 무시해버렸는데, "이제와 생각해보니 편지의 의도는 범죄를 범했다고 비난하기 위해서였고, 아직까지도 이 생각이 머리를 떠나지 않는다."고 말했다.[164] 그 이후부터 캐슬레이는 웰링턴 공작이나 자신의 아내를 비롯한 온갖 사람들이 자신에 관한 음모를 꾸미고 있다면서 편집증 증세를 보이기 시작했다. 웰링턴 공작은 아버스넛 부인에게 "그렇게 강하고 조용한 심성을 지닌 사람이 정신착란에 가까운 증세를 보이게 된 것에 굉장히 놀랐다."고 한탄했다. 주위의 사람들이 캐슬레이의 자살을 막기 위해 많은 조치를 취했지만, 결국에는 8월 12일 그는 감추어놓은 작은 칼로 목의 경동맥을 끊었다. 웰링턴은 이 공갈 사건을 조사했고 이것이 근거 없는 사실이었다는 것을 밝혀냈다. 1822년 6월 이후부터 캐슬레이의 필적이 엉망이 되었다는 것도 그가 겪던 고통이 외적인 것이 아니라 생리적인 것이었다는 사실 역시 판명되었다.[165]

19세기 초 유럽의 자살률 통계자료는 충분치 않았고, 사망률의 증가 추세만큼 자살 건수가 늘어나고 있다는 증거는 밝힐 수 없었다. 나폴레옹—1814년에 자살을 기도한 적이 있지만, 워털루전투 이후부터는 없었다—을 시작으로 프랑스학술원 종신회장인 오제에 이르기까지 많은 유명인이 자살하거나, 자살을 기도했다. 오제는 고전파에 대한 낭만파 문학의 승리에 낙담한 나머지 우울 상태에서 목숨을 끊었다. 메리 웰스톤크래프트와 코벳 부인처럼 연애 문제나 가정불화를 비관해 여자가 자살하는 일도 빈번하게 일어났다. 셸리의 첫 번째 아내는 그에게 버림받자 임신한 몸으로 템스 강에 몸을 던졌고, 패니 임레이가 자살하게 된 데에도 셸리가 연관되었던 것 같다. 셸리 자신도 적어도 한 번, 자살을 기도한 적이 있다[166] 여하튼, 1815년부터 1830년 사이에 자살한 젊은 여성 대부분 임신한 여성이나 실연당한 사람, 아니면 이 둘에 모두 해당되는 사람이었다.

자살한 남자의 동기는 다양했다. 불운하게도 샬럿 공주가 사망하자 산부인과 의사였던 리처드 크로프트 경은 자신에게 쏟아진 비판과 질책을 이겨내지 못하고 자살했다. 아마도 페트워스의 외과 의사 안드레도 유사한 이유로 목숨을 끊었을 것이다.[167] 일반적으로, 자살은 지나친 종교적 열의로 생기던 우울증—19세기 초에는 종종 죄책감과 동일시되었다—과 관계가 있었다. 요크셔의 부호이던 스토빈은 감리교도로 알려진 인물로 "아름다운 여성과 결혼했지만 아내의 종교관이 자신과 너무 달라" 총으로 자살했다.[168] 이보다 더 보편적인 게 노름에서 돈을 잃은 경우였다. 조 블랜드 경은 인치퀸 경에게 한 번에 3만 4,000파운드를 잃은 후 프랑스에서 스스로 방아쇠를 당겼다. 콘윌리스 경의 부관이던 패리시 대위도 비슷한 노름으로 큰돈을 잃은 후, 렌스터 정기연락선에서 바다로 몸을 던졌다. 보스웰의 친구인 귀족 앤드류 어스킨도 같은 선택을 했다. 똑같이 버커리지 대령도 아내와 네 아이들을 남겨둔 채 자신의 거실에서 피스톨로 자살했다.[169] 당연히 "이유를 밝혀내지 못하는" 자살도 여럿 있었다. 그러나 남자 자살의 원인은 여하튼 빚과 사업 실패가 단연 많았다. 사업에 실패하여 실의에 빠진 상인은 햄튼코트 궁전의 창문에서 투신했고, 윈저성의 대공원에 가서 권총으로 자살한 상인도 있었다. 몇몇은 아편 같은 마약을 치사량 이상으로 복용해 목숨을 끊었다. 남성은 보통 권총이나 면도칼로 자살했다. 1816년 경제 위기 동안에는 사업실패를 비관한 자살이 상당히 많았다. 이 같은 현상은 1825년부터 1826년 사이에 발생한 위기 뒤에도 일어났다.[170]

인기를 끈 해수욕장

19세기 초반에 의사는 자살 수단으로 쓰일 수 있는 것들을 차단하는 것 이외에는 자살을 시도하는 사람들을 어떻게 치료해야 하는지를 몰랐다. 때로는 앞서 소개한 '강하법'을 사용하기도 했다. 예를 들어, 캐슬레이도 편집증 증세를 보일 때마다 여러 차례 피를 뽑아내는 사혈법 치료를 받았다. 어찌됐건 간에, 의사들이 다양하게 나타나는 병으로 힘들어했던 것은 사실이었다. 사실 의사는 무엇보다도 가난으로 인한 열악한 건강 관리 환경에 가장 우려를 표했다. 의사들 대부분은 지금에야 더러운 환경과 질병의 관계를 알아차리고 자주 씻을 것을 주장한다. 그때는 필립 루테르부르가 "매일 아침마다 온몸을 씻는다."는 이유로, 특히 화가들 사이에서 특이한 의사라고 취급받던 시대였다.[171] 그러므로 랭커셔 농가에서 어린이들에게 매일 목욕을 시킨 것은 매우 특이한 일이었는데, 이 집에서 1801년에 태어난 이가 빈민구호법을 추진한 유명한 개혁가인 에드윈 채드윅이다. "영국인은 비누를 문명이라고 생각한다."고 하던 독일 국수주의 역사가인 하인리히 폰 트라이치케가 베를린의 학생에게 강연하기 바로 전의 일이었다. 그러나 이 무렵 이미 영국인은 목욕에 대한 생각이 달라져서 유럽 대륙의 대다수 국가는 물론 미국에 대해서도 위화감을 느꼈다. 영국인 관광객은 이들 국가와 미국에서 가장 최근에 생긴 호텔에서만 머물렀고, 한 곳에서라도 비누가 없는 일은 용납하지 않았다. 보 브러멀과 바이런 경을 비롯한 멋쟁이가 청결과 목욕을 강조한 것도 이런 풍조에 일조했다.

바이런 때문에 수영이 인기를 끌었다. 수영은 의사가 보편적으로 건강 유지를 위해 권고하던 일반적인 치료요법 중 하나였다. 야외 운동을 더 많이 하도록 장려하는 것만으로 브라이튼 해수욕이 성공하면서, 각지에 같은 휴양지가 생기고, 국민 건강 증진에도 상당한 영향을 미쳤다. 적어도 이런 새로운 휴양지의 단골고객이 될 수 있던 중상층 계급의 사람들에게 있어서는 그랬다. 그러나 유럽 전역에 걸쳐 있던 수백 개의 기존 온천 목욕과 진흙 휴양지 등은 비위생적인 환경에 환자가 몰려 오히려 질병을 악화시키는 꼴이 되었다. 사람들은 이런 뜨거운 진흙이나 더러운 물에 다리 하나를 담그는데 돈—벨기에의 생 아르망에서는 다리 하나에 7펜스 반을, 몸 전체에 15펜스—을 냈다. 또는 물에 들어가 씻지도 않은 유리잔으로 온천수를 마셔댔다. 이런 이유에서 바스와 같이 유명한 온천도 1820년에 들어서면서 급격히 인기가 떨어졌다. 거기서 일하던 연회 책임자의 수입은 연간 2,500파운드에서 1,000파운드로 떨어졌다. 온천지의 공중 라운지에서 유명인을 찾아보기는 힘들었다. 유명 인사들은 사적인 파티에만 참석할 뿐, 더 이상 온천장을 후원하지 않았다.[172]

이와는 대조적으로, 바닷가 휴양지는 그 수가 늘어만 갔다. 소설 『엠마』에서 우드하우스 부인의 가정의인 페리는 크로머를 "멋진 바다와 깨끗한 공기를 즐길 수 있는 최적의 해수욕장"이라고 극찬했다.[173] 패링턴이 크로머에 갔을 때, 그곳에는 일주일에 반 기니부터 5.5기니까지 다양한 임대주택과 숙박시설 49채가 있었다. 이를 보고, 패링턴은 '시골다운 아늑함과 매우 신선한 공기가 머릿속까지 파고는 곳'이라고 말했다.[174] 라임만 근처에는 차마우스가 있었다. 제인 오스틴이 소설 『설득』에서 극찬한 휴양지도 '어느 정도 재산을 가진' 사람들이 은퇴 후 생활을 위해 그리 크지 않은 집을 개조하거나 건축하고 있다고 묘사했다. 패링턴이 "이곳처럼 깨끗하고 안락한 곳은 전에 본 적이 없다."고 감격할 정도였다. 실제로 이곳은 역사상 최초로 만들어진 세련된 고급 단지였다.[175] 1815년에는 푸주한의 손자로 인도에서 돌아온 대부호의 아들인 로렌스 팔크 경이 이미 토키를 개발하고 있었다. 팔크는 '별장 몇 채'만 덩그러니 있던 이 지역에 "엄청난 비용을 들여 아름다운 집들을 세우고 남쪽에는 멋진 부두와 항구를 조성했으며 그 주변의 언덕에는 산책길을 내기도" 했다.[176] 개인 손에 의해 바닷가 휴양지를 세우는 일은 특이한 것이 아니었다. 지주이자 사업가인 L. D. C. 트레건웰은 1810년 처녀지이던 본머스에 처음으로 집을 지었다. 1824년 8월에는 아버스넛 부인은 다음과 같이 기록했다. "어느 날, 본머스까지 말을 타고 달렸다. 트레건웰이라는 한 신사가 최근에 나무를 심은 구릉지대였다. 그는 이미 아름다운 별장 네다섯 채를 건축해 해수욕을 위해 이곳을 찾는 사람들에게 빌려주었다. ……나도 내년 여름에 한 곳을 빌릴까 생각하고 있다."[177] 제인 오스틴의 미완성 유작인 『샌디턴(Sanditon)』에서는 시대 흐름을 예리하게 포착한 오스틴다운 주인공인 파커 씨가 이런 개발의 선구자로 묘사되어 있다. "작으면서도 호화스러운 해수욕장으로 샌디턴을 성공시키는 것, 바로 그것을 목적으로 삼아 파커 씨는 살아가고 있는 것 같았다." 파커 씨는 '조용한 마을'을 '유익한 돈벌이 대상'으로 바꾸려 했던 것이다.[178]

1815년에는 페리와 같은 많은 내과 의사들이 해수욕을 환자에게 치료 방법으로 권했다. 특정 지역의 휴양지를 지정하고, 다른 곳들에 대해서는 효과가 없다고 말하는 경우가 많았다. 페리 씨에 따르면 사우스엔드는 공기가 '매우 나쁘기' 때문이었다. 그러나 대다수 의사들은 음식과 술에 대해서 말을 아끼지 않았다. 그 당시 도시에서 그냥 물을 마시는 것은 대체로 안전하지 않았다. 어떻게든 뭔가 처리를 해야만 했다. 한편 북유럽과 북아메리카에서는 맥주를 마셨고 남부 유럽에서는 와인을 마셨다. 런던에는 맥주가 공장에서 대량으로 양조되고 있었다. 가장 큰 맥주 양조장 중 하나인 뮤 양조장은 51만 파운드를 들여 흑맥주 2만 배럴을 담을 수 있도록 지름 65피트, 깊이 27피트 크기의 거대한 저장 탱크를 만들었다.[179] 일반적으로 농민 일가족이 하루에 맥주를 2쿼트(약 2.3리터)씩 그리고 여름에는 5쿼트씩 마셨고, 대부분 집에서 술을 담갔다. 그러나 점차 여성들이 맥주 대신 차를 마시게 되면서 남편에게도 홍차를 권했다. 많은 의사들은 홍차를 그다지 좋다고 생각하지 않았다. 저명한 의사인 베일리는 보몽트 부인에게 "와인과 홍차는 건강의 가장 큰 적입니다."라고 말했다.[180] 코벳은 자신의 책 『코티지 이코노미(Cottage Economy)』를 통해 이런 주장을 더 강하게 피력했다. 그는 "홍차는 건강을 파괴하고, 뼈를 약하게 하며, 사람을 나약하고 게으르게 하고, 젊은이를 방탕하게 하며 노인을 고통스럽게 한다. ……홍차를 마시며 나누는 가십거리는 매음굴로 향하기에 딱 맞는 예비학교"라고 썼다.[181] 그 무렵 홍차는 매우 강한 맛이 우러나게 마셨고, 파운드 당 3실링, 4실링, 혹은 5실링으로 거래되어 매우 값이 비쌌다. 1820년대가 되어, 홍차를 훨씬 더 연하게 우려내기 시작하자 의사들의 반발도 누그러졌다. 미국에서도 독주가 줄어드는 대신 차 소비가 늘어났다. 그러나 홍차 이상으로 즐긴 것이 커피였다. 1800년에서 1840년까지 미국인의 커피 소비는 무려 500퍼센트나 급격히 증가했다.[182] 의사들은 커피를 즐기는 이 풍조도 찬성하지 않았다.

다이어트 열풍

알코올 음료에 대한 의사들의 태도는 다양했다. 베일리와 칼라일은 와인을 전혀 추천하지 않았다. 실제로, 칼라일은 —대단한 대식가였지만 —와인에 손도 대지 않았다. 다른 의사는 포트, 마데이라 백포도주, 케이프 와인과 다른 코디얼주를 처방해 환자들의 기운을 찾아주었다. 불쌍한 크로프트는 샬럿 공주가 죽은 것을 알았을 때 와인과 브랜디를 혼합해 공주를 '소생'시키려고 애썼으나 결국 죽어버렸다. 1820년에는 18세기 때와는 확연히 다르게 음주량이 상당히 줄었다. 그 시절 내무장관(훗날의 총리)이던 애딩턴 박사는 하원에 가기 전에 "기분을 상쾌하게 하기 위해서 식사 때 작은 삼각형 모양의 유리잔에 와인을 스무 잔"은 따라 마셨다고 한다. 루이 18세는 저녁 식사 때 포트를 네 병이나 마셨다. 피트는 저녁 식사 때는 와인을 한 파인트(약 0.6리터) 마셨는데 "저녁에는 닭날개 한 개를 먹고 큰 컵으로 두세 잔 분량의 독한 포트와인과 물을 마셨다."고 한다. 런던에서 가장 '식견이 있다'고 알려진 의사 중 하나였던 에식스 스트리트의 조지 포다이스는 "저녁 식사 때 한 병, 그 뒤 한 병, 그리고 야식 때 한 병을 마셨다." 그는 그래도 65세까지 살았다. 그러나 이모든 사람들은 실은 18세기의 인간들이었다.[183] 피트의 주치의는 그가야식을 먹으면서 와인을 곁들이지 못하게 하려고 애썼다. 많은 의사들은야식을 먹어서는 안 된다고 생각했다. 저녁 식사 시간이 점점 늦춰지고있었고, 야식은 그저 일찍 잠자리에 드는 것을 방해할 뿐 불필요하다고여겼기 때문이다. 소설 『엠마』의 우드하우스 씨는 "젊었을 때 보던 모습처럼 식탁이 차려져 있는 것을 보기 좋아했지만", 식탁 위에 차려진 음식을 절대 먹지 못하게 하는 지혜를 발휘했다.[184]

의사는 건강한 사람들에게도 식사량을 줄이는 소식(小食)을 권장했다. 의사들은 실업가와 법률가가 기름기 많고 향이 강한 거북이 고기가 들어간 바다거북 수프를 누가 더 빨리 많이 먹는지 내기한다며 도시와 법조계의 '거북이 저녁 만찬회'를 비난했다. 런던 시의 재판관이며 법조계의 대단한 미식가였던 제임스 실베스터 경은 "거북이 빨리 먹기에서 엘렌보로우 경에게 자신이 졌다."고 썼다. 글로스터에 있는 체드워스 경의 광대한 사유지를 유산으로 물려받은 야머스의 백만장자인 펜라이스는 '대식가'로 타의 추종을 불허하는 명성을 날렸고 "결국 과식으로 사망했다."고 한다. '휘그당의 닥터 존슨'으로 유명한 닥터 파도 역시 그러했고, 1825년 이후 몇 년 동안은 파와 시드니 스미스 같은 중년의 성직자들이 아마도 런던에서 가장 탐식하는 사람들이었을 것이다. 제일 심한 사람은 로렌스 목사였다. 그는 포틀랜드 공작 집에서 열린 만찬 파티에서 "몸에 독이 될 정도로 많은 양의 오렌지를 한 접시 분량이나 혼자 해치웠다."고 한다. 그 결과, 한 달 동안 앓아누워야 했다. 또 다른 한 사람은 위대한 신학자 페일리 목사였다. 그는 "모든 메인 요리와 사이드 요리를 전부 먹었다. 그는 이를 '전초전을 치른다.'"고 표현했다. 한편, 예술 애호가들도 음식을 탐했다. R. 페인 나이트는 "아침 식사에서만 계란을 대여섯 개나 먹었다."고 알려졌다. 그의 라이벌이던 유돌 프라이스는 매일 오전 8시에 홀로 아침 식사를 했고, 만약에라도 공식적인 아침 식사가 나오는 집에 머물게 되는 경우에는 오전 열한 시에 또 한 번 엄청나게 많은 양의 아침 식사를 했다.[185] 저녁 식사를 할 때에는 '먹는데 너무 열중한 나머지 누가 그에게 말을 걸면' 화를 냈다. 여행할 때에도 폭스리에 있는 집에서 만든 빵을 늘 몸에 지니고 다녔다. 일반적으로 영국인은 빵에 대한 입맛이 까다로웠는데, 집에서 만든 매우 맛있는 빵이 있다는 사실은 외국인에게도 널리 알려져 있었다. 영어를 유창하게 구사했던 위대한 프랑스 비극작가 프랑수아 조제프 탈마는 켐블 부부와 저녁 식사를 하다가 빵 한 조각을 손에 들고 칭찬을 했다. "파리에는 거친 흑빵밖에 없습니다.[186] 영국에 사는 당신들은 이런 빵을 먹을 수 있다니 얼마나 행복한가요."

그러나 이 최고급 빵도 근대 초기의 영양사에게서 혹평을 받았다. 1820년대에 보스턴 출신의 실베스터 그레이엄은 희디흰 빵을 추방하자는 캠페인을 벌였다. 흰 빵은 고운 밀가루로 만들지만, 지나치게 고운 밀가루에서는 건강에 매우 중요한 영양분이 빠져나간다고 주장한 것이다. 이는 시대를 훨씬 앞서간 생각이었다. 풍족하고 진보된 사회의 식생활은 "과다한 동물성 식품"과 소스, 양념, 자극적인 음료 등을 지나치게 사용하는 것이 특징이지만, 그는 이게 옳지 않다고 말했다. 1830년대에 그레이엄은 최초의 식이요법 잡지인 「건강과 장수를 지키기 위한 그레이엄 저널(Graham Journal of Health and Longevity)」을 창간했다.[187] 그 당시 식생활에 관한 영국인의 생각은 오늘날과 많이 달랐다. 패링턴이 자문을 구하던 한 전문가는 와인을 마셔서는 안 되며, '저녁 식사로는 구운 사과'를 먹고, '빵 대신에 흰 비스킷'을 권유했다. '물갈퀴발이 있는 짐승'은 먹지 말아야 하고, 소고기와 양고기 대신에 사슴고기와 들새를 섭취하고, 돼지고기는 어떤 부위도 먹지 말아야 하며 '좋은 영양분만 있는 연어, 고등어, 대구, 서대기, 해덕, 가자미'는 많이 섭취하라고 권장했다. 패링턴은 "그는 내게 발이 따뜻한지 물었다. 내가 그렇다고 하자 좋은 증상이라고 말해주었다."고 한다.[188] 그런 반면, 조지 3세는 갤러웨이 경과 나눈 다음의 대화 기록에 나타나듯이 간소하게 먹을 것을 추천했다.

조지 3세: "자네는 배에 살이 너무 꼈군."

갤러웨이: "운동을 너무 많이 해서인지 배가 고파 많이 먹게 됩니다."

조지 3세: "나도 운동을 아주 많이 하네만 식탁 위에 있는 음식 하나에만 시선을 고정시키고 그것만 먹지. 자네의 말도 많은 활동량에 비해 간소하게 여물을 먹으니 배에 살이 찌지 않잖소."[189]

한편, 바이런은 식이요법을 하는 도중에 육식은 모두 피하고 주로 식초에 절인 삶은 감자를 먹었다. 살을 빼려고 할 때는 많은 사람들이 생선과 디저트만 먹었다. 하루에 고기 2온스만 먹는 사람도 있었다. 켐블의 경우, 연극 공연이 있는 날에는 연극이 끝난 후에야 첫 끼를 들 뿐 그 날은 음료수를 비롯해 아무것도 먹고 마시지 않았다. 식이요법에 관한 또 다른 '전문가' 닥터 제너는 런던타워의 기록물 관리인인 라이슨에게 고기와 빵만 먹고 야채는 물론 와인이나 몰트 위스키는 금하고, 특히 "학문은 좋지 않다."고 조언했다.[190] 크라이스트 처치의 학장인 닥터 잭슨은 우유만 먹고 살았다. 왕립협회 회장인 조셉 뱅크스 경은 푸딩과 삶은 야채만 먹는 채식주의자이자 절대금주가였다.

푸짐한 저녁 식사

선진국들에서조차 19세기 초기의 사회는 한쪽은 너무 적은 음식물(그리고 음료수. 춥고 난방이 되지 않으며 종종 습기가 많은 집에서 살고 있는 사람들에게 겨울철의 알코올은 필수였다)밖에 먹을 수 없는 다수의 인간, 다른 한쪽은 습관적으로 너무 많이 먹고 마시는 계층으로 구성되어 있었다. 풍족한 계층에서는 식사를 내는 방식이 과식을 초래하기 쉬웠다. 저녁 식사는 보통 두 코스뿐으로 모든 요리가 한꺼번에 테이블에 차려졌다. 두 번째 코스에 디저트 류가 들어 있었다. 가사 관리 책으로 권위가 있던 엘리자베스 라폴드의 『경험 많은 영국 가정부(The Experienced English Housekeeper)』는 1769년에 출간되어 1815년까지 13판이 나왔다. 이 책에는 첫 번째 코스용 요리 25가지와 두 번째 코스용 요리 25가지의 식탁 배치도가 실려 있다. 첫 번째 코스는 여러 가지 수프, 그 후에는 크게 자른 뼈 붙은 고기, 통째 요리한 큰 물고기, 파이와 야채로 구성되었다. 두 번째 코스는 사슴고기, 가금류, 들새, 햄, 입가심 요리, 그리고 피시폰드, 문샤인, 플로팅(앤드 로키) 아일랜드, 스펀지케이크, 장식용 젤리, 커스터드 등 다양한 디저트로 구성되었다.[191] 이 요리 50가지를 닥터 팔리처럼 언제나 빠짐없이 맛본 사람은 필연적으로 살이 쪘다. 1808년 자신의 집에서 열린 모든 저녁파티의 메인 코스 배치도를 직접 작성한 패링턴은 가까운 가족과 친구들을 위한 수수한 중산층 연회에서조차 수프, 생선, 구운 고기, 들새, 파이 등을 차려내었는데, 이처럼 음식물이 대여섯 가지가 넘는 것도 이상할 게 없었다.[192]

1820년대에는 새로운 방식의 '러시아식' 저녁 식사가 유행에 민감한 상류사회에 나타났다. 이것은 순서에 따라 요리를 하나씩 차려내는 근대적인 방식이었다. 이는 여분의 일손이 필요했고, 요리 자체가 '정성이 더 들어야만' 볼품이 있었기에 잔손이 많이 가서 확실히 경비가 더 들었다. 그런 요리를 만들기 위해서는 고깃덩어리를 굽는 것과는 달리 프랑스 요리를 공부한 전문 요리사가 필요했다. 그러므로 파티 요리 전문의 요리업자에게 맡기게 되어 저녁 식사는 실제로 비용이 비싸졌다. 영국에서는 '러시아식' 저녁 식사에 대한 저항이 매우 강했다. 1840년대, 1860년대가 되어도 안소니 트롤럽과 같은 전통주의자는 자신의 소설에서 '러시아식'을 공격하는 등 이전의 전통적인 식사 방식을 열렬히 주장했는데, 승부는 눈으로 보는 듯 정해졌다.[193] 프랑스인은 영국인이 '잔손이 더 많이 들어간' 요리라고 부른 식사를 좋아하고 그런 요리를 준비하는 데 탁월하기에 코스별로 요리를 내는 방식을 채택하는 데도 훨씬 더 빨랐다. 1820년대에조차 이미 영국인의 요리는 '볼품이 없는 음식', 즉 단지 고깃덩어리라는 인식이 확고했다. 탈레랑은 프랑스 공사를 대동하고 대사로서 런던에 머무는 동안에는 매일 아침 한 시간을 요리사와 대화를 나누는데 비해 대표적인 영국인인 웰링턴 공작은 유명한 자신의 요리사인 펠릭스가 그의 곁을 떠나는 바람에 붙잡아 둘 수가 없었다. "유데 (1769~1846, 프랑스 요리사 ─ 옮긴이)나 프랑카텔라(1805~1871, 영국 요리사 ─ 옮긴이)가 눈물을 흘리며 기뻐할 그런 요리를 저녁 식사로 내어도 공작으로부터는 한마디도 들을 수가 없다. 요리 담당 하녀가 만든 지독한 냄새의 음식을 내와도 그는 아무런 말이 없다. 지금의 공작보다 100배나 훌륭한 영웅이더라도 그런 주인과는 함께 살 수가 없다."[194] 반면에 요리 책들은 영국에서 잘 팔리기 시작했다. 출판업자인 존 머리는 1819년에 처음 발간된 런델부인의 『새로운 가정 요리(New System of Domestic Cookery)』의 판권을 2,000기니에 기쁘게 사들였다. 그리고 적어도 아침 식사에 대해서는 영국 스타일이 이 무렵부터 특별한 평가를 받았다. 독일인 여행가 프클러 무스카우는 1820년대에 웨일스 여관에서 식사를 했는데 "김이 올라오는 커피, 뿔닭의 신선한 알, 근처에서 만든 짙은 황색의 버터, 걸쭉한 크림, 구운 머핀, 방금 잡은 붉은 점박이 송어 두 마리, 이 모든 것이 새하얀 아일랜드 다마스크(리넨으로 양면에 무늬가 드러나게 짠 두터운 직물 ─ 옮긴이)의 테이블보 위에 성대하게 차려졌다."[195]고 기록했다.

그러나 저녁 식사가 어떻게 나오고 조리되었건 간에 1820년대의 의사들은 음식에 대한 절제를 강하게 권고했다. 확실하게 영국에서 알코올 소비가 줄었던 이유는 대부분의 사람들이 믿었던 대로 그것은 윤리관이 개선되었기보다는 오히려 일에서 오는 압력이 컸기 때문일 것이다. 음주는 하원에서 문제가 될 수 있었다.[196] 특히 1820년대에는 하원 의원이 이전에 비해 확실히 술을 삼갔다. 그러나 미국에서는 사정이 달랐다. 부통령 다니엘 톰킨은 상원 의장으로서 직무를 더 이상 수행할 수 없었기에 1822년에 워싱턴을 떠나야 했다. 이 밖에도 알코올 중독의 희생자가 된 인물로는 반 뷰런에게 가르침을 받은 뉴욕 검찰총장으로 영민했던 새뮤얼 탤컷, 뉴욕 부지사인 에라스투스 루트, 상원 의원이며 주지사인 사일러스 라이트 등이 있었다. 앤드류 잭슨이 베푼 디너 파티에 대한 청구서가 보존되어 있어서 이것이 눈길을 끈다. 잭슨은 대통령 선거운동 기간 동안 일해 준 노고를 치하하기 위해서 1825년 2월 18일에 스물두 명의 지지자를 초대했다. 워싱턴의 프랭클린하우스 호텔은 그에게 스물두 명의 요리 대금으로 46달러, 그밖에 46달러 65센트에 상당하는 음료대를 청구했다. 음료대 내역은 '사과 토디'와 펀치 몇 주발, 샴페인, 와인, 브랜디, 위스키, 그리고 사이다 등이었다. 손님은 독주 4파인트와 와인 열네 병을 마신 것처럼 보였다.[197] 독주를 마시는 것은 유럽보다는 미국에서 훨씬 문제였다. 1820년대 말에 미국에서는 표준도수 200도짜리 알코올을 1인당 연평균 4갤런씩 마셨다. 이에 대해 당연히 반발이 생겼다. 미국의 금주운동 역사는 그 기원이 1810년으로 거슬러 올라가지만, 1826년에 미국 금주협회가 창설되고서부터 처음으로 전국 규모의 차원에서 음주 금지 운동이 활기를 띄었다. 특히 이 금주운동에 따라 1840년까지 1인당 술 소비량은 4갤런에서 1.5갤런으로 줄어들었다.[198]

대서양을 사이에 두고 양 대륙에서 벌어진 큰 변화는 여성의 생활 습관에 '개선'이 있었다는 점이었다. 약 1810년까지 여성들 사이에 아주 일반적이었던 '코담배'는 1830년까지 완전히 사라졌다. 돈이 많이 드는 코담배는 주로 부유한 여성이 즐겼다. 가난한 여성은 파이프 담배를 피웠다. 「뉴욕 트리뷴(New York Tribune)」지를 창간한 호레이스 그릴리(1811~1872)가 1820년 무렵 뉴햄프셔에서 보냈던 소년 시절을 회상하며 말한 바에 따르면, "어머니의 파이프에 담배를 채우고 불을 붙이는 것이 종종 자식으로서의 내 역할이었다."고 한다. 잭슨 장군의 아내는 1828년 그녀가 죽을 때까지 파이프 담배를 피웠다. 로버트 필 경의 할머니도 마찬가지였다.[199] 그러나 1820년대 말 경에, 여성의 파이프 담배 흡연은 나이든 사람에게 국한되었다. 젊은 여성들은 이 습관을 '더러운' 남성적 행동으로 여겼다. 그 대신에 궐련이 출현하여 마침내는 여성들을 다시 끌어들였지만, 19세기 초에는 아직 궐련은 스페인어권 국가에 거의 한정되어 있었다. 궐련은 이따금 프랑스인 사이에서 피우는 사람이 있을 정도로 앵글로색슨 국가에서는 1850년대가 되기까지는 보이지 않았다. 그동안 중상류층 집에서는 흡연실을 따로 마련할 만큼 넓지 않는 한 흡연은 금지된 것이나 마찬가지였다. 새로운 철도 회사도 금연을 더욱 추진하여 처음부터 귀부인의 기분을 손상한다는 이유로 일등석에서는 흡연을 인정하지 않았다. 1820년대 후반 영국에서는 오로지 남성만이 주로 집 바깥에서 흡연한다는 인식이 널리 퍼지기 시작했고, 미국인들도 적어도 뉴잉글랜드에서는 이를 따랐다. 의사인 파에 대한 비판 중 하나는 "교회의 성의실에서 담배를 피운다."는 것이었다.

마약의 유행

이처럼 흡연은 1820년대부터 비난을 받기 시작했지만, 마약 복용과 관련해서는 의견이 나뉘고 혼란스러웠으며 지식도 부족했다. 실제로 마약 중독이 심각하며 광범위하게 펼쳐져 있었음에도 불구하고 아직 사회 문제로 인식되지 않고 있었다. 다양한 형태로 가공된 아편이 의사에게 강력하고 효과적인 유일한 의료수단이었다는 점에서 어려움이 있었다. 위대한 외과 의사 애스틀리 쿠퍼는 1815년을 전후로 약국 처방전을 검토하고 "아편, 주석을 주입한 안티몬, 황산화 마그네슘, 염화 제1수은과 저장소가 있다면 나머지는 정말로 필요하지 않다."고 말했다.[200] 그가 아편을 처방전의 맨 위에 올려놓은 것에 눈길이 가지만, 아마 거의 모든 내과 의사나 외과 의사가 그렇게 했을 것이다.

아편은 약 6,000년 전부터 인류에게 알려져 왔다. 그것은 본래 1~2피트까지 자라는 흰색 양귀비(Papaver Simniferum) 액즙을 건조시킨 것이다. 덜 익은 봉우리를 베어 흘러나온 유백색 액즙을 모아 건조한 것이다. 19세기 초반에 입수할 수 있었던 마약은 이 천연 성분으로 몇 십 종류의 알칼로이드를 함유했지만, 그 중에서도 가장 중요한 성분은 모르핀이며 모든 알칼로이드의 10퍼센트를 점유했다.[201] 이 천연 성분의 마약이 고통을 줄이고 최면을 유도하며 기력을 증진시키기 위해 환자에게 아편을 사용하는 것이 몇 천 년 동안 의사들 사이에서 용인되었다. 16세기 의사인 파라켈수스는 아편을 많이 처방했고 처음으로 아편 팅크(laudanum)라고 이름 붙였다. 아편 팅크의 액체는 1660년대의 의사인 토마스 시드넘이 치료제로 처음 썼다. "신은 인류에게 선물을 내렸다. 그대의 고통을 덜어주기 위해 아편보다 더 좋은 것은 없다. 아편이 얼마나 많은 질병을 통제하고 얼마나 커다란 효과를 발휘하는가? ……이것이 없다면 의술은 마비될 것이다."라고 썼다.[202] 이 아편 예찬은 19세기 초반이 되어도 여전히 의사들 사이에서 지배적이었다. 아편이 쾌락을 가져다준다는 점도 충분히 인식되었다. 『아편의 신비를 캐다(The Mysteries of Opium Reveal'd)』를 쓴 의사인 존 존스는 이미 18세기 초반에 마약 중독을 다루며 치료를 시도했다. 1793년에는 그 자신이 자주 아편을 사용했다고 인정한 의사인 새뮤얼 크럼프는 마약에 관해 주목할 만한 논문을 쓰고, 마약 중독과 금단 증상에 대해 그 특징을 해설했다. 그러나 아편 사용을 부정할 생각은 일체 없고, 의사의 지시 없이 사용하는 것조차 비난하지 않았다.[203]

크럼프의 태도는 이해할 만했다. 아마도 대부분의 사람들은 대체로 천한 약종상에게서조차 진찰을 받을 여유가 없었다. 아편을 비롯한 마약이 1868년의 약사법이 시행되기까지 방치된 상태였고, 영국 이외의 나라들에서 훨씬 뒤까지 자유롭게 팔린 이유는 주로 그 때문이었다. 아편은 여러 형태로 사용되었다. 가장 일반적인 것이 증류수나 알코올로 혼합한 아편 팅크였다. 장뇌를 섞은 것은 진통제라는 이름으로 알려졌다. 또한 상표를 붙인 것도 많았다. 병원에서 널리 사용된 '도비 파우더'는 아편 감초, 초석, 주석, 토근제를 혼합한 제품이었다. '배틀리 진정액'은 최면용의 물약으로 성분은 아편, 수산화칼슘, 셰리주, 알코올, 물을 섞은 것이었다. 이와 비슷한 어린이용 물약인 '가드프리 진정제'는 아편 팅크가 주성분이었다. '닥터 콜리스 브라운의 클로로다인' ─ 지금도 묽게 한 것이 같은 이름으로 팔린다 ─ 가 등장한 것은 19세기 말엽이었지만, 이 약에는 새로운 '기적의 약'인 클로로포름이 함유되어 가장 효과가 오래갔다.

1815년에서 1830년 동안 생 아편은 마약 도매업자가 수입해 직접 조제하여 상품화하거나 면허를 가진 약종상에게 팔아 유통되었다. 약종상 회사들은 점차로 스물여섯 가지까지 아편제품을 늘렸다. 플라우코트(런던)의 윌리엄 말렌은 1811년에 스무 가지 종류의 리스트를 갖고 있었다. 이 제품들은 도매 단계에서는 비교적 쌌다. 양귀비 분말 캡슐 100개 들이 한 박스가 2실링이 안 되었으며, 병에 들어 있는 아편 물약 세 다스 짜리 한 상자가 10실링이었다. 도매품은 소포나 운송업자의 마차를 이용해 지방으로 배송되었다. '켄들 블랙 드롭'은 아편 팅크보다 네 배나 강해서 지방에서 만들어졌으나 어디서건 살 수가 있었다. 대부분의 약종상에게는 아편 팅크나 장뇌가 들어간 아편 팅크뿐만 아니라 알약, 기침을 멈추게 하는 드롭, 분말, 고약, '와인(아편 포도주)'과 '식초(아편 식초)', 관장제, 바르는 약 등 아편이 함유된 모든 것이 들어갔다. 일부 약종상들은 이 제품의 판매에 책임을 느끼고 손님에게 사용 목적을 확인하거나 어린아이에게는 팔지 않는 약종상도 있었다. 그러나 전국의 작은 상점 어디서건 널리 알려진 아편 조제약들이 비치되어 상대가 어린이라 할지라도 돈만 내면 파는 것이 보통이었다. 사람들은 아편 팅크를 20~25방울에 1펜스, 또는 1온스 당 3펜스 정도로 살 수 있었다. 과일 행상이나 거리 행상이 취급했고, 선술집에서도 팔았다. 산파에게도 부탁했으며, 어떤 잡화상에도 비치되어 있었다.

병에 넣은 아편 팅크와 상자에 넣은 아편 환약은 대부분의 집에 다 있었다. 가정에 따라서는 어머니로부터 딸에게 전수되어 만병통치약으로도, 내복약으로도, 외복약으로도 사용되었다. 아편은 몸이 아픈 어린이와 다루기 힘든 갓난아기에게도 널리 아편을 먹였다. 마을 가게에는 '각종 어린이용 물약, 한 병에 1페니'라고 쓰인 쪽지가 붙어 있었다. 당연히 부작용이 일어났다. 지나치게 많이 마시고 죽은 어린이—특히 갓난아기가 많은 듯했다—의 수는 기록은 없지만 분명히 많아보였다. 헨리 메인 경(1822~1888)은 유아였을 때 걱정이 많은 엄마와 이모로부터 다량의 아편을 마시고 거의 죽을 뻔했다. 그는 운 좋게도 살아남아 위대한 법 역사학자가 되었다. 한도 이상으로 마신 대부분의 아기들은 그대로 발작을 일으키고 죽었다. 펜 지방의 위즈비치에서는 어린 아기들의 약물 과다 복용이 1860년대에조차 1,000명당 206명에 달하는 엄청난 영아 사망률의 원인이었다.[204]

펜 지방은 19세기 당시 아편 중독의 악습으로 유명했다. 서유럽에서는 드물게 이 지역 일대에서 하얀 양귀비가 피었다. 아편은 원래 병원에 딸려 있는 약초원에서 오래 전부터 재배되었다. 1790년대에 서머싯 주 윌튼에서 아편을 상업용으로 재배하려고 시도했던 의사인 존 볼은 1794년에 '학술협회'에 다음과 같이 보고했다. "해마다 놀라울 만큼 많은 양의 아편이 소비되며, 아편의 사용은 요즈음 외상 치료에 쓰이며 그 가격이 계속 저렴해졌기 때문에 15년 내지 20년 전보다 영국에서만 20배 이상 사용된다고 생각한다." 볼은 아편 재배가 많은 일손을 필요로 하며, 어린이를 고용하려 한다는 사실을 발견했다. 버킹검샤이어 주 윈스로의 아편 농장에서는 여성들, 특히 레이스 짜는 여공들을 이용해 성공했다. 의사회사와 원예협회는 '예를 들면 아편과의 서양란을 사용해' 안전한 아편을 길러내는 데 성공한 사람들에게 상을 주었다. 1813년에는 전에 벵골에서 아편조사관을 지낸 의사 출신의 호위슨이 스코틀랜드에서 두 배나 붉은 정원용 양귀비를 생산해 칼레도니아 원예협회로부터 상을 받았다. 1820년에는 존 영이 상추아편과의 아편 재배에 성공하여 왕립 학술협회로부터 표창을 받았다. 이 꽃에서는 1에이커 당 품질 좋은 아편 56파운드를 수확할 수 있어 1에이커 당 이익은 50파운드 내지 80파운드를 웃돌았다.[205] 펜 지방에서는 류머티즘 환자가 많아서 거기에는 아편이 특효약이었기에 대부분의 가정에서는 정원에 아편을 길렀고 수집한 액즙을 건조시켜 아편차로 달여 마셨다. 엘리는 '아편 마시는 마을'로 이름을 얻었다. 그 지방에서 자란 아편은 질이 좋지 않아 더 많은 양이 수입되었다. 아마도 영국 아편 수입의 절반은 사우스 링컨샤이어, 케임브리지 샤이어, 헌팅던과 아일 오브 엘리에서 차지했다. 여성과 아이들이 가장 큰 소비자들이었지만, 누구라도 가볍게 마신 듯했다. 위즈비치에서는 가까운 가게에서 1페니를 카운터 위에 놓으면 가게 주인이 "제일 좋은 거요?"라고 물었다. 고개를 끄덕이면 아편 봉지가 넘겨졌다. 이 지역의 이런 풍습은 잘 알려져 있어서 찰스 킹슬리(1819~1875, 영국의 소설가, 역사가—옮긴이)는 『앨튼 록(Alton Locke)』이라는 소설에서 펜 지방의 아편 복용에 대한 묘사를 남겼다.[206]

펜 지방은 예외적이었지만 19세기 초반의 영국에서는 대다수 사람들이 일생의 어느 시점에선가 아편을 복용했다. 패링턴은 아내의 죽음으로 "많이 의기소침해져" 있을 때인 1800년에 아편을 복용했다. "아편 팅크를 마시면 내 마음을 약간 북돋아 주었지만, 약효가 떨어지면 다시 우울했다."[207] 약에 깊은 관심을 갖고 있어서 패링턴은 아편의 많은 예를 기록하고 그때의 섭취량도 알 수 있으면 리스트로 만들었다. 그것에 따르면, 친구인 배티 부인은 '매일 아편 팅크 70방울'을 투약했다. 또 다른 친구인 쿡슨 목사는 '전립선 통증을 누그러뜨리기 위해' 매일 100방울을 투약했다. 조지 4세는 밤에 잠들기 전에 250방울을 투약했다. 찰스 제임스 폭스도 밤을 하원에서 새운 후 낮 동안 잠자기 위해—양은 알려지지 않았지만— 아편을 복용했다. 또 다른 친구 스파이서 부인은 한 스푼에 100방울씩 넘치도록 여섯 스푼을 복용했다. 아일랜드 화가 프란시스 위트리―언제나 한두 가지로 고통을 받았다―는 "최근에 일종의 마비 증세를 중화하기 위해 24시간 동안에 브랜디에 아편 팅크를 300방울 떨어뜨려 마셨다."고 한다. 그러나 적어도 이 경우는 '의사 피트케언의 지시'에 따라 복용했다. 습관적으로 마신 아편중독자들도 패링턴은 기록을 남겼다. 심술궂은 늙은이 론즈데일 백작은 '손가락으로' 양을 측정했다. 새뮤얼 존슨의 옛 친구 토팸 보클러크는 "다량의 아편을 규칙적으로 복용했다."고 한다. 호레이스 월폴이 패링턴에게 보클러크는 "자신이 알고 있는 가장 성질이 나쁜 사람"이라고 말한 것은 이상한 일이 아니었다. 컴버랜드 공작도 아편을 '엄청난 양으로' 복용했다.

패링턴의 일기를 읽으면, 가정상비약으로서 아편(특히 아편 팅크)이 질병에 널리 일반적으로 사용되었음을 알 수 있다. 한 친구는 '안면경련' 때문에, 다른 친구인 로버트 스머크는 '노령 장애'―아마도 음경 협착증― 때문에 아편을 복용했다. 배우 찰스 켐블은 '무대에 오르기 전에 천식을 가라앉게 하기 위하여' 복용했다. 휘그당 당수인 그레이 경은 '위병' 때문에 아편 팅크와 에테르를 복용했다. 패링턴은 아편 팅크 한 병을 마셔 자살을 기도한 성직자와 아마도 사고로 과다 투약해 사망한 재판관의 사례도 기록해 놓았다. 그러나 쾌락이 투약 동기라고 생각되는 것은 유일하게 헨리 푸젤리의 경우로, 자신의 그림에 환각적인 이미지를 유발하기 위해 아편을 복용한 것으로 소문이 나 있었다. 그러나 패링턴이 푸젤리 본인에게 묻자, 약을 사용했지만, 사실은 단지 "잠을 자기 위해서" 약을 복용했을 뿐이라고 대답했다.[208]

아편중독과 매킨토시

작가와 예술가가 당시나 그 후에도 여러 가지 형태의 아편을 복용했다는 증거가 있다. 남편이 미쳤다고 의심한 바이런의 아내는 그의 소지품을 뒤져 블랙 드롭 한 병과 드 사드의 『쥐스틴(Justine)』을 함께 발견했다. 키츠도 그랬지만 셸리도 1819년에서 1820년에 걸쳐 아편 팅크를 애용했고 이것을 마시고 자살했다고 생각되었다. 월터 스콧 경은 『래머무어의 신부(The Bride of Lammermoor)』를 쓰는 동안 매일 아편 팅크 200방울과 아편제 6정을 복용했다.[209] 엘리자베스 바레트 브라우닝은 일찍이 젊을 때부터 아편에 손을 대었다. 그녀는 메리 러셀 미트포드에게 보낸 편지에 "그것은 축복받은 물건이다! 밤마다 아편—아편!"이라고 썼다. 그녀의 남편은 결혼했을 때 "붉은 양귀비에 둘러싸이지 않으면 잠들 수 없다."는 사실을 처음 알고는 불안해했다. 그러나 엘리자베스는 임신을 하자 스스로 아편을 끊었다. 제인 칼라일도 아편을 상습적으로 복용했다. 윌키 콜린스도 마찬가지로 "아편 팅크를 발명한 사람이 누군지 그에게 나는 진심으로 감사한다."고 썼다.[210] 그러나 그들의 경우는 모두 예술 또는 쾌락을 위해서라기보다는 진통, 증상 완화, 불면증 치료를 첫째 목적으로 복용했다. 예술적인 효과는 때때로 부작용을 낳을 뿐이었다. 제임스 톰슨의 『무서운 밤의 도시(City of Dreadful Night)』에는 확실하게 아편의 영향이 보이지만, 원래는 잠을 자기 위해 아편을 복용했다. 『에드윈 드루드(Edwin Drood)』의 대단한 힘은 디킨스의 아편 팅크 체험에서 유래하지만, 이 경우도 아편은 불면증 때문에 사용했다.

19세기 초의 기록을 살피면 살필수록 더 많은 마약 상습자를 발견한다. 실제로 어떤 경우에도 처음에는 의학적인 약효를 바라고 복용했다. 윌리엄 윌버포스는 원래는 1788년 대장염으로 아편 처방을 받은 게 계기가 되어 중독자가 되고, 30년 후인 1818년에도 여전히 네 알의 정제를 하루에 세 번 복용했다. 몇 번이나 의사의 치료를 받은 것 같지만 아편을 끊을 수가 없었다. 조지 4세도 아마도 가벼운 중독자였던 것 같다. 약물 사용과 다량의 알코올이 복잡하게 겹친 국왕의 증상은 1820년대가 되어 누구의 눈에도 뚜렷하게 보였다. 아편 팅크는 많이 애용되는 숙취 치료제였지만, "국왕은 아침, 점심, 저녁에 독주를 마시고 그로 인해 생긴 통증을 가라앉히기 위해 또한 아편 팅크를 마셨다."고 웰링턴은 한탄했다.[211] 인도의 가혹한 환경에서는 공포심을 완화시키기 위해서 각종 아편이 때때로 다량으로 투여되었다. 귀국 후에도 그 습관에서 벗어나지 못한 예가 속출했다. 일반적으로는 경증이었으나 중증인 경우도 있었다. 로버트 클라이브의 비극이 그 예에 속했는데, 그는 일상적인 복약량을 두 배로 늘린 후 발작으로 죽었다.

19세기 초반의 마약중독의 전형적인 경우는 제임스 매킨토시(1765~1832)이다. 그는 당시 가장 능력 있는 사람 중 한 사람이었으나 출세 도중에 좌절했다. 가난한 육군 장교의 아들로 머리가 뛰어났던 매킨토시는 에든버러에서 의학을 공부하고 법조계로 옮겼으며, 많은 책을 쓴 뒤 1년에 5,000파운드를 받는 봄베이시 재판관이라는 좋은 직책에 임명되어 인도로 갔다. 아편에 처음 손을 댄 것은 학생 때가 거의 확실하지만, 1812년에 1년에 1,200파운드의 연금을 받고 인도에서 귀국할 때는 치료불능의 아편중독자였다. 1813년에서 1832년까지 매킨토시는 인도 행정관리 교육센터인 헤일리버리 칼리지의 법학교수이자 글래스고 대학의 명예총장, 그리고 하원 의원을 겸했다. 그의 정치적 미래에 대한 많은 예언에도 불구하고 결국은 실현되지 않았다. 토머스 크리비는 그를 "게으르고 경솔하며 생각이 부족하므로 끊이지 않고 궁지에 빠질 위험이 크다. 특별한 재능에도 불구하고 누군가가 이끌어주거나 믿어주지 않으면 발전할 수 없는 인간"이라고 평가했다. 불워는 매킨토시의 정치 경력과 저술에도 언급하며, "그렇게 아무것도 하지 않으면서 언젠가는 위대해질 것이라는 기대를 갖게 하고 긴 인생을 살아간 인물은 달리 없다."고 썼다. 그레이 백작도 "그는 특별한 재능에도 불구하고 실제로는 아무 쓸모가 없었다."고 생각하고, 1830년에 총리가 되었을 때 매킨토시를 통제위원회—사실상 장관에 해당하는 위원장으로 인도 통치를 담당한—위원 이상의 다른 자리를 마련해 주는 것은 "불가능하다."고 썼다.[212] 매킨토시에 대한 비판에서 반복된 문구는 "뛰어난 행동력이 없다."는 것과 "선천적으로 게으르다."는 것이 특징이라는 것이었다. 후자는 아편중독을 암시하는 게 거의 확실했다.

19세기 초반에 매킨토시가 의사인 토머스 베도스의 브리스틀―클리프턴 서클과 관계했다는 것은 주목할 가치가 있다. 평생 동안 강력한 약물에 대한 관심을 기울였던 베도스는 의사인 존슨 브라운의 제자로 브라운이 발행한 『엘리멘트 오브 메디신(Elements of Medicine)』을 편집했다. 아편제의 기사를 많이 다룬 이 잡지는 문학가는 물론 일반인까지 폭 넓게 읽혔다.[213] 매킨토시의 친척으로 톰 웨지우드가 있었다. 이 초기의 사진 실험가는 '아랫배 질병'의 진통을 치료하기 위하여 아편을 하고, 그 뒤 중독자가 되었다. 두 사람 모두 로버트 홀―유명한 침례교 목사로 하루에 아편 팅크 120방울을 복용했다―이나 찰스 로이드―역시 아편중독자―의 친구였다. 이들 모두가 베도스 서클의 멤버였다. 브라운은 자신의 책에서 '생명 유지에 필요한 과정'이라고 이름붙인 상상력의 고양 상태, 즉 예술적 창조력의 지속에 아편이 필요하다고 반박했다. 베도스의 클리프턴 기체 연구소는 원래 폐결핵과 폐 질환의 치료법을 발견할 목적에서 설립되었지만, 마약, 그것도 단순한 치료약뿐 아니라 예술적 자극을 가져다주는 마약 실험 센터일지도 모른다고 주장했다. 험프리 데이비는 베도스를 도와 연구소와 데이비 자신이 개설에 관여한 부속병원 양쪽을 위해 일할 때, '인조공기' 또는 '인조공기라고 불린 것'에 대해 많은 실험을 실시했다. 그중 하나가 이산화질소, 즉 '웃는 가스'였다. 데이비는 가스를 마신 후의 체험을 다음과 같이 기록했다. "가슴으로부터 온몸 구석구석으로 퍼져나갔다. 손끝에서 발끝까지 명백하게 확장되는 느낌이 아주 유쾌하게 느껴졌다. 내 눈을 통해 지각된 느낌은 휘황찬란했고 분명히 확대되었다. 방에서 모든 소리를 뚜렷하게 들었고 내가 처한 상황을 완전히 인식했다. 유쾌한 느낌이 증대함에 따라 차츰 외적인 것들과의 관계가 단절되었다. 일련의 생생한 시각적인 이미지들이 내 마음을 신속히 스쳐 지나가 말하자면 완전히 새로운 인식을 가져올 단어들과 연결되었다. 나는 새로 연결되고 새로 수정된 아이디어의 세계에 들어갔다. 이론을 만들고, 새로운 발견을 했다고 상상했다."[214] 이 부분은 특히 흥미롭다. 이로부터 150년 뒤 20세기 중엽의 문학가들이 환상 작용을 가진 마약이 예술적 직관을 증대시킨다고 믿으며 똑같은 환상을 실험했기 때문이다.

과학자들의 아편

여기서 콜리지가 이야기에 등장한다. 매킨토시와 베도스 서클의 다른 회원처럼 콜리지도 브라운의 글을 읽고 "생명유지에 필요한 과정"에 대해 호기심을 느꼈다. 데이비처럼 꿈과 환각에 매혹되어 체험해보고 싶었다. 데이비는 마비로 고통 받고 있는 자신의 환자들을 대상으로 아산화질소(웃는 가스)를 시험해보고 그들의 반응을 기록했다. 어떤 환자는 "하프를 연주하는 소리를 들었다."고 말했다. 그러나 그 자신도 아산화질소나 그 밖의 조제약, "새로 조제한 아산화질소 6쿼트도 들이마셨다."[215] 그는 때때로 자기 자신을 실험 대상으로 삼은 과학자들—J. B. S. 홀데인이 20세기 과학자 중 두드러진 예였다— 처럼 무모했다. 클리프턴에서 자주 만난 콜리지에게도 앞뒤 가리지 말도록 용기를 북돋았다. 콜리지는 그 실험을 위해 특히 저녁을 많이 먹었고 데이비는 8분도 안 되는 짧은 시간 동안에 와인 한 병을 마신 후 가스를 찬찬히 들이마셨다. 두 사람 모두 다 숙취를 달래는데도 가스를 사용했다. 이런 실험에 다른 사람들을 끌어들였다. 콜리지의 처남인 로버트 사우디는 톰 사우디에게 다음과 같이 편지를 썼다. "데이비가 실제로 새로운 기쁨을 창조했어…… 오오 톰, 나는 오늘 저녁에는 더 많이 마실 거야! 그것은 사람을 강하고 아주 행복하게 해!"[216]

브리스틀-클리프턴의 서클에서는 웃는 가스 이외의 다른 약도 사용했다. 예를 들어 톰 웨지우드는 당시 '뱅(Bang)'으로 불린 대마 또는 인도 대마로 만든 마약을 몹시 맛보고 싶어서 데이비에게 대마를 조금만 달라고 요청했고, 베도스는 방금 전 동인도회사에서 화물을 수령했으므로 가서 부탁해보라고 말했다. 1803년에는 콜리지가 조셉 뱅크스 경으로부터 소량의 '뱅'을 받고 1803년 2월 17일에 웨지우드에게 편지를 썼다. "우리는 정말 그럴싸하게 '뱅'을 실험할 수 있게 되었네―하이오사이아민 알약을 좀 가져오게―그러면 내가 아편, 사리풀, 그리고 고대 그리스인이 애용한 네펜테스(시름을 잊게 하는 약―옮긴이)를 혼합해 맛보게 해줄게. 그건 그렇고 홈이 네펜테스를 마약주사라고 말하는 것은 거짓말이라고 항상 생각하네."[217] 데이비와 콜리지 사이에 교환된 편지들은 치료약으로서 마약에 관심을 갖고 있던 두 사람이 동시에 탐미적이며 자기도취적인 이유로 마약을 사용한 사실을 명확하게 보여준다. 데이비는 그 당시 모세에 관한 대서사시를 쓸 구상을 갖고 있었다. 데이비가 쓴 내용은 대부분 병적인 이야기들이었다. 키츠처럼 스스로 모든 생명체와 결합하는 황홀경에 빠지고, 그때는 "나무에서 잎을 뗄 때 내어도 고통을 느끼는" 경지였다고 썼다. 데이비와 콜리지가 함께 아편 실험을 했다는 것은 사실인 것 같다. 데이비가 『서정 민요집(Lyrical Ballads)』 제2판의 인쇄 작업을 돕고 있는 동안 호수 지방에서 콜리지의 편지가 도착했다. "내 사랑하는 친구, 내가 아편 한 알을 먹고 내 집에서 바라본 경치를 잘 포장해 자네에게 보낼 수 있으면 좋으련만! 그러면 가을에 자네를 틀림없이 볼 수 있을 텐데."[218] 이 당시 콜리지가 쓴 편지에는 마약―이름이 거론되는 것은 '적색 유산염'과 '혼합산'―에 대해 신바람이 나서 말하며, 특히 마약 문화의 신비함을 함께 공유한 사람들에게 언급한 이야기가 가득했다.

그러나 데이비는 청년기의 무분별함에서 벗어나 과학 분야에서 위대한 업적을 남겼지만, 콜리지는 아편중독에 빠져버렸다. 실제로 클리프턴에서 실험할 때 약하긴 하지만 이미 중독되어 있었던 것 같다. 콜리지는 크라이스트 호스피틀 학교에서 공부하는 동안 류머티즘 열로 고생했다. 상당량의 아편 팅크 투약이 당시 이 병의 표준 처방이었다. 1790년대 후반에 다시 류머티즘의 고통을 호소할 때도 아편 팅크를 처방 받았다. "정신적인 원인에 기인한" 신경증이라고 진단한 의사는 네 시간마다 25방울을 복용하도록 처방했다. 그 통증은 아마도 의사가 알지 못했던 것 같지만 아편 복용의 결과였을 수 있다. 더군다나 콜리지는 의사의 처방 이상으로 갖고 있던 아편을 더 첨가했다. 콜리지가 평생 동안 겪어야 했던 대부분의 증상들 —'내장 류머티즘', '일시적인 통풍'과 팔다리의 경련 등 —은 실은 아편중독 때문이었다. 그러나 콜리지 본인은 그 사실을 인정하지 않았다.

콜리지보다 13년 연하인 토마스 드 퀸시는 19세 때인 1804년에 옥스퍼드 스트리트의 한 약국에서 처음으로 아편을 구입했다. "아편 팅크를 달라고 하자, 손님을 확인하지도 않고 그 약을 건네주었다. 더욱이 내게 1실링을 받고 겨우 1/2펜스짜리 동전 한 푼만 거스름돈으로 주었다." 드 퀸시의 동기는 위통을 줄이는 것이었고 폐결핵을 두려워했기 때문이었지만, 콜리지처럼 자극을 찾는 기분이었다는 것은 거의 확실하다. 마침내 드 퀸시도 아편중독자가 되었고, 하루 투약량이 320방울 그 다음에는 480방울에 달했다. 어떤 때는 8,000방울을 마시기도 했다. 이런 수치는 대부분 의미가 없다. 당시에는 한 방울 양에 기준이 없었고, 팔리고 있던 대부분의 아편 약효가 약했기 때문이었다. 콜리지의 아편중독은 1800년과 1801년 이후에 심각해졌는데, 이 무렵 켄들 블랙 드롭을 입수했다. 이 약은 브레이스웨이트라는 이름의 퀘이커 모든 일가가 만들어 켄들 가게에서 철물과 대리석 벽난로 선반과 함께 팔렸다. 이 약은 비싸 4온스짜리 한 병에 11실링이나 했다. 1825년에 브레이스웨이트 부인이 죽었을 때 1만 파운드 이상의 재산을 남겼고, 가게는 딸이 물려받았다. 다른 퀘이커교도 두 가족이 더 싼 경쟁제품을 만들었는데, 한밤중에 마스크를 쓴 여자들이 약물을 젓고 있다는 그럴 듯한 소문이 나면서 선전효과도 더욱 올랐다. 1821년 3월에 『론즈데일 매거진(Lonsdale Magazine)』이 제조법이라는 것을 소개했다. 그에 따르면, '잘 마른 최고급 터키 아편'에 샤프런, 정향, 강한 초산, 정류된 알코올을 혼합하고 1주일 동안 재워 두면 제품이 완성되었다.[219] 그러나 블랙 드롭은 무엇보다도 약효가 강한 것이 특징이었다. 그것을 복용하는 습관을 들인 콜리지는 아편을 완전히 끊을 수가 없었다. 콜리지와 드 퀸시가 1807년에 만났을 때 그 둘은 이미 아편중독자였다. 이들은 여러 번 자신의 마약 복용 동기가 순수했다는 것을 증언한 반면 상대방은 쾌락을 위해 아편을 복용했다고 비난했다. 둘 다 거짓말을 한 것이다. 거짓말과 아편은 떼려야 뗄 수 없는 관계였다. 마약중독자의 병력을 밝히는 것이 아주 어려운 이유 중 하나였다. 여성이 아편중독을 숨기거나 정당화하려는 경향이 적은 것은 주목할 가치가 있다. 콜리지의 딸 사라도 중독자였으나, 그녀는 그것을 사실로 인정했다.[220]

콜리지와 드 퀸시가 아편에 대해 사거나 말한 것은 모두 상반된 두 가지 측면을 가졌다. 콜리지가 1794년부터 40년 뒤 죽을 때까지 쓴 노트에는 아편중독의 역사가 잘 묘사되어 있다. 그것을 보면 콜리지가 아편 없이도 강렬한 환상과 공상에 빠질 수 있었던 반면에 시적 상상력이 아편에 의해 처음에는 훼방 받더니 나중에는 사라져버렸음을 잘 알 수가 있다. 이따금 콜리지는 아편의 위험성에 대해 다른 사람들에게 경고하겠다는 결심을 고백했다. 1816년 9월에는 자신의 책 출판업자 가운데 한 명에게 다음과 같이 편지를 썼다. "내 마음의 고통[아편중독]……, 처음부터 유사한 잘못을 범하지 말도록 다른 사람들에게 경고하고픈 염원과 이걸 완전하게 감출 수 없다는 것이 남들이 약물중독 그 자체보다 아주 많이 그리고 아주 악의적으로 내게 말했던 원인이었다. 예를 들어, 누가 감히 이것 때문에 윌버포스 씨의 명성을 비방했나? 오랫동안 아편을 필요로 했다. 남녀 저명인사들이 얼마나 자주 이 마약을 통해 재난을 겪는지 저명한 약제사나 개업의 특히, 웨스트엔드 지구에 있는 사람들과 이야기 해보면 잘 알 수 있다."[221] 그렇게 말하면서도 같은 해에 『쿠빌라이 칸(Kubla Khan)』, 『크리스토벨(Christobel)』, 『잠자는 괴로움(The Pain of Sleep)』을 다른 출판사 존 머리에게 동시 출판하도록 허락하고 최고의 시를 쓸 수 있었던 것은 아편을 복용한다고 스스로 선전했기 때문이다. 드 퀸시도 똑같았다. 『아편 복용자의 고백(Confessions of an Opium Eater)』은 1821년에 「런던 매거진(London Magazine)」지에 실리고, 그 다음 해에 책으로 출간되었다. 그 작품에서는 아편의 공포를 다음과 같이 경고했다. "안녕! 행복이여 잘 있거라…… 미소와 웃음이여, 안녕! 마음의 평화여, 평화로운 꿈이여 그리고 잠이라는 축복받은 위안이여, 안녕!…… 지금 내가 가진 것은 영원한 고난. 왜냐면 나는 이것에 의해 『아편의 고통』에 들어가기 때문이다."[222] 그러나 한편으로는 아편을 예찬하기도 했다. "오오, 미묘하고도 모든 것을 정복하는 아편이여!…… 사람을 감동시키는 아편이여!…… 그대는 천국의 열쇠를 갖고 있구나, 오오, 미묘하고도 강력한 아편이여!"[223] 이 책에 의해 아편에 이끌린 자가 아편을 단념한 자보다 더 많았을 것이다. 또 다른 유명시인인 프란시스 톰슨이 파괴된 것도 명백하게 이 책 탓이었다.[224]

콜리지와 드 퀸시의 작품을 읽어보면, 아편중독과 그 결과는 비슷한 경로를 거쳤다는 것을 알 수 있다. 드 퀸시는 처음에 "무능력과 연약함, 매일 매일의 적당한 노동을 등한시하고 지연하는 것, 그리고…… 후회에서 오는 더 답답하고 성가신…… 지적 마비"가 왔다고 기록했다. 이것은 정확히 1800년경 이후 계속된 콜리지의 고민과 꼭 빼닮았다. 그 다음에 일어난 것이 시각적인 환상, 무시무시한 악몽, 그리고 드 퀸시가 말한 "끝 모를 불안감, 장례식을 연상시키는 우울", "자포자기 상태의 낙담" ─ 1810년대와 1820년대에는 많은 중독자들이 실제로 자살했다 ─ 등이었다. 드 퀸시는 취침시간이 가까워오면 '두려움'에 시달렸고, '극도의 공포를 동반한 죽음'을 무서워했다. 콜리지도 또한 "갑작스런 죽음의 공포와 두려움······"을 언급했다. 가정생활은 파괴되고, 나아가 아내와 가까운 친구들이 적이나 공동 음모자들로 보이기까지 했다. 아편을 복용하기 위해 엄청난 양의 브랜디를 마심으로써 악화된 콜리지의 아편중독의 성격과 그 심각함을 가장 먼저 알아차린 사람은 아내 사라였다. 그래서 그녀는 브랜디를 마시지 못하게 했다. 이 언쟁 끝에 별거했지만, 사라에 대한 콜리지의 오해는 수십 장의 편지에 잘 나타나 있다. 그리고 당시뿐만 아니라 그 후 오랫동안 사라는 콜리지의 숭배자들로부터 악녀로 비쳐졌다.[225]

19세기 초반에는 아편중독자의 치료가 거의 성공하지 못했다. 의사 자신도 그 원인을 몰랐고, 증상을 오진하는 경우도 종종 있었기 때문이다. 1801년에 콜리지가 블랙 드롭을 상당량 복용한 후 끔찍한 상태에 빠졌을 때 그 지방 개업의 존 에드몬슨이 거의 매일 그를 왕진하면서 아주 당혹스럽다고 말했다. 1810년에 콜리지는 다시 숙련되고 똑똑한 의사인 칼라일의 치료를 받았지만 효과가 없었다. 그후도 튜스힐, 구치, 패리, 다니엘, 브라밴트, 그리고 애덤스 등 모두가 유능한 의사들에게 치료를 받았으나 역시 효과가 없었다. 그러나 조지프 애덤스는 적어도 문제의 심각성을 파악해 그의 주선으로 콜리지는 1815년부터 하이게이트의 제임스 길먼이라는 의사의 집에서 그의 지시 아래 생활할 수 있었다. 그 생활은 1834년에 죽을 때까지 계속되었다. 콜리지는 이따금 하이게이트 약제사였던 던으로부터 여전히 몰래 5일치 분량인 3/4 파인트의 아편 팅크를 입수했다. 그러나 점차로 그는 처방 계획을 받아들여 신중하게 지시된 양만 복용했다. 이러한 노력으로 콜리지는 단순히 수명을 연장시켰을 뿐만 아니라 새롭게 정치와 종교에 대한 철학적인 문필가로 업적을 남길 수가 있었다. 사망 원인인 심장병은 젊을 때의 류머티즘 열 때문이다. 그때 처음으로 아편을 사용했을 뿐이지만, 사망 원인과 아편 중독과는 관계가 없었다.[226]

콜리지와 드 퀸시의 사례를 중시하는 이유는 그 자체가 흥미가 있을 뿐만 아니라 두 사람에 의해서 그때까지 비밀에 부쳤던 문제가 명백하게 드러났기 때문이다. 1821년에서 1822년에 걸쳐 드 퀸시의『아편 중독자의 고백』이 출간될 때까지 아편중독은 여론의 주목 대상이 되지 않았다. 그러나 드 퀸시의 양면성이 주목을 받자, 1823년에 익명의『아편 중독자에게 주는 충고(Advice to Opium Eaters)』가 나와서『아편 중독자의 고백』이 경고로서는 완전히 부적합하다는 점을 보충해주었다. 콜리지의 심한 고통은 점점 더 많은 친구들에게 알려졌지만 생전에 공개적으로는 고백한 적이 없다. 1827년에는 일찍이 콜리지의 책을 출판했던 브리스틀의 조셉 코틀이 로버트 사우디의 도움을 받아 편집이 조잡한 회고록을 출간했다. 그 책에는 콜리지가 자신의 아편중독을 언급한 많은 편지가 수록되어 있다. 회고록 발간은 그의 오랜 보호자였던 의사 길만도 콜리지의 증상에 관한 견해를 밝혔다. 이쪽이 훨씬 진실에 가깝다.[227] 이리하여 오늘날에 보면 개탄할 정도로 느린 것처럼 비칠지는 몰라도, 아편중독에 관한 실상들이 세상에 알려지기 시작했다. 그러나 그로부터 서구 사회가 위험한 마약류의 국제 무역 문제의 심각성과 부도덕성을 충분히 이해하기까지에는 보다 많은 세월이 기다리고 있었다.

아편의 국제무역

영국 전역에 수입된 아편의 양은 1830년에는 연간 2만 2,000파운드에 달했다. 거의 대부분(전체 80~90퍼센트)이 터키에서 왔다. 양귀비는 스미르나 동쪽 지방에서 재배되었지만, 대규모 생산은 불가능했고, 각 농촌 가정의 모든 구성원이 참여할 만큼 노동집약적이었다. 파종기는 11월, 12월과 2~3월에 걸쳐 일 년에 세 번이었고, 수확은 5월에서 7월까지였다. 양귀비는 6 내지 8피트까지 자랐고 열매는 파랗고 흰 색이었다. 집중적으로 성장했기에 농민들은 밤중에 자연 흡인하지 않도록 세심한 조치를 취했다. 투기꾼들이 높은 이자로 입도선매했고, 수확물들은 시장에 나오기 전에 네 번 이상 팔리기도 했다. 가공되지 않은 아편은 회색의 면부대에 담겨 봉인된 뒤 타원형의 버들가지 광주리에 넣어 노새에 실려서 스미르나까지 운반되었다. 스미르나에서 전문가가 검사해 순도를 캐럿으로 표시했다. 24캐럿이 순수한 아편이었다.

스미르나 아편, 또는 터키 아편은 독특한 형태를 띠어 왁스칠이 되어 있는 무게 2파운드짜리의 평평한 흑갈색 널빤지를 나뭇잎으로 포장하여 수입했다. 이집트 아편은 평평한 둥근 형태, 페르시아 아편은 막대기 형태, 그리고 인도 아편은 무게가 3.5파운드 나가는 주먹 두 개만한 공 형태로 한 칸에 공 하나가 들어가는 스무 개의 칸막이가 있는 2층짜리 망고나무 포장상자에 포장되었다. 페르시아 아편을 포함하여 스미르나 아편은 당시에는 밀폐된 아연을 덧댄 나무 상자에 포장되어 이탈리아를 거쳐, 독일, 프랑스, 몰타, 지브롤터와 네덜란드 등 고대 무역 루트를 따라 유럽에 운반되었다. 1815년부터는 배편으로도 주로 런던이 아닌 리버풀과 도버로 직접 보내졌다. 그중에서도 런던행이 가장 많았다. 1825년에 레반트 회사가 독점권을 잃자, 터키 상인 간의 자유경쟁이 일어났다. 터키 상인은 마크레인과 민싱 레인의 아편 브로커를 중간에 세워 런던 증권거래소 근처에 있는 개러웨이 커피 하우스에서 열리는 정기 경매 시장에서 스미나르 아편 화물을 팔았다.[228] 거래는 정부의 신중한 감시 하에 이루어졌지만 정부의 관심은 마약중독에 대해서가 아니라 순도와 불순품에 있었다.[229] 실제로 1820년대에는 대부분의 다른 상품처럼 수입 아편에 부과된 세금은 파운드당 11실링에서 9실링으로 줄어들었다. 질 좋은 아편의 소매가는 파운드당 약 30실링까지 떨어졌다.

19세기 초반 아편의 국제 무역은 서양과 극동 사이에 많은 분쟁의 원인이 되었다. 이 문제를 상세히 검토할만한 의미가 있는 건 그 때문이다. 그러나 우리가 조사하면 할수록 우리는 미스터리에 봉착한다. 그 첫번째 미스터리는 '왜 어떤 사회가 다른 사회보다 아편복용에 더 민감한

가?' 하는 것이다. 아편은 레반트 지방에서 중동에 걸쳐 재배되었지만, 현지에서는 거의 문제를 일으키지 않았다. 터키에서는 쾌락을 맛보기 위해 널리 사용되었다. 그들은 아편을 미국인들이 담배를 씹듯이 씹었다. 1810년에 패링턴은 이 지역을 여행한 브라운이라는 친구에게 여러 가지 이야기를 들었다. 그에 따르면, "터키인들 사이에 유행하고 있는 아편 씹는 습관은, 브라운에 따르면, 조금씩 알게 모르게 은연중에 생겨났다고 했다. 이것을 수치스러운 것으로 여겨 눈에 띄는 것을 피하기 위해 아편을 손수건에 숨겼다."고 했다.[230] 사회적인 비판의 눈길은 아편 억제에 충분히 힘을 발휘했다. 스미르나 교역으로부터 재정적으로 이득을 본 오스만 터키 정부는 양귀비를 재배하는 농민을 단속할 생각이 전혀 없었다. 게다가 아편은 수천 년 동안 인도에서도 재배되었다. 사실 인도를 '아편의 어머니'라고 말하는 사람도 있었다. 16세기 이래 인도 서부의 아편 재배 농민은 오히려 스미르나에서처럼 고아의 포르투갈인에 의해 정기적인 거래 조직에 편입되었다. 인도산 아편 제품은—'터키산'과는 대조적으로—말와로 불리웠다. 1773년에는 영국 동인도회사가 자사의 통치 지구 안의 아편 재배를 통제하고 포르투갈인에 대항하는 독점권을 확립했다. 농민(cryots)에게 선납금을 주며 아편재배를 촉진시켰다. 이 아편은 파트나(patna)로 불렸으며 말와보다 품질이 좋았다. 아편이 인도에서는 값이 쌌고 옛날부터 있었다. 그러나 인도인은 가난에 시달리고 수많은 자연적, 사회적 고난에 직면해서도 왜 아편에 중독되지 않았을까? 우리는 그 이유를 모른다. 잘 모르지만 그것이 사실이었다.

청나라의 아편 유행

중국은 어떠했을까? 중국인이 아편중독의 소용돌이에 휘말린 이유는 무엇일까? 아편은 서기 1세기 무렵에 의술을 공부한 불교 승려가 인도와 인도차이나로부터 갖고 와 약으로 사용되었다. 그 뒤 운남성에서 재배가 시작되었고 지금도 여전히 재배되고 있다.[231] 아편은 "아부용(阿芙蓉, a-fu-yung)"이라 불렸고, 송나라 때부터 명나라에 이르러 아편은 최고의 명약이었다. 이 점은 다른 곳에서도 마찬가지였다. 명나라 황제들은 태국으로부터 매년 자신에게 바치는 아편 200파운드와 황후에게 바치는 100파운드를 조공으로 받았다.[232] 아편에 관한 최초의 기록은 17세기 초기에 아시아에서 거래된 유럽무역회사의 기록에 나타난다. 이 무렵은 소량의 아편이 인도에서 자바에 있는 네덜란드 정착민용으로 수출된 것이었다.

중국은 당시 19세기 중엽의 아편전쟁 때까지 적어도 이론적으로는 쇄국 상태로서 정부가 외부 세계와 모든 거래는 정부가 독점했다. 통상적인 경제 이론에 비추어 볼 때 아주 불합리했던 중국의 경제 이론은 나라의 안녕을 위해서는 은이나 백성이 중국 밖으로 빠져 나가지 않도록 하는 것이라고 생각했다. 그럼에도 불구하고 중국 인민들은 자신들의 타당한 이유 때문에 외국으로 떠나기를 원했다. 그것은 오늘날도 변함이 없다. '보트 피플'은 현대에 시작된 것이 아니었다. 16세기부터 마카오에서는 포르투갈인이 무역거점을 열었다. 중국으로서는 정부가 외국과 독점 거래를 위한 편리한 경로였지만, 중국을 떠나고 싶어 한 중국 인민은 대부분이 마카오를 경유했다. 중국 정부는 이 국외 탈출을 포르투갈인 때문이라고 비난했다. 후에 아편 문제를 영국인 탓이라고 비난한 것과 똑같은 구실이었다. 그러나 비난을 받아도 포르투갈인은 중국인 도망자가 마카오의 교역장으로 월경해 오는 것을 막지 않았다. 그들은 이런 월경을 장려하는 것과는 거리가 멀게 도망자들을 고향으로 돌아가도록 설득하는데 있는 힘을 다 기울였다. 그러나 사실상 난민이었던 중국인들은 자신들이 정치적이거나 경제적으로 다르다는 것을 말하기 어려웠지만 머물게 해달라고 간청했다. 여기서 지혜를 발휘해 그들을 배에 태워 다른 곳으로 보낸다는 포르투갈 방식이 생겨났다. 이리하여 중국인은 열심히 일하고 우수한 노동력으로 가치를 인정받았기에 동남아시아 일대 특히, 유럽인 거주 지역에 중국인 거류지가 형성되기 시작했다.

그런 거주지중 하나가 자바였다. 중국인은 네덜란드 지배층과 인도네시아 농민 사이에서 기술자나 상인으로서 중산 계급을 형성했다. 아시아에 거주하는 포르투갈인은 코담배를 즐긴 데 반해 네덜란드인은 담배를 피웠다. 17세기 동안 자바의 네덜란드 정착민은 담배에ㅡ인도로부터 온ㅡ아편을 조금 넣고 덤으로 약간의 비소를 섞어 그 혼합물을 피우는 습관을 만들었다. 자바의 중국인은 그것을 따라 했다. 그것도 점차 담배 양을 줄이고 아편 양을 늘려 피우다가 마침내는 완전히 아편만 피웠다. 따라서 이 아편 중독에 가까운 습관이 고국인 중국 본토에 퍼졌다. 1729년까지 아편을 피우는 것이 중국에서 아주 유행했고 그것이 사회에 미치는 결과가 아주 심각해서 정부가 행동에 나섰다. 그중에서도 특히, 중국 정부는 소량의 인도 아편을 배로 중국으로 보냈던 동인도회사에 그 선적을 중단할 것을 요청했다. 중국 정부와 좋은 관계를 몹시 유지하고 싶어 했던 동인도회사는 즉시 그 요청을 받아들였다.

100년이 채 안 되는 기간에 중국인은 왜 파이프에 아편을 재워서 피우는 습관을 이상하리만치 좋아했을까? 이것도 어느 역사가도 설명할 수 없는 또 다른 미스터리이다. 그리고 또한 1729년의 정부 조치가 왜 효과를 발휘하는데 실패했을까? 이것 또한 미스터리이지만, 설명을 시도할 수는 있다. 중요한 점은 두 가지다. 첫째로, 대부분 인도를 통해 이루어진 영국과 중국의 교역이 18세기에 급속히 증가했지만 동인도회사 측은 무역의 불균형을 우려하기 시작했다. 영국도 다른 유럽제국과 마찬가지로 이전부터 상당한 양의 중국산 실크를 수입했지만, 이것에 차(茶)가 새로운 요소로 등장했다. 광동과 마카오에서 선적된 중국산 차는 커피, 코코아와 함께 1652년에 처음으로 영국에 선을 보였다. 영국인은 그세 가지 모두에 빠졌지만, 특히 차는 서서히 그러나 착실하게 나라 전체에 침투하여, 스코틀랜드, 웨일스, 그리고 아일랜드에도 퍼졌다. 이것 또한 다른 미스터리이다. 차(tea)는 차(cha) 또는 차(char, 그 어원은 영국 육군에서 아직도 사용하고 있다)로 불렸다. 영국 상류계급은 빅토리아 여왕 때까지 티(tay)라고 불렀다. 1820년에는 이미 해마다 차를 3,000만 톤까지 수입했는데, 그 대부분이 중국산이었고 일부는 대만산과 일본산이었다. 차 가격은 광동에서 톤당 40파운드였고 그것이 영국에 도달했을 때의 관세는 단일품목으로서 재무성 수입 항목으로 봤을 때 가장 컸다. 같은 해에 인도 아삼 주 판무관인 데이비드 스콧은 동백나무와 비슷한 나무 표본을 런던에 있는 성분 분석을 위해 린네 학회에 보냈다. 이것은 야생 차였다. 차를 마실 줄 몰랐던 인도인들은 그것을 재배한다는 생각 따위를 하지 않았다. 그 후 10년 뒤 인도에서 차 산업이 시작되었고 중국차는 점차 영국인의 기호에서 멀어졌다.[233] 그러나 이것은 훨씬 뒤의 일이었다.

영국으로의 차 수출은 중국 경제에는 중요했지만 북경 전부는 그 중요성을 파악하지 못했다. 1810년에 패링턴은 친구이자 동양 전문가인 바로우 씨로부터 영국인이 소비하는 차 재배에 300만 명 이상의 중국인이 종사하고 있다는 이야기를 들었다. 바로우는 1790년에 매카트니 경을 단장으로 하는 사절단 일원으로 중국에 간 적이 있었다.[234] 그 규모는 별개로 하고 차 무역은 복건성, 중국 중부지방과 광동성에 걸친 엄청난 지역으로 환금 작물을 퍼지게 함으로써 중국의 근대화에 도움을 주었다. 농민은 점점 시장용 단일작물 재배에 눈을 돌렸다.[235] 동인도회사가 처한 어려움은 중국 차와 실크의 가격을 살필 뿐 영국이나 인도 제품을 중국에 팔 수가 없다는 데 있었다.

중국 소비자는 면 같은 영국의 공산품을 그다지 좋아하지 않았다. 전세계 어디서건 환영받은 제품인데 왜 그랬을까? 이것 또한 미스터리다. 중국인이 원한 수입품은 소량의 가공되지 않은 인도 목면, 몇 가지 사치품, '싱송(sing-sings, 오르골―옮긴이)'으로 알려진 기계 장난감, 그리고 망원경 같은 약간의 정밀기기류 뿐이었다. 중국 왕실은 무역이 상호교류에서 성립한다는 사실을 인정하지 않았다. 영국의 차 수입이 엄청난 규모로 꾸준히 증가했기 때문에 중국은 1810년대에 2,600만 달러의 무역흑자를 기록했다. 당시로서는 엄청난 무역 불균형이었다. 중국 정부는 주로 스페인미국 달러의 은화 형태로 국고에 쏟아져 들어 온 이 흑자를 기뻐했다. 그러나 이 상황은 오래갈 수가 없었다. 사실 1800년에는 중국의 아편 수입 증가에 따라 구조적 변화가 일어났던 것이다.

왜 중국의 아편 수요가 18세기 말기에서 19세기 초기에 그렇게 극적으로 늘어났을까? 이것 또한 설명하기 어렵다. 확실히 중국 인구는 급속히 증가했다. 18세기 말에 백련교도의 난이 발생하기까지 17세기 후반부터 1세기 동안 중국은 내부적으로 평화가 지속되었는데, 이것이 인구를 폭발적으로 늘게 했을 것이다. 인구는 1억 5,000만에서 3억 이상으로 갑절로 늘었다. 1779년부터 1850년까지의 총인구는 56퍼센트나 늘어 4억 5,000만 명에 달했다.[236] 세계 역사상 이런 증가는 유례가 없었다. 인구가 증가하자 아편 사용자와 중독자의 비율도 증가했다. 특히 1800년 무렵에는 중국 내 '중대 국면'을 맞은 것 같았다. 중국의 아편 흡인 습관은 소수의 기호품에서 더욱 확대되어 광범위하게 국민적 유행이 되었다. 이 변화는 말와(Malwa)와 파트나(Patna)의 경생에 따라 아편 가격의 하락과 함께 품질의 개선이 동시에 일어났다.

두 번째 요인은 영국 쪽의 동인도회사가 중국 무역에서 중심적 역할을 담당하지 않기 때문이었다. 1813년에 동인도회사는 인도 무역의 독점적 지위를 상실했다. 중국 무역의 독점권은 형식적으로는 1833년까지 유지했으나, 오래 전부터 캘커타의 많은 민간 무역상사들이 중국과 이른바 '국가 무역(country trade)'을 해왔다. 이 민간 무역상사들이 아편 공급에 가장 적극적이었다. 포르투갈인의 말와 아편 거래는 여전히 아주 많았고 1805년경부터는 미국인도 가담해 스미르나로부터 터키 아편을 배로 실어왔다. "한두 가지 예외를 제외하고" 극동에 있는 모든 미국업자들이 중국 아편 무역에 종사했다는 당시의 증언이 있다.[237] 그러나 누가 뭐래도 영국인이 가장 능력을 잘 발휘하여 모든 아편 거래의 80퍼센트를 차지했다. 아마도 영국인이 취급하는 파트나가 최고급 아편이기 때문일 것이다. 파트나는 캘커타에서 경매로 팔렸는데 일반 상인들이 매입해 마카오를 경유해서 중국으로 몰래 들어갔다. 그 양은 1800년부터 1818년 사이에 해마다 4,000상자―한 상자의 무게는 140파운드―에 달했다. 1817년부터 1819년까지 동인도회사가 중국 정부의 요청에 따라 아편 무역에서 발을 빼자, 민간 상사들이 아편시장을 완전히 장악했고 그 거래량은 극적으로 증가했다. 1822년부터 1830년까지 영국인 업자들은 중국에 연평균 1만 8,760상자를 수출했다. 1830년대 초반에는 수출이 1,800만 달러에 달했고, 아편은 단일 상품 거래로는 세계 최대의 수출품이 되었다.[238]

그 결과, 중국에서 다량의 은이 유출되기 시작했다. 무역 수지는 적자로 바뀌어 1828년부터 1836년 동안에만 4,800만 달러의 수입 초과를 기록했다. 중국 인민에게 끼친 영향도 엄청났다. 1830년에는 중국 정부는 인구의 1퍼센트가 아편을 피웠고, 소주에서만 아편중독자가 10만 명이 넘었다는 보고가 있었다. 유럽인들의 추정으로는 아편 흡연자가 대략 1,250만 명에 달하며, 그 중 3분의 1이 중독자였다고 한다. 중독자 수는 이것도 추정이긴 하지만, 19세기 후반에는 1,500만 명에 달했다.[239] 아편은 지배층 사이에 많은 피해를 입혔다. 성공한 군인, 부유한 지주, 고위 관리, 정부 고관 등이 아편의 저주를 받았다. 한 정부 고관이 다음과 같이 보고했다. "모든 곳에서 업무는 정체되었고, 세금 징수는 이뤄지지 않았다. 통화에 비해서 은의 가치가 떨어졌다. 아편 거래로 다량의 은이 나라 밖으로 유출되었기 때문이다. 이것은 영국인이 한 일이다. 영국인은 자기나라에서 생활에 필요한 돈이 충분하지 않아서(유럽인들에 대해 중국 관리들은 그렇게 생각했고) 그 때문에 처음에는 다른 나라의 주민들을 약화시키고 그 나라를 지배하려고 노력했다…… 지금 그들이 중국으로 와서 우리의 뼈까지 썩게 할 병폐를 가져왔다. 우리의 심장을 갉아 먹을 해충에 의해 중국 민중은 그 가족마저 파멸에 쫓기고 있다. 이 제국이 생긴이래 그와 같은 위험을 겪은 적이 없었다. 이것은 대홍수보다, 그리고 오랑캐의 침입보다도 나쁘다. 아편 밀수를 사형에 처해져야 할 범죄로 법률 명시할 것을 요구한다."[240] 다른 관리는 마약 매매가 중지되지 않으면, "가장은 더 이상 아내를 훈계할 수 없고, 주인은 더 이상 하인을 억제할 수 없으며, 스승은 더 이상 제자를 가르칠 수 없을 것이다…… 이것은 백성의 삶이 종말을 맞는 것과 국가의 정신이 파괴된다는 것을 의미한다."고 경고했다.[241]

그러나 영국 정부가 강하게 북경정부에게 이른바 '외국의 진흙(foreign mud)'을 중국에 팔려고 했다는 증거는 없다. 오히려 정반대였다. 중국의 아편 금지 조치를 영국 정부와 동인도회사는 신속하게 따랐다. 금지령은 1817년에 다시 내려지고 더욱 강화되었다. 그러나 무역의 견지에서 보면, 중국인의 아편에 대한 열망은 영국 등 중국과 무역거래를 하는 모든 선진국들에게 좋은 것이었다. 한 영국 관리는 후에 "우리는 중국인이 좋아하는 물건을 하나도 가져오지 않았다…… 아편이야말로 중국인의 돌 같은 마음을 여는, 유일한 '열려라 참깨'였다."라는 사실을 인정했다.[242] 그것도 결코 아편을 사라고 강제한 사실이 없었고, 그럴 필요조차도 없었다. 중국의 아편 수요는 그치지 않았고 만족될 수도 없었다. 한 상인은 "아편은 금과 같다. 그것을 아무 때나 팔 수 있다."고 말했다.[243]

중국의 구조적 약점

진실은 중국인의 아편중독은 영국인이 옮긴 병이 아니었다는 것이다. 원래는 중국 정부와 중국 사회에 뿌리 깊게 자리 잡은 결함이 서양과의 접촉에 따라 나타난 것이었다. 중국은 구태의연한 사회구조를 유지했으나, 그 과정에서 근대화를 촉진시킬 힘이 없었다. 그것은 흡사 유스티니아누스 황제의 사상 그대로 19세기까지 비잔틴 제국이 존속한 것과 같았다. 실제로 어떤 면에서 19세기의 중국은 6세기의 비잔티움보다 더 고대적이었다. 우선 중국은 국내에서 효율적으로 사용할 수 있는 법적인 통화가 없었다. 아편이 중국에서 그렇게 유행한 이유 중 하나는 아편이 아주 효율적인 대체 통화의 역할을 했기 때문이었다. 이론적으로 중국은 '은과 동'의 화폐제도를 갖고 있어서 은 한 냥이 동화 1,000닢이 되었지만, 은 한 냥은 은화의 형태로는 존재하지 않고 고대 이집트처럼 은괴 형태였다. 품위 기준도 없고, 통화의 질은 전혀 균일하지 않았다. 더군다나 이곳저곳으로 운반하기에도 무거웠다. 그러므로 16세기에 서양과의 교섭이 시작되자, 중국인은 보다 믿을 수 있는 통화(주로 스페인 은화)를 이용하고, 그것은 본양(本洋, ponyang), 즉 본위 달러라고 부르기 시작했다. 이 통화로 세금을 납부할 수도 있었다. 사실 광동에서는 1853년까지 그리고 상해에서는 1857년까지 일반적으로 통용되었다. 중국 정부는 지폐 발행도 계획했으나 이 계획은 폐기되고, 19세기 말에서야 비로소 부활되었다. 예를 들면 1821년에 도광제가 시도했듯이 그때는 외국 달러의 사용이 금지되기도 했으나 효과는 별로 없었다. 그 이유는 매우 간단했는데, 북경 정부는 신뢰할 만한 자국 통화를 유지하기 위해 정부가 존재한다는 기본적인 목적의 하나를 달성할 수 없었기 때문이다. 아편이 고품질이 되고, 또한 고정된 양의 단위로 들어오기 시작하자 아편도 또한 일종의 교환수단으로 널리 이용되었다. 아편은 현금거래 또는 물물교환을 통해서 상인이나 백성이 언제나 일정한 비율로 거래할 수 있는 유일한 상품이었다. 아편은 스페인 은화보다 훨씬 가벼웠기 때문에 어쨌든 편리했다. 여행을 할 때는 오늘날 여행자 수표처럼 아편을 소지했다. 그것이 더 안전했다. 무게가 나가는 은화를 가지고 다니는 것은 남의 눈에 띄기 쉬웠고, 뱃사공이나 짐꾼에 의해 죽을 위험도 있었다.[244]

자국 통화가 없다는 것은 중국이 안고 있던 구조적 약점의 하나일 뿐이었다. 이런 많은 약점도 외부 세계와 거의 접촉이 없는 자급자족 체계를 바탕으로 상대적으로 인구수가 안정된 시대에는 문제가 생기지 않았다. 그러나 18세기에 인구가 급증하자 구시대의 체제에 수많은 압박이 나타났다. 아편중독은 그런 갈등 대처의 한 수단일지도 모른다. 더욱이 이 압박을 때때로 가중시킨 것이 서양인의 무역 공세였다. 그러나 이 공세가 정부의 의도와는 달리 중국 민중에게 환영을 받았다는 점은 지적해두어야 할 것이다. 정부는 자만에 빠져, 무지로 인해 더 위험한 수렁에 빠졌다. 낡은 국가 이념의 폐단이지만, 중국의 국가 논리대로라면 중국인이 유일한 진짜 '인간'이고, 다른 민족은 열등하거나 악의에 찬 '악마'로 보았다. 중국의 문명만이 도덕, 예술, 지식의 참된 보고였다. 그들은 외부로부터 배울만한 것이 없고 오히려 외국인의 파괴성을 경계해야 한다고 생각했다. 18세기 말과 19세기 초에 유럽은 여러 차례 사절단을 파견했으나 정도의 차이는 있지만 한결같이 적대적인 대우를 받았다. 마지막 사절단은 1816년 8월의 애머스트 경의 일행이었다. 그때의 상황을 상세하게 묘사한 애머스트 경의 비서인 엘리스에 따르면, 일행은 황제 알현을 거부당하여 떠밀리고 마구 취급을 당하며, 입을 벌린 채 바라보는 군중과 마주쳤다고 한다. 그리고 마침내 상당한 노력 끝에 최소한의 의례인 아침 식사 행사에 참석할 수가 있었다.[245]

이 시대에 서양 여러 나라에 의한 교섭 기도는 중국 정부의 어떤 레벨에서도 모두 좌절되었다. 서양인은 고위직을 막론하고 중국 정부의 결정을 따라야만 했다. 이런 굴욕적인 취급도 그 제도에 적어도 이점이 있다면 그런 대접조차 받아들였을지도 몰랐다. 그러나 중국의 체제는 도저히 이해가 되지 않았고, 서양인이 매일 체험하는 중국 정부의 허울에 찬 처리 방식은 때로는 어리석거나 때로는 무례하기조차 했다. 중국은 신권 정치의 나라였고, 사회를 지배하는 것은 종교 이념이었다. 황제는 '천자', 즉 하늘의 아들, 교황처럼 지상에서 하늘의 권세를 대리하는 자였다. 천자의 신권은 성스러운 책에 기록된 통치 원리를 바르게 해석해야만 했다. 천자의 가장 중요한 임무는 신에게 공물을 바치는 의식을 주재하는 것이었다. 특히 동지 때 거행하는 것이 중요했다. 북경의 제사 관청은 제국의 최고 권력을 장악했다. 다음으로 감시 관청이 있었고, 이론상으로는 황제를 포함하여 나라의 모든 관리를 감시할 임무가 있었다. 중요한 특정 의식은 '천자'만이 거행할 수 있었기 때문에 홍수, 역병과 외국의 침입 같은 국가적인 재앙은 황제가 의식상의 실수의 결과라고 판단되었다. 따라서 그럴 경우, 황제는 자신의 부덕을 인정하고 참회를 약속하며 자신에게 벌을 내리는 법령을 공표하지 않을 수 없었다. 중국을 한데 묶는 데는 민족은 그다지 중요한 요소가 되지 못했다. 중국인은 유럽 여러 나라만큼 민족이나 언어가 다양했다. 만다린어(중국 관용어)는 중세 유럽의 라틴어와 마찬가지였으며, 일반 민중은 지역에 따라 방언을 사용했다. 중국은 오히려 공통의 윤리 규범에 따라 결속했다. 그 규범에 따르면, 황제를 부도덕하다고 생각했을 때는 신하에게 반역할 권리가 인정되었다. 그것이 중국 왕조 교체의 요인이었다. 당시의 황제를 죄가 있다고 규탄하는 여론이 왕조를 바꾸었던 것이다.[246]

중국은 자기 나라가 영원하고 불변하다고 생각하기를 좋아했지만 그것은 다른 사회와 마찬가지로 활력에 달려 있었다. 그러나 18세기에 시작된 급속한 인구 증가는 국가의 토대를 불안정하게 만들었다. 이럴 때는 신흥종교가 성행하고, 그것이 정치 운동으로 발전하는 경우도 있었다. 1796년에 백련교도의 대반란이 일어났다. 백련교는 불교, 도교, 마니교, 그 밖의 여러 신앙을 혼합한 종교로서 11세기 무렵에 생겼다. 때때로 세력을 넓혀 한 번은 왕조 전복의 원인이 되기도 했다. 이 종파는 채식주의자였고 결혼한 성직자를 두었으며, 일상어로 된 교본을 출판하고, 급진적인 지도자의 가르침을 바탕으로 메시아 신앙을 실천했다. 어떤 면에서 감리교파나 미국의 신앙부활전도집회(Camp Revivalism)를 닮았다. 남부 유럽의 비밀결사나 정치 조직을 가진 무법자 집단이 촌락을 요새화하여 농민을 보호하며, 동시에 착취하는 것과도 비슷했다. 백련교도는 여러모로 정부에 반항하며, 소금─청 왕조가 전매권을 쥐고 있었다─을 밀수하거나 화폐를 위조하며, 아편을 거래했다. 백련교 우두머리는 중세 말 명 왕조의 정통성을 신봉하며, '부패한' 청 왕조 대신에 명나라의 재건을 주장했다. 실제로 교단의 군대는 많지 않았고, 반란 폭도 가운데 백련교도는 기껏해야 10퍼센트였을 것이다. 지방 관리의 입장에서 보면, 반란 폭도 모두를 '이단자'라고 북경 조정에 보고하는 편이 지역 소요의 책임을 문책당할 위험이 적었기 때문이었다. 백련교 운동은 대도시를 빼앗을 힘이 없었다. 그러나 지방의 마을에 거점을 마련하여 청나라 군대에 저항하고 한때는 강력한 게릴라 활동도 전개했다.

청나라는 백련교도를 수색해 섬멸한다는 방침을 취해 마을을 불태우고 때때로 농민들을 대량으로 학살했다. 성벽으로 둘러싸인 마을만은 남겨 놓았다. 당국은 폭도들의 세력이 강한 지역에 전략적인 소규모 부락을 세우고 주민과 곡식을 그곳으로 모아 폭도들이 가져가지 못하도록 조치했다. 이 정책을 '견벽청야(堅壁淸野)'라 불렀다. 또한 일종의 민병 제도를 도입하고, 때때로 산적을 고용해 용병단을 조직했다. 청나라의 정규군, 민병대 등을 포함해 용병 60만 명까지 늘어난 적도 한 번 있었지만, 이들 부대들은 반란을 일으키거나 자신들의 이익을 위해 약탈을 저지르기도 해 백련교도를 완전히 진압하기까지 10년의 세월이 걸렸다. 1805년이 되어서도 백련교도들은 쫓겨 지하로 숨었을 뿐 1813년, 그리고 1820년대에도 특히 국경지역에서 반란의 기세를 더했다.[247] 그것은 백련교도의 반란이 계기가 되어, 그밖에도 '팔괘교', '의화단', '호미편(虎尾鞭)' 등의 운동이 일어났다. 이들 집단은 아편 거래 등을 업으로 하는 이전의 비밀결사 '삼암(三庵, 청방(靑帮)의 전신)'과 합류했다. "삼암"은 19세기 초반까지 양자강 전역에 퍼졌고, 나아가 인접 지역 너머까지 세력을 넓혔다. 그 관련 조직에는 '삼합회(三合會)', '삼점회(三點會)', '천지회' 등의 이름이 붙여졌다.[248] 19세기 초반 유럽의 비밀결사처럼 그들은 부분적 이상주의자, 부분적 범죄자, 도덕 폐기론자, 질서 파괴자였다. 그리고 젊은이들을 선동하고, 급진주의자나 모든 연령의 불평불만주의자를 끌어들였다.

비밀결사의 출현

이런 비밀결사가 번창한 이유는 윤리의 근본이어야 할 국가가 사실은 윤리를 짓밟았고, 관리들은 위에서 아래까지 부패했기 때문이었다. 서양 사회 — 좋은 예는 영국과 오스트리아 — 가 중앙정부와 지방행정기관에서 부패를 추방하기 위해 열심히 노력하여 착실하게 성과를 올리던 시대에 중국은 점점 더 부패하고 있었다. 중국은 무엇보다도 나쁜 시스템을 갖고 있었다. 사회 운영을 담당하는 것은 지식계급이었고, 학자관리가 서재에서 권위를 휘둘렀다. 북경에는 통치 기구로서 행정부가 있었다. 북경 이외의 18개 성은 각각 순무(巡撫, 성 두 개나 세 개를 총괄하는 경우는 총독—옮긴이)가 다스렸다. 순무는 황제 직속으로 정기적으로 황제를 알현했다. 순무에 대한 인사권은 황제의 손에 있었고, 그들에게는 세습이 되는 봉토가 없었기 때문에 이론적으로는 능력에 따라 선발이 되는 것이었다. 순무 밑에 '도대(道台)'라고 불리는 순회감독관, 그리고 순회감독관 밑으로 지주(知州), 지현(知縣) 등의 지방 행정 책임자가 있었다. 가장 말단의 행정단위는 현(縣)으로서 각 현에는 하나의 성곽도시가 있고, 지방장관의 감독을 받아 행정장관(지현)이 다스렸다. 이 모든 관료는 행정관리로서 과거에 의해 등용되었다. 과거는 유학과 그 밖의 고대 학문에 관한 시험으로 유려한 북경 관용어를 사용해 읽고 쓰는 능력이 필수였다.

중국의 체제는 심각했다. 최고 상위에 학자가 있었고 그 밑으로 농민, 기술자, 상인 등의 순서로 신분이 정해졌기 때문이었다. 실제로는 극단적으로 형식화된 시험에 합격한 사람이 나라를 지배했다. 따라서 인구가 급속히 증가하던 19세기 초반의 중국은 오늘날 제3세계 저개발 국가들에게 공통적으로 나타나는 여러 징후를 보였다. 특히 유사한 점은 정치·경제제도가 받아들일 수 있는 숫자를 무시하고 전문 관료나 과거 합격자가 아닌 지식인을 너무 많이 배출했다는 점이었다. 중국의 교육 제도는 다른 것, 특히 상업을 위해서가 아니라 아주 좁은 의미의 공직 생활을 위한 관리(Mandarins)를 육성했다. 정부 관직의 일자리 숫자와 과거 선발 인원수는 법으로 정해져있었다.

지식 계급이 늘어남에 따라 체제를 지탱하는 윤리가 점차 무너졌다. 법으로 정해진 관직은 물론 서원의 학위, 학적, 직위 등이 마침내는 언제나 돈으로 거래되었다. 모든 관료들이 법에 명시되지 않은 보조원이나, 분신을 무수히 둘 수 있었고 그로 인해 사무직원과 비서가 엄청나게 증가했다. 이 모든 사람들이 자신의 존재 가치를 주장하며, 권력과 돈을 왕성하게 먹어치웠다. 그들이 학교에서 배운 것이라고는 과거 시험의 답안을 어떻게 쓸 것인가 하는 것뿐이었다. 관직에 등용된 후에 오로지 생각하는 것은 자신에게 주어진 하찮은 권력을 어떻게 돈과 바꿀 것인가가 전부였다. 돈은 자신이 통제하는 사람들에게서 뇌물 형태로 챙겼다.[249] 우선 황제는 자기가 임명한 순무나 행정 관리로부터 막대한 금액을 바치도록 요구했다. 그들은 그 돈을 벌충하고 나아가 자신들의 부를 챙기기 위하여 아래 사람들을 착취했다. 모든 관료들이 중요한 자리 주위에 떼 지어 몰려든, 욕심 많고 관료적인 소인배들의 비위를 맞추기 위해 좀도둑질을 해야만 했다. 맨 마지막 돈의 출처는 농민들의 세금이나 또는 도시 상인에게서 긁어모은 뇌물이었다.

관료제의 비대화와 그에 따라 생겨난 부패는 나라를 가난하게 하고 농민의 불만을 늘리게 하며 비밀결사를 생겨나게 했을 뿐만이 아니라 점차적으로 나라의 제도를 파괴하기에 이르렀다. 백련교도의 난을 진정시키는데 10년이 걸린 이유 중 하나는 군대가 다른 모든 것과 마찬가지로 부패했기 때문이다. 총사령관을 포함한 장군들이 군자금을 훔치고, 허위 전투와 가공의 사망자 수를 늘려 보고했다. 군대 이외의 나라의 세 가지 주요한 제도―연공 곡물의 보관, 소금 전매, 황허 강의 관리―또한 19세기 첫 25년 동안에 붕괴 위기에 직면했다. 연공은 화남과 화중의 여덟 개 성에서 세금으로 바치는 쌀인데 배에 실려 강과 운하를 통해 북경으로 운반되었다. 배에는 대운하를 따라 있는 군 주둔지에 거주하는 세습의 공인 뱃사공이 타고, 많을 때는 100척이 곡물 정크선이 선대를 이루며 운항했다. 곡물 운송에 바닷길을 이용하면 시간과 비용도 적게 들고 도중에 탐욕스러운 중개인도 피할 수 있었으나, 그렇게 하기 위해서는 근본적인 개혁이 필요했다. 그때는 이미 중국의 체제가 게으른 관료와 부패에 의해서 끝 모를 수렁에 빠져 있었다. 세습하는 뱃사공은 실제로 정크선을 조종하지 않고 그 일을 대신하는 노동자가 담당했다. 그 숫자는 대략 5만 명 대부분은 '수수(水手)'라고 불렸다. 그러나 그들 모두에게는 얼마간의 임금이 지불되었다. 곡물을 수집하고 운반하는 일에 참여하는 사람의 수가 꾸준히 늘고, 비용도 올라갔다. 농민들의 부담은 무거워지고 국고수입은 반대로 줄어들었다.

1824년에 곡물선단이 북경으로 가는 도중에 황허 강을 건너는 동안 뻘의 퇴적층에 걸리는 위기가 발생했다. 이 사건은 해상 수송로를 바꿀수 있는 훌륭한 기회였다. 현재에도 북경 정부의 일부에 그런 의견이 있지만, 결국에는 기득권이 우세했다. 단 하나뿐인 결론은 불만이 많은 뱃사공들이 백련교의 강령을 내린 비밀결사를 결성하는 것이었다. 이리하여 국내에 또 다른 무법 집단이 생겨났다. 소금 전매를 둘러싸고도 비슷한 현상이 빚어져 관리의 탐욕이 늘어나고 그들이 탐욕을 부리는 바람에 소금 밀수가 성행했다. 소금 밀수는 절망에 빠진 사람들에 의해 자행되었고, 정부가 밀수를 단속하는 조치를 내리면 그들은 곧 산적이 되었다.[250]

결정적으로 붕괴를 재촉한 것은 황허 강을 담당하는 관청이었다. 황허 강을 계속 적정히 흐르게 하고 대운하가 제대로 작동하는 것을 확실하게 하기 위해 관청은 위대한 역사적 역할을 수행해 왔다. 운하가 황허 강과 교차하는 요충지인 회안(淮安)에는 황허 강의 물을 운하로 보내는 시설로 고대 기술의 기적이라고 할 저수지들이 설치되어 있었다. 그러나 관리들의 부패 때문에 이 시설의 관리가 방치되고 비효율적으로 관리되어 뻘의 퇴적층이 생겼다. 황허 강 뻘의 퇴적은 국가의 주요한 두 개의 수입원인 곡물세와 소금 전매권에 대한 위협이었다. 곡물선단은 1824년 때처럼 회안을 통과할 수 없었고, 뻘의 퇴적층으로 인해 당연히 홍수가 발생하여 양회(兩淮, 회남과 회북—옮긴이) 지역에 있는 주요한 염전과 소금 공장을 파괴했기 때문이었다. 저수 시설을 감시하는 관리들이 사흘 동안 내리 술자리를 열고 사치스러운 연극무를 즐기며 관리 감독을 소홀히 한 틈을 타서 황허 강의 뻘이 쌓이는 바람에 홍수가 발생했다는 황당한 이야기가 전해내려 온다.[251]

중국인과 거래한 서양인들은 이 나라가 무너져간다는 불길한 낌새를 일찌감치 눈치 챌 수가 있었다. 그 때문에 중국 정부의 무례한 태도에 반감을 부채질했다. 게다가 좋아하건 좋아하지 않건 간에 중국과 교역하기를 원한다면 서양인도 상대방의 엄청난 부패의 미로 속으로 빠져 들어가지 않을 수 없었다. 외국무역은 캬흐타에 있는 러시아의 북방 무역 거점을 제외하고 모두 광동을 거쳐야만 했다. 행상(行商, hongist)이라고 불린 중국 상인(행상 조직을 공행(公行)이라고 함—옮긴이)이 독점적인 무역권을 청나라 정부로부터 얻었다. 항구의 무역 지역에는 유럽인이 호부(戶部, hoppo)라고 부른 해관(海關) 감독관이 권세를 휘둘렀다. 해관 감독관의 직책은 3년마다 돈으로 거래되고, 공행의 세금 수입을 북경 정부에 보내는 것은 물론 해마다 은 855량을 황제의 개인 금고에 바쳐야했다. 이 돈을 마련하고 자신의 3년 임기 동안 백만장자가 되기 위하여 감독관은 행상에게서 돈을 짜내고, 착취했다. 행상은 해관 감독관 등에 돈을 주기 위해 이익의 10퍼센트를 은밀하게 비밀자금으로 만들었다. 이 조직은 또한 법적인 관세에 3퍼센트의 부과금을 수입품에다 얹어 징수했다. 이 때문에 외국 무역업자는 이중 삼중으로 비용을 지불하지 않으면 안 되었다. 그 가운데는 공적인 비용도 있었으나 대부분은 그렇지 않았고 뇌물이었다. 그리고 관계된 관리에게는 선물로 환심을 사야만 했다. 중국 관리가 밝힌 물건은 '싱송(오르골)'이나 장난감 따위였다.[252]

중국과 거래하는 서양인이 한 사람도 빠짐없이 중국의 제도와 관리를 눈곱만큼도 존경하지 않았다는 사실을 확실히 인식할 필요가 있다. 모두가 중국이 전복되기를 바랐다. 그들은 또한 행상이 관리에게서 철저하게 착취당한다는 사실도 알았다. 실제로 대부분의 행상들이 동인도회사에 빚을 지고 있었으며 동인도회사는 그들이 영업을 할 수 있도록 차 대금을 미리 지불해야만 했다. 동인도회사는 아편은 금지 품목이어서 취급하지 않았고, 차 무역에서는 셀 수 없을 정도로 많은 '분담금' 때문에 전혀 이익을 낼 수 없었다. 민간 상인은 이러한 가혹한 제도 아래에서는 아편 무역이 이익을 올릴 수 있는 유일한 방법일 뿐만 아니라 그 제도를 운영하는 관리들에게 앙갚음하는 수단으로 여겼다. 중국 정부가 백성들의 정신적인 행복을 희망하고, 그것을 이유로 아편 무역 금지 조치를 내렸다고는 아무도 믿지 않았다. 이 점에 대해 서양인들은 잘못 생각했을 수도 있다. 중국 관리 가운데도 점잖고 존경할만하며 부패하지 않고 아편 중독에 대해 진지하게 걱정하는 자도 적지 않았을 것이다. 그러나 중국 정부는 대체적으로 아편 무역을 우려한 이유는 주로 은이 외국으로 나가는 것이 두려웠기 때문이었다. 아편 수입을 금지한 이유는 바로 그 점에 있었다. 그리고 대부분의 관리들은 아편 수입 금지에 따라 자신들의 몫을 챙기는 것이 더 어렵고 불가능했기 때문에 불만을 가졌다. 아편 거래가 금지되고 밀수 형태로 바뀌었다고는 해도 뇌물이 없어진 것은 아니었다. 뇌물을 거두는 관리가 어떤 그룹에서 다른 그룹으로 바뀌었을 뿐이었다. 실제로 아편 수입 금지 조치를 취한 동기는 새로운 뇌물을 챙기려고 한 의심도 들지만, 반대로 아편 무역이 합법적일 때보다 통제와 착취를 하기가 더 어려워지는 결과를 낳기도 했다.

확실히 중국 해안이나 앞바다에서 아편을 거래한 영국 상인은 한결같이 나쁜 짓을 저지르고 있다는 생각을 하지 않았다. 영국에 있는 2만 6,000개 약국 주인들이 아편 팅크를 일반인에게 팔면서 그 행위가 잘못된 것이라고 느낀 것과 같은 이치였다. 오래전부터 극동으로 중국 무역상회를 경영했던 윌리엄 자딘은 1827년에 제임스 매디슨과 손잡고 훗날 극동에서 가장 영향력을 발휘한 회사를 설립했다. 매디슨은 이전부터 아편의 해상 거래를 하면서 중국에서 아편 수요가 엄청나다는 사실을 알았다. 그곳은 아직 아무도 진출하지 않은 황금시장이라는 사실을 간파했던 것이다. 자딘도 일찍이 말와산 아편을 파는 파시(Parsi, 인도에 거주하는 페르시아 계통의 조로아스터교도 — 옮긴이)의 한 회사에서 일하며 아편 거래의 경험을 쌓았다. 한때 광동에서 건축현장 발판에서 떨어진 철근이 그의 머리 위로 떨어졌는데도 태연하게 걸어가자 중국인들은 감탄하며 '쇠머리 쥐(Iron-Headed Rat)'라는 별명을 붙여 주었다. 자딘과 매디슨은 정직하게 돈을 벌려고 애쓰는 정직한 상인으로 자신은 물론 남들도 인정했다. 마침내 그들의 회사는 상거래와 사회적 봉사에 있어서 높은 신뢰가 있다는 평판을 얻었다. 이런 회사도 1827년에는 중국 정부의 코앞에서 중국에 아편을 더 팔기 위해 쾌속 범선을 구입했다.[253]

서양 무역상인은 중국 정부를 언제나 냉소적인 눈으로 바라봤는데, 열악한 거주 환경과 근무 환경이 그런 태도를 더욱 부채질했다. 교역을 원해 항구에 들어온 배는 광동 외항의 정박지에 머물며 공행(公行) 감독관이 오는 것을 기다렸다. 그리고 법적인 세금과 헌상품, 그리고 공행을 위한 관례적인 뇌물을 건네주고 '관인(官印, 허가장)'을 받아, 상류의 황포도(黃浦島)까지 항해했다. 거기서 또 다시 무역을 위한 '관인'을 받아야 했다. 서양 상인의 거주지인 광동에는 200명을 밑도는 영국인, 50여명의 미국인(花旗鬼), 20여 명의 주로 마카오에서 활동했던 포르투갈인, 이밖에 몇 명의 서양인과 파시가 엄중하게 통제된 구역에서 살았다. 이 거류지는 800피트 길이의 해안선을 따라 13개의 상관(商館)이 들어서 있고 13행가(行街)라고 불렸다. 각각의 부지는 내륙 쪽으로 130야드 정도나 되었다. 거류지의 양쪽으로 악취가 나는 도랑이 있고, 거리는 두 개나 나 있었다. 각 상관은 중국인 거리와 맞닿았고, 뒷골목인 호그 레인(Hog Lane, 광동의 신두란가[新豆欄街]를 가리킴 ─ 옮긴이)에는 음식점이 즐비했다. "이처럼 좁은 길이나 더러운 거리를 유럽에서는 찾을 수 없다."고 이곳을 방문한 사람이 썼다.[254] 아편 이외의 모든 거래는 광동을 거쳐 이루어졌다. 아편도 대부분이 광동을 거쳤지만, 이는 '금사(金砂)', 즉 뇌물을 주고 은밀하게 통관되었다. 한 영국 상인이 이런 관행을 상세하게 보고했다. 아편을 실은 배가 광동 외항에 정박하고 관리가 승선했다. 동행한 통역이 "세금은 모두 같다."고 말하면, 그 의미는 통상적인 뇌물, 즉 한 상자 당 40달러를 지불하면 되었다. 관리가 확인하는 것은 운반되어온 상자 수뿐이었다. 그 절차만 확인되면 현금을 건네받은 관리가 '고사(告辭, '나는 떠난다'는 뜻)'라고 선언했다. 이것으로 거래가 끝났기 때문에 화물을 운반하는 정크선은 수배할 수 있다는 의미였다. 그러나 아편 구입 대금은 광동 시내에서 통상적인 방식으로 지불되었다.[255] 모두가 알고 있듯이 법 집행을 책임진 관리가 이런저런 형태로 뒷돈을 북경으로 송금해야만 했고, 노골적으로 불법행위를 저질렀는데, 다른 한편에선 광동에 거주하는 상인에게는 수많은 규칙이 엄격하게 적용되었다. 상인의 행동은 세밀하게 규제를 받았다. 규정 하나는 이랬다. "외국인은 함부로 뱃놀이를 해서는 안 된다. 매월 8일, 18일과 28일에 한해서 바깥으로 나가 바람을 쐴 수가 있다. 외국 야만인은 한 번에 열 명 미만의 인원만 화원을 방문할 수 있다." 각 상관은 중국 하인을 여덟 명 이상 고용할 수 없었다. 중국 당국은 서양 상인에 고용된 중국인 통역에게 특히 신경을 곤두세웠다. 일반적으로 충직하고 고분고분한 중국인 통역을 서양인은 좋아했다. 그 대신에 고용주가 저지른 규칙 위반의 벌을 대신 뒤집어쓴 중국인 통역이 정부 관리에게서 엄한 처벌을 받는 일도 일어나곤 했다.[256] 지배층인 중국인 지식 계급에게 서양인은 생리적으로 혐오감을 주는 존재였고,

그 문화가 싫어서 견딜 수 없었다는 사실은 의심할 나위가 없다. 정부 관리는 특히 서양인의 큰 코를 싫어해서 '큰 코쟁이(大鼻子, big nose)'라고 불렀다. 서양 의복도 강한 반감을 자아냈다. 흠차대신 임칙서(1785~1850)는 훗날 아편 밀수를 엄금하는 임무를 부여받았는데, 정직하고 어떤 면에서 위대한 사람이었다. 바로 그 임칙서가 마카오를 방문하고 기록으로 남겼다. 그에 따르면, "서양남자는 몸에 짧은 상의와 좁고 긴 바지를 머리에서 발끝까지 꼭 끼웠기에 여우나 토끼 등의 동물 역을 연기하는 배우처럼 보였다. 그들은 정말 악마와 같았다."고 한다. 그는 또한 "악마의 노예는 검은 악마라고 불리며…… 무어라는 나라의 인간이다. ……그들의 얼굴은 옻칠을 한 것보다 검은데 태어날 때부터 그 색깔이다."라고 기록했다. 또한 유럽 여성이 "머리 한 가운데 가르마를 타고 젖가슴이 다 드러나도록 목둘레를 깊이 판 드레스를 입고 있다."는 사실에 충격을 받았다. 서양의 혼인 풍속에도 놀라움을 나타냈다. "결혼 상대는 부모가 선택하는 것이 아니라 당사자끼리 만나 결정한다. 게다가 같은 성을 가진 사람들끼리 자유롭게 결혼 할 수도 있다. 실로 야만스러운 풍습이다."[257]

중국 지배계급의 태도에는 무엇보다도 상업에 대한 지식인의 혐오감이 반영되어 있었다. 황제와 그의 조언자 중 한 명이 나눈 대화 일부분이 전해져 온다. "이 서양 야만인은 항상 교역을 최고 직업으로 여기며, 어떤 고귀한 목적을 이루거나 영토를 획득하는 데는 신경을 쓰지 않는다."고 황제가 말했다. 그러자 그 현자는 대답하기를, "사실 그들은 뿌리가 금수류에 속합니다. 그들이 어떤 고상한 목적을 갖는다는 것은 불가능합니다."[258] 그렇게 말하면서 중국 관리는 중국의 언어나 문화에 능통한 서양인을 혐오했다. 중국인 통역을 믿지 않은 것도 또한 그들이 싫어하는 서양 상인과 날마다 접촉하여 부패해졌다고 믿었기 때문이다. 로버트 모리슨은 일찍이 애머스트 사절단의 일원으로 참가하여 중국말을 하고 성경을 북경어로 번역했지만, 그 모리슨이 동인도회사의 공식 통역사로 임명되자, 관리는 매우 놀랐다.[259] 중국 정부는 광동 거리에 벽보를 붙이고,

서양인과 그 윤리에 관한 당국의 비판을 널리 알렸다. 그리고 예를 들어 서양인은 비가 오지 않으면 인력거를 탈 수 없다는 등의 사소한 규제를 시행했다. 그러나 '규칙 제2조'는 서양인에게 엉뚱한 즐거움과 많은 괴로움을 가져다주었다. 그 규칙은 "여성은 물론 대포, 창 그 밖의 어떤 종류의 무기도 상관에 들여와서는 안 된다."는 거였다. 중국 관리들의 서양 부인에 대한 혐오감은 상인에 대한 혐오감보다 훨씬 더 지독했다. 때때로 어떤 상인의 아내가 광동에 올 것을 주장하고 당국이 그 그녀의 체재 사실을 알면, 모욕적이고 외설적인 벽보가 여기저기 나붙었고, 서양이 중국의 미풍양속을 훼손한다고 비난했다. 그러나 서양인 모두가 이 규칙에 반대한 것은 아니었다. 그 규칙이 편리하다고 받아들인 사람은 런던 태생의 뛰어난 예술가인 조지 친너리였다. 친너리는 1825년부터 1852년 자신이 죽을 때까지 마카오에 살며 25년 동안의 극동을 그림과 함께 훌륭한 기록을 남겼다. 이 화가는 캘커타에서 진 큰 금액의 빚을 갚지 않기 위해 마카오에 왔으나, 그보다는 "내 전 생애를 통해 본 가장 추한 여자"라고 부른 자신의 아내 메리 앤으로부터 도망치기 위해서였다는 게 진실일 것이다. 메리 앤이 남편을 뒤쫓아 마카오로 온다는 소문이 돌 때마다 친너리는 상류에 있는 광동으로 몸을 피했다. 그쪽이라면 자신이 안전하다는 것을 알았기 때문이었다. 상류까지 쫓아 오는 여성도 있었다. 특히 미국인 아내는 의지가 강했다. 1829년에는 미국 대기업인 러셀 사의 공동경영자인 윌리엄 로의 아내 애비게일 로와 그녀의 조카 해리엇 로—친너리는 해리엇의 아름다운 초상화를 그렸다—는 고집스럽게 광동까지 찾아왔다. 다음해 영국 해상 무역업자의 아내인 베인스 부인도 선례를 따랐다. 그러나 이때는 중국 당국이 강하게 반발했다. 벽보를 붙였을 뿐만 아니라 식량 공급을 중단하고 중국인 하인을 죄다 철수시켰기에 외국인 거류민들은 굴복할 수밖에 없었다.[260]

다가오는 아편전쟁의 그림자

1820년대에 가속화되기 시작한 은 유출에 따라 중국에서는 정부의 모든 기능이 부패 속으로 빠져들었다. 당국은 외국인에게 점점 엄격해져서 이제는 처음으로 서양 상인도 중국 측과 결판을 벌일 각오를 하기에 이르렀다. 서양인은 상업적인 동시에 이타적인 동기에서 자각하기 시작했다. 세계 역사상 최대의 소비시장이 가진 엄청난 가능성의 매력은 물론이거니와 억압받는 대중을 계몽시키고, 되도록 좋은 정부를 가져다 줄 가능성이 열리지 않을까 생각했던 것이다. 서양인은 원래부터 총명하고 뛰어난 중국 민중을, 전체주의적이고 다루기 힘들며 비능률적인 체제가 억압한다고 보았다. 따라서 그들은 북경과의 교섭에 더욱 강경한 자세를 요구하기 시작했다. 서양 상인은 광동에서 북경 정부의 부패뿐만 아니라 잔혹함을 거의 매일 알아챘다. 관리가 앉은 의자를 어깨에 맨 행렬이 삼엄한 경호를 받으며 지나갈 때 일반 백성은 땅에 엎드리라는 명령을 받고 '고두례(叩頭禮, 머리를 조아리는 절 – 옮긴이)'를 게을리 하면 족쇄를 채우는 관리에게 묶여 끌려갔다.[261] 이 모습은 서양인에게 무서운 광경이었다. 자신들의 통역이 굴욕을 당하고, 매 맞고, 고문당하고, 수감되고, 경우에 따라서는 재판도 받지 못한 채 처형될 때는 분개했다.

실제로 서양과 중국에서는 정의에 대한 개념이 다르기에 중국이 바라는 공존은 결코 불가능했다. 예를 들면 중국인이 한 명 죽으면, 그 사고가 우발적이더라도 서양인에게 원인이 있다고 밝혀지면 당국은 관련자 한 명의 처형을 요구했다. 죄가 있고 없고는 문제가 되지 않았다. 벌을 내리는 것은 체면을 세우고 하늘의 노여움을 가라앉히기 위해 필요한 공적인 의식이었다. 옛날 얘기지만, 1784년 예포를 발사하는 순간에 아주 우연하게 한 중국인이 죽었다. 중국 당국은 불운한 예포병을 처형하기 위해 신병 인도를 요구했다. 참수는 명예로운 죽음으로 판결이 났기에 처형 의식으로 교수형이 사용된 처사가 서양인에게는 더 못마땅하게 여겨졌다. 정박 중인 상선에서 짧은 휴가를 얻어 육지에 내린 선원들은 특히 뒷골목 상가인 호그 레인에서 술에 취해 싸움을 일으켰다. 1807년에 바로 광동의 거류지를 둘러싼 환경은 원래부터 당국의 책임 아래에 있어서 여러 사건이 일어나기 쉬운 상황이었다. 그런 싸움으로 인해 한 선원이 중국인을 살해했다. 이 살인은 뇌물로 해결했다. 1820년에 일어난 또 다른 우발적인 살인은 우연히도 동시에 자살한 선원이 있었기에 죗값이 충분히 보상되었다. 다음 해에 미국 선박의 이탈리아인 선원이 논쟁을 하다가 중국인 여성에게 올리브 단지를 던져 죽였다. 사고였지만 중국 측은 선원을 처형하기 위해 신병 인도를 요구했다. 처음엔 미국 측에선 거절했지만 중국 관리가 미국인에게 고용된 통역을 투옥하고, 그 밖에도 강압적인 방법을 쓰는 바람에 도리 없이 요구에 굴복했다. 그 이탈리아 남자는 애처롭게도 교수형에 처해졌다. 이 미국 측의 항복에 영국인은 불쾌감을 느꼈다. 어떠한 경우에도 미국과 같은 짓은 절대로 되풀이하지 않겠다고 맹세했다.[262]

세계의 다른 지역에서는 이러한 정의에 대한 사고의 차이를 해결하기 위해 치외법권과 영사재판이 있었지만 중국 정부는 그와 같은 해결을 받아들이길 거절했다. 그 뿐만 아니라 그 밖의 모든 문제를 서양 여러 나라와 논의하는 것조차 일체 거절했다. 게다가 도박 행위마저 일어났다. 광동의 서양 상인 지구에 죄수를 끌고 와 처형하는 사건 등이 바로 그것이었다. 십자가를 가져와서는 죄인의 목과 팔을 묶었다. 상관 거류지가 그런 목적으로 사용되는 것에 대해 외국 상인들이 강하게 항의했다. 마침내는 그런 지나친 야만 행위에 참을 수 없었던 동인도회사의 무장선원이 거칠게 항의하여 중국인들의 처형 의식은 중단되었다.[263]

교역이 세계적으로 이루어지고 운송수단이 점점 더 빠르고 안전해져서 세계가 가까워 지자 이와 같은 문화적인 대립은 피할 수 없었다. 근대화의 매우 중요한 측면은 인류가 스스로 깨닫지 못하는 사이에 하나의 글로벌 사회를 형성하는 쪽으로 나아갔다는 사실일 것이다. 글로벌 사회에서는 다른 민족과 문화가 모든 면에서 서로 만난다. 이 충돌은 평화적인 행동이 서로에게 이익이라는 점을 인정했기에 타협과 합의에 따라 일반적으로 해결되었다. 그러나 때때로 일방적인 위협이나 힘을 행사함으로써 서양은 손쉽게 목적을 이룰 수가 있었다. 중국에서는 서양 상인과 그들의 배후에 ― 그러나 매우 멀리 ― 있는 유럽과 북아메리카의 정부들이 세계 최대의 국가와 정면으로 충돌했다. 중국은 지구상에서 매우 오래되고 연속적인 문명을 구현해왔으며, 비록 현재는 매우 비참한 상태라 할지라도 심한 무지에서 비롯한 오만한 자신감에 가득 차 있었다. 이와 같이 동양과 서양의 길고도, 그리고 여태껏 계속되는 비극의 무대가 마련되고 있었다. 아편전쟁의 시작은 그 첫 에피소드였다. 자신들의 뛰어난 지식에 대해 대단한 확신을 갖고 있던 중국 관리들은 그때까지 세계가 경험하지 못했던 최고의 해군력과 그들이 마주하고 있다는 사실을 미처 알아채지 못했다. 이 해군력은 1820년대에 이미 증기식 군함을 개발하여 세계의 큰 강도 항해할 수 있는 능력을 보유하고 있었다. 그런 배 한 척이 중국 해안에서 멀지 않은 바다에서 실력 행사를 벌여 지정학을 바꾸어 놓을 수 있는 충격적인 위력을 과시하려 하고 있었다.

제10장

거대한 그림자

제1차 버마전쟁

1825년으로 접어든 지 얼마 안 되어 버마(현재의 미얀마)의 이라와디 강 상류 약 500마일 쯤 거슬러 올라간 지점에서 근대사회와 전근대사회 사이에 이상한 전투가 일어났다. 동인도회사의 증기 전함 다이애나함이 버마 왕국의 전선인 프라우선(인도네시아 지방의 쾌속범선 ―옮긴이)을 쫓아 상류까지 갔다. 이 프라우선은 노를 저어 움직이는 배로서는 아마도 세계 역사상 최강이었을 것이다. 노는 2단으로 100개였다. 고도로 훈련된 노 젓는 사람들이 많은 병사들을 태우고 시속 7~8마일의 속도로 운항했다. 버마 일대의 하천에서는 고대 그리스나 로마의 거대한 갤리선과 맞먹을 정도의 위력을 발휘했다. 그 덕택에 버마의 왕들은 동남아시아의 넓은 지역, 그리고 벵골 만 위쪽으로 공격적인 팽창 전략을 추구할 수 있었다. 매리엇 함장은 자신이 지휘하는 슬루프형 군함 란함에서 프라우선의 전투 광경을 지켜보며 "매우 훌륭한 배"라고 감탄했다.[1] 그러나 제1차 버마 전쟁(1824~1826)에서 해군 사령관을 역임한 매리엇은 다이애나함을 버마의 해역으로 오게 한 장본인이었다. 하천에서 펼치는 전투에는 외륜을 이용하건 스크루를 이용하던 간에 흘수선이 낮은 증기선이 최적이라는 사실을 누구보다도 먼저 간파한 인물이었다.

다이애나함은 1823년에 키더폴에서 진수했다. 이 군함은 60마력 엔진을 장착한 외륜선으로 연료는 석탄이나 나무 등 어느 것이나 사용할 수 있었다. 따라서 정글지대를 흐르는 강에서는 연료를 걱정하지 않아도 되었다. 연료가 필요하면 강변에 배를 대고 선원들이 나무를 베면 바로 보급이 가능했다. 그리고 엔진 구조도 간단해서 기관사라도 정비할 수 있었고, 필요할 경우에는 수선도 가능했다. 그 때문에 이 배는 8년 동안 한 번도 수리소에 간 적이 없었다. 매리엇 함장은 다이애나함의 참전을 강력하게 건의했다. 다이애나함이라면 바람이 불건 말건 간에 병력수송선을 몇 척이나 연결해 상류로 견인할 수 있다고 생각했다. 그러나 또 한 가지, 실제로 사태가 벌어질 때까지 매리엇 함장이 전혀 예상하지 못했던 이점이 있었다. 이 배가 대형 프라우선을 상대할 경우에 실로 가공할 결정적인 무기가 된다는 사실이 판명된 것이다. 다이애나함은 엔진을 모두 열어 전속력으로 프라우선을 강 상류까지 추적하기만 하면 되었다. 네다섯 시간동안 계속 노를 저은 탓에 프라우선의 노 젓는 사람들은 지쳐버렸다. 어떤 경우에는 기도를 했다. 프라우선이 일단 멈추면 이번엔 다이애나함 차례가 되어 그 뒤는 유유히 대포를 사격하고, 프라우선은 구멍이 뚫려 서서히 가라앉았다. 실제로 다이애나함은 최초의 근대적인 포함으로 그 등장은 포함외교의 시대를 열었다. 증기와 노의 죽음에 이르는 경쟁을 목격한 한 관찰자는 "인간의 근육과 활력은 끓어오르는 인내력에 무릎을 꿇고 말았다"[2]라고 표현했다.

　다이애나함의 업적은 널리 전해지고, 전 세계의 주목을 받았다. 중국에 최초의 증기선인 포브스가 선을 보인 것은 1829년 무렵인데, 이 배 또한 키더폴에서 건조되었다. 윌리엄 잔다이스는 증기선이라면 강을 오르내릴 수 있어서 범선의 전함이 그때까지 감히 엄두도 내지 못했던 방식으로 중국의 큰 강들을 지배할 수 있다고 생각했다. 그 당시 중국 광동에서는 관리의 어리석은 행동, 부패, 그리고 잔혹성이 날마다 더욱 기승을 부렸는데, 잔다이스는 "광동 가까이에 포함을 몇 척 배치하고, 2~3회 정도 포격하면", 지방 관리의 어떤 '변덕'도 잠재울 수 있었다고 써 보냈다.[3] 아시아와 아프리카의 많은 지역으로 퍼져나간 서양인 사이에는 증기 전함의 출현이 무역을 촉진시키고 나아가 현지 민중의 행복과도 관련된다고 생각하면서 흡사 하늘이 내려준 축복으로 받아들이는 분위기가 강했다. 따라서 원주민 통치자들에 의한 공포와 억압을 몰아낼 수 있다고 생각했다. 아프리카 서부에서 니제르 강 탐험(1832~1834)을 최초로 도왔던 사람 중 한 명인 로버트 맥그리거는 "와트의 위대한 발명으로 모든 큰 강이 우리 앞에 열렸다."고 썼다. "곧 수백 척의 증기선이 미시시피 강뿐만 아니라 아마존 강, 니제르 강, 나일 강, 인더스 강, 갠지스 강 등 모든 큰 강들을 정복하여 온갖 잔학 행위가 벌어지고 있는 암흑의 땅 모든 백성에게 평화와 선행의 복음을 가져다 줄 것이다."[4] 새롭게 탄생한 증기 포함의 도입을 누구보다도 가장 바란 이는 대부분 선교사들이었다. 포함의 위력을 빌려 노예제도, 식인 풍습, 인간을 제물로 바치는 풍습, 그 밖에 입에 담기도 싫은 잔악한 죄악을 종식시키길 바란다고 생각했다. 이런 선교사들에게 증기선이라는 기술 혁신 뒤에는 신의 보이지 않는 손이 작용했다고 느끼는 자가 많았다.[5]

당시의 제국주의, 즉 영토를 확장하고 그것을 직접 통치하고 싶은 야망은 제정 러시아를 제외한 유럽에서는 아직 국정을 움직이는 주요한 요소가 아니었다. 특히 영국은 교역을 증진하는 것과 노예제를 폐지하는 것 두 가지에 관심을 보였다. 그러나 일단 손에 넣은 토지를 포기할 생각은 없었다. 여기서 제국의 존재가 유럽에만 존재하지 않았다는 사실을 염두에 둘 필요가 있다. 중국도 하나의 제국이었고 훗날 일본도 제국을 꿈꾸었다. 에티오피아도 동부 아프리카의 거대한 제국이었다. 이들 제국의 일부는 오랜 역사를 자랑했다. 페르시아와 오토만 제국 같은 나라들은 명백히 쇠퇴 일로에 있었다. 그러나 특히 서부 및 남부 아프리카의 몇몇 제국들은 새로 생겨 팽창하고 있었다. 침략을 계속해서 일삼는 제국도 있었다.

버마는 이웃나라에게 위협을 가하는 가장 두려운 나라의 하나였다. 훗날 만달레이라고 불린 땅 가까이에 있는 아바라는 도시에 도읍을 둔 버마는 18세기 후반에서 19세기 초반에 걸쳐 현재의 태국에 진출하고,

나아가 테나세림 해안을 따라 남쪽으로 내려가 그 판도를 넓혔다. 또한 서쪽으로는 브라마푸트라 계곡까지 침입하여 아삼을 근거지로 하는 동인도회사의 세력을 위협했다. 동인도회사는 1803년, 1809년, 1811년, 1813년 등 수차례에 걸쳐 버마에 항의와 경고의 사절단을 보냈는데도 별 효과가 없었다. 대신에 이들 사절단은 버마의 잔인한 정부 체제의 본질을 낱낱이 유럽에 폭로했다. 사절단 단장을 두 차례 역임한 마이클 사임은 1819년에 마침내 피로 얼룩진 잔혹한 통치에 종지부를 찍은 보다우파야 왕을 "생각은 어린아이같이 유치하고, 그 통치는 폭군과 같았으며, 행동은 미치광이"라고 비난했다.[6] 19세기 초반의 유럽인들은 요즘 우리들이 이라크의 사담 후세인이나 리비아의 무아마르 카다피를 바라보는 눈으로 보다우파야 왕을 보았던 것이다.

보다우파야 왕은 정적이 될 위험성이 있는 사람들을 의식적인 대량 학살극을 벌여 모조리 죽였다. 때로는 어린이나 하인까지 포함해 온 가족을 죽여 버리기도 했다. 특히 자신의 일족에게 무자비하여, 일련의 대학살을 통해 자신의 왕위를 넘볼 수 있는 인물은 모두 죽였다. 반란을 시도한 반역자들에 대해서는 그들의 출신 지역의 모든 남녀와 어린아이들이 살해되고 가축도 남김없이 죽었으며, 곡식과 나무들까지도 불태워지거나 뿌리째 뽑히는 등 철저한 보복을 가했다. 대량 학살 후에는 항상 스스로 속죄탑이라고 부른 불탑을 세웠다. 사실 탑을 세우는 것은 왕에게는 최상의 기쁨이자 가장 중요한 종교적 의무였다. 피라미드를 세운 이집트의 파라오처럼 왕은 불탑을 세우기 위해 백성을 강제 노동에 내몰았다. 그 때문에 온 나라의 인구가 줄고 기근에 허덕였다. 또한 세금을 거두기 위하여 영국인이 버마 토지대장이라고 부른 장부를 만들었다. 야자수 잎과 바라바이크라는 두꺼운 버마 종이에 사회적·경제적 상황을 기록한, 동남아시아 역사상 가장 진귀한 기록이었다.

보다우파야 왕은 어떤 면에서는 광신자였다. 이교도로 낙인찍은 사람을 학대했고 알코올을 마시거나 아편을 피운 사람을 사형했다. 그러나 불교 승려들은 왕을 위험한 광신자로 여기고 그의 편집광적인 신권정치에 제동을 걸었다. 그러나 오히려 그들은 재산을 몰수당하는 처지가 되었다. 폭군으로 백성을 괴롭힌 보다우파야 왕은 이웃나라에게는 훨씬 더 야만적으로 행동했다. 태국에 침입하여 각지를 약탈하고 영토를 넓혔으며, 버마 이외의 민족이 사는 미개의 땅에는 수색 토벌대를 보냈다. 이런 침략행위는 자신의 걸작품인 높이 500피트의 역사상 최대의 불탑을 세우는 데 필요한 재원을 조달하는 게 목적으로 이 탑을 위해 수천 명의 노예를 모으고 부족민을 강제로 쫓아냈다. 그러나 이 탑은 왕이 통치하는 동안 완성을 하지 못했다.[7]

영국인도 왕의 나머지 이웃나라들처럼 보다우파야 왕을 위협으로 여겼다. 버마군의 약탈행위는 절망한 난민들을 엄청나게 늘어나게 했고 그 때문에 무장 강도(산적)가 증가했다. 국경을 넘어 영국 영내로 들어와 문젯거리가 된 난민도 있었다. 나폴레옹전쟁 동안에는 명백하게 버마 왕의 동의를 얻어 버마 항을 기지로 이용한 프랑스 배가 벵골 만을 항해하는 영국 배를 공격하는 사태도 발생했다.[8] 버마의 억압과 제국주의는 일련의 게릴라 반란을 일으켜, 그것이 점차 영국인이 지배하는 지역에도 확대되었다. 그 문제는 보다우파야 왕이 죽었을 때도 끝나지 않았다. 오히려 실제로는 증가했다. 보다우파야의 후계자인 바기이다우 왕은 유약하여, 야심 있는 장군 마하 반돌라의 손아귀에 잡혀 있었다. 1815년에서 1819년까지 인도 주둔 영국군은 오로지 마라타 전쟁에만 몰두했다. 그 결과 버마 왕조는 영국군의 힘을 과소평가했다. 게릴라 집단을 쫓아 영국 영내로 들어온 버마군은 동인도회사를 위해 코끼리 몰이에 종사하던 현지인을 잡아 노예로 삼고 본국으로 데려갔다. 1823년부터 1824년 사이의 겨울에 버마는 6만 명이라는 대군을 이끌고 영국인 교역기지인 치타공을 차지할 목적으로 전면적인 침공을 시작했다. 버마가 이미 벵골 만에 있는 영국 소유의 섬들을 차지하고 있었지만 치타공 점령은 캘커타 자체에 위협이었다. 1824년 3월 5일 인도 총독 애머스트 경은 마지못해 전쟁을 선포했다.

제1차 버마전쟁은 버마의 합병을 노린 것뿐만 아니라 아시아의 전근대적인 국가가 아무리 강대하더라도 유럽 열강과 대립하게 되면 어차피 겪어야 할 운명을 암시했다. 영국군의 전쟁 수행 노력은 순조롭지가 않았다. 전쟁 의지도 군비도 모두가 불충분했다. 더군다나 런던의 긴축 재정 지시는 동인도회사에 의해 더욱 강화되어 모든 면에서 군대는 제약을 받았다. 이것은 오히려 대영제국의 권력에는 쉽게 극복할 수 없는 심각한 약점이 있다는 사실을 반영했다. 예를 들면 제 47 벵골 원주민 보병부대는 카스트의 금지 사항을 근거로 '검은 바다(black water)'를 건너 버마로 가기를 거부했다. 그리고 바락포르에서 반란을 일으켜 결국엔 징계 처분을 받고 해산되었다. 이는 훗날 세포이 반란의 불길한 전조였다. 영국군은 두 개의 육로를 택해 하나는 브라마푸트라로 올라가 아삼으로, 또 하나는 치타공으로부터 아라칸으로 가서 버마로 진격했다. 한편으로는 우선 랑군(지금의 양곤)을 점령한 후 이라와디 강으로 거슬러 올라가 아바를 점령한다는 수륙양용 작전을 계획했다. 그러나 이 세 작전 모두 계획과 장비가 부실했고 특히, 열대우림 속에서 벌어지는 전투의 각종 위험에 대처할 의료장비와 의료 인력이 부족했다. 여기에도 크림 전쟁(1853~1856)의 혼란과 인명 손실을 예고하는 참상이 나타났다. 영국군 사상자 수 1만 5,000명 가운데 대다수는 이질, 말라리아, 괴혈병, 수종, 다리의 궤양, 콜레라로 죽었다.

공격의 중심은 이라와디 강 상류까지 간 해군으로 대포 50문을 갖춘 포함 리피 함, 대포 20문을 갖춘 슬루프 형 군함 4척, 동인도회사 순양함 4척, 그밖에 스쿠너선, 포가 장착된 쌍돛대 범선, 그리고 9,000명의 백인과 현지인 병사를 태운 수송선이 활약했다. 앞서 소개한 다이애나 함 이외에도 증기선은 2척이 참가했다. 그중 엔터프라이스함은 수송선으로, 또 다른 한 척인 플루토함이라는 연안 포격에 동원되었다. 버마인은 싸움도 하지 않고 랑군을 버렸다. 이라와디 강의 요새가 영국군의 침공을 막아줄 거라고 믿었기 때문이다. 그러나 그 환상은 다이애나함에 의해 깨져 버렸다. 그러나 이 싸움의 기록을 화보를 곁들인 책으로 출판한 매리엇은 계략에 뛰어난 버마인에게 칭찬을 아끼지 않았다. 가공할만한 방책을 빠르게 설치하는 능력, 카누 40척을 연결해 그 위에 석유 항아리들을 실은 화공선, 그 밖의 여러 가지 아이디어들에 감명을 받았던 것이었다. 매리엇은 다음과 같이 썼다. "여지껏 읽거나 쓸 수 없는 버마인을 만난 적이 없다." 그들은 용기, 창조성, 뛰어난 기술을 가지고 있었다. 덧붙여 "이만큼 온순한 민족을 본 적이 없다. 궁핍한 가운데에서도 항상 밝고 만족한다. ······영국 뱃사람들은 특히 그들을 유달리 좋아했으며 그들을 '지금껏 만난 민족 가운데 최고'였다고 평가했다."고 기록했다. 매리엇은 때때로 열병에 쓰러졌다. 그 때문에 열대용 군복이나 모기장, 말라리아 예방용 장비도 준비하지 않고 이런 원정대를 보낸 정부를 맹렬히 비난했다. 식량은 소금에 절인 돼지고기와 비스킷만 제공하고, 우유, 신선한 고기나 생선, 과일, 야채는 없었다. 1824년 말기에는 처음 3,568명이었던 백인 병사 가운데 3,115명이 사망했다. 영국이 승리할 수 있었던 원인은 오로지 무기 성능이 우월했기 때문이라고 매리엇은 믿었다.

그러나 모든 상황을 바꾼 것은 다이애나함이었다. 상류로 500마일까지 병력을 수송할 수 있는 이 배의 능력은 버마 지휘관의 사기를 꺾어 놓아 아라칸, 페구, 테나세림이 차례로 함락되었다. 버마군은 대군을 거느리고 반격에 나섰지만, 영국군의 화력 앞에 수많은 희생자를 남겨 놓을 뿐이었다. 1825년 4월 1일 감행된 치열한 공격 때 반둘라 장군은 죽었고, 그 이후 영국군의 승리는 시간문제일 뿐이었다. 매리엇은 해군을 능수능란하게 지휘했고, 다이애나함의 콩그리브 로켓과 박격포는 아주 파괴적이었다.[9] 1826년 초기에 영국군은 수도인 아바에 겨우 45마일 떨어진 지점까지 진격했고 버마군은 얀다부에서 항복했다. 1826년 2월 24일 버마는 아바를 거점으로 삼는다는 영국군의 기선을 제압하기 위해 이 얀다부에서 항복 조약을 받아들였다. 이 협정에 따라 버마측은 아삼에서 철수하고 아라칸과 테나세림을 포기하며 마니푸르의 독립을 인정했다. 또한 영국인의 아바 거주를 승인하고, 100만 파운드의 배상금 지불도 받아들였다. 영국은 전쟁 비용으로 인도 작전의 열 배에 달하는 1,400만 파운드를 썼기 때문에 배상금 금액으로는 충분하지가 않았다. 버마의 이웃국가들은 영국군의 승리를 환영했다. 바기이다우 왕은 이 패전으로 우울증에 걸렸고 마침내는 미쳐버렸다. 그러나 버마의 위정자는 북경의 궁전과 마찬가지로 서양 강대국과 서로 이웃하며 살아남는 문제에 대한 비현실적인 견해를 계속 갖고 있었고, 그런 오만한 자세 끝에 결국 병합이라는 운명에 빠지고 말았다.[10]

영국의 인도 지배

인도에 있는 영국 세력과 버마 제국의 역동적인 관계는 겉으로는 본의가 아니라고 하더라도, 영국이 가혹한 방법으로 버마를 침공하는 결과를 낳았다. 이것은 근대 세계의 형성 과정을 보여주는 한 예에 지나지 않는다. 무역의 발달에 힘입어 서양인은 세계 각지에서 다른 문명과 접촉했다. 이에 따라 일을 처리하는 방법을 놓고 서양인과 현지 지배자 사이에서 서로 타협 없이 마찰을 빚었다. 인도에 건너온 영국인은 그 땅에 새로운 제국의 탄생을 원하지 않았다. 이건 거의 예외가 없었다. 워털루전투 후에 인도인이 예전처럼 더 이상 영국 정부에 깊은 존경심을 표하지 않는다는 목소리가 들렸다. 캘커타로부터 돌아온 피치 부인은 친구인 패링턴에게 최근 들어 원주민들이 유럽인과 마주치면, "가마에서 내려 머리를 굽히는 인도인이 없다. 이마에 손을 대고 절하는 사람도 드물다."고 말했다.[11] 그러나 사실은 인도에 있는 많은 영국인들은 이런 종류의 복종을 원하지 않았다. 동인도회사 자체가 구식인 거였다. 아메리카 대륙의 스페인 식민지처럼 경영은 위원회에 의해 운영되며 보수적이고 진취적인 분위기가 결여되어 있었다. 그리고 무엇보다도 재정적으로 어려움에 시달렸다. 1820년대가 되면서 경비 절감이 경영의 주요한 과제가 되었다. 1828년에 관리위원회(동인도회사의 감독을 담당한 정부 부처)의 위원장인 엘렌보로우 경은 경비를 줄이지 않으면 특허장 갱신은 없다고 경고했다. 비용을 줄이는 가장 쉬운 방법은 군대나 육해군의 원정에 나서지 않는 것이었다.[12]

그 당시 돈은 서양의 팽창주의를 저지하는 한 요소였다. 다른 한편으로 정의에 대한 생각이 커다란 힘을 가졌다는 사실을 빠뜨리면 안 된다. 그때의 영국 사회에는 진보적이며 평화적인 대변혁이 진행되고 있었다. 정치적인 부패의 근절, 형법의 개정, 무역의 자유화, 산업의 확립에 이어 대중교육제도가 도입되었다. 거리의 도로는 포장되고, 가스등이 거리를 밝혔다. 교통기관도 발전하고 일상생활은 거의 모든 면에서 더 좋게 바뀌었다. 그러나 인도에 부임한 영국의 젊은이를 기다리고 있는 것은 광동에 진출한 무역상인과, 마찬가지로 영국의 직접적인 통치권역 밖의 불결하기 짝이 없는 무기력한 사회였다. 따라서 국민의 행복에 무관심하고, 좋게 얘기하면 게으르고 탐욕스러우며 나쁘게 얘기하면 잔혹하고 호전적인 군주가 그곳을 지배하고 있었다. 이들 영국의 젊은이의 마음은 언제나 눈앞의 부정부패를 개혁하고 싶다는 생각이 가득했다. 그러기 위해서는 급진적인 정책, 즉 합병이나 원주민 통치자를 영국의 지배에 있도록 하는 것이 필요하다고 생각했다.

그러한 영국인 개혁가의 두드러진 전형이라 할 사람이 마운트스튜어트 엘핀스톤(1779~1859)이었다. 1795년 열다섯 살의 나이로 인도에 온 엘핀스톤은 처음에는 베나레스 주재 등록관의 법률조수로 일하다가 외교 쪽으로 자리를 옮겼다. 그것은 원주민 통치자들도 담당하는 일이었다. 1차 마라타 전쟁 때는 정치 분야에서 웰링턴을 보좌했다. 그 밖의 인도 여러 지역에서 총독 대리를 하고, 카불의 외교사절에 임명되고, 마지막에는 푸나의 총독대리가 되었다. 그의 일기를 보면, 엘핀스톤이 엄청나게 일을 많이 하고 자신과 주위의 모든 사람과 모든 사태의 개선에 노력한 인물이었다는 사실을 알 수 있다.[13] "4시에 일어나 말을 탈 시간까지 소포클레스의 시를 보통 약 200줄 읽는다." 말 타기는 두 시간 동안 전속력으로 달렸다. 그 때문에 그의 말은 모두 1년 이상을 버티지 못했다. "7시 무렵 말 타기에서 돌아오면 곧 책을 읽었다. 아침 식사 후에는 일을 시작하고, 오전 공부인 크세노폰을 읽기 시작하는 것은 대체로 11시 무렵이다. 하루에 이삼십 페이지 정도를 읽고는 샌드위치로 점심을 먹는다. 그 후는 2시까지 자유롭게 독서에 빠진다. 내가 읽은 것은 타키투스와 프랑스 대혁명에 관한 책이었다. 그리고 나서 동료와 함께 저녁때까지 그로티우스를 읽는다."[14] 인도에 주재하는 유능한 영국 행정가는 다 그렇듯이 엘핀스톤에게도 장래에 불안감을 느끼는 경향이 다소나마 있었다. 장남이 아니기에 유산을 받지 못했던 엘핀스톤은 그런 경우의 젊은이들처럼 "충분한 재산을 벌기 위해서" 인도에 왔던 것이다. 계산에 따르면, 생활을 하기 위해서는 연간 1,500파운드가 필요했다. 그만한 돈을 모으기 위해서는 42세까지 일하고 저축을 하지 않으면 안 되었다. 그러나 그 뒤 퇴직하여 영국으로 돌아가도 "너무 늙어서 결혼을 하고 자녀를 양육하기에 무리였다. 사교계에 나가기도 어려웠다."고 한다.[15] 그렇다고 자신의 일에 헌신하지 않았다는 것을 뜻하는 것은 아니었다. 반대로 엘핀스톤은 지독하게 일에 몰두했다.

엘핀스톤은 마라타 왕국의 최후를 끝까지 지켜본 사람이었다. 영국은 우호적인 통치자들과는 보호협약을 맺는 정책을 취했다. 신드 왕, 페르시아 왕, 아프가니스탄 왕, 펀잡의 통치자인 란지트 싱과 조약을 맺고, 때때로 영내의 반발 세력을 억제하는 수단으로 활용하기도 했다. 그 목적은 변경에 식민지를 개척하기보다는 오히려 영국령 인도 주변을 우호적인 완충국으로 둘러싸는 데 있었다. 즉 자치를 인정하는 대신에 외교적, 군사적으로 세력 확대를 도모하는 프랑스나 러시아 등의 열강을 저지하는 임무를 그들에게 부여한 셈이었다. 그러나 그런 나라들이 함부로 행동에 나서거나 후계자가 반기를 들 경우에는 영국군이 마지못해 등장했다. 중부 인도의 대부분 지역은 명목상으로는 왕이 통치했으나 실제로 그 지역의 실권은 페슈와(재상), 사나운 핀다리(산적), 또는 마라타인, 아랍인, 자트족, 아프간인, 범죄자나 약탈자로 구성된 비정규 군사 집단이었다. 엘핀스톤은 푸나의 총독대리로서 이 아주 불만족스러운 원주민 유력자들을 감독해야만 했는데, 그들의 잔혹하고 파괴적인 행동, 그리고 그것을 멈출 수 없는 자신의 무능력에 좌절했다. 사실상의 통치자 가운데 가장 중요한 인물은 마라타 동맹국의 재상인 바지 라오였다. 1802년에 유력한 귀족인 자스완트 라오가 이 바지 라오에게 반란을 일으켰다. 바지 라오의 코끼리에 동생이 밟혀 죽었다는 게 이유였다. 반란은 성공하여 바지 라오는 영국령 인도로 도망갔다. 영국 측은 외교권을 영국에 넘긴다는 조약을 대가로 바지 라오를 원조하여 복권시켰다. 그러나 그 후도 바지 라오는 위정자로서는 부적절한 행동을 많이 저질렀고, 1815년의 엘핀스톤의 보고서에 따르면, "예배 시간을 보낼 때를 제외하고는 대부분의 시간을 부도덕한 도락에 빠져 있었다."[16] 바지 라오의 측근들을 둘러싼 사건이 일어난 후, 엘핀스톤은 1817년에 더 엄격한 협약을 강요했다. 그 결과, 이번에는 바지 라오 자신이 반란을 일으키고, 영국과 기꺼이 대결하기를 원했던 마라타 동맹국과 핀다리들과 연합전선을 형성했다. 1817년 한 해 동안 영국은 존 말콤 경의 지휘 하에 12만 병력을 동원해서 수는 엄청나지만 규율은 잡히지 않은 연합 부대를 쳐부수었다. 그 결과 중부 인도는 대대적으로 재편성되었다. 바지 라오는 항복한 후 추방되었다. 데칸 반도는 봄베이 지역에 병합되었다. 핀다리 무리들은 몰살되거나 산산이 흩어졌고, 가장 호된 변을 당한 지도자 치투는 정글로 쫓겨 가 호랑이에게 잡아 먹혔다. 이리하여 역사를 자랑했던 마라타 제국은 사라졌다. 11만 명의 인구를 거느린 수도 푸나에서는 지역 은행가와 상인들이 예전의 지배자인 군벌에서 영원히 보호받을 수 있도록 해달라고 영국 측에 간청했다. 엘핀스톤은 '재상에게 빼앗은 지역의 유일한 장관'으로 임명 받았다. 월급은 1년에 5만 루피(경비는 별도)를 받았으며, 엘핀스톤이 염원했던 부정부패가 없고 공평한 근대적인 정치제도를 실시할 자유까지 손에 넣었다.

그렇게 해서 19세기 초기까지 의연하게 중세적인 봉건제도의 명맥을 유지해온 구세계의 덩어리가 이렇게 해서 역사의 뒤안길로 사라졌다. 엘핀스톤이 감시할 필요가 있었던 것은 바지 라오 같은 절대 권력자들뿐만이 아니었다. 수입과 지위에 따라 기병을 제공했던 가신들에게도 관심을 기울여야만 했다. 바지 라오는 비더로 추방되어 영국군 감독관의 감시를 받게 되었는데, 그 유배지까지 그를 호송하는 임무를 맡은 말콤 장군은 엘핀스톤에게 다음과 같은 편지를 보냈다.

"호송 당시 휴식 때마다 바지 라오와 그의 신하들은 그 지역에서 떠온 최상의 물을 주고, 텐트에서 낙타, 소, 인부, 현금에 이르기까지 구할 수 있는 것은 모두 준비했고, 최대한의 예의와 배려와 존경심을 가지고 대하였다. 그러나 그들의 처지(즉, 권력 상실)를 뒤엎으려는 움직임이 있으면 발견 즉시 산산이 부서지게 만들었다."[17] 바지 라오는 비더에서 유폐된 채 죽었다. 그의 동생 침나시 아파도 역시 추방되어 감시를 받았다. 그러나 두 사람 모두 연금을 두둑이 받았다.

바지 라오의 측근인 트림바크지 뎅글같은 몇몇 위험인물들은 죽을 때까지 요새 내 감옥에 수감되었다. 뎅글은 매우 위험한 반영주의자였다. 자기다르, 즉 대영주―그들은 군대를 제공하는 대신에 봉토인 자기르(jagir)를 받았다―는 그 이용가치에 따라 자유의 정도와 연금 지급액을 산정받았다. 그러나 니파나나 키투르의 왕, 마드하브 라오 라스테, 라스가온의 간파르트 라오, 싱글리의 친타만 라오, 잠크난디의 고잘 라오 등 흡사 고대 남아시아의 무사 리스트를 읽는 듯한 쟁쟁한 가신들에게도 더 이상 무력 반란을 일으키거나 백성들을 억압할 힘은 없었다.[18] 인도인이 다시 힘을 얻은 것은 학자와 법률가, 대도시의 직업 정치가로서였다.

엘핀스톤 같은 인물이 역설적인 대응을 취한 덕분에 인도인의 힘의 재건은 인도의 옛 지배계급을 파괴한 영국이 자국의 행정관을 보낸 바로 그 순간에 시작되었다. 토머스 바빙턴 매콜리는 독립을 염원하여 인도인을 교육한다는 방침을 채택했지만, 엘핀스톤은 그보다도 훨씬 이전인 1819년 1월에 전권을 쥐자마자 그와 같은 정책이 영국이 취할 유일한 방향이라고 생각하고 말콤에게 다음과 같은 편지를 썼다. "피정복자에게 지식을 주었기 때문에 프랑스는 아이티를, 스페인은 남아메리카를 잃었는지도 모른다. 그러나 그런 정책 덕택에 로마인은 세계의 절반을 손에 넣을 수 있었고, 피정복민이 풍습이나 사고를 좌우할 힘을 획득했으며 그 때문에 물리적인 지배권을 잃었어도 일종의 정신적인 제국을 오랫동안 유지할 수 있었다. 지식은 전제 정부를 전복하고, 온건한 정치체제를 유지할 힘이 있다고 생각한다. 따라서 우리 정부를 강화할 수도 있다는 희망이 있다. 여하튼 피정복민의 교육에 의해서 발생할 위험은 멀고 불확실하다. 우리들에게는 피정복민의 지식욕을 억제할 권리가 없다. 헤롯왕에게 장래 왕자를 위협할 우려가 있다는 이유로 갓난아기를 모두 죽일 권리가 없는 것과 마찬가지이다."[19]

인도 지배의 정당성

인도에서 '도덕적인 제국'의 사상, 즉 보통 인도 민중의 생활 개선에 기여함으로써 영국의 통치가 정당하다는 생각이 1820년대가 되면 몇몇 영국 행정관의 상상력을 강하게 자극하기 시작했다. 1828년에 윌리엄 벤팅크 경이 총독으로 부임해오자, 그 경향은 한층 뚜렷해졌다. 벤팅크는 그것을 "영국의 위대함은 인도인의 행복에 기초한다."는 말로 표현했다.[20] 벤팅크는 자유주의적 제국주의를 제창했다. 통치국은 현지인, 즉

인도인의 종교, 풍습, 감정을 존경해야 한다. 인도인의 생활 향상, 그리고 최종적으로는 행정 참여를 준비하는 데 필요한 개혁을 방해해서는 안 된다. 또한 인간으로서의 기본적 욕구를 위협하는 행위도 용납할 수 없다. 이와 같은 주장이 요점이었다. 이 점에서는 로마제국이 모델이었다. 로마제국은 현지 방식을 대폭적으로 허용했지만, 인간을 산 제물로 바치는 풍습만은 절대로 허락하지 않았다.

당시 인도에는 갓 태어난 여아를 죽이거나 어린아이를 갠지스 강에 바치는 소름끼치는 풍습이 있었는데, 벤팅크는 이런 풍습을 폐지하는데 착수했다. 또한 왕족과 귀족이 죽으면 그 아내를 의지와는 상관없이 순사시키는 사티(suttee)라는 풍습도 금지했다. 사티는 베다 경전을 잘못 이해한데서 비롯되었고 중세에 라지푸트족 아래에서 제도화되었다. 악바르 대제도 이것을 폐지하려고 노력했지만 무굴 제국의 붕괴로 이 풍습은 실제로 더 늘어났다. 여자 64명이 한 왕의 화장용 장작위에 올려 졌고 벵골에서만 일 년에 여자 700명이 산 채로 화장되었다고 추산된다. 1829년의 위원회에서 벤팅크는 다음과 같은 규제를 제정했다. "사티, 즉 남편을 잃은 힌두교도의 아내를 산 채로 태우거나 매장하는 행위는 불법으로 간주하여 형사법정에서 처벌한다." 그 후 10년 만에 사티 풍습은 사라졌다. 힌두교 성직자들이 예언한 어떤 재앙도 일어나지 않았다. 그러나 1947년 인도가 독립한 이후에는 간헐적으로 그 풍습이 되살아나기도 했다.

메리아(meriah)라는 풍습도 금지되었다. 이것은 오리사에 있는 다산의 신에게 살아있는 인간을 제물로 바치는 풍습이었다. 그러나 이 풍습은 1850년대 중반까지 완전히 없어지지는 않았다. 한편으로, 범죄자 집단의 해체와 약탈과 교살을 일삼은 암살단원인 서기(thuggee)의 근절에도 노력했다. 이들 서기에게 죽은 여행자는 이루 말할 수 없이 많았다. 현대 인도 역사학자 가운데는 실제로는 암살단원의 난폭한 행위는 없었고, 노상에서 일어난 강도 살인은 무굴제국의 붕괴와 마르타 무리와 핀다리들이 초래한 무정부상태를 반영한다고 주장했다. 새로운 인도 지도자가 암살단원들이 저지른 약탈과 교살을 종교적인 풍습으로 표현한 것은 "영국의 통치기간 중에 발생한 이들 사건들에 대해 책임을 회피하기에 편리한 방법"이었다는 것이다.[21] 그러나 이 주장은 그 예식이 칼리 여신에게 바쳐진 것으로 묘사한 수많은 암살단원들의 고백 — 한 남자는 900명 이상을, 다른 남자는 500명을 죽였다고 자백했다 — 이 신중하게 꾸며진 것이며, 6년 이상 1,500명이 넘는 암살단원들을 법에 따라 처벌한, 헌신적인 군인이자 경찰관이었던 윌리엄 슬리만 경이 거짓말쟁이이고 대규모로 증거를 조작한 사람이었다는 것을 의미했다.[22] 여하튼 간에 암살단원들에 의한 약탈과 교살은 종식되었고 인도의 노상 — 이후에는 철도 — 여행은 인도인 기준으로는 놀랄 정도로 안전해졌다.

이처럼 1820년대 말기에는 인도에 관대한 온정주의가 유지되고, 영국이 토착 군주와 인도 주재 영국 행정관이 협력하는 다양한 합의에 따라 직접 통치가 이루어졌다. 그러나 인도에서 최고 권력자가 누구였는가 하는 문제는 한 번도 거론된 적이 없었다. 1812년부터 1823년 사이에 걸쳐 총독을 역임한 모이라 경의 시대에 인도 제국의 타이틀은 정식으로는 아직 악바르 샤 2세가 쥐고 있었다. 그러나 악바르의 존재는 무시되고, 오우드의 태수인 가지엘 딘 하이다르(재위 1814~1827)가 왕위에 올랐다. 왕위 교체 사실이 1819년 원저에서 관보에 공식적으로 게재되었다. 그러나 새 왕은 현실적으로는 벼락출세한 집사 아가 미르의 손에 놀아났다. 캘커타의 주교 레지널드 히버에 따르면, 아가 미르는 음흉하고 "검고 무자비하며 매부리 코"의 소유자였다. 모이라 총독은 영국 총독 대표에게도 왕과 동등한 우선순위가 부여되어야 한다고 주장했다.[23] 옥스퍼드에 있는 애슈몰린 박물관에는 높이 10인치 정도의 멋진 동상이 남아있다. 1820년 무렵 러크나우의 무굴인이 제작한 작품으로 오우드 왕과 총독 대표의 기마행렬이 묘사되어 있다. 이것은 영국이 왕이 있는 인도에서 어떻게 대처하고 있는가를 여실히 상징하는 작품이다. 왕과 총독대표는 각각 코끼리에 타고 서로 동등한 관계를 보여주지만 두 사람 주위를 호위하는 것은 빨간 제복을 입은 영국 군인들이었다.[24]

필리핀과 인도네시아

영국이 1820년대에 인도에서 펼친 자유주의적 제국주의는 점차 동아시아의 다른 지배권으로 퍼져나갔다. 특히 새로 획득한 활기 넘치는 싱가포르를 발판으로 삼아 개발한 말레이 군도에서 자유주의적 제국주의는 두드러졌다. 그러나 다른 유럽 국가들은 해외 식민지에 자유주의 사상을 도입하는 데 소극적이었다. 필리핀의 경우, 1565년부터 이곳을 지배한 스페인이 통치에 혼란을 겪었으며, 오히려 과거 지향적인 정책을 시행했다. 1762년부터 1764년에 걸쳐 '7년 전쟁' 작전의 일환으로 영국 동인도 회사는 수도 마닐라를 점령하고 있었다. 영국은 전쟁이 끝나자 철수했지만, 스페인의 육·해군은 이 지역에서 더 이상 위신을 되찾을 수 없었다. 실제로 1830년대에 스페인이 증기 포함을 들어오기까지 7,100개 섬 가운데에서 스페인의 지배는 대부분 이름뿐이었다. 기독교 신자의 마을은 회교도와 원시 애니미즘 신자에게 공격을 받아 수천 명의 주민이 학살되거나 노예로 끌려갔다. 필리핀인은 동남아시아 노예시장의 주요 공급원이었다. 그러나 스페인 지배권에 대해 도전한 건 그런 이교도 원주민만이 아니었다. 1815년에는 백인 폭동이 일어났다. 이것은 멀리 떨어진 마드리드에서 페르디난도 7세가 자유주의적 제헌 운동을 탄압한 것에 자극을 받았기 때문이었다. 또한 1823년에는 폭동을 일으킨 원주민 부대가 마닐라를 습격하는 데 거의 성공할 뻔 했다. 스페인 측은 불안한 정치를 보완하기 위해 수많은 적에 대해 가혹하게 보복하고 외국인을 배척하는 정책을 펼쳤다. 스페인 당국자는 우선 프랑스인과 네덜란드인들을 두려워했다. 그리고 영국인에게는 더욱 반감을 가졌다. 미국은 훗날 1898년에 이곳을 식민지로 손에 넣었지만, 이런 미국에 대해서도 점차 반감이 커졌다. 1800년에는 국왕의 명령에 따라 필리핀에 스페인인이 아닌 백인이 사는 것이 금지되었다. 1820년에 콜레라가 크게 유행하자 스페인 정부는 '병을 옮기는 외국인'에 대한 민중의 분노를 의도적으로 선동했다. 8년 뒤에는 유럽인이 무역에 종사하거나 외딴섬을 방문하는 것을 금하는 새로운 법령이 시행되었다.[25]

영국은 1814년부터 1815년 사이에 걸쳐 인도네시아를 네덜란드에 반환했다. 그러나 네덜란드도 스페인과 마찬가지로 인도네시아에서의 외국인 배척에 열심이었다. 영국이 철수한 후 초대 총독이었던 반 데르 카펠렌 남작은 스탬퍼드 래플스 시대에 도입된 모든 자유주의 정책, 특히 원주민 처우에 관해 종전으로 역행하는 자세를 보였다. 카펠렌은 필리핀의 스페인인처럼 자바를 외부세계 및 그 사상들과 완전히 단절된 은둔국가로 만들고 싶어 했다. 진보와는 거리가 먼 네덜란드 정부가 정한 법률조차도 자신이 보기에 너무 '진보적'이면 무시했다. 남작이 바란 것은 토착 지배 계급과 손잡고 현지의 원주민 노동력을 대량으로 농장에 투입하여 식민지의 이익을 착취하는 것이었다. 노예무역 그리고 추장에 의한 주민(즉, 농노)의 임대는 이론상으로는 금지되어 있었다. 그러나 실제로는 커피 농장과 티크 나무숲을 확장하기위해 네덜란드 관리는 강제노역을 제공하는 원주민 유력자를 장려하고 그 대가를 지불했다. 이것은 농민의 자유를 빼앗아 버리는 이른바 '강제재배제도(Culture System)'의 서곡이었다.

강제재배제도를 만든 것은 또 다른 반자유주의자 총독인 요하네스 반 덴 보쉬 총독이었다. 그는 입지전적인 인물로 나폴레옹전쟁 동안 영국군의 포로였으며, 영국이 표방한 모든 것, 특히 개인의 자유와 자유무역이라는 개념을 싫어했다. 그가 제일 싫어한 인물 두 명은 아담 스미스와 래플스였다. 보쉬는 원주민들은 너무 무지하고 게을러서 혼자 내버려 두어서는 안 된다고 주장했다. 농민들은 개개인마다 할당량이 주어지고 그것을 생산하도록 강요당했다. 그리하여 거둔 수확은 수출용으로 돌려졌고, 이것을 네덜란드인이 사서 네덜란드 배에 실어 네덜란드로 보내어 그곳 시장에서 거래하였다. 강제재배제도는 우선 인디고 염료와 설탕에서 시작해서 나중에 차, 커피, 담배, 목화, 코치닐 염료, 후추와 시나몬으로 확대되었다. 이들 작물을 네덜란드까지 싣고 온 배는 다른 유럽 나라들에게는 개방하지 않은 시장에서 판매할 네덜란드 상품을 가득 가져왔다. 강제재배제도에는 원래 원주민들을 위한 보호 장치가 있었지만 이 조항은 서서히 배제되고, 자바는 일종의 농노국가로 바뀌었다. 농민은 정부를 위해 임금도 받지 않은 채 1년에 200일을 일해야만 했다.[26] 한편, 네덜란드는 막대한 이익을 거둬들여 엄청난 국가채무의 일부를 갚고 1830년대부터는 철도 부설 자금으로도 썼다. 이것으로 또한 자바에 도로망이 구축되어 어떤 의미에서는 번영을 누리게 되었다. 인구도 1815년 600만 명에서 20년 후에 950만 명이 될 정도로 증가했다. 그러나 1825년부터 1830년에 걸쳐 반란이 일어났다. 주모자는 족자카르타의 왕자인 디포 네고라였다. 반란은 네덜란드 측이 신성한 무덤 위로 길을 내려고 한 것이 발단이 되었다. 네덜란드인을 이교도라고 부른 왕자는 자신을 "이교도들을 몰아내기 위해 알라가 선택한 사람"이라고 불렀다. 왕자가 이끄는 게릴라는 네덜란드 관리, 농장 감독, 그들의 중국인 협조자들을 학살했다. 중국인은 동유럽의 유대인처럼 농장의 중개인 역할을 맡고 있었다. 반격에 나선 네덜란드 측은 백련교 반란에 맞서 청나라가 썼던 방식을 채택해 견고한 요새 기지를 만들어 그것들을 새로 만든 군용 도로로 연결하여 수색 토벌군을 보냈다. 이리하여 네덜란드는 아시아에 자유주의적 제국주의가 퍼지는 과정에 착취적인 상업주의적 제국주의라는 또 다른 전통을 태동시켰다. 이 전통은 아프리카에 널리 퍼졌고, 특히 벨기에가 열심히 전파했다. 인도네시아에서는 1820년대에 이미 자바 섬과 주변의 다른 섬들을 합병한 네덜란드가 백인과 원주민의 적대 양상을 구축했다. 그리하여 이것은 1940년대부터 시작한 중요한 시기에 국토가 광활하고 인구가 많은 이 나라의 형성에 큰 영향을 미쳤다.

한편, 인도차이나에서는 1760년대부터 프랑스가 적극적으로 활동했다. 프랑스는 영국의 자유주의적 제국주의와 네덜란드, 스페인의 상업주의적 제국주의의 중간노선을 받아들였다. 18세기와 19세기 초반의 이곳 상황은 복잡했다. 약탈을 일삼는 버마 이외에 제국주의를 표방한 두 개의 다른 현지 국가가 있었기 때문이었다. 샴 왕국이 버마와 싸우지 않을 때 주기적으로 서쪽에서 캄보디아에 침입하고, 침략을 일삼는 군사국가 베트남도 동쪽에서 캄보디아를 위협했다. 프랑스의 목표는 해외선교회의 주교인 피에르 조지프 조르주 피뇨를 통해 베트남에 기독교 나라를 세우게 하고, 그 때문에 응우엔 왕조의 왕족을 파리로 데려와 교육을 시켰다. 프랑스의 도움을 받은 응우엔 아인(阮福映) 왕은 1802년에 베트남 역사상 처음으로 전역을 통일하고 지아 롱 황제(嘉隆帝)가 되었다. 그러나 친불파 후계자의 육성을 시도한 프랑스의 노력은 실패로 돌아갔다. 1820년에 제위에 오른 민 망 황제(明命帝)는 서양과 기독교에 등을 돌리고 중국 쪽으로 기울었다. 몇 차례나 파견된 프랑스 사절단의 접견도 물리치며 프랑스 영사의 입국도 거절하고 프랑스와의 관계를 끊은 민 망 황제는 유교를 국교로 하고 마침내 기독교도를 전면적으로 박해했다.[27] 프랑스는 결국 1824년에서 1826년 사이에 버마를 상대로 한 영국을 본떠, 육·해군에 의한 무력 개입을 통해 쇄국을 택한 베트남의 정책을 종식시켰다.

문호를 닫은 일본

아시아에서 외부세계로부터 원하는 것만 받아들이고 나머지는 배척하는 데 성공한 유일한 은둔 국가는 일본이었다. 그러나 그렇게 함으로

써 20세기에 일본은 좋지 않은 미래를 맞게 된다. 1820년대의 일본은 여러 면에서 중국처럼 행동했다. 무역에 관해서는 나가사키에 네덜란드 인을 위해 데지마(出島)라는 작은 섬에 거류지를 지정하고 무역상인 10여명이 살도록 허락했다. 그러나 그들에게 일본 국내의 여행이나 아내를 데려 오는 것을 허용하지 않았다. 무역은 네덜란드의 요구를 마지못해 들어주어 일 년에 배 한 척씩을 허용하였고 네덜란드 수입품은 필요가 없다는 태도를 취했다. 그러나 실제로는 그 외래품은 무사나 거물 상인 사이에서 상당한 가치를 인정받았다. 동시에 막부의 직할지인 사카이(土界)에서 제련된 주요 수출품인 구리에 대해서도 일본은 적극적으로 거래하려고 하지 않았다. 중국인들처럼 금속의 수출은 밑천을 까먹고 사는 것이므로 국력을 약화시킨다고 생각해 은과 금은 절대로 외국으로 나가서는 안 된다고 금지하고, 만약 그런 시도가 발각될 경우엔 사형에 처해졌다. 또한 막부의 전용 선박 이외에 50톤을 초과하는 선박의 건조는 엄금했다. 따라서 이미 인구과잉의 징후가 나타나고 있었어도 일본에는 해외로 도피하는 보트 피플은 없었다.

일본은 사실상 어떤 천연자원도 없었고 구리조차 1820년대에 이미 바닥이 나기 시작했다. 땅이 좁고, 더욱이 추위, 가뭄, 홍수, 태풍, 늦은 서리, 해충 등이 발생하는 등 기후도 좋지 않았다. 이런 일본을 끊임없이 위협한 것은 기근이었다. 집단 아사에 대한 공포는 일본 사회를 뒤흔드는 커다란 요인으로, 1950년대부터 대량 수출 경제가 발전하여 기근 위험이 없어질 때까지 계속되었다. 1820년대에 외국에 의한 침략 공포까지 더해져 사람들의 불안은 한층 높아졌다. 네덜란드인은 나가사키의 데지마를 중시하지 않고 때때로 자신들의 배 대신에 미국 배를 이용했다. 일본은 이것을 못마땅하게 생각했다. 동쪽 멀리 떨어진 대국 미국이 일본 쪽으로 관심을 자꾸 보인다는 사실을 막연하나마 눈치 채고 있었던 것이다. 이와 동시에 영국에도 적의를 품고, 일본 근해에 출몰하는 영국 배에 언제나 경고를 하며 내쫓았다. 1808년에는 훗날 알제에서 승리자가 되는 펠류 함장이 프리깃함 페이턴 호를 이끌고 막부의 허가도 없이 나가사키에 독단적으로 들어왔다. 그 지역 관리는 펠류 함장과 군함을 억류하는데 실패하여, 이 사건은 국가적인 수치로 여겨져 관계자 모두가 할복자살을 했다.[28]

일본인은 러시아에도 경계심을 가졌다. 러시아인은 여러 곳에 교역소를 세우고 1795년에는 우루프에도 거점을 마련했다. 이에 일본은 분개하여 사할린과 남쿠릴열도의 에조(蝦夷地)를 강화해 대응했다. 또한 당시 유명한 지도제작자이며 뛰어난 수학자인 이노 츄케이(伊能忠敬)를 보내 에조 지역과 그 주변의 지도를 제작하고, 장래의 해군 활동에 대비해 인근 해역의 수심을 측량했다. 그리고 새로 군함을 건조하여 이 일대에 파견해 일장기를 게양하게 했다. 1804년에는 러시아·아메리카 회사(Tsarist Far East Company)의 사장인 레자노프가 사절단을 인솔하고 나가사키를 방문했다. 그러나 일본은 그들을 받아들이는 것을 거절했을 뿐 아니라 그를 6개월 동안 억류했다. 마침내 풀려난 레자노프는 전함 두 척을 이끌고 1806년에서 1807년에 걸쳐 일련의 보복 공격을 감행했다. 이 때문에 쿠슌코탄, 에토로프 섬(擇捉島), 하코다테의 거주지와 어선이 불태워졌다. 이 공격으로 일본은 육·해군의 방어 대책을 더욱 강화했다. 1825년에는 영국인이 해안에 상륙해 가축을 훔치고 농민을 죽인 사건이 일어나 유명한 외국선 추방령이 내려졌다. 이 법령은 러시아인과 그 밖의 백인의 불법 행위를 조목조목 나열한 뒤 이렇게 명시했다.

"그들의 무례한 수많은 행동들을 이 이상 묵과할 수 없다. 또한 기독교 포교가 그들의 목적임이 분명하므로 이것도 묵과할 수 없다. ……외국 배가 항구 가까이 나타날 경우는 어떤 항구이건 그 지역 백성은 온 힘을 다해 그들을 쫓아내야 할 것이다. ……또한 만일 상륙하는 자가 있다면 그들을 체포하거나 죽이고, 배는 파괴할 것을 명령한다."[29]

일본의 외국인 배척 사상은 점차 강해져서 여러 가지 형태로 나타났다. 하나는 외국과 접촉한 일본인의 박해였다. 1823년에 뛰어난 바이에른 출신의 과학자 필립 프란츠 반 지볼트(1797~1866)가 일본에 와서 나가사키의 데지마에서 의사로 근무하는 한편 일본어와 일본의 동식물을 연구하기 시작했다. 나루타키(鳴瀧) 근처에 집을 마련한 지볼트에게 많은 일본인 학자들이 찾아와 가르침을 청했다. 특히 천문학과 지도제작법을 배우려는 자가 많았다. 그러나 1828년에 불행하게도 중대한 사건이 터졌다. 지볼트와 친교가 있던 학자가 일본 지도를 그에게 준 것이 발각되었던 것이다. 이것은 일본 국법에서 사형에 준하는 행위였다. 지볼트는 체포되어 무릎을 꿇은 채 취조를 받은 후 9개월 동안 강제로 억류되고 마침내 1829년 10월에 국외로 추방되었다.[30] 지볼트와 친교가 있던 수많은 사람이 고문을 받았고 감옥에서 죽었다. 그 가운데 한 사람이 막부의 천문학자인 다카하시 가케야스(高橋 景保, 1785~1829)였다. 다카하시의 시신은 정식으로 심문 절차가 끝난 뒤 판결이 내려질 때까지 소금에 절여져서 보존되었다. 일본의 수도 에도(지금의 도쿄)에 설치된 막부의 학문소(學問所)는 난학(蘭學)을 사악하고 쓸모없는 학문이라고 규탄했다.

외국인에 대한 증오는 지배계급인 무사의 권리가 상인과 기술자의 권리에 우선한다는 사실을 재확인하는 형태로 나타났다. 일본은 중국과 달리 지식인 계급인 관리가 정지를 행하는 관리국가(cathedocracy)가 아니고 군사주의적 봉건국가이며, 가혹한 영주와 '쌍 칼잡이'(Two-Sworded Men, 크고 작은 두 자루의 칼을 허리에 찬 무사—옮긴이)'로 불리는 가신이 최종적인 권력을 장악했다. 중세 후기의 유럽처럼 중간기술의 발달과 함께 상공업에 종사하는 중산 계급이 세력을 얻어 자기 주장을 강화했다. 그렇게 되자 무사와 영주라는 전통적인 기존 지배계급의 우위는 위협을 받았다.

당시 일본에는 나가사키 이외에 세 곳의 큰 도시가 있었다. 첫째는 에도 성이 있는 에도였다. 다음은 오래된 도시로서 산업과 공업의 중심지인 교토였다. 세 번째 도시인 오사카—사카이(堺)와 제련소는 이 도시의 교외에 있었다—는 물류의 중심지로, 여기서는 식량과 상품이 저장되었다. 오사카에는 100개가 넘는 중세 식 길드, 즉 쿠미(組, 조합)가 있었다.

이 조합에는 출입이 엄격했고, 가입하려면 그 권리를 팔아야만 했다. 쿠미에는 모든 직종이 다 있었다. 쌀 도매상 쿠미는 1,351개소, 목욕탕 쿠미는 2,004개소, 환전 쿠미는 52개소, 전당포 쿠미는 613개소, 서점 쿠미는 50개소였다. 종이, 기름, 약, 건어물, 목화, 칠기, 철물, 토기, 술, 돗자리 등을 취급하는 쿠미들은 매우 중요한 조합으로 '도쿠미(十組)'라고 불렸다. 일본 내 다른 지역에 있는 쿠미는 모두 오사카 쿠미의 지점에 불과했다. 이들 쿠미는 1820년대에 조직되어 트러스트나 카르텔로 발전했다. 일본은 독점 자본주의에 대해 들어본 적이 없었지만, 스스로 그 길로 들어섰던 것이다.

동업조합을 장악한 상인은 마침내 막대한 자본을 축적하여 보란 듯이 사치스러운 생활을 누렸다. 대규모 향연을 베풀고 경매에서 다른 사람보다 비싸게 값을 불러 그해 처음으로 잡힌 가다랑어나 처음 수확한 가지나무 열매를 경쟁적으로 사들이는 이들의 생활은 귀족과 무사들을 분노하게 하여 1820년대부터는 때때로 사치를 엄격하게 금지하는 법령이 내렸다. 에도에 있는 부유하지만 출신 신분이 낮은 사람들의 사치스러운 저택들은 파괴되었다. 그 당시 가장 유명한 배우로 화려하고 부유했던 이치카와 단주로(市川團十郎)는 시골로 추방되었다. 농민은 에도에 가는 것이 금지되었다. 재담이나 만담을 들려주는 연예장(寄席), 찻집, 활터(矢場) 등 당시 중류계급이 즐긴 오락시설은 모두 문을 닫았다. 소설과 화사한 간판도 금지되었다. 여성 미용사는 면허를 잃었으며 여성은 자신이 직접 머리를 만지라는 명령이 떨어졌다. 또한 여성들이 꽃꽂이, 분재, 실내장식 등 이국적인 강좌를 듣는 것도 금지되었다. 상인과 그의 가족은 면, 마, 단순한 비단 등의 옷만 입을 수 있었다. 크레이프 천(縮緬), 공단, 순백색 비단(羽二重) 등 중국에서 수입한 비단은 허가되지 않았다. 이런 사치금지법은 1841년에 정점에 달해 머리핀, 빗, 차 마실 때 먹는 과자까지도 규제를 받았다. 금지령을 어기고 사치스럽게 치장을 한 여성이 관리에게 발각될 경우, 발가벗겨진 채 거리를 끌려 다녔다. 그러나 엄격한 금지령도 뇌물을 먹은 관리들 때문에 무용지물이 되었다. 그렇지만 최종적인 권력은 무사에게 있다는 사실을 모든 돈 있는 사람들에게 일깨워줬다는 의미에서 효과는 있었다.

돈 걱정하는 쇼군

외국인 배척 사상은 또 다른 형태로 나타났다. 이 사상은 일본 사회에 가장 중요한 영향을 미쳤다고 생각되었다. 즉 일본 고대의 종교인 신도(神道)의 원리주의적 부활로, 그 뿌리는 18세기로 거슬러 올라간다. 일본은 중국처럼 신권 정치의 나라였으며, 한 번도 천황의 가계는 바뀐 적이 없었다. 직계 후계자가 없을 경우 일족의 다른 인물이 그 자리를 이어받았기 때문이다. 그러나 200년 동안 천황이 군림은 했지만 지배하지는 않았다. 대신에 쇼군(將軍) 제도가 있었다. 쇼군은 천황 밑으로 최고사령관이었으며, 평시에는 수호자, 전시에는 지휘자의 임무를 맡았다. 천황은 특별한 종교 예식만을 담당했고 그것은 천황 이외에는 아무도 할 수 없는 역할이었다. 정치는 쇼군이 맡았다. 쇼군직도 세습되어 도쿠가와 가문이 대대로 계승했다. 제11대 쇼군인 이에나리(家齊)는 1773년에 태어났다. 역대 쇼군 가운데서도 재위기간으로서는 첫째, 둘째를 다투며 통치기간은 1793년부터 자리를 물러난 1837년까지였다. 그는 1841년에 죽었다. 1868년의 도쿠가와 막부의 붕괴, 정권 반환, 근대 일본의 개막 등의 여러 사건은 이에나리가 집권하던 시기에 이미 잉태되었던 것이다. 이에나리는 일본 최대의 봉건 영주로서 그의 영토는 일본 전역에 흩어져 있었으며, 300~400만 명의 도시 주민들을 포함해 최대 세력을 자랑했다. 그러나 그가 압도적인 세력을 가진 것은 아니었다. 예를 들어 이에나리에 이어 대영주들인 가가(加賀), 사츠마(薩摩), 센다이(仙台)의 영주에게도 천황의 친견이 허락되었다. 또한 16명의 영주가 정기적으로 에도에 오면, 막부는 예의를 다해 정중히 맞았다.

그러나 천황은 결코 힘이 없지는 않아서 쇼군은 천황을 대할 경우 복잡한 의전절차를 따라야만 했다. 우선 쇼군이 자신의 뜻을 로쥬(老中)라는 원로대신에게 전달한다. 원로대신은 그것을 천황이 사는 교토에 조정과의 중개역을 맡은 쇼시다이(所司代)에게 전달한다. 쇼시다이는 그것을 텐소(傳奏)라고 불린 다른 관리에게 전달하고, 텐소가 간바쿠(関白)에게 전한다. 이 간바쿠에 의해서 마침내 천황―1817년에서 1846년 동안에는 닌코(仁孝) 천황―의 귀에 전달된다. 닌코 천황의 답변은 약간 다르지만 거의 역순으로 쇼군에게 전달되었다. 각 단계마다 공들여 준비된 의식이 있었고 엄청난 경비가 소요되었다. 게다가 19세기 초기에는 옛 절차들이 많이 부활되었다. 1817년에 거행된 닌코 천황의 즉위식은 경이적일 정도로 화려했다. 그리고 천황이나 쇼군이 양위할 때 새로운 거처를 선물하는 옛 관습도 되살아났다. 이런 궁궐을 관리하는데 수백 명의 관리가 필요했다. 새로운 직위도 계속 주어졌다. 예를 들면 닌코 천황은 이에나리에게 처음에는 우대신, 그 다음에는 좌대신의 직위를 내리고 마침내는 태정대신(太政大臣)으로 승격시켰다. 그때마다 그것을 구실로 호화스런 축하행사가 열리고, 기념일도 성대하게 치렀다. 쇼군마다 아끼는 신하가 있어서 그 의견에 따라 새로운 관리 계층이 막부에 생겼다. 예를 들면 이에나리가 통치하던 1820년대에는 미즈노 다아키라(水野忠成)가 권력을 휘둘렀다. 엄격한 사치금지령은 그의 머리에서 나왔다.

수백 명에 이르는 조정의 신하와 막부의 관리들은 에도나 교토로 상호예의 차 방문하는 데 많은 시간을 들였다. 막부의 정치조직은 이중구조였다. 로쥬 밑으로는 와카도시요리(若年寄)라는 관리가 있었다. 또한 부교쇼(奉行所)라는 직제가 세 종류나 설치되어, 각각 똑같은 조직을 거느렸다. 중국처럼 모든 관리들에게는 각각의 측근들이 있었다. 무슨 일을 하기 위해서는 우선 뇌물을 주어야만 하는 것도 중국과 다르지 않았다.

조정의 관리와 막부의 관리끼리는 서로에게 값비싼 선물을 주고받았다. 대부분의 의식 비용은 쇼군이 부담했다. 그리고 쇼군은 에도 성을 유지해야 했다. 그곳은 안팎의 두 개의 성곽으로 이뤄진 도시 속의 도시였다.

쇼군인 이에나리 자신의 생활은 몹시 사치스러웠다. 쇼군의 거처인 오큐(大奧)에는 궁녀가 300명, 시녀가 250명이나 있었다. 첩 가운데서도 가장 세력이 있는 신분 높은 궁녀는 츠보네(局)라고 불리고, 몇 개인가의 파벌로 나뉘어져 있었다. 종종 종교적인 배경에 따라 나뉘기도 했다. 도쿠가와 가문은 원래 정토종이었지만, 이에나리는 애첩 중 한 명에게 설득당해 일련종(一蓮宗)으로 개종했다. 쇼군의 개종은 라이벌 종파에게는 경제적 타격을 의미하는 큰 문제여서, 성벽에 의해 일반 사회와 차단된 세계에서는 끊이지 않는 음모의 큰 소용돌이를 만들었다.

그러나 일본 민중은 지배계급의 실정을 잠자코 받아들이지는 않았다. 각종 의식 비용이 늘어나 오사카 상인에게 거액의 빚을 진 다이묘(大名)도 생겼다. 수백 만 냥을 빚진 것으로 알려진 쇼시다이를 파산자라고 조롱한 풍자문이 교토 거리에 나붙기도 했다. 쇼군 이에나리 자신도 공식 행사 따위는 거의 참석도 하지 않고 그저 측근 신하만을 정원에 불러 잡담이나 나눌 뿐이고, 중요한 투서함(目安箱)에는 눈길조차 주지 않아 비난을 들어야 했다. 끊임없이 행사를 열기 위해 이에나리가 언제나 재원을 필요로 했던 것은 이 시대에 세금과 뇌물이 급증했다는 사실로도 알 수 있다. 그에 따라 민중의 불만도 높아져만 갔다.[31]

국수주의 사상의 발전

이 무렵, 매우 뿌리 깊은 움직임이 점차 힘을 얻기 시작했다. 막부에 대한 민중의 불만과 예부터 전해져온 소박한 종교적 원점으로 돌아가야만 한다는 생각이 싹트기 시작했던 것이다. 그것은 중국의 백련교의 난처럼 종교적인 원리주의의 형태를 띠었지만 더 합리적이고 지적인 움직임이었다. 무엇보다도 두드러진 점은 혐오감이었다. 처음에는 중국인이 반대의 대상이었으나, 마침내는 모든 외국인, 모든 외국의 사상과 습관에 초점을 맞추었다. 그를 위해 고대의 원시 종교 형태인 신도(神道)로 돌아가라고 주장하고, 천황제의 뿌리가 신도에 있다고 강조했다.

신도 복귀론자로 매우 유명한 가모 마부치(賀戊眞淵, 1667~1769)는 중국의 영향, 특히 유교의 영향을 일본 문화에서 버리고 싶어 했다. "사람들이 진실한 마음을 가졌던 옛날에는 유교가 가르치는 복잡한 예절이나 도덕이 필요가 없었다."고 그는 썼다. 그리고 일본인은 본래가 착한 사람들이므로 지금은 그것을 필요로 하지 않는다. 중국인은 악에 물들기 쉬우므로―나라가 어지러운 것도 그 때문이다―그것을 필요로 했다. 중국은 유교를 일본에 퍼뜨려 정직하고 용감한 일본인의 타락을 도모했다. 그 결과는 모두가 알 수 있듯이 유감스럽게도 그 시도는 중국의 목표대로 성과를 올렸다. "일본인은 원래가 정직한 민족이므로 유교와 같은 가르침은 없어도 무방하다."고 마부치는 주장했다.[32]

마부치의 가르침은 이 시대에 더욱 큰 영향을 미친 모토오리 노리나가(本居宣長)의 저작 기반이 되었다. 모토오리는 의료 행위를 하지 않는 여가 시간에 180권에 이르는 55종의 책을 썼다. 어떤 의미에서 그는 일본의 루소였다고 할 수 있다. 그의 역작인 『고사기전(古事記傳)』은 1764년부터 1796년 사이에 쓰였지만 1822년이 되어서야 인쇄가 완료되었다. 그 후 이 책은 지식인 사이에서 널리 읽혔다. 놀랍게도 막부는 모토오리의 저서를 금지하지 않았다. 중국에서 들여온 소박한 힘을 끌어내 일본어 문어체를 근대화하여 매우 세련되었다는 평가를 얻은 것이 그 이유일지도 모른다. 모토오리의 『고사기전』은 애국심에 넘친 눈으로 민간전승의 이야기를 고증한 연구서로서 중세의 『백과전서(Summa)』처럼 철학과 종교는 물론 역사, 우주론까지 다루었다. 그러나 이것이 막부정치를 비판하고 마침내 도쿠가와 정권에 치명타를 가했다는 것은 의심할 여지가 없다. 모토오리는 800만의 신을 믿는 원시적인 신도를 믿었고 우화와 신화를 사실로 재현하고, 중국에서 들여온 추상적인 관념을 거부했다. 그러는 한편 확고한 실용주의를 취하면서 일본인이 마음속에서 배양한 구체적 이미지를 곳곳에서 활용했다. 모토오리가 영향을 크게 끼친 것은 이들 이미지의 활용, 수려한 문장력의 성과일 것이다.

모토오리는 신도가 중심이었던 시대의 일본이 이를테면 낙원이었으며, 사람들은 순수하고 성실하고 깨끗했다고 주장했다. 천황은 위대한 지배자였으며 그의 막강한 힘을 현명하게 행사했다. 그런데 유교가 중국에서 들어와서는 종교의 가면을 쓰고 궤변으로 나라를 농락하며 순진한 일본인을 속여, 중국 특유의 내란 풍조를 가져왔다. 모토오리는 나라가 분열하여 내란으로 지새우는 중국과, 잘 통제된 중앙집권국가인 일본을 여러 곳에서 대비했다. 당연히 그것은 살아 있는 인간이자 신(神)인 천황의 무력화를 초래했다. "중국의 풍습이 들어온 이래 천황은 아주 위엄 있는 지위에 있었지만 여성과 같은 지적 수준에까지 떨어졌다. 실제적인 힘은 신하들에게 넘어가고 그들은 군주의 칭호만을 쓰지 않았을 뿐 현실적으로는 최고 권력자가 되었고, 친황은 사실상의 장식물로 전락했다." 모토오리가 중국인의 종교 사상을 싫어한 한 가지 이유는 그것이 중국을 우주의 중심에 놓고, 모든 인류를 중국의 백성이나 속국 사람으로 간주했다는 점 때문이었다. 그러나 그것은 사실과 다르다. 태양이 신이고 태양의 딸이 일본에서 태어났다. 따라서 우주의 중심은 다름 아닌 일본이고 모든 인간은 실제로건 잠재적으로건 일본을 따르지 않으면 안 된다. 아마테라스 오미카미(天照大神, 일본 신화에 등장하는 태양신 — 옮긴이)의 자손인 천황가는 신에 의해 선택된 자로서 일본은 원래부터 전 세계를 지배하도록 정해졌다고 그는 주장했다.[33]

모토오리는 일본인의 생각을 근본적으로 바꾸어 놓고, 일본 문화 부흥의 중심적 역할을 수행했다. 모토오리는 도쿠가와 막부를 중국식의 문화 제국주의와 동일시하고 '존왕양이(尊王攘夷)' 운동의 기반을 닦았다. 그리하여 이 운동은 1822년부터 반세기 이상 동안 일본을 휩쓸며 결국 에는 성공을 거두었다. 그럼에도 불구하고 쇼군은 모토오리를 막부의 명 예고문으로 영입했다. 전국 각지에서 수많은 남녀가 모여들어 모토오리 의 말에 귀를 기울였다. 여러 사건들이 모토오리의 주장을 뒷받침했을 것으로 짐작된다. 당시 중국이 외국의 간섭을 받고 어려움에 처해 있다 는 사실은 일본에게도 전해져서 모토오리의 분석이 옳다는 것을 입증했 다. 과거 일본인은 중국인은 '신에게 선택된 민족(the elect nation)'이라는 말을 항상 들어왔다. 그런데 모토오리는 그들을 실은 '더러운 나라'의 학 대받고 굴욕으로 가득한 불쌍한 백성이라고 주장했다. 오히려 선택받은 민족은 일본인들이라는 것이었다. 이런 생각은 외국인 배척사상과 민족 주의를 크게 매료시켰다. 그것을 더욱 부채질한 것이 모토오리의 뛰어난 제자인 히라타 아츠다네(平田篤胤)였다. 히라타는 미국의 독립선언이 있 던 해에 태어났다. 히라타의 우주론과 천지창조의 이야기도 일본인이 다 른 민족과는 다르다는 입장을 강조했다. "왜 일본은 신들의 나라인가?" 라는 문장으로 그 이야기는 시작된다. 신도에 등장하는 수천의 신들은 모두 외국에서 태어나지 않고 일본에서 태어났다. 따라서 일본인은 신 의 후예이고 순수한 마음과 정신이라는 완전한 자질을 태어날 때부터 갖 추었다. 그런 자질을 잃지 않은 것은 오로지 외국의 영향이다. "일본인과 중국인, 힌두인, 러시아인, 네덜란드인, 샴인, 캄보디아인, 그 밖의 외국 인 사이에는 정도의 차이는 없고 질의 차이가 있다." 그러므로 일본인은 타락한 외국인을 국내에 들여놓지 않도록 대책을 마련해야 한다. 히라타 의 저작은 러시아, 네덜란드, 영국, 미국의 진출에 대항하는 일종의 방위 매뉴얼로 발전했다.

신도 원리주의가 막부 타도론으로 발전하여 마침내 군국주의를 낳은 것은 필연적인 결과였다. 히라타 같은 위험인물이 1820년대 내내 그리 고 그 후에도 에도에서 출판과 교육 등에 종사한 것은 놀라운 일이다. 그의 저작이 발매금지가 된 것은 1836년의 일인데, 히라타는 1840년이 되어서야 고향인 아키타로 추방되었다. 그러나 중요한 것은, 부활하고 근대화된 신도가 일본 사회에 미친 영향이었다. 신도는 신에 대해서 가르치기만 할 뿐 윤리적, 도덕적 규율을 전혀 갖추고 있지 않았다. 따라서 신도가 근대 사회에서 힘을 얻기 위해서는 그러한 것이 필요했다. 그러나 이 윤리 규범은 19세기 후반에 탄생한 군국주의 국가에 매우 필요한 형태로 만들어졌다. 이리하여 원시적이면서 매우 불순한 전체주의에 종교적인 기반이 더해졌다. '선택받은 민족의 신국(神國)'이라는 사상이 순수한 방어적인 입장에서 서서히 변화하여, 은둔의 나라가 자신의 은둔지를 떠나 탐욕스러운 군국주의 국가로 변신함에 따라 원리주의의 이 나라는 1930년대와 1940년대 사이에 마침내 무시무시한 침략국으로 바뀌었다.

독일 민주주의의 대두

기묘하게도 아무런 직접적인 문화 교류가 없었음에도 불구하고 1820년대에 지구 반대편 유럽에서는 똑같은 경향이 나타났다. 19세기는 민족주의가 두드러진 시대였다. 엄청나게 증가하는 인구로 인해 촉발된 것인지는 몰라도, 인구 폭발은 전 세계에 걸친 민족 대이동을 초래했고 지금도 일부 지역에서는 이동이 계속되고 있다. 극동에서는 그리고 일본에서는 '선택 받은 민족'이라는 민족주의적 이데올로기가 종교적인 우주론이라는 옷을 덧입고 나타났지만, 유럽에서는 합리주의와 철학이라는 옷을 입는 경향이 많았다. 그러나 어떤 옷이건 간에 그 옷을 걸친 육체는 동·서양을 불문하고 잘 속고 영향 받기 쉬운 대중이었다. 대중은 지배자나 지식계급의 말을 무조건 받아들여 자신들을 본질적으로도 또한 그 의지가 있다면 현실적으로도 세계를 정복할 힘을 가진 슈퍼맨이라고 믿었다. 독일에서는 앞서 보았듯이 나폴레옹의 압제가 민족주의라는 잠자는 거인을 깨웠다. 나폴레옹전쟁 후 황제와 제후가 권력을 되찾아 경찰과 검열제도를 통해 이 거인을 잠깐 동안 깨우거나 다시 잠들게 할 수는 없었다. 1819년 극작가이자 반자유주의자인 아우구스트 코체푸가 K. S. 상드라는 남자에게 살해당했다. 코체푸가 독일의 학생운동을 풍자했다는 것이 그 이유였다. 상드의 처형 후 칼스바드의 결의(1819년 독일 연방 의회가 의결한 반동적 정책 ─ 옮긴이)가 시행되었다. 이 사건은 보수적인 정부로부터 민족주의를 떼어놓는 결과를 가져온 것에 지나지 않았다. 이 결의는 학생운동의 금지, 파괴 활동 감시위원회의 설치, 정치 활동의 사찰, 출판물의 검열 등을 위해 경찰의 권한을 강화했다. 이 결의는 메테르니히와 오스트리아 황제의 부추김을 받아 연방의회가 충분한 검토도 거치지 않고 통과시켰다. 자유주의 운동을 억제하기보다는 오히려 도발하는 효과가 더 커서 남부 독일에서는 이것을 시행하지 않는 주도 있었다. 결국엔 혁명의 가능성이 더 높아졌다. 게다가 이 결의가 계기가 되어 민족주의와 체제 전복이 결합한, 1790년대의 프랑스를 따라하려는 움직임이 독일지식계급 사이에 싹텄다. 라인란트의 저널리스트인 요제프 고레스는 프로이센의 전제 제도를 비판한 기사로 인해 칼스바드의 결의에 따라 「라인니세르 메르쿠르(Rheinischer Merkur)」지의 발행 금지 처분을 받았다. 고레스는 독일에 혁명이 일어날 경우, 프랑스 대혁명만큼 유럽의 평화에 위협이 될 것이라고 경고했다.

　"혁명이 일어나면 현재 통치하고 있는 모든 왕가의 추방, 모든 교회 조직의 파괴, 귀족계급의 소멸, 그리고 공화제 헌법의 도입으로 이어질 것이다. 또한, 발렌슈타인 장군 이상으로 운 좋은 장군을 발견하면, 혁명군은 국경을 넘어 유럽 전역의 부패한 구체제 정권을 송두리째 파괴할 것이다. 그 손은 아마도 아시아까지 뻗칠 것이다. 혁명을 경험한 국가는 모두 침략자가 되기 때문이다."[34]

게다가 독일에서는 파괴적인 혁명이 일어나더라도 '선택받은 민족'이라는 견지에서 무지막지한 무력행사는 당연하다는 가능성이 커지고 있었다. 19세기 초기에 프랑스와 독일의 대외 자세는 중요한 차이가 한 가지 있었다. 혁명적인 분위기에 놓였던 프랑스인은 민족주의를 부르짖었지만, 한편으로는 국제주의자이기도 했다. 이는 '문명'이라는 관점에서 사물을 생각했기 때문이다. 프랑스인은 문명의 옹호에 관해서는 확실히 세계의 선두에 섰지만, 그 문명을 다른 민족과 함께 공유하려고 했다. 그러나 독일인은 '문화', 특히 자신들의 문화를 우선적으로 생각했다. 1813년부터 1830년에 걸쳐 프랑스의 아카데믹한 사고에 가장 큰 영향력을 끼친 책 가운데 하나인 『인간 정신의 진보에 관한 역사적 개관(Historical Tableau of the Progress of the Human Spirit)』의 저자인 니콜라스 드 콩도르세는 인류를 시간을 뛰어넘는 긴 여정 중인 존재로 생각했다. 지금은 중년에 접어들었지만 아직 사십 대이고, 술에서 깨어났지만 희망을 아직 버리지는 않았다. 그러나 프랑스와 마찬가지로 눈에 띄게 피곤하고, 전쟁의 상처를 약간 입은 존재로 보았다.[35] 반면에 아직 국가 통일을 이루지 못한 독일인은 인간을 젊고 신선하며, 몇 가지 면에서 짐승보다 한 단계 위지만 정력적이고 지구를 바꿀 능력이 있는 존재로 보았다. 원시림에서 나왔지만 신의 능력을 자신의 오른팔에 갖고 있는 젊은 지그프리트. 그 원시림은 독일의 숲이며, 따라서 독일인은 인류의 대표자라는 생각이었다. 이 주장은 8,100종류의 신을 믿는 이교도인 일본의 모토오리의 소박하고도 원시적인 사상에서 나온 게 아니었다. 이는 당시 독일에 19개나 있었던 세계 유수의 대학들의 지적으로 매우 원숙했던 교수들의 근본 견해였다.[36]

　독일 대학 가운데서도 최고 수준이라고 할 갓 설립된 베를린 대학의 철학교수였던 요한 고틀리프 피히테(1762~1814)는 나폴레옹전쟁의 막바지에 일련의 저작을 저술하여 지적, 도덕적으로 독일인이 탁월하다고 강조했다. 더욱이 근대 국가라는 기관을 통해서 모든 인류에게 혜택을 주기 위해서는 독일은 무엇을 해야 하는가를 밝혔다. 독일어에는 왜 '인격(character)'이라는 의미를 명확하게 나타내는 단어가 없는가? 그것은 독일인으로 태어나면 자동적으로 완전한 인격이 주어지기 때문이다. 독일인은 원민족(Urvolk), 즉 '자연에 의해 선택 받은 민족'이다. 그리고 나아가 문명을 위해 따로 배우지 않아도 되었다. 반대로 독일인에게는 자신의 문명을 다른 민족들에게 가르칠 의무가 있었다. 그러나 그들의 세계적인 임무를 실현하기 위해서 그들은 먼저 한 민족으로서 그들의 임무를 완성하지 않으면 안 되었다. 타고난 재능을 최대한 활용하여 위대한 국민이 되어야만 했다. 민족과 국가를 분리하는 것은 불가능하며, 국가는 국민에게 형태와 규율과 목적을 부여하고, 그 강제력에 의해 인간 속에 있는 악을 억제한다고 피히테는 말했다.

피히테는 니콜로 마키아벨리의 영향을 많이 받아 인생을 패권을 차지하기 위한 민족 간의 끊임없는 투쟁으로 보았다. 이 투쟁에서 살아남아 이익을 취할 수 있는 것은 아마도 자국민에게 매우 폭넓게 지배력을 발휘할 수 있는 민족국가일 것이다. 그런 민족—독일이 대표적인 예였다—은 당연히 팽창력을 지니고 있었다. "모든 민족은 가능한 한 넓게 자신들의 고유한 장점들을 퍼뜨리고 싶어 한다. 또한 신이 심어 놓은 강한 욕망에 따라 인류 전체를 될 수 있는 한 자신들과 동화시키길 원한다. 민족 공동체의 발전은 모두 이 욕망에 달려 있다."[37]

피히테의 이런 말은, 실로 중요한 의미를 지니고 있다. 국가가 권력을 원하는 것은 자연스럽고 건전한 행동이라는 주장에 독일의 일류 철학교수가 이론적 토대를 부여했기 때문이다. 피히테는 이런 행동을 도덕적인 세계관 속에 자리매김했다. 피히테의 머릿속에 있는 것은 전체주의를 신봉하는 전체주의 국가였지 혁명국가는 아니었다. '군주'는 세습 받은 신권에 의해 통치했다. 그러나 "국가가 모든 면에서 전적으로 군주에게 소속되어 있듯이 군주도 또한 모든 면에서 국가에 소속되어 있다. 국가의 운명은 신의 섭리에 따라 군주의 손에 맡겨져 있으므로, 군주는 그것에 대해 책임을 져야 한다."라고 했다. 그래서 군주의 공적인 행동은 법과 정의에 따라 도덕적이어야만 하고 그의 사생활은 나무랄 데 없어야만 한다. 그러나 국가 사이의 관계에 있어서는 "법도 정의도 없으며 오로지 힘이라는 법만 존재한다. 그리고 군주는 신에 대해서 인류의 운명을 다스리고 세계에 대한 지배권을 위임받을 수가 있다. 따라서 군주는 개인적인 윤리상의 계명을 초월한 도덕률의 틀 속에 있게 된다. 그 도덕률의 본질은 '백성의 구원과 영광만이 최고의 법이다(Salus et decus populi suprema lex esto)'라는 말로 표현된다." 이것은 매우 극단적이며 위험한 사상이었다. 이 설에 따르면, 신생 민족국가는 민족자결권과 민족생존권을 추구하기 위하여 어떤 무자비한 행동을 저질러도 정당성을 주장할 수가 있었다. 국가의 이익을 최우선으로 하는 '고치적 도덕률(higher moral order)'이라는 개념은 20세기에 레닌이 말한 '혁명적 양심'과 히틀러가 말한 '당의 도덕률'로 구체화되었다. 게다가 피히테가 어떤 국가 형태를 마음에 두고 있었는지는 확실했다. 그것은 전체주의국가인 독일이었다. 『독일 국민에게 고함(Addresses to the German Nation)』에서 피히테는 이상적인 미래 국가는 민족국가, 그것도 독일국민들로 이뤄진 국가, 즉 독일 제국이 될 수밖에 없다는 공리를 내세웠다.[38]

전쟁을 찬양한 철학자 헤겔

　미래의 독일제국을 지지하는 피히테의 주장은 마침내 그의 뒤를 이어 베를린 대학 교수직을 차지한 위대한 철학자 게오르크 빌헬름 프리드리히 헤겔(1770~1831)에 승계되어 더욱 발전했다. 여기서 헤겔에 대해 조금 언급하고 넘어가보자. 헤겔은 19세기에 가장 중요한 철학자로 역사가 가장 낮은 형태에서 가장 높은 형태로 발전한다는 변증법은 철학은 물론 신학에서 역사학에 이르기까지 그 모든 학문 분야에 영향을 끼쳤다. 한편 근대의 개막에서 발견되는 놀라운 일례, 즉 무인과 파괴적인 협력관계를 맺은 문인이기도 했다. 일본에서도 이러한 협력관계가 원시적인 형태로 나타났다. 그러나 일본은 중간기술에서 최첨단 과학기술로 엄청난 도약을 했다. 독일의 경우 그 과정은 더 복잡했지만, 본질적으로 크게 다르지 않았다. 일반적으로 지식인과 군인은 타고난 경쟁상대라고 생각되지만, 그렇지는 않았다. 지식인은 권력, 특히 군사 권력에 매료되는 경향이 있어서 사상이라는 마차에 군인을 싣고 가는 데 실로 열심이었다. 한편, 지식인을 지배하면서 동시에 지식인의 도움을 받는 군인과 정치가도 자신들의 포차에 지적인 엔진을 부착하는 데 이의가 없었다.

헤겔에게는 누구보다도 이 경향이 잘 나타났다. 헤겔만큼 국가 권력에 헌신한 지식인은 없을 것이다. 헤겔은 용모, 성질, 습관, 장단점에 있어서 전형적인 학자로, 정확하고 꼼꼼한 것을 좋아했다. 뉘른베르크 명문 출신의 딸인 마리 폰 투허와 결혼했으나 그 마리도 이전의 여자 친구였던 나네트 엔델도 모두가 헤겔의 엄격한 버릇을 비난했다. 실제로 여성들을 응대할 때 그는 "비위에 거슬릴 정도로 저자세"였다.[39] 실생활에서는 착실하고 품행이 방정한 아내와 안정된 대학 일자리 말곤 관심이 없었다. 김나지움(고등학교) 철학 선생으로 임명되었을 때는 소식을 알리는 편지를 의기양양하게 자신의 친구인 이자크 폰 싱클레어에게 보냈다. "안정된 직장을 얻는다는 가장 큰 소원이 이뤄졌다네. 그것도 연구와 밀접한 공직이라네."[40] 그 후도 튀빙겐의 대학교 교수직에 이어 마침내 자신이 최고로 바라던 베를린대학의 교수 자리를 노리고 책략을 꾸미면서 고군분투했다. 튀빙겐 시대에 이미 학생과 동료로부터 '늙은이(Der Alte)'라고 불렸다. 그의 편지는 철저하게 학자풍이었다. 학장과 교수용 식탁에서 나눈 일, 특별연구원, 인사, 봉급, 특전, 점심 초대나 맛난 음식, 쾌적한 방 등을 둘러싼 재미도 없는 잡담 등으로 가득했다. 프랑스가 패배한 덕분에 축복이 찾아왔다고도 썼다. "그 덕분에 대용 커피로부터 해방되었다. 평의원으로 일하고 받는 추가 수입으로 진짜 자바 커피를 살 수 있다."[41]

헤겔은 철학에 적당한 학문적인 구속을 가하기로 결심했다. 그는 "기하학처럼 가르치기 위해서는 철학을 체계화할 필요가 있다. 내 과업은 그 과학적인 형식을 고민하는 것이다."[42]라고 폰 싱클레어에게 편지를 썼다. "대학의 철학 강의는 세부적인 것까지 정연하게 체계화한 일정한 방법론에 따라 실시되어야만 비로소 명확한 지식 습득이라는 본래의 역할을 달성할 수 있다. 다른 과학처럼 철학을 배우기 위해서는 이 방법 밖에 없다." 헤겔은 "혼자 생각하는 것"만을 추구하는 것을 비난했다.[43] 철학을 유클리드 기하학처럼 체계화하는 시도는 대성공을 거두어 그 방법론과 이론체계는 지식공학시스템으로 발전했다. 베를린 대학의 강의는 우수한 학생들을 크게 매료시켜 브루노 바우어, 루트비히 포이어바흐, 데이비드 프리드리히 스트라우스, 아놀드 룽게 등 청년 헤겔학파를 탄생시켰다. 그리고 헤겔학파의 신봉자인 칼 마르크스를 잊어서는 안 된다. 마르크스는 헤겔의 시기공학을 사회공학시스템으로 바꿔 20세기에 막대한 영향력을 발휘했다.[44]

헤겔은 전형적인 학자였지만 그런 부류의 많은 사람들처럼 권력에 강한 관심을 보였다. 공을 들여 대학교수 자리를 얻은 이유도 오로지 자신의 능력을 뽐낼 무대에 서고자 하는, 이를테면 권력이라는 거인의 호주머니 속에서 살고 싶다는 일념에서였다. 따라서 베를린에 진출한 것은 그의 인생에서 가장 큰 기쁨이었다. "시골 생활을 끝내고 마침내 대사건이 중심에 왔다." "사람이 사생활에서 찾을 것이라고 생각한 만족은 결국 사람을 현혹시키는 것일 뿐, 불충분하다." "모든 사람은 국가와 관계를 유지하며 국가를 위해 일해야만 한다." "사회의 중심, 베를린 사회에 있으면…… 현재의 정세에 대해 보다 정확한 정보를 손에 넣을 수 있다. 그렇다면 자신의 일이나 관심에 대해 더 확신할 수 있다." 이런 심경을 헤겔은 성경구절을 인용해 의기양양하게 말했다. "먼저 먹을 것과 입을 것을 구하라. 그리하면 하나님의 나라가 저절로 임할 것이다."[45]

헤겔은 권력 가까이에 있는 것을 좋아했을 뿐만 아니라 권력을 성사시킬 인물을 숭배에 가까운 눈으로 바라보았다. 1806년에 프랑스가 예나를 점령하자, 그는 환희에 찬 글을 이렇게 썼다. "나는 황제를 보았다. 세계정신인 황제는 정찰을 위해 말을 타고 성 밖으로 달려갔다. 이런 인물이 세력을 이 한 지점에 모아 세계로 손을 뻗어 지배하려는 모습을 보는 것은 가슴 벅찬 흥분이다." 헤겔은 법전의 편찬자인 나폴레옹을 일종의 신격화된 귀인처럼 바라보면서 "위대한 헌법 교수가 파리에 앉아 있다."고 평했다. 또한 "중요한 일의 추진은 하늘로부터 즉, 프랑스 황제의 의지로부터만 될 수 있다."고도 말했다.[46] 나폴레옹이 실각하자, 헤겔은 1814년 4월 29일에 이렇게 썼다. "위대한 천재가 자신을 파괴하는 것을 보는 것은 끔찍한 일이다. 그리스 문학에도 이것보다 더 비극적인 것은 없을 것이다. 평범한 사람들이 큰 무리를 이루어 지탱하기 어려운 납추가 되어⋯⋯ 최고 자리에 있던 인물을 마침내 자신들과 같은 자리로 끌어 내리는데 성공했다."[47]

이즈음 헤겔은 학자로서의 지위를 획득하거나 유지하기 위한 목적을 위한 것이 아니고는 개인숭배의 효용을 더 이상 믿지 않았다. 그 철학은 그가 말한 '세계정신' 즉 낮은 단계에서 높은 단계로 향한 진보 과정을 구체화한 억누를 수 없는 힘을 중심으로 전개되었다. 나폴레옹은 프랑스를 대신해 이 세계정신을 구체화했으나 실각해버리고, 프랑스는 무대에서 사라져버렸다. 여기서 그 세계정신은 다른 나라, 즉 독일로 자리를 옮겼던 것이다. "프랑스 공화국의 전적으로 추상적·형식적인 자유는 자멸하는 프랑스 사회에서 떠나 다른 나라로 이동했다. 나의 머릿속에는 그 이름이 구체적으로 떠오른다. 그것은 실제적인 형태의 자유가 진실로 통용되는 자기 존재를 강하게 의식하는 나라이다. ⋯⋯새로운 형태의 도덕적 정신의 탄생이 바로 임박했다."[48] 매우 난해한 표현의 나열이지만, 이것은 세계의 지적·정신적 리더십이 현재 프랑스에서 독일로 옮겨가고 있는 중이라는 것을 대학교수 스타일로 표현한 것에 지나지 않았다. 헤겔이 일본의 모토오리나 독일의 피히테처럼 '선택된 민족' 또는 '지배자 민족'을 주창하는 이론가가 아니었다는 것을 짚고 넘어갈 필요가 있다. 피히테나 모토오리의 주장은 정적인 역사관이고 헤겔의 주장은 동적인 역사관이었다. 헤겔의 주장은 양자를 비교하면 훨씬 더 그럴 듯하게 들렸다. '역사상 중요한 사건이 일어났던 시대'에는 반드시 그 단계의 세계정신을 반영한 '세계사를 움직이는 국가'가 등장한다. 이런 국가에는 그 시점에서 모든 다른 국가에 대한 절대적인 특권이 부여된다. 그 국가는 세계정신이 지시하는 대로 행동해야만 하고, 그렇게 해서 세계를 지배할 것이다. 지금 그에 해당하는 것이 독일이라고 헤겔은 역설했다.[49] 세계정신을 무자비하게 권력을 행사하는 군사적 상징이나 거대화 현상(gigantism)으로 보는 것이 헤겔의 특징이었다. 마르크스가 헤겔의 이론 저술에 끌린 것은 이것이 그 한 가지 이유였다. 1816년 7월에 헤겔은 빈 회의에 참석한 정치가들을 그들이 대신한 전능한 나폴레옹과 비교하고 "흡사 개미, 벼룩 그리고 곤충과 같은 무리"라고 혹평하고, 다음과 같이 덧붙였다. "세계정신이 시대에 전진 명령을 내렸다는 것은 틀림없다고 나는 믿는다. 이 명령들은 준수되고 있다. 본실석인 힘인 세계정신은 무기를 몸에 밀착한 채 대열을 이룬 군대처럼 맹렬하게 나아간다." 아무것도 그것을 제지할 수 없다. "아마 이 거인(colossus)의 구두끈에 손이 닿을 정도로 가까이 가서 구두약이나 진흙 냄새를 조금은 묻힐 수 있을 것이다. 그러나 그 끈을 풀 수는 없을 것이다. 하물며 이 거인이 일단 신의 구두를 신었다면, 그것은 더더욱 벗길 수 없다. 정신적이건 물리적이건 가장 안전한 것은 전진하는 거인의 발에서 눈을 떼지 않는 것이다." 그것에 반대하는 것은 '무력한 해충'이라는 것이다.[50]

거인은 다름 아닌 국가였다. 피히테와 마찬가지로 헤겔의 눈에도 보이는 상징인 국가는 인간이 만든 최고의 형태였다. 세계정신을 구현할 순서가 돌아왔을 때, 그 국가에는 뜻대로 행동할 자유가 인정되었다. 더욱이—이점에 관해서는 헤겔은 신중하게 표현했다—그 욕구를 달성하기 위해서 전쟁에 호소할 권리도 허용되었다. 헤겔은 임마누엘 칸트가 제창한 영원한 평화 개념을 무시했다. 어떤 권위도 국가 간의 분쟁을 중재할 권한이 없다고 주장했다. '국가의 힘'은 과거의 지적 유산에 현재와 미래의 욕구를 더한 것이었다. 이 국가의 힘을 대표하여 국가는 완전한 자치권을 보유하고, 필요하다면 무력에 호소해서라도 그 이익을 추구할 권리를 가졌다. 이처럼 전쟁이라는 것은 역사에 의해서 무조건적으로 그리고 명확하게 지지받은 행위이며, 세계관에서 하나의 지위를 점유한 행위라는 것을 헤겔은 강변했다. 독일의 손꼽히는 철학자이자 세계가 어떻게 행동하고 진보하는지에 대해 일반적이고 합리적인 설명을 시도했던 철학자가 자신의 학문적인 명성 모두를 바쳐 이렇게 호소한 인간은 헤겔이 최초였다.[51]

역사학의 유행

19세기 내내 그리고 그 후까지 총명한 독일 젊은이들이 배웠던 것은 이 철학이다. 세상에 새로운 힘, 즉 역사의 힘이 등장했다. 그것을 세계정신이라고 부르거나, 인간과 한 시대에 '전진 명령'을 내린 거인으로 묘사하거나, 미리 예정된 길로 나가는 역사의 흐름은 아무리 수많은 평범한 인물이 모여 막더라도 불가능했다. 그 시대의 위대한 사람들은 그들의 힘이 얼마나 강력했건 간에 앞으로 나아가는 코끼리의 널찍한 등에 올라가 흔들대는 가마에서 옴짝달싹 못하는 꼭두각시일 뿐이었다. 과거를 발견하여 새로운 학술을 발전시키는 시대에서는 역사를 단순한 사실의 집합체 이상의 무엇이며 억제할 수 없는 자체의 추진력을 갖고 있는 사상은 매력적이었다.

19세기 초에 싹튼 과학 중에 고고학은 가장 주목을 끄는 것들 가운데 하나였다. 이탈리아에서는 1738년에 헤르쿨라네움이, 그리고 1748년에 폼페이가 발굴되었다. 그러나 이들 유적의 정확한 구조가 밝혀진 것은 1812년 이후의 일이었다. 바로 이 해에 프랑수아 마조아가 캐롤라인 뮈라의 후원 하에 유적지의 모양을 대형 2절판 크기의 책으로 출간하기 시작하여 1828년에 완간했다.[52] 이에 앞서 비비안 드낭이 나폴레옹의 이집트 원정길에 따라 나선 175명의 학자들이 3년에 걸쳐 완성한 세밀한 기록을 발간했다. 이 책들은 지식인들이 아득한 옛날의 위대한 유적에 눈 뜨게 했다.[53] 영국도 먼 과거로의 탐구여행에 똑같이 매료되어, 프랑스 팀이 발굴한 이집트 유물을 대량으로 손에 넣었다. 그 가운데에는 로제타석이나 엘긴의 대리석 조각도 있었다. 이들 유물은 그리스나 터키에서 차례로 발견된 유적지에서 대대적으로 발굴한 최초의 약탈 문화재였다.

이집트 언어 중 가장 오래된 상형문자는 다행히도 영국과 프랑스 학자들의 협력으로 해독되었다. 상형문자는 수 세기동안 학자들을 좌절시키거나 현혹시켰다. 이는 문자라기보다는 우화적인 도형이라고 믿어졌기 때문이었다. 1799년에 로제타석이 발견되어 대영박물관에 소장된 것은 학자에게 새로운 관섬에서 연구를 시작할 기회를 제공했다. 의식에 사용된 이 유물에는 젊은 프톨레미 에피파네스왕을 기념한 말이 기원전 196년에 이집트 성직자의 손에 의해 새겨져 있었는데, 거기에는 똑같은 내용이 상형문자, 인용문자, 그리스 문자로 각각 표현되어 있었다. 스웨덴 학자로 외교관이자 연구가인 아커블라드가 이 그리스 문자를 사용해 민용문자의 해독을 시도했다. 실제로 몇 개의 고유명사 해독에 성공했다. 그러나 유감스럽게도 아커블라드는 민용문자가 알파벳이라고 잘못 생각했다. 1814년에 런던의 세인트 조지 병원의 주임의사이자 박식가로 유명한 토머스 영은—오만한 브로엄의 희생자라는 사실을 앞에서 다룬 적이 있다—로제타석의 탁본과 아커블라드의 연구 결과를 입수했다. 영은 즉시 아커블라드의 잘못을 발견하고, 민용문자와 상형문자 사이에 밀

II 과학의 세계

접한 관련이 있다는 사실을 깨달았다. 민용문자와 상형문자, 그리고 상형문자를 모두 구성요소별로 나누고 과학적 분석을 시도했다. 이어서 그리스 문자와 민용문자가 대응하는 86개 그룹을 발견했다. 그의 추측이 옳다는 것이 판명되었다. 2년 후 새로운 자료—상형문자와 신관문자로 파피루스에 써 있는 유명한 『사해문서(Book of the Dead)』로서 이 역시 대영박물관에 소장되어 있다—를 조사하여 그림문자와 흘림글씨가 서로 같은 뜻을 나타낸다는 사실을 증명하고, 이들 언어가 본질적으로 본래 표음문자라는 것을 확신했다. 카르투시 즉 타원형의 장식 테두리에 기록되어 있는 것이 국왕이나 왕비의 이름이라는 것을 증명하고, 그중 일부는 판별할 수가 있었다. 또한 상형문자의 알파벳인 'f'와 't'를 식별하여 기본적인 동음 규칙, 즉 다른 문자가 같은 음을 나타낸다는 규칙을 발견했다.[54]

그러나 진정한 의미에서 로제타석의 해독에 성공한 사람은 젊은 프랑스인 장 프랑스와 샹폴리옹(1790~1832)이었다. 샹폴리옹은 영처럼 박식한 과학자가 아니라 언어학자였다. 열두 살이 채 안된 나이에 아랍어와 히브리어를 어느 정도 알았던 샹폴리옹은 콥트 말을 공부하며 언젠가 로제타석을 해독하려는 꿈을 갖고 있었다. 열렬한 공화주의자라는 정치적인 문제를 갖고 있었지만, 이집트의 비밀을 풀어 이 나라의 역사를 배우겠다는 꿈에 끈질기게 매달렸다. 1814년에는 『파라오 치하의 이집트(L'Ègypte sous les pharaons)』를 발간했다. 이집트 역사에도 흥미를 가진 덕택에 고대문자를 연구한 다른 학자들에게는 없는 탄탄한 배경지식을 익힐 수가 있었다. 상형문자와 신관문자, 민용문자 사이의 관계를 규명하고, 그것을 바탕으로 글자 하나하나를 번역하여 카르투시를 체계적으로 해독했다. 로제타석은 물론 그 밖의 비문이나 파피루스 문서도 이용했다. 그 가운데에는 여행가 W. J. 뱅커스가 나일 강의 필라이 섬에서 가져와 킹스턴의 레이시에 있는 자신의 집 정원에 놓아두었던 명문이 새겨진 토대나 오벨리스크 등 중요한 유물들도 있었다. 뱅커스는 이들 유물에 새겨진 상형문자의 석판화 탁본을 샹폴리옹에게 보냈다. 여기에는 영의 연구 성과도 들어있었지만, 샹폴리옹은 이것을 결코 인정하지 않았다. 새로운 자료가 많아질수록 샹폴리옹이 해독한 문자는 늘어만 갔다. 그리고 1822년 9월 29일에 왕립고문서아카데미에서 유명한『상형문자의 표음문자 알파벳에 관해 다시에르 씨(아카데미 상임 서기)에게 보낸 편지(Lettre à l'alphabet des hyeroglyphes phonétiques)』를 낭독했다. 이것은 일반적으로 근대 이집트학의 시초라고 간주된다. 이 편지에서 샹폴리옹은 70명이 넘는 이집트 지배자들의 이름을 기록한 상형문자를 해독했다. 그리고 2년 뒤에는『고대 이집트어 상형문자법 요론(Précis du systeme hieroglyphique)』을 완성했다. 이 책에서 고대 이집트어의 완전한 구절과 문장이 처음으로 번역되었고, 그 기초를 이루는 언어 체계가 밝혀졌다.[55]

고대 이집트 문자의 신비가 풀림에 따라 몇 대에 걸친 학자들이 자극을 받아 고대의 여러 문제들이 모두 해결되기까지 연극에 몰두할 수가 있었다. 이런 가운데 '과학적인 역사'라는 말이 이 시대에 처음으로 등장하여, 특히 독일 대학에서 유행했다. 모든 종류의 고문서에 대해 분류와 정리, 체계적인 보존이 시작되었으며 주요한 기록은 출간되었다. 역사에 대한 강한 관심은 학자들뿐만 아니라 일반대중 사이에서도 퍼져나갔다. 이 열풍에 박차를 가한 것이 세계적 히트를 기록한 월터 스콧의 소설이었다.

스콧은 작품 속의 시대를 묘사할 때 의상, 갑옷, 건축, 용어 등 시대고증에 세심한 부분까지 옳게 표현하기 위해서 주의를 기울인 최초의 역사소설가였다. 프랑스와 영국의 작가들뿐만 아니라 화가들까지 그의 수법을 따랐다. 1820년대에는 역사적 사실을 바탕으로 한 그림들이 갑자기 대단한 주목을 받으며 인기를 끌었다. 영·불 해협 양쪽에서 리처드 파커스 보닝턴과 폴 들라로슈 같은 수많은 화가들이 역사상의 중요한 인물들에게 창작 의욕을 보였다. 헨리 4세, 엘리자베스 여왕, 스코틀랜드 여왕 메리, 리슐리외 추기경, 마자랭 추기경, 올리버 크롬웰과 찰스 1세 등이 역사 인물들이었다. 원래 역사극작가로 알려진 윌리엄 셰익스피어의 영향력은 매우 컸는데, 특히 오페라 작곡가들을 강하게 자극하여 역사적인 주제에 관심을 돌리도록 유도했다.

부유한 사람들은 '시대 장식'으로 자신의 집을 바꾸었다. '고전 양식', '고딕 양식' 또는 '튜더 양식' 등이 섞였을 뿐만 아니라 세부에 이르기까지 충실하게 한 시대로 통일하여 장식하기도 했다. 그래도 실수는 여전히 나왔다. 1829년에 웰링턴 공작이 앱슬리 하우스를 루이 14세 스타일로 개장하려고 했는데, 실제로 완성된 집은 섭정시대 양식이었다. 그러나 공작은 개의치 않았다. 오히려 공사비가 엄청나게 더 드는 것을 걱정했다.[56] 그러나 마침내 이 시대가 되자 처음으로 건축, 가구, 도자기, 은기 그리고 그림과 조각에도 시대고증의 원칙이 체계적으로 적용되기 시작했다.

또한, 주로 중류층 독자들을 대상으로 역사 주제를 다룬 책이 많이 출판된 사실도 빠뜨릴 수가 없다. 1818년 4월에 브레이앤업코트(Bray Upcott) 회사는 많은 설득 끝에 마침내 유족으로부터 존 에블린의 일기를 출판하는 데 대한 동의를 받아냈다. 이 일기는 비평가와 일반인에게서 대단한 호평을 받았다. 그 결과 케임브리지 대학의 모들린 칼리지는 속기법으로 쓰인 새뮤얼 피프스의 일기의 출판을 염두에 두고 일반 서체로 바꿔 출판했다. 이 일기는 피프스의 훌륭한 장서로 알려진 것이었다. 일반 서체로 바꾸는 작업은 세인트존스 대학 출신의 가난한 특대 장학생 존 스미스에게 맡겨졌다. 스미스는 그것을 1822년 4월에 끝마쳤는데, 모들린 학장의 동생인 브레이브룩 경이 편집을 맡았지만 쓸모가 없었다. 그럼에도 불구하고 헨리 콜번이 4절판 책 두 권으로 출판했는데, 한 세트에 6기니라는 비싼 가격에도 대성공을 거두었다. 「에든버러 리뷰」지의 프란시스 제프리, 「쿼터리(Quarterly)」지의 스콧, 「타임스」, 그 밖의 여러 잡지들이 모두 열광적으로 찬사를 보냈다. 그러나 시드니 스미스와 토마스 크리비만이 예외적으로 '넌센스', '쓰레기'라고 평가절하 했다.[57] 이에 뒤질세라 프랑스인도 1829년에는 생시몽 공작의 궁정일기를 출판했다. 이는 루이 14세의 말년과 그의 뒤를 이은 섭정 시대의 귀중한 기록이었다.

한편 독일인은 잃어버린 음악적 유산의 재발견에 몰두했다. 바흐의 작품은 1750년에서 1800년 사이에 완전한 형태로 출판된 게 하나도 없었다. 시대에 뒤떨어진 음악으로 여겼기 때문이었다. 1820년이 될 때까지 바흐의 음악은 거의 출판되지 않았다. 멘델스존은 그의 대고모 사라 레비와 음악감독 칼 프리드리히 첼터에게서 바흐의 「마태 수난곡(St. Matthew Passion)」을 배웠다. 첼터는 이 곡의 모든 필사 악본을 갖고 있었으나 진지하게 계획한 것은 1827년 겨울에 멘델스존이 자신의 집에서 개인적인 연주회를 연 뒤였다. 스무 살의 멘델스존은 배우 에두아르드 데브린트의 도움을 얻어 이 방대한 작품의 편곡과 편집을 계속하며 다음과 같이 자조적으로 말했다.

"코미디언과 '유대인 남자'가 세상에서 가장 위대한 기독교 음악을 되살려야만 한다는 것을 생각하라!"

1829년 3월 11일 연주회가 열릴 때까지 지휘자 멘델스존은 이 곡을 모두 암기했다. 훌륭한 연주회가 될 것이라는 소문이 퍼지고, 베를린의 콘서트홀 좌석 표는 매진되었다. 연주회가 끝난 후, 첼터의 집에서 대표적인 지식인들을 초대하는 파티가 열렸다. 데브린트 부인은 그 자리에서 멘델스존에게 속삭였다. 멘델스존이 냅킨으로 입을 가린 채 말했다.

"당신 옆자리 바보가 철학자 헤겔이요."[58]

생시몽의 착각

헤겔은 이 경우에 꼭 어울리는 손님이었다. 역사의식을 주입하거나 시대는 역동적으로 변화하며, 인류의 이야기는 진보의 역사라는 사실을 그 어느 누구도 말한 적이 없었고, 오직 헤겔만이 그렇게 주장했기 때문이었다. 우리는 과거를 토대로 현대를 재인식하고 미래를 예측해야 한다고 헤겔은 주장했다. 그러나 1820년대에 역사주의를 논한 이는 헤겔 혼자만이 아니었다. 어떤 면에서는 앙리 드 생시몽이 역사의 역동성(dynamism)이라는 개념에 강하게 끌렸다. 1789년의 프랑스혁명으로 세계의 역사가 새로운 시대를 맞아 다시는 이권의 세상으로 돌아갈 수 없다는 사실은 누구나가 알았다. 그러나 철학자로서 프랑스혁명을 자본주의적 산업화라는 전혀 새로운 과정을 연결시킨 것은 생시몽이 최초였다. 당시의 사회 변화, 특히 영국의 변화는, 긴 안목으로 보면 단순한 정치체제의 변화 이상으로 일반 대중의 생활에 깊은 영향을 미칠 것이라고 생시몽은 깨달았다. 무엇보다도 중요한 사실은 피할 수 없는 정치적 변화를 경제적 변화에 대한 이해와 연결시키고, 산업 발전이 가져다준 이익을 이용하여 역사상 처음으로 대중의 생활수준을 만족스러운 수준까지 끌어 올릴 수 있다고 생시몽은 생각했다.

생시몽은 토머스 말더스처럼 인구 폭발이 재앙을 가져올 것이라고 생각하지 않았다. 그러나 ― 사실은 그렇지 않았으므로 ― 인구 증가는 발전의 조짐이며, 산업화와 대량생산을 통하여 아쉬운 대로 대응할 수 있다고 생각했다.[59] 또한 헤겔과 마찬가지로 역사주의자였지만, 독일인과 같은 특정 민족에 지배 민족으로서의 역할이 주어졌다고 생각하지 않았다. 오히려 유럽의 진보된 민족이 하나로 뭉쳐서 새로운 지식과 기술을 이용하여 통합이라는 새로운 정신을 바탕으로 전 세계를 유럽 수준으로 끌어올릴 수 있다고 추측했다. 이러한 진보된 민족을 통합하기 위해서는 영국 의회처럼 각 나라에서 선출된 의원으로 의회를 구성하면 되었다. 즉 대표통치기구를 설립하고 대규모 공공사업을 추진하며 유럽에서 전쟁을 벌이는 대신에 세계 문명화를 위해 범세계적으로 개혁운동을 전개하는 것이 주요 골자였다. "다른 민족보다 뛰어난 유럽인종을 세계 각지에 보내 살게 하고, 전 세계를 개방하여 여행이 가능하게 하며, 유럽처럼 살기 좋은 장소로 개선한다. 그것이야말로 유럽 의회가 유럽의 활동 터전을 지속적으로 제공할 수 있고, 언제나 활기에 넘치는 기업이 될 수 있는 것이다."[60]

생시몽의 역사철학은 헤겔의 것보다 덜 형이상학적이고 더 낙관적이다. 오귀스탱 티에리와 함께 쓴 빈 의회에 관한 책자 『유럽 사회의 재편성(De la réorganisation de la société europénne)』에서는 다음과 같이 확고하게 주장했다.

"인류의 철기시대는 우리 뒤에 놓여 있다. 그러나 황금시대는 우리 뒤가 아니라 우리 앞에 있으며, 그것을 어떻게 확보하는가는 사회조직의 완성에 달려 있다."[61]

어떻게 하면 그 "사회조직"이 "완성"될 수 있을까? 우선 첫째로, 종교를 내 던져 버리고 '천국의 도덕체계' 대신 '현세적이고 실천적인 도덕체계'를 택한다. 그 다음으로 왕, 귀족, 성직자를 추방하고, 그 자리에 기업가와 과학자를 중심으로 하는 지적 엘리트들을 앉힌다.[62] 생시몽은 산업화와 기업가라는 용어를 만들어냈다. 대형 공장, 탄광, 제련소, 항구 등을 만들거나 운영하는 자, 도로와 운하를 건설할 수 있는 자만이 새로운 지배 계급을 구성할 수 있다고 생시몽은 생각했다. 생시몽은 종종 최초의 사회주의자로 여겨진다. 어떤 의미에서는 그는 최초의 사회주의자이다. 종종 인용했던 제러미 벤담을 따라 생시몽도 정치제도가 적절하다면 인류 대부분은 더 번영하고 행복할 수 있다고 믿었다. 그가 특별히 원했던 것은 '매우 가난하고 인구가 많은 계급'의 생활수준을 향상시키는 것이었다. 그는 "누구에게나 그 능력에 따라 일자리가 주어지고, 그 능력에는 그 노동에 따라 대가가 지급된다(À Chacun selon sa capacité, à chaque capacité selon ses oeuvres)."라는 명언을 만들만큼 가난한 사람들에게 복지를 이전하는 것을 믿었는데, 이 명언은 곧 좌파들의 상투어가 되었다.[63] 그러나 이것은 공산주의 원리라기보다 노동에 대한 원칙이었고, 생시몽의 목표는 전체주의적인 중앙통제경제가 아니라 자유민주적인 시장경제에 있었다.

그럼에도 불구하고 생시몽은 세 가지 점에서 칼 마르크스에게 결정적인 영향을 끼쳤다. 생시몽이 죽었을 때 마르크스는 불과 일곱 살이었다. 헤겔의 변증법이 없었다면 마르크스주의는 성립이 불가능했겠으나, 생시몽이 없었더라면 탄생조차 할 수 없었을 것이다. 첫째, 생시몽은 다가올 역사 변화를 개인이 아니라 계급 차원으로 간주했다. 그리고 국가 이익보다도 국제적인 공동 이익을 우선하는 계급이었다. 그 미래의 계급, 즉 역사를 손에 쥐고, 그 손으로 역사를 변화시키는—그 이유는 그들의 수가 매우 많기 때문이다—계급을 생시몽은 기업가(industriels)라고 불렀다. 훗날의 사회주의자, 특히 마르크스는 고대 로마에 기원을 둔 용어인 프롤레타리아를 선호했는데 그 개념은 같았다. 실제로 생시몽의 정치 이념의 본질은 계급이론이었고, 유물론적 황금시대(millenium)를 맞이하는 역사철학에 바탕을 두고 있었다.

둘째, 생시몽도 마르크스처럼 현 체계가 위기에 봉착하는 순간 결정적이고 피할 수 없는 순간이 올 것이라고 믿었다. 생시몽은 마르크스처럼 그 순간을 기다리고만 있지 않았다. 그러나 그와 같은 '사태를 수습할 수 없는 일'이 곧 온다고 생각하고, 그것을 통해 새로운 지배계급이 확고하게, 조용히 그리고 평화롭게 주도권을 장악하여, 이성에 바탕을 두고 인간사회를 다스리기를 희망했다.[64] 이러한 형태로 변신한다면 종래 권력 투쟁을 위해 인간끼리 서로 낭비한 에너지를 자연을 정복하는데 쓸 수가 있다. "인간의 행동 가운데 유일하게 유용한 것은 사물에 대한 행동이다. 사람에 대한 사람의 행동은 이중으로 에너지를 소비하기 때문에 어떤 경우에도 본질적으로 무익하다."[65] 셋째, 이러한 변환에 의해서 현재 국가의 대부분의 기능은 쓸모가 없게 된다고 생시몽은 생각했다. 생시몽은 국가가 '소멸한다'라는 용어를 사용하지는 않았지만 통치의 필요성이 '없어지거나 거의 없을 정도로 줄어들 것'이라고 보았다. 필요한 것은 관리기능 뿐이라는 것이었다. 산업사회가 탄생하여 가난, 게으름, 무지를 비롯하여 사회 불안의 원인이 되는 요인들을 제거하면 지금 국가가 장악한 강압적인 권력은 힘을 잃게 될 것이다. 그러면 유토피아 또는 그와 아주 유사한 사회가 완성된다는 논리였다.[66]

그러나 곤란하게도 이들 결정론자들의 문제는 역사의 역할에 대한 그들의 생각이 계속 바뀐다는 점이었다. 각자가 미래라는 지도를 그리고 있었지만 그 윤곽은 언제나 변하기만 했다. 헤겔은 자신의 꿈을 나폴레옹으로부터 호헨촐레른 가로, 그리고 프랑스 공화제에서 독일 군주제로 각각 바꿨다. 생시몽은 1820년대 초기에는 종교들이 이제는 사라져버릴 것이라고 예견했으나, 그 뒤 그 발언을 거두었다. 1820년대에 종교의 규모는 점점 더 커져서 어쩔 수 없이 그 힘을 인정해야만 했다. 생시몽은 다음과 같은 중요한 발언을 하기에 이르렀다.

"과거의 세대가 과시했던 것처럼 책이나 대화에서 종교를 경시하는 풍조는 최근 일체 사라져버렸다. ……우리와 같이 놀고먹는 사람들의 모임에서조차 종교를 농담으로 삼는 것은 나쁜 버릇으로 간주된다. 이제는 사회 전체가 종교적인 생각을 존중하고 있다. 우리들이 종교의 필요성을 인식했기 때문이다."[67]

그렇다고 생시몽이 자신의 신앙심을 깊게 하지는 않았다. 그의 마지막 비서였던 레옹 할레비의 밀에 따르면, 생시몽은 말년의 대부분의 시간을 마담 드 장리나 폴 드 코크의 통속 소설을 읽는 데 썼으며, "잘 서술되었건 아니건 간에 인간 마음의 역사는 여기 말고는 없다."고 거창하게 평했다고 한다.[68] 그러나 반종교적인 태도가 책의 판매에 지장을 준다는 사실을 알자 말년에는 새로운 소설의 개념을 창조했다. 그 개략은 최후의 저술인 『새로운 그리스도교(Nouveau Christianisme)』에 기술되어 있는데, 대작이라고는 하나 혼란스럽고 진지하지 않은 내용이다. 하지만 문학과 인생을 다뤄서 생시몽의 저술 가운데 가장 유명하고, 또한 많이 번역되었다.

콩트의 실증주의

1820년대의 다른 철학자들이 종교에 대해 명확한 의견을 내놓지 않았다는 사실은 주목할 만하다. 헤겔은 정통적인 신앙에 반대하는 견해를 나타내거나 적어도 그런 것을 활자화하는 행위는 하지 않았다. 그런 태도를 보인 첫째 이유는 베를린 대학 교수 자리를 지키기 위해서였다. 헤겔은 생애 마지막 십년 동안 그의 저작에서 종교적인 성향의 논조를 뚜렷이 하고, 그를 위해 그 당시 그리고 그 이후에 그런 영향력을 더 강화했다. 전통적인 것들을 고수함으로써 당시의 더 종교적인 사조에 적응할 수 없었던 공상적 사회주의자들은 새로운 종교를 창조했다. 생시몽은 그쪽으로 분명하게 활동한 한 사람이었다. 앞서 보았듯이, 앙팡탱 같은 그의 추종자들 일부는 생시몽이 죽은 지 얼마 지나지 않아 두터운 신앙심과 여성 해방 및 자유 연애를 결합시킨 새로운 교회들을 세웠다. 그때는 새로운 종교가 속속 탄생하던 시기였다. 1830년에 조지프 스미스(1805~1844)는 뉴욕 주의 맨체스터에서 몰몬경에 관한 최초의 계시를 받았다. 이것은 말일성도(LatterDay Saints) 그리스도교의 성전이었다.

생시몽의 또 다른 제자인 오귀스트 콩트는 공상적 사회주의에서 유사종교에 가까운 사상으로 바꾸었다. 콩트는 스승인 생시몽의 이론에 중대한 오류가 있다고 생각했다. 훗날 마르크스도 같은 의견을 제시했다. 콩트에 따르면 권력을 추구하며 격렬하게 투쟁하는 것은 인간의 뿌리 깊은 특질이며, 사회제도가 새로운 체제로 바뀌어 소멸되는 것이 아니었다. 새로운 지배층은 열광적으로 싸움을 계속했을 뿐이었기 때문이었다. 콩트는 스승인 생시몽이 비서에게, 특히 자기에게 보인 태도를 경험하고서 이런 생각을 하게 되었다. 또한 생시몽이 새롭게 이름을 붙인 '기업가'도 좋아하지 않았다. 생시몽은 친구에게 다음과 같은 편지를 보냈다. "오늘날 저 사람들은 자신들이 유일한 권력자라고 생각하고 귀족들처럼 무례하게 되어가고 있다. ……만약 하고 싶은 대로 하도록 내버려두면 그들은 과학자들을 두고 일주일마다 새로운 장치를 만들어 내지 못하면 빵과 물만 주면 되는 기술자에 불과하다고 생각할 것이다."[69] 그러나 콩트 자신이 비서를 채용할 위치에 놓이자, 예전의 스승과 별반 다르지 않은 태도를 보이며 인류의 대사제 자리에 올라 유력 기업인 못지않은 오만한 인물로 바뀌었다.

콩트는 에콜 폴리테크니크를 나온 수재로 이 유명 학교의 출신자들의 특징을 많이 겸비했다. 그는 뭐든지 분류하는 것을 좋아하여 사회를 카테고리와 타이프, 선과 악으로 분류하고 배열했다. 또한 숫자의 힘을 믿었다. 그러나 그가 쓴 문장을 역사상 최악의 작품이라고 부르는 사람도 있었다. 번역문은 물론 모국어인 프랑스어 저작조차 거의 읽을 수 없다고 비판했다. 1824년에는 그런 비판에 대해 스타일은 중요하지 않다, 자신은 '과학적으로' 썼다고 반박했다. 그러나 훗날 그는 문장 스타일에 규칙을 정했다. 즉 인쇄할 경우, 한 문장에 다섯 줄 이상은 들어갈 수 없다. 한 단락의 문장은 일곱 개까지만 들어갈 수 있다. 모든 책은 일곱 편으로 나누고, 한 편은 세 장으로, 한 장은 일곱 개 절로 나눈다. 한 절은 일곱 개의 문장으로 구성된 단락으로 시작하고, 그 뒤부터는 다섯 개의 문장으로 구성된 단락을 세 개씩 계속한다.[70]

우리는 앞서 다루었듯이 콩트는 도중에 여성에 대한 생각을 완전히 바꾸었다. 정치, 경제, 과학, 사회의 많은 면에서도 그의 생각은 똑같이 심하게 바뀌었다. 그의 실증 철학은 본질적으로는 과학의 분류와 사회적 진화의 역사였지만, 이것도 변덕이라 밖에 볼 수 없는데 인류를 신으로 하는 일종의 종교로 바꾸어버렸던 것이다. 그러나 분류하는 버릇은 여전히 남아 세속적인 신이나 여신, 성인이라는 분류는 계속되었다. 그러나 콩트는 1840년의 지식인으로 가장 존경받았다. 존 스튜어트 밀, 조지 엘리엇, 헉슬리 교수는 콩트를 몹시 좋아했다. 마르크스가 20세기에 매력적이었던 것처럼 콩트의 실증철학이 19세기 중엽의 급진적인 지식 계급의 마음을 끌었다는 것은 놀라운 일이 아니다. 실증철학과 마르크스주의가 많은 공통점을 가졌기 때문이다.

유토피아를 꿈꾼 지식인들

19세기 초기에는 자신들이 유토피아로 들어가는 열쇠를 발견했다고 생각하는 상상력이 풍부한 지식인들이 많았다. 그들의 사상은 20세기의 소름끼치는 국가 체제에서 구체적으로 표현된 전체주의적 색채를 띠고 있었다. 그 가운데는 이론도 표현도 아주 터무니없고, 중세 기독교 신앙의 엉뚱한 주장조차 무색한 것도 있었다. 그러나 교양 높은 사람들—숫자는 훨씬 적지만 때로는 여자도 포함되었다—이 기독교나 유대교의 가르침을 의심스러워해서 이런 공상주의를 받아들이고 퍼뜨렸다. 예를 들어, 생시몽의 핵심 제자들은 전통에 얽매이지 않는 젊은 유대인들—벤자민 올린드 로드리게스, 그의 사촌들인 에밀 페리에와 이작 페리에, 구스타프 디슈탈, 레옹 할레비—이었다. 이들 모두가 영리하고 책을 많이 읽은 사람들로, 탈무드를 내팽개치고 생시몽의 바보 같은 새로운 그리스도교를 참된 복음이라고 생각했다.[71]

리옹 출신 사업가로 생시몽보다 나이가 어렸던 같은 시대 사람 찰스 푸리에(1772~1837)는 훨씬 더 기발한 사상을 주창했다. 콩트처럼 푸리에도 숫자와 분류를 매우 좋아했다. 자신이 주창한 이상적인 세계가 실현되면 그것은 8만 년 동안 지속되며, 그 중 8,000년은 '완전한 조화'의 시대가 된다고 주장했다. 그 사이에 북극은 지중해의 해안보다 더 따뜻해지고 바다는 더 이상 짠맛이 나지 않는 레모네이드로 바뀐다. 그 세계에는 호머에 필적할만한 뛰어난 시인 3,700만 명, 뉴턴에 버금가는 수학자 3,700만 명, 몰리에르처럼 훌륭한 극작가 3,700만 명이 탄생한다. 그러나 "이 숫자는 어림짐작에 불과하다."고 푸리에는 조심스럽게 말했다. 또한 모든 여성은 동시에 네 명의 애인이나 남편을 갖게 된다고 예언했다. 푸리에의 유토피아는 프레 뤼드(Pre-lude), 시스 뤼드(Cis-lude), 시떼르 포즈(Citer-pause), 트랑 아팡디스(Trans-appendice), 윌테르 로그(Ulter-logue) 등의 신조어 제목으로 정교하게 묘사되어, 지식계급에게 크게 어필했다.[72] 푸리에의 주장은 기발했음에도 불구하고 지적인 남녀들을 자신의 동조자로 만들었을 뿐만 아니라 그들을 실험적인 사업에 동참하도록 유도했다. 푸리에는 전원도시와 농업공동체를 혼합한 팔랑스테르라고 불리는 공동체에서 사는 1,620명 가운데 팔랑주(phalange)를 구성할 같은 뜻을 가진 '해방 조직'을 모집했다. 1830년대에는 때때로 가동한 팔랑스테르도 있었고, 푸리에는 훗날 국제사회주의 창설자 가운데 한 사람으로 인정받았다.

지금까지 언급한 사회주의자보다도 공상적인 요소가 적었으나, 로버트 오언(1771~1858)도 처음에는 스코틀랜드의 뉴래너크에, 훗날 인디애나 주 뉴하모니 등에 공상적인 유토피아를 세웠다. 뉴래너크에는 1810년대에 많은 사람들이 견학하러 왔다. 오웬은 뉴래너크 방직 공장의 경영자인 데이비드 데일의 유산 상속인인 딸과 결혼하여, 충분히 인적 자원과 자금을 손에 넣을 수 있어서 이것을 자신의 이상적인 실험에 동원할 수가 있었기 때문이다. 그러나 결국 방직공장은 실패로 끝나고 말았다. 오언은 사회주의자로서 민중의 복리를 위해 노력했으나, 예민한 관찰자들은 그의 주장에 귀 기울이지 않았다. 그들은 근저에 깔려 있는 권위주의의 강경한 분위기를 간파했다. 로버트 사우디는 토머스 텔포드와 함께 하이랜드의 시찰 여행을 마친 후인 1819년 9월 28일에 뉴래너크를 방문해 오언의 안내를 받았다. 건물은 "수도원이나 자선 시설처럼 정연히 서 있었다."고 했다. 더군다나 매우 청결하고 아무런 냄새도 나지 않았다. 이것은 19세기 초반의 스코틀랜드 도시로서는 놀라운 일이었다고 사우디는 기록했다. "인격 형성을 위한 무용실, 콘서트홀과 강의실 등을 갖춘 대형 건물이 막 완공되었다." 오언은 이들 건물을 모형과 도면을 사용해 상세히 설명했다. 사우디는 피리 부는 소년들이 연주하고 있는 가운데 어린이 200명이 체조를 하는 모습을 보았다. "그들은 왼쪽 또는 오른쪽으로 향했다가 급히 방향을 바꾸었고 앞뒤로 쓰러졌으며 구령에 맞춰 발을 굴렀다. 그 목적이 무엇인지 분명하지는 않았지만 일사불란하게 움직였다." 그곳을 전부 살펴본 사우디는 "오언은 실제로 자기 기만에 빠졌다."고 결론지었다. 오언의 공장 공동체가 노예제 농장과 다른 것은 '본질이 아니라 겉보기'에 있었다. 그곳에 있는 노동자는 "우연히 백인이고" 자유로이 "일을 그만둘 수 있었지만", "그 공장에 머물러 있는 동안에는 그들은 오언의 절대적인 관리를 받아야 했기에 흑인 노예와 똑같았다." 오언은 실제로 그들을 "인간기계"라고 부르고, "글자 그대로 그렇게 믿었다." 게다가 "오언은 완전히 자신에게 종속되어 있는 2,210명을 상대로 한 실험에 성공한 사실만으로 모든 인류를 똑같은 방식으로 다스릴 수 있다는 이상한 결론을 내리기까지 했다."고 사우디는 격렬하게 비판했다. "그 제도가 완전한 자유를 목표로 하는 것이 아니라 절대적인 권력에 의해서만 유지될 수 있는 성질이라는 사실"을 오언은 자신에게조차 인정하려들지 않았다. [73]

벤담의 공리주의

오언의 실험 공동체는 재정적 파탄에 이어 내부적으로도 붕괴되었다. 영국과 미국 같은 자유사회에서 공동체 멤버, 즉 노동자가 오언의 지배에서 자유로이 벗어날 수 있었기 때문이었다. 그러나 이런 앵글로색슨의 자유로운 세계에서 전체주의 성향이 강한 유토피아 철학자들이 제한

받지 않고 사람들을 상대로 실험하는 것이 허용된다는 위험성이 있었다. 제러미 벤담(1748~1832)은 영국 사회에서 중요한 인물로, 그의 사상은 휘그당과 급진주의자들을 통해 사회 복지정책의 대세가 되었다. 벤담이 말한 '공리주의'는 제임스 밀 같은 복음주의자가 부지런히 전파하여 유력한 정치가들로부터도 찬동을 받았다. 회의적인 로버트 필이나 비판적인 파머스턴 경도 그런 그룹의 일원이었다.

그러나 벤담도 역시 전체주의적인 욕망을 억누를 수가 없었다. 그는 가난한 사람이나 범죄자의 생활향상과 갱생에 몹시 열심이어서 그 때문에 정교한 계획을 세웠다. '극빈자 관리'와 '원형 감옥'으로 구성된 시범 교도소 프로젝트였다. 이 교도소는 오직 한 사람이 안전하게 관리할 수 있도록 한 단일 건물이었다. 극빈자는 '노동 주택'에 들어가야 했다. 원래는 그 수를 250개로 하고, 50만 명을 수용했다. 21년이 지난 후에는 500개로 늘려 100만 명, 즉 남부 영국의 가난한 계층 모두를 수용한다는 계획이었다. 노동 가옥과 원형 감옥의 소유와 관리는 민간기업의 손에 맡겼다. 이 관리자에게는 이미 수용된 성인 남녀와 어린아이들뿐만 아니라 그곳에 수용되어야 할 외부인들에 대해서도 행사할 수 있는 광범위한 권한이 부여되었다.

벤담은 가난한 사람을 폭넓게 정의했다. 우선 '건강 유무와는 상관없이 실질적으로나 명의상으로나 재산이 전혀 없고, 살아갈 충분한 생계수단을 갖지 못한 사람', '좋은 교육을 받을 전망이 없는 여러 종류의 미성년자', '사생아 출신의 부모로서 경제적 능력이 없는 사람' 등이 포함되었다. 관리자는 이런 모든 사람들을 '체포해 구금하며 부리는 권한'을 가졌다. 벤담은 사회경제적 상황과 사정 때문에 범죄자가 될 우려가 있는 사람을, 범죄를 저질렀건 아니건 간에 범죄자로 취급해 체포하고자 했다. 그렇게 되면 '노동 주택'은 언제나 만원이 될 수 있었다. 더욱이 수용자를 보다 쉽게 끌어 모으기 위해 '전 국민의 이름, 주소, 직업의 총 등록제'를 제안했다. 일단 수용되면 사람들은 갱생하도록 강제되었다. 이론상 그들은 다시 세상에 나갈 자유가 있었지만, 그것은 벤담이 말한 "자기 해방 원칙(selfliberating principle)"이라고 부른 경우에 한했다. "수용 당할 때 약속한 조건을 만족시키지 않는 한 구제의 길은 없다. ……일을 해서 그에게 들어간 경비를 다 갚을 필요도 있다." 이 원칙이 아우슈비츠에서 주창되었으나 실제로는 지켜지지 않았다. 슬로건과 의미를 같이 한다는 것은 매우 흥미로운 일이다. 아우슈비츠의 유대인 수용소 철문에는 "노동은 자유를 가져다 준다."라는 슬로건이 내걸려있었다. 실제로 벤담의 노동 주택의 구상은 많은 면에서 백년 뒤 히틀러나 레닌에 의해 세워진 수용소의 전주곡이었다.[74]

벤담의 노동 주택 계획은 영국에서 추진한 최대 규모의 사회개조 구상의 하나였다. 벤담은 1832년 죽을 때까지 이 사업에 관여했다. 그 일부는 1834년에 휘그당에 의한 빈민 구제법 개정으로 실현되었다. 시설에 수용되지 않은 빈민의 구제를 모두 폐지하고 600개의 구빈기관에 빈민의 강제수용을 명령하였다. 그 운영은 민간이 아니라 지방 정부에 위임되었다. 그러나 벤담의 계획 뒤에 있던 전체주의적인 사회개조 개혁은 결코 실천에 옮겨지지 못했고 구빈시설조차 결국에는 역설적으로 비스마르크의 독일에서 도입한 아이디어인 국가보험으로 대체되었다.

벤담은 영국이 자신의 구상을 실행할 실제적인 결의를 절대 하지 못할 것이라고 우려했다. 영국은 "단순하고 효율적인 개선책이라도 익숙하지 않으면 실행에 옮기지 않는다. 해악이 아무리 뿌리 깊어도 그것을 감내하는 편을 선택하는" 국민성이 그 이유라는 것이었다.[75] 그러나 그것은 기우였다. 영국에는 개인의 자유를 존중하는 오랜 전통을 갖고 있었다. 그것이 충분하게 지켜지지 않던 시대도 있었으나 그 전통은 언제나 사람들 마음속에 굳게 자리 잡고 있었다. 그것은 인류 모두가 물질적으로 같은 권리를 갖고 있고, 서로가 그렇게 대하지 않으면 안 된다는 기독교 정신에 의해 한층 강화되었다. 그리고 그것이 아무리 좋은 뜻이라고 해도 인간을 하나의 계획의 도구로 삼아서는 안 되며, 정치기구에 의해 인간이 마치 모래나 흙, 또는 돌처럼 여기저기로 옮겨져서는 안 된다는 가르침을 받아왔기 때문이다.

대중을 불신한 불쌍한 콜리지

전체주의적 유토피아니즘에 대한 이러한 국민적 반대는 19세기가 되기 이전에 이미 에드먼드 버크가 분명하게 표현했다. 그러나 1815년 이후에는 가장 치밀하게 최초로 주장한 사람은 새뮤얼 테일러 콜리지였다. 그 당시부터 콜리지에 대해서는 친구였다가 적으로 돌아선 윌리엄 해즐릿 같은 인물이 '혁명가에서 전향한 보수주의자'라는 근거 없는 소문을 퍼뜨렸다. 그러나 콜리지가 젊은 시절의 견해를 바꾼 적은 거의 없었다. 자신보다 더 젊은 윌리엄 피트에 대한 폭력사건이나 인신공격을 지지한 것은 잘못되었다고 시인한 정도뿐이었다.[76] 그의 신중한 정치적 견해는 그가 ― 주로 임마누엘 칸트로부터 ― 흡수하거나 이삼십 대에 혼자 힘으로 이해하게 된 철학에서 자연스럽게 발전되었다. 콜리지에 따르면, 문제는 모두 개인으로서 남자와 여자의 권리를 사회에 대한 그들의 의무와 어떻게 조화시키느냐 하는 한 가지 문제에 있었다. 앞서 보았듯이 1815년 무렵까지 콜리지는 아편에 빠졌었다. 그 때문에 아내, 많은 친구와의 관계가 무너지고 시인의 재능을 잃어버렸다. 그러나 1815년 이후는 아편에 의존하는 것을 줄이고 사회 문제에 관심을 돌렸다. 그렇지만 평생 동안 권리와 의무, 사회와 개인주의의 균형을 잃지 않았다.

윌리엄 고드윈과 달리 콜리지는 사람이 본래 선하다고는 믿지 않았다. 항상 단순한 실수와 거리가 먼 악의 실체를 인정했다. 이로 인해 인류의 미래에 대한 낙관론에 빠지지 않고 적절하게 대처했다. 셸리나 스승인 고드윈을 비롯해 유럽의 이상주의자와 공상적 사회주의자와 셀 수 없이 많은 추종자들은 인간을 전체로서는 사랑하지만 인간 개개인에 대해서는 무자비하게 경멸하거나 잔혹하게 대하는 등의 중대한 실수를 범했다. 그러나 콜리지에게는 이러한 커다란 잘못이 일체 없었다. 그에게는 인간 개개인에 미친 애정만이 진정한 인도주의로 이끄는 열쇠로 보였다. 그러한 애정은 "호수의 파문처럼 넓게 퍼진다. 친구나 부모, 이웃에 대한 사랑은 국가로, 그리고 인류 전체의 사랑은 우리들을 이끌어간다. 개인에 대한 깊은 사랑은 전 세계의 박애주의를 방해하지 않고 장려한다."[77]고 그는 말했다. 사회 전체를 개선하는 계획은 어떤 경우라도 애정의 대상인 개인으로서의 인간을 그 중심에 놓아야만 했다. 인간을 결코 사물처럼 취급해서는 안된다는 근본적인 사상을 콜리지는 칸트에게서 배웠다. 인간을 사물화하는 것은 노예제의 결함이었다. "노예는 사물처럼 취급되는 인간이다. 그러므로 노예제는 정의의 일탈이 아니라 모든 도덕이 파괴된 상태이다."[78] 그러나 공장 노동자는 노예처럼 취급받을 우려가 있어서 그들을 위한 적절한 명칭을 사용할 필요가 있었다. 콜리지는 가난한 노동자라는 호칭을 싫어했고, 나아가 그들을 가리키는 '일손(hands)'이라는 말은 더 꺼렸다. 노동자는 "일손이나 기계 대신으로 취급해서는 안 된다. 교육을 받을 수 있는 인간으로 보아야만 한다."는 것이 그의 지론이었다. 콜리지는 '가난하고 어린 백인 노예', 즉 방직공장에서 일하는 어린이들이 동정심이 없는 잔혹한 장사꾼 정신에 반항하는 희망 없는 주장과 정치경제학자들의 피상적이고 망연자실하게 하는 자만심에 관심이 많았다.[79]

그러나 콜리지는 인간을 개인으로 이해하는 한편, 사회라는 유기체에서 기능적인 역할을 수행하는 일부분으로 보았다. 이 점에서도 당시의 경제학자들은 오류를 범했다. 콜리지가 당시 매우 세력이 있었던 경제학자 사이에 나눈 격렬한 의견 교환 기록이 남아 있다. 콜리지가 "당신은 사회가 개인의 집합체라고 생각하는 것 같다."는 말에 해리엇 마티노는 "그렇소!"라고 대답했다.[80] 그러나 콜리지에게 사회란 언제나 부분들의 집합체 이상의 의미가 있었다. 그는 그것을 다음과 같은 인상적인 비유로 나타내었다. "암수 호랑이는 자연 속에서 단 한 쌍만 있건, 몇 천 쌍이 있건 간에 호랑이는 호랑이일 뿐 그 이상도 이하도 아니다. 그러나 사람은 실제로 다른 사람과 공존함으로써 변한다. 인간의 능력을 혼자, 그리고 스스로 개발할 수 있다는 것은 불가능하다."[81] 인간은 사회라는 조직에 의무를 지고, 동시에 거기에서 권리를 얻는다. 그 의무도 권리도 종교나 세속 사회의 양면에서 이해되지 않으면 안 된다. 콜리지는 언제나 열렬한 그리스도교도였다. 젊은 시절에는 유일프로테스탄트였지만, 장년이 되어서는 영국국교도가 되었다. 콜리지는 예수 그리스도를 급진주의자라고 생각했다. 그것은 인간의 권리를 "어떤 종교보다도 명확하게 가르쳤기" 때문이다. 그리고 그 종교는 "제자들에게 땅 끝까지 가서 그 권리를 가르치라"고 명령한다. 성경은 '정치가의 매뉴얼'이었다.[82] 그러나 나이가 더 들어가면서 콜리지는 종교상의 도덕과 사회적인 도덕을 구분했다. 종교적 진실은 그것이 어떤 결과를 낳든 간에 모든 사람에게 전달되어야만 했다. 왜냐하면 교회는 '순수한 민주주의가 펼쳐지는 유일한 장'으로서 신 앞에서는 모든 사람들이 평등하다고 보았기 때문이었다. 이와는 대조적으로 국가가 상대해야 하는 계급이나 이해는 동등하지 않았다. 콜리지가 생시몽처럼 계급 사상을 갖지는 않았다. 오히려 그 정반대였다. "상류계급, 중류계급, 하류계급이라는 표현은 오해를 불러일으킨다. 계급과 같은 그런 구분은 실제로는 사회에 존재하지 않는다. 위에서부터 아래까지 사람들은 복잡하게 혼합되어, 분리는 불가능하다."[83] 그럼에도 불구하고 종교는 내면의 동기를 다루고, 법률은 외적 행위를 다룬다. 법은 "참견하고 캐묻기 좋아하는 횡포 없이는" 양심에 명령을 내릴 수 없다. "법률의 목적은 덕을 실천하는 것이 아니라 평화로운 사회를 만들고 개인의 행동을 합법적인 틀 안에서 행동하게 하는 것이다. 이것이 만족되면 나머지 문제는 종교, 교육, 문명에 안심하고 맡길 수 있다."[84]

콜리지는 배우지 못한 대중을 불신했기 때문에 비밀결사, 비밀조직, '운동', 특히 노동자 계급을 구성요소로 삼는 것을 불신했다. 그러나 홉스의 『리바이어던(Leviathan)』 등에 나오는 공포스러운 통치도 루소의 『사회계약론(Social Contract)』 등에 보이는 정치도 거부했다. 정말로 신뢰한 것은 합의에 의한 정치였다. 정부는 쓸모가 있어야 하며 합의의 한 형태에 의하여 통치해야만 한다고 생각했다. 현명한 정치가는 정치적인 행동의 정당성을 그 결과에 따라 판단했다. 실제로 정치체제는 '영속적인 세력(지주 세력)'과 '발전적인 세력(상업 세력)'과의 균형이 이뤄져야만 했다. 어느 세력이라도 '영속적이며 발전적인 문명'에 의해 활기를 찾거나 통제되었다. 이 균형을 맞추는 것은 제3의 세력인 국교회 또는 콜리지가 말하는 '지식인 계급(clerisy)'으로, 그들에 의해서 국민의 교육이 촉진되었다.[85] 지식인 계급은 재능을 타고난 국민 계층으로 그 일부는 대학에서 볼 수 있지만 대부분은 나라 전체에 널리 퍼져 있어 모든 지역사회에서 볼 수 있기에 "지방의 안내인, 후견인, 지도자가 없는 지역은 한 군데도 없었다." 전체로서 그들의 목적은 "과거의 문화유산을 보존하고 보호하는 것이며, 또한 그것을 통해 현재를 과거와 결부시켜 현재를 완성하며, 더욱 새로운 것을 첨가하여 현재와 미래를 연결하는 것이다. 그러나 특히 중요한 것은 나라의 모든 지역, 그리고 법률과 권리에 대한 자격이 있는 모든 국민에게 권리에 대한 이해와 그에 따를 의무를 이행하는 데 꼭 필요한 지식을 질적·양적으로 충분하게 전달하는 것이었다." 그런 제도가 완전한 형태로 실현되면, 적어도 이웃나라와 동등하거나 그 이상으로 문명도 창조할 수 있다는 것이다. 그리고 그것은 장기적으로 보면, '군함, 군대, 재력' 이상으로 나라의 '방위력, 공격력'을 높이는 효과가 있을 것이라고 콜리지는 믿었다.[86]

콜리지의 비전은 고귀했다. 럭비교의 유명한 교장 토머스 아놀드 같은 제자가 많이 있었기에 그가 죽은 후에도 상당한 영향을 끼쳤다. 빅토리아 왕조시대의 영국에서 종교가 개혁과 조정의 목소리를 낸 것은 부분적으로 콜리지의 덕택이었다. 그러나 그 목소리는 다양했다. 종교계가 저교회파, 고교회파, 광교회파, 비국교회의 수많은 종파, 점차 공격적으로 되어간 로마 가톨릭 등의 싸움터가 되고, 의회가 계속 그 논쟁에 개입하던 시대에서는 지식인 계급이 콜리지가 꿈에 그린 문명의 효율적인 추진력을 기능하게 할 수 없었다. 그리고 정책 면에서 의견이 보다 더 심하게 갈라진 분야는 교육 관리를 둘러싼 것이었다. 그럼에도 불구하고 그후 영국이 한 번도 전체주의의 길을 밟지 않았던 이유는 첫째로 콜리지와 그 영향을 받은 사람들과 그리고 버크의 전통을 계승한 사람들의 사상이 있었기 때문이다.

드 메스테르의 교황 옹호론

콜리지의 업적은 또 다른 버크의 숭배자 조제프 드 메스테르 (1753~1821)의 그것과 기묘하게도 일치했다. 드 메스테르는 영국 국교회가 아닌 카톨릭의 관점에 서 있었다. 그는 사보아 공국의 지배 계급 출신으로 평생 동안 이 왕가를 위해 일했다. 그 당시 가장 많이 배운 사람들 중 한 명으로 정치가 가운데 누구보다도 책을 많이 읽었다고 생각된다. 아퀴나스와 다른 신학자들, 로크, 홉스, 베이컨, 뉴턴, 흄, 볼테르, 루소 등 '적들'의 작품, 그리고 상당한 양의 과학과 여행 관련 저술 등을 폭넓게 읽었다. 할아버지로부터 물려받은 수많은 장서를 더욱 늘려서 1792년에 프랑스 혁명의 폭풍을 피해 도망할 때는 2,621권의 책을 소장했으며, 개인으로서는 사보아에서 첫 번째 가는 장서량을 자랑했다. 게다가 드 메스테르는 장서내용을 숙지하여, 8개 국어로 이뤄진 책에 관한 메모 5,000페이지짜리 독서노트를 정리했다. 프랑스에는 거의 발을 들여놓지 않았고 파리를 여행한 것은 말년이었으나, 샤토브리앙에 지지 않을 만큼 아름다운 프랑스어로 글을 썼다. 그의 프랑스어는 정말로 훌륭했고, 적어도 재기가 흘러넘쳤다. 그 때문에 엄격한 사보아 궁전에서는 그가 매우 천박스러운 인간으로 비쳐졌다. 실제로 드 메스테르만큼 인생, 특히 정치에 관해 진지하게 생각한 사람은 없었다. 또한 아주 활기 넘치고 건강했다. 그는 평생 동안 열심히 일하고 책을 읽었다. 하지만 수면 발작이라는 지병을 앓았다. 그 때문에 중요한 인터뷰 도중 자칫하면 잠드는 일도 있어서 궁전 근무나 외교관 경력에 커다란 핸디캡이 되었다.[87]

드 메스테르는 사회에 나와 처음 20년 동안을 치안판사로 보냈다. 그러고 나서 1792년부터 10년간을 스위스, 베니스, 사르디니아에서 망명 생활을 했다. 1803년에 상트페테르부르크로 가서 러시아 주재 대사로서 14년간을 그곳에서 지냈다. 마지막에는 사보아 공국의 수도인 토리노에서 왕국의 최고행정관 겸 국무장관이 되었다. 방대한 저작을 남겼는데, 그 가운데에는 프랑스 혁명의 교훈을 쓴 대표작 『프랑스에 관한 고찰(Considerations sur la France)』, 국제적인 도덕성과 강대국 정치의 균형세력으로 교황권의 부활을 역설한 『교황론(Du Pape)』 등이 있다. 그러나 드 메스테르 저작의 집대성이라고 할 수 있는 것은 1821년에 그가 죽은 직후에 출간된 『상트페테르부르크의 야화(Les Soirèes de Saint-Petersbourg)』일 것이다. 이 책은 드 메스테르가 좋아한, 서로 다른 의견을 나타내는 데 편리한 대화방식으로 기술되었다.

콜리지와 마찬가지로 드 메스테르에게도 극단적인 보수주의자라는 신화가 전해진다. 그러나 드 메스테르의 사상은 복잡하여 도저히 간단하게 설명할 수가 없다. 그가 감탄했던 정치 체계는 영국형이었다. 영국에는 성문헌법이 없음에도 불구하고 몇 백 년간이나 조직적으로 진화했고 여러 종류의 직업이 존재하면서도 각각이 적절한 역할을 수행해왔다. 그러면서도 수많은 견제와 균형을 갖췄던 것이다. 드 메스테르에 따르면, 그 헌법을 몇 년에 걸쳐 조용히 그리고 거의 느끼지 못할 정도로 수정한 영국국민은 행복했다. 그러나 프랑스는 루이 14세 때 헌법이 파괴되었다. 루이 14세는 프랑스를 전제군주국가로 만들어 법에 의한 지배의 토대를 짓밟고, 귀족계급을 무력화하여 혁명이라는 폭력적인 결과를 초래했다. 다른 나라들도 같은 길을 걸었다. 드 메스테르가 기술한 대로 "유럽의 나라들은 모두 오래되었고, 노쇠 현상은 그들을 파괴하여 이익을 얻고자 하는 사람에게만 너무나 잘 알려졌다." 특히 프랑스는 국가로서 단결력도 활력도 잃어버리고, 애국심도 희박해져 혁명은 피할 수 없는 상태였다.[88]

그러나 혁명은 이상적인 방법으로는 이루어지지 않았다. "우리는 하나의 정체체제에 익숙해져 있다. 가능한 한 그것을 완전하게 만들자. 권력의 남용을 비난하되 존경심과 절제심을 갖고 하자. 그러나 정치체계 그것만큼은 변함없이 지키지 않으면 안 된다." 정부를 전복하거나 "각종의 이상론에 따라 개조되거나" 해서는 안 된다. 그 대신에 "영원하고 근본적인 원리로 돌아갈 필요가 있다. 그 점을 인정하지 않는 한 국민 모두가 개혁을 추구해도 기대만큼의 성과를 올리기는 불가능하다."고 드 메스테르는 생각했다.[89] 피해야 할 것은 볼테르나 루소처럼 남의 도움이 필요 없이 자신들의 지성으로 세계를 새롭게 만들 수 있다고 생각한 철학자의 자만심이었다. 이런 오만한 자세 때문에 천벌을 받았다. "프랑스 대혁명의 모든 현장에서 '나는 네가 나 없이 무엇을 할 수 있는지를 네게 보여 주고 싶다'는 신의 음성을 들을 수 있었다."

실제로 드 메스테르는 1790년대의 사건들을 토대로 혁명 신정론(theodicy, 악의 존재를 신의 섭리로 보는 이론─옮긴이)을 세웠다. 즉 지식인과 그들을 지지하는 권력, 자유주의자의 오만함 때문에 모든 국민이 고통을 받았다는 것이다. "혁명의 순간에 절대적인 권력이 사람에게 퉁명스럽게 다가와 사람을 단단하게 죄었기" 때문이다. 그러나 무고한 사람들의 고통을 통해 교훈을 얻어 미래에는 잘못을 피할 수 있었다. 가장 큰 교훈은 신도 그 일부분인 하나의 사회 조직에 속해 있다는 사실을 인류가 깨달았다는 것이었다. "우리는 모두 신의 옥좌에 눈에 보이지 않는 쇠사슬로 묶여져 있다. 그 쇠사슬은 우리들을 구속하지만 노예 취급은 하지 않는다."[90] 신앙심이 강하면 쇠사슬을 끊고 끔찍한 잔학행위를 저지를 가능성은 적다. 참 안된 일이지만 과거의 군주, 특히 프랑스의 군주는 로마 교황의 절대권에 이견을 보인 갈리아주의에 물들어 교회의 토대를 손상시켰다. 그러나 나폴레옹의 군대가 굴복한 유럽을 짓밟고 나아갔던 어두운 시대에서조차 드 메스테르는 전통적인 질서가 회복될 것을 확신했다. 그리고 단지 회복하는 데만 그치지 않고, 강화될 것이라고 생각했다. 왕국의 내부나 각국에서 교황이 조정의 역할을 수행할 수 있다면 더욱 인도적이고 문명화된 사회가 될 것이라 확신했다. 문제는 드 메스테르가 피우스 7세(1799~1823년 재위)의 힘을 실제보다 더 좋게 생각했다는 점이었다. 교황을 접견한 드 메스테르는 흥분하여 다음과 같이 딸에게 편지를 보냈다. "나는 베드로의 후계자가 아니라 성인 베드로 본인을 보았다고 믿는다." 교황령이 유럽에서 가장 잘못 통치되고 있는 영토의 하나라는 사실을 드 메스테르는 인정하려 하지 않았다. 이 점에 관해 납득할만한 설명을 할 수 없었기에 그의 주장은 신빙성이 떨어졌다.

드 메스테르가 피우스 7세를 존경한 이유 한 가지는 교황이 예수회를 부흥시켰다는 점이었다. 드 메스테르도 콜리지처럼 사회의 많은 병폐를 치료하기 위해서는 교육이 유용하다고 보고 지식인 계급의 힘을 필요로 했다. 드 메스테르의 눈으로 보면, 개혁과 개선을 경험하고 계몽 군주의 지지를 받았던 예수회가 그 임무를 맡는 것이 가장 알맞다고 판단했다. 일찍이 러시아 황제의 궁정에 있을 때 그 꿈을 실현할 기회가 있었다. 드 메스테르는 사보아 왕실보다도 러시아 궁정 쪽에 훨씬 더 많은 영향력을 발휘했다. 더할 나위 없이 문학적인 사람들인 러시아인들은 그의 기지와 뛰어난 재기를 좋아했다. 러시아의 대표적 작가 중 한 명인 알렉산드르 스투르자는 알렉산드르 1세의 궁정에서 드 메스테르가 '가장 눈에 띄는 인물'이라고 칭찬했다. 드 메스테르는 로마노프 왕조가 프랑스의 합리주의와 자유주의에 너무 많이 양보했다고 보고 프랑스의 부르봉 왕가와 같은 길을 갈 것이라고 우려했다. 결국에는 그렇게 되었다. 특히 틸지트 조약 체결 이후에는 알렉산드르 궁정에 프랑스의 영향력이 미치는 것을 저지하기 위하여 노력했다. 드 메스테르는 우선 황제를 설득하여 헌법의 성문화를 저지하고, 나중에는 예수회를 중심으로 한 러시아 교육 제도의 개혁을 건의했다. 특히 플로츠키에 있던 예수회의 큰 학원을 독립적인 종합대학교로 승격시키는 데 성공했다.[91] 또한 러시아 교육의 전체적인 흐름을 합리주의에서 벗어나도록 하는 성과를 거두었다. 실제로 1810년에서 1848년 동안에 공공 교육을 담당한 장관 다섯 명 가운데 네 명인 라즈모프스키 백작, 알렉산드르 고리친 공, A. S. 시시코프 제독과 S. S. 우바로프 백작은 모두 상트페테르부르크에 있는 드 메스테르의 지적 서클의 회원들이었다.[92] 그러나 예수회를 지식인 계급으로 이용하여 전통적인 노선을 따르는 개혁을 추진하려던 드 메스테르의 계획은 1812년 이후에 러시아 전역을 휩쓴 민족주의의 광풍에 휩쓸려버렸다. 예수회는 러시아 정교와 러시아 정신의 적으로 간주되어 1815년에 상트페테르부르크와 모스크바에서, 그로부터 5년 뒤에는 러시아 전역에서 추방되었다.[93]

러시아 제국의 군대 체제

정부 당국의 지원까지 받은 예수회가 드 메스테르의 희망, 즉 교육 환경을 정비하여 안으로부터의 개혁을 추진할 수 있는 조직적인 능력을 러시아 체제 내부에서 기를 수 있도록 했는지는 의심스럽다. 나폴레옹전쟁 이후의 러시아는 후진성, 폭력성 그리고 반계몽주의를 표방해 어찌할 수도 없는 상태였다. 어떤 면에서는 일본과 비슷했다. 러시아 자신만의 방식만을 오만하게 확신하고, 자신의 민족과 문화를 자랑하며 편협과 외국인 혐오라는 깊은 장벽을 쌓아 자신의 조국을 지켜내었다. 러시아의 지배자는 17세기 말 서구 국가들이 과학 지식과 기술의 발전을 통해 더 많은 부를 창출하는 능력을 갖추어 군사력을 경이적으로 확대했다는 사실을 간파했다. 이 같은 사실을 일본이 안 것은 200년 후인 1860년대에 들어서였다. 두 나라 엘리트들도 똑같은 반응을 보였다. 산업 부문, 즉 군사 부문에서 유익한 것은 서구에서 들여오되, 사상의 유입은 철저하게 문을 닫았다. 표트르 대제는 그 자세를 "20, 30년 동안은 유럽이 필요하지만, 그 후엔 그들에게 등을 돌려야만 한다."고 표현했다.[94] 그러나 이 생각을 끝까지 관철할 수는 없었다. 일본이 특정한 나라 이외에는 문호를 개방하지 않는 방침을 결국 포기할 수밖에 없다는 것과 마찬가지였다. 18세기에 러시아는 점차 유럽의 정치나 결정에 개입하게 되어, 나폴레옹이 등장하자 마침내 나라의 생존을 걸고 싸워야만 했다. 1812년의 나폴레옹의 모스크바 원정이 불러일으킨 민족주의의 물결은 예수회를 추방하는 한편 러시아 군부의 맹렬한 반응을 일으켰다. 러시아군은 유럽 중심부까지 진출하여 1813년부터 1815년 사이에 걸쳐 마침내는 파리까지 진격했다. 이것은 러시아 역사에 있어서 중대한 계기가 된 사건이었다. 이미 러시아는 유럽의 운명과 뗄 수 없게 연결되어 있었다. 유럽 원정은 군대의 유럽화와 연결되기 때문이었다. 그리고 그 군대는 러시아의 단순한 도구가 아니었다. 그것은 바로 러시아 그 자체였다.

훗날 러시아제국이 된 모스크바 공국은 끊임없이 싸웠다. 전쟁은 나라를 한데 묶는 수단이었다. 앞서 말했듯이 지리적 조건이나 기후, 원시적인 농업 때문에 러시아는 언제나 새로운 땅을 필요로 했다. 끊임없는 영토 확장의 필요성에 따라 프런티어는 증대하고, 더욱이 무한히 넓은 영토에 주둔군을 배치해야만 했다. 따라서 표트르 대제 시대에는 병력, 군대 유지, 군량 조달을 위해 국가 총 노동력의 삼분의 이가 직접적 경비로 투입되었다. 나라 세금, 국유지 수입의 대부분, 국가 독점 사업에 가까운 무역이나 산업의 이익도 마찬가지였다. 1705년의 군사비는 국가 수입의 80~85퍼센트를 차지했다. 여기서 표트르 대제는 인두세를 도입했다. 그 결과 국가 수입은 세 배로 늘었다. 또한 징병 할당제도도 도입했다. 러시아 남성은 군대에 가는 사람과 군대를 위해 돈을 지불하는 사람으로 나뉘었다. 러시아는 평시이건 전시이건 상관없이 영속적으로 조직적인 징병제도를 운용하는 최초의 국가가 되었다. 지주는 아버지인 농민으로부터 세금을 거두어, 그 자식을 군대로 보내는 도구 역할을 맡았다. 그리고 지주인 자신의 아들은 장교로 보냈다. 장교가 되기 위해서는 교육이 필요했기 때문에 그를 위해 군사학교와 비슷한 조직이 만들어졌다. 이에 따라 병역 의무는 5년이었으나, 실제로는 어린 시절부터 시작된 것이나 다름없었다.

군대를 이용해 사회통합을 더욱 추진하기 위해 표트르 대제는 종래의 귀족 계급제도를 바꿔 '1722년의 관등표(table of ranks in 1722)'라는 '과학적인' 계급제도를 도입했다. 그 후부터 19세기 말기까지 러시아에서는 친(chin), 즉 계급이 사회적 신분을 나타내는 조건이었다. 군대에서 장교급에 들지 못해서 계급이 없는 남자는 보잘 것 없는 존재에 불과했다. 신분이 낮은 중류 가정에서는 아들에게 군인이라면 장교, 또는 문관이라면 병참부의 장교 직위를 얻게 해 주려고 필사적으로 노력했다. 이는 직위로서는 14급에 속했지만, 계급(chin)을 부여받았기 때문에 지배계급의 특권에 어떤 형태로든 접근할 수 있었다. 군대는 관료조직보다 더 높은 계급이었다. 오히려 군인으로서의 계급(chin)이 없는 관료는 어느 누구도 승진할 수가 없었다.[95]

그러므로 나폴레옹전쟁 막바지에 군대가 서유럽으로 원정을 갔을 때는 마치 러시아의 심장과 지성이 일시적으로 그곳으로 옮겨간 것 같았다. 장교 특히 젊은 장교들은 거기서 본 것에서 강한 충격을 받았다. 부유하고 세련된 사회, 그리고 자유에 대한 의식에 깜짝 놀랐다. 독일인이나 프랑스인이나 모두 편안한 예절로 그들을 피해주었던 것이다. 그에 반해 러시아인은 무수한 권위에 억눌린 채 의심과 우울로 불안한 세월을 보내고 있다는 사실에 놀랐다. 러시아인이 법치체제의 성과를 목격한 것은 이것이 처음이었으며, 그들 모두가 권력 본연의 모습을 여러 각도로 관찰할 수가 있었다. 그들 중 한 사람인 V. 라에프스키는 수의과 대학을 방문하여 동물들조차 취급받을 권리가 있다는 사실을 발견하고 크게 흥미를 느꼈다.[96] 젊은 장교들 또한 이때 처음으로 신문과 교육의 가능성을 인식했다. 그들 중 일부는 1812년부터 1815년 사이에 러시아군이 유럽 원정 당시 휴대한 인쇄기를 담당했다. 그 인쇄기를 사용해 나폴레옹에 반대하는 유럽 해방전쟁에 참가하도록 설득하는 선전물을 발간했다. 이들 장교들은 이런 경험을 통해 대중을 대상으로 글 쓰는 법을 배웠다. 프랑스에서는 공개적인 정치적인 토론회나 논쟁, 모임 등도 경험했다. 또한 영국에서 유럽 대륙으로 확산되던 랭커스터 제도를 우연히 러시아로 돌아온 즉시 알게 되어 랭커스터 방식으로 운영되는 군사학교를 세웠다.[97]

나폴레옹 이후의 러시아에서는 유럽에서 돌아온 장교들에게 서구에서 흡수한 사상을 전파할 기회를 그리 많지는 않지만 제공했다. 러시아의 신문은 전통적으로 정부의 어용도구였다. 표트르 대제는 1703년에 최초의 신문을 창간했고, 예카테리나 여제는 자신이 통치하는 동안 생겨난 풍자 잡지들을 후원했다. 그러나 알렉산드르 1세 때 간행물은 배로 늘어났는데, 전부는 아니지만 대부분 직간접적으로 정부의 통제를 받았다. 1815년에는 작가가 글만 써서 생계를 유지하는 것이 가능해졌다. 더 많은 책들을 써냈고, 그만큼의 책들이 출판되고 있었다. 예를 들어 모스크바의 서점은 두 개에서 스무 개로 늘어났다.[98] 알렉산드르는 1802년에 교육부를 설치했다. 교육장관은 보통 보수적이고, 교육부의 주된 역할은 국익에 기여하는 것이었지만, 교육을 촉진하는 교육기관의 성립이라는 점에서는 성과를 올렸다. 1820년대 초기에는 모스크바, 도르파트, 상트페테르부르크, 하르코프, 카잔, 빌나 등 여섯 군데에 대학이 들어섰다. 그리고 핀란드에도 대학이 생겼다. 대학생 수는 수백 명이었지만, 중등

학교 학생 수는 5,500명으로 종전의 러시아 수준에 비해 상당히 늘어난 숫자였다.[99]

그러나 이와 같은 교육의 발전도 막강한 권력을 가지고 있고 잔혹하고 절망적인, 부패한 전제정치의 표면에 작은 상처를 입히는 정도의 힘밖에 발휘하지 못했다. 1760년대에 예카테리나 여제가 국가에 의한 토지의 독점 소유를 폐지하자, 그때부터 러시아 제국은 10만 명의 개인 지주와 5만 명의 고위 관료들이 다스렸다. 지주는 제국의 중심부에, 관료는 외각에 집중 포진하여, 왕관을 쓴 착취계급으로 군림했다. 할당된 병사와 세금을 바치고 나면 정치에 관심을 두지 않기로 한 뒤로는 마음대로 농민들을 쥐어짤 수 있었다. 러시아는 사실상 세금 징수청부제도로 운영되었다. 지주에 의한 청부는 당연했지만, 관료의 청부도 마찬가지로 철저했다. 표트르 대제가 통치하기 전에는 관리들에게 봉급이 없었다. 그들은 '임무를 통해서 자신의 생계를 충당(kormiatsia ot del)'했다. 후에 봉급이 지급되었지만, 알렉산드르 1세 시대가 되어도 그 액수가 여전히 너무 적어서—영국 화폐로 한 달에 겨우 약 10페니에서 2실링 정도—관리들의 생계는 코름레니에(kormlenie), 즉 '자급'으로 꾸렸다. 중국과 일본처럼 뇌물과 공금횡령이 활개를 치고 어디서나 부패가 판을 쳤다. 1883년 말에 보수적인 러시아 역사가 니콜라스 카람진은 러시아의 통치 상태를 설명해달라는 요청에 다음과 같이 대답했다.

"러시아에서 무슨 일이 일어나고 있냐고? 도둑질."[100]

억압받는 백성이 관리들에 대항해 불균형을 시정할 방법은 없었다. 1860년대까지 러시아 정부는 자신이 피해자가 아닌 한 결코 법적인 조치를 감수하려 하지 않았다. 이론상으로는 백성도 법정에 호소할 수 있었다. 그러나 러시아에는 법의 존엄이나 법치에 대한 개념도 없었다. 실제로 법률과 황제의 명령, 행정명령의 구분조차도 없었다. 그 대부분은 공표되지 않았고, 아는 이는 실행하고 집행할 책임이 있는 관리뿐이었다. 러시아 정부의 모든 활동은 '필요한 자에게만 알리는' 정책에 따라 집행되어서, 고위 관리들조차도 자신의 권한 밖에 있는 정책이나 활동에 대해서는 전혀 몰랐다. 중세의 군주처럼 황제(차르)만이 모든 것을 알았다. 그러나 황제의 측근은 위험하거나, 난처한 정보 등은 황제에게 알리지 않을 수도 있었다. 그리하여 결국엔 아무도 사태를 완전하게 인지하지 못했다. 심지어 고위 성직자나 관료조차도 정보를 알려고 하면 위험했다. 엄밀하게 말하면 정부의 모든 움직임은 국가기밀이었다.

러시아의 비밀경찰

1802년에 알렉산드르 1세는 정치의 '근대화'를 결정하고 성명을 발표했다. 성명 발표는 폭도나 음모자 또는 의회나 당이 아니라 황제가 하는 것이 러시아의 특징이었다. 이 성명에 따라 알렉산드르 1세는 중세 군정의 참정회의를 폐지하고 여러 행정부서를 설립했다. 그 가운데에는 현재도 남아있는 내무부, 이른바 MVD(Ministerstvo Vnutrennikh Del)도 포함되었다. 개혁이라는 가면을 썼지만, 내무부는 실제로는 사회 개조를 펼치려는 대담한 시도의 한 부분이었다. 본질적으로는 경찰조직이었으며, 러시아인의 삶 전반에 걸쳐 뜻대로 지배할 수 있는 권한을 갖고 있었다. 알렉산드르 1세의 발표 성명은 다음과 같은 내용을 담고 있었기 때문이다. "정부에게 명백한 범죄 행위를 바로잡기 위한 건전한 수단이 주어지지 않는다면 국민의 행복은 완성될 수 없을 것이다. 우선 그러한 악의 뿌리를 뽑고, 그리고 사회나 개인의 평화를 파괴하는 모든 움직임을 억제할 기능을 갖추지 않으면 안 된다. 또한 민중의 욕구를 파악하거나 예측할 능력과 국민 모두에게 필요한 사회질서의 준수와 그 유지를 위해 신중하고 그리고 열정적이며 적극적으로 도울 기관이 필요하다. 그리고 국력의 기반이 되는 부와 생산성을 증대시키기 위해서도 그러한 기관은 꼭 필요하다."[101]

　이것은 전체주의 국가를 지향한 성명이라기보다는 오히려 고전적인 전체주의 사회를 근대적인 전체주의 사회로 전환시키기 위한 명령이었다. 러시아의 경찰은 병사용 숙소의 배정, 세금 징수, 여권 업무, 정신병원 운영, 광견병이나 다른 종교 대처, 공중위생법의 집행, 공공사업의 감독, 농업개선 등 범죄 예방 이외에도 많은 직무를 수행했다. 그들은 또한 걸인 아이들의 '강제수용', 하인들의 제복 감독, 외국인을 위한 여관의 건설과 단속, 불순분자의 염탐 등은 물론 위법자의 공개처벌도 담당했다. 경찰은 국익이라는 이름아래 무엇이 국익인지 자신도 때때로 혼동하면서 상사가 시키는 명령대로 움직였다. 내무부(MVD)의 창설은 그들의 임무를 보다 폭넓고 적극적으로 바꾸었다.[102] 내무부는 국가 속의 국가였다. 샤토브리앙은 이런 경향을 프랑스와 관련하여 일찍이 알아차리고 1816년에 다음과 같이 말했다. "경찰조직의 장관은 그의 힘이 다른 모든 장관들의 업무에 미치기 때문에 더 무서운 존재다. 아니 오히려 그는 장관 중의 장관일지도 모른다. 프랑스의 헌병대(gendarmerie)를 임의로 쓸 수 있는 권한을 가지고, 나아가 그 행위에 대해 입법부에게 설명할 필요가 없는 인물은 사실상의 왕이 아닌가?"[103]

　그러나 프랑스에서 그 위협은 1815년 이후 완화되었다. 재판이 공개되고 아주 자유로운 신문에 의해 보도되었기 때문이었다. 그러나 러시아에서 대부분의 재판은 비밀리에 열렸고, 특히 국가가 관계된 재판은 그 경향이 뚜렷했다. 어찌되었건 러시아에서는 상트페테르부르크와 다른 한두 도시를 제외하곤 재판을 보도할 신문이 없었다. 그리고 반역죄도 존재했다. 경찰은 밀고라는 비밀제도―포상금이 많았다―를 운영하면서 반역자를 적발할 수가 있었다. 이렇게 체포된 사람들은 '비밀 재판소'에서 심문을 받았다. 이 비밀 재판소는 전용 감옥도 갖고 있었으나 그 존재는 고위층 이외에는 알지 못했다. 감옥에 갇힌 사람은 고문과 기아로 죽었다. 단순히 잊혀져 죽는 자도 적지 않았다. 이런 비밀 지하 감옥은 아마도 예카테리나 여제에 의해 엄청난 대중의 찬사 속에 폐지되었지만, 그것을 대신하는 것들이 즉시 그리고 비밀리에 만들어졌다. [104]

러시아의 특징인 이런 속임수 행각은 1802년에 알렉산드르 1세가 내무부를 창설하는 '개혁' 성명을 발표한 뒤 동시에 이뤄졌다. 예카테리나 여제는 상원의 비밀파견대라고 불린 국내 치안기관을 개인적으로 만들었다. 이 조직은 비밀 체포와 고문을 담당했다. 알렉산드르 1세는 이것을 폐지하고는 세상에 그 취지를 널리 알렸다. "앞으로 오직 법의 힘에 따라서 제국의 위엄과 통일을 수호할 것이다." 그러나 실제로 그 기능은 즉시 그리고 비밀리에 상트페테르부르크의 군정부로 이양되었다. 초대 내무장관인 V. P. 코츄베이가 군 장관에게 수도에 지휘할 비밀경찰 조직이 있는지를 물어보니, 그는 비밀정보요원의 명단과 임무의 개요를 기술한 서류를 받았다. "비밀경찰은 황제의 지위와 독재적인 권력에 위험이 되는 사안이나 언동 모두를 대상으로 합니다. ……즉 황제 개인과 그 정부에 관계되는 모든 것을 감시합니다." [105] 알렉산드르 1세는 자유주의를 부르짖으면서 비밀리에 비밀경찰에 새로운 부문을 추가하거나 그이름을 바꾸면서 이 조직을 운용했다. 이 점은 옛 소련에서 비상위원회(Cheka)가 GBU로, 다시 합동국가보안부(OGPU)로, 다시 내무인민위원부(NKVD)로, 그리고 마침내 국가보안위원회(KGB)로 바뀐 것과 유사하다. 805년 9월에는 외국인을 다루는 특별부서를 만들었고, 나아가 1807년에는 전시 공안 위원회가 설치되었다. 마찬가지로 1807년에는 비밀경찰의 네트워크가 모스크바의 여관, 살롱과 클럽까지 확대되었다. 3년 후이 전시 위원회는 폐지되고, A. D. 발라쇼프에 의해 만들어진 경찰부, 즉 폴민(PolMin)으로 대체되었다. 발라쇼프는 프랑스에서 이주한 왕당파로 경찰 전문가의 아들이었다. 또한 1817년에는 비엔나 회의 동안 오스트리아 경찰 제도에 감명을 받은 알렉산드르는 국내 치안 유지 헌병대를 창설했다. 2년 뒤 내무 장관인 코츄베이는 상트페테르부르크에 각종 경찰 조직이 중첩되어 임무 수행이 어렵다고 황제에게 호소했다. "이 도시는 외국인에서 러시아인에 이르기까지 유·무급을 따지지 않고 모든 종류의 체포원으로 들끓고 있습니다." 그는 경찰 장관을 포함하여 이들 모두가 위장하고 있다고 주장했다. 경찰 장관은 자신의 일 할당량을 높이고 자신의 지위를 보호하기 위하여 자신의 사람들을 공작원으로 고용하는 음흉하고 평판이 좋지 않은 사람이었던 것 같다. 코츄베이는 폴민이 내무부에 흡수되어야 한다고 주장하자, 알렉산드르는 그 주장을 받아들였다. 그러나 내심으로는 각종 조직이 서로 경쟁하고, 상대방을 감시하는 체제가 싫지 않았다. 오히려 그 반대였을 것이다. 모든 보고를 접할 수 있는 것은 황제뿐이었으므로 그 인권이 더욱 보장되기 때문이었다. 1821년에는 새로운 조직, 즉 군대 소속의 비밀경찰을 창설하고, 1822년에도 경찰 '개혁'을 단행했다.[106]

공개적으로 그리고 비공개적으로 러시아인 생활의 모든 면을 지배하는 경찰력은 알렉산드르 1세와 그의 후계자인 니콜라스 1세 치하에서 서서히 칙령과 회보를 발행하는 내무부에 의해 점차로 강화되어갔다. 이들 칙령과 회보는 관리나 일반대중에게도 내려져 법률과 같은 효력을 가졌다. 알렉산드르 1세는 내무부에 그런 명령을 자유롭게 내릴 수 있는 권한을 인정했다. 이 추측이 명백한 것은 아니지만 이런 포고령이 발표되기 전에 알렉산드르와 니콜라스에게 의견을 구했으리라고 우리는 추측한다. 확실한 것은 이 일방적 명령이 19세기 국력 확장의 유일한 최대 원천이었으며, 레닌이 1817년에 정권을 잡는 순간부터 이 조직을 수중에 넣어 이용했다는 점이다. 최초 두 번의 일방적 결정이 발표된 것은 1810년이었다. 1820년 무렵에는 연평균 10회, 1825년에는 16회, 그 후로는 급증하여 한 해에 180회나 되었다.[107] 이 명령에 따라 정부는 원하는 것은 무엇이든지 할 수 있는 '법적' 근거를 획득했다. 그러나 법적으로는 정당하더라도 자신들이 설정한 테두리를 벗어난 경우에는 담당 관리를 책망할 수 있는 성질은 또 아니었다. 검열에 관해 그 점을 착안한 것은 벤켄도르프 백작이었다. 1820년대 후반에 비밀경찰의 주요조직을 담당한 백작은 법의 기능은 정의를 촉진하고 강화하는 것이 아니라 단순히 질서를 유지하는 것이라고 생각했다. 러시아의 법률전문가 몇 명도 그와 같은 견해였다. 정의는 신의 손이며, 법률은 국가가 그 기능을 충분히 수행하도록 도와야 한다고 백작은 생각했다. "법은 치안 당국을 위해서가 아니라 백성을 위해 만들어졌다."[108]

따라서, 예를 들어 드 메스테르가 이상으로 삼은 내부로부터 조직적으로 기능하는 관대한 개혁 정신을 지녔다하더라도 개혁은 무리였다. 법에 입각한 개혁은 위로부터 올 수 밖에 없었다. 개혁의 허가를 받은 것은 황제 오직 한 사람뿐이었다. 그러나 알렉산드르 1세가 사회 개혁을 착수하자, 예카테리나 여제처럼 붕괴의 징후가 나타날 것을 알게 됐다. 그러므로 일단은 느슨해진 중앙정부의 권위를 다시 강화하고, 무정부 상태를 막기 위하여 황제의 권위를 부활시켰을 뿐만 아니라 강화했다. 알렉산드르 1세의 처세가 끝났을 때는 황제 자리를 물려받을 때보다 러시아제국이 훨씬 더 독재적인 국가가 되어 있었다. 개혁을 추진한 세력으로서 이 밖에 또 어떤 것이 있었을까? 이 시대가 되면 러시아제국에도 숫자는 적었지만 지식계급이 점차 성장해가고 있었다. 그 가운데는 의사, 교사, 기술자를 비롯한 전문직, 그리고 일부 소수였지만 작가도 있었다.

흑인의 후예 푸슈킨

18세기 러시아에 세속 문학은 거의 없었지만 일단 싹이 나오자 극적인 속도로 성장하여 19세기 후반에는 세계문학에 이름을 남기는 걸작을 낳았다. 1815년부터 1825년 사이는 아직 태동기였다. 그것은 중앙 러시아의 작은 도시 이름을 딴 알자마스 회라는 그룹을 중심으로 1815년 이래 상트페테르부르크에서 모임을 열었다. 많은 회원들이 M. F. 오를로프 공과 니콜라스 투르게네프같이 명문가 출신의 장교였다. 이들은 최근에 서부 유럽에서 근무했거나 동료들의 말에 매료되어 있었다. 실제로 당시의 군대는 많은 지식인 계급을 배출했다. 알자마스 회의 스타는 1799년에 태어나 이제 막 작품 활동을 시작한 알렉산더 푸슈킨이었다. 1814년에 불과 열다섯 살의 나이로 최초의 시집을 발표했다. 러시아에서 이 무렵은 문학 천재인 10대 젊은이에게는 행운의 시대였다. 국가에 봉사하도록 재기가 넘치는 젊은이들을 알렉산드르 1세가 육성하기 위하여 자신의 여름궁전 정원에 세운 학습원에서 그들이 공부하던 때였다. 졸업 2년 뒤 아직 겨우 21살이었을 때 푸슈킨은 『루슬란과 류드밀라(Russlan and Ludmilla)』를 발표하여 일약 이름을 떨치고 마치 러시아의 영웅처럼 떠올랐다. 그 후 오데사에서 외교관으로 공직생활을 했다. 그러나 1824년에 정치적 발언이 문제가 되어 파면된 후 프스코프 근처에서 가족과 함께 유형 생활을 시작했다.

유형지에서 푸슈킨은 그의 최고 걸작인 『예브게니 오네긴(Evgenii Onegin)』을 집필하기 시작했다. 그의 빼어난 시의 대부분은 이 시대에 쓰여졌다. 그러나 당시는 검열이 엄격했기에 대개는 지하출판물이었다. 국가 소유가 아닌 신문이나 잡지는 정부기관지에 이미 보도된 뉴스만을 싣고 모든 창작 작품은 사전에 검열과 승인을 받아야 했다. 검열 책임은 교육부 소속으로 주로 상트페테르부르크에 설치된 위원회를 통해 이루어졌다. 이 위원회는 위원 자신이 교수나 작가로 구성되었다. 1815년 6월에 드 메스테르의 친구인 시시코프 제독이 "신중하고 도덕적이며 박식한 언어 및 문학에 조예가 깊은 인물"을 모아 검열기관을 창설하여, 악을 억제할 뿐만 아니라 선의 질을 더욱 높이는 역할을 담당할 검열기구 창설을 제안했다. 저작물의 검열은 물론 그 생산과정까지 통제한다는 이 아이디어에 제정 러시아는 아무런 의문도 품지 않았다. 또한 폴민이 관계하는 조직과 중복되어도 아랑곳하지 않았다. 폴민에도 역시 검열부서가 있어서 이미 승인이 떨어진 작품이라도 마음에 들지 않으면 조사했다. 알렉산드르 1세는 경찰조직과 마찬가지로 검열 조직에도 늘 개입하여 1820년대에는 또 다른 조직을 창설하고 새 규칙을 만들었다. 4년 뒤 황제는 시시코프 제독을 교육부 장관에 임명했다. 해군의 옛 실력자인 시시코프는 "교육을 펴는 모든 장소가 악의 학교로 변해버렸다."고 선언했다. 러시아 젊은이들에게서 "사이비 지식인의 사고, 허황된 꿈, 부푼 자긍심과 벌 받을 자만심"을 말끔하게 몰아내겠다는 결심을 밝혔다.[109] 1826년에 니콜라스 1세가 새로운 검열 기관을 만들라고 명령하자 시시코프는 꿈에 그리던 구상을 실현에 옮길 기회를 얻었다. 시시코프가 내린 법령에는 그의 사상과 문학적인 취향이 잘 반영되어 있다. '단순하고 경솔한 발언', '헌법'이라는 용어의 사용, '모든 종류의 인격 모독'과 '독자에게 무익한 논쟁에 대한 언급'은 일체 금지했다. 모든 '음울한 주제들'은 '언급되지 않는 것이 최고'였다. 금지된 테마에는 최면술, 마술, 골상학, 점성술, 각종 미신 그 외에 비밀결사와 정당이 포함되어 있었다. 시시코프는 문법적 오류나 의학서적 인용에 대해 특히나 엄격했다. 이 법령은 "국가에 유익한 사상"이 없는 경우는 그 출판을 일체 금한다는 위협의 말로 마무리했다.[110]

데카브리스트 혁명

이러한 전체주의적인 억압 아래에서는, 예를 들어 실제적인 통치가 전형적인 러시아인의 부주의와 비능률로 이뤄졌다고 해도 시민에 의한 개혁운동이 일어날 가능성은 전혀 없었다. 개혁의 기운이 생겨난다면 군대, 그것도 유럽원정 때 다른 세계를 경험한 젊은 장교들을 통해서만 가능했다. 1825년의 데카브리스트(12월 당원이라고도 함 ― 옮긴이) 혁명은 매우 의미 있는 사건이었다. 현 정권에는 스스로 개혁할 능력이 없다고 판단하고, 그 체제를 전복시키려고 중견 장교들이 중심이 되어 일으킨 최초의 사건이기 때문이다. 이것은 그 후 현재까지 유럽, 중동, 아프리카, 아시아, 스페인어 사용 국가에서 일어난 수많은 쿠데타의 본보기가 되었다. 데카브리스트는 1820년의 카디스에서 발생한 반란에서 영감을 얻었다. 그러나 카디스의 반란은 본래 해외 원정을 거부하기 위한 반란에 지나지 않았다. 그에 비해 데카브리스트 혁명은 모든 면에서 사리사욕과는 무관하게 조국을 무엇보다도 특히 정신적으로 개선한다는 숭고한 정신에서 탄생했다. 그 싹은 1816년에서 비롯했다. 원정에서 고국으로 돌아온 장교들의 가슴에 "러시아를 구하기 위해 우리가 무엇을 해야만 하는가."라는 의문이 싹텄던 것이다. 세르게이 트루베츠코이 공작, I. D. 야쿠시킨, 알렉산드르 무라비요프와 니키타 무라비요프 형제, 마트베이 무라비요프 아포스톨과 세르게이 무라비요프 아포스톨 형제 등 최초 멤버는 모두가 귀족 출신의 근위대 장교였다. 세르게이 무라비요프 아포스톨이 쓴 『세속교리문답(Secular Catechism)』은 정의감에 넘치는 근본주의자라는 그들의 특징을 명백하게 보여준다.

"신은 무엇 때문에 인간을 창조했을까? 하나님을 믿어 자유롭고 행복한 생활을 하기 위해서이다."

"성서는 러시아인과 러시아 군대에게 무엇을 하라고 명령하고 있는가? 오랜 노예근성을 회개하고 독재와 무법에 항거해 궐기하라고 명령한다. 그리고 '황제는 오직 한 사람― 하늘과 땅을 다스리는 예수 그리스도 한 분 뿐이다'라고 소리 높여 호소한다."

"결국 신은 황제를 좋아하지 않는 것일까? 아니다, 하나님은 황제들을 백성을 억압하는 자들이라고 하시며 파문하셨다. 하지만 신은 사람을 사랑하신다."[111]

이 최초의 그룹은 장군 미하일 오를로프 공작을 동료로 끌어들였다. 공작의 동생은 훗날 비밀경찰을 지휘하는 인물이 되었다. 그 후 장군 네명이 더 합류했다. 그러나 중심적인 가담자들은 대개 이삼십 대의 대위,

소령 그리고 대령 30명이었다. 모두가 젠트리 계급이거나 그 이상의 가문 출신이었다. 적어도 이 가운데 25명은 작가나 시인이었다. 그들은 문학, 기술 혁신, 지식의 보급, 무역, 과학에 관심을 쏟았다. 그들 가운데 리더 격은 파벨 페스텔 대령으로 시베리아 총독의 아들이었다. 페스텔은 19세 때 보로디노 전투에 참전했다가 부상을 입고 나중에 연대를 지휘해 용맹을 떨쳤으며, 앞에서 말했듯이 카프카스에서 문제를 일으키기도 했다. 그는 데카브리스트 가운데 가장 박식했다. [112]

데카브리스트들은 처음에 푸슈킨의 아자마스 회를 모델로 삼았다. 그러나 그 후 프리메이슨적인 색채를 더해 명칭과 조직, 목적을 여러 차례 바꾼 끝에 마침내는 북부협회와 남부협회 등 두 그룹으로 나뉘었다. 이처럼 조직이 자주 바뀐 것은 계속적으로 손을 뻗친 그들의 적인 비밀경찰과 검열기관의 영향이 컸다. 데카브리스트에게는 서구의 각종 사상이 생각에 스며들었다. 그것은 스페인의 자유주의, 카르보나리 당과 독일 학생연합의 사상, 애덤 스미스를 중심으로 한 스코틀랜드의 계몽주의, 영국의 법치사상, 미국 헌법 등이었다. 전반적으로는 유럽이 모델이었다. 1820년 니키타 무라비요프는 북부협회를 대표하여 그 정강을 저술하여 "최고 권력은 국민에게서 유래한다."고 밝혔다. 그 내용은 다음과 같았다. 농노제를 폐지하고 농민에게는 주택과 토지의 소유권을 보장했다. 한편 지주에게도 그 소유지의 보유를 인정했다. 길드와 작위와 계급제를 폐지하고, 군사 식민지를 철폐했다. 그리고 배심원 제도에 의한 재판의 도입, 언론과 신앙의 자유를 확립했다. 또한 경찰은 선거로 뽑도록 규정했다. 모든 시민은 선거권을 부여받았지만, 대선거권은 재산에 관한 일정한 조건을 충족시킨 자에게 한정했다. 본질적으로 미국 헌법과 같은 원칙을 따랐으나, 선거에 의해 '러시아 정부의 최고 책임자'—그러나 호칭은 대통령이 아니라 황제—를 선출했다. 이 최고 책임자는 입법부에 대해 거부권을 행사할 수 있지만 그 거부권은 양원제 의회 의원 3분의 2의 찬성표를 얻어 무효화할 수 있었다. 의회는 원로원과 대의원 등

둘로 나뉘고 그리하여 러시아 제국을 13개의 반(半)독립국가로 재편하는 게 주요골자였다.[113]

　그러나 남부협회에서는 페스텔이 보다 급진적이고 민족주의적인 색채가 강한 개혁안을 내놓았다. 페스텔은 일원제의 공화국을 원했다. 페스텔은 미국과 같은 부유한 귀족계급은 작위 귀족계급보다도 나쁘다고 생각하고, 국토와 공장을 모두 국유로 할 것을 제안했다. 농민과 가난한 사람은 모두 볼로스트(volost, 러시아 제정시대의 작은 행정구역 ─ 옮긴이)의 구성원으로 삼았다. "러시아인은 누구라도 생활필수품을 보장받고, 자신이 속한 볼로스트에는 영양을 섭취할 수 있는 만큼의 토지가 준비될 것이다." 그러나 나머지 토지는 국가에 귀속되는 것을 원칙으로 하되, '기업가 마인드가 강한 사람'에게 임대하거나 또는 국영농장으로 이용해서 과학적인 농경법을 시행할 것이다. 페스텔이 그린 사회는 오언, 생시몽 등이 주장하여 퍼져나간 공상적인 사회주의와 비슷했으며, 100년 뒤에 실제로 탄생한 소비에트 체제에 훨씬 가까웠다. 그러나 그것은 또 다른 불안한 면도 지니고 있었다. 페스텔은 일반 범죄자, 관료, 대중을 감시하는 '고등 경찰', 즉 정치 경찰을 구상했다. 그것은 '깊은 도덕적인 자질'을 가진 장관을 뽑아 '고상하게' 하고, 장관만이 알고 있는 비밀 첩보원과 헌병대를 창설할 예정이었다. 페스텔은 다음과 같이 썼다. "비밀수사는…… 합법적인 행위로 인정된다. 고등경찰이 주어진 임무를 수행하기 위해서는 비밀 수사가 가장 바람직하고 또한 그것은 유일한 수단이다."[114]

　페스텔이 구상한 국가는 연방국가가 아니라 고도로 발달한 중앙집권국가로서, 확장정책을 추진하기 위해 지금과 마찬가지로 국민개병제도를 유지했다. "국력이 없기 때문에 강대국에 복종하여 정치적인 독립을 누릴 수 없는 민족은 당연히 이웃 대국에 굴복하든가 또는 그 보호를 받아들여야 한다. 헛된 환상을 가지고 존재하지도 않는 독립국가로서의 지위를 원하는 것은 허용할 수 없다." 그런 '약소' 국가로서 "핀란드, 에스토니아, 리브랜드, 쿠를란드, 백러시아, 우크라이나, 뉴러시아, 베사라비아, 크림, 그루지야, 카프카스, 키르기스, 모든 시베리아 민족"이 거론 되었다. 이들 민족은 "지배민족에게 완전히 동화되지 않으면 안 된다." 라고 그는 말했다. 모든 백성의 안전을 확보하기 위해 몰다비아, 트랜스코카시아, 유목지대와 몽골의 합병도 필요했다. "그렇게 되면 달라이 호수에서 아무르 강 전역까지가 러시아에 속하게 된다." 새로운 통일공화국에 폴란드는 넣지 않았지만, 거기에는 폴란드도 러시아와 유사한 정치체제를 수용한다는 조건이 붙었다. 페스텔이 구상한 대러시아공화국 (Greater Russia)은 인디언 통합을 시도했던 잭슨 류의 계몽제국주의라고 부를 수 있었다. 또한 폴란드와 같은 '독립' 이웃 국가를 위성국가로 취급한 스탈린식 제국주의의 선례로도 볼 수 있다.[115] 남·북 데카브리스트의 주장에는 이밖에도 많은 차이가 있었다. 북부협회는 단순히 그 계획안을 의회에 제출할 계획을 가지고 있었다. 이에 반해 페스텔은 혁명이 성공한다면 그 안을 강제로 실시할 예정이었다. 파스텔은 '자유'라는 단어를 줄곧 주장했으나 어떤 의미에서는 진짜 입헌주의자 또는 민주주의자라고 믿기 어려웠다.

파스텔과 북부협회는 목적과 수단을 둘러싸고 의견충돌을 일으켰다. 어느 단계에선가 그들이 폭력을 사용해야 할 것이라는 사실은 분명했으나 그 방법과 시기가 문제였다. 그런 와중에 그들의 생각에 영향을 미친 사건이 터졌다. 오데사는 지금처럼 당시에도 러시아 최대의 지중해 연안의 항구도시였다. 그 중에서도 그리스인은 이곳에 모여 살면서 오토만 제국에 대항해 독립운동을 펼치는 본거지였다. 1814년에 오데사 그리스인은 고국의 독립을 위해 비밀단체인 우애결사(Philike Hetaireia)를 결성했다. 이 회원 중 한 명이 러시아 군대에 있던 그리스인 장교 알렉산드르 입실란테스였다. 입실란테스는 훗날 데카브리스트 혁명에 가담한 사람들과 교류했지만 실제로 그 그룹에는 참여하지 않았다. 그러나 입실란테스는 친구들과 마찬가지로 스페인인과 나폴리에서 일어난 폭동을 면밀하게 관찰했다. 1821년 3월 4일에 입실란테스는 모든 발칸제국을 터키의 지배로부터 해방시키기 위한 첫걸음으로 그리스인과 루마니아인으로 편성된 소부대를 이끌고 몰다비아 국경을 넘었다. 이에 호응하여 그리스 남부의 펠로폰네소스인이 가담하여 그 다음 달 봉기했다. 입실란테스는 당연히 자신이 러시아 황제의 지지를 받거나 받을 것이라고 믿었다. 그러나 알렉산드르 1세는 신성동맹의 일원으로서 어느 곳의 혁명 세력과도 동조할 생각이 없었다. 물론 혁명이 일어나면 그는 기꺼이 이득을 취했을 것이다. 그가 합병할 야심이 있었던 발칸반도 같은 지역에서는 특히 그랬다. 그러나 직접 손을 내밀 기분은 전혀 없었다. 입실란테스가 이끄는 반란군이 부쿠레슈티에 다다랐을 때 그리스인과 루마니아인 사이에는 한눈으로 보기에도 명백하게 깊은 분열이 생겼다. 바로 그때 오스만 터키의 대군이 밀려들어와 러시아의 도움을 얻는데 실패한 입실란테스 군은 패배했다.[116]

이 사건은 데카브리스트를 크게 격분시켰다. 남부협회는 황제에 깊은 반감을 품었고, 1822년 초반에 군사 쿠데타를 적극적으로 논의하기 시작했다. 페스텔은 러시아 황제 일족의 몰살을 주장하고, 그 준비를 위해 폴란드 민족주의자와 두 번의 회합을 가졌다. 이에 따라 폴란드인은 바르샤바 총독인 알렉산드르 1세의 동생 콘스탄틴 대공을 죽이고, 페스텔 측은 황제를 죽이는 것으로 결정이 났다. 이를 위해 장교로 구성된 특공대의 편성을 결정했다. 그 대가로 폴란드는 제한된 독립을 약속받았다. 그러나 1824년 3월에 페스텔이 상트페테르부르크에 이 계획을 갖고 북부협회와 만나자 이 안은 거부되었다. 결국 암살에 관해서는 어떤 의견도 이루어지지 못했다. 실제로 동의한 것은 아무것도 없었다. 남·북협회와 폴란드 그룹은 친밀한 협력을 토대로 작성된 실행계획을 만들어낼 수가 없었다. 실제로 계획 등은 전혀 없는 채 데카브리스트의 무장 봉기는 여러 가지 사건이 중첩되어 폭발했다.[117]

1825년 11월 19일, 알렉산드르 1세가 타간로크에서 48세의 나이로 갑자기 죽었다. 살해 또는 자살이라는 소문이 나돌았지만, 고열이 있었고 의사의 사혈요법에 의해 죽음에 이르렀을 가능성이 가장 높았다. 황제가 죽자 곧 장교들은 큰 동생인 콘스탄틴 대공에게 충성을 맹세했다. 그러나 대공은 폴란드인 아내와 결혼하고 바르샤바 생활을 좋아했기 때문에 실제로는 5년 전에 비밀리에 황제 계승권을 포기했다. 알렉산드르는 1822년에 니콜라이 대공을 후계자로 지명하는 유서를 작성했다. 그러나 러시아 전통에 따라 이 사실은 비밀에 붙여져서 두 대공들조차 이 유언서의 정확한 내용을 알지 못했다. 알렉산드르 1세가 죽고 유서가 개봉되었을 때 니콜라이는 콘스탄틴이 마음을 바꾸도록 열심히 설득했지만 성공하지 못했다. 구력 12월 14일에 결국 니콜라이는 마지못해 황위를 계승하고, 상트페테르부르크의 모든 장교들이 두 번째로 그에게 복종을 맹세하기 위하여 소집되었다.

니콜라이 1세의 철권통치

그 시점에서 북부협회는 혁명의 실행을 결정했다. 이 사건에서 혁명진영이나 황제진영 모두가 러시아의 수준으로 보아도 너무나 무능한 모습을 보였다. 데카브리스트들은 경솔한 행동을 많이 했으나 다양한 경찰조직은 이 쿠데타 음모를 알아채지 못했다. 바로 그때 페스텔이 자신의 생각을 설명하기 위해 남부 쪽으로 가서 선서일 전날인 12월 13일 체포되었다. 그러나 상트페테르부르크 당국도 북부협회 사람들도 그가 체포된 것을 몰랐다. 로마노프 왕조에게는 다행이었으나, 그 운명의 날에 북부협회가 보인 행동은 놀랍게도 우유부단함, 어리석음, 비겁, 배신행위 등의 모든 것이었다. 상트페테르부르크 시내와 인근에서 모을 수 있는 부대는 극소수여서 원로원 광장까지 진군한 병사는 불과 3,000명이었다. 그것이 유일한 행동이었다. 부대는 중위 한 명의 지휘 아래 여러 시간 동안 광장에 진을 치고 있었으나, 그 중위는 아무런 명령도 받지 않은 상태였다. 엄청난 민중이 광장 주위로 몰려들었다. 이때 반란군이 민중의 지지를 호소하는 어떤 행동을 취했다면 민중은 그에 가담했을 것이라고 보는 역사가도 있다. 그러나 그들은 아무 것도 하지 않았다. 사후 조사에서 드러난 사실이지만, 반란군 가운데 일반대중과 뭔가 접촉을 가진 것은 오직 한 사람이었을 뿐이고 나머지 사람들은 모두 말하자면 군복을 입은 지성인에 불과했다. 부대가 열을 맞추어 한가히 서 있는 동안 지도자들은 논쟁만 되풀이했다. 세르게이 트루베츠코이 공작은 반란군이 실권을 쥐는 저녁에는 임시 최고 지도자가 될 예정이었으나 그들을 버리고 달아났다. 광장에 모습을 보였던 그의 두 부관들은 바보처럼 행동했다. 그 중 한 명은 후에 자살했다.

반란군보다 결단력이 있었던 니콜라이는 그 동안 군대를 모아 광장을 포위했다. 그러고 나서 그 현장에 모습을 드러냈는데, 이 시점에서도 아직은 반란군에게 암살 기회가 남아 있었다. 그러나 아무 일도 일어나지 않았다. 마침내 새 황제의 명령으로 운반된 대포가 불을 뿜었고 산탄이 반란군을 덮쳤다. 반란군은 육칠십 명이 죽고 나머지는 도망쳤다.[118] 그 소식이 전해지자 남부협회도 일어났으나 그것은 무엇보다 절망감에 쫓긴 결과였다. 페스텔 없이는 합당한 행동을 할 수가 없어서 집결한 1,000명은 곧 흩어졌다. 폴란드인은 사건 정보가 전혀 없었기에 아무런 행동도 하지 않았다.

니콜라이 1세는 광장의 즐비한 시체를 보고 떨며 낙담한 채 씁쓸하게 "통치의 시작이 뭐 이런 식일까!"라고 중얼거렸다. 그의 다음 행동들은 수 십 년 동안 러시아 역사의 방향을 결정했다. 이중적인 성격의 알렉산드르 1세와 달리 니콜라이 1세는 솔직한 인간이었다. 질서를 무엇보다도 중시하여 훈련을 받고 군대 조직을 움직이는 방법을 터득했다. 비유하자면, 니콜라이는 '얼음처럼 차갑고 푸른 눈'을 가진 '대머리 메두사'였다.[119] 알렉산드르 1세보다 한 세대 젊었기에 프랑스 혁명에 대해 아무런 느낌도 없었다. 근대적인 사상보다는 오히려 물질적인 발전에 흥미를 가졌고, 1816년에는 유럽 일주 여행을 계획했다. 니콜라이는 다리, 조선소, 운하를 시찰하는 것을 좋아했다. 그러나 사우디와 달리 오언이 경영하는 뉴래너크의 공장을 지배하던 규율과 통제에 큰 감명을 받았다. 그러나 무엇보다도 그를 기쁘게 한 것은 프러시아 군대였다. "여기 명령이 있고, 엄격하고 무조건적인 정당함이 있으며 무례하게 모든 해결책을 알려는 것이 없고 반박도 없으며 모든 것은 한 사람에게서 다른 사람에게로 논리적으로 흘러간다. 누구도 복종하는 것을 배우기 전에는 명령하지 않는다. 아무도 정당한 이유 없이 남 앞에 나서지 않는다. 모든 것에는 하나의 명확한 목표가 운명처럼 정해져 있다. 모든 것은 그 목적을 갖고 있다. 그것이 내가 이 사람들 속에서 아주 좋은 감정을 느끼고 내가 항상 군인으로서의 내 천직을 영광스럽게 붙들고 있어야 할 이유라고 여긴다. 나는 인간 생활의 전부가 봉사일 뿐이라고 생각한다. 모든 사람은 임무에 복종한다."[120]

니콜라이는 황제로서 즉각 정부의 조직 개혁에 착수했다. 모두가 새로운 제복을 받고, 상트페테르부르크 거리에서 흡연은 금지되었다. '옛날 회색 모자'를 쓰는 것도 금지되었다. 유대인을 연상시킨다는 게 그 이유였다.[121] 많은 비밀 과업이 독일 태생의 발트인에게 맡겨졌다. 특히 백작 장군 알렉산드르 벤켄도르프(1783~1844)는 비밀경찰 조직을 새롭게 창설했다. 공식 명칭은 황제원 제3부였다. 초대 책임자로 역시 독일인 포크가 임명되었다. 이 새로운 조직은 훗날 당국이 입수한 페스텔의 계획서에 묘사된 '고등경찰'의 아이디어 바로 그것이었다. 기묘하지만 어디까지나 러시아다운 역설이라고 할 수 있을 것이다.[122]

니콜라이 1세의 체제는 형인 알렉산드르 1세 때보다 더 비밀주의였다. 체제를 움직이는 것은 비밀위원회였다. 공적으로 색채가 짙었다. 존재하지 않는 이 위원회에 장관들은 종종 자료 제출을 요구받았다. 제3부는 그런 체질을 반영하는 대표적인 조직이었다. 체인 브리지 가까운 건물에

이 부서가 자리 잡고 있다는 사실을 아는 사람은 아무도 없었다. 사실 상트페테르부르크에 오는 저명한 방문객들은 그곳에 있는 벤켄도르프를 공식 방문할 의무가 있었다. 푸슈킨은 그것을 하지 않아 한때 심하게 비난을 받았다. 그러나 제3부가 하는 일은 죄다 국가 기밀이었다. 이 부서는 항상 밤에 용의자 집을 방문해 수색하고 체포했다. 그리고 포장을 씌운 마차에 태워 인적이 끊기고 어두운 거리를 통과해 체인 브리지의 건물로 데려왔다. 알렉산드르 게르첸은 그러한 방문을 한 차례 받고 아내가 조산을 하자, "경찰관, 특히 비밀경찰의 히스테리성 열정"말고는 그런 방법을 택할 이유가 없다고 말했다. 체포된 사람들 대부분은 이른바 비밀결사 회원이라는 설명이었지만 음모 모임과 단순한 친목모임의 구분은 거의 없었다. 종종 잡혀온 사람들은 그들은 시베리아 귀향길에 오를 때까지 자신의 죄명조차 알지 못했다.[123]

니콜라이는 재위 처음 10년 동안 누구보다도 벤켄도르프를 측근에 두고 제3부의 활동에 세심한 부분까지 주의를 기울였다. 기괴한 직원을 뽑는 일까지도 챙겼다. 초대 장관이었던 포크는 의사의 아들로 성인이 된 이래 줄곧 비밀경찰에 몸을 담아 수사 업무에서 기쁨을 느꼈다. 여러 가지 증거의 '조작' 테크닉을 고안했는데, 이는 1989년부터 1990년에 이를 때까지 동유럽에서 널리 이용되었다. 포크의 오른쪽 눈 위에 '털이 많이 자라고 있어서' 눈을 쉴 새 없이 깜박거렸는데, 그 모습을 본 사람들은 두려움을 느꼈다. 포크는 또한 계급이 무엇이건 간에 다른 사람들에 대한 정보제공을 거절하는 사람은 반역죄라는 원칙을 생각해냈다. 그것은 최근까지 소련의 KGB가 써먹던 법칙이었다.[124] 포크는 만사 제쳐놓고 일에만 매달렸는데, 1830년의 연례 보고서에서는 "사람들의 마음을 정치적인 문제에서 벗어나게 만든다."는 이유로 콜레라가 러시아에서 처음으로 유행하는 것을 반겼다. 이듬해 그는 콜레라에 걸려 목숨을 잃었다.[125] 제3부에는 포크 외에도 사악한 켄트인 기술자 존 셔우드, 고급 매춘부 소반스카야 부인, 식물학자 보쉬니아크, 시인 비스코바토프, 유대인 개종자 플라타노프, 매우 비도덕적인 언론인 타데우스 불가닌 등이 속해 있었다. 불가닌은 살인범의 아들로 나폴레옹전쟁 때는 프랑스와 러시아 양편에서 복무했다. 제3부의 많은 다른 직원과 첩보원처럼 불가닌도 수감생활을 했고, 제3부의 직원이라는 신분을 이용해 검열관을 위협해 자신의 출판 제국을 세웠다. 푸슈킨은 불가닌을 사기꾼 피그리아린(Figliarin)이라고 풍자했다.[126] 지나칠 정도로 질서를 좋아했음에도 불구하고 니콜라이 1세는 질서를 지키지 않는 이 인간에게 큰 관심을 가졌던 것 같다. 황제가 벤켄도르프와 함께 푸슈킨의『예브게니 오네긴』의 제7장에 관한 불가닌의 논평을 점검했다는 우스운 일화가 남아 있다. 황제는 그것을 "부조리하며 천박하다."고 화를 내며 말했다.

"백작, 불가닌을 불러와 앞으로는 더 이상 문학 비평을 출판하지 말라고 명령하게. 그리고 가능하면 그의 신문도 없애게!"[127]

황제와 시인

니콜라이 1세와 푸슈킨의 관계는 실제로 황제가 음울한 통치방식을 이상하게도 좋아한 것에 대해 알려준다. 황제는 월터 스콧이나 폴 드 콕의 문학을 좋아했으나 자신과 동시대 사람인 푸슈킨이 장려되어야만 할 국가적 인재라는 사실을 깨달았다. 황제는 지하출판물에 실렸던 시, 즉 원죄 없는 잉태에 관한 반도덕적인 시『가브리엘리아드(Gabrieliad)』에는 당혹감을 느꼈다. 푸슈킨은 시골에 유배되어 있었건 도시에 있었건 간에 만인의 주목대상이었다. 그가 극장에 가면 관객들을 자리에서 일어나 환영할 정도였다. 그에 대한 엄청나게 많은 보고가 제3부로 쏟아져 들어왔다. 시골에 있을 때 이웃에 살던 퇴역 장군은 농민이 입는 작업복과 붉은 띠에 밀짚모자 차림으로 푸슈킨이 시장에 나타났다고 보고했다. 그 남자의 말에 따르면, 푸슈킨은 타고 있던 말에서 내리면서 "말도 자유가 필요해!"라고 말하며 말 고삐를 풀어주었다는 것이다. 푸슈킨이 실제로 농민 폭동을 사주했는지를 조사하기 위해서 보낸 식물학자 보쉬니아크는 좋은 사람이라는 결론을 내리고 돌아갔다. 황제는 이 시인을 잔인하게 갖고 놀 요량으로 상트페테르부르크로 데려오라고 벤켄도르프를 압박했다. 이는 묘하게도 조셉 스탈린과 작곡가 드미트리 쇼스타코비치의 관계를 연상시킨다. 때때로 자신의 이름을 기억해내지 못할 정도의 완전한 기억력 상실로 고생을 하던 벤켄도르프 장군은 서슴없이 응했다. 그는 푸슈킨이 누구인지 또는 왜 그가 유배되었는지 전혀 생각나지 않았다. 푸슈킨은 2년간의 유배생활을 보낸 벽지에서 일약 황제의 거실로 끌려왔다. 1826년 9월 8일에 두 사람이 나눈 긴 대화의 일부가 남아 있다.

"12월 14일에 상트페테르부르크에 있었더라면 당신은 무엇을 했을까?" 황제가 물었다.

"반란군에 가담했을 것입니다." 푸슈킨이 대답했다.

"당신이 시를 많이 쓰기를 바라네."

"검열이 매우 엄격해서 곤란합니다."

"내가 검열하겠소."

"아주 감동적이군요."[128]

이 대화는 벤켄도르프가 푸슈킨에게 보낸 편지에서 확인된다. "황제 본인께서 당신 작품의 최초 비평가이자 검열관이 될 것이다." 그 이후 제3부는 푸슈킨의 작품 진행 상태에 관해 정기적으로 보고를 받아 그것을 황제에게 전달했다. "그는 역사극을 쓰고 있는 중이다." "작품 『보리스 고두노프(Boris Godunov)』에는 '자유' 사상이 하나도 없다고 한다." "푸슈킨에게 필요로 한 것은 조언뿐이다." "그의 천재성은 여태껏 없던 가장 아름다운 작품을 낳을 것이다." 극악한 불가닌은 황제의 강한 관심을 끌고 있는 푸슈킨에게 질투심을 느꼈다. 자신이 제3부에서 일하고 있었음에도 불구하고 자기 부서에 푸슈킨을 비난하는 익명의 편지를 보내는 악랄한 행동을 했다. 그러던 어느 날, 궁정 무도회에서 푸슈킨을 만난 황제는 시인이 불가닌에 대해 썼다고 들었던, 악의에 차 있어서 도저히 발간할 수 없었던 풍자시를 낭송할 것을 요청했다. 푸슈킨이 낭송을 하자 황제는 "훌륭하군!"이라고 말했다.

혁명 신화의 탄생

황제는 절대적인 권력을 갖고 일단 결정된 사안에 대해서는 밀어붙이는 성격이었으나 데카브리스트 반란 사건을 잘 처리하지 못했다. 반란의 전모는 간단하게 밝혀졌다. 반란군이 더 단호했더라면 상트페테르부르크의 군중은 반란 대열에 합세했을지도 몰랐다. 그러나 반란 장교 주변의 인물들이 하나같이 등을 돌렸다. 쿠데타가 실패로 끝난 지 열흘이 지난 뒤 니콜라이 1세는 형 콘스탄틴에게 다음과 같이 보고했다. "이번의 끔찍한 사건에서 모두가 나를 도와주고 있습니다. 수많은 아버지들이 반란에 가담한 아들들을 내게 데려왔습니다. 모두 본보기가 되기를 원하고 있지만 가장 중요한 동기는 자신의 가족에 그런 반란분자는 두고 싶지 않고, 또한 그 혐의를 받는 것조차 피하고 싶어 한다는 것입니다." 만약 니콜라이가 가담한 사람 모두를 처형했더라도 대부분의 러시아 지배계급은 그것을 인정했을 것이다. 그러나 황제는 그렇게 엄격한 태도를 취하지 않았다. 최소한 579명이 공판에 회부되었지만, 그중 290명은 무죄가 선고되고, 134명은 경범죄 처분을 받아 강등되었으며, 4명은 국외로 추방되었다. 20명은 재판 중 또는 재판 전에 죽었고 9명의 처분은 알려져 있지 않다. 121명이 주요 공모자로 판결을 받고 그중 다섯 명만 교수형에 처해졌다. 31명은 시베리아로 유배되어 중노동에 처해졌으며, 85명은 감옥에서 훨씬 짧은 형기를 살았다. 처벌에는 일관성이 없었다.

반란을 계획한 사람 중 한 명인 미하일 오를로프는 경찰의 감시를 받는 조건으로 석방되었다. 이와는 반대로 페스텔은 실제로 폭동에 참가하지는 않았음에도 불구하고 체포되어 처형당했다. 미하일 루닌은 바르샤바에 있어서 이 반란 음모에는 처음부터 관여하지 않았지만 장기형을 선고받고 20년 뒤에 아카투이 광산에서 죽었다. 이 그룹과 거의 관계가 없었던 표트르 팔렌부르크도 장기 시베리아 유배형을 받았다.

니콜라이가 모두를 처형했더라면 데카브리스트들의 주장은 그들과 함께 사라졌을 것이다. 그들은 대중이나 자신의 하인들에게서조차 인기가 없었다. 첩보원의 보고에 따르면, "주인들이 교수형에 처해지고 유배되기 시작했대. 그들 모두를 교수형에 처하지 않은 것은 유감이야!"라고 말하는 하인도 있었다. 사실은 그렇지 않았는데, 유배지의 가혹한 운명이 아직 살아 있는 그들을 전설로 만들었다. 어떤 사람은 살아남아 회고록을 쓰기도 했다. 어떤 사람은 여러 해 동안 쇠사슬에 묶여 지내고, 어떤 사람은 창 없는 감옥에 넣어졌다. 십대들을 포함해 수십 년 동안 요새에 유폐된 사람도 있었다. 그러나 온정적인 조치도 있었다. 14명의 경우는 부인이 남편이나 아들 곁에 가는 것이 허용되었다. 이들 여성들도 데카브리스트를 둘러싼 전설과 신화를 낳아 후세에 남기는 데 일조했다. 19세기 말기가 되어도 이 반란은 멜로드라마로서 사람들의 마음에 남아, 레닌은 그것을 교묘하게 자신을 위해 이용했다. 짧게 보면 분명히 데카브리스트의 반란은 혁명의 실패 사례로, 역사상 가장 성공하지 못한 사건이다. 그러나 길게 보면, 그들이 증오한 체제를 불법화하고 파괴하는 데 결정적인 역할을 했다고 할 수 있다.[129]

그 이유는 다음과 같이 설명될 수 있을 것이다. 데카브리스트들은 지식인들이었지만, 일반 지식인과 달리 그들의 사상을 위해 자신들을 희생함으로써 지식계급과 지배계급 사이를 결정적으로 갈라놓았다는 것이다. 이러한 현상은 현대 사회에서도 존재하지만, 러시아의 경우는 알렉산드르 게르첸이 '그들, 그리고 우리'라고 표현했듯이 그 간격은 너무나 단절되었다. 그것은 러시아 정치를 좌우하는 가장 중요한 포인트가 되었다. 양자 사이의 골은 니콜라이 1세의 반란군에 대한 처벌에 이은 그 후의 조치에 의해 더 깊어졌다. 자신들이 '인민'을 대표한다고 느끼는 것 이상으로 지식인들에게 어필하는 것은 없었다. 일반적으로 그것은 사실과 매우 다르다. 그러나 러시아에서는 1825년 이후 체제 쪽에서는 의도된 정책을 통해 지식인과 대중의 밀착을 유도했다. 독재 정권, 특히 전제군주 정권이 포퓰리즘 정책을 추구하는 데 어려움을 느끼지 않았다. 그러나 니콜라이 1세는 정반대 방향을 취했다. 체제에 이용된 작가와 언론인은 의식적으로 러시아 궁정의 반포퓰리즘을 강조했다. 어용역사학자인 미하일 포고딘은 1826년에 다음과 같이 썼다. "러시아 국민은 잠재력에서는 우수하다. 현실에서 그들은 천하고 징글맞으며 추잡하다." "그들은 강제하지 않으면 인간이 되지 못할 것이다." 정부의 어용 언론인인 니콜라이 그레히의 말은 더 과격했다. "인민들 속에 악마가 많이 있다. 그러므로 국가와 모든 개인들에게 경찰, 그것도 엄격한 경찰이 필요하다." 알렉산드르 1세는 "너무나 온순했다. 인민에 대해 필요 이상으로 친절과 동정심으로 가득 차 있었다. 이처럼 비열한 인간에게 그럴 가치는 없다. 이제 나는 니콜라이를 사랑하고 있다! ……황제가 때려도 그들은 좋아하건 아니건 간에 '신이여 황제를 보호하소서!'라고 노래를 부른다…… 명령을 내리고 채찍을 사용할 수 있을 때 왜 교활해야 하나?"라고 했다. 타데우스 불가닌도 이 주장에 합류했다. "사람들에게서 정부와 법에 복종하는 굴레를 떼어내는 것보다 굶주린 호랑이나 하이에나의 사슬을 풀어주는 것이 더 낫다. 격분한 폭도보다 더 무서운 맹수는 없다!"[130]

이러한 자세가 법과 정부의 조치에 반영된 결과, 지식인을 마치 인민을 대표하는 투사인 양 행동하게 했다. 또한 그렇게 함으로써 인민들로 하여금 서구의 다른 지식인들이 고심하여 만든 공상적인 유토피아의 계획을 즐기도록 격려했다. 러시아의 고학력 이상주의자들은 영국이나 미국의 관습이나 헌법주의에 점차 등을 돌리고 푸리에와 생시몽에게 기울었다. 헤겔을 비롯하여 전체주의의 선구가 되는 이데올로기 창조자들의 글도 읽었다. 이에 따라 1880년대에 마르크스의 책이 러시아에 전해졌을 때는 그 기초가 이미 잘 조성되어 있었다. 교양 있는 러시아인 일부는 이미 마르크스주의자였다고 해도 지나친 말이 아니었다.

이처럼 데카브리스트 혁명과 그 여파는 러시아 역사상 가장 중요한 전환점의 하나였다. 이것은 아이러니하게도 20세기 공포정치로 가는 불길한 푯말이었다. 이 사건에 관한 거의 모든 이야기들이 섬뜩한 상징적인 뜻을 내포하고 있었다. 황제가 1826년 7월 13일에 교수형에 처하도록 지명한 장교 5명의 처형도 예외는 아니었다. 교수대는 전날 밤 표트르파우로 요새의 광장에 급히 그리고 엉성하게 세워졌다. 13일 아침, 주위는 어둡고 안개가 자욱했다. 그리고 광장에는 불이 지펴지고, 처형당하기 위해 죄수가 모두 모였다. 새벽 3시에 사형수들이 끌려 나왔다. 장교의 견장과 제복이 벗겨져 불에 던져졌다. 구경꾼들은 보드카를 많이 마셨다. 웃음과 저속한 농담이 오갔다. 그 가운데 이아쿠보비치라는 사내는 깃 달린 장교 모자를 쓰고 긴 부츠를 신은 채로 무릎까지 내려오는 짧은 화장복을 걸치고 있었다. 다섯 명의 사형수들의 가슴에는 '범죄자들─국왕 시해자들!'이라는 표찰이 매달려 있었다. 대주교 미스로프스키가 마지막 축복을 내렸다. 루터파였던 페스텔조차 임종 시에 받는 정찬을 받았다. 그러고 나서 밧줄이 씌워지고 두건으로 얼굴을 가렸으며 지지물이 떼어졌다. 그러나 세 명은 다치지 않고 떨어졌다. 사형 집행을 맡은 장군 중 한 명이 "빨리, 빨리!"라고 외치며 뛰어왔다. 떨어진 사형수 가운데 한 사람인 무라비요프는 땅위를 구르면서 소리쳤다. "제기랄! 이 희망 없는 나라에서는 사람을 제대로 교수형에 처할 줄도 몰라."[131]

그것은 절망적이지만 아이러니한 러시아의 진정한 목소리였다.

데카브리스트 반란 사건은 러시아 역사의 분수령이 되었지만, 다른 나라의 관심은 끌지는 못했다. 알렉산드르 1세의 장례식을 위해 상트페테르부르크를 방문한 웰링턴 공작은 그리스 문제로 동맹을 맺기 위한 조건을 놓고 새 정부와 협상하느라 바빴다. 공작에게 강한 인상을 남긴 건 장례식이 오래 지연된 것과 시체의 참상이었다. 녹기 시작한 시체는 한 눈에 봐도 썩어 들어가고 있었다. 여하튼 유럽 다른 국가들은 각각 자신들의 어려움에 매달려 있었다. 왜냐하면 데카브리스트 반란이 실패한 바로 그 달에 선진국들은 여태껏 경험하지 못한 무서운 상황에 내몰렸기 때문이었다. 그것은 근대국가로서 처음 부닥치게 된 금융위기였다.

제11장

대폭락!

로스차일드 가문의 금융 네트워크

1825년 12월 14일, 급진주의적인 대령들이 제정 러시아의 군주제를 타도하기로 정한 그날에 맹렬한 압력이 그보다 훨씬 안전한 기관까지 위협했다. 잉글랜드 은행이었다. 윌리엄 3세가 프랑스와의 전쟁 비용 자금을 조달하기 위해 1694년에 창립한 이 은행은 1820년대 중반이 되자, 의심할 여지 없이 세계에서 가장 강력한 금융기관으로 떠올랐다. 스레드니들 가의 옆 부지 4에이커(1만 6,18제곱미터)에 세워진 이 건물은 영국에서 매우 독창적인 건축가인 존 손 경에 의해 20년 이상의 세월이 지난 끝에 점차 그 모습을 드러냈다. 존 손은 미세한 곡선과 아치 형태를 살린 둥근 천장과 이 천장의 아치형 채광창을 통해서 희미한 불빛이 들어오게 한 홀을 다섯 곳이나 만들었다. 이 홀의 대리석 바닥 위를 매일같이 수많은 사람들이 지나다녔고, 분홍색 연미복에 진홍색 양복 조끼를 갖춰 입은 키 큰 남자들이 안내를 맡았다.[1] 그러나 그날만큼은 달랐다. 대리석 아래에 있는 은행의 거대한 금고실에서는 평상시에 감돌던 마치 세상을 등진 듯한 평온함이 깨져버렸고, 금을 찾는 광란의 분위기로 돌변했다. 직원들이 금고에 남아 있는 마지막 소브린(1파운드짜리의 영국 옛 화폐─옮긴이) 금화까지 샅샅이 뒤져내서 전부 차지하려고 한꺼번에 달려들었기 때문이었다. 일반인들이 지폐를 정화(正貨)로 바꿔줄 것을 요구하는 탓에 지방 은행들이 파산만은 막고자 조급히 예금을 회수하면서 잉글랜드 은행은 역사상 처음으로 현금이 부족한 심각한 상태에 빠졌다.

12월 17일 이른 아침, 재무장관인 존 찰스 해리스(1778~1855)는 아버스넛 부인을 찾아가 소식을 전했다. "금의 수요가 급증하는 이상과열 현상이 발생했습니다. 지방 은행들이 일반 예금인출을 지급하려고 자금을 조달하는데 잉글랜드 은행의 정화를 전부 사용해버리는 바람에 이제 1파운드짜리 금화는 겨우 10만 파운드 정도밖에 없습니다. 오늘은 요구액이 아마도 그 네 배에 달하지 않을까 싶습니다."[2] 그런데 정말 우연히도 그 날 은행 직원들의 눈에 띄지 않았던 커다란 금고 하나가 발견되었다. 채권이 담겨 있을 것이라고 생각했던 이 금고 안에는 150만 파운드에 달하는 1소브린 금화들이 꽉 채워져 있었다. 이 금화는 황급히 은행 카운터로 운반되었다. 3일 뒤, 은행에 남은 금화 재고는 다시금 6만 파운드로 줄어들어버렸지만, 이 상황에서 잉글랜드 은행이 금 보유고의 유지를 위해 활용하던 민간 은행가 네이선 로스차일드는 금화를 20만 파운드 이상 손에 넣었고, 전 유럽에 걸쳐 특사 25명을 보내 눈에 띄는 대로 소브린 금화를 사들이게 했다. 이리하여 잉글랜드 은행은 지급 정지를 모면할 수 있었고 신용을 지킬 수 있었다.[3]

어떻게 은행이 이렇게 곤란한 상황에 처하게 됐는지를 알아보기 위해서 몇 년간을 되짚어 올라갈 필요가 있다. 나폴레옹전쟁에서 여느 대규모 전쟁처럼 전쟁 비용도 대부분 신용대출로 조달되었기 때문에, 정부 채무는 급격히 증가했고 국제적인 금융체제는 근본적인 변화를 맞았다. 마침 루이 14세에 맞서 윌리엄 3세가 일으킨 전쟁이 잉글랜드 은행의 창설로 이어지자, 나폴레옹을 진압하려던 노력은 정부를 위해 공채를 모집하고 현금을 지원하는 새로운 형태의 민간 은행에게 권력을 쥐어주었다. 세계에서 가장 부유한 나라로 시종일관 나폴레옹과 적대적이었던 영국은 거대한 해군력과 반도전쟁에 참전 중인 군대에 자금을 조달하기 위해서뿐만 아니라 유럽의 동맹국들에게 원조하기 위해서라도 현금이 필요했다. 그러기 위해서 전쟁이 계속되는 한 해마다 적어도 2,000만 파운드의 전시 공채를 모집해야만 했다. 런던 시장은 이 금액을 전적으로 부담할 수 없었고, 따라서 그 일부를 청부업자들에게 팔아서 그들이 고객을 모았다.

1803년에 이런 청부업자들 가운데 한 사람이 바로 네이선 로스차일드(1777~1836)였다. 랭커셔 직물사업에서 성공을 거둔 뒤, 런던으로 활동무대를 옮긴 지 얼마 되지 않은 젊은이였다.[4] 로스차일드가 운영 자본을 거머쥐게 되는 과정에는 크나큰 행운이 따랐다. 피해가 막심했던 예나 전쟁이 1806년에 끝나고, 헤세-카셀의 선제후는 개인 예비금을 런던으로 옮기고 네이선에게 이 돈을 영국의 유가증권에 투자해달라고 부탁했던 것이다. 이 덕택으로 이 은행가는 선제후의 이익을 도모하는 동시에 자신의 자산도 축적할 수 있었다. 또한 전통적인 유대인 상술을 발휘해 어려운 여건 속에서도 금괴와 현금을 안전하게 이송했다. 1811년부터 1815년 사이에 네이선과 청년 경리장교인 J. C. 해리스는 4,250만 파운드 상당의 금괴를 스페인에 주둔한 웰링턴 군대에 무사히 운송하는 데 힘썼다. 그 가운데 절반은 네이선과 프랑스에 있던 동생 제임스가 직접 인계했다.[5] 전쟁이 끝날 무렵, 네이선은 런던 금융계의 거목으로 등장했고, 제임스도 파리에서 같은 대접을 받았고, 맏형 암셀은 프랑크푸르트에 있는 로스차일드 가문의 본점을 맡았다. 1816년에는 넷째 잘로몬이 빈 지점을, 1821년에는 다섯째 카를이 나폴리에 은행 지점을 개설하면서 전 유럽을 잇는 금융 네트워크가 완성되었다.

1815년부터 로스차일드 가문은 국제 금융계에서 새로운 방향타 역할을 맡았다. 그 동안 정부는 언제나 신용대출로 전쟁비용을 충당했다. 로스차일드 가문은 그에 못지않게 훨씬 많은 자금을 조달해 평화 발전을 가속시켰다. 금융은 그 나름대로 근대 세계를 탄생시킨 결정적 요인이지 않았나 싶다. 왜냐하면 이로 인해 수많은 발전이 가능케 되었기 때문이다. 1815년부터 1825년에 걸친 10년의 세월 동안에 유통된 유가 증권은 앞선 세기의 거래 총액보다도 많았다. 그 대부분은 런던에서 로스차일드 가문이 선두에 서서 조달했다. 네이선은 불안정한 라틴 아메리카 국가들과는 거래하지 않았고, 견실한 유럽의 군주국인 오스트리아, 러시아와 프로이센과만 거래했다. 이 점에 대해서는 뒤에 다시 이야기하겠다. 네이선은 신성 동맹의 거래 은행이 되고, 1818년에서 1832년에 걸쳐 런던에서 모집된 26건의 외국 국채 가운데 7건과 추가 1건은 공동으로 성사시키면서 눈 깜짝할 사이에 총액의 39퍼센트에 해당하는 총 2,100만 파운드를 조달했다.[6]

대출을 늘려라!

날로 발달하는 금융 시스템과 새로운 금융시장이라는 절호의 기회에 편승하려고 혈안이 된 나라는 다름 아닌 미국이었다. 미국은 발전하기 위한 신용 대출을 절실하게 필요로 했다. 1816년부터 1821년 동안에만 여섯 개 주가 새로 생겨났는데, 그 규모나 잠재력에 있어서는 유럽의 여섯 국가와도 같았다. 미국은 유럽의 금융 테크닉을 잽싸게 받아들여 손질을 가했다. 현재 자본금에서 본 채권의 양은 두 배, 세 배, 아니 그 이상으로 늘어났다. 미국은 이미 그 무한한 미래를 걸고 대량으로 자금을 도입한다는 평판이 있었다. 게다가 국토의 규모를 감안해도 수많은 은행이 필요하다는 것을 알 수 있었다. 또한 금융 시스템을 급격하게 확장하는 점도 이미 주지의 사실이었다. 미국의 급속한 발전은 이것 없이는 힘들었을 테지만, 일반 시중 은행에서는 아직 효율적인 감독 및 관리가 이뤄지지 않던 실정이었다.

중앙은행인 미합중국은행은 잉글랜드 은행을 모델로 1791년에 출범했다. 그러나 모든 주가 독립을 주장하는 이 나라에는 반대파도 많았다. 20년간의 설립인가기간이 1811년에 끝나자, 의회는 그 갱신을 부결했다. 그런 반면, 각 주는 은행들에 설립 허가장을 교부하는데 팔을 걷어붙이고 나섰고, 이로 인해 1811년에 88개이던 주립은행이 불과 2년 만에 208곳으로 급증했다. 주의회는 모든 주립 은행에 자본의 세 배에 달하는 금액까지 지폐를 발행할 수 있는 권한을 부여했다. 그러나 이것이 제대로 지켜지는 지에 대한 감시는 철저하지 않았고, 대부분 은행들은 툭하면 법적 제한을 초과해서 지폐를 발행했다.[7] 그러므로 적어도 평화로운 시대에는 은행의 설립 허가를 주에서 승인받는 것만큼 손쉽게 돈을 버는 방법도 없었다. 새로운 금융세력이 출현하기 시작했다. 이것은 토지재산을 기초로 한 위대한 농업사회라는 합중국 본래의 이념에 정면으로 대립하는 세력이었다.

이런 낌새를 제일 처음 눈치 챈 사람은 캐롤라이나 주의 존 테일러(1753~1824)였다. 한 때 상원에도 몸담았던 이 버지니아 주 농민은 1814년에 700페이지 분량의 방대한 『미국 정부의 원칙과 정책에 관한 고찰(An Inquiry into the Principles and Policy and Policy of the Government of the United States)』을 발표하기도 했다. 여기서 테일러는 재산의 개념을 토지와 같은 '자연' 재산과 법적 특권으로 생기는 '인공적인' 재산—그 대표가 금융에 의한 부(富)—으로 구분했다. 그리고 지폐에 의한 금융은 성실한 농민들이 흘린 피땀을 희생시켜 인공적으로 만들어낸 금융 특권 계급을 부유하게 한다고 주장했다. "자연재산을 인공재산으로 바꾸는 정책은 필연적으로 모든 생산적인 노동계급을 궁핍하게 만든다." 그는 지폐 발행권은 간접세의 한 형태라고 보고, "모든 지폐제도에 의한 과세는 그것이 직접적이건 간접적이건 자유를 주기는커녕 그 재산을 빼앗게 될 것이다. 그리고 다른 세력을 만들어 그들을 부유하게 하는 것은 국민에게 재산을 주기는커녕 그 자유까지 빼앗아버릴 것이다."라고 말했다. 테일러는 신흥 금융세력을 기존 귀족계급이나 성직자계급과 비교하고, "구세력이 종교와 봉건제도를 이용한 반면에 은행가는 힘과 신뢰와 신용을 이용했다."고 말했다.[8] 특히 테일러를 화나게 한 것은 금융업자가 은행권이나 주권 등 '인위적인' 자산에 '실질적인' 재산과 같은 신용과 가치를 부여

한 악마적인 교활함이었다.[9]

　신용대출 붐과 은행의 급증이 어두운 이면을 드러냄에 따라 적절한 시기에 대중에게 알려진 테일러의 주장은 통속적인 형태의 일반적인 인식으로 자리 잡았다. 1812년의 미영전쟁 당시, 미국은 우후죽순 생겨난 은행들이 발행한 2달러, 5달러 지폐들로 넘쳐났다. 한편 금은 뉴잉글랜드, 그 중에서도 주립 은행들이 가장 안정된 보스턴으로 유독 많이 흘러 들어갔다. 1813년이 되자 보스턴 은행권은 필라델피아에서 9~10퍼센트의 프리미엄이 붙어 거래되었다. 뉴잉글랜드 은행은 서부와 남부의 은행권을 일절 거부했다. 그러던 가운데 전쟁이 끝난 1814년에 금융 위기가 처음 터졌다. 뉴잉글랜드 이외의 모든 은행은 지불 정지를 당했고, 많은 정직한 투자자들이 파산했다. 이에 대한 대응으로 의회는 기존 결정을 번복하여 1816년 4월 10일에 미합중국 제2은행(SBUS)을 출범시켰다. 미합중국 제2은행 설립을 가결한 의원들은 강력한 중앙정부를 너무 두려워한 나머지 이 은행에 상당한 독립성을 부여했다. 1824년에 니콜라스 비들 총재는 재무장관의 제안을 "이 은행의 업무에 어긋나지 않는다면 이사회가 신중하게 검토해 기꺼이 찬성할 것"이라는 내용의 서한을 먼로 대통령에게 보낼 정도였다.[10] 이 발언이 사기업인 잉글랜드 은행에서 나왔더라면 용납됐을 지도 모른다. 그러나 연방정부가 미합중국 제2은행 주식의 20퍼센트를 소유하고 이사회의 이사 총 25명 가운데 5명을 선임했다. 이 은행은 국가의 금융정책에 관계가 있었다. 수입업자는 관세를 민영은행의 은행권으로 납부하고, 이 은행권은 미합중국 제2은행으로 흘러 들어갔기 때문에, 자연히 모든 은행이 발행한 지폐가 여기에서 다량으로 확보되었다. 그리고 미합중국 제2은행은 이 보유고를 통해 민간 은행들을 통제할 수 있었다. 적어도 이론상으로는 그러했다.[11]

　전쟁이 막 끝나고 전시 경기가 여전히 계속되던 그 때, 미국에서는 서부와 남부의 개척이 급속하게 진행되어 물밀 듯이 들어오는 엄청난 이주자들로 넘쳐났다. 이 과정에서 막대한 양의 인플레이션적 지폐를 홍수처럼 쏟아낸 것은 미합중국 제2은행이었다. 전직 하원 의원이자 매디슨 시대의 해군 장관이기도 했던 윌리엄 존스(1760~1831)가 초대 총재였지만, 그는 은행 업무에 대한 지식이 거의 없어서 어설프게 운영을 해가고 있었다. 테일러의 금융악마론에 딱 들어맞는 경우였다. 존스는 미국의 장래성을 바탕으로 서부 개발에 투자해야한다는 헨리 클레이의 주장을 너무 강하게 믿었다. 1815년부터 1819년에 걸쳐, 경기는 주로 토지 매매와 부동산 투기에 의해 달아오르고 있었다. 뉴잉글랜드 제조업 부문의 성적은 그다지 좋지 않았다. 영국 회사들이 덤핑을 남발했기 때문이다.

하지만 그 당시 제조업은 미국 경제에서 작은 일부분에 불과했다. 본질적으로 농사 중심이던 미국 경제는 면직업의 활약으로 전례 없는 규모로 팽창했다. 세계 곳곳에서 랭커셔의 값싼 면직물품들을 구입하려는 손길이 끊이지 않았다. 리버풀 수입상들은 직기를 계속 돌릴 만큼 면화를 충분히 구하지 못해 허덕이고 있을 정도였다. 1815년 이후부터 미국 면화 가격이 치솟아 오르면서, 1818년에는 1파운드당 31.5센트에 육박하기도 했다. 이런 가격 상승은 거꾸로 토지 붐을 불러왔다. 이 기간 동안 새로운 국유지는 정착민을 돕기 위해서라기보다는 세입을 늘리기 위한 의도로 주로 매각되었다. 정착민은 1에이커 당 2달러, 최소 160에이커 단위로 토지를 구입했다. 그러나 선금은 25퍼센트만 내면 되었고 나머지는 토지를 담보로 은행에서 빌렸다. 최저 가격은 2달러였는데, 호경기에는 남부지역의 잠재적인 목화재배 지역의 경우, 1에이커 당 최대 100달러로 거래되기도 했다. 미합중국 제2은행은 신용 완화 정책에 따라 실질적으로 이런 토지 붐에 자금을 공급했다.[12]

1920년대의 월스트리트에서는 투기가들에 의한 주식의 신용 매매가 용인되었는데 기묘하게도 그것의 선구가 되듯이, 미합중국 제2은행도 토지 투기가들이 2차 분납금을 신용으로 지불할 수 있도록 허용했다. 이 신용도 토지를 담보로 한 것이어서 결과적으로는 2순위 담보였다. 존스의 주요 목표는 미합중국 제2은행의 주주들에게 높은 배당금을 지급하는 것이었다. 더 많은 금액을 융자할수록 그것도 미합중국 제2은행의 20개뿐인 지점들을 이용한다면 은행의 이익은 더 커지고 배당금도 자연히 늘어난다. 놀랍게 들리기는 하지만, 실제로 미국의 중앙 금융기관인 미합중국 제2은행은 레이서(racers)라고 불린 어음으로 거래했다. 레이서는 레이스 호스 빌(경마 어음)을 줄인 말로 다른 환어음을 지불할 수 있는 환어음의 용도로 이용되었다. 따라서 한 채무자에서 다른 채무자로 넘어가는 게 경마처럼 회전속도가 빠르고, 이 과정에서 수수료가 가산되어 액면가는 차츰 줄어들었다. 이것은 19세기의 파산형 금융의 전형이어서 새커리와 트롤럽 등 소설가들이 작품 속에서 선량한 주인공이 곤경에 빠트릴 때 애용하던 소재였다. 왜 이러한 어음 때문에 빈곤층이 빚을 갚으려고 발버둥 쳐봐도 소용없었는지를 설명해주는 것이다. 그러나 물론 빚을 갚고 싶지만 갚을 수 없는 경우도 종종 있어서 이 신용 시스템은 근본적으로 매우 불안정했다.[13]

1819년의 금융위기

존스의 신용 완화 정책은 아마추어나 악한의 수중에 있던 몇몇 지점들의 감독이 소홀한 탓에 더 심화되었다. 볼티모어 지점은 토지 투기가들이던 제임스 A. 뷰캐넌과 제임스 W. 맥클로크가 운영했다. 이 두 사람은 지점의 무담보 융자금을 빼내 광활한 지역을 투기 매입하는 데 사용하는 등 사실상의 착복행위를 저질렀다. 이 수법으로 뷰캐넌은 42만 9,049달러, 맥클로크는 24만 4,212달러를 각자 호주머니에 챙겨 넣었고, 은행의 출납계장도 5만 달러를 착복했다.[14] 신용으로 빌린 돈은 모두 자산 구입에 썼다. 그 가운데에는 시내의 주택도 포함되었지만—당시는 미국 역사상 최초의 도시주택 붐이 일었다—대부분은 토지에 쏟아 부었다. 존스 덕분에 국유지의 부채는 1815년에는 304만 2,613달러였지만, 그로부터 3년 뒤에는 5배 이상 껑충 뛰어올라 1,679만 4,795달러를 기록했다. 현실적으로 어느 정도의 지폐 및 어음 증가는 피할 수 없었다. 전후 시대에 일어난 독립 투쟁으로 라틴 아메리카 탄광이 많이 폐쇄된 결과, 전 세계적으로 금 품귀현상이 일어났기 때문이다. 그러나 존스는 그 도가 너무 지나쳤다. 특히 남부와 서부의 토지 거래에 과도하게 융자하여, 그로 인해 은행업계도 모두 부화뇌동했던 것이다. 우려하는 목소리가 없었던 건 아니었다. 1818년 3월 14일에 존 제이콥 애스터(1763~1840)는 미합중국 제2은행의 경영진이 안이하게 어음을 할인한다고 비난했다. 독일이민자인 애스터는 알버트 갤러틴에게 보내는 편지에서 미합중국 제2은행의 경영진이 화폐가치를 거리낌 없이 끌어내리고 있다고 불만을 토로했다.

"이들이 돈의 가치를 너무 낮춘 나머지 다른 모든 것들의 값이 올라버렸습니다. 그 결과, 우리 무역 상인들은 제품이 아닌 정화를 배에 실을 실정입니다. 확신을 갖고 말씀드리건대 정화 지급이 유지되기는 쉽지 않을 것으로 보입니다. 다른 주에서도 은행을 더 많이 설립하고 있는 상황이기에 머잖아 전반적인 파산이 일어난다고 해도 그다지 놀랍지 않을 것 같습니다."[15]

애스터가 이 편지를 쓸 무렵에 파산 위기는 이미 시작되고 있었다. 리버풀의 면화 수입상들은 미국산 면화 값의 폭등에 놀란 나머지, 주문처를 동인도로 눈을 돌렸다. 영국이 수입한 인도산 면화 화물 개수는 1817년에 11만 7,955개에서 1818년에는 22만 7,300개로 급증했다. 인도 면화가 들어오면 들어올수록 리버풀의 미국산 면화는 가격이 변동하더니 1818년 말기 무렵부터 내리막길을 걷기 시작했다. 이 소식이 12월 미국에 도착하자, 면화 가격은 겨우 하루 사이에 32센트에서 26센트로 뚝 떨어졌고, 그리고는 더욱 떨어져서 뉴올리언스 평균가인 단돈 14.3센트로 내려갔다. 미국산 면화 가격의 하락은 토지 가격에 영향을 미치면서 토지가 50퍼센트에서 75퍼센트까지 떨어졌다. 더욱이 은행에는 더 심한 타격을 입혀서 담보로 잡은 토지가 융자액의 수분의 일밖에 되지 않아 그 융자금은 회수가 불가능했다. 이런 주립은행의 대부분은 무허가 증권 중매소 수준이나 다름없었다. 당시 유력한 일급정보원인 「나일스 위클리 레지스터(Niles's Weekly Register)」의 발행인 겸 사업가인 헤제키아 나일스(1777~1839)의 말에 따르면, 그 당시에 지폐를 발행하는 은행을 신설하기 위해서 필요한 것이라고는 인쇄원과 인쇄기와 종이가 전부였다고 한다. 위조지폐를 제조하기도 쉬웠다고 한다. 1819년에는 통용된 위조지폐가 최소 백 군데의 은행들에서 발행되었다고 주장했다. 주 의회에서 은행 설립 인허가를 승인 받는 것만큼 세상에서 쉬운 일도 없었다. 그저 몇몇 주 상원 의원들에게 이사회에 자리를 마련해주는 것으로 보답만 하면 됐다. 은행 건물은 교회나 대장간, 주막을 개축해서 사용하는 경우가 많았다. 1819년에는 설립 허가 은행들은 적어도 392곳이 들어섰고, 비인가 은행의 수는 더 많았다. 그러는 사이에 공유지에 대한 부채는 1년 만에 600만 달러나 증가해 2,200만 달러를 기록했다.

　면화와 토지 가격이 떨어지기 시작하자, 존스는 갑자기 신용 완화 정책을 전환해 과거의 잘못을 수정했다. 미합중국 제2은행 지점들에 당행 지폐만 받으라고 지시하고, 주립 은행이 발행한 지폐에 대해서 즉시 현금 회수를 요구했으며, 융자 계약 갱신을 거부했다. 이 지시는 각 주의 공인 은행들에 직격타를 날렸고 출자자들을 파산시켜버렸다.[16] 주립 은행이 담보로 갖고 있던 토지양도증서들은 미합중국 제2은행의 금고실로 차례로 넘어갔다. 자신을 뽑아준 유권자의 미래가 원하지도 않던 중앙은행의 수중에 떨어진 것을 본 많은 의원이 존스의 조치에 노발대발했다. 존스를 처치하기는 어렵지 않았다. 의회 위원회는 머지않아 볼티모어 비리 건을 파헤쳤고, 결국 1819년 1월에 존스를 비롯한 중역진이 전원 사퇴 압력을 받고 물러나야 했다. 먼로 대통령은 그 후 존스의 후임에 엄격하고 노련한 랭던 치비스를 새로이 임명했다. 치비스는 3월에 취임하여, 미합중국 제2은행의 상황이 "육지에서 멀리 동떨어져 있고, 폭풍우가 거세계 몰아치는 바다 한가운데에서 키나 돛, 마스트도 없는 배와 같다." 는 사실을 발견했다.[17] 치비스가 미합중국 제2은행을 구할 수 있는 유일한 방법은 존스가 뒤늦게 채택한 디플레이션 정책을 강화하는 것뿐이었다. 이 방법으로 미합중국 제2은행은 지불 능력을 유지하고 영업을 계속할 수 있었다. 하지만 다른 모든 사람들은 대가를 지불해야만 했다. 당대의 경제전문가인 윌리엄 가우지의 말을 빌리면, "은행은 위기를 모면했지만, 민생이 파탄에 빠졌다."[18]고 한다. 의회의 중앙은행 반대 로비스트들은 미합중국 제2은행이 자신들이 속한 주 내의 은행들을 고사시킨 방식에 격노하여 의회에 그 설립 허가를 즉각 취소하라고 요구했다. 하지만 이마저 실패하자, 과세를 부가해 없애라고 주 의회에게 촉구했다.[19]

존 마셜의 등장

이 시점에서 미국 역사상 가장 영향력 있는 위인 중 한 명이 논쟁의 장에 발을 들여놓게 된다. 만일 미국을 자본주의 체제로 단단하게 굳힌 사람을 꼽는다면, 아마도 존 마셜(1755~1835)일 것이다. 1801년부터 34년간 연방 대법원장으로 봉직했다. 마셜은 이 자리가 미국 역사에서 가장 중대한 관직 가운데 하나임을 보여주었다. 마셜은 강력한 중앙 집권제를 굳게 믿고, 제퍼슨, 매디슨, 먼로, 잭슨 등 대부분 대통령들이 각 주의 권리를 우선하던 시대에 자신의 권한을 사용해 독자적인 헌법 해석을 수립했기 때문이다. 또한 마셜 대법원장은 테일러가 말한 '인위적인' 재산이 공격을 받을 때에 그것도 포함해 법적인 재산권을 옹호했다. 즉 마셜은 헌법에서 법원이 충분히 그 기능을 발휘할 권리를 가지며, 그것은 해석을 통해서 판례를 만드는 데 있다는 점을 체계적으로 완전하게, 그리고 처음으로 실행했다. 한 판결에서 마셜은 다음과 같이 말했다. "우리들이 해석하는 것은 하나의 조문이라는 사실을 잊어서는 안 된다. ……그것은 유기적이고, 발전가능하며, 변화에 민감하다." 마셜은 강인한 성격, 독특한 매력과 비범한 설득력을 지녔다. 글을 쓰건 말을 하건 간에 힘차고 기품이 느껴지는 영어를 구사해 자신의 주장을 펼쳤다. 6주에서 8주간의 개정 기간마다 마셜과 동료 판사들은 워싱턴에서 합숙했다. 이로 인해 "마셜은 법원의 책임자인 동시에 사실상 한 집안의 가장이었다."고 마셜의 전기 작가는 전했다.[20] 몇몇 동료들보다는 교육 수준에서 뒤처지기는 했어도, 마셜은 이들 사이에서 절대적으로 우위를 점했다. 34년간의 재임 기간 동안 내린 1,100번 이상―그 가운데 519건은 스스로 판결문을 썼다―의 판결 가운데 단 여덟 번만이 반대하는 소수 의견이 나왔을 뿐이다.[21]

같은 시대를 살았던 저명한 엘든 대법관과 같이 마셜도 버지니아 주의 한 오두막집에서 태어나 자수성가한 인물이었다. 그리고 엘든처럼 뼛속까지 엘리트주의자였다. 그렇다고 겉모습도 꼭 그렇게 생긴 것은 아니었다. 늘씬하고 호리호리한 체격에 옷차림은 볼품없었으며 언제나 말쑥하게 차려 입지도 않았다. 전혀 쌀쌀맞지 않았고, 굉장히 수다스럽고 사람들과 쉽게 가까워졌다. 그러나 에드먼드 버크의『프랑스 혁명에 관한 고찰』이 발간되자마자 읽고 난 뒤 말년에는 사람들, 그 중에도 특히 군중에 뿌리 깊은 불신감을 품었다. 마셜은 대중의 권력은 재산이 없는 계층에게 참정권을 주는 주 의회에서 비롯된다고 보았다. 중앙 집권주의자인 마셜은 같은 조건이라면 연방 정부에 유리한 평결을 내렸다. 마셜은 애덤 스미스의『국부론』도 읽고, 자본주의가 미 서부의 광활한 대지를 평정할 수단이라고 굳게 믿었다. 자본주의의 정당성과 재산의 소유권을 옹호하는 과정에서 과거 테일러가 내비쳤던 불안감 따위는 찾을 수 없었다. 오히려 그 정반대에 가까웠다. 마셜은 법원의 올바른 헌법 해석을 통해서만 자본주의 체제의 확립이 가장 신속하고 효과적일 수 있으며, 이는 곧 전지전능하신 하느님께서 과거 이스라엘 백성들을 약속의 땅으로 인도하셨던 것처럼 미국인들이 이 광활한 영토를 개발할 수 있게 할 것이라고 믿었다.

당시에 재산권을 솔직하게 옹호하던 사람은 마셜 혼자만은 아니었다. 뉴잉글랜드의 유력한 웅변가였던 다니엘 웹스터(1782~1852)는 1820년 매사추세츠 헌법 제정 회의에서 재산권을 정치의 기본으로 해야 한다고 극적인 연설로 호소하면서 "권력은 본질적으로 또한 필연적으로 재산권을 따른다."고 주장했다. [22] 은행가인 니콜라스 비들은 재산과 도덕성이 서로 손잡고 가듯이 "평가할 재산이 없는 자는 잃을 신용도 없다."고 말하기도 했다. [23] 역시 변호사로 활동하다가 이제 중앙은행 총재가 된 제레마이아 메이슨은 다음과 같이 주장했다. "상업과 제조업의 부가 증가할수록 정치력도 마찬가지로 커지기 마련이다……. 부로 가득한 이 나라처럼 안정적이고 자유로운 정부가 세워질 수 있는 환경이 또 있을까 싶다." [24] 그러나 이런 사람들도 주 의회의 일인일표(一人一票)에 의한 민주주의를 거스르기란 힘들었다. 한편, 마셜은 충실한 동료들과 함께 대법원을 일종의 엘리트주의 요새로 바꾸어놓았고, 미국 헌법과 영국 보통법의 온갖 자료들을 전부 이용해 재산과 상업 규칙의 중요성을 주장하고, 더 나아가서 지칠 줄 모르고 불어대는 반자본주의 운동 바람으로 부의 창출 과정에서 차질을 빚던 라틴 아메리카의 전철을 미국이 밟지 않도록 했다. 이리하여 마셜은 근대의 가장 중요한 개척자들 중 한 명으로 등극했다. [25]

마셜이 그의 활동의 이정표를 세운 것은 일찍이 1803년의 일이었다. '마버리 대 매디슨' 재판에서 마셜은 연방대법원의 헌법상의 권한을 설명하고, 주 의회와 연방 의회의 쌍방에 대해서 사법심을 할 수 있으며, 필요에 따라서는 위헌 판결을 내릴 수도 있다고 주장했다. 헌법을 국가의 통일과 안전을 위한 수단이라고 본 마셜은 헌법이 특정의 권력을 만들어낼 뿐 아니라 주어진 권한 내에서 강제력도 발생한다고 역설했다. 보통선거가 확대됨에 따라 대중의 비위를 맞추려던 정치인들이 대중을 선동해 소유권을 공격했기 때문에 이러한 제재 조치가 더더욱 필요했다. 바스티유 감옥을 습격했던 자들이 폭력을 이용해 난입한 진짜 폭도들이었는지, 아니면 헌법에 위반하는 법률로 그것을 점거한 입법부의 불량한 의원들이었는지는 마셜에게 그다지 중요하지 않았다. 1810년에는 토지에 관련된 '플레처 대 펙' 재판에서 항간에 나돌던 소문과는 달리 계약이 정당하다는 판결을 내려 큰 충격을 안겨주었다.[26] 14년이 흐른 뒤, 마셜은 획기적인 판례인 '기브스 대 옥든' 재판을 통해 강타를 날렸다. 위 사건에서 주 의회가 증기선 독점권을 부여할 수 없다고 판결을 내려 사업의 자유를 옹호했기 때문이었다. 헌법의 상업조항에 관한 이런 해석은 실질적으로 미국 의회가 각 주간 상업의 모든 면에서 최고의 권한을 가지고, 각각의 주 의회에 의해서 제한받을 수 없다는 사실을 확인시켰다. 마셜은 다음과 같이 말했다. "이는 주 의회와는 아무런 관계가 없고, 주 의회가 이것에 대해 행하는 어떠한 행동도 명백히 금지되어 있다."[27]

마셜에게 1819년은 재산권 옹호에 관해 경이로운 한해였다. 2월 초에 대법원은 '스터지 대 크라우닌쉴드' 재판에서 채무자에게 유리한 뉴욕 주 파산법이 계약에 관한 헌법에 위배된다고 판정했다. 그리고 그 달 말에 열린 '다트머스 대학 대 우드워드' 재판에서는 법인의 정관은 사적인 계약에 해당되므로 주 의회는 이를 침해할 수 없다고 판결했다. 그러나 아무래도 가장 중요한 판결은 금융위기를 겪던 3월에 일어났다. 과세를 부과해 볼티모어 은행지점을 파산시켜 미합중국 제2은행을 무너뜨리려던 각 주의 시도는 메릴랜드 주에서 최고조에 달했다. 앞서 이미 보았듯이, 이 지점에는 문제가 많았지만 그렇다고 과세가 올바른 해결책은 아니었다. 여하튼, 부패한 맥클로크 지점장은 지점을 지키기 위해 과세에 불복했다. 그 결과로 발생한 '맥클로크 대 메릴랜드' 재판에서는 법원이 연방정부 내 기관에 대해 각 주가 과세할 권한이 있는지의 여부뿐만 아니라 애초 은행설립에 대한 의회의 권한에 대해서도 판결을 내려야 했다. 그 판결 결과는 공평히 중앙권력과 미합중국 제2은행 측에 유리하게 내려

졌고, 이리하여 미합중국 제2은행은 존속하며 번창했다.[28]

그러면 미국이라는 나라는 어떻다는 말인가? 마셜의 대법원이 평결을 내릴 무렵에 미국은 건국 이래 사상 최악의 경제적, 재정적 위기를 맞았다. 앞서 살펴봤지만, 미국은 뉴욕과 보스턴으로 몰리는 이주자들의 행렬을 막아내느라 진땀을 흘리고 있었다. 그 당시에 국무장관이던 존 퀸시 애덤스는 1819년 5월 27일자 일기에 다음과 같이 썼다. "금융 버블이 붕괴하고 있다." 농산물 가격은 붕괴하기 시작하고, "상인은 힘없이 파산하고, 제조업은 무너지며, 농업은 침체 상태여서 온 나라가 빈곤으로 신음하고 있다." 더욱이 6주 뒤의 일기에는 "재무장관 크로포드가 말하길, ……전국에서 은행들이 파산하고 있다고 한다. 몇 곳은 비열한 방법을 쓰기도 하고, 경솔한 방법을 사용하는 곳도 더러 있으며, 치밀하게 속임수를 쓰는 은행들도 다소 있는가 하면, 아예 날강도처럼 행동하는 경우도 있다고 한다."라고 썼다.[29] 국민들은 자신들의 돈이나 때로는 농장 권리증마저도 꿀꺽 삼켜버리고 파산한 은행에 몹시 분노했다. 그러나 털끝 하나 다치지 않고 아무렇지 않게 살아남아 이제는 도리어 조직적으로 사업이나 주식을 독점한 미합중국 제2은행에 저주를 퍼부었다. 1819년 중반이 되자, 미합중국 제2은행은 미국에서 호경기를 구가하던 도시인 신시내티의 절반을 차지했고, 나아가 서부 전역과 새로운 남부지역 대부분에서 방대하고 비싼 땅을 소유했다. 이 은행은 담보물을 압박하여 번창하던 사업체를 매우 싸게 손에 넣고, 땅의 경우에는 평균 실세가의 반도 채 되지 않는 값에 사들였다. 따라서 공황 상태가 진정되고 부동산 가격이 다시 오르자, 미합중국 제2은행 자산도 급증했고, 저당으로 잡은 자산을 팔아 엄청난 이익을 남길 수 있었다. 무모한 은행의 어리석었던 행동이 이번에는 특권으로 인해서 복을 부르는 꼴이었다.

그러나 실제로 이 은행을 공격한 것은 다른 곳에 있었다. 바로 국가의 도움으로 설립 가능했던 은행이 정작 경제 공황이 찾아오자 국익보다는 자기 조직의 생존을 앞세웠다는 사실이었다. 만일 미합중국 제2은행이 파산했더라면, 국가의 재정 상태가 더 악화됐을 것이라고 취비스는 물론 대답했을 것이다. 하지만 비평가들의 시각은 달랐다. 신용거래 붐을 일으킨 것은 미합중국 제2은행으로, 이 은행만이 유일하게 수익을 올렸다고 주장했다. 그것은 어느 정도 맞는 말이었다. 비평가들이 봤을 때, 미합중국 제2은행이 저질렀던 행위는 어리석은 것이 아니라 계산적이고 사악한 것이었다. 3년 전 메리 셸리가 프랑켄슈타인이라는 괴물을 만들어냈다면, 여기 미국 중심에 진짜로 제도화된 괴물이 파멸을 위해 나타난 것이었다. 이것이야말로, 서부 사람들을 파산시키고 은행이 상징하던 자금의 기고만장한 기세를 정확히 묘사하고 있었다. 미주리 주 상원 의원인 토머스 벤튼(1782~1858)은 비통하게 소리쳤다.

"서부에서 번화한 도시들이 전부 이 돈 따위에 목숨을 걸고 달려들고 있지만, 금방이라도 여기에 먹혀버릴 것 같은 모습이군. 이제 슬슬 괴물의 입 안으로 들어가는군. 개 주둥이 속 버터 한 덩어리처럼 한입거리밖에 안될 뿐, 단숨에 끝장날 텐데!"

게다가, 이제는 각 주들이 괴물에게 세금을 부과해 돈을 돌려받을 수조차 없도록 법원마저 판결을 내려버렸으니!라고 덧붙였다. 이는 나라를 뒤흔들 스캔들이었다.

더구나 볼티모어 지점의 적발에서 보듯 부정부패도 만연했다. 그것도, 일반 사람들이 생각했던 것보다도 더 기승을 부렸다. 회사가 도산하면 늘 그렇지만, 그 뒤에는 추잡한 뒷거래와 술책이 스멀스멀 나타나기 마련인데, 여기에는 윌리엄 크로포드, 존 칼훈(1782~1850) 육군부 장관 등 정부 유력 의원들도 개입되었고, 심지어는 먼로 대통령마저도 연관이 있었다. 개인적으로 부패한 것은 아니었지만, 1920년대의 하딩 대통령처럼 부하나 정치적 친구들의 비리를 눈감아주었던 것이다. 파산한 켄터키 주의 존슨브라더스 컴퍼니는 '1818년 옐로스톤 탐험'을 위해 증기선 4척을 제공한다는 명분으로 연방정부자금에서 25만 달러를 빌렸다. 그런데 이 증기선들은 아무짝에도 쓸모가 없었다. 칼훈을 비롯해 먼로도 이 사건에 관련되었다. 이 사실이 크로포드에게 전해져서 재무부가 칼훈의 업무 활동을 다방면에서 조사하기 시작했다. 그러자, 칼훈의 친구이자 전직 인디언 무역국장인 토머스 L. 매케니는 「워싱턴 공화당 회보(Washingtonian Republican and Congressional Examiner)」를 발간하고는 크로포드 개인의 소행에 대해 집중적으로 공격했다. 이는 또다시 크로포드 지지파의 신문과 맞붙으면서 이것은 누구에게도 좋을 것 없는 신문사간 싸움으로 이어졌고, 정부 내 크로포드의 지지자들은 매케니의 인디언 통치에 대해 연방의회의 조사를 요구하기에 이르렀다. 또한, 크로포드의 측근들은 '먼로 요새'라고 불리는 육군기지대 건설을 둘러싼 의혹을 들춰냈다. 칼훈의 처남인 주임사무관이 30만 달러의 건설 계약을 불가사의하게 체결했기 때문이었다. 그러자 칼훈이 반격에 나서, 미국 재무부와 미합중국 제2은행이 문제가 되던 특정 주립 은행들 몇 곳에 법을 어기면서까지 송금하고 크로포드가 이를 허가했다는 사실을 폭로했다. 여기서 그치지 않고, 크로포드가 정부 계약 건들을 신용도가 낮은 주립 은행의 지폐들로 지불할 수 있도록 눈감아주었다고 밝혔다.[30]

상상력이 풍부한 민중의 눈에는 이런 비난이나 소문은 모두 저 괴물과 관련이 있는 것처럼 비쳐졌다. 그것은 부패한 권력이 지하 수맥의 중심에 있고, 그 몸에 흐르는 피는 증오할 지폐였다. '체제'에 대해 커져만 가던 적개심에 먼로 행정부가 얼마나 고심했는지는 1820년 5월의 어느 날 말을 타며 칼훈과 애덤스가 나눈 대화에서 엿볼 수 있다. 칼훈은 말했다.

"공황이 정부에 대한 민심 이반을 일으키고 있습니다. 어느 특정한 방향으로 몰아가는 태세는 아니지만, 만반의 준비가 되어 있으며 지도자를 찾아서라면 어디든지 나설 기세입니다……. 개개인의 혼란스러운 주위 환경에서 비롯된 막연하고도 광범위한 불만은 결과적으로 정부가 근본적으로 부정하다는 보편적인 인식만 심어주게 생겼습니다."

애덤스는 자포자기한 듯이 맥없이 말했다.

"정부도 속수무책입니다……. 그저 불만을 옮길 뿐이지요. 다른 이들의 미움을 사면서 한 계층 사람들의 비위를 맞추는 것입니다."[31]

실제로 1819년의 대공황으로 인해서 한때 그래도 정부가 옳은 일을 할 것이라고 믿던 순수의 시대가 미국에서 끝나고 있었다. 그리고 시작된 전환기를 맞는 사이, 칼훈의 예상이 적중했다. 급속히 증가한 유권자들은 특히 금융세력에 대한 자신들의 불만을 대변해줄 지도자감을 찾아 눈을 번뜩이며 두리번거렸다. 그리고 이내 곧, 키가 크고 마른 모습을 한 지도자를 발견했다. 그 사람은 바로 앤드류 잭슨 장군이었다.

금본위제도로의 전환

한편 런던의 웨스트민스터에서는 지폐 남발로 인한 미국의 경제위기에 당연히 주목하고, 하원 비밀위원회는 현금 지급을 재개하는 은행의 득실이라는 제 2차 보고서를 1819년 5월 6일에 제출했다.[32] 잉글랜드 은행과 영국은 1797년에 전시 상태에 의해 강제적으로 금본위제를 폐지했다. 즉, 발행된 지폐에 대해 금을 지불할 법률상의 의무가 철폐된 것이다. 그런데 다시 평화가 찾아와도, 세계적인 금 부족현상 때문에 잉글랜드 은행은 1파운드 소브린 금화나 기니로 지불을 재개할 수 없었다. 그 이유는 간단했다. 발행된 모든 지폐를 태환(兌換)할 만큼 충분한 금화를 보유하고 있지 않았기 때문이다. 그러나 1816년에 재능 있는 사업가이자 경제학자인 데이비드 리카도(1772~1823)가 설득력 있는 타협안을 제시했다.

리카도는 마셜 대법원장처럼 애덤 스미스의 신봉자였다. 사실 각국 정부의 실무체계 전반에 깊은 영향력을 행사한 경제학자는 스미스 다음으로 리카도가 처음이었다. 리카도 역시 그 시대가 낳은 신동 가운데 한 명이었다. 부친은 암스테르담의 세파르디(sephardi, 포르투갈계 유대인—옮간이) 출신의 주식 중개인이었다. 리카도의 부친은 런던으로 이사하여, 런던에서 유대인 주식 중개인들 12명 가운데 한 명으로 선출됐다. 데이비드도 포함해 아들 여섯 명이 같은 일을 했지만, 데이비드는 열네 살 때 이미 능력을 인정받아 아버지로부터 신임을 받았다.[33] 그러나 데이비드가 아비게일 델바예라는 아리따운 퀘이커교도 소녀에게 마음을 빼앗기는 통에 유일프로테스탄트로 개종해버려서 가족과는 등졌다. 데이비드의 아버지는 실제로 아들 하나를 잃었다면서 데이비드가 사망한 것처럼 애도를 표했다. 그래도 유언에는 용서의 표시로 단 100파운드지만 데이비드에게 유산을 남겼다.

리카도는 그때쯤이면 이미 금융계에서 자립기반을 다진 상태였다. 동인도 회사 주식 투자에 남다른 수완을 발휘하여 네이선 로스차일드처럼 1811년부터 1815년 사이에 국채의 많은 부분을 하청 받는 데 성공했다. 그리고 그 이익금을 재투자하여 지방의 부동산 거래를 통해 돈방석 위에 올라앉았고, 전쟁이 끝날 무렵에는 어마어마한 금액인 연간 2만 8,000 파운드를 거머쥐고는 런던의 사업에서 은퇴했다.[34] 이 무렵부터 리카도는 이미 금융문제에 관한 글을 쓰기 시작했다. 미국 금융위기가 막 시작된 1819년 2월, 제임스 밀을 포함한 친구들의 설득에 못 이겨 결국에는 의회로 진출했다. 진출하는 방법 또한 간단했다. 빈털터리 귀족인 포르탈링턴 경에게 빌려준 2만 5,000파운드 가운데 4,000파운드를 쥐어주고는 그의 선거구인 아일랜드 지역을 매수해 의석을 확보했던 것이다. 여하튼 리카도는 이미 통화 문제에 관한 한 자타가 인정하는 최고 권위자였다. 리카도는 보증이 없는 지폐는 분명 인플레이션으로 이어질 것이라고 우려하고, 1809년 9월에는 「모닝 크로니클」지에 그 과정을 해설한 평론을 싣기도 했다.[35] 그 뒤에 평화가 찾아오자, 리카도는 금화 교환제 운동을 재개했다. 잉글랜드 은행이 모든 지폐를 바꿀 만큼의 금화를 충분히 보유하지 않은 사실을 인정하면서 '경제적이면서 안전한 통화를 위한 제안'을 통해서 중재안을 내놓았다. 잉글랜드 은행은 보유하고 있는 금융 규격에 맞게 지금(地金)으로 바꾸고, 상인들이 외국에서 금에 의한 지불을 필요로 할 때 이 수단을 사용하자는 주장이었다.[36] 일단 하원에 진출하자, 리카도는 정력적으로 자신의 생각을 밀어붙일 수 있었다. '쉿소리'가 섞인 목소리와 '중간 중간 끊어지는' 말투에도 불구하고, 하원 내 리카도의 발언에는 더욱 무게가 실렸고 호평을 받았으며, 비밀 위원회에서는 가장 큰 영향력을 보였다. 어찌됐던 간에, 위원회는 리카도의 의견을 적극 받아들였다.[37] 잉글랜드 은행은 마침내 이 방침을 수용해 1820년 2월 1일에 발행된 금화는 최초의 '리카도 금화'라고 불렸다.

이 금화는 대대적인 성공을 거두고, 리카도 본인조차도 예상하지 못한 속도로 빠르게 시행되었다. 한편, 국제 금값 상승은 수많은 지질조사나 채광사업을 일으켜 1820년부터는 금 공급이 수요를 앞질렀다. 1821년 봄에는 소브린 금화로 지폐를 바꿔줄 수 있는 금을 은행업자들이 매입하여 5월 1일에 잉글랜드 은행이 금본위제도로 복귀할 것을 허가하는 의회 결의안이 신속하게 통과되었다. 이런 움직임에 따라 영국 경제에 대한 국제사회의 신뢰도가 크게 높아지고, 국제 무역이 확대됐다. 1819년 후반기부터 시작해 이제 막 본격적인 궤도에 진입한 상공업의 발권도 더욱 가속화됐다. 이 과정에서 발맞춰 나타난 새로운 자신감은 밑바닥까지 떨어진 미국 경제를 빨리 회복할 수 있도록 도왔다. 이리하여 1819년의 미국 지폐 위기는 1821년의 영국 금 시장에 의해 소멸됐다.

근대적인 경기 순환의 시작

1820년대 초기에 세계 경제가 급속히 성장해 최초의 근대적 경기 순환이 상승하면서 수없이 많은 결과를 낳았다. 그 결과 중 하나는 경제학자라는 새로운 전문직이 탄생했다는 거였다. 그 당시만 해도 경제학자라고 하면 인류의 안내자 또는 철학자와 동일시되던 때였다. 1817년에 대작 『경제학 및 과세의 원리(The Principles of Political Economy and Taxation)』를 처음 출간한 리카도의 경우만 해도 유력자는 물론이고 일반 독자의 이목을 끌었지만, 그런 실천가는 리카도 한 사람만이 아니었다. 토머스 칼라일은 그 당시까지만 해도 경제학을 '음울한 과학'이라고 비난하지는 않았다.[38] 오히려 그 반대로 경제학에 대해서 존경심을 품을 정도였다. 해리엇 마티노가 경제학을 배우면서 습득한 지식을 베스트셀러 소설 (『폭도』나 『파업』 등)에 응용하던 1820년대에는 아직 쌍벽을 이루는 경제학파가 등장하지 않았고, 애덤 스미스—그리고 그 밖의 많은 반대론자—에서 토머스 맬서스를 거쳐 리카도에 이르는 오직 하나의 학설만이 있을 뿐이었다. 스미스가 학설을 발표했을 무렵, 영국 상인은 아직 자유무역을 수행할 자세가 되지 않아서 스미스는 그 반대론자를 가리켜 '중상주의'라는 적의에 가득 찬 용어를 사용했다. 그러나 1820년대가 되자, 상황은 역전되었다. 영국의 상공업은 세계에서 압도적인 지위를 차지하고, 런던, 글래스고, 리버풀, 맨체스터, 버밍엄과 같은 공업도시는 한 사람도 빠짐없이 모두가 자유무역을 외치는 상인으로 뒤덮여서 의회에 자유무역을 허용해달라고 요구할 지경이었다.

물론 주창자들은 논쟁할 여지가 없다고 말했지만, 경제학은 딱히 이론으로 연구하기에는 적절한 학문이 아니었다. 주창자들은 유일한 문제점을 굳이 꼽자면, 경제학은 노동자층에게 어떻게 가르치고, 불황이 닥치면 건초더미에 불을 지르거나 기계를 부숴대니, 이를 어떻게 멈추게 하냐는 점에 있었다. 경제학의 '철칙'은 아이작 뉴턴의 법칙들처럼 한 치의 오차도 없이 불변했다. 이러한 문제에 관해서는 결코 극단적이지 않았던 「쿼털리 리뷰」지마저도 '정치 경제학의 기본 원리' 1825년 10월호에서 입장을 드러냈다. "노동계급이 예를 들어 인구 법칙, ……옥수수시장이나 노동시장을 통제하는 상황 등을 알 수만 있다면 그야말로 축복일 것이다. 그렇게 되면 노동계급도 불평등이 부유층의 이권 침해나 권력자의 입법조항에 의해 생겨난 것이 아니라 사회 각 계층에 불가피한 존재라는 것을 그제야 이해할 수 있을 것이다. 노동의 보상이 명확한 원칙으로 결정된다는 사실도 알게 될 것이다. 이런 사실을 일깨우는데 이 글이 조금이라도 보탬이 된다면 그저 기쁠 따름이다."[39] 영국의 여류소설가인 마티노는 그녀의 최신 정보를 다룬 참신한 내용의 소설로 일반 대중의 인기를 한 몸에 받았고, 사회는 그녀에게 감사의 뜻을 전했다. 훗날 레슬리 스티븐이 썼듯이, 마티노는 '순간순간을 놓치지 않고 포착해 이야기하는' 저널리스트적인 재능을 타고났다.[40]

하지만 더 무거운 내용의 대작도 다량으로 출간되었다. 출판사는 맬서스라든지 『정치경제학의 원리에 대한 담론(A Discourse on…Political Economy)』의 저자인 제임스 램지 매컬럭에게 몇 천 파운드라는 거액을 원고료로 지불했다. 대학도 갑자기 경제학에 눈을 뜨고, 매컬럭은 갓 설립된 런던대학에서 새로 생긴 경제학 강좌의 첫 교수로 취임하고, 낫소 시니어도 옥스퍼드 대학에서 새로 마련된 경제학과 교수자리에 영입됐다. 경제학 관련 기사는 평론 잡지의 지면을 크게 차지했다. 재판관도 경제학 법칙을 공부하여 법정에서는 험상궂은 얼굴의 기물 파손자나 방화범에게 장황하게 경제학에 대해 설교했다.[41]

실제로, 완고한 농업 관계자들을 제외하면 경제학에 반대한 쪽은 호전적인 노동자, 즉 노동조합원들이었다. 더 깨어 있던 여론주도층은 회유와 개혁 정책이라는 수단을 조직적으로 동원하면, 노동조합원들과도 화해했을 것이라고 봤다. 1820년에 전후의 불경기가 확실하게 호전되자, 리버풀 내각은 억압정책에서 자유주의 쪽으로 정책을 바꿨다.[42] 1820년은 자유 무역을 위해 수많은 도시지역—영국의 금융상업 중심지—과 제조업자들의 청원이 쇄도하던 한 해였다. 자유 무역 추진과 수입과세와 수입가 인하는 캐롤라인 왕비의 추문과 조지 4세가 일으킨 끝없는 문제들 때문에 늦춰졌지만, 그 뒤 두 번의 주요 내각 변동으로 가속이 붙었다. 즉 1822년에 로버트 필 경의 내무장관 복귀와 그 이듬해 윌리엄 허스키슨(1770~1830)의 상무부 이동이었다.

허스키슨은 유별나고 까다로운 사람이었다. 원래는 피트파였지만 현재는 캐닝파였고, 자기 연민에 흠뻑 빠져 있었다. 위기 상황에 부딪히면 우유부단했지만, 총명하고 독창적이라고 널리 인정받고 있었다. 허스키슨의 아버지는 취미로 농장을 경영했는데, 훗날 사유지를 팔아서 거둔 수입만 해도 1만 3,500파운드에 달했다. 그러나 허스키슨은 파리에서 교육을 받고, 그 사이에 많은 지식인과 사귀었다. 실제로, 영국에서 정부 고위직을 지내지 않는 사람으로서 지식인 반열에 가장 가까이 간 사람이었다. 게다가 공론가(空論家)였다. 주식 거래소에서 벌인 투자활동은 때때로 무모하기 짝이 없었고, 성공과는 확실히 거리가 멀었다.[43] 하지만 경제학에서만큼은 스미스와 리카도의 열렬한 추종자였고, 이 방면에 대해서는 줄줄이 꿰고 있었다. 경기호황이 지속되고 정부 흑자가 늘어나자, 허스키슨은 이미 반쯤 넘어온 내각을 설득시켜 관세를 대폭 인하하는 방안을 제의했다. 이는 가격에 즉각적인 영향을 미쳤고, 더 나아가 경기를 더욱 자극했다.[44] 실제로, 요직에 있는 정치인이 정책을 계획적으로 사용해서 '자연적인' 경제적 상승효과를 일으켜 엄청난 경기 호황으로 바꾸기는 이번이 역사상 처음이었다.

근대적인 형법 개정

로버트 필 경은 여러모로 허스키슨보다 더 만만찮은 정치가로서 정부에 대해서는 더 포괄적이고 실제적인 이념을 지니고 있었다. 그의 아버지는 일찍이 면화로 재산을 일궈 첫 준남작이 되었으나 아들에게 가업을 잇게 할 생각은 털끝만큼도 없었다. 그는 아들을 장차 총리로 만들 셈이었다. 필은 해로우 스쿨에서 뛰어난 성적을 올리며 바이런도 쉽게 눌러

버렸다. "필은 언제나 난감한 상황에서 허우적대던 나와 정반대였다. 학교에서 배운 것을 모두 알았지만, 나는 좀처럼 그런 경우가 없었다."고 바이런은 썼다. 그 당시 옥스퍼드 칼리지에서 으뜸이던 크라이스트 칼리지에서 필은 과목 우수자였다. 당시 관례대로 구두로 치러진 공개 졸업시험에서는 평판이 좋았기에 교실은 청중들로 가득 찼다. 그 자리에 있었던 한 참석자는 다음과 같이 썼다. "실로 굉장히 드문 장면이 연출됐습니다. 시험 심사를 맡았던 교사들이 개별적으로 필에게 다가가 오히려 심사할 수 있어서 즐거웠다고 말했습니다. ……이 모습을 멍하니 바라보던 좌중은 열띤 박수갈채를 보냈습니다."[45] 이 일이 있고 일 년도 지나지 않아서, 필은 의회로 진출하여 굳이 애쓸 필요도 없이 빠르게 탄탄대로의 출세가도를 내달렸다. 또한, 유럽 내 최고급 미술품을 개인 소장할 정도로 돈이 많았다. 필의 부인은 당대의 절색가인이던 줄리아 플로이드였다. 줄리아는 한때 제정 러시아 황제를 비롯해 '골든 볼'로 불린, 런던에서 가장 부유한 남성인 휴즈 볼의 사랑을 한 몸에 받기도 했다.[46] 곁에서 봤을 때, 필의 삶과 일은 더없이 행복하고 성공적인 것으로 비쳐졌다. 허나, 뒷받침해주는 증거는 없지만 필은 누리던 부귀영화에 죄책감을 느꼈는지, 가난한 사람들에 대해서 흔치 않은 동정심을 분명히 갖고 있었고, '철칙'에 따라 사회적 약자들의 운명을 개선하는데 분골쇄신할 각오를 보였다.

그 일례로, 내무부에 들어오자 필은 이미 법령집에 있던 공장법을 실제로 시행하기 위해 처음으로 본격적인 시행에 나섰다. 이 점에서 그는 부친의 뜻을 이었다고 할 수 있다. 1802년에 아버지 로버트 필 경은 '견습공에 대한 건강과 윤리에 관한 법'을 의회에서 통과시키고, 그에 따라 16세 이하의 소년소녀 근로자들의 노동시간을 하루 최고 12시간으로 제한하고, 야간근무를 금지하며 충분한 의복을 지급하도록 규정했다. 게다가 1816년부터 로버트 오언의 의회 대변인으로 위원회에서 활동하면서, 마침내 모든 연소 근로자들을 포함하는 더 큰 규모의 '1819년 법'을 추진해 이 법을 방적공장에서 일하는 모든 어린이에게 적용했다. 아버지 로 버트 필 경은 측은지심에서 비롯된 행동이었지만, 그 법률에 사심이 손 톱만큼도 섞여있지 않았던 것은 아니었다. 그가 소유한 공장처럼 자본이 넉넉한 경우라면 인도주의적일 여유가 있었다. 필 경은 부당한 고용주들 을 억지로라도 기준에 부응하도록 만들어서 불공정 경쟁을 없애려고 적 극 나섰기 때문이었다. 바로 이 점이 엥겔스나 마르크스가 결코 이해하 지 못한 부분이었다.[47] 한편, 1802년과 1819년의 공장법에도 결점이 확 인되었다. 우선, 공장 감독관의 규정이 없어서 모든 정보를 치안판사에 게 제시할 용기를 일반인들에게 충분히 심어주지 못했다. 하지만 그의 아들 필은 이 모든 것을 개혁했다. 이를테면, 1823년 3월의 메이클즈필 드 사건에서 보듯이 성직자인 치안판사에게 조치를 취하도록 특별히 권 고했고, 바이런의 친구인 존 캠 홉하우스에게는 1825년의 방적공장규제 법을 제안하도록 했다. 위건은 판사들이 직무에 태만했던 지방이었으나 의회법률에 따라 그들을 위협했다. 판사가 악덕 고용주들을 직접 처벌하 지 않으면, 사법권을 박탈해 지역 치안 판사에게 넘겨버리겠다고 말했던 것이다.[48]

방적공 노동조합의 사무장인 존 도허티의 입김에 따라 위건에 대한 행 동을 촉구한 것은 어디까지나 필의 특징이기도 했다. 사실 영국 장관으 로, 아니 어쩌면 다른 나라들에서라도 장관이 노조 지도자와 우호적인 관계를 형성한 것은 필이 처음이었을 것이다. 필은 노조가 고용주의 권 력에 대한 필수적인 견제장치로써 국가의 법체계에 귀속되어야 한다고 믿었다. 그리고 이런 생각을 반영하여 영국 형사법과 민사법을 포괄적으 로 개정하여 시행했다. 우선, 법률 개정 순서를 전체적으로 살펴보도록 하자. 필은 1820년대를 모두 이 과업에 바쳤는데, 그 결과 1829년에 드 디어 근대 최초의 법 집행기관인 런던경찰국이 창설되었다.

필은 이 계획을 추진하던 도중에 범죄가 증가하는 최악의 상황에 직면 했다. 1819년이 지나면서 정치 운동이 눈에 띄게 줄어들기는 했어도, 일상적인 범죄는 기하급수적으로 증가한 듯했다. 런던을 비롯해 다른 도시들이 급격히 늘어난 이유도 있었고, 나아가 모든 계층이 부유해지는 것에 발맞춰 민생치안기능이 미처 확보되지 못한다는 점도 큰 원인이 되었다. 심지어 일부 지역에는 경찰 기능이 일절 존재하지도 않던 실정이었다. 1809년부터 1816년 사이에 잉글랜드와 웨일스 지역에서 발생한 범죄 건수는 4만 7,522건에 달했고, 이 가운데 2만 9,361건은 유죄판결을 받았다. 유죄판결 중에서 총 4,126건이 사형을 선고 받았지만, 536건만 실제 사형이 집행했다. 이보다는 다소 긴 1817년부터 1827년 사이의 범죄 건수는 총 93,718건으로 증가해, 이 중 유죄 6만 3,418건과 사형 7,770건이 선고되었으며, 실제 사형집행은 579건이었다.[49] 필이 시행한 두 조사 결과, 1820년대에 들어서면서 유죄판결 비율은 증가한 반면에 교수형 비율은 감소했다는 특징을 발견할 수 있었다. 필은 잉글랜드의 법 집행이 끔찍하고, 법률이나 그것과 관련 있는 범죄도 지나치게 많다고 생각하며, 사형 집행 건수도 너무 과하다고 봤다. 필은 교수형 자체에 대해서는 반대하는 입장은 아니었으나, 교수용 밧줄의 사용 빈도수에 질겁했다. 따라서 법령에 의한 중죄 집행 건수를 줄이겠노라고 다짐했다.

필은 중요한 일부터 하나씩 해결해나갔다. 일반 국민이 교수형의 감소를 별 탈 없이 받아들이기 위해서는 그것에 따라 감형된 중죄인을 수용할 안전하고도 건전한 교도소가 충분히 있어야 한다는 점을 납득시켜야 했다. 필은 처음으로 범국가적 차원에서 영국 교도소의 개혁을 추진하기 시작해 1823년에는 2개 법안, 1824년에는 1개 법안을 통과시켰다. 이 세 법안들은 14세기의 에드워드 3세 시절로 거슬러 올라가는 모든 행형법을 통합하여, 같은 규격의 근대적인 교도소의 건설—그러나 아직은 지방세에 의존했다—과 표준적인 규율의 설정, 치안판사 및 국가 감독관의 시찰, 그리고 수감자들의 의료와 교육까지 제정했다.[50] 필은 구치소와 관련한 개인적인 경험이 있었다. 필의 남동생이자 탬워스 지역의 동료 하원 의원이던 윌리엄이 한 결투에 휘말려 1820년에 한 달 가량 왕좌재판소 구치소에 수감된 적이 있었다. 실제로 19세기 초기에는 천재보다도 훨씬 많은 수의 중상류 계층 또는 상류 계층의 인사가 감옥에 갔다. 예를 들어, 상당한 사회적 지위를 누리고 있던 제인 오스틴의 숙모인 리페로 부인도 좀도둑질로 누명을 쓰고 거의 14년간의 유형을 받을 뻔하면서 일체스터 감옥에서 7개월을 보냈다.[51] 필 경이 또 다른 교도소 개혁자인 시드니 스미스에게 보낸 유명한 편지에서 우리는 필이 얼마나 범죄행위의 모든 문제점을 진심으로 대했는지 엿볼 수 있다. 필은 자포자기한 심정을 편지에 털어놓았다. "순회 재판마다 유형죄를 선고할만한 범죄사건이 봇물 터지듯 넘쳐났습니다. 솔직히 말하자면, 적절하고 효과적인 징벌 수단이라고 하기에는 유죄판결 건수가 너무 압도적으로 많았습니다."[52] 필은 장기적인 구제책으로 국가적 생활수준을 점진적으로 향상시킬 수 있다고 믿었으며, 1820년대 초기에 역사상 최초로 그 가능성이 뚜렷해졌다. 하지만 필 경이 리버풀 경에게 보낸 1822년 10월 12일자 편지에도 나타나있듯이, 그 사이에 필은 하다못해 법률 개정론자들과 타협이라도 해 시대에 뒤처진 법률을 정비하겠다고 마음먹었다.[53]

1823년에 필은 강둑 파괴와 첼시 병원의 연금수령자 사칭 등 여러 형태의 절도죄와 갖가지 범죄 행위에 대한 극형을 폐지하는 내용의 법안 두 개를 통과시켰다. 필은 남다른 기지를 발휘해 조속하고 순조롭게 일을 진행시켰는데, 이 과정에서 수석 재판관인 텐터든 경을 포함한 재판관들을 잠재적인 개정반대자에서 자기편으로 확실히 돌려놓았다.[54] 필은 또한 벤담을 찾아가 공손하게 안부를 묻고, 당시 현인들이 '식전(食前)의 선회 보행'이라고 부른 정원 산책을 함께 하기도 했다. 그 정원은 웨스트민스터 퀸즈 스퀘어에 있었고, 일찍이 이곳은 존 밀턴이 올리버 크롬웰의 라틴어 서기로 근무하던 시절에 살던 곳이었다. 여하튼, 이 방면에 있어서 실질적인 도움을 받았으면서도 필은 교도소에 관한 벤담의 견해에는 대부분 동조하지 않았다. 필에게 정신적인 주춧돌은 W. O. 러셀의 『범죄론(Treatise on Crime)』이었다.

1825년 3월에는 필이 제안한 배심원단 규제에 따라 85개 법령이 통합됐다. 그리고 1826년과 1827년에는 형법 수백 개를 통합시킨 법안이 5개나 통과되어, 결과적으로는 사실상 새로운 형법이 탄생한 것이다. 이들 법안에 이어 1828년 5월에는 추가로 법안 2개가 제출됐다. 이 중 하나가 소역죄(小逆罪, 아내의 남편 살해, 종의 주인 살해, 하급 성직자의 주교 살해)를 폐지한 것이고 또 다른 하나는 강간이나 그 밖의 성범죄에 관한 법률을 간소화한 것이었다. 나아가 증거법에 관한 의안도 제출됐다. 최종적으로 1839년에는 120개의 문서위조 관련 법령이 하나로 통합됐다. 그 결과, 형법 398개가 9개로 줄었으며, 법정에 세워진 사건들 90% 이상에서 선조치가 내려졌다. 이것은 12세기에 헨리 2세가 일궈낸 업적 이후로 법률 개정 가운데 가장 야심찬 계획이었으며, 그 조용하고 단순한 방식은 프랑스의 나폴레옹 법전에 필적하는 포괄적인 개정이었다. 이로 인해 즉각적으로 나타난 결과 하나가 바로 교수형의 격감이었다. 1780년대에는 연 56건에 달하던 교수형이 1816년부터 1822년 사이에는 평균 연 27건으로 감소했다. 1830년 4월 1일에 필은 교수형이 평균 17건으로 하락한 사실을 흡족해하며 하원에 발표했다.[55]

노동조합 합법화

이 형법 개정 조치에서 주목할 점은 처음으로 노동조합을 사회에 끌어들여 그 활동을 부분적으로나마 합법화하려고 시도했다는 사실이다. 필이 마지못해하면서도 여기에 응하게 된 데에는 도허티와 같은 노조 지도자들뿐만 아니라 동료 허스키슨과 매컬럭과 같은 경제학자들의 영향도 있었다. 노동조합은 1660년대 찰스 2세의 시대 이래로 법률상은 아닐지라도 사실상 존재해왔다. 그러나 고용주에 대항해 스트라이크를 일으키라고 노동자를 부추기며 활발한 활동을 벌이던 노동조합원은 언제나 관습법(Common Law)에서 공모죄 혐의를 받아 최소 7년의 유형을 선고 받았다. 거래를 규제하기 위한 단결도 역시 관습법에 위반되었다. 1799년부터 1800년 사이에 의회는 단결법을 통과시켰고, 노동조합 활동의 대부분은 법률에 따라 불법으로 처리됐다. 이 법령들로 대다수 위법 행위는 3개월 형으로 감형됐지만, 관습법상 공모죄는 여전히 존속했고, 고용주는 비밀서약을 금지한 1799년의 반역법과 치안법에 의지할 수 있었다.[56]

그러나 누구라도 알고 있듯이, 노동조합은 선술집과 자선단체의 형태로 위장해 존속했다. 프리메이슨처럼 통제와 비밀 유지에 엄격했으며, 때때로 활발한 활동을 펼치기도 했다. 그러나 지배계급이 언제나 노동조합에 반대하는 입장을 취한 것은 결코 아니었다. 노조가 동맹 파업을 벌이던 때에도 그랬다. 예를 들어, 1822년 10월에 원양어선으로 석탄을 운반하던 뉴캐슬의 뱃사공들이 동맹 파업을 벌이던 때에도, 노섬벌랜드 공작은 선원들의 평화적인 시위 태도를 강조하는 내용의 편지를 내무장관인 필에게 수차례 보냈다. 한편, 내무부는 노사가 직접교섭에 나서도록 내버려두는 등 나름대로 노동조합 분쟁에 휘말리지 않으려고 항상 고심했다. 특히 그중에서도 병력투입을 가장 꺼렸다. 필의 방침은 일이 걷잡을 수 없는 상황으로 치달았을 때에는 지역의 치안 판사들에게 문제를 맡겨두자는 것이었다. 치안판사의 공평한 법 해석을 칭찬하는 편지를 필은 여러 차례나 보냈다. 치안판사는 노동자에 대해 임금을 위법 혐의가 있는 '현물(truck)'로 지급한 고용주를 적발하여 유죄 판결을 내리기도 했다.[57] 고용주들 사이에서는 존재하지 않았지만 런던의 여론은 노동조합이 본질적으로는 무해한 집단이기 때문에 적어도 몇몇 법적 규제에서 자유로워야 한다는 것이었다. 이 문제에 대해 매컬럭이 「에든버러 리뷰」지 1824년 1월호에 강하게 입장을 표명했고, 그 뒤 곧 필은 단결법 폐지를 결정했다.[58]

1824년에 성립한 필의 최초 법안(조지 4세 5년 46호)은 모든 조정법을 통합해 하나로 통일했다. 두 번째 법안(조지 4세 5년 95호)은 노동자가 임금, 근무 시간, 근무 여건의 결정 과정에서 단결하는 행위, 그리고 노동자 동료를 설득하며 기존 계약을 파기하거나 새로운 계약을 거부하는 행위 등을 합법화했다. 이 두 번째 법령은 매우 의미심장한 전례로 자리 잡아, 훗날 모든 노동조합을 인정하는 법률의 기초가 됐다. 즉 노동조합에 대해 특권(계약을 파기하는 권리)이 주어졌으나, 이것은 다른 어떤 기관이나 개인에게는 해당되지 않는 권한이었다. 이 두 법안은 거의 아무런 논란 없이 원활히 의회를 통과했다. 이것으로 노사협조를 이끌어낼 수 있을 것이라는 믿음이 보편적으로 깔려 있었기 때문이었다.[59]

그러나 이보다 더 심한 착각은 없었다. 법적인 형벌을 철폐한 결과 영국 역사상, 아니 세계 역사상 최초의 본격적인 파업의 물결이 일어났고, 그 뒤를 이어 '불만의 겨울'이라고밖에 딱히 묘사할 수 없는 사태가 찾아왔다. 일순간에 산업 부문의 모든 분야에서 노조 지도자들이 일제히 출현하더니 그동안은 비밀리에 진행하던 모든 일들을 당당하게 드러내놓고 대대적으로 그리고 효과적으로 일을 추진하기 시작했다. 서부 스코틀랜드의 방적공과 직조공, 랭커셔의 섬유 노동자, 그리고 랭커셔와 잉글랜드 중부의 탄전 갱부가 차례로 파업에 돌입했다. 이 중에서도 런던 항과 동북부 석탄 항에서 일하던 조선공과 선원들이 벌인 위협적이고 두드러졌던 동맹파업은 한때 런던 해상교통을 마비시킬 정도였다. 이런 경우는 로마 시대로 거슬러 올라가 한 번도 없었다.[60] 이러한 쟁의는 겨울 내내 계속되었고 1825년까지 이어졌다.

게다가, 근대의 노동조합주의의 매우 파괴적이고 위협적인 양상이 순식간에 나타났다. 마치 오랫동안 쇠사슬에 묶여 우리에 갇혔던 거대하고 무시무시한 괴물이 일순간에 풀려나 날뛰는 것만 같았다. 각종 요구들이 물밀 듯이 쏟아져 나왔다. 우선, 클로즈드 숍(노동조합원만을 고용하는 사업장—옮긴이)이나 유니언 숍(전 종업원의 고용조건이 사용자와 노동조합과의 협정으로 정해지는 기업체-옮긴이)의 도입을 주장했다. 특히 수습공에 대한 가입 규제와 새로운 기계 장치 도입에 제약을 가하고자 했다. 마찬가지로, 평판이 좋지 않은, 즉 일에 열심인 감독관을 해고하라고 주장했다. 그리고 새로운 노동력을 모집할 때 많은 제한을 두라는 목소리도 나왔다. 요컨대, 대부분 노동조합들은 즉시 많은 조건을 제시했고 이 조건들은 생산성을 떨어뜨리고 공장주의 비용지출을 늘이거나 사업을 경영하는 고용주의 권리에도 제한을 두는 경향이 강했다. 그리고 모든 것이 파업을 볼모로 하고 있었다. 특히 놀라운 사실은 노조 지도자나 과격한 조합원이 벌이던 무자비하고 때로는 난폭하기까지 한 운동이었다. 동료 노동자들이 좋아하건 말건 상관없이 자신들을 지지하도록 강제로 밀어붙였던 것이다. 이제 합법적인 새로운 노동 규정은 광범위한 생산 제한의 관행을 두었을 뿐만 아니라 가입비를 신설하여 급료에서 조합비를 강제로 떼거나 조합 사이의 행동을 강요했다. 조합 사이의 행동은 요즘의 제2차 스트라이크라고 불리는 것으로, 쟁의에 가담하지 않은 노동자 집단이 파업 중인 다른 노동자들을 지지하려 강행하는 파업을 뜻하는 말이다. 종종 폭력을 동반하던 '피켓팅'이라는 새로운 시위는 불참하던 노동자들이 파업에 참여하는 것을 방지하고자 시작되었다. 1945년부터 1979년 사이의 이른바 영국병은 1820년대부터 시작되었다고 볼 수 있다.

테러 행위도 만연했다. 이 무렵에 '파업 반대자(blackleg)'라는 단어가 처음 등장했다. 면업지대이던 랭커셔의 한 노동조합이 파업에 반대한 네 명에게 사형을 선고하는 일이 벌어졌고, 실제로 이들 중 한 명은 피살되었다. 파업에 불참한 선원들 다수가 구타를 당하기도 했다. 랭커셔의 한 광부는 두들겨 맞아 숨졌으며, 글래스고에 있는 한 직조공은 등 뒤에서 총을 맞고 죽었다. 폭력이 좀처럼 사그라들 기미를 보이지 않던 아일랜드의 더블린에서 파업 불참자가 적어도 10명이나 살해되고 70명이 부상을 입었다.[61] 하원 의원인 조지프 흄과 런던의 개혁가인 프란시스 플레이스 의원은 법안을 통과시키는 데 주도적인 역할을 하고 두 사람 모두 노동조합에 튼튼한 연줄을 가졌는데, 이 두 사람이 필사적으로 과격한 노조활동가에게 온건한 태도를 지키도록 설득하는데 애면글면 안간힘을 썼지만 결국 실패로 돌아갔다. 이것 역시 근대의 또 다른 행태였다.

공장주들 사이에는 공황상태와 유사한 분위기가 감돌고, 필에게는 질서를 회복해야 한다는 엄청난 부담감을 안겨주었다. 1825년에 필은 법률 시행을 다룰 조사위원회를 구성하고, 보고서가 나오자마자 신속하게 개정안(조지 4세 6년 129호)을 발표했다. 이 법안은 노조가 뜻을 이루는 과정에서 발생하는 폭력, 위협과 협박이 불법임을 재차 강조했을 뿐 아니라 '폭행'과 '업무 방해 행위'를 새로운 위법 행위로 규정했다. 이는 각각 금고 3개월에 해당하는 범죄였으나, 피고인은 한 명이 아니라 적어도 두 명의 치안판사에게 심리를 받을 권리를 가졌고, 10파운드의 보증금만 지불하면 사계 법원에서 배심원단에게도 재판을 받을 수가 있었다. 사실상, 개정안은 폭력을 선동하기 위해서 집단적인 세력을 이용하는 것을 금했다. "재산도 없이 갖고 있는 것이라고는 손재주와 체력뿐인…… 사람들은 자신들의 재산을 팔 때 가격 결정에 있어서 적절하다고 판단될 경우에는 함께 협의할 수 있어야 한다. 그러나 이런 혜택을 이용해 다른 사람들의 자유 의지를 지배하려는 시도는 죄다 엄벌에 처하는 것이 마땅하다."라고 필은 말하기도 했다. 그러나 개정법은 '임금과 가격을 상의하고 결정하는 목적에 한해서만' 단결권을 재확인했다. 따라서 근대의 모든 노동조합법의 근간이 되는 특권을 유지할 수 있었다. 필은 이런 특권이 정당하다는 기존 입장을 고수하며, "단결에 관한 현재의 법률은 정당한 원칙에 기초했다고 생각되며, 이는 모두 법률로서 나무랄 데 없는 효력을 발휘한다고 믿는다."고 말했다.[62] 소동은 일시적으로 가라앉았지만 그것은 법률에 따른 것이 아니라 오히려 경제적인 이유에 있었다. 그러나 당시 세계 최대의 공업국인 영국은 이제 극단적인 노동조합주의라는 길을 걷기 시작하여 산업계를 둘러싼 분쟁은 곧 재발했는데, 이것은 뒤에서 살펴보자.

생활수준의 개선

노동조합은 세력을 과시했던 반면에 노동계급의 정치활동은 급속하게 쇠퇴했다. 임금 인상과 높은 취업률, 그리고 생활수준 향상은 1816년부터 1919년 사이에 겪은 갖은 고생의 기억을 저편으로 밀어내버렸다. 1820년대는 많은 면에서 변화를 가져왔다. 소호나 런던 북부, 런던 동부(특히 핀스버리와 베스널 그린) 근처에는 1819년에 과격 운동을 펼치던 남녀들이 모여들었으나, 그곳도 곧 바뀌었다. 이와 함께 행동도 성숙해졌다. 수입 커피에 대한 관세가 낮아지자, 커피는 대중주점의 대표적인 음료인 흑맥주에 비해 값이 싸져서 과격한 정치개혁을 계획했던 무리들의 집합 장소는 술집에서 커피하우스로 옮겨갔다.

활동가들은 폭력이나 무력, 훈련에서 교육이나 선전, 선언으로 눈길을 돌렸다. 프랑스의 생시몽처럼 '이론'으로 전향하여, 1830년대의 인민 헌장 운동과 1880년대의 마르크스주의의 기반을 닦는 역할을 했다.

피털루 사건이 벌어지던 당시에 가장 활발하게 활동했던 사람들 가운데 몇몇은 정치 운동에서 손을 떼고 유망한, 그렇다고 합법적인 것이 아닌 돈벌이로 돌아섰다. 주로 택한 것은 매춘과 포르노였다. 극좌 세력 가운데에는 뚜쟁이 노릇을 하는 자들도 언제나 어느 정도는 있었다. 일찍이 1819년에 아더 시슬우드 일파가 선동적인 출판물을 팔던 바로 그 장소에서 매음굴을 운영했다. 그러나 1820년대에 들어서면서, 혁명에 실망한 많은 선동가들이 특히 소호에서 악덕 사업을 벌이기 시작했다. 1828년에는 가장 유명한 자들 중 한 명인 윌리엄 에드거가 자신의 아내에게 매춘을 시켜 장사를 했던 것으로 드러났다. 2년 후, 로버트 웨더번은 매춘업소를 운영한 혐의로 2년 형을 선고받았으며, 이 경우에도 웨더번의 부인이 관여되어 있었다. '작은 워디'라고도 불린 키 작은 워딩턴은 일찍이 캐슬레이(영국의 정치가─옮긴이)를 본뜬 실물 크기의 인체모형을 만들었는데, 그 안에 들어가 조정을 해서 영감이 오면 성서를 휘두를 수 있게 장치를 했다. 이 워딩턴은 1822년에 윈드밀 거리에서 술에 취해 야간순찰자를 폭행한 혐의로 고발당했다. 그 이듬해도 자신의 감방에 세탁물을 나르던 한 11세 소녀에 대한 강간미수 혐의로 유죄를 선고받았다. 그때나 지금이나 마찬가지로 다른 죄수들은 극악한 아동 범죄자를 증오하여 워딩턴에게 담요를 씌워 헹가래치는 바람에 허리를 심하게 다쳤다.[63]

그 밖의 선동자들은 과격한 팸플릿과 신문에서 외설출판물로 자신들의 관심을 돌렸다. 여기서 다리 역할을 한 것이 바로 캐롤라인 왕비 파문 사건이었다. 이 시기에 조지 4세와 정부를 공격한 과격문서는 갈수록 외설적인 냄새를 풍겼고, 그 중에서도 레이디 커닝엄의 불량한 태도가 대서특필되었다. 이러한 뉴스 소스가 사라진 뒤, 그 동안 이런 자료를 바탕으로 글을 써서 그림을 곁들여 출판하던 무리들은 포르노로 눈을 돌렸다. 이들 대부분은 소호의 한 귀퉁이에서 작업을 했는데 오늘날에도 이곳은 누드 잡지를 취급하고 스트립쇼가 벌어지는 거리로 남아있다. 무엇보다 가장 큰 파문을 일으킨 스캔들은 1822년 8월에 일어난 클로거의 주교인 퍼시 조셀린 목사(1764~1843)의 폭로사건이었다. 조셀린 목사는 악덕추방협회의 일원이었으며 여러 교회를 겸해서 맡아보는 악명 높은 인물로 소문나 있었다. 일찍이 1811년에 제임스 번이라는 사람이 동성애 혐의로 그를 고발했지만, 고발인이 거꾸로 추방되었다.[64] 그러나 1822년에는 한 런던 여인숙의 밀실에서 조셀린이 근위병 한 명과 남색 행각을 벌이다 현행법으로 체포됐다. 그의 남색 행위를 증언하겠다고 나서는 목격자만도 여덟 명이나 되었다. 이 추문이 터져 나오면서 파장은 일파만파로 커졌다. 조셀린의 아버지는 백작이었고, 어머니도 다른 백작 가문의 딸이었으며, 정계에 든든한 연줄을 갖고 있었기 때문이었다. 결국 조셀린은 가명으로 스코틀랜드로 몰래 빠져나가 재판을 겨우겨우 면했지만, 급진파들은 이 '남색 주교'가 무사히 도피할 수 있었던 것은 지금까지만 해도 내무 장관을 역임한 시드머스 경이 뒤를 봐주었기 때문이라는 주장을 펼쳤다. 시드머스 경은 여성 정신이상자들을 착취한 토머스 워버튼의 개인 정신병원을 두둔해 고발당하기도 했다.[65] 이 추문은 약간의 정치적 요소가 가미되기는 했어도, 본질적으로는 과거의 급진파들이 굉장히 음란하고 금지된 주제를 자세히 다룰 수 있는 기회로 쓰였다.

급진파 가운데 한 명이던 윌리엄 벤보는 조셀린 주교의 죄악을 최대한 이용해서 『성직자들의 범죄 행위 — 흔들리는 성직의 기둥(The Crimes of the Clergy or the Pillars of Priest Craft Shaken)』을 출판하고 다른 성직자들의 스캔들을 폭로했다. 그리고는 아일랜드 역사에서 성직자 추문과 관련된 더 많은 사건들을 온 힘을 기울여 샅샅이 뒤지고는 프랑스로 건너갔다. 여기서 프랑스 포르노를 발견하고는 이를 번역하여 출판하기 시작했다. 벤보는 이전에도 악덕추방협회로부터 외설 출판으로 고소당한 적이 있었고, 그 때문에 가게를 레스터 광장으로 옮겨 '바이런의 머리'라고 불렀다. 셸리는 죽기 직전에 이 가게에 대해 "매음굴과 흉악범들이 거치는 예비 학교 가운데 한곳으로, 여기서 외설행위, 치안 방해, 신성 모독이 속인들에게 팔려나간다."고 썼다.[66]

광장 바로 아래쪽에도 비슷한 가게가 또 있었다. 에라스무스 퍼킨스라는 가명으로 한때 비국교파 목사였으며 과거 급진파였던 조지 캐논이 운영하던 가게였다. 1815년 당시에는 과격하게 성직자를 공격했던 셸리 부부와 친하여 두 사람에게 자료도 제공했다. 셸리는 그 답례로 『이신론에 대한 반론(A Reputation of Deism)』과 『매브 여왕(Queen Mab)』의 원고를 건네주기도 했다. 그리고 이 두 작품의 초본은 캐논이 1815년 3월에 발행한 「신학 연구(Theological Inquirer)」지 창간호에 실렸다. 그러나 1820년 중반에 들어서면서, 급진적인 정치 운동이 사라지자 캐논은 포르노에 빠져들게 되어 『엄격한 기율의 철학(The Philosophy of Birch Discipline)』, 『관능적인 밤(Voluptuous Night)』, 『열정의 향연(Festivals of Passion)』, 사드의 『줄리엣(Juliette)』(프랑스어판) 등과 같은 작품들을 출판했다. 본명이 뭐였든 간에, 여하튼 에라스무스 목사는 법에 덜미를 잡혀 1830년 10월에 음란 문서 제조 혐의로 체포되어 12개월 징역형을 선고받았다. 1815년부터 1820년 사이에 극단적인 과격파로 활동하면서 1820년대에 포르노 출판으로 방향을 돌린 사람들은 다음과 같았다. 오페라 아케이드에서 가학 피학성 변태 성욕을 전문적으로 다룬 존 벤저민 브룩스, 한때 「리퍼블리컨(Republican)」지의 소유주로서 1821년부터 『패니 힐(Fanny Hill)』 등 음란 서적을 출판한 혐의로 두 차례 유죄 선고 받은 존 던콤, 그리고 잔인한 왓슨스와 한패로 드루어리 레인과 톨리웰 스트리트 등 몇 군데에서 여러 가지 가명을 사용하며 포르노 숍을 운영했던 존 더그데일과 윌리엄 더그데일도 있었다. [67]

미국 생활양식의 향상

이렇게 1820년대는 역사상 처음으로 모든 계층에서 생활 수준 향상을 일궈낸 사회전반적인 번영과 탈정치가 연격되어 진행된 시기라고 말할 수 있을 것이다. 정치 활동이 경기 순환의 상승기에는 가라앉고 하강기에는 다시 고개를 드는 선진국가에서 이러한 현상을 자주 접할 수 있었다. 그러나 번영에는 단속적 효과가 따르기 마련이었다. 19세기 초기부터 순환기가 끝날 때마다 도달했던 번영의 수준은 순환기 시작보다는 항상 높았다. 절망의 정치 다음에는 열망의 정치가 뒤이어 나타났고, 배고픔은 경제 방정식에서 모습을 감췄다.

미국에서는 1819년의 금융위기가 많은 사람들의 가슴에 상처를 남겼으나, 1820년에 온 나라를 휩쓴 거대한 번영의 물결에 의해 말끔히 사라졌다. 진보가 모두에게 영향을 미쳤다. 수많은 가정에서 아르강 등이나 아스트랄 램프를 비롯한 새로운 등유 램프가 촛불을 대신하고, 효율이 뛰어난 조리용 화덕이 시간과 손질이 필요한 조리에 사용됐다. 대량으로 생산된 의자 하나가 30~70센트의 가격에 팔려나가고 1800년부터 1830년 사이에 가구당 의자의 수는 두 배로 늘어났다. 1820년부터는 여러 세대가 소파를 사들이기 시작했다. 1830년의 유산 목록에 따르면, 미국인 가정의 약 4분의 1이 카펫을 갖고 있었다. 1815년부터 1830년 사이에 값싼 랭커셔 면이 노동 계층의 여성 복장을 바꿔 놓고 이에 곁들여 대량생산된 신발이 싼값에 팔렸다. 1835년이 되면 미국제조회사는 연간 1,500만 켤레를 생산했다. 1820년대에는 실제로 대부분 아이들과 모든 성인이 신발을 신었다.

눈에 보이는 가장 큰 변화는 주택이었다. 1806년 보스턴에서 처음 출판되어 1827년에는 6판까지 찍어냈던 에서 벤저민의 『미국 건축가 지침(American Builder's Companion)』은 늘어난 소비지출의 양상을 보여주었다. 목재 대신 벽돌을 사용했고, 일자형 공동주택보다 박공지붕(지붕면이 양쪽 방향으로 경사진 지붕—옮긴이)을 가진 주택을 지었으며, 1층보다는 2층식 건물을 세웠다. 모든 방마다 침대가 있었던 것과는 달리 이제는 별도로 침실을 나누었고, 1820년까지 한 침대를 나누어 쓰던 일반적인 모습은 부부나 아이들을 제외하고는 점점 더 찾아보기 힘들어졌다. 변호사와 외판원을 중심으로 한 여행객들은 최고급이라고 자부하는 호텔에서 더 이상 낯선 사람들과 한 침대에서 자거나 같은 침실을 이용하지 않았다. 실제로, 1829년에 보스턴에서 문을 연 새로운 트레몬트 하우스 호텔은 1인용 및 2인용 침실이 준비되었을 뿐만 아니라, 적어도 여덟 개나 되는 욕실과 화장실을 각각 갖추고 있었다.[68]

1820년대에 미국은 처음으로 영국과 경쟁하며 최신기술에 의한 사치품을 생산하기 시작했다. 바르게 발전하던 미국이었지만 여러모로 여전히 시골마을처럼 개발되지 않은 나라였다. 그러나 대서양 연안과 그 외 한두 지역은 이미 진보의 선두에 서 있었다. 그 적절한 예가 바로 냉동 저장법이었다. 부유층은 이미 훨씬 전부터 추운 겨울에 잘라 보관한 얼음을 여름에 사용하는 방법을 잘 알고 있었다. 반지하에 돌로 지은 얼음 창고는 18세기에 영국이나 프랑스의 대지주 저택을 둘러싼 정원에 딸려 있었다. 조지 워싱턴은 마운트 버논에, 토머스 제퍼슨은 몬티첼로에, 제임스 먼로는 애쉬론에 석빙고를 소유했다.[69] 1815년 이후부터는 도시의 중상류층에 얼음을 공급하는 일이 큰 사업이었다. 제빙기를 제작하려고 고민하던 콘월 광산 기술자 리처드 트레비식은 1828년에 "[런던에서만] 얼음 소비로 자그마치 연 10만 파운드를 지출했다."는 사실을 알았다.[70]

미국에서도 얼음을 이용해 많은 돈을 벌 수 있었다. 보스턴에 살던 프레데릭 튜더가 이 분야를 체계적으로 분석하면서 이 사실을 밝혀내기도 했다. 튜더에게는 워싱턴 시대의 군 법무총감을 지낸 아버지가 있었지만, 정작 본인은 법보다는 사업이나 발명의 길을 택했다. 튜더는 배 밑바닥에 괴는 물을 빨아올리는 펌프관과 신형의 선체를 설계했고, 처음으로 영국 증기 기관차를 뉴잉글랜드에 도입했다. 그러나 본업은 얼음상인이었다. 튜더는 스물한 살이던 1805년 겨울에 매사추세츠에서 마르티니크까지 얼음 130여 톤을 보냈다. 얼음의 저장 효율에 대한 문제를 놓고 심사숙고한 끝에 튜더가 수요와 공급의 다양한 패턴을 전부 통달하는 데는 15년이 걸렸다. 얼음은 뉴잉글랜드의 인공 연못에서 구했다. 그러나 예외적으로 따뜻했던 1818년 겨울에 얼음 공급자들은 래브라도 반도의 빙산에서 직접 갈고리로 얼음을 채취했다. 케임브리지 부근의 프레시 폰드를 주요한 채빙장으로 이용한 튜더는 철로 된 굴대와 톱니가 있는 새로운 얼음절단기를 제작했다. 절단기를 사용하면 크기가 일정한 사각형의 얼음 덩어리를 잘라, 수레와 배에 쉽게 적재할 수 있어서 얼음이 녹는 것을 크게 줄일 수가 있었다. 다음으로 다른 재료들을 실험한 결과 마침내 딱 적절한 단열재를 찾아내어 능률적인 얼음 창고를 만들었다. 계속해서 튜더는 아바나, 찰스턴, 서인도 제도에 얼음 창고를 짓고, 계절에 따라 얼음이 녹는 비율을 적게는 8퍼센트나 그 미만까지도 줄였다. 동시에, 튜더는 얼음이 들어간 음료수와 아이스크림의 소비를 촉진시켜 제조업자와 판매점 양측에 냉동 저장이 값싸다는 사실을 입증해 수요 확대에도 힘썼다.

프레시 폰드의 소유자로 1824년부터 1825년 사이에 튜더의 얼음공장 지배인이었던 내서니얼 제르비스 와이어스는 세부적인 기술적인 문제를 해결하여 1830년대에 최초의 제빙기를 만들어낼 계기를 만들었다. 하지만 와이어스가 톱밥으로 얼음을 운반하면 그 사이에 얼음이 녹지 않는다는 사실을 발견한 것은 1820년대였다. 이 발견은 곧 돈벌이와 직결되는 얼음의 운송가능 거리를 크게 늘려놓은 동시에 메인 주의 목재산업에서 나온 폐기물인 톱밥을 수익성 있게 활용하게 했다. 1820년대 중반에 튜더는 연못 1에이커 당 하루 1,000톤의 얼음을 채취하여 이 얼음을 페르시아와 같은 나라들까지 포함한 세계 전역으로 실어 보냈다. 1833년에는 캘커타에서도 튜더의 얼음이 도착했다.[71] 그러나 본격적인 개량은 연못에서 잘라낸 얼음을 특별 제작된 얼음 박스에 넣는 일이었다. 이 얼음 박스는 1820년대에 보스턴이나 볼티모어, 뉴욕 등지의 도시에서 중산층 가정에 점차로 보급되어, 「뉴욕 미러(New York Mirror)」지가 썼듯이 응접실의 카펫과 마찬가지로 각 가정의 '필수품'으로 자리 잡았다.

과학기술이 일상생활의 질을 개선시키고 부유층이 누리는 호사가 사회계층 밑으로 내려가는 속도가 점점 더 빨라진다는 사실을 역사가가 처음 눈치 챈 것도 1820년대였다. 윌리엄 코벳은 롱아일랜드의 경험들을 바탕으로 그의 저서인 『농촌경제(Cottage Economy)』에 얼음 창고 설계도를 싣고, 일반 농가도 계절에 관계없이 일 년 내내 고기, 우유, 버터와 계란을 신선하게 보관할 수 있는 편리함을 받아들여야한다고 주장했다.[72] 그러나 새로운 기술의 대부분을 우선적으로 철저하게 이용한 것도 1815년부터 1830년 사이에 규모나 수적인 면에서 급증한 공공기관들이었지 부유층은 아니었다. 튜더는 초기의 첨단적인 자본집약 산업이라고 할 얼음 제조 사업을 성장시킨 것은 병원을 설득하여 정기적으로 납품했기 때문이었다. 영국 농촌에 사는 대표적인 역사가는 "전반적으로 볼 때,

병원, 교도소와 정신병원이 가스를 이용한 중앙집중난방과 조명을 설치한 것은 시골의 대저택보다 훨씬 앞섰다."고 썼다.[73]이 점을 지적한 사람은 젊은 디즈레일리인데, 그는 소설 『시빌(Sybil)』에서 마니 경의 말을 빌려 설명했다. 어쨌든 영국의 엘리트층이 언제나 새로운 기술을 두 팔 벌려 환영한 것은 아니었다. 바이런은 뉴스테드 수도원에 머무를 때 오래된 수도원의 상수도를 계속 사용했고 화장실의 납 수조도 그대로 사용했다. 가정의 '개량'을 지지하며 부자들이 여기에 모범을 보일 것이라고 믿었던 찰스 실베스터는 1819년에 통렬하게 비판했다. "신분이 높은 신사의 주방만큼 구조와 사용에서 비상식적이고 부적당한 것도 없다. 영국인의 자랑거리인 난로가 주는 안락함을 악과 동일시하고 있다."[74]

소비 사회의 출현

그래도 1815년부터 1830년 사이에는 상류계급의 생활을 보다 안락하게 보다 효율적으로 향상시키기 위해 막대한 노력이 있었다. 각종 기계장치들을 좋아한 웰링턴은 인계받은 스트라스필드 세이 저택에 난방용 온수 파이프를 설치했다. 1819년이 되자, 제분 공장 경영자인 윌리엄 스트럿은 화원의 온실용 장치를 개조한 온난방 설비를 더비의 자택과 더비 주 병원에 설치했다. 이 지역을 여행한 독일인 퓌클러-무스카우의 말에 따르면, 베드퍼드 공작의 워번 저택에는 1820년대에 온풍과 난방이 확실히 들어왔으며, 토머스 무어의 친구인 랜즈다운 후작의 윌트셔의 대저택인 보우드 하우스도 그랬다. 송수관이 연결된 온풍 장치는 1814년에는 버크셔의 콜즈힐에, 1829년에는 퍼스셔의 아버케언에도 설치됐다.[75] 미국처럼 영국도 1820년대에 석유등이 양초를 빠르게 대체했다. 1830년이 되자, 러틀랜드 공작의 거대한 비버 성은 전부 석유등으로 불을 밝혔고, 램프들을 수납하고 정비하는 램프 방이 별도로 생겼다. 1년에 공작이 저택에 머무는 기간은 고작 16~17주였는데, 그 동안에 소모되는 석유량은 약 600갤런에 달했다.[76] 영국계 미국인인 럼포드 백작의 시대의 첨단을 달리는 설계에 바탕을 둔 근대식 난로들이 오래된 구식 난로를 대신하여 성능 좋은 난로가 현관, 복도와 계단을 따뜻하게 덥혔다. 던도날드 경은 일찍이 1787년부터 스코틀랜드 성에서 비록 복도에서만 사용하긴 했지만 가스로 불을 밝히기 시작했다. 그러나 초기 가스등은 뜨겁고, 냄새가 났으며 비용도 많이 드는 반면, 그다지 불빛이 밝지 않았다. 하지만 1815년부터 빠르게 개선되어, 1818년에는 섭정왕세자가 위험을 감수하고 브라이튼 궁에 가스 샹들리에를 매달았다. 이것이 유행을 만들었다. 월터 스콧 경은 호경기이던 1823년 아보츠포드의 새로운 자택에 증기난방과 가스등 모두를 설치했다. 그 결과, 이곳은 중세풍의 환상적인 분위기에도 불구하고 스코틀랜드에서 가장 근대적인 저택 중 하나로 손꼽혔다.[77]

그 밖의 다른 곳에서도 1815년 이후부터 생활 개선이 이뤄졌다. 특히, 욕실과 화장실이 눈에 띄었다. 레스터셔의 도닝턴 파크 저택에 모이라 백작은 욕실 두 개와 화장실 여섯 개를 설치했다. 그 중 화장실 한 개와 욕실 한 개가 백작부인의 드레스룸과 연결되었고, 그 아래층에 있는 백작의 개인 연구실에도 목욕탕과 화장실이 붙어있었다. 그렇다면 백작의 손님은 어떻게 씻었을까? 그것은 예부터 내려온 방식이었다. 하인이 좌욕용 욕조를 침실로 가져오면 하녀들이 뜨거운 물이 담긴 커다란 주전자로 부었다. 하지만, 이제는 손님이 주방과 하인방에 장착된 신호소로 연결된 종을 울려 직접 하인을 부를 수 있었다.

그럼에도 더 까다로운 손님은 전용의 욕실을 요구했고, 19세기 초기부터 부유층 자택에서는 웅장함보다 안락함 쪽으로 비중이 갈수록 높였다. 존 내시가 도입한 대형 전망창은 마치 잔디밭과 마당을 집안으로 끌어들인 듯한 느낌을 주었다. 유료 도로, 고속 마차, 거기에 철도까지 나타나면서 시골별장을 찾는 발길은 더 잦아졌고, 하우스 파티(별장 등에 묵으면서 며칠 계속되는 파티 – 옮긴이)의 시대가 찾아왔다. 이 때, 빈둥대며 시간을 보낸다는 뜻의 '라운징'이라는 단어가 처음 등장했다. 예전에는 1층에 있던 침실들이 위층으로 올라갔고, 1820년대에는 대부분 집 2층에 침실이 있었다. 오락 용도로 사용할 수 있는 방도 늘었다. 모든 사람들이 빙 둘러앉아 담화를 나누는 것이 일반적이던 새뮤얼 존슨의 시대가 끝난 것이었다. 패니 버니의 『일기(Diary)』에는 영리한 여자 상속인인 몽크톤 양이 "동그란 원이 되지 않도록 온 관심을 쏟고 있어요."라고 말하는 장면이 나온다. 이 모습을 본 마리아 에지워스는 "모든 부인들이 격식을 차리고 동그랗게 둘러 앉아 조각상처럼 경직되어 있다."고 묘사하기도 했다. 그 대신에 손님들은 두 명이나 몇 명이 모여 담소를 나누거나 편안한 의자와 작은 탁자들이 놓인 서재에서 홀로 여유로운 시간을 보내고 싶어 했다. "삼나무로 만들어진 응접실에서의 형식에 얽매인 우울한 분위기는 더 이상 찾을 수 없다. 이제는 거실에서 각자 하고 싶은 대로 즐겼다."고 험프리 렙톤은 썼다.[78] 전쟁이 잊혀지고 기근에 시달리던 시대가 흐릿한 과거 속으로 희미해지면서 즐겁게 사는 모습이 점차 강조되었다. 한편 1층에 여유공간이 더 많아지면서 무도회장이 들어섰다. 소설 『맨스필드 파크(Mansfield Park)』에서처럼 아마추어 연극을 하기 위해 평범한 방을 일부러 개조할 필요도 없었다. 그런데 시골 별장에서 연극하는 게 무대나 무대 휘장, 그리고 정교한 무대장치들이 예를 들면 윈스테이, 블레넘, 위그레이브 등의 많은 수의 대저택에 설치됐다. 1833년에 지어진 채스워스의 무대는 지금도 남아 있다.[79] 정원도 오락 용도로 더 다양하게 사용되었다. '사교적인' 아침식사가 야외로 자리를 옮겼고, 이는 시간이 지나면서 양궁 등의 스포츠에 참여하는, 여성도 즐기는 '가든 파티'로 바뀌었다.

근대 기술을 생활 가까이에서 사용한 탁월한 예가 바로 브라이튼에 있는 섭정왕세자의 로열 파빌리온이었다. 섭정은 최초로 가스를 설치한 사람들 중 하나였을 뿐만 아니라, 거대한 '스팀 주방'의 설계 역시 거들었다. 주방은 손님들을 초대했을 때 궁전을 구경시키면서 섭정이 꼭 안내하는 곳이었다. 1816년 건물이 완공된 뒤, 1817년부터 1818년 사이에는 복잡한 주방 기구가 설치되었고, 1820년대에도 여러 개선작업이 이뤄졌다. 이 널찍한 주방 하나만 세로 45피트에 가로 36피트에 달했으며, 높은 천장에서는 채광창 12개를 통해 햇빛이 눈부시게 쏟아져 들어왔다. 큼지막한 내리닫이 창들이 동쪽과 서쪽에 있어 밤에는 거대한 구리 벽등과 커다란 6각형 아르강 랜턴 네 개가 불을 밝혔다. 가스등은 너무 위험하다고 판단했다. 바닥에는 닦기 쉽다는 유포가 새롭게 깔렸고, 구리 나뭇잎들로 둘러싸인 주철로 된 기둥 네 개가 지붕을 떠받들고 있어 마치 댓줄기로 장식된 야자나무를 연상시켰다. 주방의 중앙에는 대형 'ㄴ'자형 '준비 테이블'이 네 측면에 놓였다. 너도밤나무 목재로 제작된 이 식탁들은 13피트 길이의 스팀 테이블(요리를 그릇째 두는 스팀이 통하는 금속제 보온대)로 윗부분은 주철, 모서리 부분은 놋쇠로 처리되었다. 스팀 테이블을 데우기 위해서 여러 개의 온수 파이프가 연결되어 준비된 많은 음식이 식지 않게 계속 데워놓을 수 있었다. 이 지방의 비평자인 찰스 라이트는 자신의 저서 『브라이튼 산책(The Brighton Ambulator)』에서 이 장치는 '감탄을 자아낼만한 대표적인 기계 발명품'이며 주방 전체가 '요리 예술의 과정을 즐기기 위한 근대적인 개량이 모든 게 완벽한' 실례라고 평가했다.[80]

증기는 화장실에 온수를 공급하기도 하던 커다란 구리 급탕 탱크에서 나왔다. 중심인 북측 벽에는 23피트 길이의 스튜용 스토브들이 있었고 반대편에는 음식을 구울 때 사용하던 덮개가 없는 대형화로가 자리했으며 측면에는 주철로 된 스튜용 화로와 구이용 화로들이 있었다. 중심부 불길에서 치솟아 오르는 바람이 굴뚝에 붙어 있는 금속 날개를 움직여, 그것에 의해 생긴 동력이 고리, 기어, 도르래 등의 장치로 구이용 쇠꼬챙이를 회전시켰다. 쇠꼬챙이가 다섯 개가 동시에 회전했으나 각각 속도가 달라서 요리사는 한 메뉴에 구운 요리를 여러 가지 내놓을 수 있었다. 프랑스 최고 요리사로 추앙 받는 마리 앙투안 카렘(1784~1833)이 섭정 밑에서 잠시 일하던 때에 내놓았던 저녁 식사의 앙트레(전채 요리―옮긴이)만해도 종류가 36가지가 되었다고 한다. 카렘은 프랑스를 떠나서 조지 국왕을 위해 정기적으로 일하지 않겠냐는 후한 제안을 거절하기도 했다. 모든 가열 장치에는 각각 구리 덮개가 구비되어 열기, 악취, 증기를 제거하고, 물기를 빼는 홈통도 있었다. 따라서 주방 자체는 깨끗하고 일하기에 쾌적한 곳이었다. 아마도 역사상 처음이었을 것이다. 이 주방 주변에는 다섯 개의 작은 주방들이 있고, 각각에는 역시 스튜용 화로들, 오븐과 온장고가 갖춰져, 빵·과자류와 푸딩류를 만들었다. 그리고 셔벗과 아이스크림을 만들던 제과방 옆에는 얼음방이 있어서 정원의 얼음 창고에서 꺼내온 얼음들을 납으로 된 저장용 상자에 넣어서 보관했다. 이 모든 시스템을 움직이던 물은 우물물을 증기로 퍼 올린 급수탑에서, 철로 만들어진 수동 본관을 통해 수백 야드 길이의 연관(鉛管)으로 공급되었다. 한 마디로 말해 이 주방은 요리와 가스, 전기가 사용되기 전의 증기 관련 첨단기술을 한 데 모은 정수였다.[81]

만약 부자들만이 최신식 가전제품들을 살 수 있었다면, 일반 소비자들은 질이 좋고 값싼 옷, 구두, 가구와 교통수단, 그리고 정부가 자유무역으로 다가가면서 실현된, 가격이 저렴한 수입품의 은혜를 입었다. 경제 호황은 어디에서나 느꼈지만, 이는 영국에서 가장 강하게 나타나 정부 수입을 급상승시켜, 1823년부터 1825년 사이에는 새로 부임한 재무장관이 전면적인 감세와 관세 인하를 시행하여 '부(prosperity)' 로빈슨이라는 이름을 얻었다. 실제로 많은 세금과 관세가 폐지되었다. 로빈슨은 1823년에 아일랜드에 부과한 모든 세금을 없애고 잉글랜드에서도 세금 다수가 폐기됐다. 이 과정에서 창문, 하인, 바퀴 달린 차량, 조랑말, 노새, 농사와 무역에 쓰이는 말과 노새, 다양한 형태의 집과 정원에서 일하는 하인들, 무역업자가 고용한 판매원과 사무원, 그 외 유사한 종류의 물건들에 부과하던 세금이 철폐되었다. 외국산 모직물에 부과하던 관세가 철폐되었고, 영국 모직물 수출 규제가 전부 풀렸다. 런던에 배로 운반된 수입하던 뉴캐슬산 석탄에 부과되던 세금도 줄어들었다. 밀수를 더 심각하게 악화시켰던 외국산 수입 실크에 대한 금지세도 가격에 따라 30퍼센트까지 내렸다. 럼주와 다른 증류주들에 부과한 관세들도 마찬가지였다. 많은 내국세도 철폐되어 영국은 세계 최대의 자유 무역 지대가 되고, 아일랜드도 그에 근접했다. 여태껏 상품이나 서비스의 자유로운 유통을 저해하던 오래된 각종 규제, 수출입 할당, 보조금, 세금 등은 모두 없어지고, 가격과 유통량 결정은 오로지 시장에 맡겨졌다.[82]

1825년 2월에 로빈슨은 현재의 번영은 "기초가 튼튼하고, 상부 구조에 거짓이 없으며, 이뤄낸 성과 역시 훌륭하다."고 호언장담했다. 실제로 매우 이상한 모습이었지만 겁 많고, 우유부단하며, 때로는 우스꽝스럽고, 여러모로 굉장히 바보 같기까지 한 이 남자가 역사상 처음으로 소비사회의 개념을 추려서 말한 정치가였다. 그러나 생각해보면 역사란 것이 본디 모순으로 가득 차있다고 하지 않는가. 수입포도주, 스카치위스키, 아일랜드와 영국산 증류주, 사과주 제조기, 대마, 짐수레, 사륜마차, 주택과 하숙집 등의 세금도 내린 로빈슨은 세계에 일어나던 현상을 철학적으로 설명했다. 로빈슨은 하원에서 다음과 같이 말했다. "인간의 사회조직에는 하나의 원칙이 있는데, 그것은 국민의 신뢰를 쌓아 상호편의에 일조함으로써 새롭게 친밀한 관계를 맺게 합니다. 이러한 신념은 새로운 욕구를 만들고, 새로운 갈망을 자극하며, 새로운 향락을 추구하게 하고, 신의 은혜로 인해 인간에게 일반적인 행복을 느끼게 합니다. ……신념은 언제나 살아 있고, 항상 작용할 뿐만 아니라, 끊임없이 전진하고자 합니다. 근대 과학의 발전이나 증기 기관의 마법 같은 에너지나 그 활동에 제공한 편의를 보노라면, 어느 누가 이 발전이 진보적이며 그 영향이 영구적일 것이라는 사실에 의문을 품을 수 있겠습니까?"[83] 로빈슨은 여기서 한 가지 중요한 사실을 발견했다. 바로 그것은 근대 과학과 산업은 한 세대의 사치품을 그 다음 세대의 필수품으로 만들어버린다는 것이었다. 로빈슨이 묘사한 과학기술과 자유무역이 활력이 되어 세계적인 번영이 꾸준하게 지속될 것이라는 생각은 매우 정확했다. '평범한 보통사람(Homme moyen sensual)'을 자주 대변하던 찰스 램은 로빈슨보다 더 평범한 말로 표현했다. 베르나르 바톤에게 보낸 편지에서 램은 로빈슨을 칭찬하면서 정부에 대해 다음과 같이 말했다. "우리가 여태껏 겪은 것 중에서 최고의 내각입니다. 진이 1갤런 당 4실링, 와인은 1쿼트 당 2실링이 내렸습니다. 이야말로, 사람들의 마음과 가슴에 절실히 와 닿는 부분이 아닐 수 없습니다."[84]

프랑스 출판 산업의 발달

유럽에서 1820년대의 번영을 즐긴 나라는 영국뿐만이 아니었다. 프랑스는 영국에 이어 전후 불황을 경험하고는 약 1년 뒤에 역시 거기에서 벗어났다. 1820년대는 프랑스 역사에서 전반적인 번영의 조짐이 처음으로 그 모습을 드러낸 시기였다. 영국과 비교했을 때, 프랑스는 산업면에서 뒤떨어진 국가였다. 증기기관의 대부분은 영국에서 수입했고, 그것을 조작하는 사람들도 영국인이 많았다. 1824년에는 약 1,400명에 달하는 영국인 '전문가'들이 프랑스 탄광이나 공장에서 일했다. 프랑스인이 그때까지도 '동력펌프'라고 불렀던 증기기관도 1818년에는 200대에서 1830년에는 고작 572대로 늘어났을 뿐이었다. 심지어 1820년대 말기에도 코크스 방식의 근대적 용광로는 고작 29기 밖에 안 되어 국내 생산량의 86퍼센트를 공급하던 나머지 379기는 여전히 숯을 사용했다.[85] 이 무렵, 과거 나폴레옹 휘하에 있던 마르몽과 술트 원수는 소규모 탄갱과 괴철로(塊鐵爐)를 광업정련회사 네 곳으로 통합하고자 시도했다. 그러나 프랑스에서 가장 경쟁력이 높은 산업은 리옹의 전통적인 실크 제조공업이 었던 것 같다. 리옹의 견직기 수는 1817년에 7,000대에서 1832년에 4만 2,000대로 껑충 뛰어올랐다. [86]

영국보다는 훨씬 뒤처지지만 프랑스는 유럽의 다른 어떤 국가들보 다도 여전히 부유한 나라였고, 파리도 1811년에는 62만 2,000명에서 1920년대에는 말기에 80만 명으로 인구가 늘어나면서 주요한 금융 중 심부로 자리 잡았다. 1820년대의 호경기 시절에 프랑스는 해외에 5억 2,500만 프랑 이상을 빌려주기도 했다. 비록 작은 저축이라도 큰 저축에 못지않게 요긴했다. 프랑스의 공장은 영국이라면 최악일 만큼 상황이 좋 지 않았고, 임금도 영국보다 낮았다. 그러나 이런 임금도 과거와 비교했 을 때 평균 임금 수준은 그 어느 때보다도 가장 높았고 1820년대에는 파 업도 흔치 않았다. 노동자들은 이 임금을 저축했다. 농민들도 역시 저축 을 했다. 프랑스의 농업 인구 밀도가 이례적으로 높았다. 실제로 돈이 프 랑스의 유일한 신(神)이 되었다고 생각하는 사람들도 있었다. 1827년에 지롱드당이 빌렐 내각에 전달한 집단 항의서에는 다음과 같은 내용이 있 었다. "모든 법률의 기초는 부입니다. 모든 차별 조건은 금입니다. 누구 나 바라는 보상은 재물입니다." [87]

이 주장은 실제로 사실이 아니었다. 프랑스의 왕정복고 시대에 관한 가장 인상적인 사실 가운데 하나는 특히 1820년부터 1825년 사이에 이 뤄진 인쇄업의 성장이자 독서량의 증가였다. 인쇄는 프랑스가 신기술 개 발에 결정적으로 공헌한 분야의 하나였다. 프랑스의 발명은 나폴레옹 시 대에 처음 고안되어 종전 후부터 비로소 상업화된 것이 많았다. 1800년 무렵, 루이에티엔 아르앙은 연판을 발명했다. 이는 금속활자 조판으로 떠 특수 납형으로 만든 스테로판이었다. 이 연판은 나폴레옹과 검열관들 이 프랑스에서 사라진 뒤 대량으로 사용돼 출판업을 수작업에서 산업으 로 바꾸었다. 그때까지만 해도 판매 부수가 500부를 넘기는 일은 흔치 않았고, 책은 보통 한 권당 7.50프랑을 호가해 전집으로 세 권을 사려면

22.50프랑이 필요했다. 이는 숙련 노동자 한 명의 주급보다도 비싼 금액이었다. 인쇄업자·출판업자·책 판매업자는 은행에서 대출을 받을 수 없어서 소규모 고리대금업자로부터 15퍼센트 이자로 빌려야만 했다. 그런데 연판을 사용하면 같은 원판으로 1만 부 인쇄가 가능해져서, 값비싼 활자를 다시 짤 필요도, 마모될 걱정도 없었다. 그 밖에 니콜라스 루이로버트가 발명한 제지기계도 1814~1815년 무렵에 실용화되어, 솜 강연변에 자리한 피르맹 디도 가의 공장에서 생산을 개시했다. 1827년에는 최소한 네 대의 제지 기계가 거대한 롤지를 만들어냈다고 한다. 또한 1808년에 피에르 로리루가 창안한 인쇄용 잉크의 대량 생산 방식이 전후 즉시 상품화되고, 1827년에는 파리의 인쇄소 가운데 11개 사가 이를 사용했다.

내구성 향상과 비용 삭감의 가장 큰 요인은 인쇄기 자체에 있었다. 가장 빠른 수동 인쇄기라도 한 시간에 250매 이상은 찍어내지 못했다. 일찍이 1790년에 윌리엄 니콜슨이 발명한 고무 롤러를 발명해 기계적인 인쇄 작업은 가능했다. 그러나 대규모 기계 인쇄 작업은 영국에서조차도 나폴레옹전쟁 말기까지 기다려야 했고, 프랑스에서는 1823년이 되어서야 처음으로 니콜슨 인쇄기를 구입해서 그로부터 4년 뒤에는 파리에만 11대가 되기에 이르렀다. 그리고 프랑스에서 페르디낭 쾨니그라는 인쇄 기술자가 나타났다. 기계 인쇄기는 아무리 속도가 느린 경우라도 한 시간당 1,000매를 찍었다. 니콜슨 인쇄기는 그보다는 많이 찍었지만, 여전히 품질은 떨어졌고, 가격은 대당 3만 6,000프랑으로 고가였다. 그런데 쾨니그는 이보다 더 빠르고 기존 가격의 3분의 1에 불과한 인쇄기를 개발했다. 그 당시만 해도 파리의 인쇄업 규모는 대부분이 영세했다. 심지어 1833년까지도 인쇄업자들 총 80명 가운데 파리에 있는 34명이 소유한 수동 인쇄기는 819대이던 반면에 기계 인쇄기는 54대에 불과했다. 하지만 새로운 공정과 기계장치의 결합은 책값과 판매량에서 극적인 변화를 가져왔다. 책값은 1815년부터 절반으로 떨어졌다. 1820년대 초기에는 단돈 3프랑만 있으면 새 책을 사볼 수 있었다. 이와 동시에 초판 인쇄부수도 2,500부가 보통이었다.

시장에도 이전에는 없던 새로운 독자층이 등장했다. 출판업은 프랑스의 어떤 산업보다도 가장 빠른 성장률을 기록했을 것이다. 몰리에르, 라신느, 볼테르의 전집 등 고전 염가판이 1만 세트나 팔렸다. 파리의 서점은 1815년에는 373개소에서 1845년에는 945개소로 급증했다. 이것은 상승률이 도시 인구 증가율보다 50퍼센트나 웃도는 수치였다. 이런 서점들은 이전보다 훨씬 크고 경쟁도 뜨거워서, 그때까지만 해도 헌책방에서나 서서 사람들이 책을 읽어 볼 수 있게 했는데, 처음으로 서점 주인들이 자신들의 서점 안에서도 책을 읽는 것을 허락했다. 신간 서적들을 다량 구비한 팔레 루아얄 상가는 프랑스와 유럽 도처에 있는 애서가들에게 매우 매력적인 장소로 떠올랐다. 그러나 이곳은 퇴폐업소의 중심이기도 했다. 1824년의 파리에는 공인 매춘업소가 163곳, 공창은 2,653명이었으며, 등록이 안 된 창녀들은 약 1만 5,000여 명이나 있었다. 가장 놀랄만한 사실은 방대한 신간 발행 종수였을 것이다. 『프랑스 도서목록』에 등재된 도서명은 1815년에 3,357권에서 1827년에는 8,272권으로 급증하여, 후자의 기록은 19세기 후반이 될 때까지 깨지지 않았다. 게다가 역사상 처음으로 파리의 출판사들은 외근 세일즈맨을 고용해 지방 서점에 신간서를 판매했다.[88]

그 결과, 왕정복고 시대에 적어도 경제위기가 출판계에 본격적으로 영향을 미쳤던 1827년까지는 작가에게 찬란하고 생산적이며, 보수가 좋다던 시대였다. 나폴레옹 시대에 망명했던 수많은 작가들은 파리로 떼 지어 돌아와 발금된 작품들을 처음으로 출판하거나, 해외에서 출판된 서적들을 다시 펴냈다. 당시에 야심찬 젊은이였던 역사가 에드거 키네(1803~1875)는 1815년부터 1825년 사이의 10년 동안을 "다시 눈을 뜬 사상이 일종의 흥분상태에 도달했다. 제국이라는 삭막한 세월을 보낸 뒤, 영혼이 갈증을 푸는 모습"이라고 묘사했다.[89] 가장 큰 혜택은 시인들이 받았다. 1827년에 파리에서는 시집이 537종, 소설이 295종 출간되었다. 그 뒤부터는 소설이 서서히 앞서기 시작했다. 복원된 군주제 밑에서 초등학교가 특히 파리와 그 주변 지역에서 증가하여, 1820년 무렵의 수도권 식자율은 남성 84퍼센트, 여성 60퍼센트에 달했다. 1814년의 파리에는 실질적으로 상업 도서관이 한 곳도 없었지만, 1820년에는 32개, 그로부터 10년 뒤에는 150개로 늘어났다. 대부분의 상업 도서관에는 약 5,000권의 서적밖에 없었으나, 카네트 가의 마담 카디날 도서관은 2만 권의 서적을 구비했고, 대부분이 신간 도서였다. 프랑스 현지인도 관광객도 노동자 계급의 식자율의 상승과 독서 습관의 증가를 인정했다. 루이 15세에 끌려 집필한 모르간 부인은 들뜬 마음을 가라앉히지 못하며 다음과 같이 말했다. "파리 거리에는 짐꾼이나 물 배달인, 수위라 해도 이 문예 전성기의 고귀한 후원자에 지지 않을 정도로 학식이 풍부하고 개화했다."[90] 개인적 소양과 독서 습관도 점점 나아졌다. 1824년에 파리를 여행하던 한 젊은 방문객은 다음과 같이 썼다. "학문을 사랑하는 것이 이 시대의 참된 정신이다. 각계각층의 모든 사람들에게 지배적으로 나타나는 열정이다. 거리나 대로를 자칫 프랑스 한림원의 문으로 헷갈릴 수 있을 정도다."[91]

직업적인 문필가, 즉 책이나 기사로 생활을 영위하는 사람의 수도 증가했다. 소득세를 납부하는 문필가의 수도 2배 훨씬 빠르게 늘어나 생활이 여유로웠다는 사실을 알 수 있다. 나폴레옹 시절에 매달 고작 200프랑을 받던 은행원 폴 드 코크(1794~1871)는 당시 이름을 날리는 인기 대중소설가가 되었다. 1820년에 대박을 터뜨린 성애소설 『조르제트 (Georgette)』는 생시몽뿐만 아니라 매콜리와 어린 엘리자베스 바렛까지 즐겨 읽은 작품이었다. 코크는 1826년에 소설 한 편당 2만 프랑을 받았다. 코크는 일을 조직화하여 희곡 200여 편과 소설 400편을 쏟아냈고, 이로 인해 파리에 호화스러운 아파트 한 채와 전원에 별장 두 채를 마련할 수 있었다. "나는 욕심이 무척 많습니다. 그건 인정합니다."라고 『자서전

(Memories)』에서 그는 능글맞게 밝혔다. 코크는 샤를 오귀스트 생트뵈브가 훗날 '산업 문학'이라고 부른 선구가 됐다. 본인과 73명의 조수가 모험소설을 만들어내던 알렉상드르 뒤마의 '소설 공장'도 이 '산업 문학'에 포함된다.[92] 1820년이 지나면서 그 밖의 많은 작가들도 성공을 거뒀다. 빅토르 위고는 한 권당 1만 5,000프랑, 초기 작품의 재판은 1만 프랑을 받았다. 1830년에는 알퐁스 마리 루이 라마르틴은 『명상시집(Harmonies poétiques)』 시집을 2만 7,000프랑이라는 거금을 받고 팔았다. 새롭게 등장한 출판기획 사업가의 전형이라고 할 라드보카는 괴테, 바이런, 실러를 비롯해 위고와 생트뵈브까지 저자로 거느렸다. 오귀스탱 티에리는 라드보카에 대해 '돈벌이의 신', '돈 버는 출판의 상징'이라고 썼다. 라드보카는 샤토브리앙의 자서전에 5만 5,000프랑을 지불했다.[93] 이런 금액은 물론 예외적인 경우에 해당하는 일이었다. 일반적으로 흥행에 성공한 희곡은 1만 5,000프랑, 베스트셀러 소설은 5,000프랑, 역사서는 1,000프랑, 시집은 500프랑으로 책정됐다. 그러나 오귀스탱 외젠 스크리브 (1791~1861)는 희극 『돈을 위한 결혼(Marriage d'argent)』에 등장하는 작가의 말을 빌려 정곡을 찔렀다. "더 이상 재능이 부유한 후원자들에게만 바쳐지던 시대에 살지 않는다는 사실에 감사할 따름이에요. 부귀영화와 명성만 뒤쫓는데 급급한 오늘날의 예술가들은 그런 재산을 취할 필요가 없어요. 진정한 예술가라면 본분에 충실하게 열심히 일하면 됩니다. 그러면 대중이 판단하여 보답하니까요." 스크리브는 새롭게 탄생한 '산업 문학'의 스타로 군림하여 300편 이상의 기록적인 분량의 희곡―그 중 몇 편은 공동 저작―을 남겼다.

전문적인 문필가 집단의 성장 배경에는―전체로서의 중요성과 영향력이 1820년이 진행됨에 따라 점차 증가한다―거대한 인쇄업계를 들수 있는데, 파리에 어느 업계보다 솜씨가 뛰어나고 임금도 좋은 노동자들이 몰렸다. 1820년대 말이 될 때 쯤, 파리에서만 신문이 매일 6만 1,000부가 팔려나갔다. 파리에서 발행된 정기간행물은 1815년부터

1830년 사이에 10배나 증가하여, 인쇄업자인 폴 데포르는 1814년부터 12년 동안에 정기 간행물 이외의 인쇄 숫자가 세 배로 늘어났다고 추산했다. 통계학자였던 뒤팽 남작은 프랑스 이외에 벨기에도 조사하여 연간 9.25퍼센트라는 인쇄업의 성장률은 모든 산업부분 중에서 가장 높다고 보고, 다음과 같이 썼다. "육체 활동의 발달과 물질적인 부요가 아무리 크고 바르더라도 지적 활동의 발달과 학문적인 부의 증가가 훨씬 더 크고 빠르다."[94] 파리에 있는 4,500명 이상의 인쇄 노동자들은 박학다식하고 조직적이며 확고한 견해를 갖고 있어서 이들은 훗날 막강한 세력을 형성했다. 뒤에서 보겠지만, 그들은 불황이 다시 찾아와 많은 이들의 불만이 고조됐을 때 결정적인 역할을 맡게 된다.

라틴 아메리카의 공채 남발

바로 그 점이 번영과 관련된 난제였다. 번영은 취약했기에 경제학자는 미처 인식하지 못했지만, 1819년부터 1825년 사이의 급속한 확장은 같은 속도를 유지할 수가 없었다. 새롭게 탄생한 세계 경제 속에서 라틴 아메리카의 신흥 독립 공화국들은 매우 불확실하고 취약한 지역이었다. 독립하기 전까지 이 지역은 모두 폐쇄적인 스페인 제국의 경제권에 속해 있었지만, 이곳에서는 오랜 나폴레옹전쟁을 겪는 동안 영국 수출업자들의 진출도 갈수록 심해졌다. 특히 스페인과 영국이 적대적이던 시기에는 외국 무역을 금지한 스페인 식민지의 항구에 영국 상선들이 입항하는 것을 영국 해군은 용인했다. 1817년 무렵 이후에는 사실상의 독립권을 일단 쟁취하게 되자, 새로운 나라들이 자신들이 확보한 항구를 개항하고 영국과 통상을 개시했다.

콜롬비아의 시몬 볼리바르, 멕시코의 오귀스탱 드 이투르비데, 아르헨티나의 베르나르디노 리바다비아, 그리고 칠레의 베르나르도 오히긴스 등은 모두 공식적으로 자유무역을 채택했다. 수출입의 세금을 정부 수입의 주 수입으로 삼아 군대와 관리에게 지급할 재원으로 충당했기에 그럴만했다. 그 일례로, 멕시코에서는 관세가 정부 수입의 50퍼센트를 차지했고, 아르헨티나에서는 그 비율이 무려 80퍼센트까지 올라갔다. 그러자 이번에는 영국 상업계가 열광적인 반응을 보였다. 1,2년도 되지 않아 영국 상관들이 리우데자네이루에는 60개, 바이아에 20개, 페남부코에 16개, 부에노스아이레스에 40개, 몬테비데오에 10개, 리마 20개, 멕시코시티와 베라크루스에는 14개가 세워졌다. 영국의 아르헨티나 시장 진출은 특히 철저했다. 실제로, 아르헨티나는 수십 년간 영국의 경제 식민지로 변해버렸다.[95] 런던, 브리스틀과 리버풀에 있는 영국 수출회사들은 닥치는 대로 싹쓸이해 아르헨티나로 보냈다. 엄청난 양의 싸구려 직물도 물론 있었지만, 수출하기에는 부적절한 묵직한 양모 제품도 다량 섞여 수출됐다. 예를 들어 브라질에는 울 담요, 스케이트와 긴 자루가 달린 탕파(잠자리를 덥게 하는 다리미 비슷한 기구) 등이 보내져 담요는 금을 세척할 때 거르는 천의 대용으로, 스케이트는 칼이나 문빗장으로, 탕파는 설탕을 끓이는 데 쓰였다.[96] 스페인과 싸움이 계속되는 동안 각 지역의 정부들 역시 막대한 양의 각종 무기를 수입했다. 앤서니 깁 앤드 선과 같은 회사는 모든 납품을 책임졌고, 때로는 자금을 모으거나 그 밖의 다른 서비스를 제공하기도 했다. 이 회사는 스페인에 86곳과 기타 유럽에 26곳을 고객으로 확보한 세계적인 기업으로 1826년에는 신 아메리카 대륙으로 31곳을 확보했다.[97]

새로운 국가, 정부, 그리고 사람들의 슬로건은 한결같이 '쓰자, 쓰자, 쓰자'였다. 수입 대금을 지불하기 위해 식민지 시대의 자산이나 개인의 재산도 고품질의 금화나 은화로 바꾸었으며 새 정부의 지폐와 교환하여 기존 광산은 산출량에 속도를 붙였다. 1819년에 영국이 금본위제도로 돌아가서, 그 2년 뒤에 잉글랜드 은행이 금화로 지불을 재개할 수 있었던 한 가지 이유는 라틴 아메리카에서 다량의 금화가 유입되었기 때문이다. 페루만을 보더라도, 리마에 있던 영국 영사 찰스 리케츠의 계산에 따르면 1819년부터 1825년 사이에 영국 해군 함선은 영국으로 실어 나른 순금 및 순은이 당시 시가로 2,700만 페소에 달할 것이라고 추산했다.[98] 수입품에 열광하면 할수록, 라틴 아메리카의 각국은 세입을 웃도는 지출을 감당하느라 신대륙 전체에서 정화가 고갈될 지경이었다. 과잉 지출은 경제순환에 새로운 양상을 보였다. 바로, 정부의 국채 발행과 금·은광을 개발하기 위한 회사 설립이었다.

1822년까지만 하더라도, 런던 자본 시장은 신성동맹에 가입한 유럽 대륙의 국가들과 주로 거래를 했다. 그러나 바로 이 해에 볼리바르의 콜롬비아가 런던 은행가 그룹과 해외 차관 계약을 체결했다. 그 뒤를 이어, 다른 새로운 독립 정부들도 속속 그 대열에 참여했다. 볼리바르는 이에 대해 다음과 같이 썼다. "영국은 페루에 융자를 내어주는 것에 무엇보다도 흥미를 보였다. 아메리카와 유럽의 모든 자유국가들을 결집하고 신성동맹에 대항하여, 영국이 이들 국민들의 선두에 서서 세계를 지배하고 싶어 하기 때문이다."[99] 1822년부터 1826년까지 런던에서 모집된 외국 정부 공채 중에서 아르헨티나, 브라질, 칠레, 콜롬비아, 멕시코, 페루와 중미연방 등 라틴 아메리카 제국이 차지한 공채가 총 2,500만 파운드 중 2,000만 파운드에 달했다. 그리고 이들 차관에는 통상조약이 뒤따라, 캐닝이 1823년 10월부터 부에노스아이레스, 몬테비데오, 산티아고, 리마, 그 밖의 각지에 잇따라 설치한 영국 영사관들이 그 교섭을 담당했다. 볼리바르가 이끌던 콜롬비아─당시에는 베네수엘라와 에콰도르까지 포함했다─만 영국 돈 900만 파운드 이상을 지급받았다.[100]

유럽 대륙의 나라보다 두 배에 가까운 높은 이율이 이들 외채에 지불되었기에, 라틴 아메리카 국가들의 국채는 경제 붕괴 직전까지 런던 주식 시장에 유입되어 비싼 가격에 팔렸다. 이러한 외채 발행에는 여러 가지 허술한 문제점들이 있었다. 이론상으로는 콜롬비아와 같은 나라에는 이전 시대보다 훨씬 더 많은 세입이 있어야 했다. 자체적으로 관세와 재산세까지 부과했기 때문이었다. 그러나 실제로는 군대 급료를 지폐로 지불해 그 가치가 곧 떨어지자, 이번에는 군대가 현금을 구하러 지방의 세관이나 담배 전매소를 약탈했다. 권력이나 무력을 지닌 자라면 모두가 그런 대열에 동참했다. 이것은 볼리바르가 자초한 결과였다. 볼리바르는 여러 기회를 통해 생명을 부지하기 위해서, 훔치는 행위를 장려하여 교회나 수녀원에서 금은 그릇들을 노략질하는 것을 승인했다. 더불어, 세관의 눈을 피해 정부 관리와 군대의 장군이 대개 지휘하는 밀수도 횡행했다. 기회만 닿으면 누구나 나랏돈에 손을 댔다. 결국에 재무부는 아주 적은 수입 중에서 극히 일부만 가질 수 있었다. 볼리바르 본인도 1825년 7월 말경에 다음과 같이 토로했다. "정부 관리 대부분이 정부의 '관세 수입'을 빨아먹고 있다. 이는 공문서나 모든 수단을 동원해서 비난받아야 마땅하다."[101] 그 결과, 정부에는 무기 구매에 사용할 현금 재원이 충분하지 않았다. 런던에서 볼리바르의 대리인으로서 무기 구매 업무를 담당했던 로페즈 멘데즈는 무기 대금 미납으로 채무자 감옥에 투옥되는 곤경에 처했다. 1820년에는 멘데즈는 약 200개 영국 회사들로부터 50만 파운드의 빚을 짊어졌다. 국채는 그런 외채상환금과 새로운 구매 용도로 쓰였던 것이다.

차관이 경제 성장을 위한 자금 조달을 거드는 경우도 있었다. 다른 나라들보다 싸움이 적고 통치도 잘되던 아르헨티나는 1824년에 흑자를 내고, 런던에서 모집된 공채로 자체 중앙은행인 부에노스아이레스 은행을 창립해 상당한 성공을 거두었다. 실제로 아르헨티나는 1826년부터 1828년까지의 브라질과의 바보 같은 전쟁에 말려들기 전까지는 순탄하게 번영을 향한 길을 걷고 있었다. 멕시코도 빌린 돈을 건설적으로 사용해 은광업을 확대했다. 그러나 나머지 차관은 거의 무기 구입에 낭비해버렸다. 정부가 실제로 공채로부터 수령한 금액은 액면가의 극히 일부분에 불과했다. 라틴 아메리카와 영국 쌍방의 중개업자나 대리점이 — 베어

링 사와 같은 신용 있는 회사도 이런 사업에 참여했다 — 놀랄 만큼 큰 이익을 올렸는데, 때로는 정가의 20퍼센트가 될 때도 있었다. 수수료도 굉장했다. 리처드슨 사는 헤링, 파울스앤그레이엄(Herring, Powles Graham) 사와 바클레이 사, 헤링 사와 협력해 2건의 콜롬비아 공채에서 50만 파운드를 벌어들였다. 은행원들은 배당금 외에 공채로 투기를 벌이기도 했다. 라틴 아메리카 유가증권을 가격이 오를 때 팔고 내릴 때 사들였으며, 공채의 수익금은 영국 상품 수출자금에 충당했고, 거기서도 또한 수수료를 챙겼다.

광산 개발 붐

1823년부터 라틴 아메리카에서 광산 개발 붐이 일어나, 런던에서 모집한 자금으로 새로운 금·은광이 개발되거나 오래된 광산이 확장됐다. 1824년 12월 9일 아야쿠쵸 전투에서 스페인을 대파하고 대승을 거둔 소식이 1825년 2월 런던에 처음 전해지면서 광업에 대한 인기가 한층 높아졌다. 이런 광업회사는 개인 소유였는데, 라틴 아메리카나 영국의 경우 정부 관리들이 관련을 맺은 경우가 많았다. 일례로, 아르헨티나의 대통령인 리바다비아도 여러 광업 회사들의 주식을 소유했다. 멕시코 외무장관인 루카스 알레만은 멕시코 광업협회의 회장이었다. 런던에 본사를 둔 브라질 신설 광업회사의 임원 12명 가운데 영국 하원 의원이 8명이나 되었다. 1825년에는 영국 하원 의원들이 임원으로 있던 라틴 아메리카 광업회사는 적어도 19개 회사나 됐다. 젊은 벤저민 디즈레일리는 이런 광산 기업에 투자를 유치할 목적으로 135쪽에 달하는 선전용 소책자를 집필하고, 1825년 중반에는 런던에서 26명의 투자자를 모집했다.[102] 장기적인 관점에서 봤을 때, 이들 사업은 일부 회사는 말할 것도 없고,

아마도 거의 대부분은 견실했다. 측량조사업무는 영국, 프랑스와 독일의 광산 기술자들이 맡았다. 이들 중 한 명이 1825년 카라카스에서 험준한 산맥을 넘어 연안까지 이르는 철도 부설을 설계했던 로버트 스티븐슨이었다. 스티븐슨은 헤링, 파울스앤그레이엄 사에서 일하고 있었는데, 이 회사는 또한 파나마 지협을 횡단하는 운하 건설 사업에 관심을 가졌다. 그러나 런던의 출자자 대부분은 경기가 상승함에 따라 그저 반짝 돈벌이에만 솔깃할 뿐이었다. 광산 투자사업과 공채 사업 모두에서 사기꾼들이 기승을 부렸다. 보르하 미뇨니는 B. A. 골드슈미트 사와 작당해서 1825년에 멕시코 정부의 공채 발행으로 막대한 금액을 편취했다. 공채 액면의 절반만 멕시코 정부에 주고, 런던에다가는 80퍼센트의 가격에 팔아 넘겼던 것이다. 결국 멕시코는 그렇지 않아도 높은 금리에 사실상 그 두 배에 달하는 비용을 내야 했다. 스코틀랜드 출신의 그레고르 맥그레고르는 볼리바르 군의 1개 사단을 지휘하고, 그 뒤에 볼리바르의 조카딸과 결혼한 인물인데, 그는 1822년에 런던으로 가서는 '포야이스'라는 유령국가의 공식 대표 행세를 하며 국채 20만 파운드 이외에는 실존하지도 않는 땅을 팔기도 했다. [103]

넘쳐나는 투기성 자금

라틴 아메리카 관련 거래는 경기 상승의 최종국면을 떠받친 최대 요소였다. 1824년 여름부터 1825년 가을 사이에 런던에서는 시장이 강세를 계속했다. 런던에서는 온갖 증권이 비싼 가격에 팔렸고, 투자 세력들도 열풍이 지속되는 가운데 상당한 이익을 올렸다. 1823년과 1825년 사이에 여객철도회사의 주식이 처음으로 시장에 등장했다. 아버스넛 부인은 1825년 3월 16일에 다음과 같은 기록을 남겼다. "리버풀과 맨체스터를 잇는 철도가 건설될 예정인데, 이로 인해 거액의 이익이 보장될 것이다. 현재 총 10주(株)를 보유하고 있는데 매입할 당시에 주당 3파운드이던 게 지금은 주당 58파운드에 육박하고 있으며 곧 100파운드를 넘어설 것으로 내다보고 있다. 이러한 투기 사실에 매우 흡족하기는 한데, 더 많은 금액으로 투기를 할 걸이라는 아쉬움은 남는다. 하지만 남편이 투기를 별로 좋아하지 않는데다가 정치 사건들에 그 가치가 오락가락하는 미국 주식은 사지 못하게 한다. 무엇보다도 남편은 투기가 본인의 공직과 어울리지 않는다고 생각한다."[104]

아버스넛 부인이 조심스러워할만했다. 대부분의 철도사업은 견실했고, 낙관론자들이 예견하던 막대한 정도까지는 아니었어도 돈을 벌어들이기는 했다. 그러나 강세 시장은 확장하던 면공업과 가스, 기선, 철강, 석탄 등 모든 합법적인 회사에 투자심리를 자극하는 한편, 몇 십 개나 넘는 위험한 사업이나 누가 봐도 부실한 회사도 만들어냈다. 사기성 사업 중 하나가 이퀴터블 대부회사의 '대규모 전당포업'이었다. 또한, 영국과 아일랜드에서 누에를 치고 뽕나무를 재배하는 사업 계획도 있었다. 이런 사업 계획의 목표는 참된 사업을 운영하는 것이라기보다는 계획을 생각해낸 사람들에게 빠른 자본 이익금을 쥐어주자는 것이었다. 잉글랜드 은행과 다른 은행들도 신용을 완화하는 방침을 채택하여 1824년 여름에는 이미 과열 징조가 보이기 시작한 경제에 여분의 유동 자금을 공급했다. 세계에서 가장 중요한 재무 장관이던 로빈슨은 예산의 균형을 맞기만 하면, 재정이나 신용 관련 정책 등은 필요없다고 생각했다. 따라서 중앙은행에 해야 할 일과 하지 말아야 할 일을 일일이 알려줘야 한다고는 생각조차 안했다. 필은 1823년에 재정 관리에 관해서 훨씬 더 신중하고 사리 분별 능력을 갖춘 헨리 골번에게 한 통의 편지를 보냈다. "로빈슨 말에 따르면, 잉글랜드 은행이 저당을 잡고 대출을 허락하는 일에는 정부가 어떠한 의사를 표현할 수 없고 전적으로 은행의 자유의지에 맡겨져 있다고 합니다."[105] 이런 조치는 엄청난 인플레를 유발하기 때문에 지주들이 토지를 저당 잡혀 돈을 빌리도록 부추겨, 결국에는 150만 파운드의 유동 자금으로 변했다. 이 자금의 대부분은 부패한 사업 투자로 흘러 들어갔다.

1824년의 마지막 달까지 런던의 여론은 정부를 지지했고, 로빈슨과 허스키슨이 도입한 세금감면 정책과 수입관세 인하 모두를 용인했다. 제조업자들도 또한 당연하게도 확장주의적인 자유 무역 정책을 환영했다. 그러나 1824년 11월에 환시세가 영국에 불리하게 돌아갔다. 외국 정부에 대한 막대한 자본 수출과 개인 대출, 그에 따른 소비재 수입 증가로 금과 은의 유입량이 역전되어 마침내는 다량으로 국외로 유출되기 시작했다. 이 시점에서 런던 금융가의 여론이 돌아서고, 실제 사업가들도 이제는 허스키슨을 위험한 몽상가로 보게 되면서 비판의 목소리도 커졌다. 다음은 1825년 4월 30일에 아버스넛 부인과 해리스 재무장관과 나눈 충격적인 대화내용을 요약한 것이다. 해리스는 정부 내 다른 위원들보다 외국환이나 금의 동향에 가장 밝은 인물이었다. 해리스는 허스키슨이 잘못된 생각을 고집하고 있으며 거만하다고 불만을 털어놓았다.

"허스키슨이 관세를 삭감하는 과정에서 어느 누구와 단 한 마디 상의도 없이 모든 일을 처리해버렸습니다. ……하원에서 연설하는 말투를 듣고 있자면 꼭 총리가 말하고 있는 것 같다니까요. 재무장관처럼 보인 적은 한 번도 없었습니다. 로스차일드와 함께 자리했을 때, 로스차일드는 외제품을 우리 땅에 들여놓고 난 뒤부터 이 나라에서 금이 새어나간다는 사실을 귀띔해주었습니다. 로스차일드 본인도 지난 몇 주 사이에 200만 파운드를 송금했다고 알려주었습니다. 공채는 급격하게 하락했고 이는 누구에게도 이로울 것이 없는 사실입니다."[106]

주식의 강세시장이 일부 사람들의 불안 심리를 부채질했다. 그 중에서도 웰링턴이 특히 걱정했다. 아버스넛 부인에 따르면, "웰링턴은 이 투기열로 인해서 최대의 국가적 위기에 봉착할 것이라 생각했다. 모든 회사들이 주식매매 목적으로 만들어진 거품들이기 때문에 그는 '총체적인 대폭락'을 우려했다!"[107] 웰링턴 공작이 예측한 때는 1825년 3월이었고,

이는 곧 현실로 나타났다. 실제로 그로부터 수 주 사이에, 주식 매수세가 잦아들더니 몇몇 주식이 하락했다. 금이 점점 귀해졌고 잉글랜드 은행은 할인을 제한하기 시작했다. 이는 신용대출이 자동적으로 제한되기 시작한다는 의미였고, 거래 활동은 발이 묶였다. 한편, 개인이 잉글랜드 은행권을 거부하고 금을 요구하는 행동이 정당하냐는 문제를 둘러싼 논쟁이 6월에 하원에서 벌어지면서 불안감만 가중되었다. 금은 갈수록 더 구하기 힘들어졌고 사업가들은 종업원들의 급료를 지불할 현금을 구할 수 없었다. 임금을 지불할 수 없다는 말은 소비자 지출도 제동을 가한다는 뜻이었다. 특히 면, 설탕, 커피, 홍차, 철, 그리고 주석의 물가는 10월 초기부터 하락하기 시작했고, 이런 하락세는 다른 시장에도 영향을 미쳤다. 라틴 아메리카 광업 관련 주식은 1월부터 어느 정도 불안정한 상태였는데, 10월 말에 대폭락하면서 패닉 상태가 시작되었다. 그리고 11월 초에는 면제품 관련 무역 회사들이 파산하기 시작했다. 잉글랜드 은행은 더욱더 금융을 긴축했고, 다른 런던의 시중 은행들도 지급준비금을 보강하기 위해서 주로 지방은행으로부터 지폐를 회수하기 시작했다. 지방은행의 지폐회수는 지방은행에 직격탄을 가했고 11월말에는 플리머스의 대형은행에 있던 보유 현금이 바닥나버려 업무를 중단했다.

1825년의 금융위기

이렇게 암흑의 1825년 12월의 막이 올라, 최초의 세계적인 금융위기가 시작했다. 12월 8일에 「타임스」지는 요크셔의 많은 은행들과 연결된 중요한 런던의 대회사이자 대형 금융회사인 웬트워스 찰머 사의 파산소식을 전했다. 그로부터 4일 뒤, 지방은행들이 47곳씩이나 연관된 '런던의 가장 유명한 은행 가운데 한 곳'인 피터 폴 손턴 사가 도산했다. 이 마지막 소식이 전해진 그 날, 사실상 공황 상태에 접어들었다. 금을 조금이라도 가진 자는 아무도 없었다. 그 당시의 한 기사는 다음과 같았다. "영국 전역에서 수많은 지방 은행가들이 어제(12월 13일) 런던으로 몰렸다. 채권액의 반환 청구를 준비하기 위해 정화나 은행권을 구하거나 런던의 동업계에서 일어나는 상황을 두 눈으로 직접 확인하기 위해서였다. 그 중 몇 명은 유명하다는 은행 건물 앞을 서성이며 은행장과 면담할 기회만 애타게 기다렸다. 증권 거래소 건물 안에는 침울한 분위기가 물씬 느껴졌다."[108] 「타임스」지는 "은행의 금화 창구에는 은행권을 1소브린 금화로 바꾸려는 수많은 인파로 북새통을 이뤘다."고 보도했다.[109] 이 장의 초반부에서 언급했듯이 금화의 장외 거래는 계속되고 있었고 막대한 양의 금화가 고속 사륜마차에 실려 지방으로 보내져, 폐쇄를 면한 지방은행을 간신히 구했다. 금화의 무게를 재는 데는 하나하나 세어볼 필요가 없도록 특수 저울을 사용했다.

결정적인 날은 12월 16일이었다. 리버풀은 각료를 소집하면서 허스키슨만은 제외했다. 이때쯤 허스키슨은 런던 금융가에서 너무 많은 미움과 불신을 받고 있던 터라, 그의 참석 자체가 불안감을 증폭시킬 것이라고 여겼기 때문이다. 그런데 허스키슨은 위기를 촉발한 자신의 역할에 결코 당황하지 않았다. 오히려 완전히 정반대였다. 허스키슨은 잉글랜드 은행이 도산해 문을 닫길 바라는 희망을 비밀스럽게 밝혔다. 그렇게 되면 의회가 은행의 설립허가를 취소하고 좀 더 자유주의적인 노선을 취할 수 있었기 때문이었다. 실제로 허스키슨은 잉글랜드 은행에 지불 정지를 '지시해야' 한다고 리버풀을 설득했으며, 총리도 이 충고를 따를 뻔했으나, 그 때 마침 화가 난 해리스가 만일 그렇게 되면 육군이나 해군에 급료를 지급할 수 없어 폭동이 일어날 것이라며 가로막았다. 허스키슨은 로스차일드가 파산 직전 상황이며, 캐닝이 외무부를 통해서 파리 지점의 지불 능력을 조사하게 했다는 식의 유언비어를 유포하는 등 더 무책임한 행동을 일삼았다. 실제로는 앞에서 이미 언급했듯 로스차일드가 은행을 폐지시키지 않도록 온 힘을 기울여 전 유럽을 헤집으며 금을 찾으려고 돌아다녔고, 내각은 밤늦게까지 이어진 회의 끝에 이것이 올바른 정책이라고 결정했다. 같은 날 오후에 런던 금융가의 중심인물 700여명이 런던 시장의 관저에 모여 현 체제에 대한 신임을 표명했다. 그리고 이 집회로 결국 심각한 공황상태에서 벗어날 수 있었다. 어쨌든 런던과 지방 은행에는 충분한 소브린 금화가 유통되고 있었기 때문에 우량 은행권은 신뢰할만하다는 사실을 무역업자 대부분이 납득했기 때문이다. 이리하여 대부분의 은행이 살아남았으나, 그것은 대출금을 회수하거나 '나라의 모든 농민, 공장주와 고객들이 거의 파탄할 정도까지 돈을 쥐어짜낸' 덕분이었다.[110]

이 위기의 정치적 피해자 중 한 사람이 로빈슨이다. 오랜 각의가 끝난 다음날, 아버스넛 부인은 다음과 같이 썼다. "런던 금융가의 상인들은 로빈슨을 계획이나 방편이라고는 전혀 없고 시시한 아이디어도 없는 로빈슨이라며 극도로 경멸하는 듯 하다고 해리스 씨는 말했다." 부인은 3일 뒤의 일기에 다음과 같이 썼다. "은행들도 또한 사방에서 도산하고, 유통되는 건 지방 지폐뿐이어서 지금은 유통이 없는 것과 같다. 실제로 금을 확보할 수 없어 전부 옴짝달싹 못하는 상황이다. 공업 지대에서는 어떻게 급여를 지급해야 할 줄도 모르고, 대규모 폭동이 일어나는 것은 아닌가 걱정하고 있는 실정이다. ……현재 이 나라는 심각한 상황이다. 통화 수단도 없고, 돈을 구하거나 지불할 방법도 없다. 대번트리 인근의 막대한 재산가인 찰스 나이틀리 경이 이틀 전에 런던으로 올 때의 일이다. 여정의 일부 구간은 마차를 타야 했는데, 여비를 대기 위해서는 딸이 갖고 있던 소브린 금화를 얼마간 빌려야 했다고 한다. 지금은 그는 단 1실링도 구할 방법이 없다고 말했다. 거래하는 은행이 지불을 정지했기 때문이었다."[111]

근대의 첫 금융 위기는 계속해서 경기불황을 일으키고, 그 불황의 늪은 전 세계적이고 깊었으며, 장기적이고 중요한 역사적 의미를 담고 있었다. 런던에서 파산한 회사 가운데 최대급 회사는 B. A. 골드슈미트 사인데 120만 파운드에 달하는 차입금 가운데 40만 파운드의 어음이 지불불능 상태였다. 골드슈미트 사는 독일 금융자본인 프랑크푸르트의 헤르츠 사를 쓰러뜨렸고, 그 여파로 베를린의 베네케와 라이프치히의 라이헨바흐를 연쇄적으로 무너뜨렸다. 빈에서는 4대 은행 중 하나인 프리스가 파산하여 수석 공동경영자 데이비드 패리쉬가 다뉴브 강에 투신했다.[112] 암스테르담, 상트페테르부르크, 로마, 마드리드, 그리고 파리에서도 주요 금융회사나 은행의 파산이 줄을 이었다. 프랑스와 벨기에의 은행은 대부분 파산을 면했지만, 잔고 부족이나 대출금 회수로 중공업과 직물업에 심각한 불황을 야기했다. 실제로 영국에서 시작된 산업혁명은 유럽 도처에서 거의 10년 가량을 되돌려놓았다. 영국 자체적으로도 금융 긴축 정책은 광범위한 불경기와 실업을 초래하고, 뒤이어 사회적인 불안까지 불러 일으켰다. 최초의 소요는 1826년 1월에 발생했다. 노리치의 직조공들이 폭동을 일으켰고 민병대까지 동원되는 사건으로 번졌다. 4월에는 랭커셔 직조공들을 시작으로 로치데일, 맨체스터, 블랙번과 브레스턴까지 소요 사태가 줄줄이 이어졌다. 그리고 5월 브래드퍼드에서 양모직공이 일어났고, 더블린에서는 '극한 빈곤상태(Great Distress)'가 보고되었다.

휴지가 된 라틴 아메리카 국채

그렇지 않아도 어려운 영국의 상황은 라틴 아메리카와 무역이 급격한 침체에 빠져들면서 더 악화되었다. 이 신생 국가들과 교역할 목적으로 1820년부터 1825년 사이에 설립된 영국 회사들 수십 개가 사라져버렸다. 이들 신생 국가들은 영국과 다른 곳에서 수입하는 물품들이 점차 감소하자 관세로 거두어들이던 정부 세입이 급락하여 빌린 돈의 이자를 지불할 수가 없었다. 공채 거래를 주선했던 런던 회사들이 도산해버리면서 재정적인 어려움은 더욱 심해졌다. 마구잡이식으로 투기를 저질렀던 바클레이 사는 1826년 8월에 문을 닫으면서 멕시코 정부에 30만 파운드의 손해를 입혔다. 골드슈미트 사는 페루 정부가 공채의 이자를 지급하지 못해 거의 파산직전까지 몰렸다. 다른 정부들도 피차일반이었다. 그 결과, 투자자들은 손에 들고 있던 라틴 아메리카 채권을 다른 채권이라면 무엇이 되었든 팔아버리기 시작했다. 물론 대부분의 경우 가치가 거의 없었다. 1827년 중반에는 한 국가를 제외하고 모든 신생국들이 채무를 이행하지 않았고, 이후 20년이 지나도록 상환은 이뤄지지 않았다. 어떻게 외채 위기를 해결할 지에 대한 협상은 19세기 중반이 지날 때까지 질질 끌면서 계속되었다. 그리고 멕시코의 경우는 이것이 커다란 원인이 되어 1860년대에 외국의 군사 개입 빌미를 제공했다. 최악의 금융 위기 불똥을 가까스로 피한 듯한 브라질 이외에, 라틴 아메리카의 그 어떤 나라도 1850년이 찾아오기 전까지는 유럽 금융 시장에서 국채를 모집하지 못했다. 이러한 지불 정지 사태는 라틴 아메리카 경제 발전의 발목을 붙잡았다. 상황이 더욱 나쁜 것은 정부의 채무 불이행이 민간 투자 사업, 특히 광업에 심각한 마이너스 효과를 가져왔다는 점이었다. 호경기 동안에 조사하여 착수된 사업들은 대체로 견실했다. 그러나 1826년에 운용 자본의 흐름이 끊겼기에, 대부분 사업 계획들은 중도에 취소되어 수년 동안 재개되지 않거나 아예 검토되지도 않았다. 런던에서 보유한 주식은 사실상 휴지조각이 되어버렸고, 이는 나머지 사업들에도 나쁜 영향을 미쳤다.[113]

독립 운동으로 잔뜩 부푼 기대는 이렇게 모두 사라졌다. 납득할 수 없는 국제적인 혼란에 휘말린 새로운 국가들은 격분해서 서로에게 달려들었고, 국경선을 놓고 분쟁을 벌이기 시작했다. 1826년부터 1828년 동안에 벌어진 아르헨티나와 브라질 간 전쟁은 라플라타 강 일대의 상업 활동을 봉쇄하고 그렇지 않아도 어려운 경제 상황을 더욱 악화시켰다. 이는 비록 소규모 전쟁이었으나 파괴적인 수많은 전쟁의 선구가 됐다. 영국의 제해권 유지, 통상 교상의 지원, 또는 항구 폐쇄 저지를 위해 영국 해군이 빈번하게 동원되었다.[114] 씻을 수 없는 깊은 상처를 남긴 이 사건들은 라틴 아메리카 지역 국가들과 북반구 국가들 사이에 첨예한 대립관계, 나아가서는 이들 국가들의 불균형적인 발전을 설명하는데 도움이 된다. 그러나 이상하게도 1826년부터 1827년 사이에 라틴 아메리카에 투자한 유럽인들이 손해를 봤음에도 불구하고 그것이 장기적인 별다른 교훈은 되지 않았다. 라틴 아메리카의 각국 정부에 돈을 빌려주는 것이 얼마나 위험한지에 대해 오늘날 우리들을 포함해 각각의 세대들이 새롭게 배우지 않으면 안 되기 때문이었다.

국가나 정부에 큰 타격을 입힌 경제 대재앙은 셀 수 없이 많은 개인이나 기관, 단체에게도 여러모로 영향을 끼쳤다. 최근까지 금본위제도의 성공으로 의기양양하던 잉글랜드 은행은 뻣뻣한 고개를 숙여야 할 정도였다. 호경기의 정점 당시에 800명을 넘어서던 직원도 650명으로 줄어들었다. 급여는 동결되거나 삭감되었고, 직원들 다수가 본업 외에 석탄, 서적상이나 홍차 판매상—그 밖에도 여러 가지 직업—으로 일하거나 정육점 또는 음식점을 운영해 생활비를 보탰다. 오전 9시부터 오후 3시 반까지로 여유롭던 근무시간도 연장되었고, 오후 5시까지 일할 경우에 제공되던 90분의 긴 저녁 식사시간마저 줄어들었다. 성 마티아스, 성 바오로, 성 빌립보, 성 야곱의 축일 등은 과거 중세 시대부터 휴일이었으나, 그마저 대부분이 폐지됐다. 그리고 근무 기간도 전반적으로 더 엄격해졌다. 은행원들이 '독주'를 직장에 가져오거나, 근무 중에 엽궐련을 피우거나, 콧수염을 기르거나 높은 부츠를 신거나 하는 행위들은 금지됐다. 이 모든 것들이 경제 위기와 어떤 관련이 있었는지는 확실치 않다. 하지만 이것도 근대의 도래를 알리는 하나의 신호탄이었다. 호경기 당시에 받았던 경제학자에 대한 존경의 기반도 무너져 내렸다. 그 대단한 매컬럭도 저금해둔 돈을 대부분 잃었을 뿐만 아니라 일반인들에게 경제학을 소개하는 명저를 출판하겠다던 계획도 수지가 안 맞다는 핑계로 포기했다. 매컬럭은 그 대신에 임금 관련 부분만을 1실링짜리 소책자로 만들어 자비출판하기로 결정했다. 그러나 이는 2,000부 가운데 절반밖에 팔리지 않아 실패했다. "두 폐하(Sovereign Majesties, 소브린은 1파운드 금화를 가리킴—옮긴이)를 칭송하려다 수고란 수고는 혼자 다하고 40파운드나 손해 보았다. 내가 또다시 이런 같은 '잘못'을 저지르려고 한다면, 친구 여러분들은 만사 제치고 무조건 내 입을 틀어막아야 한다."고 매컬럭은 불쾌한 듯이 썼다. [115]

버블 경제의 여파

경제 위기로 개인적으로 피해를 입은 또 한 명의 경제학자는 해리엇 마르티노였다. 아버지인 토머스 마르티노가 가업으로 경영하던 섬유사업이 수요가 붕괴하면서 심각한 직격탄을 입고, 가치가 반으로 떨어진 재고품만 다량 떠안았다. 그 사이 토머스의 머리는 새하얗게 세어버렸다. 토머스는 딸들의 상속분을 줄이는 것으로 유언장을 수정해야 했고, 1826년의 해가 바뀌기도 전에 숨을 거두었다. 이 회사는 1829년까지 가까스로 버티다가 결국엔 주저앉아버렸다. 토머스의 딸들은 바느질, 해리엇의 경우에는 펜으로 생활을 꾸려야 했다. 이 위기를 겪는 동안 해리엇은 노동조합원들의 태도에 매우 못마땅해 했다. "실직한 직조공들은 공장주가 지급할 수 있는 급여로는 일하려 하지 않고, 시골에서 들어오는 상품들이 노리치로 통과하는 길목만 늘 감시했다. 거리에서 짐마차 한 대 분의 짐을 파괴하고 짐차를 강에 집어 던져버리거나, 공장주 집의 창유리를 깨기도 했다. 이로 인해 치안판사는 동분서주하며 바빴고 몇 주동안 불안에 떨어야 했다. 그 무렵, 노리치에서는 약 1만 2,000명의 직조공들이 직업을 잃고, 도시 전체가 불황에 빠졌다. 바로 그 지난해의 호경기로 희망에 부풀었었는데, 이제는 그전과 다른 현실에 더욱 괴로워하게 되었다."[116]

찰스 램은 예외적으로 운이 좋았다. 자신이 33년 동안 몸 담았던 동인도회사를 1825년 3월에 호황기가 절정일 때 퇴직했다. 이 명예로운 동인도 회사는 호의를 담아 퇴직 때 급료의 3분의 2에 해당하는 거금을 연금으로 지급했다. 이는 절약과 경비 절감을 연신 외치게 되는 일 년 뒤에는 꿈도 꾸지 못할 일이었을 것이다. 실제로 그 당시 아직 쉰 한 살이었기 때문에 아예 퇴직조차 하지 못했을 것이다.[117] 그 뒤, 동인도회사가 스탬포드 래플스에게 무례하다 싶을 정도로 대우한 이유도 경비를 절약해야 한다는 강박감이 크게 작용했기 때문이었다. 동인도회사는 항해 중 발생한 손실액에 대한 배상금을 거절했을 뿐 아니라 래플스에게 2만 파운드를 청구하기도 했다. 래플스는 런던에 있던 친구 토머스 맥코이드의 회사가 파산하면서 자신의 돈 1만 6,000파운드를 잃자 생활고가 닥쳤다. 동인도회사로부터 충격적인 편지가 배달된 것은 1826년 6월 1일의 일로 불경기가 극에 달했던 시점이었다. 래플스는 그 통보를 받고 불과 3개월 뒤에 죽었다.[118]

예술계도 심한 타격을 입었다. 적어도 한동안, 런던과 다른 곳들에서는 건축 계획이 완전히 중단되기도 했다. 많은 건축가들이 일거리를 잃었다. 홀란드 경과 J. W. 라드부르크는 하이드 파크 북부, 당시에 '켄싱턴 자갈 채굴장'이라고 부르던 곳을 1820년부터 1825년 사이에 조성했지만, 자금이 바닥나 중단해야했다. 이곳은 훗날 홀란드 파크와 라드부르크 그로브로 알려진 주택단지가 바뀌었으나, 공사는 1839년까지도 재개되지 않았다. 이 근처는 19세기 초기에 예술가들이 많이 살던 곳이었다. 이곳에는 오거스터스 윌 캘콧, 윌리엄 멀레디, 데이비드 윌키, 존 리넬, 윌키 콜린스 등의 예술가들이 살았는데, 훌륭한 새 '빌라'와 훤히 트인 넓은 정원을 갖게 될 것이라던 그들의 부푼 꿈은 실망으로 돌아왔다.[119] 많은 예술가들이 경기침체와 주문 감소로 직격탄을 맞았다. 조셉 터너의 후원자이던 요크셔 출신의 월터 폭스는 이 폭풍우가 일어나기 바로 직전에 사망했고, 이 집안은 1825년 12월에 웨이크필드의 주요 은행이 파산하면서 큰 손해를 입었다. 비밀리에 주로 인정을 베풀던 터너는 때마침 이들에게 돈을 빌려줘 난관을 극복하게 했다. 다음해 5월, 자신의 주 수입원 중 하나인 삽화본 출판업계에 경제위기가 미친 영향에 대해 터너는 한 편지에서 다음과 같이 썼다.

"출판업자들은 불황으로 인해서 마비상태로 빠졌거나 손해를 본 경우도 있습니다."

그리고는 간결하게 덧붙였다.

"그러나 저도 무사하지는 않습니다."[120]

거의 파산지경까지 내몰린 화가들도 있었다. 존 마틴도 어쩔 도리 없이 사기의 기미가 짙은 은행 한 곳이 파산해버리는 통에 저금했던 돈을 대부분 잃어버렸다. 벤저민 로버트 헤이든도 마찬가지로 일기에다가 시끄럽게 떠들어댔다. 다음은 그의 1826년 2월 27일자 일기이다. "이 상업적인 위기의 영향이 내게도 찾아왔다. 고객은 나에게 돈을 지불하지 못하고, 나도 다른 이들에게 돈을 줄 수 없는 처지이다. 지난 5주 동안 지옥 같은 끔찍한 고통에 시달렸다." 그리고 이튿날 일기에 다음과 같이 덧붙였다. "최고의 재능과 지위를 지닌 친구들이 한 명을 놓고 죽도록 괴롭히는 모습을 보기가 실로 뼈저리게 괴롭구나." 한때 금융의 귀재에서 완전히 사기꾼으로 몰려 신용을 잃은 프레드 로빈슨이 1826년 5월 6일에 헤이든이 회장직을 맡고 있던 예술가 자선기금 만찬회에서 공허한 연설을 할 때의 일도 암울하게 묘사했다. 예술가들은 자신들이 겪는 경제난에 대한 부분적인 책임이 로빈슨에게 있다는 이유로 그를 냉대했다. 토머스 로렌스는 큰 피해를 본 한 사람이나, 그도 영국왕립미술원장 자격으로 만찬 자리에 참석했는데, 로렌스를 늘 시기하던 헤이든은 단호한 어조로 당시의 상황을 설명했다. "바로 그날 아침에 한 남성이 로렌스에게 경고했다고 한다. 만일 차용 증서를 지불하지 않으면 로렌스가 저녁을 들기도 전에 체포될 것이라고…… 나는 적어도 [빚 때문에] 체포된 적도 없지만 변호사를 만나 상담했는데, 로렌스는 나보다 먼저 상담을 끝내고 있었다."[121]

영국에서 가장 영리한 사람들 중에서도 파산한 이가 나왔다. 그들 중한 사람이 장거리 로켓을 발명한 천재적인 기술자 윌리엄 콩그리브였다. 콩그리브는 수입 장치로 작동되는 새로운 형태의 운하갑문과 첫 가스계량기를 최근에 발명했다. 하지만 1826년에 물의를 빚고 파산한 아리그나 탄광회사에다 막대하게 투자하는 바람에 그 뒤로 툴루즈에서 궁핍하게 살아야만 했고, 2년 뒤에 숨을 거두었다.[122] 걸출한 실력을 지닌 몇몇작가들을 비롯한 다수의 작가들도 피해를 입었다. 특히나 출판계 전체에 거세게 불어 닥친 대폭락은 신문, 잡지 등에 영향을 미쳤고, 그중에서도 특히 책에 대한 불황의 여파가 가장 컸다. 이 불황은 그렇잖아도 침체상태에 빠졌던 윌리엄 해즐릿의 경력을 끝내버렸고, 1826년부터는 대중 앞에서 사라져버렸다.[123] 이런 사람들은 신문의 칼럼 등을 쓰며 밥줄을 이어갈 수는 있었으나 어려운 내용의 책을 써서 많은 인세를 미리 받는다는 것은 애초부터 꿈도 꿀 수가 없었다. 헨리 크랩 로빈슨은 1826년 6월 9일자 일기에 다음과 같이 썼다.

"서적 판매업자들은 비참한 상황에 빠졌다. 젊은 편집자겸 발행인인 알라리크 왓츠의 말에 따르면, 콜번과 롱맨을 제외하고 지불 능력이 있는 사람은 한 명도 없다고 했다."[124]

빚에 쪼들린 베스트셀러 작가 스콧

실제로, 출판계가 침체의 늪에 빠지는 바람에 당시 세계에서 독자가 가장 많았던 한 작가의 운명이 송두리째 바뀌었다. 그 작가는 바로 월터 스콧 경이었다. 1825년에 스콧은 세계에서 가장 돈주머니가 두둑한 작가가 되었고, 이미 7만 6,000파운드를 들여 지은 아보츠포드의 중세풍 궁전에는 사교계 인사들이 찾아와 환대를 받았다. 게다가 땅도 사들였다. 연간 수입은 가볍게 1만 파운드가 넘었다. 그러나 스콧의 지갑에는 보이지 않는 구멍이 있었다. 스콧의 책을 주로 출판한 존 밸런타인은 기업가였으나 사업에는 서툴렀다. 밸런타인은 일찍이 1813년부터 경영 곤란 상태에 빠져, 그럴 때마다 스콧이 구원의 손길을 내밀었다. 마침내 스콧은 훨씬 막강한 에든버러 출판업자인 알렉산더 컨스터블을 설득해 밸런타인을 대신해 자신의 모든 작품의 출판을 맡겼다. 저자의 입장에서 볼 때, 이 새 계약은 매우 잘되어 컨스터블은 스콧의 책 매상을 네 배로 늘려놓았다. 그러나 사실상 파산 상태에 빠졌던 밸런타인을 구하기 위해 컨스터블은 이자율이 터무니없이 높은 그의 부채까지 몽땅 대신 떠안아야 했다. 스콧도 역시 밸런타인의 감옥행을 면하게 하려고 서류에 서명했다. 이 모든 정황을 알고 있던 J. 깁슨 크레이그 경은 스콧에게 이 위험한 결정에 대한 책임을 지웠고, 스콧은 1822년에 이를 더 위태롭게 몰고 갔다. 1816년부터 1822년까지 제임스 밸런타인은 단순히 스콧의 유급 편집 매니저에 지나지 않았는데, 1822년부터 스콧은 밸런타인을 공동경영자로 끌어들여, '공증서'에 이 사항을 명확히 밝히고는 4만 6,000파운드까지는 밸런타인의 부채를 보증한다는 데 합의했다. 이렇게 컨스터블과 스콧 두 사람은 이제 밸런타인의 가문의 운명에 깊게 엉켜들었다. 이것은 셸리가 윌리엄 고드윈의 금전 블랙홀에 빠려든 것과 비슷했다.

여러 면에서 그 당시의 최고 출판업자인 컨스터블이 런던의 허스트 로빈슨 사라 금융 회사에 휘말려 심각한 피해를 입지 않았더라면 그렇게 큰 문제가 되지는 않았을 것이다. 에든버러는 물론 런던에서도 활발하게 활동하던 컨스터블은 허스트 로빈슨 사를 런던에서 대리점으로 사용해, 컨스터블과 그 회사의 재정은 다소 복잡했다. 컨스터블은 몰랐지만 요크셔 출신인 로빈슨은 거들먹거리면서 회사 돈을 빼돌려 자신의 투기에 썼다. 특히, 켄트 주의 엄청난 홉(hop)을 거래하기도 했다. 로빈슨은 이 투기사업을 믿고 회사를 펄몰과 워털루 플레이스가 만나는 모퉁이에 있는 웅장한 새 사무실로 옮겼다. 이 회사의 자산은 35만 파운드의 가치가 있는 것으로 추정되었다. 그러나 1825년 여름에 상품 시장이 한 단계 내리자 회사는 곤란한 지경에 빠졌고 사정이 더욱 악화되었다.[125]

10월이 되자, 은행들은 허스트 로빈슨 사와 같은 회사에 채무를 줄이라는 압력을 가했다. 로빈슨은 해결책을 찾으러 컨스터블을 찾았다. 컨스터블은 이미 본인뿐 아니라 밸런타인의 빚더미 속에서 허우적거리고 있던 터였다. 사태가 심각해지자, 컨스터블은 밸런타인 어음을 죄다 들고 스콧을 찾아가, 밸런타인이 스콧에게 양도한 어음들과 교환하자고 제안했다. 스콧은 그럴 수 없었고 결국 컨스터블은 어음을 할인해서 팔아넘겼다. 이리하여 스콧은 양쪽의 채무를 떠안아 그 총액이 4만 파운드에 달했다. 1825년 11월에 스콧은 무서운 소문을 들었다. 은행이 컨스터블의 계좌를 정지할 것이라는 이야기였다. 스콧의 11월 22일자 일기에 다음과 같은 내용이 있다.

"런던 금융가를 휩쓴 총체적인 재난이 컨스터블의 주요 대리점인 허스트 로빈슨 사에도 영향을 미쳤다. 이 회사들이 넘어지면, 컨스터블은 버텨낼 것 같지 않다. ……다행히도 나는 최악의 상황이더라도 1파운드당 40실링을 지불할 수가 있다."

그 순간에는 이 말이 사실이었을 테지만, 컨스터블은 자신의 회사들을 살리겠다는 욕심에 전 재산을 집어넣었고, 그 사업이 얼마나 무모한지 모른 채 스콧을 포함한 친구들에게도 모두 함께해줄 것을 부탁했다. 이렇게 해서 스콧은 여기에 발을 더 깊게 들여놓았다. 실제로 12월 초기에는 아보츠포드 성을 담보로 잡고 1만 파운드를 빌려 공동 적립금을 더 늘려달라는 설득에 넘어갔다. 그러나 12월 18일에 무시무시한 현실을 알고 스콧은 그 내용을 일기에 다음과 같이 썼다.

"파산 직전, 최후의 순간이 찾아왔다. ……내 모든 것을 잃을 것이다."

스콧은 본인이 '교만을 떨어' 재정문제가 발생한 것이 아니기 때문에 무엇보다도 이 상황이 부당하다고 생각했다. 그저 단순히 "런던에 소동이 일어난 상황에서…… 황소와 곰의 싸움에, 약하고 무해한 사자인 내가 궁지에 몰린 꼴이다."라고 여겼다.[126] 1826년 1월에 세 회사가 모두 파산했다. 밸런타인의 채무는 11만 7,000파운드, 허스트 로빈슨 사는 30만 파운드 이상, 그리고 컨스터블은 25만 6,000파운드였다. 이들 모두가 파산하는 통에 컨스터블은 결국 1파운드 당 2실링 6페니, 로빈슨은 달랑 1실링 3페니만 갚을 수 있었다.

스콧의 개인 부채는 3만 3,000파운드보다 적었지만 컨스터블, 밸런타인과 로빈슨의 갖가지 채무증서와 할인어음이 합쳐지니 추가로 8만 6,000파운드가 넘어 총 부채액은 10만 4,081파운드에 달했다. 스콧은 증오에 가득 차서 출판업자 모두에게 악담을 퍼붓고, 일기에 다음과 같이 썼다.

"악질 책장수인 휘터커는 20만 파운드나 대략 그 정도 금액의 전표로 거의 업계 자체를 파멸시켰다. 사냥꾼 7명이 범인을 찾게 해 콱 죽여버려라!"

1826년 1월 17일 일기에는 "아침에 늦잠을 자는 자에게는 채무자의 베개를 빌려주어라."고 덧붙였다. 그 바로 전날에 스콧이 아침 식사를 들지 않아, 저녁 식사 때에는 충실한 하인들이 '고급 양고기 몇 점'을 강제로 먹여야 했다고 한다. 여기에서 짚고 넘어가야 하는 사실은 스콧이 문학계 동료들에게서 동정을 거의 받지 못했다는 점이다. 워즈워스 부부는 적잖은 충격을 받았다. 적어도 '교양인'—도로시 워즈워스가 경건하게 '준남작'이라고 부르는 남자—이라는 사람이 그처럼 지저분한 사업의 공동경영자로 연관되었기 때문이다. 정작 본인도 끝없는 빚더미에 올라앉았던 리 헌트도 이 소식에 웃었지만, 대중 앞에서는 일부러 거짓눈물을 흘리기도 했다. 게다가 스콧의 성공을 시샘하고 그 보수주의를 증오하던 좌파 진영의 나머지 작가들은 냉소를 보냈다.

그러나 다른 작가였다면 생매장을 당할 이 지긋지긋한 곤경에서 스콧은 거의 숭고하기까지 한 불굴의 의지로 헤어나왔다. 스콧은 자신이 파산하여 채권자 돈의 대부분을 잃는 것만은 피하겠다고 굳게 결심했다. 그는 은행이나 다른 관련 회사와 상의 끝에 타협을 봤다. 채권자들이 즉시 납부나 거래 정지 처분은 강행하지 않는 대신에, 스콧은 계속 지불하기로 했다. 채권자들은 법원의 판사와 서기가 대신 되어 그의 수입을 보존하고 아보츠포드에서 임대료 없이 살 수 있도록 관용을 베풀었다. 그런 처분에 부응하여 스콧은 작업 시간을 오로지 빚을 청산하는 데만 쓰기로 약속했다. 한편, 스콧이 전액을 완납하고자 했기 때문에 이 계약에는 면책 조항이 없었다. 스콧은 가슴 속 깊이 은행들에게 고마워했다. 1826년 봄, 초조해진 정부가 5파운드 이하의 지폐를 금지한다고 — 이에 따라 스코틀랜드 사람들이 애용한 1파운드 지폐가 공격을 받았다 — 협박하자, 스콧은 스코틀랜드 은행 문제를 옹호하는 팸플릿을 썼다. 그 결과, 스코틀랜드를 제외한다는 개정안이 통과됐다.[127]

스콧은 이 계약이 자신에게 어떤 의미를 갖는지에 대해 아무런 환상도 갖질 않았다. 언제나 열심히 일했고 이제 쉰다섯 살이 된 그였다. 아보츠포드에서 행복감에 취해서 지낼 은퇴생활만을 손꼽아 기다렸다. 1826년 1월 24일자 일기에는 "나는 평생 동안 그들의 노예가 되어 다이아몬드를 찾아 상상 속의 광산을 파헤쳐야 할 것이다."라고 적혀 있었다. 1826년의 어려운 출판 환경에서도 스콧은 『나폴레옹(Napoleon)』으로 1만 8,000파운드라는 거액을 벌어들였다. 그리고 1827년 크리스마스 때는 2년 동안 필사의 노력을 쏟아 부어 벌어 들인 4만 파운드로 1파운드 당 6실링의 청산 분담금을 처음으로 납부할 수 있었다. 그처럼 온몸으로 일에 매달리다가 돌연 1830년 2월 15일에 뇌졸중으로 쓰러졌다. 그럼에도 계속 싸워나갔다. 그 해 12월에 또 다시 1파운드 당 3실링을 벌어들였다. 1832년에 세상을 뜰 때는 5만 4,000파운드의 채무가 남았으나, 생명 보

험이 그 가운데 2만 2,000파운드를 갚았다. 컨스터블의 과거 공동경영
자였던 출판업자 카델이 스콧의 저작권을 담보로 나머지 채무를 지불해
1827년에는 모든 부채가 청산되었다. 이리하여 명예를 지키고 스콧의
재산도 안전하게 자손에게 물려줄 수 있었다. 만년의 작품들은 대부분은
돈벌이를 위한 글쓰기에 불과하여, 읽어보면 그런 느낌이 들지만 말년
이 안락하지 않았다고 생각하면 오산이다. 빚을 갚기 위한 계약의 일부
로 에든버러의 집을 팔 때 저장된 포도주들은 수레에 실려져 아보츠포드
로 옮겨져, 포트와인과 클라레(프랑스 보르도산 적포도주—옮긴이) 350다스
와 증류주 35다스가 옮겨간 곳은 1,000다스 이상의 술병이 빼곡히 채워
진 시골 대저택의 어마어마하게 큰 술 저장고였다.[128]

파산에서 살아남은 디즈레일리

거의 파산 문턱에서, 하마터면 감옥까지 들어갈 뻔했지만 살아남아
정상에 오르게 되는 대폭락의 또 다른 피해자는 젊은 벤저민 디즈레일리
였다. 1825년 12월 21일, 패닉 현상이 미친 듯이 날뛰는 가운데 디즈레
일리는 죽은 듯이 스물한 번째 생일을 맞이했다. 젊은이로서는 이미 견
문이 매우 넓었다. 4년 전인 열일곱 살에는 옛 유대인 거리인 프레데릭
스 플레이스에 있는 변호사 사무실에 수습직원으로 들어가서, 이곳을 출
발점으로 빠른 시간 안에 한 재산을 모으겠다는 확고한 신념 아래 런던
을 중심으로 앞길을 헤쳐 나가기 시작했다. 칠흑같이 검고 긴 고수머리
에 수려한 외모를 지닌 이 백인 청년은 밝은 노란빛과 적포도주색 양복
조끼, 엷은 자주색 바지, 감청색이 감도는 재킷에 싸구려 보석들로 멋을
낸 독특한 패션 감각을 뽐냈다. 디즈레일리는 동료 T. M. 에번스와 함께
당시에는 합법적이던 신용 거래로 여러 가지 투자 계획을 조작하여 주식

을 샀다. 그의 아버지인 아이작은 학구적인 사람으로 역사일화집 등을 집필한 유한계급의 신사였지만, 상식을 벗어난 아들에게 돈을 맡길 만큼 너그럽지는 않았다. 이 때문에 젊은 디즈레일리는 신용거래로 모두 주식을 샀던 것이다.

1824년 11월, 디즈레일리와 에번스는 라틴 아메리카 광산주에 투자하기 시작했고, 바로 이때 디즈레일리는 두 사람의 유명한 주주를 만났다. 한 사람은 부유한 주식 중매인의 아들인 로버트 매서였고, 또 한 사람은 라틴 아메리카 호황에 매우 깊게 관여한 대형 금융회사대표인 존 디스톤 파울스였다. 파울스는 신생 공화국 중 한 나라에 12만 파운드 상당의 개인 융자를 해주며 그 나라에서 광업회사 설립을 돕고 있었다. 1825년 초기에 웰링턴과 마찬가지로 이 호경기에 회의적인 입장을 취했던 엘든 대법관이 이 새 회사의 설립을 또 하나의 남해 포말사건(South Sea Bubble, 18세기 초 남해회사의 주식투기사건 — 옮긴이)이라고 힐난하자 파울스는 격분했다. 집필 경험이 풍부한 디즈레일리는 앞서 언급한 팸플릿을 파울스의 지시에 따라 쓰고는 팸플릿 발행은 아버지를 통해 알게 된 바이런의 출판업자인 존 머리에게 맡겼다. 굉장히 놀라운 내용이었다. 팸플릿의 대부분은 엘든을 공격하는 야비한 폭언이었다. 팸플릿은 외무장관인 캐닝에게 허락 없이 바쳐졌다. 디즈레일리가 1825년에 쓴 런던 금융시장 관련 세 권의 팸플릿 중 이것이 첫 번째였다. 세 권의 팸플릿은 온통 과장되고 허무맹랑했고, 간혹 말도 안 되는 거짓말도 섞여 있었다. 일례로, 첫 번째 팸플릿에는 라틴 아메리카 주식을 살 것을 권하면서 본인의 의견을 '사심이나 편견이 없다'고 설명했다. 세 번째 팸플릿에서는 광업회사들로부터 뇌물을 받아 챙긴 멕시코 외무장관 돈 루카스 알레만을 '순수하고 실질적인 애국자!'로 그려내기도 했다.[129]

디즈레일리는 이 팸플릿들을 공짜로 출판하도록 평소 조심성 많기로 유명한 스코틀랜드인 머리(Murray)를 설득했을 뿐만 아니라 그로 하여금 몇몇 광산 주까지 사게끔 만들었다. 더 대담해진 디즈레일리는 1825년

7월에 훨씬 더 야심찬 계획을 머리에게 가져갔다. 많은 사람들 특히, 토릴당원이나 런던 중심지의 남성들은 「타임스」지에 대해 불만이 높았다. 편집장 토머스 반스가 피털루 사건 때 인명 희생을 개탄하고 정부를 비판했지만 그 강도가 미약했다고 생각했기 때문이었다. 「타임스」지는 금융 투기꾼들에 대해서도 비판적이었다. 「타임스」의 경쟁상대로 「뉴 타임스」지를 발행하려는 시도가 수포로 돌아가자 디즈데일리는 한발 더 나아가 「레프리젠터티브(Representative)」라는 이름의 새로운 일간지를 발행해 거의 독점에 가까운 언론 시장의 지배력을 깨뜨리기로 작정했다. 그는 파울스와 머리를 끌어들여 그 계획의 개요를 설명했다. 자신이 경영을 맡고 스콧의 사위 록하트가 편집장을, 그리고 머리가 발행인을 맡고, 머리가 50퍼센트, 디즈레일리와 파울스가 각각 25퍼센트의 지분을 갖는다는 내용이었다. 1825년 8월 3일에 계약서가 성립되고, 디즈레일리는 12월까지 자신의 몫인 출자금을 내도록 했다. 디즈레일리는 타고난 사기꾼의 온갖 간계를 갖고 있어서 이들의 지난 시절을 잘 알던 아버지 아이작을 속이는 데 성공했다. 그의 아버지는 아들이 제안한 신문을 '새로운 지성의 증기 기관'이라고까지 말했다. 머리는 훗날 디즈레일리의 멈출 줄 모르는 흥분과 집요함에 대고 후회에 가득 찬 말로 인정할 수밖에 없었다.[130]

여하튼 간에 디즈레일리는 스코틀랜드에 두 번 갔는데 두 번 다 록하트와 스콧의 집에 머물렀다. 마음에서 우러나온 머리의 추천서를 갖고 스콧에게 갔는데, 거기에는 디즈레일리가 "내가 가장 아끼고 믿을 수 있는 젊은 친구"라고 쓰여 있었다. 그러나 스콧은 그렇게 생각하지 않았다. 처음에 머리가 나이든 아이작을 보낼 거라고 생각했기 때문에 향수를 짙게 뿌린 젊은이가 아보츠포드 저택 입구에 나타난 모습을 보고 깜짝 놀랐다. 가까이에서 자세히 보자 확실히 그의 아버지를 닮았지만, 그 아버지도 스콧은 좋아하지 않았다. 스콧은 이 방문에 대해 한 편지에서 퉁명하게 다음과 같이 썼다. "멍고(Mungo)의 『시화집(Garland)』에도 나오듯이

'두꺼비 새끼는 두꺼비'(Crapaud Piccanin, Crapaud himself, 그 아버지에 그 아들 이라는 뜻—옮긴이)라는 속담처럼 그 새파란 맵시꾼은 제 애비를 쏙 닮았 다."[131] 한편, 록하트는 이 거래를 통해 자신이 하원 의원도 될 수 있고 런 던에 와서는 "일개 신문의 편집인이 아니라 거대한 조직의 수장이 되어 상류사회 신사들과 중요한 파벌 집단의 우두머리가 될 것이다."라는 디 즈레일리의 약속을 곧이곧대로 믿었다.[132] 디즈레일리는 런던에 있는 머 리에게 열의에 넘친 편지를 보냈다. 그 편지에서 스콧을 '기사'라고 열광 적으로 부르고, 계속해서 "'M(록하트의 암호명)'이 런던에 올 때는 내가 언 급한 큰 집단이 지지할 것이라는 사실을 확실히 입증하는 것이 중요하 다. ……파울스를 통해 전 아메리카와 상업계를 좌우한다는 생각을 갖게 해야 한다."고 주장했다.

디즈레일리는 관계된 모든 사람들에게 번드르르하게 거짓말을 한 것 같다. 육군부와 식민부 차관인 월모트 호튼과 해군장관인 존 배로—두 사람 모두 스무살 짜리 맵시꾼의 설득력 없는 웅변에 가장 흔들리지 않 을 것 같았던—빈틈없는 사람들이 "완전히 우리 손안에 있다."고 주장 했다. 런던으로 돌아와 디즈레일리는 직원을 채용하고 사무실 내는 것을 시작했다. 그는 한 편지에서 "유럽의 일류 인사들"이 자신의 신문에 기고 하기로 약속했다며, "레반트와 모레아에서 여섯 통의 편지를 받았소. 그 모두가 각기 다른 필자였소."라고 말했다. 록하트에게는 자신이 이미 남 미와 멕시코, 미국, 그리고 리버풀, 글래스고, 맨체스터, 버밍햄과 다른 영국 주와 도시와 유럽의 주요 도시들의 통신원과 계약했다고 알렸다. 오리엘 칼리지 학장 코플스턴 박사를 설득해 대학교 통신원 역할을 맡겼 다는 뻔뻔스러운 거짓말도 했다.[133]

그 후 12월 초에 디즈레일리가 「레프리젠터티브」지의 창간 로비 작업 에서 갑자기 사라졌다. 주식을 갖기로 했으나 돈이 없었고, 그때까지 더 이상 융자를 얻을 수가 없었기 때문이다. 실제로 그는 큰 빚을 지고 있었 다. 그가 에반스와 과감히 투기한 광산의 신용거래는 시작부터 재앙이었다. 1824년 11월에 매입을 했는데 그해 말이 되기도 전에 400파운드의 손실을 내고 다음 해 1월 말에는 1,000파운드, 7월 말에는 엄청난 금액인 7,000파운드의 손실이 났다. 자신의 손실을 만회하기 위해 한 건 하려고 「레프리젠터티브」지의 창간을 계획했지만, 시장이 마침내 붕괴하자 디즈레일리는 신문에서 손을 떼는 도리 밖에 없어서 신문은 책임자가 없는 채 실패의 길을 가도록 내버려뒀다. 「레프리젠터티브」지는 가장 좋지 않았던 시기인 1825년 1월 25일에 창간되었다. 광고는 거의 없고 예약 구독자도 미미했다. 머리는 6개월간 신문 발행을 계속했으나 손실이 2만 6,000파운드에 달해 7월 26일에 간행을 중단했다. 그때 디즈레일리는 자신의 첫 번째 소설 『비비안 그레이(Vivian Grey)』를 써서 4월 22일에 출판했는데, 그 소설 속에 불운한 머리를 조롱하는 내용이 있어 재정적인 손실에 더해 인격적인 모독까지 입는 신세가 됐다. 에반스는 채무자 구류소로 끌려 들어갔고, 메서는 파산했으며 파울스의 회사는—결국에는 채무 전액과 이자를 갚았지만—망하고 말았다. 디즈레일리는 살아남아, 놀랍게도 왕실재판소에 갇히지도 않았다. 이때의 손실과 빚은 그 후 디즈레일리의 모든 재정 문제들의 밀접한 원인이 되었다. 그런 문제들이 해결된 것은 부유한 여인과 결혼하고, 포틀란드 공작인 카벤디시 벤팅크의 관용 덕택이었다. [134]

주식투자에 실패한 파머스턴

귀족과 정치가는 대폭락으로 볼링의 핀처럼 맥없이 넘어졌다. 겨우 살아남아 디즈레일리처럼 정점까지 오른 사람이 파머스턴이었다. 파머스턴의 재정 상황은 항상 문제가 있었다. 슬라이고와 햄프셔, 요크셔의 방대한 영지, 그리고 런던과 더블린 시내에 저택을 소유하고 있었지만,

그곳들에 투자를 엄청나게 하여 채무가 많았다. 토지에서 나오는 순수입은 1만 150 파운드였는데, 그 돈에서 3,100파운드를 미망인 등에게 연금으로, 그리고 2,596파운드를 채무상환금과 이자로 지불해야만 했다. 파머스턴은 또한 정부들과 그의 약점을 쥐고 있는 사람들의 공갈 협박에 굴복하여 때때로 상당한 돈을 지불해야만 했다.[135] 이것이 관리로서 받는 봉급과, 기록적으로 총 50년 동안 관직을 유지하는 데 촉각을 세웠던 이유 중 하나이다. 1824년에는 육군장관으로서 연봉이 2,480파운드였으나, 그는 추가 수입을 더 얻고 싶어했다. 그래서 파머스턴은 1824년 12월에 대부분의 사람들이 이미 하고 있었던 주식시장에 뛰어 들기로 결심했다. 디즈레일리보다 한 달 늦게 들어갔으나 성공은 그보다 더 못했다. 그는 페스코 페루 회사, 진주 채취회사, 웨일스 광산회사, 그리고 노포크 철도회사의 주를 샀다. 1825년 3월에는 페스코 페루 회사의 임원으로 초빙 받았다. 당시에는 회사의 중역직을 맡아도 장관직을 자동으로 잃는 것이 아니어서 파머스턴은 상당한 봉급에 유혹을 느꼈다. 그는 캐닝에게 자문을 구했는데, 캐닝은 망설인 후에 "내 생각에는 안 맡아야 할 것 같소."라고 답했다. 그러나 웨일스 제철 석탄 회사, 콘월 데번 광산회사, 웨일스 슬레이트 동연광회사의 임원이 되었다.

파머스턴은 시장이 정점에 달했을 때 들어갔기 때문에 대부분의 그의 주식들은 한 달 이내에 값어치가 떨어지기 시작했다. 경영에 참여하지 않은 회사들의 손실은 1,600파운드에 머물렀으나, 손실 총액은 적어도 5,000파운드가 넘었다. 다소나마 주식이 오른 유일한 회사는 웨일스 슬레이트뿐이었는데, 나중에 그는 그 회사의 대주주가 됐다. 이 회사는 1833년까지 배당을 하지 않았지만, 1860년대가 되면 연간 9,500파운드의 소득을 올렸다.[136] 그러나 당시 1825년부터 1826년 사이의 대폭락은 파머스턴에 재정상의 대손실을 입혀 새로운 임대를 하거나 수당을 삭감하며 하인들에게 더 싼 제복을 입히는 등 절약 방안을 강구하게 만들었다. 정치적으로도 실패할 뻔 했다는 단서가 있다. 리버풀이 1827년

2월에 뇌졸중으로 물러나고, 캐닝에게 정부를 구성할 권한이 주어졌을 때, 처음에는 파머스턴에게 재무장관직을 제의했다. 그러나 파머스턴은 1827년 4월과 5월 두 번에 걸쳐 하원에서 자신의 콘월 데번 광산회사 임원직에 관한 불쾌한 혐의에 대해 답변해야만 했다. 이 회사의 비서인 존 월크스가 사기꾼이라는 사실을 파머스턴은 항상 알고 있었다. 그는 '버블'이라는 별명이 붙은 사내였다. '버블'은 파머스턴이 관련한 모든 회사와 연결되어 있었다. 1825년 9월에 파머스턴은 다음과 같이 썼다. "정체를 폭로하면, 그는 바로 사기꾼이다. 동시에 영리한 친구고, 우리들과 이익이 일치하는 한 우리에게 잘 할 것이다."[137] 하원에서 파머스턴에 대한 공격이 시작될 무렵, '버블'은 잠적했고, 콘월 데번 공산회사 회장인 피터 무어는 감옥에 있었다. 지금 시각에서 보면 파머스턴은 운 좋게 정치적인 파멸을 피한 것이었다. 실제로는 캐닝이 자신의 재무장관 제의를 신속히 철회하고 대신에 헤리스를 임명했다. 사실 그가 무엇보다 먼저 그 일을 했다는 것은 놀랍다. 캐닝의 임명 철회는 중요한 정치적 결과를 낳았다. 파머스턴의 정부와의 연결고리가 지금보다는 훨씬 더 줄어든다는 것을 의미했기 때문이었다. 웰링턴이 총리가 된 후에 파머스턴은 곧 장관직을 떠났으며, 내각의 복귀도 거절한 채 휘그당원들을 가까이 했다. 그의 이탈은 토리당 지배의 종말에 있어서 중요한 이정표였는데, 이에 관해서는 좀 더 살펴보자.

곡물법 폐지

경제 불황은 필에게 중요한 심리적인 영향을 끼쳤다. 필은 파머스턴과 함께 이후 20년간 영국 정계에서 지배력을 발휘한 인물이었다. 필은 강경한 전통주의자로 공직 생활을 시작했는데, 대중 선동이나 폭력에 굴하기 싫어하는 그의 태도는 아일랜드 담당 장관으로 오래 봉직하는 동안 더 굳어졌다. 아일랜드에서 그는 '오렌지' 필로 알려졌다. 그러나 그는 여리고 생각이 많으며 인정이 많은 사람이었는데, 친구인 존 윌슨 크로커와는 달리 민중의 고통을 외면할 수 없었다. 대폭락은 자신의 막대한 재산에 거의 손상을 입지 않았는데 필은 맨체스터의 친지들로부터 공장 지대의 곤궁 정도가 심각하다는 사실을 알았다. 그리고 1826년에는 내무 장관으로서 영국 내 여러 지역의 질서 유지를 위해 긴급조치를 취해줄 것을 요청받았다. 필은 그를 비판하는 사람들이 바라는 만큼 자주는 아니었지만 군대를 여러 번 동원했다. 필은 단순히 법을 엄격히 집행하는 것에 만족하지 않았다. 스스로 많은 돈을 기부하여 개인적인 구제기금을 만들고 6만 파운드를 모았다.

필은 일부 급진주의자들의 주장처럼 심각하게 피해를 입은 기업에 보조금의 형태로 정부가 직접 개입하는 데는 소극적이었다. 실제로 그는 골번에게 그런 제안은 '엉터리 치료'라고 비난했다. 그보다는 정부에 주어진, 지금까지 사용된 적이 없는 자유재량권을 사용해 곡물법을 폐지하고, 값싼 외국산 곡물을 도입하는 게 좋다고 생각했다. 그렇게 하면 식료품 가격을 낮아진 임금체계에 맞도록 내릴 수가 있었던 것이다. 실제로 1826년의 곡물 수확이 아주 좋지 않게 되었을 때 필은 이 정책을 단행하여, 추밀원령에 따라 1826년 9월 1일에 항구를 개방했다. 이 조치는 20년 후 필이 철저한 보호주의 주장을 완전히 포기할 것을 극적으로 예시한 것이지만, 어떤 의미에서 그것은 기대 이상이었다. 하원에서 농민의 주장을 대변하는 강경파 의원들이 폭도들에게 굴복했다고 비판하자, 필은 이렇게 받아쳤다. "의원님, 그들에게 보여줄 수 있는 용기는 두 가지가 있습니다. 하나는 그러한 요청에 일절 응하지 않는 용기입니다. 다른 용기는 이 요청에 이어 따라올 수도 있는 모든 항의를 무시하고 우리의 양심에 비추어 우리가 정당하다고 믿는 것을 행하는 용기입니다."[138] 이것은 이 시대의 위대한 정치가들 중 한 사람으로 등장하던 인물의 입에서 나온 고귀한 말이었다. 그리고 이 말은 근대 경제의 도전과 도시의 발흥을 앞두고 더 지적인 전통주의자들의 대응이 근본적으로 변했다는 것을 나타냈다. 본래의 보수주의자들이 실제로 대중의 외침이 아니라 도덕적인 정당성이 있을 때만 개혁을 인정할 수 있다는 것은 전혀 새로운 생각이었다. 이것은 이 책의 마지막 부분에서 다룰 민주주의의 출현에 적합한 전주곡이었다.

제12장

민중의 등장

부정부패로 얼룩진 미국 정치계

1820년대 중반 무렵, 세계는 민주주의 시대로 이행하는 결정적인 단계를 맞이했다. 이 전진은 바스티유 감옥 습격처럼 어떤 특별한 극적인 사건을 통해 일어난 것은 아니다. 극적인 사건의 성과는 오래 지속되지 않았다. 오히려 이 전진은 수많은 요인과 힘이 뒤섞인 결과—글을 읽고 쓸 줄 아는 능력, 신문 종수와 발행 부수의 폭발적인 증가, 인구와 소득의 증가, 공업과 기술의 보급, 경쟁 사상의 확산 등—로 생겨났으며, 이중에서 무엇보다도 중요한 것은 위대한 인물의 활약이었다. 소수만 독점하던 권력이 더 이상 당연한 것이 아니라는 사실을 지배계층의 엘리트들은 깨달았다. 반대 의견이 다양한 형태로 많이 있었지만, 그들은 모두 이마법의 영역이 더 확대되어 더 많은 사람을 수용해야 한다고 생각했다. 이리하여 처음에는 몇몇으로 시작된 것이 점점 많아져 결국에는 모든 사람들이 정치 과정에 참여하기 시작했다. 앞으로 살펴보겠지만, 이것은 필연적인 과정은 아니었다. 우연한 사건, 우연의 일치, 오산, 개인의 의지, 집단 폭력 등이 모두 여기에 기여했다. 이것은 또한 꼭 진보라고 부를 수 있는 것도 아니었다. 조직화된 인간 사회는 8,000년의 역사를 가졌지만, 민주주의는 일부 지역에서, 그것도 불과 몇 군데에서 단순히 우연하게 생긴 것에 불과한 하나의 정치 형태로, 겨우 200년의 역사밖에 없었다. 판단을 내리기에는 아직 이른 시기였다. 그러나 기뻐할만한 소식이건 우려할만한 사실이건 간에, 1820년대 후반에 '민중(the Demos)'이 역사라는 큰 무대에 등장한 것은 틀림없고 중대한 사실이며, 근대의 모체가 형성되는데 절정을 이룬 사건이었다.

이러한 시도가 최초로 나타난 무대는 아마도 미 대륙이라는 새로운 세계였을 것이다. 1770년대부터 1820년대 사이에 최초의 식민지 해방운동의 거대한 파도가 유럽의 옛 군주제 질서를 뒤흔들며 휩쓸어갔다. 남아메리카와 중앙아메리카에서는 독립 초기의 열기 속에 기초되어 승인된, 많은 경우에 급진적으로 만들어진 명목상의 헌법은 토지와 돈, 그리고 무엇보다도 총과 칼을 앞세운 노골적인 권력 앞에서는 거의 힘을 발휘하지 못했다. 그러나 북아메리카, 특히 아메리카 합중국에서는 입헌주의와 법치 사상이 강하게 뿌리를 내렸기에 문제가 달랐다.

이 위대한 공화국은 민주주의를 위해 만들어졌다기보다는 오히려 그 반대였다. 합중국 헌법의 제정에 참여한 근엄하고 견실한 주요 핵심 인물들은 민중 정치의 '폭동, 소요, 흥분'을 통탄했다. 이 건국의 지도자들은 토지 자산에 기반을 둔 고결한 과두정치를 옹호했다. 그들은 영국으로부터 정당의 기본 틀을 들여왔으면서도 정당 정치의 사상을 특히 싫어했다. 국가적인 큰 문제는 합의 정신에 따라 결정해야 하며, 공화국의 주된 기둥(대통령, 주지사, 상원 의원)은 직접선거가 아닌 경험이 풍부한 의원들에 의해서 선출되어야 한다고 믿었다. 이리하여 비공식적으로 선출된 조지 워싱턴은 두 번의 취임 모두 만장일치로 선출되었다. 워싱턴은 퇴임 연설에서 국민에게 '인기몰이에 연연하는' 정부와 정당의 '진저리나는 무법 행위'에 대해 경고했다. 「페더럴리스트(The Federalist)」에 실린 85개의 헌법에 관한 평론은 주로 알렉산더 해밀턴과 제임스 매디슨이 썼는데, 토머스 제퍼슨이 "정치 원칙에 관해 지금까지 나온 평론 중 단연 최고"라고 격찬했으나, 그 가운데서도 '정당의 유해한 영향'이 여러 차례 비난을 받았다.[1] 그럼에도 불구하고 제퍼슨은 1795년에 민주공화당을 창당했다. 조지 워싱턴이 3선 후보에 나서지 않겠다고 결정한 뒤로 대통령 임기는 연임만 허용하는 전통이 시작된 이 1796년의 선거는 정당싸움으로 이어졌다. 이 선거에서 연방주의자인 존 애덤스가 당선되었다. 하지만 제퍼슨과 매디슨이 처음으로 켄터키 버지니아 결의로 알려진 진정한 의미의 정당 강령을 내세운 1800년 이후부터 민주공화당의 세력은 매우 강해졌다. 뿐만 아니라, 미국헌법 제2조 제1절 2항에 규정된 선거인단을 통해서 임기 2회를 마친 대통령에 이어 대통령 후보 3명을 지명하고 선출할 만큼 힘을 지녔다. 제퍼슨(1801~1809), 매디슨(1809~1817), 제임스 먼로(1817~1825) 등 2회 연임 대통령을 연이어 세 명이나 배출했다.[2] 퇴임하는 대통령은 매번 국무장관에게 정권을 넘겨줘 권력 이행이 순조롭게 이뤄졌다. 1825년 3월에 먼로 대통령이 당연히 국무장관 존 퀸스 애덤스에게 대통령직을 넘겨줄 것이라는 예상이 넓게 퍼졌다. 실제로 먼로는 그렇게 했다. 그러나 그는 스캔들이라는 매우 어려운 상황 속에서 대통령에 올랐다. 심지어 물의를 일으키기까지 했다. 이것이 미국 민주주의의 화약통에 불을 붙이는 계기가 됐다. 사실상, 과두정치와 간접 선거 제도의 거부 문제로 불거진 정치체제에 대한 불만은 몇 년간 쌓여왔다. 먼로가 대통령이 된 1817년에 그의 나이는 예순 살이었다. 그런데도 여전히 반바지에 승마화를 신고 다니면서 구세계를 지지하고 다녔다. 먼로는 독립 전쟁에도 참전했고, 프랑스 공사였을 적에는 '시민 먼로'라는 열렬한 환호를 받으며 국민 공회에 참석하기도 했다. 토머스 페인을 보호하고, 육군장관과 국무장관을 역임하며 폐허로 변한 수도 워싱턴을 재건하기도 했다. 1816년 대통령 선거에서는 매사추세츠, 코네티컷, 델라웨어를 제외한 모든 주에서 승리했다. 한 신문사는 '영국의 의원 선거보다도 소란과 국가적 혼란이 덜했다'고 보도했다.[3] 먼로는 '미국 독립 전쟁의 마지막 농민'이라고 불렸다. 워싱턴에서 대통령에 취임한 직후에는 전쟁의 긴장감에 시달렸던 나라를 다시 하나로 뭉쳐 사기를 높이고자 3개월 동안 13개 주를 순회했다. "먼로는 푸른빛이 감도는 평범한 코트와 그 안에는 담황색 가죽 군복을 입고, 독립전쟁 당시의 스타일인 꽃모양 장식이 달린 모자를 썼다. 정당이라는 악마는 잠시 몸을 숨기고, 전국적인 국민감정에 활력을 불어넣을 수 있도록 잠시 자리를 비웠다."[4] 먼로의 보스턴 방문은 남다른 의미가 있었다. 매사추세츠 주가 연방주의 제도의 본거지이기도 했지만, 앞서 살펴봤듯이 애초부터 전쟁에 적대적 태도를 취하고 있었기 때문이었다. 하지만 그곳에서조차도 먼로를 환영했다. 그리고 보스턴의 「콜롬비안 센티넬(Colombian Centinel)」지는 먼로의 이번 방문을 보고 "이보다 더 직접적인 영향을 미치는 일은 없을 것이다. ……편견을 없애고 감정을 화합하며 불화를 해소해 우리 모두를 하나로 뭉치게 해주었다."고 평했다. 그리고 "최근 대통령 축제에서 많은 사람들이 즐거운 기분으로 유쾌한 담화를 나눌 수 있었다. 사람들은 정당 정치에서 오랫동안 대립했다. 화합이 존재하는 그런 상황에 매우 기뻐하고 있다."고 덧붙였다.[5] 그 당시나 그 이후에도, 이 시기는 '화합의 시대'로 불렸다. 그러나 이처럼 이례적인 화합 정신도 오래가지는 않았으며, 1819년 금융 공황 때 맥없이 붕괴됐다. 이 시대의 뚜렷한 특징으로는 정치적으로 무언가 근본적인 잘못이 있으며, 특히 워싱턴 정부에는 음흉한 치부가 있는 세력들이 있다고 국민들이 강하게 믿는다는 거였다. 특히 동부 연안 이외의 지역에서는 그런 감정이 매우 뿌리 깊었다. 먼로 대통령과 그 측근인 존 퀸시 애덤스가 정권을 장악한 시대는 미국 역사상 최초의 부패시대라고 말할 수 있다. 실제로 이 부패라는 단어 자체는 점차로 더 빈번히 등장하면서 많은 미국인들은 정부, 행정부와 의회를 불문하고 정계는 모두 부패했다고 믿기 시작했다. 한편 같은 시기 영국에서는 18세기의 월 폴(최초의 책임내각제를 확립한 영국 정치가—옮긴이) 체제의 전통적인 부패가 서서히 확실하게 공직 세계에서 사라지고 있었다. 1820년대의 미국인은 단순히 뇌물을 받거나 공금을 횡령하는 행위만을 부패라고 생각하지 않았다. 비밀스러운 뒷거래도 입헌정치체계를 위태롭게 하거나 공적 지위를 이용해 권력이나 고위직을 획득하거나, 국민의 복지보다 사적 이익을 앞세우는 것도 부패였다. 그리고 실제로 많은 공금이 불법 유통에 쓰인다고 생각하기도 했다. 이러한 비판은 공공연한 반정부 진영에서 나온 것만은 아니었다. 앞서 말했듯이, 재무장관 윌리엄 크로포드와 육군장관 존 칼훈은 상대방이 부정한 이익을 취한다고는 할 수 없어도 부정을 묵인하고 있다고 서로를 비난했다. 먼로 체제가 이와 같은 내부의 불화가 진행될수록 독기를 띠고 더 깊게 뿌리를 내렸다. 특히 관직의 임명이나 지명을 둘러싸고 치열한 다툼이 일어났다. 이런 일들은 언제나 정실 인사의 근원이었으며 때때로 더 악화되는 경우도 많았다. 실제로 애덤스는 일기에 충격적인 일화를 남기기도 했다. 대통령 임기 마지막 몇 달 동안 크로포드와 먼로 사이에 한바탕 시비가 붙었다. 두 사람은 연방 세관원 지명을 의논하던 자리였는데, 취급하는 금액이 크게 늘었기 때문에 이 직책은 매우 중요한 자리였다. 그런데 이 과정에서 먼로가 계속 완고한 태도를 보이자, 결국 크로포드는 자리를 박차고 일어나면서 소리 질렀다.

"이 직책에 적합한 사람들을 임명할 생각이 없다면, 차라리 누구를 뽑을 것인지 말하세요. 그럼 내게 부탁하는 사람들을 거절이나 할 수 있게."

이 말을 들은 먼로는 부드러운 목소리로 크로포드의 언행이 무척 부적절하고 실례라고 말했다. 그러자 크로포드는 뒤돌아서며 지팡이를 번쩍 치켜들어 마치 때리려는 듯한 자세를 취하며 말했다.

"이 저주받을 악마 같은, 노망난 무뢰한 같으니라고!"

먼로는 자신을 방어하려고 난롯가에 있던 집게를 집어 들고, 크로포드에게 욕설을 퍼부으며 하인들을 직접 불러 자택에서 즉시 내보내라고 소리쳤다. 이 사건 이후로 둘은 얼굴을 다시 마주하지 않았다.[6]

화해라는 좋은 감정이 이토록 변질된 이유는 애덤스와 마찬가지로 크로포드와 칼훈도 먼로 정부의 뒤를 잇고 싶어 했으며 적극적으로 선거운동에 나섰기 때문이었다. 크로포드와 칼훈은 모두 자기 사무소 직원들이 선거운동을 하며 돈을 뿌리게 했다. 그들은 금과 은을 받으면서, 그 대가로 지폐를 받는 것은 관계가 없다고 생각했다. 이렇게 양쪽이 상대방의 활동 내역을 일일이 꿰뚫고 이런 사실을 소문냈기 때문에 그들의 활동은 세상에 모두 알려졌다. 그런데 크로포드가 또다시 지지자 가운데 한 명인 상원 의원에게 금을 쓰면서 연방 국유지 관리국을 검열할 권한을 준 사건이 일어났다. 상원 의원은 검열 도중에 크로포드 재무장관의 입후보를 지지하는 연설을 하며 선거운동을 펼쳤다. 행정부의 많은 장관들이 대가를 바라는 사업가들에게서 '융자'를 받았다는 주장이 제기됐다. 이러한 융자는 절대로 갚은 적이 없었다. 그러나 하원도 부패됐기는 마찬가지였다. 미주리 주 상원 의원인 토머스 하트 벤턴은 모피업과 부동산업계의 거물인 존 제이콥 애스터의 '법정 대리인'으로 활동하며 육군부의 '공장'제도 폐지 법안을 의회에서 통과시켰다. 이 제도는 인디언에게 의류와 연장을 제공했기 때문에, 애스터의 모피거래소와는 경쟁관계에 있었다. 벤턴이 1819년에 손쉽게 증명해보인 것처럼 육군부의 제도는 부패했지만, 사실 문제는 그게 아니었다. 그것은 상원 의원이라는 작자가 왜 백만장자를 위해 일했을까 하는 점이다. 이것은 벤턴뿐만이 아니었다. 매사추세츠 유명 연설가인 다니엘 웹스터(1782~1852)는 증오 대상이던 미합중국 제2은행에 '봉사'하며 사례를 받았다. 한 근대 역사가는 웹스터를 '이용할 수 있는 곳이라면 어느 곳이든지 일상적으로 선물을 받고 기대할 만큼의 대가를 지불한 사람'으로 묘사했다.[7] 애스터는 벤턴을 포함해 고위직 관리들과 금전상의 관계를 맺었던 것 같다. 실제로 1812년에는 먼로에게도 5,000달러를 빌려주었다. 비록 15년이나 걸렸지만, 먼로는 이 돈을 갚았다. 애스터는 1819년에 상업 신용대부가 거의 불가능했던 공황기에도 헨리 클레이에게 2만 달러라는 거액을 빌려주기도 했다. 당시 클레이는 하원 의장이었다. 클레이는 하원 의장을 지내면서 미합중국 제2은행을 위해 일했고, 실제로 1825년 국무장관이 될 때까지 계속했다.[8] 1821년부터 1822년 사이에 점점 늘어났던 미국의 신문사들이 처음으로 정부의 도덕적 규범 결여에 항의하는 운동을 펼쳤다. 「볼티모어 페더럴 리퍼리컨(Baltimore Federal Republican)」지는 해군 경리관들의 '거액 유용 사건'을 보도하고, 이는 미국 정부에 만연한 부정부패 가운데 극히 일부분에 지나지 않는다고 주장했다. 또한 「뉴욕 스테이츠먼 (The New york Statesman)」지는 이를 두고 '재무담당 관리의 수치스러운 공금 유용 사건, 엄청난 공금 남용, 전례 없이 심각한 공무원의 책임감 결여'라고 비판했다. [9]

잭슨 장군의 선거운동

워싱턴 수도에서 일어나는 사건들이 분노한 국민들의 토론의 도마 위에 오르던 1822년, 앤드류 잭슨 장군은 처음으로 대통령 출마 여부를 매우 신중하게 검토했다. 장군은 대통령직을 당연히 원하고는 있었지만, 그렇다고 쟁취하려고 매달리지는 않았다. 이렇게 오묘하게 연출된 잭슨의 태도는 훗날 수많은 후보들이 따라했다. 자신을 국민적 영웅으로 여기는 여론 앞에서 잭슨은 이렇게 말했다.

"저의 답은 언제나 똑같습니다. 저는 여태까지 어느 정당의 후보도 아니었고, 미래에도 그럴 것입니다. 그러나 국민에게는 헌법에 의거한 의무를 다하기 위해 자신이 바라는 인물을 선택할 권리가 있습니다. 만약 국민이 부른다면, 한 사람의 시민으로서 그 부름에 응할 의무가 있다고 생각합니다." [10]

그러나 잭슨에게는 주로 군복무 시절에 생긴 열광적인 지지자들이 많았다. 이들 가운데 국민이 실제로 선택한 사람은 다음의 두 사람이었다. 이 두 사람은 원래 소령 출신이었고, 아내끼리는 자매 사이였다. 윌리엄 버클리 루이스는 남부 전쟁 때 잭슨 장군의 보급 장교였다. 존 헨리 이튼은 잭슨 장군의 종군기의 저자였다. 이들은 대통령 선거 역사상 처음으로 잭슨의 선거 참모로 활약하며 대통령 지명 운동의 일환으로 테네시 주 의회를 움직여 우선 잭슨을 연방 상원 의원으로 선출했다. 1823년 3월부터 상원 의원이 된 잭슨은 워싱턴까지 900마일이나 되는 여정을 말을 타고 갔다고 한다. 물론 이용이 가능한 경우에는 역마차와 증기선을 번갈아가며 탔다. 잭슨이 지나가는 소리가 들리면, 사람들은 우르르 모여 나와 잭슨을 바라보며 질문을 던지곤 했다. 포퓰리즘의 거대한 힘이 처음으로 날개를 치기 시작한 것이다.

워싱턴에 도착한 잭슨은 윌리엄 오닐이 경영하는 하숙집에 머물렀다. 하숙집은 그 당시 좋은 동네인 21번 거리 바로 동쪽의 I 스트리트에 있었다. 이곳을 권유한 사람은 이튼이었는데 그는 1818년에 상원 의원이 되면서 이 하숙집의 귀빈이었다. 이 하숙집은 주인장의 딸인 마가렛(애칭 페기) 오닐 팀버레이크로 인해 생기가 넘쳤다. 마가렛은 훗날 잭슨의 인생과 미국 대통령의 발달 과정에서 우연이라고 해도 중요한 역할을 맡았다. 페기는 열여섯 살에 미 해군의 경리관인 존 B. 팀버레이크와 결혼해 아들과 두 딸을 두고 있었다. 하지만 직업상 장기간 집을 비워야하는 남편이었기에 다른 뭇 남성들은 어여쁘고 활발하며 독립적이고 사교적이면서 시시덕거리는 페기를 보며 흑심을 품기 일쑤였다. 하지만 잘못된 생각이었다. 페기는 굉장히 정숙한 여자였다. 실제로 잭슨이 이곳에 묵게 된지 얼마 지나지 않아, 페기는 잭슨에게 그의 오랜 친구 중 하나인 리처드 키이스 콜이 자신에게 수작을 걸어 "추잡하고 무례하게 굴었다."며 불만을 털어놓았다. 대화할 때 소견을 당당하게 말하는 대담한 여성을 좋아하던 잭슨은 페기를 '훌륭한 여성'으로 보았고 당시 홀아비였던 이튼은 그 이상으로 생각했다.[11]

그 당시 워싱턴은 활기 없고 지루한 남부풍의 도시에 지나지 않았다. 이 도시가 내세우는 대표적인 자랑거리라고는 기껏해야 30킬로미터 남짓한 포장도로였다. 그 밖에 펜실베이니아 대로와 13번가의 길모퉁이에 '웨스트포인트와 그 주변풍경을 파노라마식으로 재현한' 로톤도(Rotondo, 돔이 있는 원형 건물—옮긴이)도 있었다. 의원들을 위해 빈번하게 열리던 만찬회는 오후 5시 반에 시작하여 수프, 생선, 칠면조, 쇠고기, 양고기, 돼지 허벅다리, 꿩, 아이스크림, 셰리주를 곁들인 젤리와 과일, 다양한 포도주들, 마데이라 샴페인까지 끊임없이 이어졌다. 의원들은 셰리주를 넣은 음료수들, 여러 다채로운 화주, 줄렙, 스네이크루트가 들어간 쓴맛의 술, 팀버 두들리, 에그노그 등도 즐겨 마셨다. 워싱턴에서 잭슨이 가장 좋아한 것은 다양한 종파의 교회들이었다. 웁살라 출신의 범신론자이자 신지학자인 에마누엘 스베덴보리가 펼친 신비론에도 관심을 보일 정도였다. 잭슨의 말을 빌리면, 스베덴보리의 신에 대한 개념은 '교회에 대한 열의를 고취시키는 매우 숭고한 존재'였다.[12] 잭슨은 여러 가지를 접해보는 걸 좋아했기 때문에 매주 일요일마다 다른 교파의 예배에 참석했다. 잭슨은 정치 중심지로의 워싱턴을 무척 싫어했다. 그 실정을 알면 알수록 근본적인 변화가 일어나야 한다고 더 강하게 주장했다.

잭슨은 개화된 농장주들이 일구는 목가적인 미국이라는 제퍼슨식 민주주의가 더 이상 실현 가능하지 않다는 사실을 인지했다. "생활의 안락뿐만 아니라 독립을 위해서라도 제조업자가 이제는 필요하다는 사실을 나는 경험에서 배웠다."고 1816년에 기술했다.[13] 그러나 1819년의 금융 공황과 그 전주곡이라고 할 ─ 그가 직접 목도한 ─ 엄청난 부정부패를 겪으면서 아메리카 합중국이 살아남기 위해서는 워싱턴에 '대대적인 쇄신작업'이 불가피하다고 확신했다. 잭슨은 훗날 미국 선거 사상 가장 인기 있는 주제인 '악당들을 몰아내자' 슬로건을 내건 최초의 대선 후보자였다.

잭슨은 스스로를 정계의 내부인이 아니라 외부인으로 보았다. 미국인도 자신을 외부인이라고 여기기 때문에 민주적인 카드를 내놓을 수 있었고, 또한 그렇게 했다. 플로리다 주지사로 재직하던 당시, 잭슨은 그 땅에 거주하기만 하면 성인남성에게 선거권을 주어야 한다는 법률을 만들고, 1822년에 이 주장을 되풀이하면서 모든 자유로운 국민 또는 주민[市民]에게 선거권이 주어져야 한다고 표명했다. 모두가 연방 정부 및 주 정부의 법과 처벌을 따라야 하는 이상, "당연한 권리로 이런 법률 제정에 대한 의사표시를 할 자격이 있다."는 말이었다. 그러나 잭슨은 각 주의 의회가 '주의 행복, 안전과 번영'을 위해서 적절하다고 생각되는 선거 자격을 채택할 의무가 있다고 덧붙였다.[14] 대통령 선거권을 가진 사람이 많으면 많을수록 잭슨에게는 더 유리했다. 이것이 이미 부패한 워싱턴 정부를 구제하는 수단이 될 것이라고 잭슨은 믿었다.

"권력의 부당한 행사나 정부 관리들의 부정부패에 맞서 국민의 손에 있는 헌법상의 중요한 교정수단이 바로 참정권이다. 이 권리가 냉정하고 신중하게 사용될 경우, 그 결과는 대단할 것이며 국민의 자유와 권리를 영존시킬 것이다."[15]

그 당시, 잭슨은 본능적으로 민주주의를 신봉했다. 따라서 오늘날까지 명맥을 지켜오는 위대한 민주당을 잭슨이 창당한 것도 결코 우연이 아니었다. 국민은 본래부터 선량하고 도덕적인 반면, 워싱턴에서 몸집을 키우던 거대 정부는 당연히 부도덕하다고 잭슨은 믿었다. 자신이 해결해야 할 과제라면, 엘리트 지배층이 주도하는 과두정치에 항거해 이 거대한 대중의 힘을 해방시키고 그 힘을 대변하는 것이었다. 참정권이 널리 광범위하게 주어진다면 이것만이 선거의 필승 전략이 될 것이었다.

이런 전략과 입장 표현이 어느 정도까지 자신의 생각이었는지는 판단하기 어렵다. 잭슨은 거의 책을 읽지 않았고, 문법과 철자법에도 서툴렀다. 혼자서 끼적여 놓은 메모들만 봐도 단순한 말투, 예리함, 무지와 통찰력, 그리고 편견이 희한하게 뒤섞여있었다. 연설이나 서문 속 잭슨의 목소리는 어느 정도 성서적인 느낌을 줬다. 잭슨의 공식 연설로는 찰스 디킨스가 12년 뒤에 소설 『피크위크 페이퍼스(The Pickwick Papers)』에서 이튼스윌의 선거 장면을 묘사하며 쓴 연설의 원형을 상기시키는 분위기가 있었다. 잭슨은 자주 "나는 조국을 위해 눈물을 흘린다."고 주장했다. 은행, 워싱턴 정부, 육군부 그리고 정적들을 대개 '바빌론의 최고 매춘부'라고 주장했다. 적대적인 신문들은 잭슨에게 '분노한 비올(바이올린과 비슷한 초기 현악기 — 옮긴이)'을 켠다고 공격하고, 그 자신이 '불결한 마구간을 청소할' 것이라고 주장했다.

근대적인 선거운동의 시작

잭슨과는 대조적으로 이튼은 세련되기까지 한 뛰어난 글 솜씨를 지녔다. '워싱턴 소탕'이란 주제를 통합된 전국적인 운동으로 이끌어낸 것도 이튼이었다. 실제로 이것이 근대적인 선거운동의 시작이었다. 1823년 초여름, 이튼은 필라델피아의 일간지 「콜롬비안 옵서버(Columbian Observer)」지에 '와이오밍'이라는 가명으로 11차례나 일련의 기사를 게재했다. 이 기사들은 엄청난 관심을 집중시켰고 『와이오밍의 편지(The Letters of Wyoming)』라는 제목의 소책자로 출간되고 전국에 걸쳐 신문에 실렸다.[16] 세부에 걸쳐 인상 깊은 설명과 강력한 문체로 표현된 이 소책자의 주제는 미국 정부는 맘몬(Mammon, 부의 신 — 옮긴이)의 구렁텅이에 빠졌으며 지금이야말로 정부가 혁명적인 순수한 근본 방침으로 되돌아가도록 유권자들이 힘을 발휘해야 할 시점이라는 것이었다. 유권자들이 이 정도로 감명깊은 선거용 팸플릿을 읽어본 적은 일찍이 없었다.

그러나 이것이 효과가 컸는지는 불확실하다. 은행 스캔들은 사람들의 기억에서 잊혔고, 미국도 서부 유럽처럼 경기 호황을 만끽하고 있었다. 의회에 대한 마지막 교서에서 먼로 대통령은 다음과 같이 말했다. "우리 국민들이 바라고 있는데 소유하지 않거나 또는 소유할 수 없는 것은 하나도 없다."[17] 런던 「타임스」지는 여기에 보이는 "국가의 번영은 기록을 남긴 지구상의 어떤 나라의 번영보다도 뛰어났다고 보도했다.[18] 그렇지만 정치에 대한 반감은 서서히 거세졌다. 의회에는 상대방 흠집 내기와 인신공격이 난무했다. 먼로는 매디슨 전 대통령에게 착잡한 심정을 털어

놓았다. "이러한 사태를 본 적도 없을뿐더러…… 개인적으로 이 정도로 당혹감과 굴욕감을 느낀 적도 없습니다."[19] 미국 선거 사상 처음으로 강연이나 신문에서 개인의 인격에 신랄한 공격을 퍼부었다. 심지어 둔감한 헨리 클레이마저도 이의를 제기했을 정도였다. "대통령 선거판은 비난과 폭력으로 얼룩져…… 마치 전국에 있는 거짓말쟁이와 중상모략자들은 전부 내 얼굴에 먹칠하기 위해 밤낮없이 덤벼들고 있는 것 같습니다."[20]

이튿의 『와이오밍의 편지』가 출간되자마자 잭슨 자신에게도 불똥이 튀었다. 제시 벤튼이 내슈빌에서 소책자 『대통령 문제에 관한 제언(An Address on the Presidential Question)』을 출판하고, 그 속에서 잭슨은 결투, 도박, 경마와 투계 등에 손댔다고 비난했다. 그보다 더 절제 있는 표현을 취해 더 큰 치명타를 주었지만, 이보다 더한 치명타는 전임 재무장관인 앨버트 갤러틴의 공격이었다. 잭슨은 권력을 위임받을 때마다 이를 남용했다고 갤러틴은 주장했다. 하트퍼드 회의 지도자들을 교수형에 처하고 싶다고 말했던 것이 잭슨 아니었던가? 라틴 아메리카에서는 장군들이 권력을 장악하고 자유를 탄압하는 사례들이 수없이 많았다. "잭슨 장군은 내가 알고 있는 어느 미국인보다도 뻔뻔스럽게 자유의 근본 원칙을 무시한 발언을 했다."[21] 이 훈계조의 긴 인용문이 많은 신문에 대서특필되어 반향을 불러 일으켰다. 「리치먼드 인콰이어러(Richmond Enquirer)」지의 토커스 리치는 "혹시라도 하루아침에 장군이 쿠데타를 일으키지 않을까 걱정하지 않고 잠자리에 든 적이 거의 없다."고 밝혔다.[22] 그럼에도 잭슨은 유력 후보였다. 키가 크고 호리호리한 체형, 훌륭한 용모에 강한 인상을 풍기는 잭슨은 대단해보였다. 그러나 밭은 기침소리, 창백한 안색, 회색빛에서 희끗해진 머리칼에다 자주 아프고 허약해 보이는 잭슨의 모습에 사람들은 오히려 연민을 느꼈다. 난폭하고 사나우며 혹독하다는 평판과는 달리 잭슨을 실제로 만나본 사람들은 그가 아주 멋질 뿐만 아니라 정중하다고 생각했다. "잭슨은 남녀노소를 불문하고 신비한 매력을 발산했다."고 조지아 퀸시는 썼다. 잭슨은 특히 여성들에게 인기가 많았다. 「내셔널 인텔리젠서(National Intelligencer)」지 편집장의 부인이던 사라 시튼 부인은 다음과 같이 증언했다. "잭슨의 행동은 단호한 반면 태도는 부드러운 것 같다……. 여성 사교계에서는 세련되고 완벽한 조신(courtier)으로 모두에게 예의바르다." 그로부터 두 달 뒤, 다니엘 웹스터의 증언도 있었다. "잭슨 장군의 몸가짐은 여느 후보들보다도 가장 대통령다웠다……. 내 아내는 이미 잭슨으로 마음을 굳혔다."[23] 물론 부인들에게는 선거권이 없었으나 그녀의 남편에게는 있었다. 더구나 미국 여성들은 정치 입장을 말하는 데에 있어서 영국인이나 프랑스인보다 훨씬 더 적극적이었다.

'더러운 거래'의 대통령 선거

한 마디로 말해, 잭슨은 대통령 후보 자격 조건 중 가장 값진 장점, 바로 카리스마를 갖고 있었다. 거기에 전국적으로 이름이 알려져서, 이 점 또한 치열한 선거전에서는 중요했다. 대통령 후보는 처음에 잭슨, 클레이, 칼훈, 크로포드, 그리고 애덤스 다섯 명이었다. 하지만 크로포드는 1823년 유세 도중 발작을 일으켜 입지가 확연히 약해졌고, 칼훈도 한 발 물러나 애덤스와 잭슨 양측 후보의 부통령 후보가 될 예정이었다. 클레이는 신 개척지인 서부 지역에서 지지도가 높았지만 그 외의 지역에서는 낮았기 때문에 결국 애덤스와 잭슨 간 선거전이었다.[24]

1824년 선거가 미국 헌정 사상 중요한 이유는 하나가 아니다. 선거인단제도가 건재했지만, 이번에 처음으로 직접선거가 큰 힘을 발휘했다. 조지아, 뉴욕, 버몬트, 루이지애나, 델라웨어, 사우스캐롤라이나 등의 각 주에서는 주 의회가 대통령 선거인단을 뽑았다. 그 밖의 주는 이미 주 전체가 후보자를 결정하는 방식을 택했으나 메릴랜드에서는 여전히 선거구마다 투표를 했다. 유권자 수가 그 어느 때보다도 많았지만, 국가 번영 때문인지 분노에 찬 군중 폭동은 일어나지 않았다. 애덤스의 지지자가 많은 매사추세츠 주에서는 그 이전 해의 주지사 선거에서 6만 6,000명이 투표한 것에 비해 대통령 선거에서는 3만 7,000명만이 투표에 참가했다. 앞선 가을에 열린 지사 선거에서 7만 6,000명의 투표자가 몰렸던 오하이오에서도 대통령선거에서는 고작 5만 9,000명만이 투표에 참가했다. 백인이 62만 5,000명에 달하던 버지니아에서도 1만 5,000명만이 투표권을 행사했다. 이미 인구가 100만 명을 넘어섰던 펜실베이니아에서도 고작 4만 7,000명만이 투표했다.[25] 이와 같이 저조한 투표율은 일찌감치 미국인의 정치에 대한 태도를 보여주는 하나의 특징이 됐다. 그렇지만 총 투표수 35만 6,038표 가운데 잭슨은 15만 3,544표를 획득하여 유력 후보로 부상했고, 잭슨과 4만 표 이상의 격차를 보이며 애덤스가 10만 8,740표로 뒤를 이었다.[26] 또한 선거인단 투표에서도 잭슨은 99표를 얻어 84표를 획득한 애덤스보다 훨씬 앞섰다. 이어 크로포드와 클레이가 각각 41표, 37표를 얻었다. 잭슨은 11개 주에서 승리했지만 애덤스는 7개 주, 나머지 둘이 각각 3개 주에서 승리했을 뿐이었다. 당시 모든 집계에서 잭슨이 부동의 1위를 차지하고 있었다. 하지만 미국 헌법 수정조항 제12조에 따라 어떤 대통령 후보도 과반수를 획득하지 못할 경우 결정권은 하원으로 넘어갔다. 하원은 각 주에서 한 표씩을 행사하여 최고 득표자 3명 가운데서 대통령을 선출하는 방식이었다. 이것은 실제적 문제로서 클레이가 캐스팅 보트를 쥔다는 것을 의미했다. 결국 4위의 클레이는 결전 투표에서 제외되었지만 하원의장으로서 누구에게 승리가 돌아갈지를 결정할 힘을 쥐었다. 하원은 1825년 2월 9일에 열릴 예정이었다. 잭슨은 28일간의 여행 끝에 12월 7일 워싱턴에 도착해 오닐이 소유한 재즈비 여관에서 여장을 풀었다. 이 무렵 잭슨은 오랜 군대 동료인 존 커피에게 보낸 편지에서 당선 결과가 발표될 때까지 정치에는 일절 관여하지 않았다고 말했다.

"여러 소문이 무성합니다. ……하지만 그 중 어떤 거라도 사실에 근거한 것인지는 알 도리가 없습니다. 대통령 선거와 관련한 대화에는 일절 참여하지 않기 때문입니다. ……나와 내 아내는 연회에는 참석하지 않고 집에서 하루 종일 파이프만 피워대고 있습니다."

이것은 심각할 정도였다. 잭슨의 부인은 사기 파이프를 피웠고 잭슨은 '긴 담뱃대'를 피웠는데 '숨쉬기가 힘들 정도로 온 방이 뿌옇게 될 때까지' 담배를 피워댔다고 한다.[27] 소문에 따르면, 클레이의 측근들이 잭슨을 찾아가 잭슨이 당선될 경우 어떤 자리를 얻을지를 떠보았다고 한다. 훗날 워싱턴 대학교 총장이 된 앤드류 와일리가 소문의 진상을 잭슨에게 물었다. "그것이 사실이었습니까?" 그러자 잭슨은 대답했다. "네, 선생님. 그런 제안이 있기는 했습니다. 그 때 나는 심부름꾼에게 말했습니다. '가서 클레이 씨와 애덤스 씨에게 전하시오. 혹 내가 그 자리에 오른다면, 나는 손을 더럽히는 일이 없을 것이라고.'"[28]

애덤스와 클레이의 뒷거래

애덤스와 클레이는 겐트 조약 이후부터 서로 싫어하기는 했으나 그만큼 결벽증이지는 않았다. 클레이는 애덤스를 두 차례 방문했다. 처음엔 1825년 1월 9일 저녁 6시에 찾아가 오후시간 내내 면담했고, 1월 29일에 또다시 찾아갔다. 애덤스의 일기에서는 그 당시 상황에 대한 언급을 그답지 않게 삼갔지만, 첫 방문이 아마도 결정적이었던 듯했다. 애덤스의 일기 가운데 주요 문장은 다음과 같았다. "클레이는 공적으로 매우 중요한 원칙에 관해서 내가 타당하다고 느끼는 범위 내에서 자신을 만족시켜주기를 바란다고 말했다. 나만 그의 개인적인 일은 고려하지 않아도 좋다고 했다." 그리고 그 문장은 다음과 같이 끝을 맺었다. "하원에서 다룰 현안과 관련해 잭슨 장군, 크로포드와 나를 포함한 셋 가운데 본인은 주저하지 않고 나를 선택할 것이라고 말했다."[29] 애덤스의 성격을 고려할 때, 뭔가가 있었을 상황을 두 가지로 추측해볼 수 있다. 하나는 딱히 거래는 하지 않았지만, 애덤스가 클레이를 적임자라고 생각했을 경우 그에게 중요한 관직을 마련해주는 비공식적인 합의가 이루어졌을 가능성이 있다. 또 다른 가능성은 물밑거래가 있었는데 다만 평소 고상한 척하던 애덤스가 차마 이 사실을 기록할 수는 없었다고 보는 견해이다. 아무튼 클레이와 애덤스 간의 정치적 뒷거래 소문은 1월 중순에 이미 파다하게 퍼졌다. 버지니아 주의 존 캠벨이 형 데이비드에게 다음과 같은 편지를 보냈다.

"워싱턴 소식통에 따르면, 애덤스의 당선이 이미 확실하다고 해. 클레이와 손을 잡았다고 하더군. ……상상하기조차 힘들만큼 비열한 방법으로…… 뒷거래가 진행 중이라더군. 누가 그쪽에 투표하면 어느 쪽이 그쪽 자리에 돌아간다는 등등. 이게 뇌물 수수나 부정부패가 아니면 뭐겠어?"[30]

그럼에도 2월 9일에 클레이는 백악관을 애덤스에게 안겨주었다. 빽빽하게 들어찬 그날의 의회에는 긴장감이 감돌았다. 당시 하원은 포토맥 대리석의 원주로 둘러싸인 반원형의 건물이었는데, 각 하원 의원의 자리마다 코담배갑이 있었고, 가장자리에는 개인용 타구도 있었다. 기둥들 사이에는 특별 내빈용 소파들이 있었다. 나머지 사람들은 뒤쪽 복도에 빽빽하게 모여 있었다. 클레이는 첫 판에 애덤스를 당선시키지 못한다면, 시간만 질질 끌게 되어 결국 잭슨이 승리할 것이라고 믿었기에 한시가 급했다. 펜실베이니아 민병대는 잭슨 장군이 '권리를 보장받지 못한다면' 워싱턴으로 행군하겠다고 으름장을 놓기도 했다. 애덤스를 당선시키기 위해서는 13개 주의 지지가 필요했지만 하원이 모였을 때만해도 단 12개 주만 확보해놓은 상태였다. 켄터키 주의 경우는 유달리 뒷말이 무성했다. 켄터키 주에서는 선거인단 선거에서 애덤스는 단 한 표도 얻지 못했음에도 불구하고 클레이는 켄터키 주의 찬성표를 애덤스에게 주었기 때문이다.

결과를 결정지은 것은 다름 아닌 뉴욕 주였다. 그 캐스팅 보트를 쥔 사람은 늙은 부자로 알려진 기이하고 우유부단한 늙은 장군인 반 렌셀러 장군이었다. 렌셀러 장군은 '지주(Patroon)'였고, 과거 캐나다 전투에서 실패한 경력이 있었다. 반 렌셀러는 공처가로 유명했다. 훔볼트의 최신작을 읽어봤냐는 질문을 받으면 렌셀러는 아내에게 돌아보며 물었다고 했다. "여보, 내가 훔볼트 작품을 읽어봤나요?" "그렇고 말고요!"[31] 클레이는 애덤스에게 투표하도록 이 노인을 구슬렸다. 하지만 뉴욕 주의 동료 의원이던 마틴 밴 뷰런의 자서전에 따르면, 반 렌셀러는 "자리에 앉을 때만 해도 크로포드를 뽑기로 완전히 마음먹고 있었다. 그런데 투표함이 그의 앞에 오기 직전에 렌셀러는 탁상 가장자리에 머리를 숙이고는 이 문제에 대해서 지시를 내려달라고 신에게 짧게 기도했다. 이는 매우 위급한 상황에서 그가 자주 보이던 버릇이었다. 기도를 마치고 렌셀러가 눈에서 손을 뗀 순간, 바로 아래 바닥에 존 퀸시 애덤스라는 투표 용지가 떨어져 있는 게 보였다. 이를 보고 굉장히 흥분하고 놀란 렌셀러는 자신의 기도에 대한 응답이라고 생각하고 투표용지를 집어 투표함에 넣었다."[32] 응답을 한 것이 클레이였든지 신이었든지 여하간, 애덤스는 13번째 주의 지지표를 얻어 첫 투표에서 대통령에 당선됐다. 투표 집계인은 로어노크 출신 존 랜돌프와 웹스터였다. 드디어 클레이가 당선 결과를 발표하자 방청인 사이에서 박수소리와 비난하는 소리가 터져 나왔다. 사우스캐롤라이나 잭슨 지지자들은 방청인들을 내쫓으라고 경호원들에게 지시해 쫓아냈다. 하원 의원들이 앞 다퉈 나가고 나자, 랜돌프는 말했다. "여러분, 이길 수 없는 승부였습니다. 이미 조작된 상황이었습니다." 조지아 주의 코브 하원 의원은 더 나아가 소리 지르며 울부짖었다.

"음모, 음모야! 빌어먹을 거짓투성이라고!"[33]

하원 의원회의 멤버가 F스트리트에 있는 애덤스 자택을 찾아 당선 결과를 알려주자 "애덤스의 얼굴에 땀이 흘러내렸다. 머리부터 발끝까지 몸을 떠는 등 너무 흥분해서 제대로 말도 잇지 못했다."[34]고 전해진다. 그런 반면, 잭슨은 냉정하게 이 소식을 들었다. 애덤스는 그 날 밤 먼로 대통령이 백악관에서 베푼 연회장에서 잭슨 장군을 만났는데, 그는 "무척 침착하고 정중했다."고 일기에 썼다. 잭슨의 오른팔에 한 여인이 팔짱을 끼고 있었다. 바로 그 연회장에 있던 한 사람의 말에 따르면, 잭슨이 애덤스에게 먼저 말을 건넸다고 한다. "안녕하세요, 애덤스 씨? 오른손 대신 왼손으로 악수를 해야겠습니다. 보시다시피 오른손은 이 여성분께 바쳤기 때문에 말입니다. 건강하시길 바랍니다." 이에 대해 애덤스는 답했다. "네. 잭슨 장군도 건강하기를 바랍니다." 이 장면을 목격한 사람은 잭슨의 상냥함과 애덤스의 냉정함에 놀랐다고 전했다.[35]

그러나 잭슨 장군의 행동은 보여주기 위한 가식에 불과했다. 이미 그 날 오후에 잭슨의 양자이자 보좌역을 맡은 앤드류 도넬슨은 "불법적인 뒷거래가 있었다."는 말을 생각해냈다. 실제로 6일 전에 잭슨을 지지했던 조지 크레머 상원 의원은 「인텔리전서(Intelligencer)」지에 '또 하나의 카드'라는 제목의 기사를 발표하고, 클레이가 공공연하게 부정한 방법으로 애덤스를 지원했다고 비난했다. 클레이가 국무장관이 되고자 한다는 추측이 나돌았다. 국무장관이라는 직책은 역대 대통령 네 명이 백악관에 가기 전의 전 단계였다. 잭슨은 너무 충격적이라 사실이 아닐 것이라고 부인했다. 그러나 2월 14일에 클레이의 임명이 발표되자 잭슨은 크게 격노했다. 이 날 밤에 잭슨은 루이스 소령에게 다음과 같은 편지를 보냈다. "이제 밝혀졌소. 서부의 '유다'가 계약을 맺고, 은화 서른 개를 받을 것이라는 사실이 알려졌소. 그의 결말도 유다와 같을 것이오. 이처럼 타락한 부정행위를 본 적이 있소?"[36] '더러운 거래'라는 외침이 전국 곳곳에서 울려 퍼졌다. 일반 득표, 획득한 선거인단 수, 지지를 얻은 주 등 모든 면에서 잭슨은 선두를 달렸는데도 불법적인 뒷거래로 대통령 자리를 빼앗겼다. 이를 본 많은 국민들은 선거 운동 당시 잭슨이 주장한 정부의 부패

그리고 개혁의 대상이 무엇인지를 확실히 알았다. 기만당한 피해자는 잭슨 한 사람만이 아니었다. 유권자도 똑같이 피해자였던 것이다.

그러나 외국인들의 견해는 달랐다. 유럽인들이 이해할 수 없는 미국인들의 공중 도덕심에 놀라움을 금치 못한 것은 이번이 처음이었으나, 그 후에도 이런 일은 여러 번 일어났다. 투표권의 대가로 관직을 요구하는 형태는 이미 영국 정치에서 다반사였으며, 의회 제도를 채택한 모든 나라에서도 이런 거래는 어김없이 나타났기 때문이다. 확실하게 그렇다고, 잭슨 지지자들은 대답했다. 바로 이것이야말로 신세계에서는 용납할 수 없는 구세계의 구태였다. 동요한 것은 잭슨의 지지자들뿐만이 아니었다. 애덤스도 클레이 임명을 항상 꺼림칙해했고, 결국에는 이것이 애덤스의 대통령직에 큰 오점을 남겼다. 클레이는 자신이 대표하던 켄터키 주의 지지자들마저도 등을 돌리고 잭슨의 지지 세력을 조직하는 사태마저 벌어졌다. 클레이는 자신을 변호하려 들었지만, 말 바꾸기만을 일삼는 바람에 사태를 오히려 악화시켰다. 처음에 클레이는 "자유의 옹호자로서 군대의 지휘관이 백악관에 들어가는 모습을 두고 볼 수만은 없다."고 말했지만, 그 뒤 선거구민에게 돌린 통신문에서는 '정치적 수완 부족'을 이유로 잭슨을 거부했다는 이유를 들었다. 그리고는 마찬가지로 모순되는 변명들만 줄줄이 늘어놓았다. 잭슨은 클레이의 대담치 못한 행동에 즐거워하면서 여기서 상대하지 않는 것이 현명하다는 사실을 직시했다. 잭슨이 커피에게 다음과 같은 편지를 보냈다. "어찌나 상식이 얕은지. ……참! 내 경쟁자가 책을 쓴다네! ……그 자에게는 침묵만이 최고의 약이거늘."[37]

잭슨과 지지자들은 합법적으로 가능한 한 빨리 이 대통령 선거 결과를 뒤집으려 벼르고 있었다. 따라서 1828년 대통령 선거는 실제적으로 1825년 봄부터 이미 시작된 셈이었다. 테네시 주 의회는 즉각 잭슨을 차기 선거 후보자로 재지명했다. 잭슨은 15분에 걸친 연설 — 아마도 '잭슨의 경력 가운데 가장 길었던 정치연설' — 을 하면서 이 지명을 수락했는데, 수락의 주요 이유는 '더러운 거래'였다. 실제로 이 뒷거래는 잭슨을 국민 주권의 민중 정치로 향하는 길을 가도록 작용했다. 잭슨이 중점적으로 애덤스와 클레이를 공격한 것은 바로 부패한 정치인들에 의해 짓밟힌 투표자들의 권리였기 때문이다. 이들 정치인들은 이런 소동이 잠잠해질 것이라고 생각했다. 그러나 결코 그러지 않았다. 잭슨과 그의 지지자들이 이 불길이 꺼지지 않도록 계속 불을 지폈기 때문이다.

시작부터 잭슨은 애덤스 정권에 선전포고를 선언했다. 헨리 리에게 보낸 편지에서 알 수 있듯이 잭슨은 처음에 애덤스가 청렴하다고 믿었다. 그러나 클레이가 국무장관에 임명된 뒤에는 "미국 국민들 앞에선 애덤스가 대통령 자리를 둘러싼 의회 선거에서 수치스러운 거래를 자행했다…… 이런 확신을 부정할 수 없을 것이라고 나는 생각한다. 그 이후로 나는 애덤스와 모든 관계를 끊어버렸다."라고 했다.[38] 애덤스 정부와 잭슨 지지자들 사이에 복원 불가능한 깊은 금이 생기고, 이때부터 의회 내의 반대도 조직적으로 변했다. 그리고 근대적인 미국의 양대 정당제도가 등장했다. 미국은 이미 거대한 나라이고 또한 급속하게 발전했지만, 1825년부터 1826년 사이에 미국 전역에서 잭슨의 국민 정당 지부가 생겼다. 또한, 다수의 신문사들이 힘을 모아 이 새로운 조직을 지지했다. 이 가운데는 더프 그린의 「유나이티드 스테이츠 텔레그라프(United States Telegraph)」와 같은 갓 창간된 중요한 신문도 있었다. 정치 체제가 분열되자, 거물 정치인들이 잭슨 진영에 가담하는 경우가 더욱 많아졌다. 밴 뷰런이 뉴욕 조직을 이끌고 가담했다. 그리고 로아노크의 랜돌프, 사우스캐롤라이나의 맥더피, 루이지애나의 리빙스턴, 서부의 샘 휴스턴, 칼훈과 밴튼 등이 과거 크로포드 진영의 거물들이 줄을 이었다. 이렇게 결집된 집단은 결국 근대에서 가장 강력하고 영구적인 일반 대중 단체, 민주당의 탄생으로 이어졌다.[39]

아일랜드의 문제와 최초의 대중운동

그러나 충분한 조직과 자금 조달이 이루어진 민주적 대중 운동은 잭슨의 운동이 최초가 아니었다. 그 첫 테이프를 끊은 사람을 보기 위해서는 아일랜드로 눈을 돌려 다니엘 오코넬이란 자에게 주목해야 한다. 여기서 잠시 잭슨의 백악관을 향한 행보를 잠시 멈추고, '해방자'로 알려진 오코넬의 움직임을 설명해보자. 아일랜드는 장기간에 걸쳐 불만을 품은 나라로 이따금씩 그 불만이 다스리기 어려울 정도로 터져 나오곤 했다. 캐슬레이가 연합으로 아일랜드 문제를 풀어보고자 했지만, 조지 3세가 가톨릭교도 해방을 반대하는 바람에 이 노력도 수포로 돌아가고 말았다. 여기서 가톨릭교도 해방이란 그 당시에 정치적인 직위, 의회, 대부분 관직에서 가톨릭교도의 진출을 금지한 조항을 철폐하는 내용이었다. 이 무렵 아일랜드 출생률은 전 세계에서 가장 높았지만, 영국 이민으로 일단 어느 정도 상승세가 꺾였다.

아일랜드인들은 1790년대에 계절노동자로서 영국으로 넘어왔고, 1815년부터는 영주를 목적으로 왔다. 이들은 어디를 가든 오늘날의 '빈민가 거주자'에 해당하는 하층민 계층으로 자리 잡았다. 아일랜드인 가족들은 모두 지하실에서 살았다. 실제로, 대부분의 집에 지하실이 없던 노팅엄, 버밍엄, 레스터와 같은 도시에서는 아일랜드 문제가 일어나지 않았다. 그러나 글래스고, 맨체스터, 리버풀과 런던에서는 아일랜드인들이 수십만 명이나 살았다.[40] 그들은 곧 도시의 문젯거리로 등장했고, 시골에서는 그들 때문에 임금 수준이 떨어진 탓에 더 문제가 됐다. 링컨셔에 아일랜드인들이 나타나자, '지역의 노동자들이 떼로 몰려들어 이들을 내쫓았다'고 한다. 앞서 설명했듯이, 북아메리카로 향하는 아일랜드인 이민도 넘쳐났다. 그럼에도 불구하고 1820년 무렵까지는 아일랜드의 인구는 700만을 넘어섰고 순식간에 800만을 기록했다. 흉작으로 고작

500만 명만이 가까스로 입에 풀칠할 수 있는 형편이었다.[41] 빈곤층을 포함한 국민의 4분의 3은 가톨릭교도였다. 아일랜드가 스코틀랜드나 웨일스처럼 영국 체제에 동화되지 못한 주된 이유는 바로 이것이었다. 아일랜드의 빈곤은 외국의 지배 때문에 발생했다는 감정이 작용해 상황은 더 나빠졌다. 왕실 정부 소재지를 여전히 더블린 성이라고 부른 것도 사실은―지금도 그렇지만 실제로 성이라기보다는 오히려 거무죽죽한 건물들이 무질서하게 모여 있는―이 나라의 굳건한 방어 자세와 군사적 성격을 상징했다.

　젊은 로버트 필은 1812년부터 1818년까지 아일랜드 담당 장관을 지냈다. 필의 편지와 연설문들을 살펴보면 존엄과 정의를 갖고 아일랜드를 통치하는데 겪는 어려움을 뛰어나지만 다분히 동정어린 통찰력으로 풀어내고 있다. 지금처럼 그때도 아일랜드의 일상 생활은 뛰어난 재치와 독창적인 열정이 빛나는 가운데 근심걱정 없이 자유롭고 안락하며 즐거웠다. 그러나 정치적인 문제에서는 부패, 속임수, 증오와 공포가 난무했다. 아일랜드의 프로테스탄트들은 이른바 지배자의 특권을 즐기면서 밤낮으로 관직을 요구하며 불평했다. 반대로 그들은 아무런 움직임도 보이지 않았다. 아일랜드에서 선출된 의원의 경우, 각료라 해도 일 년에 두 번 의회에 출석하는 것조차 힘들었다. 필은 1812년의 아일랜드 선거를 관리하면서 첫 어려움을 겪었다. 지금 보면 사소한 액수의 정부 돈을 커웬 법에 따른 뇌물 수수 금지 규정에 어긋나지 않게 주의하면서 부패한 선거인이나 선거구 소유자에게 뿌리는 매우 구역질나는 일이었다.[42] 필은 또한 나폴레옹의 백일천하 때는 반란 조짐에도 대처해야만 했다. 이때는 5,000명의 병력을 급히 아일랜드에서 플랑드르로 보내는 바람에 수비대 주둔지마저 위태로울 정도로 허술했다. 워털루전투 이후에도 총독인 휘트워스 경은 "영국군의 승리를 부정하고 나폴레옹이 이겼다고 고래고래 악을 쓰며 밤거리를 쏘다니는 이른바 불량배들"을 감옥에 가둬야 하는 일을 떠맡았다.[43] 「더블린 이브닝포스트(Dublin Evening Post)」지는 프랑스의 승리에 기뻐하며 머리기사로 이를 부각시켰다. 그 밖의 대중신문 과 마찬가지로 이 신문은 반영(反英)을 소리 높여 외치는 민족주의대변지 (誌)였다. 대중지는 모두 신랄한 어조로 비방이나 거짓 기사로 채웠고 정 부의 활동을 충실하게 보도하지 않고 단호히 거부했다.

그 결과, 필은 어쩔 수 없이 정보부 기금이나 이른바 '포고' 기금에서 보조금 형태로 규모가 작은 몇몇 '충성스러운' 신문을 지원해야 했다. 예를 들어 「더블린 저널(Dublin Journal)」은 해마다 1,500파운드를 지원받았다. 이 신문사의 수입은 2,490파운드, 지출은 2,430파운드였다. 「패트리어트(Patriot)」지도 같은 금액을 받았고, 「코레스폰덴트(Correspondent)」지는 그 이상을 받았다. 이들 신문사의 발행 부수는 매우 적었다. 「패트리어트」지의 발행부수는 750부에 지나지 않았다. 필은 이런 불합리한 제도를 송두리째 뽑아내고 싶었다. 그러나 1816년 4월 26일에 하원에서 필이 발표했듯이, 아일랜드 폭력 사태의 주된 원인은 바로 이른바 자유 언론에 있었다. 필은 질문을 던졌다. "민심을 바로잡으려 하지 않고, 진실을 전달할 의도가 전혀 없고, 국민의 도덕심을 바로잡거나 행복을 증진할 노력을 전혀 하지 않는 이런 신문들을 위해서 도대체 무슨 말을 할 수 있겠습니까? 그러기는커녕, 알력 싸움과 악의 세력을 조장하고 선동하는 데 가장 애쓰고 있는데 말입니다."[44]

이 모든 말은 틀림없는 사실이었다. 그러나 정부 또한 그 자체가 비도덕적이었다. 압도적으로 장로교회파가 많은 북쪽에서 정부는 1790년부터 생겨난 오렌지 당의 육성에 슬그머니 개입했으나 그것이 다른 권력 조직으로 발전하는 것은 막았다. 1814년 7월에 총독에게 보낸 편지에서 필은 자신의 목적은 하층계급을 북쪽에 묶어두는 것이며 실제로는 아일랜드 전체를 분열시키는 것이라고 인정했다. 만약 그들이 결합할 경우, 프로테스탄트들은 가톨릭 민족주의를 받아들이고, "그러는 즉시 영국과의 관계를 증오하는 감정이 싹튼다."는 이유 때문이었다. 필은 이들이 분열된 상태로 유지되기를 원했다. "최고의 상태는 현 상황을 유지하는 것이고, 전쟁을 치르는 것보다는 평화를 이루는 것이다."[45]

더블린 성은 탈레랑이 제정 러시아에 대해 말한 모습과 상당히 비슷했다. 즉 겉으로는 강하지 않았지만, 결코 겉보기만큼 약하지도 않았다. 더블린 정부는 최후의 수단으로 1793년 아일랜드 대표자회의법을 발동했다. 이는 국민의 대표라고 칭하는 모든 무허가 단체의 선거나 집회를 금지하는 법률이었다. 그렇지만 독재 정치는 아니고, 오히려 법에 의한 통치가 널리 시행됐다. 그 때문에 게릴라적인 배심원이나 능력은 뛰어나지만 양심과는 거리가 먼 변호사가 이끄는 민족주의 운동의 공격에 약한 모습을 보였다.

다니엘 오코넬의 대중운동

이런 변호사 가운데에서도 필이 유달리 혐오한 다니엘 오코넬(1775~1847)의 실력이 가장 뛰어났다. 필은 독실한 프로테스탄트 집안에서 자랐지만, 오렌지 당과는 거리가 멀었다. 실제로 더블린에 도착했던 필은 우연하게도 오렌지색인 하인 제복의 테두리 장식 의장 색을 전부 바꾸라고 할 정도였다. 따라서 오코넬은 재빨리 그에게 '오렌지' 필이라는 별명을 붙였는데 이것이 곧 필의 별명으로 굳어졌다는 일화도 전해진다. 오코넬은 찰스 램, J. M. W. 터너와 제인 오스틴 등과 같은 시대를 살았다. 그는 케리 주의 외딴 반도에 살던 집안에서 환영을 받으며 태어났다. 대대로 아일랜드에서 가장 가난한 지역이었다. 그 곳 주민들은 다른 주민들로부터 멍청한 사람들이라고 불렸다. 오코넬의 가족과 같은 젠트리 신분이 에드워드 3세 시기까지 더듬어 올라가면서도 가톨릭교를 믿으면서 가장 격렬한 시기를 살아남을 수 있었던 것은 순전히 이 황량한 남서부의 토지가 너무나 볼품없고 발달되지 않았기 때문이었다. 케리

주의 사람들은 목축업, 상업, 밀수 등으로 생계를 꾸렸으나 대부분은 가난했다. 간혹 가다 부자도 있었는데, 실제로는 겉모습보다도 훨씬 더 부유했다. 이중 가장 부유한 사람은 '헌팅캡'이라는 별명으로 불리던 오코넬의 삼촌이었다. 그는 세습된 족장이었는데, 권위의 상징으로 손잡이가 둥근 칼을 늘 지니고 다녔다. 농민들은 그에게 복종했다. 그러나 그에게는 아이가 없었다. 청년 다니엘은 어릴 적부터 영리하고 용기 있는 소년이라는 소리를 들었기에 '헌팅캡'은 비공식적으로 다니엘을 후계자로 삼고 그의 교육을 책임졌다.[46]

다시 말해, 오코넬은 토착적인, 어떤 의미에서는 정복되지 않은 아일랜드 귀족사회의 일원이었다. 그의 신분은 오코넬 본인에게는 중요했으나, 그를 점원 정도의 변호사로밖에 보지 않은 프로테스탄트 측이나 영국의 경쟁자들은 무시했다. 오코넬은 삶의 대부분을 유복한 지주로서 보냈다. 오코넬은 현금으로는 큰 금액은 아니었어도 명목상으로 연간 4,000파운드를 토지에서 벌어들였다. '헌팅캡'이 그를 양자로 삼은 것은 동전의 양면과도 같았다. 이 늙은 족장은 거만하고 엄격했으며, 그에게 의존한 결과는 편지에 적나라하게 나와 있듯이 굴종과 기만의 복합체였다. 이것은 아일랜드와 지배적인 영국의 관계와 흡사했다. 이처럼 불안한 관계가 오코넬 속에 깊숙이 자리 잡아 그의 정치적 성격의 특징인 음모와 은폐라는 기질을 만들었을 것이다. 원래 오코넬은 켈트적인 분위기에서 자랐다. 목동의 아내에게 키워져 진흙 오두막집에서 살며 게일 말을 썼다. 오코넬은 평생 동안 농민들과 어울리며 즐겁게 이야기를 나눴다. 실제로 그는 농촌에 사는 모든 계층의 남녀와 이야기했다. 이렇게 사람 다루는 재주는 법정 변호사이자 정치가, 두 직업에서 모두 유리한 장점으로 활용되었다. 그러나 핀란드에서 헝가리까지 유럽 전역에 퍼져 있던 민족주의자들이 모국어를 단일성의 근원으로 여기던 당시 분위기에 휩쓸려 오코넬은 게일 어를 거부했다. 게일 어는 자신의 의사 전달을 할 때 꼭 필요한 경우에만 사용했다. 오코넬은 영어가 첫 세계 언어가 될 것이라고 내다보고 아일랜드인이 영어를 배척하는 것은 근대 세계에 대한 입장권을 거부하는 행위라고 여겼다. "근대의 모든 커뮤니케이션 수단으로서 영어는 실용성이 매우 뛰어나기에 아일랜드어가 점차적으로 퇴보하더라도 나는 그다지 놀라지 않을 것이다."라고 오코넬은 말했다.[47]

오코넬의 이런 감정적인 충성심에는 좀 더 포괄적인 개념, 즉 아일랜드를 유럽의 기독교 문명의 일부로 보았던 생각이 바탕에 깔려있었다. 오코넬이 생각하는 국가는 1920년대와 1930대에 신생국인 아일랜드에게 심어 놓은 이미지, 즉 물질만능주의적인 혼돈으로부터 단절된 켈트족의 작은 섬이 아니었다. 오코넬은 라틴어를 할 줄 아는 학자나 성인을 세상에 보낸, 중세 암흑시대의 선교활동이 왕성한 아일랜드를 목표로 했다. 17세기와 18세기에 아일랜드의 가톨릭 젠트리는 주로 군인으로서 유럽 대륙에서 스스로의 행운을 구해야만 했다. 오코넬의 삼촌 다니엘은 프랑스 백작이자 부르봉 왕가 군대의 장군이었다. 오코넬의 세계주의적이고 국제주의적인 견해는 본능적으로 런던뿐만 아니라 파리, 빈, 심지어 뉴욕까지도 눈을 돌리게 했다. 소년 시절의 꿈은 조국 아일랜드의 워싱턴이 되는 것이었다. 훗날, 그는 나폴레옹을 아일랜드의 친구라고 봤다. '해방자'인 시몬 볼리바르와 자기 자신을 동일시하면서 자랑스럽게 열네 살인 아들 모건을 스페인에 자유를 걸고 맞서는 아일랜드 군대로 참가시켰다.[48]

플랑드르에 위치한 영국 가톨릭교도 젠트리 출신의 자녀들이 진학하는 예수회 대학에서 교육을 받고난 뒤, 오코넬의 유럽주의는 한층 강해졌다. 생토메르 대학과 루뱅 대학으로 오코넬을 진학시킨 '헌팅캡'의 결정은 뜻하지 않은 결과를 낳았다. 유학 중에 이 젊은이는 프랑스 혁명으로 발생한 혼란과 공포를 두 눈으로 직접 확인했기 때문이다. 리버풀 경이 바스티유 감옥의 붕괴 때의 공포를 결코 잊지 못했듯이, 이 사건들로 인해 오코넬도 폭력이 악하고 근원적으로 무익하다는 신념을 평생 지녔다. 입헌정치에 대한 믿음은 정치적인 결정적 사건들로 더 강해졌다.

1798년에 일어난 비참한 아일랜드 봉기 때, 오코넬은 류머티즘 열병으로 몸져누웠다. 이 때문에 오코넬은 단순히 봉기에 참여하지 못한 것이 아니라 한 발자국 떨어져서 이 반란을 공평한 눈으로 바라볼 수 있었으며, 무력에 의한 음모의 어리석음과 아일랜드 민중은 강력한 리더십이 없으면 절대로 믿어서는 안 된다는 명백한 교훈을 얻었다. 오코넬은 직관과 확신 속에서 신분제도를 지지했다. 본인도 민병대에 자원했을 뿐 아니라 군대 생활을 즐기기까지 했다. 군주제에도 깊은 존경심을 가져서, 그 때문에 1821년에 조지 4세가 더블린을 공식하여 크게 성공을 거두자 사대주의자라는 비난을 받았다. 그러나 비폭력 대중 운동만이 가톨릭 아일랜드를 평등으로 이끄는 올바른 길이라는 굳은 믿음에서 생겨난 여러 가지 사건들을 비추어 볼 때 이 비난은 부당했다는 사실을 알 수 있다.

그러나 오코넬은 사회생활을 시작할 때부터 통합노선 방침을 거부했다. 그 주된 이유는 종교였다. 젊은 시절, 오코넬은 심각한 회의주의자가 된 적은 있으나 이마저도 결혼과 함께 끝났다. 아내가 된 매리도 오코넬 집안사람이었다. 그러나 아주 가난했다. '헌팅캡'의 허락 없이 비밀리에 결혼식을 올렸기에 유산의 반을 잃었지만 매리에 의해 신앙심을 되찾을 수가 있었다. 그 이후로 오코넬은 독실한 가톨릭교도가 되어 모든 종교상 축제일, 단식일과 금육재를 지키며 생활했다.[49] 이러한 가톨릭교 신앙 덕택으로 오코넬은 아일랜드 농민들이나 이들을 보살피는 성직자와 정서적인 유대관계를 느낄 수가 있었다. 그러나 그는 가톨릭교도였으나 교황권 지상론자는 아니었다. 앞서 보았듯이, 샤토브리앙은 대작 『그리스도교의 정수』를 통해 가톨릭교 대중주의를 주장하여 그 결과로 독립된 교황의 직위 복권을 주창했다. 그러나 1815년부터 1830년 사이에 교황은 여전히 이래저래 강국의 힘에 기대고 있었다. 빈 의회 동안에 교황령의 온전한 반환을 강하게 희망한 교황 피우스 7세는 가톨릭교 해방을 둘러싸고 영국 정부와 거래하며, 영국 국왕에게 아일랜드 가톨릭 대주교 임명에 거부권을 행사할 수 있게 허용할 용의가 있었다. 오코넬은 이와 같은 거부권을 신앙의 자유에 대한 단순한 침해 이상으로, 아일랜드 민족주의에 대한 부정으로 보았다. "나는 독실한 가톨릭교도이지만 교황 절대주의자는 아니다."라고 오코넬은 주장했다. 세상을 무시한 영국 정부와 로마의 협력으로 선출된 성직자들은 용인할 수 없었다. "영국 왕의 성직자들은 국민의 멸시와 외면 속에 설 곳을 잃을 것이다. 그리고 국민은 대륙에서 건너온 반 영국 국교회의 정열에 불타는 수도사로 넘쳐나고도 남을 것이다."[50] 거부권 행사에 대한 논쟁은 아일랜드 가톨릭교 수뇌부를 분열시켰지만, 장기적 관점에서는 오코넬에게 확실히 유리하게 작용했다. 오코넬은 정계에서 옛 상류층과 아일랜드 국교회 대변인들을 내쫓아버리고 대신에 그 자리에 자신의 지지자들을 등용하여 자신의 정책을 실시할 수가 있었기 때문이다.

변호사에서 아일랜드 민족지도자로

오코넬이 이 권력을 쥐게 된 것은 변호사 일을 통해서였다. 그는 1798년에 변호사 자격을 얻어 아일랜드 역사상 가장 근면하고 성공한 변호사 중 한 사람이 되었다. 법정에서는 놀라울 정도로 편안했고, 심문을 할 때는 위압적인 태도를 취하고 반대 심문 때는 단호하게 싸웠다. 법률에 관한 지식이 대다수 판사들보다도 풍부했기에 조금도 거리낌 없이 그들과 맞섰다. 오코넬의 최고 장점은 의뢰인의 사건을 마치 본인의 일인 것 마냥 완전히 몰입해 유리한 판정을 받도록 모든 에너지를 쏟아 부었다는 것이다. 오코넬의 냉정한 적수였던 필마저도 중대한 위기 상황에 처한다면 오코넬에게 변호를 맡기겠다고 인정할 정도였다.[51] 불과 10년 만에 오코넬은 그 무렵 하급 변호사로서는 거액인 연간 5,000파운드를 벌어들였다. 1827년 무렵에는 연 7,000파운드로 늘었다. 그러나 가톨릭교도였기에 의회 진출의 길이 막혀서 당연히 법적으로 높은 지위에 오를 수가 없었고, 판사직마저도 막혔다. 그뿐만이 아니었다. 왕실 변호사조차 될 수가 없었다. 그 결과, 주요 소송사건들을 맡을 수도 없었다. 왕실 변호사가 되면 웨스트민스터에서는 연간 2~3만 파운드의 수입을 올릴 수가 있었다. 유능한 가톨릭교도의 사기를 꺾은 것은 이런 차별대우였다.[52] 따라서 원래의 변호사 보수는 오코넬에게 지급되지 않았고, 하급 변호사로서 벌어들인 막대한 수입은 날마다 고된 일을 통해서만 가능했다. 이마저도 나이를 먹어가면서 이처럼 가혹하게 일하는 것은 점점 힘들어졌다.

그럼에도 불구하고, 오코넬은 정치가로서의 출세가 빨랐다. 일찍이 1808년에는 아일랜드 가톨릭교도들을 대표하는 대변인으로 활동했다. 정치 지도자, 특히 민족주의 지도자는 갖가지 사건들을 어느 정도 자기 생각대로 다룰 수 있지만 마찬가지로 그 사건들의 희생자가 되기도 했다. 오코넬이 좋은 예였다. 나폴레옹이 거상처럼 유럽을 주름잡아 영국의 대의명분의 약해지자 가톨릭 해방의 승산이 있어보였다. 오코넬은 1813년 더블린에서 열린 존 매기와 리치먼드 공장 사이의 매기 재판(Magee case)에서 멋진 승리를 거둬 명성을 굳혔다. 더블린 사람들이 일찍이 들어본 적이 없는 통렬한 웅변을 펼쳐 프로테스탄트 검찰총장의 코를 납작하게 눌렀다.[53] 이 재판으로 오코넬은 단박에 전국에서 유명해졌다. 더블린에서 아침 산책을 하던 오코넬의 모습을 누군가가 다음과 같이 묘사했다. "아침 식사를 마치고 포코츠로 향하는 오코넬의 건장한 모습이 주위 시선을 사로잡았다. 헐떡이며 뒤쫓아 가는 변호사들이 따라잡을 수 없을 만큼 빠른 속도로 걸어갔다. 어깨에는 매일 아침 어김없이 우산이 곡괭이처럼 걸쳐 있었다. 기마의용병(자기 말을 가지고 병사로 지원한 농민—옮긴이) 시절에 배운 군대식 걸음걸이는 케리 주 산악지방의 활발한 스포츠맨의 특징인 속보와 절묘하게 어우러져 스코틀랜드 하이랜드의 족장 같은 분위기를 풍겼다. 더구나, 정치 운동자라는 유명세로 인해 공공 장소에서 관중을 몰고 다니기 시작하면서 그 풍모는 더욱 족장과 닮아갔다."[54]

그러나 매기 재판 이후 10년 동안 영국이 가는 곳마다 승리를 거두면서 오코넬의 정치 경력과 가톨릭 해방운동 모두 정체 상태에 빠졌다. 영국이나 유럽 여러 나라 모두가 종교와는 무관하게 중산층 대부분이 지배 계급과 한 통속이 되어 개혁에 반대했다. 억압적인 법률이나 경찰 권력이 그런 경향을 뒷받침한 것도 그 한 원인이었으나 무엇보다도 시대정신이 기존 질서에 유리하게 작용했기 때문이었다. 아일랜드의 경우에는 게다가 또 하나의 특별한 요소가 있었다. 모든 역경 속에서도 더블린 성을 움직이던 필이 있었다. 필이 책임을 맡고 있는 이상, 오코넬의 상황이 나아질 가능성은 희박했다.

이 두 사람이 치열한 싸움을 하는 사이에 오코넬은 진심으로 필을 싫어하고 필 경도 마찬가지로 오코넬을 업신여겼다. 웰링턴은 출신 가문이 아일랜드에서 살며, 그 자신이 여기서 자랐음에도 불구하고 자신이 아일랜드인인 것을 부정했지만, 이것은 영국 지배가 낳은 잘못된 가치관을 말해주는 흥미로운 에피소드였다. 그런데 정작 오코넬은 할아버지의 출신이 불분명한 필을 깔보며 "필은 매너가 없다."고 흥보았다. 필도 마찬가지로 14세기부터 유지해온 지주 가문 출신인 오코넬을 비천한 희극배우로서 아일랜드인 광대패보다 더 나을 것이 없다고 멸시했다.

불행하게도, 이런 생각에는 진실이 조금이나마 존재했다. 오코넬은 키가 훤칠한 미남으로 번쩍거리는 푸른 눈동자와 칠흑같이 검은 머릿결을 갖고, 때로는 왕자처럼 행동하기도 했다. 그러나 동시에 그가 살고 있는 시대와 환경과 인종에 특유한 약점도 있었다. 앞서 말했지만, 오코넬은 경쟁 상대들뿐만 아니라 친구, 동료와 친척 등과 자주 결투를 일삼았다. 이 때문에 오코넬도 잭슨처럼 평판을 훼손되었다. 그리고 오코넬은 늘 금전문제로 골치를 앓았다. 아무리 열심히 일하고, 아무리 많은 돈을 벌거나 '헌팅캡'이나 다른 집안 식구들에게서 원조를 받아도 오코넬은 늘 빚에 허덕였다. 널리 공개되지 않았지만 부인이나 다른 사람들과 주고받은 편지를 최근 분석한 결과, 사치와 빚에 쫓긴 나머지 잠적, 보증서, 배서양도어음, 사후 지불 채무증서 등을 겪었던 오코넬의 가련한 이야기의 전말이 드러났다. 이러한 19세기의 낭비풍조는 윌리엄 골드윈, 퍼시 셸리, 리 헌트 등에게도 똑같이 일어났다.[55] 손이 큰 오코넬은 어리석게도 늘 다른 사람들의 빚보증을 섰다. 1815년에 오코넬이 보증을 섰던 한 친구가 파산하여 8,000파운드의 부채를 떠안기도 했다. 이 외에도 오코넬이 얼마나 재정적으로 무모한지를 보여주는 사례는 수없이 많은데, 오코넬도 똑같이 다른 사람들에게서 돈을 빌렸다. 1817년에 오코넬의 금전 문제를 해결하려던 남동생 제임스가 화를 내며 빚 리스트를 그의 코앞에 들이밀었다. 빚은 1만 9,000파운드에 달했고, 그 중에는 되받기를 일찌감치 포기한 친지, 친구, 의뢰인에게 진 무수한 소액의 빚도 있었다.[56] 오코넬의 금전문제와 그 해결을 둘러싸고, 심각하기도 하나 우습기도 한 노력은 스파이들을 통해 더블린 성에 샅샅이 보고되었고, 그 결과 웨스트민스터에서도 유명해졌다. 영국 지배층에서는 오코넬이 그토록 자주 웃음거리가 된 이유 중 하나가 바로 여기에 있었다.

선거에서 압승한 오코넬

바로 이처럼 굉장히 아일랜드인다운 점이 오코넬의 약점이자 강점이었다. 그 누구도 하지 못했지만, 오코넬은 자국을 대표해 대변할 수 있었고 근대 최초의 선동적인 정치인이 되었다. 잭슨이 미국인이었던 것처럼 오코넬은 아일랜드인이었다. 이 두 사람은 모두 국민성, 선입관, 삶의 자세, 기호를 눈에 띄게 과장된 방식으로 표현했다. 두 사람은 바로 그 시대와 나라를 대표하는 전형적인 인물이었다. 그러나 잭슨이 지닌 크나큰 의지와 용맹성이 부족했던 오코넬은 매우 독창적인 정치적 두뇌의 소유자로 비범한 조직 수완을 발휘했다. 이러한 자질들이 있었기에 오코넬은 근대 최초로 대중 정치 조직을 만들어 낼 수가 있었다.

오코넬의 정치 조직은 크게 세 가지 요소에 의지하고 있었다. 첫째는 오코넬과 뜻이 맞는 과격한 신문이었다. 1823년에 시대정신이 또다시 변하고 거기에 더 자유로운 정신이 감돈다는 사실을 감지한 오코넬은 법적 불평등을 해소한다는 명분으로 가톨릭 협회를 만들었다. 1820년대에는 미국, 영국, 프랑스와 독일에서 처음으로 신문의 힘이 현격하게 발휘되던 시대였다. 아일랜드도 예외는 아니었다. 필이 더블린 성을 떠나자 정부 지원의 어용 신문 체제는 무너지기 시작하여 1820년대 초기에는 모두 자취를 감추어버렸다. 1823년부터 대규모 발행부수를 자랑하는 신문사 6곳 중 4곳은 전적으로 가톨릭 협회를 지지했다. F. W. 콘웨이가 운영하는 「더블린 이브닝 포스트」지, 마이클 스톤턴이 편집하는 「모닝 레지스터(Morning Register)」지와 「위클리 레지스터(Weekly Register)」지 등 세 신문사는 모두 오코넬이 장악했다. 모두가 정치적 색채가 강한 신문들이어서 오코넬과 오코넬 지지파의 지사들의 연설을 소상하게 전달하여 아일랜드 가톨릭 사회 구석구석 집회와 선술집에서 많이 읽혀졌다. 가톨릭계의 언론을 장악한 오코넬의 힘에 의해 가톨릭 협회의 선전은 남부 곳곳에 두루 미쳤다. [57]

세 버팀목 중 두 번째는 자금이었다. 오코넬은 폭력 행사를 반대했다. 그 대신에 평화로운 대중운동 방법을 채택해 자신의 입김이 닿는 신문을 통해 아일랜드 농민들에게 운동 전개요령을 제시했다. 1784년에 이미 가톨릭교도 해방 운동 기금을 마련하기 위해서 모든 가톨릭 가정에게서 1년에 1파운드씩의 '기금'을 모으자는 제안이 나온 적도 있었다. 1824년 2월 4일, 오코넬은 이 아이디어를 새롭게 간단한 형태로 바꿔 신문을 통해 호소했다. 모든 가톨릭 가구에서 매달 1페니씩을 거두는 것이었다.

1페니라면 가장 가난한 사람도 감당할 수 있을만한 금액이었다. 이 모든 기금이 합쳐져 연간 5만 파운드에 달하는 기부금이 마련되었다. 기금 사용처는 가난한 가톨릭 신도 죄인, 특히 '오렌지 당' 판사를 상대해야 하는 사람들을 위한 변호 비용, 가톨릭계 신문의 지원과 발전, 빈민 교육, 교회와 학교의 건설비, 의회 활동비, 특히 아일랜드인의 고충에 세상의 이목을 집중시키기 위한 대중청원 제출비 등에 충당됐다.[58] 처음에는 알지 못했지만, '기금 모금' 운동을 하면서 오코넬은 곧 한 가지 사실을 깨달았다. 바로 모금과 기부가 단순히 기금을 모으는 것을 떠나서 활동가와 대중을 묶고, 그 결과로 대중 조직을 형성한다는 것이었다. 이 대중 조직은 전국적인 위원회 네트워크에 의해 활동이 널리 전개되어 바로 여기서 마지막 세 번째 요소가 나타났다. 1페니를 기부하는 행위는 농민들의 감정적인 지지로 시작했지만 곧 순수한 참가의식으로 바뀌었다. 기금 모금 활동은 중산층이나 가톨릭교도들을 적극적인 운동가로 변모시켰다. 성직자도 동참했다. 하인과 같이 집이 없는 사람들로부터도 기부금을 모으기 위해서는 교회 입구에서 모금할 필요가 있었기 때문이었다. '기금 모금' 운동을 시작한 지 2년도 되지 않아, 오코넬은 마치 문어발 같은 조직의 꼭대기에 있다는 사실을 알았다. 그 촉수는 가톨릭 아일랜드의 모든 마을 구석구석으로 뻗어나가서, 조직의 목적을 '재정'에서 '선거 목적'으로 바꾸는 것은 매우 쉬웠다.[59]

1825년 금융 공황의 여파와 그 이듬해에 찾아온 불황으로 오코넬은 정치적 기회를 잡았다. 마리아 에지워스와 같은 프로테스탄트 자유주의자들은 호황기를 맞게 되면 영국 지배에 대한 근본적인 반대 없이도 경제적 번영으로 인해 아일랜드에서 발생하는 문제들이 해결될 것이라고 확신했다. 1825년 호황기가 절정에 다다랐을 때, 스콧과 사위인 록하트가 에지워스 타운을 방문했는데 이곳에서 둘 다 큰 감명을 받았다. 스콧은 다음과 같이 썼다. "여기에서 우리들은 [프로테스탄트] 젠틀맨 가정이 [아일랜드의] 아마도 혜택을 받았다고는 할 수 없는 곳이라도 오래 살기만 한다면, 얼마만큼 존경을 받고 안락하게 지낼 수 있는지를 두 눈으로 확인할 기회가 있었다. 그들은 신이 이 가족의 거처로 결정한 이 땅의 친구로서, 보호자로서 의무를 가지고 있었다. 이곳에는 진흙집이나 적나라한 빈곤의 자취도 찾아볼 수 없다. 아늑한 농가와 웃음 가득한 얼굴만이 곳곳에 가득하다."[60] 에지워스 양도 미래에 관해 감동적일 정도로 낙관적이었다. 1825년 5월에 한 미국인 친구에게 다음과 같은 편지를 보냈다. "지금 넘쳐나는 영국 자본이 곧 여기에도 넘쳐흐를 테지. 그러면 이 나라 여기저기서 산업이 일어나고, 시간 엄수, 질서, 경제 등이 자리 잡게 될 거야. ……아일랜드에서 광산을 채굴하거나 제조업을 일으키거나 ─운하를 만들거나─슬레이트 채석장이나 제분소 등을 경영하기 위해 이미 영국에서는 과학자나 실업가에 의한 대기업이 생기고 있어. 어느 회사의 설립 취지서에는 '우리 자본은 200만 파운드입니다'라는 말로 시작하기도 한단다."[61]

그러나 어찌된 일인지, 이 모든 것들은 연말이 되자 바람과 함께 사라지고 말았다. 200만 파운드의 꿈은 실현되지 못했고, 그 사이 입에 오르내리던 다른 영국 투자 계획도 모두 물거품으로 변했다. 아일랜드는 영국보다 더 깊은 빈곤의 나락으로 빠져들었다. 지주는 지갑을 쉽게 열지 않게 되었고 소작료마저 올리기까지 하는 등 상업이 급락했다. 낙관론은 자취를 감췄다. 1826년의 총선거에서 오코넬의 새로운 조직은 워터퍼드의 예비선거에서 다른 모든 후보를 휩쓸었다. 압도적으로 가톨릭교도가 우세한 자유토지 보유농민 유권자들은 워터퍼드에서뿐만 아니라 전 지역에서 정부 여당의 후보자들을 외면했다. 이처럼 아일랜드 가톨릭계 소작인들이 하나로 합심하여 단결하자, 국교회 우위의 선거용 하부구조로서의 지주제도가 작동을 멈췄다. 이러한 소작인의 단결을 가능케 한 것은 오코넬의 가톨릭 협회와 '기금 모금'이었다. 이와 같은 운동, 특히나 이정도 규모로 일어난 운동은 영국 제도는 물론 프랑스에서도 없던 모습이었다. 한편 미국은 1826년 무렵에는 그 싹이 막 생기는 단계였다. 그런데 바로 이 때 오코넬의 폭력 반대 방침이 상당한 성과를 거두었다. 더블린 성은 합법적으로 승부를 겨룬 자에 대해 현실적으로 대책이 없었다. 오코넬이 법을 어기지 않고 그 기본적인 불평등을 폭로하면서 법에 도전장을 내민 것이었다. 워터퍼드에서 출마한 오코넬 측의 후보자는 당연히 그를 지지하는 프로테스탄트였다. 가톨릭교도는 선서를 할 수 없기에 의원이 될 수가 없었기 때문이다. 그러나 가톨릭교도는 의원이 될 수는 없더라도 후보로는 나올 수가 있었다.

1827년, 운동이 확대되면서 오코넬은 스스로 의사 표시를 하기로 결심했다. 때맞춰 그 이듬해 클레어에서 보궐 선거가 진행되는 덕택에 오코넬에게도 기회의 문이 열렸다. 이 때 처음으로 후보로서의 오코넬은 대중 운동의 꼭대기에 선 자로서 자기의 소신을 공개적이고 합법적인 방법을 통해 밝힐 수 있었다. 대규모 집회에서 연설을 시작했을 때에는 클레어뿐만 아니라 가톨릭 아일랜드 전국에서 사람들이 몰려들었다. 그 뒤 1840년대 초기에 한 집회에서는 남녀노소 막론하고 총 100만 명의 인파가 몰려 아직까지도 세계 역사상 최대 규모의 정치 집회로 기록되고 있다.[62] 여하튼 당시는 아직 그 정도의 숫자는 되지 않았지만 그래도 클레어 보궐 선거 기간에 아일랜드에서 열린 집회는 이미 상당한 규모였다. 대부분 집회를 결집하는 일은 교구 사제들이 담당했다. 이들은 미사가 끝나면 예복을 벗어버리고 '직접 교구민들을 시위운동의 현장으로 이끌었다. 선거를 위한 마지막 집회는 1828년 6월부터 7월 사이에 주정부 소재지인 에니스에서 열렸는데, 이때는 소작농 무리가 때로는 100명에서 200명씩 열을 지어 지주들의 소유지를 행진하는 장면이 연출됐다. 그리고 에니스에 다다랐을 때, 국교회 측의 후보자인 베시 피츠제럴드에게 투표하라는 주민들의 지시를 공개적으로 엄숙하게 거부했다. 단결은 그들의 무기였다. 지주는 반항을 이유로 소작농 한 명은 내쫓을 수 있지만, 소작인 모두를 내쫓을 수는 없다.

더군다나 선거권을 가진 3,000명의 남성 뒤에는 아마도 그 열 배가 넘는 아내와 아이들, 친구와 지지자들이 있었다. 시내에는 오코넬을 위해 일하는 150명에 달하는 성직자들과 일반인 운동가들이 있었다. 이들은 군중의 숙소나 식사를 준비하여 군중이 규율을 어지럽히지 않도록 배려했다. 법을 지키고 폭력을 차단하는 것이 무엇보다도 중요했기 때문이었다. 정부를 지지하는 존 코피 신부가 한 소작인 무리를 피츠제럴드에게 투표시키려고 데리러 가자, 오코넬 측 머피 신부의 외침이 이들의 마음을 돌려놓았다.

"여러분들, 정녕 여러분의 신과 조국을 배반할 생각인 겁니까?"

선거 투표소 입구에서도 피츠제럴드의 소작인들은 민족주의자이자 성직자인 톰 맥과이어 신부의 열렬한 웅변을 듣고는 오코넬 진영으로 발길을 돌렸다.

"여러분, 여태까지 여러분들이 들은 유혹과 요염에 가득 찬 목소리는 데인 족, 노르만 족, 색슨 족의 후예들과 손을 맞잡고 만 대에 걸쳐서 여러분의 교회를 불사 지르고, 여러분의 제단을 무너뜨리며, 여러분의 성직자를 학살하고, 바로 여러분의 종교를 억누르는 데 동참한 자들의 목소리였습니다. 신과 국가를 배반한 사람이라면 베시 피츠제럴드를 따를 것입니다. 진실한 모든 아일랜드 가톨릭교도들이여, 나를 따르시오."[63]

투표 결과, 오코넬은 982표를 얻은 피츠제럴드를 2,057표로 누르고 승리했다. 67퍼센트나 되는 지지율을 확보했다는 것은 당시 19세기 초기의 기준으로 보면 상당히 놀라운 기록이었다. "내가 젠틀맨 전원에게…… 한 사람도 빠짐없이 투표하라고 호소했다. 그런데도 전국적으로 민심이 돌아서버렸다."고 피츠제럴드는 필에게 편지를 썼다. 필은 이 사건이 역사의 갈림길이라고 정확하게 인식했다. 그리고 월터 스콧 경에게 다음과 같이 보고했다. "우리들은 수만 명의 열광적인 대중이 질서정연하게 행동하는 것을 지켜봤습니다. 그들은 과잉행동을 하거나 방종하지 않도록 단속하면서 단 하나의 목적에 모든 정열과 감정을 쏟았습니다."[64] 여기서 목격되는 것은 역사의 중앙 무대에서 활약하는 대중이었다. 혹은 셸리가 똑똑히 봤듯이, 그것은 고대 신화의 마신이 깊은 굴에서 자신의 모습을 드러내는 광경이었다.

가톨릭교도 해방령

아일랜드 지배 체제가 명백하게 붕괴되는 상황에 직면한 영국 정부는 어떻게 해야 했을까? 이론상으로 영국은 강한 정부였고, 특히 아일랜드 정책에 관한 부분에서는 그랬다. 1827년 2월 17일, 총리를 15년간 연임했던 리버풀 경이 뇌졸중 악화로 사퇴해야 하는 상황이 발생했다. 그로부터 6주가 지난 4월 10일에, 조지 캐닝이 토리당의 자유파와 휘그당의 온건파로 구성된 내각을 구성했으나, 계속되는 경기 침체 및 그리스와 터키를 둘러싼 외교적 위기 등 캐닝이 당면한 문제는 엄청났다. 그러나 실제로 내각을 파괴한 것은 캐닝 본인의 건강 쇠약이었다. 8월 8일, 캐닝이 죽었다. 조지 4세는 교묘히 계략을 써 그 무렵에는 고드리치 자작이던 평판 나쁜 프레드 로빈슨을 불러들여 내각을 구성하게 했다. 내각은 처음부터 삐걱거리기 시작했다. 12월 초부터 재무장관 존 찰스 해리스와 식민장관 윌리엄 허스키슨 등 많은 장관들이 당장이라도 사퇴할 듯한 분위기였다. 허스키슨의 경우에는 사직서를 제출, 취소, 그리고 다시 제출하는 과정을 여섯 번이나 반복했다. 1월 초가 되자 재무부의 자금도 동나버렸다. 의회 개회를 열흘 앞둔 시점에서 국왕 시정 연설도 준비되지 않은 가운데, 고드리치는 정세를 진전시키지 못할 경우 탄핵당할 수 있다는 조언을 들었다. 1월 8일, 고드리치는 국왕을 알현하고 눈물을 터뜨리며 사임의사를 밝혔다. 이 때 조지 4세는 "여기, 이 손수건을 가져가세요."라고 말했다. 그러나 윈저에서 런던까지 고드리치가 탄 공식 마차를 수행한 시종 무관의 말에 따르면, 고드리치가 울다가 웃다가를 반복하다가 하운즐로우에 다다르자 곤히 잠들어버렸다고 한다.[65] 이리하여, '번영' 로빈슨만 처음이자 마지막으로 의회를 마주하지 않은 유일한 총리로 역사에 남았다. 훗날 디즈레일리는 로빈슨을 "짧은 순간 나타났다 사라진 당황스러운 유령"이라고 묘사했다.[66]

자유로운, 즉 '물렁한' 토리 당원에 질려버린 조지아 4세는 1월 25일에 웰링턴과 필이라는 확고부동한 '단단한' 토리 당원으로 돌아왔다. 이리하여 웰링턴이 총리직에 오르고, 필이 하원에서 그의 오른팔을 맡았다. 작은 피트(윌리엄 피트의 아들―옮긴이)의 전성기 이후 가장 강력한 정부가 나타나게 된 것이다. 디즈데일리는 『시빌』에서 다음과 같이 썼다. "웰링턴 공작의 공직 생활이 끝나야 비로소 그의 내각이 끝난다는 생각이 지배적이다. 따라서 공작이 취임하던 때 심지어 휘그당원마저도 입가에 웃음을 지을 정도였다. 정치적 화합은 오늘날의 유행이 되어 정당의 연대가 클럽에서든 여자들의 안방에서든 세상 이야기의 화제로 떠올랐다."[67]

필과 마찬가지로 오코넬도 중대한 고비가 지나갔다는 사실을 느꼈다. 1828년 7월 10일 클레어 보궐 선거를 마친 직후에 오코넬은 다음과 같이 썼다. "아일랜드는 어떻게 되는 것일까? 가톨릭교도의 미래는 어떻게 되는 것인가? 우리를 억압하거나 존중하거나 둘 중 하나이다. 지금 이 상태로 놔두진 않을 것이다."[68] 그런데 웰링턴이 권력을 잡은 한, 선택은 '억압' 단 하나뿐이라고 오코넬은 침울해했다. 리버풀 총리가 뇌졸중으로 쓰러졌을 때, 오코넬은 놀라서 한 동료에게 편지를 보냈다.

"우리는 현재 웰링턴 공작이 차기 총리가 될 것이라는 생각에 몹시 두려워하고 있소. 만약 그렇게 될 경우, 실제로 대량학살이라는 공포가 우리를 위협할 것이오. 웰링턴은 그야말로 머리도 심장도 없는 악한이오."[69]

그러나 웰링턴은 실제로 머리와 이성과 감정을 셋 다 지니고 있었다. 그러나 웰링턴에게 시의적절한 양보가 필요하다고 납득시키는데 무엇보다도 중요한 것은 아일랜드 대중의 합법적이고 단호한 의사 표시였다.

웰링턴도 잘 알다시피, 그들은 단순한 무리가 아닌 분별 있고 근면한 농민이었다. 클레어 선거의 본질은 그 의사표시였다. 실제로 그는 지금이야말로 변화가 불가피하다는 사실을 자각했다. 그러나 문제는 동료들, 그 중에서도 특히 필과 국왕을 설득하는 일이었다. 웰링턴은 여름과 가을에 걸쳐 11월까지 필의 마음을 돌리려 노력했고 결국에는 필이 일생 동안 굳혀온 신념을 꺾고야 말았다. 필의 경우에는 개인적인 희생이 뒤따르는 결심이었다. 필은 옥스퍼드 대학 선출의원이었는데, 이는 영국에서 런던 시, 요크 주에 이은 명예로운 의석이었다. 그러나 필은 이제 가톨릭 해방령을 지지하기로 결심한 이상 의원직을 사임하고 1829년 2월 재선출의 기회를 노리는 길밖에 없었다. 지금처럼 그 당시에도 많은 옥스퍼드 학장들은 좌절된 대의명분에 집착했다. 현재는 마르크스주의가 그렇듯 그 시절에는 배타적인 프로테스탄트가 특권이었다. 그들은 필을 포기했다. 필은 임시적으로 정부 여당의 선거구로 옮기는 수밖에 없었다.

하원에서 가톨릭 해방령을 추진하는 동안, 필은 자신의 행동이 옳다고 확신하고, 이 기회를 이용해 19세기에서 현대로 접어들면서 점차 중요하게 부각될 철학적 이념을 체득했다. 보수 정치가가 특정 견해를 얼마나 주장하건 간에 국가 질서 유지가 최우선이며, 이것은 국민 전체의 합의를 이끌어내지 못하면 불가능하다는 것이었다. 따라서 필은 해방령에 대한 자신의 기존 입장이 '억지스럽고 불합리했다'는 사실은 인정하지 않았다. 그러나 또한 그 반대 입장을 취하게 된 것도 인정치 않았다.

"이 정책은 더 지속해봐야 이로울 것이 없다는 확신으로 말미암아 사임했다. 별다른 효율적인 재료나 방법도 충분치 않다고 믿는다. 그래서 제어할 수 없는 도덕적 필요성에 따랐다. 내가 지켜야 하는 나라의 운명을 위태롭게 하면서까지 저항하고 싶지 않았기 때문이다."[70]

국왕을 설득하기는 훨씬 더 어려웠다. 국왕은 연신 변덕을 부리면서 공작의 진지한 의견에 동의했다가 취소하기를 반복했다. 그러나 결국에는 뜻을 굽히면서 떨떠름하게 말했다.

"아더(웰링턴 공작)가 영국의 왕이고 오코넬이 아일랜드 왕인 것 같으니, 아무래도 짐은 윈저 성의 사제인가보군."[71]

이렇게 민중이 승리를 거두면서 가톨릭교도들은 권리를 찾았다. 영국은 자유주의 의회 제도를 채택한 법치국가였고, 일단 클레어에서 물꼬가 트이자 가톨릭교도 해방은 불가피했다. 이 사건은 아일랜드에게 역사적으로 무척 큰 의의를 지녔다. 뛰어난 웅변술을 지닌 오코넬은 하원에 진출하게 됐다. 그뿐만 아니라 아일랜드 의회 당 역시 창당되어 영국과 아일랜드 합동을 해체하기 위한 운동이나 아일랜드 자치 운동으로 발전하고, 마침내 1922년에는 아일랜드 자유국의 탄생으로 이어졌다. 그러나 이 사건은 영국에도 중요했다. 그것이 투표에 의해서였건 아니었건 간에 정부는 국가 대다수가 명백하게 표시한 의견을 존중하고 개혁도 받아들인 중요한 선례를 남겼기 때문이다.

─ 미국 민주당 창당

오코넬이 클레어 선거에서 승리했을 무렵에, 잭슨 장군도 대선 마차를 타고서는 대중을 이용해 의기양양하게 워싱턴으로 가던 중이었다. 오코넬과 마찬가지로 잭슨에게 가장 힘을 실어준 것은 점점 힘을 키워가던 대중 신문이었다. 이미 대통령으로 선출되기도 전인 1824년 7월 31일에 존 퀸시 애덤스는 자신의 일기에 다음과 같이 불만을 털어놓았다. "아메리카 합중국 곳곳에서 거대 신문사 여덟에서 열 곳이 서로 긴밀히 협력하여 공사막론하고 내 평판과 명성에 먹칠하는 기사거리들을 잇달아서 내보내고 있다."[72] 물론 그 뒤로 그의 불평거리는 늘어났다. 여하튼 '더러운 거래' 소동이 벌어지고 얼마 지나지 않아 잭슨은 3,000달러를 들여, 이튿, 제임스 K. 포크를 비롯한 자신의 지지자들이 자금을 모아 잭슨이 총애하던 기자들 중 한 사람인 더프 그린에게 주어 옛 「워싱턴 가제트」 지를 매수하게 했다. 그린은 이 신문의 이름을 「유나이티드 스테이츠 텔레그라프」로 바꾸었고, 곧 잭슨을 지지하는 대표적인 잭슨파 신문이 되었다.[73] 이 신문은 모든 민주당계 신문의 주요 매체로 자리 잡아 곧 같은 신문이 50여 개나 발행됐다. 이들 신문의 논조는 클레어 선거 때의 머피 신부와 맥과이어 신부가 벌이던 언쟁의 연장선상에 불과한 낮은 수준이었다. 그 시절의 이런 논쟁에는 온갖 인신공격 및 비방이 난무해 오히려 오늘날의 미국 선거가 우스워 보일 정도였다. 공격은 특히 백악관의 내부 움직임에 집중됐다. 이러한 모습도 완전히 새로운 현상은 아니었다. 먼로 대통령은 대통령 관저를 유럽 국가 원수들의 궁전처럼 꾸미는 데 많은 공을 들였다. 백악관의 이스트 룸은 일찍이 2대 대통령의 부인인 애덤스 부인이 빨래를 널어 말리던 곳이었으나, 먼로는 이 방을 꾸며 막내딸의 결혼식을 올렸다. 그런데 이 일이 파장을 일으켰고, 1824년 4월에는 과거 관저 책임담당자였던 레인 대령이 수천 달러를 횡령한 사실까지 밝혀졌다. 이 사건과 관련해 국회는 조사 위원회를 설치하고 위원장인 테네시 주 출신의 존 콕 의원(잭슨파)은 대통령이 출두해 질문에 답할 것을 촉구했다. 그 당시 애덤스의 일지에 따르면, 먼로는 "이 소식을 가져온 사람에게 '자네는 악당일세'라고 콕에게 꼭 전하고, 그 말만이 내가 하고 싶은 전부라고 말했다."[74]

애덤스가 대통령이 되자, 여기에 '더러운 거래' 의혹까지 가세해 더 많은 관심이 대통령 관저에 쏠렸다. 백악관의 가구 목록에는 당구대와 체스 세트가 있었다. 이 두 물건이 모두 공교롭게도 애덤스가 자신의 돈으로 산 것이라는 게 밝혀졌다. 그러나 잭슨파인 노스캐롤라이나 출신의 하원 의원인 새뮤얼 카슨은 도대체 어떤 권한으로 국민의 돈을 노름 테이블과 물건 구입에 사용할 수 있는지 밝히라고 요구했다. 이 발언은 곧장 「텔레그라프」지와 관련 신문사들에 실려 널리 퍼졌다.[75] 한 술 더 떠서, 이들 신문사들은 애덤스가 상트페테르부르크 공사로 있던 시절에 러시아 황제에게 젊은 미국인 아가씨들을 붙여주는 등 뚜쟁이 역할을 했다고 덧붙였다. 애덤스는 이제 기존 '엄격한 지팡이'에서 이제는 '막돼먹은 자' 라는 별명이 붙은 비열한 인물로 묘사하여 '포주 외교관'이라고 불렸다.[76]

물론 여기서 잭슨의 반대파도 가만있지 않았다. 「내셔널 저널」지는 다음과 같이 보도했다.

"잭슨 장군의 모친은 영국 병사들이 이 나라에 데려온 천한 매춘부였다! 훗날 혼혈 남성과 결혼해 여러 자식을 낳았는데 그 중 한 명이 바로 잭슨이다."

이 기사를 접한 잭슨은 분노의 눈물을 흘렸다고 한다. 그러나 이보다 더 참을 수 없었던 것은 본인의 결혼에 대한 합법성과 부인을 향한 공격이었다. 결국 이러한 공격은 살인사건으로까지 발전했다. 잭슨 부인의 순결에 대한 공격은 1824년 선거시절부터 이미 시작됐다. 일찍이 1825년 1월 6일에는 '흡사 종이라도 꿰뚫을 정도의 강한 필체로' 잭슨 장군은 친구에게 자신의 부인을 위해서라면 어떤 결투라도 벌일 각오가 있다는 내용의 편지를 보냈다. "나는 내 아내를 지킬 줄 알아!"[77] 이 무성한 소문의 배후에 클레이가 있다고 생각한 잭슨 지지파들은 복수를 맹세했다. 클레이는 켄터키 주 지지자 중 한 사람으로부터 다음과 같은 경고를 받기도 했다. "제발 정신 좀 차리시오! 지금 당신을 총살하는 것이…… 가장 영예로운 일이라고 생각하는 무법자들만도…… 수천 명에 이릅니다."[78] 랜돌프 상원 의원이 애덤스와의 관계를 '엄격한 사랑의 사기꾼 간의 손잡기'라고 비난하자, 클레이는 '더러운 거래' 의혹과 싸워나가야겠다고 생각했다. 랜돌프와 클레이는 포토맥 강기슭에서 결투를 벌였다. 오늘날 워싱턴 국제 공항이 자리한 곳이다. 결투 결과, 부상자는 발생하지 않았지만 클레이의 총알이 새로 장만한 랜돌프의 코트를 관통하는 것으로 끝났다.

클레이가 잭슨과 결투를 벌이지 않았다는 사실이 놀라울 따름이었다. 1826년이 끝날 무렵에 잭슨 진영은 과거 빚 수금 대행업자였으나 현재는 사설탐정 일을 하는 데이라는 한 영국인이 내시빌과 나체즈를 돌아다니며 잭슨 부인의 과거와 현재 결혼에 대해 캐묻고 다닌다는 소문을 접했다. 데이의 정보는 클레이를 지지하는 신문인 「신시내티 가제트」지의 편집장 찰스 해먼에게 보내졌다. 잭슨은 해먼에게 "감히 네 까짓 게 어디서 그녀의 신성한 이름을 입에 담는 거야?"라고 소리쳤다. 잭슨은 친구인 샘 휴스턴에게 열정어린 편지를 보냈다. 샘은 허미티지에서 잭슨의 만족어린 눈길 아래 사격 연습을 한바탕 벌인 뒤, 선거 경쟁자 한 명을 결투로 쓰러뜨렸는데, 그 편지에는 "최근 클레이가 은밀한 활동을 벌이고 있다는 정보를 입수했어. 확실하고 신뢰할만한 증거만 잡으면 정치적 생명줄을 끊어 실제로 파멸시키는 데 쓰고 말거야."[79]라고 써 있다. 잭슨 부인에 관한 소문은 마침내 선거 광고지에 실렸다. 여기서 해먼은 이것은 신문에 실어야 한다고 결심하고는 애덤스지지 신문인 「내셔널 저널」지까지 이 뉴스를 보도했다. 잭슨은 내시빌 지역의 유력자 10명으로 구성된 위원회에 정확한 진상 조사를 의뢰하여, 현재 확인할 수 있는 틀림없는 사실을 적은 성명서를 작성하게 했다. 이 성명서는 「텔레그라프」지와 잭슨을 지지하는 전국적인 신문에 무려 10단 분량으로 발표됐다. 그러자 해먼은 『잭슨 장군의 가정 문제에 대한 의견』이라는 팸플릿을 발행해 되받아쳤다. "간음죄를 저지른 여성과 그녀의 정부인 남편이 이 나라의 가장 높은 관직에 오르는 일이 과연 옳은 일인가?" 이 때 잭슨은 고의로 모욕적인 내용을 고스란히 담은 장문의 편지를 클레이에게 썼다. 만약 이 편지가 실제로 보내졌더라면 분명 결투로 이어졌을 것이다. 그러나 한 번 더 결투를 벌이면 잭슨의 정치 생명에 치명적일 것이라고 본 잭슨의 친구들은 잭슨에게 감정을 털어버리고 편지를 책상 서랍 속에 넣어버리라고 설득했다. 그 대신에 「텔레그라프」지는 애덤스 내외가 혼인 전에 동거했다는 사실과 한 술 더 떠서 대통령이 알코올 중독 환자에 안식일을 지키지 않는 자라는 내용을 실었다.[80]

타락한 미 대통령 선거

1828년 대통령 선거는 아마도 미국 역사상 가장 천박하고 그때까지 치러진 선거 중 가장 악의에 찬 선거였다. 이른바 '누설'이 처음 등장한 것도 이때였다. 이와 관련해서 애덤스는 개탄했다.

"나는 개인적으로 편지를 별로 쓰지 않는다. ……내가 끼적인 한 줄이 훗날 친구나 적에 의해서 공개될 수도 있는 우려 때문이다. 공격 대상이 되고 증오와 조롱의 표어로 입에 오르내릴까봐 오해의 여지가 있는 문장은 쓸 수가 없다."[81]

그러나 어떤 점에서는 애덤스 진영이 잭슨 측보다 더 비도덕적이었다. 예를 들어, 과거 뉴저지 주의 상원 의원이자 이제는 해군장관인 새뮤엘 사우사드는 뉴올리언스 전투의 승리를 전적으로 먼로의 공으로 돌렸고, 심지어 먼로가 전선을 이탈하려던 잭슨을 붙잡고 적에 대항하라고 지시했다고 주장했다. 잭슨은 사우사드에게 편지를 쓰고 직접 전달하면서 휴스턴에게 다음과 같이 말했다.

"더러운 중상을 침묵시키고 비방자를 까발렸으면 좋겠어. 그런 기록을 쓸 악당은 내가 살아 있는 한 국민으로 하여금 국가 관리의 배신행위와 위선을 알도록 해야 해."[82]

잭슨을 공격하는 팸플릿에는 그의 노예 구매를 다룬 것도 있었다. 노예 제도 반대 지역인 뉴잉글랜드의 지지율을 떨어뜨릴 속셈으로 제목은 「잭슨 장군의 흑인 투기와 인신매매 ― 결정적인 증거에 의한 검토와 실증」이었다. 이보다 훨씬 악명을 떨친 것은 널리 알려져 세간의 이목을 끈 '관 전단지'였다. 이 전단지에는 「잭슨 장군의 피투성이 업적 가운데 몇 가지 사실」이라는 긴 제목이 붙었다. 거기에는 잭슨과의 결투로 쓰러진 버스웟이나 암브리스터, 앨라배마에서 처형된 여섯 명의 테네시 민병, 그리고 어린 존 우즈까지 잭슨의 맥베스(셰익스피어의 비극에 나오는 주인공

—옮긴이)를 괴롭힐만한 모든 원혼을 죄다 끄집어냈다. 전단지에는 총 18개의 관이 그려진 삽화도 있었다.[83] 해리엇 마르티노는 뉴잉글랜드에서는 잭슨을 반대하는 선전이 널리 퍼지고 대개 사실로 추정되고 있다며 그 일례를 전했다. 선생님이 한 남학생에게 누가 아벨을 죽였느냐고 묻자 그 소년은 "잭슨 장군이요, 선생님."이라고 답했다고 한다.[84]

그러나 잭슨 진영도 점차 이런 공격에 대해서 재빠르고 냉정하게 사실에 입각하여 대처할 능력을 키워서, 전국의 신문에다 반박문을 실었다. 실제로 중간선거에서 승리하고 상하 양원에서 다수를 차지한 잭슨의 민주당은 1828년에 본격적으로 선거가 시작될 때쯤에는 확실하게 우위를 점했다. 솔직하게 말해서, 이들 진영에 더 유력한 후보들이 많았다. 선거 운동용 배지라든가 화려한 정당의 유니폼 조끼 같은 아이템들이 처음 나타난 것은 1824년이지만, 본격적인 대대적 선거운동은 1828년에 시작되었다. 잭슨이 내건 슬로건은 워싱턴 정화와 고액의 정부 지출 삭감이었다. 선거운동의 진짜 동력은 군인 영웅이라는 잭슨 장군의 명성과 강력한 언론을 동원한 대중 대상의 슬로건 확산이 잘 결합된 결과였다.

이 언론 보도진은 「아르고스 오브 웨스턴 아메리카(Argus of Western America)」지의 편집자로 유난히 빈틈없는 저널리스트인 아모스 켄덜 (1789~1869)이 이끌었다. 켄덜은 1827년에 클레이에게서 등을 돌리고 민주당원에 합류한 자였다.[85] 잭슨은 오랫동안 병사들 사이에서 단단한 나무인 히코리를 빗댄 '올드 히코리'라는 별명을 갖고 있었다.[86] 켄덜의 번득이는 영감에 따라 잭슨 진영의 언론 고문들은 이제 이 별명을 일종의 선거용 상징으로 사용하기 시작했다. '히코리 클럽'이 전국적으로 생겨났다. 잭슨 지지자들이 히코리로 만든 지팡이와 단장을 판매해 집회 장소에서 흔들었다. 잭슨을 지지하는 지역의 도시에는 히코리 나무가 심어졌고, 시골에는 히코리 기둥이 세워져 1845년에도 이 가운데 몇몇은 여전히 남아 있다. 퍼레이드, 야외 바비큐 파티와 거리 집회들도 줄을 이었다. 선거 역사상 처음으로 「켄터키의 사냥꾼들」이라는 선거 캠페인 노래가 사용되어 엄청난 성공을 거두었다. 이 노래는 1815년 1월의 대승리와 '패켄햄'과 '그의 허풍'—패켄햄과 그 일당들이 흰 눈 같은 백인에서 거무스름한 흑인까지 뉴올리언스에 있는 '모든 인종의' 아름다운 딸들을 강간하려고 해서 잭슨 장군이 그 비열한 계획에 분노하여 패켄햄을 죽인다—을 내용으로 담은 노래였다.[87]

잭슨은 선거연설을 거의 하지 않았다. 장군을 보필하는 참모들이 혹여나 잭슨이 난폭하고 경솔한 발언을 내뱉지 않을까 염려해 장군을 표면에 내세우지 않은 것이다. 실제로 장군은 이러한 전략에 흡족했다. 그는 "냉정하고 침착하게 견뎌내기 힘들다."고 주장했지만 그렇게 할 수 있었고, 실제로 그렇게 했다. "나의 정적들은 나라는 인간을 제대로 평가하지 않았다. 그들은 내가 무모한 행동을 하게 자극할 수 없다. 할례를 받지 않은 이단의 필리스틴 사람들이 자유를 파괴하고, 사람들이 부와 물욕의 신을 숭배하게 하려고 골리앗을 내보내자, 신의 아브라함, 이삭과 야곱을 따르는 다윗이 나타났듯이 나 역시도 차분하고 침착하며 하나님을 믿는다. 나는 하나님이 공명정대하다고 믿기에 인과응보가 일어나고 정당한 죗값이 치러지고 집행되는 날만을 고대하고 있다."고 주장했다.[88] 잭슨은 필요하다면 언제나 평정을 유지했다. 분노를 나타내는 것이 목적 달성을 위한 수단이라는 증거는 많이 발견할 수 있었다.[89]

조직 정치 시대의 개막

잭슨만 이상적인 후보는 아니었다. 잭슨에게는 체구가 작지만 원기 왕성하고 잘 생긴 마틴 밴 뷰런(1782~1862)이라는 이상적인 부관이 있었다. 뷰런은 붉은색이 감도는 금발머리에 황갈색 코트, 하얀색 바지, 레이스가 장식된 오렌지색 넥타이, 테가 넓은 비버 털모자, 노란색 장갑과 모로코 가죽구두를 신는 멋쟁이였다.[90] 젊은 디즈데일리처럼 기발하게 옷을 차려 입었지만, 밴 뷰런에게는 디즈데일리에게는 없는 재산이 있었다. 바로 근대적인 정치 조직이었다. 미국 조직의 시대는 밴 뷰런과 함께 열렸다. 그는 1828년에는 이미 뉴욕 주에서 가장 강력한 영향력을 행사하는 인물로 떠올랐다. 이 시기에 야심 많은 이 정치가는 입후보할까 아니면 워싱턴에서 대통령 선거에 나설까를 고민했다. 밴 뷰런은 뉴욕 주 올버니 카운티의 킨더후크의 네덜란드인 공동체 지역에서 태어났다. 이곳은 워싱턴 어빙의 소설 『립 밴 윙클(Rip Van Winkle)』의 배경이 되는 마을로 알려진 곳이었다. 노예까지 포함해 17명의 대가족으로—1818년까지 뉴욕 주는 노예 제도를 완전히 폐지하지 않았다—생활은 가난했다. 밴 뷰런은 십대의 나이에 뉴욕시 법률 사무소의 계약사원으로 고용되어 일하다가 지역 정계에 발을 들였다.

19세기 초기까지도 뉴욕 정계에 외부인이 들어가기는 매우 복잡하고 힘겨웠는데, 바로 이 분위기 속에서 밴 뷰런이 숨 쉬고 있었다. 이런 분위기에서 그는 성장했다. 그 사이 정계의 풍운아인 애런 버(1756~1836)와 이리 운하를 개통한 뉴욕 주지사인 드 위트 클린턴(1769~1828)이 오랫동안 정치 싸움을 벌이고 있었다. 이 두 사람 모두 혁신적인 정치가였다. 버는 낡은 작은 집에 모여 회원들이 술을 마시고 담배를 피우며 노래나 부르던 과거 제퍼슨식 애국단체인 태머니 협회를 대도시 정치 조직의 중심으로 변모시켰다. 한편, 클린턴은 새로 부임하는 주지사가 기존 공무원들을 내쫓고 그 대신에 지지자들에게 관직을 제공하는 '엽관제'를 도입했다. 밴 뷰런의 공로는 이 두 개의 힘을 하나로 합치는 것이었다. 밴 뷰런은 버의 세력이 기울자 지지를 철회하고 클린턴을 지지했다. 그러나 자신의 힘이 충분히 커졌다고 생각한 순간, 클린턴을 등지고 자리를 꿰찼다.[91]

밴 뷰런은 최초의 관료형 정치가였다. 별다른 웅변 재주도 없는 조용한 사람이었지만, 예리한 법률가적인 두뇌와 열심히 노력하는 무한한 재능을 갖고 있었다. 밴 뷰런은 클린턴과 장기간 싸우면서 세부사항을 정확히 파악하고 최고의 조직을 다스리는 자만이 결국에는 성공한다는 사실을 입증했다. 적들은 시골 출신인 태머니 협회의 회원을 벅테일(사슴 꼬리 등의 털로 만든 미끼 — 옮긴이)이라며 비웃었지만, 밴 뷰런은 회원들에게 자부심을 가지라며 모자에 심벌마크를 붙이도록 했다. 훗날 민주당원이 당나귀 심벌마크를 뽐내는 것과 같았다. 밴 뷰런은 태머니 협회를 더욱 확대하여 주 전체를 망라하는 정당 조직으로 만들었다. 뉴욕 주의 주도인 올버니와 뉴욕 시에 있는 정당의 주요 신문들은 당 정책을 선전했고 전단지나 후보자 명부를 인쇄하여 주 전체에 배포했다. 그리고 이 당 정책들은 지방 신문에 다시 실렸다. 1827년까지 밴 뷰런이 영향력을 미친 신문은 50개나 됐다. 당 정책은 변호사들과 관리들로 구성된 엘리트들이 작성했다. 1820년까지도 미국, 그 중에서도 특히 뉴욕은 변호사 천국이었다. 재판 제도가 복잡한 뉴욕에서는 재판이 자주 열려 변호사가 활약했다. 밴 뷰런은 이들을 동맥으로 활용해 주의 가장 먼 곳에도 가서 마을이나 시골까지 정보를 전달했다. 또한, 지사 자문 의원회가 임명한 공무원들도 전국의 정당 압력 단체의 기초가 되었다. 밴 뷰런 자신의 정치적인 견해는 그의 조직 성격으로부터 형성됐다. 정당의 정체성은 명확해야만 했다. 한 정치적인 회의에서는 다수결에 따른 원칙을 절대로 따라야 했다. 모든 정책은 충분한 토의를 거쳐 합의로 결론을 내고, 정당의 이익이 개인의 이익보다 우선했다. 밴 뷰런의 전기 작가는 다음과 같이 말했다.

"밴 뷰런의 생각들은 혁신적이었다. 모든 부분을 일일이 확인하고 이들을 통합하여 하나의 정치조직에 적용했다. 이 정치조직은 태어나는 순간부터 자체적인 힘으로 움직이며 독자적인 이데올로기를 만들어냈다. 변화에 대응하며 언제나 관리 통제되는 유기적인 집합체였다."[92]

그렇다면 이 새로운 형태의 정치 조직은 도덕과 완전히 무관했던 것일까? 꼭 그렇지만도 않았다. 밴 뷰런은 언제나 조직을 효율적으로 만들기 위해서 숭고한 열정과 정치적 냉혹 사이에서 고민했다. 1816년에는 온타리오 카운티에서 공화당 출신이며 부정수단으로 당선한 사람을 조정하여 오랫동안 반대표를 행사하기도 했다. 그때 그는 다음과 같이 말했다.

"이 사건은 틀림없이 정당이 빠지기 쉬운 권력 남용의 일례이다. 그러나 더 이상 이런 일을 되풀이하여 권장해서는 안 된다."[93]

1821년에는 '벅테일'들이 주의 정권을 차지하자, 밴 뷰런은 첫 의회 회의에서 공무원의 대량 축출을 단행했다. '벅테일'들은 투표를 통해 카운티 보안관 11명, 주 민병대 고위 장교들, 주 행정장관, 주 검찰총장, 감사관과 회계원, 교육장, 그리고 뉴욕과 올버니의 시장 등을 해임했다. 그 뒤 몇 주에 걸쳐 이번에는 6,000명에 이르는 하급직을 면밀히 조사하여 연방당원, 클린턴 지지자, 그리고 '벅테일'이면서도 신뢰할 수 없는 자들을 추방했다. 이런 추방은 전에 없던 일이어서 이 체제를 애초에 개발한 클린턴은 크게 화를 냈다. 그는 늙은 지주인 스테판 반 렌셀러에게 다음과 같은 편지를 보냈다. "주 전체가 관직 자리를 놓고 날뛰고 있습니다. 다음 주에는 여태까지 보지 못할 정도로 격렬한 엽관 운동이 한바탕 벌어질 것입니다."[94] 한편 밴 뷰런은 클린턴의 이리 운하 대규모 사업 계획을 계속 지지했다. 그에게는 이 계획을 뭉개버릴 힘이 있었지만, 이리 운하는 뉴욕이나 미국에 이익을 가져다 줄 것이라고 생각했기 때문이다. 결국 1825년 11월 2일 이 운하가 성공적으로 완공되면서 클린턴이 주지사직을 되찾는 계기가 됐다.

이리 운하는 경제 뿐만 아니라 정치적으로도 중요했다. 운하 개통을 위해서 새로 선출된 클린턴은 버팔로까지 가서 '세네카 치프' 호를 타고 동부의 뉴욕으로 떠났다. 이 배는 개통 축하를 위해 특별히 장식한 주 정부 소유의 증기선으로 또 다른 증기선인 '영 라이언 오브 더 웨스트' 호가 그 뒤를 따라 올버니까지 400마일을 며칠을 걸려 당당하게 내려갔다. 수

문과 상륙 지점마다 축포가 메아리쳤고, 제방에는 구경하려는 농민들과 시민들이 빽빽이 몰렸다. 마침내 증기선의 항해 행렬은 허드슨 강을 타고 뉴욕 시로 향했다. 뉴욕에 도착하자 클린턴은 나무통에 담아 가져온 이리 호의 물을 대서양에 붓는 상징적인 의식을 치렀다.[95] 운하가 생기면 수천 수만 개의 일자리가 생기고 계약도 많이 체결될 것이고, 이것들은 모두 뉴욕 주가 장악해서 집권당이 마음대로 할 수 있다고 밴 뷰런은 내다봤다. 바로 이 점이 밴 뷰런이 잭슨 진영에 합류한 중요한 이유였다. 대통령 임기동안 애덤스는 자신이 큰 정부, 막대한 연방 예산의 지지자임을 명확히 했다. 도로, 운하, 항구, 사회 복지, 교육과 문화 등의 공공 사업 계획은 워싱턴이 중심이 되어 추진했다. 이런 기초 구조나 상부 구조는 미국을 지구상에서 가장 부유한 국가로 부상할 수 있게 만들었다. 잭슨은 이런 계획에 반대했다. 우선, 큰 정부는 조지 3세와 식민지 통치를 연상시켰고, 애덤스와 그에 동조하는 대서양 연안의 엘리트주의자들은 미국을 지주나 은행가의 이익을 위해 통치되는 전제국가로 바꿀 것이라 염려했기 때문이었다. 그러나 밴 뷰런이 잭슨과 힘을 합한 이유는 이러한 공공사업 계획에 반대했기 때문이 아니었다. 밴 뷰런은 이러한 사업이 독립적인 주와 그 주를 지배하는 정당 조직에 의해서 계획되고 진행되기를 바랐다. 뉴욕 주의 상원 의원으로 재선을 노리고 선거운동을 하면서 1827년에 밴 뷰런은 후보 지명 수락 연설을 하며 다음과 같이 말했다. "연방 헌법에 따라 각 주에 인정된 권리를 지키고 건설 사업에 따라 각 주에서 인정된 권리를 지키고 건설 사업에 따라 각 주에서 빼앗긴 권리를 회복하는 데 저는 열심히 노력할 각오입니다."[96]

밴 뷰런은 1827년 대부분을 새로운 잭슨 민주당의 전국적 조직 확장에 쏟았다. 서부에서 막강한 힘을 지닌 미주리 주의 벤튼과 같이 까다로운 사람들의 지지를 얻기 위해서 비범한 재주를 발휘했고, 뛰어난 실력을 지녔지만 술독에 빠져서 술을 마셔야만 쾌활해지던 웅변가 존 랜돌프를 만나 지지를 얻는 데 성공했다. 밴 뷰런은 덜거덕덜거덕 거리는 마차를 타고 험준한 길을 따라 버지니아 주를 순회했고, 조지아 주까지 내려가 노쇠한 크로포드의 마음을 얻었다. 다시 노스캐롤라이나와 사우스캐롤라이나를 지나 워싱턴으로 돌아온 뒤, 그곳에서 올버니를 왕복하며 활약했다. 이리하여 민주당의 기반인 '굳건한 남부'가 생겨났다. 클린턴이 1828년 2월에 심장마비로 숨지자 밴 뷰런에게 뉴욕시 주지사의 길이 열렸다. 밴 뷰런은 이 자리를 차지하기 위해 곧 활발한 운동을 펼쳤다. 7월과 8월의 뜨거운 더위 속에서 7주 동안 뉴욕 북부의 갓 생긴 황량한 들을 돌며 선거유세를 펼쳤다. 식량을 입수하지 못할 우려가 있어서 마차에는 필수적인 식량을 실었다. 그러나 벌레와 더위, 그리고 습지로 바꿔버리는 갑작스러운 폭풍에 대해서 그 어느 누구도 불평하지 않았다. 포스터, 잭슨 배지, 모자에 달 벅테일, 그리고 히코리 지팡이를 마차에 한 가득씩 싣고 다녔다. 밴 뷰런은 미국인 정치가 중 처음으로 전문적인 작가 팀을 동원했다. 이들은 연설뿐만 아니라 신문사에 파견되어 선거용 선전문을 썼다. 잭슨 선거운동을 지원한 예술인과 작가로는 내서니얼 호손, 제임스 페니모어 쿠퍼, 조각가인 호레이셔 그리너프, 역사가인 조지 밴크로프트, 미국 시인으로 일인자였던 윌리엄 컬린 브라이언트와 또 한 명의 저명한 시인 윌리엄 레게트 등이 있었다. 랠프 월도 에머슨을 제외한 대다수 미국 작가들이 당시 잭슨을 지지했던 것 같다. 해리엇 마르티노는 혜택을 누리지 못하는 사람들, 인도주의자들, 입신 출세주의자들, 그리고 '천재적인 사람들'이 잭슨을 지지했다고 말했다.

잭슨 지지파는 애덤스보다 언제나 우세했다. 특히 뉴욕에서 더 심했다. 애덤스는 일기에 쓸쓸하게 다음과 같이 기록했다. "현재 잭슨 장군에게 가장 뛰어난 선거운동 본부장은 밴 뷰런이다. 아메리카 합중국에서 뉴욕 시의 상대적인 힘이나 중요성이 커지는 만큼 그는 버의 선거에서 선거기술을 크게 향상시켰다."[97]

잭슨의 승리

이리하여 미국은 최초의 근대적인 선거를 치렀다. 애덤스는 인기를 잃은 후보가 되었고 시대의 분위기마저 그에게 등을 돌렸다. 미국은 대륙 내부로 한층 발전함에 따라 유럽의 태풍이나 비상사태의 영향은 점차 받지 않았으나, 1825년부터 1826년 사이에 유럽을 강타한 금융 붕괴는 미국에 타격을 입혔다. 이로 인해 미국 면직물 산업은 막대한 피해를 입었다. 1820년대 미국에서는 처음으로 대규모 파업이 일어났다. 그것은 필라델피아 목수들의 파업으로 정점을 이뤄 이를 계기로 노동조합이 생겼다. 이것은 미국 최초의 전 도시를 연결한 동맹이었다.[98] 노동자들도 잭슨과 마찬가지로 은행가에게 반감을 가졌다. 노동자들은 은행권으로 임금을 지급받는 것이 불만이었다. 만일 고용주가 파산할 경우, 때로는 한 달에 한 번이나 심지어 일 년에 두 번씩 지급되던 임금을 받을 수 있는 유치권조차도 없었기 때문이다. 게다가 파산하는 고용주 숫자도 엄청났다. 「내셔널 가제트」지의 1827년 11월 15일 보도에 따르면 뉴욕에서만 채무 불이행으로 형무소에 수감된 자는 1,972명에 이르고, 이 가운데는 3달러 미만의 채무로 붙잡혀 온 자도 있었다. 그들에게는 하루에 수프 1리터를 제외하고는 음식과 침구도 제공되지 않았다. 1820년대 후반기에는 미국 전역에서 부채 때문에 구속된 자는 연간 7만 5,000명에 이른다고 추정됐다.[99] 1824년 선거 이후 4년 동안 재산이 적거나 없는 투표자들 대부분도 선거인 명부에 올랐다. 그 이유는 정확하지 않지만, 이들 대부분이 잭슨을 자신의 옹호자라고 생각하며 지지했다. 1828년에는 실제 아무런 문제도 터지지 않았지만, 잭슨은 애덤스를 기존체제, 재산, 특권과 과두정치와 동일시하는데 성공했다. 잭슨의 승리 중 일부는 1820년대 말 미국을 비롯해 유럽에서도 나타나 권력층을 뒤집어놓은 시대정신 등 더 광범위해지던 사회적 운동으로 인한 것이었다.

이것은 최초의 대통령 보통선거였다. 델라웨어 주와 사우스캐롤라이나 주에서는 주 의회가 선거인단을 선출했으나, 나머지 22개 주에서는 유권자 전원의 투표로 선출했다. 대략적으로 유권자 수는—버지니아, 루이지애나, 로드아일랜드 등의 주는 제외—성인 백인 남성 수와 같았다. 이리하여, 민중이 미국에 등장했다. 이번에는 1824년 선거 때보다 무려 80만 명이나 더 많은 총 115만 5,340명의 백인 남성이 투표에 참여했다. 불리한 상황에도 불구하고 애덤스는 선전하여 50만 8,064표를 얻었다. 뉴잉글랜드의 모든 주들, 뉴저지 주와 델라웨어 주에서 압승하고, 일리노이 주에는 선거인단 1명, 메릴랜드 주에서는 과반수를 얻었다. 심지어 뉴욕에서도 선거인단 표 36개 가운데 16표를 획득했다. 온갖 노력에도 불구하고 잭슨 측의 밴 뷰런으로 인해 득표 차는 5,000표나 벌어졌다. 이로써 애덤스는 총 83표의 선거인단 지지를 받았으나, 나머지 178표가 잭슨을 지지했다. 잭슨의 일반투표에서는 64만 7,276표의 성적을 거두었다.[100] 이번 선거를 통해 전국적으로 양당 정당 제도로 가까워졌다는 사실을 엿볼 수 있다. 1824년만 해도 매사추세츠 주, 코네티컷 주, 뉴햄프셔 주나 로드아일랜드 주에서 잭슨을 지지하는 자는 아무도 없었다. 마찬가지로 노스캐롤라이나 주와 켄터키 주에서는 아무도 애덤스를 찍지 않았다. 그러나 1828년 선거에서는 모든 주에서 소수파가 상당히 많았다. 어찌됐건, 이 선거 결과는 명확한 권한을 민중으로부터 위임받은 잭슨을 백악관으로 보내서 케케묵은 간접적 과두정치 체제에 종지부를 찍게 할 정도로 결정적이었다.

당시의 대통령 선거는 9월에 시작해 11월에 끝났는데, 이 새로운 대통령은 이듬해 3월이 될 때까지 취임하지 않았다. 잭슨은 2월 11일 슬픔을 얼굴에 가득 담은 채 워싱턴에 도착했다. 지난 12월 초에 잭슨 부인은 대통령 영부인에 걸맞은 옷가지를 장만하러 내시빌에 갔다. 그곳 가게에서 기다리는 사이에 자신의 불륜과 중혼죄를 변호하는 내용의 선거운동 팸플릿이 눈에 띄었다. 장군은 여태껏 부인의 명예에 먹칠하는 더러운 선거운동 판의 실체를 숨겨왔다. 감당하기에 너무 큰 충격을 받은 그녀는 마침내 앓아누웠고 12월 22일에 숨졌다. 부인의 장례식을 치르고 잭슨은 침통하게 말했다.

"제게 벌을 줄 기회가 생기지 않기를 신에게 기도합니다. 저를 중상모략한 자들은 모두 용서할 수 있습니다. 하지만, 이제는 모든 고통과 슬픔에서 자유로워진 축복받은 그녀의 영혼을 위해, 제게 모욕을 주기 위해서 헐뜯은 적들을 잊거나 용서할 수 있는 은총을 제게 내려주십시오."[101]

이리하여 홀아비가 된 잭슨은 워싱턴에 와서 개즈비에 거처를 마련했다. 그러나 잭슨은 혼자가 아니었다. 전 24개 주에서 잭슨의 지지자들이 모두 워싱턴으로 몰려들었기 때문이었다. 시골뜨기, 생활이 곤란한 자, 희망을 품은 자들 등 1만 명이 넘는 엄청난 무리였다. 1820년대의 워싱턴은 결코 우아한 도시가 아니었다. 늪지대 위에 세워진 도시여서 2피트가 넘는 뱀들이 걸핏하면 가정집 응접실까지 들어왔다. 펜실베이니아 거리는 아직 포장도 되지 않아 건기에는 모래폭풍이 불거나 우기에는 '진흙이 발목까지 차오를 정도'였다. 옷을 곱게 차려 입은 아가씨들을 태운 근사한 마차들은 수렁에 빠지기 일쑤였다.[102] 그러나 이 도시는 애덤스의 음울한 4년이 지나면서 어느 정도 모양을 갖추었다. 그때까지 이어온 사도적인 엘리트 대통령들의 시대는 막을 내리고 대중의 대표가 선출된 것이었다. 더러운 가죽 옷을 입은 잭슨의 지지자들이 떼 지어 몰려들자 워싱턴 사교계는 질겁했다. 누군가는 "북부 야만인들의 로마 입성"이라고 묘사하기도 했다. 잭슨의 지지자들로 며칠 안에 시내의 위스키는 동이 나버렸다. 호텔비는 세 배로 껑충 올라 일주일 묵는 데 20불이나 들었다. 그러자 그들은 한 침대에 다섯 명씩 자다가 다음에는 바닥에서도 잠을 자고, 그마저도 없는 사람은 조지타운과 알렉산드리아 등지에서 묵거나, 아예 야숙하는 경우조차 있었다. 다니엘 웹스터는 다음과 같이 썼다.

"워싱턴에 이런 사람들이 모여든 적은 없었다. 사람들은 잭슨 장군을 보러 500마일을 걸어왔다. 마치 정말로 나라가 어떤 끔찍한 재앙에서 구조되었다고 믿는 듯했다."

그러나 일자리를 요구하러 온 많은 사람들은 개즈비에 묵고 있던 잭슨에게 압력을 넣었다. 이에 대해 잭슨은 자신이 정당이 아닌 국민의 대표라고 항변했다. 이 말에 퇴임한 국무장관 클레이는 조소를 날리며 말했다. "늪과 숲 속, 동서남북에서 몰려나온 굶주려 마르고 여윈 사람들이 모두 함께 모여들었다. 땅거미가 내리자, 대통령 관저에 몰래 들어가서는 망령과 같은 얼굴을 하고 음침한 목소리로 소리쳤다. '우리에게 먹을 것을 주세요. 재무부의 뇌물을 주세요. 상을 내려주세요'라고."[103]

전체적인 분위기는 험악했다. 잭슨은 아내에 대한 명예훼손을 이유로 애덤스를 초청하려 하지 않았다. 그러자 애덤스는 3월 3일 오후 9시에 백악관을 떠난 뒤, 그 이튿날 취임식 참가를 거부했다. 워싱턴의 인구는 순식간에 두 배로 늘어나, 취임식 자체는 민중의 잔치였다. 어딘가 프랑스 혁명 초기의 장면을 연상시켰지만, 배경에는 매우 엄격한 헌법 준수의 정신이 흘렀다. 마왕은 길들여졌지만 아직 예법을 익히지 못한 상태라고 할 수 있었다. 구름 한 점 없이 화창하고 따뜻한 날이었다. 국회의사당 동쪽 현관에서 진행된 취임식은 오전 10시가 되자 사람들이 너무 많이 모여들어 군중 정리를 위해 선박용 로프가 동원됐다. 오전 11시, 잭슨은 병사들의 호위를 받으며 호텔을 나와서 국회의사당을 향해 걸어갔다. 뉴올리언스 퇴역군인들과 정치가들의 느릿느릿한 행렬 양쪽에는 '대여 마차나 여러 종류의 이륜마차, 짐마차 그리고 여성들을 가득 태운 네덜란드식 마차들'이 줄지어 따라갔다. 잭슨이 펜실베이니아 거리에 다다랐을 때 즈음, 3만 명의 인파가 국회의사당을 에워쌌다. 정오에 해군 군악대는 「대통령 행진곡」을 연주했고 24발의 축포가 터졌다. 잭슨은 "군왕인 군중을 향해 깊게 고개 숙여 정중히 인사했다."고 그 당시 그 장면을 목격한 마가렛 베이어드 스미스 부인은 비판적으로 설명했다. 이 새 대통령은 안경을 두 개나 착용했다. 하나는 그의 머리 위에, 나머지 하나는 눈앞에 놓여 있었다. 종이에 적혀 있는 글을 읽어 내려갔지만, 그 어느 누구도 선서취임 내용을 들을 수는 없었다. 잭슨은 다시금 축하인 파를 향해 인사를 하고는 백마에 올라타고 대통령 관저로 향했다. 스미스 부인은 숨이 막혀 놀란 듯이 말을 이었다.

"시골 사람들, 농민들, 말에서 타고 내리는 신사들, 소녀들, 부인과 아이들, 백인과 흑인, 마차들, 짐마차와 짐수레들로 이뤄진 행렬이 전부 와르르 그를 따라갔다."[104]

집 발코니에서 이 광경을 내다보던 상류층 사람들이 놀랐던 것은 엄청난 인파가 별안간 백악관으로 쳐들어갈 것 같았기 때문이다. 몇몇 사람들은 마치 폭도가 튈르리 궁전(프랑스 파리의 옛 궁전 – 옮긴이)을 장악하는 현장을 보는듯한 느낌을 받았다. '광란하는 민주주의'가 공식 초청장도 없이 '대통령의 관저'에 침입하는 듯한 모습이었다. 이 모습을 지켜보던 대법관 한 사람은 백악관 건물 안으로 몰려 들어간 사람들은 '지위가 매우 높은 세련된 사람들'에서부터 '국가에서 가장 저속하고 천한 사람들'까지 다양했다면서 "군주의 폭도들(King mob)이 승리한 것 같았다."고 전했다.[105] 백악관 1층은 순식간에 사람들로 빼곡하게 들어찼다. 사교계 부인들은 기절해버렸고, 나머지 사람들은 손에 닿는 것들은 모조리 주머니에 넣었다. 현장에 있던 한 사람은 뉴욕에 있던 밴 뷰런에게 다음과 같은 편지를 보냈다. "만일 윌버포스가, 뚱뚱한 처녀가 대통령 관저에서 금 스푼으로 젤리를 먹는 모습을 봤다면 대단히 기뻐했을 것입니다."[106] 아수라장 속에서 옷은 찢어지고, 수많은 오렌지 펀치(과일즙에 양주를 섞은 음료 – 옮긴이)들이 나동그라졌다. 진흙 범벅 부츠를 신은 사내들이 개당 150불이나 되는 고급 '담홍색 공단 의자' 위에서 껑충껑충 뛰었다. '수천 달러를 호가하는' 값비싼 유리그릇과 사기그릇들은 산산조각이 났다. 백악관 하인들이 사람들을 밖으로 내보내기 위해서 많은 양의 술을 정원에 내다 놓자, 그것을 따라 많은 사람들이 밖으로 몰려 나갔다. "흑인, 황색인부터 백인까지 많은 사람들이 감방에 갈 일을 저질렀다."고 밴 뷰런에게 보낸 편지에 썼다. 이런 광경들에 넌더리가 난 잭슨은 뒤쪽 창문을 통해 빠져나가 개즈비 여관으로 돌아와 미국 번영의 최고의 상징인 스테이크를 먹었다. 잭슨은 상중이라는 이유로 그날 밤, 시뇨르 카루시 집회장에서 1,200명이 참석하는 무도회에 참가하지 않았다. 초청장을 가진 사람들에게만 입장이 허용된 행사였기에 분위기는 매우 차분했다. 백악관에서 벌어진 소동은 일요일에 워싱턴의 많은 교회에서 경건한 도덕적 설교의 테마로 다뤄졌다. 한 유일프로테스탄트 교회에서 목사는 분개하며 누가복음 제19장 41절을 이용해 설교했다. "예수님께서 가까이 오사 성을 보시고 우시며."[107]

엽관제도의 폐단

잭슨파가 옛 관리들을 퇴출시킴에 따라 워싱턴에서는 관직을 둘러싸고 후회의 눈물을 흘리는 자와 이를 가는 자가 속출했다. 대량 해고와 새 관리의 임명은 뉴욕은 물론 펜실베이니아와 다른 주들에서도 오랜 관행이었다. 그러나 연방 정부에 이를 적용한 것은 잭슨이 처음이었다. 밴 뷰런의 친구 중 한 명인 윌리엄 L. 마시 상원 의원은 이러한 '해임'이 정치적 조치의 한 부분이라며 "전리품은 승리자의 것"이라고 말했다. 이 용어는 곧 세상에 정착하면서 국가적 차원에서 잭슨의 이름을 영원히 엽관제도와 밀접한 관계에 놓이게 한다. 스미스 부인에 따르면, 수많은 주요 관리들이 이제 관저에서 물러날 것이기에 워싱턴은 "암울하다. 사회가 너무 변하고 많은 고위직의 가족들이 흩어졌다. 응접실은 이제 가구가 치워져서 어두웠다."라고 했다. 애덤스는 격분하며 1829년 4월 27일자 일기에 다음과 같이 적었다.

"해임은 집요하게 계속되었다. 보스턴, 필라델피아, 뉴욕 등지 그리고 포츠머스, 뉴햄프셔와 뉴올리언스를 포함해 세관 직원이 이미 자리를 잃었다. 새로 임명된 자들은 과격한 당원들과 중상적이고 야비한 신문사의 편집자로서 그들이 모두 그 자리에 앉았다."[108]

잭슨이 언론인들을 고위직에 임명한 첫 대통령이라는 것은 사실이다. 예를 들면, 아모스 켄덜이 재무부 회계 감사관이 된 것이다. 그러나 잭슨의 지지자들은 총 해임된 사람들의 숫자가 잭슨의 정적들이 주장하는 만큼 많지 않다고 지적했다. 정부기관 직원 1만 93명 가운데 첫 18개월 동안 919명이 해고됐지만, 8년에 걸친 잭슨 대통령 임기 동안 전 공무원의 10퍼센트만이 파면 조치됐고 대부분 부서에서 나머지 관리들은 그대로 남았다.[109] 파면된 사람들은 대부분 부적격자였다. 그 중 87명에게는 전과기록도 있었다.

특히, 재무부는 개탄할 만큼 관리들이 썩었다. 재무부 신임 출납국장의 동생인 데이비드 켄덜은 다음과 같이 보고했다. "직원들의 상당수가…… 노인이고 술고래들이었다. 수석 감사관인 해리슨 등은 술에 취하지 않은 모습을 본 적이 없었다."[110] 다른 재무부 직원들은 부정을 저질렀다. 도주하다가 잡혀 유죄로 판결이 내려져 형을 선고받은 사람도 있었다. 공금횡령이 발각된 자가 그 밖에도 9명이나 있었다. 그 중에는 7,000달러를 착복한 애덤스의 친구인 토비아스 왓킨스도 있었다. 18개월 사이에 켄덜과 새로 임명된 자들은 조사 결과 육군, 해군과 인디언 관련 계약 횡령 이외에도 50만 달러의 거금이 재무부에서 빠져나갔다는 사실을 알아냈다. 재무부 서기관인 너스는 1만 달러나 되는 돈을 착복했으나 미국 독립혁명 당시부터 그 자리에 있었고, 고령이라는 점을 참작해 해임만은 면하게 해달라고 간청했다. 이를 들은 잭슨은 "똑같은 상황이었다면 제 친아버지라고 해도 해임했을 것입니다."라고 말하며 거절했다. 잭슨의 마음이 약해진 경우는 딱 한 번 있었다. 워싱턴의 접수처에서 해고된 올버니 우체국장이 잭슨에게 다가와 말을 걸었다. 그는 조지 워싱턴 곁에서 전투에 참여했었다. "정치인들이 제 자리를 탐내고 있지만, 제게는 이 밖에는 달리 생계를 유지할 방법이 없습니다." 그는 대통령에게 부상 자국을 보여주기 위해서 코트를 벗기 시작했다. 그러자 대통령은 노여워하며 소리쳤다. "어서 당장 그 코트를 입으시오!" 그러나 그 다음날 잭슨은 그의 이름을 해임자 명단에서 삭제했다. "자네들도 알지 않는가. 그의 몸에는 영국군의 탄환이 1파운드나 박혀 있다네."[111]

참 이상하게도, 엽관제 전문가인 밴 뷰런은 초창기 대량 해임과 임명 과정에는 전혀 관여하지 않았다. 워싱턴에 없었기 때문이었다. 1829년 2월 14일이 되어서야 처음으로 잭슨이 밴 뷰런에게 편지를 보내 국무장관직을 제의했다. 그리고 "나라 전체의 이익과 관련된 문제를 의논하고 싶으므로 최대한 빨리 워싱턴으로 와달라고 재촉했다.[112] 편지는 뉴욕의 밴 뷰런의 손에 들어가는 데만 5일이나 걸렸다. 그리고 밴 뷰런이 주지사를 사임하고 '올버니 섭정단'으로 알려진 조직을 이양하는 등 뒤처리를 한 뒤 잭슨과 합류하는 데도 어느 정도 시간이 걸렸다. 워싱턴에 도착한 밴 뷰런은 이미 잘못된 결정들이나 임명들이 이루어졌다는 사실을 알았다. 밴 뷰런은 미합중국의 모든 정치가에 대해 그 장점과 단점을 백과사전처럼 낱낱이 꿰뚫고 있었다. 요즘으로 치면 리처드 닉슨과 닮았다고나 할까. 따라서 새로운 대통령이 중대한 실수를 저지르지 않도록 도울 수가 있었다. 밴 뷰런은 각료 자리가 세력 있는 버지니아 주 사람들에게 하나도 제의되지 않았다는 사실에 특히 당황했다. 실제로 「리치먼드 인콰이어러」지의 편집자이자 잭슨 지지파인 토머스 리치는 연방 정부의 직책들과 전국적으로 당파심 강한 편집자들로 홍수를 이룬 사실을 개탄하고, 이렇게 되면 신문들은 타락한다고 호소했다.

밴 뷰런은 리치와의 관계를 정상궤도에 올려놓을 수 있었지만, 가장 치명적인 임명을 막는 데는 실패했다. 바로 뉴욕 항구의 세관장으로 임명된 사무엘 스와토트의 선임이었다. 이 직책은 시구상 어느 곳보다도 많은 현금을 다루는 일로 1829년의 취급액은 1,500만 달러에 이르렀다. 스와토트는 애런 버의 오랜 벗으로 밴 뷰런의 적이었다. 그는 또한 행실이 좋지 않고 여자, 경마, 주식 투기 등에 무턱대고 손을 대는 모험을 좋아하는 인물로도 유명했다. 이 직책에 선임된 유일한 이유는 밴 뷰런 이전에 뉴욕에서 잭슨을 지지했다는 것뿐이었다. 밴 뷰런이 항의하자, 이제 와서 제의를 철회할 수는 없다고 말했다. 밴 뷰런의 측근인 처칠 C. 캠브래랭은 콧방귀를 뀌며 말했다.

"이 세관장이 4년 안에 공금을 횡령하지 않으면, 내가 재무부를 삼키겠다."

이 말은 사실로 나타났다. 마침내 스와토트는 122만 2,705달러 9센트를 횡령해 도주했다. 미국 역사상 최대의 공금 횡령으로 애덤스 정권의 총 횡령액을 웃도는 액수였다. [113]

페기 이튼 사건

잭슨이 예리한 밴 뷰런의 의견을 듣지 않고 각료를 임명한 것도 장기적으로 똑같이 심각한 문제를 낳았다. 그 결과, 대통령이 구성한 내각은 밴 뷰런만 제외하면 약하고 부적합했다. 실제로 거의 모든 각료가 2년 안에 파면되는 신세를 면치 못했다. [114] 잭슨이 내린 최악의 인사결정은 오랜 동료이자 벗인 이튼 소령을 육군 장관으로 임명한 것이었다. 밴 뷰런이 받은 소령의 인상은 그다지 좋지 않았다. 경망스럽고 태만해 신뢰할 수 있을만한 인물은 아니라고 생각했다. "소령은 편지들을 관리하는 데 매우 경솔하다. 그의 손에 극비 문서를 맡긴다면, 소령 밖에는 친구가 없는 어떤 자의 탄원서 속에 들어가 연방의회의 위원회 회의실에서 발견될 위험이 높다." [115] 그러나 이보다 더 심한 반대 이유는 이제 이튼 부인이 된 페기 팀버레이크의 도덕적 자질 때문이었다. 이 이유 하나만으로라도 이튼을 임명해서는 안 된다고 오랜 친구들이 잭슨에게 간청했다. 그러자 잭슨은 이 문제를 해결하기 위해서 측근 가운데 편집자인 더프 그린에게 이 임명사실을 흘려 「텔레그라프」지에 실리게끔 했다. 잭슨이 이토록 강경했던 이유는 이 두 사람의 결혼에 자신도 책임이 있다고 여겼기 때문이었다. 팀버레이크의 사망 이후, 이튼이 이 미망인의 일을 처리해주고 다니면서 두 사람이 동거한다는 의혹 짙은 소문까지 자자했다. 이튼은 1828년 잭슨을 찾아와 그의 조언을 구했는데, 잭슨은 한마디로 그녀와 결혼하라고 답변했다. 그렇게 이튼은 청혼하여 이 둘은 1829년 봄에 결혼할 예정이었다. 그런데 1828년 11월에 잭슨이 곧바로 결혼하라고 권하자, 1829년 1월 1일에 결혼식을 올렸다.[116]

이 무분별한 임명은 미국의 통치방식을 영원히 바뀌게끔 만드는 기괴한 사건들로 번졌다. 아모스 켄덜은 이튼 부인에 대한 악성루머들을 근거가 없다고 일언지하에 결론지어 말했다. "부인의 몸가짐이 너무 뛸뿐이다." 이튼 부인은 당돌하고, 자기중심적인데다가 이기적이며 억지가 셌다. 게다가, 아직 스물아홉 살이었다. 나이가 더 지긋하고 솔직한 다른 각료 부인들은 애당초부터 그녀가 마음에 들지 않았다. 그녀를 싫어할수록 부인들은 그녀의 순결에 관한 소문에 귀를 기울였고, 그녀를 내리깎을 이유로 이성 관계를 꼬집었다. 대통령 취임 축하 무도회에서는 다른 유력한 부인들이 노골적으로 그녀와 같이 자리하지 않겠다고 하는 난처한 상황까지 벌어졌다. 새 정부가 들어서면서 소문은 일파만파로 커졌다. 이런 사태는 이미 예상됐던 일이었다. 미국 역사상 처음으로 비방 선거운동을 이끈 사람들이 바로 잭슨의 측근들이었기 때문이다. 이 추잡한 사건은 1827년에 「텔레그라프」지가 애덤스 측 하원 의장인 존 W. 테일러(1784~1854)에 대해 불쾌한 비판 기사를 실으면서 시작되었다. 테일러가 제일 잘못한 행위라고 해봤자, 영화 「서부로 가는 길(Way Out West)」(1937년에 개봉한 코미디 서부 영화—옮긴이)의 남자 배우 로렐과 하디처럼 워싱턴과 볼티모어 사이를 오가는 마차에서 두 여성과 무례한 대화를 나눴다는 것이었다. 그럼에도 불구하고, 테일러는 의장직에서 쫓겨났다.[117] 그러나 이튼 부인은 결혼 전에 이튼 이외에도 20여 명의 뭇 남성들과 잠자리를 가졌다고 비난받았다. 사태를 한층 악화시킨 것은 가장 큰 타격을 입힌 소문들이 잭슨 정부의 정적이 아니라 유력 각료들의 부인이었다는 사실이다. 그녀들의 입방아는 소문에 실체를 더한 격이었다. 만일 레이첼 잭슨이 살았더라면, 권위를 내세워 부인들을 한 줄로 세워 훈계했을 것이다. 아니면 아마도 잭슨을 우선적으로 설득하여 애당초 임명하지 못하도록 만류했을 것이다. 그러나 백악관의 안주인 자리는 잭슨의 양아들의 아내로 겨우 스무 살인 에밀리 도넬슨이 맡고 있었다. 에밀리는 커다란 농장을 관리하는 데 이미 익숙했기에, 백악관에서 18명의 하인을 부리는 데 아무런 어려움을 겪지 않았다. 그런데 에밀리는 처음부터 페기 이튼을 싫어하여 "전에 느껴본 적 없을 정도로 몹시 증오한다."고 소리 내어 말할 정도였다.[118] 따라서 이 문제에 잭슨은 자신의 가족조차 뜻대로 할 수가 없었다.

이 사건은 사교적이고 도덕적인 문제였지만, 점점 정치적인 색체를 띠기 시작했다. 밴 뷰런은 잭슨이 양보하지 않을 것을 즉시 감지하고는 약삭빠르게 이튼 쪽에 붙었다. 밴 뷰런과 대통령은 함께 긴 시간 여행하면서 모든 문제에 대해 지혜를 모아 심사숙고했다. 여기에는 각료 부인들이 이튼 부인을 자기 집에 초대하는 것은 물론 그녀와 같은 자리에 있는 것마저 거부한 문제도 있었다. 부통령의 아내인 칼훈 부인은 이 점에 대한 입장이 확고했기 때문에 한동안 워싱턴을 방문하는 것마저 거절하기도 했다. 밴 뷰런은 홀아비였기에 아무런 사교적인 어려움 없이 이튼 내외를 저녁식사에 반갑게 초대할 수 있었다. 둘 다 미혼남성이던 영국 공사인 찰스 본 경과 러시아공사인 바론 크루데너도 역시나 이 부인을 환대하는 데는 거리낌이 없었다. 그러나 많은 각료들은 부인들의 의사에 따라 움직였고, 그렇다고들 말했다.

페기 이튼 사건은 대통령직을 잃은 애덤스를 처음으로 기쁘게 한 일이었다. 애덤스는 속으로 쾌재를 부르며 일기에 다음과 같이 적었다. 재무장관 사무엘 D. 잉햄, 법무장관 존 M. 베리엔, 해군장관 존 브랜치, 그리고 군 경리감인 네이단 토슨 대령이 "큰 연회를 열었지만, 이튼 부인을 초청하지 않았다. 한편 부인에 대한 대통령의 지나친 관심으로 두 배의 이목이 쏠렸다는 것이었다. 그저께 밤에는 최고급 거실에서 이튼 부인을 둘러싸고는 모두가 그녀를 쳐다보았다. 그러나 도넬슨 부인은…… 이튼 부인과 단 한 마디 말도 나누지 않았다. 이 도덕적인 문제로 잭슨 정권은 강온 두 파로 갈라졌다. ……칼훈이 도덕의 리더였다면, 밴 뷰런은 부정한 부인 옹호파의 리더였다." 계속해서 밴 뷰런은 도넬슨 부인에게 이튼 부인을 초청하도록 45분 동안 설득했다고 썼다.

"도넬슨 부인은 딱 잘라 말했다. 밴 뷰런씨. 저는 늘 '정직만이 최고의 수단'이라고 배웠습니다. 이 말을 들은 밴 뷰런은 그 즉시 벌떡 일어나더니, 모자를 집어 들고 자리를 떠났다."[119]

이번에는 밴 뷰런도 그가 말한 이 '이튼 말라리아'를 어떻게 치료해야 할지 속수무책이었다. 잭슨은 그 누구보다 음모설이라고 굳게 믿어서 처음에는 이런 반 이튼파 소동은 모두 클레이가 조종하고 있다고 단정 짓기도 했다. 그러나 에밀리 도넬슨은 클레이와 눈도 마주친 적 없다고 부정했다. 도넬슨 부인은 이튼 부인을 억지로 맞아들일 수는 있겠지만, 먼저 초청하는 일은 없을 것이라고 못 박았다. 도넬슨 부인은 이튼 부인의 '성마른 기질'과 '진저리날 정도로 참견하는 성질'이 너무 싫다고 말했다. "그녀의 생활은 참아주기에는 지나치게 비위에 거슬린다."고 도넬슨 부인은 말했다. 각료 부인들도 클레이와 안면이 없다고 부인하고, 도넬슨 부인의 의견에 동의했다. "이곳 부인들은 만장일치로 그녀를 보러 방문하지 않겠다고 결정했어요."라고 도넬슨 부인이 잭슨의 옛 전우의 딸인 메리 커피에게 편지를 썼다.[120] 이들은 이튼 부인을 '라 벨로나'라고 불렀다. 이탈리아 어로 좋지 않은 의미를 띤 단어였다. 이 반대 무리의 우두머리는 잉햄 부인이었다. 잭슨이 각료를 초대하여 베푼 첫 공식 만찬은 엉망진창으로 끝났다. 왜냐하면, 잉햄 부인을 비롯한 각료의 아내들이 모두 '라 벨로나'와 말하지 않으려 했기 때문이었다. 밴 뷰런이 다시 같은 만찬회를 열었을 때는 잉햄, 베리엔, 브랜치, 그리고 배리 헤신 장관 부인 등 네 명의 부인들이 참석 거부의사를 밝혀, 이튼 부인도 어쩔 수 없이 눈물을 삼키고 참석을 거절했다. 「워싱턴 저널」지는 밴 뷰런과 본이 둘 다 보이콧을 깼다고 지적하고 '보잘 것 없는 사람'을 순수한 워싱턴 사교계에 무리하여 들이려 한다고 비난했다. 네덜란드 공사의 부인인 호이겐스 부인은 이튼 부인을 빼놓고 만찬을 계획했다는 소문이 나돌았다. 이 소문을 들은 대통령은 재빨리 그녀를 '음모'라고 책망하고 미국과 네덜란드 사이의 큰 문제가 될 것이라고 위협했다. 호이겐스 부인은 소문을 모두 부인했다. 여기서 잭슨은 소동을 그만두도록 세 각료들을 호되게 나무라며 여러분들의 부인들이 여는 모든 만찬회에 이튼 부인을 반드시 참석시키라고 말했다.

이때쯤 잭슨도 비난의 화살을 클레이에서 그가 편지에 '악당'이라고 부른 막연한 그룹 쪽으로 돌리기 시작했다. 잭슨은 또한 "부인들이 성직자들을 앞세워 누구를 사교계에 넣을지 말지와 은밀한 음해공작을 펼쳐 누가 희생될지를 결정하고 있다고 생각한다."고 말했다.[121] 잭슨이 말한 성직자는, 그가 워싱턴에서 즐겨 찾던 장로파 교회의 목사인 J. M. 캠벨 목사와 구면 사이인 필라델피아 출신의 에즈라 스틸레 일리 목사였다. 이 두 사람은 이튼 부인에 관한 소문을 믿었다. 이튼 부인은 처녀 시절에 방탕하다는 점과 배의 사무장이던 남편이 항해하던 일 년 동안 집을 비울 때 아기를 유산했고, 그녀와 이튼은 결혼하기 전부터 같이 여행하기도 했다는 뜬소문들을 철석같이 믿었다. 잭슨은 이 문제에 대해서 일리 목사와 몇 통의 주목할 만한 편지를 주고받았다. 또한 몇 번인가 캠벨 목사를 백악관에 불러들여 고발을 취소하도록 설득했다. 잭슨은 미숙하게 이튼 부인의 결백을 입증할 '사실들'을 찾아 뒤적거렸으며, 호텔 숙박부를 조사하도록 수사관을 보내는가 하면 증인들을 면접하는 등 수많은 시간을 여기에 쏟아 부었다. 1829년 9월 10일 오후 7시, 미국 역사상 아마도 가장 기이한 각료 회의가 소집되었다. 회의 내용은 이튼과 '팀버레이크 부인의 범죄성 교제 의혹'에 관한 것이었다. 이 회의에 이튼은 제외됐지만 캠벨과 일리 목사 모두 그 자리에 참석했다. 회의는 소문의 유산 날짜에 대한 대통령과 캠벨 간 설전으로 시작했다. 1821년인가 아니면 1826년인가? 그리고는 뉴욕 호텔의 침대에서 포착됐다는 이튼 내외의 모습이 과연 침대에서 자고 있었는지 아니면 단순히 침대 위에 걸터앉았는지에 관해 논쟁이 오갔다. 각료 등이 당혹해하며 말없이 앉아 있는 가운데 두 사람의 목사들은 담담하게 말을 이어나갔으며, 장군만 중간 중간에 성직자들의 말을 끊고 "하느님 맙소사!" "부인은 처녀만큼 순결합니다!" 따위의 말들을 외쳤다. 캠벨 목사는 비난을 취소하기를 거부하고 마침내 회의실을 박차고 나오면서 법정에서 모든 사실을 입증하겠다고 단언했다. 그제야 각료회의가 끝났다.[122] 자신을 위해 대통령이 보여준 실제로는 좀 비상식적인 노고에 이튼 부인은 딱히 감사하지는 않은 듯했다. 부인은 모든 것을 당연하게 받아들이고 있었다. 실제로 그녀는 성격이 좋은 여성은 아니었다. 이튼 부인의 어린 흑인 하인인 프란시스 힐러리는 훗날 그녀에 대해 다음과 같이 말했다. "하느님이 창조하신 가운데 가장 기만적인 인간이다. 말도 못하는 짐승을 저 여주인 손에 맡기는 것은 불쌍한 일이다."[123]

그러나 대통령의 부하들이나 대통령 자신도 이튼 부인의 오명을 씻어주지 못했고, 결국 그녀는 워싱턴 사교계에 자리 잡지 못했다. 그녀의 최후 결말은 정말로 불행했다. 밴 뷰런을 비롯한 잭슨의 친구들처럼 이튼도 땅에 투기해 성공을 거두었는데, 이튼이 1856년에 사망하자 이튼 부인은 부유한 미망인으로 홀로 세상에 남겨졌다. 이튼 부인은 곧 이탈리아인 댄스 교사인 안토니오 부키냐니를 만나 결혼했다. 그러나 그는 재산을 속여 빼앗는데 그치지 않고 그녀의 손녀와 달아나버렸다. 여하튼 이튼 부인은 미국 정치사 이정표에 하나의 흔적을 남겼다.

커져가는 남북의 대립

권력이 공식적인 기관에서 비공식적인 기관으로 넘어가면서 비공식적인 기관이 실권을 장악하는 과정을 살펴보는 것은 역사의 가장 재미있는 측면 가운데 하나이다. 영국에서는 17세기와 18세기 사이에 이런 이행 과정이 있었다. 의사 결정 과정이 점차 왕실회의에서부터 내각으로 옮겨갔다. 내각은 원래 은밀하고 평판이 나쁜 조직이었다. 미국은 자신의 정부를 수립할 때 영국의 내각 제도를 채택했다. 엄격하게 헌법상의 관점에서 보면 내각에는 지위라는 게 거의 없었다. 그렇지만 내각은 정치 제도의 일부분으로 독립 초기 시대에 살아남았고, 존 퀸시 애덤스 정부 때는 효과적으로 활동했다. 그러나 잭슨은 압도적인 대중의 지지로 선출된 첫 대통령이었다. 어떤 의미에서 이 사실은, 잭슨에게 전례가 없을 정도로 막강한 권한을 위임했다는 것이었다. 그 결과, 잭슨은 미국 헌법이 행정부의 수반인 대통령에게 부여한, 진실로 어마어마한 권력을 행사할 수 있었다. 취임 초부터 잭슨은 오랜 친구들로 구성된 비공식 그룹과 함께 백악관에서 여러 가지 문제를 협의하기 시작했다. 이들 가운데는 도넬슨, 루이스 소령, 뉴햄프셔의 「패트리어트(Patriot)」지의 전 편집자인 아이작 힐, 그리고 이제는 재무부에서 일하는 아모스 켄덜 등이 있었다. 정적들은 이것을 '식당 내각(kitchen cabinet)'이라고 불렀는데, 이 중에는 공식 내각 관료인 이튼과 밴 뷰런도 있었다.

이튼 부인 문제가 난관에 봉착할 때까지는 잭슨도 정책을 공식 내각에서 결정하려고 노력했다. 그러나 그는 점차 이튼 부인과 자신에 대한 '음모'가 도덕적 문제가 아닌 정치적인 문제이기에, 진짜 '악인들'은 두 엉터리 성직자들이 아닌 부통령 존 칼훈과 그의 아내 프로라이드라고 확신했다. 아마도 프로라이드가 이튼 부인을 성토하는데 가장 단호한 입장을 보였다는 것은 사실이지만, 칼훈의 음모라는 미심쩍은 생각을 처음 대통령의 머릿속에 집어넣은 것은 밴 뷰런이었을 것이다. 그가 '작은 마술사'라고 불린 것은 그럴 만한 이유가 있었기 때문이다. 밴 뷰런의 마법 속에는 비록 감춰져 있었지만, 깊고 커지는 남북의 대립이 숨겨져 있었다. 밴 뷰런은 상업적으로 우세한 북부를 대표하고, 칼훈은 열렬한 주권 지지파였다. 최고 원수의 권한을 제한하려는 칼훈의 생각이 연방 자체에 치명적인 위협이라고 대통령을 설득하는 일은 국무장관인 밴 뷰런에게 식은 죽 먹기였다. 그러면 이 광대한 '음모'의 우두머리 격인 칼훈이 이튼 부인을 구실삼아 잭슨의 내각을 타도하려 한다는 이야기보다 더 그럴듯한 것이 또 있었을까? 결국 대통령의 마음속에는 이런 결론이 자연스럽게 자리 잡았다. 1831년 4월, 대통령은 밴 뷰런의 계획에 따라 움직였다. 밴 뷰런은 이 계획에 따르는 의혹의 눈초리를 피하기 위해 사임하고, 다른 각료들은 전원 해임됐다. 이리하여 남겨진 칼훈은 임기 내내 고립됐다. 밴 뷰런에게 돌아온 대가는 잭슨의 재임기간에 우선 최초로 부통령직을, 그 다음에는 대통령직을 이어받는 것이었다. [124]

그러는 동안에 권력은 차츰 옛 내각에서 새 내각으로 이동했다. 새 내각은 각의도 열지 않고 협의사항도 없었다. 내각 구성원들도 다양했다. 국민들이 생각한 가장 중요한 인물은 켄달이었다. 확실히 켄달은 잭슨의 연설문 초고들을 작성했다. 잭슨 장군은 침대에 누워 담배를 입에 물고 떠오르는 생각을 들려줬다. 그러면 이 전직 편집장은 그의 생각들을 대통령다운 세련된 문장으로 다듬었다. 잭슨파 의원인 헨리 A. 와이즈는 켄달을 두고 "대통령의 생각하는 기계이자 집필하는 기계이다. 맞다, 그리고 거짓말 기계이다."라고 말했다. 해리엇 마르티노는 워싱턴의 가십 기사를 쓰면서 다음과 같이 말했다.

"켄달은 이 정부를 움직이는 실세라고 여겨진다. 사상가, 입안자에서 실행자까지 도맡고 있지만, 모든 작업은 아무도 모르게 진행된다. ……도깨비불처럼 빠른 속도로 엄청난 일을 하기에 사람들로 하여금 놀란 눈을 하고 얼이 빠지게 만든다. 이 모든 것이 모습을 드러내지 않는 아모스 켄덜 덕분이다."[125]

　그렇지만 켄덜이 대통령에게 가장 영향력을 미친 사람이라고는 생각하기 힘들었다. 잭슨은 도넬슨—이튼 부인 관련 문제를 제외하고는—이나 루이스, 밴 뷰런의 의견에 더 귀를 기울였다. 그러나 켄덜은 정부 안에서 일어나는 사태를 국외자의 입장에서 냉철하게 바라보는 상징적 존재였다. 과거 각료는 연방 전체의 이익을 대표하도록 구성됐다. 각료는 미국 지배 계층의 단면도였다. 물론 미국에 지배계급이라는 것이 존재할 때의 이야기지만, 그들은 신사 계급에 속했다. 그런 반면에, '식당 내각'은 그 때까지는 배제됐던 계급, 예를 들어 기자와 같은 사람들에게 권력 행사권을 부여했다. 켄덜은 기존 워싱턴 사교계를 경멸하고, 자기가 본 런던이나 파리의 풍습을 흉내 내려고 했다. 늦은 만찬은 '웃기는 영국 문화'라고 생각했으며, 가슴을 크게 드러내놓는 여성의 드레스에도 불만을 나타냈다. 특히, 저녁 때 샴페인을 마시는 것을 몹시도 싫어했다. 켄덜과 같은 자가 나라를 다스리는 데 거든다고 생각만 해도 애덤스와 그와 뜻을 같이 하는 사람들에게는 두려움을 줬다. 그렇다고 그가 할 수 있는 것이 무엇이 있었을까? 그것은 대중의 행진이었다. 잭슨은 대중의 마음을 교묘하게 사로잡아 무대 밖으로 끌어냈다. 이에 따라 한두 번 중단되었으나 거의 남북전쟁 때까지 존속할 새로운 정치 왕조를 열었을 뿐만 아니라 미국의 권력 구조를 반영구적으로 변화시켰다. 때맞추어 현재의 거대한 백악관 관료주의와 그 관련 기관들로 발전하게 한 '식당 내각'은 새로운 대통령 권력 강화의 산물이었다. 그것을 가능케 한 것이 4년마다 대통령과 유권자들인 대중 사이에 맺어진 개인적인 계약이었다. 켄덜과 같은 자가 이러한 새로운 약속을 상징하는 것이 알맞았다. 잭슨이 민주주의라는 새로운 계약을 체결한 최초의 인물이라면, 신문은 그 계약을 떠받치는 수단이었던 것이다.

막강한 언론 파워의 등장

실제로 신문은 1820년대의 선진 사회에서 정치적 변화를 선도하면서 새로운 동력으로 자리매김했다. 또한 신문은 최신식 기술을 받아들이고, 그런 경향에 앞장선 것이 런던의 「타임스」의 존 월터였다. 그는 1813년에 증기로 움직이는 최초의 양면 윤전 인쇄기 두 대를 사들였다. 모든 언론 소유주들이 증기기관을 이용하는 인쇄기를 선호하지는 않았다. 「모닝 크로니클」지를 소유한 애버딘 출신의 제임스 페리는 기계의 가격을 듣고는 실물을 거들떠보지도 않았을 정도였다. 그는 "기계 가격이 몇 년 치 신문 수입액과 맞먹는다는 사실에 고려도 하지 않았다."고 말했다.[126] 게다가, 인쇄 노동자들도 격렬하게 반대했다. 기존의 신문 수동 인쇄기를 다루는 일은 실은 무척 힘들고 고된 작업이어서, '튼튼한 체격을 지닌 사람도 몇 년을 버티지 못하는 일'이었다. 이들은 일자리를 잃을 것이라는 두려움에 어떤 희생을 치르고서라도 증기 인쇄기에 반대하고 나섰다. 그들의 반발을 피하기 위해서 증기 인쇄기를 제작하는 일을 하던 노동자들은 만약 작업 사실을 누설할 경우 100파운드의 벌금을 징수한다는 계약서에 서명했다. 노동 쟁의와 폭력 사태를 우려한 월터는 증기 인쇄기를 도입하는 전략을 생각했다. 이 전략은 어떤 점에서 1980년대에 루퍼트 머독이 새로운 컴퓨터 기술을 도입해 '와핑 전쟁(1984년부터 1985년 사이에 6,000명의 영국 언론 노조원이 벌인 파업 — 옮긴이)'에서 승리할 때 사용한 전략과 유사했다. 월터는 이 계획을 은밀하게 세워 기계의 부속품들만 따로 프린팅 하우스 스퀘어(영국 왕실 인쇄소가 있던 광장 — 옮긴이)에 몰래 갖고 들어와 비밀리에 조립했다. 그러나 새 기계를 작동시킬 수 있을 때까지는 거의 2년 가까운 세월이 걸렸다. 그리고 별안간 1814년 11월 29일 오전 6시에 월터는 인쇄 노동자들 앞에 모습을 드러내고는 이렇게 발표했다. "「타임스」지는 이제 증기 인쇄기로 찍습니다!" 월터는 폭력사태를 진압하기 위해서 병력이 대기 중이라고 경고하면서, 다른 일자리를 구할 때까지는 임금을 지급하겠다고 말했다.[127] 이리하여 신문의 증기 시대가 열렸다. 연이어 다른 신문들도 「타임스」지의 뒤를 따랐다. 페리도 마찬가지였다. 페리는 「크로니클」지로만 10만 파운드를 벌어들이며, 초기 언론 사업의 성공사례 가운데 하나를 기록했다. 이런 성공은 1820년대가 되면서 더 많아졌다.

증기 인쇄기로 시간당 1,100매를 인쇄하더라도 판매부수는 그다지 크지 않았다. 일일 판매 부수는 특별한 경우에만 1만 부를 넘었지, 그 외에는 3,000부에서 5,000부 수준이어서 신문은 근근이 살아갔다. 대부분 신문들의 독자층은 교육을 받은 사람들이었다. 1820년대조차 「타임스」지는 극악인 살인사건이나 성범죄 등의 세부사항을 라틴어로 보도할 정도였다. 그러나 1820년대 말이 되면서 대중지가 등장했다. 출판 사업가인 윌리엄 클라우즈는 템스 강 남쪽의 블랙프라이어에 애플가트 애드 쿠퍼 사의 대형 증기 인쇄기를 스무 대 갖춘 거대한 인쇄 공장을 세웠다. 클라우즈는 이 인쇄기들을 사용해 『페니 백과사전』과 과학적인 내용을 다룬 「페니 매거진」의 발행을 시작했다. 백과사전은 매 호 7만 5,000부, 잡지는 20만 부씩을 팔았다. 클라우즈는 곧 인쇄 작업에 500명을 고용했는데, 여기서 사환으로 일한 소년들 가운데 한 사람인 존 파커는 훗날 케임브리지 대학 출판사를 창립했다.[128] 근대적인 신문이 천천히 형태를 잡아갔다. 1820년대 초기, 시어도어 혹은 「존 불(John Bull)」지에 처음으로 '언행록'이라는 본격적인 가십난을 신설했다. 증기 인쇄기가 도입되고 신문 배달이 규칙적으로 이뤄지자 신문 구독은 점차 일상으로 자리 잡았다. 화가 헤이든은 1827년 9월 17일자 일기에 다음과 같이 썼다.

"내가 얼마나 그날의 뉴스를 고대하는지 희한할 정도이다. 편집자의 추측으로 거짓말과 허튼소리, 허풍이 섞인 것을 아는데도 나이가 들어갈수록 더 기다려진다. ……내 정육점 주인이 내 아이들의 저녁식사를 챙기지 않는 것보다 「타임스」지가 제 때 오지 않는 것에 더 흥분하고 큰 소동을 일으킨다."[129]

또 주목할 만한 현상은 어떤 체제든 상관없이 언론인에게 보이는 급진주의나 반체제 경향이었다. 이미 1809년부터 재무부 국고국장인 찰스롱 하원 의원은 조셉 패링턴에게 다음과 같이 말했다.

"하원 회의를 보도하는 기자는 모두 정부 지지를 공언하는 신문사에 몸담고 있어도 야당에 우호적인 편향된 자세를 보이고 있다."[130]

그러나 이에 대해 정치인들은 속수무책이었다. 신문에 도전하려는 시도는 보통 실패했다. 롱은 에드먼드 버크의 '현 진행속도라면 머지않아 언론은 의회 못지않게 중요한 존재가 될 것'이라는 말을 즐겨 인용했다. 예전에 어떤 기자가 하원의 방청석에서 메모하던 게 발각되자 내쫓겼던 적도 있었다고 롱은 말했다. 그러나 이제는 "취재기자들에게 작은 방 출입이 허락되고 방청석의 지정된 장소에 앉는 것도 허용됐다. 거기서 기자들은 메모를 하는데, 정당에 대한 선호도에 따라 일부를 생략하거나 찬성하거나 비난을 퍼붓기도 한다."고 롱은 패링턴에게 말했다. 윌리엄 윈덤 의원이 의회 출입 기자들을 공격하자 기자들은 갑자기 그의 연설을 싣지 않아버렸다고 조지 캐닝은 토머스 로렌스 경에게 말했다. 그 결과 윈덤 의원은 "기자들에게 다시 잘 보이려고 무척 노력했고, 이는 다른 의원들 사이에서 웃음거리가 됐다."고 캐닝은 전했다.[131]

매콜리가 의회 신문기자단을 가리켜 '제 4계급'이라는 신조어를 만든 것은 바로 그 직후였다. 신문의 힘이 점점 더 막강해지는 만큼 그 권위도 높아졌다. 온갖 사람들이 대부분의 경우 익명으로 신문에 글을 기고했다. 캐닝의 언론 활동은 잘 알려졌으며, 파머스턴과 심지어 필마저도 친정부 신문인 「쿠리어(Courier)」지에 익명으로 기고했다. 「쿠리어」지 기고가이며 해군장관인 존 윌슨 크로커 하원 의원은 1829년에 재무장관인 조 플란타에게 다음과 같이 말했다. "나는 여태까지 총리와 각료들이 쓴 것을 국민에게 전달해 왔습니다. 가끔씩은 이들이 보는 눈앞에서 기사를 쓰기도 했습니다. 그들이 사실을 제공하면 나는 기술을 한 셈입니다." 크로키는 플란타에게도 똑같이 할 것을 조언하고 다음과 같은 추가 사항도 잊지 않았다. "정보 출처가 고위층이라는 의혹을 피하기 위해서라도 드문드문 경미한 실수나 겉으로는 모른다는 식의 내용을 집어넣어야 합니다."[132] 물론, 이러한 정부 정보 유출에 대해 다른 쪽의 역정보도 있었다. 직원 모두가 파머스턴을 싫어한 육군부에서는 사무원 한 명이 반정부 입장을 표방한 페리의 「모닝 크로니클」지에 정부를 난처하게 하는 문서를 정기적으로 보냈다.[133]

신문에 기고해 그것을 이용한 쪽은 정치가뿐만이 아니었다. 성직자나 심지어 여성마저도 정치가를 닮아갔다. 헨든의 부목사인 헨리 베이트 더들리는 「모닝 포스트(Morning Post)」지를 편집했고, 그 뒤에는 「모닝 헤럴드(Morning Herald)」지를 직접 발행했다. 그리고 이 신문은 섭정왕세자를 지지하는 신문이 되었기 때문에 조지는 이에 대한 감사의 표시로 더들리에게 준남작 작위를 수여하고 일리의 주교좌 성당 명예 감사회원으로 임명했다. 더들리는 예전에 국왕의 애인이었던 레이디 허트포드와도 친했던 듯 하고 그녀를 작가로 기용했다. 1824년, 조지 4세는 웰링턴에게 다음과 같이 말했다. "그녀는 내가 아는 한 가장 총명한 여성이며, 신문에 실린 야당 풍자 기사는 모두 그녀가 쓴 것이오. ……그녀가 기사를 쓰고는…… 더들리에게 보내는 것도 본 적이 있소. 더들리는 그 원고를 신문에 싣기 위해 고용된 남자요."[134]

실제로 신문 기고는 이제 충분한 밥벌이가 됐다. 로버트 사우디는 「쿼털리(Quarterly)」지에 이따금씩 기사를 쓰는 것만으로도 풍족하게 살았다. 「쿼털리」지는 기사 하나당 100파운드를 지불했는데, 이는 그 당시로서는 파격적으로 큰 금액이었다. 잠시 다른 직업들의 연 수입을 살펴보자. 필이 정비한 경찰제도의 경관 연봉이 50파운드, 숙련공은 연봉 75파운드, 근위연대 특무상사는 연봉 200파운드를 받았다. 아직 젊은 토머스 배빙턴 매콜리도 논평 한 편에 90파운드를 받았다. 매콜리는 강력한 논쟁을 실어 1825년 「에든버러 리뷰」지를 지켜내면서 비싼 원고료만큼의 진가를 발휘했다. [135] 저널리즘은 사실상 수입이 짭짤한 대사업으로 변했다. 1820년대에 「타임스」지는 인지세로 연간 4만 8,000파운드, 광고세로 1만 6,000파운드를 지출했다. 그렇지만 오늘날과 마찬가지로 영국인들은 여전히 언론에 대해서 이중적인 입장을 취했다. 신문을 읽고는 필요하다면 어디엔가 꺼림칙한 구석이 있어도 믿었다. 1823년, 「란셋(Lancet)」지가 애스틀리 쿠퍼 경의 강의를 싣자, 이 유명한 외과 의사는 자신의 이름이 신문에 났기 때문에 "불명예스럽고 모욕을 당한 기분"이라며 불만을 표시했다. [136] 사회적인 이런 적개심은 위선적이기도 했다. 1828년에 「스펙테이터(Spectator)」지를 창간한 로버트 스티븐 린툴은 다음과 같이 말했다.

"사람들은 신문이 없으면 아침식사도 제대로 할 수 없으면서 오후에는 그렇지 않은 척 시치미를 뗀다. 실생활에서는 유일한 여론의 저장고로까지 보면서도 사람들이 있는 자리에서는 그 내용을 비웃는다. 결국, 자기 입에 꽉 채워 넣은 것을 멸시하는 꼴이다."[137]

신문의 발행부수와 점점 늘어나는 광고로 인해 린툴의 주장은 옳은 것으로 드러났다. 1830년에는 런던에만 9개의 일간지가 난립했다.

프랑스 언론인 출신의 역사가들

그런데 젊은 윌리엄 메이스피스 새커리와 에드워드 불워 리턴이 한탄했듯이 프랑스에서는 언론인들의 사회적 지위가 영국보다 훨씬 높았다. 아마도 잭슨이 대통령이 되기 전의 미국보다도 높았을 것이다. [138] 실제로, 1815년부터 1830년 사이의 왕정복고 시대에는 언론인을 압박하는 여러 가지 시도에도 불구하고 그들은 다른 어느 국가보다도 더 많은 권력을 행사했다. 1820년대에 부르봉 왕조를 파괴한 것은 저술가

—특히 언론인과 역사가였다. 이 무렵, "기자와 사학자를 유일하게 구분 짓는 것은 하이픈 부호 하나"라는 말도 나돌 정도였다. 노르만 정복의 연구로 유명한 역사가인 오귀스탱 티에리(1795~1856), 프랑스와 유럽의 문명사 및 영국 대의제 정치에 관한 방대한 저작을 남긴 프랑수아 기조(1787~1874), 그리고 오늘날에도 여전히 사랑받는 프랑수아 오귀스트 미녜(1796~1884) 등 세 사람은 큰 성공을 거둔 언론인이자 다작 작가였다. 그러나 이들 저술가 중에서도 가장 중요한 인물은 아돌프 티에르(1797~1877)일 것이다. 티에르는 마르세유에서 태어난 157센티미터의 작달막한 프로방스 사람이었고, 프랑스에 흔하던 사생아였다. 아버지는 티에르의 어머니와 결혼하기가 무섭게 곧바로 집을 떠났고, 25년이 지나서야 돈만 조금 챙겨보려고 뒤늦게 나타났다. 따라서 빅토르 위고처럼 티에르도 편모 가정에서 할머니와 어머니로부터 아낌없는 사랑을 받으며 자랐다. 그리고 윌리엄 워즈워스와 마찬가지로, 티에르는 일생동안 자신을 흠모하는 여성들에게 둘러싸여 지내는 독특한 재능을 터득했다. 자수성가한 백만장자의 부인이던 소피 도슨은 티에르의 애인이자 그에게는 셋째 어머니와 같았다. 소피 도슨에게는 엘리스와 어여쁜 여동생 펠리시테라는 두 딸이 있었는데, 이 둘 모두 피에르를 매우 좋아했다. 엘리스가 성년이 되자, 티에르는 기다렸다는 듯이 지참금을 보고 그녀와 결혼하는 한편, 거래의 일부분으로 아름다운 용모의 펠리시테도 손에 얻었다. 그리고 남은 생애를 세 여성에게 둘러싸여 함께 보냈다. 티에르의 전기 작가들 가운데 한 명은 이들 세 모녀를 일컬어 "그녀들 각각이 관리인, 인형, 찬미자였다. 그가 진정 여인에게서 원했던 것은 청춘과 비서와 관리인뿐이었다."고 말했다.[139] 티에르의 가정 분위기는 매우 중요한 의미를 가졌다. 즉 티에르의 모친은 그가 누구보다도 약삭빠른 아이라고 정확히 꼬집었기 때문이었다.

"아무 생각 없이 그 아이를 마차 뒤에 태워줬다간 쥐도 새도 모르게 마차 안에 떡하니 자리 잡고 있을 아이에요."[140]

티에르는 쉴 새 없이 빠르게 말하고 일에 몰두하는 사람이었다. 나폴레옹의 육군 고등학교를 나온 뒤 변호사 자격을 얻었지만, 루소처럼 현상 논문에 당선하여 이름을 떨쳤다. 그 뒤 라 로시푸코 공작의 비서로 일했다. 공작의 주변 인맥을 토대로 연줄을 쌓기 시작해, 자유주의적인 일간신문인 「콩스티튀시오넬(Constitutionel)」에 참여했다. 「콩스티튀시오넬」지는 내용적으로도 일류였는데 「주르날 데 데바(Journal des Débats)」와 함께 프랑스에서 판매부수가 가장 많은 신문이었다. 구독자는 2만 명을 넘어 1826년에는 파리 신문 총 판매량의 5분의 1을 차지했다. 티에르는 놀라울 정도로 다재다능한 언론인이라는 사실을 증명해 보였다. 그는 프랑스에서도 매우 높은 평가를 받는 정치 평론가였을 뿐만 아니라 미술 평론에도 손을 댔다. 1822년 한 미술 전람회에서 자신보다 두 살 손아래로 스물두 살인 외젠 들라크루아를 발견하고는 후원하여 유명하게 만들고 자유주의로 전향시켰다. 티에르는 「키오크 섬의 대학살」과 같은 들라크루아의 대표작들에 대해 늘 호평했고, 1830년에 상무장관 겸 공공사업장관이 되자 부르봉 궁전의 국왕 방에 들어갈 벽화 제작을 들라크루아에게 의뢰했다.

티에르는 1820년대 초에 스페인의 문제점에 관한 뛰어난 논설을 썼다. 이는 훗날 단행본으로 나왔다.[141] 그리고 재정문제에 대해서도 글을 썼는데, 그 인연으로 테르노, 루이 남작, 들레세르 등 유능한 은행가들을 만났다. 그들의 주선으로 신문사 주식을 손에 넣어 중역회의에도 참가할 수가 있었다. 이는 신분 상승을 위한 발판이 됐다. 1827년에 열린 언론법 논쟁에서 카지미르 페리가 밝힌 내용에 따르면, 당시 「콩스티튀시오넬」사는 137만 3,976프랑의 수입이 있었다. 이 가운데 인지세 45만 프랑, 배송비 10만 2,000프랑, 그리고 편집과 인쇄비에 39만 4,000프랑을 지출하고 나머지 37만 5,000프랑이 열 명의 주주와 중역에게 이익으로 배당됐다.[142] 티에르는 재정에 관한 평론으로 알렉시스 앙드레 도느를 만났다. 그리고 그의 아내를 정부로 삼았을 뿐만 아니라 도느에게서 10만 프랑이라는 거금을 빌려―이 돈은 갚지 않았다―그 돈으로 생 조르주 거리에 있는 대저택을 사고 선거인 자격을 얻었다. 그 사이에도 「콩스티 튀시오넬」지의 관계사로부터 프랑스 혁명사 집필 계약을 맺고 일류 저 술가로 지위를 굳혔다. 이것은 스탈 부인을 제외하면 여태껏 그 누구도 감히 엄두를 못낸 테마였다. 1823년부터 1827년까지 10권의 대작으로 출판된 그의『프랑스 혁명사(Histoire de la Revolution française)』는 굉장히 재 미있게 읽을 수 있기에 이 책으로 그는 이름을 떨치고 막대한 재산도 쌓 았다.[143] 티에르는 '이데올로그'라는 이름으로 알려진 단체에 속했다. 이 들은 자신들이 18세기 백과전서파들의 자연스러운 후계자들이라고 여 겼다. 중산층이라는 사실에 자랑스러워하며, 앙시앵레짐(구제도)을 반대 하면서도 극단적인 혁명은 비난했다. 보나파르티즘(마르크스가 정의한 자본 주의 사회에서의 정부의 한 형태―옮긴이)을 부정하고, 헌장을 인정했지만 부 르봉 왕가를 신뢰하지는 않았다. 의회정치를 지지했지만 민주주의자는 아니었다. 이들의 본보기는 영국이었다. 영국이 경제적으로도 군사적으 로도 성공할 수 있었던 배경은 올바른 제도가 확립되었기 때문이라고 봤 다. 즉 그것은 입헌군주제인데, 군주가 잘못되면 제도를 바꿀 권리가 의 회에 있었다. 이것은 영국인이 1688년에 이룩해낸 성과였다. '1688년'이 라는 슬로건은 1820년대의 프랑스에서 자주 언급되었는데, 특히 티에르 는 이를 즐겨 사용했다. 티에르가 말하길 "스튜어트 왕가를 쫓아낸 것은 민중 반란이 아니었다. 이 왕가를 저버린 것은 귀족사회였다." 티에르는 부르봉 왕가에 다음과 같은 메시지를 보냈다. "국왕은 군림은 하되 통치 는 하지 않는다."는 원칙을 지키지 않으면 안 된다는 것이었다.

대의제 정치는 프랑스에서도 생소한 사상이었다. 샤토브리앙은 이 사 상을 과거 망명자와 시골의 젠트리에게 가르쳤고, 뱅자맹 콩스탕은 제국 주의자에게, 티에르는 사업가와 젊은 지식인에게 가르쳤다.[144] 프랑스도 머지않아 영국과 같은 길을 걷게 될 것이라고 티에르는 믿었다. 그 과정 은 이미 시작됐다. 1820년대의 역사철학자 대부분에게서 보듯―헤겔이 가장 좋은 예지만—티에르도 결정론자였다. 역사의 필연성은 믿지 않았다. 오히려 『프랑스 혁명사』에서 썼듯이, "모든 것은 학습에 의해 이뤄진다." 즉, 그와 같은 자극을 주는 것은 자신과 같은 저술가의 몫이라고 말했다.[145]

부르봉 왕조를 둘러싼 이념 전쟁

부르봉 왕가가 복귀된 뒤, 이 체제가 얼마나 약한지를 인식하고 사상전에서 이겨야만 하는 필요성을 절감했다. 새 정부는 출범 당시부터 문화적인 관점에서 나폴레옹 정부보다는 훨씬 더 자유롭다는 유리한 환경에서 다시 시작했다. 나폴레옹 정부에서는 검열관이 코르네유와 라신의 작품에까지 손을 댔지만, 부르봉 정부의 언론 출판 정책은 작가들에게 보편적으로 호의적이었다. 그러나 나중에는 방향 전환을 하며 결국에는 억압적인 정책을 폈다. 1815년부터 1825년까지의 기간은 파리에서 젊은 작가가 살기에는 가장 좋은 시절이었다. 실제로 위고나 티에르 같은 작가가 빠른 시간 안에 출세했다는 사실이 이를 증명했다. 작가들뿐만 아니라 작가의 책을 인쇄하는 노동자들도 서로 협력하여 헌장을 지지했다.

부르봉 정부는 1816년 9월이라는 이른 시기에 검열제도의 위험성에 대한 경고를 받았다. 기조는 자신의 회고록에 이 사건의 전말을 다음과 같이 기록했다. 샤토브리앙의 『헌장에 의한 군주정치(Of Monarchy According to the Charter)』가 9월에 출판되었으나, 발행자는 제정법에 따라 출판업 단속 기관에 사본 다섯 부를 보내야 한다는 것을 잊어버렸거나 보내지 않았다. 그러자 9월 18일에 경찰이 인쇄소에 들이닥쳐 제본한 책과 아직 제작중인 인쇄물들을 전부 몰수하고 조판 원고를 봉인하는 사건이 터졌다. 그런 와중에 샤토브리앙이 도착했다. 샤토브리앙은 이 모습을 보며 벼락같이 화를 내고는 '격노한 노동자들'에게 지시하여 봉인을 뜯고 조판 원고를 되찾았다. 경찰 보고에 따르면, "그들은 큰 소리로 위협하듯이 '출판의 자유여, 영원하라!' '국왕 만세!'라고 시끄럽게 외쳐댔다."[146]고 한다. 부르봉 정부는 이 경고에 귀를 기울였다. 왕정을 회복한 찰스 2세와 비교되는 것을 그다지 신경 쓰지 않은 루이 18세는 영국의 즐거운 군주처럼 '다시는 국외로 망명할' 생각이 없던 터라 작가들과 전쟁하기보다는 이들을 자신의 편으로 만들고 싶어 했다.

왕정복고 정부는 체제 유지에 유리한 문화적 분위기를 조성하기 위해 이래저래 엄청난 돈을 투자했다. 중개자를 통해서 신문사를 구입하거나 신문사에 장려금을 지원했다. 주요 부서들은 일반적으로 관련 부서 장관들의 견해를 대변해 줄 신문을 소유하거나 관리했다. 예를 들어 1822년부터 1828년까지 내각을 이끈 장 밥티스트 빌렐 백작은 임의대로 신문사 세 곳을 각각 외무부, 내무부, 그리고 재무부에서 사용하게 했다. 그러나 판매 부수는 세 곳을 다 합쳐도 파리에서만 겨우 1만 4,000부를 기록하는 등 매우 적었다. 그런 반면, 정부에 비판적인 신문들은 4만 9,000부를 판매했다.[147] 이 세 부서 이외에도 국왕의 사적인 돈인 내탕금으로 작가들은 연금을 받았다. 세상의 주목을 받던 위고는 1823년에 이미 국가 연금으로 총 3,200프랑이나 지급받았다. 위고의 경우, 루이 18세도 그의 초기 작품들을 읽고, 장려하거나 비판했다. 샤토브리앙도 프랑스 귀족 작위를 받고 런던대사와 외무장관(1823~1824년)을 지내면서 달콤한 시간을 보냈다.

축제나 대중 구경거리를 기획하거나 코미디 프랑세즈(프랑스 유일의 국립극장—옮긴이)와 파리 오페라 극장에 아낌없는 보조금을 제공하는 등 정권에 호의적인 분위기를 만들기 위해서 정부는 더 많은 돈을 쏟아 부었다. 오페라 극장은 매우 중요하고 화려해서 국왕의 위세와 밀접한 관련이 있었다. 이 극장은 1824년까지는 왕실 장관인 두보빌레 공작이 직접 관리했고, 운영경비는 왕실비와 특별 극장 지원기금으로 충당했다. 공작이 물러나면서 그의 아들 소스데네 드 라 로슈푸코 자작이 아버지 자리를 물려받았다. 프랑스에서 가장 많은 땅을 소유하고 있던 자작은 사비를 털어가면서 오페라 극장의 엄청난 비용을 충당했다. 대작을 공연할때 프랑스의 유명한 인사들이 많이 참여했다. 총감독의 공식 직함은 '국왕 폐하 오락 기획 및 수집가'였다. 무대 의상이나 배경은 국가적인 화가인 시세리가 지도했다. 그는 극적인 효과 연출로 거액을 받았다.[148] 고위층 사람들은 사소한 세부 묘사까지도 굉장한 관심을 기울였다. 오페라극장의 발레 댄서들의 속옷도 프랑스 정부가 우려했던 문제였다고 한 웰링턴의 주장은 틀린 말이 아니었다. 로슈푸코 자작은, 혹은 자작의 부인의 의견이었는지 몰라도, 이 속옷만으로는 불충분하다 여기고 더 입히려고 헛된 노력을 했다. 파리 당국만 이런 생각을 갖고 있는 것은 아니었다. 그로나우 대위의 말에 따르면, 밀라노의 스칼라 극장에서도 오스트리아 지사가 무용수들로 하여금 무릎까지 올라오는 하늘색 판탈롱을 입게 했다고 한다. 그런데 이 판탈롱은 "무용수들의 몸에 하도 꽉 끼어서 몸의 윤곽이 뚜렷하게 더 도드라져서, 얇은 천으로 된 평범한 바지를 입었을 때보다 더 난처해 보였다."[149]고 했다.

흔히 오페라 극장은 돈을 벌어들이는 수단이라고 생각했지만, 실제로는 정권을 근사해 보이게 만들고 지지자들의 환심을 사는데 사용되었다. 초대권은 몇 천 장씩 배포되었고, 무료 입장도 묵인했다. 왕실 병사들이 출입구를 지키면서 복장이 허름한 사람들을 막았다. 저명 인사들은 때때로 공짜로 입장했다. 국회의원, 왕실비 담당기관의 관리, 국민 방위대 고위 관료들과 튈르리 궁의 경찰은 단정하게 제복을 차려입기만 하면 언제나 무료로 입장할 수 있었다. 작품이 오르면 첫 세 공연은 죄다 '무료 입장자만으로 만원 사례'를 이루었다. 상류 사회에 속한 사람은 모두가 옷만 근사하게 빼입었다 하면 오페라 극장의 입장료를 절대로 낼 필요가 없을 정도였다.[150] 관람객도 똑같이 공연을 주최하는 중요한 역할을 담당한다는 취지에 이 공연의 목적이 있었다. 이에 따라 정권은 확고하게 자리 잡아 영원히 안정될 거라는 인상을 주도록 했다. 오페라 자체는 위대한 예술이라기보다는 오히려 호화로운 구경거리에 가까웠다. 줄거리는 주로 고대 그리스 로마 신화를 바탕으로 한 내용에 니코로 피치니, 크리스토프 글루크, A. M. G. 사키니 등이 음악을 담당했다.

1824년 9월 16일, 움직이기 힘들만큼 비대하던 루이 18세가 마지막 숨을 거두고, 당시 예순여섯 살인 동생이 샤를 10세로 왕위에 올랐다. 샤를 10세가 반동적인 정치관을 가졌지 않았을까 국민들은 의심했으나, 체제 안정이 걸린 왕실 운영에는 여러모로 형보다 적임이라고 생각했다. 샤를 10세는 준수한 용모에 호리호리했으며, 무엇보다도 저녁식사 때마다 와인을 네 병씩 들이켜며 기름진 음식을 좋아하던 루이 18세처럼 포식하지는 않았다. 말 그대로 조각상마냥 파리로 실려 왔던 루이 18세와는 달리, 샤를 10세는 직접 말을 타고 왔다. 샤를 10세의 친구들은 1804년부터 그에게 애인이 없었다고 말했다. 예의범절도 훌륭했다. 두 국왕을 모두 익히 알았던 웰링턴 공작도, 형보다 아우가 더 총명하다고 말했다. 새로운 국왕은 전통적인 당당함으로 국민들에게 좋은 인상을 주려고 최선을 다했다. 루이 18세는 공식적인 즉위식을 갖지 못했다. 실제로, 1775년 이후부터 프랑스에서는 국왕 대관식이 치러지지 않았다. 1793년 10월 6일, 국민 공회는 대관식 행사에 사용하는 특별한 성유인 랭스의 성유가 든 유리병을 고의로 깨뜨려버렸다. 이 성유는 클로비스(481~510) 시대에 비둘기가 하늘에서 상트 레미 사원으로 가져온 것이었다. 성유가 없다면 신성한 왕권은 어떻게 받으면 좋을까? 샤를은 1821년 조지 6세의 정교한 대관식 모습에 큰 감명을 받고는 자신은 기필코 더 거창하게 열리라 결심했다. 바로 이럴 때, 랭스 대성당의 대주교가 1793년 사건 때 귀중한 성유의 일부를 기적적으로 남겨두어 비밀리에 보관해왔기에 바로 지금이 이를 사용할 때라고 발표했다. 샤토브리앙은 샤를 10세의 생각을 지지하고, 「왕은 죽었다. 국왕 만세」라는 제목의 팸플릿을 쓰고는 체제의 신성화에 대관식은 필수적이라고 주장했다.[151]

대관식은 정치·종교적 축제일뿐만 아니라 예술의 향연이기도 했다. 조아키노 로시니는 샤를 10세의 대관식을 기려 훌륭한 오페라 「랭스 여행」을 새롭게 작곡했다. 이 곡은 유명한 스탈 부인의 낭만 소설 『코린(Corinne)』을 해학적으로 풀어낸 작품이었다. 파스타, 라바스르, 돈젤리와 펠레그리니 등 유럽 최고의 가수들을 초청해 이 특별한 왕실 행사에서 공연한 이 오페라는 대성공을 거두었다.[152] 대관식에 즈음하여 작가들에게도 훈장이 쏟아졌다. 라마르틴과 위고는 프랑스 최고의 명예 훈장인 레지옹 도뇌르 훈장을 수여받았고 대관식에 참석해달라는 초청까지 받았다. 참석 의사를 밝힌 위고는 의식용 반바지, 비단 양말, 칼 한 자루와 죔쇠가 달린 구두 한 켤레를 새로 구입한 뒤, 하루에 10프랑을 내야 하는 카브리올레(말 한 필이 끄는 이륜 포장 마차―옮긴이)를 빌려 랭스로 향했다. 대관식은 1824년 5월 29일이었으나, 이 행사를 하루 앞둔 날, 샤토브리앙의 영향으로 고딕 건축에 강한 관심을 보인 위고는 대성당을 구석구석 살펴봤다. 그 날 밤에는 호텔에서 『존 왕(King John)』을 읽었다. 이때 처음으로 위고는 셰익스피어의 작품을 접하고 이는 그의 문학적 삶에서 중요한 사건이 됐다.

샤를 10세는 대관식의 모든 것이 중세풍을 따라야 한다고 결심했다. 따라서 대관식을 앞두고 3주간의 숲 속 사냥 의식을 치르기도 했다. 그런데 이 때, 축포소리에 놀란 말들 때문에 마차 사고가 일어나 하마터면 목숨을 잃을 뻔했다. 그러나 대관식은 별다른 불상사 없이 무사히 마무리되었다. 유럽 제일의 장인이 특별 제작한 예복은 6만 8,812개의 보석들로 장식되었고 비용은 2,100만 프랑이나 들었다. 랭스에 도착한 국왕은 시로부터 전통적인 선물인 샴페인과 루젤레 배를 선물 받았다. 다음으로 국왕은 죄수 50명을 석방하라고 지시했다. 대성당은 새벽 6시에 열렸고, 대관식은 그로부터 한 시간 뒤에 열렸다. 술트와 주르당같이 나폴레옹을 지지했던 장군들도 임무를 맡았는데, 몇몇은 이를 보고 이상하다고 생각했다. 랭스의 성유를 붓기 위해 샤를 10세는 하얀 공단 의복을 입고 바닥에 엎드렸다. 성유를 온몸에 골고루 스며들게 하기 위해 의복에는 7개의 구멍이 뚫려 있었다. 의식은 정오가 좀 지나서 끝났고, 그 다음 날에 왕실 수석 의사가 연주창에 걸린 환자 121명을 한 줄로 늘어 세웠다. 그리고 신권에 의해 왕이 된 샤를 10세가 이들에게 한 명씩 손을 댄 뒤에 "왕의 손길이 닿으면, 신이 그대를 치유하리라."고 읊었다. 위고는 이 모든 광경을 즐기고 있었다. 그런데 우연히 샤토브리앙과 마주쳤을 때, 샤토브리앙은 천박하고 지나치게 화려한 의식에 노하여 펄펄 뛰었다. 이 현자는 큰 소리로 비난했다.

"나라면 대관식을 완전히 다르게 연주했을 것이다. 교회의 모든 장식을 걷어치워 텅 비게 하고, 국왕을 말에 태워 종교와 자유의 결합인 헌장과 복음서 두 권만 펼쳤을 것이다."[153]

낭만주의의 새 바람

이와 같은 샤토브리앙의 비난은 샤를 10세의 문화 정책의 실패를 말해주는 것이나, 진짜 이유는 시대 조류가 변한다는 데 있었다. 1815년부터 1825년 사이의 10년 동안 유행했던 중세적 취향은 이제 격정적인 낭만주의에 자리를 내줬다. 이런 문화 현상을 반영한 하나의 징후가 셰익스피어에 대한 프랑스인의 태도 변화였다. 1822년에 영국 극단이 파리에서 일련의 셰익스피어 극을 공연했으나 그 결과는 참담했다. 이 연극에는 '웰링턴 공작의 졸개들' 그리고 '침략'이라는 비난이 쏟아졌다. 거리에는 폭동까지 일어났다. 공연은 따가운 눈총과 질책을 받았다. 공연 인사를 하던 여배우들이 악의를 갖고 던진 동전에 맞아 부상하는 사태도 속출했다. 데스데모나가 소파에 눕는 장면에서 한 관람객이 "요강은 어디있냐?"며 버럭 소리 지르기도 했다. 그런데 1825년이 되자 분위기가 바뀌기 시작했다. 위고가 셰익스피어의 작품을 발견하고 열광한 것이 이를 암시했다. 위고는 언제나 최신 문화 경향을 예리하게 포착했다. 또 다른 셰익스피어 작품의 열정적 지지자는 블로뉴에서 태어난 영리하고 생기 넘치는 의대생 오귀스탱 생트뵈브(1804~1869)였다. 생트뵈브는 1825년 파리에 새롭게 등장한 급진적 성향의 『글로브(Globe)』지에 기고했다. 여기서 더 중요한 사람이라면 스탕달(1783~1842)이었다. 본명은 앙리 벨, 그르노블 출생인 스탕달은 영국 극단에 대한 적개심에 너무 분노한 나머지, 낭만주의 운동의 정력적인 대변자로 『라신과 셰익스피어(Racine et Shakespeare)』를 저술했다. 스탕달은 낭만주의를 "믿음의 실상을 바탕으로 독자에게 무한한 만족을 선사하는 예술"이라고 정의했다. 이 정의는 과거에는 낭만주의가 지니지 못했던 어떤 특성을 부여했다. 바로 1820년대 중반에 새롭게 등장한 자유주의와 딱 맞아 떨어지는 정치 이념이었다. 따라서 1827년에 영국 극단이 셰익스피어의 『햄릿(Hamlet)』과 『로미오와 줄리엣(Romeo and Juliet)』, 그리고 셰리던의 『연적(The Rivals)』을 갖고 프랑스를 다시 찾았다. 대사는 모두 영어였으나 열렬한 환영을 받았다. 수심에 잠긴 낭만적인 영웅의 전형인 햄릿 역을 맡은 켐블의 연기는 프랑스인들의 큰 호응을 이끌어냈다. 그러나 공연의 진짜 스타는 따로 있었다. 오필리아를 연기했던 늘씬한 몸매에 푸른 눈동자와 매력적인 목소리를 지닌 스물일곱 살의 아름다운 해리엇 스미슨이었다. 스미슨의 아일랜드 말투는 런던 관객들 앞에서 공연할 때는 불리했지만, 프랑스인들은 말투를 알아차릴 턱이 없었다. 그리고 오필리아가 미치는 장면은 일대 센세이션을 일으켰다. 관중들은 눈물을 흘렸고, 감동해서 환호성을 질러댔다. 들라크루아, 위고, 알프레도 빅토르 드 비니, 알렉상드르 뒤마와 생트뵈브가 모두 그녀의 연기를 격찬했다. 이 셰익스피어의 새로운 세계는 "아담이 에덴동산을 처음 봤을 때의 신선함을 느끼게 했다."고 뒤마는 썼다.

젊은 엑토르 베를리오즈(1803~1869)도 『햄릿』에 감동한 사람들 가운데 하나였다. 스탕달과 마찬가지로 그르노블 출신이던 베를리오즈는 의사인 아버지와 모든 음악가들은 무조건 지옥으로 떨어진다는 어머니의 청교도적인 신념에서 벗어나고자 단조로운 집안에서 나와 파리로 도망쳤다.[154] 『햄릿』 공연을 보고 난 뒤, 베를리오즈는 다음과 같이 썼다.

"교육자들과 우민정책을 펼치는 수도사들로 인해서 우리 프랑스의 시학(詩學)이 얼마나 한심스러운 수준인지 그 극적인 진실을 깨달았다. 내가 살아 숨 쉬고 있다는 사실과 이제 일어나 나서야 할 때라는 것을 보고 깨닫고 느꼈다."[155]

마찬가지로 베를리오즈가 해리엇 스미슨을 보고 사랑에 빠져 결국 수많은 우여곡절 끝에 그녀와 결혼한 것은 중요한 사실이었다.

베를리오즈는 샤를 10세의 문화 정책이 잘 운영되지 않는 이유들을 상징하는 인물이었다. 베를리오즈는 새로운 중산층 출신으로 지적 수준이 높은 전문 음악가였다. 단순히 연주와 작곡에 만족하지 않고 이해와 창작, 파괴와 재건을 갈구했다. 악기를 다루는 재주는 단연 탁월했고, 칼 마리아 폰 베버와 니콜로 파가니니처럼 기타 연주 실력이 무척 뛰어났다. 그 외에도 플루트와 클라리넷도 연주할 줄 알았다. 베를리오즈는 파리에 와서 연주자 겸 작곡가이자 음악 평론가, 그리고 음악학자로 활약했다. 왕립음악원 도서관에서 고전 악보를 연구했기에 음악회에 가서 혹여나 기악 편성을 독단적으로 바꾼 공연을 발견하면 복수의 천사처럼 일층 좌석에서 벌떡 일어나 고함을 질렀다. "트롬본은 어디 있는 거야?" "피콜로 부분이야, 이 멍청아." 한편 베를리오즈는 자신이 구상을 끝내고 이미 작곡에 들어간 장대한 작품을 연주할 수 있는 편의를 마련해달라고 로슈푸코 자작을 졸랐다. 그런 작품 중 하나가 최종적으로 생 로슈 교회에서 연주하기로 예정된 미사곡이었다. 이 교회는 예전에 나폴레옹이 폭도들에게 '포격을 가했던' 유명한 곳이었다. 연주회는 성공적으로 막을 내렸다. 베를리오즈는 연주회를 마친 뒤에 '오귀스트'—아우구스투스 황제의 이름을 딴 호칭—를 만났을 때의 모습을 다음과 같이 묘사했다. 오귀스트는 검투사들의 운명을 좌우한다는 이유로 '로마인'이라고 불린 강력한 후원회 조직의 우두머리였다. 오귀스트가 물었다.

"생 로슈에서 데뷔한다는 사실을 왜 일전에 말해주시지 않으셨습니까? 우리가 다 함께 갔을 텐데요."

그러자 베를리오즈가 말했다.

"종교 음악에 그토록 심취하셨는지를 몰랐습니다."

"전혀 좋아하지 않지요. 그래도 관객을 흥분시킬 수는 있었을 거잖습니까."

"어떻게요? 교회에서는 박수를 칠 수 없습니다."

"그렇군요. 그래도 기침을 하거나, 코를 풀거나, 아니면 의자를 움직이거나 발로 바닥을 울릴 수는 있지 않습니까? 흠. 아니면 하늘을 올려다 보든지요. 방법이야 많죠. 인기 설교자랑 똑같은 진짜 성공을 안겨드릴 수 있었는데 말이죠."[156]

1820년대에는 이런 박수부대가 전염병마냥 파리 곳곳에 퍼졌다. 돈을 위해서 하는 단체도 있었고 사상적인 이유로 동참하는 단체도 있었지만, 동기야 어찌됐건 이들 그룹은 옛 것이나 보수적인 것, 왕정주의자에 대해서만큼은 매우 적대적이었다. 이들의 증오 대상 가운데 한 명은 베를리오즈도 미워한 살바토레 케루비니(1760~1842)였다. 이제 막 육십 대 후반에 들어선 케루비니는 극 보수주의자로 정권이 바뀌어도 오랫동안 계속해서 파리왕립음악원의 원장직을 맡았다. 케루비니의 얼굴은 흉악했고, 유럽에서 가장 무례하기로 소문났다. 그가 공격한 자들의 명단에는 베를리오즈부터 프란츠 리스트와 세자르 프랑크까지 있었다. 아돌프 아당의 아버지가 케루비니에게 아기인 아당을 보여주자, 케루비니의 반응은 간단했다. "진짜 못생긴 아기로군!" 그리고 한 유명한 바이올린 연주자가 숨지자, 이렇게 말했다. "하찮은 인물, 형편없이 하찮은 인물!" 케루비니는 베토벤을 증오하고 바흐의 화성법들을 "귀에 거슬린다."고 말하기도 했다. 매우 고집 세고 집요했던 청년 베를리오즈—이 점은 해리엇 스미슨도 인정했다—가 로슈푸코를 방패로 삼아 케루비니에 대항하여 자신의 길을 개척할 수 있었던 것은 국가 문화정책의 혼란을 말해 주는 전형적인 예였다.

1818년, 케루비니를 매우 언짢게 하는 문제가 일어났다. 정기적으로 고전 음악의 음악회를 개최하기 위해 고위층의 명령에 따라 파리음악원 관현악단이 창설됐다. 새로운 얼굴의 작곡가나 그동안 잊힌 작곡가의 작품을 연주한다는 특별 지시가 있었던 것이다. 이 결정은 샤를 10세의 문화 대책이 뜻하지 않은 효과를 거둔 훌륭한 예였다. 바이올린 지휘자들 가운데 하나이자 열렬한 베토벤 추종자인 프란시스 아버넥(1781~1849)의 지휘 하에 열린 첫 시즌의 시작은 베토벤의 제3번, 제5번, 제7번 교향곡들로, 아주 훌륭한 연주를 선보였다. 바로 1년 전에 사망한 이 거장은 빈과 런던에서는 숭배를 받았지만, 아직 파리에서는 그다지 알려지지 않은 상태였다. 베토벤의 작품들은 파리 청중을 상대로 센세이션을 일으켰다. 1827년에 셰익스피어의 부활과 유사했지만, 이 성공으로 더욱 강력하게 낭만주의의 정치화에 박차가 가해졌다. 셰익스피어의 연극들이 혁명적인 시였듯이, 베토벤의 교향곡은 혁명적인 음악이 아니었을까?[157]

이런 여러 가지의 힘이 합쳐져 정통파의 문화에 점차 큰 영향을 미치기 시작했다. 이런 추세는 새로운 것이나 급진주의, 그리고 당시 사람들이 말한 사실주의 쪽을 향해 나아갔다. 예술가들에게 그리스 로마 신화에서 벗어나 문제들을 다루라고 요구하는 목소리가 점점 커졌다. 이런 테마는 '의의가 깊고 정치적인 메시지'를 담는 경우가 많았다. 시국적인 제리코의 「메두사 호의 뗏목」과 들라크루아의 「키오스 섬의 대학살」이 그 시대의 사건들을 담고 있듯이, 연극계도 서서히 시사적인 문제에 눈을 돌렸다. 이러한 움직임은 상점가 극장에서 시작했으나, 인기몰이를 하면서 코미디 프랑세즈에도 나타났고 마침내는 그 물결이 부르봉 왕조 문화의 주요 거점인 오페라 극장의 기반에까지 밀어닥쳤다.[158]

오페라 극장의 근대화

파리 오페라 극장에 '근대화'의 첫 징조가 보인 것은 1822년 시세리가 무대 장식을 맡은 환상적인 작품 「알라딘(Aladdin)」— 대본은 니콜과 베니코리— 의 공연이었다. 무대는 매우 근대적이었으나 당초부터 정치와는 거리가 멀었다. 시세리는 파트너인 루이 자크 다게르가 고안한 가스등이나 디오라마를 비롯한 여러 과학 기술을 무대에 연출했다. 이어 1824년에는 베버의 「마탄의 사수」가 선을 보였다. 이 작품은 가사가 매우 복잡했음에도 큰 성공을 거뒀다. 중대한 분기점은 1825년이었다. 당시에 오페라 극장의 문서를 보면 '근대주의자'가 주제뿐만 아니라 무대, 노래, 음악, 미술, 연기에서 무대 의상에 이르기까지 압력을 행사한 성과가 기록으로 남아 있다.[159] 그리고 1826년 10월에는 터키 지배에서 벗어나려는 그리스의 몸부림을 의식한 로시니의 작품 「코린트의 포위」가 발표됐다. 이는 1459년 터키와 그리스 간의 전투에서 소재를 따왔는데, 이 작품의 성공은 한층 대담한 혁신에 시동을 걸게 했다.

이 동안에도 검열은 존재했다는 사실을 알아야 한다. 그러나 이를 피해가기는 어렵지 않았다. 최초의 나폴리 민중저항을 다룬 작품이 1825년 상점가의 한 극장에서 공연됐다. 그 다음 해에는 오페라 코미크 극장에서 막을 올렸다. 대본은 라폰텔과 모로의 공동 집필이었으며 음악은 카라파가 맡았다. 두 번째 작품은 검열관의 반대에 부딪혀 여섯 번이나 수정되는 산고를 겪은 후에야 통과되었다. 이 작품은 대히트를 쳤고, 작품 속 다수의 곡들이 대중의 사랑을 받았다. 그 결과, 극작가 오귀스탱 외젠 스크리브(1791~1861)와 작곡가 다니엘 프랑수아 오베르(1782~1871)는 또다시 새로운 작품의 아이디어를 착상했다. 이번에는 오페라 극장을 상대로 하는 매우 세련되고 '진지한' 작품이었다. 스크리브는 검열에 걸리지 않도록 줄거리 구상에 열심히 머리를 굴렸다. 예를 들면, 주인공을 벙어리 소녀로 삼은 것, 혁명 주모자가 단순히 죽는 것이 아니라 악독한 폭도들에 의해 살해되는 장면, 그리고 폭도들의 대한 천벌의 상징으로 베수비오스 산의 노여움을 표현한 것 등등 이런 노력으로 작가와 음악가로 이루어진 오페라 극장의 자체 검열기구나 공적인 검열관의 눈으로부터 「포르티치의 벙어리 아가씨(La Muette de Portici)」의 매우 급진적인 공격성을 숨기는 데 성공했다. 이 대본은 그 어떤 대본보다도 더 꼼꼼하게 검토되었지만, 검열관이 삭제하라고 지시한 부분은 몇몇 표현에 불과했다. 그 부분은 즉, "민중에게 무기를 주지 않으면 안 된다. 민중만이 주인이다. 여왕은 여러분 앞에 무릎을 꿇고 있다." 등등이었다.[160] 일단 대본이 통과하자 오페라 극장에 방대한 자원이 환상적인 무대 연출을 위해서 대거 투입되었다. 검열관들은 오베르의 음악이 인기를 얻기에는 지나치게 고답적이라고 생각했다. 그러나 그들은 시세리의 현실감 넘치는 무대 장치의 효과를 예상하지 못했다. 시세리는 극적인 군중 장면이나 무대 의상을 통해 계급의 차이를 예리하게 그려내어 작품에 계급 투쟁의 이미지를 부각시켰다. 더구나 라 스칼라 무대의 유명한 화산 장치를 공연 제작팀이 견학하고 어떻게 만들어졌는지 두 눈으로 직접 확인하고 공부했다. 베수비오스 화산 폭발 장면 하나만으로도 매진사례를 이루고도 남았다.

윤년이던 1828년 2월 29일 첫날의 저녁 공연은 이전에 오페라 극장이 경험하지 못했을 정도로 대성공을 거뒀다. 기묘한 우연의 일치였던지, 이날 밤에 국왕 일가는 객석에 한 사람도 모습을 드러내지 않았고, 루이 필리프 오를레앙 공작과 그 측근들이 나란히 관람했다. 어떤 낌새를 눈치 챈 어마어마한 인파가 극장 밖에 모여들었다. 그것이 극장 안에서 상연되는 무대에 재미를 더했다. 군중이 아닌 보수 세력의 승리로 끝나는 결말 부분에 대해서 스크리브에게 정부 측이 권력을 행사했다는 소문이 나돌았다. 이리하여 박수 갈채는 비극적인 결말에 대한 것이 아니라 무대 위 군중들의 결속을 향한 것이었다. 한마디로 말해 이것은 정부 타도의 색채가 매우 짙은 오페라라며 친정부 신문인 「르 모니퇴르 위니

베르셀(Le Moniteur Universel)」지는 3월 2일의 지면을 통해 대놓고 혹평했다. 그러나 이미 이때는 오페라의 대성공이 너무도 확연했기에 장관들도 100회 공연을 지켜보는 것 외에는 달리 수가 없었다. 그 후 이들은 오페라 극장에 '감시 위원회'를 새로 두었지만, 때는 이미 늦은 후였다. 대중은 음악극을 정치적으로 '읽는' 방법을 배웠고 「포르티치의 벙어리 아가씨」의 바르카롤(베니스 곤돌라 사공의 뱃노래─옮긴이)은 전국에서 울려 퍼졌다. 참으로 특이한 공연 선택이라고 생각할 수 있겠지만, 1830년 5월 3일에 파리를 찾은 나폴리 국왕을 위해 열린 이 특별공연 무대에 오를레앙 공작은 다음과 같이 말했다. "화산 속에 타오르고 있는 것은 바로 우리들의 모습입니다."[161]

낭만주의로 돌아선 빅토르 위고

일찍이 1828년에 미국을 휩쓸던 민중은 그랜드 오페라를 통해 같은 해에 파리에도 들어갔다. 게다가 부르봉 왕조에게는 엎친 데 덮친 격으로 왕당파였던 빅토르 위고가 등을 돌린 것으로는 부족했는지 적들의 지도자가 되어버렸다. 셰익스피어를 접한 뒤로, 위고는 새로운 자유로움 속에서 낭만적이고 시적인 혁명극인 『크롬웰(Cromwell)』을 썼다. 1827년 3월 12일, 위고는 젊은 새로운 친구 생트뵈브를 포함한 몇 명 앞에서 작품 전체를 낭독했다. 그 이튿날, 훗날 19세기 최고의 문학 비평가가 될 생트뵈브는 굉장히 긴 길이의 건설적인 비평을 담은 편지를 위고에게 보냈다. 그 편지를 읽은 위고는 각본에 서문을 달았고, 이 서문으로 위고는 사실상 프랑스 낭만주의의 선두 지도자가 되었다. 이 서문은 청년 작가들에게 엄청난 영향을 미쳤다. 이것은 마니교적인 이원론을 장황하게 논한 것인데, 위고 자신이 그린 뛰어난 흑백 수채화를 통해 그 상상을 반영

한 것이었다.[162]

몇 주 뒤, 파리의 오스트리아 대사관에서 한 사건이 벌어졌다. 나폴레옹 지지자 몇몇이 찾아와 '나폴레옹 황제'가 수여한 칭호로 이름을 댄 것이었다. 타란테 공작, 달마티에 공작, 트레비즈 공작과 레기오 공작이 그들이었다. 집사장은 메테르니히나 아니면 외무부의 지시를 받았던지 이들을 맥도날드 원수, 술트 원수, 모르티에 원수, 우디노 원수라고 크게 외쳤다. 이러한 에피소드는 이중 구조의 귀족제도 등이 존재하지 않는 런던에서 크게 웃음거리가 되었으며, 미국에서도 그저 이해할 수 없는 부분이었다. 그러나 파리에 밀어닥친 후폭풍은 엄청났다. 프랑스판 이튼 부인 스캔들과 같았다. 원수들은 그 즉시 마차를 불러 철컥거리는 칼자루를 쥐고 분에 차 발을 쿵쾅거리면서 대사관 계단을 내려온 뒤 황급히 자리를 떴다. 격분한 위고는 종이와 연필을 급히 꺼내어 잡고는 유명한 송가인 「신문의 난에 부쳐(Ode de La colonne)」를 써내려갔다. 이 송가와 『크롬웰』의 서문으로 위고는 프랑스 젊은이들의 우상으로 떠올랐다. 생트뵈브는 이 송가에 열정 어린 비평을 보냈고, 두 사람의 우정은 깊어졌다.

이 젊은 비평가는 노트르담 데샹 거리의 19번가로 이사했다. 그곳은 위고가 살던 조용하고 아름다운 주택이 있는 11번가와 가까웠다. 위고의 주택에는 크고 로맨틱한 정원과 통나무 다리가 걸쳐져 있는 호수, 그리고 주택 너머에는 널따란 땅과 풍차가 있었다. 위고와 부인 아델의 주위엔 똑똑한 젊은이들이 몰렸다. 이들은 1829년 겨우 스물일곱 살밖에 안된 위고를 이미 '대가'라고 불렀다. 아델은 늘 임신해있거나 산후조리중인 모습이었으며, 그렇지 않고서는 별다른 관심을 받지 못했다. 생트뵈브가 아델을 연모하기까지는 오래 걸리지 않았다. 예전에는 다른 사람의 행동에 비판적이던 위고가 이제는 급진적인 정치뿐만 아니라 성에도 눈을 떴던 것이다. 이 두 가지는 위고의 마음속에 밀접하게 연결되어 있었다. 이렇게 시작된 그의 난잡한 성관계는 여든 살이 되도록 계속됐다. 위고는 이제 돈도 많았고 건강 상태도 굉장히 좋아 복숭아씨까지도 오도독 씹어버리는 '상어 이빨'을 갖고 있다는 소문이 나돌 정도였다. 위고보다 두 살 어리기는 했어도 생트뵈브는 위고의 정치적 조언자였다. 알프레드 드 비니는 1829년 5월 23일자 일기에 안타까워하며 다음과 같이 적었다.

"위고는 요즘 생트뵈브와 어울린다. 생트뵈브는 작은 몸집에 오히려 추남에 가까운 평범한 겉모습과 엄청 굽은 등, 그리고 말할 때마다 노파처럼 알랑거리면서 아첨하며 우거지상을 하고 있다. ……이 약삭빠른 젊은이는 위고의 기존 생각을 단박에 완전히 바꾸게 만들었으며, 정치적인 면에서 그의 정신까지 지배하고 있다. 얼마 전에는 여러 문제들을 심사숙고한 결과, 빅토르는 우파를 떠나겠다고 말하기도 했다. ……내가 그토록 사랑하던 빅토르는 더 이상 없다. 종교와 왕당주의에 광신적인 면까지 보이고 있다. 어린 소녀만큼이나 순수했던 바로 그 위고의 모습이 그에게 가장 잘 어울렸고…… 그런 위고의 모습을 우리는 좋아했다. 그러나 요즘의 위고는 음담패설을 즐기며 자유주의자가 되었다. ……인생을 성인으로 시작한 위고가 이제야 사춘기에 접어든 것이다."[163]

이 일기를 쓴 지 여섯 주가 갓 지난 1829년 7월 10일에 위고는 자택에서 사람들을 모아놓고 루이 13세가 군림하던 시대를 배경으로 한 새로운 희곡 『마리옹 드 로름(Marion de Lorme)』을 낭독했다. 이 자리에 있던 사람들 가운데는 드 비니와 그의 적인 생트뵈브, 그리고 뒤마, 알프레드 드 뮈세, 신작 『올빼미당(Les Chouans)』으로 첫 성공을 거둔 서른 살의 오노레 드 발자크, 프로스페르 메리메, 시인 에밀 데샹과 프랑수아 빌맹 등이 있었다. 그들은 몇 번이고 감탄사를 터뜨리며 황홀무아경에 빠져 눈물을 흘렸다. 위고가 낭독을 마치자 뒤마는 "열광하면서 손을 연신 흔들더니…… 위고를 꽉 끌어안으며 헤라클레스처럼 괴력을 발휘해 그를 번쩍 들어 올리고는 외쳤다. '우리가 그대의 영광까지 함께하겠소.'"라고. 그 자리에 함께 있던 사람은 당시 기억을 떠올리며 다음과 같이 썼다. "아직도 그 대단하다는 뒤마가 입에 케이크를 한입 가득 베어 물고서 '훌륭해!

훌륭해!'를 외치던 모습이 눈앞에 생생하다."[164] 그러나 이 희곡을 읽은 검열관은 일언지하에 퇴짜를 놓았다. 이 문제는 총리인 마르티냐크 자작에게로 넘어갔다. 그는 지난 번 총리였던 빌렐보다는 조금은 더 활동의 자유를 인정하는 편이었다. 그런 자작마저도 희곡에서 그려진 루이 13세의 모습이 "군주정치에 위협이 될 것"이라고 우려했다. 화가 머리끝까지 치민 위고는 샤를 10세에게 직접 찾아가 호소했다. 이 같은 사실을 통해 그 당시 지식인들로부터 존중받는 것이 얼마나 높은 평가를 받는 일인가를 알 수 있다. 각본을 읽고 나서 국왕은 여전히 검열 결과를 지지하면서도 위고를 달래려고 연금을 챙겨주었다. 위고는 분개하여 그 연금을 거절하고는, 곧장 집으로 달려가 새로운 작품에 몰두하기 시작했다. 바로 이 작품이 19세기 사상 가장 악명 높은 희곡인 『에르나니(Hernani)』였다. 위고는 8월 29일에 시작한 작업을 4주가 채 되지도 않은 9월 25일에 끝마쳤다. 코미디 프랑세즈 극장은 드 비니의 『베니스의 무어인(Le More de Venice)』을 밀어내고 그 즉시 『에르나니』의 상연 날짜를 10월 5일로 잡으려고 했다. 리허설 현장에서 거만을 떨던 드 비니에게 본때를 보여준다는 의미도 있었다. 그러나 위고가 승낙하지는 않았다. 위고는 자신이 인생 최대의 시험에 봉착할 것이라는 사실을 알고 있었고, 피할 수 있는 경우가 아니라면 더 이상 적을 만들고 싶지 않았다. 게다가 초연을 앞두고 자기편의 준비를 확고히 할 필요가 있었다. 이리하려 마침내 1830년 2월 25일로 공연날짜가 잡혔다.

『에르나니』는 최초의 근대연극이라고 할 수 있다. 그 투쟁적 내용이 상징하는 것은 오늘날에도 여전히 계속되는 문화적 충돌이며, 노인과 젊은이, 자유와 관습, 규칙을 깬 자와 지키는 자, 과격한 혁신주의와 예술의 전통, 전위와 정통 사이의 충돌이었다. 최후에 에르나니와 여주인공인 도냐 솔이 함께 독약을 마시고 동반 자살하는 것으로 끝나는 이 비상식적인 줄거리에는 사악한 국왕이 등장하기는 하지만 정치적인 내용을 직접적으로 담고 있지는 않았다. 그러나 고전극의 전통을 지키려던 자들은 문화적 고결함이라는 관념에 대한 공격이라고 여겨 분노했다. 예를 들면, 이 연극은 일상 언어를 사용하고 노골적인 열애 장면도 담고 있었다. 무대 위에서 사람들이 죽거나 살해당하는 장면도 있었다. 오늘날 우리에게는 믿기 힘든 멜로드라마 같아 보이지만, 1830년대 젊은 층에게는 자극적인 사실성을 무대에 부여한 것으로 비쳐졌다. 이것이 바로 실제 사람들의 삶이며, 르네상스 시대부터 무감각해진 연극의 모습을 찾은 것이었다.[165]

젊은 세대의 문화적 테러

그러나 싸움터를 고른 위고는 정정당당하게 싸울 의향이 없었다. 예술상의 목표가 위태롭다 싶을 때는 가차 없이 비열해질 각오였다. 이리하여 미래의 도식이 완성됐다. 즉 잘잘못을 따지는 진부한 개념보다는 예술이 더 중요하다는 신념이었다. 리허설 도중, 위고는 그때까지만 해도 굉장히 유명하던 마드무아젤 마르스에게서 도냐 솔의 배역을 빼앗았다. 새로운 낭만주의 운동에 대한 참여 의식이 부족하다고 생각했기 때문이었다. 게다가 더 중요한 사실은 위고가 높은 평판을 얻기 위해서, 온갖 패거리들이 전부 끼어있는 전례 없는 규모의 박수갈채꾼들을 동원해 문화적 테러를 감행하는 데 주저하지 않았다는 점이었다. 공연 첫날은 위고를 지지하는 무리로 북새통을 이뤘다. 이들을 이끌던 자는 역시 의사를 아버지로 두고 거칠고 위태로운 혈기를 간직한 스물두 살의 시인 제라드 드 네르발이었다. 드 네르발은 11년 뒤에 미쳐서 목을 매 자살한다. 드 네르발은 미술학교, 이공과 대학 등에서 학생들을 끌어 모아 든든한 지원군을 만들었다. "대머리에게는 풍성한 머리를, 과거에는 미래를 맞서게 하는 방법보다 더 좋은 것이 어디 있겠소?"라는 게 위고의 생각이었다. 수염이 난 젊은이들로 이루어진 호위대가 있던 아델 위고는 전술상의 세부사항들을 파악하기 위해서 관객석과 비상구를 면밀히 살폈다. 2월 25일, 생트뵈브와 위고는 개막 8시간 전부터 극장에 와서 그들의 지지그룹이 극장에 줄지어 들어와 자리 잡는 모습을 지켜보았다. 이들은 특별히 '이에로(Hierro, 철)'이라고 적힌 붉은 색 입장권을 소지했다. 열광적인 알모가바르(아라곤 왕국의 용병 집단—옮긴이)가 전투에서 내지르는 말 "철은 그대를 깨운다(Hierro despierta te)"에서 따온 말이었다. 위고는 이들을 철기병이라고 불렀다. 여하튼 여느 때처럼 중산계급 시민들과 상류층 후원자들이 1층 정면의 특별석과 특등석에 앉았을 때, 이들은 길고 뾰족한 머리 모양을 한 학생들과 위고의 몇몇 친구들의 괴상한 행색에 깜짝 놀랐다. 테오필 고티에는 허리가 잘록하게 들어간 장밋빛의 상의에다가 푸르스름한 녹색 바지를 입고, 검정색 벨벳 깃이 달린 파란색 연미복을 입고 있었다. 젊은 학생들은 극장 맨 위층 관람석에 앉아 으르렁거리며 소리쳤다. "대머리들은 머리를 치워라!" 어느 편도 아닌 관람객들은 박수나 찬성하는 소리를 제외한 다른 어떤 소리도 용서되지 않으며 야유하거나 그냥 박수치지 않고 가만히 앉아만 있어도 뺨을 맞을 수 있다는 사실을 알 수 있었다. 뺨 때리기는 1820년대 파리에서는 심각한 행위로서 결투의 이유가 됐다. 또한, 모든 것에 돈 냄새가 폴폴 풍겼다. 연극 휴식시간에 극장 밖 보도에서는 출판업자인 맘(Mame)이 초판본 판권을 놓고 위고에게 5,000프랑을 제시했다. 그는 실제로 그 자리에서 1,000프랑 짜리 지폐 몇 장을 위고의 손에 쥐어주기도 했다고 한다.

그 뒤에 위고 지지자들은 자신들의 신문인 「글로브」지 사무실에 모여 앉아 찬미하는 비평가라기보다는, 오히려 '승리 발표'라고 해야 할 기사를 내보내기로 결정했다. 뒤이은 공연들도 같은 방법으로 조직적으로 대처했다. 3월 첫째 주 말경에 보낸 편지에 생트뵈브는 다음과 같이 썼다. "친구들과 관객들 가운데 낭만주의자들 덕분에 첫 세 공연들은 성황리에 끝났다. 승리는 우리 강인한 젊은이들의 것이기는 했지만 네 번째 공연은 유독 격렬했다. ……총수입은 훌륭했고, 우리의 친구들이 조금 더 도와주면 희망봉은 거의 돈 것이나 다름없을 것이다." 그러나 티에르가 한 달 전 창간한 새로운 자유주의 신문인 「르 나시오날(Le National)」지는 이와 반대되는 입장을 보였다. 공연 자체보다는 "제멋대로이고 공공예절도 지키지 않는" 위고의 패거리에 대한 비난이었다. 배우 가운데 한 명은 일기에 다음과 같이 털어놓았다.

"뻔뻔스러운 결탁 행위…… 문벌 있는 가문의 여성들까지 가담하고…… 극단은 늘 만원이지만 매번 같은 소동이 반복되었다. 이런 일을 해도 공연 수입이나 늘어날 뿐 아무짝에도 쓸모없는 노릇이었다."

공연은 대성공을 거뒀지만 튀르크티처럼 위고의 자기 선전을 경멸하는 평가도 있었다.

"신문에 조금이라도 비난 섞인 글이 게재되면 위고는 분노를 주체하지 못하고 그 일간신문 연극 평론가들을 가차 없이 혼구멍을 내주겠다고 협박했다. ……이제 위고는 스스로를 상당한 지위에 올라선 대가라고 생각하는 것처럼 보였다."[166]

『에르나니』가 흥행에 성공할 즈음, 샤를 10세의 통치는 진정 중대국면에 들어갔다. 거리는 폭력적인 분위기가 감돌았다. 첫 공연을 2주 앞두고, 그리스 혁명의 길고 긴 전설이 마침내 끝났다. 런던 회의에서 영국, 프랑스와 러시아의 지원 하에 그리스는 새로운 독립국으로 탄생했다. 사실상 이 그리스 독립으로 신성동맹은 끝났다. 그러나 지중해 연안의 기독교도와 이슬람교도 간의 계속된 갈등으로 새로운 대결구도가 펼쳐졌다. 영국과 네덜란드의 해군이 바르바리 해적들을 응징했음에도 불구하고 알제 장관의 참회는 오래가지 못하고 유럽 상선에 대한 약탈행위가 재개됐다. 기독교도 노예들은 여전히 이 악랄한 도시 알제에 억류당했다. 샤를 10세와 장관들은 점차 함포 사격만으로는 충분치 않다고 확신했다. 프랑스는 워털루 참패 이후로 군사적 자신감을 회복했다. 스페인 원정과 그리스 원정에서도 승리를 거두었고, 이번만큼은 부르봉 군대를 파견하여 알제를 점령하고, 인질 납치나 해적 행위 등 이슬람교도의 테러 위협을 이번 기회에 근절시킨다는 계획을 착실하게 진행했다.

이런 호전적인 분위기는 샤를 정권이 나라 안팎의 모든 적들에 대해 완고한 태도를 보이게 만들었다. 티에르가 창간한 「르 나시오날」지는 부르봉과 스튜어트 왕조를 누차 비교했다. 샤를 10세가 제임스 2세와 같은 길을 걷고 있으며 결국에는 추방과 망명이라는 전철을 똑같이 밟게 될 것이라는 주장이었다. 실제로 대관식이 끝난 뒤 샤를의 태도에서는 제임스 2세의 사상적 정직함과 정치적 아둔함이 치명적으로 결합된 듯한 조짐이 보였다. 그리고 1825년에 샤를 정부는 가톨릭교도들의 신앙, 예배와 특권을 모욕한 자를 응징하는 신성 모독 법안을 통과시켰다. 교권 개입에 반대하는 방대하지만 잠재적인 세력을 깨우고 고등교육을 받은 젊은이들을 새로 끌어 모으기 위해 고안된 수단이었다.[167] 그리고 계속해서 같은 해에 보상법을 도입해 과거 프랑스 혁명 당시의 망명귀족이나 혁명 피해자의 재산을 보상해주었다. 이는 루이 18세의 시행 정책보다도 훨씬 더 나아간 수준이었다. 그리고 아이러니하게도 이 법으로 가장 많은 혜택을 누린 사람은 샤를의 자리를 차지하는 것으로 샤를의 은혜에 보답한 오를레앙 공작과 그의 누이였다.[168]

세 번째로 악평을 받은 조치는 1826년의 장자 상속법이었다. 이는 자본가들에게서 정치적 세력을 빼앗아 지주계급에게 넘겨주려고 샤를과 장관들이 획책한 조치 가운데 하나였다. 상류사회의 부르주아 계급은 샤를에게 별다른 걱정거리가 아니었다. 하지만 이들이 샤를의 법안을 완전히 파악하는 순간, 이들의 돈은 반대파의 금고, 특히 신문사에 흘러들어 갔다. 오래 전부터 있었던 신문사는 재정을 보충하고 새로운 신문을 창간했다. 「르 나시오날」지에 가세해 「탕(Temps)」지가 1829년 10월에 창간되어 헌장의 기본 정신을 옹호했다. 위고와 그의 측근들은 주간지이던 「글로브」지를 일간지로 바꿨다. 그리고 두 자유주의 신문인 「주르날 드 파리(Journal de Paris)」지와 「트리뷘 드 데파르트망(Tribune des Départements)」

지가 복간됐다. 소문과는 달리 「르 나시오날」지에게 자금을 지원한 것은 탈레랑이 아니었다. 샤토브리앙은 신랄하게 말했다.

"탈레랑 공작─이는 나폴레옹이 수여한 작위로 샤토브리앙은 이를 발음할 때마다 특이한 콧소리를 냈다─은 한 푼도 내지 않았다. 부패와 기만으로 빼돌린 부정자금을 공동기금에 넣어 그저 신문의 품격을 더럽힐 뿐이다."

실제로 자금 제공자는 금융업자인 라파예트였다.[169]

프랑스의 경제위기

1820년대의 호황이 계속되는 한 정권은 걱정할 것이 없었다. 그리고 실제로 프랑스의 호경기는 영국보다 어느 정도는 더 오래갔으나 1827년 중반에 들어서면서 프랑스도 대불황기를 맞았다. 1815년부터 1826년까지는 프랑스에게 산업혁명 이전의 경제 상태로 늦가을의 봄날 같은 화창한 날씨의 시기였다. 그러나 1827년 말이 되면서 프랑스의 전통 산업인 직물업, 특히 이중에서도 견직물이 국제적인 무역 침체 속에서 타격을 입고, 새로운 면방직 공장들도 고전을 면치 못했다.[170] 초창기 단계의 석탄 산업도 역시 내리막을 걸었고, 1828년에는 대형 은행의 거래량은 일 년 전보다 절반으로 줄어들었다. 1827년 작물 수확량은 흉작이었다. 1828년에도 사정은 호전되지 않았고, 1829년에는 오히려 더 악화됐다. 영국과는 달리 프랑스에서는 기근이 여전히 심각한 현실적인 위협이었고, 어떤 면에서는 1820년대 후반기의 상황이 프랑스 혁명으로 내몰았던 1780년대보다도 더 나빴다.[171] 그 이전인 1816년부터 1817년까지 계속된 기근 때는 프랑스가 곡물의 면세 수입을 허용했다. 그러나 그 이후로는 영국의 곡물법과 비슷하게 규제했다. 그러나 프랑스 정부에는 영국의 필 경처럼 자신의 경험을 토대로 그러한 규제를 해제하려고 과감히 행동하는 이가 한 사람도 없었다.

프랑스의 문제가 그토록 심각했던 것은 수많은 산업에 동시다발적으로 불어 닥친 재앙 때문이었다. 게다가 영국의 직물 회사들이 과잉 생산 물량을 수출하려 하면서 산업 위기는 더 높아졌다. 프랑스 직물업계에서는 남녀 노동자들이 일시 해고되면서 폭동이 일어났다. 프랑스에서 가장 많은 일자리를 창출해내던 와인 업계도 공급 과잉과 외국의 높은 관세벽에 부딪히면서 위기를 맞았다. 1829년과 1830년에는 프랑스 국민 대다수가 굶주렸다. 지방에는 주로 여성과 아이들로 이루어진 비렁뱅이들이 저잣거리를 어슬렁거리며 떠돌았다. 겨울에는 물가를 내리려고 발버둥친 성난 여성들이 집단으로 거리의 식료품 가게 창고를 습격하는 사건도 일어났다.[172]

파리에서 베를리오즈나 드 네르발 같은 젊은이들은 끼니 걱정을 안했지만, 마음 한 구석에서는 궁핍한 자들과 마찬가지로 참담한 고난과 소외감을 같이 느꼈던 듯했다. 베를리오즈는 비유적으로도 실제적으로도 큰 목소리를 내고 싶어 했다. 이리하여 베를리오즈는 드 네르발이 번역한 괴테의 『파우스트(Faust)』를 토대로 장대한 오페라 작곡 작업에 착수했다. 이 작품은 훗날 『파우스트의 겁벌(The Damnation of Faust)』로 알려졌다. 오페라의 일부분은 이미 완성되어 『괴테의 파우스트의 8개 장면(Eight Scenes from Faust)』으로 발표됐다. 이것이 베를리오즈의 작품 제1번으로 탄생한 부분이다. 이를 두고 훗날 어니스트 뉴먼은 "음악 역사상 가장 찬란한 제1번 작품"이라고 칭찬을 아끼지 않았다. 베를리오즈는 대규모의 전문적인 관현악단을 만들어 관현악법을 체계적으로 연구하면 음악의 가능성이 크게 열릴 것이라는 사실을 최초로 깨달은 인물이었다. 베토벤이 본질적으로 새로운 음악의 형식을 만들었다면, 베를리오즈는 그 위에 소리라는 새로운 옷을 덧입혔던 것이다. 그러나 젊은 작곡가들이 모두 베를리오즈의 음악을 좋아하지는 않았다. 역시 독창적이고 우아한 관현악을 작곡했던 펠릭스 멘델스존은 베를리오즈가 "굉장히 유쾌한 사람이지만 그의 음악은 '모든 악기들이 숙취로 토하는 듯이 연주한다."고 혹평했다. 멘델스존은 "베를리오즈를 물어 죽이고 싶다."고도 말했다. [173] 그런데 당시에 멘델스존은 악보를 피아노로만 연주해본 데 지나지 않았다. 오케스트라의 그 음을 들어보지는 못했다. 1830년 이전에는 베를리오즈의 음악이 거의 연주된 적이 없었다. 고약하고 늙은 케루비니가 이것저것 금지하고 딴죽을 거는 상황에서는 베를리오즈가 필요한 오케스트라와 연주회장을 확보할 수가 없었다.

프랑스에서는 문화, 정치, 경제 그리고 사회면에서 세대 간의 욕구불만이 강하게 일어났다. 벨기에의 사회학자인 뒤팽 남작의 계산에 따르면, 1827년의 프랑스에서는 쉰일곱 살 이상의 남성은 전체 인구의 9분의 1에 지나지 않았다. 그럼에도 그들은 선거권, 재산, 권력을 장악해 '나라 정치'의 절반을 차지했다. [174] 바로 이 9분의 1은 '앙시앵레짐' 시절에 성인이 된 사람들이어서 그 옛 시절을 그리워하며 회상했다. 이들 이외에는 아무도 이들의 말에 동감할 수 없었다. 당시의 평균 수명은 고작 서른여섯 살이었고, 전 인구의 거의 70퍼센트가 마흔 살 미만이었다. 그런데 헌장에 명시된 의원 피선거권의 최하 연령조차도 마흔 살이었다. 바로 이 때문에 티에르처럼 패기만만하고 크게 성공한 자도 의원이 될 수 없었다. 1828년에는 제임스 페지라는 한 제네바 사람이 「노인 정치(De La Gerontocratie)」라는 제목의 신랄한 팸플릿을 발행해 마흔 살 이상은 모두 노인네라고 비난했다. 페지는 노발대발 화를 내며 다음과 같이 말했다.

"이들로 인해서 프랑스는 쇠약한 천식환자, 통풍환자, 중풍환자들 7,000~8,000명이 적임 후보자인 나라로 몰락했다."

프랑스 제정시대였다면 이런 젊은이들을 죽여버릴 수도 있었을 것이다. 그렇지만 적어도 먼저 장려하는 쪽을 택했다. 1830년이 되자 이미 젊은 세대들은 자신들이 나아갈 길이 가로막혔다고 느꼈다. 소송 의뢰인이 없는 변호사, 환자 없는 의사, 장관들의 대기실에서 발을 동동 구르는 대졸자 등등 분노한 남성들이 프랑스에 가득하다고 폐지는 말했다.[175] 이는 왕정복고의 한 특징이었다.[176] 장관들이 나이가 들어갈수록 작가와 예술가가 명성을 얻는 시기는 더 빨라졌다. 1830년 당시 고티에는 열아홉 살이었고, 쇼팽과 드 뮈세는 스무 살, 미래의 나폴레옹 3세는 스물두 살, 뒤마 스물여섯 살, 베를리오즈와 조르주 상드 스물일곱 살, 위고 스물여덟 살, 발자크 서른한 살, 들라크루아 서른두 살, 그리고 티에르와 드 비니는 서른세 살이었다. 마흔을 넘긴 사람은 기조뿐이었다. 발자크는 프랑스, 특히 파리를 "권력과 부와 성공을 쟁취하기 위한 젊은 세대와 노인 세대가 끝없이 싸우는 곳"이라고 봤다. "창백하고 힘없는 젊은이와 젊어 보이려고 화려하게 치장한 노인 간의 싸움터"라는 것이었다.[177]

그렇지만 1830년대의 노인 세대에 대항하는 젊은 세대의 혁명도 필연적인 것은 아니었다. 역사의 그 어떤 것도 필연적인 것은 없었다. 부르봉 왕조의 몰락은 우둔함과 무능력이 태만으로 합쳐져서 초래된 결과였다. 법에 의한 통치로 대결하려는 샤를 10세와 그 측근들은 꿈속에서 붕괴의 길을 걸었다. 빌렐이 이끌던 내각은 거의 버림받은 것이나 다름없었다. 국왕과 장관은 그저 함께 집무를 볼 뿐이었다. 그러나 1827년에 경제상황이 악화되자 자유파와 초왕당파가 연대하여 빌렐에 반기를 들었다. 빌렐은 선거에서 지고 마침내 1828년 1월 씁쓸하게 사퇴했다. 빌렐의 후임으로는 아무도 지명되지 않았다. 빌렐이 실각한 뒤, 그 임무는 마르티냐크 자작이 이었다. 그는 보르도 출신 변호사로 내무장관에 불과했다. 마르티냐크 자작의 주요 관심사는 노래 작곡과 보드빌 쇼(노래, 춤, 촌극 등을 엮은 오락 연예—옮긴이) 집필, 그리고 어여쁜 여배우들과 저녁 만찬을 들고 같이 잠자리에 드는 것이었다. 자유주의를 향한 움직임은 흐름이라기보다는 대세에 가까웠다. 신문법은 완화되고, 검열제도도 느슨했다. 그리고 우익 장관들은 파직 당했다.

국왕은 돌아가는 모양새가 탐탁지 않았다. 1829년 1월에 쥘 드 폴리냐크 왕자를 총리에 임명하려 마음먹고 8월에 마침내 이를 단행했다. 폴리냐크 총리는 그의 어머니가 왕비 마리 앙투아네트의 총애를 받았고, 그 자신은 교황이 왕자의 지위를 내려준 엄격한 가톨릭교도였다. 감옥살이나 수감된 상태로 삶의 대부분을 보냈고 오랜 투옥생활로 인해 기묘한 인격 분열 증세를 보였다. 당시의 많은 유명한 프랑스 남자들이 그랬듯이 친영파였던 폴리냐크도 영국인 여성과 결혼했지만, 영국 입헌주의에 대해서는 아는 게 전혀 없었다. 11월에 내각제도가 부활했으나, 아무도 내각을 어떻게 운영해야 할지를 몰랐다. 각료 회의에 대해서는 이렇게 적혀 있다.

"국왕은 종이를 요상한 모양으로 자르고는 각의가 끝나면 완성한 종이조각 작품을 조심스레 챙겨 나갔다. ……폴리냐크 씨와 드 몽텔은 앞에 펼쳐진 노트에 펜으로 스케치하는 데 여념이 없었다. 드 샤브롤 씨는 송곳칼로 봉랍 자루를 찔러대며 시간을 때웠다. ……만약 누가 졸기라도 하면 국왕은 웃음을 터뜨렸다. 그리고 그 사람을 깨우려면 자신의 코담배갑을 권했다."[178] 이들 가운데 실력자로 손꼽을 수 있는 자는 육군장관인 루이 브르몽 백작과 내무장관인 프랑수아 드 라 부르도네 백작이었다. 부르도네 백작은 1815년 백색 테러를 상징하는 인물이었기에 급진파는 그를 두려워했다. 이 백작은 "교수형과 매춘부들만으로도 손쉽게 국민을 다스릴 수 있다."고 했다고 한다. 그러나 위기가 닥치자 이 둘 다 아무런 소용이 없다는 사실이 드러났다.

샤를 10세의 보수 반동 정치

만일 샤를 10세에게 나라를 확실하게 휘어잡을 각오가 확고했다면, 폴리냐크 정권이 들어섰을 때 결단을 내렸어야 했다. 그러나 1829년 흉작으로 막심한 피해가 우려되고 악화되는 경기 침체 속에 여섯 달이 지나도록 아무런 조치도 취하지 않았다. 의회는 1830년 3월 2일까지 휴회했지만 헌법상 권리를 지닌 새로운 정부에는 헌법상의 권위를 부여하는 일은 없다고 의결했다. 그 즉시 해산시켰어야 했지만, 이번에도 샤를 10세는 까닭 모를 이유로 우물쭈물했다. 정부가 앞으로 있을 알제 문제에 내각이 몰두한 것은 보나마나한 일이었다. 공교롭게도, 군사 작전은 완벽하게 빠른 성공을 거뒀다. 프랑스 군대는 6월 14일에 상륙을 시작해 나흘 만에 준비를 마치고 7월 5일에 알제를 점령했다. 작전 사령관인 브르몽 장군은 프랑스가 20일 만에 "과거 3세기에 걸쳐서 유럽에서 골칫거리였던 국가를 멸망시켰다."는 내용의 코뮈니케를 발표했다. 여기에 파리의 퀠렌 대주교도 이 의견에 동조했다. "오만한 이슬람교도들을 굴복시키고 아이처럼 약하게 만드는 데 3주면 충분했다." 그리고는 의미심장한 말을 덧붙였다. "우리의 주님인 국왕의 적들은 언제 어디서든 모두 이와 같은 결말을 맞을 것이다. 감히 국왕에게 대항하는 자들은 모두 혼란에 빠질 것이다."[179]

상황이 이러하자 일부 반대파 사람들의 입장은 바뀌었다. 티에르의 이러한 태도 변화는 알제 침공 전, 침공 당시, 침공 이후에 쓴 16편의 논평에서 확연히 드러났다. 초반에는 이 침공을 공공연하게 비난하더니, 점차 중립적 입장에서 역사적 배경 분석을 하고 그리고는 군대에 대한 신중한 찬성의 뜻을 내비쳤으며, 그 이후에는 따뜻한 환대와 병사들에게 돌아가야 할 공적을 정부가 가로챘다며 규탄했다. 티에르는 19세기 후반의 공격적인 새로운 프랑스 제국주의를 예견하며 튀니스와 트리폴리 점령, 유럽 대륙의 내부 침공을 요구했다.[180] 알제 정복은 유럽의 군사력과 조직력을 과시했다는 점에서 인상 깊었지만, 이를 경계로 다른 유럽 강국들도 지나간 세기부터 시작된 영국의 해외 식민지 제국의 급속한 확대와 더불어 패권을 다투는 전환점이 되었다. 알제 전투에서 병력 손실은 비교적 가벼웠고, 군사 작전은 뜻밖의 영예를 안겨줬다. 브르몽 장군은 알제 장관의 비밀 금고에서 모든 전쟁 비용을 조달할만한 현금을 발견했다.

이 승리는 샤를 10세에게 굉장한 정치적 이익을 가져다 준 셈이었으나, 샤를 10세는 또 한 번 결정적 시기를 놓쳤다. 5월 16일이 되도록 의회를 해산하지 않았던 것이다. 게다가 또 다시 이해하기 힘든 이유로 시간을 끌게 되면서 6월 23일과 7월 3일에야 선거가 치러졌다. 하필이면 완승을 거두었던 알제 원정에 의한 갖가지 위험 요소들이 가장 두드러졌을 때였다. 그 결과는 정권 측의 굴욕적인 패배였다. 정부 측 의원은 단 143명만 선출됐으며, 야당 측 자유주의 의원은 221명에서 274명으로 늘어났다. 이리하여 이제 국왕은 지난 8월 애써 피하려고 했던 조치를 마침내 단행했다.

지난 몇 개월 동안 탈레랑은 1830년은 결정적인 태풍의 해가 될 것이라고 예견했다. 티에르도 몇 주에 걸쳐서 국왕에 의한 쿠데타를 예고했는데, 이제는 「르 나시오날」지에 다음과 같이 제목을 붙여 아예 대놓고 샤를 10세에게 도전했다. "법을 어기든지, 아니면 당장 물러나라!" 그러나 국왕은 헌법을 위반할 필요가 없었다. 국가가 위기에 빠졌을 때 국왕에게 비상 대권을 부여한 헌장 14조를 그냥 발동해버렸다. 「르 나시오날」지의 도전장이 있고 한 주가 지난 7월 25일 일요일에 샤를 10세는 새 하원의 강제 해산, 재선거 실시, 선거 자격의 변경, 언론 출판 자유의 정지 등을 명령했다.

이들 4개 법령에는 권력과 어리석음이 뒤섞여 있었다. 세 번째 법령에 따라 의원 수는 258명으로 줄었고, 선거는 유권자의 직접 투표에서 선거인단 선거로 바뀌었다. 이와 같은 조치는 미국이 가던 방향과는 정반대의 길을 걸었기에 두 가지 이유로 프랑스에서는 특히 적절치 않은 정책이었다. 첫째는 권력을 최종적으로 부유한 상인 계급의 손에서 지주 계급의 손에 되돌려주도록 만들었다. 두 번째는 알제 전투의 승리라는 좋은 기회를 살려 선거 자격을 낮춰서 대중에게 호소하고 자유주의 지식인 층을 패배시키는 등 정부 스스로가 일반 대중 노선을 택할 기회를 놓친 점이었다. 이것은 나폴레옹 보나파르트가 과거 1799년에 실행하고, 또한 1851년에 루이 나폴레옹이 사용한 계책이었다. 따라서 샤를 10세가 귀족과 대지주 계급으로 지지층을 좁혀버리게 된 꼴이었다.

7월 혁명과 언론의 승리

그렇다면 1830년 7월에 이 귀족이나 대지주는 어디에 있었을까? 당연히 시골 대저택에서 시간을 보내고 있었다. 분명 그들은 파리의 거리에 모일 수 없는 사람들이었다. 파리 수비대의 장교들도 대부분은 자기 고향에 있었고, 그곳에서 지시받은 대로 투표를 했다. 자리를 비운 것은 샤를 10세도 마찬가지였다. 칙령을 발표한 그 이튿날인 월요일, 샤를은 비상 법령에 대한 반응을 살피는 대신 아들과 함께 온종일 랑부예에서 사냥을 하다가 밤 11시가 되어서야 귀가했다. 무엇보다도 샤를 10세의 최대 잘못은 고집대로 반독재적인 왕정주의를 밀어붙여놓고서는 그 방법을 제시하지 못했다는 점이다. 이제 파리는 약 80만 명이 거주하는 대도시였다. 시민의 대다수는 실업자였으며 굶주린 자들도 허다했다. 이 일촉즉발 상태의 폭도를 진압하기에 마르몽 원수 휘하에는 고작 병력 1만 2,000명이었다. 장교는 부족했고, 근위병 1,300명이 전부였다. 만일 국왕이 현장에 나와 병사들을 격려했다면 상황이 달라졌을 것이다. 그러나 샤를 10세는 수도 밖의 궁전에 머물고 있었다. 드 비니는 일기에 다음과 같이 썼다.

"샤를 10세는 자신이 나폴레옹처럼 행동할 수 있다고 생각했지만, 나폴레옹은 생 로슈 진압 현장에서는 대포 바로 뒤 그 현장에 있었다. 그러나 샤를 10세는 콩피에뉴에 있었다."[181]

7월 혁명으로 알려진 이 사건은 저널리즘이 정부를 무너뜨린 최초의 예였다. 편집자들이 리더십을 발휘했고, 인쇄 노동자들은 그들을 지지했다. 그 당시 농담에는 이 혁명을 '블루종의 동맹'이라고 불렀다.[182] 이 사건을 목격한 칼베 쿠싱이란 한 미국인은 부르주아 청년들의 혁명이라고 주장했다. "학생들이 무리지어 속속 나왔고, 특히 이공과 대학 젊은 남학생들이 중심이었다. ……그들은 곧 국민의 신뢰를 얻었다."[183] 이 혁명을 묘사한 들라크루아의 대작 「민중을 이끄는 자유의 여신」에도 반쯤 흘러내린 옷의 마리안느 뒤를 따르는 이공과 대학생의 모습을 볼 수 있다. 그러나 경찰 보고와 다른 증거에 따르면 바리케이드에 있던 젊은이들 태반이 기능공들, 특히 인쇄공이었다. 경찰의 정기보고서에 등장하는 유일한 직업 집단은 주로 왕궁인 팔레 루아얄과 그 주변에서 일하던 식자공과 인쇄공 단체였다.[184] 파리 언론을 봉쇄해버린 두 번째 법에 따라 인쇄공들은 거리로 뛰어나와 일을 위해 싸우든가 아니면 그냥 굶어죽든가 선택의 갈림길에 서야 했던 것이 사태의 진실이었을 것이다. 인쇄기를 계속 돌리려고 고군분투하던 티에르가 이끌던 편집자들이 리더가 되어 선두에 섰고 인쇄공들이 그 뒤를 따랐다. 7월 25일, 티에르는 11개 신문사에서 44명의 기자들이 서명한 집단 항의문을 작성했다. 그리고 7월 26일에는 외무부 건물 앞에 많은 인파가 몰려들어 인산인해를 이뤘다. 인쇄업자들과 인쇄공장에서 일하는 젊은이들 5,000명이 앞장섰다. 그날 밤, 티에르는 자신의 항의문을 담은 전단을 6,000~7,000매 배부했고, 법령을 묵시하고 「르 나시오날」지를 2,321부 인쇄했다. 「글로브」지는 359부, 「팀」지는 5,151부를 인쇄했다. 항의문은 세금 불납 운동을 주장하고 상점 폐쇄와 거래 중단을 호소했다. 실제로 본격적인 싸움은 「르 나시오날」지의 인쇄공이 경찰 출입을 막았으나 경찰에 의해 현관이 무너지면서 일어났다. 마침내 정부는 많은 기자들을 상대로 체포영장을 발부했지만, 한발 늦은 후였다. 이미 기자들은 주도면밀하게 교외 지역으로 몸을 숨겼기 때문이다.[185]

그 외중에 폭도들이 거리에 날뛰었고 바리케이드가 쳐졌다. 인쇄공들은 30명 또는 그 이상으로 떼 지어 거리를 몰려다니면서 경찰을 살해하거나 막다른 골목으로 유인한 뒤에 사방에서 공격을 퍼부었다고 경찰은 고발했다. 군대까지 동원되었으나 그렇다고 효과가 나타나지도 않았다. 마르몽 원수는 우선 군대를 소규모로 분산 배치하여 도처에서 폭도를 공격했다. 그러나 이 전략도 별 효력을 발휘하지 못하자, 마르몽은 콩코드 광장 주변으로 병력을 집결시켰다. 제5연대와 제53연대는 방돔 광장에 정렬했다. 이 두 연대는 장교가 거의 없이 방치된 상태여서 병력은 탈주해버렸다. 그래서 마르몽 원수가 그 공백을 메우기 위해 왕궁에서 근위대와 스위스 근위대로 대체하자, 이번에는 루브르궁에 폭도들이 난입해 원수는 집결부대를 샹젤리제로 철수할 수밖에 없었다.

파리는 돌아다니기에 굉장히 위험한 도시였다. 7월 27일 밤, 옆에는 아르강 등불 아래 남편이 『젊은 프랑스에게 바치는 송가(Ode to Young France)』 집필에 몰두하고 바깥마당 위에서는 총탄이 쉴 새 없이 오가는 가운데 아델 위고는 다시 한 번 아이를 낳았다. 그 다음 날, 영국인 화가 윌리엄 캘로우가 작업 동료인 뉴턴 필딩과 함께 식료품을 사기 위해 생조르주 거리에 있는 작업실을 나섰을 때다. 이들은 강제로 삼색 프랑스 국기 색깔의 모자를 써야 했는데, 그로 인해 거의 목숨을 잃을 뻔한 일을 겪었다. 캘로우는 다음과 같이 썼다. "우리가 센 강을 향해 막 길을 건너려던 찰나였다. 갑자기 어디선가 나타난 사람이 우리 앞을 가로막았는데, 그 사람 때문에 우리는 가까스로 생명을 부지할 수 있었다. 우리가 멈춰 서기가 무섭게 군부대가 순식간에 거리에 일제사격을 가했던 것이다. 거리는 사상자들로 넘쳐났다."[186] 이 사격으로 인해 폭도 약 1,800명이 숨졌고 부상자도 4,500명에 이르렀다. 사상자 수는 더 많았을 가능성이 높았다. 드 비니에 따르면 근위대 6연대 소속의 한 장교는 부하들에게 사격 명령 내리기를 거부했다. 리볼리 거리에 여성과 아이들이 가득 있었기 때문이다. 이를 지켜보던 연대장이 체포하겠다고 윽박지르자 그 장교는 본인의 머리에 방아쇠를 당겼다는 이야기였다.

7월 28일이 저물어갈 무렵, 마르몽 원수는 200명의 사망자 피해를 입고 800명이 부상, 1,500명이 행방불명이라는 어려움에 처했다. 행방불명자 대부분은 탈영한 것이 분명했다. 손실은 이제 충분히 입었다. 그 이튿날 마르몽은 파리에서 모든 군대를 전면 철수하고 도시 밖에 재집결했다. 생 플로랑텡 거리 모퉁이의 자택 창문으로 샹젤리제를 철군하는 군대를 잠자코 바라보던 탈레랑은 냉소를 흘리며 다음과 같이 말했다. "낮 12시 5분, 부르봉 왕가의 한쪽 통치가 끝났다." 그러나 탈레랑의 정적인 샤토브리앙은 이와는 약간 다르게 해석했다. "정부가 노트르담 성당의 탑에서 투신했다." 응플뢰르에서 일어난 폭동으로 꼼짝 못하던 생트뵈브는 급히 파리로 돌아오자마자 곧장 리슐리외 거리에 있는 「글로브」지 사로 서둘러 갔다. 28일 저녁에 도착했을 때는 모든 게 끝났다. 생트뵈브는 흥분을 감추지 못하고 다음과 같이 썼다.

"이를 끝으로 비로소 1789년에 시작된 대단원의 막이 내렸다. 이제야 전제 정치의 시대는 가고 무한한 가능성을 지닌 정의의 시대가 막을 열었다."[187]

7월 왕정의 성립

무한한 가능성. 그러나 과연 누구를 위한 가능성이란 말인가? 실제로 프랑스에 나타난 이 '민중'의 등장은 2년 전 미국의 모습과 별반 다르지 않았다. 관직 나눠먹기 현상이 일어난 것이다. 처음으로 직책을 차지한 자는 국왕이 된 오를레앙 공작이었다. 그의 추대는 티에르의 생각이었다. 티에르는 다시금 1688년 영국 명예혁명의 선례를 따라, 왕권 즉위에 적합할 만큼 방정한 품행을 지녔을 왕실의 종친들을 불러들이자고 주장했다. 티에르와 친구 미녜는 라파예트의 후원 하에 오를레앙 지지 선언서를 기안했고 7월 30일 파리 곳곳에 이를 써 붙였다. 이것은 단순히 상상에 가까운 신문 기사에 지나지 않았다.

"샤를 10세는 다시는 파리에 발을 들여놓을 수가 없었다. 그로 인해 너무도 많은 피를 흘려야 했기 때문이다. 공화제는 우리를 여러 갈래로 찢어놓았고, 프랑스는 유럽의 여러 나라들과 반목할 것이다. 오를레앙 공작은 혁명의 대의를 믿는 왕족이다. ……오를레앙 공작은 '프랑스 국민의 왕'이다. 오를레앙 공작은 전쟁의 포화를 무릅쓰고 삼색기를 몸에 지니고 다녔다. 오를레앙 공작은 스스로 선언한 적도 있다. 우리가 그토록 원하듯이 헌장을 받아들이면, 공작에게 왕권을 씌우는 것은 프랑스 국민이다."[188]

실제로 이 시점에서 오를레앙 공작은 여태 어떤 의논도 받은 적이 없었다. 바로 그날 당일에 티에르는 뇌이이(Neuilly)에 있는 공작의 성을 방문했다. 그러나 때마침 공작은 부재중이었고 공작의 누이인 마담 아델라이드만 집을 지키고 있었다. 만일 오를레앙이 요청을 빨리 수락하지 않는다면, 왕위는 샤를 10세의 손자나 빈에 있는 나폴레옹의 적자 라이히슈타트 공에게 계승될 수도 있다고 이 작은 사학자는 그녀를 설득했다. 그의 강력한 주장을 납득한 공작의 누이는 공작에게 반드시 전하겠노라고 약속했다. 집을 나서면서 티에르는 당당하게 말했다, 라고 스스로 썼다. "오늘 부인의 집안에서 왕이 나올 것입니다." 티에르는 급히 파리로 길을 재촉해 돌아와 부르봉 궁전에 모인 의원들에게 정황을 보고했다. 그리고 자정이 되자, 공작도 프랑스 중장의 직함으로 그 자리에 참석했다.[189] 그로부터 이틀 뒤에 샤를 10세가 퇴위하고, 8월 7일에는 오를레앙 공이 프랑스 국왕의 자리에 올랐다.

이제 본격적으로 청년들에게 일자리가 제공되기 시작했다. 노동자들도 여기에서 완전히 제외된 것은 아니었다. 비록 경기 침체현상은 그 후에도 2년간 계속되고 많은 사람들이 기근에 시달렸지만, 파리의 인쇄 노동자들은 보상을 받았다. 심지어 실직자들조차도 일거리를 얻을 정도였다. 이번 혁명에서 공적으로는 표명되지 않았으나 혁명의 목적 중 하나는, 심대한 타격을 입은 인쇄업계가 작업을 계속하도록 정부로부터 저금리 융자를 받는 데 있었다. 1830년 10월에 성립한 법안에 따라 무이자 단기 융자가 가능해졌고, 그 즉시 출판업자 58명이 신청했다. 이리하여 200만 프랑이 이들에게 나뉘어졌다고 한다.[190] 그러나 다른 노동자들은 속았다는 느낌을 떨치기 힘들었다. 스물두 살의 석판 화가인 오노레 도미에(1808~1879)는 샤를 10세에 대항하는 데 참가했던 저널리스트 가운데서는 온건파에 속했다. 액자 제조공의 아들이던 도미에는 티에르처럼 마르세유 지역 출신이었다. 그러나 티에르와는 달리 돈벌이에는 관심이 없었다. 오히려 그 반대에 가까웠다. 만일 급진주의자로 일생을 보낸 사람이 있다면, 바로 통렬하게 사회에 비판을 가한 이 뛰어난 화가였을 것이다. 중대한 칙령이 발표되기 3일 전에 도미에는 석판화의 첫 성공작을 발표했으나, 그것은 비극적인 미래를 담고 있었다. 이는 머스킷 총을 쥔 한 군인이 "멈춰라, 이 어린 돼지 같은 놈들."이라고 말하는 장면의 그림이었다.[191] 그 뒤를 이어, 한 체제의 몰락과 또 다른 새로운 체제의 등장을 담은 탁월한 정치 만화 19점을 제작했다. 도미에는 많은 노동자들이 받은 속았다는 배신감을 절실히 동감했다. 혁명에 나서 싸운 것은 그들 자신인데, 그 실속은 다른 자들이 챙겼기 때문이었다. 1830년 11월 20일, 이 젊은 화가는 리옹 폭동에도 참여했다. 순수한 노동자 계층만의 봉기로서는 근대 최초로 일어난 일이었다. 이 폭동의 결과로 국민 수비대를 리옹에서 내쫓는 데는 성공했지만, 마침내 새로운 체제를 대표하는 술트 원수에 의해 가차 없이 진압되었다. 도미에는 6개월 형을 받고 감옥에 갇혔다.[192] 출옥 후 도미에는 엽관제도와 서양 배처럼 기묘하게 뒤틀린 군주의 모습을 풍자적으로 예리하게 담아내기 시작했다.

풍자의 소재가 부족한 적은 결코 없었다. 7월 혁명은 중산계급, 또는 적어도 그 이상의 계급의 승리였다. 하원의 피선거권은 마흔 살에서 서른 살로 낮아지고, 선거권은 스물다섯 살부터 주어졌다. 납세 자격이나 재산 조건도 낮아져서 유권자수는 9만 명에서 16만 6,000명으로 크게 늘어났다. 이는 2년 뒤 영국에서 단행된 선거법 개정안으로 새로 선거권을 갖게 된 61만 8,000명의 약 3분의 1에 달하는 숫자였다. 초기 엽관제에서 자기 몫을 챙긴 자 가운데 한 명은 티에르였다. 티에르 애인의 남편인 도느는 생 조르주 거리의 대저택을 티에르에게 양도했고, 그로부터 피선거권을 취득한 지 사흘 뒤에 티에르는 엑상프로방스에서 의원에 선출됐다. 그 답례로 도느는 브레스트의 세무서장 자리를 얻었다. 라피트는 재무장관에 취임하자 이 키 작은 엑상프로방스 출신 의원이 그의 차관이 되고, 나중에 국가 최고 행정 재판관으로 활약했다. 티에르는 그 뒤로 정권이 여섯 차례 바뀌는 동안 장관으로 자리를 지켰다.[193]

요직을 꿰찬 저널리스트들의 숫자는 미국 잭슨 정권 때보다도 훨씬 많았다. 프랑수아 오귀스트 미녜와 프랑수아 기조 둘 다 국가 최고 행정 재판관이 되며, 기조는 훗날 장관을 지냈다. 「르 나시오날」지의 경영인이던 로베르 고쟈는 주지사로 발탁되고 빅토르 쿠쟁은 일대 귀족으로 서임받고 대학 제도를 관리하는 문교장관을 역임했다. 「글로브」지 편집장인 피에르 뒤부아는 루아르 강 하류지역에서 의원으로 뽑혔다. 아무 직책도 얻지 못한 자들 가운데 한명이었던 생트뵈브는 뒤부아를 고아르(루아르 강 지류—옮긴이) 의원님이라고 불렀다. 이런 신랄한 조롱은 결국 독특한 프랑스인들의 모욕과 결투로 이어졌다. 생트뵈브가 결투하는 모습을 상상하는 것조차 우스꽝스러웠다. 특히나 상대가 생쥐처럼 겁 많고 잉크 얼룩으로 찌든 뒤부아였으나 실제로 이 결투는 로메느빌 숲에서 벌어졌다. 결투 직전에 생트뵈브는 드니 디드로에 대한 최신 기사를 공들여서 끝마쳤다. 기사에는 아델 위고에 대한 자신의 사랑을 내비치는 인용구도 교묘하게 숨겨 넣었다. 여하튼 결투를 하려는데 느닷없이 비가 억수같이 퍼붓기 시작했다. 그런데 생트뵈브는 우산을 쥔 채 결투하겠다고 고집을 부렸다. 다행히도 이 두 사람 다 근시였다. 20보 거리에서 서로를 향해 총구를 겨누었지만, 총알은 전부 빗나갔다. 결국 다시 총을 장전하고 또 한 차례 총을 발사했지만 또다시 빗나갔다. 이쯤 되자 넌더리가 난

입회인은 결투 중단을 선언했다. 뒤부아는 훗날 고등사범학교 교장을 맡았다. 「글로브」지의 나머지 저널리스트 가운데 샤를 드 레뮈사, 뒤베르지에 드 오란, 그리고 뒤샤텔 백작은 의원이 되고, 뒤샤텔 백작의 경우는 내무장관직도 맡았다. 「글로브」지에서 미술비평을 담당한 루이 비테는 역사기념물 감독관으로 임명받았다. 「글로브」지의 부편집장은 홍보비서관 자리를 차지했다. 지사직을 요구한 스탕달(본명 앙리 벨)조차도 트리에스테 주재 영사로 부임했다. 이토록 많은 저널리스트들이나 학자들이 한꺼번에 먹잇감을 낚아챈 경우는 그 이전이나 그 이후에도 없었다. 그러나 여전히 어떤 자리도 못 얻은 생트뵈브는 "10개나 넘는 조직들의 썩어빠진 자들이 어제의 난봉꾼, 열띤 점원들, 땀투성이 강도들과 힘을 합세해 나라를 쓰레기장으로 만들려고 한다."고 주장했다. 드 토크빌은 조금 더 분석적인 접근으로 논지를 펼쳤다.

"중산층이 모든 직위에 진출하면서 그 직책의 수가 크게 늘어났고, 이들은 이제 스스로 노동해서 얻는 것만큼이나 공공의 자금으로 사는 것에 익숙해졌다."[194]

새로운 형태의 프랑스 혁명은 앵글로색슨 계의 강국들의 대환영을 받았다. 책임 있는 듯한 중산층의 입헌 군주 하에서 안정을 되찾았기 때문이었다. 잭슨 대통령도 반가운 찬동의 뜻을 표했다. 1830년 11월 26일, 먼로 대통령은 마지막 공식 행사로 태머니홀에서 열린 샤를 10세의 퇴위사실을 경축하는 행사에서 의장으로서 개회하기도 했다. 영국 정부는 공식적으로는 7월 혁명에 놀라움을 피력했다. 위기 사태가 일어나기 불과 이틀 전, 국회 개원 연설에서 장관들의 조언에 따라 "나는 유럽 전체의 평화를 축하할 수 있어서 대단히 만족스럽습니다."[195]라고 말했기 때문이었다. 화이트홀(런던 중심부 관청가―옮긴이)은 파리의 폭동 사태에 약간 경계심을 가졌으나 새 정부가 영국 대사인 찰스 스튜어트 경을 예의를 다해서 응대했다는 소식에 만족스러워했다. 특명 전권공사인 탈레랑이 급히 런던으로 파견되어 루이 필리프란 이름으로 불리는 새 국왕을 승인하도록 켈링턴을 설득했다. "달리 더 나은 후보자가 없고, 이 이상 나빠져서는 곤란하다."는 게 그 이유였다. 실제로 프랑스 새 정부가 통상과 돈에만 관심 있다는 걸 확인한 순간 영국인들은 적잖이 안도의 숨을 돌렸다. "돈을 벌어들이는 과정에서 아주 결백하게 일하는 인간은 드물다."는 새뮤얼 존슨의 명언을 영국은 굳게 믿고 있었기 때문이었다. [196]

스위스의 자유화 바람

그러나 많은 사람들이 소동을 예상하고 있었다는 사실에 비추어 봤을 때, 윌리엄 4세의 입을 통해 발표된 말들은 무척 부적절했다. 이는 프랑스 내에서뿐만 아니라 다른 곳에서도 예견된 사실이었다. 1829년 흉작에 이어 1829년부터 1830년 사이의 겨울은 혹독하기 짝이 없었고, 봄이 와도 습하고 추웠다. 영국은 불황에서 서서히 회복했고, 스칸디나비아 제국도 사정이 좋았다. 스웨덴 화폐인 리크스 달러는 1828년부터 상승했다.

스페인과 포르투갈은 호황을 누렸으며, 폴란드는 1829년 풍작을 거둬들였다. 그러나 중부 유럽 국가들은 곤궁한 나날들을 보내고 있었다. 이미 스위스에서는 7월 전부터 문제가 불거졌다. 프랑스와 마찬가지로 스위스에서도 급진적인 언론 비판과 이를 억제하려는 움직임이 시작됐던 것이다. 이미 언급했던 것처럼 스위스는 나폴레옹의 전제정치가 끝난 뒤에 보수적인 경향이 강했다. 1820년에는 나라가 번성했기에 현재 상태에 만족하는 듯 보였다. 실제 노동 인구 가운데 3분의 1이 본인 명의의 땅을 소유했다. 산업화가 시작되어 북쪽에서는 견직물, 쥐라 산맥에서는 시계, 그리고 아르가우주-아펜첼주-글라루스주로 둘러싸인 삼각지대에서는 면직물 공업이 성행했다. 이미 튼튼한 제방을 쌓았고 수력 이용도 점차 늘었다. 비옥한 농경지대에서 생산된 낙농제품도 수출했다. 1820년에는 주로 영국에서 불어온 최초의 관광 붐도 일어났다.

그러나 영국과 미국에서처럼 번영은 정치에 더 많이 관여하려는 중산 계급의 여론을 환기하는 경향이 있었다. 그리고 오스트리아와 프랑스의 강요에 의해 제정된 1823년의 새로운 언론법에 대해서 특히 강한 반발이 일어났다. 정치적 망명자들이 안전한 스위스에서 쉽사리 악의적인 반정부 선전을 할 수 있다는 점에 이들 국가들이 분개했던 것이었다. 검열에도 불구하고, 다른 모든 선진국들이 그렇듯이 스위스에서도 1820년대에 영향력 있는 신문들이 등장했다. 「노이에 취르허 차이퉁(Neue Zürcher Zeitung)」, 로잔의 「누벨리스트 보두와(Nouveliste Vaudois)」, 「주르날 드 주네브(Journal de Genève)」, 바젤의 「아펜첼러 차이퉁(Appenzeller Zeitung)」과 루가노의 「옵세르바토레 델 체레지오(Osservatore del Ceresio)」 등이었다.

「옵세르바토레 델 체레지오」지는 스위스에서 가장 빈곤한 지역이자 오스트리아의 입김이 센 곳인 티치노의 과격파들을 대변했다. 빈으로부터 지원을 받던 지아니 바티스타 콰드리 정권은 1820년대 말에 들어서면서 더욱더 신망을 잃었다. 1829년부터 1830년 사이의 겨울은 팸플릿을 통해 고무되어 발생한 농민 폭동과 도시 폭동이 자주 일어났다. 1830년 3월, 콰드리가 「옵세르바토레 델 체레지오」지에 정간을 명하고 편집장을 기소하는 일이 벌어지자, 반대파가 들고 일어나면서 일촉즉발의 상황으로 치달았다. 그러나 원래 스위스는 온건한 방식을 택했다. 급진적인 헌법 개정 법안이 6월 24일에 스위스 연방의 주 의회를 통과하여 국민투표로 정식 승인을 받았다. 게다가 콰드리가 오스트리아 군사 개입을 요청했지만 끝내 거절당하면서 운동은 중대국면을 맞았다. 이로 인해 스위스인이 말하는 '국가 재건'이 시작되어, 그 후 3년에 걸쳐 스위스 연방 헌법이 자유화됐다.[197]

벨기에 독립

7월 혁명은 일련의 스위스 사건들을 촉진시켰지만, 프랑스 혁명이 가장 직접적으로 그리고 영속적으로 영향을 미친 나라는 네덜란드였다. 케슬레이가 벨기에를 네덜란드 국왕에게 할당한 것도 프랑스 영토 확장주의를 견제하는 포괄적인 전략 계획의 일환이었다. 그러나 이 전략은 성공하지는 못했다. 여기서도 또한 정권의 붕괴를 재촉한 것은 정부의 신문과 문화 정책이었다. 네덜란드 마지막 총독 윌리엄 1세는 1813년에 네덜란드 국왕이 되어 그로부터 2년 후에는 벨기에와 룩셈부르크를 획득했다. 그는 매우 유능하고 근면하지만 옹졸한 인물이었다. 1816년부터 높은 관세 장벽을 만들고 정력적으로 산업 진흥에 노력을 기울였다. 존 코커릴과 손을 맞잡고 리에주 인근의 스레뉴에서 유럽 최대 규모의 공장을 건설했다. 또한 네덜란드 국내 산업 개발 협회도 창설했다. 새로운 국책회사인 네덜란드 회사에 거액을 들여 투자하여 동인도 무역이 되살아났다.[198] 윌리엄 1세의 높은 관세정책은 네덜란드인보다는 오히려 벨기에 사람에게 유리했다. 그러나 정치면에서 사실상 독재자처럼 제약이 매우 많은 헌법을 적용했다. 상원 의원은 국왕 본인이 직접 임명했지만, 하원 의원은 주 의회에서 간접투표로 선출했으나, 그 주의원 선거 자체가 선거권에 엄격한 재산 제한이 있었다. 따라서 비교적 사소한 경제적인 문제만으로도 필요 이상의 분노 — 1830년의 경우는 제분에 대한 새로운 과세 때문이었다 — 를 야기했으며, 그렇지 않아도 윌리엄을 외국인 통치자로 여기던 벨기에에서는 특히나 그런 경향이 더 심했다.

윌리엄 1세의 머릿속에는 분할통치라는 개념이 아예 없었다. 벨기에인은 언어 문제를 둘러싸고 — 지금도 그렇지만 — 몇 백 년을 싸워온 민족이었다. 따라서 플라망어를 사용하는 이들을 회유해 프랑스어를 사용하는 왈로니 인들과 분리시키거나 그 반대로 하는 대신에, 윌리엄은 정부의 모든 사무는 오로지 네덜란드어로 이루어져야 한다고 주장했고, 이로 인해 쌍방 모두에게서 일제히 미움을 샀다. 자유로운 무신론자와 로마 가톨릭교도들을 갈라놓을 수도 있었지만, 윌리엄은 한편으로는 가톨릭 신학교를 폐쇄하고, 다른 한편으로는 신문을 폐간하거나 검열해 오히려 이 둘을 단결시켰다. 프랑스처럼 벨기에도 머리는 좋으나 욕구불만인 젊은이들로 가득했다. 그들은 아무리 기다려도 일자리를 얻지 못해 뭔가 소동거리를 찾아 헤매던 젊은이였다. 파리의 소요사태와 그에 이은 급격한 정권 교체는 브뤼셀에 폭발적인 반응을 일으켰다. 브뤼셀도 급격한 팽창으로 급성장한 대도시였는데, 이 도시 또한 장기 불황으로 높은 실업률 때문에 골머리를 앓았다. 오페라 하우스에서 성황리에 초연된 「포르티치의 벙어리 처녀」가 불씨가 됐다. 파리에서 일어난 모습을 보고도 당국은 어쩐 일인지 공연을 허락했다. 젊은 프랑스 테너 가수 알베르 누리가 부른 마사니엘로의 유명한 아리아 「성스러운 조국이여」는 박수갈채를 받았을 뿐만 아니라 실제로 관객들을 거리로 나서게 만들었다. 8월 25일과 26일에 브뤼셀 거리에는 폭동이 일어났고, 마침내 공안위원회가 설치됐다. 이는 훗날 벨기에 정부로 발전했다. 윌리엄 1세가 9월에 무장한 네덜란드 군을 브뤼셀에 파견해 맨손의 벨기에인에게 발포했을 때, 윌리엄은 이미 이 지역을 잃은 것이나 마찬가지였다. 결국 '4일 전쟁'(9월 23일~26일)은 네덜란드 군의 처절한 패배와 치욕스런 퇴각으로 끝났다. 10월이 되자 네덜란드는 마스트리히트, 앤트워프와 룩셈부르크를 제외하고는 모든 지역의 지배권을 잃었다.[199]

벨기에의 사실상의 분리는 빈 회의의 의정서에 명백히 위반되는 행위였지만, 신성동맹은 이미 와해된 상태였기에 대국들은 합의점을 찾지 못했다. 프로이센은 그저 관망할 뿐이었다. 시위대가 행진을 벌이던 독일만으로도 이미 충분히 골치가 아팠기 때문이다. 독일 작센지방에서도 8월 31일에 프로테스탄트 집단이 로마 가톨릭의 군주정체에 항거해 폭동을 일으켰다. 헤센에서도 폭동이 이어졌다. 선제후의 애인이 인기를 잃고, 빵 값이 오른 게 원인이었다. 그리고 브런즈윅에서는 통치자인 대공이 국민들의 원한을 샀다. 실제로 새로운 프랑스 정권을 인정한 것은 영국 다음으로는 프로이센이 처음이었다. 프랑스로부터 라인 지방의 영유권을 주장하지 않겠다는 언질을 받자마자—8월 31일이었다—새 정권을 승인했다. 그로부터 5일 뒤, 오스트리아도 합세했다. 새로운 프랑스가 현재의 국경선을 지키는 한 루이 필리프 국왕은 오스트리아와 러시아 두 나라에게 더 이상 위협이 되지 않는다는 점에서 메테르니히와 러시아 외무장관인 칼 네셀로데 백작은 만나서 의견 일치를 봤다. '대(大)' 네덜란드의 붕괴와 벨기에가 프랑스에 합류할지도 모른다는 또 다른 우려는 프랑스의 완강한 부인으로 말끔하게 해소됐다. 메테르니히가 진정으로 경계했던 것은 이런 혁명 정신이 이탈리아로 번지는 것이었다. 프랑스의 새 정부와 우호관계를 지속하려는 배경에는 프랑스가 알프스 남쪽에 간섭하는 것을 막자는 의도가 도사리고 있었다. 이처럼 네덜란드 국왕이 오스트리아에 도움을 요청했을 때 스위스 보수주의자들 마냥 거절한 것도 그 때문이었다. 영국의 주목적은 벨기에 독립의 보장이었다. 영국은 그렇지 않아도 윌리엄 1세의 높은 관세 정책에 분노를 느끼던 터라, 그의 왕국이 산산조각 나는 모습에 기뻐했다. 영국은 프랑스와 함께 벨기에 관련 회의를 런던에서 열도록 만들었고, 11월 21일 개최된 회의에서 휴전협정을 맺었다. 그 다음 달에는 영국, 프랑스, 프로이센, 오스트리아, 러시아 등 5개국은 벨기에를 네덜란드부터 분리해 독립시키는 데 합의했다. 약간의 군사적 마찰이 빚어지기는 했으나, 이 외교 교섭을 거쳐 벨기에 왕국이 탄생했다. 영국은 군주로서 적합한 독일인 왕족을 지명했다. 1839년에 체결된 런던조약에 따라 이 새로운 국가의 왕위와 독립과 중립을 보장했다. 이 유명한 '종이나부랭이 한 장' 때문에 훗날 영국은 제1차 세계대전의 소용돌이에 휘말렸다.[200]

폴란드 독립투쟁의 실패

유럽 지도자들 가운데 유일하게 부르주아 계급의 민주정치에 반하는 강경책을 고수한 사람은 바로 러시아의 니콜라이 1세뿐이었다. 황제는 심지어 자신의 외무장관과도 생각이 달랐다. 1830년 11월에 심상치 않은 사태가 폴란드에까지 번지자 일종의 개입을 심각하게 고려했다. 그다지 놀랄만한 사실도 아니었다. 폴란드는 유럽 대다수 지역을 강타한 불황에 크게 피해를 입지는 않았지만, 1830년 수확량은 풍작을 거두던 예년과는 달리 형편없었다. 그 결과 곡물, 맥주와 보드카의 가격이 급등했다. 빈 회의의 결과로 생겨 난, 러시아 전제군주 하의 입헌 국가였던 폴란드는 여러모로 많은 면에서 아주 비참한 생활을 영위하고 있었다. 그러나 러시아에게는 폴란드가 서쪽을 방어하는 최전선 역할을 맡았기에 매우 흡족해했다. 1830년까지 러시아는 지주계급을 크게 우대해 폴란드의 '정치적 국민'과 협조관계를 확고히 했다. 1815년에 알렉산드르 1세가 공포한 폴란드 왕국 헌법 첫 조항에는 폴란드 왕국이 영원히 러시아와 밀접하게 이어졌다고 조건을 명기하면서 약 5,373명의 지주들에게 모든 지방의 정치권력과 사법권을 부여했다. 이들 지주들은 1827년에는 30만 1,971명으로 추정되는—그 중 6만 2,593명은 호주—폴란드 젠트리의 최상층을 구성했다. 당시 인구는 413만 7,634명이었다.[201] 젠트리는 대립하는 두 왕족에서 가난하지만 자부심 높은 소지주까지 넓게 퍼져있었다. 그 대 왕족 가운데 하나는 전통을 중시하는 애국자로 '루테니아의 왕관 없는 왕'이라 불린 포톡키 가문, 그리고 나머지 하나는 헌정 개정파로 '벼락 입신출세한 가문'인 차르토리스키 가문이었다. 이들 지주들은 정치권력을 독점한 권리는 신에게서 받았으며 스스로를 용맹한 전사라고 믿었지만—나폴레옹과 러시아 황제의 군대에 최우수 병사로 구성된 연대를 공급했다—그 외 다른 분야들, 특히 상공업에는 전혀 힘을 쓰지 않았다. 해상 무역은 순전히 리가, 단치히, 엘빙, 쾨니스베르크, 메멜 등 독일 도시들의 수중에 있었다. 나머지 국내 상업과 그 외 다수의 운영은 강력한 소수민족인 유대인들이 담당했다.

마지막으로 가장 밑바닥에는 농민들이 있었다. 농노처럼 노역을 강요당하던 이들은 마을에서 벗어나는 것조차도 지방 귀족의 궁정에서 까다로운 절차를 거쳐야 하는 등 통행에 어려움이 있었다. 그들은 고대 로마 제국 말에 출현한 노예의 한 형태, 즉 토지에 종속된 농노(glebae adscripti)였다. 하지만 이들의 주인이 장악한 폴란드 의회는 이 사실을 부인했다. 폴란드에는 농노도 없고 노동 봉사도, 이동의 제한도 없기 때문에 개혁을 굳이 단행할 이유가 없다고 거듭 주장했다.[202] 이들 농민들 사이에도 매우 다양한 등급이 있었다. 토지 경작량에 따라 넉넉한 농민, 어중간한 농민, 불안정한 농민, 그리고 최하위층에 있는 농민들로 정해졌다. 그러나 모두가 학대받았고 비굴했으며 자주성이 없었던 것만큼은 분명했다. 한 외국인 여행자는 다음과 같이 묘사했다.

"폴란드 농민들은 전국 어디서나 매우 가난했다. 내가 이 세상에서 만나보거나 박물학 책에서 읽은 모든 인간 가운데 가장 비참했다. 이들은 심지어 주인에게 보살핌이라도 받는 러시아 농노들보다도 처참한 상태에 놓여있었다."[203]

이런 농민들의 강제노동이 있는 한 폴란드 밀은 유럽 시장에서 강한 경쟁력을 자랑해, 영국과 다른 나라들이 '곡물법'을 도입하는 결과를 초래했다. 1820년대 밀 수출시장이 붕괴하자 세수가 하락했고, 폴란드는 총독인 콘스탄틴 대공 휘하의 4만 군대만을 겨우 유지할 수 있었다. 여기에 전 국고 수입의 반이 쓰였다. 농민과 지주는 서로를 증오했다. 실제로 많은 소유지들의 실권은 토지 관리인이 쥔 경우가 많았다. 심지어는 "모든 귀족들이 알고 있는 한, 토지 관리인은 농민의 목을 베어버려도 괜찮다."는 말까지 나돌 지경이었다. 이 밖에도 "영주의 토지에서 일한다."는 말도 있었는데, 그 뜻은 반대로 농민이 전혀 일하지 않으려 한다는 뜻이었다. 농민들은 될 수 있으면 조금만 일했다. 농민들을 계속해서 싸구려 보드카에 취하게 두는 것이 지주들의 방침이었다. 당시 시골에는 밀주 양조업자 뿐만 아니라 합법적 증류주 제조소가 상당히 많이 있었고, 때때로 소작인은 신분 보증 조건으로 주인의 보드카 이외에는 구입할 수 없다는 약속이 뒤따랐다. 많은 증류주 제조소와 보드카를 파는 선술집들은 유대인들이 빌려 경영했다. 현물 급여(현물에 의한 지불)의 극단적인 형태로써 고용된 노동자에게 임금 대신에 보드카 표를 지급했다. 중국 노동자가 보수로 아편을 받았던 것과 상당히 비슷했다. 영국인들이 아편 팅크를 사용했던 것과 같이, 농민들은 보드카를 엄청나게 마셔댔고 감당하기 힘들던 자신의 아이들에게도 먹였다. 보드카는 농민들을 온순하게 길들였지만, 어찌됐든 농민에게 법률제도는 불리하게 작용했다. 1824년부터는 농민들을 대표한 변호사는 그들의 불평불만을 입증할 책임이 있었고, 철창에 손쉽게 갇히게 될 것 같은 두려움마저 있었다.[204]

농민들의 고초를 이해하는 것은 매우 중요하다. 왜냐하면 이것이 1830년 폴란드 혁명이 실패한 원인 중 하나이기 때문이다. 혁명은 총인구의 5분의 4에게 아무런 의미가 없었다. 자신들에게 득이 되는 것은 하나도 없었기 때문이었다. 그렇지만 어떤 면에서는, 폴란드도 1830년의 다른 여느 유럽 국가들과 별반 다르지 않았다. 젠트리도 중산층도 모두 새로 생긴 신문의 즐거움을 만끽했다. 러시아로부터 지원을 받은 폴란드 정부는 문화계를 통제하기 위해 수단 방법을 가리지 않았다. 1819년에는 검열제가 도입됐다. 정기간행물을 시작으로 마침내 모든 출판물이 단속 대상으로 떠올랐다. 1825년 2월, 러시아 황제 알렉산드르의 명령에 따라 폴란드 국회의 일반 공개는 개회 및 폐회 때로 한정되고, 연설문 보고도 규제를 받았다. 1820년 나폴리 봉기에 가담했던 라돈스키 백작이나 빈센트와 보나벤투라 니에모요프스키 형제와 같은 젠트리 출신의 자유주의자들은 구속되거나 가택연금 당했다. 학생들의 외국 대학 유학도 금지했고, 모든 비밀 결사도 엄금했지만 그런데도 사라지지는 않았다.

폴란드 전국에 제복 차림의 경찰들이 누비고 다니고, 국경 지역은 코사크 병사들이 순찰했다. 콘스탄틴 대공은 비밀경찰을 두고 자신의 신변보호를 맡겼다. 비록 형사는 그 중 두 명 뿐이었다. 차르의 개인 비서인 노보실체프 의원도 마찬가지였다. 역시 러시아는 헌병이었다. 도시 경찰대도 창설하고, 그에 더해 이런 여러 경찰 조직을 조정하는 기관마저 설치했다. 그것이 바로 바르샤바와 폴란드 중앙 경찰청이었다. 그러나 비밀경찰의 활동비는 연간 1만 2,500파운드뿐이었고, 범죄자, 백작, 독일인, 유대인, 외국 상인 등 잡다한 인간들로 구성된 200명의 비밀정보원들은 대부분의 경우 부패했다. 그러나 당국의 무능력 못지않게 한심했던 것은 정부를 전복하려던 공모자들의 끝없는 무능력이었다. 1820년대의 반정부 음모에는 명문 집안 출신의 배신자가 꼭 하나씩 끼어있었다. 예를 들어 1821년 카르스키 백작이나 1825년부터 1826년 사이에 야브로놉스키 공은 음모 계획을 경찰에 밀고했다. 이런 배신 행위는 폴란드 역사에서 되풀이하며 일어났다. 1820년대 후반에는 음모의 주역은 젊은 청년 장교 쪽으로 옮겨갔다. 그들은 콘스탄틴 대공의 구식 군대 운영 방침에 염증을 느껴 바르샤바와 크라쿠프의 카페에 모인 학생들과 손을 잡았다.

쇼팽의 낭만주의

낭만주의 운동은 다른 여느 나라들처럼 폴란드를 휩쓸고 지나갔다. 오히려 낭만주의 정신이 미친 영향은 다른 어느 곳보다 폴란드에서 가장 강했다. 다른 어떤 예술가도, 심지어는 베를리오즈도, 프레데리크 쇼팽(1810~1849)만큼 더 완벽하게 낭만주의 정신을 몸소 담아낸 자는 없었을 것이다. 쇼팽은 프랑스 보주에서 망명한 아버지와 폴란드인 어머니의 아들로 태어났다. 쇼팽의 아버지는 가정교사와 바르샤바 고등학교

교사로 일하기 위해 바르샤바로 왔다. [205] 쇼팽은 피아노를 대부분 독학으로 익혔다. 쇼팽의 유일한 음악 교사는 바이올린 연주자였기 때문이지만, 1817년에 쇼팽은 겨우 일곱 살 때 훗날 출판할 첫 작품을 작곡했다. 쇼팽은 멘델스존보다 한 살 어렸다. 그리고 쇼팽은 전형적인 폴로네즈를 마주르카, 야상곡, 왈츠와 함께 이용해 음악 속에다 당시 유럽을 휩쓸던 낭만주의 정신과 새로운 폴란드 민족주의를 섞었다. 아마도 쇼팽은 다른 어떤 피아니스트보다도 가장 섬세한 청력을 갖고 있었던 것 같다. 멘델스존이 말했듯이, 쇼팽은 "바이올린 음악사에 파가니니가 남긴 업적을, 쇼팽은 피아노 음악사에 남겼다. 그리고 그 어느 누구도 상상하지 못한 기적을 일으켰다." [206] 쇼팽은 음악 연주를 집중해서 귀담아 들었고, 피아노 연주를 음악이라는 특별한 언어로 말하는 음성의 연속으로 들었다. 노래 부르는 것을 무척 좋아했고, 피아노 연주와 교수법은 발성력 훈련에 바탕을 두고 있었다. 쇼팽은 피아노 연주에서 테너 음과 소프라노 음으로 노래할 뿐만 아니라 쉼표도 넣었다. 쇼팽은 서투른 피아노 연주를 불쾌한 짐승소리에 비유하면서 "시끄러운 연주는 꼭 개가 짖어대는 것 같다."고 말했다. 베를리오즈가 오케스트라에 영향을 미쳤듯이, 쇼팽은 피아노에 새로운 '근대적인' 음조를 등장시켜, 음악감정이라는 새로운 영역을 개척했다. 쇼팽이 연주하는 것을 지켜보던 베를리오즈는 다음과 같이 말했다. "연주할 때 옆에서 가까이 귀 기울여 들어보십시오. 해머가 피아노 줄을 두드리는 소리까지 들을 수 있을 겁니다." 한편, 리스트는 "나는 그토록 정교하고 섬세한 연주를 들어본 적이 없다."며 감탄하기도 했다. [207] 쇼팽은 일찍이 1825년 론도 작품 1을 발표했으나, 음악계에 본격적으로 영향을 끼친 것은 3년 뒤 마주르카에 의한 론도를 발표하고부터였다. 쇼팽은 1820년대 말 바르샤바에 모였던 젊고 천부적인 재능을 지닌 수천 명 가운데 한 명이었다. 그들은 외국에 지배되어 거의 파산 지경에 이른 조국에서 느껴지는 막대한 좌절감을 떨쳐내기 위해서 폴란드의 역사나 시, 민속, 전통 음악, 그리고 신화 등을 탐구했다. 많은 사람들이 신설된 바르샤바 대학에 다녔으나, 직장을 가진 사람은 거의 없었고 장래마저도 암울했다. 젊은 지식인들 사이의 실업은 높은 출산율과 전반적인 불경기로 인해서 1830년 유럽의 대부분의 수도들에서 나타나던 특징이었지만 바르샤바의 실업률은 다른 어느 곳보다도 높았다.

그렇지만 초기 단계에서 봉기를 실제적으로 주도한 것은 표트르 비소츠키라는 교육을 거의 받지 못한 육군사관학교 교관이었다. 비소츠키는 아마도 1828년 말기 무렵부터 봉기 음모에 깊숙이 관여했던 것 같다. 비소츠키는 니콜라이 1세를 살해하여 반란을 일으킬 기회를 두 번이나 놓쳤다. 니콜라이 1세는 폴란드 왕의 대관식을 위해 1829년에 바르샤바를 방문했다. 황제의 두 번째 방문은 1830년 5월과 6월 사이에 국회 개회식에 참석할 때였다. 폴란드는 언제나 프랑스를 문화적으로나 정치적으로나 지도자라고 봤으므로 7월 혁명은 폴란드 음모가들의 열기를 더욱 뜨겁게 했다. 그러나 비소츠키가 이윽고 행동을 개시할 결단을 내린 것은 콘스탄틴 대공이 음모를 눈치 채고 체포 용의자 명단을 작성한 뒤였다. 비소츠키는 거사 날짜를 11월 29일로 정했다. 바로 그날엔 제4기마보병 연대가 바르샤바의 공공건물에서 경계임무를 맡았고, 이 부대의 장교 몇 명이 음모에 가담했기 때문이었다. 그런데도 정확한 계획이 수립되지 않았고, 도움을 줄 위치에 있는 주요한 사람들에게 통보조차 제대로 이뤄지지 않은 상태였다. 봉기를 일으키는 날이 물가 상승과 겹친 것은 순전히 우연이었는데, 만약 이 우연이 없었더라면 상트페테르부르크에서 일어났던 데카브리스트 반란과 마찬가지로 대실패로 끝났을 것이다. 봉기 신호로 양조장에 방화하는 과정에서 실수가 발생했다. 베르베델 궁전 공격도 수포로 돌아갔고, 그 사이 콘스탄틴은 탈출했다. 존경을 받은 많은 상급 장교들이 봉기 가담을 거부하여 죽음을 면치 못했다. 견실한 시민들은 집안에서 꿈쩍도 하지 않았다. 그러나 도시 근로자들은 발포소리를 듣고 상층부가 음모를 꾸몄다는 사실을 알자 거리로 뛰쳐나가서 가게들과 주류 상점들에 난입했다. 폭도들이 보드카를 약탈하는 모습을 본 병사들도 동참했다.[208] 그 결과는 파괴와 무정부 상태의 혼란으로 치달았고, 도시는 통제 불능의 상태로 빠져들었다. 폴란드에서 일반 대중이 모습을 드러낸 것은 이때가 유일했으며, 젠트리 층의 혁명가들이 일반 시민의 지지를 얻었다. 한동안은 이것이 결정적인 힘이었다. 콘스탄틴은 도시밖에 머물며 개입을 일절 삼갔다. 왜냐하면 그가 의지할만한 유일한 군대는 러시아 군대였는데, 과거 브뤼셀에서 네덜란드인 윌리엄이 벨기에 민중의 대항에 네덜란드 군대를 이용하여 반감을 불렀듯이 폴란드 국민의 반감을 살까 우려했기 때문이다. 폴란드 정부의 고위 각료인 아담 차르토리스키 공작은 군중을 진정시키기 위해서 자유주의자들을 새 정부의 평의회에 참석시키는 한편, 폴란드 군을 바르샤바 시 내로 이동시켰다. 그러나 폴란드군은 동포에게 차마 총을 겨눌 수는 없다고 거부하고 교외에서 집결한 러시아 군에게 거꾸로 공격할지도 모른다는 위기감이 높았다. 젠트리 사이에서는 대책 방안을 놓고 날마다 불꽃 튀는 일대 설전이 벌어졌다. 최종적으로 보수적인 군인인 요제프 흐워피츠키 장군을 뽑아 독재관 지위를 부여했다.

흐워피츠키 장군은 러시아 군을 공격할 생각은 추호도 없었고, 그저 평화적인 교섭을 통해 혼란 상태가 수습되기를 바랐다. 콘스탄틴은 남동생 니콜라이에게 보낸 편지에서 이 장군이 '프랑스 역사에서 제2의 몽크'가 되기를 희망한다고 썼다. 몽크 장군은 1660년 찰스 2세의 왕위 복위에 앞장서 공헌을 한 군 사령관이었다. 그러나 폴란드 사회 특성상, 장군에게는 독재자란 이름만 있을 뿐 실권이란 없었다. 프랑스나 미국, 다른 여러 나라들과 마찬가지로, 폴란드의 저널리스트나 작가도 자신들이 변화의 소용돌이에서 주도적인 역할을 하고자 했다. 문예 평론가이자 시인이인 마우리치 모흐나츠키가 대변인을 주로 맡았다. 그는 11월 29일의 봉기를 '신 르네상스의 시작'이자 '국가의 부활'이라고 선언했다. 또 다른 낭만주의 작가 J. B. 오스트로프스키는 폴란드가 영국이나 프랑스 같은 '자유주의 대국'의 개입을 요청해야 한다고 썼다. 오스트로프스키는 「뉴

폴란드(New Poland)」지에 기고하여 다음과 같은 주장을 펼쳤다. "1830년의 프랑스 7월 혁명은 중세의 폐막이었다. 중세라는 위대한 장면에 막이 내리고, 그 대신 새로운 유럽의 찬란한 빛이 비춰졌다."[209] 그러자 흐위피츠키 장군이 역설했다. "본인이 독재관이 되기로 결심한 것은 모흐나츠키와 여러 단체들로 인해 기강, 질서, 안정이 모두 사라져 버리지나 않을까 걱정했기 때문이었다." 오스트로프스키와 그 외 사람들의 입에서 민족 통일을 언급하면서 프로이센과 오스트리아에 분할된 폴란드 지역을 통합하자는 말이 화제로 떠올랐다. 오스트로프스키의 말을 빌리면, "역사 무대에 2,000만 국민을 포용하는 새로운 국가가 등장하고 있다. 부활된 국가는 슬라브 사회나 유럽에 결정적인 영향력을 미칠 것이다." 이 말을 들은 흐위피츠키 장군은 그런 폭거는 민족의 자살행위라고 생각했다.

"신사 여러분, 그대들은 전쟁 속에서 폴란드 국가의 탄생을 보겠으나, 내 눈에는 파멸만이 보일 뿐입니다."

그러나 유력한 지주, 장교, 작가 등 자천으로 임명된 기관인 국가 최고 평의회는 장군에게 선동가를 체포할 권한을 주지 않았고, 결국 장군은 스스로 자리에서 물러났다. 국회와 내부 무리들은 뜨거운 열기로 가동되는 하나의 민족 감정의 견인차가 됐다. 니콜라이 황제는 환호 속에 퇴위하고, 국민 정부가 선출됐다. 군대는 새로운 국가를 방어하라는 명령을 하달 받았다. 그러나 모흐나츠키 진영의 낭만주의자들조차도 자신들의 혁명이 "민족적인 것이지 사회적인 것은 아니다."라고 신중하게 주장했다. 그들은 옛날부터 있어온 폴란드의 계급구조를 바꿔서 시골 농민들은 고사하고 도시의 장인이나 직인 계급조차도 정치에 참여할 권리를 인정하려는 희망이나 의도가 조금도 없었다. 폴란드 반란은 그라탕 요리 같은 겉껍질, 즉 상층부의 봉기에 지나지 않았고, 이것만으로는 충분치 않았다. 용감한 지휘관들은 있었지만, 이들에게는 병력이 부족했다. 니콜라이는 자신의 퇴위 사실을 전해 들었을 때는 이미 휘하에 8만 병력을 모아놓고 그 즉시 폴란드 국경으로 진격하라고 명령하고 있었다. 폴란드

군의 두 배 규모에 달하는 러시아 군대는 1831년 5월 26일에 오스트로 웬카에서 폴란드 군을 패배시켰다. 이틀간의 전투가 끝난 9월 8일, 러시아 군은 바르샤바에 진군했고, 이로써 모든 게 끝났다. 이리하여 니콜라이는 끝내 전쟁에서는 이겼지만, 폴란드 협력을 얻는다는 희망은 완전히 잃어버렸다. 그 뒤 폴란드인은 언제나 러시아를 민족의 적으로 봤으며, 그런 태도는 여태껏 변하지 않고 있다. 러시아에 대립하는 대국들은 언제나 폴란드를 토론이나 거래 조건에 끌어들였다. 이는 거꾸로, 폴란드인이 외국에 지원을 요청할 때 지나치게 낙관적인 태도를 취하게 만들었다. 이처럼 생겨난 근대의 러시아-폴란드 문제는 현재까지도 계속되고 있다. [210]

스윙 폭동과 유화 정책

이런 와중에 영국은 어떤 상황이었을까? 이번 기회에도 중심을 잃지 않을 수 있었을까? 앞서 살펴봤듯이, 영국에서는 1826년부터 경기 불황이 시작되면서 사회 곳곳에 불안이 팽배했으나 정치적으로 과격한 급진주의는 되살아나지 않았다. 1828년과 1829년 사이에 무역과 제조업은 회복세로 돌아섰다. 1829년 10월, 리처드 칼라일은 '웅변가'인 헌트의 연설을 듣기 위해 런던 급진개혁협회 모임에 참석했던 일을 「라이언(Lion)」지에 몸서리치듯 다음과 같이 썼다. 칼라일은 나이 많은 급진적 출판업자로서 무신론을 믿었고 투옥된 경험도 있었다. 헌트는 여태껏 이 협회에 속해있었다.

"요즘에 1816년부터 1820년 사이에 보였던 급진적인 개혁파의 활력이나 용기를 찾는 일은 헛수고입니다. 그 당시에는 사회 전체에 급진 개혁의 함성이 일어나면 폭동이 일어날 기대가 있었습니다. ……그러나 지금의 급진파는 나약하고 희망도 없고 시시하고 진부하여 아무런 쓸모도 없습니다. 나는 지금 그 어느 때보다도 개혁 정신이 강하지만 이 하찮은 그룹과 활동하거나 그 활동에 동참할 수가 없습니다."[211]

의회 밖에서도 이렇다 할 지도자는 없었다. 올바른 신념을 가진 사람들은 '사회주의자'에 대해서 우려 섞인 반응을 보였다. '사회주의자'라는 말은 1820년대 말부터 막 보급되기 시작하던 터였다. 그러나 사회주의자가 무엇을 의미하는 지에 대해서는 혼란스러워했다. 이는 초기에 사회 문제를 다루던 의회의 사회 문제 조사 위원회에서 나타난 다음의 질의응답 내용에서 엿볼 수 있다. 한 의원이 물었다. "지금 철도 인부들 가운데 대다수가 신앙이 없는 자라고 하셨는데요, 그렇다면 사회주의자라고도 말씀하시는 겁니까?" 목사가 이에 증언했다. "실제로는 그렇습니다. 대부분이 아내가 있는 것처럼 보이기는 하지만, 정식으로 결혼한 자는 거의 없습니다."[212]

그럼에도 불구하고 극심한 생활고를 겪는 자들이 생겨났고, 특히 농촌의 상태는 심각했으며 1830년은 음울한 분위기 속에서 새해를 시작했다. 스태퍼드셔의 디요트 장군은 새해 첫날의 일기에다 다음과 같이 썼다.

"요즘 영국보다 더 무기력하고 활기 없는 신년맞이도 없을 것이다. 이 사회의 모든 계층이 고통에 신음하고 있으며, 유독 농민들은 낮은 농산물 가격 때문에 큰 타격을 입었다. 밀 8실링, 보리 4실링 8페니, 귀리 3실링 3페니, 쇠고기 4페니 반에서 5페니, 양고기도 쇠고기랑 비슷한 수준이다. 이 나라 곳곳에서 국가적인 빈곤을 해결하기 위해 각종 의회들이 열렸다."[213]

이런 비관론은 당연했다. 농촌의 고통은 계속됐고, 6월부터는 불온한 폭력, '스윙 폭동'이라는 이름으로 알려진 폭동사태가 일어났다. 아직 유럽 대륙에서 사건이 일어나기 족히 한 달이나 남은 시점이었다. 실제로 프랑스와 벨기에에서 일어난 일대 사건들이 영국 빈곤층에 심각한 충격을 미쳤다는 증거는 거의 없다.[214]

고통의 가장 큰 원인은 노동력이 절감되는 농기구의 도입이었다. 입스위치의 랜섬, 리스턴의 개럿츠, 스토마켓의 우드, 셋퍼드의 버렐, 워번의 헨스맨, 노리치의 홈스, 앤도버의 태스커 등은 이 탈곡기와 같이 매우 정교한 농기구를 제조, 판매했다. 한편 농민들에게는 가격이 하락하기 전에 시장에 매물을 내놓는 것이 수확기에 가장 중요했다. 따라서 보다 상업적인 사고방식을 지닌 농민들은 시간을 절약할 수 있었기 때문에 이런 기계가 굉장히 매력적으로 보일 수밖에 없었다. 비교적 규모가 작은 농장에서는 농기구 교체로 인한 비용 절감은 10퍼센트 정도에 지나지 않았으나, 300에이커가 넘는 1만 7,000여 농장에서는 30퍼센트 이상의 절감 효과를 보였다.[215] 곡물 보관소 방화사건은 켄트 주의 오핑턴에서 처음 일어났다. 계속해서 수확 철이 끝날 무렵에 농기구 파괴사건이 터졌다. 첫 사건은 역시 켄트 주의 캔터베리 인근 하즈 남부에서 8월 28일에 처음 발생했다. 유럽 대륙에 가장 인접한 곳이 켄트 주였기 때문에 영국 해협을 넘어온 온갖 소문과 유언비어들이 폭력사태로 치닫는 걸 부추겼을 것이라는 추측이 나돌았다. 8월에는 서리에서도 소요사태가 있었다. 10월이 되자 폭동은 서식스로 번져나갔고, 곧 17개 주로 일파만파 퍼져나갔다. 그 가운데 몇 주는 짧게 끝나기도 했다.[216] 10월 셋째 주에 들어서면, 약 100대의 농기구가 파손됐다는 보고가 올라왔다. 그리고 11월의 마지막 두 주와 12월 첫째 주에 폭동은 절정을 이루었다. 일부 지역에서는 특별 치안관이 임명되었고, 젠트리와 부유한 농민들은 자체적으로 무장 태세를 갖췄다. 성직자에 대해서도 십일조를 삭감하라는 협박이 있었다. 원래 이런 협박은 때때로 부유한 농민들의 지지를 받기도 했다. 링컨셔의 어핑턴에 살던 레이디 샬럿 버티는 일기에 다음과 같이 썼다. 불과 10마일 밖에 안 떨어진 곳에서 450명의 남자들이 돌아다니며 곡물 보관소에 불을 지르고 농기구를 부쉈다. 버티의 의붓아버지인 피터 페거스 목사는 칼 두 자루, 2연발 식 산탄총과 피스톨 두 자루로 무장했다.[217] 선동자들 일부는 체포됐다. 12월 16일에는 루턴의 멋쟁이 중산계층 상인인 존 새빌이 서퍽의 스트라디스펄에서 검거됐다. 그의 소지품에서는 현금 580파운드와 '스윙'이라고 적힌 선동적인 내용의 전단 뭉치가 쏟아져 나왔다. 그는 초록색 이륜 마차를 타고 동부 지역을 샅샅이 순회한 것으로 드러났다. 새빌은 결국 12개월 형을 선고 받았다.[218]

당국과 농장주들이 일반적으로 보인 태도는 유화정책이었다. 그 중에는 이미 사건이 터지기도 전부터 땅을 빌린 농민들에게 더 이상 농기구를 추가로 사들이지 않겠다고 권유한 지주들도 있었다. 8월 이후부터 많은 농장주들이 집이나 곡물 보관소가 불살라지는 것을 막기 위해서라도 보유중인 농기구들을 폐기 처분하거나 파손하기도 했다. 10월 22일, 동부 켄트의 사계 법원에서 농기구 파손사건의 첫 재판이 열렸으나, 재판장인 에드워드 나치블 경은 죄상을 인정한 남성 7명을 이틀과 18시간의 구류형을 선고하고 훈방조치로 끝냈다. 「타임스」지가 보도한 바에 따르면 재판관은 "이날 판사가 보여준 친절하고 따뜻한 호의적인 분위기가 국민들에게서도 유사하게 나타나기를 희망했다."[219] 11월에 버크셔 주에서는 재판관이 다음과 같이 인쇄한 공고문을 발표했다.

"노동자 여러분에게. 젠틀맨과 소지주, 농장주 등은 여러분들의 임금을 만족스러운 수준으로 인상할 용의가 있음을 통보코자 한다. 다시는 앞으로 탈곡기를 사용하지 않기로 결정했다. 따라서 여러분들의 임금 인상을 가져다 줄 재산을 파괴하는 악행을 그만 삼가는 것이 긴 안목에서 보면 여러분들 자신에게 가장 이로울 것이므로 여러분들의 양심에 맡기는 바이다."

그리고 같은 달, 노퍽 치안판사들이 발표한 공고문에도 "토지 소유자와 사용자는 탈곡기의 사용을 중단하도록 권고했다."라는 내용이 실렸다.[220] 이러한 해결 방식은 영국의 암울한 미래를 암시했다. 이 때문에 농업과 근대적인 기계 기술을 접목하려던 시도가 배척을 받아 주춤했다고 생각되기 때문이다. 농업 분야는 당시만 해도 영국이 세계 일등을 주도했다. 실제도 이 선택은 1870년대에 걷잡을 수 없는 비참한 결과를 초래하기에 이르렀다. 광활하고 값싼 미국 중서부의 농장에서 생산된 곡물이 증기선에 실려 처음으로 대서양을 건너 자유무역국가인 영국으로 실려 왔다. 이에 한발 더 나아가 이 경향은 공업 분야에도 명백하게 똑같은 유화 정책과 결합해버렸다. 일부 제조업자는 이미 노동조합과 결탁하기 시작해, 그로 인해서 기계 사용 제한의 도입이나 생산성 저하로 초래하는 결과를 낳았다. 1820년대 후반은 식량과 상품에서 최고의 효율성을 자랑하며 생산한다는 점에서 영국을 뒤따를 나라는 없다고 생각된 시대였으나, 영국의 장기간에 걸친 쇠퇴 조짐은 이미 하나둘씩 나타나기 시작했다. 그러나 잠시 동안은 유화정책이 평화를 가져다준 셈이었다.

파머스턴의 사임

잘 된 일도 있었다. 정치적 정체 상태로 10년이 흐르자, 근본적인 개혁을 요구하는 목소리가 다시 터져 나오기 시작했기 때문이다. 정치적 관심도를 살펴볼 수 있는 신뢰성 있는 지수 가운데 하나가 바로 발행된 정치 출판물의 숫자이다. 그것은 영국 도서관에 소장된 방대한 자료에서 추측할 수가 있다. 그 당시 화가와 판화상은 상황이 바뀔 때마다 그 의견을 달리하는 중산계급의 경향을 반영했다. 새로운 정치 판화는 의회가 열리는 늦봄과 늦가을에 몰리는 경향이 있었다. 1760년대에 정치판화는 일주일에 한 장씩 발행했으나, 1810년과 1820년대에는 대략 다섯 장씩 발행했다. 1820년 무렵부터는 석판 인쇄가 값비싼 동판 인쇄를 대체하면서 1830년에는 일주일에 평균 두 배인 열 장씩 발행했다. 당대 최고의 화가들이던 제임스 길레이, 조지 크룩섕크, 토머스 로우랜드슨, 제임스 세이어즈와 이들의 수많은 문하생들은 대중의 관심에 발맞추어 사회 풍자와 정치 풍자 사이를 오고갔다. 정치판화의 전성기는 주기적으로 찾아왔으며, 이는 1813년~1816년, 1819년~1820년과 1830년~1832년 이라는 정치적으로 위기를 맞던 시기를 반영했다. 1820년에는 캐롤라인 왕비의 이혼 재판으로 세상이 들썩거리면서 극적인 상승폭을 기록했다. 그리고 1830년대 초에 다시금 절정을 맞이하면서 1832년 선거법 개정 법안이 통과되어 사태가 진정될 때까지 계속되었다. 정치 만화의 판매부수도 덩달아서 5만에서 20만으로 대폭 늘어났다.[221] 신문도 종류가 늘어났고, 그에 못지않게 중요한 점은 발행부수가 늘었다는 점이었다. 영국인 독자들이 구독한 신문 부수는 1801년의 1,600만 부에서 1830년에는 3,000만부로 껑충 뛰었다. 신문 매출액도 1830년에는 급상승하면서, 정치의 맥박이 다시 뛰기 시작했다는 사실을 알렸다.

이러한 일련의 움직임의 배후에는 이제 제도 개혁이 불가피할 수밖에 없는 절박한 문제라는 두터운 믿음이 깔려 있었다. 여기에 불을 붙인 것은 다니엘 오코넬의 클레어 선거 대승리와 1829년 초의 가톨릭 해방을 둘러싼 웰링턴과 필의 굴복이었다. 이들 사건들은 현행 제도에서도 개혁이 가능하다는 사실을 증명했다. 그러나 이런 답보 상태가 풀리기 시작한 것은 실제로는 1828년부터였다. 정부 내에서는 그나마 더 자유주의의원들인 허스키슨과 파머스턴이 전면적인 개혁에는 반대하면서도 부분적 개혁에는 찬성의 뜻을 표했다. 그들의 생각은 다음과 같았다. 인구나부, 경제력은 과거 영국의 중심부이던 남동부에서 중부나 북부 지방으로 이동한다는 주장이었다. 이런 변화는 장기간에 걸쳐서 발생하기 마련이었다. 오늘날의 통계 자료에 따르면, 1693년부터 1843년 동안에 다음의 주들이 자산 순위 명단에서 최소 열 계단이나 하락한 것으로 나타났다. 베드퍼스셔, 버크셔, 버킹엄셔, 도싯, 에식스, 햄프셔, 헌팅던, 노샘프턴셔, 서펄, 윌크셔 등이었다. 한편, 다음의 주는 반대로 적게는 열 계단이나 상승했다. 체셔, 더비셔, 더럼, 글로스터셔, 랭커셔, 노팅엄, 스태퍼드셔, 요크셔 등이었다.[222] 허스키슨과 파머스턴은 이렇게 정확한 자료를 가지고 있지는 않았지만 이런 동향을 면밀히 숙지했고, 중산계급의 여론을 진정시키기 위해서라도 의회가 대책을 강구해야 한다고 생각했다. 때때로 유권자가 감소한 선거구의 심각한 부패 행위가 드러나기도 했다. 그러자 그 선거구의 의석은 박탈하고 대신에 의원이 전혀 없는 신흥 공업도시에 그 의석을 넘겨줘야 한다고 주장하는 의견도 나왔다. 파머스턴은 다음과 같이 말했다. "나는 선거권이 대도시로 확대되기를 바란다. 이는 원칙적으로 개혁을 지지하기 때문이 아니라, 오히려 개혁에 대해 결연하게 반대하기 때문이다. 대도시로 선거권을 확대하는 것만이…… 하원이 개혁의 대체적 방안을 마음대로 채택하는 것을 피할 수 있는 유일한 방책이라고 생각한다. ……리즈와 맨체스터와 같은 인구 과밀 지역을 대표하는 의원은 없고, 초록색 평원만 가득한 지역에 두 의원이나 있다는 사실은 충분히 불만을 제기할 소지가 있다."[223]

파머스턴이 문제로 삼은 것은 펜린과 이스트 레트포드 등 지역의 부패한 두 선거구들이었다. 파머스턴은 이 두 지역의 선거권을 빼앗고, 그 의석을 리즈와 맨체스터에 내어주기를 희망했다. 이에 대해 필 경은 레트포드 선거구는 확대하고 펜린 의석은 맨체스터에게 주는 절충안을 냈다. 그러나 불행하게도 1828년 5월 28일에 이 발의를 둘러싸고 의회 회의장은 혼란해졌고, 결국 허스키슨과 파머스턴 두 사람은 각료임에도 불구하고 정부안에 반대표를 던졌다. 굉장히 소심한 허스키슨은 기어코 사임의사를 밝히더니 나중엔 사임을 번복했고, 그 뒤로도 미적대고 있었다. 상원 의원인 웰링턴 총리는 이 혼란이 무엇에 관한 것인지는 정확히 알지 못했지만 허스키슨이 보여주는 성의 없는 지지에 그러지 않아도 눈꼴사나웠기 때문에 이미 사표가 제출되었다며 수리해버렸다. 이 사태가 계기가 되어 옛 캐닝파의 전원 퇴진에 가속도가 붙었으나, 결국 이 문제는 영국인다운 문제 해결방식으로 다음과 같이 일단락을 맺었다. 외무장관 존 윌리엄 워드 경(1781~1833)은 허스키슨보다도 더 우유부단한 사람이었다. 워드는 "턱을 연신 쓰다듬다가, 카펫에 그려진 사각형의 개수를 세 번 세어보고는 또다시 거꾸로 세어본 다음, 끝내 걱정, 회의와 고뇌에 빠져서 한참을 고통스러워하다가 나갔다."고 한다. 파머스턴과 아일랜드 담당 장관인 윌리엄 램(1779~1848)은 존 윌리엄 워드를 따라 나갔고, 세 명의 각료들은 천천히 웨스트민스터 거리를 걸어갔다. 그들의 뒤를 2륜 유개마차가 뒤따라갔다. 더들리 백작인 워드가 말했다. "휴우, 자, 이제 여기 이 거리에는 우리만 있게 되었군. 옆에 있는 보초병 말고는 우리 말을 들을 사람이 없어서 하는 말인데. 여러분의 의견은 어떻소? 어떻게 하는 것이 옳다고 보십니까? '남아야 할까요', 아니면 '나가야 할까요?'" 파머스턴이 대답했다. "나가야지요." 그러자 램도 덩달아 외쳤다. "그럼요, 나가야 하고말고요." 말을 내뱉는 순간 램은 '아차'하는 후회가 들었다. 이미 정부 측에 투표했기 때문이었다. 그날 밤, 자택으로 돌아간 파머스턴은 사표를 작성했다. 더들리 백작도 마찬가지였다. 그러나 "더들리는 오른팔은 램, 그리고 왼팔은 파머스턴에 붙잡혀 마침내 외무부의 계단을 내려갔다."[224] 엘른버러 경의 일기에 따르면, 웰링턴은 허스키슨과 그 동지들을 보내주는 것밖에는 다른 방도가 없었다고 말했다. 웰링턴은 "자신이 상대해야 하는 자들을 알고 있었다. 모든 캐닝파는 그들이 자초한 결과에 대해서 지나치고 과장된 견해를 갖고 있었다. 그들은 항상 이 견해를 알리려고 애썼다. 만일 이 경우에 웰링턴이 허스키슨에게 사표를 재고하고 남아달라고 붙잡았다면 웰링턴 대신에 허스키슨이 총리가 됐을 것이다."[225]

이제 영국은 진정한 양대 정당 제도의 초입에 서 있었지만, 그 당시 정치인들은 지각하지 못했다. 웰링턴은 까다로운 각료 몇 명을 해치우고, 자신과 '코드가 맞는' 각료들로 내각을 채웠다는 사실에 흡족해했다. 그러나 정부를 이끄는 것은 군대를 통솔하는 것과는 차원이 달랐다. 웰링턴 공작은 나이든 리버풀을 경멸했지만, 공작이 모르는 사실을 리버풀은 알고 있었다. 바로 이 골치 아픈 부류가 정권을 유지하는데 가장 필요한 존재라는 사실. 바로 이것이 리버풀이 총리직을 15년 동안이나 이어나 갈 수 있었던 비결이었다. 이것은 리버풀 이후로 그 누구도 필적할 수 없는 위업이었다. 이렇게 유력한 정치가들이 떠나고 나자, 웰링턴 곁에 남은 유력한 각료는 필 한 명뿐이었다. 필만이 하원에서 훌륭하게 정부를 옹호할 수 있는 유일한 중진 각료였으며, 이 상황을 지켜보던 파머스턴은 기뻐하며 다음과 같이 일기에 적었다.

"공작은 오랫동안 모든 일을 사사건건 홀로 처리해야 하는 것이 생각했던 것처럼 즐거운 일은 아니란 사실을 터득하기 시작했다. 각료들의 복종만으로는 활력이나 정보 부족에서 나오는 무능함을 채우기에는 충분치 못하다는 사실을 깨달았다. 그나마 활력이나 정보가 부족해져야 복종을 하지, 개인적 의견은 내지 않는 내각이 나올 수도 있다는 사실을 알았던 것이다."[226]

파머스턴은 내각을 떠나―그에게 매우 중요했던―장관 급료를 단념했지만, 이대로 호락호락하게 내버려둘 마음은 없었다. 파머스톤은 휘그당과 손잡고 자기 방식의 조건으로 내각에 복귀하길 원했다. 휘그당은 지난 20년 동안 야당의 핵심 세력으로 부상했던 것이다. 1829년 6월 1일, 파머스턴은 영국 정치의 새로운 기준을 제시하고, 이를 영국 해협 건너에서 일어나는 일들과 관련시켜 하원에서 다음과 같이 연설했다. "현재 유럽에는 두 종류의 정당이 있습니다. 하나는 여론의 힘으로 통치를 하려 하는 정당이 있는 반면, 다른 하나는 물리적 지배력으로 통치하려는 정당이 있는 것입니다. 그런데 유럽은 거의 예외 없이 영국의 현상을 후자와 연결해서 평가하고 있습니다. 그러나 이 당 체제를 확립하는 근본 방침이 근본적으로 잘못됐다는 것이 제 소견입니다. 사실상 인간의 마음 이외에 선동하는 힘이라는 것은 없습니다. ……인간에 관한 문제에서는 이 힘이 의견이며, 정치 문제의 경우에는 여론입니다. 그리고 이런 힘을 쥘 수 있는 자는 그 힘을 이용해 물리적인 육체적인 힘을 억누를 수 있습니다. ……인간의 열정, 관심, 의견을 이용할 줄 아는 정치가는……인간의 문제에 대해 그들이 통치하고 있는 나라의 국력이나 자원보다 훨씬 큰 힘을 행사할 수 있는 것입니다."[227]

이것은 1829년과 1830년에 돌연 파머스턴을 하원 토론에서 선두에 서게끔 만든 주요 연설 가운데 첫 연설이었다. 그리고 이 일련의 연설들은 필에게 더 많은 걱정거리를 한아름 안겨주었다. 1830년 봄이 되자, 필에게는 또 다른 근심거리가 생겼다. 필과 웰링턴은 야당의 투표에 힘입어 원활하게 가톨릭 해방령을 통과시키기는 했지만, 그 이후 정부안에 반대표를 던질 강력한 토리당 내의 초보수파 그룹은 아직 그 두 사람을 용서하지 않았다. 이때부터 그들 때문에 하원에서는 정부 일에 반대했다. 그리고 많은 지방의 대지주들이 정기적으로 투표하는 것에 달가워하지 않았고, 이는 정부의 법안이 하원을 통과하기 무척 어렵게 만들었다. 이에 따라 필은 파머스턴을 다시 불러 내각의 지지층을 넓히자고 웰링턴에게 간청했다. 웰링턴은 이 의견을 따를 용의가 있었으나, 파머스턴이 함께 떠났던 나머지 두 사람도 같이 복귀시킬 것을 요구하자, 결국에 이 제안은 결렬되어 끝나버렸다. 그러던 1830년 6월 26일에 조지 4세가 죽고, 동생이자 해군장군인 윌리엄 4세가 왕위를 계승했다. 영국에서는 왕의 계승 때 의회를 해산한다고 법률로 정해져 있기에 7월과 8월 사이에 총선거를 실시했다. 이 일은 웰링턴에게 멋지게 그러면서도 국익에 도움이 될 행위를 할 수 있는 절호의 기회를 제공했다. 즉 본인은 총리직에서 물러난 뒤, 근본적인 내각 개편을 위해 필을 지명할 것을 이 새로운 왕에게 청할 수 있었다. 실제로 웰링턴은 이 안을 심각히 고려했고, 심지어는 이에 대한 서한까지 작성했을 정도였다. 그러나 이 서한은 발송하지 않았다. 웰링턴의 심경 변화는 아버스넛 부인의 영향일 가능성이 매우 높았다.[228]

웰링턴 공작의 최대 약점을 꼽자면, 필처럼 심각하고 다소 진지한 구석이 있는 동료들의 말보다는 자신에게 아양을 떠는 아름다운 귀부인들의 간살스런 목소리에 더 귀를 기울였다는 점이다. 이런 점에서 웰링턴 공작은 잭슨 장군과 무척 닮았다. 실제로 웰링턴도 자신만의 '식당 내각'이 따로 있다고 말할 수 있을 정도였다. 대법관인 린드허스트 경

(1772~1863)이 일기 작가 찰스 그레빌에게 한 말에 따르면, '공작의 — 여성과 아첨쟁이들로 구성된 — 작은 내각'은 필을 극도로 증오한 나머지, 총리와 유력 각료 사이에 생겨날지도 모를 한 가닥의 호감마저도 깡그리 날려버렸다.[229] 그렇다면 어리석지도 않고 오히려 대부분 현안에 있어서 지각 있는 판단을 내리던 아버스넛 부인이 왜 필과 같은 훌륭한 정치가를 싫어하고 과소평가했는지는 확실하지 않다. 추측하건대, 개인적인 증오 때문이지 않았을까 한다. 필의 머리는 붉은색이었다. 19세기 중반의 많은 여성들은 빨간 머리를 굉장히 싫어했다.[230] 게다가 의도적인 것은 아니지만, 필의 태도마저 차갑기 그지없었고 때때로 상대를 불쾌하게까지 만들었다. 실제로 필이 풍기던 위압감은 결국 그의 목숨을 앗아가게 만들었다.

1850년의 어느 날, 하이드파크에서 빌린 말을 탄 필을 한 지인이 발견했다. 그 지인은 말이 폭주를 일삼는 유명한 말이라는 사실을 알아챘지만, 필이 무서워 감히 말하지 못했다. 그리고 몇 분이 지났을까. 결국 그 말은 필을 바닥에 내동댕이쳤고, 이 사고로 필은 3일 동안 극심한 고통에 시달리다 숨졌다. 한편 아버스넛 부인의 경우, 필의 최대 실수는 캐슬레이나 웰링턴을 본받아 이 아버스넛 부인을 방문해 정치에 관해서 화기애애한 담소를 주고받는 것을 싫어했다는 점이다. 오로지 필은 아름답고 명랑한 아내 줄리아만 바라보며 지고지순하게 사랑했다. 필의 눈에 다른 여자는 전혀 들어오지 않았다. 방문 자체를 그저 시간낭비라고 생각했던 필은 다른 사람들과 마찬가지로 아버스넛 부인을 공작의 애인이라고 생각했던 것 같다. 이런 문제에 있어서만큼은 무척 엄격한 필이었다. 여하튼간에 필을 복귀시키자는 제안은 끝내 이뤄지지 않았고, 웰링턴 공작은 불만을 키우는 부사령관을 데리고 정치를 할 수밖에 없었다.

브로엄의 재선 승리

1830년 선거는 정부에게 일희일비가 교차하는 결과로 끝났으나, 한 편으로는 확실한 재앙도 안겨줬다. 우선, 필의 의회 동료 2명은 의석을 잃었다. 하원 맨 앞자리에 앉아 매우 믿음직했던 동료인 존 윌슨 크로커는 더블린 대학에서 패배하는 바람에 훗날 독점 선거구인 올드버러로 가야만 했다. 8월 중순, 원내 총무인 조 플란타는 필에게 총선 결과를 알렸다. 그자에 따르면, 여당은 모두 17석이 늘어나 총 368석을 차지한 데 비해 야당은 234석을 획득하여, 여당이 134석 차이로 다수당이 됐다. 하지만 이 차이는 별 의미가 없었다. 정부가 과반의석을 차지하기 위해서 이론상으로는 적어도 최소 100석 이상의 차이가 필요했다. 의원들 태반이 의회 참석을 요구받아도 별다른 이유 없이 불참하는 일이 빈번했기 때문이었다. 이런 경향은 1820년 말 경부터 더욱 현저하게 나타났다. 왜냐하면, 1780년대부터 진행된 '경제 개혁(부패 방지나 유착 행위 근절)'이 이제야 비로소 정부 임명권에 실질적인 영향을 미치기 시작했기 때문이었다. 웰링턴은 줄 자리가 없다고 자주 투덜거리기도 했다. 엽관제도가 미국 연방제도에서 뿌리를 내리던 바로 그 무렵에, 영국에서는 모습을 감추고 있었다. 이는 확고해진 정부 지지기반에 점차 지대한 영향력을 끼치기 시작했다. 동시에 야당은 가열되는 정치권 모습을 반영하듯이 더욱 결집했고 기강도 바로잡혀 나갔다. 이제는 야당이 언제든지 거의 모든 의원들—200석 이상—을 동원할 힘도 가졌다. 아마도 이것이 정부에게 최대의 위협으로 다가왔던 것은 아니었을까?[231]

정부를 찾아온 최대의 불행은 헨리 브로엄의 갑작스런 등장이었다. 그는 과거 어느 때보다도 목소리가 매우 크고 위험해진 인기 거물 정치인으로 의회에 복귀했다. 의회가 해산되기 바로 직전에 브로엄은 노예제에 관한 멋들어진 일장연설을 늘어놓았다. 이제부터 자신이 직접 노예제 폐지운동에 뛰어들 것이며, 그 길을 가로막는 자는 어느 누구든 철저히 짓뭉개버릴 것이라고 정부에 으름장을 놓았다. 브로엄의 이 열변은 북부 지역에 큰 충격을 던져 「리드스 머큐리(Leeds Mercury)」지의 편집장인 에드워드 베인즈는 영국 왕국에서 가장 영예로운 선거구의 후보자로서 브로엄을 추천하는 데 성공했다. 이것은 요크셔 주의 4개 의석 가운데 하나였는데, 이 선거구는 지역이 매우 넓고 비용도 많이 드는 까닭에 지난 100년 동안 선거전은 단 네 번밖에 치러지지 않았다. 그때마다 나라가 중대 위기를 겪고 있을 때의 선거였다. 1734년의 악명 높은 소비세 도입, 1741년의 전쟁과 월폴의 실각, 1807년의 노예 무역, 그리고 이제는 노예 제도 폐지와 선거법 개정 문제가 도마에 올랐다. 앞서의 선거에서는 헤어우드 경과 피츠윌리엄 경이 각각 아들 때문에 10만 파운드씩을 써야 했다. 또한 1826년에는 사실상 경쟁자가 없는 무공천 선거였음에도 불구하고 존 마셜은 3만 파운드를 선거 경비로 내놔야 했다.[232] 이 넓은 지역을 차지하는 유권자들의 수는 2만 명이 넘었다. 따라서 이 경쟁선거에서 당선됐다는 뜻은 곧 진정한 민심을 획득했다는 의미였다. 특히 선거전이 지방의 양대 명문 간의 권력과 위신이 걸린 싸움이라기보다는 현재의 정책을 놓고 대결하는 선거라는 점에서 더욱 의미심장했다. 게다가, 17세기 중반 이후에 요크셔 출신이 아닌 후보자가 입후보한 사람은 브로엄이 처음이라는 사실 또한 주목할 만했다. 브로엄은 1818년 웨스트모어랜드 선거 때와 같은 세세한 지역 연고에 입도 뻥긋할 수 없었다. 파리에서는 부르봉 정부가 무너지고, 유럽 도처에서 절박한 사건들이 일어나고, 그리고 영국 시골에서는 민심이 크게 동요하는 격동의 분위기 속에서 선거전이 펼쳐졌다. 또한 선거기간은 순회재판과도 겹쳤다. 브로엄은 오전 시간에는 법정에서 의뢰인을 위해 맹렬히 싸우고, 업무가 끝나는 대로 급행 역마차에 몸을 싣고는 주정부 소재지에서 30마일 거리 안에 있는 마을들을 전부 방문하여 유세운동을 펼쳤다. 매일 7만 명의 군중 앞에서 연설을 했는데, 이것은 영국에서 전례가 없던 대규모 집회였

고, 다니엘 오코넬의 거대한 집회와 필적할 만한 규모였다.[233]

　8월 7일, 브로엄의 당선이 확정됐다. 그날 저녁, 브로엄은 전해 내려오는 옛 관습에 따라 박차달린 신발을 신고, 삼각모를 쓴 다음, 옆구리에는 칼을 찬 채 말에 올라타서 요크셔 성 마당을 거닐었다. 브로엄은 이때 일을 "내 생애 가장 자랑스러운 순간입니다. 영국 최대이자 제일 부유한 선거구에서 의회로 복귀했다는 사실은 공직에 몸담은 자로서 더없는 최고의 영광입니다."라고 소감을 밝히기도 했다. 하원 휘그당 소속 의원인 알토르페 경도 브로엄의 당선 소식에 기쁨을 감추지 못하며 말했다. "지금까지, 그리고 앞으로도 공인이 누릴 수 있는 최고의 영예일 것입니다." 「에든버러」지는 이 결과를 놓고 "정당정치 역사상 거의 드문 일"이라고 논평했다.[234] 마치 이제 브로엄이 요크셔뿐만 아니라 아직 의석이 없는 모든 공업대도시들의 대표로 대변할 수 있을 듯했다. 뉴캐슬의 휘그당 의원인 윌리엄 오드는 브로엄을 "요크셔 주 의원이라기보다는 리즈, 허더즈필드, 셰필드 등의 의원이라고 부르는 편이 맞을 것"이라고 말했다.[235] 전국의 모든 신문, 잡지들도 일제히 당선소식을 앞다퉈 보도했다. 적어도 요크셔에서만큼은 대중도 함께 움직였다. 그리고 변호사보다는 저널리스트로 이름이 더 잘 알려진 브로엄은 의기양양하여 대중을 웨스트민스터까지 이끌고 갔다. 1830년 8월 말, 브로엄은 마치 미국의 잭슨처럼 진정한 의미에서 영국 최초의 대중 영합적인 지도자가 되리라고 결심한 것처럼 보였다. 브로엄은 런던에 도착하자마자 의회 개혁에 앞장서서 철저하게 싸우겠다고 선언했다.

토리당의 패배

오랫동안 내리막길을 걸었던 정부는 이제 운이 다했다는 사실을 알아차렸다. 바로 지금이 그 때였다. 1820년대 말, 세계를 휩쓴 교통혁명은 최초의 극적인 꼭짓점을 찍었다. 1820년 후반에 파리와 런던에 처음으로 잘 정비된 공공교통망이 탄생했다. 파리에서는 승합마차를 100대나 거느린 '승합마차 회사'가 새로 설립됐다. 운임은 5수를 받으며 매일 3만 명의 승객을 실어 날랐다. 이보다 작은 경쟁업체들이 나머지 3만 명을 태우고 달렸다.[236] 1829년 초, 파리에서 최신식 마차 제조에 협력했던 영국인 마차 제조업자인 조지 실리비어(1797~1866)는 파리에서 사업을 접고 런던으로 이주해 비슷한 사업 조직망을 구축하기로 마음먹었다. 나날이 악화되는 런던의 교통 체증을 완화하기 위해서 실리비어는 말 두 마리가 이끌며 조종이 더 용이한 소형 마차를 설계했다. 이 마차의 실내에는 12명, 지붕 위에 2명이 탑승했다. 1829년 6월에 운행을 시작한 이 교통편의 반응은 가히 폭발적이었다. 1830년 여름이 되자 마차는 20대로 늘어났고 다른 사람들도 연이어 그를 따라했다. 리 헌트는 넋을 잃고 다음과 같이 말했다.

"승합마차가 발명되어 누구라도 자신만의 마차를 가질 수 있다. 그 비용은 또 얼마나 저렴한지! 마부와의 골칫거리도 없을뿐더러, 말을 대여하는 비용이나 마차 제조자와 수의사에게 들어갈 지출도 없어졌다. 게다가 무도회에서 춤을 추든, 작별인사를 나누느라 시간이 지체되거나 안락한 난롯가 앞에서 불을 쬐다가 한 시간이 더 흐르더라도 바깥에서 추운 밤공기나 빗속에서 나를 기다리는 동물도 없는 것이다. 실제로 외출하기 전까지 뭘 타야할지 전혀 신경 쓸 이유가 없다. 외출할 때면 마차가 바로 집 문 앞까지 오는 경우도 있고, 가볍게 길을 나서기만 해도 몇 분 안에 먼발치에서 달려오는 모습을 볼 수 있다.[237]

그렇지만 세계 교통 역사상 큰 획을 그은 사건으로 평가되기도 하는 1830년의 최대 교통 이벤트는 바로 9월 15일에 개통된 리버풀-맨체스터 노선의 첫 장거리 여객철도였다. 앞서 말했듯이, 스티븐슨사의 이 거대 사업은 천문학적인 비용이 들어갔을 뿐만 아니라 지형이 험난한 곳에 철도 선로를 설치하는, 전례가 없는 난공사였다. 따라서 1820년대의 기술의 최첨단이라고 할 철도의 완성은 관계자 일동 모두에게 깊은 만족감을 선사했다. 그 중에서도 특히 기뻐한 사람은 정계에서 가장 열심히 지원했던 윌리엄 허스키슨이었다. 그는 리버풀에서 캐닝의 의석을 갖고 있었다. 허스키슨은 개통식에 다수의 명사들을 포함해 웰링턴과 필을 북부로 초대해 첫 운행 열차를 시승할 수 있도록 준비를 했다.

정치가 치명적으로 끼어든 것이 바로 이때였다. 농촌 폭동, 유럽 대륙의 민중 봉기, 선거, 브로엄의 승리, 여기에 무엇보다도 개혁을 요구하는 압력이 커짐에 따라 웰링턴 공작은 필의 의견에 동조했다. 필은 자유주의파와 과거 캐닝파를 복귀시켜 정부의 지지 기반을 확대해야 한다고 생각했다. 이 과정에서 주요 열쇠를 쥔 인물은 허스키슨이었다. 만일 그가 당치도 않은 조건을 내세우게 될 경우, 내각 개혁은 수포로 돌아가기 때문이었다. 그러나 허스키슨이 우호적으로 나온다면, 웰링턴 공작은 더 전진할 수가 있었고, 곧 모든 상황이 호전될 것이었다. 직접 북부로 찾아가 온실과 같은 웨스트민스터의 분위기에서 벗어나 허스키슨과 비공식적인 대화를 나누는 것이 가장 적절할 것으로 판단되었다. 실제로 이런 이유가 없었더라면, 그렇지 않아도 철도를 좋아하지 않던 웰링턴 공작이 그곳까지 갔을 리 만무했을 것이다("믿으십시오, 각하. 열차에 탄다고 아무런 일도 일어나지 않습니다.").

개통식 일정은 이러했다. 맨체스터에서 출발하는 열차는 총 여덟 대로, 그 중 한 대에는 웰링턴 공작, 필, 허스키슨을 비롯해 고위 내빈이 탑승한다. 조지 스티븐슨 본인이 직접 운전하는 노섬브라이언 호가 견인하며 남측 선로를 택한다. 그 외의 내빈들을 실은 나머지 일곱 대는 짧은 간격을 두고 연이어 북측 선로를 따라간다. 리버풀에서 17마일 떨어진 파크사이드에서 웰링턴 공작의 열차는 엔진을 모두 끄고 멈춰서 급수를 한다. 이 때 웰링턴 공작의 열차 옆을 나머지 일곱 대가 열을 지어 지나가며 경의를 표한다는 아이디어였다. 그런 다음, 다함께 리버풀로 들어가 포도주를 곁들인 호사스러운 만찬을 들 예정이었다. 파크사이드에는 56분 만에 도착하여, 웰링턴 공작의 열차는 예정대로 정차했다. 허스키슨과 다른 몇몇 사람들은 다리를 풀기 위해 철로 위에 내렸다. 장거리 마차여행에서 보통 행하던 이 습관이 새로운 선로 위에서는 얼마나 위험한지 그 어느 누구도 알지 못했다. 대형 의식용 열차에 앉아 있던 웰링턴은 허스키슨을 보고는 손을 흔들어 인사했고, 이를 본 허스키슨이 부랴부랴 달려왔다. 대화를 나누기엔 안성맞춤이었다. 웰링턴 공작이 문을 열고 손을 내밀었다. 바로 그 때, 누군가가 세 번째 열차인 로켓 호가 북측 선로로 진입하는 모습을 보고는 소리를 질렀다.

"들어가요, 들어가!"

이 소리에 두 사내가 웰링턴 공작의 마차에 몸을 바짝 붙였다. 리스트의 첫 후원자인 에스테르하치 공작은 다른 객실에서 끌어당겨주어 몸을 피신했다. 그러나 조지 4세의 추운 장례식에 참석한 뒤로 급성 류머티즘에 시달렸던 허스키슨은 자기 성격대로 머뭇거리다 앞으로 비틀거렸다. 웰링턴 공작 객차의 열린 문으로 피하려던 도중에 발부리가 걸려버리는 바람에 균형 감각을 잃고는 북측 선로 위에 넘어졌다. 바로 그 순간에 그쪽으로 로켓 호가 달려 들어왔다. 열차 바퀴는 허스키슨의 넓적다리를 짓이기고 지나가버렸다. 허스키슨은 고통 속에 신음하며 말했다.

"이렇게 내가 죽음을 맞는구나."

스티븐슨은 냉정함을 잃지 않고 침착하게 움직였다. 허스키슨을 들어 올려 객차 첫 칸으로 옮긴 뒤에, 나머지 열차들을 떼어내고는 애클스까지 시속 36마일로 무섭게 내달렸다. 그곳 목사관으로 옮겨져 치료하기는 했지만, 이미 너무 늦은 뒤였다. 만일, 그 당시에 유명한 외과 의사인 애스틀리 쿠퍼가 동행하고 있었더라면 상황이 달라졌을지도 모른다.[238]

이 최초의 철도 사고는 곧 정부의 수명을 단축시키는 결과를 초래했다. 허스키슨의 사망으로 인해, 정부 기반을 확대하겠다던 계획은 거의 무의미하게 끝날 처지에 놓였다. 협상은 11월까지 이어졌으나, 웰링턴 공작은 양보할 의향이 거의 없었고, 이를 눈치 챈 필도 관심을 보이지 않았다. 필은 한 차례 3년간의 휴식기를 가진 때를 제외하고는 20년을 각료로 재직했다. 그러나 필은 자신을 신뢰하고 신임하지 않는 듯한 상사와는 그다지 같이 지내고 싶지 않았다. 대부분의 경우 논리적 입장을 취하던 웰링턴 공작도 완고하고 독단적일 때가 있었다. 부르봉 왕가의 몰락은 그에게 전혀 위협이 되지 않았다. 런던에 도착한 가엾은 망명자인 마르몽 원수를 웰링턴 공작은 따뜻하게 맞았다. 울위치 병기고를 방문할 때는 살라망카 전투에서 마르몽 원수의 팔을 관통시키고, 훗날 워털루전투에서 자신도 한쪽 팔을 잃은 영국인 병사를 만나도록 주선했다. "아, 내 친구여."하며 그 병사를 만난 마르몽 원수는 포옹하며 말했다. "인과응보는 과연 모두에게 존재하는군!"[239] 가을이 깊어갈수록 웰링턴 공작의 신경은 더욱 날카로워졌다. 바로 얼마 전에 공작은 예상치 않던 토머스 로렌스 경의 사망 소식에 크게 충격을 받았다. 토머스 로렌스는 웰링턴 공작의 초상화를 수차례 그렸을 뿐만 아니라, 공작이 괴롭히면서 즐거워하던 상대이기도 했다. 공작은 자주 말하곤 했다. "로렌스는 도무지 생각이 없어. 코앞에 들이대 줘야지 겨우 일할 수 있을 정도란 말이지. 창작이라고는 없단 말이야." 3시간 동안만 로렌스의 모델로 포즈를 취해준 뒤에 웰링턴 공작은 꼬투리를 잡고 물고 늘어지기를 좋아했다. "쳇 뭐야, 토머스 경, 저건 도무지 내 검이라고 할 수 없군." "제발요, 각하, 다음에 시정하겠습니다." "아니요, 지금 당장 다시 그리시오." "제가 지금 오거스타 공주 저택에 급히 가봐야만 합니다. 각하." "안되오. 지금 당장, 내 검을 다시 제대로 그려 넣어야만 하오, 정말 보기 이상하군." "휴우."하고 웰링턴 공작은 결정지었다. "이제야 끝났군."[240] 이제 영국 왕립미술원장이 죽어 영국 회화의 위대한 한 시대가 막을 내렸다. 그렇다면 정치에서도 위대한 시대는 끝이 나는 것일까?

의회 개혁과 양당제도의 확립

의회가 열리자, 브로엄은 그 즉시 적극적으로 참여했고, 11월 16일에 급진적인 개혁 운동을 추진할 것이라고 정부를 위협했다. 11월 2일에는 국내외적으로 안정과 화해를 약속한 의회 개원식의 국왕 연설에 대해 토론하기 위해 상원이 열렸다. 야당을 대표해 그레이 백작이 연설하고, 웰링턴 공작이 정부를 대표해 답변했다. 이때는 더 이상 웰링턴 공작과 필은 거의 말도 섞지 않는 사이였다. 필은 지쳐서 무관심하고 숙명론에 빠진 것처럼 보였다. 웰링턴 공작은 어떻게 답변할 것인가에 대해 보좌역인 필과 의논도 하지 않는 것이 틀림없었다. 웰링턴 공작 자신이 이 문제에 대해 얼마나 신중하게 생각했는지는 확실치 않다. 그레이는 개혁 자체에는 찬성했지만 어떤 특정한 제안을 지지한 것은 아니라고 말했다. 이에 대해 웰링턴 공작은 자신이 총리로서 그 때까지 제기된 모든 개혁안에 일일이 반대할 뿐만 아니라 원칙적으로 개혁 자체에 반대하는 입장이라고 표명했다. 웰링턴은 현행 제도가 완벽에 가깝다며 다른 어떤 나라들보다도 우월한 수준이라고 주장했다. 또한 본인이 만일 새로운 나라의 헌법을 기초한다면, 현행 영국 헌법 이상으로 훌륭한 모델은 만들 수 없을 것이라고 말했다. 그리고 현행 헌법은 지주층의 이익이 가장 잘 반영되어 있다. 따라서 웰링턴 공작은 어떠한 개혁안도 제출할 의향이 없었을 뿐만 아니라 온 힘을 다해서 다른 이들이 제출한 개혁안에 반대할 작정이었다.[241] 웰링턴 공작이 연설을 마치자, 일순간 찬물을 끼얹은 듯 회의실 안에 침묵이 흘렀다. 웰링턴 공작은 위드의 뒤를 이어 외무장관이 된 애버딘 경에게 속삭이며 물었다.

"내가 너무 말이 많았던 것은 아니지, 혹시 그랬나?"

이 스코틀랜드인 백작은 무미건조하게 답했다.

"곧 무슨 말을 듣게 될 것입니다."

의회가 끝나고 상원 의원들이 나설 때, 누군가 애버딘에게 공작이 뭐라고 했는지를 묻자 애버딘은 대답했다.

"우리가 자리에서 물러나게 된다고 말했습니다."[242]

같은 날 오후, 크로커는 파머스턴과 짧게 이야기를 나눴다. 이 둘은 20년도 훨씬 전에 정부에서 각료로 일하면서 가까워진 사이였다. 크로커가 말문을 열었다.

"그건 그렇고 내가 문제의 결말을 지으려고 하네만. 자네는 의회 개혁에 투표할 생각인가 아닌가?"

"그럴 생각일세."

"그렇다면, 더 이상 이 주제에 관해서는 자네와 말할 필요는 없겠구먼. 슬프기 그지없지만, 이제부터 자네와 나는 다시는 함께 같은 쪽 의석에 앉지 못하게 생겼군."[243]

11월 15일, 브로엄의 개혁 안건이 제출되기 하루를 앞두고 실시된 왕실비 투표에서 정부는 233대 204로 패배했다. 웰링턴이 어떤 개혁안도 반대 입장을 보였기 때문에 절망한 필은 노력을 포기한 상태였다. 필이 웰링턴 공작에게 보고한 사실에 따르면, 기존 지지자들 중 17명이 반대하거나 반대파 의원과 짜고 투표를 기권했다. 또한 옛 캐닝파와 허스키슨 지지자들 및 과격 토리당원은 전부 부결했고, 의회에 출석한 66명의 주 대표 의원 중 49명이 반대표를 던졌다. 이 결과는 그 당시 여론이 개혁에 긍정적인 태도를 보여준 증거이자 웰링턴 공작의 비타협적 태도의 결과였다. 웰링턴 공작은 어떠한 언급도 하지 않았지만, 훗날 아버스넛 부인과의 대화에서 필이 변절한 것이나 다름없다며 비난했다. 그리고 덧붙여 말했다.

"일신의 안위만 살필 뿐, 의회 개혁이나 다른 세상 일에 조금이라도 관심이 있는 사람이 내각에 한 명도 없었습니다."[244]

정부가 하원 투표에서 밀리기는 1804년 이후 처음이었다. 이것 이상으로 중요한 점은, 1780년대 초반에 윌리엄 피트가 만들고 한두 번 단기간의 휴지기를 거치기는 했어도 산업혁명, 영국 역사상 최대의 전쟁, 그리고 그 뒤 찾아온 힘겹고 고통스러운 시기에 영국을 이끌어온, 장기간에 걸친 위대한 정치동맹에 마침표를 찍었다는 점일 것이다. 이것은 국가발전의 일대 분기점이었고 그리고 휘그당 창설, 양당 정당제도, 하원 투표권과 하원 의원 구성의 근본적인 개혁 등의 직접적인 근원이 되었다.

휘그당 정권과 관직 분배

그러나 과격주의에 빠지는 일 따위는 일어나지 않아 민중이 왕권을 쥐는 일은 벌어지지 않았다. 11월 16일, 윌리엄 4세에게서 내각 조직을 명받은 그레이 백작은 정치적 실권을 대지주 계급에서 떼어놓겠다는 생각을 눈곱만큼도 하지 않았다. 그 자신이 출생 관계나 연고 관계로 볼 때 지주 계급의 일원이기 때문이었다. 워싱턴에서 눈에 불을 켜고 악착같이 달려드는 엽관 운동자들이나 파리에서 저널리스트와 작가들이 누리던 후한 보상은 영국에서 결코 찾아볼 수 없었다. 그레이가 가장 먼저 당면한 상대는 다름 아닌 브로엄이었다. 브로엄의 요크셔 주 당선 사실은 마치 정계를 쥐고 흔들게 해준 것과도 같았다. 하지만 브로엄은 본인의 조급함과 허영심 때문에 말 그대로 자신의 공을 걷어 차버리는 꼴이 됐다. 브로엄은 일찍이 요크셔 주 선거권자들에게 다음과 같이 말했다. "어떤 일이 있어도 저는 절대 관직을 수락하지 않을 것입니다." 만일 잠자코 기다렸더라면, 일이 년 안에 잭슨에게 지지 않을 규모의 압도적인 민중 운동의 지도자가 되었을 것이다. 그렇게 되면 브로엄은 영국 왕국에서 가장 중요한 인물, 아니면 영국 왕국의 첫 대통령이 탄생했을지도 모르는 일이었다. 그레이가 처음에 브로엄에게 제안한 자리는 영국 법무장관이었으나, 브로엄은 이를 모욕으로 받아들였다. 11월 19일이 되자, 그레이는 무슨 수로든 브로엄의 입을 막지 않는 한 정부를 원활하게 운영할 수 없을 것이라고 확신했다. 하원에서 브로엄이 휘그당 내각에 반대하는 민중의 목소리를 대변할 것이라고 믿었기 때문이다. 그리하여 그 다음엔 그레이는 기묘한 지혜를 발휘해 브로엄에게 상원으로 자리를 옮기는 것을 뜻하는 대법관직을 제안했다. 브로엄은 다시금 거절했지만, 세프턴의 백작이자 그레이의 보좌관인 올 소프, 휘그당 원내 총무인 던캐논, 그리고 자신의 친형 제임스 등을 줄줄이 상대해야 했다. 만약 브로엄이 대법관 취임을 거부한다면, 그레이는 내각을 구성하기 힘들 것이라고 설득하면서 올 소프는 협박했다.

"우리 당이 또다시 25년 동안 정권에서 멀어지고, 그 결과 중대한 문제들이 모두 실행되지 않고 그냥 사라져버린다면 그것은 오로지 당신 책임입니다."

브로엄의 형 제임스도 같은 취지로 이야기했다. 끈질긴 설득 끝에 브로엄은 결국 수락하기로 결정했다.[245] 그러나 여기에는 실제로 또 다른 요인이 있었다. 무명 출신의 변호사, 그것도 스코틀랜드 출신에게 영국의 대법관직은 눈부시고도 휘황찬란한 자리임에 틀림없었다. 한 번도 고위직에 오른 적이 없는 인간이 단번에 그런 자리에 앉고 그리고 고결한 의무를 위해 야망을 희생한다고 누구라도 인정하는 가운데 취임하는 것은 참으로 거절하기 힘든 유혹이었을 것이다. 브로엄은 실제로 매우 현혹돼 있었다. 이렇게 사리사욕에 눈이 먼 브로엄은 마침내 나락에 빠졌다.

덫에 걸린 순간, 브로엄은 상원 의원으로 진출하면서 되돌아올 수 없는 길을 걷게 되면서 브로엄이 다시는 하원을 좌지우지하지 못하게 된다는 사실이 확실해지자 휘그당은 물론 모두가 한시름 놓았다는 생각에 기뻐했다. 웰링턴의 말에서도 그 뜻을 알 수 있다. "아무도 상원에 대해서는 털끝만큼도 신경을 쓰지 않는다. 영국에는 하원이 전부다. 상원은 무용지물이다."[246] 추밀원 의장인 그레빌은 지배층에 나돌던 기쁨과 놀라움을 다음과 같이 썼다. "브로엄의 끝없는 야망을 끌어내릴 만큼 군침 도는 미끼를 내밀어 그 불온한 성격을 뒤흔들어놓는데 성공했다. ……모두가 브로엄이 무기력해졌다고 믿고 있으며, 대법관 지명이 곧 브로엄의 정치적 임종이 될 것이라고 말했다. 상원에 옮겨가서 폭언을 퍼붓건, 미친 듯 날뛰건, 아니면 열변을 토해낸다고 해도 아무에게도 해가 되지 않을 것이다."[247] 브로엄을 무기력하게 만드는 것이 성공으로 간주되었기 때문에, 윌리엄 4세는 재빨리 자신의 공로를 내세웠다.

"여러분들은 모두 짐에게 큰 신세를 진 셈이오."

윌리엄 4세는 홀란드 경에게 자랑했다.

"과인이 브로엄 문제를 잠재웠소. 더 이상 위험한 존재가 아니오."[248]

브로엄 문제가 해결되자, 그레이는 관직 배분 작업을 시작할 수 있었다. 젊은 남성을 위한 일자리들은 넘쳐났다. 여왕의 의상 관리자처럼 젊은 여성들의 일자리도 마련되었다. 하지만 이 모든 자리를 꿰찬 것은 대휘그당원의 일족들이었다. 나머지 하찮은 몇 군데 자리는 신문·잡지 등 언론인들의 몫으로 돌아갔다. 칸 지역 의원으로 하원에 들어온 매콜리는 인도 통치를 담당하던 통치위원회 이사 자리에 올랐다. 그는 결국 그곳에서 한 재산을 모으고 그 덕택에 베스트셀러가 된 『영국사(History of England)』를 집필할 여유도 얻었다. 시드니 스미스는 비록 원하던 주교직은 아니었지만, 세인트폴 성당의 참사회원직을 맡았다. 또 다른 「에든버러 리뷰」지 기자이던 맥킨토시도 이사직을 맡았고 편집장인 제프리는 스코틀랜드 법무장관에 임명됐다. 하지만 이 모든 것이 변변찮은 빙산의 일각에 불과했다. 중요한 직위들은 디즈레일리가 말한 '베네치아 과두정치가'들에게 돌아갔다. 예를 들어, 이제 멜버른 경이 된 램은 내무장관에, 파머스턴은 외무장관에 올랐다. 그레이의 내각 각료는 두 가지 예외를 제외하고 모두 귀족이거나 귀족 상속인이었다. 또한, 토리당 전임자들 어느 누구보다도 현재 각료들이 토지를 더 많이 소유했다. 과거 토리당은 새로운 계층에서 인재를 등용한 점에서 오히려 대담한 면이라도 있었다. 의사의 자제인 시드머스, 배우의 아들인 캐닝, 자수성가한 제분

공장주의 아들 필이 있었고, 훗날 처음으로 여성과 유대인 출신에게도 당수가 될 기회를 부여했다. 그러나 휘그당은 '영국의 파운드 제도와 귀족제라는 단순하고 낡아빠진 보수적인 속물 사상'을 굳게 믿었다.[249] 넓은 영지에서 거둬들인 수익으로 매우 부유하게 살면서 서로 친인척관계를 맺은 명문가들이 실질적인 권력을 쥐고 놓지를 않았다. 마침내 선거법 개정에 따라 중산층에게도 어느 정도의 참정권이 주어지고, 성인 남성 여섯 명 가운데 한 명 꼴로 선거권이 부여되었지만, 예전부터 항상 그랬듯이 당시에도 토지가 직접적인 권력 행사의 기준이었다. 실제로 새로운 휘그당 정권이 처음으로 취한 조치는 '스윙' 폭도들을 대대적으로 고발한 것이었다. 30개 주에서 약 2,000명 이상의 폭도들이 공판에 회부되었고, 그 대다수는 단순한 시골 농민들이었다. 폭도의 4분의 1이 해외로, 유형지로 보내졌다.[250] 이리하여 애매모호함, 모순과 아이러니의 바람이 불면서 영국에도 근대의 막이 올랐다.

변화하는 세계

선진 세계 곳곳에서 사람들은 되돌릴 수 없을 만큼 빠른 속도로 생활이 변하고 있다는 사실을 알 수 있었다. 작가와 예술가는 특히 이를 재빨리 눈치 챘다. 그러나 그 반응은 뚜렷하게 엇갈렸다. 매콜리와 베를리오즈 같이, 변화가 준 기회들을 크게 즐거워하는 자들도 있었고, 반대로 노골적으로 싫어하는 자들도 있었다. 로시니는 이 새로운 세계의 탄생을 너무나도 싫어한 나머지 아예 작곡을 영원히 멈춰버렸다. 사우디, 콜리지, 워즈워스는 모두 선거법 개정에 불안을 느끼며 반대했다. 로우더 경이 몇 달 새에 20년은 더 늙어 보이는 것 같고 워즈워스는 예금을 미국 국채로 바꿨다고 사우디는 썼다. 결과적으로 워즈워스의 결정이 경솔했다는 것이 곧 드러났다.[251] 리버풀-맨체스터 간 철도 개통 소식을 접한 워즈워스의 머리에는 철도가 랭커셔로 기어 올라와서는 왼쪽으로 급회전해 자신이 그토록 아끼던 웨스트모어랜드까지 침범하는 모습이 떠올랐다. 이것은 브로엄보다도 더 소름끼치는 위협이었다. 워즈워스는 항상 스스로를 변모하는 세계에서 동떨어진 관찰자라고 생각했다. 언덕 꼭대기에 앉아서 구름과 안개 사이로 내려다보며, 이 세상의 아름다움에 대한 경탄과 미래에 대한 두려움 사이에서 괴로워했다. 이러한 이미지는 그의 초기 시들 중 하나인 「밤의 시편(NightPiece)」에 시적으로 잘 표현되어 있다. 1798년에 써진 이 시는 1815년이 되어서야 발표됐다.

그로부터 3년이 지나고 카스파 다비드 프리드리히(1774~1840)는 주목할 만한 작품 「안개바다 위의 방랑자(Wanderer Above a Sea of Fog)」를 통해 이 이미지를 구현해냈다. 이 그림은 현재 함부르크미술관에서 소장하고 있다. 프리드리히는 워즈워스보다 네 살 어리고, 워즈워스처럼 자연에 대해 열렬한 사랑을 보냈으며 그것을 자신의 예술적 목적에 맞게 재구성했다. 워즈워스처럼 프리드리히도 발길 닿는 대로 돌아다니다가 풍경을 내려다보며 잠시 멈춰서는 도보 여행자를 작품 소재로 이용했다. 프리드리히는 새로운 근대 세계에 두려움을 느꼈다. 산업혁명은 문명세계에 불어 닥친 재앙이라고 생각한 프리드리히는 산업혁명을 이끈 영국을 특히 비난했다. 새로운 강판 조각술에 극도의 혐오감을 보인 그는 그 기술을 이용한 인쇄물을 검토하며 이런 것을 인쇄하려면 "영국인이나 기계의 손을 빌려야 한단 말이지."하고 개탄했다. 프리드리히는 다음과 같이 썼다. "나는 내 신념과 어긋나는데도 시대의 요구에 부응할 만큼 나약하지 않다. 판단은 시간이 내려줄 것이리라. 과연 찬란한 나비가 탄생할 것인지 아니면 구더기가 나올런지."[252] 프록코트를 입고 산과 봉우리 사이에서 안개가 자욱하게 피어오르는 모습을 바위 위에 서서 내려다보는 여행자는 신세계가 형성되는 과정을 뚫어지게 바라보는 인간 정신의 상징일 것이다. 자신이 바라보고 있는 광경에 대해 여행자가 어떤 생각을 하고 있

는지는 모른다. 그는 그림 속 자신을 보는 자에게 불가사의하게 등을 돌린 채 서 있기 때문이다. [253]

근대주의를 환영해야 하는지 여부에 대한 입장 차이가 작가와 예술가 사이에서 뚜렷이 나뉘었듯이, 근대는 이미 나타났는지 그렇지 않으면 이제 막 시작되었는지에 대한 문제를 놓고도 그들의 의견은 혼란스러웠다. 저서 『시대정신(The Spirit of the Age)』에서 해즐릿은 강한 애증의 대상이던 콜리지에 대해 논하면서 이렇게 말했다.

"세계는 지금 나이를 먹어가는 중이다. 예술도 과학도 매우 진보했으므로 우리들은 과거 업적을 애지중지하며 지난날을 회고하면서 살고 있다. 지식의 축적량이 너무 막대한 나머지 우리들은 그 위에 오르거나 더 보태려고 시도하기보다는 그저 그 높이에 놀라 정신을 놓아버리기 일쑤다. ……과연 아직 발견되지 않은 상태의 특정 분야가 있을까? 아무도 걷지 않은 길이 아직 남아있기는 할까?"

그러나 그에게 동의하는 사람은 거의 없었다. 해즐릿보다도 진보에 훨씬 관심이 없던 친구 램은 인간이 현대라는 대담한 모험을 막 시작했다고 느꼈으며 절정에 다다랐던 시기인 1830년을 맞이하면서 미래에 대해 더 우려 섞인 전망을 내비쳤다. 허스키슨이 첫 열차 사고의 희생자가 된 지 사흘이 지난 9월 18일, 임종을 앞둔 해즐릿을 램은 두 팔로 품에 끌어안고 있었다. 기진맥진한 해즐릿은 실의에 빠져 환멸을 느끼고 있었다. 해즐릿은 프랑스와 벨기에에서 발생한 사건들에 만족스러워하기는 했지만, 이미 그의 기운은 다하고 있었다. 임종을 눈앞에 둔 해즐릿이 말했다.

"아, 찰스, 내가 두려운 건 행여나 다시 예전처럼 돌아가 버리진 않을까, 그 생각 때문이라네."[254] 이것이 해즐릿이 마지막으로 남긴 유언이었다.

세 달 뒤 그해 말에 다다랐을 때, 램은 옛 친구 조지 다이어에게 근대의 발명품들에 대한 놀라움과 폐해에 대해 주목할 만한 편지 한 통을 보냈다. 그는 그 편지에서 특히 단순하지만 필수불가결한 신제품인 딱성냥에 대해 장황하게 설명했다. 딱성냥의 경우, 그로부터 3년 전인 1827년 시장에 처음 선을 보였다. 이것은 새벽 일찍부터 일어나 불을 지피고 등불을 켜야 했던 주부들과 헤아릴 수조차 없이 수많은 사람들에게 엄청난 혜택을 가져다줬다. 그 당시 램은 엔필드는 교외 끝자락에 있었고, 그 언저리엔 들판과 밭이 펼쳐져 있었다. 램은 다이어에게 말했다.

"불쌍한 엔필드, 아직까지는 너무나도 평온하던 이곳이 병에 걸려 그 징후가 나타나고 있다네! 지난 밤, 여기서 약 반 마일 정도 떨어진 곳에서 한 농민의 헛간과 건초더미에서 큰 불이 붙었지 뭔가. 이러한 일들이 과연 언제쯤 끝날까? 몇몇 성질 나쁜 농민들이 벌인 일이 분명해. 그렇지만 어떻게 범인을 알아낼 수 있다는 말인가? 그들은 선조들은 알지도 못했던 기이한 화학 조제용 물질들을 들고 어둠을 타서 범행을 저지르러 나간다네. 이런 가이 폭스(Guy Fawkes, 1605년 화약 음모 사건의 주모자 ─ 옮긴이)를 조사할 기회를 가져다줄 어두운 각등조차 없는 형편이네. 우리들은 철기시대를 지나 오이디푸스(로마의 시인 ─ 옮긴이)가 꿈에도 생각지 못했던 불의 시대로 들어왔지. ……가난한 사람들이 자신들의 처지를 깊게 생각하기 시작한 뒤로 영국에 좋은 시절이란 없었어. 옛날 농민들은 말처럼 묵묵히 느릿느릿 걸어 다녔네. 농민들이 피리를 불면서 힘차게 우는 말과 형제처럼 사이좋게 걸어가는 모습을 볼 수가 있었네. 그러나 요즘에는 가죽 반바지에 인이 들어간 상자를 숨기고 반쯤은 취한 두발 달린 괴물이 한밤중에 그 마법의 약을 몰래 헛간의 갈라진 틈 사이로 던져 넣고, 마을 사람들 절반이 웃음 지으며 새로운 불길을 바라본다네. ……어리둥절한 미숙한 사람들을 흥분시키는 힘이 있나봐. 사회 구조상에 뭔가 결함이 있다는 사실을 알아차리게 만드는 건지. 이게 화약을 넘어서는 흉악한 능력이 아니면 뭔가. ……성냥보다 더 유혹적인 게 있을까. 참, 어젯밤 여기서 온 나라를 향해 장대한 광경이 펼쳐졌다네. 런던에서도 볼 수 있는 큰 불은 감옥 탑을 불안에 빠뜨리고 런던 대화재 기념탑을 뒤흔들었지만, 이것은 모두 시골사람들이 호주머니에 숨겨둔 작은 유리병에 든 인이 저지른 소행이라네. 이 방화 쾌락주의자는 흐리멍덩하게 텅 빈 머리를 흔들며 어떻게 그처럼 웃음을 지을 수가 있단 말인가. 과연 우리들은 인류의 종소리를 거꾸로 울려 위급함을 알릴 수가 있을까? 문명의 이기처럼 보이지만 실제로는 세계를 불태워버릴 이 기술을 버릴 수는 없을까? 과학은 진보한다는 말도 있지. 그런데 누가 과학의 퇴각을 알리는 북을 두드릴까?"[255]

이 질문에 대한 답은 어디에서도 나오지 않았다. 그리고 앞으로도 영원히 그럴 것이다.

옮긴이의 말

　인류는 기나긴 중세 시대를 지나 언제 어떻게 근대를 맞이하게 되었을까?『근대의 탄생』은 이런 질문에 대해 명쾌한 해답을 주는 책이다. 저자 폴 존슨은 이 책에서 총 12장 1,000여 쪽에 이르는 방대한 글쓰기를 통해 동 터오는 근대의 새벽을 스펙터클하게 그려냈다. 이 시대의 가장 영향력 있는 지성인 중 한 사람이며 유명한 역사가이자 저널리스트답게 폴 존슨은 700여명의 인물과 그에 얽힌 에피소드를 중심으로 세밀한 묘사와 치밀한 고증을 통해 독자들을 근대가 태동한 격동의 시기로 안내한다. 대중의 등장과 함께 정착한 민주주의와 세계화가 근대화의 가장 큰 특징이며 이에 따라 진보도 가능했다고 주장하는 저자는 젊은 시절 좌파 진영의 언론 전선에서 활약하다가 보수적인 글쓰기로 방향을 바꾼 바 있다. 그렇기 때문에 그의 글은 어느 한쪽으로 편향되지 않고 역사의 변화와 그 인과관계에 대해서 폭넓은 시각을 보여준다. 이런 점도 이 책의 특징이자 장점이라 하겠다.

　그렇다면 근대라는 신세계는 축복 속에 인류에게 찾아들었을까? 근대 사회가 1815~1830년 사이에 형성되었다고 보는 폴 존슨은 전 세계 구석구석에서 근대화 현상이 일어났고, 그 뜨거운 기간 동안 정치, 경제, 사회, 과학, 예술 등 모든 분야가 용광로처럼 밀접하게 서로 녹아들며 인류의 삶을 변화시켰다고 말한다. 그러면서 폴 존슨은 마지막 장인 '민중의 등장'에서「안개바다 위의 방랑자」라는 그림을 통해 근대와 마주하는 두려움을 묘사했다. 근대라는 새로운 시대는 그 새로움과 변화의 뜨거움 때문에 두려웠고, 그래서 등을 돌린 채 그 두려움을 응시해야만 했다는 것이다. 인류사의 어느 시대건 새로운 시대의 도래를 처음 맞이할 때에 인류는 두렵고 고통스러웠으리라. 근대의 도래 역시 예외는 아니었던 것 같다.

한편 『근대의 탄생』에서는 현대 이전의 근대 세계를 서술하면서 비단 유명인, 정치가, 군주, 발명가, 예술가, 풍운아 등의 주연급 인물뿐만 아니라 평범한 남녀와 어린이, 범죄자, 심지어는 동·식물까지 근대 세계의 조연급 인물들도 역사 무대의 전면으로 끌어냈다. 그랬기에 이 책은 정치와 경제, 문화의 주목할 만한 역사적 변화뿐만 아니라 생활사의 다양한 단면들까지 재미난 에피소드와 함께 담을 수 있었다. 그래서 이 책은 역사 인문교양서로서도 손색이 없다. 책 곳곳에서 언급한 옷이나 음식, 건축, 그림에 관한 해박한 묘사도 복잡한 시대상을 이해하는 데 적지 않은 도움을 준다. 우리가 요즘 누리고 있는 편리한 문명의 이기들이 어떤 근대과학자들의 도움으로 발명되었는지를 아는 쏠쏠한 재미도 누릴 수 있다. 참고로 폴 존슨이 다룬 주제 가운데 전쟁이나 정치적인 사건 이외에 흥미를 끄는 것들을 소개하면 다음과 같다.

미국 영어의 기원, 낭만주의, 피아노, 여행 붐, 증기선, 기관차, 고속도로, 인구폭발, 해외이민, 노예제, 세계 경찰, 해적과 산적, 함포외교,

식민지 건설, 이민선, 밀리언셀러 작가, 왕실 스캔들, 인테리어 장식, 정원, 패션, 결투, 여권 신장, 초등 교육, 사생아, 이혼, 자유 연애, 피임법, 안전등, 화학, 마취약, 자동계산기, 기술자, 노동조합, 영국병, 통조림 캔, 엘리베이터, 고무, 터널, 미술관, 동·식물원, 근대식 부엌, 걷기 열풍, 축구, 권투, 경마, 오페라, 동물 보호, 결핵, 해수욕장, 바캉스, 다이어트, 아편, 인도차이나, 인도, 중국, 일본, 역사학, 역사소설, 사회사상가, 유토피아, 비밀경찰, 금융위기, 부동산 투기, 노동법과 형법 개정, 외설출판, 은행 파산, 뇌물 정치, 엽관제도, 흑색선전, 남북 갈등, 이념전쟁, 어용신문, 언론인 정계 진출, 의회 개혁 등등. 이 책에서 다루고 있는 이와 같은 주제들을 살펴보다보면 오늘날 우리 사회에서 여전히 현재 진형형의 형태로 재현되는 낯익은 풍경임을 알게 된다.

역사의 재미는 에피소드에 있다는 말이 있다. 이처럼 이 책에는 굵직굵직한 사건 뒤에 숨은, 우리가 몰랐던 일화들이 풍부하게 소개되어 있어서 교과서나 개설서와는 다른 흥취를 맛볼 수 있다. 폴 존슨은 자칫 지루하고 딱딱할 수 있는 근대 이야기에 편지, 일기, 문서, 신문 등의 일차 사료를 종횡무진으로 발굴하여 생생한 숨결을 불어넣었다. 40여 권의 저서를 저술한 폴 존슨의 지력과 필치를 엿볼 수 있는 대목이다.

한 가지 아쉬운 것은 『근대의 탄생』에서 인도차이나나 중국, 그리고 일본 같은 나라들은 꽤 중요하게 다뤄지고 있지만 한국을 언급한 대목은 없다는 점이다. 이 책이 다루는 시기는 조선 왕조 순조가 통치하던 무렵이었으니 아마도 그 당시 조선 왕조의 역량으로는 세계사에 등장하기엔 일렀을 것이다.

아무쪼록 한국 근현대사를 비롯해 역사 읽기의 붐이 일고 있는 우리 현실에 이 책이 작은 보탬이 된다면 보람될 것 같다. 끝으로 살림출판사에서 간행한 같은 저자의 『모던 타임스』 『유대인의 역사』도 함께 읽으면 근·현대사 이해에 도움이 될 것으로 믿는다.

이 책을 번역하면서 이해를 돕기 위해 본문에 중간 제목을 달았으며, 텍스트는 『The Birth of The Modern-world society 1815~1830』(Harper Collins)를 사용했고, 일어판 『近代의 誕生』(공동통신사)도 참조했다.

2014년 3월 명병훈

제7장 힘과 기계와 시각표현

1 The sermon is reprinted in J. A. Paris, *Life of Sir Humphry Davy*, 2 vols. (London, 1931).

2 For the early history of mine safety, see *Report of the Select Committee on Safety in Mines* (Parliamentary Papers, London, 4 September 1835).

3 Moody's testimony on 23 December 1816, is reprinted in L. T. C. Rolt, *George and Robert Stephenson* (Harmondsworth, 1978), 27.

4 Anne Treneer: *The Mercurial Chemist: A Life of Sir Humphry Davy* (London, 1963), 171–74.

5 The published version, "On the Safety Lamp; with Some Researches on the Frame," is in John Davy, ed., *Collected Works of Sir Humphry Davy*, 9 vols. (London, 1939), vi.

6 For the arguments about priority and documents, see Rolt, 30–33; and Trenner, 174.

7 Watt's early death inspired Davy's belief in personal immortality, set out in his essay "The Proteus" in *Consolations of Travel* (London, 1829). For Davy's poems, see Robert Southey, ed., *Annual Anthology*, vol. 1 (Bristol, 1799).

8 Letter to Mrs. Davy, 11 October 1798; Treneer, 31.

9 Wedgwood's essay is "An Account of a Method of Copying Paintings upon Glass and of Making Profiles by the Agency of Light upon the Nitrate of Silver," *Journal of the Royal Institution*, vol. 1; for Davy and nitrous oxide, see F. F. Cartwright, *The English Pioneers of Anaesthesia* (London, 1952); Treneer, 42–45. For "progress," see David Spadafora, *The Idea of Progress in 18th Century Britain* (New Haven, Conn., 1990).

10 Humphry Davy, Researches, *Chemical and Philosophical* (Bristol, 1800).

11 R. B. Jones, *The Royal Institution: Its Founder and Its First Professors* (London, 1871).

12 Quoted in Treneer, 95.

13 Richard Holmes, *Shelley: The Pursuit* (London, 1976), 24, 44–45.

14 Quoted in Carl Grabo, *The Magic Plant: The Growth of Shelley's Thought* (Chapel Hill, N.C., 1936), 59.

15 Ibid., 122–27.

16 Holmes, 344.

17 It is published in T. Martin, ed., *Faraday's Diary*, 7 vols. (London, 1932–36).

18 Treneer, 146–47.

19 Leslie A. Marchand, ed., *Byron's Letters and Journals*, 11 vols. (London, 1937–82), vol. 7, 98.

20 Treneer, 197–98; L. Pearce Williams, *Michael Faraday* (London, 1965), 40.

21 Letter to Dr. Becker, 20 October 1860, quoted in Williams, 27.

22 J. Shawcross, ed., *Coleridge: Biographia Literaria*, 2 vols. (Oxford, 1958), vol. 1, 88.

23 T. E. Sgedd, ed., *Coleridge: Works*, 7 vols. (London, 1884), vol. 1, 150, *Biographia Literaria*, vol. 2, 49; E. H. Coleridge, ed., *Letters of Samuel Taylor Coleridge*, 2 vols. London, 1894, vol. 1, 283.

24 Quoted in Treneer, 39.

25 "Historical Statement Respecting Electro–Magnetic Rotation," *Quarterly Journal of Science*, 15 (1823).

26 *Quarterly Journal of Science*, 25 (1828), quoted Williams, 177.

27 Humphry Davy, *Elements of Chemical Philosophy* (1812), in Davy, Collected Works, vol. 4; Williams, 68–71.

28 Ernest de Selincourt, *Dorothy Wordsworth: A Biography* (Oxford, 1933), 75.

29 W. H. Henry, *Memoirs of John Dalton* (London, 1854), 9–11, 49–50, 217.

30 Ibid., 220, 218.

31 Anthony Hyman, *Charles Babbage, Pioneer of the Computer* (Oxford, 1982), 178–80; ibid., 185–89; H. D. Rawnsley, *Literary Associations of the English Lakes*, 2 vols., 2nd ed. (Glasgow, 1901), vol. 1, 210ff.

32 Rawnsley, vol. 1, 126ff; Charles Leitch, *Jonathan Otley* (London, 1880); most of Otley's papers are in the *Kirkby Lonsdale Magazine* and the *Transactions of the Cumberland Association*.

33 Quoted in L. G. Wilson, Charles Lyell: The Years to 1841: The Revolution in Geology (New Haven, Conn., 1972), 56.

34 James Hutton, A Theory of the Earth (London, 1785 and subsequent eds.), 304.

35 Quoted in Wilson, 86.

36 Charles Lyell, "On Scientific Institutions," Quarterly Review, June 1826; "Transactions of the Geological Society," Quarterly, September 1826.

37 Wilson, 180.

38 Analysis of the work is in ibid., 278–80.

39 Ibid., 277.

40 Ibid., 446–47, 456–59, 506.

41 Charles Lyell, *Letters and Journals*, 2 vols. (London, 1881), vol. 1, January 13,1831; Nora Barlow, ed., *Autobiography of Charles Darwin* 1809–82 (London, 1908), 112.

42 Charles Babbage, *Passages in the Life of a Philosopher* (London, 1864), 425–27.

43 Quoted in Maboth Moseley, *Irascible Genius: A Life of Charles Babbage, Inventor* (London, 1964), 49.

44 Hyman, 48; for early calculators, see Brian Randell, *The Origins of Digital Computers* (Springfield 1973).

45 Moseley, 67, 70–72.

46 Ibid., 98–101, 17.

47 Ibid., 19–20. See Charles Babbage, "On a Method of Expressing by Signs the Acts of Machinery," *Royal Society Paper*, 16 March 1826.

48 *Childe Harold*, Canto iii.

49 Quoted in Mosley, 157.

50 Hyman, 124–25 and 170 (fn.), 76–77.

51 *Enclyclopaedia Metropolitana* (London, 1829).

52 Charles Babbage, *Economy of Machinery and Manufactures* (London, 1832), 250–51, 229.

53 See Anthony Hyman, ed., *Science and Reform: Selected Works of Charles Babbage* (Cambridge, 1989).

54 Hyman, Babbage, 149 (fn.).

55 See his *Hints to Mechanics* (London, 1839).

56 New, *Brougham*, 332–39; Thomas Kelly, *George Birkbeck* (London, 1957).

57 Roudo Cameron, "The Industrial Revolution, a Misnomer," in Jurgen Schneider, *Wirtschaftskrafte und Wirtschäftwege*, 5 vols. (Stuttgart, 1981), vol. 5,367–76, plays down the part played by Britain in the Industrial Revolution and emphasizes the Continental contribution.

58 Samuel Smiles, *Lives of the Engineers* 3 vols. (London, 1861–2), vol. 1, xvi, 9.

59 Samuel Smiles, ed., *Naysmith's Autobiography* (London, 1883), 94–97.

60 Samuel Smiles, *Industrial Biography: Iron–Workers and Tool–Makers* (London, 1863), 183ff, 200, 236–37, 259, 262–63, 266–67.

61 Samuel Smiles, *Men of Invention and Industry* (London, 1884), 157–59, 226.

62 Frederick Koenig, Letter to *The Times*, 8 December 1814.

63 Smiles, *Naysmith Autobiography*, 217–28, 220–23.

64 Rolt, 114.

65 Smiles, *Naysmith Autobiography*, 222ff.

66 William Fairbairn, *Useful Information for Engineers*, 2nd series (London, 1860), 211.

67 Smiles, *Industrial Biography*, 313.

68 See K. W. Luckhurst, *The Story of Exhibitions* (London, 1951).

69 Jacob Bigelow, *Elements of Technology ... on the Application of the Sciences to the*

Useful Arts (Boston, 1829).

70 Altick, *Shows of London*, 359.

71 S. Bradbury, *The Microscope, Past and Present* (Oxford, 1968).

72 See K. R. Gilbert, *Brunei's BlockMaking Machinery at Portsmouth* (London, 1978).

73 Paul Clements, *Mark Isambard Brunel* (London, 1970), 29.

74 Ibid., 34–36.

75 Derry and Williams, *Short History of Technology*, 288–89.

76 Alfred Pugsley, ed., *The Works of Isambard Kingdom Brunel: An Engineering Appreciation* (London, 1976).

77 Brunel's splendid letter of thanks to Wellington (10 August 1821) is published in Clements, 73.

78 For Brunel's tunneling system, see Clements, 87, 96–100, 116–17.

79 Ibid., 107.

80 Rolt, 63.

81 Ibid., 50–53.

82 Ibid., 68.

83 Ibid., 135ff, 188ff.

84 Smiles, *Naysmith's Autobiography*, vii, 125, 439.

85 Smiles, *Industrial Biography*, 240–41.

86 Clements, 118.

87 Dickinson, *Fulton*, 73ff.

88 Sir Gordon Gordon–Taylor, *Sir Charles Bell: His Life and His Times* (Edinburgh, 1958), 7–9, 20–22.

89 J. W. Mollet, *Sir David Wilkie* (London, 1881), 8.

90 Duncan Macmillan, *Painting in Scotland: The Golden Age* (Oxford, 1986), 156ff.

91 Jacques Barzun, *Berlioz and the Romantic Century*, 2 vols, 3rd ed. (New York, 1969), vol. 2, 101, fn. 45.

92 A. M. Hind, *A History of Engraving and Etching*, new ed. (London, 1923); J. Buckland–Wright, *Etching and Engraving* (London, 1953).

93 S. T. Prideaux, *Aquatint Engraving* (London, 1909).

94 Philippe Grunchec, *Géricault's Horses* (Lausanne and London, 1982–85), 62, 70, 94ff.; Lorenz Eitner, ed., *Delacroix* (London, 1964), 67–70; Roger Passeron, *Daumier* (Fribourg, 1979–81), 35ff; Loys Delteil, *Honoré Daumier: Le Peintre-graueur illustré*, 11 vols. (Paris 1926–30), reproduces 4,000 of his lithographs; see also, T. E. Griffiths, *Rudiments of Lithography* (London, 1956).

95 See the entry for Boys in *Ottley's Biographical and Critical Dictionary of Recent and Living Painters and Engravers* (London, 1866).

96 James Roundell, *Thomas Shotter Boys* 1803–74 (London, 1974), 29–30.

97 Jan Reynolds, *William Callow RWS* (London, 1980), 8–10.

98 See Martin Butlin, "Blake, the Varleys and the Patent Graphic Telescope," in M.

D. Paley and M. Phillips, eds., *William Blake: Essays in Honour of Sir Geoffrey Keynes* (London, 1973); there is a photo of the telescope in Leslie Parris, *Landscape in Britain, c1750–1850* (London, 1973), 125, fig. 305.

99 Marcia Poynton, *Bonington, Francis and Wyld* (London, 1985), 46ff.

100 C. M. Kauffmann, *John Varley 1778–1842* (London, 1984), 12.

101 Ian Gow, "The First Intellectual House–Painter," *World of Interiors*, May 1984.

102 Kathryn Cave, ed., *The Diary of Joseph Farington*, 16 vols. (New Haven, Conn., 1978–84), vol. 2, 308 (hereafter called *Farington's Diary*).

103 A. M. W. Stirling, *The Richmond Papers* (London, 1926), 9.

104 Ibid., 25–26.

105 Martin Butlin, *Paintings and Drawings of William Blake*, 2 vols. (New Haven, Conn., 1981), vol. 1, 409ff; vol. 2, 319–20. He had earlier (1805) done a set of 21 Job watercolors. The Linnell set is catalogued in vol. 1, 551, and plates in vol. 2, 733–53.

106 G. E. Bentley, ed., *Blake Records* (Oxford, 1969), 249–50.

107 *Richmond Papers*, 24–25.

108 Mona Wilson, *Life of William Blake* (Oxford, 1971), 327.

109 *Richmond Papers*, 25.

110 Derek Hudson, ed., *The Diary of Henry Crabb Robinson: An Abridgement* (Oxford, 1967), 87 (entry for 17 December 1825).

111 Ibid., 83–87.

112 The visionary heads are in Butlin, *Paintings and Drawings of Blake*, vol. 1, text, 495–531, and vol. 2, plates 909–59ff.

113 This and the Wallace anecdote are in Bentley, 496–99.

114 W. H. Pyne's (anonymous) "Observations on the Rise and Progress of Painting in Watercolours," was published in *Ackermann's Repository of the Arts* (London, 1812–13). Pyne supplied more information in a further essay published in the *Somerset House Gazette* for 1823–24.

115 Ibid.

116 Kauffmann, 33–39.

117 J. F. C. Harrison, *The Second Coming: Popular Millenarianism, 1750–1850* (London, 1979).

118 J. K. Lavarer, *Essays in Physiognomy Designed to Promote the Knowledge and Love of Mankind*, 5 vols. (London, 1789–98); Drs. Gall and Sputzheim, *The Physiognomical System* (London, 1815).

119 John Varley, *Treatise on Zodaical Physiognomy, Part One* (London, 1828). The second part never appeared.

120 Kauffmann, 42ff.

121 R. Lister, ed., *Letters of Samuel Palmer* (Oxford, 1974).

122 *Richmond Papers*, 200.

123 Ibid., 30.

124 *Farington's Diary*, vol. 12, 4157.

125 Haydon, *Diary*, vol. 3, 73–74.

126 See Peter Carmon–Brookes, *Paintings from Tabley* (London, 1989).

127 Thomas Landseer, ed., *Life and Letters of William Bewick* (London, 1871), 170.

128 A. J. Finberg, *Life of J. M. W. Turner RA* (Oxford, 1961), 325.

129 *Farington's Diary*, vol. 10, 3142.

130 Haydon, *Diary*, 166–68.

131 Margaret Greaves, *Regency Patron: Sir George Beaumont* (London, 1966), 75–78. See also, Felicity Owen and D. B. Brown, *Collector of Genius: The Life of Sir George Beaumont* (New Haven, Conn., 1988).

132 For Constable's visit, see R. B. Bennett, ed., *John Constable's Correspondence*, 6 vols. (Suffolk Records Society, 1962–68), vol. 2, 27 October 1823; Greaves, 56ff; J. L. Fraser, *John Constable, 1776–1837: The Man and His Mistress* (London, 1976), 133–34.

133 See Jones, *Hazlitt*, 254ff.

134 For Hazlitt's art criticism, see John Barrell, *The Political Theory of Painting from Reynolds to Hazlitt* (New Haven, Conn., 1986), 314ff.

135 Letter to George Jones, quoted in Finberg, 320.

136 Beaumont to Wordsworth, 27 December 1821, Dove Cottage Trust; Beaumont to George Agar Ellis, 27 January 1824, quoted in *The Builder*, 4 May 1867. The events leading to the establishment of the National Gallery are recounted in *"Noble and Patriotic"*: *The Beaumont Gift* 1828 (National Gallery, London, 1988).

137 Felicity Owen, "Sir George Beaumont and the National Gallery," in ibid., 10–16.

138 Gash, *Mr. Secretary Peel*, 272–79.

139 *Leighton House* (Department of the Environment, London, 1980); *Franz von Lenbach* 1836–1904 (Stadtische Galerie im Lenbachhaus, Munich, 1987); Clive Aslet, *The American Country House* (London, 1990), 35–47.

140 *Farington's Diary*, vol. 2, 353, 11, 432; vol. 8, 3016; and S. Baring Gould, *Cornish Characters* (London, 1890), 288.

141 Walter Armstrong, *Memoir of Peter de Wint* (London, 1888); see also, David Scrase, *Drawings and Watercolours of P. de Wint* (Cambridge, 1979).

142 C. R. Leslie, *Autobiographical Recollections*, 2 vols. (London, 1860), vol. 1, 202.

143 Fraser, 160, 173.

144 William Feaver, *John Martin* (London, 1975).

145 For the history of this painting, see A. Cunningham, *Life of Sir D. Wilkie*, 3 vols. (London, 1843), vol. 2, 72; Haydon, *Autobiography* (London, 1853), vol. 1, 351–52.

146 *Haydon Tabletalk* (undated), quoted in Altick, 404.

147 For the background, see L. Eitner, Géricault's *Raft of the Meduse* (London, 1972).

148 L. Johnson, "The Raft of the Medusa in Great Britain," *Burlington Magazine*, 96 (August 1954); S. Lodge, "Géricault in England", *Burlington Magazine*, 108 (December 1965).

149 See H. Von Erffa and Allen Staley, *The Paintings of Benjamin West* (New Haven, Conn., 1986), 161; figures in Altick.

150 Altick, 409 (fn.).

151 Quoted in Feaver, 10.

152 For the Martin revival, see the catalog of the 1975 loan exhibition, *John Martin 1789–1854*, (London, National Art Collections Fund, 1975).

153 *Transactions of the Royal Society*, vol. 36 (1796), 227–77; New, *Brougham*, 14–16.

154 Letters to Archdeacon Fisher, 29 September 1823, quoted in Altick, 166.

155 Quoted in Clay, *Romanticism*, 19; see H. and A. Gernsheim, *L. J. M. Daguerre: The History of the Diorama and the Daguerrotype* (London, 1956).

156 See her *France in 1829–30*, 2 vols. (London, 1830), esp. vol 1.

157 There is a portrait of Bonington by Colin in the Ashmolean and two drawings, one asleep, one sketching from a boat, by the same artist, in the Musée Carnavalet, Paris.

158 For the relationship between the var–ious painters of the circle, see Pointon, 25ff, 33ff; and Carlos Peacock, *Richard Parkes Bonington* (London: 1979), 24ff.

159 Pointon, 43.

160 Ibid., 46.

161 For details, see Reynolds, 6–18.

162 Quoted in Roundell, 2L

163 Quoted in Eitner, *Delacroix*, 15.

164 A. Curtis, *L'Oeuure gravé et lithographique de R. P. Bonington* (Paris, 1939).

165 Poynton, 60; *The Undercliff*, with in–scription, is in Peacock, color plate xx.

166 C. R. Leslie, *Life of Constable* (London, 1845), 239.

167 Bennett, vol. 6, 23 October 1821.

168 J. T. Smith: *Remarks on Rural Scenery* (London, 1797).

169 Fraser, *Constable*, 22.

170 Quoted in Leslie, *Constable*, 74.

171 Quoted in Hugh Honor, *Romanticism* (London, 1979), 86–94; see Karl Kropber, "Constable and Wordsworth: The Ecological Moment in Romantic Art," *Journal of the Courtauld & Warburg Institutes*, vol. 34 (1971), and his study *Romantic Landscape Visions: Constable and Wordsworth* (Madison, Wisc., 1975).

172 Kenneth Clark, *The Romantic Rebellion* (London, 1973), 263ff.

173 Bennett, vol. 4, 293, 142.

174 Letter to Fisher, 23 October 1821, ibid., vol. 6.

175 Note found by C. R. Leslie attached to Lecture IV of *John Constable's*

Discourses; for the weather studies, see Kurt Badr, *John Constable's Clouds* (London, 1950).

176 Undated; Bennett, vol. 6, 63.

177 W. P. Frith, *My Autobiography*, 2 vols. (London, 1887), vol. 1, 237–38.

178 Bennett, vol. 4, entry for 19 June 1824; vol. 6, entry for 17 December 1824.

179 See the argument in Clark, 265–83.

180 Quoted in Lorenz Eitner, *Géricault: His Life and Work* (London, 1983), 214.

181 Quoted in Eitner, *Delacroix*, 5.

182 Eitner, *Géricault*, 235; see also Philippe Grunchec: *Géricault's Horses: Drawings and Watercolours* (London, 1985).

183 *Stallion Led by Two Arabs to Cover a Mare*, Musée Bonat, Bayonne; *Scene of Covering*, private collection, Paris, respectively plates 89, 91 in Grunchec, *Géricault's Horses*.

184 F. H. Lem, "Le Thème du negre dans l'oeuvre de Géricault," *L'Arte*, vol. 27, 1962.

185 Eitner, *Géricault*, 215ff.

186 Now in the possession of the École des Beaux Arts, Paris. Géricault was also planning a painting of the Inquisition.

187 Eitner, *Delacroix*, 6.

188 See Clark's treatment of the picture in *The Romantic Rebellion*.

189 Finberg, *Turner*, 318.

190 For galleries, see John Gage: *Colour in Turner* (London, 1969), chap. 9, 148–64; J. Bolton' ed., Sir John Soane, *Lectures on Architecture* (London, 1829), 126; D. Stroud, *The Architecture of Sir John Soane* (London, 1961), fig. 37. For Turner's foreign trips, see A. Wilton, *Turner Abroad* (London, 1982).

191 Finberg, 232–34, 443.

192 Ibid., 195.

193 Walter Thornbury, *Life of J. M. W. Turner RA*, 2 vols. (London, 1862), vol. 2, 45.

194 A. T. Story, *James Holmes and John Varley* (London, 1894), 121; John Burnett; *Turner and His Works* (London, 1852), 70; Gage, 19.

195 Lindsay Stainton, *Turner's Venice* (London, 1985), 13–14.

196 Quotations from Gage, 35.

197 Quotations from Finberg, 198–202. For the spyhole, see Gage, 166.

198 Quoted Finberg, 169. .

199 Much of this appears in *Turner Studies* (London, Tate Gallery, 1982 ff).

200 Gage, 56–57.

201 Finberg, 289.

202 Ibid., 197, 208–09.

203 Bennett, letter to C. R. Leslie, 14 January 1832.

204 Stainton, *Turner's Venice*, 16; this volume reproduced one of the Como sketches and all four of the Venetian, plates 1–5.

205 Johann von Goethe, *Theory of Colours* (trans., London, 1840), xxxviii–xxxix.

206 Quoted in Andrew Wilton, *Turner and the Sublime* (London, 1980), 104.

207 Gage, 145–47.

208 Wordsworth to Sir John Stoddart, 1831, quoted in Treneer, *Davy*, 214.

제 8장 무질서의 가면극

1 For a chronological list of the first Alpine ascents, see Francis Keenlyside, *Peaks and Pioneers* (London, 1975), Appendix 1, 232–33.

2 A description of the crossing is in Daniel F. O'Leary, *Memoirs* (London, n.d.).

3 Salvador de Madariaga, *Bolivar* (trans., London, 1952), 359–61.

4 Alexander von Humboldt, *Travels In America* (trans., London, 1880).

5 *Morning Post*, 15 October 1804.

6 For the ground plans and growth of Mexico City, see Leonardo Benevolo, *The Architecture of the Renaissance*, 2 vols. (trans., London, 1973), vol. 1, 450ff; vol. 2, 999ff.

7 For the empire in its last phase, see S. de Madariaga: *The Fall of the Spanish American Empire* (trans., London, 1947), chapter 1.

8 M. P. Costelloe, *Church Wealth of Mexico* (Cambridge, England, 1967).

9 Jan Bazanet, *Concise History of Mexico*, 1805–1944 (Cambridge, England, 1977), 6–7.

10 Ibid., 19.

11 For texts, see Madariaga, *Bolivar*, 156.

12 Byron to Hobhouse, 3 October 1819, in Leslie A. Marchand, ed., *Byron s Letters and Journals*, 11 vols. (London 1937–82), vol. 6, 226.

13 For Miranda, see Enrique Piniero, ed., *Jose Francisco Heredia: Memorias sobre la Revoluciones de Venezuela* (Paris, 1895).

14 Madariaga, *Bolivar*, 76–77.

15 Ibid., 189–99.

16 José Domingo Diaz, quoted 10 ibid.,210–11.

17 Ibid., 209, 224–26.

18 Quoted in ibid., 277.

19 General Morillo to Ferdinand VII, 31 May 1816, quoted in ibid., 291.

20 Figures in M. P. Costeloe, *Response to Revolution*: *Imperial Spain and the Spanish–American Revolution* 1810–40 (Cambridge, England, 1986), 101–02.

21 Quotations in ibid., 21–26.

22 *Historia de la reoolucion Hispano–America*, 3 vols. (Madrid, 1829–30).

23 Quoted in Costeloe, 22.

24 J. Fontana, ed., *Le Economias espanola al final del Antiguo Regimen, vol. III Comercio y Colonias* (Madrid, 1982).

25 M. J. Quin, ed., *Memoirs of Ferdinand VII* (trans., London, 1824),229–30.

26 T. E. Anna, "Institutional and Political Impediments to Spain's Settlement of the American Revolution," *The Americas*, 38 (April 1982).

27 Costeloe, 9.

28 Ibid., 14, fn. 21; for various charges against Ferdinand, see C. Le Brun, *Vida de Fernando Septimo, Rey de Espana* (Philadelphia, 1826), 68–70.

29 R. H. Bartley, *Imperial Russia and the Struggle for Latin American Independence 1808–1828* (Austin, 1978), 121ff. The secret treaties between Ferdinand and the Tsar of August 1817 and 27 September 1819, were published by the *Morning Chronicle*, December 1823.

30 See the detailed account in Thomas Cochrane, Earl of Dundonald, *Autobiography of a Seaman*, 2 vols. (London, 1860).

31 G. Hippersley, *A Narrative of the Expedition [which] Joined the Patriotic Forces in Venezuela*, etc. (London, 1819).

32 It is described in George Chesterton, *Peace, War and Adventure*, 2 vols. (London, 1853).

33 Madariaga, *Bolivar*, 555, fn.

34 Printed in *Recollections of the War of Extermination ... in the Republics of Venezuela and Colombia* (London, 1828); see ibid., xii.

35 Ibid., 382–83.

36 Bolivar to William White, 26 May 1820; Bolivar to Francisco Santander, 7 April 1820.

37 Quoted in Madariaga, *Bolivar*, 576.

38 The episode is described in ibid., 352–53.

39 John Quincy Adams, *Memoirs*, vol. 5, 126.

40 Allan Nevins, ed., *Diary of John Quincy Adams* 1794–1845 (New York, 1951), 311.

41 For the background to the Monroe Doctrine, see Cresson, *Monroe*.

42 J. F. Rippy, *British Investments in Latin America* 1822–1949 (Minneapolis, 1959), 23ff.

43 Eric Lambert, "Los Legionarios Britanicos," in J. Alberich et aI., eds., *Bello y Londres* (Caracas, 1980), vol. 1, 355–76.

44 For Poinsett's account of the first two coups, see *his Notes on Mexico* (London, 1823). For Iturbide, see W. S. Robertson, *Iturbide of Mexico* (Chapel Hill, N.C., 1952).

45 M. P. Costeloe, *La Primera republica federal de Mexico*, 1824–35 (Mexico City, 1975).

46 For these ceremonies, see Madariaga, *Bolivar*, 434–35, 510–11ff.

47 Ibid., 70, 440, 541ff, 551.

48 Daniel F. O'Leary: *Memoirs* (London, n.d.).

49 Quoted in Madariaga, *Bolivar*, 585.

50 Ibid., 523.

51 Ibid., 647.

52 *Foreign and Quarterly Review*, 3 (July 1843).

53 Quoted in George Pendle, *Paraguay*, 3rd ed., (Oxford, 1967), 31.

54 Gilbert Phelps, *The Tragedy of Paraguay* (London, 1975), 19ff.

55 See Horton Box, *The Origins of the Paraguayan War*, 2 vols. (University of Illinois, 1927).

56 Ibid.

57 Richard Burton, *Letters from the Battlefields of Paraguay* (London, 1870).

58 J. P. and W. P. Robertson, *Letters from Paraguay*, 3 vols., 2nd ed. (London, 1839), vol. 1, 330–36.

59 Burton, *Letters*.

60 Gilberto Freyre, *The Masters and the Slaves: A Study of the Development of Brazilian Civilisation*, 2nd ed. (trans. New York, 1956), 256–57.

61 E. B. Burns, *A History of Brazil* (New York, 1970), 101–02.

62 Ibid., 109.

63 John Luccock, *Notes on Rio ... and the Southern Part of Brazil* (London, 1820), 41.

64 Quoted in Joao Paudia Calogeres, *A History of Brazil* (trans., Chapel Hill, N.C., 1939).

65 J. H. Rodrigues, *Brazil and Africa* (Berkeley, Calif., 1965), 66.

66 Charles Webster, *Britain and the Independence of Latin America* 1812–30 (Oxford, 1938), vol. 1, 171.

67 Rodrigues, 53.

68 Quoted in ibid., 64–65.

69 Freyre, 73; Sergio Correa da Costa, *Every Inch a King: A Biography of Dom Pedro I, First Emperor of Brazil* (New York, 1953).

70 Rodrigues, 71.

71 Raymond Carr, *Spain* 1808–1939 (Oxford, 1966).

72 Chateaubriand, *Le Congres de Verone*, 2 vols. (Paris, 1832), vol. 1, 173; Maurice de Palaeologue, *The Romantic Diplomatist* (trans., London, 1939).

73 For British information on French intentions and reactions, see the dispatches from Paris of Sir Charles Stuart to Canning, 10 February, 5 May, 12 June and 7 July 1823; W. F. Reddaway, "Anglo–French Colonial Rivalry, 1815–48," in *Cambridge History of the British Empire*, 241ff; Adams, *Memoirs*, vol. 4, 26 November 1823.

74 Carr, 143 and fn. 1.

75 Ibid., 149, fn. 2.

76 James Boswell, *Life of Dr. Johnson* (Everyman Edition), vol. 2, 170.

77 Kathryn Cave, ed., *The Diary of Joseph Farington*, 16 vols. (New Haven, Conn., 1978–84), vol. 2, 443 (hereafter called *Farington's Diary*).

78 Norman Douglas, *Old Calabria* (London, 1956) 222ff. Manhes denied the

Benincasa story when it was published in Paris in 1835.

79 Harold Acton, *The Bourbons of Naples* (London, 1956), 565.

80 Quoted in Stuart Woolf, *A History of Italy, 1700–1860* (London, 1979), 239.

81 Quoted in Denis Mack–Smith, *The Making of Italy, 1796–1870* (London, 1968), 31; ibid., 250–51.

82 Letter to Augusta Leigh, 8 September 1816; to John Murray, 15 October 1816; texts in Marchand, vol. 5.

83 Letter to Thomas Moore, 17 November 1816; Douglas Kinnaird, 27 November; Augusta Leigh, 18 December; John Murray, 2 January 1817.

84 Letter to Wedderburn Webster, 8 September 1818, Marchand, vol. 6.

85 Marchand, vol. 5, 255; to Moore, 28 January 1817; Marchand, vol. 6, 54–55; to J. C. Hobhouse, 25 June 1818.

86 Marchand, vol. 5, 213; vol. 6, 68; letter to Hobhouse, 1 February 1819.

87 Ibid., vol. 6, 143.

88 Letter to Hobhouse, 6 April 1819; to J. Hoppner, 2 June 1819.

89 *Moore's journal*, vol. 1, 224.

90 *Letters of Shelley*, vol. 2, 936.

91 Ibid., to Mary Shelley, 7 August 1821; to Thomas Love Peacock, 10 August 1821; vol. 2, 889ff.

92 Marchand, vol. 7, 170–71; letter to Thomas Moore, 31 August 1820.

93 *Moore's journal*, vol. 1, 234–35.

94 For Shelley's boat and his drowning, see F. L. Jones, ed., *Maria Gisborne and Edward E. Williams: Their journals and Letters* (London, 1946), 149; Richard Holmes, *Shelley: The Pursuit* (London, 1974), 729; Edward Dowden: *Life of P. B. Shelley*, 2 vols. (London, 1886), vol. 2, 534ff.

95 For Byron and the philhellenes, see Douglas Dakin, *The Struggle for Greek Independence, 1821–33* (London, 1973), 107ff; Terence Spencer, *Fair Greece, Sad Relic* (London, 1954).

96 For the roots of French policy, see L. Pingaud, *Choiseul–Gouffier: La France en Orient sous Louis XVI* (Paris, 1887), 95ff.

97 Quoted in Niyazi Berkes, *The Development of Secularism in Turkey* (Montreal, 1964), 66.

98 Ibid., 90–91.

99 For the origins of British Near East policy, see Harold Temperley, *England and the Near East* (London, 1936), 16–20.

100 J. A. Petropoulos, *Politics and Statecraft in the Kingdom of Greece, 1833–43* (Princeton, N.J., 1968), 24ff.

101 For names of Italian bandits, see Woolf, 250ff; for a general discussion of Greek bandits, see J. S. Koliopoulos, *Brigands with a Cause: Brigandage and Irridentism in Modern Greece* (Oxford, 1987)

102 For a contemporary account of the pastoral system, see W. M. Leake, *Travels in*

Northern Greece, 4 vols. (London, 1835), esp. vol 4.

103 "Brigandage in Greece," *Saturday Review*, 6 May 1871; George Finlay, *History of the Greek Revolution*, 3 vols. (Edinburgh, 1861).

104 Koliopoulos, 241–42.

105 Ibid., 255, 266–67.

106 Julius Millingen, *Memoirs of the Affairs of Greece* (London, 1831), 37.

107 Leicester Stanhope, *Greece in 1823 and 1824*, 2nd ed. (London, 1825), 103ff; L. E. Richards, ed., *Letters and journals of Samuel Gridley Howe*, 2 vols. (Boston, 1906), vol. 1, 75–77.

108 Koliopoulos, 44–49.

109 For Stanhope, see *Dictionary of National Biography*, compact ed., vol. 2 (1981).

110 Dakin, *Struggle for Greek Independence*, 116.

111 Finlay, *History of the Greek Revolution*.

112 For Muhammad Ali's rise to power, see H. H. Dodwell, *The Founder of Modern Egypt: A Study of Mohammed Ali* (Cambridge, 1931), chaps. 1 and 2.

113 For the military reorganization, see P. M. Holt, "Egypt and the Nile Valley," in J. E. Flint, ed., *Cambridge History of Africa, volume 5, c1790–1870* (Cambridge, 1976), 13–50.

114 E. W. Lane, *An Account of the Manners and Customs of the Modern Egyptians, Written in Egypt During the Years 1833–5*, new ed. (London, 1890; original published 1836).

115 Ibid., 115–17.

116 Ibid., 108, 110–11.

117 Ibid., 103–06.

118 Ibid., 99.

119 (원본에 누락)

120 Dodwell, 45ff.

121 Quoted in Berkes, 100–01. For education in Ali's Egypt, see J. Heyworth-Dunne, *Introduction to the History of Education in Modern Egypt* (London, 1939), 113 fn.

122 For the destruction of the janissaries, see A. P. Caussin, ed. and trans., *Mehmed Esad: Precis historique de la destruction du corps des jannisaires par le Sultan Mahmoud en 1826* (Paris, 1833), presented in English in Temperley, 16–20.

123 James E. DeKay, *Sketches of Turkey in 1831 and 1832* (New York, 1833), 226; Berkes, 124–25.

124 Quoted in Dakin, *Struggle for Greek Independence*, 174.

125 Ibid., 168ff and 172, fn.

126 It is reprinted, with all the admiral's letters, in Lady Bourchier, *Life of Admiral Sir Edward Codrington*, 2 vols. (London, 1873), vol. 1, 585ff.

127 For this point, see *Dictionary of National Biography*, compact ed., vol. 1, 400.

128 Letter to Lady Codrington, 7 August 1827, Bourchier, vol. 1, 401.

129 See, for example, Codrington's letters of 5 July and 8 August 1827 in Bourchier, vol. 1, 377–78, 406.

130 Letters of 7, 9, and 25 August In ibid., vol. 1, 401ff, 408ff, 428.

131 Ibid., vol. 1, 395ff.

132 Orders printed in Bourchier, vol. 2, 69.

133 Printed in ibid., vol. 2, 86ff.

134 Dakin, 227–28; Bourchier, vol. 2, 81ff.

135 Clarence to 4th Earl of Mayo, 12 November 1827, Royal Archives, Add. 4, quoted in Zeigler, *William IV*, 137; *Continuation of jane's Naval History* (London, 1860), vol. 6, 372.

136 For the orders, see Jones, *Prosperity Robinson*, 179, which also has a full discussion of how the government reacted to the news of the battle.

137 Palmerston to William Lamb, 15 November 1827, printed in L. C. Sanders, ed., *Lord Melbourne's Papers* (London, 1889), 108.

138 Letter printed in Bourchier, vol. 2, 175. It was printed by the government after Huskisson's death.

139 Bourchier, vol. 2, 441.

140 *Ibid.*, vol. 2, 500–10, 496–97.

141 This important point, with which I agree, is conclusively argued in Koliopoulos, 73, 325.

제 9장 상쾌한 공기와 나른한 시럽

1 Thomas de Quincey, *Recollections of the Lakes and the Lake Poets* (first published in book form 1854; my text from the Penguin ed., Harrnonds worth, 1970), 56.

2 Kathryn Cave, ed., *The Diary of Joseph Farington*, 16 vols. (New Haven, Conn., 1978–84), vol. 3, 674 (hereafter called *Farington's Diary*).

3 Ibid., vol. 1, l51.

4 *Dictionary of National Biography*, compact ed., vol. 1, 25.

5 H. D. Miles, *Pugilistica, The History of British Boxing* (Edinburgh, 1906), 438.

6 *Farington's Diary*, vol. 2, 42L

7 J. W. Lockart, *Life of Sir Walter Scott*, 7 vols. (Edinburgh, 1837), vol. 3, 395–99.

8 For examples, see Robert W. Malcolmson, *Popular Recreations in English Society*, 1700–1850 (Cambridge, England, 1973), 34ff.

9 Joseph Strutt, *Glig–Gamena AngelDeod, or the Sports and Pastimes of the People of England* (London, 1801), 79.

10 William Hutton, *History of Derby* (London, 1791), 218.

11 Quoted in Percy M. Young, *A History of British Football* (London, 1968), 61.

12 Ibid., 61, 65, 67.

13 A. M. Weyland, *American Football: Its History and Development* (New York, 1926).

14 A. H. Fabian and G. Green, eds., *As–sociation Football*, 4 vols. (London, 1960); see also, G. Green, *History of Association Football* (London, 1960).

15 H. S. Altham, *History of Cricket*, 2 vols., new ed. (London, 1962), vol. 1, 54–55.

16 See E. D. Cumming, ed., *Squire Os–baldeston* (*London*, 1926).

17 *Gentleman's Magazine*, (1849), 206; *Dictionary of National Biography*, compact ed., vol. 2, 2198.

18 Altham, 58ff and chap. 7 66ff; G. M. Young, *Early Victorian England*, vol. 1, 268–69.

19 Miles, 381–82.

20 Ibid., 412, 109, 181, 263–73, 288, 360, 327.

21 Quoted in ibid., 98.

22 Michael Stenton, ed., *Who's Who of British Members of Parliament* (London, 1976), vol. 1, 1832–85, 172; *Dictionary of National Biography*, compact ed., vol. 1, 856.

23 See *Select Committee on Gaming* (Westminster, 1844), vol. 6, 1031

24 Wray Vamplew, *The Turf: A Social and Economic History of Racing* (London, 1976), 27.

25 See the figures in H. Rous, *On the Laws and Practice of Horse–Racing* (London, 1850), x.

26 Quoted in J. C. Whyte, *History of the British Turf* (London, 1840), xviii.

27 E. E. Dorling, *Epsom and the Dorlings* (London, 1939), 54ff.

28 For the rise of the Jockey Club, see Vamplew, chap. 6, 77ff.

29 R. Black, *the Jockey Club and Its Founders* (London, 1891), 257; see also, Roger Mortimer, *The Jockey Club* (London, 1958).

30 Quoted in Garry Adler, *Beyond Bokhara: The Life of William Moorcroft* (London, 1985), 13.

31 Ibid., 49–50.

32 H. H. Wilson, ed., *Moorcroft and Trebeck's Travels* (London, 1841), for details.

33 Adler, 295–96.

34 See J. Pemble, *The Invasion of Nepal: John Company at War*, 1814–16 (Oxford, 1971).

35 See G. Adler, "Britain and the Defence of India: The Origins of the Problem, 1798–1815," *Journal of Asian History*, 6 (1972).

36 *Report to the Authorities in Calcutta*, *Christmas* 1822, quoted in Alder, *Moorcroft*, 267.

37 Quoted in ibid., 295.

38 G. Adler, "Standing Alone: William Moorcroft Plays the Great Game, 1808–25," *International History Review*, 2 (1980); G. Morgan, *AngloRussian Rivalry in Central Asia 1810–1895* (*London*, 1981).

39 Adler, *Moorcroft*, 147.

40 F. E. Manuel, *The New World of Henri de Saint–Simon* (Cambridge, Mass., 1956), 328; *Companion to Charles Lamb*, 89–90, 176–78, 218–21; *Letters of Charles and Mary Lamb*, vol. 2, 292; *Byron's Letters and Journals*, vol. 5, 103–04, 127, 144, 217; vol. 6, 108, 235, and fn.; Bovill, *English Country Life* 1780–1830, 164, fn. 1; *Literary Associations of the English Lakes*, vol. 1, 47; *J–L Agasse, Sporting Paintings*, passim.

41 Smiles, *Men of Invention and Industry*, 235–36, 245.

42 Letter of 14 November 1813, quoted in Altick, *Shows of London*, 309.

43 Byron to Hobhouse, *Byron's Letters and Journals*, vol. 6, 108.

44 Altick, 312–13; Dickens's article was cut when *Sketches by Boz* appeared.

45 J. F. Winks, *The Bull Running at Stamford* (London, n.d.); text of a Baptist sermon delivered 15 November 1829, quoted in Malcolmson.

46 *Parliamentary History*, 35 (18 April 1800), 207, quoted in Malcolmson, 153; *Edinburgh Review*, January 1809.

47 For this institution, see Fiona St. Aubyn, ed., *Ackermann's Illustrated London reissue* (London, 1985), 178–79.

48 R. W. Jeffrey, ed., *Dyott's Diary* 1781–1845, 2 vols. (London, 1907).

49 Malcolmson, 127ff; see also Appendix, "The Reform Movement Against Cruelty to Animals," 172–73.

50 Muriel Jaeger, *Before Victoria: Changing Standards of Behaviour*, 1787–1837 (London, 1967).

51 Paul Clements, *Mark Isambard Brunel* (London, 1970), 42–43.

52 Farington's Diary, vol. 8, 3275; vol. 9, 3424; vol. 12, 4216.

53 Michael Hurst, *Maria Edgeworth and the Public Scene* (London, 1969), 11–12.

54 *Dictionary of National Biography*, compact ed., vol. 1, 856.

55 See R. Guest and A. V. John, *Lady Charlotte*, 33.

56 See table in Young, *Early Victorian England* vol. 1, 433.

57 Quoted in Fred Kaplan, *Dickens: A Biography* (London, 1988), 45.

58 Larkin, *Reshaping of Everyday Life*, 69,75.

59 *Coleridge Letters*, vol. 4, 922.

60 Edwin Hodder, *Life of the Earl of Shaftesbury*, 3 vols. (London, 1886), vol.1, 262.

61 Autobiographical fragment written by Sara Coleridge for her daughter Edith, dated 8 September 1851, printed in B. K. Mudge, *Sara Coleridge: A Victorian Daughter. Her Life and Essays* (New Haven, Conn., 1989), Appendix, 249–66.

62 Blainey, 130–31

63 Ibid., 160–61

64 Treneer, 57.

65 At Goodwood House, Sussex.

66 Beatrice Madan, ed., *Spencer and Waterloo: The Letters of Spencer Madan*, 1814–

15 (London, 1970), 1213.

67 Ibid., 19, 25–26.

68 Hon. Mrs. Swinton, *Life of Georgiana, Lady de Ros* (London, 1893).

69 *Madan*, 166–67.

70 *Farington's Diary*, vol. 13, 4447; vol.8, 2885.

71 George Sand, *My Life* (trans, London, 1979), 6ff.

72 E. T. Cook, Life of Ruskin, 2 vols. (London, 1911), vol. 1, 7–8, 13.

73 Ibid., 25, fn. 1.

74 J. J. Coss, ed., Autobiography of John Stuart Mill (New York, 1944), 3–22.

75 Ruskin, who also lived there as a child, described it in his *Praeterita* (first pub. 1886–89, Oxford ed., 1949), 25ff.

76 See Browning's poem "Development" in his last collection, *Asolando* (London, 1889).

77 Quoted in Edmund Gosse, *Father and Son* (London, 1907), 20.

78 G. K. Chesterton, *Robert Browning* (London, 1903), 48.

79 Donald Thomas, *Robert Browning: A Life Within Life* (London, 1982), 11–17.

80 See David Magarshak, *Pushkin, a Biography* (London, 1967), 13, 19.

81 Quoted in T. Wemyss Reid, *Life of the Rt. Hon. W. E. Forster* (Bath, reprint 1970), 38.

82 Ibid., 37, 45.

83 David Duncan, *Life and Letters of Herbert Spencer* (London, 1908), 9–13.

84 Robert Bernard Martin, *Tennyson: The Unquiet Heart* (Oxford, 1980), 18.

85 From "Our School" in *The Uncommercial Traveller*; *see* Fred Kaplan, *Dickens, a Biography* (London, 1988), 45ff.

86 *Thackeray Works*, 17 vols. (Oxford, 1908), vol. 17, 495.

87 Ibid., vol. 2, 706, "Slaughter House"; vol. 11, 52; G. N. Ray; *Thackeray: The Uses of Adversity*, 1811–46 (Oxford, 1955), 86 and 452 n.39.

88 F. Lawley in the *Daily Telegraph*, 20 May 1898; John Morley, *Life of Gladstone*, 3 vols. (London, 1903), vol. 1, 32ff.

89 Morley, vol. 1, 34; Canning had known Gladstone's father when he was a member of Parliament for Liverpool.

90 Carl Sandburg, *Abraham Lincoln: The Prairie Years* (New York, 1926), vol. 1, 19ff, 28, 48.

91 Benjamin F. Bart, *Flaubert* (Syracuse, N.Y., 1967), 6–19.

92 Claude Pichois, *Baudelaire* (trans., London, 1989), 49–50.

93 John Chancellor, *Wagner* (London, 1978), 5.

94 Ernest Newman, *Life of Richard Wagner*, 3 vols. (London, 1933), vol. 1, 17–24, 37, 52–53, 57.

95 Statement by Verdi in 1853, quoted in Frank Walker, *The Man Verdi* (London, 1962), 7.

96 Quoted in Josiah Thompson, *Kierkegaard* (London, 1974), 34.

97 Ibid., 13–15.

98 Ibid., 7.

99 Jane Austen, Emma (1816), vol. 1, chap.3.

100 Winifred Gérin, *Elizabeth Gaskell* (Oxford, 1976), 24–30.

101 *Farington's Diary*, vol.11, 3864; vol.9, 3342; vol.6, 2124; vol.10, 3502; vol.6, 2696; vol.14, 4914.

102 See the *Halifax Guardian*, June–August 1857; C. K. Shorter, *The Brontes: Life and Letters*, 2 vols. (London, 1908) vol. 2, Appendix 8; Winifred Gerin: *Charlotte Bronte: The Evolution of Genius* (Oxford, 1967), 1–15.

103 Joseph Lancaster, *Improvements in Education* (London, 1803); and *The British System of Education* (London, 1809).

104 Chester New, *Brougham to* 1830 (Oxford, 1960), 210ff.

105 Carnall, *Southey*, 135; Sydney Smith, *Edinburgh Review*, November 1810.

106 See Brougham's articles in the *Edinburgh Review*, April 1810 and November 1811, and Southey's in the *Quarterly Review*, October 1811.

107 For Lancaster see *Dictionary of National Biography*, compact ed., vol. 1, 1162.

108 De Quincey: *Recollections of the Lakes and the Lake Poets*; the section on Bell was added in 1854; for Bell, see *Dictionary of National Biography*, compact ed., vol. 1, 128. For the controversy, see David Salmon, ed., *The Practical Parts of Lancaster's "Improvements" and Bell's "Experiment"* (Cambridge, 1932).

109 *Farington's Diary*, vol. 3, 776, 697, 771.

110 Holmes, *Shelley: The Pursuit*, 36, 48.

111 *Dictionary of National Biography*, compact ed., vol. 1, 152–53; *Farington's Diary*, vol. 8, 4257.

112 Alan Walker, Franz Liszt: *The Virtuoso Years* 1811–47 (London, 1983), 57.

113 Ibid., 76–78.

114 British Library, Ad. Mss., 33965, fol. 237–42, printed in Walker, 105.

115 Wilhelm von Lenz, quoted in Walker, 135–36.

116 Eric Werner, Mendelssohn: *A New Image of the Composer and His Age* (trans, London, 1963), 32ff.

117 Werner, 21.

118 Quoted in ibid., 24–25.

119 Remini, *Jackson* (1981), 4ff.

120 *Farington's Diary*, vol. 11, 4089; vol. 13, 4526.

121 Larkin, *Reshaping of Everyday Life*, 80.

122 Campbell, *Lady Morgan*, 46; *Farington's Diary*, vol. 14, 5050–51, 5053, 5058, 5116–17, 5127, 5347ff.

123 Weber's letters are printed in the bi-ography by his son: Max Marie von Weber, *Karl Maria von Weber*, 2 vols. (trans., London, 1865), vol. 2, 427ff.

124 Ibid., vol. 2, 441.

125 Ibid., vol. 2, 455–56, 460.

126 For Jenner's generosity, see *Farington's Diary*, vol. 3, 659ff; vol. 8, 2820. He never charged artist, poets, or writers for treating them.

127 Philip Curtin, *The Image of Africa: British Ideas and Action*, 1780–1850 (Madison, Wic.: 1964) 82, 192–93; see also Curtin's "The White Man's Grave": Image and Reality, 1780–1850," *Journal of British Studies*, 1961.

128 See J. H. Dible, *Napoleon's Surgeon* (London, 1970), esp. 119ff, 244ff; see also R. G. Richardson: "Larrey–What Manner of Man?" in *Journal of the Royal Society of Medicine*, July 1977.

129 See Logan Clendening, ed., *Source Book of Medical History* (New York, 1960), 355ff.

130 Gordon Gordon–Taylor, *Sir Charles Bell: His Life and Times* (Edinburgh, 1958), 29–30.

131 Bransby Blake Cooper, *Life of Sir Astley Cooper, Bart.* 2 vols. (London, 1843); J. B. Bailey, ed., *Diary of a Resurrectionist* (London, 1896).

132 See Gordon–Taylor, 181–82.

133 See Anon., *Trial of William Burke* (Edinburgh, 1829); *Dictionary of National Biography*, compact ed., vol. 1, 261.

134 *Wooler's British Gazette*, 13 October 1822.

135 George Clark, *History of the Royal College of Physicians of London* (Oxford, 1966), vol. 2, 1675–1858, 652ff.

136 Dr. W. C. Wells, *Two Essays* (London, 1818), 361–62.

137 Clark, 666–67.

138 John Flint South, *South's Memorials* (Sussex repro. 1970), 32, 56.

139 *Farington's Diary*, vol. 10, 3673; vol. 7, 2777.

140 Ibid., vol. 16, 5581, 5883; vol.14, 4902; *Dictionary of National Biography*, compact ed., vol. 1, 433.

141 See E. J. Trelawny, *Records of Shelley, Byron and the Author* (first pub. 1858; Penguin ed., 1973), 203–04.

142 Henri Troyat, *Alexander of Russia* (trans., London, 1984), 293ff.

143 *Farington's Diary*, vol. 8, 3107.

144 *Journal of Mrs Arbuthnot*, vol. 1, 192.

145 Farington's Diary, vol. 3, 1094.

146 Ibid., vol.8, 2889; vol. 12, 4209; vol.14, 5116; vol. 10, 3516.

147 Ibid., vol.10, 3828; vol. 2, 356; vol.11, 3982, 4054; vol. 1, 270–71.

148 Ibid., vol.6, 2401; vol. 7, 2629; vol.10, 3705–7; vol. 14, 4769.

149 Andrew Lees, *Cities Perceived: Urban Society In European and American Thought*, 1820–1940 (Manchester, 1985), 17–18; Larkin, *Reshaping of Everyday Life*, 87.

150 *Farington's Diary*, vol. 15, 5291.

151 Martin, *Tennyson*, 27–8.

152 For Mary Lamb's other writings, see *Companion to Charles Lamb*, 187ff.

153 For the theater incident, Lamb's proposal, Fanny's reply, and the letter to her sister, see *Letters of Charles and Mary Lamb*, vol. 2, 193, 254–56; *Companion to Charles Lamb*, 176–78.

154 *Farington's Diary*, vol. 12, 4404.

155 Bourne, *Palmerston's Early Years*, 160.

156 L. J. Rather, "Disraeli, Freud and Jewish Conspiracy Theories," *Journal of the History of Ideas*, January–March 1986.

157 For details and further examples, see *House of Commons* 1790–1820, vol. 1, 330ff.

158 Quoted in Manuel, 328.

159 "Notice historique" in *Saint–Simon: Oeuvres*, vol. 1, 104–06.

160 For details, see House of Commons, 1790–1820, vol. 1 332.

161 Farington's Diary, vol. 13, 4663.

162 Ibid., vol. 15, 5278–80.

163 Ibid., vol. 9, 3524.

164 *Journal of Mrs Arbuthnot*, vol. 1, 176–85.

165 Bartlett, *Castlereagh*, 262–63; lone Leigh, *Castlereagh* (London, 1951), 353–63; H. M. Hyde, *The Strange Death of Lord Castlereagh* (London, 1959), 182–90.

166 For these two women, see Louis Schutz Boas, *Harriet Shelley: Five Long Years* (Oxford, 1962), 183ff; Holmes, *Shelley: The Pursuit*, 347ff.

167 *Farington's Diary*, vol. 15, 5156–57ff.; vol. 8, 3171.

168 Ibid., vol. 9, 3325.

169 Ibid., vol. 2, 307; vol. 4, 1479; vol. 2, 336; vol.13, 4592–93.

170 For typical business suicides, for ex–ample, see ibid., vol. 1, 90; vol. 4, 1300; vol. 4, 1479; vol. 8, 2862–63, 2987–88, and 3095; vol. 9, 3543; vol. 10, 3808; vol. 14, 4905.

171 Ibid., vol. 6, 2224.

172 See *Farington's Diary*, vol. 16, entry for 16 September 1820.

173 *Emma*(1815), vol. 1, chap. 12.

174 *Farington's Diary* vol. 12, 4184–85.

175 Ibid., vol. 10, 3546.

176 Ibid., vol. 10, 3562.

177 *Journal of Mrs Arbuthnot*, vol. 1, 333.

178 Jane Austen, *Sanditon* (unfinished, 1817), chap.2; printed in Oxford Illustrated Works of Jane Austen, vol. 6, Minor Works, 370ff.

179 *Farington's Diary*, vol. 2, 350.

180 Ibid., vol. 7, 2709.

181 Quoted Young, *Early Victorian England*, vol. 1, 21.

182 Larkin, 174–75.

183 *Farington's Diary*, vol. 6, 2033; vol. 8, 4502, 2937–38; vol. 10, 3537.

184 *Emma*, vol. 1, chap. 3.

185 Field's Memoirs of Dr. Samuel Parr, 2 vols. (London, 1828); *Farington's Diary*, vol. 12, 4281; vol. 14, 4999; vol. 8, 3107; vol. 15, 5206; vol. 14, 4969.

186 *Farington's Diary*, vol. 14, 5040.

187 Larkin, 178–79.

188 *Farington's Diary*, vol. 3, 815–16.

189 Ibid., vol. 4, 1319.

190 Ibid., vol. 13, 4513.

191 For Mrs. Raffald, see Jane Grigson, "Entrepreneur Among the Entrees," *Country Life*, 14 December 1989.

192 *Farington's Diary*, vol. 9, 3329ff.

193 Richard Mullen, *Anthony Trollope* (London, 1990), 438ff.

194 Quoted in Young, 135.

195 E. M. Butler, ed., *A Regency Visitor, the English Tour of Prince PucklerMuskau* (London, 1957).

196 *House of Commons* 1790–1820, vol. 1,342.

197 Marquis James, Jackson: *Portrait of a President*, gives the bill in its entirety.

198 Larkin, 285–86, 295–97.

199 Quoted in Larkin, 168; Gash, *Peel*, 35.

200 Cooper, vol. 2, 474–76.

201 For methods of collecting opium in the years 1800–30, see V. Berridge and G. Edwards, *Opium and the People*; *Opiate Use in* 19*th Century England* (London, 1981), xviiiff.

202 See J. D. Comrie, ed., *Selected Works of Thomas Sydenham* (London, 1922).

203 S. Crumpe, *Enquiry into the Nature and Properties of Opium* (London, 1793).

204 Berridge and Edwards, 21–25; for Maine, see *Dictionary of National Biography*, compact ed., vol. 1, 1298.

205 Berridge and Edwards, 13–15; G. E. Trease, *Pharmacy in History* (London, 1964) 156.

206 See "Opium Eating in the Fens" and the map, p. 41, in Berridge and Edwards.

207 *Farington's Diary*, vol. 4, 1427.

208 Ibid., vol. 3, 925; vol. 6,5487; vol. 11, 4034; vol. 8, 2818; vol. 13, 4611; vol. 3, 964; vol. 9, 3363; vol. 1 221; vol. 10, 3669; vol. 3, 984; vol. 6, 2134; vol. 14, 4917; vol. 15, 4996; vol. 9, 3379; vol. 15,5052; vol. 3, 660; vol. 4, 1300.

209 A. Hayter, *Opium and the Romantic Imagination* (London, 1968), 293; Holmes: *Shelley: The Pursuit*, 111–15, 392–93.

210 Elizabeth Barrett Browning and Wilkie Collins, quoted in Berridge and Edwards, 57.

211 Ibid., 58–59.

212 Lytton Bulwer, *Historical Characters* (London, 1868), vol. 2, 93; Grey to Lord Holland, 2 November 1835; *House of Commons* 1790–1820, vol. 4, 498–502.

213 It was originally published as *Elementa Medicinae* (1780) in Latin. Beddoes

translated it.

214 "Fourth Research," in *Researches, Chemical and Philosophical* (London, 1800).

215 Trenner, Humphry Davy, 42ff.

216 Quoted in ibid., 44–45; Davy testified differently in his book, but it was heavily censored for publication.

217 Quoted in Molly Lefebure, *Samuel Taylor Coleridge: A Bondage of Opium* (London, 1977), 62–63.

218 Ibid.

219 Ibid., Appendix 1, 493–95; *The Braithwaite Will Cause and the History of the Black Drop* (Kendal, England, 1872).

220 B. K. Mudge, *Sara Coleridge: A Vic–torian Daughter: Her Life and Essays* (New Haven, Conn., 1989), 147–48.

221 Kathleen Coburn, ed., *Notebooks of Samuel Taylor Coleridge* (Oxford, 1957).

222 Earl Leslie Griggs, ed., *Collected Letters of Samuel Taylor Coleridge*, 6 vols. (Oxford, 1956–71), 1028.

223 David Masson, ed., *De Quincey: Collected Writings*, 14 vols. (Edinburgh, 1889–90), vol. 3.

224 Brigid M. Boardman, *Between Heaven and Charing Cross: The Life of Francis Thompson* (New Haven, Conn., 1988) 45ff.

225 Molly Lefebure has largely restored the balance in *The Bondage of Love: A Life of Mrs Samuel Taylor Coleridge* (London, 1986); see esp. pp. 133ff.

226 L. E. Watson, *Coleridge at Highgate* (London, 1925).

227 Joseph Cottle, *Early Recollections: Chiefly Relating to the late Samuel Taylor Coleridge during his Long Residence in Bristol*, 2 vols. (London, 1837); James Gillman, *Life of Samuel Taylor Coleridge* (London, 1838), of which only the first volume was published.

228 J. H. Heap, "The Commerce of Drugs," *Pharmaceutical Journal*, 16 (1903); Berridge and Edwards, 4–9.

229 *Parliamentary Papers*; *First Report of the Select Committee on the Adul–teration of Food, Drink and Drugs*, (Westminster 1854–5).

230 *Farington's Diary*, vol. 10, 3605.

231 For an account of the Chinese use of opium see Austin Coates, *Macao and the British*, 1637–1842: *Prelude to Hong Kong* (Hong Kong, 1988), 63ff.

232 Wolfram Eberhard, *A History of China*, 4th ed. (London, 1977), 298.

233 For an account of the Sino–British tea trade up to 1830, see Henry Hobhouse, *Seeds of Change: Five Plants that Transformed the World* (New York, 1986), 95–124.

234 *Farington's Diary*, vol. 10, 3612.

235 John K. Fairbank, ed., *Cambridge History of China, Volume X, Late Ch'ing*, 1800–1911 (Cambridge, England, 1986), Part 1, 171ff.

236 Ping–ti Ho: *Studies on the Population of China*, 1368–1953 (Hong Kong, 1960).

237 See H. H. Lindsay, *Is the War with China a Just One?* (London, 1840), 14; J. M. Downs, "American Merchants and the China Opium Trade, 1800–40," *Business History Review*, Winter 1968.

238 Fairbank, vol. 10, i, 172.

239 Jonathan Spence, "Opium Smoking in Ch'ing China," in F. Wakeman and C. Grant, eds., *Conflict and Control in Late Imperial China* (Berkeley, Calif., 1975), 143–73.

240 Quoted in Roger Pélissier, *The Awakening of China*, 1793–1949 (trans., London, 1967), 54–55.

241 Pina-chia Kuo, *A Critical Study of the First Anglo-Chinese War, with Documents* (Shanghai, 1935), 213.

242 W. H. Mitchell, Hong Kong official, to Sir George Bonham at the Foreign Office, 15 March 1852, FO 405/2, 410, quoted in Yen-p'ing Hao: *The Commercial Revolution in 19th-century China: The Rise of Sino-Western Mercantile Capitalism* (Berkeley, Calif., 1986), 55, fn. 97.

243 Quoted in Michael Greenberg, *British Trade and the Opening of China* 1800–42 (London, 1951), 118.

244 Yen-p'ing Hao, 34–55.

245 Henry Ellis, *Journal of the Proceedings of the Late Embassy to China, etc.* (London, 1817), 183–86.

246 Costin, 13ff.

247 Fairbank, vol. 10, i, 138–42.

248 Ibid., 134ff.

249 Ibid., 110ff.

250 Ibid., 119---26.

251 Ibid., 127.

252 H. B. Morse, *The Chronicles of the East India Company Trading to China*, 1635–1834, 3 vols. (Oxford, 1926–29), vol. 3, 155.

253 Coates, 143–44.

254 For the Canton settlement, see J. F. Davis, *The Chinese: A General De-scription of the Chinese Empire and Its Inhabitants*, 2 vols. (London, 1836) vol. 2, 24–26. Davis was the chief superintendent of the British East India Company.

255 This account, "By an Old Resident," is in W. C. Hunter, *The Fan Kwae at Canton Before Treaty Days*, 1825–44 (London, 1882), 65–69.

256 For the detailed regulations, see Hunter, 28–30.

257 Quoted in Arthur Waley, *The Opium War Seen Through Chinese Eyes* (London, 1958), 68–69.

258 Quoted in Costin, II.

259 For Morrison, see Coates, 114ff.

260 Costin, 9; Coates, 148.

261 Pelissier, 48.

262 Costin, 5–7; Coates, 133–34.
263 Hunter, 73–77.

제 10장 거대한 그림자

1 Lloyd, *Captain Marryat and the Old Navy*, 217; Marryat's own account of Burma is in *Diary on the Continent of Asia* (London, 1840).

2 *United Service Journal*, 2 (London, 1841), 215.

3 Quoted by K. M. Pannikar, *Asia and Western Dominance* (New York, 1969), 97.

4 Quoted in K. O. Dike, *Trade and Politics in the Niger Delta* 1830–85 (Oxford, 1956), 238.

5 D. R. Headrick, "The Tools of Imperialism: Technology and the Expansion of Empire in the 19th Century," *Journal of Modern History*, June 1979; F. J. C. Hearnshaw, *Sea–Power and Empire* (London, 1940), 190–91.

6 Quoted in D. G. E. Hall, *A History of South–East Asia*, 3rd ed. (London, 1968), 584.

7 D. G. E. Hall, ed., *Michael Symes: Journal of His Second Embassy to the Court of Ava in* 1802 (London, 1955) describes Bodawpaya and his rule.

8 Henri Cordier, *Historique abrtégé des relations de la Grande Bretagne avec la Burmanie* (Paris, 1894), 8ff.

9 W. F. B. Lawrie, *Our Burmese Wars* (London, 1880), 46, 71–72.

10 For the postwar situation in Ava, see John Crawfurd, *Journal of an Embassy ... to the Court of Ava in the Year* 1827 (London, 1829); and G. E. Harvey, *British Rule in Burma* 1824–1942 (London, 1946), chaps. 1 and 2.

11 Kathryn Cave, ed., *The Diary of Joseph Farington*, 16 vols. (New Haven, Conn.: 1978–84), vol. 11, 3995, vol. 14, 4786 (hereafter called *Farington's Diary*).

12 Graham, *Great Britain in the Indian Ocean*, 373ff.

13 His personal diaries are used in T. E. Colebrooke, *Life of ... Mountstuart Elphinstone*, 2 vols. (London, 1884); for the Bombay secretariat records, see G. W. Forrest, ed., *Selections from the Minutes and Other Official Writings of ... Mountstuart Elphinstone* (London, 1884).

14 Quoted in Kenneth Ballhatcher, *Social Policy and Social Change in Western India*, 1817–30 (Oxford, 1957), 2–3.

15 Letter to Edward Strachey, Registrar in Benares, quoted in ibid., 3.

16 Letter to the governor general, quoted in Colebrooke, vol. 1, 289.

17 Malcolm to Elphinstone, 9 August 1818, quoted in Ballhatchet, 45.

18 See Ballhatchet, chap. 4: "The Fate of the Old Rulers," 43–76.

19 Elphinstone to Malcolm, 27 January 1819, quoted in ibid., 249.

20 For Bentinck, see John Rosselli, *Lord William Bentinck: The Making of a Liberal*

Imperialist, 1774–1839 (London, 1974).

21 See Hiralal Gupta in the *Journal of Indian History*, August 1959.

22 See Francis Tuker, *The Yellow Scarf: The Story of the Life of Thuggee Sleeman, or Major-General Sir William Henry Sleeman, 1788–1856, of the Bengal Army and the Indian Political Service* (London, 1961).

23 Bishop Reginald Heber, *Narrative of a Journey through India from Calcutta to Bombay*, 2 vols. (London, 1828), vol. 2, 53.

24 Stuart Carey Welch, *India: Art and Culture 1300–1900* (New York, 1988), describes and reproduces the bronze.

25 Hall, *History of South-East Asia*, 709ff.

26 For the workings of the system see ibid., 546–47.

27 Ibid., 426–35, 644ff.

28 James Murdoch, *A History of Japan*, rev. ed. by J. H. Longford (London, 1926), vol. 3, *The Tokugawa Epoch 1652–1868*, 497ff, 517ff.

29 Ibid., 528.

30 See the entry in Siebold's diary, 16 December 1828, quoted in ibid., 55657.

31 Ibid., 438ff.

32 Quoted in Sir Ernest Satow, *The Revival of Pure Shinto* (London, 1920).

33 Murdoch, 482–83.

34 Quoted in Golo Mann, *A History of Germany since 1789* (trans., London, 1968), 6I.

35 Marie-Jean-Antoine-Nicolas de Condorcet, *Tableau historique des progrès de l'ésprit humaine* (Paris, 1795).

36 For a map of Germany's university system in 1818, see Christa Jungnickel and Russel McCommach, *Intellectual Mastery of Nature: Theoretical Physics from Ohm to Einstein*, 2 vols. (Chicago, 1986), vol. 1, *The Torch of Mathematics 1800–70*, xxiv–v.

37 See Johann Gottlieb Fichte, *Ueber Machiavelli* (Koenigsberg, 1807); Friedrich Meinecke, *Cosmopolitanism and the National State* (trans., Princeton, N.]., 1970), 78–79.

38 Meinecke, 81. See *Reden an die Deutsche Nation*, (1807) printed in Johann Gottlieb Fichte, *Werke*, (Berlin, 1860ff) vol. 7.

39 Cf., for instance, his letter to his wife, No. 476 in Clark Butler, trans and ed., *Hegel: The Letters* (Bloomington, Ind., 1984), 610.

40 Butler, letter No. 167, 288.

41 Ibid., 307–D8.

42 Ibid., 288.

43 Ibid., 340.

44 For Hegel's dialectic, see Michael Rosen, *Hegel's Dialectic and Its Criticism* (Cambridge, England, 1982); Hans-Georg Gadamaer, *Hegel's Dialectic* (trans. New Haven, Conn., 1982); J. E. Toews, *Hegelianism: The Path Towards*

Dialectical Humanism, 1805–41 (Cambridge, England, 1980).

45 Butler, 129–30, 142–44.

46 *Ibid.*, 114, 141, 159–60.

47 *Ibid.*, 306–D7.

48 *Ibid.*, 307–D8.

49 *Hegel Werke*, vol. 8, 433; see Meinecke, 201.

50 Butler, 325.

51 Meinecke, 199.

52 Francois Mazoi, *Les ruines de Pompei* (Paris, 1812–28).

53 Vivant Denon, *Description de l'Egypt*, 24 vols. (Paris, 1809–13).

54 For a summary of Young's work, see Alan Gardiner, *Egyptian Grammar*, 3rd ed. (Oxford, 1976),9–10.

55 For Champollion, see ibid., 10–13; C. W. Ceram, *Gods, Graves and Scholars* (Harmondsworth, 1974), 124ff.

56 Elizabeth Longford, *Wellington*: *Pillar of State* (London, 1972), 262.

57 For rhe prepublication history of the *Diaries*, their transcription, editing, and reception, see R. C. Latham and W. Matthews, eds., *The Diaries of Samuel Pepys*, 11 vols. (London, 1983), vol. 1, xxvff.

58 E. Werner, *Mendelssohn* (London, 1963), 100.

59 F. E. Manuel, *The New World of Henri Saint–Simon*, (Harvard, 1956) 227–28.

60 *Oeuvres choisis* (Paris, 1830), vol. 2, 289.

61 Ibid., vol. 2, 328.

62 These ideas are set out in his partwork, *L'Industrie* (Paris, monthly 1816–18) and in *L'Organisateur*, November 1819.

63 *Doctrine de Saint–Simon*: *Exposition, première année* 1829, 2nd ed. (Paris, 1830), 70. This was from the lecturecourse on Saint–Simon ism given by Auguste Comte after Saint–Simon's death.

64 Saint–Simon's class theory is set out in *Le Système industriel* (Paris, 1821) and *Le Catéchisme des industriels* (Paris, 1823–24), esp. chap. 2, 130.

65 *Oeuvres complètes* (Paris, 1830), vol. 20, 126–27, 192.

66 Ibid, vol. 20, 199–202; see Manuel, 311.

67 *Oeuvres complètes*, vol. 19, 41.

68 Manuel, 344–47.

69 Auguste Comte, *Lettres à divers*, vol. 2, 34–35, 93; for Cornre's break with Saint–Simon see Manuel, chap. 29, "The Master Denied," 332–43.

70 Lepenies, *Between Literature and Science*: *The Rise of Sociology*, 20.

71 For Saint–Simon's Jewish followers, see Manuel, 346–47.

72 Fourier's ideas are presented in *La Théorie des quatres mouvements* (Paris, 1808), *Traité de l'association domestique et agricole* (Paris, 1822) and *Le Nouveau monde industiel* (Paris 1829–30).

73 Robert Southey, *Journal of a Tour in Scotland*, 261–5.

74 For a description of Bentham's proposals, see Gertrude Himmelfarb, "Bentham's Utopia," in Himmelfarb, ed., *Marriage and Morals Among the Victorians* (London, 1986), 111–43; see also, John Bowring, ed., *Works of Jeremy Bentham* 11 vols. (London, 1838–43), vol. 8.

75 Quoted in Himmelfarb, 121 fn.

76 *Coleridge Letters*, vol. 4, 719; John Colmer, "Coleridge in Politics" in R. L. Brett, ed., *S. T. Coleridge* (London, 1971), 249.

77 *Lectures on Revealed Religion* (Bristol, 1795).

78 Unpublished sermon from 1799; see Colmer, 268–69.

79 *Coleridge Letters*, vol. 4, 922.

80 Quoted in Colmer, 264.

81 *Coleridge Letters*, vol. 2, 1197.

82 Ibid., vol. 1, 282; Colmer, 245–46.

83 Sara Coleridge, ed., *Coleridge: Essays on His Own Times*, 3 vols. (London, 1818), vol. 1, 91; *Table Talk*, 20 March 1831.

84 Marginal note, quoted in Colmer, 252.

85 These themes are developed in *Lay Sermons* (London, 1816–17) and *On the Constitution of Church and State* (London, 1830).

86 *Church and State*, (London, 1830), chap. 5, 49–50.

87 Richard A. Lebrun, *Joseph de Maistre: An Intellectual Militant* (Montreal, 1988), 4, 37ff, 45ff, 233.

88 *Lettres d'un Royaliste sauoisien, in Oeuvres complètes*, 14 vols. (Lyons, 1884–86), vol. 7, 84ff.

89 Ibid., 148, 152.

90 This is the opening sentence in *Considerations sur la France*, ed., R. johannet and F. Veremale (Paris, 1936), 23.

91 De Maistre's *Essai sur le principe générateur des constitutions politiques* (1810) was written with Alexander in mind; his *Mémoire sur la liberté de l'enseignment publique* (1812) has reference to the Jesuits.

92 Lebrun, 209.

93 See J. T. Flynn, "The Role of the Jesuits in the Politics of Russian Education," *Catholic Historical Review*, 66 (1970).

94 Quoted in Richard Pipes, *Russia under the Old Regime* (London, 1974), 113.

95 For the importance of *chin*, see Nicholas Turgenyev, *La Russie et les Russes*, 2 vols. (Paris, 1847), vol. 2, 47; Pipes, 125.

96 Mark Raeff, *The Decembrist Movement* (Princeton, N.J., 1966), 20, fn. 22.

97 Ibid., 19, fn 19; 21, fn. 23.

98 Sidney Monas: *The Third Section: Police and Society under Nicholas I* (Cambridge, Mass., 1961), 124ff.

99 N. V. Riasanovsky, *A Parting of Ways: Government and Educated Public in Russia* 1801–55 (Oxford, 1976), 65.

100 Quoted in Pipes.

101 Quoted in D. T. Orlovsky, *The Limits of Reform: The Ministry of Internal Affairs in Imperial Russia*, 1802–81 (Cambridge, Mass., 1981), 5.

102 Monas, 34.

103 Chateaubriand, *De la Monarchie selon la charte* (Paris, 1816), 28.

104 Monas, 34.

105 Ibid., 37.

106 Ibid., 42ff.

107 See the table in Orlovsky, *Limits of Reform*, 36.

108 Quoted in Pipes, 290.

109 Quoted in Hugh Seton-Watson, *The Russian Empire*, 1801–1917 (Oxford, 1967), 170.

110 Monas, 139–40.

111 Quoted in Raeff, 120ff.

112 Monas, 56.

113 For details of various plans proposed, see Seton-Waton, 86ff; Riasanovsky, 92ff; Raeff, 40ff.

114 Seton-Watson, 180; Monas, 56; Riasanovsky, 91; Raeff, 150–51.

115 Raeff, 134–36.

116 Seton-Watson, 179–81; for further details, see R. W. Seton-Watson, *A History of the Rumanians* (Cambridge, England, 1934).

117 Seton-Watson, *Russian Empire*, 190ff.

118 For the events in Senate Square see the documents cited in Raeff; see also, Raeff, *Imperial Russia*, 16821825: *The Coming of Age of Modern Russia* (New York, 1971).

119 Monas, 10.

120 Quoted in Riasanovsky, 106; see Monas,12.

121 C. de Grunwald, *Tsar Nicholas I* (New York, 1955), 203.

122 Monas, 61–5.

123 Ibid., 122–24.

124 Ibid., 100–03.

125 Ibid., 89.

126 Ibid., 118ff.

127 Ibid., 203–04.

128 A. Mazour, *The First Russian Revolution*, 1825 (Berkeley, Calif., 1937), 212–13.

129 See the judgment of Raeff in *The Decembrist Movement*, 27; for inconsistencies in sentencing, see Monas, 75–83.

130 Quoted in Riasanovsky, 116–17.

131 Quoted Raeff, Decembrists, 177.

1 For the architecture of the Bank of England, see Summerson, *Georgian London*, 141–43; St. Aubin, *Ackermann's Illustrated London*, 104–5; *Architectural Monographs: John Soane* (London, 1983), 61–75.

2 *Journal of Mrs Arbuthnot*, vol. 1, 426.

3 The story about the chest was told by Alexander Baring, Baron Ashburron (1774–1848). *See Journal of Mrs Arbuthnot*, vol. 1, 427; Sir John Clapham, *The Bank of England* (New York, 1945), 100.

4 S. D. Chapman, *The Foundation of the English Rothschilds*, 1793–1811 (London, 1977), 20ff.

5 Bertrand Gille, *Histoire de la Maison Rothschild*, 2 vols. (Geneva, 196567), vol. 1, 45ff; F. Crouzet, *L'Économie Britannique et Ie blocus continental* 1806–13 (Paris, 1958), 842.

6 Harold Pollins, *Economic History of the Jews in England* (East Brunswick, 1982), 95ff; see also, K. Helleiner, *The Imperial Loans* (Oxford, 1965).

7 For the growth of U.S. banks, see M. G. Myers, *A Financial History of the United States* (New York, 1970).

8 John Taylor, *An Inquiry into ... the Government of the United States* (Philadelphia, 1814), 275; Arthur M. Schlesinger, *The Age of Jackson* (London, 1946), 24.

9 For Taylor, see R. E. Shalhope, *John Taylor of Caroline* (Columbia, S.c., 1980).

10 W. P. Cresson, *James Monroe* (Chapel Hill, N.C., 1946), 333; Raymond Walters, Jr, "Origins of the Second Bank of the United States," *Journal of Political Economy*, 53 (1945).

11 Quoted in George Dangerfield, *The Era of Good Feelings* (London, 1953), 168–69; see W. B. Smith, *Economic Aspects of the Second Bank of the United States* (New York, 1953).

12 Leon Schur, "The Second Bank of the United States and Inflation after the War of 1812," *Journal of Political Economy*, 68 (1960).

13 Dangerfield, 181; see R. C. H. Catterall, *The Second Bank of the United States* (New York, 1903), 28–32, 160 n.

14 Catterall, 45–50.

15 Quoted in Dangerfield, 179–80.

16 See Murray N. Rothbard, *The Panic of 1819* (New York, 1962).

17 Quoted in Catterall, 68.

18 William M. Gouge, *Paper Money and Banking*, 2 vols. (Philadelphia, 1833), vol. 2, 109.

19 E. L. Bogart, "Taxation of Second Bank," *American Historical Review*, 17 (1912).

20 Albert J. Beveridge, *Life of John Marshall*, 4 vols. (New York, 1916–19), vol. 4, 87.

21 See Max Lerner, "John Marshall and the Campaign of History," *Columbia Law Review*, 39, no. 3.

22 *See the Journal of ... the Convention of Delegates Chosen to Revise the Constitution of Massachusetts* (Boston, 1820).

23 Quoted in Schlesinger, 14.

24 Mason to George Ticknor, 3 April 1836, quoted in ibid.

25 For a range of views on Marshall's significance, see the symposium by Carl B. Swisher er al., *Justice John Marshall: A Reappraisal* (New York, 1955) and E. S. Corwin, *John Marshall and the Constitution* (New York, 1919).

26 Beveridge, vol. 3, 586ff.

27 Dangerfield, 165; see Felix Frankfurter, *The Commerce Clause under Marshall, Tainey and Waite* (Cambridge, Mass., 1937).

28 See H. J. Pious and G. Baker, "McCulloch v. Maryland; Right Principle, Wrong Case," *Stanford Law Review*, 9 (1957).

29 Allan Nevins, ed., *Diary of John Quincy Adams* 1794–1845 (New York, 1951), 216–17, entries for 27 May and 10 June 1819.

30 For these and other examples of corruption in the Monroe government, see Remini, *Jackson*, vol. 2, 18–23.

31 Quoted in Schlesinger, 35ff.

32 See Hansard's *Parliamentary Debates*, vol. 11, 152–78, for the full text.

33 See the biographical entry in P. Sraffa and Maurice Dobb, eds., *Works and Correspondence of David Ricardo*, 10 vols. (Cambridge, England, 1951–55), vol. 10, 1–105.

34 For further details about Ricardo's finances, see *House of Commons* 1790–1820, vol. 5, 11–13.

35 Published as a pamphlet, *The High Price of Bullion* (London, 1810).

36 David Ricardo, *Proposals for an Economical and Secure Currency with Observations on the Profits of the Bank of England* (London, 1816).

37 The passages in its report are reprinted in A. Aspinall and E. A. Smith, eds., *English Historical Documents* 1783–1832 (London, 1959), 594–95.

38 Thomas Carlyle, *On the Nigger Question* (London, 1849).

39 *Quarterly Review*, vol. 32 (October 1825),420–21.

40 *Dictionary of National Biography*, compact ed., vol. 1, 1332 (this entry is by the dictionary's first editor, Sir Leslie Stephen).

41 For instance, Mr. Justice Alderson at Dorchester, reported in *The Times*, 12 January 1831. For the popularity of economics in the 1820s, see R. K. Webb, *Harriet Martineau, A Radical Victorian* (London, 1960), 102ff.

42 Cookson, *Lord Liverpool's Administration*, 228.

43 For his financial dealings see *House of Commons* 1790–1820, vol. 4, 270ff, esp. 271.

44 See Anna Lingelbach, "William Hus-kisson as President of the Board of Trade," *American Historical Review*, 43 (1937–38) 759–74; the best survey of Huskisson's economic views is in C. R. Fay, *Huskisson and His Age* (London,

1951).

45 Quoted in Norman Gash, *Mr. Secretary Peel* (London, 1985) 57–58.

46 Gronow, *Reminiscences*, vol. 2, 90.

47 See Maurice Walton Thomas, *The Early Factory Legislation* (Leigh-on-Sea, England, 1948).

48 Gash, 353–54; A. A. W. Ramsay, *Sir Robert Peel* (London, 1928), 72–74.

49 Leon Radzinowicz, *A History of English Criminal Law and Its Administration since 1750*, 4 vols. (London, 1948–68), vol. 1, 588–89.

50 Sidney and Beatrice Webb, *English Prisons* (London, 1922), 73ff.

51 William Austen-Leigh et al., *Jane Austen: A Family Record*, (London, 1989) 106–07.

52 Quoted in Gash, *Peel*, 318.

53 Letter in C. D. Yonge, *Liverpool*, 3 vols. (London, 1868), vol. 3, 215.

54 Radzinowicz, vol. 1 589, n. 84.

55 *Speeches of Sir Robert Peel*, 4 vols. (London, 1853), vol. 2, 131.

56 For attitudes toward unions, 1815–24, see the Home Office papers printed in A. Aspinall, *The Early Trade Unions* (London, 1949).

57 For details of disputes, 1822–24, see ibid., 352–79.

58 "Combination Laws-Restraints on Emigration," *Edinburgh Review*, 39 (January 1824), 315ff.

59 Élie Halévy, *The Liberal Awakening* (trans., London, 1949), 206–09.

60 For details of the London port strikes, see speech of Thomas Wallace, 25 June 1825, in *Parliamentary Debates*, New Series, vol. 13, 1400.

61 These figures are from Halévy, Gash, *Peel*, 349, gives the number killed in Dublin as two.

62 Letter to Leonard Horner, 29 November 1825, printed in C. S. Parker, *Peel*, 3 vols. (London, 1891–99), vol. 1, 379–80.

63 McCalman, *Radical Underworld*, 187–88, 192–93.

64 Ibid., 206ff.

65 There is a brief entry for Jocelyn in the *Dictionary of National Biography*, compact ed., vol. 1, 1081; see also, Henry Cotton, *Fasti ecclesiae Hibernicae: The succession of the Prelates and Members of the Cathedral Bodies of Ireland*, 4 vols. (Dublin, 1845–78). He is known to have died in Edinburgh.

66 Quoted in McCalman, 205.

67 Ibid., 80–81, 204–05.

69 Larkin, *Reshaping of Everyday Life*, 139, 125, 165.

70 Derry and Williams, *History of Technology*, 698.

71 Boorstin, *The Americans*, 10–16.

72 William Cobbett, *Cottage Economy* (Oxford, 1979; original work published 1822), 183–91.

73 Mark Girouard, *Life in the English Country House* (New Haven, Conn., 1978),

263.

74 Charles Sylvester, *Philosophy of Domestic Economy* (London, 1819), quoted in ibid., 262.

75 See C. J. Richardson, *A Popular Treatise on the Heating and Ventilation of Buildings* (London, 1837); Herman Ludwig Heinrich von Puckler–Muskau, *Tour in England* ....), 4 vols. (*London*, 1832), *vol.* 3, 209.

76 J. Eller, *Belvoir Castle* (London, 1841), 334; Girouard, 265.

77 J. G. Lockhart, *Life of Sir W. Scott* (London, 1896) 500–01.

78 L. Gibbs, ed., *Diary of Fanny Burney* (London, 1940), 79–85; Maria Edgeworth, *Ormonde* (1817); H. Repton, *Fragments on the Theory of Landscape Gardening* (London, 1816).

79 Girouard, 236.

80 For a detailed modern description of the kitchen, see Jessica Rutherford, "Steam Cuisine," Country Life, 14 December 1989.

81 There are numerous acquatints by A. C. Pugin of the kitchen quarters of the Royal Pavilion in John Nash, *View of the Royal Pavilion* (London, 1826).

82 For details, see *Hansard*, Second Series, vol. 10, 655, 1226–27, vol. 11, 595–96.

83 *Hansard*, Second Series, vol. 12, 722.

84 To Bernard Barton 20 March 1826, *Letters of Charles and Mary Lamb*, vol. 3, 37.

85 Bertier de Sauvigny, *The Bourbon Restoration*, 224.

86 Quoted in ibid., 245.

87 J. S. Allen, *Popular French Romanticism: Authors, Readers and Books in the 19th Century* (Syracuse, N.Y., 1981), 104ff, 112–13.

88 De Sauvigny, 243; ibid., 116–17.

89 Edgar Quinet, *Histoire de mes idées* (Paris, 1855).

90 Lady Morgan, *France in* 1829–30, 2 vols. (London, 1830), vol. 1, 383.

91 Hypolyte Mazier de Heaume, *Voyage d'un jeune Grec a Paris*, 2 vols. (Paris, 1824), vol. 1, 143–4, quoted Allen, 195.

92 Charles–Paul de Kock, *Memoires ... écrits par lui–même* (Paris, 1873), 160; Allen, 92–96.

93 Allen, 121; Thierry quote from *Le Moniteur*, 12 September 1854; Marie Jeanne Durry, *La Vieillesse de Chateaubriand*, 1830–45, 2 vols. (Paris, 1933), vol. 1, 363.

94 Quoted in Allen, 127.

95 See H. Ferns, *Britain and Argentina in the 19th Century* (Oxford, 1960), chaps. 3–5; Vera Reber, *British Merchant Houses in Buenos Aires* 1810–80 (Cambridge, Mass., 1979).

96 D. C. M. Platt, *Latin America and British Trade*, 1806–1914 (London, 1972),23.

97 D. C. M. Platt, ed., *Business Imperialism: An Inquiry Based on British Experience in Latin America* (Oxford, 1977) vol. 1, 62.

98 A. Gayer, W. Rostow, and A. Schwartz, *Growth and Fluctuation of the British Economy*, 1790–1850, 2 vols. (Oxford, 1953), vol. 1, 171210, gives overall

statistics for the 1820–25 boom.

99 Quoted in Leland Jenks, *Migration of British Capital to* 1875 (New York, 1927), chap. 2.

100 For foreign loans issued in London, see *Parliamentary Papers*, 1822, vol. 20, no. 145, "Loans Contracted on Account of Great Britain for Each Year since 1793."

101 Quoted in Manuel Perez Vila, ed., *Simon Bolivar: Doctrina del Liberador* (Caracas, 1979), 204.

102 Benjamin Disraeli, *An Enquiry into the Plans, Progress and Policy of the American Mining Companies* (London, 1825).

103 Victor Allan, "The Prince of Poyais," *History Today*, January 1952.

104 *Journal of Mrs Arbuthnot*, vol. 1, 382.

105 12 November 1823, quoted in W. D. Jones, *Prosperity Robinson*, 114.

106 Journal of Mrs Arbuthnot, vol. 1, 391.

107 Ibid., vol. 1, 382.

108 T. Tooke and W. Newmarch, *A History of Prices and the State of Circulation, from 1793 to the Present Time*, 6 vols. (London, 1838–57), vol. 4, 336.

109 *The Times*, 15 December 1825.

110 *The Times*, 16 December 1825; *Annual Register*, 1826, 12.

111 *Journal of Mrs Arbuthnot*, vol. 1, 428.

112 Gille, vol. 1,159–61; Stuart Bruchey, *Robert Oliver, Merchant of Baltimore* (Baltimore, 1956), chap. 6.

113 See Claudio Veliz, "Egana, Lambert and the Chilean Mining Association of 1825," *Hispanic–American Historical Review*, 55 (1975).

114 D. C. M. Platt, *Finance, Trade and Politics: British Foreign Policy 1815–1914* (Oxford, 1968), chap. 6.

115 Quoted in Webb, 106.

116 Harriet Martineau, *Autobiography*, (London, 3 vols. 1877), vol. 1 97–99.

117 See Lamb's famous essay on retirement, "A Superannuated Man." For Lamb's relationship with the East India Company, see Prance, *Companion to Charles Lamb*, 100–101.

118 For details, see Lady Raffles, *Memoir of the Life and Public Services of Sir S. Raffles* ....

119 There is a full description of early 19th–century Kensington in Marcia Poynton, *Mulready* (London, 1986), Introduction.

120 Finberg, Turner, 294–97; Thornbury, Turner, vol. 2, 130.

121 Diary of B. R. Haydon, vol. 3, 85–86, 96–97.

122 For Congreve, see House of Commons 1790–1820, vol. 3, 493–94.

123 See Stanley Jones, Hazlitt. A Life (Oxford, 1989), chap. 17: "The Final Years,"376ff.

124 Derek Hudson, ed., Diary of Henry Crabb Robinson: An Abridgement (Oxford, 1967), 91.

125 The clearest account of Scott's financial disaster is not in any of the biographies, but in the entry in the Dictionary of National Biography, compact ed., vol. 2, 1875ff.

126 A day-by-day record of this hectic period in Scott's life is in Edgar Johnson, Sir Walter Scott: The Great Unknown, Volume 2, 1821–32 (London, 1970), 952–56.

127 See Croker's letter to Wellington dealing with this issue, 20 March 1826, printed in Croker's Correspondence and Diaries, vol. 1, 313ff. Croker wrote a reply to the pamphlet.

128 Johnson, Scott, 977.

129 W. F. Moneypenny, Life of Benjamin Disraeli, 6 vols. (London, 1910), vol. 1, 57ff; Robert Blake, Disraeli (London, 1966), 26.

130 Samuel Smiles, Memoir of John Murray, 2 vols. (London, 1891), vol. 2, 217.

131 Scott, Letters, vol. 9, 245; Johnson, Scott, 944.

132 Moneypenny, vol. 1, 64–65.

133 Ibid., 70–78.

134 Blake, 26. For a portrait of Disraeli at this time, see B. R. Jerman, The Young Disraeli (Princeton, N.J., 1960).

135 Bourne, Palmerston; the Early Years, 253–55.

136 Ibid., 260–64.

137 Ibid., 264.

138 Quoted in Gash, *Mr. Secretary Peel*, 364.

제 12장 민중의 등장

1 Seventy-seven of the papers were originally published in New York newspapers in 1787–88 under the signature "Publius"; eight were added later, and all appeared in book form as The Federalist, 2 vols. (Philadelphia, 1788).

2 See Morton Borden, *Parties and Politics in the Early Republic*, 1789–1815 (New Haven, Conn., 1967); and Richard Hofstadter, *The Idea of a Party System*, 1780–1840 (New York, 1969).

3 Niles Register, S March 1817.

4 Samuel P. Waldo, *A Narrative of a Tour of Observation*, ... (Hartford, 1820), describes the presidential progress.

5 *Colombian Centinel*, 12 July 1817; see G. Dangerfield, *The Era of Good Feelings* (London, 1953), 96.

6 Allan Nevins, ed., *Diary of John Quincy Adams* 1794–1845 (New York, 1951), entry for 14 December 16 See 1825, 353ff.

7 R. V. Remini, *Andrew Jackson*, vol. 2, 397, n. 14, lists various villainies of Webster.

8 Ibid., 398, n. 23.

9 *Baltimore Federal Republican*, 4 September 1822; *New York Statesman*, 6 August 1822, quoted in ibid., 13–14.

10 Letter from Jackson to Dr. James c. Bronaugh, 18 July 1822, quoted in ibid., 37.

11 Opinions varied greatly, then and since, about Peggy O'Neale's character; for the Eatons, see A. Johns and D. Malone, eds., *Dictionary of American Biography* (Oxford, 1930), vol. 5, 609ff; vol. 14, 41ff. *The Autobiography of Peggy Eaton* was dictated in 1932; it followed the publication of Queena Pollock, *Peggy Eaton, Democracy's Mistress* (New York, 1931), apparently based on authentic sources but not documented.

12 Henry A. Wise, *Seven Decades of the Union* (Philadelphia, 1881) 100–03.

13 Letter to Benjamin Austin, 9 january 1816, quoted in Schlesinger, *Age of Jackson*, 18.

14 H. J. Doherty, Jr., "Andrew Jackson on Manhood Suffrage: 1822," *Tennessee Historical Quarterly*, 15 (1956),60.

15 Letter to James Buchanan, 25 June 1825, quoted in Remini (1981), vol. 2, 30–31.

16 See R. P. Hay, "The Case for Andrew Jackson in 1824: Eaton's Wyoming Letters," *Tennessee Historical Quarterly*, 29 (1970); G. L. Lowe, "John H. Eaton, Jackson's Campaign Manager," *Tennessee Historical Quarterly*, 11 (1952); Remini (1981), 76.

17 J. D. Richardson, ed., *Messages and Papers of the Presidents*, 1789–1902 (Washington, D.C., 1907), vol. 2, 16.

18 Quoted in Cresson, *Monroe*, 467.

19 S. M. Hamilton, ed., *Writings of James Monroe*, 7 vols. (New York, 1893–1903), vol. 6, 286.

20 Quoted in Carl Schurz, *Life of Henry Clay*, 2 vols. (Boston, 1887), vol. 1,. 231.

21 Quoted in Remini, vol. 2, 79–80.

22 Van Buren, *Political Parties*, 322.

23 Letter to Ezekiel Webster, 22 February 1824; *Daniel Webster, Private Correspondence* (New York 1902) vol. 1, 346.

24 See J. F. Hopkins, "Election of 1824," in Arthur Schlesinger, Jr., and F. L. Israels, eds., *History of American Presidential Elections*, 1789–1968, (New York, 1971), vol. 1.

25 See Marquess James, *Andrew Jackson: Portrait of a President* (New York, 1937), 99ff.

26 These figures are from E. W. Austin, ed., *Political Facts of the United States since 1789* (Columbia 1986), Table 3.1, 92ff. Remini (1981), gives Jackson 152,901 and Adams 114,023.

27 Letter to Coffee, 27 December 1824, *Jackson Correspondence*, vol. 3, 270; Wise, 110–11.

28 Quoted in James, 135.

29 Nevins, 335; there is a full discussion on the negotiations in ibid., chap. 5, 100–34.

30 Quoted in James, 116.

31 Ibid., 125.

32 Quoted in Nevins, 342 fn. Van Buren's account, in his Autobiography (edited for the American Historical Association Report, 2 (1918), by J. C. Fitzpatrick, has been disputed; see James, 521 fn. 106.

33 See Gaillard Hunt, ed., *The First Forty Years of Washington Society*, by Mrs. *Margaret Bayard Smith* (New York, 1906), 181.

34 Ibid., 186.

35 S. G. Doorich, *Recollections of a Lifetime*, 2 vols. (New York, 1857), vol. 1 403–D4.

36 *Jackson Correspondence*, vol. 3, 276.

37 See Clay's letter to Francis Brook, 28 January 1825, in Calvin Coulton, ed., *Works of Henry Clay* (Memphis, Tenn., 1855), vol. 4, 111.

38 7 October 1825, *Jackson Correspondence*, vol. 3, 291.

39 James, 144–45; see also, R. V. Remini, *Martin Van Buren and the Making of the Democratic Party* (New York, 1959).

40 See Charles Dickens's description of Seven Dials ("an Irish labourer and his family in the back kitchen"), in *Sketches by Boz* (London, 1836).

41 Young, *Early Victorian England*, vol. 1, 15–16.

42 Gash, *Mr. Secretary Peel*, 105–06.

43 Ibid., 134.

44 Ibid., 126–29; *Peel Speeches*, 4 vols. (London, 1853), vol. 1, 62.

45 This revealing admission is in the Peel Papers, BM Additional Mss 40287 f34, quoted in Gash, 147.

46 For O'Connell's background and early life, see Oliver MacDonagh, *Daniel O'Connell: The Hereditary Bondsman*, 1775–1829 (London, 1988), 7–29 (hereafter referred to as *O'Connell*, vol. 1).

47 This was in 1833; see W. J. O'N. Daunt, *Personal Recollections of the Late Daniel O'Connell*, 2 vols. (London, 1848), vol. 1, 14–15.

48 MacDonagh, *O'Connell*, vol. 1. 16971.

49 For Mary O'Connell, see ibid., 71–74, 150, 158, 313–14.

50 John O'Connell, *Select Speeches of Daniel O'Connell*, 2 vols. (Dublin, 1854–55), vol. 1, 447–48; M. R. O'Connell, ed., *Correspondence of Daniel O'Connell*, 5 vols. (Shannon, 1972ff), vol. 2, 35.

51 MacDonagh, *O'Connell*, vol. 1, 18788.

52 See *Dublin University Magazine*, July 1839, quoted in ibid., 149–50.

53 O'Connell, *Select Speeches*, vol. 1 244–304.

54 A Munster Farmer, *Reminiscences of Daniel O'Connell ...* (London, 1847), 18, quoted in MacDonagh, *O'Connell, vol. 1*, 117. (*The farmer was William Forbes Taylor.*)

55 See ibid., 83–84, 152–57, 184–86, 191–98, 202–04ff; see also, the second volume of Oliver MacDonagh, *Daniel O'Connell: The Emancipist* 1830–47 (London, 1989), 14–16, 75–76, 12425, 214–18ff. (hereafter referred to as *O'Connell*, vol. 2).

56 MacDonagh, *O'Connell*, vol. 1, 15657.

57 Ibid., 207–D8.

58 The workings of the association and its finances are described in Sir Thomas Wyse, *Historical Sketch of the Late Catholic Associations of Ireland*, 2 vols. (London, 1829), which contains documents of its proceedings. For the Rent, see MacDonagh, vol. 1, 210.

59 For the growth of O'Connell's political strategy, see James Aloysius Reynolds, *The Catholic Emancipation Crisis tn Ireland*, 1823–29 (Yale, 1954).

60 Quoted In Michael Hurst, *Maria Edgeworth and the Public Scene* (London, 1969), 46–47.

61 Quoted in ibid., 42–43.

62 This was the figure given by a hostile source, *the Times*, for the attendance at the hill of Tara, 15 August 1843; see MacDonagh, *O'Connell*, vol. 2, 22930.

63 Michael MacDonagh, *Daniel O'Connell and the Story of Catholic Emancipation* (London, 1929), 161–62.

64 Peel to Sir Walter Scott, 3 April 1829, quoted in Parker, *Peel*, vol. 2, 99–100.

65 For the disintegration of the Goderich ministry, and its undignified end, see Jones, *Prosperity Robinson*, chap. 7, "How a Government Fell," 169–204.

66 Benjamin Disraeli, *Endymton*, 3 vols. (London, 1880), vol. 1, 25.

67 *Sybi*l, Book 1, chap. 3.

68 Quoted in MacDonagh, *O'Connell*, vol. 1,255.

69 27 February 1827, printed in O'Connell, *Correspondence*, vol. 3, 291.

70 Quoted in Gash, 570.

71 George IV was fond of this epigram and repeated it in various versions; see Eliabeth Longford, *Wellington: Pillar of State* (London, 1972), 171, 181, and 192.

72 Nevins, 327.

73 For details, see Remini, *Jackson*, vol. 2,125–26.

74 Nevins, 319–20, entry for 10 April 1824.

75 Remini, *Jackson*, vol. 2, 130; James, *Jackson*, 145.

76 Remini, *Jackson*, vol. 2, 133. The accusation about pimping was made in a campaign biography of Jackson written by Isaac Hill of New Hampshire.

77 Letter to C. P. Tun, 6 January 1825, quoted in James, *Jackson*, 120.

78 John J. Crittenden to Clay, 15 February 1825.

79 Jackson to Houston, 15 December 1826, *Jackson Correspondence*, vol. 3, 325.

80 *United States Telegraph*, 16 June 1827.

81 Nevins, 372, entry for 18 March 1827.

82 Quoted in Remini, *Jackson*, vol. 2, 121.

83 An original of the Coffin handbill is in the North Carolina State Historical Commission in Raleigh and is reproduced in James, *Jackson*, 158–59.

84 Harriet Martineau, *Society in America*, 3 vols. (London, 1837), vol. 3, 166.

85 For Kendall, see William Stickney, ed., *The Autobiography of Amos Kendall* (New York, 1872).

86 For its origins, see Remini, *Jackson*, vol. 1, 180.

87 The two best verses are quoted by Remini, *Jackson*, vol. 2, 134.

88 Quoted in ibid., vol. 2, 127.

89 Schlesinger, *Age of Jackson*, 40–41.

90 This description of Van Buren is quoted in James, *Jackson*, 188–89; see also, John Niven, *Martin Van Buren: The Romantic Age in American Politics* (Oxford, 1983), 5ff, 207.

91 For the background, see Alvin Kass, *New York Politics* 1800–30 (New York,1965).

92 Niven, 64–65. For further details, see De Alva S. Alexander, *A Political History of the State of New York*, 1774–1882, 3 vols. (New York, 1906–09).

93 Letter of 5 February 1816, quoted in Niven, 54.

94 Clinton to Stephen Van Rensselaer, January 1821, quoted in ibid., 90.

95 For a full description, see Jabez D. Hammon, *History of Political Parties in the State of New York*, 2 vols. (New York, 1846).

96 Quoted in Niven, 180.

97 *Adams Memoirs*, vol. 7, 272; Martineau, *Society in America*, vol. 1, 13–14; Schlesinger, *Age of Jackson*, 369.

98 J. R. Commons et al., *History of Labor in the United States*, 4 vols. (New York, 1915–35), vol. 1, 176ff, 190.

99 Schlesinger, *Age of Jackson*, 134–36.

100 For the voting system in 1828 and an analysis of the votes, see R. V. Remini, "The Election of 1828," in Schlesinger and Israels, *History of American Presidential Elections*, vol. 1 and in Schlesinger, *Age of Jackson*, vol. 2, 145ff; see also, Austin, *Political Facts of the United States since* 1789, tables 3.1, 3.2 and 3.3, 92ff.

101 Quoted in Wise, 115.

102 For a description of the place in 1819, see F. D. Scott, trans. and ed., *Baron Klinkowstrom: America* 1819–20 (New York, 1952).

103 To Mrs. Webster, 19 February 1829, *Webster: Private Correspondence* (Boston, 1875), vol. 1, 470; the Clay quotation is from a Senate speech, 1832.

104 Gaillard Hunt, ed., *Margaret B. Smith: The First Forty Years of Washington Society* (New York, 1906), 484–91.

105 *Life and Letters of Joseph Storey* (Boston, 1851), vol. 1, 563.

106 James Hamilton to Martin Van Buren, 5 March 1829, quoted In James, 187.

107 Quoted in Samuel Eliot Morrison, *History of the American People* (Oxford,

1972), vol. 2, 16.

108 Hunt, 257; Nevins, 396.

109 E. M. Eriksson, "The Federal Civil Service under President Jackson," *Mississippi Valley Historical Review*, July 1827; S. H. Aronson, *Status and Kinship in the Higher Civil Service* (Cambridge, Mass., 1964), says the men Jackson appointed did not differ much from those chosen by Jefferson or Adams; for a review of the controversy, see F. W. Muggleston, "Andrew Jackson and the Spoils System: A Historiographical Survey," *Mid America*, 1977, vol. 59; Remini, *Jackson*, vol. 2, 183ff, gives a spirited defense of Jackson's removals and appointments.

110 Campbell to his wife, 3 June 1829, quoted in James, *Jackson*, 192.

111 Remini, *Jackson*, vol. 2, 187–88; J. W. Forney, *Anecdotes of Public Men* (New York, 1873), 2.

112 Niven, 228.

113 Ibid., 240–45; Van Buren, *Autobiography*, 268–69; Remini, *Jackson*, vol. 2, 198–99.

114 For details see Remini, *Jackson*, vol. 2, 160ff.

115 Quoted in Niven, 228.

116 Remini, *Jackson*, vol. 2, 161–63.

117 Dangerfield, *Era of Good Feeling*, 194.

118 Quoted in James, *Jackson*, 202.

119 Nevins, 400, entry for 6 February 1830.

120 Quoted in Pauline Wilcox Burke, *Emily Donelson of Tennessee* (Richmond, Va., 1941), vol. 1, 178.

121 Jackson to John McLemore, 29 December 1829, quoted In Remini, *Jackson*, vol. 2, 213.

122 Jackson's dealings with the clergymen and the cabinet meeting are described in James Parton, *Life of Andrew Jackson*, 3 vols. (Boston, 1866), vol. 3, 186–205; see also, Remini, *Jackson*, vol. 2, chap. 11, "The Eaton Imbroglio," 203–16.

123 Quoted in Remini, *Jackson*, vol. 2, 207.

124 For various views of the cabinet crisis, see Schlesinger, *Age of Jackson*, 66ff, Remini, Jackson, vol. 2, chap. 18, "The Purge," 300–14; Niven, *Van Buren*, 255ff.

125 Stickney; Wise, 117; Martineau, "Society in America", vol. 1, 257–58; Wise's remarks were in a speech in the House, 21 December 1838; there is an amusing portrait of Kendall in Schlesinger, "Age of Jackson", 67–72.

126 Smiles, "Men of Invention and Industry", 167 fn.

127 A. F. Johnson, *Catalogue of Specimens of Printing Types ...* (London, 1962), Introduction; Smiles, 168–70.

128 Smiles, 216–17.

129 Haydon, *Diary*, vol. 3, 220–21.

130 Kathryn Cave, ed., *The Diary of Joseph Farington*, 16 vols. (New Haven, Conn., 1978–84), vol. 9, 3217ff, entry for 6 February 1808.

131 Ibid., vol. 10, 3497, 3619, entries for 26 June 1809 and 23 March 1810.

132 *Croker Correspondence and Diaries*, vol. 2, 21ff; letter to J. Planta, 21 August 1829.

133 Bourne, *Palmerston: The Early Years*, 123.

134 *Journal of Mrs. Arbuthnot*, vol. 1, 299, entry for 11 April 1824.

135 Young, *Early Victorian England*, vol. 2, 5ff; see the discussion on what policemen, footmen, and so on needed to be paid in *Croker Correspondence*, vol. 2, 16–21.

136 Samuel Squire Sprigge, *Life and Times of Thomas Wakley, Founder ... of the Lancet* (London, 1897), 85.

137 *Spectator*, 17 September 1831.

138 Edward Bulwer–Lytton, *England and the English*, 2 vols. (London, 1833), vol. 1, 264–68.

139 C. Porneret, *Monsieur Thiers et son siècle* (Paris, 1948), 92–100.

140 Quoted in J. P. T. Bury and R. P. Tombs, *Thiers. 1797–1877, a Political Life* (London, 1986), 2.

141 *Les Pyrénées et Ie Midi de la France* (Paris, 1823).

142 Berrier de Sauvigny, *Bourbon Restoration*, 294.

143 Bury and Tombs, 12–14.

144 See S. Hilmes, *Benjamin Constant and the Making of Modern Liberalism* (New Haven, Conn., 1984), chap. 5.

145 *Histoire de la Révolution françatse*, 10 *vols.* (*Paris*, 1823–27), *vol.* 1,294.

146 François Guizot, *Memoirs to Illustrate the History of My Time*, 2 vols. (trans., London, 1858), vol. 1, Appendix, 417–30.

147 Bertier de Sauvigny, *Bourbon Restoration*, 294.

148 Francoise Waquet, *Les Fêtes royales sous la Restauration ou l' ancien régime retrouvé* (*Paris*, 1981),2–18.

149 Gronow, Reminiscences, vol. 1, 241.

150 Alphonse Royer, *Histoire de l'Opéra* (Paris, 1875), 24; see Jane F. Fulcher, *The Nation's Image: French Grand Opera as Politics and Politicised Art* (Cambridge, England, 1987), 11–15.

151 For details of the political motivation of the coronation, and the event itself, see V. W. Beach, *Charles X of France: His Life and Times* (Boulder, Colo., 1971), 197–205.

152 Richard Osborne, *Rossini* (London, 1986), 70–71.

153 *Victor Hugo Racontée*, vol. 2, 99.

154 For a description of Berlioz's parental background, see David Cairns, Berlioz, Volume One: The Making of an Artist (London, 1989), 22–37.

155 *Memoires de Hector Berlioz*, 2 vols. (Paris, 1870), vol. 1, 98; there is an English translation of this work by David Cairns, *The Memoirs of Hector Berlioz* (London, 1977). For the Berlioz attitude to the 1827 Shakespeare season, see

Jacques Barzun, *Berlioz and the Romantic Century*, 2 vols., 3rd ed. (New York, 1969), vol. 1, 80ff.

156 Hector Berlioz, *Evenings with the Orchestra* (trans. New York, 1956), 75–76.

157 Cairns, Berlioz, 246ff; Berlioz *Memoirs*, vol. 1, 45–6.

158 See James Billington, *Fire in the Minds of Men: Origins of the Revolutionary Faith* (New York, 1980).

159 Fulcher, 19; her whole chapter "La Muette de Portici and the New Politics of Opera," 11–46, is worth study; see also, Nicole Wild, Un Demi–siècle de décor de l'Opéra de Paris: Salle Le Pelétier 1822–73 (Paris, 1976), 17ff.

160 Fulcher quotes extensively from the censors' reports, which survive, 29–32.

161 *Nouvelle Biographie générale* (Paris, 1968), vols. 37–38, 950, quoted in Fulcher, 46.

162 André Maurois, *Victor Hugo* (trans., London, 1956), 123.

163 Alfred de Vigny, *Journal d'un poete* (Pleiade ed., Paris, 1973), 892–93.

164 Eduard Turquéty, quoted in Maurois, *Hugo*, 142.

165 Ibid., 146–157.

166 The events that preceded and followed the production of *Hernani* are described in Adèle Hugo's *Victor Hugo raconté par un temoin de sa view* (Paris, 1863), and by Theophile Gautier in his unfinished *Histoire du romantisme* (Paris, 1874).

167 M. Hartman, "The Sacrilege Law of 1825 in France: A Study in Anti-Clericalism and Mythmaking," *Journal of Modern History* (1972).

168 See Pamela Pilbeam, "The 'Liberal' Revolution of 1830 in France," *Bulletin of the Institute of Historical Research*, June 1990; James Roberts: *The Counter-Revolution in France* (London, 1990), chap. 6, "Charles X," 94ff.

169 Bury and Tombs, *Thiers*, 20–24.

170 De Sauvigny, *Bourbon Restoration*, 355–58.

171 J.–P. Gonnet, "Esquisse de la crise éconornique en France de 1827–32," *Revue d'histoire économique et sociale*, 33 (1955), 290ff.

172 Pamela Pilbeam, "The Economic Crisis of 1827–32 and the 1830 Revolution in France," *Historical Journal*, 32 (1989), 319ff.

173 Eric Werner, *Mendelssohn*, 170.

174 Charles Dupin, *Situation progressive des forces de la France depuis 1814* (Brussels, 1827), 11ff.

175 Quoted in De Sauvigny, *Bourbon Restoration*, 239.

176 For figures, see Allen, *Popular French Romanticism*, 191.

177 Honoré de Balzac, La Fille aux yeux d'or.

178 Baron d'Hausse, Mémoires, 2 vols. (Paris, 1896–97), quoted in De Sauvigny, *Bourbon Restoration*, 271.

179 Quoted in De Sauvigny, *Bourbon Restoration*, 439.

180 Thiers's "imperial" articles were published in the National on 14, 20, and 22 July 1830; see Bury and Tombs, *Thiers*, 25.

181 Louis Ratisbonne, ed., *Alfred de Vigny: Journal d'un poète* (Paris, 1882), 45ff.

182 E. Newman, "The Blouse and the Frock-Coat," *Journal of Modern History*, March 1974.

183 Calbe Cushing, *Review, Historical and Political, of the Late Revolution in France*, 2 vols. (Boston, 1833), vol. 1, 159–60.

184 See David Pinkney, "The Crowd in the French Revolution of 1830," *American Historical Review*, October 1964; and Pinkney, *The French Revolution of 1830* (Princeton, N.J., 1972), 159–60.

185 See D. L. Rader, *The Journalists and the July Revolution in France* (The Hague, 1973),

186 Jan Reynolds, *William Callow RWS* (London, 1980), 8.

187 Quoted in A. G. Lehman, *Sainte-Beuve: A Portrait of the Critic 1804–42* (Oxford, 1960), 111. For a blow-by-blow account of the "July Days" by an eyewitness, see the diary kept by a Swiss admirer of Sainte-Beuve: Juste Olivier, *Paris en 1830* (Paris, 1951).

188 Quoted in Bury and Tombs, *Thiers*, 30.

189 Ibid., 35.

190 Allen, 193.

191 Roger Passeron, *Daumier* (trans., London, 1981), 49.

192 Ibid., 61–62.

193 Bury and Tombs, *Thiers*, 42.

194 De Tocqueville, *Mémoires* (Paris, 1890),6; Sainte-Beuve: *Oeuvres com-plètes* (Pleiade ed.) vol. 1, 476; both quoted in Lehmann, 115.

195 Clive H. Church, *Europe in 1830: Revolution and Political Change* (London, 1983), 27.

196 W. F. Reddaway, "Anglo-French Colonial Rivalry 1815–48," in *Cambridge History of the British Empire* (Cambridge, 1941), 241ff.

197 Church, chap. 5, 57–69.

198 For details, see Yves Schmitz, *Guil-laume Ire et la Belgique* (Paris, 1954).

199 Church, 83ff.

200 For the background see Eugène de Guichen, *La Révolution de 1830 et l'Europe* (Paris 1916); and Réné Dol-lot, *Les Origins de la neutralité de la Belgique et le système de la barrière, 1609–1830* (Paris, 1902).

201 This last figure is from 1830; for Poland's demographics, see R. F. Leslie, *Polish Politics and the Revolution of 1830* (London, 1956), 46–47.

202 Ibid., 73.

203 P. Harro-Harring, *Poland under the Dominion of Russia* (London, 1831), 255–56, quoted in Leslie, 50.

204 Leslie, 62–63.

205 For the family background, see Adam Zamoyski, *Chopin: A Biography* (London, 1979), 11–15.

206 Mendelssohn to his mother, 23 May 1834, quoted in Jean-Jacques Eigeldinger, *Chopin: Pianist and Teacher as Seen by His Pupils* (Cambridge, England, 1986), 267.

207 Quoted in ibid., 272, 273–74.

208 For the origins of the rising, see Leslie, 122–23.

209 *New Poland*, 24 January 1831, *quoted in ibid.*, 149.

210 See the conclusions of Leslie's book, 279–80; see also, Marian Kukiel, *Czartoryski and European Unity*, 1770–1861 (Princeton, N.J., 1955).

211 The *Lion*, vol. 4, 451, 9 October 1829, quoted in Carnall, *Robert Southey and His Age*, 182.

212 Young, *Early Victorian England*, vol. 1, 443.

213 R. W. Jeffery, ed., *Dyott's Diary*, 1781–1845, 2 vols. (London, 1907), vol. 2, entry for 1 January 1830.

214 See Norman Gash, "English Reform and the French Revolution," in R. Pares and A. J. P. Taylor, eds., *Essays Presented to Sir 1. Namier* (London, 1956); see also, M. I. Thomis, *Threats of Revolution in Britain* (London, 1977).

215 See E. J. Hobsbawm and George Rudé, *Captain Swing* (London, 1969), Appendix 4, "The Problem of the Threshing Machines," 359–65.

216 Hobsbawm and Rudé provide a table showing the spread and duration of the riots, 170; on 196 they print a chronological graph of the incidents.

217 Revel Guest and Angela V. John, *Lady Charlotte* (London 1989), 6–7.

218 Hobsbawm and Rudé, 161–62; report in *East Anglian*, 11 January 1831.

219 The *Times*, 25 October 1830, quoted in Hobsbawm and Rudé.

220 Quoted in ibid., 156.

221 For this quantitative survey of prints, see H. T. Dickenson, ed., *The English Satirical Print* 1650–1832: *Caricatures and the Constitution*, 1760–1832 (Cambridge, England, 1986), Introduction, 13–14, 19–20.

222 Figures in C. H. Lee, *The British Economy Since* 1700: *A Macro-Eco-nomic Perspective* (Cambridge, En-gland, 1986), 129.

223 27 June 1828, *Hansard*, Second Series, vol. 19, 1538.

224 Bourne, *Palmerston: The Early Years*, 286.

225 Lord Colchester, ed., *A Political Diary*, 1828–30, *by Edward Law, Lord Ellenborough*, 2 vols. (London, 1881), vol. 1, 115.

226 Kenneth Bourne, ed., *The Letters of the 3rd Viscount Palmerston to L & E. Suliuen*, 1804–63, Camden Society, fourth series, 23, 1979, 213.

227 *Hansard*, Second Series, vol. 21, 1643–70.

228 Gash, *Mr. Secretary Peel*, 634–35.

229 *Greuille Diary*, vol. 5, 15 December 1830.

230 See, for instance, such characters as Uriah Heep in *David Copperfield* by Charles Dickens and the Rev. Obadiah Slope in *Barchester Towers* and various other novels by Anthony Trollope, such as *Orley Farm*; red-haired men are seen as

particularly villainous in the novels of Mrs. Gas–kell; see, for example, *Wives and Daughters.*

231 For an illuminating discussion of Peel's growing difficulties, see Gash, Peel, chap. 17, "The Last of the Old Regime," 599ff.

232 For the characteristics of the Yorkshire county seats, see House of Commons, 1790–1820, vol. 2, Constituencres, 435–40.

233 Lord Denman to his wife, in Joseph Arnoud, ed., Memoir of Thomas, 1st Lord Denman, 2 vols. (London, 1873), vol. 1, 312; for the Yorkshire election, see New, Brougham 417–10.

234 Brougham's Life and Times, vol. 3, 42–43; Edinburgh Review, Autumn 1830, 582.

235 Letter to R. Kennedy, 23 September 1830,. in H. Cockburn, ed., Letters ChIefly Concerned with the Affairs of Scotland, 1818–52 (London, 1874), 236–37, quoted in New.

236 De Sauvigny, Bourbon Restoration 208.

237 Quoted by Carson Ritchie in "Move Along Please: A Study of George Shillibeer," Country Life, 11 (October 1990).

238 For a memorable description of the accident, see L. T. C. Rolt, George and Robert Stephenson (Harmondsworth, 1978), 196–200.

239 Greville Diary, 28 August 1830.

240 A version of this story is given in Haydon's Diary, vol. 3, 70–71, entry for 13 December 1825.

241 For this occasion, see Elizabeth Longford, Wellington: Pillar of State, 226–28.

242 Sir A. Gordon, *Aberdeen* (London, 1893), 104.

243 *Croker Correspondence and Diaries* 11,74.

244 *Journal of Mrs Arbuthnot*, vol. 2, 26 December 1830.

245 *Brougham's Life and Times* vol. 3, 79.

246 Sir H. Maxwell, ed., *The Creevey Papers*, 2 vols, (London 1903) vol.1, 287.

247 Greville Memoirs, vol. 2, 64–65, entry for 20 November 1830.

248 Le Marchant Diary, 30 November 1830, printed in A. Aspinal, ed., *Three Early 19th Century Diaries* (London, 1952). For the way in which Brougham became Lord Chancellor, see Robert Stewart Henry Brougham: *His Public Career*; 1778–1868 (London, 1985), 248–51; and J. B. Atlay, *The Victorian Chancellors*, 2 vols. (London 1906) vol. 1, 293.

249 Evelyn Waugh, *Brideshead Revisited* (London, 1945).

250 See Hobsbawm and Rudé, 242, for figures and references.

251 Carnall, *Southey*, 183–84.

252 Quoted in William Vaughan er al., eds., *Caspar David Friedrich*, 1774–1840: *Romantic Landscape Painting tn Dresden* (London, 1972), 40, 44.

253 For a discussion of this painting and Its links with Wordsworth, see J. L. Koerner, *Caspar David Friedrich and the Subject of Landscape* (London, 1990),

182ff; the painting is re-produced as Plate 77.

254 For his death, see Stanley Jones, *Hazlitt*, 380–81.

255 *Letters of Charles and Mary Lamb* vol.3, 298–99; to George Dyer, 20 December 1830.

폴 존슨 근대의 탄생 II

펴낸날	초판 1쇄 2014년 3월 7일

지은이	폴 존슨
옮긴이	명병훈
펴낸이	심만수
펴낸곳	(주)살림출판사
출판등록	1989년 11월 1일 제9-210호

주소	경기도 파주시 광인사길 30
전화	031-955-1350 팩스 031-624-1356
기획 · 편집	031-955-4671
홈페이지	http://www.sallimbooks.com
이메일	book@sallimbooks.com

ISBN	978-89-522-2821-5 04900
	978-89-522-2822-2 (세트)

※ 값은 뒤표지에 있습니다.
※ 잘못 만들어진 책은 구입하신 서점에서 바꾸어 드립니다.

이 도서의 국립중앙도서관 출판시도서목록(CIP)은 서지정보유통지원시스템 홈페이지
(http://seoji.nl.go.kr)와 국가자료공동목록시스템(http://www.nl.go.kr/kolisnet)에서
이용하실 수 있습니다. (CIP제어번호 : CIP2014007948)

책임편집	홍성빈